U0620906

中国史学要籍丛刊

〔北宋〕司马光 编撰 邬国义 校点

資治通鑑

五

上海古籍出版社

资治通鉴卷第二百二十五

端明殿学士兼翰林侍读学士太中大夫提举西京嵩山崇福宫上柱国河内郡开国公食邑二千二百户食实封九百户赐紫金鱼袋臣 司马光 奉敕编集

唐纪四十一起阏逢摄提格(甲寅),尽屠维协洽(己未)七月,凡五年有奇。

代宗睿文孝武皇帝中之下

大历九年(甲寅、774)

春,正月,壬寅,田神功薨于京师。

澧朗镇遏使杨猷自澧州沿江而下,擅出境至鄂州,诏听入朝。猷遂溯汉江而上,复州、郢州皆闭城自守,山南东道节度使梁崇义发兵备之。

二月,辛未,徐州军乱,刺史梁乘逾城走。

谏议大夫吴损使吐蕃,留之累年,竟病死虏中。

庚辰,汴宋兵防秋者千五百人,盗库财溃归,田神功薨故也。己丑,以神功弟神玉知汴宋留后。

癸巳,郭子仪入朝,上言:"朔方,国之北门,中间战士耗散,什才有一。今吐蕃兼河、陇之地,杂羌、浑之众,势强十倍。愿更于诸道各发精卒,成四五万人,则制胜之道必矣。"

三月,戊申,以皇女永乐公主许妻魏博节度使田承嗣之子华。上意欲固结其心,而承嗣益骄慢。

戊午,以澧朗镇遏使杨猷为洮州刺史、陇右节度兵马使。

夏,四月,甲申,郭子仪辞还邠州,复为上言边事,至涕泗交流。

壬辰,赦天下。

五月,丙午,杨猷自澧州入朝。

泾原节度使马璘入朝,讽将士为己表求平章事。丙寅,以璘为左仆射。

六月,卢龙节度使朱泚遣弟滔奉表请入朝,且请自将步骑五千防秋,上许之,仍为之先筑大第于京师以待之。

癸未,兴善寺胡僧不空卒,赠开府仪同三司、司空,赐爵肃国公,谥曰大辩正广智不空三藏和尚。

京师旱,京兆尹黎幹作土龙祈雨,自与巫觋更舞。弥月不雨,又祷于文宣王。

上闻之，命撤土龙，减膳节用。秋，七月，戊午，雨。

朱泚入朝，至蔚州，有疾，诸将请还，俟间而行。泚曰："死则舆尸而前。"诸将不敢复言。九月，庚子，至京师，士民观者如堵。辛丑，宴泚及将士于延英殿，犒赏之盛，近时未有。

壬寅，回纥擅出鸿胪寺，白昼杀人，有司擒之。上释不问。

甲辰，命郭子仪、李抱玉、马璘、朱泚分统诸道防秋之兵。

冬，十月，壬申，信王瑝薨。乙亥，梁王璿薨。

魏博节度使田承嗣诱昭义将吏使作乱。

十年（乙卯、775）

春，正月，丁酉，昭义兵马使裴志清逐留后薛㟧，帅其众归承嗣。承嗣声言救援，引兵袭相州，取之。㟧奔洺州，上表请入朝，许之。

辛丑，郭子仪入朝。

壬寅，寿王瑁薨。

乙巳，朱泚表请留阙下，以弟滔知幽州、卢龙留后，许之。

昭义裨将薛择为相州刺史，薛雄为卫州刺史，薛坚为洺州刺史，皆薛嵩之族也。戊申，上命内侍孙知古如魏州谕田承嗣，使各守封疆，承嗣不奉诏。癸丑，遣大将卢子期取洺州，杨光朝攻卫州。

乙卯，西川节度使崔宁奏破吐蕃数万于西山，斩首万级，捕虏数千人。

丙辰，诏："诸道兵有逃亡者，非承制敕，无得辄召募。"

二月，乙丑，田承嗣诱卫州刺史薛雄，雄不从，使盗杀之，屠其家，尽据相、卫四州之地，自置长吏，掠其精兵良马，悉归魏州。逼孙知古与共巡磁、相二州，使其将士割耳剺面，请承嗣为帅。

辛未，立皇子述为睦王，逾为郴王，连为恩王，遘为鄜王，迅为随王，造为忻王，暹为韶王，运为嘉王，遇为端王，遹为循王，通为恭王，逵为原王，逸为雅王。

丙子，以华州刺史李承昭知昭义留后。

河阳三城使常休明，苛刻少恩。其军士防秋者归，休明出劳之，防秋兵与城内兵合谋攻之，休明奔东都，军士奉兵马使王惟恭为帅，大掠，数日乃定。上命监军冉庭兰慰抚之。

三月，甲午朔，陕州军乱，逐兵马使赵令珍。观察使李国清不能禁，卑辞，遍拜将士，乃得脱去。军士大掠库物。会淮西节度使李忠臣入朝，过陕，上命忠臣按之，将士畏忠臣兵威，不敢动。忠臣设棘围，令军士匿名投库物，一日，获万缗，尽以给其从兵为赏。

乙巳，薛㟧、常休明皆诣阙请罪，上释不问。

初，成德节度使李宝臣、淄青节度使李正己，皆为田承嗣所轻。宝臣弟宝正娶承嗣女，在魏州与承嗣子维击球，马惊，误触维死，承嗣怒，囚宝正，以告宝臣。宝臣谢教敕不谨，封杖授承嗣，使挞之，承嗣遂杖杀宝正，由是两镇交恶。及承嗣拒命，宝臣、正己皆上表请讨之，上亦欲因其隙讨承嗣。夏，四月，乙未，敕贬承嗣为永州刺史，仍命河东、成德、幽州、淄青、淮西、永平、汴宋、河阳、泽潞诸道发兵前临魏博，若承嗣尚或稽违，即令进讨；罪止承嗣及其侄悦，自余将士弟侄苟能自拔，一切不问。

时朱滔方恭顺，与宝臣及河东节度使薛兼训攻其北，正己与淮西节度使李忠臣等攻其南。五月，乙未，承嗣将霍荣国以磁州降。丁未，李正己攻德州，拔之。李忠臣统永平、河阳、怀、泽步骑四万进攻卫州。

六月，辛未，田承嗣遣其将裴志清等攻冀州，志清以其众降李宝臣。甲戌，承嗣自将围冀州，宝臣使高阳军使张孝忠将精骑四千御之，宝臣大军继至，承嗣烧辎重而遁。孝忠，本奚也。

田承嗣以诸道兵四合，部将多叛而惧，秋，八月，遣使奉表，请束身归朝。

辛巳，郭子仪还邠州。子仪尝奏除州县官一人，不报，僚佐相谓曰："以令公勋德，奏一属吏而不从，何宰相之不知体！"子仪闻之，谓僚佐曰："自兵兴以来，方镇武臣多跋扈，凡有所求，朝廷常委曲从之，此无它，乃疑之也。今子仪所奏事，人主以其不可行而置之，是不以武臣相待而亲厚之也，诸君可贺矣，又何怪焉？"闻者皆服。

己丑，田承嗣遣其将卢子期寇磁州。

九月，戊申，回纥白昼刺市人肠出，有司执之，系万年狱。其酋长赤心驰入县狱，斫伤狱吏，劫囚而去。上亦不问。

壬子，吐蕃寇临泾。癸丑，寇陇州及普润。大掠人畜而去，百官往往遣家属出城窜匿。丙辰，凤翔节度使李抱玉奏破吐蕃于义宁。

李宝臣、李正己会于枣强，进围贝州，田承嗣出兵救之。两军各飨士卒，成德赏厚，平卢赏薄。既罢，平卢士卒有怨言，正己恐其为变，引兵退，宝臣亦退。李忠臣闻之，释卫州，南度河，屯阳武。宝臣与朱滔攻沧州，承嗣从父弟庭玠守之，宝臣不能克。

吐蕃寇泾州，泾原节度使马璘破之于百里城。戊午，命卢龙节度使朱泚出镇奉天行营。

冬，十月，辛酉朔，日有食之。

卢子期攻磁州，城几陷，李宝臣与昭义留后李承昭共救之，大破子期于清水，擒子期至京师，斩之。河南诸将又大破田悦于陈留，田承嗣惧。

初，李正己遣使至魏州，承嗣囚之，至是，礼而遣之，遣使尽籍境内户口、甲兵、谷帛之数以与之，曰："承嗣今年八十有六，溘死无日，诸子不肖，悦亦孱弱，凡今日所有，为公守耳，岂足以辱公之师旅乎！"立使者于庭，南向，拜而授书，又图正己之像，焚香事之。正己悦，遂按兵不进。于是河南诸道兵皆不敢进。承嗣既无南顾之虞，得专意北方。

上嘉李宝臣之功，遣中使马承倩赍诏劳之，将还，宝臣诣其馆，遗之百缣，承倩诟詈，掷出道中，宝臣惭其左右。兵马使王武俊说宝臣曰："今公在军中新立功，竖子尚尔，况寇平之后，以一幅诏书召归阙下，一匹夫耳，不如释承嗣，以为己资。"宝臣遂有玩寇之志。

承嗣知范阳宝臣乡里，心常欲之，因刻石作谶云："二帝同功势万全，将田为侣入幽燕。"密令瘗宝臣境内，使望气者言彼有王气，宝臣掘而得之。又令客说之曰："公与朱滔共取沧州，得之，则地归国，非公所有。公能舍承嗣之罪，请以沧州归公，仍愿从公取范阳以自效。公以精骑前驱，承嗣以步卒继之，蔑不克矣。"宝臣喜，谓事合符谶，遂与承嗣通谋，密图范阳，承嗣亦陈兵境上。

宝臣谓滔使者曰："闻朱公仪貌如神，愿得画像观之。"滔与之。宝臣置于射堂，命诸将共观之，曰："真神人也！"滔军于瓦桥，宝臣选精骑二千，通夜驰三百里袭之，戒曰："取貌如射堂者。"时两军方睦，滔不虞有变，狼狈出战而败，会衣它服得免。宝臣欲乘胜取范阳，滔使雄武军使昌平刘怦守留府。宝臣知有备，不敢进。

承嗣闻幽、恒兵交，即引军南还，使谓宝臣曰："河内有警，不暇从公。石上谶文，吾戏为之耳。"宝臣惭怒而退。宝臣既与朱滔有隙，以张孝忠为易州刺史，使将精骑七千以备之。

丙寅，贵妃独孤氏薨。丁卯，追谥贞懿皇后。

十一月，丁酉，田承嗣将吴希光以瀛州降。

岭南节度使路嗣恭擢流人孟瑶、敬冕为将，讨哥舒晃。瑶以大军当其冲，冕自间道轻入，丁未，克广州，斩哥舒晃及其党万余人。

嗣恭之讨晃也，容管经略使王翃遣将将兵助之，西原贼帅覃问乘虚袭容州，翃伏兵击擒之。

十二月，回纥千骑寇夏州，州将梁荣宗破之于乌水。郭子仪遣兵三千救夏州，回纥遁去。

元载、王缙奏魏州盐贵，请禁盐入其境以困之。上不许，曰："承嗣负朕，百姓何罪！"

田承嗣请入朝，李正己屡为之上表，乞许其自新。

十一年（丙辰、776）

春，正月，壬辰，遣谏议大夫杜亚使魏州宣慰。

辛亥，西川节度使崔宁奏破吐蕃四节度及突厥、吐谷浑、氐、羌群蛮众二十余万，斩首万余级。

二月，庚辰，田承嗣复遣使上表，请入朝。上乃下诏，赦承嗣罪，复其官爵，听与家属入朝，其所部拒朝命者，一切不问。

辛巳，增朔方五城戍兵，以备回纥。

三月，戊子，河阳军乱，逐监军冉庭兰出城，大掠三日。庭兰戍备而入，诛乱者数十人，乃定。

五月，汴宋留后田神玉卒。都虞候李灵曜杀兵马使、濮州刺史孟鉴，北结田承嗣为援。癸巳，以永平节度使李勉兼汴、宋等八州留后。乙未，以灵曜为濮州刺史，灵曜不受诏。六月，戊午，以灵曜为汴宋留后，遣使宣慰。

秋，七月，田承嗣遣兵寇滑州，败李勉。

吐蕃寇石门，入长泽川。

八月，丙寅，加卢龙节度使朱泚同平章事。

李灵曜既为留后，益骄慢，悉以其党为管内八州刺史、县令，欲效河北诸镇。甲申，诏淮西节度使李忠臣、永平节度使李勉、河阳三城使马燧讨之。淮南节度使陈少游、淄青节度使李正己皆进兵击灵曜。

汴宋兵马使、摄节度副使李僧惠，灵曜之谋主也。宋州牙门将刘昌遣(僧)〔曾〕神表潜说僧惠，僧惠召问计，昌为之泣陈逆顺。僧惠乃与汴宋牙将高凭、石隐金遣神表奉表诣京师，请讨灵曜。九月，壬戌，以僧惠为宋州刺史，凭为曹州刺史，隐金为郓州刺史。

乙丑，李忠臣、马燧军于郑州，灵曜引兵逆战，两军不意其至，退军荥泽，淮西军士溃去者什五六。郑州士民皆惊，走入东都。忠臣将归淮西，燧固执不可，曰："以顺讨逆，何忧不克，奈何自弃功名！"坚壁不动。忠臣闻之，稍收散卒，数日皆集，军势复振。

戊辰，李正己奏克郓、濮二州。壬申，李僧惠败灵曜兵于雍丘。冬，十月，李忠臣、马燧进击灵曜，忠臣行汴南，燧行汴北，屡破灵曜兵。壬寅，与陈少游前军合，与灵曜大战于汴州城西，灵曜败，入城固守。癸卯，忠臣等围之。

田承嗣遣田悦将兵救灵曜，败永平、淄青兵于匡城，乘胜进军汴州，乙巳，营于城北数里。丙午，忠臣遣裨将李重倩将轻骑数百夜入其营，纵横贯穿，斩数十人而还，营中大骇。忠臣、燧因以大军乘之，鼓噪而入，悦众不战而溃。悦脱身北走，将士死者相枕藉，不可胜数。灵曜闻之，开门夜遁，汴州平。重倩，本奚也。

丁未，灵曜至韦城，永平将杜如江擒之。

燧知忠臣暴戾，以己功让之，不入汴城，引军西屯板桥。忠臣入城，果专其功，宋州刺史李僧惠与之争功，忠臣因会击杀之。又欲杀刘昌，昌遁逃得免。

甲寅，李勉械送李灵曜至京师，斩之。

十二月，丁亥，李正己、李宝臣并加同平章事。

泾原节度使马璘疾亟，以行军司马段秀实知节度事，付以后事。秀实严兵以备非常，丙申，璘薨，军中奔哭者数千人，喧咽门屏，秀实悉不听入。命押牙马頔治丧事于内，李汉惠接宾客于外，妻妾子孙位于堂，宗族位于庭，将佐位于前，牙士卒哭于营伍，百姓各守其家。有离立偶语于衢路，辄执而囚之，非护丧从行者无得远送。致祭拜哭，皆有仪节，送丧近远，皆有定处，违者以军法从事。都虞候史廷幹、兵马使崔珍、十将张景华谋因丧作乱，秀实知之，奏廷幹入宿卫，徙珍屯灵台，补景华外职，不戮一人，军府晏然。

璘家富有无算，治第京师，甲于勋贵，中堂费二十万缗，它室所减无几，其子孙无行，家赀寻尽。

戊戌，昭义节度使李承昭表称疾笃，以泽潞行军司马李抱真兼知磁、邢两州留后。

庚戌，加淮西节度使李忠臣同平章事，仍领汴州刺史，徙治汴州。

十二年（丁巳、777）

春，三月，乙卯，兵部尚书、同平章事、凤翔、怀泽潞、秦陇节度使李抱玉薨，弟抱真仍领怀泽潞留后。

癸亥，以河东行军司马鲍防为河东节度使。防，襄州人也。

田承嗣竟不入朝，又助李灵曜，上复命讨之。承嗣乃复上表谢罪。上亦无如之何，庚午，悉复承嗣官爵，仍令不必入朝。

中书侍郎、同平章事元载专横，黄门侍郎、同平章事王缙附之，二人俱贪。载妻王氏及子伯和、仲武，缙弟、妹及尼出入者，争纳贿赂。又以政事委群吏，士之求进者，不结其子弟及主书卓英倩等，无由自达。上含容累年，载、缙不悛。

上欲诛之，恐左右漏泄，无可与言者，独与左金吾大将军吴凑谋之。凑，上之舅也。会有告载、缙夜醮图为不轨者，庚辰，上御延英殿，命凑收载、缙于政事堂，又收仲武及卓英倩等系狱。命吏部尚书刘晏与御史大夫李涵等同鞫之，问端皆出禁中，仍遣中使诘以阴事，载、缙皆伏罪。是日，先杖杀左卫将军、知内省事董秀于禁中，乃赐载自尽于万年县。载请主者："愿得快死。"主者曰："相公须受少污辱，勿怪。"乃脱秽袜塞其口而杀之。王缙初亦赐自尽，刘晏谓李涵等曰："故事，重刑覆奏，况大臣乎！且法有首从，宜更禀进止。"涵等从之。上乃贬缙括州刺史。载妻王氏,忠嗣之女也,及子伯和、仲武、季能皆伏诛。有司籍载家财,胡椒至八百石,它物称是。

夏,四月,壬午,以太常卿杨绾为中书侍郎,礼部侍郎常衮为门下侍郎,并同平章事。绾性清简俭素,制下之日,朝野相贺。郭子仪方宴客,闻之,减坐中声乐五分之四。京兆尹黎幹,驺从甚盛,即日省之,止存十骑。中丞崔宽,第舍宏侈,亟毁撤之。

癸未,贬吏部侍郎杨炎、谏议大夫韩洄、包佶、起居舍人韩会等十余人,皆载党也。炎,凤翔人。载常引有文学才望者一人亲厚之,异日欲以代己,故炎及于贬。洄,滉之弟。会,南阳人也。上初欲尽诛炎等,吴凑谏救百端,始贬官。

丁酉,吐蕃寇黎、雅州,西川节度使崔宁击破之。

元载以仕进者多乐京师,恶其逼己,乃制俸禄,厚外官而薄京官,京官不能自给,常从外官乞贷。杨绾、常衮奏京官俸太薄,己酉,诏加京官俸,岁约十五万六千余缗。

五月,辛亥,诏自都团练使外,悉罢诸州团练守捉使。又令诸使非军事要急,无得擅召刺史及停其职务,差人权摄。又定诸州兵,皆有常数,其召募给家粮、春冬衣者,谓之"官健";差点土人,春夏归农、秋冬追集、给身粮酱菜者,谓之"团结"。自兵兴以来,州县官俸给不一,重以元载、王缙随情徇私,刺史月给或至千缗、或数十缗,至是,始定节度使以下至主簿、尉俸禄,掊多益寡,上下有叙,法制粗立。

庚午,上遣中使发元载祖父墓,斫棺弃尸,毁其家庙,焚其木主。戊寅,卓英倩等皆杖死。英倩之用事也,弟英璘横于乡里,及英倩下狱,英璘遂据险作乱。上发禁兵讨之,乙巳,金州刺史孙道平击擒之。

上方倚杨绾,使厘革弊政,会绾有疾,秋,七月,己巳,薨。上痛悼之甚,谓群臣曰:"天不欲朕致太平,何夺朕杨绾之速!"

八月,癸未,赐东川节度使鲜于叔明姓李氏。

元载、王缙之为相也,上日赐以内厨御馔,可食十人,遂为故事。癸卯,常衮与朱泚上言:"餐钱已多,乞停赐馔。"许之。衮又欲辞堂封,同列不可而止。时人讥衮,以为:"朝廷厚禄,所以养贤,不能,当辞位,不当辞禄。"

臣光曰:君子耻食浮于人,衮之辞禄,廉耻存焉,与夫固位且贪禄者,不犹愈乎!诗云:"彼君子兮,不素餐兮!"如衮者,亦未可以深讥也。

杨绾、常衮荐湖州刺史颜真卿,上即日召还,甲辰,以为刑部尚书。绾、衮又荐淮南判官汲人关播,擢为都官员外郎。

九月,辛酉,以四镇、北庭行营兼泾原、郑颍节度副使段秀实为节度使。秀实军令简约，有威惠，奉身清俭，室无姬妾，非公会，未尝饮酒听乐。

吐蕃八万众军于原州北长泽监，己巳，破方渠，入拔谷；郭子仪使裨将李怀光救之，吐蕃退。庚午，吐蕃寇坊州。

冬，十月，乙酉，西川节度使崔宁奏大破吐蕃于望汉城。

先是，秋霖，河中府池盐多败。户部侍郎判度支韩滉恐盐户减税，丁亥，奏雨虽多，不害盐，仍有瑞盐生。上疑其不然，遣谏议大夫义兴蒋镇往视之。

吐蕃寇盐、夏州，又寇长武，郭子仪遣将拒却之。

以永平军押牙匡城刘洽为宋州刺史。仍以宋、泗二州隶永平军。

京兆尹黎干奏秋霖损稼，韩滉奏干不实，上命御史按视，丁未，还奏，“所损凡三万余顷。”渭南令刘澡阿附度支，称县境苗独不损，御史赵计奏与澡同。上曰：“霖雨溥博，岂得渭南独无！”更命御史朱敖视之，损三千余顷。上叹息久之，曰：“县令，字人之官，不损犹应言损，乃不仁如是乎！”贬澡南浦尉，计澧州司户，而不问滉。

十一月，壬子，山南西道节度使张献恭奏破吐蕃万余众于岷州。

丙辰，蒋镇还，奏“瑞盐实如韩滉所言”，仍上表贺，请宣付史臣，并置神祠，锡以嘉名。上从之，赐号宝应灵庆池。时人丑之。

十二月，丙戌，朱泚自泾州还京师。

丁亥，崔宁奏破吐蕃十余万众，斩首八千余级。

庚子，以朱泚兼陇右节度使，知河西、泽潞行营。

平卢节度使李正己先有淄、青、齐、海、登、莱、沂、密、德、棣十州之地，及李灵曜之乱，诸道合兵攻之，所得之地，各为己有，正己又得曹、濮、徐、兖、郓五州，因自青州徙治郓州，使其子前淄州刺史纳守青州。癸卯，以纳为青州刺史。正己用刑严峻，所在不敢偶语，然法令齐一，赋均而轻，拥兵十万，雄据东方，邻藩皆畏之。是时田承嗣据魏、博、相、卫、洺、贝、澶七州，李宝臣据恒、易、赵、定、深、冀、沧七州，各拥众五万；梁崇义据襄、邓、均、房、复、郢六州，有众二方。相与根据蟠结，虽奉事朝廷而不用其法令，官爵、甲兵、租赋、刑杀皆自专之，上宽仁，一听其所为。朝廷或完一城，增一兵，辄有怨言，以为猜贰，常为之罢役，而自于境内筑垒、缮兵无虚日。以是虽在中国名藩臣，而实如蛮貊异域焉。

十三年（戊午、778）

春，正月，辛酉，敕毁白渠支流碾硙以溉田。昇平公主有二硙，入见于上，请存之。上曰：“吾欲以利苍生，汝识吾意，当为众先。”公主即日毁之。

戊辰，回纥寇太原，河东押牙泗水李自良曰：“回纥精锐远来求斗，难与争锋，不如筑二垒于归路，以兵戍之。虏至，坚壁勿与战，彼师老自归，乃出军乘之。二垒抗其前，大军蹙其后，无不捷矣。”留后鲍防不从，遣大将焦伯瑜等逆战，癸酉，遇虏于阳曲，大败而还，死者万余人。回纥纵兵大掠。二月，代州都督张光晟击破之于羊武谷，乃引去。上亦不问回纥入寇之故，待之如初。

己亥，吐蕃遣其将马重英帅众四万寇灵州，夺填汉、御史、尚书三渠水口以弊屯田。

三月，甲戌，回纥使还，过河中，朔方军士掠其辎重，因大掠坊市。

夏，四月，甲辰，吐蕃寇灵州，朔方留后常谦光击破之。

六月，戊戌，陇右节度使朱泚献猫鼠同乳不相害者以为瑞，常衮帅百官称贺。中书舍人崔祐甫独不贺，曰：“物反常为妖。猫捕鼠，乃其职也，今同乳，妖也。何乃贺为！宜戒法吏之不察奸、边吏之不御寇者，以承天意。”上嘉之。祐甫，沔之子也。秋，七月，壬子，以祐甫知吏部选事。祐甫数以公事与常衮争，由是恶之。

戊午，郭子仪奏以回纥犹在塞上，边人恐惧，请遣邠州刺史浑瑊将兵镇振武军，从之。回纥始去。

辛未，吐蕃将马重英二万众寇盐、庆二州，郭子仪遣河东朔方都虞候李怀光击却之。

八月，乙亥，成德节度使李宝臣请复姓张，许之。

吐蕃二万众寇银、麟州，略党项杂畜，郭子仪遣李怀光等击破之。

上悼念贞懿皇后不已，殡于内殿，累年不忍葬，丁酉，始葬于庄陵。

九月，庚午，吐蕃万骑下青石岭，逼泾州，诏郭子仪、朱泚与段秀实共却之。

冬，十二月，丙戌，以吏部尚书、转运、盐铁等使刘晏为左仆射，知三铨及使职如故。

郭子仪入朝，命判官京兆杜黄裳主留务。李怀光阴谋代子仪，矫为诏书，欲诛大将温儒雅等。黄裳察其诈，以诘怀光，怀光流汗伏罪。于是诸将之难制者，黄裳矫子仪之命，皆出之于外，军府乃安。

以给事中杜亚为江西观察使。

上召江西判官李泌入见，语以元载事，曰：“与卿别八年，乃能除此贼。赖太子发其阴谋，不然，几不见卿。”对曰：“臣昔日固尝言之。陛下知群臣有不善，则去之，含容太过，故至于此。”上曰：“事亦应十全，不可轻发。”上因言：“朕面属卿于路嗣恭，而嗣恭取载意，奏卿为虔州别驾。嗣恭初平岭南，献琉璃盘，径九寸，朕以为至宝。及破载家，得嗣恭所遗载琉璃盘，径尺。俟其至，当与卿议之。”泌曰：“嗣恭为人，小心，善事人，畏权势，精勤吏事而不知大体。昔为县令，有能名，陛下未暇知之，而为载所用，故为之尽力。陛下诚知而用之，彼亦为陛下尽力矣。

虔州别驾,臣自欲之,非其罪也。且嗣恭新立大功,陛下岂得以一琉璃盘罪之邪!"上意乃解,以嗣恭为兵部尚书。

郭子仪以朔方节度副使张昙性刚率,谓其以武人轻己,衔之。孔目官吴曜为子仪所任,因而构之。子仪怒,诬奏昙扇动军众,诛之。掌书记高郢力争之,子仪不听,奏贬郢猗氏丞。既而僚佐多以病求去,子仪悔之,悉荐之于朝,曰:"吴曜误我。"遂逐之。

常衮言于上曰:"陛下久欲用李泌,昔汉宣帝欲用人为公卿,必先试理人,请且以为刺史,使周知人间利病,俟报政而用之。"

十四年(己未、779)

春,正月,壬戌,以李泌为澧州刺史。

二月,癸未,魏博节度使田承嗣薨。有子十一人,以其侄中军兵马使悦为才,使知军事,而诸子佐之。甲申,以悦为魏博留后。

淮西节度使李忠臣,贪残好色,将吏妻女美者,多逼淫之,悉以军政委妹婿节度副使张惠光。惠光挟势暴横,军州苦之。忠臣复以惠光子为牙将,暴横甚于其父。左厢都虞候李希烈,忠臣之族子也,为众所服。希烈因众心怨怒,三月,丁未,与大将丁暠等杀惠光父子而逐忠臣。忠臣单骑奔京师,上以其有功,使以检校司空、同平章事留京师,以希烈为蔡州刺史、淮西留后。以永平节度使李勉兼汴州刺史,增领汴、颍二州,徙镇汴州。

辛酉,以容管经略使王翃为河中少尹、知府事。河东副元帅留后部将凌正暴横,翃抑之。正与其徒乘夜作乱,翃知之,故缩漏水数刻以差其期,贼惊,溃走,擒正,诛之,军府乃安。

成德节度使张宝臣既请复姓,又不自安,更请赐姓,夏,四月,癸未,复赐姓李。

五月,癸卯,上始有疾。辛酉,制皇太子监国。是夕,上崩于紫宸之内殿,遗诏以郭子仪摄冢宰。癸亥,德宗即位。在谅阴中,动遵礼法,尝召韩王迥食,食马齿羹,不设盐、酪。

常衮性刚急,为政苛细,不合众心。时群臣朝夕临,衮哭委顿,从吏或扶之。中书舍人崔祐甫指以示众曰:"臣哭君前,有扶礼乎!"衮闻,益恨之。会议群臣丧服,衮以为:"礼,臣为君斩衰三年。汉文帝权制,犹三十六日。高宗以来,皆遵汉制。及玄宗、肃宗之丧,始服二十七日。今遗诏云:'天下吏人,三日释服。'古者卿大夫从君而服,皇帝二十七日而除,在朝群臣亦当如之。"祐甫以为:"遗诏,无朝臣、庶人之别。朝野中外,莫非天下,凡百执事,孰非吏人!皆应三日释服。"相与力争,声色陵厉。衮不能堪,乃奏祐甫率情变礼,请贬潮州刺史。上以为太重,闰月，壬申，贬祐甫为河南少尹。

初，肃宗之世，天下务殷，宰相常有数人，更直决事，或休沐各归私第，诏直事者代署其名而奏之，自是踵为故事。时郭子仪、朱泚虽以军功为宰相，皆不预朝政，衮独居政事堂，代二人署名奏祐甫。祐甫既贬，二人表言其非罪，上问："卿向言可贬，今云非罪，何也？"二人对，初不知。上初即位，以衮为欺罔，大骇。甲戌，百官衰绖，序立于月华门，有制，贬衮为潮州刺史，以祐甫为门下侍郎、同平章事，闻者震悚。祐甫至昭应而还。既而群臣丧服竟用衮议。

上时居谅阴，庶政皆委于祐甫，所言无不允。初，至德以后，天下用兵，诸将竞论功赏，故官爵不能无滥。及永泰以来，天下稍平，而元载、王缙秉政，四方以贿求官者相属于门，大者出于载、缙，小者出于卓英倩等，皆如所欲而去。及常衮为相，思革其弊，杜绝侥幸，四方奏请，一切不与，而无所甄别，贤愚同滞。崔祐甫代之，欲收时望，推荐引拔，常无虚日，作相未二百日，除官八百人，前后相矫，终不得其适。上尝谓祐甫曰："人或谤卿，所用多涉亲故，何也？"对曰："臣为陛下选择百官，不敢不详慎。苟平生未之识，何以谙其才行而用之。"上以为然。

臣光曰：臣闻用人者，无亲疏、新故之殊，惟贤、不肖之为察。其人未必贤也，以亲故而取之，固非公也；苟贤矣，以亲故而舍之，亦非公也。夫天下之贤，固非一人所能尽也，若必待素识熟其才行而用之，所遗亦多矣。古之为相者则不然，举之以众，取之以公。众曰贤矣，己虽不知其详，姑用之，待其无功，然后退之，有功则进之。所举得其人则赏之，非其人则罚之。进退赏罚，皆众人所共然也，己不置豪发之私于其间。苟推是心以行之，又何遗贤旷官之足病哉！

诏罢省四方贡献之不急者，又罢梨园使及乐工三百余人，所留者悉隶太常。

郭子仪以司徒、中书令领河中尹、灵州大都督、单于、镇北大都护、关内、河东副元帅、朔方节度、关内支度、盐池、六城水运大使、押蕃部并营田及河阳道观察等使，权任既重，功名复大，性宽大，政令颇不肃，代宗欲分其权而难之，久不决。甲申，诏尊子仪为尚父，加太尉兼中书令，增实封满二千户，月给千五百人粮、二百马食，子弟、诸婿迁官者十余人，所领副元帅诸使悉罢之。以其裨将河东、朔方都虞候李怀光为河中尹、邠、宁、庆、晋、绛、慈、隰节度使，以朔方留后兼灵州长史常谦光为灵州大都督、西受降城、定远、天德、盐、夏、丰等军州节度使，振武军使浑瑊为单于大都护、东、中二受降城、振武、镇北、绥、银、麟、胜等军州节度使，分领其任。

丙戌，诏曰："泽州刺史李鹖上《庆云图》。朕以时和年丰为嘉祥，以进贤显忠为良瑞，如卿云、灵芝、珍禽、奇兽、怪草、异木，何益于人！布告天下，自今有此，无得上献。”内庄宅使上言诸州有官租万四千余斛，上令分给所在充军储。先是，诸国累献驯象，凡四十有二，上曰：“象费豢养而违物性，将安用之！”命纵于荆山之阳，及豹、貀、斗鸡、猎犬之类，悉纵之。又出宫女数百人。于是中外皆悦，淄青军士，至投兵相顾曰：“明主出矣，吾属犹反乎！”

戊子，以淮西留后李希烈为节度使。

辛卯，以河阳镇遏使马燧为河东节度使。河东承百井之败，骑士单弱，燧悉召牧马厮役，得数千人，教之数月，皆为精骑。造甲必为长短三等，称其所衣，以便进趋。又造战车，行则载兵甲，止则为营陈，或塞险以遏奔冲，器械无不精利。居一年，得选兵三万。辟兖州人张建封为判官，署李自良代州刺史，委任之。

兵部侍郎黎幹，狡险谀佞，与宦官特进刘忠翼相亲善。忠翼本名清潭，恃宠贪纵。二人皆为众所恶。时人或言幹、忠翼尝劝代宗立独孤贵妃为皇后，妃子韩王迥为太子。上即位，幹密乘轝诣忠翼谋事，事觉，丙申，幹、忠翼并除名长流，至蓝田，赐死。

以户部侍郎判度支韩滉为太常卿，以吏部尚书刘晏判度支。先是晏、滉分掌天下财赋，晏掌河南、山南、江淮、岭南，滉掌关内、河东、剑南，至是，晏始兼之。上素闻滉掊克过甚，故罢其利权，寻出为晋州刺史。

至德初，第五琦始榷盐以佐军用，及刘晏代之，法益精密，初岁入钱六十万缗，末年所入逾十倍，而人不厌苦。大历末，计一岁征赋所入总一千二百万缗，而盐利居其太半。以盐为漕佣，自江、淮至渭桥，率万斛佣七千缗，自淮以北，列置巡院，择能吏主之，不烦州县而集事。

六月，己亥朔，赦天下。

西川节度使崔宁、永平节度使李勉并同平章事。

诏：“天下冤滞，州府不为理，听诣三司使，以中丞、舍人、给事中各一人，日于朝堂受词。推决尚未尽者，听挝登闻鼓。自今无得复奏置寺观及请度僧尼。”于是挝登闻鼓者甚众。右金吾将军裴谞上疏，以为：“讼者所争皆细故，若天子一一亲之，则安用吏理乎！”上乃悉归之有司。

制：“应山陵制度，务从优厚，当竭帑藏以供其费。”刑部员外郎令狐峘上疏谏，其略曰：“臣伏读遗诏，务从俭约，若制度优厚，岂顾命之意邪？”上答诏，略曰：“非唯中朕之病，抑亦成朕之美，敢不闻义而徙。”峘，德棻之玄孙也。

庚子，立皇子诵为宣王，谟为舒王，谌为通王，谅为虔王，详为肃王。乙巳，立皇弟迺为益王，傀为蜀王。

丙午，举先天故事，六品以上清望官，虽非供奉、侍卫之官，日令二人更直待制,以备顾问。

庚戌,以朱泚为凤翔尹。

代宗优宠宦官,奉使四方者,不禁其求取。尝遣中使赐妃族,还,问所得颇少,代宗不悦,以为轻我命,妃惧,遽以私物偿之。由是中使公求赂遗,无所忌惮。宰相尝贮钱于阁中,每赐一物,宣一旨,无徒还者。出使所历州县,移文取货,与赋税同,皆重载而归。上素知其弊。遣中使邵光超赐李希烈旌节,希烈赠之仆、马及缣七百匹,黄茗二百斤。上闻之,怒,杖光超六十而流之。于是中使之未归者,皆潜弃所得于山谷,虽与之,莫敢受。

甲子,以神策都知兵马使、右领军大将军王驾鹤为东都园苑使,以司农卿白琇珪代之,更名志贞。驾鹤典禁兵十余年,权行中外,诏下,上恐其生变,崔祐甫召驾鹤与语,留连久之,琇珪已视事矣。

李正己畏上威名,表献钱三十万缗;上欲受之恐见欺,却之则无辞。崔祐甫请遣使慰劳淄青将士,因以正己所献钱赐之,使将士人人戴上恩,又诸道闻之,知朝廷不重货财。上悦,从之。正己大惭服。天下以为太平之治,庶几可望焉。

秋,七月,戊辰朔,日有食之。

礼仪使、吏部尚书颜真卿上言:"上元中,政在宫壶,始增祖宗之谥。玄宗末,奸臣窃命,累圣之谥,有加至十一字者。按周之文、武,言文不称武,言武不称文,岂盛德所不优乎?盖群臣称其至者故也。故谥多不为褒,少不为贬。今累圣谥号太广,有逾古制,请自中宗以上皆从初谥,睿宗曰圣真皇帝,玄宗曰孝明皇帝,肃宗曰宣皇帝,以省文尚质,正名敦本。"上命百官集议,儒学之士,皆从真卿议,独兵部侍郎袁傪,官以兵进,奏言:"陵庙玉册、木主皆已刊勒,不可轻改。"事遂寝。不知陵中玉册所刻,乃初谥也。

初,代宗之世,事多留滞,四夷使者及四方奏计,或连岁不遣,乃于右银台门置客省以处之,及上书言事孟浪者、失职未叙者,亦置其中,动经十岁。常有数百人,并部曲、畜产动以千计,度支廪给,其费甚广。上悉命疏理,拘者出之,事竟者遣之,当叙者任之,岁省谷万九千二百斛。

壬申,毁元载、马璘、刘忠翼之第。初,天宝中,贵戚第舍虽极奢丽,而垣屋高下,犹存制度,然李靖家庙已为杨氏马厩矣。及安、史乱后,法度堕弛,大臣、将帅、宦官竞治第舍,各穷其力而后止,时人谓之木妖。上素疾之,故毁其尤者,仍命马氏献其园,隶宫司,谓之奉成园。

癸丑,减常贡宫中服用锦千匹、服玩数千事。

庚辰,诏回纥诸胡在京师者,各服其服,无得效华人。先是回纥留京师者常千人，商胡伪服而杂居者又倍之，县官日给饔饩，殖赀产，开第舍，市肆美利皆归之，日纵暴横，吏不敢问。或衣华服，诱取妻妾，故禁之。

辛卯，罢天下榷酒收利。

上之在东宫也，国子博士河中张涉为侍读，即位之夕，召涉入禁中，事无大小皆咨之。明日，置于翰林为学士，亲重无比。乙未，以涉为右散骑常侍，仍为学士。

资治通鉴卷第二百二十六

端明殿学士兼翰林侍读学士太中大夫提举西京嵩山崇福宫上柱国河内郡开国公食邑二千二百户食实封九百户赐紫金鱼袋臣 司马光 奉敕编集

唐纪四十二起屠维协洽(己未)八月，尽重光作噩(辛酉)五月，凡一年有奇。

代宗睿文孝武皇帝下

大历十四年(己未、779)

八月，甲辰，以道州司马杨炎为门下侍郎，怀州刺史乔琳为御史大夫，并同平章事。上方励精求治，不次用人，卜相于崔祐甫，祐甫荐炎器业，上亦素闻其名，故自迁谪中用之。琳，太原人，性粗率，喜诙谐，无它长，与张涉善，涉称其才可大用，上信涉言而用之，闻者无不骇愕。

代宗之世，吐蕃数遣使求和，而寇盗不息，代宗悉留其使者，前后八辈，有至老死不得归者；俘获其人，皆配江、岭。上欲以德怀之，乙巳，以随州司马韦伦为太常少卿，使于吐蕃，悉集其俘五百人，各赐袭衣而遣之。

协律郎沈既济上选举议，以为："选用之法，三科而已，曰德也，才也，劳也。今选曹皆不及焉，考校之法，皆在书判、簿历、言词、俯仰而已。夫安行徐言，非德也；丽藻芳翰，非才也；累资积考，非劳也。执此以求天下之士，固未尽矣。今人未土著，不可本于乡闾；鉴不独明，不可专于吏部。臣谨详酌古今，谓五品以上及群司长官，宜令宰臣进叙，吏部、兵部得参议焉。其六品以下或僚佐之属，许州、府辟用，其牧守、将帅或选用非公，则吏部、兵部得察而举之，罪其私冒。不慎举者，小加谴黜，大正刑典。责成授任，谁敢不勉？夫如是，则贤者不奖而自进，不肖者不抑而自退，众才咸得而官无不治矣。今选法皆择才于吏部，试职于州郡。若才职不称，紊乱无任，责于刺史，则曰命官出于吏曹，不敢废也；责于侍郎，则曰量书判、资考而授之，不保其往也；责于令史，则曰按由历、出入而行之，不知其他也。黎庶徒弊，谁任其咎？若牧守自用，则罪将焉逃？必州郡之滥，独换一刺史则革矣。如吏部之滥，虽更其侍郎无益也。盖人物浩浩，不可得而知，法使之然，非主司之过。今诸道节度、都团练、观察、租庸等使，自判官、副将以下，皆使自择，纵其间或有情故，大举其例，十犹七全。则辟吏之法，已试于今，但未及于州县耳。利害之理，较然可观。向令诸使僚佐尽受于选曹，则安能镇方隅之重，理财赋之殷乎！”既济，吴人也。

初，衡州刺史曹王皋有治行，湖南观察使辛京杲疾之，陷以法，贬潮州刺史。时杨炎在道州，知其直，及入相，复擢为衡州刺史。始，皋之遭诬在治，念太妃老，将惊而戚，出则囚服就辨，入则拥笏垂鱼，即贬于潮，以迁入贺，及是，然后跪谢告实。皋，明之玄孙也。

朔方、邠宁节度使李怀光既代郭子仪，邠府宿将史抗、温儒雅、庞仙鹤、张献明、李光逸功名素出怀光右，皆怏怏不服。怀光发兵防秋，屯长武城，军期进退，不时应令。监军翟文秀劝怀光奏令宿卫，怀光遣之，既离营，使人追捕，诬以它罪，且曰：“黄萯之败，职尔之由！”尽杀之。

九月，甲戌，改淮西为淮宁。

西川节度使、同平章事崔宁，在蜀十余年，恃地险兵强，恣为淫侈，朝廷患之而不能易。至是，入朝，加司空，兼山陵使。

南诏王阁罗凤卒，子凤迦异前死，孙异牟寻立。冬，十月，丁酉朔，吐蕃与南诏合兵十万，三道入寇，一出茂州，一出扶、文，一出黎、雅，曰：“吾欲取蜀以为东府。”崔宁在京师，所留诸将不能御，虏连陷州、县，刺史弃城走，士民窜匿山谷。上忧之，趣宁归镇。宁已辞，杨炎言于上曰：“蜀地富饶，宁据有之，朝廷失其外府十四年矣。宁虽入朝，全师尚守其后，贡赋不入，与无蜀同。且宁本与诸将等夷，因乱得位，威令不行。今虽遣之，必恐无功；若其有功，则义不可夺。是蜀地败固失之，胜亦不得也。愿陛下熟察。”上曰：“然则奈何？”对曰：“请留宁，发朱泚所领范阳戍兵数千人，杂禁兵往击之，何忧不克！因而得内亲兵于其腹中，蜀将必不敢动，然后更授他帅，使千里沃壤复为国有，是因小害而收大利也。”上曰：“善。”遂留宁。

初，马璘忌泾原都知兵马使李晟功名，遣入宿卫，为右神策都将。上发禁兵四千人，使晟将之，发邠、陇、范阳兵五千，使金吾大将军安邑曲环将之，以救蜀。东川出军，自江油趣白坝，与山南兵合击吐蕃、南诏，破之。范阳兵追及于七盘，又破之，遂克维、茂二州。李晟追击于大度河外，又破之。吐蕃、南诏饥寒陨于崖谷死者八九万人。吐蕃悔怒，杀诱导使之来者。异牟寻惧，筑苴咩城，延袤十五里，徙居之。吐蕃封之为日东王。

上用法严，百官震悚。以山陵近，禁人屠宰，郭子仪之隶人潜杀羊，载以入城，右金吾将军裴谞奏之。或谓谞曰：“郭公有社稷大功，君独不为之地乎？”谞曰：“此乃吾所以为之地也。郭公勋高望重，上新即位，以为群臣附之者众，吾故发其小过，以明郭公威权不足畏也。如此，上尊天子，下安大臣，不亦可乎？”

己酉，葬睿文孝武皇帝于元陵，庙号代宗。将发引，上送之，见辒辌车不当驰道，稍指丁未之间，问其故，有司对曰："陛下本命在午，不敢冲也。"上哭曰："安有枉灵驾而谋身利乎！"命改辕直午而行。肃宗、代宗皆喜阴阳鬼神，事无大小，必谋之卜祝，故王屿、黎幹以左道得进。上雅不之信，山陵但取七月之期，事集而发，不复择日。

十一月，丁丑，以晋州刺史韩滉为苏州刺史、浙江东、西观察使。

乔琳衰老耳聩，上或时访问，应对失次，所谋议复疏阔。壬午，以琳为工部尚书，罢政事。上由是疏张涉。

杨炎既留崔宁，二人由是交恶。炎托以北边须大臣镇抚，癸巳，以京畿观察使崔宁为单于、镇北大都护、朔方节度使，镇坊州。以荆南节度使张延赏为西川节度使。又以灵盐节度都虞候醴泉杜希全知灵、盐州留后，代州刺史张光晟知单于、振武等城、绥、银、麟、胜州留后，延州刺史李建徽知鄜、坊、丹州留后。时宁既出镇，不当更置留后，炎欲夺宁权，且窥其所为，令三人皆得自奏事，仍讽之使伺宁过失。

十二月，乙卯，立宣王诵为皇太子。

旧制，天下金帛皆贮于左藏，太府四时上其数，比部覆其出入。及第五琦为度支、盐铁使，时京师多豪将，求取无节，琦不能制，乃奏尽贮于大盈内库，使宦官掌之，天子亦以取给为便，故久不出。由是以天下公赋为人君私藏，有司不复得窥其多少，校其赢缩，殆二十年。宦官领其事者三百余员，皆蚕食其中，蟠结根据，牢不可动。杨炎顿首于上前曰："财赋者，国之大本，生民之命，重轻安危，靡不由之。是以前世皆使重臣掌其事，犹或耗乱不集。今独使中人出入盈虚，大臣皆不得知，政之蠹敝，莫甚于此。请出之以归有司，度宫中岁用几何，量数奉入，不敢有乏。如此，然后可以为政。"上即日下诏："凡财赋皆归左藏，一用旧式，岁于数中择精好者三五千匹，进入大盈。"炎以片言移人主意，议者称之。

丙寅晦，日有食之。

湖南贼帅王国良阻山为盗，上遣都官员外郎关播招抚之。辞行，上问以为政之要，对曰："为政之本，必求有道贤人与之为理。"上曰："朕比以下诏求贤，又遣使臣广加搜访，庶几可以为理乎？"对曰："下诏所求及使者所荐，惟得文词干进之士耳，安有有道贤人肯随牒举选乎？"上悦。

崔祐甫有疾，上令肩舆入中书，或休假在第，大事令中使咨决。

德宗神武孝文皇帝一

建中元年（庚申、780）

春，正月，丁卯朔，改元。群臣上尊号曰圣神文武皇帝，赦天下。始用杨炎议，命黜陟使与观察使、刺史“约百姓丁产，定等级，作两税法。比来新旧征科色目，一切罢之，二税外辄率一钱者，以枉法论”。

唐初，赋敛之法曰租、庸、调，有田则有租，有身则有庸，有户则有调。玄宗之末，版籍浸坏，多非其实。及至德兵起，所在赋敛，迫趣取办，无复常准。赋敛之司增数而莫相统摄，各随意征科，自立色目，新故相仍，不知纪极。民富者丁多，率为官、为僧以免课役，而贫者丁多，无所伏匿，故上户优而下户劳。吏因缘蚕食，民旬输月送，不胜困弊，率皆逃徙为浮户，其土著百无四五。至是，炎建议作两税法，先计州县每岁所应费用及上供之数而赋于人，量出以制入。户无土、客，以见居为簿；人无丁、中，以贫富为差。为行商者，在所州县税三十之一，使与居者均，无侥利。居人之税，秋、夏两征之。其租、庸、调杂徭悉省，皆总统于度支。上用其言，因赦令行之。

初，左仆射刘晏为吏部尚书，杨炎为侍郎，不相悦。元载之死，晏有力焉。及上即位，晏久典利权，众颇疾之，多上言转运使可罢，又有风言晏尝密表劝代宗立独孤妃为皇后者。杨炎为宰相，欲为元载报仇，因为上流涕言：“晏与黎干、刘忠翼同谋，臣为宰相不能讨，罪当万死。”崔祐甫言：“兹事暧昧，陛下已旷然大赦，不当复究寻虚语。”炎乃建言：“尚书省，国政之本，比置诸使，分夺其权，今宜复旧。”上从之。甲子，诏天下钱谷皆归金部、仓部，罢晏转运、租庸、青苗、盐铁等使。

二月，丙申朔，命黜陟使十一人分巡天下。先是，魏博节度使田悦事朝廷犹恭顺，河北黜陟使洪经纶不晓时务，闻悦军七万人，符下，罢其四万，令还农。悦阳顺命，如符罢之，既而集应罢者，激怒之曰：“汝曹久在军中，有父母妻子，今一旦为黜陟使所罢，将何资以自衣食乎?”众大哭。悦乃出家财以赐之，使各还部伍。于是军士皆德悦而怨朝廷。

崔祐甫以疾，多不视事。杨炎独任大政，专以复恩仇为事，奏用元载遗策城原州，又欲发两京、关内丁夫浚丰州陵阳渠，以兴屯田。上遣中使诣泾原节度使段秀实，访以利害，秀实以为：“今边备尚虚，未宜兴事以召寇。”炎怒，以为沮己，征秀实为司农卿。丁未，邠宁节度使李怀光兼四镇、北庭行营、泾原节度使，使移军原州，以四镇、北庭留后刘文喜为别驾。京兆尹严郢奏：“案朔方五城，旧屯沃饶之地，自丧乱以来，人功不及，因致荒废，十不耕一。若力可垦辟，不俟浚渠。今发两京、关辅人于丰州浚渠营田，计所得不补所费，而关辅之人不免流散，是虚畿甸而无益军储也。”疏奏，不报。既而陵阳渠竟不成，弃之。

上用杨炎之言，托以奏事不实，己酉，贬刘晏为忠州刺史。

癸丑，以泽潞留后李抱真为节度使。

杨炎欲城原州以复秦、原，命李怀光居前督作，朱泚、崔宁各将万人翼其后。

诏下泾州为城具，泾之将士怒曰："吾属为国家西门之屏，十余年矣。始居邠州，甫营耕桑，有地著之安。徙屯泾州，披荆榛，立军府，坐席未暖，又投之塞外。吾属何罪而至此乎！"李怀光始为邠宁帅，即诛温儒雅等，军令严峻。及兼泾原，诸将皆惧，曰："彼五将何罪而为戮？今又来此，吾属能无忧乎！"刘文喜因众心不安，据泾州，不受诏，上疏复求段秀实为帅，不则朱泚。癸亥，以朱泚兼四镇、北庭行军、泾原节度使，代怀光。

三月，翰林学士、左散骑常侍张涉受前湖南观察使辛京杲金，事觉，上怒，欲置于法。时李忠臣以检校司空、同平章事、奉朝请，言于上曰："陛下贵为天子，而先生以乏财犯法，以臣愚观之，非先生之过也。"上意解，辛未，放涉归田里。辛京杲以私忿杖杀部曲，有司奏京杲罪当死，上将从之。李忠臣曰："京杲当死久矣。"上问其故。忠臣曰："京杲诸父兄弟皆战死，独京杲至今尚存，臣故以为当死久矣。"上悯然，左迁京杲诸王傅。忠臣乘机救人，多此类。

杨炎罢度支、转运使，命金部、仓部代之。既而省职久废，耳目不相接，莫能振举，天下钱谷无所总领。癸巳，复以谏议大夫韩洄为户部侍郎、判度支，以金部郎中万年杜佑权江、淮水陆转运使，皆如旧制。

刘文喜又不受诏，欲自邀旌节，夏，四月，乙未朔，据泾州叛，遣其子质于吐蕃以求援。上命朱泚、李怀光讨之，又命神策军使张巨济将禁兵二千助之。

吐蕃始闻韦伦归其俘，不之信，及俘入境，各还部落，称："新天子出宫人，放禽兽，英威圣德，洽于中国。"吐蕃大悦，除道迎伦。赞普即发使随伦入贡，且致赙赠。癸卯，至京师，上礼接之。既而蜀将上言："吐蕃豺狼，所获俘不可归。"上曰："戎狄犯塞则击之，服则归之。击以示威，归以示信。威信不立，何以怀远！"悉命归之。

代宗之世，每元日、冬至、端午、生日，州府于常赋之外竞为贡献，贡献多者则悦之。武将、奸吏，缘此侵渔下民。癸丑，上生日，四方贡献皆不受。李正己、田悦各献缣三万匹，上悉归之度支以代租赋。

五月，戊辰，以韦伦为太常卿。乙酉，复遣伦使吐蕃。伦请上自为载书，与吐蕃盟。杨炎以为非敌，请与郭子仪辈为载书以闻，令上画可而已，从之。

朱泚等围刘文喜于泾州，杜其出入，而闭壁不与战，久之不拔。天方旱，征发馈运，内外骚然，朝臣上书请赦文喜以苏疲人者，不可胜纪。上皆不听，曰："微孽不除，何以令天下！"文喜使其将刘海宾入奏，海宾言于上曰："臣乃陛下藩邸部曲，岂肯附叛人，必为陛下枭其首以献。但文喜今所求者节而已，愿陛下姑与之，文喜必怠，则臣计得施矣。"上曰："名器不可假人，尔能立效固善，我节不可得也。"使海宾归以告文喜，而攻之如初。减御膳以给军士，城中将士当受春服者，赐予如故。于是众知上意不可移。时吐蕃方睦于唐，不为发兵，城中势穷。庚寅，海宾与诸将共杀文喜，传首，而原州竟不果城。

自上即位，李正己内不自安，遣参佐入奏事，会泾州捷奏至，上使观文喜之首而归。正己益惧。

六月，甲午朔，门下侍郎、同平章事崔祐甫薨。

术士桑道茂上言："陛下不出数年，暂有离宫之厄。臣望奉天有天子气，宜高大其城以备非常。"辛丑，命京兆发丁夫数千，杂六军之士，筑奉天城。

初，回纥风俗朴厚，君臣之等不甚异，故众志专一，劲健无敌。及有功于唐，唐赐遗甚厚，登里可汗始自尊大，筑宫殿以居，妇人有粉黛文绣之饰，中国为之虚耗，而虏俗亦坏。及代宗崩，上遣中使梁文秀往告哀，登里骄不为礼。九姓胡附回纥者，说登里以中国富饶，今乘丧伐之，可有大利。登里从之，欲举国入寇。其相顿莫贺达干，登里之从父兄也，谏曰："唐，大国也，无负于我。吾前年侵太原，获羊马数万，可谓大捷，而道远粮乏，比归，士卒多徒行者。今举国深入，万一不捷，将安归乎？"登里不听。顿莫贺乘人心之不欲南寇也，举兵击杀之，并九姓胡二千人，自立为合骨咄禄毗伽可汗，遣其臣聿达干与梁文秀俱入见，愿为藩臣，垂发不翦，以待册命。乙卯，命京兆少尹临漳源休册顿莫贺为武义成功可汗。

秋，七月，丙寅，邵州贼帅王国良降。国良本湖南牙将，观察使辛京杲使戍武冈，以扞西原蛮。京杲贪暴，国良家富，京杲以死罪加之。国良惧，据县叛，与西原蛮合，聚众千人，侵掠州县，濒湖千里，咸被其害。诏荆、黔、洪、桂诸道合兵讨之，连年不能克。及曹王皋为湖南观察使，曰："驱疲甿，诛反仄，非策之得者也。"乃遗国良书，言："将军非敢为逆，欲救死耳。我与将军俱为辛京杲所构，我已蒙圣朝湔洗，何心复加兵刃于将军乎！将军遇我，不速降，后悔无及。"国良且喜且惧，遣使乞降，犹疑未决。皋乃假为使者，从一骑，越五百里，抵国良壁，鞭其门，大呼曰："我曹王也，来受降！"举军大惊。国良趋出，迎拜请罪。皋执其手，约为兄弟，尽焚攻守之具，散其众，使还农。诏赦国良罪，赐名惟新。

辛巳，遥尊上母沈氏为皇太后。

荆南节度使庾准希杨炎指，奏忠州刺史刘晏与朱泚书求营救，辞多怨望，又奏召补州兵，欲拒朝命，炎证成之。上密遣中使就忠州缢杀之，己丑，乃下诏赐死。天下冤之。

初，安史之乱，数年间，天下户口什亡八九，州县多为藩镇所据，贡赋不入，朝廷府库耗竭，中国多故，戎狄每岁犯边，所在宿重兵，仰给县官，所费不赀，皆倚办于晏。晏初为转运使，独领陕东诸道，陕西皆度支领之，末年兼领，未几而罢。

晏有精力，多机智，变通有无，曲尽其妙。常以厚直募善走者，置递相望，觇报四方物价，虽远方，不数日皆达使司，食货轻重之权，悉制在掌握，国家获利而天下无甚贵甚贱之忧。常以为："办集众务，在于得人，故必择通敏、精悍、廉勤之士而用之；至于句检簿书、出纳钱谷，事虽至细，必委之士类；吏惟书符牒，不得轻出一言。"常言："士陷赃贿，则沦弃于时，名重于利，故士多清修；吏虽洁廉，终无显荣，利重于名，故吏多贪污。"然惟晏能行之，它人效者终莫能逮。其属官虽居数千里外，奉教令如在目前，起居语言，无敢欺绐。当时权贵，或以亲故属之者，晏亦应之，使俸给多少，迁次缓速，皆如其志，然无得亲职事。其场院要剧之官，必尽一时之选。故晏没之后，掌财赋有声者，多晏之故吏也。

晏又以为户口滋多，则赋税自广，故其理财常以养民为先。诸道各置知院官，每旬月，具州县雨雪丰歉之状白使司，丰则贵籴，歉则贱粜，或以谷易杂货供官用，及于丰处卖之。知院官始见不稔之端，先申，至某月须如干蠲免，某月须如干救助，及期，晏不俟州县申请，即奏行之，应民之急，未尝失时，不待其困弊、流亡、饿殍，然后赈之也。由是民得安其居业，户口蕃息。晏始为转运使，时天下见户不过二百万，其季年乃三百余万，在晏所统则增，非晏所统则不增也。其初财赋岁入不过四百万缗，季年乃千余万缗。

晏专用榷盐法充军国之用。时自许、汝、郑、邓之西，皆食河东池盐，度支主之；汴、滑、唐、蔡之东，皆食海盐，晏主之。晏以为官多则民扰，故但于出盐之乡置盐官，收盐户所煮之盐转鬻于商人，任其所之，自余州县不复置官。其江岭间去盐乡远者，转官盐于彼贮之。或商绝盐贵，则减价鬻之，谓之常平盐，官获其利而民不乏盐。其始江、淮盐利不过四十万缗，季年乃六百余万缗，由是国用充足而民不困弊。其河东盐利，不过八十万缗，而价复贵于海盐。

先是，运关东谷入长安者，以河流湍悍，率一斛得八斗至者，则为成劳，受优赏。晏以为江、汴、河、渭，水力不同，各随便宜，造运船，教漕卒，江船达扬州，汴船达河阴，河船达渭口，渭船达太仓，其间缘水置仓，转相受给。自是每岁运谷或至百余万斛，无斗升沉覆者。船十艘为一纲，使军将领之，十运无失，授优劳，官其人。数运之后，无不斑白者。晏于扬子置十场造船，每艘给钱千缗。或言"所用实不及半，虚费太多"。晏曰："不然，论大计者固不可惜小费，凡事必为永久之虑。今始置船场，执事者至多，当先使之私用无窘，则官物坚完矣。若遽与之屑屑校计锱铢，安能久行乎？异日必有患吾所给多而减之者，减半以下犹可也，过此则不能运矣。"其后五十年，有司果减其半。及咸通中，有司计费而给之，无复羡余，船益脆薄易坏，漕运遂废矣。

晏为人勤力，事无闲剧，必于一日中决之，不使留宿，后来言财利者皆莫能及之。

八月，甲午，振武留后张光晟杀回纥使者(董)突〔董〕等九百余人。突董者，武义可汗之叔父也。代宗之世，九姓胡常冒回纥之名，杂居京师，殖货纵暴，与回纥共为公私之患。上即位，命突董尽帅其徒归国，辎重甚盛。至振武，留数月，厚求资给，日食肉千斤，它物称是，纵樵牧者暴践果稼，振武人苦之。光晟欲杀回纥，取其辎重，而畏其众强，未敢发。九姓胡闻其种族为新可汗所诛，多道亡，突董防之甚急。九姓胡不得亡，又不敢归，乃密献策于光晟，请杀回纪。光晟喜其党类自离，许之。上以陕州之辱，心恨回纥。光晟知上旨，乃奏称："回纥本种非多，所辅以强者，群胡耳。今闻其自相鱼肉，顿莫贺新立，移地健有孽子，及国相、梅录各拥兵数千人相攻，国未定。彼无财则不能使其众，陛下不乘此际除之，乃归其人，与之财，正所谓借寇兵赍盗粮者也。请杀之。"三奏，上不许。光晟乃使副将过其馆门，故不为礼，突董怒，执而鞭之数十。光晟勒兵掩击，并群胡尽杀之，聚为京观。独留二胡，使归国为证，曰："回纥鞭辱大将，且谋袭据振武，故先事诛之。"上征光晟为右金吾将军，遣中使王嘉祥往致信币。回纥请得专杀者以复仇，上为之贬光晟为睦王傅以慰其意。

丁未，加卢龙、陇右、泾原节度使朱泚兼中书令，卢龙、陇右节度如故。以舒王谟为四镇、北庭行军、泾原节度大使，以泾州牙前兵马使河中姚令言为留后。谟，邈之子也，早孤，上子之。

癸丑，诏赠太后父、祖、兄、弟官，及自余宗族男女拜官封邑者告第告身，凡百二十有七通，中使以马负而赐之。

九月，壬午，将作奏宣政殿廊坏，十月魁冈，未可修。上曰："但不妨公害人，则吉矣。安问时日!"即命修之。

大历以前，赋敛出纳俸给皆无法，长吏得专之，重以元、王秉政，货赂公行，天下不按赃吏者殆二十年。惟江西观察使路嗣恭按虔州刺史源敷翰，流之。上以宣歙观察使薛邕，文雅旧臣，征为左丞。邕去宣州，盗隐官物以巨万计，殿中侍御史员寓发之。

冬，十月，己亥，贬连山尉。于是州县始畏朝典，不敢放纵。

上初即位，疏斥宦官，亲任朝士，而张涉以儒学入侍，薛邕以文雅登朝，继以赃败。宦官武将得以藉口，曰："南牙文臣赃动至巨万，而谓我曹浊乱天下，岂非欺罔邪!"于是上心始疑，不知所倚仗矣。

中书舍人高参请分遣诸沈访求太后，庚寅，以睦王述为奉迎使，工部尚书乔琳副之，又命诸沈四人为判官，与中使分行诸道求之。

十一月，初令待制官外，更引朝集使二人，访以时政得失，远人疾苦。

先是，公主下嫁者，舅姑拜之，妇不答。上命礼官定公主拜见舅、姑及婿之诸父、兄、姊之仪，舅、姑坐受于中堂，诸父、兄、姊立受于东序，如家人礼。有县主将嫁，择用丁丑，是日，上之从父妹卒，命罢之。有司奏："供张已备，且殇服不足废事。"上曰："尔爱其费，我爱其礼。"卒罢之。至德以来，国家多事，公主、郡、县主多不以时嫁，有华发者，虽居禁中，或十年不见天子。上始引见诸宗女，尊者致敬，卑者存慰，悉命嫁之。所赉小大之物，必经心目。己卯、庚辰二日，嫁岳阳等凡十一县主。

吐蕃见韦伦再至，益喜。十二月，辛卯朔，伦还，吐蕃遣其相论钦明思等入贡。

是岁，册太子母王氏为淑妃。

天下税户三百八万五千七十六，籍兵七十六万八千余人，税钱一千八十九万八千余缗，谷二百一十五万七千余斛。

二年(辛酉、781)

春，正月，戊辰，成德节度使李宝臣薨。宝臣欲以军府传其子行军司马惟岳，以其年少暗弱，豫诛诸将之难制者深州刺史张献诚等，至有十余人同日死者。宝臣召易州刺史张孝忠，孝忠不往，使其弟孝节召之。孝忠使孝节谓宝臣曰："诸将何罪，连颈受戮！孝忠惧死，不敢往，亦不敢叛，正如公不入朝之意耳。"孝节泣曰："如此，孝节必死。"孝忠曰："往则并命，我在此，必不敢杀汝。"遂归，宝臣亦不之罪也。兵马使王武俊，位卑而有勇，故宝臣特亲爱之，以女妻其子士真，士真复厚结其左右。故孝忠、武俊独得全。

及薨，孔目官胡震、家僮王它奴劝惟岳匿丧二十余日，诈为宝臣表，求令惟岳继袭。上不许，遣给事中汲人班宏往问宝臣疾，且谕之。惟岳厚赂宏，宏不受，还报。惟岳乃发丧，自为留后，使将佐共奏求旌节，上又不许。

初，宝臣与李正己、田承嗣、梁崇义相结，期以土地传之子孙。故承嗣之死，宝臣力为之请于朝，使以节授田悦，代宗从之。悦初袭位，事朝廷礼甚恭，河东节度使马燧表其必反，请先为备。至是悦屡为惟岳请继袭，上欲革前弊，不许。或谏曰："惟岳已据父业，不因而命之，必为乱。"上曰："贼本无资以为乱，皆籍我土地，假我位号，以聚其众耳。向日因其所欲而命之多矣，而乱益滋。是爵命不足以已乱，而适足以长乱也。然则惟岳必为乱，命与不命等耳。"竟不许。悦乃与李正己各遣使诣惟岳，潜谋勒兵拒命。

魏博节度副使田庭玠谓悦曰："尔藉伯父遗业，但谨事朝廷，坐享富贵，不亦善乎！奈何无故与恒、郓共为叛臣！尔观兵兴以来，逆乱者谁能保其家乎？必欲行尔之志，可先杀我，无使我见田氏之族灭也。"因称病卧家。悦自往谢之，庭玠闭门不内，竟以忧卒。

成德判官邵真闻李惟岳之谋，泣谏曰："先相公受国厚恩，大夫衰绖之中，遽欲负国，此甚不可。"劝惟岳执李正己使者送京师，且请讨之，曰："如此，朝廷嘉大夫之忠，则旄钺庶几可得。"惟岳然之，使真草奏。长史毕华曰："先公与二道结好二十余年，奈何一旦弃之！且虽执其使，朝廷未必见信。正己忽来袭我，孤军无援，何以待之！"惟岳又从之。

前定州刺史谷从政，惟岳之舅也，有胆略，颇读书，王武俊等皆敬惮之，为宝臣所忌，从政乃称病杜门。惟岳亦忌之，不与图事，日夜独与胡震、王它奴等计议，多散金帛以悦将士。从政往见惟岳曰："今海内无事，自上国来者，皆言天子聪明英武，志欲致太平，深不欲诸侯子孙专地。尔今首违诏命，天子必遣诸道致讨。将士受赏之际，皆言为大夫尽死。苟一战不胜，各惜其生，谁不离心？大将有权者，乘危伺便，咸思取尔以自为功矣。且先相公所杀高班大将，殆以百数，挠败之际，其子弟欲复仇者，庸可数乎！又，相公与幽州有隙，朱滔兄弟常切齿于我，今天子必以为将。滔与吾击柝相闻，计其闻命疾驱，若虎狼之得兽也，何以当之？昔田承嗣从安、史父子同反，身经百战，凶悍闻于天下，违诏举兵，自谓无敌，及卢子期就擒，吴希光归国，承嗣指天垂泣，身无所措。赖先相公按兵不进，且为之祈请，先帝宽仁，赦而不诛，不然，田氏岂有种乎！况尔生长富贵，齿发尚少，不更艰危，乃信左右之言，欲效承嗣所为乎！为尔之计，不若辞谢将佐，使惟诚摄领军府，身自入朝，乞留宿卫，因言惟诚且令摄事。恩命决于圣志，上必悦尔忠义，纵无大位，不失荣禄，永无忧矣。不然，大祸将至，悔之何及。吾亦知尔素疏忌我，顾以舅甥之情，事急，不得不言耳。"惟岳及左右见其言切，益恶之。从政乃复归，杜门称病。惟诚者，惟岳之庶兄也，谦厚好书，得众心，其母妹为李正己子妇。是日，惟岳送惟诚于正己，正己使复姓张，遂仕淄青。惟岳遣王它奴诣从政家，察其起居，从政饮药而卒，且死，曰："吾不惮死，哀张氏今族灭矣！"

刘文喜之死也，李正己、田悦等皆不自安。刘晏死，正己等益惧，相谓曰："我辈罪恶，岂得与刘晏比乎！"会汴州城隘，广之，东方人讹言："上欲东封，故城汴州。"正己惧，发兵万人屯曹州。田悦亦完聚为备，与梁崇义、李惟岳遥相应助，河南士民骚然惊骇。

永平军旧领汴、宋、滑、亳、陈、颍、泗七州，丙子，分宋、亳、颍别为节度使，以宋州刺史刘洽为之；以泗州隶淮南；又以东都留守路嗣恭为怀、郑、汝、陕四州、河阳三城节度使。旬日，又以永平节度使李勉都统洽、嗣恭二道，仍割郑州隶之，选尝为将者为诸州刺史，以备正己等。

初，高力士有养女嫠居东京，颇能言宫中事，女官李真一意其为沈太后，诣使者具言其状。上闻之，惊喜。时沈氏故老已尽，无识太后者，上遣宦官、宫人往验视之，年状颇同，宦官、宫人不审识太后，皆言是。高氏辞称实非太后，验视者益疑之，强迎入居上阳宫。上发宫女百余人，赍乘舆御物就上阳宫供奉。左右诱谕百方，高氏心动，乃自言是。验视者走马入奏，上大喜。二月，辛卯，上以偶日御殿，群臣皆入贺。诏有司草仪奉迎。高氏弟承悦在长安，恐不言，久获罪，遽自言本末。上命力士养孙樊景超往覆视，景超见高氏居内殿，以太后自处，左右侍卫甚严。景超谓高氏曰："姑何自置身于殂上！"左右叱景超使下，景超抗声曰："有诏，太后诈伪，左右可下。"左右皆下殿。高氏乃曰："吾为人所强，非己出也。"以牛车载还其家。上恐后人不复敢言太后，皆不之罪，曰："吾宁受百欺，庶几得之。"自是四方称得太后者数四，皆非是，而真太后竟不知所之。

御史中丞卢杞，弈之子也，貌丑，色如蓝，有口辩。上悦之，丁未，擢为大夫，领京畿观察使。郭子仪每见宾客，姬妾不离侧。杞尝往问疾，子仪悉屏侍妾，独隐几待之。或问其故，子仪曰："杞貌陋而心险，妇人辈见之必笑，它日杞得志。吾族无类矣。"

杨炎既杀刘晏，朝野侧目，李正己累表请晏罪，讥斥朝廷。炎惧，遣腹心分诣诸道，以宣慰为名，实使之密谕节度使云："晏昔附奸邪，请立独孤后，上自恶而杀之。"上闻而恶之，由是有诛炎之志，隐而未发。乙巳，迁炎中书侍郎，擢卢杞为门下侍郎，并同平章事，不专任炎矣。杞蕞陋，无文学，炎轻之，多托疾不与会食，杞亦恨之。杞阴狡，欲起势立威，小不附者必欲置之死地，引太常博士裴延龄为集贤直学士，亲任之。

丙午，更汴宋军名曰宣武。

振武节度使彭令芳苛虐，监军刘惠光贪婪，乙卯，军士共杀之。

发京西防秋兵万二千人戍关东。上御望春楼宴劳将士，神策将士独不饮，上使诘之，其将杨惠元对曰："臣等发奉天，军帅张巨济戒之曰：'此行大建功名，凯旋之日，相与为欢。苟未捷，勿饮酒。'故不敢奉诏。"及行，有司缘道设酒食，独惠元所部瓶罂不发。上深叹美，赐书劳之。惠元，平州人也。

三月，置溵州于郾城。

辛巳，以汾州刺史王翃为振武军使、镇北、绥、银等州留后。

遣殿中少监崔汉衡使于吐蕃。

梁崇义虽与李正己等连结，兵势寡弱，礼数最恭。或劝其入朝，崇义曰："来公有大功于国，上元中为阉宦所谗，迁延稽命，及代宗嗣位，不俟驾入朝，犹不免族诛。吾岁久衅积，何可往也！"淮宁节度使李希烈屡请讨之，崇义惧，益修武备。流人郭昔告崇义为变，崇义闻之，请罪，上为之杖昔，远流之，使金部员外郎李舟诣襄州谕旨以安之。舟尝奉使诣刘文喜，为陈祸福，文喜囚之，会帐下杀文喜以降，诸道跋扈者闻之，谓舟能覆城杀将。至襄州，崇义恶之。舟又劝崇义入朝，言颇切直，崇义益不悦。及遣使宣慰诸道，舟复诣襄州，崇义拒境不内，上言“军中疑惧，请易以它使。”时两河诸镇方猜阻，上欲示恩信以安之，夏，四月，庚寅，加崇义同平章事，妻子悉加封赏，赐以铁券，遣御史张著赍手诏征之，仍以其裨将蔺杲为邓州刺史。

五月，丙寅，以军兴，增商税为什一。

田悦卒与李正己、李惟岳定计，连兵拒命，遣兵马使孟祐将步骑五千北助惟岳。薛嵩之死也，田承嗣盗据洺、相二州，朝廷独得邢、磁二州及临洺县。悦欲阻山为境，曰：“邢、磁如两眼，在吾腹中，不可不取。”乃遣兵马使康愔将八千人围邢州，别将杨朝光将五千人栅于邯郸西北，以断昭义救兵，悦自将兵数万围临洺。邢州刺史李共、临洺将张伾坚壁拒守。

贝州刺史邢曹俊，田承嗣旧将也，老而有谋，悦宠信牙官扈崿而疏之。及攻临洺，召曹俊问计。曹俊曰：“兵法十围五攻，尚书以逆犯顺，势更不侔。今顿兵坚城之下，粮竭卒尽，自亡之道也。不若置万兵于崞口以遏西师，则河北二十四州皆为尚书有矣。”诸将恶其异己，共毁之，悦不用其策。

资治通鉴卷第二百二十七

端明殿学士兼翰林侍读学士太中大夫提举西京嵩山崇福宫上柱国河内郡开国公食邑二千二百户食实封九百户赐紫金鱼袋臣 司马光 奉敕编集

唐纪四十三起重光作噩(辛酉)六月，尽玄黓阉茂(壬戌)，凡一年有奇。

德宗神武圣文皇帝二

建中二年(辛酉、781)

六月，庚寅，以浙江东、西观察使、苏州刺史韩滉为润州刺史、浙江东、西节度使，名其军曰镇海。

张著至襄阳，梁崇义益惧，陈兵而见之。蔺杲得诏不敢发，驰见崇义，请命。崇义对著号泣，竟不受诏。著复命。

癸巳，进李希烈爵南平郡王，加汉南、汉北兵马招讨使，督诸道兵讨之。杨炎谏曰:“希烈为董秦养子，亲任无比，卒逐秦而夺其位。为人狼戾无亲，无功犹屈强不法，使平崇义，何以制之?”上不听。炎固争之，上益不平。荆南牙门将吴少诚以取梁崇义之策干李希烈，希烈以少诚为前锋。少诚，幽州潞人也。

时内自关中，西暨蜀、汉，南尽江、淮、闽、越，北至太原，所在出兵，而李正己遣兵扼徐州甬桥、涡口，梁崇义阻兵襄阳，运路皆绝，人心震恐。江、淮进奉船千余艘，泊涡口不敢进。上以和州刺史张万福为濠州刺史。万福驰至涡口，立马岸上，发进奉船，淄青将士停岸睥睨不敢动。

辛丑，汾阳忠武王郭子仪薨。子仪为上将，拥强兵，程元振、鱼朝恩谗谤百端，诏书一纸征之，无不即日就道，由是谗谤不行。尝遣使至田承嗣所，承嗣西望拜之曰:“此膝不屈于人若干年矣。”李灵曜据汴州作乱，公私物过汴者皆留之，惟子仪物不敢近，遣兵卫送出境。校中书令考凡二十四，月入俸钱二万缗，私产不在焉，府库珍货山积。家人三千人，八子、七婿皆为朝廷显官，诸孙数十人，每问安，不能尽辨，颔之而已。仆固怀恩、李怀光、浑瑊辈皆出麾下，虽贵为王公，常颐指役使，趋走于前，家人亦以仆隶视之。天下以其身为安危者殆三十年，功盖天下而主不疑，位极人臣而众不疾，穷奢极欲而人不非之，年八十五而终。其将佐至大官、为名臣者甚众。

壬子，以怀、郑、河阳节度副使李芃为河阳、怀州节度使，割东畿五县隶焉。

北庭、安西自吐蕃陷河、陇，隔绝不通，伊西、北庭节度使李元忠、四镇留后郭昕帅将士闭境拒守，数遣使奉表，皆不达，声问绝者十余年。至是，遣使间道历诸胡自回纥中来，上嘉之。秋，七月，戊午朔，加元忠北庭大都护，赐爵宁塞郡王；以昕为安西大都护、四镇节度使，赐爵武威郡王。将士皆迁七资。元忠姓名，朝廷所赐也，本姓曹，名令忠；昕，子仪弟〔之子〕也。

李希烈以久雨未进军，上怪之，卢杞密言于上曰："希烈迁延，以杨炎故也。陛下何爱炎一日之名而堕大功，不若暂免炎相以悦之，事平复用，无伤也。"上以为然。庚申，以炎为左仆射，罢政事。以前永平节度使张镒为中书侍郎、同平章事。镒，齐丘之子也。以朔方节度使崔宁为右仆射。

丙子，赠故伊州刺史袁光庭工部尚书。光庭天宝末为伊州刺史，吐蕃陷河、陇，光庭坚守累年，吐蕃百方诱之，不下。粮竭兵尽，城且陷，光庭先杀妻子，然后自焚。郭昕使至，朝廷始知之，故赠官。

辛巳，以邠宁节度使李怀光兼朔方节度使。

癸未，河东节度使马燧，昭义节度使李抱真，神策先锋都知兵马使李晟，大破田悦于临洺。

时悦攻临洺，累月不拔，城中食且尽，府库竭，士卒多死伤。张伾饰其爱女，使出拜将士曰："诸君守战甚苦，伾家无它物，请鬻此(安)〔女〕为将士一日之费。"众皆哭，曰："愿尽死力，不敢言赏。"李抱真告急于朝，诏马燧将步骑二万与抱真讨悦，又遣李晟将神策兵与之俱；又诏幽州留后朱滔讨惟岳。燧等军未出险，先遣使持书谕悦，为好语，悦谓燧畏之，不设备。又与抱真合兵八万，东下壶关，军于邯郸，击悦支军，破之。悦方急攻临洺，分李惟岳兵五千助杨朝光。明日，燧等进攻朝光栅，悦将万余人救之，燧命大将李自良等御之于双冈，令之曰："悦得过，必斩尔！"自良等力战，悦军却。燧推火车焚朝光栅，斩朝光，获首虏五千余级。居五日，燧等进军至临洺，悦悉众力战，凡百余合，悦兵大败，斩首万余级。悦引兵夜遁，邢州围亦解。

时平卢节度使李正己已薨，子纳秘之，擅领军务。悦求救于纳及李惟岳，纳遣大将卫俊将兵万人，惟岳遣兵三千人救之。悦收合散卒，得二万余人，军于洹水，淄青军其东，成德军其西，首尾相应。马燧帅诸军进屯邺，奏求河阳兵自助，诏河阳节度使李芃将兵会之。

八月，李纳始发丧，奏请袭父位，上不许。

梁崇义发兵至江陵，至四望，大败而归，乃收兵襄、邓。李希烈引军循汉而上，与诸道兵会，崇义遣其将翟晖、杜少诚逆战于蛮水，希烈大破之；追至疎口，又破之。二将请降，希烈使将其众先入襄阳慰谕军民。崇义闭城拒守，守者开门争出，不可禁。崇义与妻赴井死，传首京师。

范阳节度使朱滔将讨李惟岳，军于莫州。张孝忠将精兵八千守易州，滔遣判官蔡雄说孝忠曰："惟岳乳臭儿，敢拒朝命，今昭义、河东军已破田悦，淮宁李仆射克襄阳，计河南诸军，朝夕北向，恒、魏之亡，可伫立而须也。使君诚能首举易州以归朝廷，则破惟岳之功自使君始，此转祸为福之策也。"孝忠然之，遣牙官程华诣滔，遣录事参军董稹奉表诣阙，滔又上表荐之。上悦，九月，辛酉，以孝忠为成德节度使。命惟岳护丧归朝，惟岳不从。孝忠德滔，为子茂和娶滔女，深相结。

壬戌，加李希烈同平章事。

初，李希烈请讨梁崇义，上对朝士亟称其忠。黜陟使李承自淮西还，言于上曰："希烈必立微功，但恐有功之后，偃蹇不臣，更烦朝廷用兵耳。"上不以为然。希烈既得襄阳，遂据之为己有，上乃思承言。时承为河中尹，甲子，以承为山南东道节度使。上欲以禁兵送上，承请单骑赴镇。至襄阳，希烈置之外馆，迫胁万方，承誓死不屈，希烈乃大掠阖境所有而去。承治之期年，军府稍完。希烈留牙将于襄州，守其所掠财，由是数有使者往来。承亦遣其腹心臧叔雅往来许、蔡，厚结希烈腹心周曾等，与之阴图希烈。

初，萧嵩家庙临曲江，玄宗以娱游之地，非神灵所宅，命徙之。杨炎为相，恶京兆尹严郢，左迁大理卿。卢杞欲陷炎，引郢为御史大夫。先是，炎将营家庙，有宅在东都，凭河南尹赵惠伯卖之，惠伯买以为官廨，郢按之，以为有羡利。杞召大理正田晋议法，晋以为："律，监临官市贾有羡利，以乞取论，当夺官。"杞怒，贬晋衡州司马。更召它吏议法，以为："监主自盗，罪当绞。"炎庙正直萧嵩庙地，杞因谮炎，云"兹地有王气，故玄宗令嵩徙之。炎有异志，故于其地建庙"。冬，十月，乙未，炎自左仆射贬崖州司马，遣中使护送，未至崖州百里，缢杀之。惠伯自河中尹贬费州多田尉，寻亦杀之。

辛丑，册太子妃萧氏。

癸卯，祫太庙。先是，太祖既正东向之位，献、懿二祖皆藏西夹室，不飨。至是，复奉献祖东向而飨之。

徐州刺史李洧，正己之从父兄也。李纳寇宋州，彭城令太原白季庚说洧举州归国。洧从之，遣摄巡官崔程奉表诣(门)〔阙〕，且使口奏，并白宰相，以"徐州不能独抗纳，乞领徐、海、沂三州观察使，况海、沂二州，今皆为纳有。洧与刺史王涉、马万通素有约，苟得朝廷诏书，必能成功。"程自外来，以为宰相一也，先白张镒，镒以告卢杞。杞怒其不先白己，不从其请。戊申，加洧御史大夫，充招谕使。

十一月，戊午，以永乐公主适检校比部郎中田华，上不欲违先志故也。

蜀王傀更名遂。

辛酉，宣武节度使刘洽，神策都知兵马使曲环，滑州刺史襄平李澄，朔方大将唐朝臣，大破淄青、魏博之兵于徐州。

先是，李纳遣其将王温会魏博将信都崇庆共攻徐州，李洧遣牙官温人王智兴诣阙告急。智兴善走，不五日而至。上为之发朔方兵五千人，以朝臣将之，与洽、环、澄共救之。时朔方军资装不至，旗服弊恶，宣武人嗤之曰："乞子能破贼乎！"朝臣以其言激怒士卒，且曰："都统有令，先破贼营者，营中物悉与之。"士皆愤怒争奋。

崇庆、温攻彭城，二旬不能下，请益兵于纳。纳遣其将石隐金将万人助之，与刘洽等相拒于七里沟。日向暮，洽引军稍却，朔方马军使杨朝晟言于唐朝臣曰："公以步兵负山而陈，以待两军，我以骑兵伏于山曲，贼见悬军势孤，必搏之。我以伏兵绝其腰，必败之。"朝臣从之。崇庆等果将骑二千逾桥而西，追击官军，伏兵发，横击之。崇庆等兵中断，狼狈而返，阻桥以拒官军。其兵有争桥不得，涉水而度者。朝晟指之曰："彼可涉，吾何为不涉！"遂涉水击，据桥者皆走，崇庆等兵大溃。洽等乘之，斩首八千级，溺死过半。朔方军士尽得其辎重，旗服鲜华，乃谓宣武人曰："乞子之功，孰与宋多？"宣武人皆惭。官军乘胜逐北，至徐州城下，魏博、淄青军解围走，江、淮漕运始通。

己巳，诏削李惟岳官爵，募所部降者，赦而赏之。

甲申，淮南节度使陈少游遣兵击海州，其刺史王涉以州降。

十二月，李纳密州刺史马万通乞降，丁酉，以为密州刺史。

崔汉衡至吐蕃，赞普以敕书称贡献及赐，全以臣礼见处。又，雲州之西，当以贺兰山为境，邀汉衡更请之。丁未，汉衡遣判官与吐蕃使者入奏，上为之改敕书、境土，皆如其请。

加马燧魏博招讨使。

三年（壬戌、782）

春，正月，河阳节度使李艽引兵逼卫州，田悦守将任履虚诈降，既而复叛。

马燧等诸军屯于漳滨。田悦遣其将王光进筑月城以守长桥，诸军不得度。燧以铁锁连车数百乘，实以土囊，塞其下流，水浅，诸军涉度。时军中乏粮，悦等深壁不战。燧命诸军持十日粮，进屯仓口，与悦夹洹水而军。李抱真、李艽问曰："粮少而深入，何也？"燧曰："粮少则利速战，今三镇连兵不战，欲以老我师。我若分军击其左右，悦必救之，则我腹背受敌，战必不利。故进军逼悦，所谓攻其所必救也。彼苟出战，必为诸君破之。"乃为三桥逾洹水，日往挑战，悦不出。燧令诸军夜半起食，潜师循洹水直趋魏州，令曰："贼至，则止为陈。"留百骑击鼓鸣角于营中，仍抱薪持火，俟诸军毕发，则止鼓角匿其旁，伺悦军毕度，焚其桥。军行十里所，悦闻之，帅淄青、成德步骑四万逾桥掩其后，乘风纵火，鼓噪而进。燧按兵不动，先除其前草莽百步为战场，结陈以待之，募勇士五千余人为前列。悦军至，火止，气衰，燧纵兵击之，悦军大败。神策、昭义、河阳军小却，见河东军捷，还斗，又破之。追奔至，三桥已焚，悦军乱，赴水溺死不可胜纪，斩首二万余级，捕虏三千余人，尸相枕藉三十余里。

悦收余兵千余人走魏州。马燧与李抱真不协，顿兵平邑浮图，迁延不进。悦夜至南郭，大将李长春闭关不内，以俟官军，久之，天且明，长春乃开门纳之。悦杀长春，婴城拒守。城中士卒不满数千，死者亲戚，号哭满街。悦忧惧，乃持佩刀，乘马立府门外，悉集军民，流涕言曰："悦不肖，蒙淄青、成德二丈人保荐，嗣守伯父业，今二丈人即世，其子不得承袭，悦不敢忘二丈人大恩，不量其力，辄拒朝命，丧败至此，使士大夫肝脑涂地，皆悦之罪也。悦有老母，不能自杀，愿诸公以此刀断悦首，提出城降马仆射，自取富贵，无为与悦俱死也。"因从马上自投地。将士争前抱持悦曰："尚书举兵徇义，非私己也。一胜一负，兵家之常。某辈累世受恩，何忍闻此！愿奉尚书一战，不胜则以死继之。"悦曰："诸公不以悦丧败而弃之，悦虽死，敢忘厚意于地下！"乃与诸将各断发，约为兄弟，誓同生死。悉出府库所有及敛富民之财，得百余万，以赏士卒，众心始定。复召贝州刺史邢曹俊，使之整部伍，缮守备，军势复振。

李纳军于濮阳，为河南军所逼，奔还濮州，征援兵于魏州。田悦遣军使符璘将三百骑送之，璘父令奇谓璘曰："吾老矣，历观安、史辈叛乱者，今皆安在？田氏能久乎！汝因此弃逆从顺，是汝扬父名于后世也。"啮臂而别。璘遂与其副李瑶帅众降于马燧。悦收族其家，令奇慢骂而死。瑶父再春以博州降，悦从兄昂以洺州降，王光进以长桥降。悦入城旬余日，马燧等诸军始至城下，攻之，不克。

丙寅，李惟岳遣兵与孟祐守束鹿，朱滔、张孝忠攻拔之，进围深州。惟岳忧惧，掌书记邵真复说惟岳，密为表，先遣弟惟简入朝，然后诛诸将之不从命者，身自入朝，使妻父冀州刺史郑诜权知节度事，以待朝命。惟简既行，孟祐知其谋，密遣告田悦。悦大怒，使衙官扈岌往见惟岳，让之曰："尚书举兵，正为大夫求旌节耳，非为己也。今大夫乃信邵真之言，遣弟奉表，悉以反逆之罪归尚书，自求雪身，尚书何负于大夫而至此邪！若相为斩邵真，则相待如初；不然，当与大夫绝矣。"判官毕华言于惟岳曰："田尚书以大夫之故陷身重围，大夫一旦负之，不义甚矣。且魏博、淄青兵强食富，足抗天下，事未可知，奈何遽为二三之计乎！"惟岳素怯，不能守前计，乃引邵真，对扈岌斩之。发成德兵万人，与孟祐俱围束鹿。丙寅，朱滔、张孝忠与战于束鹿城下，惟岳大败，烧营而遁。

兵马使王武俊为左右所构，惟岳疑之，惜其才，未忍除也。束鹿之战，使武俊为前锋，私自谋曰：“我破朱滔，则惟岳军势大振，归，杀我必矣。”故战不甚力而败。

朱滔欲乘胜攻恒州，张孝忠引兵西北，军于义丰。滔大惊，孝忠将佐皆怪之，孝忠曰：“恒州宿将尚多，未易可轻。迫之则并力死斗，缓之则自相图。诸君弟观之，吾军义丰，坐待惟岳之殄灭耳。且朱司徒言大而识浅，可与共始，难与共终也。”于是滔亦屯束鹿，不敢进。

惟岳将康日知以赵州归国，惟岳益疑王武俊，武俊甚惧。或谓惟岳曰：“先相公委腹心于武俊，使之辅佐大夫，又有骨肉之亲。武俊勇冠三军，今危难之际，复加猜阻。若无武俊，欲使谁为大夫却敌乎！”惟岳以为然，乃使步军使卫常宁与武俊共击赵州，又使王士真将兵宿府中以自卫。

癸未，蜀王遂更名遡。

淮南节度使陈少游拔海、密二州，李纳复攻陷之。

王武俊既出恒州，谓卫常宁曰：“武俊今幸出虎口，不复归矣。当北归张尚书。”常宁曰：“大夫暗弱，信任左右，观其势终为朱滔所灭。今天子有诏，得大夫首者，以其官爵与之。中丞素为众所服，与其出亡，曷若倒戈以取大夫，转祸为福，如反掌耳。事苟不捷，归张尚书，未晚也。”武俊深以为然。会惟岳使要藉谢遵至赵州城下，武俊引遵同谋取惟岳。遵还，密告王士真。闰月，甲辰，武俊、常宁自赵州引兵还袭惟岳。遵与士真矫惟岳命，启城门纳之。黎明，武俊帅数百骑突入府门，士真应之于内，杀十余人。武俊令曰：“大夫叛逆，将士归顺，敢违拒者族！”众莫敢动。遂执惟岳，收郑诜、毕华、王它奴等，皆杀之。武俊以惟岳旧使之子，欲生送之长安，常宁曰：“彼见天子，将复以叛逆之谋归咎于中丞。”乃缢杀之，传首京师。深州刺史杨荣国，惟岳姊夫也，降于朱滔，滔使复其位。

复榷天下酒，惟西京不榷。

二月，戊午，李惟岳所署定州刺史杨政义降。时河北略定，惟魏州未下。河南诸军攻李纳于濮州，纳势日蹙。朝廷谓天下不日可平。甲子，以张孝忠为易、定、沧三州节度使，王武俊为恒冀都团练观察使，康日知为深赵都团练观察使，以德、棣二州隶朱滔，令还镇。滔固请深州，不许，由是怨望，留屯深州。王武俊素轻张孝忠，自以手诛李惟岳，功在康日知上，而孝忠为节度使，己与康日知俱为都团练使，又失赵、定二州，亦不悦。又诏以粮三千石给朱滔，马五百匹给马燧。武俊以为朝廷不欲使故人为节度使，魏博既下，必取恒冀，故先分其粮马以弱之，疑未肯奉诏。

田悦闻之，遣判官王侑、许士则间道至深州，说朱滔曰：“司徒奉诏讨李惟岳，旬朔之间，拔束鹿，下深州，惟岳势蹙，故王大夫因司徒胜势，得以枭惟岳之首，此皆司徒之功也。又天子明下诏书，令司徒得惟岳城邑，皆隶本镇，今乃割深州以与日知，是自弃其信也。且今上志欲扫清河朔，不使蕃镇承袭，将悉以文臣代武臣。魏亡，则燕、赵为之次矣；若魏存，则燕、赵无患。然则司徒果有意矜魏博之危而救之，非徒得存亡继绝之义，亦子孙万世之利也。”又许以贝州赂滔。滔素有异志，闻之，大喜，即遣王侑归报魏州，使将士知有外援，各自坚。又遣判官王郅与许士则俱诣恒州，说王武俊曰：“大夫出万死之计，诛逆首，拔乱根，康日知不出赵州，岂得与大夫同日论功？而朝廷褒赏略同，谁不为大夫愤邑者！今又闻有诏支粮马与邻道，朝廷之意，盖以大夫善战无敌，恐为后患，先欲贫弱军府，俟平魏之日，使马仆射北首，朱司徒南向，共相灭耳。朱司徒亦不敢自保，使郅等效愚计，欲与大夫共救田尚书而存之。大夫自留粮马以供军，朱司徒不欲以深州与康日知，愿以与大夫，请早定刺史以守之。三镇连兵，若耳目手足之相救，则它日永无患矣。”武俊亦喜，许诺，即遣判官王巨源使于滔，且令知深州事，相与刻日举兵南向。滔又遣人说张孝忠，孝忠不从。

宣武节度使刘洽攻李纳于濮州，克其外城。纳于城上涕泣求自新，李勉又遣人说之，癸卯，纳遣其判官房说以其母弟经及子成务入见。会中使宋凤朝称纳势穷蹙，不可舍，上乃囚说等于禁中，纳遂归郓州，复与田悦等合。朝廷以纳势未衰，三月，乙未，始以徐州刺史李洧兼徐、海、沂都团练观察使，海、沂已为纳所据，洧竟无所得。

李纳之初反也，其所署德州刺史李西华备守甚严，都虞候李士真密毁西华于纳，纳召西华还府，以士真代之。士真又以诈召棣州刺史李长卿，长卿过德州，士真劫之，与同归国。夏，四月，戊午，以士真、长卿为二州刺史。士真求援于朱滔，滔已有异志，遣大将李济时将三千人声言助士真守德州，且召士真诣深州议军事，至则留之，使济时领州事。

庚申，吐蕃归向所俘掠兵民八百人。

上遣中使发卢龙、恒冀、易定兵万人诣魏州讨田悦。王武俊不受诏，执使者送朱滔。滔言于众曰：“将士有功者，吾奏求官勋，皆不遂。今欲与诸君敕装共趋魏州，击破马燧以取温饱，何如？”皆不应。三问，乃曰：“幽州之人，自安、史之反，从而南者无一人得还，今其遗人痛入骨髓。况太尉、司徒皆受国宠荣，将士亦各蒙官勋，诚且愿保目前，不敢复有侥冀。”滔默然而罢。乃诛大将数十人，厚抚循其士卒。康日知闻其谋，以告马燧，燧以闻。上以魏州未下王武俊复叛，力未能制滔，壬戌，赐滔爵通义郡王，冀以安之。滔反谋益甚，分兵营于赵州以逼康日知，以深州授王巨源，武俊以其子士真为恒、冀、深三州留后，将兵围赵州。

涿州刺史刘怦，与滔同县人，其母，滔之姑也，滔使知幽州留后，闻滔欲救田悦，以书谏之曰："今昌平故里，朝廷改为太尉乡、司徒里，此亦丈夫不朽之名也。但以忠顺自持，则事无不济。窃思近日务大乐战，不顾成败而家灭身屠者，安、史是也。怦忝密亲，默而无告，是负重知。惟司徒图之，无贻后悔。"滔虽不用其言，亦嘉其尽忠，卒无疑贰。

滔将起兵，恐张孝忠为后患，复遣牙官蔡雄往说之。孝忠曰："昔者司徒发幽州，遣人语孝忠曰'李惟岳负恩为逆'，谓孝忠归国即为忠臣。孝忠性直，用司徒之教。今既为忠臣矣，不复助逆也。且孝忠与武俊皆出夷落，深知其心最喜翻覆。司徒勿忘鄙言，它日必相念矣。"雄复欲以巧辞说之，孝忠怒，欲执送京师。雄惧，逃归。滔乃使刘怦将兵屯要害以备之。孝忠完城砺兵，独居强寇之间，莫之能屈。

滔将步骑二万五千发深州，至束鹿。诘旦将行，吹角未毕，士卒忽大乱，喧噪曰："天子令司徒归幽州，奈何违敕南救田悦？"滔大惧，走入驿后堂避匿。蔡雄与兵马使宗项等矫谓士卒曰："汝辈勿喧，听司徒传令。"众稍止。雄又曰："司徒将发范阳，恩旨令得李惟岳州县即有之，司徒以幽州少丝纩，故与汝曹竭力血战以取深州，冀得其丝纩以宽汝曹赋率，不意国家无信，复以深州与康日知。又，朝廷以汝曹有功，赐绢人十匹，至魏州西境，尽为马仆射所夺。司徒但处范阳，富贵足矣，今兹南行，乃为汝曹，非自为也。汝曹不欲南行，任自归北，何用喧悖，乖失军礼！"众闻言，不知所为，乃曰："敕使何得不为军士守护赏物！"遂入敕使院，擘裂杀之。又呼曰："虽知司徒此行为士卒，终不如且奉诏归镇。"雄曰："然则汝曹各还部伍，诘朝复往深州，休息数日，相与归镇耳。"众然后定。滔即引军还深州，密令诸将访察唱率为乱者，得二百余人，悉斩之，余众股栗。乃复举兵而南，众莫敢前却。进取宁晋，留屯以待王武俊。武俊将步骑万五千取元氏，东趣宁晋。

武俊之始诛李惟岳也，遣判官孟华入见。上问以河朔利害，华性忠直，有才略，应对慷慨，上悦，以为恒冀团练副使。会武俊与朱滔有异谋，上遽遣华归谕旨。华至，武俊已出师，华谏曰："圣意于大夫甚厚，苟尽忠义，何患官爵之不崇，土地之不广，不日天子必移康中丞于它镇，深、赵终为大夫之有，何苦遽自同于逆乱乎！异日无成，悔之何及！"华向在李宝臣幕府，以直道已为同列所忌，至是为副使，同列尤疾之，言于武俊曰："华以军中阴事奏天子，请为内应，故得超迁。是将覆大夫之军，大夫宜备之。"武俊以其旧人，不忍杀，夺职，使归私第。

田悦恃援兵将至，遣其将康愔将万余人出城西，与马燧等战于御河上，大败而还。

时两河用兵，月费百余万缗，府库不支数月。太常博士韦都宾、陈京建议，以为："货利所聚，皆在富商，请括富商钱，出万缗者，借其余以供军。计天下不过借一二千商，则数年之用足矣。”上从之。甲子，诏借商人钱，令度支条上。判度支杜佑大索长安中商贾所有货，意其不实，辄加搒捶，人不胜苦，有缢死者，长安嚣然如被寇盗。计所得才八十余万缗。又括僦柜质钱，凡蓄积钱帛粟麦者，皆借四分之一，封其柜窖。百姓为之罢市，相帅遮宰相马自诉，以千万数。卢杞始慰谕之，势不可遏，乃疾驱自他道归。计并借商所得，才二百万缗，人已竭矣。京，叔明之五世孙也。

甲戌，以昭义节度副使、磁州刺史卢玄卿为洺州刺史兼魏博招讨副使。

初，李抱真为泽潞节度使，马燧领河阳三城，抱真欲杀怀州刺史杨钵，钵奔燧，燧纳之，且奏其无罪，抱真怒。及同讨田悦，数以事相恨望，二人怨隙遂深，不复相见。由是诸军逗桡，久无成功，上数遣中使和解之。及王武俊逼赵州，抱真分麾下二千人戍邢州，燧大怒曰：“馀贼未除，宜相与戮力，乃分兵自守其地，我宁得独战邪！”欲引兵归。李晟说燧曰：“李尚书以邢、赵连壤，分兵守之，诚未有害。今公遽自引去，众谓公何！”燧悦，乃单骑造抱真垒，相与释憾结欢。会洺州刺史田昂请入朝，燧奏以洺州隶抱真，请玄卿为刺史，兼充招讨之副。李晟军先隶抱真，又请兼隶燧，以示协和。上皆从之。

卢龙节度行军司马蔡廷玉恶判官郑雲逵，言于朱泚，奏贬莫州参军。雲逵妻，朱滔之女也，滔复奏为掌书记。雲逵深构廷玉于滔，廷玉又与检校大理少卿朱体微言于泚曰：“滔在幽镇，事多专擅，其性非长者，不可以兵权付之。”滔知之，大怒，数与泚书，请杀二人者，泚不从，由是兄弟颇有隙。及滔拒命，上欲归罪于廷玉等以悦滔，甲子，贬廷玉柳州司户，体微万州南浦尉。

宣武节度使刘洽攻李纳之濮阳，降其守将高彦昭。

朱滔遣人以蜡书置髻中遗朱泚，欲与同反。马燧获之，并使者送长安，泚不之知。上驿召泚于凤翔，至，以蜡书并使者示之，泚惶恐顿首请罪。上曰：“相去千里，初不同谋，非卿之罪也。”因留之长安私第，赐名园、腴田、锦彩、金银甚厚，以安其意，其幽州、卢龙节度、太尉、中书令并如故。

上以幽州兵在凤翔，思得重臣代之。卢杞忌张镒忠直，为上所重，欲出之于外，己得专总朝政，乃对曰：“朱泚名位素崇，凤翔将校班秩已高，非宰相信臣，无以镇抚，臣请自行。”上俯首未言，杞又曰：“陛下必以臣貌寝，不为三军所伏，固惟陛下神算。”上乃顾镒曰：“才兼文武，望重内外，无以易卿。”镒知为杞所排而无辞以免，因再拜受命。戊寅，以镒兼凤翔尹、陇右节度等使。

初，卢杞与御史大夫严郢共构杨炎、赵惠伯之狱，炎死，杞复忌郢。会蔡廷玉等贬官，殿中侍御史郑詹误递文符至昭应送之，廷玉等行已至蓝田，召还而东，廷玉等以为执己送朱滔，至灵宝西，赴河死。上闻之，骇异，卢杞因奏：“朱泚必疑以为诏旨，请遣三司使案詹。"又言："御史所为，必禀大夫，请并郢案之。"狱未具，壬午，杞奏杖杀詹于京兆府；贬郢费州刺史，卒于贬所。

上初即位，崔祐甫为相，务崇宽大，故当时政声蔼然，以为有贞观之风。及卢杞为相，知上性多忌，因以疑似离间群臣，始劝上以严刻御下，中外失望。

淮南节度使陈少游奏，本道税钱每千请增二百。五月，丙戌，诏增它道税钱皆如淮南，又盐每斗价皆增百钱。

朱滔、王武俊自宁晋南救魏州，辛卯，诏朔方节度使李怀光将朔方及神策步骑万五千人东讨田悦，且拒滔等。滔行至宗城，掌书记郑雲逵、参谋田景仙弃滔来降。

丁酉，加河东节度使马燧同平章事。

辛亥，置义武军节度于定州，以易、定、沧三州隶之。

张光晟之杀突董也，上欲遂绝回纥，召册可汗使源休还太原。久之，乃复遣休送突董及翳密施、大、小梅录等四丧还其国，可汗遣其宰相颉子思迦等迎之。颉子思迦坐大帐，立休等于帐前雪中，诘以杀突董之状，欲杀者数四，供待甚薄，留五十余日，乃得归。可汗使人谓之曰："国人皆欲杀汝以偿怨，我意则不然。汝国已杀突董等，我又杀汝，如以血洗血，污益甚耳。今吾以水洗血，不亦善乎！唐负我马直绢百八十万匹，当速归之。"遣其散支将军康赤心随休入见，休竟不得见可汗而还。〔六月〕，己卯，至长安，诏以帛十万匹、金银十万两偿其马直。休有口辩，卢杞恐其见上得幸，乘其未至，先除光禄卿。

朱滔、王武俊军至魏州，田悦具牛酒出迎，魏人欢呼动地。滔营于惬山，是日，李怀光军亦至，马燧等盛军容迎之。滔以为袭己，遽出陈。怀光勇而无谋，欲乘其营垒未就击之。燧请且休将士，观衅而动，怀光曰："彼营垒既立，将为后患，此时不可失也。"遂击滔于惬山之西，杀步卒千余人，滔军崩沮。怀光按辔观之，有喜色。士卒争入滔营取宝货，王武俊引二千骑横冲怀光军，军分为二，滔引兵继之，官军大败，蹙入永济渠溺死者不可胜数，人相蹈藉，其积如山，水为之不流。马燧等各收军保垒。是夕，滔等堰永济渠入王莽故河，绝官军粮道及归路，明日，水深三尺余。马燧惧，遣使卑辞谢滔，求与诸节度归本道，奏天子，请以河北事委五郎处之。滔欲许之，王武俊以为不可，滔不从。秋，七月，燧与诸军涉水而西，退保魏县以拒滔，滔乃谢武俊，武俊由是恨滔。后数日，滔等亦引兵营魏县东南，与官军隔水相拒。

李纳求援于滔等，滔遣魏博兵马使信都承庆将兵助之。纳攻宋州，不克，遣兵马使李克信、李钦遥戍濮阳、南华以拒刘洽。

甲辰，以淮宁节度使李希烈兼平卢、淄青、兖郓、登莱、齐州节度使，讨李纳。

又以河东节度使马燧兼魏博、澶相节度使，加朔方、邠宁节度使李怀光同平章事。

神策行营招讨使李晟请以所将兵北解赵州之围，与张孝忠合势图范阳，上许之，晟自魏州引兵北趋赵州，王士真解围去。晟留赵州三日，与孝忠合兵北略恒州。

演州司马李孟秋举兵反，自称安南节度使，安南都护辅良交讨斩之。

八月，丁未，置汴东、西水陆运、两税、盐铁使二人，度支总其大要而已。

辛酉，以泾原留后姚令言为节度使。

卢杞恶太子太师颜真卿，欲出之于外。真卿谓杞曰："先中丞传首至平原，真卿以舌舐面血。今相公忍不相容乎？"杞矍然起拜，然恨之益甚。

九月，癸卯，殿中少监崔汉衡自吐蕃归，赞普遣其臣区颊赞随汉衡入见。

冬，十月，辛亥，以湖南观察使曹王皋为江南西道节度使。皋至洪州，悉集将佐，简阅其才，得牙将伊慎、王锷等，擢为大将，引荆襄判官许孟容置幕府。慎，兖州人；孟容，长安人也。慎常从李希烈讨梁崇义，希烈爱其才，欲留之，慎逃归。希烈闻皋用慎，恐为己患，遗慎七属甲，诈为复书，坠之境上。上闻之，遣中使即军中斩慎，皋为之论雪，未报。会江贼三千余众入寇，皋遣慎击贼自赎，慎击破之，斩首数百级而还，由是得免。

卢杞秉政，知上必更立相，恐其分己权，乘间荐吏部侍郎关播儒厚，可以镇风俗。丙辰，以播为中书侍郎、同平章事。政事皆决于杞，播等敛衽无所可否。上尝从容与宰相论事，播意有所不可，起立欲言，杞目之而止。还至中书，杞谓播曰："以足下端悫少言，故相引至此，向者奈何发口欲言邪！"播自是不复敢言。

戊辰，遣都官员外郎河中樊泽使于吐蕃，告以结盟之期。

丙子，肃王详薨。

十一月，己卯朔，加淮南节度使陈少游同平章事。

田悦德朱滔之救，与王武俊议奉滔为主，称臣事之，滔不可，曰："惬山之捷，皆大夫二兄之力，滔何敢独居尊位？"于是幽州判官李子千、恒冀判官郑濡等共议："请与郓州李大夫为四国，俱称王而不改年号，如昔诸侯奉周家正朔。筑坛同盟，有不如约者，众共伐之。不然，岂得常为叛臣，茫然无主，用兵既无名，有功无官爵为赏，使将吏何所依归乎！"滔等皆以为然。滔乃自称冀王，田悦称魏王，王武俊称赵王，仍请李纳称齐王。是日，滔等筑坛于军中，告天而受之。滔为盟主，称孤；武俊、悦、纳称寡人。所居堂曰殿，处分曰令，群下上书曰笺，妻曰妃，长子曰世子。各以其所治州为府，置留守兼元帅，以军政委之。又置东西曹，视门下、中书省；左右内史，视侍中、中书令。余官皆仿天朝而易其名。

武俊以孟华为司礼尚书，华竟不受，呕血死。以兵马使卫常宁为内史监，委以军事。常宁谋杀武俊，武俊腰斩之。武俊遣其将张终葵寇赵州，康日知击斩之。

李希烈帅所部兵三万徙镇许州，遣所亲诣李纳，与谋共袭汴州。遣使告李勉，云已兼领淄青，欲假道之官。勉为之治桥、具馔以待之，而严为之备。希烈竟不至，又密与朱滔等交通，纳亦数遣游兵渡汴以迎希烈。由是东南转输者皆不敢由汴渠，自蔡水而上。

十二月，丁丑，李希烈自称天下都元帅、太尉、建兴王。时朱滔等与官军相拒累月，官军有度支馈粮，诸道益兵，而滔与王武俊孤军深入，专仰给于田悦，客主日益困弊。闻李希烈军势甚盛，颇怨望，乃相与谋遣使诣许州，劝希烈称帝，希烈由是自称天下都元帅。

司天少监徐承嗣请更造《建中正元历》，从之。

资治通鉴卷第二百二十八

端明殿学士兼翰林侍读学士太中大夫提举西京嵩山崇福宫上柱国河内郡开国公食邑二千二百户食实封九百户赐紫金鱼袋臣 司马光 奉敕编集

唐纪四十四起昭阳大渊献(癸亥)正月,尽十月,不满一年。

德宗神武圣文皇帝三

建中四年(癸亥、783)

春,正月,丁亥,陇右节度使张镒与吐蕃尚结赞盟于清水。

庚寅,李希烈遣其将李克诚袭陷汝州,执别驾李元平。元平,本湖南判官,薄有才艺,性疏傲,敢大言,好论兵。关播奇之,荐于上,以为将相之器,以汝州距许州最近,擢元平为汝州别驾,知州事。元平至州,即募工徒治城。希烈阴使壮士往应募执役,入数百人,元平不之觉。希烈遣克诚将数百骑突至城下,应募者应之于内,缚元平驰去。元平为人眇小,无须,见希烈恐惧,便液污地。希烈骂之曰:"盲宰相以汝当我,何相轻也!"以判官周晃为汝州刺史,又遣别将董待名等四出抄掠,取尉氏,围郑州,官军数为所败。逻骑西至彭婆,东都士民震骇,窜匿山谷。留守郑叔则入保西苑。

上问计于卢杞,对曰:"希烈年少骁将,恃功骄慢,将佐莫敢谏止。诚得儒雅重臣,奉宣圣泽,为陈逆顺祸福,希烈必革心悔过,可不劳军旅而服。颜真卿三朝旧臣,忠直刚决,名重海内,人所信服,真其人也!"上以为然。甲午,命真卿诣许州宣慰希烈,诏下,举朝失色。真卿乘驿至东都,郑叔则曰:"往必不免,宜少留,须后命。"真卿曰:"君命也,将焉避之?"遂行。李勉表言:"失一元老,为国家羞,请留之。"又使人邀真卿於道,不及。真卿与其子书,但敕以"奉家庙,抚诸孤"而已。至许州,欲宣诏旨,希烈使其养子千余人环绕慢骂,拔刃拟之,为将钊啗之势。真卿足不移,色不变。希烈遽以身蔽之,麾众令退,馆真卿而礼之。希烈欲遣真卿还,会李元平在座,真卿责之,元平惭而起,以密启白希烈。希烈意遂变,留真卿不遣。

朱滔、王武俊、田悦、李纳各遣使诣希烈,上表称臣,劝进。使者拜舞于希烈前,说希烈曰:"朝廷诛灭功臣,失信天下。都统英武自天,功烈盖世,已为朝廷所猜忌,将有韩、白之祸,愿亟称尊号,使四海臣民知有所归。"希烈召颜真卿示之曰:"今四王遣使见推,不谋而同,太师观此事势,岂吾独为朝廷所忌无所自容邪?"真卿曰:"此乃四凶,何谓四王!相公不自保功业,为唐忠臣,乃与乱臣贼子相从,求与之同覆灭邪!"希烈不悦,扶真卿出。它日,又与四使同宴,四使曰:"久闻太师重望,今都统将称大号而太师适至,是天以宰相赐都统也。"真卿叱之曰:"何谓宰相!汝知有骂安禄山而死者颜杲卿乎?乃吾兄也。吾年八十,知守节而死耳,岂受汝曹诱胁乎!"四使不敢复言。希烈乃使甲士十人守真卿于馆舍,掘坎于庭,云欲坑之。真卿怡然,见希烈曰:"死生已定,何必多端!亟以一剑相与,岂不快公心事邪!"希烈乃谢之。

戊戌,以左龙武大将军哥舒曜为东都、汝州节度使,将凤翔、邠宁、泾原、奉天、好畤行营兵万余人讨希烈,又诏诸道共讨之。曜行至郏城,遇希烈前锋将陈利贞,击破之。希烈势小沮。曜,翰之子也。

希烈使其将封有麟据邓州,南路遂绝,贡献、商旅皆不通。壬寅,诏治上津山路,置邮驿。

二月,戊申朔,命鸿胪卿崔汉衡送区颊赞还吐蕃。

丙寅,以河阳三城、怀、卫州为河阳军。

丁卯,哥舒曜克汝州,擒周晃。

三月,戊寅,江西节度使曹王皋败李希烈将韩霜露于黄梅,斩之。辛卯,拔黄州。时希烈兵栅蔡山,险不可攻。皋声言西取蕲州,引舟师溯江而上,希烈之将引兵循江随战。去蔡山三百余里,皋乃复放舟顺流而下,急攻蔡山,拔之。希烈兵还救之,不及而败。皋遂进拔蕲州,表伊慎为蕲州刺史,王锷为江州刺史。

淮宁都虞候周曾、镇遏兵马使王玢、押牙姚憺、韦清密输款于李勉。李希烈遣曾与十将康秀琳将兵三万攻哥舒曜,至襄城,曾等密谋还军袭希烈,奉颜真卿为节度使,使玢、憺、清为内应。希烈知之,遣别将李克诚将骡军三千人袭曾等,杀之,并杀玢、憺及其党。甲午,诏赠曾等官。始,韦清与曾等约,事泄不相引,故独得免。清恐终及祸,说希烈请诣朱滔乞师,希烈遣之,行至襄邑,逃奔刘洽。希烈闻周曾等有变,闭壁数日。其党寇尉氏、郑州者闻之,亦遁归。希烈乃上表归咎于周曾等,引兵还蔡州,外示悔过从顺,实待朱滔等之援也。置颜真卿于龙兴寺。

丁酉,荆南节度使张伯仪与淮宁兵战于安州,官军大败,伯仪仅以身免,亡其所持节。希烈使人以其节及俘馘示颜真卿,真卿号恸投地,绝而复苏,自是不复与人言。

夏,四月,上以神策军使白志贞为京城召募使,募禁兵以讨李希烈。志贞请诸尝为节度、观察、都团练使者,不问存没,并勒其子弟帅奴马自备资装从军,授以五品官,贫者甚苦之,人心始摇。

上命宰相、尚书与吐蕃区颊赞盟于丰邑里，区颊赞以清水之盟，疆埸未定，不果盟。己未，命崔汉衡入吐蕃，决于赞普。

庚申，加永平、宣武、河阳都统李勉淮西招讨使，东都、汝州节度使哥舒曜为之副；以荆南节度使张伯仪为淮西应援招讨使，山南东道节度使贾耽、江西节度使曹王皋为之副。上督哥舒曜进兵，曜至颍桥，遇大雨，还保襄城。李希烈遣其将李光辉攻襄城，曜击却之。

五月，乙酉，颍王璬薨。

乙未，以宣武节度使刘洽兼淄青招讨使。

李晟谋取涿、莫二州，以绝幽、魏往来之路，与张孝忠之子升雲围朱滔所署易州刺史郑景济于清苑，累月不下。滔以其司武尚书马寔为留守，将步骑万余守魏营，自将步骑万五千救清苑。李晟军大败，退保易州。滔还军瀛州，张升雲奔满城。会晟病甚，引军还保定州。

王武俊以滔既破李晟，留屯瀛州，未还魏桥，遣其给事中宋端趣之。端见滔，言颇不逊，滔怒，使谓武俊曰："滔以热疾，暂未南还，大王二兄遽有云云。滔以救魏博之故，叛君弃兄，如脱屣耳。二兄必相疑，惟二兄所为！"端还报，武俊自辨于马寔，寔以状白滔，言："赵王知宋端无礼于大王，深加责让，实无它志。"武俊亦遣承令官郑和随寔使者见滔，谢之。滔乃悦，相待如初。然武俊以是益恨滔矣。

六月，李抱真使参谋贾林诣武俊壁诈降，武俊见之。林曰："林来奉诏，非降也。"武俊色动，问其故，林曰："天子知大夫宿著诚效，及登坛之日，抚膺顾左右曰：'我本徇忠义，天子不察。'诸将亦尝共表大夫之志。天子语使者曰：'朕前事诚误，悔之无及。朋友失意，尚可谢，况朕为四海之主乎！'"武俊曰："仆胡人也，为将尚知爱百姓，况天子，岂专以杀人为事乎！今山东连兵，暴骨如莽，就使克捷，与谁守之？仆不惮归国，但已与诸镇结盟。胡人性直，不欲使曲在己，天子诚能下诏赦诸镇之罪，仆当首唱从化，诸镇有不从者，请奉辞伐之。如此，则上不负天子，下不负同列，不过五旬，河朔定矣。"使林还报抱真，阴相约结。

庚戌，初行税间架、除陌钱法。时河东、泽潞、河阳、朔方四军屯魏县，神策、永平、宣武、淮南、浙西、荆南、江泗、沔鄂、湖南、黔中、剑南、岭南诸军环淮宁之境。旧制，诸道军出境，则仰给度支。上优恤士卒，每出境，加给酒肉，本道粮仍给其家，一人兼三人之给，故将士利之。各出军才逾境而止，月费钱百三十余万缗，常赋不能供。判度支赵赞乃奏行二法：所谓税间架者，每屋两架为间，上屋税钱二千，中税千，下税五百，吏执笔握算，入人室庐计其数。或有宅屋多而无它资者，出钱动数百缗。敢匿一间，杖六十，赏告者钱五十缗。所谓除陌钱者，公私给与及卖买，每缗官留五十钱，给它物及相贸易者，约钱为率。敢隐钱百，杖六十，罚钱二千，赏告者钱十缗，其赏钱皆出坐事之家。于是愁怨之声，盈于远近。

丁卯，徙郴王逾为丹王，鄜王遘为简王。

庚午，答蕃判官监察御史于頔与吐蕃使者论剌没藏至自青海，言疆埸已定，请遣区颊赞归国。秋，七月，甲申，以礼部尚书李揆为入蕃会盟使。壬辰，诏诸将相与区颊赞盟于城西。李揆有才望，卢杞恶之，故使之入吐蕃。揆言于上曰："臣不惮远行，恐死于道路，不能达诏命。"上为之恻然，谓杞曰："揆无乃太老？"对曰："使远夷，非谙练朝廷故事者不可。且揆行，则自今年少于揆者，不敢辞远使矣。"

八月，丁未，李希烈将兵三万围哥舒曜于襄城，诏李勉及神策将刘德信将兵救之。乙卯，希烈将曹季昌以随州降，寻复为其将康叔夜所杀。

初，上在东宫，闻监察御史嘉兴陆贽名，即位，召为翰林学士，数问以得失。时两河用兵久不决，赋役日滋，贽以兵穷民困，恐别生内变，乃上奏，其略曰："克敌之要，在乎将得其人；驭将之方，在乎操得其柄。将非其人者，兵虽众不足恃；操失其柄者，将虽材不为用。"又曰："将不能使兵，国不能驭将，非止费财玩寇之弊，亦有不戢自焚之灾。"又曰："今两河、淮西为叛乱之帅者，独四五凶人而已。尚恐其中或傍遭诖误，内蓄危疑，苍黄失图，势不得止。况其余众，盖并胁从，苟知全生，岂愿为恶？"又曰："无纾目前之虞，或兴意外之患。人者，邦之本也。财者，人之心也。其心伤则其本伤，其本伤则枝干颠瘁矣。"又曰："人摇不宁，事变难测，是以兵贵拙速，不尚巧迟。若不靖于本而务救于末，则救之所为，乃祸之所起也。"

又论关中形势，以为："王者蓄威以昭德，偏废则危；居重以驭轻，倒持则悖。王畿者，四方之本也。太宗列置府兵，分隶禁卫，大凡诸府八百余所，而在关中者殆五百焉。举天下不敌关中，则居重驭轻之意明矣。承平渐久，武备浸微，虽府卫具存而卒乘罕习。故禄山窃倒持之柄，乘外重之资，一举滔天，两京不守。尚赖西边有兵，诸牧有马，每州有粮，故肃宗得以中兴。乾元之后，继有外虞，悉师东讨，边备既弛，禁戎亦空，吐蕃乘虚，深入为寇，故先皇帝莫与为御，避之东游。是皆失居重驭轻之权，忘深根固柢之虑。内寇则崤、函失险，外侵则汧、渭为戎。于斯之时，虽有四方之师，宁救一朝之患，陛下追想及此，岂不为之寒心哉！今朔方、太原之众，远在山东；神策六军之兵，继出关外。傥有贼臣啗寇，黠虏觑边，伺隙乘虚，微犯亭障，此愚臣所窃忧也，未审陛下其何以御之？

侧闻伐叛之初，议者多易其事，佥谓有征无战，役不逾时，计兵未甚多，度费未甚广，于事为无扰，于人为不劳。曾不料兵连祸拏，变故难测，日引月长，渐乖始图。往岁为天下所患，咸谓除之则可致升平者，李正己、李宝臣、梁崇义、田悦是也。往岁谓国家所信，咸谓任之则可除祸乱者，朱滔、李希烈是也。既而正己死，李纳继之；宝臣死，惟岳继之；崇义卒，希烈叛；惟岳戮，朱滔携。然则往岁之所患者，四去其三矣，而患竟不衰；往岁之所信者，今则自叛矣，而余又难保。是知立国之安危在势，任事之济否在人。势苟安，则异类同心也；势苟危，则舟中敌国也。陛下岂可不追鉴往事，惟新令图，修偏废之柄以靖人，复倒持之权以固国，而乃孜孜汲汲，极思劳神，徇无已之求，望难必之效乎！今关辅之间，征发已甚，宫苑之内，备卫不全。万一将帅之中，又如朱滔、希烈，或负固边垒，诱致豺狼，或窃发郊畿，惊犯城阙，此亦愚臣所窃为忧者也，未审陛下复何以备之？陛下傥过听愚计，所遣神策六军李晟等及节将子弟，悉可追还。明敕泾、陇、邠、宁，但令严备封守，仍云更不征发，使知各保安居。又降德音，罢京城及畿县间架等杂税，则冀已输者弭怨，见处者获宁，人心不摇，邦本自固。”上不能用。

壬戌，以汴西运使崔纵兼魏州四节度都粮料使。纵，涣之子也。

九月，丙戌，神策将刘德信、宣武将唐汉臣与淮宁将李克诚战，败于沪涧。时李勉遣汉臣将兵万人救襄城，上遣德信帅诸将家应募者三千人助之。勉奏：“李希烈精兵皆在襄城，许州空虚，若袭许州，则襄城围自解。”遣二将趣许州，未至数十里，上遣中使责其违诏，二将狼狈而返，无复斥候。克诚伏兵邀之，杀伤太半，汉臣奔大梁，德信奔汝州。希烈游兵剽掠至伊阙，勉复遣其将李坚帅四千人助守东都，希烈以兵绝其后，坚军不得还。汴军由是不振，襄城益危。

上以诸军讨淮宁者不相统壹，庚子，以舒王谟为荆襄等道行营都元帅，更名谊。以户部尚书萧复为长史，右庶子孔巢父为左司马，谏议大夫樊泽为右司马，自余将佐皆选中外之望。未行，会泾师作乱而止。复，嵩之孙；巢父，孔子三十七世孙也。

上发泾原等诸道兵救襄城。冬，十月，丙午，泾原节度使姚令言将兵五千至京师。军士冒雨，寒甚，多携子弟而来，冀得厚赐遗其家，既至，一无所赐。丁未，发至浐水，诏京兆尹王翃犒师，惟粝食菜馅，众怒，蹴而覆之，因扬言曰：“吾辈将死于敌，而食且不饱，安能以微命拒白刃邪！闻琼林、大盈二库，金帛盈溢，不如相与取之。”乃擐甲张旗鼓噪，还趣京城。令言入辞，尚在禁中，闻之，驰至长乐阪，遇之。军士射令言，令言抱马鬣突入乱兵，呼曰：“诸君失计。东征立功，何患不富贵，乃为族灭之计乎？”军士不听，以兵拥令言而西。上遽命赐帛，人二匹，众益怒，射中使。又命中使宣慰，贼已至通化门外，中使出门，贼杀之。又命出金帛二十车赐之，贼已入城，喧声浩浩，不复可遏。百姓狼狈骇走，贼大呼告之曰：“汝曹勿恐，不夺汝商货僦质矣！不税汝间架陌钱矣！”上遣普王谊、翰林学士姜公辅出慰谕之，贼已陈于丹凤门外，小民聚观者以万计。

初，神策军使白志贞掌召募禁兵，东征死亡者志贞皆隐不以闻，但受市井富儿赂而补之，名在军籍受给赐，而身居市廛为贩鬻。司农卿段秀实上言：“禁兵不精，其数全少，卒有患难，将何待之？”不听。至是，上召禁兵以御贼，竟无一人至者。贼已斩关而入，上乃与王贵妃、韦淑妃、太子、诸王、唐安公主自苑北门出，王贵妃以传国宝系衣中以从。后宫诸王、公主不及从者什七八。

初，鱼朝恩既诛，宦官不复典兵，有窦文场、霍仙鸣者，尝事上于东宫，至是，帅宦官左右仅百人以从，使普王谊前驱，太子执兵以殿。司农卿郭曙以部曲数十人猎苑中，闻跸，谒道左，遂以其众从。曙，暧之弟也。右龙武军使令狐建方教射于军中，闻之，帅麾下四百人从，乃使建居后为殿。

姜公辅叩马言曰：“朱泚尝为泾帅，坐弟滔之故，废处京师，心尝怏怏。臣尝谓陛下既不能推心待之，则不如杀之，毋贻后患。今乱兵若奉以为主，则难制矣。请召使从行。”上仓猝不暇用其言，曰：“无及矣！”遂行。夜至咸阳，饭数匕而过。时事出非意，群臣皆不知乘舆所之。卢杞、关播逾中书垣而出。白志贞、王翃及御史大夫于颀、中丞刘从一、户部侍郎赵赞、翰林学士陆贽、吴通微等追及上于咸阳。颀，頔之从父兄弟；从一，齐贤之从孙也。

贼入宫，登含元殿，大呼曰：“天子已出，宜人自求富！”遂讙噪，争入府库，运金帛，极力而止。小民因之，亦入宫盗库物，出而复入，通夕不已。其不能入者，剽夺于路。诸坊居民各相帅自守。姚令言与乱兵谋曰：“今众无主，不能持久，朱太尉闲居私第，请相与奉之。”众许诺，乃遣数百骑迎朱泚于晋昌里第。夜半，泚按辔列炬，传呼入宫，居含元殿，设警严，自称权知六军。

戊申旦，泚徙居白华殿，出榜于外，称：“泾原将士久处边陲，不闲朝礼，辄入宫阙，致惊乘舆，西出巡幸。太尉已权临六军，应神策等军士及文武百官凡有禄食者，悉诣行在。不能往者，即诣本司。若出三日，检勘彼此无名者，皆斩！”于是百官出见泚。或劝迎乘舆，泚不悦，百官稍稍遁去。

源休以使回纥还，赏薄，怨朝廷，入见泚，屏人密语移时，为泚陈成败，引符命，劝之僭逆。泚喜，然犹未决。宿卫诸军举白幡降者，列于阙前甚众。泚夜于苑门出兵，旦自通化门入，骆驿不绝，张弓露刃，欲以威众。

上思桑道茂之言，自咸阳幸奉天。县僚闻车驾猝至，欲逃匿山谷，主簿苏弁止之。弁，良嗣之兄孙也。文武之臣稍稍继至。己酉，左金吾大将军浑瑊至奉天。瑊素有威望，众心恃之稍安。

庚戌，源休劝朱泚禁十城门，毋得出朝士，朝士往往易服为佣仆潜出。休又为泚说诱文武之士，使之附泚。检校司空、同平章事李忠臣久失兵柄，太仆卿张光晟自负其才，皆郁郁不得志，泚悉起而用之。工部侍郎蒋镇出亡，坠马伤足，为泚所得。先是休以才能，光晟以节义，镇以清素，都官员外郎彭偃以文学，太常卿敬钉以勇略，皆为时人所重，至是皆为泚用。

凤翔、泾原将张廷芝、段诚谏将数千人救襄城，未出潼关，闻朱泚据长安，杀其大将陇右兵马使戴兰，溃归于泚。泚于是自谓众心所归，反谋遂定。以源休为京兆尹、判度支，李忠臣为皇城使。百司供亿，六军宿卫，咸拟乘舆。

辛亥，以浑瑊为京畿、渭北节度使，行在都虞候白志贞为都知兵马使，令狐建为中军鼓角使，以神策都虞候侯仲庄为左卫将军兼奉天防城使。

朱泚以司农卿段秀实久失兵柄，意其必怏怏，遣数十骑召之。秀实闭门拒之，骑士逾垣入，劫之以兵。秀实自度不免，乃谓子弟曰："国家有患，吾于何避之，当以死徇社稷。汝曹宜人自求生。"乃往见泚。泚喜曰："段公来，吾事济矣。"延坐问计。秀实说之曰："公本以忠义著闻天下，今泾军以犒赐不丰，遽有披猖，使乘舆播越。夫犒赐不丰，有司之过也，天子安得知之？公宜以此开谕将士，示以祸福，奉迎乘舆，复归宫阙，此莫大之功也。"泚默然不悦，然以秀实与已皆为朝廷所废，遂推心委之。左骁卫将军刘海宾、泾原都虞候何明礼、孔目官岐灵岳，皆秀实素所厚也，秀实密与之谋诛泚，迎乘舆。

上初至奉天，诏征近道兵入援。有上言："朱泚为乱兵所立，且来攻城，宜早修守备。"卢杞切齿言曰："朱泚忠贞，群臣莫及，奈何言其从乱，伤大臣心！臣请以百口保其不反。"上亦以为然。又闻群臣劝泚奉迎，乃诏诸道援兵至者皆营于三十里外。姜公辅谏曰："今宿卫单寡，防虑不可不深。若泚竭忠奉迎，何惮于兵多；如其不然，有备无患。"上乃悉召援兵入城。卢杞及白志贞言于上曰："臣观朱泚心迹，必不至为逆，愿择大臣入京城宣慰以察之。"上以问从臣，皆畏惮，莫敢行。金吾将军吴溆独请行，上悦。溆退而告人曰："食其禄而违其难，何以为臣！吾幸托肺附，非不知往必死，但举朝无蹈难之臣，使圣情慊慊耳。"遂奉诏诣泚。泚反谋已决，虽阳为受命，馆溆于客省，寻杀之。溆，凑之兄也。

泚遣泾原兵马使韩旻将锐兵三千，声言迎大驾，实袭奉天。时奉天守备单弱，段秀实谓岐灵岳曰："事急矣！"使灵岳诈为姚令言符，令旻且还，当与大军俱发。窃令言印未至，秀实倒用司农印印符，募善走者追之。旻至骆驿，得符而还。秀实谓同谋曰："旻来，吾属无类矣！我当直搏泚杀之，不克则死，终不能为之臣也。"乃令刘海宾、何明礼阴结军中之士，欲使应之于外。旻兵至，泚、令言大惊，岐灵岳独承其罪而死，不以及秀实等。

是日，泚召李忠臣、源休、姚令言及秀实等议称帝事。秀实勃然起，夺休象笏，前唾泚面，大骂曰："狂贼！吾恨不斩汝万段，岂从汝反邪！"因以笏击泚，泚举手扞之，才中其额，溅血洒地。泚与秀实相搏恟恟，左右猝愕，不知所为。海宾不敢进，乘乱而逸。忠臣前助泚，泚得匍匐脱走。秀实知事不成，谓泚党曰："我不同汝反，何不杀我！”众争前杀之。泚一手承血，一手止其众曰：“义士也，勿杀。”秀实已死，泚哭之甚哀，以三品礼葬之。海宾缞服而逃，后二日，捕得，杀之，亦不引何明礼。明礼从泚攻奉天，复谋杀泚，亦死。上闻秀实死，恨委用不至，涕泗久之。

壬子，以少府监李昌巙为京畿、渭南节度使。

凤翔节度使、同平章事张镒，性儒缓，好修饰边幅，不习军事，闻上在奉天，欲迎大驾，具服用货财，献于行在。后营将李楚琳，为人剽悍，军中畏之，尝事朱泚，为泚所厚。行军司马齐映与同幕齐抗言于镒曰：“不去楚琳，必为乱首。”镒命楚琳出屯陇州。楚琳托事不时发。镒方以迎驾为忧，谓楚琳已去矣。楚琳夜与其党作乱，镒缒城而走，贼追及，杀之，判官王沼等皆死。映自水窦出，抗为佣保负荷而逃，皆免。

始，上以奉天迫隘，欲幸凤翔，户部尚书萧复闻之，遽请见曰：“陛下大误，凤翔将卒皆朱泚故部曲，其中必有与之同恶者。臣尚忧张镒不能久，岂得以銮舆蹈不测之渊乎！”上曰：“吾行计已决，试为卿留一日。”明日，闻凤翔乱，乃止。

齐映、齐抗皆诣奉天，以映为御史中丞，抗为侍御史。楚琳自为节度使，降于朱泚。陇州刺史郝通奔于楚琳。

商州团练兵杀其刺史谢良辅。

朱泚自白华殿入宣政殿，自称大秦皇帝，改元应天。癸丑，泚以姚令言为侍中、关内元帅，李忠臣为司空兼侍中，源休为中书侍郎、同平章事、判度支，蒋镇为吏部侍郎，樊系为礼部侍郎，彭偃为中书舍人，自余张光晟等各拜官有差。立弟滔为皇大弟。姚令言与源休共掌朝政，凡泚之谋画、迁除、军旅、资粮，皆禀于休。休劝泚诛剪宗室在京城者以绝人望，杀郡王、王子、王孙凡七十七人。寻又以蒋镇为门下侍郎，李子平为谏议大夫，并同平章事。镇忧惧，每怀刀欲自杀，又欲亡窜，然性怯，竟不果。源休劝泚诛朝士之窜匿者以胁其余，镇力救之，赖以全者甚众。樊系为泚撰册文，既成，仰药而死。大理卿胶水蒋沇诣行在，为贼所得，逼以官，沇绝食称病，潜窜得免。

哥舒曜食尽，弃襄城奔洛阳。李希烈陷襄城。

右龙武将军李观将卫兵千余人从上于奉天，上委之召募，数日，得五千余人，列之通衢，旗鼓严整，城人为之增气。

姚令言之东出也，以兵马使京兆冯河清为泾原留后，判官河中姚况知泾州事。河清、况闻上幸奉天，集将士大哭，激以忠义，发甲兵、器械百余车，通夕输行在。城中方苦无甲兵，得之，士气大振。诏以河清为四镇、北庭行营、泾原节度使，况为行军司马。

上至奉天数日，右仆射、同平章事崔宁始至，上喜甚，抚劳有加。宁退，谓所亲曰："主上聪明英武，从善如流，但为卢杞所惑，以至于此。"因潸然出涕。杞闻之，与王翃谋陷之。翃言于上曰："臣与宁俱出京城，宁数下马便液，久之不至，有顾望意。"会朱泚下诏，以左丞柳浑同平章事，宁为中书令。浑，襄阳人也，时亡在山谷。翃使盩厔尉康湛诈为宁遗朱泚书，献之。杞因谮宁与朱泚结盟，约为内应，故独后至。乙卯，上遣中使引宁就幕下，云宣密旨，二力士自后缢杀之，中外皆称其冤。上闻之，乃赦其家。

朱泚遣使遗朱滔书，称："三秦之地，指日克平；大河之北，委卿除殄。当与卿会于洛阳。"滔得书，西向舞蹈，宣示军府，移牒诸道，以自夸大。

上遣中使告难于魏县行营，诸将相与恸哭。李怀光帅众赴长安，马燧、李芃各引兵归镇，李抱真退屯临洺。

丁巳，以户部尚书萧复为吏部尚书，吏部郎中刘从一为刑部侍郎，翰林学士姜公辅为谏议大夫，并同平章事。

朱泚自将逼奉天，军势甚盛。以姚令言为元帅，张光晟副之，以李忠臣为京兆尹、皇城留守，仇敬忠为同、华等州节度使、拓东王，以扞关东之师，李日月为西道先锋经略使。

邠宁留后韩游瓌，庆州刺史论惟明，监军翟文秀，受诏将兵三千拒泚于便桥，与泚遇于醴泉。游瓌欲还趣奉天，文秀曰："我向奉天，贼亦随至，是引贼以迫天子也。不若留壁于此，贼必不敢越我向奉天；若不顾而过，则与奉天夹攻之。"游瓌曰："贼强我弱，若贼分军以缀我，直趣奉天，奉天兵亦弱，何夹攻之有？我今急趣奉天，所以卫天子也。且吾士卒饥寒而贼多财，彼以利诱吾卒，吾不能禁也。"遂引兵入奉天，泚亦随至。官军出战，不利，泚兵争门，欲入，浑瑊与游瓌血战竟日。门内有草车数乘，瑊使虞候高固帅甲士以长刀斫贼，皆一当百，曳车塞门，纵火焚之，众军乘火击贼，贼乃退。会夜，泚营于城东三里，击柝张火，布满原野，使西明寺僧法坚造攻具，毁佛寺以为梯冲。韩游瓌曰："寺材皆干薪，但具火以待之。"固，侃之玄孙也。泚自是日来攻城，瑊、游瓌等昼夜力战。幽州兵救襄城者闻泚反，突入潼关，归泚于奉天，普润戍卒亦归之，有众数万。

上与陆贽语及乱故，深自克责。贽曰："致今日之患，皆群臣之罪也。"上曰："此亦天命，非由人事。"贽退，上疏，以为："陛下志壹区宇，四征不庭，凶渠稽诛，逆将继乱，兵连祸结，行及三年。征师日滋，赋敛日重，内自京邑，外洎边陲，行者有锋刃之忧，居者有诛求之困。是以叛乱继起，怨讟并兴，非常之虞，亿兆同虑。唯陛下穆然凝邃，独不得闻，至使凶卒鼓行，白昼犯阙，岂不以乘我间隙，因人携离哉！陛下有股肱之臣，有耳目之任，有谏诤之列，有备卫之司，见危不能竭其诚，临难不能效其死。臣所谓致今日之患，群臣之罪者，岂徒言欤！

圣旨又以国家兴衰，皆有天命。臣闻天所视听，皆因于人。故祖伊责纣之辞曰：‘我生不有命在天！’武王数纣之罪曰：‘乃曰吾有命，罔惩其侮。’此又舍人事而推天命，必不可之理也。《易》曰：‘视履考祥。’又曰：‘吉凶者，失得之象。’此乃天命由人，其义明矣。然则圣哲之意，‘六经’会通，皆谓祸福由人，不言盛衰有命。盖人事理而天命降乱者，未之有也；人事乱而天命降康者，亦未之有也。自顷征讨颇频，刑网稍密，物力竭耗，人心惊疑，如居风涛，汹汹靡定。上自朝列，下达蒸黎，日夕族党聚谋，咸忧必有变故，旋属泾原叛卒，果如众庶所虞。京师之人，动逾亿计，固非悉知算术，皆晓占书，则明致寇之由，未必尽关天命。臣闻理或生乱，乱或资理，有以无难而失守，有因多难而兴邦。今生乱失守之事，则既往不可复追矣，其资理兴邦之业，在陛下克励而谨修之。何忧乎乱人，何畏乎厄运？勤励不息，足致升平，岂止荡涤祆氛，旋复宫阙而已。”

田悦说王武俊，使与马寔共击李抱真于临洺，抱真复遣贾(武)〔林〕说武俊曰：“临洺兵精而有备，未易轻也。今战胜得地，则利归魏博；不胜，则恒冀大伤。易、定、沧、赵，皆大夫之故地也，不如先取之。”武俊乃辞悦，与马寔北归。壬戌，悦送武俊于馆陶，执手泣别，下至将士，赠遗甚厚。

先是，武俊召回纥兵，使绝李怀光等粮道，怀光等已西去，而回纥达干将回纥千人、杂虏二千人适至幽州北境。朱滔因说之，欲与俱诣河南取东都，应接朱泚，许以河南子女、金帛赂之。滔娶回纥女为侧室，回纥谓之朱郎，且利其俘掠，许之。

贾林复说武俊曰：“自古国家有患，未必不因之更兴。况主上九叶天子，聪明英武，天下谁肯舍之共事朱泚乎？滔自为盟主以来，轻蔑同列。河朔古无冀国，冀乃大夫之封域也。今滔称冀王，又西倚其兄，北引回纥，其志欲尽吞河朔而王之，大夫虽欲为之臣，不可得矣。且大夫雄勇善战，非滔之比。又本以忠义手诛叛臣，当时宰相处置失宜，为滔所诳诱，故蹉跌至此。不若与昭义并力取滔，其势必获。滔既亡，则泚自破矣。此不世之功，转祸为福之道也。今诸道辐凑攻泚，不日当平。天下已定，大夫乃悔而归国，则已晚矣。”时武俊已与滔有隙，因攘袂作色曰：“二百年天子吾不能臣，岂能臣此田舍儿乎！”遂密与抱真及马燧相结，约为兄弟。然犹外事滔，礼甚谨，与田悦各遣使见滔于河间，贺朱泚称尊号，且请马寔之兵共攻康日知于赵州。

汝、郑应援使刘德信将子弟军在汝州，闻难，引兵入援，与泚众战于见子陵，破之。以东渭桥有转输积粟，癸亥，进屯东渭桥。

朱泚夜攻奉天东、西、南三面。甲子，浑瑊力战却之，左龙武大将军吕希倩战死。乙丑，泚复攻城，将军高重捷与泚将李日月战于梁山之隅，破之，乘胜逐北，身先士卒，贼伏兵擒之。其麾下十余人奋不顾死，追夺之，贼不能拒，乃斩其首，弃其身而去。麾下收之入城，上亲抚而哭之尽哀，结蒲为首而葬之，赠司空。朱泚见其首，亦哭之曰："忠臣也。"束蒲为身而葬之。李日月，泚之骁将也，战死于奉天城下。泚归其尸于长安，厚葬之。其母竟不哭，骂曰："奚奴！国家何负于汝而反？死已晚矣！"及泚败，贼党皆族诛，独日月之母不坐。

己巳，加浑瑊京畿、渭南、北、金商节度使。

壬申，王武俊与马寔至赵州城下。

初，朱泚镇凤翔，遣其将牛雲光将幽州兵五百人戍陇州，以陇右营田判官韦皋领陇右留后。及郝通奔凤翔，牛雲光诈疾，欲俟皋至，伏兵执之以应泚，事泄，帅其众奔泚。至汧阳，遇泚遣中使苏玉赍诏书加皋中丞，玉说雲光曰："韦皋，书生也。君不如与我俱之陇州，皋幸而受命，乃吾人也；不受命，君以兵诛之，如取孤犳耳。"雲光从之。皋从城上问雲光曰："向者不告而行，今而复来，何也？"雲光曰："向者未知公心，今公有新命，故复来，愿托腹心。"皋乃先纳苏玉，受其诏书，谓雲光曰："大使苟无异心，请悉纳甲兵，使城中无疑，众乃可入。"雲光以皋书生，易之，乃悉以甲兵输之而入。明日，皋宴玉、雲光及其卒于郡舍，伏甲诛之。筑坛，盟将士曰："李楚琳贼虐本使，既不事上，安能恤下，宜相与讨之。"遣兄平、弇诣奉天，复遣使求援于吐蕃。

资治通鉴卷第二百二十九

端明殿学士兼翰林侍读学士太中大夫提举西京嵩山崇福宫上柱国河内郡开国公食邑二千二百户食实封九百户赐紫金鱼袋臣 司马光 奉敕编集

唐纪四十五起昭阳大渊献(癸亥)十一月，尽阏逢困敦(甲子)正月，不满一年。

德宗神武圣文皇帝四

建中四年(癸亥、783)

十一月，丁亥，以陇州为奉义军，擢皋为节度使。泚又使中使刘海广许皋凤翔节度使，皋斩之。

灵武留后杜希全、盐州刺史戴休颜、夏州刺史时常春会渭北节度使李建徽，合兵万人入援，将至奉天，上召将相议道所从出。关播、浑瑊曰:“漠谷道险狭，恐为贼所邀。不若自乾陵北过，附柏城而行，营于城东北鸡子堆，与城中掎角相应，且分贼势。”卢杞曰:“漠谷路近，若为贼所邀，则城中出兵应接可也。傥出乾陵，恐惊陵寝。”瑊曰:“自泚围城，斩乾陵松柏，以夜继昼，其惊多矣。今城中危急，诸道救兵未至，惟希全等来，所系非轻，若得营据要地，则泚可破也。”杞曰:“陛下行师，岂比逆贼? 若令希全等过之，是自惊陵寝。”上乃命希全等自漠谷进。丙子，希全等军至漠谷，果为贼所邀，乘高以大弩、巨石击之，死伤甚众。城中出兵应接，为贼所败。是夕，四军溃，退保邠州。泚阅其辎重于城下，从官相视失色。休颜，夏州人也。

泚攻城益急，穿堑环之。泚移帐于乾陵，下视城中，动静皆见之，时遣使环城招诱士民，笑其不识天命。

神策河北行营节度使李晟疾愈，闻上幸奉天，帅众将奔命，张孝忠迫于朱滔、王武俊，倚晟为援，不欲晟行，数沮止之。晟乃留其子凭，使娶孝忠女为妇，又解玉带赂孝忠亲信，使说之，孝忠乃听晟西归，遣大将杨荣国将锐兵六百与晟俱。晟引兵出飞狐道，昼夜兼行，至代州。丁丑，加晟神策行营节度使。

王武俊、马寔攻赵州不克。辛巳，寔归瀛州，武俊送之五里，犒赠甚厚。武俊亦归恒州。

上之出幸奉天也，陕虢观察使姚明敭以军事委都防御副使张劝，去诣行在。劝募兵得数万人。甲申，以劝为陕虢节度使。

朱泚攻围奉天经月，城中资粮俱尽。上尝遣健步出城觇贼，其人恳以苦寒为辞，跪奏乞一襦袴。上为之寻求不获，竟悯默而遣之。时供御才有粝米二斛，每伺贼之休息，夜，缒人于城外，采芜菁根而进之。上召公卿将吏谓曰："朕以不德，自陷危亡，固其宜也。公辈无罪，宜早降以救室家。"群臣皆顿首流涕，期尽死力，故将士虽困急而锐气不衰。

上之幸奉天也，粮料使崔纵劝李怀光令入援，怀光从之。纵悉敛军资与怀光皆来。怀光昼夜倍道，至河中，力疲，休兵三日。河中尹李齐运倾力犒宴，军士尚欲迁延。崔纵先輦货财度河，谓众曰："至河西，悉以分赐。"众利之，西屯蒲城，有众五万。齐运，恽之孙也。

李晟行且收兵，亦自蒲津济，军于东渭桥。其始有卒四千，晟善于抚御，与士卒同甘苦，人乐从之，旬月间至万余人。

神策兵马使尚可孤讨李希烈，将三千人在襄阳，自武关入援，军于七盘，败泚将仇敬，遂取蓝田。可孤，宇文部之别种也。

镇国军副使骆元光，其先安息人，骆奉先养以为子，将兵守潼关近十年，为众所服。朱泚遣其将何望之袭华州，刺史董晋弃州走行在。望之据其城，将聚兵以绝东道，元光引关下兵袭望之，走还长安。元光遂军华州，召募士卒，数日，得万余人。泚数遣兵攻元光，元光皆击却之，贼由是不能东出。上即以元光为镇国军节度使，元光乃将兵二千西屯昭应。

马燧遣其行军司马王权及其子汇将兵五千人入援，屯中渭桥。

于是泚党所据惟长安而已，援军游骑时至望春楼下。李忠臣等屡出兵皆败，求救于泚，泚恐民间乘弊抄之，所遣兵皆昼伏夜行。

泚内以长安为忧，乃急攻奉天，使僧法坚造云梯，高广各数丈，裹以兕革，下施巨轮，上容壮士五百人。城中望之恟惧。上以问群臣，浑瑊、侯仲庄对曰："臣观云梯势甚重，重则易陷，臣请迎其所来凿地道，积薪蓄火以待之。"神武军使韩澄曰："云梯小伎，不足上劳圣虑，臣请御之。"乃度梯之所傃，广城东北隅三十步，多储膏油、松脂、薪苇于其上。丁亥，泚盛兵鼓噪攻南城，韩游瓌曰："此欲分吾力也。"乃引兵严备东北。戊子，北风甚迅，泚推云梯，上施湿毡，悬水囊，载壮士攻城，翼以辒辒，置人其下，抱薪负土填堑而前，矢石火炬所不能伤。贼并兵攻城东北隅，矢石如雨，城中死伤者不可胜数。贼已有登城者，上与浑瑊对泣，群臣惟仰首祝天。上以无名告身自御史大夫、实食五百户以下千余通授瑊，使募敢死士御之，仍赐御笔，使视其功之大小书名给之，告身不足则书其身，且曰："今便与卿别。"瑊俯伏流涕，上拊其背，歔欷不自胜。时士卒冻馁，又乏甲胄，瑊抚谕，激以忠义，皆鼓噪力战。瑊中流矢，进战不辍，初不言痛。会云梯辗地道，一轮偏陷，不能前却，火从地中出，风势亦回，城上人投苇炬，散松脂，沃以膏油，欢呼震地。须臾，云梯及梯上〔人〕皆为灰烬，臭闻数里，贼乃引退。于是三门皆出兵，太子亲督战，贼徒大败，死者数千人。将士伤者，太子亲为裹疮。入夜，泚复来攻城，矢及御前三步而坠，上大惊。

李怀光自蒲城引兵趣泾阳，并北山而西，先遣兵马使张韶微服间行诣行在，藏表于蜡丸。韶至奉天，值贼方攻城，见韶，以为贱人，驱之使与民俱填堑。韶得间，逾堑抵城下呼曰："我朔方军使者也。"城上人下绳引之，比登，身中数十矢，得表于衣中而进之。上大喜，舁韶以徇城，四隅欢声如雷。癸巳，怀光败泚兵于澧泉。泚闻之惧，引兵遁归长安。众以为怀光复三日不至，则城不守矣。

泚既退，从臣皆贺。汴滑行营兵马使贾隐林进言曰："陛下性太急，不能容物，若此性未改，虽朱泚败亡，忧未艾也。"上不以为忤，甚称之。侍御史万俟著开金、商运路，重围既解，诸道贡赋继至，用度始振。

朱泚至长安，但为城守之计，时遣人自城外来，周走呼曰："奉天破矣！"欲以惑众。泚既据府库之富，不爱金帛以悦将士，公卿家属在城者皆给月俸。神策及六军从车驾及哥舒曜、李晟者，泚皆给其家粮，加以缮完器械，日费甚广。及长安平，府库尚有余蓄，见者皆追怨有司之暴敛焉。

或谓泚曰："陛下既受命，唐之陵庙不宜复存。"泚曰："朕尝北面事唐，岂忍为此？"又曰："百官多缺，请以兵胁士人补之。"泚曰："强授之则人惧。但欲仕者则与之，何必叩户拜官邪！"泚所用者惟范阳、神策团练兵。泾原卒骄，皆不为用，但守其所掠资货，不肯出战。又密谋杀泚，不果而止。

李怀光性粗疏，自山东来赴难，数与人言卢杞、赵赞、白志贞之奸佞，且曰："天下之乱，皆此曹所为也。吾见上，当请诛之。"既解奉天之围，自矜其功，谓上必接以殊礼。或说王翃、赵赞曰："怀光缘道愤叹，以为宰相谋议乖方，度支赋敛烦重，京尹犒赐刻薄，致乘舆播迁者，三臣之罪也。今怀光新立大功，上必披襟布诚，询访得失，使其言入，岂不殆哉！"翃、赞以告卢杞，杞惧，从容言于上曰："怀光勋业，社稷是赖，贼徒破胆，皆无守心，若使之乘胜取长安，则一举可以灭贼，此破竹之势也。今听其入朝，必当赐宴，留连累日，使贼入京城，得从容成备，恐难图矣。"上以为然，诏怀光直引军屯便桥，与李建徽、李晟及神策兵马使杨惠元刻期共取长安。怀光自以数千里竭诚赴难，破朱泚，解重围，而咫尺不得见天子，意殊怏怏，曰："吾今已为奸臣所排，事可知矣。"遂引兵去，至鲁店，留二日乃行。

剑南西山兵马使张朏以所部兵作乱，入成都，西川节度使张延赏弃城奔汉州。鹿头戍将叱干遂等讨之，斩朏及其党，延赏复归成都。

淮南节度使陈少游将兵讨李希烈，屯盱眙，闻朱泚作乱，归广陵，修堑垒，缮甲兵。浙江东、西节度使韩滉闭关梁，禁马牛出境，筑石头城，穿井近百所，缮馆第数十，修坞壁，起建业，抵京岘，楼堞相属，以备车驾度江，且自固也。少游发兵三千大阅于江北，滉亦发舟师三千曜武于京江以应之。

盐铁使包佶有钱帛八百万，将输京师。陈少游以为贼据长安，未期收复，欲强取之。佶不可，少游欲杀之，佶惧，匿妻子于案牍中，急济江。少游悉收其钱帛，佶有守财卒三千，少游亦夺之。佶才与数十人俱至上元，复为韩滉所夺。

时南方藩镇各闭境自守，惟曹王皋数遣使开道贡献。李希烈攻逼汴、郑，江、淮路绝，朝贡皆自宣、饶、荆、襄趣武关。皋治邮驿，平道路，由是往来之使，通行无阻。

上问陆贽以当今切务。贽以向日致乱，由上下之情不通，劝上接下从谏，乃上疏，其略曰："臣谓当今急务，在于审察群情，若群情之所甚欲者，陛下先行之；所甚恶者，陛下先去之。欲恶与天下同而天下不归者，自古及今，未之有也。夫理乱之本，系于人心，况乎当变故动摇之时，在危疑向背之际，人之所归则植，人之所去则倾，陛下安可不审察群情，同其欲恶，使亿兆归趣，以靖邦家乎！此诚当今之所急也。"又曰："顷者窃闻舆议，颇究群情，四方则患于中外意乖，百辟又患于君臣道隔。郡国之志不达于朝廷，朝廷之诚不升于轩陛。上泽阙于下布，下情壅于上闻，实事不必知，知事不必实，上下否隔于其际，真伪杂糅于其间，聚怨嚣嚣，腾谤籍籍，欲无疑阻，其可得乎！"又曰："总天下之智以助聪明，顺天下之心以施教令，则君臣同志，何有不从！远迩归心，孰与为乱！"又曰："虑有愚而近道，事有要而似迂。"

疏奏旬日，上无所施行，亦不诘问。贽又上疏，其略曰："臣闻立国之本，在乎得众，得众之要，在乎见情。故仲尼以谓人情者圣王之田，言理道所生也。"又曰："《易》，乾下坤上曰泰，坤下乾上曰否，损上益下曰益，损下益上曰损。夫天在下而地处上，于位乖矣，而反谓之泰者，上下交故也。君在上而臣处下，于义顺矣，而反谓之否者，上下不交故也。上约己而裕于人，人必悦而奉上矣，岂不谓之益乎！上蔑人而肆诸己，人必怨而叛上矣，岂不谓之损乎！"又曰："舟即君道，水即人情。舟顺水之道乃浮，违则没；君得人之情乃固，失则危。是以古先圣王之居人上也，必以其欲从天下之心，而不敢以天下之人从其欲。"又曰："陛下愤习俗以妨理，任削平而在躬，以明威照临，以严法制断，流弊自久，浚恒太深。远者惊疑而阻命逃死之乱作，近者畏慑而偷容避罪之态生。君臣意乖，上下情隔，君务致理，而下防诛夷，臣将纳忠，又上虑欺诞，故睿诚不布于群物，物情不达于睿聪。臣于往年曾任御史，获奉朝谒，仅欲半年，陛下严邃高居，未尝降旨临问，群臣跼蹐趋退，亦不列事奏陈。轩墀之间，且未相谕，宇宙之广，何由自通！虽复例对使臣,别延宰辅,既殊师锡,且异公言。未行者则戒以枢密勿论,已行者又谓之遂事不谏,渐生拘碍,动涉猜嫌,由是人各隐情,以言为讳,至于变乱将起,亿兆同忧,独陛下恬然不知,方谓太平可致。陛下以今日之所睹验往时之所闻,孰真孰虚,何得何失,则事之通塞备详之矣!人之情伪尽知之矣!"

上乃遣中使谕之曰:"朕本性甚好推诚,亦能纳谏。将谓君臣一体,全不隄防,缘推诚信不疑,多被奸人卖弄。今所致患害,朕思亦无它,其失反在推诚。又,谏官论事,少能慎密,例自矜衒,归过于朕,以自取名。朕从即位以来,见奏对论事者甚多,大抵皆是雷同,道听涂说,试加质问,遽即辞穷。若有奇才异能,在朕岂惜拔擢。朕见从前已来,事只如此,所以近来不多取次对人,亦非倦于接纳。卿宜深悉此意。"贽以人君临下,当以诚信为本,谏者虽辞情鄙拙,亦当优容以开言路,若震之以威,折之以辩,则臣下何敢尽言,乃复上疏,其略曰:"天子之道,与天同方,天不以地有恶木而废发生,天子不以时有小人而废听纳。"又曰:"唯信与诚,有失无补。一不诚则心莫之保,一不信则言莫之行。陛下所谓失于诚信以致患害者,臣窃以斯言为过矣。"又曰:"驭之以智则人诈,示之以疑则人偷。上行之则下从之,上施之则下报之。若诚不尽于己而望尽于人,众必怠而不从矣。不诚于前而曰诚于后,众必疑而不信矣。是知诚信之道,不可斯须而去身。愿陛下慎守而行之有加,恐非所以为悔者也。"又曰:"臣闻仲虺赞扬成汤,不称其无过而称其改过;吉甫歌诵周宣,不美其无阙而美其补阙。是则圣贤之意较然著明,惟以改过为能,不以无过为贵。盖为人之行己,必有过差,上智下愚,俱所不免。智者改过而迁善,愚者耻过而遂非;迁善则其德日新,遂非则其恶弥积。"又曰:"谏官不密自矜,信非忠厚,其于圣德固亦无亏。陛下若纳谏不违,则传之适足增美;陛下若违谏不纳,又安能禁之勿传?"又曰:"侈言无验不必用,质言当理不必违。辞拙而效速者不必愚,言甘而利重者不必智。是皆考之以实,虑之以终,其用无它,唯善所在。"又曰:"陛下所谓'比见奏对论事皆是雷同道听涂说'者,臣窃以众多之议,足见人情,必有可行,亦有可畏,恐不宜一概轻侮而莫之省纳也。陛下又谓'试加质问,即便辞穷'者,臣但以陛下虽穷其辞而未穷其理,能服其口而未服其心。"又曰:"为下者莫不愿忠,为上者莫不求理。然而下每苦上之不理,上每苦下之不忠。若是者何?两情不通故也。下之情莫不愿达于上,上之情莫不求知于下,然而下恒苦上之难达,上恒苦下之难知。若是者何?九弊不去故也。所谓九弊者,上有其六而下有其三:好胜人,耻闻过,骋辩给,眩聪明,厉威严,恣强愎,此六者,君上之弊也;谄谀,顾望,畏愞,此三者,臣下之弊也。上好胜必甘于佞辞,上耻过必忌于直谏,如是则下之谄谀者顺旨,而忠实之语不闻矣。上骋辩必剿说而折人以言,上眩明必臆度而虞人以诈,如是则下之顾望者自便,而切磨之辞不尽矣。上厉威必不能降情以接物，上恣愎必不能引咎以受规，如是则下之畏慄者避辜，而情理之说不申矣。夫以区域之广大，生灵之众多，宫阙之重深，高卑之限隔，自黎献而上，获睹至尊之光景者，逾亿兆而无一焉；就获睹之中得接言议者，又千万不一；幸而得接者，犹有九弊居其间，则上下之情所通鲜矣。上情不通于下则人惑，下情不通于上则君疑。疑则不纳其诚，惑则不从其令。诚而不见纳则应之以悖，令而不见从则加之以刑。下悖上刑，不败何待！是使乱多理少，从古以然。”又曰：“昔赵武呐呐而为晋贤臣，绛侯木讷而为汉元辅。然则口给者事或非信，辞屈者理或未穷。人之难知，尧、舜所病，胡可以一酬一诘而谓尽其能哉！以此察天下之情，固多失实，以此轻天下之士，必有遗才。”又曰：“谏者多，表我之能好；谏者直，示我之能贤；谏者之狂诬，明我之能恕；谏者之漏泄，彰我之能从。有一于斯，皆为盛德。是则人君之与谏者交相益之道也。谏者有爵赏之利，君亦有理安之利；谏者得献替之名，君亦得采纳之名。然犹谏者有失中而君无不美，唯恐谠言之不切，天下之不闻，如此则纳谏之德光矣。”上颇采用其言。

李怀光顿兵不进，数上表暴扬卢杞等罪恶。众论喧腾，亦咎杞等。上不得已，十二月，壬戌，贬杞为新州司马，白志贞为恩州司马，赵赞为播州司马。宦官翟文秀，上所信任也，怀光又言其罪，上亦为杀之。

乙丑，以翰林学士、祠部员外郎陆贽为考功郎中，金部员外郎吴通微为职方郎中。贽上奏，辞以“初到奉天，扈从将吏例加两阶，今翰林独迁官。夫行罚先贵近而后卑远，则令不犯；行赏先卑远而后贵近，则功不遗。望先录大劳，次遍群品，则臣亦不敢独辞。”上不许。

上在奉天，使人说田悦、王武俊、李纳，赦其罪，厚赂以官爵。悦等皆密归款，而犹未敢绝朱滔，各称王如故。滔使其虎牙将军王郅说悦曰：“日者八郎有急，滔与赵王不敢爱其死，竭力赴救，幸而解围。今太尉三兄受命关中，滔欲与回纥共往助之，愿八郎治兵，与滔度河共取大梁。”悦心不欲行而未忍绝滔，乃许之。滔复遣其内史舍人李琯见悦，审其可否，悦犹豫不决，密召扈崿等议之。司武侍郎许士则曰：“朱滔昔事李怀仙为牙将，与兄泚及朱希彩共杀怀仙而立希彩。希彩所以宠信其兄弟至矣，滔又与判官李子瑗谋杀希彩而立泚。泚既为帅，滔乃劝泚入朝而自为留后，虽劝以忠义，实夺之权也。平生与之同谋共功如李子瑗之徒，负而杀之者二十余人。今又与泚东西相应，使滔得志，泚亦不为所容，况同盟乎！滔为人如此，大王何从得其肺腑而信之邪？彼引幽陵回纥十万之兵屯于郊坰，大王出迎，则成擒矣。彼囚大王，兼魏国之兵，南向度河，与关中相应，天下其孰能当之？大王于时悔之无及。为大王计，不若阳许偕行而阴为之备，厚加迎劳，至则托以它故，遣将分兵而随之，如此，大王外不失报德之名，而内无仓猝之忧矣。”

扈崿等皆以为然。王武俊闻李琯适魏，遣其司刑员外郎田秀驰见悦曰：“武俊向以宰相处事失宜，恐祸及身，又八郎困于重围，故与滔合兵救之。今天子方在隐忧，以德绥我，我曹何得不悔过而归之邪？舍九叶天子不事而事泚及滔乎？且泚未称帝之时，滔与我曹比肩为王，固已轻我曹矣。况使之南平汴、洛，与泚连衡，吾属皆为虏矣。八郎慎勿与之俱南，但闭城拒守。武俊请伺其隙，连昭义之兵，击而灭之，与八郎再清河朔，复为节度使，共事天子，不亦善乎！”悦意遂决，绐滔云：“从行，必如前约。”

丁卯，滔将范阳步骑五万人，私从者复万余人，回纥三千人，发河间而南，辎重首尾四十里。

李希烈攻李勉于汴州，驱民运土木，筑垒道，以攻城，忿其未就，并人填之，谓之湿薪。勉城守累月，外救不至，将其众万余人奔宋州。庚午，希烈陷大梁。滑州刺史李澄以城降希烈，希烈以澄为尚书令兼永平节度使。勉上表请罪，上谓其使者曰：“朕犹失守宗庙，勉宜自安。”待之如初。

刘洽遣其将高翼将精兵五千保襄邑，希烈攻拔之，翼赴水死。希烈乘胜攻宁陵，江、淮大震。陈少游遣参谋温述送款于希烈曰：“濠、寿、舒、庐，已令弛备，韬戈卷甲，伏俟指麾。”又遣巡官赵诜结李纳于郓州。

中书侍郎、同平章事关播罢为刑部尚书。

以给事中孔巢父为淄青宣慰使，国子祭酒董晋为河北宣慰使。

陆贽言于上曰：“今盗遍天下，舆驾播迁，陛下宜痛自引过以感人心。昔成汤以罪己勃兴，楚昭以善言复国。陛下诚能不吝改过，以言谢天下，使书诏无所避忌，臣虽愚陋，可以仰副圣情，庶令反侧之徒革心向化。”上然之，故奉天所下书诏，虽骄将悍卒闻之，无不感激挥涕。

术者上言：“国家厄运，宜有变更以应时数。”群臣请更加尊号一二字。上以问陆贽，贽上奏，以为不可，其略曰：“尊号之兴，本非古制。行于安泰之日，已累谦冲；袭乎丧乱之时，尤伤事体。”又曰：“嬴秦德衰，兼皇与帝，始总称之。流及后代，昏僻之君，乃有圣刘、天元之号。是知人主轻重，不在名称。损之有谦光稽古之善，崇之获矜能纳谄之讥。”又曰：“必也俯稽术数，须有变更，与其增美称而失人心，不若黜旧号以祗天戒。”上纳其言，但改年号而已。上又以中书所撰赦文示贽，贽上言，以为：“动人以言，所感已浅，言又不切，人谁肯怀？今兹德音，悔过之意不得不深，引咎之辞不得不尽，洗刷疵垢，宣畅郁堙，使人人各得所欲，则何有不从者乎！应须改革事条，谨具别状同进。舍此之外，尚有所虞。窃以知过非难，改过为难；言善非难，行善为难。假使赦文至精，止于知过言善，犹愿圣虑更思所难。”上然之。

兴元元年(甲子、784)

春,正月,癸酉朔,赦天下,改元,制曰:"致理兴化,必在推诚;忘己济人,不吝改过。朕嗣服丕构,君临万邦,失守宗祧,越在草莽。不念率德,诚莫追于既往;永言思咎,期有复于将来。明征其义,以示天下。小子惧德不嗣,罔敢怠荒。然以长于深宫之中,暗于经国之务,积习易溺,居安忘危,不知稼穑之艰难,不恤征戍之劳苦,泽靡下究,情未上通,事既相隔,人怀疑阻。犹昧省己,遂用兴戎,征师四方,转饷千里。赋车籍马,远近骚然,行赍居送,众庶劳止。或一日屡交锋刃,或连年不解甲胄。祀奠乏主,室家靡依,死生流离,怨气凝结,力役不息,田莱多荒。暴令峻于诛求,疲甿空于杼轴,转死沟壑,离去乡闾,邑里丘墟,人烟断绝。天谴于上而朕不寤,人怨于下而朕不知,驯致乱阶,变兴都邑,万品失序,九庙震惊,上累于祖宗,下负于蒸庶,痛心靦貌,罪实在予,永言愧悼,若坠泉谷。自今中外所上书奏,不得更言'圣神文武'之号。

李希烈、田悦、王武俊、李纳等,咸以勋旧,各守藩维,朕抚驭乖方,致其疑惧,皆由上失其道而下罹其灾。朕实不君,人则何罪。宜并所管将吏等一切待之如初。朱滔虽缘朱泚连坐,路远必不同谋,念其旧勋,务在弘贷,如能效顺,亦与惟新。朱泚反易天常,盗窃名器,暴犯陵寝,所不忍言,获罪祖宗,朕不敢赦。其胁从将吏百姓等,但官军未到京城以前,去逆效顺并散归本道、本军者,并从赦例。诸军、诸道应赴奉天及进收京城将士,并赐名'奉天定难功臣'。其所加垫陌钱、税间架、竹、木、茶、漆、榷铁之类,悉宜停罢。"

赦下,四方人心大悦。及上还长安明年,李抱真入朝为上言:"山东宣布赦书,士卒皆感泣。臣见人情如此,知贼不足平也。"

命兵部员外郎李充为恒冀宣慰使。

朱泚更国号曰汉,自称汉元天皇,改元天皇。

王武俊、田悦、李纳见赦令,皆去王号,上表谢罪。惟李希烈自恃兵强财富,遂谋称帝,遣人问仪于颜真卿,真卿曰:"老夫尝为礼官,所记惟诸侯朝天子礼耳。"希烈遂即皇帝位,国号大楚,改元武成。置百官,以其党郑贲为侍中,孙广为中书令,李绶、李元平同平章事。以汴州为大梁府,分其境内为四节度。希烈遣其将辛景臻谓颜真卿曰:"不能屈节,当自焚。"积薪灌油于其庭。真卿趋赴火,景臻遽止之。

希烈又遣其将杨峰赍赦赐陈少游及寿州刺史张建封。建封执峰徇于军,腰斩于市,少游闻之骇惧。建封具以少游与希烈交通之状闻,上悦,以建封为濠、寿、庐三州都团练使。希烈乃以其将杜少诚为淮南节度使,使将步骑万余人先取寿州,后之江都,建封遣其将贺兰元均、邵怡守霍丘秋栅。少诚竟不能过,遂南寇蕲、黄，欲断江路。时上命包佶自督江、淮财赋，溯江诣行在，至蕲口，遇少诚入寇。曹王皋遣蕲州刺史伊慎将兵七千拒之，战于永安戍，大破之，少诚脱身走，斩首万级，包佶乃得前。后佶入朝，具奏陈少游夺财赋事，少游惧，厚敛所部以偿之。李希烈以夏口上流要地，使其骁将董侍募死士七千人袭鄂州，刺史李兼偃旗卧鼓闭门以待之。侍撤屋材以焚门，兼帅士卒出战，大破之。上以兼为鄂、岳、沔都团练使。于是希烈东畏曹王皋，西畏李兼，不敢复有窥江、淮之志矣。

朱滔引兵入赵境，王武俊大具犒享。入魏境，田悦供承倍丰，使者迎候，相望于道。丁丑，滔至永济，遣王郅见悦，约会馆陶，偕行度河。悦见郅曰："悦固愿从五兄南行，昨日将出军，将士勒兵不听悦出，曰：'国兵新破，战守逾年，资储竭矣。今将士不免冻馁，何以全军远征？大王日自抚循，犹不能安，若舍城邑而去，朝出，暮必有变！'悦之志非敢有贰也，如将士何？已令孟祐备步骑五千，从五兄供刍牧之役。"因遣其司礼侍郎裴抗等往谢滔。滔闻之，大怒曰："田悦逆贼，向在重围，命如丝发，使我叛君弃兄，发兵昼夜赴之，幸而得存。许我贝州，我辞不取；尊我为天子，我辞不受。今乃负恩，误我远来，饰辞不出！"即日，遣马寔攻宗城、经城，杨荣国攻冠氏，皆拔之。又纵回纥掠馆陶顿幄(奕)〔帟〕、器皿、车、牛以去。悦闭城自守。壬午，滔遣裴抗等还，分兵置吏守平恩、永济。

丙戌，以吏部侍郎卢翰为兵部侍郎、同平章事。翰，义僖之七世孙也

朱滔引兵北围贝州，引水环之，刺史邢曹俊婴城拒守。纵范阳及回纥兵大掠诸县，又拔武城，通德、棣二州，使给军食。遣马寔将步骑五千屯冠氏以逼魏州。

以给事中杜黄裳为江淮宣慰副使。

上于行宫庑下贮诸道贡献之物，榜曰琼林、大盈库。陆贽以为战守之功，赏赉未行而遽私别库，则士卒怨望，无复斗志，上疏谏，其略曰："天子与天同德，以四海为家，何必桡废公方，崇聚私货。降至尊而代有司之守，辱万乘以效匹夫之藏，亏法失人，诱奸聚怨，以斯制事，岂不过哉！"又曰："顷者六师初降，百物无储，外扞凶徒，内防危堞，昼夜不息，迨将五旬，冻馁交侵，死伤相枕，毕命同力，竟夷大艰。良以陛下不厚其身，不私其欲，绝甘以同卒伍，辍食以啗功劳。无猛制而人不携，怀所感也；无厚赏而人不怨，悉所无也。今者攻围已解，衣食已丰，而谣讟方兴，军情稍阻，岂不以勇夫恒性，嗜利矜功，其患难既与之同忧，而好乐不与之同利，苟异恬默，能无怨咨！"又曰："陛下诚能近想重围之殷忧，追戒平居之专欲，凡在二库货贿，尽令出赐有功，每获珍华，先给军赏，如此，则乱必靖，贼必平，徐驾六龙，旋复都邑。天子之贵，岂当忧贫？是乃散其小储而成其大储，损其小宝而固其大宝也。"上即命去其榜。

萧复尝言于上曰："宦官自艰难以来，多为监军，恃恩纵横。此属但应掌宫掖

之事，不宜委以兵权国政。”上不悦。又尝言：“陛下践阼之初，圣德光被，自用杨炎、卢杞，黩乱朝政，以致今日。陛下诚能变更睿志，臣敢不竭力。傥使臣依阿苟免，臣实不能。”又尝与卢杞同奏事，杞顺上旨，复正色曰：“卢杞言不正。”上愕然，退，谓左右曰：“萧复轻朕。”戊子，命复充山南东、西、荆湖、淮南、江西、鄂岳、浙江东、西、福建、岭南等道宣慰、安抚使，实疏之也。

既而刘从一及朝士往往奏留复，上谓陆贽曰：“朕思迁幸以来，江、淮远方，或传闻过实，欲遣重臣宣慰，谋于宰相及朝士，佥谓宜然。今乃反覆如是，朕为之怅恨累日。意复悔行，使之论奏邪？卿知萧复如何人？其不欲行，意趣安在？”贽上奏，以为：“复痛自修励，慕为清贞，用虽不周，行则可保。至于轻诈如此，复必不为。借使复欲逗留，从一安肯附会？今所言矛楯，愿陛下明加辩诘。若萧复有所请求，则从一何容为隐？若从一自有回互，则萧复不当受疑。陛下何惮而不辩明，乃直为此怅恨也！夫明则罔惑，辨则罔冤。惑莫甚于逆诈而不与明，冤莫痛于见疑而不与辩。是使情伪相糅，忠邪靡分。兹实居上御下之要枢，惟陛下留意。”上亦竟不复辨也。

辛卯，以王武俊为恒、冀、深、赵节度使。壬辰，加李抱真、张孝忠并同平章事。丙申，加田悦检校右仆射。以山南东道行军司马樊泽为本道节度使，前深、赵观察使康日知为同州刺史、奉诚军节度使，曹州刺史李纳为郓州刺史、平卢节度使。

戊戌，加刘洽汴、滑、宋、亳都统副使，知都统事，李勉悉以其众授之。

辛丑，六军各置统军，秩从二品，以宠勋臣。

吐蕃尚结赞请出兵助唐收京城。庚子，遣秘书监崔汉衡使吐蕃，发其兵。

资治通鉴卷第二百三十

端明殿学士兼翰林侍读学士太中大夫提举西京嵩山崇福宫上柱国河内郡开国公食邑二千二百户食实封九百户赐紫金鱼袋臣 司马光 奉敕编集

唐纪四十六起阏逢困敦(甲子)二月,尽四月,不满一年。

德宗神武圣文皇帝五

兴元元年(甲子、784)

二月,戊申,诏赠段秀实太尉,谥曰忠烈,厚恤其家。时贾隐林已卒,赠左仆射,赏其能直言也。

李希烈将兵五万围宁陵,引水灌之,濮州刺史刘昌以三千人守之。滑州刺史李澄密遣使请降,上许以澄为汴滑节度使。澄犹外事希烈,希烈疑之,遣养子六百人戍白马,召澄共攻宁陵。澄至石柱,使其众阳惊,烧营而遁。又讽养子令剽掠,澄悉收斩之,以白希烈,希烈无以罪也。刘昌守宁陵,凡四十五日不释甲。韩滉遣其将王栖曜将兵助刘洽拒希烈,栖曜以强弩数千游汴水,夜,入宁陵城。明日,从城上射希烈,及其坐幄,希烈惊曰:"宣、润弩手至矣!"遂解围去。

朱泚既自奉天败归,李晟谋取长安。刘德信与晟俱屯东渭桥,不受晟节制。晟因德信至营中,数以沪涧之败及所过剽掠之罪,斩之。因以数骑驰入德信军,劳其众,无敢动者,遂并将之,军势益振。

李怀光既胁朝廷逐卢杞等,内不自安,遂有异志。又恶李晟独当一面,恐其成功,奏请与晟合军,诏许之。晟与怀光会于咸阳西陈涛斜,筑垒未毕,泚众大至。晟谓怀光曰:"贼若固守宫苑,或旷日持久,未易攻取。今去其巢穴,敢出求战,此天以贼赐明公,不可失也。"怀光曰:"军适至,马未秣,士未饭,岂可遽战邪?"晟不得已乃就壁。晟每与怀光同出军,怀光军士多掠人牛马,晟军秋豪不犯。怀光军士恶其异己,分所获与之,晟军终不敢受。

怀光屯咸阳累月,逗留不进,上屡遣中使趣之,辞以士卒疲弊,且当休息观衅。诸将数劝之攻长安,怀光不从,密与朱泚通谋,事迹颇露。李晟屡奏,恐其有变,为所并,请移军东渭桥。上犹冀怀光革心,收其力用,寝晟奏不下。

怀光欲缓战期,且激怒诸军,奏言:"诸军粮赐薄,神策独厚,厚薄不均,难以进战。"上以财用方窘,若粮赐皆比神策,则无以给之,不然,又逆怀光意,恐诸军觖望,乃遣陆贽诣怀光营宣慰,因召李晟参议其事。怀光意欲晟自乞减损,使失士心，沮败其功，乃曰："将士战斗同而粮赐异，何以使之协力?"贽未有言，数顾晟。晟曰："公为元帅，得专号令，晟将一军，受指踪而已。至于增减衣食，公当裁之。"怀光默然，又不欲自减之，遂止。

时上遣崔汉衡诣吐蕃发兵，吐蕃相尚结赞言："蕃法，发兵以主兵大臣为信。今制书无怀光署名，故不敢进。"上命陆贽谕怀光，怀光固执以为不可，曰："若克京城，吐蕃必纵兵焚掠，谁能遏之！此一害也。前有敕旨，募士卒克城者人赏百缗，彼发兵五万，若援敕求赏，五百万缗何从可得！此二害也。虏骑虽来，必不先进，勒兵自固，观我兵势，胜则从而分功，败则从而图变，谲诈多端，不可亲信，此三害也。"竟不肯署敕。尚结赞亦不进兵。

陆贽自咸阳还，上言："贼泚稽诛，保聚宫苑，势穷援绝，引日偷生。怀光总仗顺之师，乘制胜之气，鼓行芟翦，易若摧枯，而乃寇奔不追，师老不用，诸帅每欲进取，怀光辄沮其谋。据兹事情，殊不可解。陛下意在全护，委曲听从，观其所为，亦未知感。若不别务规略，渐思制持，惟以姑息求安，终恐变故难测。此诚事机危迫之秋也，固不可以寻常容易处之。今李晟奏请移军，适遇臣衔命宣慰，怀光偶论此事，臣遂泛问所宜，怀光乃云：'李晟既欲别行，某亦都不要藉。'臣犹虑有翻覆，因美其军盛强，怀光大自矜夸，转有轻晟之意。臣又从容问云：'回日，或圣旨顾问事之可否，决定何如?'怀光已肆轻言，不可中变，遂云：'恩命许去，事亦无妨。'要约再三，非不详审，虽欲追悔，固难为辞。伏望即以李晟表出付中书，敕下依奏，别赐怀光手诏，示以移军事由。其手诏大意云：'昨得李晟奏，请移军城东以分贼势。朕本欲委卿商量，适会陆贽回奏云，见卿语及于此，仍言许去事亦无妨，遂敕本军允其所请。'如此，则词婉而直，理顺而明，虽蓄异端，何由起怨?"上从之。

晟自咸阳结陈而行，归东渭桥。时鄜坊节度使李建徽、神策行营节度使杨惠元犹与怀光联营，陆贽复上奏曰："怀光当管师徒，足以独制凶寇，逗留未进，抑有它由。所患太强，不资傍助。比者又遣李晟、李建徽、杨惠元三节度之众附丽其营，无益成功，只足生事。何则？四军接垒，群帅异心，论势力则悬绝高卑，据职名则不相统属。怀光轻晟等兵微位下，而忿其制不从心，晟等疑怀光养寇蓄奸，而怨其事多陵己。端居则互防飞谤，欲战则递恐分功，龃龉不和，嫌衅遂构，俾之同处，必不两全。强者恶积而后亡，弱者势危而先覆，覆亡之祸，翘足可期。旧寇未平，新患方起，忧叹所切，实堪疚心。太上消慝于未萌，其次救失于始兆，况乎事情已露，祸难垂成，委而不谋，何以宁乱？李晟见机虑变，先请移军就东，建徽、惠元势转孤弱，为其吞噬，理在必然。它日虽有良图，亦恐不能自拔，拯其危急，唯在此时。今因李晟愿行，便遣合军同往，托言晟兵素少，虑为贼泚所邀，藉此两军迭为掎角，仍先谕旨，密使促装，诏书至营，即日进路，怀光意虽不欲，然亦计无所施。是谓先人有夺人之心，疾雷不及掩耳者也。解斗不可以不离，救焚不可以不疾，理尽于此，惟陛下图之。”上曰：“卿所料极善。然李晟移军，怀光不免怅望，若更遣建徽、惠元就东，恐因此生辞，转难调息，且更俟旬时。”

辛酉，加王武俊同平章事兼幽州、卢龙节度使。

李晟以为：“怀光反状已明，缓急宜有备，蜀、汉之路不可壅，请以裨将赵光铣等为洋、利、剑三州刺史，各将兵五百以防未然。”上疑未决，欲亲总禁兵幸咸阳，以慰抚为名，趣诸将进讨。或谓怀光曰：“此汉祖游雲梦之策也。”怀光大惧，反谋益甚。

上垂欲行，怀光辞益不逊，上犹疑谗人间之，甲子，加怀光太尉，增实食，赐铁券，遣神策右兵马使李卞等往谕旨。怀光对使者投铁券于地曰：“圣人疑怀光邪？人臣反，赐铁券；怀光不反，今赐铁券，是使之反也！”辞气甚悖。朔方左兵马使张名振当军门大呼曰：“太尉视贼不许击，待天使不敬，果欲反邪！功高太山，一旦弃之，自取族灭，富贵它人，何益哉！我今日必以死争之。”怀光闻之，谓曰：“我不反，以贼方强，故须蓄锐俟时耳。”怀光又言：“天子所居必有城隍。”乃发卒城咸阳，未几，移军据之。张名振曰：“乃者言不反，今日拔军此来，何也？何不攻长安，杀朱泚，取富贵，引军还邠邪！”怀光曰：“名振病心矣。”命左右引去，拉杀之。

右武锋兵马使石演芬，本西域胡人，怀光养以为子。怀光潜与朱泚通谋，演芬遣其客部成义诣行在告之，请罢其都统之权。成义至奉天，告怀光子璀，璀密白其父。怀光召演芬责之曰：“我以尔为子，奈何欲破我家！今日负我，死甘心乎？”演芬曰：“天子以太尉为股肱，太尉以演芬为心腹；太尉既负天子，演芬安得不负太尉乎！演芬胡人，不能异心，惟知事一人。苟免贼名而死，死甘心矣！”怀光使左右脔食之，皆曰：“义士也，可令快死。”以刀断其喉而去。

李卞等还，言怀光骄慢之状，于是行在始严门禁，从臣皆密装以待。

乙丑，加李晟河中、同绛节度使。上犹以为薄，丙寅，又加同平章事。

上将幸梁州，山南节度使盐亭严震闻之，遣使诣奉天奉迎，又遣大将张用诚将兵五千至盩厔以来迎卫。用诚为怀光所诱，阴与之通谋，上闻而患之。会震继遣牙将马勋奉表，上语之故，勋请“亟诣梁州取严震符召用诚还府，若不受召，臣请杀之”。上喜曰：“卿何时复至此？”勋刻日时而去。既得震符，请壮士五人与之俱出骆谷。用诚不知事泄，以数百骑迎之，勋与之俱入驿。时天寒，勋多然藁火于驿外，军士皆往附火。勋乃从容出怀中符，以示用诚曰：“大夫召君。”用诚错愕起走，壮士自后执其手擒之。用诚子在勋后，斫伤勋首。壮士格杀其子，仆用诚于地，跨其腹，以刀拟其喉曰：“出声则死！”勋入其营，士卒已擐甲执兵矣。勋大言曰:"汝曹父母妻子皆在汉中,一朝弃之,与张用诚同反,于汝曹何利乎?大夫令我取用诚,不问汝曹,无自取族灭!"众皆詟服。勋送用诚诣梁州,震杖杀之,命副将领其众。勋裹其首,复命于行在,愆期半日。

李怀光夜遣人袭夺李建徽、杨惠元军,建徽走免,惠元将奔奉天,怀光遣兵追杀之。怀光又宣言曰:"吾今与朱泚连和,车驾且当远避!"怀光以韩游瓌朔方将也,掌兵在奉天,与游瓌书,约使为变,游瓌密奏之。明日,又以书趣之,游瓌又奏之。上称其忠义,因问:"策安出?"对曰:"怀光总诸道兵,故敢恃众为乱。今邠宁有张昕,灵武有甯景璿,河中有吕鸣岳,振武有杜从政,潼关有唐朝臣,渭北有窦觎,皆守将也。陛下各以其众及地授之,尊怀光之官,罢其权,则行营诸将各受本府指麾矣。怀光独立,安能为乱!"上曰:"罢怀光兵权,若朱泚何?"对曰:"陛下既许将士以克城殊赏,将士奉天子之命以讨贼取富贵,谁不愿之!邠府兵以万数,借使臣得而将之,足以诛泚。况诸道必有杖义之臣,泚不足忧也。"上然之。

丁卯,怀光遣其将赵昇鸾入奉天,约其夕使别将达奚小俊烧乾陵,令昇鸾为内应以惊胁乘舆。昇鸾诣浑瑊自言,瑊遽以闻,且请决幸梁州。上命瑊戒严,瑊出,部勒未毕,上已出城西,命戴休颜守奉天,朝臣将士狼狈扈从。戴休颜徇于军中曰:"怀光已反。"遂乘城拒守。

朱泚之称帝也,兵部侍郎刘迺卧病在家,泚召之,不起。使蒋镇自往说之,凡再往,知不可诱胁,乃叹曰:"镇亦忝列曹,不能舍生,以至于此,岂可复以己之腥臊污漫贤者乎?"歔欷而返。迺闻上幸山南,搏膺大呼,自投于床,不食数日而卒。太子少师乔琳从上至盩厔,称老疾不堪山险,削发为僧,匿于仙游寺。泚闻之,召至长安,以为吏部尚书。于是朝士之窜匿者多出仕泚矣。

怀光遣其将孟保、惠静寿、孙福达将精骑趣南山邀车驾,遇诸军粮料使张增于盩厔。三将曰:"彼使我为不臣,我以追不及报之,不过不使我将耳。"因目增曰:"军士未朝食,如何?"增绐其众曰:"此东数里有佛祠,吾贮粮焉。"三将帅众而东,纵之剽掠,由是百官从行者皆得入骆谷,以追不及还报,怀光皆黜之。

河东将王权、马汇引兵归太原。

李晟得除官制,拜哭受命,谓将佐曰:"长安宗庙所在,天下根本,若诸将皆从行,谁当灭贼者!"乃治城隍,缮甲兵,为复京城之计。先是东渭桥有粟十余万斛,度支给李怀光军,几尽。是时怀光、朱泚连兵,声势甚盛,车驾南幸,人情扰扰。晟以孤军处二强寇之间,内无资粮,外无救援,徒以忠义感激将士,故其众虽单弱而锐气不衰。又以书遗怀光,辞礼卑逊,虽示尊崇而谕以祸福,劝之立功补过,故怀光惭恧,未忍击之。晟曰:"畿内虽兵荒之余,犹可赋敛。宿兵养寇,患莫大焉!"乃以判官张彧假京兆尹,择四十余人,假官以督渭北诸县刍粟。不旬日,皆充羡，乃流涕誓众，决志平贼。

田悦用兵数败，士卒死者什六七，其下皆厌苦之。上以给事中孔巢父为魏博宣慰使。巢父性辩博，至魏州，对其众为陈逆顺祸福，悦及将士皆喜。兵马使田绪，承嗣之子也，凶险，多过失，悦不忍杀，杖而拘之。悦既归国，内外撤警备。三月，壬申朔，悦与孔巢父宴饮，绪对弟侄有怨言，其侄止之，绪怒，杀侄，既而悔之，曰："仆射必杀我！"既夕，悦醉，归寝，绪与左右密穿后垣入，杀悦及其母、妻等十余人，即帅左右执刀立于中门之内夹道。将旦，以悦命召行军司马扈崿、判官许士则、都虞候蒋济议事。府署深邃，外不知有变，士则、济先至，召入，乱斫杀之。绪恐既明事泄，乃出门，遇悦亲将刘忠信方排牙，绪疾呼谓众曰："刘忠信与扈崿谋反，昨夜刺杀仆射。"众大惊，喧哗。忠信未及自辨，众分裂杀之。扈崿来，及戟门遇乱，招谕将士，将士从之者三分之一。绪惧，登城而立，大呼谓众曰："绪，先相公之子，诸君受先相公恩，若能立绪，兵马使赏缗钱二千，大将半之，下至士卒，人赏百缗，竭公私之货，五日取办。"于是将士回首杀扈崿，皆归绪，军府乃定。因请命于孔巢父，巢父命绪权知军府。后数日，众乃知绪杀其兄，虽悔怒，而绪已立，无如之何。绪又杀悦亲将薛有伦等二十余人。

李抱真、王武俊引兵将救贝州，闻乱，不敢进。朱滔闻悦死，喜曰："悦负恩，天假手于绪也。"即遣其执宪大夫郑景济等将步骑五千助马寔，合兵万二千攻魏州。寔军王莽河，纵骑兵及回纥四出剽掠。滔别遣人入城说绪，许以本道节度使。绪方危迫，遣随军侯臧诣贝州送款于滔，滔喜，遣臧还报，使亟定盟约。时绪部署城内已定，李抱真、王武俊又遣使诣绪，许以赴援，如悦存日之约。绪召将佐议之，幕僚曾穆、卢南史曰："用兵虽尚威武，亦本仁义，然后有功。今幽陵之兵恣行杀掠，白骨蔽野，虽先仆射背德，其民何罪！今虽盛强，其亡可跂立而待也。况昭义、恒冀方相与攻之，奈何以目前之急欲从人为反逆乎？不若归命朝廷，天子方蒙尘于外，闻魏博使至必喜，官爵旋踵而至矣。"绪从之，遣使奉表诣行在，城守以俟命。

上之发奉天也，韩游瓌帅其麾下八百余人还邠州。李怀光以李晟军浸盛，恶之，欲引军自咸阳袭东渭桥。三令其众，众不应，窃相谓曰："若与我曹击朱泚，惟力是视；若欲反，我曹有死，不能从也。"怀光知众不可强，问计于宾佐，节度巡官良乡李景略曰："取长安，杀朱泚，散军还诸道，单骑诣行在，如此，臣节亦未亏，功名犹可保也。"顿首恳请，至于流涕，怀光许之。都虞候阎晏等劝怀光东保河中，徐图去就，怀光乃说其众曰："今且屯泾阳，召妻孥于邠，俟至，与之俱往河中。春装既办，还攻长安，未晚也。东方诸县皆富实，军发之日，听尔曹俘掠。"众许之。怀光乃谓景略曰："向者之议，军众不从，子宜速去，不且见害。"遣数骑送之。景略出军门，恸哭曰："不意此军一旦陷于不义！"

怀光遣使诣邠州，令留后张昕悉发所留兵万余人及行营将士家属会泾阳，仍遣其将刘礼等将三千余骑胁迁之。韩游瓌说昕曰："李太尉功高自弃，已蹈祸机。中丞今日可以自求富贵，游瓌请帅麾下以从。"昕曰："昕微贱，赖李太尉得至此，不忍负也。"游瓌乃谢病不出，阴与诸将高固、杨怀宾等相结。时崔汉衡以吐蕃兵营于邠南，高固曰："昕以众去，则邠城空矣。"乃诈为浑瑊书，召吐蕃使稍逼邠城。昕等惧，竟不敢出。昕等谋杀诸将之不从者，游瓌知之，先与高固等举兵杀昕，遣杨怀宾奉表以闻，且遣人告崔汉衡。汉衡矫诏以游瓌知军府事，军中大喜。怀光子旻在邠，游瓌遣之，或曰："不杀旻，何以自明？"游瓌曰："杀旻，则怀光怒，其众必至，不如释旻以走之。"时杨怀宾子朝晟在怀光军中为右厢兵马使，闻之，泣白怀光曰："父立功于国，子当诛夷，不可典兵。"怀光囚之。于是游瓌屯邠宁，戴休颜屯奉天，骆元光屯昭应，尚可孤屯蓝田，皆受李晟节度，晟军声大振。

始，怀光方强，朱泚畏之，与怀光书，以兄事之，约分帝关中，永为邻国。及怀光决反，逼乘舆南幸，其下多叛之，势益弱。泚乃赐怀光诏书，以臣礼待之，且征其兵。怀光惭怒，内忧麾下为变，外恐李晟袭之，遂烧营东走，掠泾阳等十二县，鸡犬无遗。及富平，大将孟涉、段威勇将数千人奔于李晟，将士在道散亡相继。至河中，或劝河中守将吕鸣岳焚桥拒之，鸣岳以兵少恐不能支，遂纳之，河中尹李齐运弃城走。怀光遣其将赵贵先筑垒于同州，刺史李纾惧，奔行在。幕僚裴向摄州事，诣贵先，责以逆顺之理，贵先感寤，遂请降，同州由是获全。向，遵庆之子也。怀光使其将符峤袭坊州，据之，渭北守将窦觎帅猎团七百围之，峤请降。诏以觎为渭北行军司马。

丁亥，以李晟兼京畿、渭北、鄜、坊、丹、延节度使。

庚寅，车驾至城固。唐安公主薨，上长女也。

上在道，民有献瓜果者，上欲以散试官授之，访于陆贽，贽上奏，以为："爵位恒宜慎惜，不可轻用。起端虽微，流弊必大。献瓜果者，止可赐之钱帛，不当酬以官。"上曰："试官虚名，无损于事。"贽又上奏，其略曰："自兵兴以来，财赋不足以供赐，而职官之赏兴焉。青朱杂沓于胥徒，金紫普施于舆皂。当今所病，方在爵轻，设法贵之，犹恐不重，若又自弃，将何劝人！夫诱人之方，惟名与利，名近虚而于教为重，利近实而于德为轻。专实利而不济之以虚，则耗匮而物力不给；专虚名而不副之以实，则诞谩而人情不趋。故国家命秩之制，有职事官，有散官，有勋官，有爵号，然掌务而授俸者，唯系职事之一官，此所谓施实利而寓虚名者也。其勋、散、爵号三者所系，大抵止于服色、资荫而已，此所谓假虚名以佐实利者也。今之员外、试官，颇同勋、散、爵号，虽则授无费禄，受不占员，然而突铦锋、排患难者则以是赏之，竭筋力、展勤效者又以是酬之。若献瓜果者亦授试官，则彼必相谓曰：'吾以忘躯命而获官，此以进瓜果而获官，是乃国家以吾之躯命同于瓜果矣。'视人如草木，谁复为用哉！今陛下既未有实利以敦劝，又不重虚名而滥施，人无藉焉。则后之立功者，将曷用为赏哉！"

贽在翰林，为上所亲信，居艰难中，虽有宰相，大小之事，上必与贽谋之，故当时谓之内相，上行止必与之俱。梁、洋道险，尝与贽相失，经夕不至，上惊忧涕泣，募得贽者赏千金。久之，乃至，上喜甚，太子以下皆贺。然贽数直谏，迕上意，卢杞虽贬官，上心庇之。贽极言杞奸邪致乱，上虽貌从，心颇不悦，故刘从一、姜公辅皆自下陈登用，贽恩遇虽隆，未得为相。

壬辰，车驾至梁州。山南地薄民贫，自安、史以来，盗贼攻剽，户口减耗太半，虽节制十五州，租赋不及中原数县。及大驾驻跸，粮用颇窘。上欲西幸成都，严震言于上曰："山南地接京畿，李晟方图收复，藉六军以为声援。若幸西川，则晟未有收复之期也。"众议未决，会李晟表至，言："陛下驻跸汉中，所以系亿兆之心，成灭贼之势。若规小舍大，迁都岷、峨，则士庶失望，虽有猛将谋臣，无所施矣。"上乃止。严震百方以聚财赋，民不至困穷而供亿无乏。牙将严砺，震之从祖弟也，震使掌转饷，事甚修办。

初，奉天围既解，李楚琳遣使入贡，上不得已除凤翔节度使，而心恶之。议者言楚琳凶逆反覆，若不隄防，恐生窥伺。由是楚琳使者数辈至，上皆不引见，留之不遣。甫至汉中，欲以浑瑊代楚琳镇凤翔，陆贽上奏，以为："楚琳杀帅助贼，其罪固大，但以乘舆未复，大憝犹存，勤王之师，悉在畿内，急宣速告，晷刻是争。商岭则道迂且遥，骆谷复为盗所扼，仅通王命，唯在褒斜，此路若又阻艰，南北遂将夐绝。以诸镇危疑之势，居二逆诱胁之中，汹汹群情，各怀向背。傥或楚琳发憾，公肆猖狂，南塞要冲，东延巨猾，则我咽喉梗而心膂分矣。今楚琳能两端顾望，乃是天诱其衷，故通归涂，将济大业。陛下诚宜深以为念，厚加抚循，得其持疑，便足集事。必欲精求素行，追抉宿疵，则是改过不足以补愆，自新不足以赎罪。凡今将吏，岂得尽无疵瑕，人皆省思，孰免疑畏？又况阻命之辈，胁从之流，自知负恩，安敢归化！斯衅非小，所宜速图。伏愿陛下思英主大略，勿以小不忍亏桡兴复之业也。"上释然开寤，善待楚琳使者，优诏存慰之。

丁酉，加宣武节度使刘洽同平章事。

己亥，以行在都知兵马使浑瑊同平章事兼朔方节度使，朔方、邠宁、振武、永平、奉天行营兵马副元帅。

庚子，诏数李怀光罪恶，叙朔方将士忠顺功名，犹以怀光旧勋，曲加容贷，其副元帅、太尉、中书令、河中尹并朔方等诸道节度、观察等使，宜并罢免，授太子太保。其所管兵马，委本军自举一人功高望重者便宜统领，速具奏闻，当授旌旄，以从人欲。

夏，四月，壬寅，以邠宁兵马使韩游瓌为邠宁节度使。癸卯，以奉天行营兵马使戴休颜为奉天行营节度使。

灵武守将宁景璿为李怀光治第，别将李如暹曰："李太尉逐天子，而景璿为之治第，是亦反也。"攻而杀之。

甲辰，加李晟鄜坊、京畿、渭北、商华副元帅。晟家百口及神策军士家属皆在长安，朱泚善遇之。军中有言及家者，晟泣曰："天子何在，敢言家乎！"泚使晟亲近以家书遗晟曰："公家无恙。"晟怒曰："尔敢为贼为间！"立斩之。军士未授春衣，盛夏犹衣裘褐，终无叛志。

乙巳，以陕虢防遏使唐朝臣为河中、同绛节度使。前河中尹李齐运为京兆尹，供晟军粮役。

庚戌，以魏博兵马使田绪为魏博节度使。

浑瑊帅诸军出斜谷，崔汉衡劝吐蕃出兵助之，尚结赞曰："邠军不出，将袭我后。"韩游瓌闻之，遣其将曹子达将兵三千往会瑊军，吐蕃遣其将论莽罗依将兵二万从之。李楚琳遣其将石锽将卒七百从瑊拔武功。庚戌，朱泚遣其将韩旻等攻武功，锽以其众迎降。瑊战不利，收兵登西原。会曹子达以吐蕃至，击旻，大破之于武亭川，斩首万余级，旻仅以身免。瑊遂引兵屯奉天，与李晟东西相应，以逼长安。

上欲为唐安公主造塔，厚葬之，谏议大夫、同平章事姜公辅表谏，以为"山南非久安之地，公主之葬，会归上都，此宜俭薄，以副军须之急"。上使谓陆贽曰："唐安造塔，其费甚微，非宰相所宜论。公辅正欲指朕过失，自求名耳。相负如此，当如何处之？"贽上奏，以为公辅任居宰相，遇事论谏，不当罪之，其略曰："公辅顷与臣同在翰林，臣今据理辨直则涉于私党之嫌，希旨顺成则违于匡辅之义。涉嫌止贻于身患，违义实玷于君恩。徇身忘君，臣之耻也。"又曰："唯暗惑之主，则怨讟溢于下国而耳不欲闻，腥德达于上天而心不求寤，迨乎颠覆，犹未知非。"又曰："当问理之是非，岂论事之大小！《虞书》曰：'兢兢业业，一日二日万机。'唐、虞之际，主圣臣贤，虑事之微，日至万数。然则微之不可不重也，如此，陛下又安可忽而勿念乎！"又曰："若以谏争为指过，则剖心之主不宜见罪于哲王；以谏争为取名，则匪躬之臣不应垂训于圣典。"又曰："假有意将指过，谏以取名，但能闻善而迁，见谏不逆，则所指者适足以彰陛下莫大之善，所取者适足以资陛下无疆之休。因而利焉，所获多矣。傥或怒其指过而不改，则陛下招恶直之讥；黜其取名而不容，则陛下被违谏之谤。是乃掩己过而过弥著，损彼名而名益彰。果而行之,所失大矣。”上意犹怒,甲寅,罢公辅为左庶子。

加西川节度使张延赏同平章事,赏其供亿无乏故也。

朱泚、姚令言数遣人诱泾原节度使冯河清,河清皆斩其使者。大将田希鉴密与泚通,杀河清,以军府附于泚,泚以希鉴为泾原节度使。

上问陆贽:“近有卑官自山北来者,率非良士。有邢建者,论说贼势,语最张皇,察其事情,颇似窥觇,今已于一所安置。如此之类,更有数人,若不追寻,恐成奸计。卿试思之,如何为便?”贽上奏,以为今盗据宫阙,有冒涉险远来赴行在者,当量加恩赏,岂得复猜虑拘囚!其略曰:“以一人之听览,而欲穷宇宙之变态,以一人之防虑,而欲胜亿兆之奸欺,役智弥精,失道弥远。项籍纳秦降卒二十万,虑其怀诈复叛,一举而尽坑之,其于防虞,亦已甚矣。汉高豁达大度,天下之士至者,纳用不疑,其于备虑,可谓疏矣。然而项氏以灭,刘氏以昌,蓄疑之与推诚,其效固不同也。秦皇严肃雄猜,而荆轲奋其阴计;光武宽容博厚,而马援输其款诚。岂不以虚怀待人,人亦思附;任数御物,物终不亲!情思附则感而悦之,虽寇仇化为心膂矣;意不亲则惧而阻之,虽骨肉结为仇慝矣。”又曰:“陛下智出庶物,有轻待人臣之心;思周万机,有独驭区寓之意;谋吞众略,有过慎之防;明照群情,有先事之察;严束百辟,有任刑致理之规;威制四方,有以力胜残之志。由是才能者怨于不任,忠荩者忧于见疑,著勋业者惧于不容,怀反侧者迫于及讨,驯致离叛,构成祸灾。天子所作,天下式瞻,小犹慎之,矧又非小!愿陛下以覆车之辙为戒,实宗社无疆之休。”

丁巳,以前山南东道节度使南皮贾耽为工部尚书。先是,耽使行军司马樊泽奏事行在,泽既复命,方大宴,有急牒至,以泽代耽为节度使。耽内牒怀中,宴饮如故,颜色不改。宴罢,召泽告之,且命将吏谒泽。牙将张献甫怒曰:“行军为尚书问天子起居,乃敢自图节钺,夺尚书土地,事人不忠,众心不服,请杀之。”耽曰:“是何言也!天子所命,则为节度使矣。”即日离镇,以献甫自随,军府遂安。

左仆射李揆自吐蕃还,甲子,薨于凤州。

韩游瓌引兵会浑瑊于奉天。

丙寅,加平卢节度使李纳同平章事。

丁卯,义王玼薨。

朱滔攻贝州百余日,马寔攻魏州亦逾四旬,皆不能下。贾林复为李抱真说王武俊曰:“朱滔志吞贝、魏,复值田悦被害,傥旬日不救,则魏博皆为滔有矣。魏博既下,则张孝忠必为之臣。滔连三道之兵,益以回纥,进临常山,明公欲保其宗族,得乎?常山不守,则昭义退保西山,河朔尽入于滔矣。不若乘贝、魏未下,与昭义合兵救之。滔既破亡,则关中丧气,朱泚不日枭夷,銮舆反正,诸将之功,孰有居明公之右者哉!”武俊悦，从之。

戊辰，武俊军于南宫东南，抱真自临洺引兵会之，与武俊营相距十里。两军尚相疑，明日，抱真以数骑诣武俊营，宾客共谏止之，抱真命行军司马卢玄卿勒兵以俟，曰:“吾之此举，系天下安危。若其不还，领军事以听朝命亦惟子，励将士以雪仇耻亦惟子。”言终，遂行。武俊严备以待之，抱真见武俊，叙国家祸难，天子播迁，持武俊哭，流涕纵横。武俊亦悲不自胜，左右莫能仰视。遂与武俊约为兄弟，誓同灭贼。武俊曰:“相公十兄名高四海，向蒙开谕，得弃逆从顺，免葅醢之罪，享王公之荣。今又不间胡虏，辱为兄弟，武俊当何以为报乎！滔所恃者回纥耳，不足畏也。战日，愿十兄按辔临视，武俊决为十兄破之。”抱真退入武俊帐中，酣寝久之。武俊感激，待之益恭，指心仰天曰:“此身已许十兄死矣。”遂连营而进。

山南地热，上以军士未有春服，亦自御夹衣。

资治通鉴卷第二百三十一

端明殿学士兼翰林侍读学士太中大夫提举西京嵩山崇福宫上柱国河内郡开国公食邑二千二百户食实封九百户赐紫金鱼袋臣 司马光 奉敕编集

唐纪四十七起阏逢困敦（甲子）五月，尽旃蒙赤奋若（乙丑）七月，凡一年有奇。

德宗神武圣文皇帝六

兴元元年（甲子、784）

五月，盐铁判官万年王绍以江、淮缯帛来至，上命先给将士，然后御衫。韩滉欲遣使献绫罗四十担诣行在，幕僚何士幹请行，滉喜曰："君能相为行，请今日过江。"士幹许诺，归别家，则家之薪米储偫已罗门庭矣；登舟，则资装器用已充舟中矣。下至厕筹，滉皆手笔纪列，无不周备。每担夫，与白金一版使置腰间。又运米百艘以饷李晟，自负囊米至舟中，将佐争举之，须臾而毕。艘置五弩手以为防援，有寇则叩舷相警，五百弩已彀矣。比达渭桥，盗不敢近。时关中兵荒，米斗直钱五百，及滉米至，减五之四。滉为人强力严毅，自奉俭素，夫人常衣绢裙，破，然后易。

吐蕃既破韩旻等，大掠而去。朱泚使田希鉴厚以金帛赂之，吐蕃受之。韩游瓌以闻。浑瑊又奏："尚结赞屡遣人约刻日共取长安，既而不至。闻其众今春大疫，近已引兵去。"上以李晟、浑瑊兵少，欲倚吐蕃以复京城，闻其去，甚优之，以问陆贽。贽以为吐蕃贪狡，有害无益，得其引去，实可欣贺，乃上奏，其略曰："吐蕃迁延观望，翻覆多端，深入郊畿，阴受贼使，致令群帅进退忧虞。欲舍之独前，则虑其怀怨乘蹑；欲待之合势，则苦其失信稽延。戎若未归，寇终不灭。"又曰："将帅意陛下不见信任，且患蕃戎之夺其功；士卒恐陛下不恤旧劳，而畏蕃戎之专其利；贼党惧蕃戎之胜，不死则悉遗人禽；百姓畏蕃戎之来，有财必尽为所掠。是以顺于王化者其心不得不怠，陷于寇境者其势不得不坚。"又曰："今怀光别保蒲、绛，吐蕃远避封疆，形势既分，腹背无患，瑊、晟诸帅，才力得伸。"又曰："但愿陛下慎于抚接，勤于砥砺，中兴大业，旬月可期，不宜尚眷眷于犬羊之群，以失将士之情也。"

上复使谓贽曰："卿言吐蕃形势甚善，然瑊、晟诸军当议规画，令其进取。朕欲遣使宣慰，卿宜审细条流以闻。"贽以为："贤君选将，委任责成，故能有功。况今秦、梁千里，兵势无常，遥为规画，未必合宜。彼违命则失君威，从命则害军事，进退羁碍，难以成功。不若假以便宜之权，待以殊常之赏，则将帅感悦，智勇得伸。”乃上奏，其略曰：“锋镝交于原野而决策于九重之中，机会变于斯须而定计于千里之外，用舍相碍，否臧皆凶。上有掣肘之讥，下无死馁之志。”又曰：“传闻与指实不同，悬算与临事有异。”又曰：“设使其中或有肆情干命者，陛下能于此时戮其违诏之罪乎？是则违命者既不果行罚，从命者又未必合宜，徒费空言，只劳睿虑，匪惟无益，其损实多。”又曰：“君上之权，特异臣下，惟不自用，乃能用人。”

癸酉，泾王侹薨。

徐、海、沂、密观察使高承宗卒，甲戌，使其子明应知军事。

乙亥，李抱真、王武俊距贝州三十里而军。朱滔闻两军将至，急召马寔，寔昼夜兼行赴之。或谓滔曰：“武俊善野战，不可当其锋，宜徙营稍前逼之，使回纥绝其粮道。我坐食德、棣之馔，依营而陈，利则进攻，否则入保，待其饥疲，然后可制也。”滔疑未决。会马寔军至，滔命明日出战。寔言：“军士冒暑困惫，请休息数日乃战。”常侍杨布、将军蔡雄引回纥达干见滔，达干曰：“回纥在国与邻国战，常以五百骑破邻国数千骑，如扫叶耳。今受大王金帛、牛酒前后无算，思为大王立效，此其时矣。明日，愿大王驻马高丘，观回纥为大王剪武俊之骑，使匹马不返。”布、雄曰：“大王英略盖世，举燕、蓟全军，将扫河南，清关中，今见小敌冘豫不击，失远近之望，将何以成霸业乎！达干请战是也。”滔喜，遂决意出战。

丙子旦，武俊遣其兵马使赵琳将五百骑伏于桑林，抱真列方陈于后，武俊引骑兵居前，自当回纥。回纥纵兵冲之，武俊命其骑控马避之。回纥突出其后，将还，武俊乃纵兵击之，赵琳自林中出横击之，回纥败走。武俊急追之，滔骑兵亦走，自践其步陈，步骑皆东奔，滔不能制，遂走趣其营，抱真、武俊合兵追击之。时滔引三万人出战，死者万余人，逃溃者亦万余人，滔才与数千人入营坚守。会日暮，昏雾，两军不能进，抱真军其营之西北，武俊军其东北。滔夜焚营，引兵出南门，趣德州遁去，委弃所掠资货山积。两军以雾，不能追也。

滔杀杨布、蔡雄而归幽州，心既内惭，又恐范阳留守刘怦因败图己。怦悉发留守兵夹道二十里，具仪仗，迎之入府，相对悲喜，时人多之。

初，张孝忠以易州归国，诏以孝忠为义武节度使，以易、定、沧三州隶之。沧州刺史李固烈，李惟岳之妻兄也，请归恒州，孝忠遣押牙安喜程华交其州事。固烈悉取军府绫缣、珍货数十车，将行，军士大噪曰：“刺史扫府库之实以行，将士于后饥寒，奈何!”遂杀固烈，屠其家。程华闻乱，自窦逃出，乱兵求得之，请知州事，华不得已，从之。孝忠闻之，即版华摄沧州刺史。华素宽厚，推心以待将士，将士安之。

会朱滔、王武俊叛，更遣人招华，华皆不从。时孝忠在定州，自沧如定，必过瀛州，瀛隶朱滔，道路阻涩。沧州录事参军李宇说华，表陈利害，请别为一军，华从之，遣宇奉表诣行在。上即以华为沧州刺史、横海军副大使、知节度事，赐名日华，令日华岁供义武租钱十二万缗。

王武俊又使人说诱之，时军中乏马，日华绐使者曰："王大夫必欲相属，当以二百骑相助。"武俊给之，日华悉留其马，遣其士归。武俊怒，而方与马燧等相拒，不能攻取，日华由是获全。及武俊归国，日华乃遣人谢过，偿其马价，且赂之。武俊喜，复与交好。

庚寅，李晟大陈兵，谕以收复京城。先是，姚令言等屡遣谍人觇晟进军之期，皆为逻骑所获，晟引示以所陈兵，谓曰："归语诸贼，努力固守，勿不忠于贼也！"皆饮之酒，给钱而纵之。遂引兵至通化门外，耀武而还，贼不敢出。晟召诸将，问兵所从入，皆请"先取外城，据坊市，然后北攻宫阙。"晟曰："坊市狭隘，贼若伏兵格斗，居人惊乱，非官军之利也。今贼重兵皆聚苑中，不若自苑北攻之，溃其腹心，贼必奔亡。如此，则宫阙不残，坊市无扰，策之上者也。"诸将皆曰："善。"乃牒浑瑊及镇国节度使骆元光、商州节度使尚可孤，刻期集于城下。

壬辰，尚可孤败泚将仇敬忠于蓝田西，斩之。乙未，李晟移军于光泰门外米仓村。丙申，晟方自临筑垒，泚骁将张庭芝、李希倩引兵大至，晟谓诸将曰："始吾忧贼潜匿不出，今来送死，此天赞我，不可失也！"命副元帅兵马使吴诜等纵兵击之。时华州营在北，兵少，贼并力攻之，晟命牙前将李演等帅精兵救之。演等力战，贼败走。演等追之，乘胜入光泰门，再战，又破之。会夜，晟敛兵还。贼余众走入白华门，夜，闻恸哭。希倩，希烈之弟也。

丁酉，晟复出兵，诸将请待西师至，夹攻之。晟曰："贼数败，已破胆，不乘胜取之，使其成备，非计也。"贼又出战，官军屡捷。骆元光败泚众于浐西。戊戌，晟陈兵于光泰门外，使李演及牙前兵马使王佖将骑兵，牙前将史万顷将步兵，直抵苑墙神麚村。晟先使人夜开苑墙二百余步，比演等至，贼已树栅塞之，自栅中刺射官军，官军不得进。晟怒，叱诸将曰："纵贼如此，吾先斩公辈矣！"万顷惧，帅众先进，拔栅而入，佖、演引骑兵继之，贼众大溃，诸军分道并入。姚令言等犹力战，晟命决胜军使唐良臣等步骑蹙之，且战且前，凡十余合，贼不能支。至白华门，有贼数千骑出官军之背，晟帅百余骑回御之，左右呼曰："相公来！"贼皆惊溃。

先是，泚遣张光晟将兵五千屯九曲，去东渭桥十余里，光晟密输款于晟。及泚败，光晟劝泚出亡，泚乃与姚令言帅余众西走，犹近万人。光晟送泚出城，还，降于晟。晟遣兵马使田子奇以骑兵追泚。晟屯含元殿前，舍于右金吾仗，令诸军曰："晟赖将士之力，克清宫禁。长安士庶，久陷贼庭，若小有震惊，非吊民伐罪之意。晟与公等室家相见非晚，五日内无得通家信。”命京兆尹李齐运等安慰居人。晟大将高明曜取贼妓，尚可孤军士擅取贼马，晟皆斩之，军中股栗。公私安堵，秋毫无犯，远坊有经宿乃知官军入城者。

是日，浑瑊、戴休颜、韩游瓌亦克咸阳，败贼三千余众，闻泚西走，分兵邀之。

己亥，晟使京西兵马使孟涉屯白华门，尚可孤屯望仙门，骆元光屯章敬寺，晟以牙前三千人屯安国寺，以镇京城。斩泚党李希倩、敬钎、彭偃等八人于市。

王武俊既破朱滔，还恒州，表让幽州、卢龙节度使，上许之。

六月，癸卯，李晟遣掌书记吴人于公异作露布上行在曰：“臣已肃清宫禁，祗谒寝园，钟簴不移，庙貌如故。”上泣下曰：“天生李晟，以为社稷，非为朕也。”

晟在渭桥，荧惑守岁，久之乃退，宾佐皆贺，曰：“荧惑退舍，皇家之福也，宜速进兵。”晟曰：“天子野次，臣下知死敌而已，天象高远，谁得知之！”既克长安，乃谓之曰：“向非相拒也，吾闻五星赢缩无常，万一复来守岁，吾军不战自溃矣。”皆谢曰：“非所及也。”

朱泚将奔吐蕃，其众随道散亡，比至泾州，才百余骑。田希鉴闭门拒之，泚谓之曰：“汝之节，吾所授也。奈何临危相负？”使焚其门。希鉴取节投火中曰：“还汝节！”泚众皆哭。泾卒遂杀姚令言，诣希鉴降。泚独与范阳亲兵及宗族、宾客北趣驿马关，宁州刺史夏侯英拒之。至彭原西城屯，其将梁庭芬射泚坠坑中，韩旻等斩之，诣泾州降。源休、李子平奔凤翔，李楚琳斩之，皆传首行在。

上命陆贽草诏赐浑瑊，使访求奉天所失裹头内人。贽上奏，以为：“今巨盗始平，疲瘵之民，疮痍之卒，尚未循拊，而首访妇人，非所以副惟新之望也。谋始尽善，克终已稀，始而不谋，终则何有！所赐瑊诏，未敢承旨。”上遂不降诏，竟遣中使求之。

乙巳，诏吏部侍郎班宏充宣慰使，劳问将士，抚慰蒸黎。

丙午，李晟斩文武官受朱泚宠任者崔宣、洪经纶等十余人，又表守节不屈者刘迺、蒋沇等。

己酉，以李晟为司徒、中书令，骆元光、尚可孤各迁官有差。以检校御史中丞田希鉴为泾原节度使。

诏改梁州为兴元府。

甲寅，以浑瑊为侍中，韩游瓌、戴休颜各迁官有差。

朱泚之败也，李忠臣奔樊川，擒获，丙辰，斩之。

上问陆贽：“今至凤翔有迎驾诸军，形势甚盛，欲因此遣人代李楚琳，何如？”贽上奏，以为：“如此则事同胁执，以言乎除乱则不武，以言乎务理则不诚，用是时巡，后将安入？议者或谓之权，臣窃未谕其理。夫权之为义，取类权衡，今辇路所经，首行胁夺，易一帅而亏万乘之义，得一方而结四海之疑，乃是重其所轻而轻其所重，谓之权也，不亦反乎！以反道为权，以任数为智，君上行之必失众，臣下用之必陷身，历代之所以多丧乱而长奸邪，由此误也。不如俟奠枕京邑，征授一官，彼喜于恩宥，将奔走不暇，安敢辄有旅拒，复劳诛锄哉！”戊午，车驾发汉中。

李晟综理长安以备百司，自请至凤翔迎扈，上不许。内常侍尹元贞奉使同华，辄诣河中招谕李怀光。晟奏：“元贞矫制擅赦元恶，请理其罪。”

秋，七月，丙子，车驾至凤翔，斩乔琳、蒋镇、张光晟等。李晟以光晟虽臣贼，而灭贼亦颇有力，欲全之，上不许。

副元帅判官高郢数劝李怀光归款，怀光遣其子璀诣行在谢罪，请束身归朝。庚辰，诏遣给事中孔巢父赍先除怀光太子太保敕诣河中宣慰，朔方将士悉复官爵如故。

壬午，车驾至长安，浑瑊、韩游瓌、戴休颜以其众扈从，李晟、骆元光、尚可孤以其众奉迎，步骑十余万，旌旗数十里。晟谒见上于三桥，先贺平贼，后谢收复之晚，伏路左请罪。上驻马慰抚，为之掩涕，命左右扶上马。至宫，每闲日，辄宴勋臣，赏赐丰渥，李晟为之首，浑瑊次之，诸将相又次之。

曹王皋遣其将伊慎、王锷围安州，李希烈遣其甥刘戒虚将步骑八千救之。皋遣别将李伯潜逆击之于应山，斩首千余级，生擒戒虚，徇于城下，安州遂降。以伊慎为安州刺史，又击希烈将康叔夜于厉乡，走之。

丁亥，孔巢父至河中，李怀光素服待罪，巢父不之止。怀光左右多胡人，皆叹曰：“太尉无官矣！”巢父又宣言于众曰：“军中谁可代太尉领军事者？”于是怀光左右发怒喧噪，宣诏未毕，众杀巢父及中使啖守盈，怀光亦不之止，复治兵为拒守之备。

辛卯，赦天下。

初，肃宗在灵武，上为奉节王，学文于李泌。代宗之世，泌居蓬莱书院，上为太子，亦与之游。及上在兴元，泌为杭州刺史，上急诏征之，与睦州刺史杜亚俱诣行在。乙未，以泌为左散骑常侍，亚为刑部侍郎，命泌日直西省以候对，朝野皆属目附之。上问泌：“河中密迩京城，朔方兵素称精锐，如达奚小俊等皆万人敌，朕昼夕忧之，奈何？”对曰：“天下事甚有可忧者，若惟河中，不足忧也。夫料敌者，料将不料兵。今怀光，将也；小俊之徒乃兵耳，何足为意！怀光既解奉天之围，视朱泚垂亡之虏不能取，乃与之连和，使李晟得取以为功。今陛下已还宫阙，怀光不束身归罪，乃虐杀使臣，鼠伏河中，如梦魇之人耳。但恐不日为帐下所枭，使诸将无以藉手也。”

初，上发吐蕃以讨朱泚，许成功以伊西、北庭之地与之。及泚诛，吐蕃来求地，上欲召两镇节度使郭昕、李元忠还朝，以其地与之。李泌曰："安西、北庭，人性骁悍，控制西域五十七国及十姓突厥，又分吐蕃之势，使不得并兵东侵，奈何拱手与之？且两镇之人，势孤地远，尽忠竭力，为国家固守近二十年，诚可哀怜。一旦弃之以与戎狄，彼其心必深怨中国，它日从吐蕃入寇，如报私仇矣。况日者吐蕃观望不进，阴持两端，大掠武功，受赂而去，何功之有！"众议亦以为然，上遂不与。

李希烈闻李希倩伏诛，忿怒，八月，壬寅，遣中使至蔡州杀颜真卿。中使曰："有敕。"真卿再拜，中使曰："今赐卿死。"真卿曰："老臣无状，罪当死，不知使者几日发长安？"使者曰："自大梁来，非长安也。"真卿曰："然则贼耳，何谓敕邪！"遂缢杀之。

李晟以泾州倚边，屡害军帅，常为乱根，奏请往理不用命者，力田积粟以攘吐蕃。癸卯以晟兼凤翔、陇右节度等使及四镇、北庭、泾原行营副元帅，进爵西平王。时李楚琳入朝，晟请与俱至凤翔斩之，以惩逆乱。上以新复京师，务安反仄，不许。

先是，上命浑瑊、骆元光讨李怀光军于同州，怀光遣其将徐庭光以精卒六千军于长春宫以拒之，瑊等数为所败，不能进。时度支用度不给，议者多请赦怀光，上不许。李怀光遣其妹婿要廷珍守晋州，牙将毛朝敭守隰州，郑抗守慈州，马燧皆遣人说下之。上乃加浑瑊河中、绛州节度使，充河中、同华、陕虢行营副元帅，加马燧奉诚军、晋、慈、隰节度使，充管内诸军行营副元帅，与镇国节度使骆元光、鄜坊节度使唐朝臣合兵讨怀光。

初，王武俊急攻康日知于赵州，马燧奏请诏武俊与李抱真同击朱滔，以深、赵隶武俊；改日知为晋、慈、隰节度使，上从之。日知未至而三州降燧，故上使燧兼领之。燧表让三州于日知，且言因降而授，恐后有功者，踵以为常，上嘉而许之。燧遣使迎日知，既至，籍府库而归之。

甲辰，以凤翔节度使李楚琳为左金吾大将军。

丙午，加浑瑊朔方行营元帅。

李晟至凤翔，治杀张镒之罪，斩裨将王斌等十余人。

朱滔为王武俊所攻，殆不能军，上表待罪。

癸未，马燧将步骑三万攻绛州。

度支以李怀光所部将士数万与怀光同反，不给冬衣，上曰："朔方军累代忠义，今为怀光所制耳，将士何罪？"冬，十月，己亥，诏："朔方及诸军在怀光所者，冬衣及赏钱皆当别贮，俟道路稍通，即时给之。"

李勉累表乞自贬，辛丑，罢勉都统、节度使，其检校司徒、同平章事如故。

丙辰，李怀光将阎晏寇同州，官军败于沙苑。诏征邠州之军，韩游瓌将甲士六千赴之。

乙丑，马燧拔绛州，分兵取闻喜、万泉、虞乡、永乐、猗氏。

初，鱼朝恩既诛，代宗不复使宦官典兵。上即位，悉以禁兵委白志贞，志贞得罪，上复以宦官窦文场代之，从幸山南，两军渐集。上还长安，颇忌宿将握兵多者，稍稍罢之。戊辰，以文场监神策军左厢兵马使，王希迁监右厢兵马使，始令宦官分典禁旅。

闰月，丙子，以泾原节度使田希鉴为卫尉卿。李晟初至凤翔，希鉴遣使参候，晟谓使者曰："泾州逼近吐蕃，万一入寇，州兵能独御之乎？欲遣兵防援，又未知田尚书意。"使者归，以告希鉴，希鉴果请援兵，晟遣腹心将彭令英等戍泾州。晟寻托巡边诣泾州，希鉴出迎，晟与之并辔而入，道旧结欢。希鉴妻李氏，以叔父事晟，晟谓之田郎。晟命具三日食，曰："巡抚毕，即还凤翔。"希鉴不复疑。晟置宴，希鉴与将佐俱诣晟营。晟伏甲于外庑，既食而饮，彭令英引泾州诸将下堂，晟曰："我与汝曹久别，各宜自言姓名。"于是得为乱者石奇等三十余人，让之曰："汝曹屡为逆乱，残害忠良，固天地所不容！"悉引出，斩之。希鉴尚在座，晟顾曰："田郎亦不得无过，以亲知之故，当使身首得完。"希鉴曰："唯。"遂引出，缢杀之，并其子萼。晟入其营，谕以诛希鉴之意，众股栗，无敢动者。

李希烈遣其将翟崇晖悉众围陈州，久之，不克。李澄知大梁兵少，不能制滑州，遂焚希烈所授旌节，誓众归国。甲午，以澄为汴滑节度使。

宋亳节度使刘洽遣马步都虞候刘昌与陇右、幽州行营节度使曲环等将兵三万救陈州，十一月，癸卯，败翟崇晖于州西，斩首三万五千级，擒崇晖以献。乘胜进攻汴州，李希烈惧，奔归蔡州。李澄引兵趣汴州，至城北，恇怯不敢进。刘洽兵至城东。戊午，李希烈守将田怀珍开门纳之。明日，澄入，舍于浚仪。两军之士，日有忿阋。会希烈郑州守将孙液降于澄，澄引兵屯郑州。诏以都统司马宝鼎薛珏为汴州刺史。

李勉至长安，素服待罪。议者多以"勉失守大梁，不应尚为相。"李泌言于上曰："李勉公忠雅正，而用兵非其所长。及大梁不守，将士弃妻子而从之者殆二万人，足以见其得众心矣。且刘洽出勉麾下，勉至睢阳，悉举其众以授之，卒平大梁，亦勉之功也。"上乃命勉复其位。

议者又言："韩滉闻銮舆在外，聚兵修石头城，阴蓄异志。"上疑之，以问李泌，对曰："滉公忠清俭，自车驾在外，滉贡献不绝。且镇抚江东十五州，盗贼不起，皆滉之力也。所以修石头城者，滉见中原板荡，谓陛下将有永嘉之行，为迎扈之备耳。此乃人臣忠笃之虑,奈何更以为罪乎?滉性刚严,不附权贵,故多谤毁,愿陛下察之,臣敢保其无它。”上曰:“外议汹汹,章奏如麻,卿弗闻乎?”对曰:“臣固闻之。其子皋为考功员外郎,今不敢归省其亲,正以谤语沸腾故也。”上曰:“其子犹惧如此,卿奈何保之?”对曰:“滉之用心,臣知之至熟。愿上章明其无它,乞宣示中书,使朝众皆知之。”上曰:“朕方欲用卿,人亦何易可保!慎勿违众,恐并为卿累也。”泌退,遂上章,请以百口保滉。它日,上谓泌曰:“卿竟上章,已为卿留中。虽知卿与滉亲旧,岂得不自爱其身乎?”对曰:“臣岂肯私于亲旧以负陛下!顾滉实无异心,臣之上章,以为朝廷,非为身也。”上曰:“如何其为朝廷?”对曰:“今天下旱、蝗,关中米斗千钱,仓廪耗竭,而江东丰稔。愿陛下早下臣章以解朝众之惑,面谕韩皋使之归觐,令滉感激无自疑之心,速运粮储,岂非为朝廷邪?”上曰:“善。朕深谕之矣。”即下泌章,令韩皋谒告归觐,面赐绯衣,谕以“卿父比有谤言,朕今知其所以,释然不复信矣。”因言:“关中乏粮,归语卿父,宜速致之。”皋至润州,滉感悦流涕,即日,自临水滨发米百万斛,听皋留五日即还朝。皋别其母,啼声闻于外。滉怒,召出,挞之,自送至江上,冒风涛而遣之。既而陈少游闻滉贡米,亦贡二十万斛。上谓李泌曰:“韩滉乃能化陈少游亦贡米矣!”对曰:“岂惟少游,诸道将争入贡矣!”

吏部尚书、同平章事萧复奉使自江、淮还,与李勉、卢翰、刘从一俱见上。勉等退,复独留,言于上曰:“陈少游任兼将相,首败臣节,韦皋幕府下僚,独建忠义,请以皋代少游镇淮南,使善恶著明。”上然之。寻遣中使马钦绪揖刘从一,附耳语而去,诸相还阁。从一诣复曰:“钦绪宣旨,令从一与公议朝来所言事,即奏行之,勿令李、卢知。敢问何事也?”复曰:“唐、虞黜陟,岳牧佥谐。爵人于朝,与士共之。使李、卢不堪为相,则罢之。既在相位,朝廷政事,安得不与之同议而独隐此一事乎?此最当今之大弊,朝来主上亦有斯言,复已面陈其不可,不谓圣意尚尔。复不惜与公奏行之,但恐浸以成俗,未敢以告。”竟不以事语从一。从一奏之,上愈不悦,复乃上表辞位,乙丑,罢为左庶子。

刘洽克汴州,得《李希烈起居注》,云“某月日,陈少游上表归顺。”少游闻之,惭惧发疾,十二月,乙亥,薨,赠太尉,赙祭如常仪。

淮南大将王韶欲自为留后,令将士推己知军事,且欲大掠。韩滉遣使谓之曰:“汝敢为乱,吾即日全军度江诛汝矣!”韶等惧而止。上闻之喜,谓李泌曰:“滉不惟安江东,又能安淮南,真大臣之器,卿可谓知人。”庚辰,加滉平章事、江淮转运使。滉运江、淮粟帛入贡府,无虚月,朝廷赖之,使者劳问相继,恩遇始深矣。

是岁蝗遍远近,草木无遗,惟不食稻,大饥,道殣相望。

贞元元年（乙丑、785）

春，正月，丁酉朔，赦天下，改元。

癸丑，赠颜真卿司徒，谥曰文忠。

新州司马卢杞遇赦，移吉州长史，谓人曰："吾必再入。"未几，上果用为饶州刺史。给事中袁高应草制，执以白卢翰、刘从一曰："卢杞作相，致銮舆播迁，海内疮痍，奈何遽迁大郡！愿相公执奏。"翰等不从，更命它舍人草制。乙卯，制出，高执之不下，且奏："杞极恶穷凶，百辟疾之若仇，六军思食其肉，何可复用！"上不听。补阙陈京、赵需等上疏曰："杞三年擅权，百揆失叙，天地神祇所知，华夏、蛮夷同弃。傥加巨奸之宠，必失万姓之心。"丁巳，袁高复于正牙论奏。上曰："杞已再更赦。"高曰："赦者止原其罪，不可为刺史。"陈京等亦争之不已，曰："杞之执政，百官常如兵在其颈，今复用之，则奸党皆唾掌而起。"上大怒，左右辟易，谏者稍引却，京顾曰："赵需等勿退，此国大事，当以死争之。"上怒稍解。戊午，上谓宰相："与杞小州刺史，可乎？"李勉曰："陛下欲与之，虽大州亦可，其如天下失望何？"壬戌，以杞为澧州别驾。使谓袁高曰："朕徐思卿言，诚为至当。"又谓李泌曰："朕已可袁高所奏。"泌曰："累日外人窃议，比陛下于桓、灵；今承德音，乃尧、舜之不逮也。"上悦。杞竟卒于澧州。高，恕己之孙也。

三月，李希烈陷邓州。

戊午，以汴滑节度使李澄为郑滑节度使。

以代宗女嘉诚公主妻田绪。

李怀光都虞候吕鸣岳密通款于马燧，事泄，怀光杀之，屠其家。事连幕僚高郢、李鄘，怀光集将士而责之，郢、鄘抗言逆顺，无所慚隐，怀光囚之。鄘，邕之侄孙也。马燧军于宝鼎，败怀光兵于陶城，斩首万余级，分兵会浑瑊，逼河中。

夏，四月，丁丑，以曹王皋为荆南节度，李希烈将李思登以随州降之。

壬午，马燧、浑瑊破李怀光兵于长春宫南，遂掘堑围宫城。怀光诸将相继来降，诏以燧、瑊为招抚使。

五月，丙申，刘洽更名玄佐。

韩游瓌请兵于浑瑊，共取朝邑。李怀光将阎晏欲争之，士卒指邠军曰："彼非吾父兄，则吾子弟，奈何以白刃相向乎！"语甚嚣，晏遽引兵去。怀光知众心不从，乃诈称欲归国，聚货财，饰车马，云俟路通入贡，由是得复逾旬月。

六月，辛巳，以刘玄佐兼汴州刺史。

辛卯，以金吾大将军韦皋为西川节度使。

朱滔病死，将士奉前涿州刺史刘怦知军事。

时连年旱、蝗，度支资粮匮竭，言事者多请赦李怀光。李晟上言："赦怀光有五不可：河中距长安才三百里，同州当其冲，多兵则未为示信，少兵则不足隄防，忽惊东偏，何以制之？一也。今赦怀光，必以晋、绛、慈、隰还之，浑瑊既无所诣，康日知又应迁移，土宇不安，何以奖励？二也。陛下连兵一年，讨除小丑，兵力未穷，遽赦其反逆之罪，今西有吐蕃，北有回纥，南有淮西，皆观我强弱，不谓陛下施德泽，爱黎元，乃谓兵屈于人而自罢耳，必竞起窥觎之心，三也。怀光既赦，则朔方将士皆应叙勋行赏，今府库方虚，赏不满望，是愈激之使叛，四也。既解河中，罢诸道兵，赏典不举，怨言必起，五也。今河中斗米五百，刍藁且尽，墙壁之间，饿殍甚众。且其军中大将杀戮略尽，陛下但敕诸道围守旬时，彼必有内溃之变，何必养腹心之疾为它日之悔哉！”又请发兵二万，自备资粮，独讨怀光。秋，七月，甲午朔，马燧自行营入朝，奏称：“怀光凶逆尤甚，赦之无以令天下，愿更得一月粮，必为陛下平之。”上许之。

陕虢都知兵马使达奚抱晖鸩杀节度使张劝，代总军务，邀求旌节，且阴召李怀光将达奚小俊为援。上谓李泌曰：“若蒲、陕连衡，则猝不可制。且抱晖据陕，则水陆之运皆绝矣。不得不烦卿一往。”辛丑，以泌为陕虢都防御水陆运使。上欲以神策军送泌之官，问：“须几何人？”对曰：“陕城三面悬绝，攻之未可以岁月下也，臣请以单骑入之。”上曰：“单骑如何可入？”对曰：“陕城之人，不贯逆命，此特抱晖为恶耳。若以大兵临之，彼闭壁定矣。臣今单骑抵其近郊，彼举大兵则非敌，若遣小校来杀臣，未必不更为臣用也。且今河东全军屯安邑，马燧入朝，愿敕燧与臣同辞偕行，使陕人欲加害于臣，则畏河东移军讨之，此亦一势也。”上曰：“虽然，朕方大用卿，宁失陕州，不可失卿，当更使它人往耳。”对曰：“它人必不能入。今事变之初，众心未定，故可出其不意，夺其奸谋。它人犹豫迁延，彼既成谋，则不得前矣。”上许之。泌见陕州进奏官及将吏在长安者，语之曰：“主上以陕、虢饥，故不授泌节而领运使，欲令督江、淮米以赈之耳。陕州行营在夏县，若抱晖可用，当使将之；有功，则赐旌节矣。”抱晖觇者驰告之，抱晖稍自安。泌具以语白上曰：“欲使其士卒思米，抱晖思节，必不害臣矣！”上曰：“善。”戊申，泌与马燧俱辞行。庚戌，加泌陕虢观察使。

泌出潼关，鄜坊节度使唐朝臣以步骑三千布于关外，曰：“奉密诏送公至陕。”泌曰：“辞日奉进止，以便宜从事。此一人不可相蹑而来，来则吾不得入陕矣。”唐臣以受诏不敢去，泌写宣以却之，因疾驱而前。抱晖不使将佐出迎，惟侦者相继。泌宿曲沃，将佐不俟抱晖之命来迎，泌笑曰：“吾事济矣！”去城十五里，抱晖亦出谒。泌称其摄事保完城隍之功，曰：“军中烦言，不足介意。公等职事皆按堵如故。”抱晖出而喜。泌既入城〔视事〕，宾佐有请屏人白事者。泌曰：“易帅之际，军中烦言，乃其常理，泌到，自妥贴矣，不愿闻也。”由是反仄者皆自安。泌但索簿书，治粮储。明日，召抱晖至宅，语之曰："吾非爱汝而不诛，恐自今有危疑之地，朝廷所命将帅皆不能入，故丐汝余生，汝为我赍版、币祭前使，慎无入关，自择安处，潜来取家，保无它也。"泌之辞行也，上籍陕将预于乱者七十五人授泌，使诛之。泌既遣抱晖，日中，宣慰使至。泌奏："已遣抱晖，馀不足问。"上复遣中使诣陕，必使诛之。泌不得已，械兵马使林滔等五人送京师，恳请赦之。诏谪戍天德，岁余，竟杀之。而抱晖遂亡命，不知所之。达奚小俊引兵至境，闻泌已入陕而还。

壬子，以刘怦为幽州、卢龙节度使。

大旱，灞、浐将竭，长安井皆无水。度支奏中外经费才支七旬。

资治通鉴卷第二百三十二

端明殿学士兼翰林侍读学士太中大夫提举西京嵩山崇福宫上柱国河内郡开国公食邑二千二百户食实封九百户赐紫金鱼袋臣 司马光 奉敕编集

唐纪四十八起旃蒙赤奋若(乙丑)八月，尽强圉单阏(丁卯)七月，凡二年。

德宗神武圣文皇帝七

贞元元年(乙丑、785)

八月，甲子，诏凡不急之费及人冗食者皆罢之。马燧至行营，与诸将谋曰："长春宫不下，则怀光不可得。长春宫守备甚严，攻之旷日持久，我当身往谕之。"遂径造城下，呼怀光守将徐庭光，庭光帅将士罗拜城上。燧知其心屈，徐谓之曰："我自朝廷来，可西向受命。"庭光等复西向拜。燧曰："汝曹自禄山已来，徇国立功四十余年，何忽为灭族之计？从吾言，非止免祸，富贵可图也。"众不对。燧披襟曰："汝不信吾言，何不射我！"将士皆伏泣。燧曰："此皆怀光所为，汝曹无罪。弟坚守勿出。"皆曰："诺。"壬申，燧与浑瑊、韩游瓌进军逼河中，至焦篱堡，守将尉珪以七百人降。是夕，怀光举火，诸营不应。骆元光在长春宫下，使人招徐庭光，庭光素轻元光，遣卒骂之，又为优胡于城上以侮之，且曰："我降汉将耳。"元光使白燧，燧还至城下，庭光开门降。燧以数骑入城慰抚，其众大呼曰："吾辈复为王人矣！"浑瑊谓僚佐曰："始吾谓马公用兵不吾远也，今乃知吾不逮多矣！"诏以庭光试殿中监兼御史大夫。甲戌，燧帅诸军至河西，河中军士自相惊曰："西城擐甲矣！"又曰："东城娖队矣！"须臾，军中皆易其号为"太平"字。怀光不知所为，乃缢而死。

初，怀光之解奉天围也，上以其子璀为监察御史，宠待甚厚。及怀光屯咸阳不进，璀密言于上曰："臣父必负陛下，愿早为之备。臣闻君、父一也，但今日之势，陛下未能诛臣父，而臣父足以危陛下。陛下待臣厚，臣胡人，性直，故不忍不言耳。"上惊曰："知卿大臣爱子，当为朕委曲弥缝，而密奏之！"对曰："臣父非不爱臣，臣非不爱其父与宗族也，顾臣力竭，不能回耳。"上曰："然则卿以何策自免？"对曰："臣之进言，非苟求生也，臣父败，则臣与之俱死矣，复有何策哉！使臣卖父求生，陛下亦安用之！"上曰："卿勿死，为朕更至咸阳谕卿父，使君臣父子俱全，不亦善乎！"璀至咸阳而还，曰："无益也，愿陛下备之，勿信人言。臣今往，说谕万方，臣父言：'汝小子何知！主上无信，吾非贪富贵也，直畏死耳，汝岂可陷吾入死地邪！'"及李泌赴陕，上谓之曰："朕所以再三欲全怀光者，诚惜璀也。卿至陕，试为朕招之。"对曰："陛下未幸梁、洋，怀光犹可降也。今则不然，岂有人臣迫逐其君，而可复立于其朝乎！纵彼颜厚无惭，陛下每视朝，何心见之！臣得入陕，借使怀光请降，臣不敢受，况招之乎！李璀固贤者，必与父俱死矣，若其不死，则亦无足贵也。"及怀光死，璀先刃其二弟，乃自杀。

朔方将牛名俊断怀光首出降。河中兵犹万六千人，燧斩其将阎晏等七人，余皆不问。燧自辞行至河中平，凡二十七日。燧出高郢、李鄘于狱，皆奏置幕下。

韩游瓌之攻怀光也，杨怀宾战甚力，上命特原其子朝晟，游瓌遂以朝晟为都虞候。

上使问陆贽："河中既平，复有何事所宜区处？"令悉条奏。贽以河中既平，虑必有希旨生事之人，以为王师所向无敌，请乘胜讨淮西者。李希烈必诱谕其所部及新附诸帅曰："奉天息兵之旨，乃因窘急而言，朝廷稍安，必复诛伐。"如此，则四方负罪者孰不自疑，河朔、青齐固当响应，兵连祸结，赋役繁兴，建中之忧，行将复起。乃上奏，其略曰："福不可以屡徼，幸不可以常觊。"又曰："臣姑以生祸为忧，而未敢以获福为贺。"又曰："陛下怀悔过之深诚，降非常之大号，所在宣扬之际，闻者莫不涕流。假王叛换之夫，削伪号以请罪；观衅首鼠之将，一纯诚以效勤。"又曰："曩讨之而愈叛，今释之而毕来。曩以百万之师而力殚，今以咫尺之诏而化洽。是则圣王之敷理道，服暴人，任德而不任兵，明矣；群帅之悖臣礼，拒天诛，图活而不图王，又明矣。是则好生以及物者，乃自生之方；施安以及物者，乃自安之术。挤彼于死地而求此之久生也，措彼于危地而求此之久安也，从古及今，未之有焉。"又曰："一夫不率，阖境罹殃；一境不宁，普天致扰。"又曰："亿兆污人，四三叛帅，感陛下自新之旨，悦陛下盛德之言，革面易辞，且修臣礼，其于深言密议固亦未尽坦然，必当聚心而谋，倾耳而听，观陛下所行之事，考陛下所誓之言。若言与事符，则迁善之心渐固；傥事与言背，则虑祸之态复兴。"又曰："朱泚灭而怀光戮，怀光戮而希烈征，希烈傥平，祸将次及，则彼之蓄素疑而怀宿负者，能不为之动心哉！"又曰："今皇运中兴，天祸将悔，以逆泚之偷居上国，以怀光之窃保中畿，岁未再周，相次枭殄，实众慝惊心之日，群生改观之时。威则已行，惠犹未洽。诚宜上副天眷，下收物情，布恤人之惠以济威，乘灭贼之威以行惠。"又曰："臣所未敢保其必从，唯希烈一人而已。揆其私心，非不愿从也；想其潜虑，非不追悔也。但以猖狂失计，已窃大名，虽荷陛下全宥之恩，然不能不自靦于天地之间耳。纵未顺命，斯为独夫，内则无辞以起兵，外则无类以求助，其计不过厚抚部曲，偷容岁时，心虽陆梁，势必不致。陛下但敕诸镇各守封疆，彼既气夺算穷，是乃狴牢之类，不有人祸，则当鬼诛。古所谓不战而屈人之兵者，斯之谓欤！”

丁卯，诏以“李怀光尝有功，宥其一男，使续其后，赐之田宅，归其首及尸使收葬。加马燧兼侍中，浑瑊检校司空，余将卒赏赉各有差。诸道与淮西连接者，宜各守封疆，非彼侵轶，不须进讨。李希烈若降，当待以不死，自余将士百姓，一无所问。”

初，李晟尝将神策军戍成都，及还，以营妓高洪自随。西川节度使张延赏怒，追而返之，由是有隙。至是，刘从一有疾，上召延赏入相，晟表陈其过恶，上重违其意，以延赏为左仆射。

骆元光将杀徐庭光，谋于韩游瓌曰：“庭光辱吾祖考，吾欲杀之，马公必怒，公能救其死乎？”游瓌曰：“诺。”壬午，遇庭光于军门之外，揖而数其罪，命左右碎斩之。入见马燧，顿首请罪，燧大怒曰：“庭光已降，受朝廷官爵，公不告辄杀之，是无统帅也！”欲斩之。游瓌曰：“元光杀裨将，公犹怒如此。公杀节度使，天子其谓何？”燧默然。浑瑊亦为之请，乃舍之。

浑瑊镇河中，尽得李怀光之众，朔方军自是分居邠、蒲矣。

卢龙节度使刘怦疾病，九月，己亥，诏以其子行军司马济权知节度事。怦寻薨。

己未，中书侍郎、同平章事刘从一罢为户部尚书。庚申，薨。

冬，十月，上祀圆丘，赦天下。

十二月，甲戌，户部奏今岁入贡者凡百五十州。

于阗王曜上言：“兄胜让国于臣，今请复立胜子锐。”上以锐检校光禄卿，还其国。胜固辞曰：“曜久行国事，国人悦服。锐生长京华，不习其俗，不可往。”上嘉之，以锐为韶王谘议。

二年（丙寅、786）

春，正月，壬寅，以吏部侍郎刘滋为左散骑常侍，与给事中崔造、中书舍人齐映并同平章事。滋，子玄之孙也。

造少居上元，与韩会、卢东美、张正则为友，以王佐自许，时人谓之“四夔”。上以造在朝廷敢言，故不次用之。滋、映多让事于造。造久在江外，疾钱谷诸使罔上之弊，奏罢水陆运使、度支巡院、江、淮转运使等，诸道租赋悉委观察使、刺史遣官部送诣京师。令宰相分判尚书六曹，齐映判兵部，李勉判刑部，刘滋判吏部、礼部，造判户部、工部。又以户部侍郎元琇判诸道盐铁、榷酒，吉中孚判度支两税。

李希烈将杜文朝寇襄州，二月，癸亥，山南东道节度使樊泽击擒之。

崔造与元琇善，故使判盐铁。韩滉奏论盐铁过失，甲戌，以琇为尚书右丞。

陕州水陆运使李泌奏:“自集津至三门,凿山开车道十八里,以避底柱之险。”是月道成。

三月,李希烈别将寇郑州,义成节度使李澄击破之。希烈兵势日蹙,会有疾,夏,四月,丙寅,大将陈仙奇使医陈山甫毒杀之。因以兵悉诛其兄弟妻子,举众来降。甲申,以仙奇为淮西节度使。

关中仓廪竭,禁军或自脱巾呼于道曰:“拘吾于军而不给粮,吾罪人也!”上忧之甚,会韩滉运米三万斛至陕,李泌即奏之。上喜,遽至东宫,谓太子曰:“米已至陕,吾父子得生矣!”时禁中不酿,命于坊市取酒为乐。又遣中使谕神策六军,军士皆呼万岁。时比岁饥馑,兵民率皆瘦黑,至是麦始熟,市有醉人,当时以为嘉瑞。人乍饱食,死者复伍之一。数月,人肤色乃复故。

以横海军使程日华为节度使。

秋,七月,淮西兵马使吴少诚杀陈仙奇,自为留后。少诚素狡险,为李希烈所宠任,故为之报仇。己酉,以虔王谅为申、光、随、蔡节度大使,以少诚为留后。以陇右行营节度使曲环为陈许节度使。陈许荒乱之余,户口流散。曲环以勤俭率下,政令宽简,赋役平均,数年之间,流亡复业,兵食皆足。

八月,癸未,义成节度使李澄薨,其子克宁谋总军务,秘不发丧。

丙戌,吐蕃尚结赞大举寇泾、陇、邠、宁,掠人畜,芟禾稼,西鄙骚然,州县各城守。诏浑瑊将万人,骆元光将八千人屯咸阳以备之。

初,上与常侍李泌议复府兵,泌因为上历叙府兵自西魏以来兴废之由,且言:“府兵平日皆安居田亩,每府有折冲领之,折冲以农隙教习战陈。国家有事征发,则以符契下其州及府,参验发之,至所期处。将帅按阅,有教习不精者,罪其折冲,甚者罪及刺史。军还,则赐勋加赏,便道罢之。行者近不逾时,远不经岁。高宗以刘仁轨为洮河镇守使以图吐蕃,于是始有久戍之役。武后以来,承平日久,府兵浸堕,为人所贱,百姓耻之,至蒸熨手足以避其役。又,牛仙客以积财得宰相,边将效之,山东戍卒多赍缯帛自随,边将诱之寄于府库,昼则苦役,夜絷地牢,利其死而没入其财。故自天宝以后,山东戍卒还者什无二三,其残虐如此。然未尝有外叛内侮,杀帅自擅者,诚以顾恋田园,恐累宗族故也。自开元之末,张说始募长征兵,谓之彍骑,其后益为六军。及李林甫为相,奏诸军皆募人为之,兵不土著,又无宗族,不自重惜,忘身徇利,祸乱遂生,至今为梗。向使府兵之法常存不废,安有如此下陵上替之患哉!陛下思复府兵,此乃社稷之福,太平有日矣。”上曰:“俟平河中,当与卿议之。”

九月,丁亥,诏十六卫各置上将军,以宠功臣。改神策左、右厢为左、右神策军,殿前射生左、右厢为殿前左、右射生军,各置大将军二人、将军二人。

庚寅，李克宁始发父澄之丧，杀行军司马马铉，墨缞出视事，增兵城门。刘玄佐出师屯境上以制之，且使告谕切至，克宁乃不敢袭位。丁酉，以东都留守贾耽为义成节度使。克宁悉取府库之财夜出，军士从而剽之，比明殆尽。淄青兵数千自行营归，过滑州，将佐皆曰："李纳虽外奉朝命，内畜兼并之志，请馆其兵于城外。"贾耽曰："奈何与人邻道而野处其将士乎！"命馆于城中。耽时引百骑猎于纳境，纳闻之，大喜，服其度量，不敢犯也。

吐蕃游骑及好畤，乙巳，京城戒严，复遣左金吾将军张献甫屯咸阳。民间传言上复欲出幸以避吐蕃，齐映见上言曰："外间皆言陛下已理装，具糗粮，人情恟惧。夫大福不再，陛下奈何不与臣等熟计之？"因伏地流涕，上亦为之动容。

李晟遣其将王佖将骁勇三千伏于汧城，戒之曰："虏过城下，勿击其首，首虽败，彼全军而至，汝弗能当也。不若俟前军已过，见五方旗，虎豹衣，乃其中军也，出其不意击之，必大捷。"佖用其言，尚结赞败走，军士不识尚结赞，仅而获免。

尚结赞谓其徒曰："唐之良将，李晟、马燧、浑瑊而已，以计去之。"入凤翔境内，无所俘掠，以兵二万直抵城下曰："李令公召我来，何不出犒我！"经宿，乃引退。

冬，十月，癸亥，李晟遣蕃落使野诗良辅与王佖将步骑五千袭吐蕃摧沙堡。壬申，遇吐蕃众二万，与战，破之，乘胜逐北，至堡下，攻拔之，斩其将扈屈律悉蒙，焚其蓄积而还。尚结赞引兵自宁、庆北去，癸酉，军于合水之北。邠宁节度使韩游瓌遣其将史履程夜袭其营，杀数百人。吐蕃追之，游瓌陈于平川，潜使人鼓于西山，虏惊，弃所掠而去。

十一月，甲午，立淑妃王氏为皇后。

乙未，韩滉入朝。

丁酉，皇后崩。

辛丑，吐蕃寇盐州，谓刺史杜彦光曰："我欲得城，听尔率人去。"彦光悉众奔鄜州，吐蕃入据之。

刘玄佐在汴，习邻道故事，久未入朝。韩滉过汴，玄佐重其才望，以属吏礼谒之。滉相约为兄弟，请拜玄佐母，其母喜，置酒见之。酒半，滉曰："弟何时入朝？"玄佐曰："久欲入朝，但力未办耳。"滉曰："滉力可及，弟宜早入朝，丈母垂白，不可使更帅诸妇女往填宫也。"母悲泣不自胜。滉乃遗玄佐钱二十万缗，备行装。滉留大梁三日，大出金帛赏劳，一军为之倾动。玄佐惊服，既而遣人密听之，滉问孔目吏："今日所费几何？"诘责甚细。玄佐笑曰："吾知之矣。"壬寅，玄佐与陈许节度使曲环俱入朝。

崔造改钱谷法，事多不集。诸使之职，行之已久，中外安之。元琇既失职，造忧惧成疾，不视事。既而江、淮运米大至，上嘉韩滉之功，十二月，丁巳，以滉兼度支、诸道盐铁、转运等使，造所条奏皆改之。

吐蕃又寇夏州，亦令刺史托跋乾晖帅众去，遂据其城。又寇银州，州素无城，吏民皆溃。吐蕃亦弃之，又陷麟州。

韩滉屡短元琇于上，庚申，崔造罢为右庶子，琇贬雷州司户。以吏部侍郎班宏为户部侍郎、度支副使。

韩游瓌奏请发兵攻盐州，吐蕃救之，则使河东袭其背。丙寅，诏骆元光及陈许兵马使韩全义将步骑万二千人会邠宁军，趣盐州，又命马燧以河东军击吐蕃。燧至石州，河曲六胡州皆降，迁于雲、朔之间。

工部侍郎张彧，李晟之婿也。晟在凤翔，以女嫁幕客崔枢，礼重枢过于彧，彧怒，遂附于张延赏。给事中郑雲逵尝为晟行军司马，失晟意，亦附延赏。上亦忌晟功名。会吐蕃有离间之言，延赏等腾谤于朝，无所不至。晟闻之，昼夜泣，目为之肿，悉遣子弟诣长安，表请削发为僧，上慰谕，不许。辛未，入朝，见上，自陈足疾，恳辞方镇，上不许。韩滉素与晟善，上命滉与刘玄佐谕旨于晟，使与延赏释怨。晟奉诏，滉等引延赏诣晟第谢，结为兄弟，因宴饮尽欢。又宴于滉、玄佐之第，亦如之。滉因使晟表荐延赏为相。

三年(丁卯、787)

春，正月，壬寅，以左仆射张延赏同平章事。李晟为其子请昏于延赏，延赏不许。晟谓人曰："武夫性快，释怨于杯酒间，则不复贮胸中矣。非如文士难犯，外虽和解，内蓄憾如故，吾得无惧哉！"

初，李希烈据淮西，选骑兵尤精者为左、右门枪、奉国四将，步兵尤精者为左、右克平十将。淮西少马，精兵皆乘骡，谓之骡军。陈仙奇举淮西降，才数月，诏发其兵于京西防秋。仙奇遣都知兵马使苏浦悉将淮西精兵五千人以行。会仙奇为吴少诚所杀，少诚密遣人召门枪兵马使吴法超等使引兵归，浦不之知。法超等引步骑四千自鄜州叛归，浑瑊使其将白娑勒追之，反为所败。

丙午，上急遣中使敕陕虢观察使李泌发兵防遏，勿令济河。泌遣押牙唐英岸将兵趣灵宝，淮西兵已陈于河南矣。泌乃命灵宝给其食，淮西兵亦不敢剽掠。明日，宿陕西七里，泌不给其食，遣将将选士四百人分为二队，伏于太原仓之隘道，令之曰："贼十队过，东伏则大呼击之，西伏亦大呼应之，勿遮道，勿留行，常让以半道，随而击之。"又遣虞候集近村少年各持弓、刀、瓦石蹑贼后，闻呼亦应而追之。又遣唐英岸将千五百人夜出南门，陈于涧北。明日四鼓，淮西兵起行入隘，两伏发，贼众惊乱，且战且走，死者四之一。进遇唐英岸，邀而击之，贼众大败，擒其骡军兵马使张崇献。泌以贼必分兵自山路南遁，又遣都将燕子楚将兵四百自炭窦谷趣长水。贼二日不食，屡战皆败，英岸追至永宁东，贼皆溃入山谷。吴法超果帅其众太半趣长水，燕子楚击之，斩法超，杀其士卒三分之二。上以陕兵少，发神策军步骑五千往助泌，至赤水，闻贼已破而还。上命刘玄佐乘驿归汴，以诏书缘道诱之，得百三十余人，至汴州，尽杀之。其溃兵在道，复为村民所杀，得至蔡者才四十七人。吴少诚以其少，悉斩之以闻，且遣使以币谢李泌，为其破叛卒也。泌执张崇献等六十余人送京师，诏悉腰斩于鄜州军门，以令防秋之众。

初，雲南王閤罗凤陷嶲州，获西泸令郑回。回，相州人，通经术，閤罗凤爱重之。其子凤迦异及孙异牟寻、曾孙寻梦凑皆师事之，每授学，回得挞之。及异牟寻为王，以回为清平官。清平官者，蛮相也，凡有六人，而国事专决于回。五人者事回甚卑谨，有过，则回挞之。

雲南有众数十万，吐蕃每入寇，常以雲南为前锋，赋敛重数，又夺其险要立城堡，岁征兵助防，雲南苦之。回因说异牟寻复自归于唐曰："中国尚礼义，有惠泽，无赋役。"异牟寻以为然，而无路自致，凡十余年。及西川节度使韦皋至镇，招抚境上群蛮，异牟寻潜遣人因诸蛮求内附。皋奏："今吐蕃弃好，暴乱盐、夏，宜因雲南及八国生羌有归化之心招纳之，以离吐蕃之党，分其势。"上命皋先作边将书以谕之，微观其趣。

张延赏与齐映有隙，映在诸相中颇称敢言，上浸不悦，延赏言映非宰相器。壬子，映贬夔州刺史。刘滋罢为左散骑常侍，以兵部侍郎柳浑同平章事。韩滉性苛暴，方为上所任，言无不从，他相充位而已，百官群吏救过不赡。浑虽为滉所引荐，正色让之曰："先相公以褊察为相，不满岁而罢，今公又甚焉。奈何榜吏于省中，至有死者！且作福作威，岂人臣所宜?"滉愧，为之少霁威严。

二月，壬戌，以检校左庶子崔澣充入吐蕃使。

戊寅，镇海节度使、同平章事、充江、淮转运使韩滉薨。滉久在二浙，所辟僚佐，各随其长，无不得人。尝有故人子谒之，考其能，一无所长，滉与之宴，竟席，未尝左右视及与并坐交言。后数日，署为随军，使监库门。其人终日危坐，吏卒无敢妄出入者。

分浙江东、西道为三：浙西，治润州；浙东，治越州；宣、歙、池，治宣州；各置观察使以领之。

上以果州刺史白志贞为浙西观察使，柳浑曰："志贞，憸人，不可复用。"会浑疾，不视事，辛巳，诏下，用之。浑疾间，遂乞骸骨，不许。

甲申，葬昭德皇后于靖陵。

三月，丁酉，以左庶子李铦充入吐蕃使。

初，吐蕃尚结赞得盐、夏州，各留兵千馀人戍之，退屯鸣沙。自冬入春，羊马多死，粮运不继，又闻李晟克摧沙，马燧、浑瑊等各举兵临之，大惧，屡遣使求和，上未之许。乃遣使卑辞厚礼求和于马燧，且请修清水之盟而归侵地，使者相继于路。燧信其言，留屯石州，不复济河，为之请于朝。李晟曰："戎狄无信，不如击之。"韩游瓌曰："吐蕃弱则求盟，强则入寇，今深入塞内而求盟，此必诈也。"韩滉曰："今两河无虞，若城原、鄯、洮、渭四州，使李晟、刘玄佐之徒将十万众戍之，河、湟二十余州可复也。其资粮之费，臣请主办。"上由是不听燧计，趣使进兵。燧请与吐蕃使论颊热俱入朝论之，会滉薨，燧、延赏皆与晟有隙，欲反其谋，争言和亲便。上亦恨回纥，欲与吐蕃和，共击之，得二人言，正会己意，计遂定。

延赏数言"晟不宜久典兵，请以郑雲逵代之"。上曰："当令自择代者。"乃谓晟曰："朕以百姓之故，与吐蕃和亲决矣。大臣既与吐蕃有怨，不可复之凤翔，宜留朝廷，朝夕辅朕，自择一人可代凤翔者。"晟荐都虞候邢君牙。君牙，乐寿人也。丙午，以君牙为凤翔尹兼团练使。丁未，加晟太尉、中书令，勋、封如故，余悉罢之。

晟在凤翔，尝谓僚佐曰："魏徵好直谏，余窃慕之。"行军司马李叔度曰："此乃儒者所为，非勋德所宜。"晟敛容曰："司马失言。晟任兼将相，知朝廷得失不言，何以为臣！"叔度惭而退。及在朝廷，上有所顾问，极言无隐。性沉密，未尝泄于人。

辛亥，马燧入朝。燧既来，诸军皆闭壁不战，尚结赞遽自鸣沙引归，其众乏马，多徒行者。

崔澣见尚结赞，责以负约。尚结赞曰："吐蕃破朱泚，未获赏，是以来，而诸州各城守，无由自达。盐、夏守者以城授我而遁，非我取之也。今明公来，欲践修旧好，固吐蕃之愿也。今吐蕃将相以下来者二十一人，浑侍中尝与之共事，知其忠信。灵州节度使杜希全、泾原节度使李观皆信厚闻于异域，请使之主盟。"

夏，四月，丙寅，澣至长安。辛未，以澣为鸿胪卿，复使入吐蕃语尚结赞曰："希全守灵，不可出境。李观已改官，今遣浑瑊盟于清水。"且令先归盐、夏二州。五月，甲申，浑瑊自咸阳入朝，以为清水会盟使。戊子，以兵部尚书崔汉衡为副使，司封员外郎郑叔矩为判官，特进宋奉朝为都监。己丑，瑊将二万余人赴盟所。

乙巳，尚结赞遣其属论泣赞来言："清水非吉地，请盟于原州之土梨树，既盟而归盐、夏二州。"上皆许之。神策将马有麟奏："土梨树多阻险，恐吐蕃设伏兵，不如平凉川坦夷。"时论泣赞已还，丁未，遣使追告之。

申蔡留后吴少诚，缮兵完城，欲拒朝命，判官郑常、大将杨冀谋逐之，诈为手诏赐诸将申州刺史张伯元等。事泄，少诚杀常、冀、伯元。大将宋旻、曹济奔长安。

闰月,己未,韦皋复与东蛮和义王苴那时书,使诇伺导达雲南。

庚申,大省州、县官员,收其禄以给战士,张延赏之谋也。时新除官千五百人,而当减者千余人,怨嗟盈路。

初,韩滉荐刘玄佐可使将兵复河、湟,上以问玄佐,玄佐亦赞成之。滉薨,玄佐奏言:"吐蕃方强,未可与争。"上遣中使劳问玄佐,玄佐卧而受命。张延赏知玄佐不可用,奏以河、湟事委李抱真,抱真亦固辞。皆由延赏罢李晟兵柄,故武臣皆愤怒解体,不肯为用故也。

上以襄、邓扼淮西冲要,癸亥,以荆南节度使曹王皋为山南东道节度使,以襄、邓、复、郢、安、随、唐七州隶之。

浑瑊之发长安也,李晟深戒之以盟所为备不可不严。张延赏言于上曰:"晟不欲盟好之成,故戒瑊以严备。我有疑彼之形,则彼亦疑我矣,盟何由成?"上乃召瑊,切戒以推诚待虏,勿自为猜贰以阻虏情。

瑊奏吐蕃决以辛未盟,延赏集百官,以瑊表称诏示之曰:"李太尉谓吐蕃和好必不成,此浑侍中表也,盟日定矣。"晟闻之,泣谓所亲曰:"吾生长西陲,备谙虏情,所以论奏,但耻朝廷为犬戎所侮耳。"

上始命骆元光屯潘原,韩游瓌屯洛口,以为瑊援。元光谓瑊曰:"潘原距盟所且七十里,公有急,元光何从知之?请与公俱。"瑊以诏指固止之。元光不从,与瑊连营相次,距盟所三十余里。元光壕栅深固,瑊壕栅皆可逾也。元光伏兵于营西,韩游瓌亦遣五百骑伏于其侧,曰:"若有变,则汝曹西趣柏泉以分其势。"

尚结赞与瑊约,各以甲士三千人列于坛之东西,常服者四百人从至坛下。辛未,将盟,尚结赞又请各遣游骑数十更相觇索,瑊皆许之。吐蕃伏精骑数万于坛西,游骑贯穿唐军,出入无禁,唐骑入虏军,悉为所擒,瑊等皆不知,入幕,易礼服。虏伐鼓三声,大噪而至,杀宋奉朝等于幕中。瑊自幕后出,偶得它马乘之,伏鬣入其衔,驰十余里,衔方及马口,故矢过其背而不伤。唐将卒皆东走,虏纵兵追击,或杀或擒之,死者数百人,擒者千余人,崔汉衡为虏骑所擒。浑瑊至其营,则将卒皆遁去,营空矣。骆元光发伏成陈以待之,虏追骑愕眙。瑊入元光营,追骑顾见邠宁军西驰,乃还。元光以辎重资瑊,与瑊收散卒,勒兵整陈而还。

是日上视朝,谓诸相曰:"今日和戎息兵,社稷之福。"马燧曰:"然。"柳浑曰:"戎狄,豺狼也,非盟誓可结。今日之事,臣窃忧之。"李晟曰:"诚如浑言。"上变色曰:"柳浑书生,不知边计,大臣亦为此言邪!"皆伏地顿首谢,因罢朝。是夕,韩游瓌表言:"虏劫盟者,兵临近镇。"上大惊,街递其表以示浑。明旦,谓浑曰:"卿书生,乃能料敌如此其审邪!"上欲出幸以避吐蕃,大臣谏而止。

李晟大安园多竹,复有为飞语者,云"晟伏兵大安亭,谋因仓猝为变"。晟遂伐其竹。

癸酉，上遣中使王子恒赍诏遗尚结赞，至吐蕃境，不纳而还。浑瑊留屯奉天。

甲戌，尚结赞至故原州，引见崔汉衡等曰："吾饰金械，欲械瑊以献赞普。今失瑊，虚致公辈。"又谓马燧之侄弇曰："胡以马为命，吾在河曲，春草未生，马不能举足，当是时，侍中度河掩之，吾全军覆没矣。所以求和，蒙侍中力。今全军得归，奈何拘其子孙！"命弇与宦官俱文珍、浑瑊将马宁俱归，分囚崔汉衡等于河、廓、鄯州。上闻尚结赞之言，由是恶马燧。

六月，丙戌，以马燧为司徒兼侍中，罢其副元帅、节度使。

初，吐蕃尚结赞恶李晟、马燧、浑瑊，曰："去三人，则唐可图也。"于是离间李晟，因马燧以求和，欲执浑瑊以卖燧，使并获罪，因纵兵直犯长安，会失浑瑊而止。张延赏惭惧，谢病不视事。

以陕虢观察使李泌为中书侍郎、同平章事。

河东都虞候李自良从马燧入朝，上欲以为河东节度使，自良固辞曰："臣事燧久，不欲代之为帅。"乃以为右龙武大将军。明日，自良入谢，上谓之曰："卿于马燧，存军中事分，诚为得礼。然北门之任，非卿不可。"卒以自良为河东节度使。

吐蕃之戍盐、夏者，馈运不继，人多病疫思归，尚结赞遣三千骑逆之，悉焚其庐舍，毁其城，驱其民而去。灵盐节度使杜希全遣兵分守之。

韦皋以雲南颇知书，壬辰，自以书招谕之，令趣遣使入见。

李泌初视事，壬寅，与李晟、马燧、柳浑俱入见，上谓泌曰："卿昔在灵武，已应为此官，卿自退让。朕今用卿，欲与卿有约，卿慎勿报仇，有恩者朕当为卿报之。"对曰："臣素奉道，不与人为仇。李辅国、元载皆害臣者，今自毙矣。素所善及有恩者，率已显达，或多零落，臣无可报也。"上曰："虽然，有小恩者，亦当报之。"对曰："臣今日亦愿与陛下为约，可乎？"上曰："何不可！"泌曰："愿陛下勿害功臣。臣受陛下厚恩，固无形迹。李晟、马燧有大功于国，闻有谗之者，虽陛下必不听，然臣今日对二人言之，欲其不自疑耳。陛下万一害之，则宿卫之士，方镇之臣，无不愤惋而反仄，恐中外之变不日复生也。人臣苟蒙人主爱信则幸矣，官于何有！臣在灵武之日，未尝有官，而将相皆受臣指画。陛下以李怀光为太尉而怀光愈惧，遂至于叛。此皆陛下所亲见也。今晟、燧富贵已足，苟陛下坦然待之，使其自保无虞，国家有事则出从征伐，无事则入奉朝请，何乐如之！故臣愿陛下勿以二臣功大而忌之，二臣勿以位高而自疑，则天下永无事矣。"上曰："朕始闻卿言，耸然不知所谓。及听卿剖析，乃知社稷之至计也。朕谨当书绅，二大臣亦当共保之。"晟、燧皆起，泣谢。

上因谓泌曰："自今凡军旅粮储事，卿主之。吏、礼委延赏，刑法委浑。"泌曰：

“不可。陛下不以臣不才，使待罪宰相。宰相之职，不可分也。非如给事则有吏过、兵过，舍人则有六押，至于宰相，天下之事咸共平章。若各有所主，是乃有司，非宰相也。”上笑曰：“朕适失辞，卿言是也。”泌请复所减州、县官。上曰：“置吏以为人也，今户口减于承平之时三分之二，而吏员更增，可乎？”对曰：“户口虽减，而事多于承平且十倍，吏得无增乎！且所减皆有职事而冗官不减，此所以为未当也。至德以来置额外官，敌正官三分之一，若听使计日得资然后停，加两选授同类正员官。如此，则不惟不怨，兼使之喜矣。”又请诸王未出阁者不除府官，上皆从之。乙卯，诏先所减官，并宜复故。

初，张延赏在西川，与东川节度使李叔明有隙。上入骆谷，值霖雨，道涂险滑，卫士多亡归朱泚，叔明之子昇及郭子仪之子曙、令狐彰之子建等六人，恐有奸人危乘舆，相与啮臂为盟，着行縢、钉鞋，更鞚上马以至梁州，它人皆不得近。及还长安，上皆以为禁卫将军，宠遇甚厚。张延赏知昇私出入郜国大长公主第，密以白上。上谓李泌曰：“郜国已老，升年少，何为如是！殆必有故，卿宜察之。”泌曰：“此必有欲动摇东宫者。谁为陛下言之？”上曰：“卿勿问，弟为朕察之。”泌曰：“必延赏也。”上曰：“何以知之？”泌具为上言二人之隙，且曰：“昇承恩顾，典禁兵，延赏无以中伤，而郜国乃太子萧妃之母也，故欲以此陷之耳。”上笑曰：“是也。”泌因请除昇它官，勿令宿卫以远嫌。秋，七月，以昇为詹事。郜国，肃宗之女也。

甲子，割振武之绥、银二州，以右羽林将军韩潭为夏、绥、银节度使，帅神策之士五千、朔方、河东之士三千镇夏州。

时关东防秋兵大集，国用不充，李泌奏：“自变两税法以来，藩镇、州、县多违法聚敛。继以朱泚之乱，争榷率、征罚以为军资，点募自防。泚既平，自惧违法，匿不敢言。请遣使以诏旨赦其罪，但令革正，自非于法应留使、留州之外，悉输京师。其官典逋负，可征者征之，难征者释之，以示宽大。敢有隐没者，重设告赏之科而罪之。”上喜曰：“卿策甚长，然立法太宽，恐所得无几。”对曰：“兹事臣固熟思之，宽则获多而速，急则获少而迟。盖以宽则人喜于免罪而乐输，急则竞为蔽匿，非推鞫不能得其实，财不足济今日之急而皆入于奸吏矣。”上曰：“善。”以度支员外郎元友直为河南、江、淮南句勘两税钱帛使。

初，河、陇既没于吐蕃，自天宝以来，安西、北庭奏事及西域使人在长安者，归路既绝，人马皆仰给于鸿胪礼宾，委府、县供之，于度支受直。度支不时付直，长安市肆不胜其弊。李泌知胡客留长安久者，或四十余年，皆有妻子，买田宅，举质取利，安居不欲归，命检括胡客有田宅者停其给。凡得四千人，将停其给。胡客皆诣政府诉之，泌曰：“此皆从来宰相之过，岂有外国朝贡使者留京师数十年不听归乎！今当假道于回纥，或自海道各遣归国。有不愿归者，当于鸿胪自陈，授以职位，给俸禄为唐臣。人生当乘时展用，岂可终身客死邪！"于是胡客无一人愿归者，泌皆分隶神策两军，王子、使者为散兵马使或押牙，余皆为卒，禁旅益壮。鸿胪所给胡客才十余人，岁省度支钱五十万缗，市人皆喜。

上复问泌以复府兵之策。对曰："今岁征关东卒戍京西者十七万人，计岁食粟二百四万斛。今粟斗直钱百五十，为钱三百六万缗。国家比遭饥乱，经费不充，就使有钱，亦无粟可籴，未暇议复府兵也。"上曰："然将奈何？亟减戍卒归之，何如？"对曰："陛下诚能用臣之言，可以不减戍卒，不扰百姓，粮食皆足，粟麦日贱，府兵亦成。"上曰："果能如是，何为不用！"对曰："此须急为之，过旬日则不及矣。今吐蕃久居原、兰之间，以牛运粮，粮尽，牛无所用，请发左藏恶缯染为彩缬，因党项以市之，每头不过二三匹，计十八万匹，可致六万余头。又命诸冶铸农器，籴麦种，分赐缘边军镇，募戍卒，耕荒田而种之，约明年麦熟倍偿其种，其余据时价五分增一，官为籴之。来春种禾亦如之。关中土沃而久荒，所收必厚。戍卒获利，耕者浸多。边地居人至少，军士月食官粮，粟麦无所售，其价必贱，名为增价，实比今岁所减多矣。"上曰："善。"即命行之。

泌又言："边地官多阙，请募人入粟以补之，可足今岁之粮。"上亦从之，因问曰："卿言府兵亦集，如何？"对曰："戍卒因屯田致富，则安于其土，不复思归。旧制，戍卒三年而代，及其将满，下令有愿留者，即以所开田为永业。家人愿来者，本贯给长牒续食而遣之。据应募之数，移报本道，虽河朔诸帅得免更代之烦，亦喜闻矣。不过数番，则戍卒皆土著，乃悉以府兵之法理之，是变关中之疲弊为富强也。"上喜曰："如此，天下无复事矣。"泌曰："未也。臣能不用中国之兵使吐蕃自困。"上曰："计将安出？"对曰："臣未敢言之，俟麦禾有效，然后可议也。"上固问，不对。泌意欲结回纥、大食、雲南与共图吐蕃，令吐蕃所备者多，知上素恨回纥，恐闻之不悦，并屯田之议不行，故不肯言。既而戍卒应募，愿耕屯田者什五六。

壬申，赐骆元光姓名李元谅。

左仆射、同平章事张延赏薨。

资治通鉴卷第二百三十三

端明殿学士兼翰林侍读学士太中大夫提举西京嵩山崇福宫上柱国河内郡开国公食邑二千二百户食实封九百户赐紫金鱼袋臣 司马光 奉敕编集

唐纪四十九起强圉单阏(丁卯)八月，尽重光协洽(辛未)，凡四年有奇。

德宗神武圣文皇帝八

贞元三年(丁卯、787)

八月，辛巳朔，日有食之。

吐蕃尚结赞遣五骑送崔汉衡归，且上表求和。至潘原，李观语之以“有诏不纳吐蕃使者”，受其表而却其人。

初，兵部侍郎、同平章事柳浑与张延赏俱为相，浑议事数异同，延赏使所亲谓曰：“相公旧德，但节言于庙堂，则重位可久。”浑曰：“为吾谢张公，柳浑头可断，舌不可禁！”由是交恶。上好文雅缊藉，而浑质直轻俛，无威仪，于上前时发俚语。上不悦，欲黜为王府长史，李泌言：“浑褊直无它。故事，罢相无为长史者。”又欲以为王傅，泌请以为常侍，上曰：“苟得罢之，无不可者。”己丑，浑罢为左散骑常侍。

初，郜国大长公主适驸马都尉萧升。升，复之从兄弟也。公主不谨，詹事李昪、蜀州别驾萧鼎、彭州司马李万、丰阳令韦恪，皆出入主第。主女为太子妃，始者上恩礼甚厚，主常直乘肩舆抵东宫，宗戚皆疾之。或告主淫乱，且为厌祷。上大怒，幽主于禁中，切责太子。太子不知所对，请与萧妃离昏。

上召李泌告之，且曰：“舒王近已长立，孝友温仁。”泌曰：“何至于是。陛下惟有一子，奈何一旦疑之，欲废之而立侄，得无失计乎？”上勃然怒曰：“卿何得间人父子！谁语卿舒王为侄者？”对曰：“陛下自言之。大历初，陛下语臣，‘今日得数子’。臣请其故，陛下言‘昭靖诸子，主上令吾子之’。今陛下所生之子犹疑之，何有于侄！舒王虽孝，自今陛下宜努力，勿复望其孝矣。”上曰：“卿不爱家族乎？”对曰：“臣惟爱家族，故不敢不尽言。若畏陛下盛怒而为曲从，陛下明日悔之，必尤臣云：‘吾独任汝为相，不力谏，使至此，必复杀而子。’臣老矣，馀年不足惜，若冤杀臣子，使臣以侄为嗣，臣未知得歆其祀乎！”因呜咽流涕。上亦泣曰：“事已如此，使朕如何而可？”对曰：“此大事，愿陛下审图之。臣始谓陛下圣德，当使海外蛮夷皆戴之如父母，岂谓自有子而疑之至此乎！臣今尽言，不敢避忌讳。自古父子相疑未有不亡国覆家者。陛下记昔在彭原，建宁何故而诛?”上曰:“建宁叔实冤，肃宗性急，谮之者深耳。”泌曰:“臣昔以建宁之故，固辞官爵，誓不近天子左右。不幸今日复为陛下相，又睹兹事。臣在彭原，承恩无比，竟不敢言建宁之冤，及临辞乃言之，肃宗亦悔而泣。先帝自建宁之死，常怀危惧，臣亦为先帝诵《黄台瓜辞》以防谗构之端。”上曰:“朕固知之。”意色稍解，乃曰:“贞观、开元皆易太子，何故不亡?”对曰:“臣方欲言之。昔承乾屡尝监国，托附者众，东宫甲士甚多，与宰相侯君集谋反，事觉，太宗使其舅长孙无忌与朝臣数十人鞫之，事状显白，然后集百官而议之。当时言者犹云:‘愿陛下不失为慈父，使太子得终天年。’太宗从之，并废魏王泰。陛下既知肃宗急，以建宁为冤，臣不胜庆幸。愿陛下戒覆车之失，从容三日，究其端绪而思之，陛下必释然知太子之无它矣。若果有其迹，当召大臣知义理者二十人与臣鞫其左右，必有实状，愿陛下如贞观之法行之，并废舒王而立皇孙，则百代之后，有天下者犹陛下子孙也。至于开元之时，武惠妃谮太子瑛兄弟杀之，海内冤愤，此乃百代所当戒，又可法乎！且陛下昔尝令太子见臣于蓬莱池，观其容表，非有蜂目豺声商臣之相也，正恐失于柔仁耳。又，太子自贞元以来常居少阳院，在寝殿之侧，未尝接外人，预外事，安有异谋乎！彼谮人者巧诈百端，虽有手书如晋愍怀，衷甲如太子瑛，犹未可信，况但以妻母有罪为累乎！幸赖陛下语臣，臣敢以家族保太子必不知谋。向使杨素、许敬宗、李林甫之徒承此旨，已就舒王图定策之功矣!”上曰:“此朕家事，何豫于卿，而力争如此?”对曰:“天子以四海为家。臣今独任宰相之重，四海之内，一物失所，责归于臣。况坐视太子冤横而不言，臣罪大矣。”上曰:“为卿迁延至明日思之。”泌抽笏叩头而泣曰:“如此，臣知陛下父子慈孝如初矣。然陛下还宫，当自审思，勿露此意于左右;露之，则彼皆欲树功于舒王，太子危矣。”上曰:“具晓卿意。”泌归，谓子弟曰:“吾本不乐富贵，而命与愿违，今累汝曹矣。”

太子遣人谢泌曰:“若必不可救，欲先自仰药，何如?”泌曰:“必无此虑。愿太子起敬起孝。苟泌身不存，则事不可知耳。”

间一日，上开延英殿独召泌，流涕阑干，抚其背曰:“非卿切言，朕今日悔无及矣！皆如卿言，太子仁孝，实无它也。自今军国及朕家事，皆当谋于卿矣。”泌拜贺，因曰:“陛下圣明，察太子无罪，臣报国毕矣。臣前日惊悸亡魂，不可复用，愿乞骸骨。”上曰:“朕父子赖卿得全，方属子孙，使卿代代富贵以报德，何为出此言乎?”甲午，诏李万不知避宗，宜杖死，李昪等及公主五子，皆流岭南及远州。

戊申，吐蕃帅羌、浑之众寇陇州，连营数十里，京城震恐。九月，丁卯，遣神策将石季章戍武功，决胜军使唐良臣戍百里城。丁巳，吐蕃大掠汧阳、吴山、华亭，老弱者杀之，或断手凿目，弃之而去，驱丁壮万余口悉送安化峡西，将分隶羌、浑，乃告之曰："听尔东向哭辞乡国。"众大哭，赴崖谷死伤者千余人。未几，吐蕃之众复至，围陇州，刺史韩清沔与神策副将苏太平夜出兵击却之。

上谓李泌曰："每岁诸道贡献，共直钱五十万缗，今岁仅得三十万缗。言此诚知失体，然宫中用度殊不足。"泌曰："古者天子不私求财，今请岁供宫中钱百万缗，愿陛下不受诸道贡献及罢宣索。必有所须，请降敕折税，不使奸吏因缘诛剥。"上从之。

回纥合骨咄禄可汗屡求和亲，且请昏，上未之许。会边将告乏马，无以给之，李泌言于上曰："陛下诚用臣策，数年之后，马贱于今十倍矣。"上曰："何故？"对曰："愿陛下推至公之心，屈己徇人，为社稷大计，臣乃敢言。"上曰："卿何自疑若是？"对曰："臣愿陛下北和回纥，南通雲南，西结大食、天竺，如此，则吐蕃自困，马亦易致矣。"上曰："三国当如卿言，至如回纥则不可。"泌曰："臣固知陛下如此，所以不敢早言。为今之计，当以回纥为先，三国差缓耳。"上曰："唯回纥卿勿言。"泌曰："臣备位宰相，事有可否在陛下，何至不许臣言。"上曰："朕于卿言皆听之矣，至于和回纥，宜待子孙；于朕之时，则固不可。"泌曰："岂非以陕州之耻邪？"上曰："然。韦少华等以朕之故受辱而死，朕岂能忘之！属国家多难，未暇报之，和则决不可。卿勿更言。"泌曰："害少华等乃牟羽可汗，陛下即位，举兵入寇，未出其境，今合骨咄禄可汗杀之。然则今可汗乃有功于陛下，宜受封赏，又何怨邪！其后张光晟杀突董等九百余人，合骨咄禄竟不敢杀朝廷使者，然则合骨咄禄固无罪矣。"上曰："卿以和回纥为是，则朕固非邪？"对曰："臣为社稷计而言，若苟合取容，何以见肃宗、代宗于天上！"上曰："容朕徐思之。"

自是泌凡十五余对，未尝不论回纥事，上终不许。泌曰："陛下既不许回纥和亲，愿赐臣骸骨。"上曰："朕非拒谏，但欲与卿较理耳，何至遽欲去朕邪？"对曰："陛下许臣言理，此固天下之福也。"上曰："朕不惜屈己与之和，但不能负少华辈。"对曰；"以臣观之，少华辈负陛下，非陛下负之也。"上曰："何故？"对曰："昔回纥叶护将兵助讨安庆绪，肃宗但令臣宴劳之于元帅府，先帝未尝见也。叶护固邀臣至其营，肃宗犹不许。及大军将发，先帝始与相见。所以然者，彼戎狄豺狼也，举兵入中国之腹，不得不过为之防也。陛下在陕，富于春秋，少华辈不能深虑，以万乘元子径造其营，又不先与之议相见之仪，使彼得肆其桀骜，岂非少华辈负陛下邪？死不足偿责矣。且香积之捷，叶护欲引兵掠长安，先帝亲拜之于马前以止之，叶护遂不敢入城。当时观者十万余人，皆叹息曰：'广平王真华、夷主也！'然则先帝所屈者少，所伸者多矣。叶护乃牟羽之叔父也。牟羽身为可汗，举全国之兵赴中原之难，故其志气骄矜，敢责礼于陛下。陛下天资神武，不为之屈。当是之时，臣不敢言其它，若可汗留陛下于营中，欢饮十日，天下岂得不寒心哉！而天威所临，豺狼驯扰，可汗母捧陛下于貂裘，叱退左右，亲送陛下乘马而归。陛下以香积之事观之，则屈己为是乎？不屈为是乎？陛下屈于牟羽乎？牟羽屈于陛下乎？”上谓李晟、马燧曰：“故旧不宜相逢。朕素怨回纥，今闻泌言香积之事，朕自觉少理。卿二人以为何如？”对曰：“果如泌所言，则回纥似可恕。”上曰：“卿二人复不与朕，朕当奈何？”泌曰：“臣以为回纥不足怨，向来宰相乃可怨耳。今回纥可汗杀牟羽，其国人有再复京城之勋，夫何罪乎！吐蕃幸国之灾，陷河、陇数千里之地，又引兵入京城，使先帝蒙尘于陕，此乃百代必报之仇，况其赞普至今尚存，宰相不为陛下别白言此，乃欲和吐蕃以攻回纥，此为可怨耳。”上曰：“朕与之为怨已久，又闻吐蕃劫盟，今往与之和，得无复拒我，为夷狄之笑乎？”对曰：“不然。臣曩在彭原，今可汗为胡禄都督，与今国相白婆帝皆从叶护而来，臣待之颇亲厚，故闻臣为相而求和，安有复相拒乎！臣今请以书与之约：称臣，为陛下子，每使来不过二百人，印马不过千匹，无得携中国人及商胡出塞。五者皆能如约，则主上必许和亲。如此，威加北荒，旁詟吐蕃，足以快陛下平昔之心矣。”上曰：“自至德以来，与为兄弟之国，今一旦欲臣之，彼安肯和乎？”对曰：“彼思与中国和亲久矣，其可汗、国相素信臣言，若其未谐，但应再发一书耳。”上从之。

既而回纥可汗遣使上表称儿及臣，凡泌所与约五事，一皆听命。上大喜，谓泌曰：“回纥何畏服卿如此？”对曰：“此乃陛下威灵，臣何力焉！”上曰：“回纥则既和矣，所以招雲南、大食、天竺奈何？”对曰：“回纥和，则吐蕃已不敢轻犯塞矣。次招雲南，则是断吐蕃之右臂也。雲南自汉以来臣属中国，杨国忠无故扰之使叛，臣于吐蕃，苦于吐蕃赋役重，未尝一日不思复为唐臣也。大食在西域为最强，自葱岭尽西海，地几半天下，与天竺皆慕中国，代与吐蕃为仇，臣故知其可招也。”

癸亥，遣回纥使者合阙将军归，许以咸安公主妻可汗，归其马价绢五万匹。

吐蕃寇华亭及连雲堡，皆陷之。甲戌，吐蕃驱二城之民数千人及邠、泾人畜万计而去，置之弹筝峡西。泾州恃连雲为斥候，连雲既陷，西门不开，门外皆为虏境，樵采路绝。每收获，必陈兵以扞之，多失时，得空穗而已。由是泾州常苦乏食。

冬，十月，甲申，吐蕃寇丰义城，前锋至大回原，邠宁节度使韩游瓌击却之。乙酉，复寇长武城，又城故原州而屯之。

妖僧李软奴自言：“本皇族，见岳、渎神，命己为天子。”结殿前射生将韩钦绪等谋作乱。丙戌，其党告之，上命捕送内侍省推之。李晟闻之，遽仆于地曰：“晟族灭矣！”李泌问其故，晟曰：“晟新罹谤毁，中外有家人千余，若有一人在其党中，则兄亦不能救矣。”泌乃密奏：“大狱一起，所连引必多，外间人情恟惧，请出付台推。”上从之。钦绪，游瓌之子也，亡抵邠州，游瓌出屯长武城，留后械送京师。壬辰，腰斩软奴等八人，北军之士坐死者八百余人，而朝廷之臣无连及者。韩游瓌委军诣阙谢，上遣使止之，委任如初。游瓌又械送钦绪二子，上亦宥之。

吐蕃以苦寒不入寇，而粮运不继。十一月，诏浑瑊归河中，李元谅归华州，刘昌分其众五千归汴州，自余防秋兵退屯凤翔、京兆诸县以就食。

十二月，韩游瓌入朝。

自兴元以来，至是岁最为丰稔，米斗直钱百五十、粟八十，诏所在和籴。

庚辰，上畋于新店，入民赵光奇家，问：“百姓乐乎？”对曰：“不乐。”上曰：“今岁颇稔，何为不乐？”对曰：“诏令不信。前云两税之外悉无它徭，今非税而诛求者殆过于税。后又云和籴，而实强取之，曾不识一钱。始云所籴粟麦纳于道次，今则遣致京西行营，动数百里，车摧牛毙，破产不能支。愁苦如此，何乐之有！每有诏书优恤，徒空文耳。恐圣主深居九重，皆未知之也。”上命复其家。

臣光曰：甚矣唐德宗之难寤也！自古所患者，人君之泽壅而不下达，小民之情郁而不上通。故君勤恤于上而民不怀，民愁怨于下而君不知，以至于离叛危亡，凡以此也。德宗幸以游猎得至民家，值光奇敢言而知民疾苦，此乃千载之遇也。固当按有司之废格诏书，残虐下民，横增赋敛，盗匿公财，及左右谄谀日称民间丰乐者而诛之。然后洗心易虑，一新其政，屏浮饰，废虚文，谨号令，敦诚信，察真伪，辨忠邪，矜困穷，伸冤滞，则太平之业可致矣。释此不为，乃复光奇之家。夫以四海之广，兆民之众，又安得人人自言于天子而户户复其徭赋乎！

李泌以李软奴之党犹有在北军未发者，请大赦以安之。

四年（戊辰、788）

春，正月，庚戌朔，赦天下。诏两税等第，自今三年一定。

李泌奏京官俸太薄，请自三师以下悉倍其俸，从之。

壬申，以宣武行营节度使刘昌为泾原节度使。甲戌，以镇国节度使李元谅为陇右节度使。昌、元谅，皆帅卒力田，数年，军食充羡，泾、陇稍安。

韩游瓌之入朝也，军中以为必不返，饯送甚薄。游瓌见上，盛陈筑丰义城可以制吐蕃，上悦，遣还镇。军中忧惧者众，游瓌忌都虞候虞乡范希朝有功名，得众心，求其罪，将杀之。希朝奔凤翔，上召之，置于左神策军。游瓌帅众筑丰义城，二版而溃。

二月，元友直运淮南钱帛二十万至长安，李泌悉输之大盈库。然上犹数有宣索，仍敕诸道勿令宰相知。泌闻之，惆怅而不敢言。

臣光曰：王者以天下为家，天下之财皆其有也。阜天下之财以养天下之民，己必豫焉。或乃更为私藏，此匹夫之鄙志也。古人有言曰："贫不学俭。"夫多财者，奢欲之所自来也。李泌欲弭德宗之欲而丰甚私财，财丰则欲滋矣。财不称欲，能无求乎？是犹启其门而禁其出也。虽德宗之多僻，亦泌所以相之者非其道故也。

咸阳人或上言："臣见白起，令臣奏云：'请为国家扞御西陲。正月，吐蕃必大下，当为朝廷破之以取信。'"既而吐蕃入寇，边将败之，不能深入。上以为信然，欲于京城立庙，赠司徒，李泌曰："臣闻'国将兴，听于人。'今将帅立功而陛下褒赏白起，臣恐边臣解体矣。若立庙京城，盛为祈祷，流闻四方，将长巫风。今杜邮有旧祠，请敕府县葺之，则不至惊人耳目矣。且白起列国之将，赠三公太重，请赠兵部尚书可矣。"上笑曰："卿于白起亦惜官乎？"对曰："人神一也。陛下倘不之惜，则神亦不以为荣矣。"上从之。

泌自陈衰老，独任宰相，精力耗竭，既未听其去，乞更除一相。上曰："朕深知卿劳苦，但未得其人耳。"上从容与泌论即位以来宰相，曰："卢杞忠清强介，人言杞奸邪，朕殊不觉其然。"泌曰："人言杞奸邪而陛下独不觉其奸邪，此乃杞之所以为奸邪也。傥陛下觉之，岂有建中之乱乎？杞以私隙杀杨炎，挤颜真卿于死地，激李怀光使叛，赖陛下圣明窜逐之，人心顿喜，天亦悔祸。不然，乱何由弭！"上曰："杨炎以童子视朕，每论事，朕可其奏则悦，与之往复问难，即怒而辞位，观其意以朕为不足与言故也。以是交不可忍，非由杞也。建中之乱，术士豫请城奉天，此盖天命，非杞所能致也。"泌曰："天命，他人皆可以言之，惟君相不可言。盖君相所以造命也。若言命，则礼乐刑政皆无所用矣。纣曰：'我生不有命在天！'此商之所以亡也。"上曰："朕好与人较量理体：崔祐甫性褊躁，朕难之，则应对失次，朕常知其短而护之。杨炎论事亦有可采，而气色粗傲，难之辄勃然怒，无复君臣之礼，所以每见令人忿发。余人则不敢复言。卢杞小心，朕所言无不从。又无学，不能与朕往复，故朕所怀常不尽也。"对曰："杞言无不从，岂忠臣乎！夫'言而莫予违'，此孔子所谓'一言丧邦'者也。"上曰："惟卿则异彼三人者。朕言当，卿常有喜色；不当，常有忧色。虽时有逆耳之言，如向来纣及丧邦之类。朕细思之，皆卿先事而言，如此则理安，如彼则危乱，言虽深切而气色和顺，无杨炎之陵傲。朕问难往复，卿辞理不屈，又无好胜之志，直使朕中怀已尽而屈服不能不从，此朕所以私喜于得卿也。"泌曰："陛下所用相尚多，今皆不论，何也？"上曰："彼皆非所谓相也。凡相者，必委以政事，如玄宗时牛仙客、陈希烈，可以谓之相乎！如肃宗、代宗之任卿，虽不受其名，乃真相耳。必以官至平章事为相，则王武俊之徒皆相也。"

刘昌复筑连雲堡。

夏，四月，乙未，更命殿前左、右射生曰神威军，与左、右羽林、龙武、神武、神策号曰十军。神策尤盛，多戍京西，散屯畿甸。

福建观察使吴诜，轻其军士脆弱，苦役之。军士作乱，杀诜腹心十余人，逼诜牒大将郝诫溢掌留务。诫溢上表请罪，上遣中使就赦以安之。

乙未，陇右节度使李元谅筑良原故城而镇之。

雲南王异牟寻欲内附，未敢自遣使，先遣其东蛮鬼主骠旁、苴梦衝、苴乌星入见。五月，乙卯，宴之于麟德殿，赐赉甚厚，封王给印而遣之。

辛未，以太子宾客吴凑为福建观察使，贬吴诜为涪州刺史。

吐蕃三万余骑寇泾、邠、宁、庆、鄜等州。先是，吐蕃常以秋冬入寇，及春多病疫而退。至是，得唐人，质其妻子，遣其将将之，盛夏入寇。诸州皆城守，无敢与战者，吐蕃俘掠人畜万计而去。

夏县人阳城以学行著闻，隐居柳谷之北，李泌荐之。六月，征拜谏议大夫。

韩游瓌以吐蕃犯塞，自戍宁州。病，求代归。秋，七月，庚戌，加浑瑊邠宁副元帅，以左金吾将军张献甫为邠宁节度使，陈许兵马使韩全义为长武城行营节度使。献甫未至，壬子夜，游瓌不告于众，轻骑归朝。戍卒裴满等惮献甫之严，乘无帅之际，癸丑，帅其徒作乱，曰："张公不出本军，我必拒之。"因剽掠城市，围监军杨明义所居，使奏请范希朝为节度使。都虞候杨朝晟避乱出城，闻之，复入，曰："所请甚契我心，我来贺也。"乱卒稍安。朝晟潜与诸将谋，晨勒兵，召乱卒谓曰："所请不行，张公已至邠州，汝曹作乱当死，不可尽杀，宜自推列唱帅者。"遂斩二百余人，帅众迎献甫。上闻军众欲得范希朝，将授之。希朝辞曰："臣畏游瓌之祸而来，今往代之，非所以防窥觎，安反仄也。"上嘉之，擢为宁州刺史，以副献甫。游瓌至京师，除右龙武统军。

振武节度使唐朝臣不严斥候，己未，奚、室韦寇振武，执宣慰中使二人，大掠人畜而去。时回纥之众逆公主者在振武，朝臣遣七百骑与回纥数百骑追之，回纥使者为奚、室韦所杀。

九月，庚申，吐蕃尚志董星寇宁州，张献甫击却之，吐蕃转掠鄜、坊而去。

元友直句检诸道税外物，悉输户部，遂为定制，岁于税外输百万缗、斛，民不堪命。诸道多自诉于上，上意寤，诏："今年已入在官者输京师，未入者悉以与民。明年以后，悉免之。"于是东南之民复安其业。

回纥合骨咄禄可汗得唐许昏，甚喜，遣其妹骨咄禄毗伽公主及大臣妻并国相、跌跌都督以下千余人来迎可敦，辞礼甚恭，曰："昔为兄弟，今为子婿，半子也。若吐蕃为患，子当为父除之。"因詈辱吐蕃使者以绝之。冬，十月，戊子，回纥至长安，可汗仍表请改回纥为回鹘，许之。

吐蕃发兵十万将寇西川，亦发雲南兵。雲南内虽附唐，外未敢叛吐蕃，亦发兵数万屯于泸北。韦皋知雲南计方犹豫，乃为书遗雲南王，叙其叛吐蕃归化之诚，贮以银函，使东蛮转致吐蕃。吐蕃始疑雲南，遣兵二万屯会川，以塞雲南趣蜀之路。雲南怒，引兵归国。由是雲南与吐蕃大相猜阻，归唐之志益坚，吐蕃失雲南之助，兵势始弱矣。然吐蕃业已入寇，遂分兵四万攻两林骠旁，三万攻东蛮，七千寇清溪关，五千寇铜山。皋遣黎州刺史韦晋等与东蛮连兵御之，破吐蕃于清溪关外。

庚子，册命咸安公主，加回鹘可汗号长寿天亲可汗。十一月，以刑部尚书关播为送咸安公主兼册回鹘可汗使。

吐蕃耻前日之败，复以众二万寇清溪关，一万攻东蛮，韦皋命韦晋镇要冲城，督诸军以御之。巂州经略使刘朝彩等出关连战，自乙卯至癸亥，大破之。

李泌言于上曰："江、淮漕运，自淮入汴，以甬桥为咽喉，地属徐州，邻于李纳，刺史高明应年少不习事，若李纳一旦复有异图，窃据徐州，是失江、淮也，国用何从而致？请徙寿、庐、濠都团练使张建封镇徐州，割濠、泗以隶之。复以庐、寿归淮南，则淄青惕息而运路常通，江、淮安矣。及今明应幼呆可代，宜征为金吾将军。万一使它人得之，则不可复制矣。"上从之。以建封为徐、泗、濠节度使。建封为政宽厚而有纲纪，不贷人以法，故其下无不畏而悦之。

横海节度使程日华薨，子怀直自知留后。

吐蕃屡遣人诱胁雲南。

五年（己巳、789）

春，二月，丁亥，韦皋遗异牟寻书，称："回鹘屡请佐天子共灭吐蕃，王不早定计，一旦为回鹘所先，则王累代功名虚弃矣。且雲南久为吐蕃屈辱，今不乘此时依大国之势以复怨雪耻，后悔无及矣。"

戊戌，以横海留后程怀直为沧州观察使。怀直请分景城、弓高为景州，仍请朝廷除刺史。上喜曰："三十年无此事矣！"乃以员外郎徐伸为景州刺史。

中书侍郎、同平章事李泌屡乞更命相。上欲用户部侍郎班宏，泌言宏虽清强而性多凝滞，乃荐窦参通敏，可兼度支盐铁；董晋方正，可处门下。上皆以为不可。参，诞之玄孙也，时为御史中丞兼户部侍郎；晋为太常卿。至是泌疾甚，复荐二人。庚子，以董晋为门下侍郎，窦参为中书侍郎兼度支转运使，并同平章事。以班宏为尚书，依前度支转运副使。

参为人刚果峭刻，无学术，多权数，每奏事，诸相出，参独居后，以奏度支事为辞，实专大政，多引亲党置要地，使为耳目，董晋充位而已。然晋为人重慎，所言于上前者未尝泄于人，子弟或问之，晋曰："欲知宰相能否，视天下安危。所谋议于上前者，不足道也。”

三月，甲辰，李泌薨。泌有谋略而好谈神仙诡诞，故为世所轻。

初，上思李怀光之功，欲宥其一子，而子孙皆已伏诛。戊辰，诏以怀光外孙燕八八为怀光后，赐姓名李承绪，除左卫率胄曹参军，赐钱千缗，使养怀光妻王氏及守其墓祀。

冬，十月，韦皋遣其将王有道将兵与东蛮、两林蛮及吐蕃青海、腊城二节度战于嶲州台登谷，大破之，斩首二千级，投崖及溺死者不可胜数，杀其大兵马使乞藏遮遮。乞藏遮遮，虏之骁将也，既死，皋所攻城栅无不下，数年，尽复嶲州之境。

易定节度使张孝忠兴兵袭蔚州，驱掠人畜，诏书责之，逾旬还镇。

琼州自乾封中为山贼所陷，至是，岭南节度使李复遣判官姜孟京与崖州刺史张少迁攻拔之。

十二月，庚午，闻回鹘天亲可汗薨，戊寅，遣鸿胪卿郭锋册命其子为登里罗没密施俱禄忠贞毗伽可汗。先是，安西、北庭皆假道于回鹘以奏事，故与之连和。北庭去回鹘犹近，回鹘诛求无厌，又有沙陁六千余帐与北庭相依。及三葛禄、白服突厥皆附于回鹘，回鹘数侵掠之。吐蕃因葛禄、白服之众以攻北庭，回鹘大相颉干迦斯将兵救之。

雲南虽贰于吐蕃，亦未敢显与之绝。壬辰，韦皋复以书招谕之。

六年(庚午、790)

春，诏出岐山无忧王寺佛指骨迎置禁中，又送诸寺以示众，倾都瞻礼，施财巨万。二月，乙亥，遣中使复葬故处。

初，朱滔败于贝州，其棣州刺史赵镐以州降于王武俊，既而得罪于武俊，召之不至。田绪残忍，其兄朝，仕李纳为齐州刺史。或言纳欲纳朝于魏，绪惧，判官孙光佐等为绪谋，厚赂纳，且说纳招赵镐取棣州以悦之，因请送朝于京师，纳从之。丁酉，镐以棣州降于纳。三月，武俊使其子士真击之，不克。

回鹘忠贞可汗之弟弑忠贞而自立，其大相颉干迦斯西击吐蕃未还，夏，四月，次相帅国人杀篡者而立忠贞之子阿啜为可汗，年十五。

五月，王武俊屯冀州，将击赵镐，镐帅其属奔郓州，李纳分兵据之。田绪使孙光佐如郓州，矫诏以棣州隶纳，武俊怒，遣其子士清伐贝州，取经城等四县。

回鹘颉干迦斯与吐蕃战不利，吐蕃急攻北庭。北庭人苦于回鹘诛求，与沙陁酋长朱邪尽忠皆降于吐蕃。节度使杨袭古帅麾下二千人奔西州。六月，颉干迦斯引兵还国，次相恐其有废立，与可汗皆出郊迎，俯伏自陈擅立之状，曰：“今日惟大相死生之。”盛陈郭锋所赍国信，悉以遗之。可汗拜且泣曰：“儿愚幼，若幸而得立，惟仰食于阿多，国政不敢豫也。”虏谓父为阿多，颉干迦斯感其卑屈，持之而哭，遂执臣礼，悉以所遗颁从行者，已无所受。国中由是稍安。

秋，颉干迦斯悉举国兵数万，召杨袭古将复北庭，又为吐蕃所败，死者太半。袭古收余众数百，将还西州，颉干迦斯绐之曰："且与我同至牙帐，当送君还朝。"既而留不遣，竟杀之。安西由是遂绝，莫知存亡，而西州犹为唐固守。

葛禄乘胜取回鹘之浮图川，回鹘震恐，悉迁西北部落于牙帐之南以避之。遣达北特勒梅录随郭锋偕来，告忠贞可汗之丧，且求册命。先是，回鹘使者入中国，礼容骄慢，刺史皆与之钧礼。梅录至丰州，刺史李景略欲以气加之，谓梅录曰："闻可汗新没，欲申吊礼。"景略先据高垄而坐，梅录俯偻前哭，景略抚之曰："可汗弃代，助尔哀慕。"梅录骄容猛气，索然俱尽。自是回鹘使至，皆拜景略于庭，威名闻塞外。冬，十月，辛亥，郭锋始自回鹘还。

十一月，庚午，上祀圆丘。

上屡诏李纳以棣州归王武俊，纳百方迁延，请以海州易之于朝廷，上不许。乃请诏武俊先归田绪四县，上从之。十二月，纳始以棣州归武俊。

七年（辛未、791）

春，正月，己巳，襄王僙薨。

二月，癸卯，遣鸿胪少卿庾铤册回鹘奉诚可汗。

戊戌，诏泾原节度使刘昌筑平凉故城，以扼弹筝峡口，浃辰而毕，分兵戍之。昌又筑朝谷堡，甲子，诏名其堡曰彰信，泾原稍安。

初，上还长安，以神策等军有卫从之劳，皆赐名兴元元从奉天定难功臣，以官领之，抚恤优厚。禁军恃恩骄横，侵暴百姓，陵忽府县，至诟辱官吏，毁裂案牍。府县官有不胜忿而刑之者，朝笞一人，夕贬万里，由是府县虽有公严之官，莫得举其职。市井富民，往往行赂寄名军籍，则府县不能制。辛巳，诏：神威、六军吏士与百姓讼者，委之府县，小事牒本军，大事奏闻。若军士陵忽府县，禁身以闻，委御史台推覆。县吏辄敢笞辱，必从贬谪。

癸未，易定节度使张孝忠薨。

安南都护高正平重赋敛，夏，四月，群蛮酋长杜英翰等起兵围都护府，正平以忧死，群蛮闻之皆降。五月，辛巳，置柔远军于安南。

端王遇薨。

韦皋比年致书招雲南王异牟寻，终未获报。然吐蕃每发雲南兵，雲南与之益少。皋知异牟寻心附于唐，讨击副使段忠义，本閤罗凤使者也，六月，丙申，皋遣忠义还雲南，并致书敦谕之。

秋，七月，戊寅，以定州刺史张昇雲为义武留后。

庚辰，以虔州刺史赵昌为安南都护，群蛮遂安。

八月，丙午，以翰林学士陆贽为兵部侍郎，余职皆解。窦参恶之也。

吐蕃攻灵州，为回鹘所败，夜遁。九月，回鹘遣使来献俘。冬，十二月，甲午，又遣使献所获吐蕃酋长尚结心。

福建观察使吴凑，为治有声，窦参以私憾毁之，且言其病风。上召至京师，使之步以察之，知参之诬，由是始恶参。丁酉，以凑为陕虢观察使以代参党李翼。

睦王述薨。

吐蕃知韦皋使者在雲南，遣使让之。雲南王异牟寻绐之曰："唐使，本蛮也，皋听其归耳，无它谋也。"因执以送吐蕃。吐蕃多取其大臣之子为质，雲南愈怨。

勿邓酋长苴梦衝，潜通吐蕃，扇诱群蛮，隔绝雲南使者。韦皋遣三部落总管苏嵬将兵至琵琶川。

资治通鉴卷第二百三十四

端明殿学士兼翰林侍读学士太中大夫提举西京嵩山崇福宫上柱国河内郡开国公食邑二千二百户食实封九百户赐紫金鱼袋臣 司马光 奉敕编集

唐纪五十起玄黓涒滩(壬申),尽阏逢阉茂(甲戌)五月,凡二年有奇。

德宗神武圣文皇帝九

贞元八年(壬申、792)

春,二月,壬寅,执梦衝,数其罪而斩之,雲南之路始通。

三月,丁丑,山南东道节度使曹成王皋薨。

宣武节度使刘玄佐有威略,每李纳使至,玄佐厚结之,故常得其阴事,先为之备,纳惮之。其母虽贵,日织绢一匹,谓玄佐曰:"汝本寒微,天子富贵汝至此,必以死报之。"故玄佐始终不失臣节。庚午,玄佐薨。

山南东道节度判官李实知留后事,性刻薄,裁损军士衣食。鼓角将杨清潭帅众作乱,夜,焚掠城中,独不犯曹王皋家,实逾城走免。明旦,都将徐诚缒城而入,号令禁遏,然后止。收清潭等六人斩之。实归京师,以为司农少卿。实,元庆之玄孙也。丙子,以荆南节度使樊泽为山南东道节度使。

初,窦参为度支转运使,班宏副之。参许宏,俟一岁以使职归之。岁余,参无归意,宏怒。司农少卿张滂,宏所荐也,参欲使滂分主江、淮盐铁,宏不可,滂知之,亦怨宏。及参为上所疏,乃让度支使于宏,又不欲利权专归于宏,乃荐滂于上,以宏判度支,以滂为户部侍郎、盐铁转运使,仍隶于宏以悦之。

窦参阴狡而愎,恃权而贪,每迁除,多与族子给事中申议之。申招权受赂,时人谓之"喜鹊"。上颇闻之,谓参曰:"申必为卿累,宜出之以息物议。"参再三保其无它,申亦不悛。左金吾大将军虢王则之,巨之子也,与申善,左谏议大夫、知制诰吴通玄与陆贽不叶,窦申恐贽进用,阴与通玄、则之作谤书以倾贽。上皆察知其状。夏,四月,丁亥,贬则之昭州司马,通玄泉州司马,申道州司马,寻赐通玄死。

刘玄佐之丧,将佐匿之,称疾请代,上亦为之隐,遣使即军中问"以陕虢观察使吴凑为代可乎"?监军孟介、行军司马卢瑗皆以为便,然后除之。凑行至汜水,玄佐之柩将发,军中请备仪仗,瑗不许,又令留器用以俟新使,将士怒。玄佐之婿及亲兵皆被甲,拥玄佐之子士宁释缞绖,登重榻,自为留后。执城将曹金岸、浚仪令李迈，曰："尔皆请吴凑者！"遂冎之，卢瑗逃免。士宁以财赏将士，劫孟介以请于朝。上以问宰相，窦参曰："今汴人指李纳以邀制命，不许，将合于纳。"庚寅，以士宁为宣武节度使。士宁疑宋州刺史翟良佐不附己，托言巡抚，至宋州，以都知兵马使刘逸准代之。逸准，正臣之子也。

乙未，贬中书侍郎、同平章事窦参为郴州别驾，再贬窦申锦州司户。以尚书左丞赵憬、兵部侍郎陆贽并为中书侍郎、同平章事。憬，仁本之曾孙也。

张滂请盐铁旧簿于班宏，宏不与。滂与宏共择巡院官，莫有合者，阙官甚多。滂言于上曰："如此，职事必废，臣罪无所逃。"丙午，上命宏、滂分掌天下财赋，如大历故事。

壬子，吐蕃寇灵州，陷水口支渠，败营田。诏河东、振武救之，遣神策六军二千戍定远、怀远城，吐蕃乃退。

陆贽请令台省长官各举其属，著其名于诏书，异日考其殿最，并以升黜举者。五月，戊辰，诏行贽议。

未几，或言于上曰："诸司所举皆有情故，或受货赂，不得实才。"上密谕贽："自今除改，卿宜自择，勿任诸司。"贽上奏，其略曰："国朝五品以上，制敕命之，盖宰相商议奏可者也。六品以下则旨授，盖吏部铨材署职，诏旨画闻而不可否者也。开元中，起居、遗、补、御史等官，犹并列于选曹。其后幸臣专朝，舍佥议而重己权，废公举而行私惠，是使周行庶品，苟不出时宰之意，则莫致也。"又曰："宣行以来，才举十数，议其资望，既不愧于班行，考其行能，又未闻于阙败。而议者遽以腾口，上烦圣聪，道之难行，亦可知矣。请使所言之人指陈其状，某人受贿，某举有情，付之有司，核其虚实，谬举者必行其罚，诬善者亦反其辜。何必贷其奸赃，不加辩诘，私其公议，不出主名，使无辜见疑，有罪获纵，枉直同贯，人何赖焉！又，宰相不过数人，岂能遍谙多士。若令悉命群官，理须展转询访，是则变公举为私荐，易明扬以暗投，情故必多，为弊益甚。所以承前命官，罕不涉谤。虽则秉钧不一，或自行情，亦由私访所亲，转为所卖。其弊非远，圣鉴明知。"又曰："今之宰相则往日台省长官，今之台省长官乃将来之宰相，但是职名暂异，固非行举顿殊。岂有为长官之时则不能举一二属吏，居宰臣之位则可择千百具僚，物议悠悠，其惑斯甚。盖尊者领其要，卑者任其详，是以人主择辅臣，辅臣择庶长，庶长择佐僚，将务得人，无易于此。夫求才贵广，考课贵精。往者则天欲收人心，进用不次，非但人得荐士，亦得自举其才。然而课责既严，进退皆速，是以当代谓知人之明，累朝赖多士之用。"又曰："则天举用之法伤易而得人，陛下慎简之规太精而失士。"上竟追前诏不行。

癸酉，平卢节度使李纳薨，军中推其子师古知留后。

六月，吐蕃千余骑寇泾州，掠田军千余人而去。

岭南节度使奏："近日海舶珍异，多就安南市易，欲遣判官就安南收市，乞命中使一人与俱。"上欲从之，陆贽上言，以为："远国商贩，惟利是求，缓之斯来，扰之则去。广州素为众舶所凑，今忽改就安南，若非侵刻过深，则必招携失所，曾不内讼，更荡上心。况岭南、安南，莫非王土，中使、外使，悉是王臣，岂必信岭南而绝安南，重中使以轻外使。所奏望寝不行。"

秋，七月，甲寅朔，户部尚书判度支班宏薨。陆贽请以前湖南观察使李巽权判度支，上许之。既而复欲用司农少卿裴延龄，贽上言，以为："今之度支，准平万货，刻吝则生患，宽假则容奸。延龄诞妄小人，用之交骇物听。尸禄之责，固宜及于微臣；知人之明，亦恐伤于圣鉴。"上不从。己未，以延龄判度支事。

河南、北、江、淮、荆、襄、陈、许等四十余州大水，溺死者二万余人，陆贽请遣使赈抚。上曰："闻所损殊少，即议优恤，恐生奸欺。"贽上奏，其略曰："流俗之弊，多徇谄谀，揣所悦意则侈其言，度所恶闻则小其事，制备失所，恒病于斯。"又曰："所费者财用，所收者人心，苟不失人，何忧乏用！"上许为遣使，而曰："淮西贡赋既阙，不必遣使。"贽复上奏，以为："陛下息师含垢，宥彼渠魁，惟兹下人，所宜矜恤。昔秦、晋仇敌，穆公犹救其饥，况帝王怀柔万邦，唯德与义，宁人负我，无我负人。"八月，遣中书舍人京兆奚陟等宣抚诸道水灾。

以前青州刺史李师古为平卢节度使。

韦皋攻吐蕃维州，获其大将论赞热。

陆贽上言，以边储不赡，由措置失当，蓄敛乖宜，其略曰："所谓措置失当者，戍卒不隶于守臣，守臣不总于元帅。至有一城之将，一旅之兵，各降中使监临，皆承别诏委任。分镇亘千里之地，莫相率从；缘边列十万之师，不设谋主。每有寇至，方从中覆，比蒙征发救援，寇已获胜罢归。吐蕃之比中国，众寡不敌，工拙不侔，然而彼攻有余，我守不足。盖彼之号令由将，而我之节制在朝，彼之兵众合并，而我之部分离析故也。所谓蓄敛乖宜者，陛下顷设就军、和籴之法以省运，制与人加倍之价以劝农，此令初行，人皆悦慕。而有司竞为苟且，专事纤啬，岁稔则不时敛藏，艰食则抑使收籴。遂使豪家贪吏，反操利权，贱取于人以俟公私之乏。又有势要、近亲、羁游之士，委贱籴于军城，取高价于京邑，又多支绨纻充直。穷边寒不可衣，鬻无所售，上既无信于下，下亦以伪应之，度支物估转高，军城谷价转贵。度支以苟售滞货为功利，军司以所得加价为羡余。虽设巡院，转成囊橐。至有空申簿帐，伪指囷仓，计其数则亿万有余，考其实则百十不足。"

又曰："旧制以关中用度之多，岁运东方租米，至有斗钱运斗米之言。习闻见而不达时宜者，则曰：'国之大事，不计费损，虽知劳烦，不可废也。'习近利而不防远患者，则曰：'每至秋成之时，但令畿内和籴，既易集事，又足劝农。'臣以两家之论，互有长短，将制国用，须权重轻。食不足而财有余，则弛于积财而务实仓廪；食有余而财不足，则缓于积食而啬用货泉。近岁关辅屡丰，公储委积，足给数年；今夏江、淮水潦，米贵加倍，人多流庸。关辅以谷贱伤农，宜加价以籴而无钱；江、淮以谷贵人困，宜减价以粜而无米。而又运彼所乏，益此所余，斯所谓习见闻而不达时宜者也。今江、淮斗米直百五十钱，运至东渭桥，僦直又约二百，米糙且陈，尤为京邑所贱。据市司月估，斗粜三十七钱。耗其九而存其一，馁彼人而伤此农，制事若斯，可谓深失矣！顷者每年自江、湖、淮、浙运米百一十万斛，至河阴留四十万斛，贮河阴仓，至陕州又留三十万斛，贮太原仓，余四十万斛输东渭桥。今河阴、太原仓见米犹有三百二十余万斛，京兆诸县斗米不过直钱七十，请令来年江、淮止运三十万斛至河阴，河阴、陕州以次运至东渭桥，其江、淮所停运米八十万斛，委转运使每斗取八十钱于水灾州县粜之，以救贫乏，计得钱六十四万缗，减僦直六十九万缗。请令户部先以二十万缗付京兆，令籴米以补渭桥仓之缺数，斗用百钱以利农人。以一百二万六千缗付边镇，使籴十万人一年之粮，余十万四千缗以充来年和籴之价。其江、淮米钱、僦直并委转运使折市绫、绢、絁、绵，以输上都，偿先贷户部钱。"

九月，诏西北边贵籴以实仓储，边备浸充。

冬，十一月，壬子朔，日有食之。

吐蕃、雲南日益相猜，每雲南兵至境上，吐蕃辄亦发兵，声言相应，实为之备。辛酉，韦皋复遗雲南王书，欲与共袭吐蕃，驱之雲岭之外，悉平吐蕃城堡，独与雲南筑大城于境上，置戍相保，永同一家。

右庶子姜公辅久不迁官，诣陆贽求迁，贽密语之曰："闻窦相屡奏拟，上不允，有怒公之言。"公辅惧，请为道士。上问其故，公辅不敢泄贽语，以闻参言为对。上怒参归怨于君，己巳，贬公辅为吉州别驾，又遣中使责参。

庚午，山南西道节度使严震奏败吐蕃于芳州及黑水堡。

初，李纳以棣州蛤蜉有盐利，城而据之，又戍德州之南三汊城，以通田绪之路。及李师古袭位，王武俊以其年少，轻之，是月，引兵屯德、棣，将取蛤蜉及三汊城，师古遣赵镐将兵拒之。上遣中使谕止之，武俊乃还。

初，刘怦薨，刘济在莫州，其母弟澭在父侧，以父命召济而以军府授之。济以澭为瀛州刺史，许它日代己。既而济用其子为副大使，澭怨之，擅通表朝廷，遣兵千人防秋。济怒，发兵击澭，破之。

左神策大将军柏良器，募才勇之士以易贩鬻者，监军窦文场恶之。会良器妻族饮醉，寓宿宫舍。十二月，丙戌，良器坐左迁右领军。自是宦官始专军政。

九年(癸酉、793)

春,正月,癸卯,初税茶。凡州、县产茶及茶山外要路,皆估其直,什税一,从盐铁使张滂之请也。滂奏:“去岁水灾减税,用度不足,请税茶以足之。自明年以往,税茶之钱,令所在别贮,俟有水旱,以代民田税。”自是岁收茶税钱四十万缗,未尝以救水旱也。滂又奏:“奸人销钱为铜器以求赢,请悉禁铜器。铜山听人开采,无得私卖。”

二月,甲寅,以义武留后张昇雲为节度使。

初,盐州既陷,塞外无复保障。吐蕃常阻绝灵武,侵扰鄜坊。辛酉,诏发兵三万五千人城盐州,又诏泾原、山南、剑南各发兵深入吐蕃以分其势,城之二旬而毕。命盐州节度使杜彦光戍之,朔方都虞候杨朝晟戍木波堡,由是灵、武、银、夏、河西获安。

上使人谕陆贽,以“要重之事,勿对赵憬陈论,当密封手疏以闻”。又“苗粲父晋卿往年摄政,尝有不臣之言,诸子皆与古帝王同名,今不欲明行斥逐,兄弟宜各除外官,勿使近屯兵之地”。又“卿清慎太过,诸道馈遗,一皆拒绝,恐事情不通,如鞭靴之类,受亦无伤”。贽上奏,其略曰:“昨臣所奏,惟赵憬得闻,陛下已至劳神,委曲防护。是于心膂之内,尚有形迹之拘,迹同事殊,鲜克以济。恐爽无私之德,且伤不吝之明。”又曰:“爵人必于朝,刑人必于市,惟恐众之不睹,事之不彰。君上行之无愧心,兆庶听之无疑议,受赏安之无怍色,当刑居之无怨言,此圣王所以宣明典章,与天下公共者也。凡是谮诉之事,多非信实之言,利于中伤,惧于公辩。或云岁月已久,不可究寻;或云事体有妨,须为隐忍;或云恶迹未露,宜假它事为名;或云但弃其人,何必明言责辱。词皆近于情理,意实苞于矫诬,伤善售奸,莫斯为甚!若晋卿父子实有大罪,则当公议典宪;若被诬枉,岂令阴受播迁。夫听讼辨谗,必求情辨迹,情见迹著,辞服理穷,然后加刑罚焉,是以下无冤人,上无谬听。”又曰:“监临受贿,盈尺有刑,至于士吏之微,尚当严禁,矧居风化之首,反可通行!贿道一开,展转滋甚,鞭靴不已,必及金玉。目见可欲,何能自窒于心;已与交私,何能中绝其意。是以涓流不止,溪壑成灾矣。”又曰:“若有所受,有所却,则遇却者疑乎见拒而不通矣。若俱辞而不受,则咸知不受者乃其常理,复何嫌阻之有乎!”

初,窦参恶左司郎中李巽,出为常州刺史。及参贬郴州,巽为湖南观察使。汴州节度使刘士宁遗参绢五十匹,巽奏参交结藩镇。上大怒,欲杀参,陆贽以为参罪不至死,上乃止,既而复遣中使谓贽曰:“参交结中外,其意难测,社稷事重,卿速进文书处分。”贽上言:“参朝廷大臣,诛之不可无名。昔刘晏之死,罪不明白,至使众议为之愤邑,叛臣得以为辞。参贪纵之罪,天下共知,至于潜怀异图,事迹暧昧。若不推鞫，遽加重辟，骇动不细。窦参于臣无分，陛下所知，岂欲营救其人，盖惜典刑不滥。”三月，更贬参驩州司马，男女皆配流。上又命理其亲党，贽奏：“罪有首从，法有重轻，参既蒙宥，亲党亦应末减。况参得罪之初，私党并已连坐，人心久定，请更不问。”从之。上又欲籍其家赀，贽曰：“在法，反逆者尽没其财，赃污者止征所犯，皆须结正施刑，然后收籍。今罪法未详，陛下已存惠贷，若簿录其家，恐以财伤义。”时宦官左右恨参尤深，谤毁不已，参未至驩州，竟赐死于路。窦申杖杀，货财、奴婢悉传送京师。

海州团练使张昇璘，昇雲之弟，李纳之婿也，以父大祥归于定州，尝于公座骂王武俊，武俊奏之。夏，四月，丁丑，诏削其官，遣中使杖而囚之。定州富庶，武俊常欲之，因是遣兵袭取义丰，掠安喜、无极万余口，徙之德、棣。昇雲闭城自守，屡遣使谢之，乃止。

上命李师古毁三汊城，师古奉诏。然常招聚亡命，有得罪于朝廷者，皆厚抚而用之。

五月，甲辰，以中书侍郎赵憬为门下侍郎、同平章事，义成节度使贾耽为右仆射，右丞卢迈守本官，并同平章事。迈，翰之族子也。憬疑陆贽恃恩，欲专大政，排己置之门下，多称疾不豫事，由是与贽有隙。

陆贽上奏论备边六失，以为：“措置乖方，课责亏度，财匮于兵众，力分于将多，怨生于不均，机失于遥制。

关东戍卒，不习土风，身苦边荒，心畏戎虏。国家资奉若骄子，姑息如倩人。屈指计归，张颐待哺，或利王师之败，乘扰攘而东溃；或拔弃城镇，摇远近之心。岂惟无益，实亦有损。复有犯刑谪徙者，既是无良之类，且加怀土之情，思乱幸灾，又甚戍卒。可谓措置乖方矣。

自顷权移于下，柄失于朝，将之号令既鲜克行之于军，国之典常又不能施之于将，务相遵养，苟度岁时。欲赏一有功，翻虑无功者反仄；欲罚一有罪，复虑同恶者忧虞。罪以隐忍而不彰，功以嫌疑而不赏，姑息之道，乃至于斯。故使忘身效节者获诮于等夷，率众先登者取怨于士卒，偾军蹙国者不怀于愧畏，缓救失期者自以为智能。此义士所以痛心，勇夫所以解体。可谓课责亏度矣。

虏每入寇，将帅递相推倚，无敢谁何，虚张贼势上闻，则曰兵少不敌。朝廷莫之省察，唯务征发益师，无裨备御之功，重增供亿之弊。闾井日耗，征求日繁，以编户倾家破产之资，兼有司榷盐、税酒之利，总其所入，半以事边。可谓财匮于兵众矣。

吐蕃举国胜兵之徒，才当中国十数大郡而已。动则中国惧其众而不敢抗，静则中国惮其强而不敢侵，厥理何哉？良以中国之节制多门，蕃丑之统帅专一故也。夫统帅专一，则人心不分，号令不贰，进退可齐，疾徐如意，机会靡愆，气势自壮。斯乃以少为众，以弱为强者也。开元、天宝之间，控御西北两蕃，唯朔方、河西、陇右三节度。中兴以来，未遑外讨，抗两蕃者亦朔方、泾原、陇右、河东四节度而已。自顷分朔方之地，建牙拥节者凡三使焉，其余镇军，数且四十，皆承特诏委寄，各降中贵监临，人得抗衡，莫相禀属。每俟边书告急，方令计会用兵，既无军法下临，唯以客礼相待。夫兵，以气势为用者也，气聚则盛，散则消；势合则威，析则弱。今之边备，势弱气消，可谓力分于将多矣。

理戎之要，在于练核优劣之科，以为衣食等级之制，使能者企及，否者息心，虽有薄厚之殊，而无觖望之衅。今穷边之地，长镇之兵，皆百战伤夷之余，终年勤苦之剧，然衣粮所给，唯止当身，例为妻子所分，常有冻馁之色。而关东戍卒，怯于应敌，懈于服劳，衣粮所颁，厚逾数等。又有素非禁旅，本是边军，将校诡为媚词，因请遥隶神策，不离旧所，唯改虚名，其于廪赐之饶，遂有三倍之益。夫事业未异而给养有殊，苟未忘怀，孰能无愠？可谓怨生于不均矣。

凡欲选任将帅，必先考察行能，可者遣之，不可者退之，疑者不使，使者不疑，故将在军，君命有所不受。自顷边军去就，裁断多出宸衷，选置戎臣，先求易制，多其部以分其力，轻其任以弱其心，遂令爽于军情亦听命，乖于事宜亦听命。戎虏驰突，迅如风飙，驲书上闻，旬月方报。守土者以兵寡不敢抗敌，分镇者以无诏不肯出师，贼既纵掠退归，此乃陈功告捷。其败丧则减百而为一，其捃获则张百而成千。将帅既幸于总制在朝，不忧罪累；陛下又以为大权由己，不究事情。可谓机失于遥制矣。

臣愚谓宜罢诸道将士防秋之制，令本道但供衣粮，募戍卒愿留及蕃、汉子弟以给之。又多开屯田，官为收籴，寇至则人自为战，时至则家自力农，与夫倏来忽往者，岂可同等而论哉！又宜择文武能臣为陇右、朔方、河东三元帅，分统缘边诸节度使，有非要者，随所便近而并之。然后减奸滥虚浮之费以丰财，定衣粮等级之制以和众，弘委仕之道以宣其用，悬赏罚之典以考其成。如是，则戎狄威怀，疆埸宁谧矣。"上虽不能尽从，心甚重之。

韦皋遣大将董勔等将兵出西山，破吐蕃之众，拔堡栅五十余。

丙午，门下侍郎、同平章事董晋罢为礼部尚书。

雲南王异牟寻遣使者三辈，一出戎州，一出黔州，一出安南，各赍生金、丹砂诣韦皋，金以示坚，丹砂以示赤心，三分皋所与书为信，皆达成都。异牟寻上表请弃吐蕃归唐，并遗皋帛书，自称唐故雲南王孙、吐蕃赞普义弟日东王。皋遣其使者诣长安，并上表贺。上赐异牟寻诏书，令皋遣使慰抚之。

贾耽、陆贽、赵憬、卢迈为相，百官白事，更让不言。秋，七月，奏请依至德故事，宰相迭秉笔以处政事，旬日一易，诏从之。其后日一易之。

剑南、西山诸羌女王汤立志、哥邻王董卧庭、白狗王罗陀忽、弱水王董辟和、南水王薛莫庭、悉董王汤悉赞、清远王苏唐磨、咄霸王董邈蓬及逋租王，先皆役属吐蕃，至是各帅众内附。韦皋处之于维、保、霸州，给以耕牛种粮。立志、陀忽、辟和入朝，皆拜官，厚赐而遣之。

癸卯，户部侍郎裴延龄奏："自判度支以来，检责诸州欠负钱八百余万缗，收诸州抽贯钱三百万缗，呈样物三十余万缗，请别置欠负耗剩季库以掌之，染练物别置月库以掌之。"诏从之。欠负皆贫人无可偿，徒存其数者，抽贯钱给用旋尽，呈样、染练皆左藏正物。延龄徙置别库，虚张名数以惑上，上信之，以为能富国而宠之，于实无所增也，虚费吏人簿书而已。

京城西污湿地生芦苇数亩，延龄奏称长安、咸阳有陂泽数百顷，可牧厩马。上使有司阅视，无之，亦不罪也。

左补阙权德舆上奏，以为："延龄取常赋支用未尽者充羡余以为己功。县官先所市物，再给其直，用充别贮。边军自今春以来并不支粮。陛下必以延龄孤贞独立，时人丑正流言，何不遣信臣覆视，究其本末，明行赏罚。今群情众口喧于朝市，岂京城士庶皆为朋党邪！陛下亦宜稍回圣虑而察之。"上不从。

八月，庚戌，太尉、中书令、西平忠武王李晟薨。

冬，十月，甲子，韦皋遣其节度巡官崔佐时赍诏书诣雲南，并自为皋书答之。

十一月，乙酉，上祀圆丘，赦天下。

刘士宁既为宣武节度使，诸将多不服。士宁淫乱残忍，出畋辄数日不返，军中苦之。都知兵马使李万荣得众心，士宁疑之，夺其兵权，令摄汴州事。十二月，乙卯，士宁帅众二万畋于外野，万荣晨入使府，召所留亲兵千余人，诈之曰："敕征大夫入朝，以吾掌留务，汝辈人赐钱三十缗。"众皆拜。又谕外营兵，皆听命。乃分兵闭城门，使驰白士宁曰："敕征大夫，宜速就路，少或迁延，当传首以献。"士宁知众不为用，以五百骑逃归京师，比至东都，所余仆妾而已。至京师，敕归第行丧，禁其出入。

淮西节度使吴少诚闻变，发兵屯郾城，遣使问故，且请战。万荣以言戏之，少诚惭而退。

上闻万荣逐士宁，使问陆贽，贽上奏，以为今军州已定，宜且选朝臣宣劳，徐察事情，冀免差失，其略曰："今士宁见逐，虽是众情，万荣总军，且非朝旨。此安危强弱之机也，愿陛下审之慎之。"上复使谓贽："若更淹迟，恐于事非便。今议除一亲王充节度使，且令万荣知留后，其制即从内出。"贽复上奏，其略曰："臣虽服戎角力谅匪克堪，而经武伐谋或有所见。夫制置之安危由势，付授之济否由才。

势如器焉，唯在所置，置之夷地则平。才如负焉，唯在所授，授逾其力则踣。万荣今所陈奏，颇涉张皇，但露徼求之情，殊无退让之礼，据兹鄙躁，殊异纯良。又闻本是滑人，偏厚当州将士，与之相得，才止三千，诸营之兵已甚怀怨。据此颇僻，亦非将材，若得志骄盈，不悖则败，悖则犯上，败则偾军。”又曰：“苟邀则不顺，苟允则不诚，君臣之间，势必嫌阻。与其图之于滋蔓，不若绝之于萌牙。”又曰：“为国之道，以义训人，将教事君，先令顺长。”又曰：“方镇之臣，事多专制，欲加之罪，谁则无辞？若使倾夺之徒便得代居其任，利之所在，人各有心，此言潜滋，祸必难救。非独长乱之道，亦关谋逆之端。”又曰：“昨逐士宁，起于仓卒，诸郡守将固非连谋，一城师人亦未协志。各计度于成败之势，回遑于逆顺之名，安肯捐躯与之同恶?”又曰：“陛下但选文武群臣一人命为节度，仍降优诏，慰劳彼军。奖万荣以抚定之功，别加宠任，褒将士以辑睦之义，厚赐资装，揆其大情；理必宁息。万荣纵欲跋扈，势何能为!”又曰：“傥后事有愆素，臣请受败挠之罪。”上不从。壬戌，以通王谌为宣武节度大使，以万荣为留后。

丁卯，纳故驸马都尉郭暧女为广陵王淳妃。淳，太子之长子。妃母，即昇平公主也。

十年(甲戌、794)

春，正月，剑南、西山羌、蛮二万余户来降，诏加韦皋押近界羌、蛮及西山八国使。

崔佐时至雲南所都羊苴咩城，吐蕃使者数百人先在其国，雲南王异牟寻尚不欲吐蕃知之，令佐时衣牂柯服而入。佐时不可，曰：“我大唐使者，岂得衣小夷之服?”异牟寻不得已，夜迎之。佐时大宣诏书，异牟寻恐惧，顾左右失色，业已归唐，乃歔欷流涕，俯伏受诏。郑回密见佐时教之，故佐时尽得其情，因劝异牟寻悉斩吐蕃使者，去吐蕃所立之号，献其金印，复南诏旧名。异牟寻皆从之，仍刻金契以献。异牟寻帅其子寻梦凑等与佐时盟于点苍山神祠。

先是，吐蕃与回鹘争北庭，大战，死伤颇众，征兵万人于雲南。异牟寻辞以国小，请发三千人，吐蕃少之，益至五千，乃许之。异牟寻遣五千人前行，自将数万人踵其后，昼夜兼行，袭击吐蕃，战于神川，大破之，取铁桥等十六城，虏其五王，降其众十余万。戊戌，遣使来献捷。

瀛州刺史刘澭为兄济所逼，请西扞陇坻，遂将部兵千五百人、男女万余口诣京师，号令严整，在道无一人敢取人鸡犬者。上嘉之，二月，丙午，以为秦州刺史、陇右经略军使，理普润。军中不击柝，不设音乐。士卒病者，澭亲视之，死者哭之。

乙丑，义成节度使李融薨。丁卯，以华州刺史李复为义成节度使。复，齐物之子也。复辟河南尉洛阳卢坦为判官，监军薛盈珍数侵军政，坦每据理以拒之。盈珍常曰："卢侍御所言公，我固不违也。"

横海节度使程怀直入朝，厚赐遣归。

夏，四月，庚午，宣武军乱，留后李万荣讨平之。先是，宣武亲兵三百人素骄横，万荣恶之，遣诣京西防秋，亲兵怨之。大将韩惟清、张彦琳诱亲兵作乱，攻万荣，万荣击破之。亲兵掠而溃，多奔宋州，宋州刺史刘逸准厚抚之。惟清奔郑州，彦琳奔东都。万荣悉诛乱者妻子数千人。有军士数人呼于市曰："今夕兵大至，城当破。"万荣收斩之，奏称刘士宁所为。五月，庚子，徙士宁于郴州。

钦州蛮酋黄少卿反，围州城，邕管经略使孙公器奏请发岭南兵救之，上不许，遣中使谕解之。

陆贽上言："郊礼赦下已近半年，而窜谪者尚未沾恩。"乃为三状拟进。上使谓之曰："故事，左降官准赦量移，不过三五百里，今所拟稍似超越，又多近兵马及当路州县，事恐非便。"贽复上言，以为："王者待人以诚，有责怒而无猜嫌，有惩沮而无怨忌。斥远以儆其不恪，甄恕以勉其自新，不儆则浸及威刑，不勉而复加黜削，虽屡进退，俱非爱憎。行法乃暂使左迁，念材而渐加进叙，又知复用，谁不增修？何忧乎乱常，何患乎蓄憾！如或以其贬黜，便谓奸凶，恒处防闲之中，长从摈弃之例，则是悔过者无由自补，蕴才者终不见伸。凡人之情，穷则思变，含凄贪乱，或起于兹。今若所移不过三五百里，则有疆域不离于本道，风土反恶于旧州，徒有徙家之劳，是增移配之扰。又，当今郡府，多有军兵，所在封疆，少无馆驿，示人疑虑，体又非弘。乞更赐裁审。"

上性猜忌，不委任臣下，官无大小，必自选而用之，宰相进拟，少所称可，及群臣一有谴责，往往终身不复收用。好以辩给取人，不得敦实之士，艰于进用，群材滞淹。贽上奏谏，其略曰："夫登进以懋庸，黜退以惩过，二者迭用，理如循环。进而有过则示惩，惩而改修则复进，既不废法，亦无弃人，虽纤介必惩，而用才不匮。故能使黜退者克励以求复，登进者警饬以恪居，上无滞疑，下无蓄怨。"又曰："明主不以辞尽人，不以意选士，如或好善而不择所用，悦言而不验所行，进退随爱憎之情，离合系异同之趣，是由舍绳墨而意裁曲直，弃权衡而手揣重轻，虽甚精微，不能无谬。"又曰："中人以上，迭有所长，苟区别得宜，付授当器，各适其性，各宣其能，及乎合以成功，亦与全才无异。但在明鉴大度，御之有道而已。"又曰："以一言称惬为能而不核虚实，以一事违忤为咎而不考忠邪，其称惬则付任逾涯，不思其所不及，其违忤则罪责过当，不恕其所不能，是以职司之内无成功，君臣之际无定分。"上不听。

贽又奏请均节财赋，凡六条：其一，论两税之弊，其略曰："旧制赋役之法，曰租、调、庸。丁男一人受田百亩,岁输粟二石,谓之租。每户各随土宜出绢若绫若絁共二丈,绵三两,不蚕之土输布二丈五尺,麻三斤,谓之调。每丁岁役,则收其庸,日准绢三尺,谓之庸。天下为家,法制均一,虽欲转徙,莫容其奸,故人无摇心而事有定制。及羯胡乱华,兆庶云扰,版图堕于避地,赋法坏于奉军。建中之初,再造百度,执事者知弊之宜革而所作兼失其原,知简之可从而所操不得其要。凡欲拯其弊,须穷致弊之由,时弊则但理其时,法弊则全革其法,所为必当,其悔乃亡。兵兴以来,供亿无度,此乃时弊,非法弊也。而遽更租、庸、调法,分遣使者,搜擿郡邑,校验簿书,每州取大历中一年科率最多者以为两税定额。夫财之所生,必因人力,故先王之制赋入,必以丁夫为本。不以务穑增其税,不以辍稼减其租,则播种多;不以殖产厚其征,不以流寓免其调,则地著固;不以饬励重其役,不以窳怠蠲其庸,则功力勤。如是,故人安其居,尽其力矣。两税之立,惟以资产为宗,不以丁身为本。曾不寤资产之中,有藏于襟怀囊箧,物虽贵而人莫能窥;其积于场圃囷仓,直虽轻而众以为富。流通蕃息之货,数虽寡而计日收赢;有庐舍器用之资,价虽高而终岁无利。如此之比,其流实繁,一概计估算缗,宜其失平长伪。由是务轻资而乐转徙者,恒脱于徭税;敦本业而树居产者,每困于征求。此乃诱之为奸,驱之避役,力用不得不弛,赋入不得不阙。复以创制之首,不务齐平,供应有烦简之殊,牧守有能否之异,所在徭赋,轻重相悬,所遣使臣,意见各异,计奏一定,有加无除。又大历中供军、进奉之类,既收入两税,今于两税之外,复又并存,望稍行均减,以救雕残。”

其二,请两税以布帛为额,不计钱数,其略曰:“凡国之赋税,必量人之力,任土之宜,故所入者惟布、麻、缯、纩与百谷而已。先王惧物之贵贱失平,而人之交易难准,又定泉布之法以节轻重之宜,敛散弛张,必由于是。盖御财之大柄,为国之利权,守之在官,不以任下。然则谷帛者,人之所为也;钱货者,官之所为也。是以国朝著令,租出谷,庸出绢,调出缯、纩、布,曷尝有禁人铸钱而以钱为赋者也!今之两税,独异旧章,但估资产为差,便以钱谷定税,临时折征杂物,每岁色目颇殊,唯计求得之利宜,靡论供办之难易。所征非所业,所业非所征,遂或增价以买其所无,减价以卖其所有,一增一减,耗损已多。望勘会诸州初纳两税年绢布定估,比类当今时价,加贱减贵,酌取其中,总计合税之钱,折为布帛之数。”又曰:“夫地力之生物有大限,取之有度,用之有节,则常足。取之无度,用之无节,则常不足。生物之丰败由天,用物之多少由人,是以圣王立程,量入为出,虽遇灾难,下无困穷。理化既衰,则乃反是,量出为入,不恤所无。桀用天下而不足,汤用七十里而有余,是乃用之盈虚在节与不节耳。”

其三,论长吏以增户、加税、辟田为课绩,其略曰:“长人者罕能推忠恕易地之情，体至公徇国之意，迭行小惠，竞诱奸甿，以倾夺邻境为智能，以招萃逋逃为理化，舍彼适此者既为新收而有复，倏往忽来者又以复业而见优。唯怀土安居，首末不迁者，则使之日重，敛之日加。是令地著之人恒代惰游赋役，则何异驱之转徙，教之浇讹。此由牧宰不克弘通，各私所部之过也。”又曰：“立法齐人，久无不弊，理之者若不知维御损益之宜，则巧伪萌生，恒因沮劝而滋矣。请申命有司，详定考绩。若当管之内，人益阜殷，所定税额有余，任其据户口均减，以减数多少为考课等差。其当管税物通比，每户十分减三者为上课，减二者次焉，减一者又次焉。如或人多流亡，加税见户，比校殿罚，法亦如之。”

其四，论税限迫促，其略曰：“建官立国，所以养人也；赋人取财，所以资国也。明君不厚其所资而害其所养，故必先人事而借其暇力，先家给而敛其余财。”又曰：“蚕事方兴，已输缣税，农功未艾，遽敛谷租。上司之绳责既严，下吏之威暴愈促，有者急卖而耗其半直，无者求假而费其倍酬。望更详定征税期限。”

其五，请以税茶钱置义仓以备水旱，其略曰：“古称九年、六年之蓄者，率土臣庶通为之计耳，固非独丰公庾，不及编甿也。近者有司奏请税茶，岁约得五十万贯，元敕令贮户部，用救百姓凶饥。今以蓄粮，适副前旨。”

其六，论兼并之家，私敛重于公税，其略曰：“今京畿之内，每田一亩，官税五升，而私家收租殆有亩至一石者，是二十倍于官税也。降及中等，租犹半之。夫土地王者之所有，耕稼农夫之所为，而兼并之徒，居然受利。”又曰：“望凡所占田，约为条限，裁减租价，务利贫人。法贵必行，慎在深刻，裕其制以便俗，严其令以惩违，微损有余，稍优不足，损不失富，优可赈穷。此乃古者安富恤穷之善经，不可舍也。”

资治通鉴卷第二百三十五

端明殿学士兼翰林侍读学士太中大夫提举西京嵩山崇福宫上柱国河内郡开国公食邑二千二百户食实封九百户赐紫金鱼袋臣 司马光 奉敕编集

唐纪五十一起阏逢阉茂(甲戌)六月，尽上章执徐(庚辰)，凡六年有奇。

德宗神武圣文皇帝十

贞元十年(甲戌、794)

六月，壬寅朔，昭义节度使李抱真薨。其子殿中侍御史缄与抱真从甥元仲经谋，秘不发丧，诈为抱真表，求以职事授缄。又诈为其父书，遣裨将陈荣诣王武俊假货财。武俊怒曰："吾与乃公厚善，欲同奖王室耳，岂与汝同恶邪！闻乃公已亡，乃敢不俟朝命而自立，又敢告我，况有求也！"使荣归，寄声质责缄。

昭义步军都虞候王延贵，汝州梁人也，素以义勇闻。上知抱真已薨，遣中第五守进往观变，且以军事委王延贵。守进至上党，缄称抱真有疾不能见。三日，缄乃严兵诣守进，守进谓之曰："朝廷已知相公捐馆，令王延贵权知军事。侍御宜发丧行服。"缄愕然，出，谓诸将曰："朝廷不许缄掌事，诸君意如何？"莫对。缄惧，乃归发丧，以使印及管钥授监军。守进召延贵，宣口诏令视事，趣缄赴东都。元仲经出走，延贵悉归罪于仲经，捕斩之。诏以延贵权知昭义军事。

雲南王异牟寻遣其弟湊罗楝献地图、土贡及吐蕃所给金印，请复号南诏。癸丑，以祠部郎中袁滋为册南诏使，赐银窠金印，文曰"贞元册南诏印"。滋至其国，异牟寻北面跪受册印，稽首再拜，因与使者宴，出玄宗所赐银平脱马头盘二以示滋。又指老笛工、歌女曰："皇帝所赐《龟兹乐》，惟二人在耳。"滋曰："南诏当深思祖考，子子孙孙尽庶于唐。"异牟寻拜曰："敢不谨承使者之命。"

赐义武节度使张昇雲名茂昭。

御史中丞穆赞按度支吏赃罪，裴延龄欲出之，赞不从，延龄谮之，贬饶州别驾，朝士畏延龄侧目。赞，宁之子也。

韦皋奏破吐蕃于峨和城。

秋，七月，壬申朔，以王延贵为昭义留后，赐名虔休。昭义行军司马、摄洺州刺史元谊闻虔休为留后，意不平，表请以磁、邢、洺别为一镇。昭义精兵多在山东，谊厚赍以悦之。上屡遣中使谕之，不从。临洺守将夏侯仲宣以城归虔休，虔休遣磁州刺史马正卿督裨将石定蕃等将兵五千击洺州，定蕃帅其众二千叛归谊，正卿退还。诏以谊为饶州刺史，谊不行，虔休自将兵攻之，引洺水以灌城。

黄少卿陷钦、横、浔、贵等州，攻孙公器于邕州。

九月，王虔休破元谊兵，进拔鸡泽。

裴延龄奏称官吏太多，自今缺员请且勿补，收其俸以实府库。上欲修神龙寺，须五十尺松，不可得，延龄曰："臣近见同州一谷，木数千株，皆可八十尺。"上曰："开元、天宝间求美材于近畿犹不可得，今安得有之？"对曰："天生珍材，固待圣君乃出，开元、天宝，何从得之！"

延龄奏："左藏库司多有失落，近因检阅使置簿书，乃于粪土之中得银十三万两，其匹段杂货百万有余。此皆已弃之物，即是羡余，悉应移入杂库以供别敕支用。"太府少卿韦少华不伏，抗表称："此皆每月申奏见在之物，请加推验。"执政请令三司详覆，上不许，亦不罪少华。延龄每奏对，恣为诡谲，皆众所不敢言亦未尝闻者，延龄处之不疑。上亦颇知其诞妄，但以其好诋毁人，冀闻外事，故亲厚之。

群臣畏延龄有宠，莫敢言，惟盐铁转运使张滂、京兆尹李充、司农卿李铦以职事相关，时证其妄，而陆贽独以身当之，日陈其不可用。十一月，壬申，贽上书极陈延龄奸诈，数其罪恶，其略曰："延龄以聚敛为长策，以诡妄为嘉谋，以掊克敛怨为匪躬，以靖谮服谗为尽节，总典籍之所恶以为智术，冒圣哲之所戒以为行能，可谓尧代之共工，鲁邦之少卯也。迹其奸蠹，日长月滋，阴秘者固未尽彰，败露者犹难悉数。"又曰："陛下若意其负谤，则诚宜亟为辨明。陛下若知其无良，又安可曲加容掩！"又曰："陛下姑欲保持，曾无诘问，延龄谓能蔽惑，不复惧思。移东就西，便为课绩，取此适彼，遂号羡余，愚弄朝廷，有同儿戏。"又曰："矫诡之态，诬罔之辞，遇事辄行，应口便发，靡日不有，靡时不为，又难以备陈也。"又曰："昔赵高指鹿为马，臣谓鹿之与马，物类犹同，岂若延龄掩有为无，指无为有。"又曰："延龄凶妄，流布寰区，上自公卿近臣，下逮舆台贱品，喧喧谈议，亿万为徒，能以上言，其人有几！臣以卑鄙，任当台衡，情激于衷，虽欲罢而不能自默也。"书奏，上不悦，待延龄益厚。

十二月，王虔休乘冰合度壕，急攻洺州。元谊出兵击之，虔休不胜而返，日暮冰解，士卒死者太半。

中书侍郎、同平章事陆贽以上知待之厚，事有不可，常力争之。所亲或规其太锐，贽曰："吾上不负天子，下不负所学，它无所恤。"裴延龄日短贽于上。赵憬之入相也，贽实引之，既而有憾于贽，密以贽所讥弹延龄事告延龄，故延龄益得以为计，上由是信延龄而不直贽。贽与憬约至上前极论延龄奸邪，上怒形于色，憬默而无言。壬戌，贽罢为太子宾客。

初，勃海文王钦茂卒，子宏临早死，族弟元义立。元义猜虐，国人杀之，立宏临之子华玙，是为成王，改元中兴。华玙卒，复立钦茂少子嵩邻，是为康王，改元正历。

十一年（乙亥、795）

春，二月，乙巳，册拜嵩邻为忽汗州都督、勃海王。

陆贽既罢相，裴延龄因谮京兆尹李充、卫尉卿张滂、前司农卿李铦党于贽。会旱，延龄奏言："贽等失势怨望，言于众曰：'天下旱，百姓且流亡，度支多欠诸军刍粮，军中人马无所食，其事奈何！'以动摇众心，其意非止欲中伤臣而已。"后数日，上猎苑中，适有神策军士诉云："度支不给马刍。"上意延龄言为信，遽还宫。夏，四月，壬戌，贬贽为忠州别驾，充为涪州长史，滂为汀州长史，铦为邵州长史。

初，阳城自处士征为谏议大夫，拜官不辞。未至京师，人皆想望风采，曰："城必谏诤，死职下。"及至，诸谏官纷纷言事细碎，天子益厌苦之。而城方与二弟及客日夜痛饮，人莫能窥其际，皆以为虚得名耳。前进士河南韩愈作《争臣论》以讥之，城亦不以屑意。有欲造城而问者，城揣知其意，辄强与酒。客或时先醉仆席上，城或时先醉卧客怀中，不能听客语。

及陆贽等坐贬，上怒未解，中外惴恐，以为罪且不测，无敢救者。城闻而起曰："不可令天子信用奸臣，杀无罪人。"即帅拾遗王仲舒、归登、右补阙熊执易、崔邠等守延英门，上疏论延龄奸佞，贽等无罪。上大怒，欲加城等罪。太子为之营救，上意乃解，令宰相谕遣之。于是金吾将军张万福闻谏官伏阁谏，趋往至延英门，大言贺曰："朝廷有直臣，天下必太平矣。"遂遍拜城与仲舒等，已而连呼"太平万岁！太平万岁！"万福，武人，年八十余，自此名重天下。登，崇敬之子也。时朝夕相延龄，阳城曰："脱以延龄为相，城当取白麻坏之，恸哭于庭。"有李繁者，泌之子也，城尽疏延龄过恶，欲密论之，以繁故人子，使之缮写，繁径以告延龄。延龄先诣上，一一自解。疏入，上以为妄，不之省。

丙寅，幽州奏破奚王啜利等六万余众。

回鹘奉诚可汗卒，无子，国人立其相骨咄禄为可汗。骨咄禄本姓跌跌氏，辩慧有勇略，自天亲时典兵马用事，大臣诸酋长皆畏服之。既为可汗，冒姓药罗葛氏，遣使来告丧。自天亲可汗以上子孙幼稚者，皆内之阙庭。

五月，丁丑，以宣武留后李万荣、昭义左司马领留后王虔休皆为节度使。

甲申，河东节度使李自良薨。戊子，监军王定远奏请以行军司马李说为留后。说，神通之五世孙也。

庚寅，遣秘书监张荐册拜回鹘可汗骨咄禄为腾里逻羽录没密施合胡禄毗伽怀信可汗。

癸巳，以李说为河东留后，知府事。说深德王定远，请铸监军印，从之。监军有印自定远始。

秋，七月，丙寅朔，阳城改国子司业，坐言裴延龄故也。

王定远自恃有功于李说，专河东军政，易置诸将，说不能尽从，由是有隙。定远以私怒拉杀大将彭令茵，埋马矢中，将士皆愤怒。说奏其状，定远闻之，直诣说，拔刀刺之，说走免。定远召诸将，以箱贮敕及告身二十余通，示之曰："有敕，令说诣京师，以行军司马李景略为留后，诸君皆迁官。"众皆拜。大将马良辅窃视箱中，皆定远告身及所受敕也，乃麾众曰："敕告皆伪，不可受也。"定远走登乾阳楼，呼其麾下，莫应，逾城而坠，为枯柄所伤而死。

八月，辛亥，司徒兼侍中北平庄武王马燧薨。

闰月，戊辰，元谊以洺州诈降，王虔休遣裨将将二千人入城，谊皆杀之。

九月，丁巳，加韦皋雲南安抚使。

横海节度使程怀直，不恤士卒，猎于野，数日不归。怀直从父兄怀信为兵马使，因众心之怨，闭门拒之，怀直奔归京师。冬，十月，丁丑，以怀信为横海留后。

南诏攻吐蕃昆明城，取之，又虏施、顺二蛮王。

十二年（丙子、796）

春，正月，庚子，元谊、石定蕃等帅洺州兵五千人及其家人万余口奔魏州，上释不问，命田绪安抚之。

乙丑，以浑瑊、王武俊并兼中书令。己巳，加严震、田绪、刘济、韦皋并同平章事。天下节度、观察使，悉加检校官以悦其意。

三月，甲午，韦皋奏降西南蛮高万唐等二万余口。

乙巳，以闲厩、宫苑使李齐运为礼部尚书，户部侍郎裴延龄为户部尚书，使职如故。齐运无才能学术，专以柔佞得幸于上，每宰相对罢，则齐运次进决其议。或病卧家，上欲有所除授，往往遣中使就问之。

丙辰，韶王暹薨。

魏博节度使田绪尚嘉诚公主，有庶子三人，季安最幼，公主子之，以为副大使。夏，四月，庚午，绪暴薨，左右匿之，使季安领军事，年十五。乙亥，发丧，推季安为留后。

庚辰，上生日，故事，命沙门、道士讲论于麟德殿，至是，始命以儒士参之。四门博士韦渠牟嘲谈辩给，上悦之，旬日，迁右补阙，始有宠。

五月，丙申，邠宁节度使张献甫暴薨，监军杨明义请都虞候杨朝晟权知留后。甲辰，以朝晟为邠宁节度使。

六月，乙丑，以监句当左神策窦文场、监句当右神策霍仙鸣皆为护军中尉，监左神威军使张尚进、监右神威军使焦希望皆为中护军。初，上置六统军，视六尚书，以处节度使罢镇者，相承用麻纸写制。至是，文场讽宰相比统军降麻。翰林学士郑絪奏言："故事惟封王、命相用白麻，今以命中尉，不识陛下特以宠文场邪，遂为著令也？"上乃谓文场曰："武德、贞观时，中人不过员外将军同正耳，衣绯者无几。自辅国以来，堕坏制度。朕今用尔，不谓无私。若复以麻制宣告天下，必谓尔胁我为之也。"文场叩头谢。遂焚其麻，命并统军自今皆中书降敕。明日，上谓絪曰："宰相不能违拒中人，朕得卿言方寤耳。"是时窦、霍势倾中外，藩镇将帅多出神策军，台省清要亦有出其门者矣。

宣武节度使李万荣病风，昏不知事，霍仙鸣荐宣武押牙刘沐可委军政。辛巳，以沐为行军司马。

宣歙观察使刘赞卒。

初，上以奉天窘乏，故还宫以来，尤专意聚敛。藩镇多以进奉市恩，皆云"税外方圆"，亦云"用度羡余"，其实或割留常赋，或增敛百姓，或减刻吏禄，或贩鬻蔬果，往往私自入，所进才什一二。李兼在江西有月进，韦皋在西川有日进。其后常州刺史济源裴肃以进奉迁浙东观察使，刺史进奉自肃始。及刘赞卒，判官严绶掌留务，竭府库以进奉，征为刑部员外郎，幕僚进奉自绶始。绶，蜀人也。

李万荣疾病，其子迺为兵马使。甲申，迺集诸将责李湛、伊娄说、张丕以不忧军事，斥之外县。上遣中使第五守进至汴州，宣慰始毕，军士十余人呼曰："兵马使勤劳无赏，刘沐何人，为行军司马！"沐惧，阳中风，舁出。军士又呼曰："仓官刘叔何给纳有奸。"杀而食之。又欲斫守进，迺止之。迺又杀伊娄说、张丕。都虞候匡城邓惟恭与万荣乡里相善，万荣常委以腹心，迺亦倚之。至是，惟恭与监军俱文珍谋，执迺，送京师。秋，七月，乙未，以东都留守董晋同平章事，兼宣武节度使，以万荣为太子少保，贬迺虔州司马。丙申，万荣薨。

邓惟恭既执李迺，遂权军事，自谓当代万荣，不遣人迎董晋。晋既受诏，即与傔从十余人赴镇，不用兵卫。至郑州，迎者不至，郑人为晋惧，或劝晋且留观变。有自汴州出者，言于晋曰："不可入。"晋不对，遂行。惟恭以晋来之速，不及谋。晋去城十余里，惟恭乃帅诸将出迎。晋命惟恭勿下马，气色甚和，惟恭差自安。既入，仍委惟恭以军政。

初，刘玄佐增汴州兵至十万，遇之厚，李万荣、邓惟恭每加厚焉。士卒骄，不能御，乃置腹心之士，幕于公庭庑下，挟弓执剑以备之，时劳赐酒肉。晋至之明日，悉罢之。

戊戌，韩王迥薨。

壬子，诏以宣武将士邓惟恭等有执送李迺功，各迁官赐钱。其为迺所胁，邀逼制使者，皆勿问。

八月，(乙)〔己〕未朔，日有食之。

己巳，以田季安为魏博节度使。

丙子，以汝州刺史陆长源为宣武行军司马。朝议以董晋柔仁多可，恐不能集事，故以长源佐之。长源性刚刻，多更张旧事，晋初皆许之，案成则命且罢，由是军中得安。

丙戌，门下侍郎、同平章事赵憬薨。

初，上不欲生代节度使，常自择行军司马以为储帅。李景略为河东行军司马，李说忌之。回鹘梅录入贡，过太原，说与之宴，梅录争坐次，说不能遏。景略叱之，梅录识其声，趋前拜之曰："非丰州李端公邪？"又拜，遂就下坐。座中皆属目于景略。说益不平，乃厚赂中尉窦文场，使去之。会有传回鹘将入寇者，上忧之，以丰州当虏冲，择可守者，文场因荐景略。九月，甲午，以景略为丰州都防御使。穷边气寒，土瘠民贫，景略以勤俭帅众，二岁之后，储备完实，雄于北边。

卢迈得风疾，庚子，贾耽私忌，宰相绝班，上遣中使召主书承旨。

丙午，户部尚书、判度支裴延龄卒，中外相贺，上独悼惜之。

壬子，吐蕃寇庆州。

冬，十月，甲戌，以谏议大夫崔损、给事中赵宗儒并同平章事。损，玄暐之弟孙也，尝为裴延龄所荐，故用之。

十一月，乙未，以右补阙韦渠牟为左谏议大夫。上自陆贽贬官，尤不任宰相，自御史、刺史、县令以上皆自选用，中书行文书而已。然深居禁中，所取信者裴延龄、李齐运、户部郎中王绍、司农卿李实、翰林学士韦执谊及渠牟，皆权倾宰相，趋附盈门。绍谨密无损益，实狡险掊克；执谊以文章与上唱和，年二十余，自右拾遗召入翰林；渠牟形神恌躁，尤为上所亲狎，上每对执政，漏不过三刻，渠牟奏事率至六刻，语笑款狎往往闻外，所荐引咸不次迁擢，率皆庸鄙之士。

宣武都虞候邓惟恭内不自安，潜结将士二百余人谋作乱，事觉，董晋悉捕斩其党，械惟恭送京师。己未，诏免死，汀州安置。

十三年(丁丑、797)

春，正月，壬寅，吐蕃遣使请和亲，上以吐蕃数负约，不许。

上以方渠、合道、木波皆吐蕃要路，欲城之，使问邠宁节度使杨朝晟："须几何兵？"对曰："邠宁兵足以城之，不烦它道。"上复使问之曰："向城盐州，用兵七万，仅能集事。今三城尤逼虏境，兵当倍之，事更相反，何也？"对曰："城盐州之众，虏皆知之。今发本镇兵，不旬日至塞下，出其不意而城之，虏谓吾众亦不减七万，其众未集，不敢轻来犯我。不过三旬，吾城已毕，留兵戍之，虏虽至，无能为也。城旁草尽，不能久留，虏退则运刍粮以实之，此万全之策也。若大集诸道兵，逾月始至，虏亦集众而来，与我争战，胜负未可知，何暇筑城哉！”上从之。二月，朝晟分军为三，各筑一城。军吏曰：“方渠无井，不可屯军。”判官孟子周曰：“方渠承平之时，居人成市，无井何以聚人乎！”命浚智井，果得甘泉。三月，三城成。夏，四月，庚申，杨朝晟军还至马岭，吐蕃始出兵追之，相拒数月而去。朝晟遂城马岭而还，开地三百里，皆如其素。

庚午，义成节度使李复薨。

庚辰，以陕虢观察使姚南仲为义成节度使。监军薛盈珍方大会，闻之，言曰：“姚大夫书生，岂将才也？”判官卢坦私谓人曰：“姚大夫外虽柔，中甚刚，监军侵之，必不受。军府之祸，自此始矣，吾恐为所留。”遂自它道潜去。南仲果以牒请之，不遇，得免。既而盈珍与南仲有隙，幕府多以罪贬，有死者。

吐蕃赞普乞立赞卒，子足之煎立。

六月，壬午，韦皋奏吐蕃入寇，巂州刺史曹高仕破之于台登城下。

光禄少卿同正张茂宗，茂昭之弟也，许尚义章公主，未成昏，茂宗母卒，遗表请终嘉礼，上许之。秋，八月，癸酉，起复茂宗左卫将军同正。左拾遗义兴蒋乂上疏谏，以为：“兵革之急，古有墨衰从事者，未闻驸马起复尚主也。”上遣中使谕之，不止，乃特召对于延英，谓曰：“人间多借吉成昏者，卿何执此之坚？”对曰：“昏姻，丧纪，人之大伦，吉凶不可渎也。委巷之家，不知礼教，其女孤贫无恃，或有借吉从人，未闻男子借吉娶妇者也。”太常博士韦彤、裴堪复上疏谏。上不悦，命趣下嫁之期，辛巳，成昏。

九月，己丑，中书侍郎、同平章事卢迈以疾罢为太子宾客。

冬，十月，淮西节度使吴少诚擅开刀沟入汝，上遣中使谕止之，不从。命兵部郎中卢群往诘之，少诚曰：“开此水，大利于人。”群曰：“君令臣行，虽利，人臣敢专乎！公承天子之令而不从，何以使下吏从公之令乎！”少诚遽为之罢役。

十二月，徐州节度使张建封入朝。先是，宫中市外间物，令官吏主之，随给其直。比岁以宦者为使，谓之宫市，抑买人物，稍不如本估。其后不复行文书，置白望数百人于两市及要闹坊曲，阅人所卖物，但称宫市，则敛手付与，真伪不复可辨，无敢论所从来及论价之高下者，率用直百钱物买人直数千物，多以红紫染故衣、败缯，尺寸裂而给之，仍索进奉门户及脚价钱。人将物诣市，至有空手而归者，名为宫市，其实夺之。商贾有良货，皆深匿之，每敕使出，虽沽浆、卖饼者皆撤业闭门。尝有农夫以驴负柴，宦者称宫市取之，与绢数尺，又就索门户，仍邀驴送柴至内。农夫啼泣，以所得绢与之，不肯受，曰：“须得尔驴。”农夫曰：“我有父母妻子，待此然后食。今以柴与汝，不取直而归，汝尚不肯，我有死而已。”遂殴宦者。街吏擒以闻，诏黜宦者，赐农夫绢十匹。然宫市亦不为之改，谏官、御史数奏疏谏，不听。建封入朝，具奏之，上颇嘉纳，以问户部侍郎判度支苏弁，弁希宦者意，对曰："京师游手万家，无土著生业，仰宫市取给。"上信之，故凡言宫市者皆不听。

十四年（戊寅、798）

春，二月，乙亥，名申、光、蔡军曰彰义。

夏，闰五月，庚申，以神策行营节度使韩全义为夏、绥、银、宥节度使。全义时屯长武城，诏帅其众赴镇。士卒以夏州碛卤，又盛夏，不乐徙居。辛酉，军乱，杀大将王栖岩等，全义逾城走。都虞候高崇文诛首乱者，众然后定。崇文，幽州人也。丙子，以崇文为长武城都知兵马使，不降敕，令中使口宣授之。

秋，七月，壬申，给事中、同平章事赵宗儒罢为右庶子，以工部侍郎郑馀庆为中书侍郎、同平章事。

八月，初置左、右神策统军。时禁军戍边者，禀赐优厚，诸将多请遥隶神策军，称行营，皆统于中尉，其军遂至十五万人。

京兆尹吴凑屡言宫市之弊，请委之府县。宦者言凑屡奏宫市，皆右金吾都知赵洽、田秀嵓之谋也。丙午，洽、秀嵓坐流天德军。

九月，丙申，以陕虢观察使于頔为山南东道节度使。

丁卯，杞王倕薨。

彰义节度使吴少诚遣兵掠寿州霍山，杀镇遏使谢详，侵地二十余里，置兵镇守。

太学生薛约师事司业阳城，坐言事，徙连州，城送之郊外。上以城党罪人，己巳，左迁城道州刺史。城治民如治家，州之赋税不登，观察使数加诮让，城自署其考曰："抚字心劳，征科政拙，考下下。"观察使遣判官督其赋，至州，城先自囚于狱。判官大惊，驰入，谒城于狱曰："使君何罪，某奉命来候安否耳。"留一二日未去，城不复归，馆门外有故门扇横地，城昼夜坐卧其上，判官不自安，辞去。其后又遣它判官往按之，它判官载妻子行中道逸去。

冬，十月，丁酉，通王谌薨。

庚子，夏州节度使韩全义奏破吐蕃于盐州西北。

明州镇将栗锽杀刺史卢雲，诱山越作乱，攻陷浙东州县。

十五年（己卯、799）

春，正月，甲寅，雅王逸薨。

二月，丁丑，宣武节度使董晋薨。乙酉，以其行军司马陆长源为节度使。长源性刻急，恃才傲物，判官孟叔度，轻佻淫纵，好慢侮将士，军中皆恶之。董晋薨，长源知留后，扬言曰："将士弛慢日久，当以法齐之耳。"众皆惧。或劝之发财以劳军，长源曰："我岂效河北贼，以钱买健儿求节钺邪！"故事，主帅薨，给军士布以制服，长源命给其直。叔度高盐直，下布直，人不过得盐三二斤。军中怨怒，长源亦不为之备。是日，军士作乱，杀长源、叔度，脔食之，立尽。监军俱文珍以宋州刺史刘逸准久为宣武大将，得众心，密书召之，逸准引兵径入汴州，乱众乃定。

以常州刺史李锜为浙西观察使、诸道盐铁转运使。锜，国贞之子也。闲厩、宫苑使李齐运受其赂数十万，荐之于上，故用之。锜刻剥以事进奉，上由是悦之。

庚辰，浙东观察使裴肃擒栗锽于台州，送京师，斩之。

己丑，以刘逸准为宣武节度使，赐名全谅。

三月，甲寅，吴少诚遣兵袭唐州，杀监军邵国朝、镇遏使张嘉瑜，掠百姓千余人而去。

戊午，昭义节度使王虔休薨。戊辰，以河阳、怀州节度使李元淳为昭义节度使。

夏，四月，癸未，以安州刺史伊慎为安、黄等州节度使。

癸巳，山南西道节度使严震薨。

南诏异牟寻遣使与韦皋约共击吐蕃，皋以兵粮未集，请俟它年。

山南西道都虞候严砺谄事严震，震病，使知留后，遗表荐之。秋，七月，乙巳，以砺为山南、西道节度使。

八月，丙申，陈许节度使曲环薨。乙未，吴少诚遣兵掠临颍，陈州刺史上官涚知陈许留后，遣大将王令忠将兵三千救之，皆为少诚所虏。〔九月〕，丙午，以涚为陈许节度使，少诚遂围许州。涚欲弃城走，营田副使刘昌裔止之曰："城中兵足以办贼，但闭城勿与战，不过数日，贼气自衰，吾以全制其弊，蔑不克矣。"少诚昼夜急攻，昌裔募勇士千人凿城出击少诚，大破之，城由是全。昌裔，兖州人也。少诚又寇西华，陈许大将孟元阳拒却之。陈许都知兵马使安国宁与上官涚不叶，谋翻城应少诚，刘昌裔以计斩之。召其麾下，人给二缣，伏兵要巷，见持缣者悉斩之，无得脱者。

庚(辰)〔戌〕，宣武节度使刘全谅薨。军中思刘玄佐之恩，推其甥都知兵马使匡城韩弘为留后。弘将兵，识其材鄙勇怯，指顾必堪其事。

丙辰，诏削夺吴少诚官爵，令诸道进兵讨之。

辛酉，以韩弘为宣武节度使。先是，少诚遣使与刘全谅约共攻陈许，以陈州归宣武。使者数辈犹在馆，弘悉驱出斩之，选卒三千。会诸军击少诚于许下。少诚由是失势。

冬，十月，己丑，邕王谅薨。太子之子也，上爱而子之，及薨，谥曰文敬太子。

山南东道节度使于頔、安黄节度使伊慎、知寿州事王宗与上官涚、韩弘进击吴少诚，屡破之。十一月，壬子，于頔奏拔吴房、朗山。

十二月，辛未，中书令、咸宁王浑瑊薨于河中。瑊性谦谨，虽位穷将相，无自矜大之色，每贡物必躬自阅视，受赐如在上前，由是为上所亲爱。上还自兴元，虽一州一镇有兵者，皆务姑息。瑊每奏事，不过，辄私喜曰："上不疑我。"故能以功名终。

六州党项自永泰以来居于石州，永安镇将阿史那思暕侵渔不已，党项部落悉逃奔河西。

诸军讨吴少诚者既无统帅，每出兵，人自规利，进退不壹。乙未，诸军自溃于小溵水，委弃器械、资粮，皆为少诚所有。于是始议置招讨使。

吐蕃众五万分击南诏及嶲州，异牟寻与韦皋各发兵御之，吐蕃无功而还。

十六年（庚辰、800）

春，正月，乙巳，恒冀、易定、陈许、河阳四军与吴少诚战，皆不利而退。夏绥节度使韩全义本出神策军，中尉窦文场爱厚之，荐于上，使统诸军讨吴少诚。二月，乙酉，以全义为蔡州四面行营招讨使，十七道兵皆受全义节度。

宣武军自刘玄佐薨，凡五作乱，士卒益骄纵，轻其主帅。韩弘视事数月，皆知其主名，有郎将刘锷，常为唱首。三月，弘陈兵牙门，召锷及其党三百人，数之以"数预于乱，自以为功"，悉斩之，血流丹道。自是至弘入朝二十一年，士卒无一人敢欢呼于城郭者。

义成监军薛盈珍为上所宠信，欲夺节度使姚南仲军政，南仲不从，由是有隙。盈珍谮其幕僚马总，贬泉州别驾。福建观察使柳冕谋害总以媚盈珍，以幕僚宝鼎薛戎摄泉州事，使按致总罪，戎为辨证其无辜。冕怒，召戎，囚之，使守卒恣为侵辱。如此累月，徐诱之使诬总，戎终不从，总由是获免。冕，芳之子也。

盈珍屡毁南仲于上，上疑之。盈珍又遣小吏程务盈乘驿诬奏南仲罪。牙将曹文洽亦奏事长安，知之，晨夜兼行，追及务盈于长乐驿，与之同宿，中夜，杀之，沉盈珍表于厕中，自作表雪南仲之冤，且首专杀之罪，亦作状白南仲，遂自杀。明旦，门不启，驿吏排之入，得表、状于文洽尸旁。上闻而异之，征盈珍入朝。南仲恐盈珍谗之益深，亦请入朝。夏，四月，丙子，南仲至京师，待罪于金吾，诏释之，召见。上问："盈珍扰卿邪？"对曰："盈珍不扰臣，但乱陛下法耳。且天下如盈珍辈，何可胜数！虽使羊、杜复生，亦不能行恺悌之政，成攻取之功也。"上默然，竟不罪盈珍，仍使掌机密。盈珍又言于上曰："南仲恶政，皆幕僚马少微赞之也。"诏贬少微江南官，遣中使送之，推坠江中而死。

黔中观察使韦士宗，政令苛刻，丁亥，牙将傅近等逐之，出奔施州。

新罗王敬(则)〔信〕卒，庚寅，册命其嫡孙俊邕为新罗王。

韩全义素无勇略，专以巧佞货赂结宦官得为大帅，每议军事，宦官为监军者数十人坐帐中，争论纷然，莫能决而罢。天渐暑，士卒久屯沮洳之地，多病疫，全义不存抚，人有离心。五月，庚戌，与吴少诚将吴秀、吴少阳等战于溵南广利原，锋镝未交，诸军大溃，秀等乘之，全义退保五楼。少阳，沧州清池人也。

山南东道节度使于頔因讨吴少诚，大募战士，缮甲厉兵；聚敛货财，恣行诛杀，有据汉南之志，专以慢上陵下为事。上方姑息藩镇，知其所为，无如之何。頔诬邓州刺史元洪赃罪，朝廷不得已流洪端州，遣中使护送至枣阳。頔遣兵劫取归襄州，中使奔归。頔表洪责太重，上复以为吉州长史，乃遣之。又怒判官薛正伦，奏贬峡州长史，比敕下，頔怒已解，复奏留为判官。上一一从之。

徐、泗、濠节度使张建封镇彭城十余年，军府称治，病笃，累表请除代人。辛亥，以苏州刺史韦夏卿为徐、泗、濠行军司马。敕下，建封已薨。夏卿，执谊之从祖兄也。徐州判官郑通诚知留后，恐军士为变，会浙西兵过彭城，通诚欲引入城为援。军士怒，壬子，数千人斧库门，出甲兵擐执之，围牙城，劫建封子前虢州参军愔令知军府事，杀通诚及大将段伯熊等数人，械系监军。上闻之，以吏部员外郎李鄘为徐州宣慰使。鄘直抵其军，召将士宣朝旨，谕以祸福，脱监军械，使复其位，凶党不敢犯。愔上表称兵马留后，鄘以非朝命，不受，使削去，然后受之以归。

灵州破吐蕃于乌兰桥。

丙寅，韦士宗复入黔中。

湖南观察使河中吕渭奏发永州刺史阳履赃贿，履表称所敛物皆备进奉。上召诣长安，丁丑，命三司使鞫之，诘其物费用所归，履对曰："已市马进之矣。"又诘："马主为谁？马齿几何？"对曰："马主，东西南北之人，今不知所之。按《礼》，齿路马有诛，故不知其齿。"所对率类此。上悦其进奉之言，释之，但免官而已。

丙戌，加淄青节度使李师古同平章事。

徐州乱兵为张愔表求旄节，朝廷不许。加淮南节度使杜佑同平章事，兼徐、泗、濠节度使，使讨之。佑大具舟舰，遣牙将孟准为前锋，济淮而败，佑不敢进。泗州刺史张伾出兵攻埇桥，大败而还。朝廷不得已除愔徐州团练使，以伾为泗州留后，濠州刺史杜兼为濠州留后，仍加佑兼濠泗观察使。

兼，正伦五世孙也，性狡险强忍。建封之疾亟也，兼阴图代之，自濠州疾驱至府。幕僚李藩与同列，入问建封疾，出见之，泣曰："仆射疾危如此，公宜在州防遏，今弃州此来，欲何为也？宜速去，不然，当奏之。"兼错愕出不意，遂径归。建封薨，藩归扬州，兼诬奏藩于建封之薨摇动军情，上大怒，密诏杜佑使杀之。佑素重藩，怀诏旬日不忍发，因引藩论佛经曰，"佛言果报，有诸?"藩曰："有之。"佑曰：

“审如此，君宜遇事无恐。”因出诏示藩。藩神色不变，曰：“此真报也。”佑曰：“君慎勿出口，吾已密论，用百口保君矣。”上犹疑之，召藩诣长安，望见藩仪度安雅，乃曰：“此岂为恶者邪！”即除秘书郎。

新罗王俊邕卒，国人立其子重熙。

秋，七月，吴少诚进击韩全义于五楼，诸军复大败，全义夜遁，保溵水县城。

卢龙节度使刘济弟源为涿州刺史，不受济命，济引兵击擒之。

九月，癸卯，义成节度使卢群薨。甲戌，以尚书左丞李元素代之。贾耽曰：“凡就军中除节度使，必有爱憎向背，喜惧者相半，故众心多不安。自今愿陛下只自朝廷除人，庶无它变。”上以为然。

中书侍郎、同平章事郑馀庆与户部侍郎、判度支于頔素善，頔所奏事，馀庆多劝上从之。上以为朋比，庚戌，贬馀庆郴州司马，頔泉州司户。頔，頔之兄也。

癸丑，吴少诚进逼溵水数里置营，韩全义复帅诸军退保陈州。宣武、河阳兵私归本道，独陈许将孟元阳、神策将苏光荣帅所部留军溵水。全义以诈诱昭义将夏侯仲宣、义成将时昂、河阳将权文变、河中将郭湘等，斩之，欲以威众。全义至陈州，刺史刘昌裔登城谓之曰：“天子命公讨蔡州，今乃来此，昌裔不敢纳，请舍于城外。”既而昌裔赍牛酒入全义营犒师，全义惊喜，心服之。己未，孟元阳等与少诚战，杀二千余人。

庚申，以太常卿齐抗为中书舍人、同平章事。

癸亥，以张愔为徐州留后。

冬，十月，吴少诚引兵还蔡州。先是，韦皋闻诸军讨少诚无功，上言“请以浑瑊、贾耽为元帅，统诸军。若重烦元老，则臣请以精锐万人下巴峡，出荆楚以剪凶逆。不然，因其请罪而赦之，罢两河诸军以休息公私，亦策之次也。若少诚一旦罪盈恶稔，为麾下所杀，则又当以其爵位授之，是除一少诚，生一少诚，为患无穷矣”。贾耽言于上曰：“贼意盖亦望恩贷，恐须开其生路。”上然之。会少诚致书币于监官军者求昭洗，监军奏之。戊子，诏赦少诚及彰义将士，复其官爵。

己丑，河东节度使李说薨。甲午，以其行军司马郑儋为节度使。上择可以代儋者，以刑部员外郎严绶尝以幕僚进奉，记其名，即用为河东行军司马。

吐蕃数为韦皋所败，是岁，其曩贡、腊城等九节度婴、笼官马定德帅其部落来降。定德有智略，吐蕃诸将行兵，皆禀其谋策，常乘驿计事，至是以兵数不利，恐获罪，遂来奔。

资治通鉴卷第二百三十六

端明殿学士兼翰林侍读学士太中大夫提举西京嵩山崇福宫上柱国河内郡开国公食邑二千二百户食实封九百户赐紫金鱼袋臣 司马光 奉敕编集

唐纪五十二起重光大荒落(辛巳),尽旃蒙作噩(乙酉),凡五年。

德宗神武圣文皇帝十一

贞元十七年(辛巳、801)

春,正月,甲寅,韩全义至长安,窦文场为掩其败迹,上礼遇甚厚。全义称足疾,不任朝谒,遣司马崔放入对。放为全义引咎,谢无功,上曰:"全义为招讨使,能招来少诚,其功大矣,何必杀人然后为功邪!"闰月,甲戌,归夏州。

韦士宗既入黔州,妄杀将吏,人心大扰。士宗惧,三月,脱身亡走。夏,四月,辛亥,以右谏议大夫裴佶为黔州观察使。

五月,壬戌朔,日有食之。

朔方邠、宁、庆节度使杨朝晟防秋于宁州,乙酉,薨。

初,浑瑊遣兵马使李朝寀将兵戍定平。瑊薨,朝寀请以其众隶神策军,诏许之。杨朝晟疾亟,召僚佐谓曰:"朝晟必不起,朔方命帅多自本军,虽徇众情,殊非国体。宁州刺史刘南金,练习军旅,宜使摄行军,且知军事,比朝廷择帅,必无虞矣。"又以手书授监军刘英倩,英倩以闻。军士私议曰:"朝廷命帅,吾纳之,即命刘君,吾事之。若命帅于它军,彼必以其麾下来,吾属被斥矣,必拒之。"己丑,上遣中使往察军情,军中多与南金。辛卯,上复遣高品薛盈珍赍诏诣宁州。六月,甲午,盈珍至军,宣诏曰:"朝寀所将本朔方军,今将并之,以壮军势,威戎狄,以李朝寀为使,南金副之,军中以为何如?"诸将皆奉诏。

丙申,都虞候史经言于众曰:"李公命收弓刀而送甲胄二千。"军士皆曰:"李公欲内麾下二千为腹心,吾辈妻子其可保乎?"夜,造刘南金,欲奉以为帅。南金曰:"节度使固我所欲,然非天子之命则不可,军中岂无它将乎?"众曰:"弓刀皆为官所收,惟军事府尚有甲兵,欲因以集事。"南金曰:"诸君不愿朝寀为帅,宜以情告敕使。若操甲兵,乃拒诏也。"命闭门不内。军士去,诣兵马使高固,固逃匿,搜得之。固曰:"诸君能用吾命则可。"众曰:"惟命。"固曰:"毋杀人,毋掠金帛。"众曰:"诺。"乃共诣监军,请奏之。众曰:"刘君既得朝旨为副帅,必挠吾事。"诈称监军命,召计事,至而杀之。

戊戌，制以李朝寀为邠宁节度使。是日，宁州告变者至，上追还制书，复遣薛盈珍往诇军情。壬寅，至军，军中以高固为请，盈珍即以上旨命固知军事。或传戊戌制书至邠州，邠军惑，不知所从，奸人乘之，且为变。留后孟子周悉内精甲于府廷，日飨士卒，内以悦众心，外以威奸党。邠军无变，子周之谋也。

李锜既执天下利权，以贡献固主恩，又以馈遗结权贵，恃此骄纵，无所忌惮，盗取县官财，所部官属无罪受戮者相继。浙西布衣崔善贞诣阙上封事，言宫市、进奉及盐铁之弊，因言锜不法事。上览之，不悦，命械送锜。锜闻其将至，先凿坑于道旁，己亥，善贞至，并锁械内坑中，生瘗之。远近闻之，不寒而慄。锜复欲为自全计，增广兵众，选有材力善射者谓之挽强，胡、奚杂类谓之蕃落，给赐十倍它卒。转运判官卢坦屡谏不悛，与幕僚李约等皆去之。约，勉之子也。

己酉，以高固为邠宁节度使。固，宿将，以宽厚得众，节度使忌之，置于散地，同列多轻侮之，及起为帅，一无所报复，由是军中遂安。

丁巳，成德节度使王武俊薨。

秋，七月，戊寅，吐蕃寇盐州。

辛巳，以成德节度副使王士真为节度使。

己丑，吐蕃陷麟州，杀刺史郭锋，夷其城郭，掠居人及党项部落而去。锋，曜之子也。僧延素为虏所得。虏将有徐舍人者，谓延素曰："我英公之五代孙也。武后时，吾高祖建义不成，子孙流播异域，虽代居禄位典兵，然思本之心不忘，顾宗族大，无由自拔耳。今听汝归。"遂纵之。

上遣使敕韦皋出兵深入吐蕃以分其势，纾北边患。皋遣将将兵二万分出九道，攻吐蕃维、保、松州及栖鸡、老翁城。

河东节度使郑儋暴薨，不及命后事，军中喧哗，将有它变。中夜，十余骑执兵召掌书记令狐楚至军门，诸将环之，使草遗表。楚在白刃之中，操笔立成。楚，德棻之族也。八月，戊午，以河东行军司马严绶为节度使。

九月，韦皋奏大破吐蕃于雅州。

左神策中尉窦文场致仕，以副使杨志廉代之。

韦皋屡破吐蕃，转战千里，凡拔城七，军镇五，焚堡百五十，斩首万余级，捕虏六千，降户三千，遂围维州及昆明城。冬，十月，庚子，加皋检校司徒兼中书令，赐爵南康王。南诏王异牟寻虏获尤多，上遣中使慰抚之。

戊午，盐州刺史杜彦先弃城奔庆州。

十八年（壬午、802）

春，正月，骠王摩罗思那遣其子悉利移入贡。骠国在南诏西南六千八百里，闻南诏内附而慕之，因南诏入见，仍献其乐。

吐蕃遣其大相兼东鄙五道节度使论莽热将兵十万解维州之围，西川兵据险设伏以待之。吐蕃至，出千人挑战，虏悉众追之，伏发，虏众大败，擒论莽热，士卒死者太半。维川、昆明竟不下，引兵还。乙亥，皋遣使献论莽热，上赦之。

浙东观察使裴肃既以进奉得进，判官齐总代掌后务，刻剥以求媚又过之。三月，癸酉，诏擢总为衢州刺史。给事中长安许孟容封还诏书，曰："衢州无它虞，齐总无殊绩，忽此超奖，深骇群情。若总必有可录，愿明书劳课，然后超资改官，以解众疑。"诏遂留中。己亥，上召孟容，慰奖之。

秋，七月，辛未，嘉王府谘议高弘本正牙奏事，自理逋债。乙亥，诏"公卿庶僚自今勿令正牙奏事，如有陈奏，宜延英门请对"。议者以为："正牙奏事，自武德以来未之或改，所以达群情，讲政事。弘本无知，黜之可也，不当因人而废事。"

淮南节度使杜佑累表求代，冬，十月，丁亥，以刑部尚书王锷为淮南副节度使兼行军司马。

己酉，鄜坊节度使王栖曜薨。中军将何朝宗谋作乱，夜，纵火，都虞候裴玢潜匿不救火，旦，擒朝宗，斩之。以同州刺史刘公济为鄜坊节度使，以玢为行军司马。

十九年(癸未、803)

春，二月，丁亥，名安黄军曰奉义。

己亥，安南牙将王季元逐其观察使裴泰，泰奔朱鸢。明日，左兵马使赵匀斩季元及其党，迎泰而复之。

甲辰，杜佑入朝。三月，壬子朔，以佑检校司空、同平章事，以王锷为淮南节度使。

鸿胪卿王权请迁献、懿二祖于德明、兴圣庙，每禘祫，正太祖东向之位，从之。

乙亥，以司农卿李实兼京兆尹。实为政暴戾，上爱信之。实恃恩骄傲，许人荐引，不次拜官，及诬谮斥逐，皆如期而效，士大夫畏之侧目。

夏，四月，泾原节度使刘昌奏请徙原州治平凉，从之。

乙亥，吐蕃遣其臣论颊热入贡。

六月，辛卯，以右神策中尉副使孙荣义为中尉，与杨志廉皆骄纵招权，依附者众，宦官之势益盛。

壬辰，遣右龙武大将军薛伾使于吐蕃。

陈许节度使上官涚薨，其婿田偁欲胁其子使袭军政。牙将王沛，亦涚之婿也，知其谋，以告监军范日用，讨擒之。乙未，以陈许行军司马刘昌裔为节度使。沛，许州人也。

自正月不雨至于秋七月。

己未，中书侍郎、同平章事齐抗以疾罢为太子宾客。

初，翰林待诏王伾善书，山阴王叔文善棋，俱出入东宫，娱侍太子。伾，杭州人也。

叔文谲诡多计，自言读书知治道，乘间常为太子言民间疾苦。太子尝与诸侍读及叔文等论及宫市事，太子曰："寡人方欲极言之。"众皆称赞，独叔文无言。既退，太子目留叔文，谓曰："向者君独无言，岂有意邪？"叔文曰："叔文蒙幸太子，有所见，敢不以闻。太子职当视膳问安，不宜言外事。陛下在位久，如疑太子收人心，何以自解？"太子大惊，因泣曰："非先生，寡人无以知此。"遂大爱幸，与王伾相依附。叔文因为太子言："某可为相，某可为将，幸异日用之。"密结翰林学士韦执谊及当时朝士有名而求速进者陆淳、吕温、李景俭、韩晔、韩泰、陈谏、柳宗元、刘禹锡等，定为死友。而凌准、程异等又因其党以进，日与游处，踪迹诡秘，莫有知其端者。藩镇或阴进资币，与之相结。淳，吴人，尝为左司郎中；温，渭之子，时为左拾遗；景俭，瑀之孙，进士及第；晔，滉之族子；谏，尝为侍御史；宗元、禹锡，时为监察御史。

左补阙张正一上书，得召见。正一与吏部员外郎王仲舒、主客员外郎刘伯刍等相亲善，叔文之党疑正一言己阴事，令韦执谊反谮正一等于上，云其朋党，游宴无度。九月，甲寅，正一等皆坐远贬，人莫知其由。伯刍，迺之子也。

盐夏节度判官崔文先权知盐州，为政苛刻。冬，闰十月，庚戌，部将李庭俊作乱，杀而脔食之。左神策兵马使李兴幹戍盐州，杀庭俊以闻。

丁巳，门下侍郎、同平章事崔损薨。

十一月，戊寅朔，以李兴幹为盐州刺史，得专奏事，自是盐州不隶夏州。

十二月，庚申，以太常卿高郢为中书侍郎，吏部侍郎郑珣瑜为门下侍郎，并同平章事。珣瑜，馀庆之从父兄弟也。

建中初，敕京城诸使及府县系囚，每冬终委御史巡按，有冤滥者以闻。近岁，北军移牒而已。监察御史崔薳遇下严察，下吏欲陷之，引以入右神策军。军使以下骇惧，具奏其状。上怒，杖薳四十，流崖州。

京兆尹嗣道王实务征求以给进奉，言于上曰："今岁虽旱而禾苗甚美。"由是租税皆不免，人穷至坏屋卖瓦木、麦苗以输官。优人成辅端为谣嘲之，实奏辅端诽谤朝政，杖杀之。

监察御史韩愈上疏，以"京畿百姓穷困，应今年税钱及草粟等征未得者，请俟来年蚕麦"。愈坐贬阳山令。

二十年（甲申、804）

春，正月，丙戌，天德军都防御团练使、丰州刺史李景略卒。初，景略尝宴僚佐，行酒者误以醯进，判官京兆任迪简以景略性严，恐行酒者获罪，强饮之，归而呕血，军士闻之泣下。及景略卒，军士皆曰判官仁者，欲奉以为帅。监军抱置别室，军士发扃取之。监军以闻，诏以代景略。

吐蕃赞普死，其弟嗣立。

夏，四月，丙寅，名陈许军曰忠武。

左金吾大将军李昇雲将禁兵镇咸阳，疾病，其子政谭与虞候上官望等谋效山东藩镇，使将士奏摄父事。六月，壬子，昇雲卒。甲寅，诏追削昇雲官爵，籍没其家。

昭义节度使李长荣薨，上遣中使以手诏授本军大将，但军士所附者即授之。时大将来希皓为众所服，中使将以手诏付之。希皓言于众曰："此军取人，合是希皓，但作节度使不得。若朝廷以一束草来，希皓亦必敬事。"中使言："面奉进止，只令此军取大将拔与节钺，朝廷不别除人。"希皓固辞。兵马使卢从史其位居四，潜与监军相结，起出伍曰："若来大夫不肯受诏，从史请且勾当此军。"监军曰："卢中丞若如此，此亦固合圣旨。"中使因探怀取诏以授之。从史捧诏，再拜舞蹈。希皓亟回挥同列，北面称贺。军士毕集，更无一言。秋，八月，己未，诏以从史为节度使。

九月，太子始得风疾，不能言。

顺宗至德弘道大圣大安孝皇帝

永贞元年（乙酉、805）

春，正月，辛未朔，诸王、亲戚入贺德宗，太子独以疾不能来，德宗涕泣悲叹，由是得疾，日益甚。凡二十余日，中外不通，莫知两宫安否。癸巳，德宗崩，苍猝召翰林学士郑絪、卫次公等至金銮殿草遗诏。宦官或曰："禁中议所立尚未定。"众莫敢对。次公遽言曰："太子虽有疾，地居冢嫡，中外属心。必不得已，犹应立广陵王。不然，必大乱。"絪等从而和之，议始定。次公，河东人也。太子知人情忧疑，紫衣麻鞋，力疾出九仙门，召见诸军使，京师粗安。甲午，宣遗诏于宣政殿，太子缞服见百官。丙申，即皇帝位于太极殿。卫士尚疑之，企足引领而望之，曰："真太子也！"乃喜而泣。

时顺宗失音，不能决事，常居深宫施帘帷，独宦官李忠言、昭容牛氏侍左右，百官奏事，自帷中可其奏。自德宗大渐，王伾先入，称诏召王叔文，坐翰林中使决事。伾以叔文意入言于忠言，称诏行下，外初无知者。以杜佑摄冢宰。二月，癸卯，上始朝百官于紫宸门。

己酉，加义武节度使张茂昭同平章事。

辛亥，以吏部郎中韦执谊为尚书左丞、同平章事。王叔文欲专国政，首引执谊为相，己用事于中，与相唱和。

壬子，李师古发兵屯西境以胁滑州。时告哀使未至诸道，义成牙将有自长安还得遗诏者，节度使李元素以师古邻道，欲示无外，遣使密以遗诏示之。师古欲乘国丧侵噬邻境，乃集将士谓曰："圣上万福，而元素忽传遗诏，是反也，宜击之。"遂杖元素使者，发兵屯曹州，且告假道于汴。宣武节度使韩弘使谓曰："汝能越吾界而为盗邪！有以相待，毋为空言！"元素告急，弘使谓曰："吾在此，公安无恐。"或告曰："剪棘夷道，兵且至矣，请备之。"弘曰："兵来，不除道也。"不为之应。师古诈穷变索，且闻上即位，乃罢兵。元素表请自贬，朝廷两慰解之。元素，泌之族弟也。

吴少诚以牛皮鞋材遗师古，师古以盐资少诚，潜过宣武界，事觉，弘皆留，输之库，曰："此于法不得以私相馈。"师古等皆惮之。

辛酉，诏数京兆尹道王实残暴掊敛之罪，贬通州长史。市里欢呼，皆袖瓦砾遮道伺之，实由间道获免。

壬戌，以殿中丞王伾为左散骑常侍，依前翰林待诏，苏州司功王叔文为起居舍人、翰林学士。

伾寝陋，吴语，上所亵狎；而叔文颇任事自许，微知文义，好言事，上以故稍敬之，不得如伾出入无阻。叔文入至翰林，而伾入至柿林院，见李忠言、牛昭容计事。大抵叔文依伾，伾依忠言，忠言依牛昭容，转相交结。每事先下翰林，使叔文可否，然后宣于中书，韦执谊承而行之。外党则韩泰、柳宗元、刘禹锡等主采听外事。谋议唱和，日夜汲汲如狂，互相推奖，曰伊、曰周、曰管、曰葛，僩然自得，谓天下无人。荣辱进退，生于造次，惟其所欲，不拘程式。士大夫畏之，道路以目。素与往还者，相次拔擢，至一日除数人。其党或言曰，"某可为某官"，不过一二日，辄已得之。于是叔文及其党十余家之门，昼夜车马如市。客候见叔文，伾者，至宿其坊中饼肆、酒垆下，一人得千钱，乃容之。伾尤阘茸，专以纳贿为事，作大匮贮金帛，夫妇寝其上。

甲子，上御丹凤门，赦天下，诸色逋负，一切蠲免，常贡之外，悉罢进奉。贞元之末政事为人患者，如宫市、五坊小儿之类，悉罢之。

先是，五坊小儿张捕鸟雀于闾里者，皆为暴横以取人钱物，至有张罗网于门不许人出入者，或张井上使不得汲者，近之，辄曰："汝惊供奉鸟雀。"即痛殴之，出钱物求谢，乃去。或相聚饮食于酒食之肆，醉饱而去，卖者或不知，就索其直，多被殴詈。或时留蛇一囊为质，曰："此蛇所以致鸟雀而捕之者，今留付汝，幸善饲之，勿令饥渴。"卖者愧谢求哀，乃携挈而去。上在东宫，皆知其弊，故即位首禁之。

乙丑，罢盐铁使月进钱。先是，盐铁月进羡余而经入益少，至是罢之。

三月，辛未，以王伾为翰林学士。

德宗之末，十年无赦，群臣以微过谴逐者皆不复叙用，至是始得量移。壬申，追忠州别驾陆贽、郴州别驾郑馀庆、杭州刺史韩皋、道州刺史阳城赴京师。贽之秉政也，贬驾部员外郎李吉甫为明州长史，既而徙忠州刺史。贽昆弟门人咸以为忧，而吉甫至忻然以宰相礼事之。贽初犹惭惧，后遂为深交。吉甫，栖筠之子。韦皋在成都，屡上表请以贽自代。贽与阳城皆未闻追诏而卒。

丙戌，加杜佑度支及诸道盐铁转运使。以浙西观察使李锜为镇海节度使，解其盐铁转运使，锜虽失利权而得节旄，故反谋亦未发。

戊子，名徐州军曰武宁，以张愔为节度使。

加彰义节度使吴少诚同平章事。

以王叔文为度支、盐铁转运副使。先是叔文与其党谋，得国赋在手，则可以结诸用事人，取军士心，以固其权，又惧骤使重权，人心不服，藉杜佑雅有会计之名，位重而务自全，易可制，故先令佑主其名，而自除为副以专之。叔文虽判两使，不以簿书为意，日夜与其党屏人窃语，人莫测其所为。

以御史中丞武元衡为左庶子。德宗之末，叔文之党多为御史，元衡薄其为人，待之莽卤。元衡为山陵仪仗使，刘禹锡求为判官，不许。叔文以元衡在风宪，欲使附己，使其党诱以权利，元衡不从，由是左迁。元衡，平一之孙也。

侍御史窦群奏屯田员外郎刘禹锡挟邪乱政，不宜在朝。又尝谒叔文，揖之曰："事固有不可知者。"叔文曰："何谓也？"群曰："去岁李实怙恩挟贵，气盖一时，公当此时，逡巡路旁，乃江南一吏耳。今公一旦复据其地，安知路旁无如公者乎？"其党欲逐之，韦执谊以群素有强直名，止之。

上疾久不愈，时扶御殿，群臣瞻望而已，莫有亲奏对者。中外危惧，思早立太子，而王叔文之党欲专大权，恶闻之。宦官俱文珍、刘光琦、薛盈珍等皆先朝任使旧人，疾叔文、忠言等朋党专恣，乃启上召翰林学士郑𬘡、卫次公、李程、王涯入金銮殿，草立太子制。时牛昭容辈以广陵王淳英睿，恶之，𬘡不复请，书纸为"立嫡以长"字呈上，上颔之。癸巳，立淳为太子，更名纯。程，神符五世孙也。

贾耽以王叔文党用事，心恶之，称疾不出，屡乞骸骨。丁酉，诸宰相会食中书。故事，丞相方食，百寮无敢谒见者。叔文至中书，欲与执谊计事，令直省通之，直省以旧事告，叔文怒，叱直省。直省惧，入白执谊。执谊逡巡惭赧，竟起迎叔文，就其阁语良久。杜佑、高郢、郑珣瑜皆停箸以待，有报者云："叔文索饭，韦相公已与之同食阁中矣。"佑、郢心知不可，畏叔文、执谊，莫敢出言。珣瑜独叹曰："吾岂可复居此位！"顾左右，取马径归，遂不起。二相皆天下重望，相次归卧，叔文、执谊等益无所顾忌，远近大惧。

夏，四月，壬寅，立皇弟谔为钦王，诚为珍王；子经为郯王，纬为均王，纵为溆王，纾为莒王，绸为密王，总为郇王，约为邵王，结为宋王，缃为集王，绿为冀王，绮为和王，绚为衡王，纁为会王，绾为福王，纮为抚王，绲为岳王，绅为袁王，纶为桂王，缂为翼王。

乙巳，上御宣政殿，册太子。百官睹太子仪表，退，皆相贺，至有感泣者，中外大喜。而王叔文独有忧色，口不敢言，但吟杜甫题《诸葛亮祠堂》诗曰："出师未捷身先死，长使英雄泪满襟。"闻者哂之。

先是，太常卿杜黄裳为裴延龄所恶，留滞台阁，十年不迁，及其婿韦执谊为相，始迁太常卿。黄裳劝执谊帅群臣请太子监国，执谊惊曰："丈人甫得一官，奈何启口议禁中事！"黄裳勃然曰："黄裳受恩三朝，岂得以一官相买乎！"拂衣起出。

戊申，以给事中陆淳为太子侍读，仍更名质。韦执谊自以专权，恐太子不悦，故以质为侍读，使潜伺太子意，且解之。及质发言，太子怒曰："陛下令先生为寡人讲经义耳，何为预它事？"质惶惧而出。

五月，辛未，以右金吾大将军范希朝为左、右神策京西诸城镇行营节度使。甲戌，以度支郎中韩泰为其行军司马。王叔文自知为内外所憎疾，欲夺取宦官兵权以自固，藉希朝老将，使主其名，而实以泰专其事。人情不测其所为，益疑惧。

辛卯，以王叔文为户部侍郎，依前充度支、盐铁转运副使。俱文珍等恶其专权，削去翰林之职。叔文见制书，大惊，谓人曰："叔文日时至此商量公事，若不得此院职事，则无因而至矣。"王伾即为疏请，不从。再疏，乃许三五日一入翰林，去学士名。叔文始惧。

六月，己亥，贬宣歙巡官羊士谔为汀州宁化尉。士谔以公事至长安，遇叔文用事，公言其非。叔文闻之，怒，欲下诏斩之，执谊不可；则令杖煞之，执谊又以为不可，遂贬焉。由是叔文始大恶执谊，往来二人门下者皆惧。

先时，刘闢以剑南支度副使将韦皋之意于叔文，求都领剑南三川，谓叔文曰："太尉使闢致微诚于公，若与某三川，当以死相助；若不与，亦当有以相酬。"叔文怒，亦将斩之，执谊固执不可。闢尚游长安未去，闻贬士谔，遂逃归。执谊初为叔文所引用，深附之，既得位，欲掩其迹，且迫于公议，故时时为异同，辄使人谢叔文曰："非敢负约，乃欲曲成兄事耳。"叔文诟怒，不之信，遂成仇怨。

癸丑，韦皋上表，以为："陛下哀毁成疾，重劳万机，故久而未安，请权令皇太子亲监庶政，俟皇躬痊愈，复归春宫。臣位兼将相，今之所陈，乃其职分。"又上太子笺，以为："圣上远法高宗，亮阴不言，委政臣下，而所付非人。王叔文、王伾、李忠言之徒，辄当重任，赏罚纵情，堕纪紊纲。散府库之积以赂权门。树置心腹，遍于贵位；潜结左右，忧在萧墙。窃恐倾太宗盛业，危殿下家邦，愿殿下即日奏闻，斥逐群小，使政出人主，则四方获安。”皋自恃重臣，远处西蜀，度王叔文不能动摇，遂极言其奸。俄而荆南节度使裴均、河东节度使严绶笺表继至，意与皋同，中外皆倚以为援，而邪党震惧。均，光庭之曾孙也。

王叔文既以范希朝、韩泰主京西神策军，诸宦者尚未寤。会边上诸将各以状辞中尉，且言方属希朝，宦者始寤兵柄为叔文等所夺，乃大怒曰："从其谋，吾属必死其手。”密令其使归告诸将曰："无以兵属人。”希朝至奉天，诸将无至者。韩泰驰归白之，叔文计无所出，唯曰："奈何！奈何！”无几，其母病甚。丙辰，叔文盛具酒馔，与诸学士及李忠言、俱文珍、刘光琦等饮于翰林。叔文言曰："叔文母病，以身任国事之故，不得亲医药，今将求假归侍。叔文比竭心力，不避危难，皆为朝廷之恩。一旦去归，百谤交至，谁肯见察以一言相助乎？”文珍随其语辄折之，叔文不能对，但引满相劝，酒数行而罢。丁巳，叔文以母丧去位。

秋，七月，丙子，加李师古检校侍中。

王叔文既有母丧，韦执谊益不用其语。叔文怒，与其党日夜谋起复，必先斩执谊而尽诛不附己者，闻者恟惧。自叔文归第，王伾失据，日诣宦官及杜佑请起叔文为相，且总北军；既不获，则请以为威远军使、平章事，又不得。其党皆忧悸不自保。是日，伾坐翰林中，疏三上，不报，知事不济，行且卧，至夜，忽叫曰："伾中风矣！”明日，遂舆归不出。己丑，以仓部郎中、判度支案陈谏为河中少尹。伾、叔文之党至是始去。

癸巳，横海军节度使程怀信薨，以其子副使执恭为留后。

乙未，制以“积疹未复，其军国政事，权令皇太子纯勾当”。时内外共疾王叔文党与专恣，上亦恶之，俱文珍等屡启上请令太子监国，上固厌倦万机，遂许之。又以太常卿杜黄裳为门下侍郎，左金吾大将军袁滋为中书侍郎，并同平章事。俱文珍等以其旧臣，故引用之。又以郑珣瑜为吏部尚书，高郢为刑部尚书，并罢政事。太子见百官于东朝堂，百官拜贺，太子涕泣，不答拜。

八月，庚子，制“令太子即皇帝位，朕称太上皇，制敕称诰”。辛丑，太上皇徙居兴庆宫，诰改元永贞，立良娣王氏为太上皇后。后，宪宗之母也。

壬寅，贬王伾开州司马，王叔文渝州司户。伾寻病死贬所。明年，赐叔文死。

乙巳，宪宗即位于宣政殿。

丙午，昇平公主献女口五十。上曰："上皇不受献，朕何敢违！”遂却之。庚戌，荆南献毛龟二，上曰："朕所宝惟贤。嘉禾神芝，皆虚美耳，所以《春秋》不书祥瑞。自今凡有嘉瑞，但准令申有司，勿复以闻。及珍禽奇兽，皆毋得献。”

癸丑，西川节度使南康忠武王韦皋薨。皋在蜀二十一年，重加赋敛，丰贡献以结主恩，厚给赐以抚士卒，士卒婚嫁死丧，皆供其资费，以是得久安其位而士卒乐为之用，服南诏，摧吐蕃。幕僚岁久官崇者则为刺史，已复还幕府，终不使还朝，恐泄其所为故也。府库既实，时宽其民，三年一复租赋，蜀人服其智谋而畏其威，至今画像以为土神，家家祀之。支度副使刘闢自为留后。

朗州武陵、龙阳江涨，流万余家。

壬午，奉义节度使伊慎入朝。

辛卯，夏绥节度使韩全义入朝。全义败于溵水而还，不朝觐而去，上在藩邸，闻其事而恶之，全义惧，乃请入朝。

刘闢使诸将表求节钺，朝廷不许。己未，以袁滋为剑南东、西川、山南西道安抚大使。

度支奏裴延龄所置别库，皆减正库之物别贮之，请并归正库，从之。

辛酉，遣度支、盐铁转运副使潘孟阳宣慰江、淮，行视租赋、榷税利害，因察官吏否臧，百姓疾苦。

癸亥，以尚书左丞郑馀庆同平章事。

九月，戊辰，礼仪使奏："曾太皇太后沈氏岁月滋深，迎访理绝。按晋庾蔚之议，寻求三年之外，俟中寿而服之。伏请以大行皇帝启攒宫日，皇帝帅百官举哀，即以其日为忌。"从之。

壬申，监修国史韦执谊奏，始令史官撰《日历》。

己卯，贬神策行军司马韩泰为抚州刺史，司封郎中韩晔为池州刺史，礼部员外郎柳宗元为邵州刺史，屯田员外郎刘禹锡为连州刺史。

冬，十月，丁酉，右仆射、同平章事贾耽薨。

戊戌，以中书侍郎、同平章事袁滋同平章事，充西川节度使；征刘闢为给事中。

舒王谊薨。

太常议曾太皇太后谥曰睿真皇后。

山人罗令则自长安如普润，矫称太上皇诰，征兵于秦州刺史刘澭，且说澭以废立。澭执送长安，并其党杖杀之。

己酉，葬神武孝文皇帝于崇陵，庙号德宗。

十一月，己巳，祔睿真皇后、德宗皇帝主于太庙。礼仪使杜黄裳等议，以为："国家法周制，太祖犹后稷，高祖犹文王，太宗犹武王，皆不迁。高宗在三昭三穆之外，请迁主于西夹室。"从之。

壬申，贬中书侍郎、同平章事韦执谊为崖州司马。执谊以尝与王叔文异同，且杜黄裳婿，故独后贬。然叔文败，执谊亦自失形势，知祸且至，虽尚为相，常不自得，奄奄无气，闻人行声，辄惶悸失色，以至于贬。

戊寅，以韩全义为太子少保，致仕。

刘辟不受征，阻兵自守，袁滋畏其强，不敢进。上怒，贬滋为吉州刺史。

复以右庶子武元衡为御史中丞。

朝议谓王叔文之党或自员外郎出为刺史，贬之太轻。己卯，再贬韩泰为虔州司马，韩晔为饶州司马，柳宗元为永州司马，刘禹锡为朗州司马，又贬河中少尹陈谏为台州司马，和州刺史凌准为连州司马，岳州刺史程异为郴州司马。

回鹘怀信可汗卒，遣鸿胪少卿孙杲临吊，册其嗣为腾里野合俱录毗伽可汗。

十二月，甲辰，加山南东道节度使于頔同平章事。

以奉义节度使伊慎为右仆射。

己酉，以给事中刘辟为西川节度副使、知节度事。上以初嗣位，力未能讨故也。右谏议大夫韦丹上疏，以为："今释辟不诛，则朝廷可以指臂而使者，惟两京耳。此外谁不为叛！"上善其言。壬子，以丹为东川节度使。丹，津之五世孙也。

辛酉，百官请上上皇尊号曰应乾圣寿太上皇，上尊号曰文武大圣孝德皇帝。上许上上皇尊号而自辞不受。

壬戌，以翰林学士郑絪为中书侍郎、同平章事。

以刑部郎中杜兼为苏州刺史。兼辞行，上书称李锜且反，必奏族臣，上然之，留为吏部郎中。

资治通鉴卷第二百三十七

端明殿学士兼翰林侍读学士太中大夫提举西京嵩山崇福宫上柱国河内郡开国公食邑二千二百户食实封九百户赐紫金鱼袋臣 司马光 奉敕编集

唐纪五十三起柔兆阉茂(丙戌)，尽屠维赤奋若(己丑)六月，凡三年有奇。

宪宗昭文章武大圣至神孝皇帝上之上

元和元年(丙戌、806)

春，正月，丙寅朔，上帅群臣诣兴庆宫上上皇尊号。

丁卯，赦天下，改元。

辛未，以鄂岳观察使韩皋为奉义节度使。癸酉，以奉义留后伊宥为安州刺史兼安州留后。宥，慎之子也。壬午，加成德节度使王士真同平章事。

甲申，上皇崩于兴庆宫。

刘闢既得旌节，志益骄，求兼领三川，上不许。闢遂发兵围东川节度使李康于梓州，欲以同幕卢文若为东川节度使。推官莆田林蕴力谏闢举兵，闢怒，械系于狱，引出，将斩之，阴戒行刑者使不杀，但数砺刃于其颈，欲使屈服而赦之。蕴叱之曰："竖子，当斩即斩，我颈岂汝砥石邪!"闢顾左右曰："真忠烈之士也!"乃黜为唐昌尉。

上欲讨闢而重于用兵，公卿议者亦以为蜀险固难取，杜黄裳独曰："闢狂戆书生，取之如拾芥耳！臣知神策军使高崇文勇略可用，愿陛下专以军事委之，勿置监军，闢必可擒。"上从之。翰林学士李吉甫亦劝上讨蜀，上由是器之。戊子，命左神策行营节度使高崇文将步骑五千为前军，神策京西行营兵马使李元奕将步骑二千为次军，与山南西道节度使严砺同讨闢。时宿将名位素重者甚众，皆自谓当征蜀之选，及诏用崇文，皆大惊。

上与杜黄裳论及藩镇，黄裳曰："德宗自经忧患，务为姑息，不生除节帅，有物故者，先遣中使察军情所与则授之。中使或私受大将赂，归而誉之，即降旄钺，未尝有出朝廷之意者。陛下必欲振举纲纪，宜稍以法度裁制藩镇，然后天下可得而理也。"上深以为然，于是始用兵讨蜀，以至威行两河，皆黄裳启之也。

高崇文屯长武城，练卒五千，常如寇至，卯时受诏，辰时即行，器械糗粮，一无所阙。甲午，崇文出斜谷，李元奕出骆谷，同趣梓州。崇文军至兴元，军士有食于逆旅，折人匕箸者，崇文斩之以徇。

刘闢陷梓州，执李康。二月，严砺拔剑州，斩其刺史文德昭。

奚王诲落可入朝。丁酉，诲落可为饶乐郡王，遣归。

癸丑，加魏博节度使田季安同平章事。

戊午，上与宰相论“自古帝王，或勤劳庶政，或端拱无为，互有得失，何为而可？”杜黄裳对曰：“王者上承天地宗庙，下抚百姓四夷，夙夜忧勤，固不可自暇自逸。然上下有分，纪纲有叙，苟慎选天下贤才而委任之，有功则赏，有罪则刑，选用以公，赏刑以信，则谁不尽力，何求不获哉！明主劳于求人而逸于任人，此虞舜所以能无为而治者也。至于簿书狱市烦细之事，各有司存，非人主所宜亲也。昔秦始皇以衡石程书，魏明帝自按行尚书事，隋文帝卫士传飧，皆无补于当时，取讥于后来，其耳目形神非不勤且劳也，所务非其道也。夫人主患不推诚，人臣患不竭忠。苟上疑其下，下欺其上，将以求理，不亦难乎！”上深然其言。

三月，丙寅，以神策京西行营节度使范希朝为右金吾大将军。

高崇文引兵自阆州趣梓州，刘闢将邢泚引兵遁去，崇文入屯梓州。闢归李康于崇文以求自雪，崇文以康败军失守，斩之。丙子，严砺奏克梓州。丁丑，制削夺刘闢官爵。

初，韩全义入朝，以其甥杨惠琳知夏绥留后。杜黄裳以全义出征无功，骄蹇不逊，直令致仕，以右骁卫将军李演为夏绥节度使。惠琳勒兵拒之，表称“将士逼臣为节度使”。河东节度使严绶表请讨之，诏河东、天德军合击惠琳，绶遣牙将阿跌光进及弟光颜将兵赴之，光进本出河曲步落稽，兄弟事河东军，皆以勇敢闻。辛巳，夏州兵马使张承金斩惠琳，传首京师。

东川节度使韦丹至汉中，表言“高崇文客军远斗，无所资，若与梓州，缀其士心，必能有功”。夏，四月，丁酉，以崇文为东川节度副使、知节度事。

潘孟阳所至，专事游宴，从仆三百人，多纳贿赂。上闻之，甲辰，以孟阳为大理卿，罢其度支、盐铁转运副使。

丙午，策试制举之士，于是校书郎元稹、监察御史独孤郁、校书郎下邽白居易、前进士萧俛、沈传师出焉。郁，及之子；俛，华之孙；传师，既济之子也。

杜佑请解财赋之职，仍举兵部侍郎、度支使、盐铁转运副使李巽自代。丁未，加佑司徒，罢其盐铁转运使，以巽为度支、盐铁转运使。自刘晏之后，居财赋之职者，莫能继之。巽掌使一年，征课所入，类晏之多，明年过之，又一年加一百八十万缗。

戊申，加陇右经略使、秦州刺史刘澭保义军节度使。

辛酉，以元稹为右拾遗，独孤郁为左拾遗，白居易为盩厔尉、集贤校理，萧俛为右拾遗,沈传师为校书郎。

稹上疏论谏职,以为:"昔太宗以王珪、魏徵为谏官,宴游寝食未尝不在左右,又命三品以上入议大政,必遣谏官一人随之,以参得失,故天下大理。今之谏官,大不得豫召见,次不得参时政,排行就列,朝谒而已。近年以来,正牙不奏事,庶官罢巡对,谏官能举职者,独诰命有不便则上封事耳。君臣之际,讽谕于未形,筹画于至密,尚不能回至尊之盛意,况于既行之诰令,已命之除授,而欲以咫尺之书收丝纶之诏,诚亦难矣。愿陛下时于延英召对,使尽所怀,岂可置于其位而屏弃疏贱之哉!"

顷之,复上疏,以为:"理乱之始,必有萌象。开直言,广视听,理之萌也。甘谄谀,蔽近习,乱之象也。自古人主即位之初,必有敢言之士,人主苟受而赏之,则君子乐行其道,竞为忠谠;小人亦贪得其利,不为回邪矣。如是,则上下之志通,幽远之情达,欲无理得乎?苟拒而罪之,则君子卷怀括囊以保其身,小人阿意迎合以窃其位矣。如是,则十步之事,皆可欺也,欲无乱得乎?昔太宗初即政,孙伏伽以小事谏,太宗喜,厚赏之。故当是时,言事者惟患不深切,未尝以触忌讳为忧也。太宗岂好逆意而恶从欲哉?诚以顺适之快小,而危亡之祸大故也。陛下践阼,今以周岁,未闻有受伏伽之赏者。臣等备位谏列,旷日弥年,不得召见,每就列位,屏气鞠躬,不敢仰视,又安暇议得失,献可否哉?供奉官尚尔,况疏远之臣乎!此盖群下因循之罪也。"因条奏请次对百官、复正牙奏事、禁非时贡献等十事。

稹又以贞元中王伾、王叔文以伎术得幸东宫,永贞之际几乱天下,上书劝上早择修正之士使辅导诸子,以为:"太宗自为藩王,与文学清修之士十八人居。后代太子、诸王,虽有僚属,日益疏贱,至于师傅之官,非眊聩废疾不任事者,则休戎罢帅不知书者为之。其友谕赞议之徒,尤为冗散之甚,搢绅皆耻由之。就使时得僻老儒生,越月逾时,仅获一见,又何暇傅之德义,纳之法度哉?夫以匹士爱其子,犹知求明哲之师而教之,况万乘之嗣,系四海之命乎!"上颇嘉纳其言,时召见之。

壬戌,邵王约薨。

五月,丙子,以横海留后程执恭为节度使。

庚辰,尚书左丞、同平章事郑馀庆罢为太子宾客。

辛卯,尊太上皇后为皇太后。

刘闢城鹿头关,连八栅,屯兵万余人以拒高崇文。六月,丁酉,崇文击败之。闢置栅于关东万胜堆,戊戌,崇文遣骁将范阳高霞寓攻夺之,下瞰关城,凡八战皆捷。

加卢龙节度使刘济兼侍中。己亥，加平卢节度使李师古兼侍中。

庚子，高崇文破刘闢于德阳。癸卯，又破之于汉州。严砺遣其将严秦破闢众万余人于绵州石碑谷。

初，李师古有异母弟曰师道，常疏斥在外，不免贫窭。师古私谓所亲曰："吾非不友于师道也，吾年十五拥节旄，自恨不知稼穑之艰难。况师道复减吾数岁，吾欲使之知衣食之所自来，且以州县之务付之，计诸公必不察也。"及师古疾笃，师道时知密州事，好画及觱篥。师古谓判官高沐、李公度曰："迨吾之未乱也，欲有问于子。我死，子欲奉谁为帅乎？"二人相顾未对。师古曰："岂非师道乎？人情谁肯薄骨肉而厚它人，顾置帅不善，则非徒败军政也，且覆吾族。师道为公侯子孙，不务训兵理人，专习小人贱事以为己能，果堪为帅乎？幸诸公审图之。"闰月，壬戌朔，师古薨。沐、公度秘不发丧，潜逆师道于密州，奉以为节度副使。

秋，七月，癸丑，高崇文破刘闢之众万人于玄武。甲午，诏："凡西川继援之兵，悉取崇文处分。"

壬寅，葬至德大圣大安孝皇帝于丰陵，庙号顺宗。

八月，壬戌，以妃郭氏为贵妃。

丁卯，立皇子宁为邓王，宽为澧王，宥为遂王，察为深王，寰为洋王，寮为绛王，审为建王。

李师道总军务，久之，朝命未至。师道谋于将佐，或请出兵掠四境，高沐固止之，请输两税，申官吏，行盐法，遣使相继奉表诣京师。杜黄裳请乘其未定而分之，上以刘闢未平，己巳，以师道为平卢留后、知郓州事。

堂后主书滑涣久在中书，与知枢密刘光琦相结，宰相议事有与光琦异者，令涣达意，常得所欲，杜佑、郑絪等皆低意善视之。郑馀庆与诸相议事，涣从旁指陈是非，馀庆怒叱之，未几，罢相。四方赂遗无虚日，中书舍人李吉甫言其专恣，请去之。上命宰相阖中书四门搜掩，尽得奸状，九月，辛丑，贬涣雷州司户，寻赐死。籍没，家财凡数千万。

壬寅，高崇文又败刘闢之众于鹿头关，严秦败刘闢之众于神泉。河东将阿跌光颜将兵会高崇文于行营，愆期一日，惧诛，欲深入自赎，军于鹿头之西，断其粮道，城中忧惧。于是闢、绵江栅将李文悦、鹿头守将仇良辅皆以城降于崇文。获闢婿苏彊，士卒降者万计。崇文遂长驱直指成都，所向崩溃，军不留行。辛亥，克成都。刘闢、卢文若帅数十骑西奔吐蕃，崇文使高霞寓等追之，及于羊灌田。闢赴江不死，擒之。文若先杀妻子，乃系石自沉。崇文入成都，屯于通衢，休息士卒，市肆不惊，珍宝山积，秋豪不犯。槛刘闢送京师，斩闢大将邢泚、馆驿巡官沈衍，余无所问。军府事无巨细，命一遵韦南康故事，从容指㧑，一境皆平。

初，韦皋以西山运粮使崔从知邛州事，刘辟反，从以书谏辟，辟发兵攻之，从婴城固守。辟败，乃得免。从，融之曾孙也。

韦皋参佐房式、韦乾度、独孤密、符载、郗士美、段文昌等素服麻屦，衔土请罪，崇文皆释而礼之，草表荐式等，厚赆而遣之。目段文昌曰："君必为将相，未敢奉荐。"载，庐山人；式，琯之从子；文昌，志玄之玄孙也。

辟有二妾，皆殊色，监军请献之，崇文曰："天子命我讨平凶竖，当以抚百姓为先，遽献妇人以求媚，岂天子之意邪！崇文义不为此。"乃以配将吏之无妻者。

杜黄裳建议征蜀及指授高崇文方略，皆悬合事宜。崇文素惮刘澭，黄裳使谓之曰："若无功，当以刘澭相代。"故能得其死力。及蜀平，宰相入贺，上目黄裳曰："卿之功也。"

辛巳，诏征少室山人李渤为左拾遗。渤辞疾不至，然朝政有得失，渤辄附奏陈论。

冬，十月，甲子，易定节度使张茂昭入朝。

制割资、简、陵、荣、昌、泸六州隶东川。房式等未至京师，皆除省寺官。丙寅，以高崇文为西川节度使。戊辰，以严砺为东川节度使。

庚午，以将作监柳晟为山南西道节度使。晟至汉中，府兵讨刘辟还，未至城，诏复遣戍梓州，军士怨怒，胁监军，谋作乱。晟闻之，疾驱入城，慰劳之，既而问曰："汝曹何以得成功？"对曰："诛反者刘辟耳。"晟曰："辟以不受诏命，故汝曹得以立功，岂可复使它人诛汝以为功邪？"众皆拜谢，请诣戍所如诏书。军府由是获安。

壬午，以平卢留后李师道为节度使。

戊子，刘辟至长安，并族党诛之。

武宁节度使张愔有疾，上表请代。十一月，戊申，征愔为工部尚书，以东都留守王绍代之，复以濠、泗二州隶武宁军。徐人喜得二州，故不为乱。

丙辰，以内常侍吐突承璀为左神策中尉。承璀事上于东宫，以干敏得幸。

是岁，回鹘入贡，始以摩尼偕来，于中国置寺处之。其法日晏乃食，食荤而不食湩酪。回鹘信奉之，可汗或与议国事。

二年（丁亥、807）

春，正月，辛卯，上祀圆丘，赦天下。

上以杜佑高年重德，礼重之，常呼司徒而不名。佑以老疾，请致仕，诏令佑每月入朝不过再三，因至中书议大政，它日听归樊川。

门下侍郎、同平章事杜黄裳，有经济大略而不修小节，故不得久在相位。乙巳，以黄裳同平章事，充河中、晋、绛、慈、隰节度使。己酉，以户部侍郎武元衡为门下侍郎，翰林学士李吉甫为中书侍郎，并同平章事。吉甫闻之感泣，谓中书舍人裴垍曰："吉甫流落江、淮，逾十五年，一旦蒙恩至此。思所以报德，惟在进贤，而朝廷后进，罕所接识，君有精鉴，愿悉为我言之。"垍取笔疏三十余人，数月之间，选用略尽。当时翕然称吉甫为得人。

二月，癸酉，邕州奏破黄贼，获其酋长黄承庆。

夏，四月，甲子，以右金吾大将军范希朝为朔方、灵、盐节度使，以右神策、盐州、定远兵隶焉，以革旧弊，任边将也。

秋，八月，刘济、王士真、张茂昭争私隙，迭相表请加罪。戊寅，以给事中房式为幽州、成德、义武宣慰使，和解之。

九月，乙酉，密王绸薨。

夏、蜀既平，藩镇惕息，多求入朝。镇海节度使李锜亦不自安，求入朝，上许之，遣中使至京口慰抚，且劳其将士。锜虽署判官王澹为留后，实无行意，屡迁行期，澹与敕使数劝谕之。锜不悦，上表称疾，请至岁暮入朝。上以问宰相，武元衡曰："陛下初即政，锜求朝得朝，求止得止，可否在锜，将何以令四海？"上以为然，下诏征之。锜诈穷，遂谋反。

王澹既掌留务，于军府颇有制置，锜益不平，密谕亲兵使杀之。会颁冬服，锜严兵坐幄中，澹与敕使入谒，有军士数百噪于庭曰："王澹何人，擅主军务！"曳下，脔食之。大将赵琦出慰止，又脔食之。注刃于敕使之颈，诟詈，将杀之，锜阳惊，起救之。

冬，十月，己未，诏征锜为左仆射，以御史大夫李元素为镇海节度使。庚申，锜表言军变，杀留后、大将。先是锜选腹心五人为所部五州镇将，姚志安处苏州，李深处常州，赵惟忠处湖州，丘自昌处杭州，高肃处睦州，各有兵数千，伺察刺史动静。至是，锜各使杀其刺史，遣牙将庾伯良将兵三千治石头城。常州刺史颜防用客李雲计，矫制称招讨副使，斩李深，传檄苏、杭、湖、睦，请同进讨。湖州刺史辛秘潜募乡闾子弟数百，夜袭赵惟忠营，斩之。苏州刺史李素为姚志安所败，生致于锜，具桎梏钉于船舷，未及京口，会锜败，得免。

乙丑，制削李锜官爵及属籍。以淮南节度使王锷统诸道兵为招讨处置使，征宣武、义宁、武昌兵并淮南、宣歙兵俱出宣州，江西兵出信州，浙东兵出杭州，以讨之。

高崇文在蜀期年，一旦谓监军曰："崇文，河朔一卒，幸有功，致位至此。西川乃宰相回翔之地，崇文叨居日久，岂敢自安？"屡上表称"蜀中安逸，无所陈力，愿效死边陲"。上择可以代崇文者而难其人。丁卯，以门下侍郎、同平章事武元衡同平章事，充西川节度使。

李锜以宣州富饶，欲先取之，遣兵马使张子良、李奉仙、田少卿将兵三千袭之。三人知锜必败，与牙将裴行立同谋讨之。行立，锜之甥也，故悉知锜之密谋。三将营于城外，将发，召士卒谕之曰："仆射反逆，官军四集，常、湖二将继死，其势已蹙。今乃欲使吾辈远取宣城，吾辈何为随之族灭！岂若弃逆效顺，转祸为福乎！"众悦，许诺，即夜，还趋城。行立举火鼓噪，应之于内，引兵趋牙门。锜闻子良等举兵，怒，闻行立应之，抚膺曰："吾何望矣！"跣走，匿楼下。亲将李钧引挽强三百趋山亭，欲战，行立伏兵邀斩之。锜举家皆哭，左右执锜，裹之以幕，缒于城下，械送京师。挽强、蕃落争自杀，尸相枕藉。癸酉，本军以闻。乙亥，群臣贺于紫宸殿。上愀然曰："朕之不德，致宇内数有干纪者，朕之愧也，何贺之为！"

宰相议诛锜大功以上亲，兵部郎中蒋乂曰："锜大功亲，皆淮安靖王之后也。淮安有佐命之功，陪陵、享庙，岂可以末孙为恶而累之乎？"又欲诛其兄弟，乂曰："锜兄弟，故都统国贞之子也，国贞死王事，岂可使之不祀乎？"宰相以为然。辛巳，锜从父弟宋州刺史铦等皆贬官流放。

十一月，甲申朔，锜至长安，上御兴安门，面诘之。对曰："臣初不反，张子良等教臣耳。"上曰："卿为元帅，子良等谋反，何不斩之，然后入朝？"锜无以对。乃并其子师回腰斩之。

有司请毁锜祖考冢庙，中丞卢坦上言："李锜父子受诛，罪已塞矣。昔汉诛霍禹，不罪霍光；先朝诛房遗爱，不及房玄龄。《康诰》曰：'父子兄弟，罪不相及。'况以锜为不善而罪及五代祖乎？"乃不毁。

有司籍锜家财输京师。翰林学士裴垍、李绛上言，以为："李锜僭侈，割剥六州之人以富其家，或枉杀其身而取其财。陛下闵百姓无告，故讨而诛之，今辇金帛以输上京，恐远近失望。愿以逆人资财赐浙西百姓，代今年租赋。"上嘉叹久之，即从其言。

昭义节度使卢从史，内与王士真、刘济潜通，而外献策请图山东，擅引兵东出。上召令还上党，从史托言就食邢、洺，不时奉诏，久之，乃还。

它日，上召李绛对于浴堂，语之曰："事有极异者，朕比不欲言之。朕与郑絪议敕从史归上党，续征入朝。絪乃泄之于从史，使称上党乏粮，就食山东。为人臣负朕乃尔，将何以处之？"对曰："审如此，灭族有余矣！然絪、从史必不自言，陛下谁从得之？"上曰："吉甫密奏。"绛曰："臣窃闻搢绅之论，称絪为佳士，恐必不然。或者同列欲专朝政，疾宠忌前，愿陛下更熟察之，勿使人谓陛下信谗也。"上良久曰："诚然，絪必不至此。非卿言，朕几误处分。"

上又尝从容问绛曰："谏官多谤讪朝政，皆无事实，朕欲谪其尤者一二人以儆其余，何如？"对曰："此殆非陛下之意，必有邪臣欲壅蔽陛下之聪明也。人臣死生，系人主喜怒，敢发口谏者有几？就有谏者，皆昼度夜思，朝删暮减，比得上达，什无二三。故人主孜孜求谏，犹惧不至，况罪之乎！如此，杜天下之口，非社稷之福也。”上善其言而止。

群臣请上尊号曰睿圣文武皇帝，丙申，许之。

盩厔尉、集贤校理白居易作乐府及诗百余篇，规讽时事，流闻禁中。上见而悦之，召入翰林为学士。

十二月，丙辰，上谓宰相曰：“太宗以神圣之资，群臣进谏者犹往复数四，况朕寡昧，自今事有违，宜卿当十论，无但一二而已。”

丙寅，以高崇文同平章事，充邠宁节度使、京西诸军都统。

山南东道节度使于頔惮上英威，为子季友求尚主，上以皇女普宁公主妻之。翰林学士李绛谏曰：“頔，虏族，季友，庶孽，不足以辱帝女，宜更择高门美才。”上曰：“此非卿所知。”己卯，公主适季友，恩礼甚盛，頔出望外，大喜。顷之，上使人讽之入朝谢恩，頔遂奉诏。

是岁，李吉甫撰《元和国计簿》上之，总计天下方镇四十八，州府二百九十五，县千四百五十三。其凤翔、鄜坊、邠宁、振武、泾原、银夏、灵盐、河东、易定、魏博、镇冀、范阳、沧景、淮西、淄青等十五道七十一州不申户口外，每岁赋税倚办止于浙江东、西、宣歙、淮南、江西、鄂岳、福建、湖南八道四十九州，一百四十四万户，比天宝税户四分减三。天下兵仰给县官者八十三万余人，比天宝三分增一，大率二户资一兵。其水旱所伤，非时调发，不在此数。

三年（戊子、808）

春，正月，癸巳，群臣上尊号曰睿圣文武皇帝，赦天下。“自今长吏诣阙，无得进奉”。知枢密刘光琦奏分遣中使赍赦诣诸道，意欲分其馈遗，翰林学士裴垍、李绛奏“敕使所至烦扰，不若但附急递”。上从之。光琦称旧例，上曰：“例是则从之，苟为非是，奈何不改！”

临泾镇将郝玼以临泾地险要，水草美，吐蕃将入寇，必屯其地，言于泾原节度使段祐，奏而城之，自是泾原获安。

二月，戊寅，咸安大长公主薨于回鹘。三月，回鹘腾里可汗卒。

癸巳，郇王总薨。

辛亥，御史中丞卢坦奏弹前山南西道节度使柳晟，前浙东观察使阎济美违赦进奉。上召坦褒慰之，曰：“朕已释其罪，不可失信。”坦曰：“赦令宣布海内，陛下之大信也。晟等不畏陛下法，奈何存小信弃大信乎！”上乃命归所进于有司。

夏，四月，上策试贤良方正、直言极谏举人，伊阙尉牛僧孺、陆浑尉皇甫湜、前进士李宗闵皆指陈时政之失，无所避，户部侍郎杨於陵、吏部员外郎韦贯之为考策官，贯之署为上第。上亦嘉之，乙丑，诏中书优与处分。李吉甫恶其言直，泣诉于上，且言"翰林学士裴垍、王涯覆策。湜，涯之甥也，涯不先言；垍无所异同。"上不得已，罢垍、涯学士，垍为户部侍郎，涯为都官员外郎，贯之为果州刺史。后数日，贯之再贬巴州刺史，涯贬虢州司马。乙亥，以杨於陵为岭南节度使，亦坐考策无异同也。僧孺等久之不调，各从辟于藩府。僧孺，弘之七世孙；宗闵，元懿之玄孙；贯之，福嗣之六世孙；湜，睦州新安人也。

丁丑，罢五月朔宣政殿朝贺。

以荆南节度使裴均为右仆射。均素附宦官得贵显，为仆射，自矜大。尝入朝，逾位而立，中丞卢坦揖而退之，均不从。坦曰："昔姚南仲为仆射，位在此。"均曰："南仲何人？"坦曰："是守正不交权幸者。"坦寻改右庶子。

五月，翰林学士、左拾遗白居易上疏，以为："牛僧孺等直言时事，恩奖登科，而更遭斥逐，并出为关外官。杨於陵等以考策敢收直言，裴垍等以覆策不退直言，皆坐谴谪。卢坦以数举职事黜庶子。此数人皆今之人望，天下视其进退以卜时之否臧者也。一旦无罪悉疏弃之，上下杜口，众心恟恟，陛下亦知之乎？且陛下既下诏征之直言，索之极谏，僧孺等所对如此，纵未能推而行之，又何忍罪而斥之乎！昔德宗初即位，亦征直言极谏之士，策问天旱，穆质对云：'两汉故事，三公当免，卜式著议，弘羊可烹。'德宗深嘉之，自畿尉擢为左补阙。今僧孺等所言未过于穆质，而遽斥之，臣恐非嗣祖宗之道也"质，宁之子也。

丙午，册回鹘新可汗为爱登里啰汨密施合毗伽保义可汗。

西原蛮酋长黄少卿请降，六月，癸亥，以为归顺州刺史。

沙陀劲勇冠诸胡，吐蕃置之甘州，每战，以为前锋。回鹘攻吐蕃，取凉州，吐蕃疑沙陀贰于回鹘，欲迁之河外。沙陀惧，酋长朱邪尽忠与其子执宜谋复自归于唐，遂帅部落三万，循乌德鞬山而东。行三日，吐蕃追兵大至，自洮水转战至石门，凡数百合。尽忠死，士众死者太半。执宜帅其余众犹近万人，骑三千，诣灵州降。灵盐节度使范希朝闻之，自帅众迎于塞上，置之盐州，为市牛羊，广其畜牧，善抚之。诏置阴山府，以执宜为兵马使。未几，尽忠弟葛勒阿波又帅众七百诣希朝降，诏以为阴山府都督。自是，灵盐每有征讨，用之所向皆捷，灵盐军益强。

秋，七月，辛巳朔，日有食之。

以右庶子卢坦为宣歙观察使。苏彊之诛也，兄弘在晋州幕府，自免归，人莫敢辟。坦奏："弘有才行，不可以其弟故废之，请辟为判官。"上曰："向使苏彊不死，果有才行，犹可用也，况其兄乎！"坦到官，值旱饥，谷价日增，或请抑其价，坦曰："宣、歙土狭谷少，所仰四方之来者。若价贱，则商船不复来，益困矣。"既而米斗二百，商旅辐凑，民赖以生。

九月，庚寅，以于頔为司空，同平章事如故；加右仆射裴均同平章事，为山南东道节度使。

淮南节度使王锷入朝。锷家巨富，厚进奉及赂宦官，求平章事。翰林学士白居易上言，以为："宰相人臣极位，非清望大功不应授。昨除裴均，外议已纷然，今又除锷，则如锷之辈皆生冀望。若尽与之，则典章大坏，又不感恩；不与，则厚薄有殊，或生怨望。幸门一启，无可如何。且锷在镇五年，百计诛求，货财既足，自入进奉。若除宰相，四方蕃镇皆谓锷以进奉得之，竞为割剥，则百姓何以堪之！"事遂寝。

壬辰，加宣武节度使韩弘同平章事。

丙申，以户部侍郎裴垍为中书侍郎、同平章事。上虽以李吉甫故罢垍学士，然宠信弥厚，故未几复擢为相。

初，德宗不任宰相，天下细务皆自决之，由是裴延龄辈得用事。上在藩邸，心固非之，及即位，选擢宰相，推心委之，尝谓垍等曰："以太宗、玄宗之明，犹藉辅佐以成其理，况如朕不及先圣万倍者乎！"垍亦竭诚辅佐。上尝问垍："为理之要何先？"对曰："先正其心。"旧制，民输税有三：一曰上供，二曰送使，三曰留州。建中初定两税时，货重钱轻，是后货轻钱重，民所出已倍其初。其留州、送使者，所在又降省估就实估，以重敛于民。及垍为相，奏："天下留州、送使物，请一切用省估。其观察使，先税所理之州以自给，不足，然〔后〕许税于所属之州。"由是江、淮之民稍苏息。先是，执政多恶谏官言时政得失，垍独赏之。垍器局峻整，人不敢干以私。尝有故人自远诣之，垍资给优厚，从容款狎。其人乘间求京兆判司，垍曰："公才不称此官，不敢以故人之私伤朝廷至公。它日有盲宰相怜公者，不妨得之，垍则必不可。"

戊戌，以中书侍郎、同平章事李吉甫同平章事，充淮南节度使。

河中、晋绛节度使邠宣公杜黄裳薨。

冬，十二月，庚戌，置行原州于临泾，以镇将郝玼为刺史。

南诏异牟寻卒，子寻阁劝立。

四年（己丑、809）

春，正月，戊子，简王遘薨。

渤海康王嵩璘卒，子元瑜立，改元永德。

南方旱，饥。庚寅，命左司郎中郑敬等为江、淮、二浙、荆、湖、襄、鄂等道宣慰使，赈恤之，将行，上戒之曰："朕宫中用帛一匹，皆籍其数，惟赒救百姓，则不计费。卿辈宜识此意，勿效潘孟阳饮酒游山而已。"

给事中李藩在门下，制敕有不可者，即于黄纸后批之。吏请更连素纸，藩曰：

“如此，乃状也，何名批敕！”裴垍荐藩有宰相器。上以门下侍郎、同平章事郑絪循默取容，二月，丁卯，罢絪为太子宾客，擢藩为门下侍郎、同平章事。藩知无不言，上甚重之。

河东节度使严绶，在镇九年，军政补署一出监军李辅光，绶拱手而已。裴垍具奏其状，请以李鄘代之。三月，乙酉，以绶为左仆射，以凤翔节度使李鄘为河东节度使。

成德节度使王士真薨，其子副大使承宗自为留后。河北三镇，相承各置副大使，以嫡长为之，父没则代领军务。

上以久旱，欲降德音，翰林学士李绛、白居易上言，以为“欲令实惠及人，无如减其租税”。又言“宫人驱使之余，其数犹广，事宜省费，物贵徇情”。又请“禁诸道横敛，以充进奉”。又言“岭南、黔中、福建风俗，多掠良人卖为奴婢，乞严禁止”。闰月，己酉，制降天下系囚，蠲租税，出宫人，绝进奉，禁掠卖，皆如二臣之请。己未，雨。绛表贺曰：“乃知忧先于事，故能无忧；事至而忧，无救于事。”

初，王叔文之党既贬，有诏，虽遇赦无得量移。吏部尚书、盐铁转运使李巽奏：“郴州司马程异，吏才明辨，请以为杨子留后。”上许之。巽精于督察，吏人居千里之外，战栗如在巽前。异句检簿籍，又精于巽，卒获其用。

魏徵玄孙稠贫甚，以故第质钱于人，平卢节度使李师道请以私财赎出之。上命白居易草诏，居易奏言：“事关激劝，宜出朝廷，师道何人，敢掠斯美。望敕有司以官钱赎还后嗣。”上从之，出内库钱二千缗赎赐魏稠，仍禁质卖。

王承宗叔父士则以承宗擅自立，恐祸及宗，与幕客刘栖楚俱自归京师。诏以士则为神策大将军。

翰林学士李绛等奏曰：“陛下嗣膺大宝，四年于兹，而储闱未立，典册不行，是开窥觎之端，乖重慎之义，非所以承宗庙，重社稷也。伏望抑抑谦之小节，行至公之大典。”丁卯，制立长子邓王宁为皇太子。宁，纪美人之子也。

辛未，灵盐节度使范希朝奏以太原防秋兵六百人衣粮给沙陁，许之。

夏，四月，山南东道节度使裴均恃有中人之助，于德音后首进银器千五百余两。翰林学士李绛、白居易等上言：“均欲以此尝陛下，愿却之。”上遽命出银器付度支。既而有旨谕进奏院：“自今诸道进奉，无得申御史台，有访问者，辄以名闻。”白居易复以为言，上不听。

上欲革河北诸镇世袭之弊，乘王士真死，欲自朝廷除人，不从则兴师讨之。裴垍曰：“李纳跋扈不恭，王武俊有功于国，陛下前许师道，今夺承宗，沮劝违理，彼必不服。”由是议久不决。上以问诸学士，李绛等对曰：“河北不遵声教，谁不愤叹，然今日取之，或恐未能。成德军自武俊以来，父子相承四十余年，人情贯习，不以为非。况承宗已总军务，一旦易之，恐未即奉诏。又范阳、魏博、易定、淄青以地相传，与成德同体，彼闻成德除人，必内不自安，阴相党助，虽茂昭有请，亦恐非诚。所以然者，今国家除人代承宗，彼邻道劝成，进退有利。若所除之人得入，彼则自以为功；若诏令有所不行，彼因潜相交结。在于国体，岂可遽休！须应兴师四面攻讨，彼将帅则加官爵，士卒则给衣粮，按兵玩寇，坐观胜负，而劳费之病咸归国家矣。今江、淮水，公私困竭，军旅之事，殆未可轻议也。”

左军中尉吐突承璀欲希上意，夺裴垍权，自请将兵讨之。上疑未决，宗正少卿李拭奏称：“承宗不可不讨。承璀亲近信臣，宜委以禁兵，使统诸军，谁敢不服！”上以拭状示诸学士曰：“此奸臣也，知朕欲将承璀，故上此奏。卿曹记之，自今勿令得进用。”

昭义节度使卢从史遭父丧，朝廷久未起复，从史惧，因承璀说上，请发本军讨承宗。壬辰，起复从史左金吾大将军，余如故。

初，平凉之盟，副元帅判官路泌、会盟判官郑叔矩皆没于吐蕃。其后吐蕃请和，泌子随三诣阙号泣上表，乞从其请，德宗以吐蕃多诈，不许。至是，吐蕃复请和，随又五上表，诣执政泣请，裴垍、李藩亦言于上，请许其和，上从之。五月，命祠部郎中徐复使吐蕃。

六月，以灵盐节度使范希朝为河东节度使。朝议以沙陁在灵武，迫近吐蕃，虑其反覆，又部落众多，恐长谷价，乃命悉从希朝诣河东。希朝选其骁骑千二百，号沙陁军，置使以领之，而处其余众于定襄川。于是朱邪执宜始保神武川之黄花堆。

左军中尉吐突承璀领功德使，盛修安国寺，奏立圣德碑，高大一准《华岳碑》，先构碑楼，请敕学士撰文，且言“臣已具钱万缗，欲酬之”。上命李绛为之，绛上言：“尧、舜、禹、汤，未尝立碑自言圣德，惟秦始皇于巡游所过，刻石高自称述，未审陛下欲何所法？且叙修寺之美，不过壮丽观游，岂所以光益圣德！”上览奏，承璀适在旁，上命曳倒碑楼。承璀言：“碑楼甚大，不可曳，请徐毁撤。”冀得延引，乘间再论，上厉声曰：“多用牛曳之！”承璀乃不敢言。凡用百牛曳之，乃倒。

资治通鉴卷第二百三十八

端明殿学士兼翰林侍读学士太中大夫提举西京嵩山崇福宫上柱国河内郡开国公食邑二千二百户食实封九百户赐紫金鱼袋臣 司马光 奉敕编集

唐纪五十四起屠维赤奋若(己丑)七月，尽玄黓执徐(壬辰)九月，凡三年有奇。

宪宗昭文章武大圣至神孝皇帝上之下

元和四年(己丑、809)

秋，七月，壬戌，御史中丞李夷简弹京兆尹杨凭，前为江西观察使贪污僭侈。丁卯，贬凭临贺尉。夷简，元懿之玄孙也。上命尽籍凭资产，李绛谏曰："旧制，非反逆不籍其家。"上乃止。

凭之亲友无敢送者，栎阳尉徐晦独至蓝田与别。太常卿权德舆素与晦善，谓之曰："君送杨临贺，诚为厚矣，无乃为累乎?"对曰："晦自布衣蒙杨公知奖，今日远谪，岂得不与之别。借如明公它日为谗人所逐，晦敢自同路人乎?"德舆嗟叹，称之于朝。后数日，李夷简奏为监察御史，晦谢曰："晦平生未尝得望公颜色，公何从而取之?"夷简曰："君不负杨临贺，肯负国乎!"

上密问诸学士曰："今欲用王承宗为成德留后，割其德、棣二州更为一镇以离其势，并使承宗输二税，请官吏，一如师道，何如?"李绛等对曰："德、棣之隶成德，为日已久，今一旦割之，恐承宗及其将士忧疑怨望，得以为辞。况其邻道情状一同，各虑它日分割，或潜相构扇，万一旅拒，倍难处置，愿更三思。所是二税、官吏，愿因吊祭使至彼，自以其意谕承宗，令上表陈乞如师道例，勿令知出陛下意。如此，则幸而听命，于理固顺，若其不听，体亦无损。"

上又问："今刘济、田季安皆有疾，若其物故，岂可尽如成德付授其子，天下何时当平！议者皆言'宜乘此际代之，不受则发兵讨之，时不可失'。如何?"对曰："群臣见陛下西取蜀，东取吴，易于反掌，故谄谀躁竞之人争献策画，劝开河北，不为国家深谋远虑，陛下亦以前日成功之易而信其言。臣等夙夜思之，河北之势与二方异。何则? 西川、浙西皆非反侧之地，其四邻皆国家臂指之臣。刘闢、李锜独生狂谋，其下皆莫之与，闢、锜徒以货财啗之，大军一临，则涣然离耳。故臣等当时亦劝陛下诛之，以其万全故也。成德则不然，内则胶固岁深，外则蔓连势广，其将士百姓怀其累代煦妪之恩，不知君臣逆顺之理，谕之不从，威之不服，将为朝廷羞。又，邻道平居或相猜恨，及闻代易，必合为一心，盖各为子孙之谋，亦虑他日及此故也。万一余道或相表里，兵连祸结，财尽力竭，西戎、北狄乘间窥窬，其为忧患可胜道哉！济、季安与承宗事体不殊，若物故之际，有间可乘，当临事图之，于今用兵，则恐未可。太平之业，非朝夕可致，愿陛下审处之。”

时吴少诚病甚，绛等复上言：“少诚病必不起。淮西事体与河北不同，四旁皆国家州县，不与贼邻，无党援相助。朝廷命帅，今正其时，万一不从，可议征讨。臣愿舍恒冀难致之策，就申蔡易成之谋。脱或恒冀连兵，事未如意，蔡州有衅，势可兴师，南北之役俱兴，财力之用不足。傥事不得已，须赦承宗，则恩德虚施，威令顿废。不如早赐处分，以收镇冀之心，坐待机宜，必获申蔡之利。”既而承宗久未得朝命，颇惧，累表自诉。八月，壬午，上乃遣京兆少尹裴武诣真定宣慰，承宗受诏甚恭，曰：“三军见迫，不暇俟朝旨，请献德、棣二州以明恳款。”

丙申，安南都护张舟奏破环王三万众。

九月，甲辰朔，裴武复命。庚戌，以承宗为成德军节度、恒、冀、深、赵州观察使，德州刺史薛昌朝为保信军节度、德、棣二州观察使。昌朝，嵩之子，王氏之婿也，故就用之。田季安得飞报，先知之，使谓承宗曰：“昌朝阴与朝廷通，故受节钺。”承宗遽遣数百骑驰入德州，执昌朝，至真定，囚之。中使送昌朝节过魏州，季安阳为宴劳，留使者累日，比至德州，已不及矣。

上以裴武为欺罔，又有谮之者曰：“武使还，先宿裴垍家，明旦乃入见。”上怒甚，以语李绛，欲贬武于岭南，绛曰：“武昔陷李怀光军中，守节不屈，岂容今日遽为奸回！盖贼多变诈，人未易尽其情。承宗始惧朝廷诛讨，故请献二州。既蒙恩贷，而邻道皆不欲成德开分割之端，计必有阴行间说诱而胁之，使不得守其初心者，非武之罪也。今陛下选武使入逆乱之地，使还，一语不相应，遽窜之遐荒，臣恐自今奉使贼廷者以武为戒，苟求便身，率为依阿两可之言，莫肯尽诚具陈利害，如此，非国家之利也。且垍、武久处朝廷，谙练事体，岂有使还未见天子而先宿宰相家乎？臣敢为陛下必保其不然，此殆有谗人欲伤武及垍者，愿陛下察之。”上良久曰：“理或有此。”遂不问。

丙辰，振武奏吐蕃五万余骑至拂梯泉。辛未，丰州奏吐蕃万骑至大石谷，掠回鹘入贡还国者。

左神策军吏李昱贷长安富人钱八千缗，满三岁不偿，京兆尹许孟容收捕械系，立期使偿，曰：“期满不足，当死。”一军大惊。中尉诉于上，上遣中使宣旨，送本军，孟容不之遣。中使再至，孟容曰：“臣不奉诏，当死。然臣为陛下尹京畿，非抑制豪强，何以肃清辇下！钱未毕偿，昱不可得。”上嘉其刚直而许之，京城震栗。

上遣中使谕王承宗，使遣薛昌朝还镇，承宗不奉诏。冬，十月，癸未，制削夺承宗官爵，以左神策中尉吐突承璀为左、右神策、河中、河阳、浙西、宣歙等道行营兵马使、招讨处置等使。

翰林学士白居易上奏，以为："国家征伐，当责成将帅，近岁始以中使为监军。自古及今，未有征天下之兵，专令中使统领者也。今神策军既不置行营节度使，即承璀乃制将也。又充诸军招讨处置使，即承璀乃都统也。臣恐四方闻之，必轻朝廷；四夷闻之，必笑中国。陛下忍令后代相传云以中官为制将、都统自陛下始乎！臣又恐刘济、茂昭及希朝、从史乃至诸道将校皆耻受承璀指麾，心既不齐，功何由立？此是资承宗之计而挫诸将之势也。陛下念承璀勤劳，贵之可也；怜其忠赤，富之可也。至于军国权柄，动关理乱，朝廷制度，出自祖宗，陛下宁忍徇下之情而自隳法制，从人之欲而自损圣明，何不思于一时之间而取笑于万代之后乎！"时谏官、御史论承璀职名太重者相属，上皆不听。戊子，上御延英殿，度支使李元素、盐铁使李鄘、京兆尹许孟容、御史中丞李夷简、谏议大夫孟简、给事中吕元膺、穆质、右补阙独孤郁等极言其不可，上不得已，明日，削承璀四道兵马使，改处置为宣慰而已。

李绛尝极言宦官骄横，侵害政事，谗毁忠贞。上曰："此属安敢为谗？就使为之，朕亦不听。"绛曰："此属大抵不知仁义，不分枉直，唯利是嗜，得赂则誉跖、跻为廉良，佛意则毁龚、黄为贪暴，能用倾巧之智，构成疑似之端，朝夕左右浸润以入之，陛下必有时而信之矣。自古宦官败国者，备载方册，陛下岂得不防其渐乎！"

己亥，吐突承璀将神策兵发长安，命恒州四面藩镇各进兵招讨。

初，吴少诚宠其大将吴少阳，名以从弟，署为军职，出入少诚家如至亲，累迁申州刺史。少诚病，不知人，家僮鲜于熊儿诈以少诚命召少阳摄副使、知军州事。少诚有子元庆，少阳杀之。十一月，己巳，少诚薨，少阳自为留后。

是岁，雲南王寻閤劝卒，子劝龙晟立。

田季安闻吐突承璀将兵讨王承宗，聚其徒曰："师不跨河二十五年矣，今一旦越魏伐赵，赵虏，魏亦虏矣，计为之奈何？"其将有超伍而言者，曰："愿借骑五千以除君忧。"季安大呼曰："壮哉！兵决出，格沮者斩！"

幽州牙将绛人谭忠为刘济使魏，知其谋，入谓季安曰："如某之谋，是引天下之兵也。何者？今王师越魏伐赵，不使耆臣宿将而专付中臣，不输天下之甲而多出秦甲，君知谁为之谋？此乃天子自为之谋，欲将夸服于臣下也。若师未叩赵而先碎于魏，是上之谋反不如下，且能不耻于天下乎！既耻且怒，必任智士画长策，仗猛将练精兵，毕力再举涉河，鉴前之败，必不越魏而伐赵，校罪轻重，必不先赵而后魏，是上不上，下不下，当魏而来也。"季安曰："然则若之何？"忠曰："王师入魏，君厚犒之。于是悉甲压境，号曰伐赵，则可阴遗赵人书曰：'魏若伐赵，则河北义士谓魏卖友；魏若与赵，则河南忠臣谓魏反君。卖友反君之名，魏不忍受。执事若能阴解陴障，遗魏一城，魏得持之奏捷天子以为符信，此乃使魏北得以奉赵，西得以为臣，于赵有角尖之耗，于魏获不世之利，执事岂能无意于魏乎！'赵人脱不拒君，是魏霸基安矣。"季安曰："善。先生之来，是天眷魏也。"遂用忠之谋，与赵阴计，得其堂阳。

忠归幽州，谋欲激刘济讨王承宗，会济合诸将言曰："天子知我怨赵，今命我伐之，赵亦必大备我。伐与不伐孰利？"忠疾对曰："天子终不使我伐赵，赵亦不备燕。"济怒曰："尔何不直言济与承宗反乎！"命系忠狱。使人视成德之境，果不为备。后一日，诏果来，令济"专护北疆，勿使朕复挂胡忧，而得专心于承宗"。济乃解狱召忠曰："信如子断矣，何以知之？"忠曰："卢从史外亲燕，内实忌之；外绝赵，内实与之。此为赵画曰：'燕以赵为障，虽怨赵，必不残赵，不必为备。'一且示赵不敢抗燕，二且使燕获疑天子。赵人既不备燕，潞人则走告于天子曰：'燕厚怨赵，赵见伐而不备燕，是燕反与赵也。'此所以知天子终不使君伐赵，赵亦不备燕也。"济曰："今则奈何？"忠曰："燕、赵为怨，天下无不知。今天子伐赵，君坐全燕之甲，一人未济易水，此正使潞人以燕卖恩于赵，败忠于上，两皆售也。是燕贮忠义之心，卒染私赵之口，不见德于赵人，恶声徒嘈嘈于天下耳。惟君熟思之。"济曰："吾知之矣。"乃下令军中曰："五日毕出，后者醢以徇！"

五年（庚寅、810）

春，正月，刘济自将兵七万人击王承宗，时诸军皆未进，济独前奋击，拔饶阳、束鹿。

河东、河中、振武、义武四军为恒州北道招讨，会于定州。会望夜，军吏以有外军，请罢张灯。张茂昭曰："三镇，官军也，何谓外军！"命张灯，不禁行人，不闭里门，三夜如平日，亦无敢喧哗者。

丁卯，河东将王荣拔王承宗洄湟镇。吐突承璀至行营，威令不振，与承宗战，屡败，左神策大将军郦定进战死。定进，骁将也，军中夺气。

河南尹房式有不法事，东台监察御史元稹奏摄之，擅令停务。朝廷以为不可，罚一季俸，召还西京。至敷水驿，有内侍后至，破驿门呼骂而入，以马鞭击稹伤面。上复引稹前过，贬江陵士曹。翰林学士李绛、崔群言稹无罪。白居易上言："中使陵辱朝士，中使不问而稹先贬，恐自今中使出外益暴横，人无敢言者。又，稹为御史，多所举奏，不避权势，切齿者众，恐自今无人肯为陛下当官执法，疾恶绳愆，有大奸猾，陛下无从得知。"上不听。

上以河朔方用兵，不能讨吴少阳，三月，己未，以少阳为淮西留后。

诸军讨王承宗者久无功，白居易上言，以为："河北本不当用兵，今既出师，承璀未尝苦战，已失大将，与从史两军入贼境，迁延进退，不惟意在逗留，亦是力难支敌。希朝、茂昭至新市镇，竟不能过。刘济引全军攻围乐寿，久不能下。师道、季安元不可保，察其情状，似相计会，各收一县，遂不进军。陛下观此事势，成功有何所望？以臣愚见，速须罢兵，若又迟疑，其害有四：可为痛惜者二，可为深忧者二。何则？

若保有成，即不论用度多少；既的知不可，即不合虚费赀粮。悟而后行，事亦非晚。今迟校一日有一日之费，更延旬月，所费滋多，终须罢兵，何如早罢。以府库钱帛、百姓脂膏资助河北诸侯，转令强大。此臣为陛下痛惜者一也。臣又恐河北诸将见吴少阳已受制命，必引事例轻重，同词请雪承宗。若章表继来，即义无不许，请而后舍，体势可知，转令承宗胶固同类。如此，则与夺皆由邻道，恩信不出朝廷，实恐威权尽归河北。此为陛下痛惜者二也。

今天时已热，兵气相蒸，至于饥渴疲劳，疾疫暴露，驱以就战，人何以堪？纵不惜身，亦难忍苦。况神策乌杂城市之人，例皆不惯如此，忽思生路，或有奔逃。一人若逃，百人相扇，一军若散，诸军必摇，事忽至此，悔将何及！此为陛下深忧者一也。臣闻回鹘、吐蕃皆有细作，中国之事，小大尽知。今聚天下之兵，唯讨承宗一贼，自冬及夏，都未立功，则兵力之强弱，资费之多少，岂宜使西戎、北虏一一知之？忽见利生心，承虚入寇，以今日之势力，可能救其首尾哉？兵连祸生，何事不有？万一及此，实关安危。此其为陛下深忧者二也。"

卢从史首建伐王承宗之谋，及朝廷兴师，从史逗留不进，阴与承宗通谋，令军士潜怀承宗号。又高刍粟之价以败度支，讽朝廷求平章事，诬奏诸道与贼通，不可进兵。上甚患之。会从史遣牙将王翊元入奏事，裴垍引与语，为言为臣之义，微动其心，翊元遂输诚，言从史阴谋及可取之状。垍令翊元还本军经营，复来京师，遂得其都知兵马使乌重胤等款要。垍言于上曰："从史狡猾骄很，必且为乱。今闻其与承璀对营，视承璀如婴儿，往来殊不设备。失今不取，后虽兴大兵，未可以岁月平也。"上初愕然，熟思良久，乃许之。

从史性贪，承璀盛陈奇玩，视其所欲，稍以遗之，从史喜，益相昵狎。甲申，承璀与行营兵马使李听谋，召从史入营博，伏壮士于幕下，突出，擒诣帐后缚之，内车中，驰诣京师。左右惊乱，承璀斩十余人，谕以诏旨。从史营中士卒闻之，皆甲以出，操兵趋哗。乌重胤当军门叱之曰："天子有诏，从者赏，敢违者斩！"士卒皆敛兵还部伍。会夜，车疾驱，未明，已出境。重胤，承洽之子；听，晟之子也。

丁亥，范希朝、张茂昭大破承宗之众于木刀沟。

上嘉乌重胤之功，欲即授以昭义节度使，李绛以为不可，请授重胤河阳，以河阳节度使孟元阳镇昭义。会吐突承璀奏，已牒重胤句当昭义留后，绛上言："昭义五州据山东要害，魏博、恒、幽诸镇蟠结，朝廷惟恃此以制之。滋、邢、洺入其腹内，诚国之宝地，安危所系也。向为从史所据，使朝廷旰食，今幸而得之，承璀复以与重胤，臣闻之惊叹，实所痛心。昨国家诱执从史，虽为长策，已失大体。今承璀又以文牒差人为重镇留后，为之求旌节，无君之心，孰甚于此！陛下昨日得昭义，人神同庆，威令再立；今日忽以授本军牙将，物情顿沮，纪纲大紊。校计利害，更不若从史为之。何则？从史虽蓄奸谋，已是朝廷牧伯。重胤出于列校，以承璀一牒代之，窃恐河南、北诸侯闻之，无不愤怒，耻与为伍。且谓承璀诱重胤使逐从史而代其位，彼人人麾下各有将校，能无自危乎？傥刘济、茂昭、季安、执恭、韩弘、师道继有章表陈其情状，并指承璀专命之罪，不知陛下何以处之？若皆不报，则众怒益甚；若为之改除，则朝廷之威重去矣。"

上复使枢密使梁守谦密谋于绛曰："今重胤已总军务，事不得已，须应与节。"对曰："从史为帅不由朝廷，故启其邪心，终成逆节。今以重胤典兵，即授之节，威福之柄不在朝廷，何以异于从史乎？重胤之得河阳，已为望外之福，岂敢更为旅拒！况重胤所以能执从史，本以杖顺成功，一旦自逆诏命，安知同列不袭其迹而动乎？重胤军中等夷甚多，必不愿重胤独为主帅。移之它镇，乃惬众心，何忧其致乱乎！"上悦，皆如其请。壬辰，以重胤为河阳节度使，元阳为昭义节度使。戊戌，贬卢从史驩州司马。

五月，乙巳，昭义军三千余人夜溃，奔魏州。刘济奏拔安平。

庚申，吐蕃遣其臣论思邪热入见，且归路泌、郑叔矩之柩。

甲子，奚寇灵州。

六月，甲申，白居易复上奏，以为："臣比请罢兵，今之事势，又不如前，不知陛下复何所待？"

是时，上每有军国大事，必与诸学士谋之。尝逾月不见学士，李绛等上言："臣等饱食不言，其自为计则得矣，如陛下何？陛下询访理道，开纳直言，实天下之幸，岂臣等之幸！"上遽令"明日三殿对来"。

白居易尝因论事，言"陛下错"，上色庄而罢，密召承旨李绛，谓曰："居易小臣不逊，须令出院。"绛曰："陛下容纳直言，故群臣敢竭诚无隐。居易言虽少思，志在纳忠。陛下今日罪之，臣恐天下各思箝口，非所以广聪明，昭圣德也。"上悦，待居易如初。

上尝欲近猎苑中，至蓬莱池西，谓左右曰："李绛必谏，不如且止。"

秋，七月，庚子，王承宗遣使自陈为卢从史所离间，乞输贡赋，请官吏，许其自新。李师道等数上表请雪承宗，朝廷亦以师久无功，丁未，制洗雪承宗，以为成德军节度使，复以德、棣二州与之。悉罢诸道行营将士，共赐布帛二十八万端匹。加刘济中书令。

刘济之讨王承宗也，以长子绲为副大使，掌幽州留务。济军瀛州，次子总为瀛州刺史，济署行营都知兵马使，使屯饶阳。济有疾，总与判官张玘、孔目官成国宝谋，诈使人从长安来，曰："朝廷以相公逗留无功，已除副大使为节度使矣。"明日，又使人来告曰："副大使旌节已至太原。"又使人走而呼曰："旌节已过代州。"举军惊骇。济愤怒，不知所为，杀大将素与绲厚者数十人，追绲诣行营，以张玘兄皋代知留务。济自朝至日昃不食，渴索饮，总因置毒而进之。乙卯，济薨。绲行至涿州，总矫以父命杖杀之，遂领军务。

岭南监军许遂振以飞语毁节度使杨於陵于上，上命召於陵还，除冗官。裴垍曰："於陵性廉直，陛下以遂振故黜藩臣，不可。"丁巳，以於陵为吏部侍郎。遂振寻自抵罪。

八月，乙亥，上与宰相语及神仙，问："果有之乎？"李藩对曰："秦始皇、汉武帝学仙之效，具载前史，太宗服天竺僧长年药致疾，此古今之明戒也。陛下春秋鼎盛，方励志太平，宜拒绝方士之说。苟道盛德充，人安国理，何忧无尧、舜之寿乎？"

九月，己亥，吐突承璀自行营还，辛亥，复为左卫上将军，充左军中尉。裴垍曰："承璀首唱用兵，疲弊天下，卒无成功，陛下纵以旧恩不加显戮，岂得全不贬黜以谢天下乎！"给事中段平仲、吕元膺言承璀可斩。李绛奏称："陛下不责承璀，它日复有败军之将，何以处之？若或诛之，则同罪异罚，彼必不服；若或释之，则谁不保身而玩寇乎！愿陛下割不忍之恩，行不易之典，使将帅有所惩劝。"间二日，上罢承璀中尉，降为军器使，中外相贺。

裴垍得风疾，上甚惜之，中使候问旁午于道。

丙寅，以太常卿权德舆为礼部尚书、同平章事。

义武节度使张茂昭请除代人，欲举族入朝。河北诸镇互遣人说止之，茂昭不从，凡四上表，上乃许之。以左庶子任迪简为义武行军司马。茂昭悉以易、定二州簿书管钥授迪简，遣其妻子先行，曰："吾不欲子孙染于污俗。"

茂昭既去，冬，十月，戊寅，虞候杨伯玉作乱，囚迪简。辛巳，义武将士共杀伯玉。兵马使张佐元又作乱，囚迪简，迪简乞归朝。既而将士复杀佐元，奉迪简主军务。时易定府库罄竭，闾阎亦空，迪简无以犒士，乃设粝饭与士卒共食之，身居戟门下经月。将士感之，共请迪简还寝，然后得安其位。上命以绫绢十万匹赐易定将士，壬辰，以迪简为义武节度使。甲午，以张茂昭为河中、慈、隰、晋、绛节度使，从行将校皆拜官。

右金吾大将军伊慎以钱三万缗赂右军中尉第五从直，求河中节度使，从直恐事泄，奏之。十一月，庚子，贬慎为右卫将军，坐死者三人。

初，慎自安州入朝，留其子宥主留事，朝廷因以为安州刺史，未能去也。会宥母卒于长安，宥利于兵权，不时发丧。鄂岳观察使郗士美遣僚属以事过其境，宥出迎，因告以凶问，先备篮舆，即日遣之。

甲辰，会王纁薨。

庚戌，以前河中节度使王锷为河东节度使。上左右受锷厚赂，多称誉之，上命锷兼平章事，李藩固执以为不可。权德舆曰："宰相非序进之官。唐兴以来，方镇非大忠大勋，则跋扈者，朝廷或不得已而加之。今锷既无忠勋，朝廷又非不得已，何为遽以此名假之！"上乃止。

锷有吏才，工于完聚。范希朝以河东全军出屯河北，耗散甚众。锷到镇之初，兵不满三万人，马不过六百匹，岁余，兵至五万人，马有五千匹，器械精利，仓库充实。又进家财三十万缗，上复欲加锷平章事。李绛谏曰："锷在太原，虽颇著绩效，今因献家财而命之，若后世何？"上乃止。

中书侍郎、同平章事裴垍数以疾辞位，庚申，罢为兵部尚书。

十二月，戊寅，张茂昭入朝，请迁祖考之骨于京兆。

壬午，以御史中丞吕元膺为鄂岳观察使。元膺尝欲夜登城，门已锁，守者不为开。左右曰："中丞也。"对曰："夜中难辨真伪，虽中丞亦不可。"元膺乃还。明日，擢为重职。

翰林学士、司勋郎中李绛面陈吐突承璀专横，语极恳切。上作色曰："卿言太过！"绛泣曰："陛下置臣于腹心耳目之地，若臣畏避左右，爱身不言，是臣负陛下；言之而陛下恶闻，乃陛下负臣也。"上怒解，曰："卿所言皆人所不能言，使朕闻所不闻，真忠臣也。它日尽言，皆应如是。"己丑，以绛为中书舍人，学士如故。

绛尝从容谏上聚财，上曰："今两河数十州，皆国家政令所不及，河、湟数千里，沦于左衽，朕日夜思雪祖宗之耻，而财力不赡，故不得不蓄聚耳。不然，朕宫中用度极俭薄，多藏何用邪？"

六年(辛卯、811)

春，正月，甲辰，以彰义留后吴少阳为节度使。

庚申，以前淮南节度使李吉甫为中书侍郎、同平章事。二月，壬申，李藩罢为太子詹事。

己丑，忻王造薨。

宦官恶李绛在翰林，以为户部侍郎，判本司。上问绛："故事，户部侍郎皆进羡余，卿独无进，何也？"对曰："守土之官，厚敛于人以市私恩，天下犹共非之。况户部所掌，皆陛下府库之物，给纳有籍，安得羡余？若自左藏输之内藏以为进奉，是犹东库移之西库，臣不敢踵此弊也。”上嘉其直，益重之。

乙巳，上问宰相：“为政宽猛何先？”权德舆对曰：“秦以惨刻而亡，汉以宽大而兴。太宗观《明堂图》，禁挟人背，是故安、史以来，屡有悖逆之臣，皆旋踵自亡，由祖宗仁政结于人心，人不能忘故也。然则宽猛之先后可见矣。”上善其言。

夏，四月，戊辰，以兵部尚书裴垍为太子宾客，李吉甫恶之也。

庚午，以刑部侍郎、盐铁转运使卢坦为户部侍郎、判度支。或告泗州刺史薛謇为代北水运使，有异马不以献，事下度支，使巡官往验，未返，上迟之，使品官刘泰昕按其事。卢坦曰：“陛下既使有司验之，又使品官继往，岂大臣不足信于品官乎？臣请先就黜免。”上召泰昕还。

五月，前行营粮料使于皋谟、董溪坐赃数千缗，敕贷其死，皋谟流春州，溪流封州，行至潭州，并追遣中使赐死。权德舆上言，以为：“皋谟等罪当死，陛下肆诸市朝，谁不惧法！不当已赦而杀之。”溪，晋之子也。

庚子，以金吾大将军李惟简为凤翔节度使。陇州地与吐蕃接，旧常朝夕相伺，更入攻抄，人不得息。惟简以为边将当谨守备，蓄财谷以待寇，不当睹小利，起事盗恩，禁不得妄入其地。益市耕牛，铸农器，以给农之不能自具者，增垦田数十万亩。属岁屡稔，公私有余，贩者流及它方。

赐振武节度使阿跌光进姓李氏。

六月，丁卯，李吉甫奏：“自汉至隋十有三代，设官之多，无如国家者。天宝以后，中原宿兵，见在可计者八十余万，其余为商贾、僧、道不服田亩者什有五六，是常以三分劳筋苦骨之人，奉七分待衣坐食之辈也。今内外官以税钱给俸者不下万员，天下〔千〕三百余县，或以一县之地而为州，一乡之民而为县者甚众，请敕有司详定废置，吏员可省者省之，州县可并者并之，入仕之涂可减者减之。又，国家旧章，依品制俸，官一品月俸钱三十缗，职田禄米不过千斛。艰难以来，增置使额，厚给俸钱，大历中，权臣月俸至九千缗，州无大小，刺史皆千缗。常衮为相，始立限约，李泌又量其闲剧，随事增加，时谓通济，理难减削。然犹有名存职废，或额去俸存，闲剧之间，厚薄顿异。请敕有司详考俸料、杂给，量定以闻。”于是命给事中段平仲、中书舍人韦贯之、兵部侍郎许孟容、户部侍郎李绛同详定。

秋，九月，富平人梁悦报父仇，杀秦杲，自诣县请罪。敕：“复仇，据《礼经》则义不同天，征法令则杀人者死。礼、法二事，皆王教之大端，有此异同，固资论辩，宜令都省集议闻奏。”职方员外郎韩愈议，以为：“律无其条，非阙文也。盖以不许复仇，则伤孝子之心而乖先王之训；许复仇，则人将倚法专杀，无以禁止其端矣。故圣人丁宁其义于经，而深没其文于律，其意将使法吏一断于法，而经术之士得引经而议也。宜定其制曰：凡复父仇者，事发，具事申尚书省集议奏闻，酌其宜而处之。'则经律无失其指矣。"戊戌，敕："梁悦杖一百，流循州。"

甲寅，吏部奏准敕并省内外官计八百八员，诸司流外一千七百六十九人。

黔州大水坏城郭，观察使窦群发溪洞蛮以治之，督役太急，于是辰、溆二州蛮反，群讨之，不能定。戊午，贬群开州刺史。

冬，十一月，弓箭库使刘希光受羽林大将军孙琦钱二万缗，为求方镇，事觉，赐死。事连左卫上将军、知内侍省事吐突承璀，丙申，以承璀为淮南监军。上问李绛："朕出承璀何如？"对曰："外人不意陛下遽能如是。"上曰："此家奴耳，向以其驱使之久，故假以恩私；若有违犯，朕去之轻如一毛耳。"

十六宅诸王既不出阁，其女嫁不以时，选尚者皆由宦官，率以厚赂自达。李吉甫上言："自古尚主必择其人，独近世不然。"十二月，壬申，诏封恩王等六女为县主，委中书、门下、宗正、吏部选门地人才称可者嫁之。

己丑，以户部侍郎李绛为中书侍郎、同平章事。李吉甫为相，多修旧怨，上颇知之，故擢绛为相。吉甫善逢迎上意，而绛鲠直，数争论于上前，上多直绛而从其言，由是二人有隙。

闰月，辛卯朔，黔州奏辰、溆贼帅张伯靖寇播州、费州。

试太子通事舍人李涉知上于吐突承璀恩顾未衰，乃投匦上疏，称"承璀有功，希光无罪。承璀久委心腹，不宜遽弃"。知匦使、谏议大夫孔戣见其副章，诘责不受。涉乃行赂，诣光顺门通之。戣闻之，上疏极言"涉奸险欺天，请加显戮"。戊申，贬涉峡州司仓。涉，渤之兄；戣，巢父之子也。

辛亥，惠昭太子宁薨。

是岁，天下大稔，米斗有直二钱者。

七年（壬辰、812）

春，正月，辛未，以京兆尹元义方为鄜坊观察使。初，义方媚事吐突承璀，李吉甫欲自托于承璀，擢义方为京兆尹。李绛恶义方为人，故出之。义方入谢，因言"李绛私其同年许季同，除京兆少尹，出臣鄜坊，专作威福，欺罔聪明"。上曰："朕谙李绛不知是。明日，将问之。"义方惶愧而出。明日，上以诘绛曰："人于同年固有情乎？"对曰："同年，乃四海九州之人偶同科第，或登科然后相识，情于何有？且陛下不以臣愚，备位宰相，宰相职在量才授任，若其人果才，虽在兄弟子侄之中犹将用之，况同年乎！避嫌而弃才，是乃便身，非徇公也。"上曰："善，朕知卿必不尔。"遂趣义方之官。

振武河溢，毁东受降城。

三月，丙戌，上御延英殿，李吉甫言："天下已太平，陛下宜为乐。"李绛曰："汉文帝时兵木无刃，家给人足，贾谊犹以为厝火积薪之下，不可谓安。今法令所不能制者，河南、北五十余州，犬戎腥膻，近接泾、陇，烽火屡惊，加之水旱时作，仓廪空虚。此正陛下宵衣旰食之时，岂得谓之太平，遽为乐哉！”上欣然曰：“卿言正合朕意。”退，谓左右曰：“吉甫专为悦媚，如李绛，真宰相也。”

上尝问宰相：“贞元中政事不理，何乃至此？”李吉甫对曰：“德宗自任圣智，不信宰相而信它人，是使奸臣得乘间弄威福。政事不理，职此故也。”上曰：“然此亦未必皆德宗之过。朕幼在德宗左右，见事有得失，当时宰相亦未有再三执奏者，皆怀禄偷安，今日岂得专归咎于德宗邪？卿辈宜用此为戒，事有非是，当力陈不已，勿畏朕谴怒而遽止也。”

李吉甫尝言：“人臣不当强谏，使君悦臣安，不亦美乎！”李绛曰：“人臣当犯颜苦口，指陈得失，若陷君于恶，岂得为忠？”上曰：“绛言是也。”吉甫至中书，卧不视事，长吁而已。李绛或久不谏，上辄诘之曰：“岂朕不能容受邪，将无事可谏也？”

李吉甫又尝言于上曰：“赏罚，人主之二柄，不可偏废。陛下践阼以来，惠泽深矣，而威刑未振，中外懈惰，愿加严以振之。”上顾李绛曰：“何如？”对曰：“王者之政，尚德不尚刑，岂可舍成、康、文、景，而效秦始皇父子乎！”上曰：“然。”后旬余，于頔入对，亦劝上峻刑。又数日，上谓宰相曰：“于頔大是奸臣，劝朕峻刑，卿知其意乎？”皆对曰：“不知也。”上曰：“此欲使朕失人心耳。”吉甫失色，退而抑首不言笑竟日。

夏，四月，丙辰，以库部郎中、翰林学士崔群为中书舍人，学士如故。上嘉群谠直，命学士“自今奏事，必取崔群连署，然后进之。”群曰：“翰林举动皆为故事。必如是，后来万一有阿媚之人为之长，则下位直言无从而进矣。”固不奉诏。章三上，上乃从之。

五月，庚申，上谓宰相曰：“卿辈屡言淮、浙去岁水旱，近有御史自彼还，言不至为灾，事竟如何？”李绛对曰：“臣按淮南、浙西、浙东奏状，皆云水旱，人多流亡，求设法招抚，其意似恐朝廷罪之者，岂肯无灾而妄言有灾邪！此盖御史欲为奸谀以悦上意耳，愿得其主名，按致其法。”上曰：“卿言是也。国以人为本，闻有灾当亟救之，岂可尚复疑之邪！朕适者不思，失言耳。”命速蠲其租赋。上尝与宰相论治道于延英殿，日旰，暑甚，汗透御服，宰相恐上体倦，求退。上留之曰：“朕入禁中，所与处者独宫人、宦官耳，故乐与卿等且共谈为理之要，殊不知倦也。”

六月，癸巳，司徒、同平章事杜佑以太保致仕。

秋，七月，乙亥，立遂王宥为太子，更名恒。恒，郭贵妃之子也。诸姬子澧王宽，长于恒。上将立恒，命崔群为宽草让表，群曰：“凡推己之有以与人谓之让。遂王，嫡子也，宽何让焉！”上乃止。

八月，戊戌，魏博节度使田季安薨。

初，季安娶洺州刺史元谊女。生子怀谏，为节度副使。牙内兵马使田兴，庭玠之子也，有勇力，颇读书，性恭逊。季安淫虐，兴数规谏，军中赖之。季安以为收众心，出为临清镇将，欲杀之。兴阳为风痹，灸灼满身，乃得免。季安病风，杀戮无度，军政废乱，夫人元氏召诸将立怀谏为副大使，知军务，时年十一。迁季安于别寝，月余而薨。召田兴为步射都知兵马使。

辛亥，以左龙武大将军薛平为郑滑节度使，欲以控制魏博。

上与宰相议魏博事，李吉甫请兴兵讨之，李绛以为魏博不必用兵，当自归朝廷。吉甫盛陈不可不用兵之状，上曰："朕意亦以为然。"绛曰："臣窃观两河藩镇之跋扈者，皆分兵以隶诸将，不使专在一人，恐其权任太重，乘间而谋己故也。诸将势均力敌，莫能相制，欲广相连结，则众心不同，其谋必泄；欲独起为变，则兵少力微，势必不成。加以购赏既重，刑诛又峻，是以诸将互相顾忌，莫敢先发，跋扈者恃此以为长策。然臣窃思之，若常得严明主帅能制诸将之死命者以临之，则粗能自固矣。今怀谏乳臭子，不能自听断，军府大权必有所归，诸将厚薄不均，怨怒必起，不相服从，然则向日分兵之策，适足为今日祸乱之阶也。田氏不为屠肆，则悉为俘囚矣，何烦天兵哉！彼自列将起代主帅，邻道所恶，莫甚于此。彼不倚朝廷之援以自存，则立为邻道所齑粉矣。故臣以为不必用兵，可坐待魏博之自归也。但愿陛下按兵养威，严敕诸道选练士马以须后敕。使贼中知之，不过数月，必有自效于军中者矣。至时，惟在朝廷应之敏速，中其机会，不爱爵禄以赏其人，使两河藩镇闻之，恐其麾下效之以取朝廷之赏，必皆恐惧，争为恭顺矣。此所谓不战而屈人兵者也。"上曰："善。"

它日，吉甫复于延英盛陈用兵之利，且言刍粮金帛皆已有备。上顾问绛，绛对曰："兵不可轻动。前年讨恒州，四面发兵二十万，又发两神策兵自京师赴之，天下骚动，所费七百余万缗，讫无成功，为天下笑。今疮痍未复，人皆惮战，若又以敕命驱之，臣恐非直无功，或生它变。况魏博不必用兵，事势明白，愿陛下勿疑。"上奋身抚案曰："朕不用兵决矣。"绛曰："陛下虽有是言，恐退朝之后，复有荧惑圣听者。"上正色厉声曰："朕志已决，谁能惑也！"绛乃拜贺曰："此社稷之福也。"

既而田怀谏幼弱，军政皆决于家僮蒋士则，数以爱憎移易诸将，众皆愤怒。朝命久未至，军中不安。田兴晨入府，士卒数千人大噪，环兴而拜，请为留后。兴惊仆于地，众不散，久之，兴度不免，乃谓众曰："汝肯听吾言乎？"皆曰："惟命。"兴曰："勿犯副大使，守朝廷法令，申版籍，请官吏，然后可。"皆曰："诺。"兴乃杀蒋士则等十余人，迁怀谏于外。

资治通鉴卷第二百三十九

端明殿学士兼翰林侍读学士太中大夫提举西京嵩山崇福宫上柱国河内郡开国公食邑二千二百户食实封九百户赐紫金鱼袋臣 司马光 奉敕编集

唐纪五十五起玄黓执徐(壬辰)十月，尽柔兆涒滩(丙申)，凡四年有奇。

宪宗昭文章武大圣至神孝皇帝中之上

元和七年(壬辰、812)

冬，十月，乙未，魏博监军以状闻，上亟召宰相，谓李绛曰："卿揣魏博若符契。"李吉甫请遣中使宣慰以观其变，李绛曰："不可。今田兴奉其土地兵众，坐待诏命，不乘此际推心抚纳，结以大恩，必待敕使至彼，持将士表来为请节钺，然后与之，则是恩出于下，非出于上，将士为重，朝廷为轻，其感戴之心亦非今日之比也。机会一失，悔之无及！"吉甫素与枢密使梁守谦相结，守谦亦为之言于上曰："故事，皆遣中使宣劳，今此镇独无，恐更不谕。"上竟遣中使张忠顺如魏博宣慰，欲俟其还而议之。癸卯，李绛复上言："朝廷恩威得失，在此一举，时机可惜，奈何弃之！利害甚明，愿圣心勿疑。计忠顺之行，甫应过陕，乞明旦即降白麻除兴节度使，犹可及也。"上欲且除留后，绛曰："兴恭顺如此，自非恩出不次，则无以使之感激殊常。"上从之。甲辰，以兴为魏博节度使。忠顺未还，制命已至魏州。兴感恩流涕，士众无不鼓舞。

庚戌，更名皇子宽曰恽，察曰悰，寰曰忻，寮曰悟，审曰恪。

李绛又言："魏博五十余年不沾皇化，一旦举六州之地来归，刳河朔之腹心，倾叛乱之巢穴，不有重赏过其所望，则无以慰士卒之心，使四邻劝慕。请发内库钱百五十万缗以赐之。"左右宦官以为"所与太多，后有此比，将何以给之？"上以语绛，绛曰："田兴不贪专地之利，不顾四邻之患，归命圣朝，陛下奈何爱小费而遗大计，不以收一道人心！钱用尽更来，机事一失，不可复追。借使国家发十五万兵以取六州，期年而克之，其费岂止百五十万缗而已乎？"上悦，曰："朕所以恶衣菲食，蓄聚货财，正为欲平定四方；不然，徒贮之府库何为！"十一月，辛酉，遣知制诰裴度至魏博宣慰，以钱百五十万缗赏军士，六州百姓给复一年。军士受赐，欢声如雷。成德、兖郓使者数辈见之，相顾失色，叹曰："倔强者果何益乎！"

度为兴陈君臣上下之义，兴听之，终夕不倦，待度礼极厚，请度遍至所部州县，宣布朝命。奏乞除节度副使于朝廷，诏以户部郎中河东胡证为之。兴又奏所部缺官九十员，请有司注拟，行朝廷法令，输赋税。田承嗣以来室屋僭侈者，皆避不居。

郓、蔡、恒遣游客间说百方，兴终不听。李师道使人谓宣武节度使韩弘曰："我世与田氏约相保援，今兴非其族，又首变两河事，亦公之所恶也。我将与成德合军讨之。"弘曰："我不知利害，知奉诏行事耳。若兵北度河，我则以兵东取曹州。"师道惧，不敢动。

田兴既葬田季安，送田怀谏于京师。辛巳，以怀谏为右监门卫将军。

李绛奏振武、天德左右良田可万顷，请择能吏开置营田，可以省费足食，上从之。绛命度支使卢坦经度用度，四年之间，开田四千八百顷，收谷四千余万斛，岁省度支钱二十余万缗，边防赖之。

上尝于延英谓宰相曰："卿辈当为朕惜官，勿用之私亲故。"李吉甫、权德舆皆谢不敢。李绛曰："崔祐甫有言，'非亲非故，不谙其才。'谙者尚不与官，不谙者何敢复与？但问其才器与官相称否耳。若避亲故之嫌，使圣朝亏多士之美，此乃偷安之臣，非至公之道也。苟所用非其人，则朝廷自有典刑，谁敢逃之！"上曰："诚如卿言。"

是岁，吐蕃寇泾州，及西门之外，驱掠人畜而去。上患之，李绛上言："京西、京北皆有神策镇兵，始，置之欲以备御吐蕃，使与节度使掎角相应也。今则鲜衣美食，坐耗县官，每有寇至，节度使邀与俱进，则云申取中尉处分，比得其报，虏去远矣。纵有果锐之将，闻命奔赴，节度使无刑戮以相制之，相视如平交，左右前却，莫肯用命，何所益乎！请据所在之地士马及衣粮、器械皆割隶当道节度使，使号令齐壹，如臂之使指，则军威大振，虏不敢入寇矣。"上曰："朕不知旧事如此，当亟行之。"既而神策军骄恣日久，不乐隶节度使，竟为宦者所沮而止。

八年（癸巳、813）

春，正月，癸亥，以博州刺史田融为相州刺史。融、兴幼孤，融长，养而教之。兴尝于军中角射，一军莫及。融退而挞之曰："尔不自晦，祸将及矣！"故兴能自全于猜暴之时。

勃海定王元瑜卒，弟言义权知国务。庚午，以言义为勃海王。

李吉甫、李绛数争论于上前，礼部尚书、同平章事权德舆居中无所可否，上鄙之。辛未，德舆罢守本官。

辛卯，赐魏博节度使田兴名弘正。

司空、同平章事于頔久留长安，郁郁不得志。有梁正言者，自言与枢密使梁守谦同宗，能为人属请，頔使其子太常丞敏重赂正言，求出镇。久之，正言诈渐露，敏索其赂不得，诱其奴，支解之，弃溷中。事觉，頔帅其子殿中少监季友等素服诣建福门请罪，门者不内，退，负南墙而立，遣人上表，阁门以无印引不受。日暮方归，明日，复至。丁酉，頔左授恩王傅，仍绝朝谒，敏流雷州，季友等皆贬官，僮奴死者数人。敏至秦岭而死。

事连僧鉴虚。鉴虚自贞元以来，以财交权幸，受方镇赂遗，厚自奉养，吏不敢诘。至是，权幸争为之言，上欲释之，中丞薛存诚不可。上遣中使诣台宣旨曰："朕欲面诘此僧，非释之也。"存诚对曰："陛下必欲面释此僧，请先杀臣，然后取之，不然，臣期不奉诏。"上嘉而从之。三月，丙辰，杖杀鉴虚，没其所有之财。

甲子，征前西川节度使、同平章事武元衡入知政事。

夏，六月，大水。上以为阴盈之象，辛丑，出宫人二百车。

秋，七月，辛酉，振武节度使李光进请修受降城，兼理河防。时受降城为河所毁，李吉甫请徙其徒于天德故城，李绛及户部侍郎卢坦以为："受降城，张仁愿所筑，当碛口，据虏要冲，美水草，守边之利地。今避河患，退二三里可矣，奈何舍万代永安之策，徇一时省费之便乎！况天德故城僻处确瘠，去河绝远，烽候警急不相应接，虏忽唐突，势无由知，是无故而蹙国二百里也。"及城使周怀义奏利害，与绛、坦同。上卒用吉甫策，以受降城骑士隶天德军。

李绛言于上曰："边兵徒有其数而无其实，虚费衣粮，将帅但缘私役使，聚其货财以结权幸而已，未尝训练以备不虞，此不可不于无事之时豫留圣意也。"时受降城兵籍旧四百人，及天德军交兵，止有五十人，器械止有一弓，自余称是。故绛言及之。上惊曰："边兵乃如是其虚邪？卿曹当加按阅。"会绛罢相而止。

乙巳，废天威军，以其众隶神策军。

丁未，辰、溆州贼帅张伯靖请降。九月，辛亥，以伯靖为归州司马，委荆南军前驱使。

初，吐蕃欲作乌兰桥，先贮材于河侧，朔方常潜遣人投之于河，终不能成。虏知朔方、灵盐节度使王佖贪，先厚赂之，然后并力成桥，仍筑月城守之。自是朔方御寇不暇。

冬，十月，回鹘发兵度碛南，自柳谷西击吐蕃。壬寅，振武、天德军奏回鹘数千骑至鹈鹕泉，边军戒严。

振武节度使李进贤，不恤士卒；判官严澈，绶之子也，以刻核得幸于进贤。进贤使牙将杨遵宪将五百骑趣东受降城以备回鹘，所给资装多虚估。至鸣沙，遵宪屋处而士卒暴露，众发怒，夜，聚薪环其屋而焚之，卷甲而还。庚寅夜，焚门，攻进贤，进贤逾城走，军士屠其家，并杀严澈。进贤奔静边军。

群臣累表请立德妃郭氏为皇后。上以妃门宗强盛，恐正位之后，后宫莫得进，托以岁时禁忌，竟不许。

丁酉，振武监军骆朝宽奏乱兵已定，请给将士衣。上怒，以夏绥节度使张煦为振武节度使，将夏州兵二千赴镇，仍命河东节度使王锷以兵二千纳之，听以便宜从事。骆朝宽归罪于其将苏若方而杀之。

发郑滑、魏博卒凿黎阳古河十四里，以纾滑州水患。

上问宰相："人言外间朋党大盛，何也？"李绛对曰："自古人君所甚恶者，莫若人臣为朋党，故小人谮君子者必曰朋党。何则？朋党言之则可恶，寻之则无迹故也。东汉之末，凡天下贤人君子，宦官皆谓之党人而禁锢之，遂以亡国。此皆群小欲害善人之言，愿陛下深察之。夫君子固与君子合，岂可必使之与小人合，然后谓之非党邪！"

九年（甲午、814）

春，正月，甲戌，王锷遣兵五千会张煦于善羊栅。乙亥，煦入单于都护府，诛乱者苏国珍等二百五十三人。二月，丁丑，贬李进贤为通州刺史。甲午，骆朝宽坐纵乱者，杖之八十，夺色，配役定陵。

李绛屡以足疾辞位，癸卯，罢为礼部尚书。初，上欲相绛，先出吐突承璀为淮南监军，至是，上召还承璀，先罢绛相。甲辰，承璀至京师，复以为弓箭库使、左神策中尉。

李吉甫奏："国家旧置六胡州于灵、盐之境，开元中废之，更置宥州以领降户。天宝中，宥州寄理于经略军，宝应以来，因循遂废。今请复之，以备回鹘，抚党项。"上从之。夏，五月，庚申，复置宥州，理经略军，取鄜城神策屯兵九千以实之。

先是，回鹘屡请昏，朝廷以公主出降，其费甚广，故未之许。礼部尚书李绛上言，以为："回鹘凶强，不可无备；淮西穷蹙，事要经营。今江、淮大县，岁所入赋有二十万缗者，足以备降主之费，陛下何爱一县之赋，不以羁縻劲虏！回鹘若得许昏，必喜而无猜，然后可以修城堑，蓄甲兵，边备既完，得专意淮西，功必万全。今既未降公主而虚弱西城，碛路无备，更修天德以疑虏心。万一北边有警，则淮西遗丑复延岁月之命矣。傥虏骑南牧，国家非步兵三万，骑五千，则不足以抗御。借使一岁而胜之，其费岂特降主之比哉！"上不听。

乙丑，桂王纶薨。

六月，壬寅，以河中节度使张弘靖为刑部尚书、同平章事。弘靖，延赏之子也。

翰林学士独孤郁，权德舆之婿也。上叹郁之才美曰："德舆得婿郁，我反不及邪?”先是尚主皆取贵戚及勋臣之家,上始命宰相选公卿、大夫子弟文雅可居清贯者,诸家多不愿,惟杜佑孙司议郎悰不辞。秋,七月,戊辰,以悰为殿中少监、驸马都尉,尚岐阳公主。公主,上长女,郭妃所生也。八月,癸巳,成昏。公主有贤行,杜氏大族,尊行不翘数十人,公主卑委怡顺,一同家人礼度,二十余年,人未尝以丝发间指为贵骄。始至,则与悰谋曰:“上所赐奴婢,卒不肯穷屈,奏请纳之,悉自市寒贱可制指者。”自是闺门落然不闻人声。

闰月,丙辰,彰义节度使吴少阳薨。少阳在蔡州,阴聚亡命,牧养马骡,时抄掠寿州茶山以实其军。其子摄蔡州刺史元济,匿丧,以病闻,自领军务。

上自平蜀,即欲取淮西。淮南节度使李吉甫上言:“少阳军中上下携离,请徙理寿州以经营之。”会朝廷方讨王承宗,未暇也。及吉甫入相,田弘正以魏博归附。吉甫以为汝州扞蔽东都,河阳宿兵,本以制魏博,今弘正归顺,则河阳为内镇,不应屯重兵以示猜阻。辛酉,以河阳节度使乌重胤为汝州刺史,充河阳、怀、汝节度使,徙理汝州。己巳,弘正检校右仆射,赐其军钱二十万缗,弘正曰:“吾未若移河阳军之为喜也。”

九月,庚辰,以洺州刺史李光颜为陈州刺史,充忠武军都知兵马使。以泗州刺史令狐通为寿州防御使。通,彰之子也。丙戌,以山南东道节度使袁滋为荆南节度使,以荆南节度使严绶为山南东道节度使。

吴少阳判官苏兆、杨元卿、大将侯惟清皆劝少阳入朝,元济恶之,杀兆,囚惟清。元卿先奏事在长安,具以淮西虚实及取元济之策告李吉甫,请讨之。时元济犹匿丧,元卿劝吉甫,凡蔡使入奏者,所在止之。少阳死近四十日,不为辍朝,但易环蔡诸镇将帅,益兵为备。元济杀元卿妻及四男以圬射堋。淮西宿将董重质,吴少诚之婿也,元济以为谋主。

戊戌,加河东节度使王锷同平章事。

李吉甫言于上曰:“淮西非如河北,四无党援,国家常宿数十万兵以备之,劳费不可支也。失今不取,后难图矣。”上将讨之,张弘靖请先为少阳辍朝、赠官,遣使吊赠,待其有不顺之迹,然后加兵,上从之,遣工部员外郎李君何吊祭。元济不迎敕使,发兵四出,屠舞阳,焚叶,掠鲁山、襄城,关东震骇。君何不得入而还。

冬,十月,丙午,中书侍郎、同平章事赵公李吉甫薨。

壬戌,以忠武节度副使李光颜为节度使。甲子,以严绶为申、光、蔡招抚使,督诸道兵招讨吴元济。乙丑,命内常侍知省事崔潭峻监其军。戊辰,以尚书左丞吕元膺为东都留守。

党项寇振武。

十二月,戊辰,以尚书右丞韦贯之同平章事。

十年(乙未、815)

春,正月,乙酉,加韩弘守司徒。弘镇宣武,十余年不入朝,颇以兵力自负,朝廷亦不以忠纯待之。王锷加同平章事,弘耻班在其下,与武元衡书,颇露不平之意。朝廷方倚其形势以制吴元济,故迁官使居锷上以宠慰之。

吴元济纵兵侵掠,及于东畿。己亥,制削元济官爵,命宣武等十六道进军讨之。严绶击淮西兵,小胜,不设备,淮西兵夜还袭之。二月,甲辰,绶败于磁丘,却五十余里,驰入唐州而守之。寿州团练使令狐通为淮西兵所败,走保州城,境上诸栅尽为淮西所屠。癸丑,以左金吾大将军李文通代之,贬通昭州司户。

诏鄂岳观察使柳公绰以兵五千授安州刺史李听,使讨吴元济,公绰曰:“朝廷以吾书生不知兵邪?”即奏请自行,许之。公绰至安州,李听属櫜鞬迎之。公绰以鄂岳都知兵马使、先锋行营兵马都虞候二牒授之,选卒六千以属听,戒其部校曰:“行营之事,一决都将。”听感恩畏威,如出麾下。公绰号令整肃,区处军事,诸将无不服。士卒在行营者,其家疾病死丧,厚给之,妻淫泆者,沉之于江。士卒皆喜曰:“中丞为我治家,我何得不前死!”故每战皆捷。公绰所乘马,踶杀圉人,公绰命杀马以祭之,或曰:“圉人自不备耳,此良马,可惜!”公绰曰:“材良性驽,何足惜也!”竟杀之。

河东将刘辅杀丰州刺史燕重旰,王锷诛之,及其党。

王叔文之党坐谪官者,凡十年不量移,执政有怜其才欲渐进之者,悉召至京师。谏官争言其不可,上与武元衡亦恶之。三月,乙酉,皆以为远州刺史,官虽进而地益远。永州司马柳宗元为柳州刺史,朗州司马刘禹锡为播州刺史。宗元曰:“播州非人所居,而梦得亲在堂,万无母子俱往理。”欲请于朝,愿以柳易播。会中丞裴度亦为禹锡言曰:“禹锡诚有罪,然母老,与其子为死别,良可伤。”上曰:“为人子尤当自谨,勿贻亲忧,此则禹锡重可责也。”度曰:“陛下方侍太后,恐禹锡在所宜矜。”上良久乃曰:“朕所言,以责为人子者耳,然不欲伤其亲心。”退,谓左右曰:“裴度爱我终切。”明日,改禹锡连州刺史。

宗元善为文,尝作《梓人传》,以为:“梓人不执斧斤刀锯之技,专以寻引、规矩、绳墨度群木之材,视栋宇之制,相高深、圆方、短长之宜,指麾众工,各趋其事,不胜任者退之。大厦既成,则独名其功,受禄三倍。亦犹相天下者,立纲纪,整法度,择天下之士使称其职,居天下之人使安其业,能者进之,不能者退之,万国既理,而谈者独称伊、傅、周、召,其百执事之勤劳不得纪焉。或者不知体要,衒能矜名,亲小劳,侵众官,听听于府庭,而遗其大者远者,是不知相道者也。”

又作《种树郭橐驼传》曰:“橐驼之所种,无不生且茂者。或问之,对曰:‘橐驼非能使木寿且孳也。凡木之性,其根欲舒,其土欲故,既植之,勿动勿虑,去不复顾。其莳也若子，其置也若弃，则其天全而性得矣。它植者则不然，根拳而土易，爱之太恩，忧之太勤，旦视而暮抚，已〔去〕而复顾，甚者爪其肤以验其生枯，摇其本以观其疏密，而木之性日以离矣。虽曰爱之，其实害之；虽曰忧之，其实仇之。故不我若也。为政亦然。吾居乡见长人者，好烦其令，若甚怜焉而卒以祸之。旦暮吏来，聚民而令之，促其耕获，督其蚕织，吾小人辍饔飧以劳吏之不暇，又何以蕃吾生而安吾性邪？凡病且怠，职此故也。'"此其文之有理者也。

庚子，李光颜奏破淮西兵于临颍。

田弘正遣其子布将兵三千助严绶讨吴元济。

甲辰，李光颜又奏破淮西兵于南顿。

吴元济遣使求救于恒、郓，王承宗、李师道数上表请赦元济，上不从。是时发诸道兵讨元济而不及淄青，师道使大将将二千人趣寿春，声言助官军讨元济，实欲为元济之援也。

师道素养刺客奸人数十人，厚资给之，其徒说师道曰："用兵所急，莫先粮储。今河阴院积江、淮租赋，请潜往焚之。募东都恶少年数百，劫都市，焚宫阙，则朝廷未暇讨蔡，先自救腹心。此亦救蔡一奇也。"师道从之。自是所在盗贼窃发。辛亥暮，盗数十人攻河阴转运院，杀伤十余人，烧钱帛三十余万缗匹，谷二万余斛，于是人情恇惧。群臣多请罢兵，上不许。

诸军讨淮西久未有功，五月，上遣中丞裴度诣行营宣慰，察用兵形势。度还，言淮西必可取之状，且曰："观诸将，惟李光颜勇而知义，必能立功。"上悦。

考功郎中、知制诰韩愈上言，以为："淮西三小州，残弊困剧之余，而当天下之全力，其破败可立而待。然所未可知者，在陛下断与不断耳。"因条陈用兵利害，以为："今诸道发兵各二三千人，势力单弱，羁旅异乡，与贼不相谙委，望风慑惧。将帅以其客兵，待之既薄，使之又苦。或分割队伍，兵将相失，心孤意怯，难以有功。又其本军各须资遣，道路辽远，劳费倍多。闻陈、许、安、唐、汝、寿等州与贼连接处，村落百姓悉有兵器，习于战斗，识贼深浅，比来未有处分，犹愿自备衣粮，保护乡里，若令召募，立可成军。贼平之后，易使归农。乞悉罢诸道军，募土人以代之。"又言："蔡州士卒皆国家百姓，若势力穷不能为恶者，不须过有杀戮。"

丙申，李光颜奏败淮西兵于时曲。淮西兵晨压其垒而陈，光颜不得出，乃自毁其栅之左右，出骑以击之。光颜自将数骑冲其陈，出入数四，贼皆识之，矢集其身如蝟毛。其子揽辔止之，光颜举刃叱去。于是人争致死，淮西兵大溃，杀数千人。上以裴度为知人。

上自李吉甫薨，悉以用兵事委武元衡。李师道所养客说师道曰："天子所以锐意诛蔡者，元衡赞之也，请密往刺之。元衡死，则它相不敢主其谋，争劝天子罢兵矣。"师道以为然，即资给遣之。

王承宗遣牙将尹少卿奏事，为吴元济游说。少卿至中书，辞指不逊，元衡叱出之，承宗又上书诋毁元衡。

六月，癸卯，天未明，元衡入朝，出所居靖安坊东门，有贼自暗中突出射之，从者皆散走，贼执元衡马行十余步而杀之，取其颅骨而去。又入通化坊击裴度，伤其首，坠沟中，度毡帽厚，得不死。傔人王义自后抱贼大呼，贼断义臂而去。京城大骇，于是诏宰相出入，加金吾骑士张弦露刃以卫之，所过坊门呵索甚严。朝士未晓不敢出门。上或御殿久之，朝班犹未齐。

贼遗纸于金吾及府、县，曰："毋急捕我，我先杀汝。"故捕贼者不敢甚急。兵部侍郎许孟容见上言："自古未有宰相横尸路隅而盗不获者，此朝廷之辱也。"因涕泣。又诣中书挥涕言："请奏起裴中丞为相，大索贼党，穷其奸源。"戊申，诏中外所在搜捕，获贼者赏钱万缗，官五品，敢庇匿者，举族诛之。于是京城大索，公卿家有复壁、重橑者皆索之。

成德军进奏院有恒州卒张晏等数人，行止无状，众多疑之。庚戌，神策将军王士则等告王承宗遣晏等杀元衡，吏捕得晏等八人，命京兆尹裴武、监察御史陈中师鞫之。癸亥，诏以王承宗前后三表出示百寮，议其罪。

裴度病疮，卧二旬，诏以卫兵宿其第，中使问讯不绝。或请罢度官以安恒、郓之心，上怒曰："若罢度官，是奸谋得成，朝廷无复纲纪。吾用度一人，足破二贼。"甲子，上召度入对。乙丑，以度为中书侍郎、同平章事。度上言："淮西，腹心之疾，不得不除。且朝廷业已讨之，两河藩镇跋扈者，将视此为高下，不可中止。"上以为然，悉以用兵事委度，讨贼愈急。

初，德宗多猜忌，朝士有相过从者，金吾皆伺察以闻，宰相不敢私第见客。度奏"今寇盗未平，宰相宜招延四方贤才与参谋议"，始请于私第见客，许之。

陈中师按张晏等，具服杀武元衡。张弘靖疑其不实，屡言于上，上不听。戊辰，斩晏等五人，杀其党十四人，李师道客竟潜匿亡去。

秋，七月，庚午朔，灵武节度使李光进薨。光进与弟光颜友善，光颜先娶，其母委以家事。母卒，先进后娶，光颜使其妻奉管钥，籍财物，归于其姒。光进反之曰："新妇逮事先姑，先姑命主家事，不可易也。"因相持而泣。

甲戌，诏数王承宗罪恶，绝其朝贡，曰："冀其翻然改过，束身自归。攻讨之期，更俟后命。"

八月，己亥朔，日有食之。

李师道置留后院于东都，本道人杂沓往来，吏不敢诘。时淮西兵犯东畿，防御兵悉屯伊阙。师道潜内兵于院中，至数十百人，谋焚宫阙，纵兵杀掠。已烹牛飨士，明日，将发。其小卒诣留守吕元膺告变，元膺亟追伊阙兵围之。贼众突出，防御兵踵其后，不敢迫，贼出长夏门，望山而遁。是时都城震骇，留守兵寡弱，元膺坐皇城门，指使部分，意气自若，都人赖以安。

东都西南接邓、虢，皆高山深林，民不耕种，专以射猎为生，人皆趫勇，谓之"山棚"。元膺设重购以捕贼。数日，有山棚鬻鹿，贼遇而夺之，山棚走召其侪类，且引官军共围之谷中，尽获之。按验，得其魁，乃中岳寺僧圆净，故尝为史思明将，勇悍过人，为师道谋，多买田于伊阙、陆浑之间，以舍山棚而衣食之。有訾嘉珍、门察者，潜部分以属圆净，圆净以师道钱千万，阳为治佛光寺，结党定谋，约令嘉珍等窃发城中，圆净举火于山中，集二县山棚入城助之。圆净时年八十余，捕者既得之，奋锤击其胫，不能折。圆净骂曰："鼠子，折人胫且不能，敢称健儿！"乃自置其胫，教使折之。临刑，叹曰："误我事，不得使洛城流血！"党与死者凡数千人。留守、防御将二人及驿卒八人皆受其职名，为之耳目。

元膺鞫訾嘉珍、门察，始知杀武元衡者乃师道也。元膺密以闻，以槛车送二人诣京师。上业已讨王承宗，不复穷治。元膺上言："近日藩镇跋扈不臣，有可容贷者。至于师道谋屠都城，烧宫阙，悖逆尤甚，不可不诛。"上以为然，而方讨吴元济，绝王承宗，故未暇治师道也。

乙丑，李光颜败于时曲。

初，上以严绶在河东，所遣裨将多立功，故使镇襄阳，且督诸军讨吴元济。绶无它材能，到军之日，倾府库，赉士卒，累年之积，一朝而尽，又厚赂宦官，以结声援。拥八州之众万余人屯境上，闭壁经年，无尺寸功。裴度屡言其军无政。九月，癸酉，以韩弘为淮西诸军都统。

弘乐于自擅，欲倚贼以自重，不愿淮西速平。李光颜在诸将中战最力，弘欲结其欢心，举大梁城索得一美妇人，教之歌舞丝竹，饰以珠玉金翠，直数百万钱，遣使遗之，使者先致书。光颜乃大飨将士，使者进妓，容色绝世，一座尽惊。光颜谓使者曰："相公愍光颜羁旅，赐以美妓，荷德诚深。然战士数万，皆弃家远来，冒犯白刃，光颜何忍独以声色自娱悦乎！"因流涕，座者皆泣。即于席上厚以缯帛赠使者，并妓返之，曰："为光颜多谢相公，光颜以身许国，誓不与逆贼同戴日月，死无贰矣！"

冬，十月，庚子，始分山南东道为两节度，以户部侍郎李逊为襄、复、郢、均、房节度使，以右羽林大将军高霞寓为唐、随、邓节度使。朝议以唐与蔡接，故使霞寓专事攻战，而逊调五州之赋以饷之。

辛丑，刑部侍郎权德舆奏："自开元二十五年修《格式律令事类》后，至今《长行敕》，近删定为三十卷，请施行。"从之。

上虽绝王承宗朝贡，未有诏讨之。魏博节度使田弘正屯兵于其境，承宗屡败之，弘正忿，表请击之，上不许。表十上，乃听至贝州。丙午，弘正军于贝州。

庚戌，东都奏盗焚柏崖仓。

十一月，寿州刺史李文通奏败淮西兵。壬申，韩弘请命众军合攻淮西，从之。李光颜、乌重胤败淮西兵于小溵水，拔其城。

乙亥，以严绶为太子少保。

盗焚襄州佛寺军储。尽徙京城积草于四郊以备火。

丁丑，李文通败淮西兵于固始。

戊寅，盗焚献陵寝宫、永巷。

诏发振武兵二千，会义武军以讨王承宗。

己丑，吐蕃款陇州塞，请互市，许之。

初，吴少阳闻信州人吴武陵名，邀以为宾友，武陵不答。及元济反，武陵以书谕之曰："足下勿谓部曲不我欺，人情与足下一也。足下反天子，人亦欲反足下。易地而论，则其情可知矣。"

丁酉，武宁节度使李愿奏败李师道之众。时师道数遣兵攻徐州，败萧、沛数县，愿悉以步骑委都押牙温人王智兴，击破之。十二月，甲辰，智兴又破师道之众，斩首二千余级，逐北至平阴而还。愿，晟之子也。

东都防御使吕元膺请募山棚以卫宫城，从之。

乙丑，河东节度使王锷薨。

王承宗纵兵四掠，幽、沧、定三镇皆苦之，争上表请讨承宗。上欲许之，中书侍郎、同平章事张弘靖以为"两役并兴，恐国力所不支，请并力平淮西，乃征恒冀"。上不为之止，弘靖乃求罢。

十一年（丙申、816）

春，正月，己巳，以弘靖同平章事，充河东节度使。

乙亥，幽州节度使刘总奏败成德兵，拔武强，斩首千余级。

庚辰，翰林学士、中书舍人钱徽，驾部郎中、知制诰萧俛，各解职，守本官。时群臣请罢兵者众，上患之，故黜徽、俛以警其余。徽，吴人也。

癸未，制削王承宗官爵，命河东、幽州、义武、横海、魏博、昭义六道进讨。韦贯之屡请先取吴元济、后讨承宗，曰："陛下不见建中之事乎？始于讨魏及齐，而蔡、燕、赵皆应之，卒致朱泚之乱，由德宗不能忍数年之愤邑，欲太平之功速成故也。"上不听。

甲申，盗断建陵门戟四十七枝。

二月，西川奏吐蕃赞普卒，新赞普可黎可足立。

乙巳，以中书舍人李逢吉为门下侍郎、同平章事。逢吉，玄道之曾孙也。

乙卯，昭义节度使郗士美奏破成德兵，斩首千余级。

南诏劝龙晟淫虐不道，上下怨疾，弄栋节度王嵯巅弑之，立其弟劝利。劝利德嵯巅，赐姓蒙氏，谓之“大容”。容，蛮言兄也。

己未，刘总破成德兵，斩首千余级。

荆南节度使袁滋父祖墓在朗山，请入朝，欲劝上罢兵。行至邓州，闻萧俛、钱徽贬官，及见上，更以必克劝之，仅得还镇。

辛酉，魏博奏败成德兵，拔其固城。乙丑，又奏拔其鸦城。

三月，庚午，太后崩。辛未，敕以国哀，诸司公事权取中书门下处分，不置摄冢宰。

寿州团练使李文通奏败淮西兵于固始，拔𨫼山。己卯，唐邓节度使高霞寓奏败淮西兵于朗山，斩首千余级，焚二栅。

幽州节度使刘总围乐寿。

夏，四月，庚子，李光颜、乌重胤奏败淮西兵于陵雲栅，斩首三千级。

辛亥，司农卿皇甫镈以兼中丞权判度支。镈始以聚敛得幸。

乙卯，刘总奏破成德兵于深州，斩首二千五百级。

乙丑，义武节度使浑镐奏破成德兵于九门，杀千余人。镐，瑊之子也。

宥州军乱，逐刺史骆怡，夏州节度使田进讨平之。

五月，壬申，李光颜、乌重胤奏败淮西兵于陵雲栅，斩首二千余级。

六月，甲辰，高霞寓大败于铁城，仅以身免。时诸将讨淮西者，胜则虚张杀获，败则匿之。至是，大败不可掩，始上闻，中外骇愕。宰相入见，将劝上罢兵，上曰：“胜负兵家之常，今但当论用兵方略，察将帅之不胜任者易之，兵食不足者助之耳。岂得以一将失利，遽议罢兵邪？”于是独用裴度之言，它人言罢兵者亦稍息矣。己酉，霞寓退保唐州。

上责高霞寓之败，霞寓称李逊应接不至。秋，七月，丁丑，贬霞寓为归州刺史，逊亦左迁恩王傅。以河南尹郑权为山南东道节度使。以荆南节度使袁滋为彰义节度、申、光、蔡、唐、随、邓观察使，以唐州为理所。

壬午，宣武军奏破郾城之众二万，杀二千余人，捕虏千余人。

田弘正奏破成德兵于南宫，杀二千余人。

中书侍郎、同平章事韦贯之，性高简，好甄别流品，又数请罢用兵，左补阙张宿毁之于上，云其朋党。八月，壬寅，贯之罢为吏部侍郎。

诸军讨王承宗者互相观望，独昭义节度使郗士美引精兵压其境。己未，士美奏大破承宗之众于柏乡，杀千余人，降者亦如之，为三垒以环柏乡。

庚申，葬庄宪皇后于丰陵。

九月，乙亥，右拾遗独孤朗坐请罢兵，贬兴元府仓曹。朗，及之子也。

饶州大水，漂失四千七百户。

丙子，以韦贯之为湖南观察使，犹坐前事也。辛巳，以吏部侍郎韦觊、考功员外郎韦处厚等皆为远州刺史，张宿谗之，以为贯之之党也。觊，见素之孙；处厚，敻之九世孙也。

乙酉，李光颜、乌重胤奏拔吴元济陵雲栅。丁亥，光颜又奏拔石、越二栅，寿州奏败殷城之众，拔六栅。

冬，十一月，壬戌朔，容管奏黄洞蛮为寇。乙丑，邕管奏击黄洞蛮，却之，复宾、蛮等州。

丙寅，加幽州节度使刘总同平章事。

李师道闻拔陵雲栅而惧，诈请输款，上以力未能讨，加师道检校司空。

王锷家二奴告锷子稷改父遗表，匿所献家财，上命鞫于内仗，遣中使诣东都检括锷家财。裴度谏曰："王锷既没，其所献之财已为不少。今又因奴告检括其家，臣恐诸将帅闻之，各以身后为忧。"上遽止使者。己巳，以二奴付京兆，杖杀之。

庚子，以给事中柳公绰为京兆尹。公绰初赴府，有神策小将跃马横冲前导，公绰驻马，杖杀之。明日，入对延英，上色甚怒，诘其专杀之状，对曰："陛下不以臣无似，使待罪京兆。京兆为辇毂师表，今视事之初，而小将敢尔唐突，此乃轻陛下诏命，非独慢臣也。臣知杖无礼之人，不知其为神策军将也。"上曰："何不奏？"对曰："臣职当杖之，不当奏。"上曰："谁当奏者？"对曰："本军当奏。若死于街衢，金吾街使当奏；在坊内，左右巡使当奏。"上无以罪之，退，谓左右曰："汝曹须作意此人，朕亦畏之。"

讨淮西诸军近九万，上怒诸将久无功，辛巳，命知枢密梁守谦宣慰，因留监其军，授以空名告身五百通及金帛，以劝死士。庚寅，先加李光颜等检校官，而诏书切责，示以无功必罚。

辛卯，李文通奏败淮西兵于固始，斩首千余级。

十二月，壬寅，程执恭奏败成德兵于长河，斩首千余级。

义武节度使浑镐与王承宗战屡胜，遂引全师压其境，距恒州三十里而军。承宗惧，潜遣兵入镐境，焚掠城邑，人心始内顾而摇。会中使督其战，镐引兵进薄恒州，与承宗战，大败，奔还定州。丙午，诏以易州刺史陈楚为义武节度使，军中闻之，掠镐及家人衣，至于裸露。陈楚驰入定州，镇遏乱者，敛军中衣以归镐，以兵卫送还朝。楚，定州人，张茂昭之甥也。

丁未，以翰林学士王涯为中书侍郎、同平章事。

袁滋至唐州，去斥候，止其兵不使犯吴元济境。元济围其新兴栅，滋卑辞以请之，元济由是不复以滋为意。朝廷知之，甲寅，以太子詹事李愬为唐、(隋)〔随〕、邓节度使。愬，听之兄也。

初置淮、颍水运使。杨子院米自淮阴溯淮入颍，至项城入溵，输于郾城，以馈讨淮西诸军，省汴运之费七万余缗。

己未，容管奏黄洞蛮屠岩州。

资治通鉴卷第二百四十

端明殿学士兼翰林侍读学士太中大夫提举西京嵩山崇福宫上柱国河内郡开国公食邑二千二百户食实封九百户赐紫金鱼袋臣 司马光 奉敕编集

唐纪五十六起强圉作噩(丁酉),尽屠维大渊献(己亥)正月,凡二年有奇。

宪宗昭文章武大圣至神孝皇帝中之下

元和十二年(丁酉、817)

春,正月,甲申,贬袁滋为抚州刺史。

李愬至唐州,军中承丧败之余,士卒皆惮战,愬知之,有出迓者,愬谓之曰:"天子知愬柔懦,能忍耻,故使来拊循尔曹。至于战攻进取,非吾事也。"众信而安之。愬亲行视,士卒伤病者存恤之,不事威严。或以军政不肃为言,愬曰:"吾非不知也。袁尚书专以恩惠怀贼,贼易之,闻吾至,必增备,吾故示之以不肃。彼必以吾为懦而懈惰,然后可图也。"淮西人自以尝败高、袁二帅,轻愬名位素微,遂不为备。

遣盐铁转运副使程异督财赋于江、淮。

回鹘屡请尚公主,有司计其费近五百万缗,时中原方用兵,故上未之许。二月,辛卯朔,遣回鹘摩尼僧等归国,命宗正少卿李诚使回鹘谕意,以缓其期。

李愬谋袭蔡州,表请益兵,诏以昭义、河中、鄜坊步骑二千给之。丁酉,愬遣十将马少良将十余骑巡逻,遇吴元济捉生虞候丁士良,与战,擒之。士良,元济骁将,常为东边患,众请刳其心,愬许之。既而召诘之,士良无惧色。愬曰:"真丈夫也!"命释其缚。士良乃自言:"本非淮西士,贞元中隶安州,与吴氏战,为其所擒,自分死矣,吴氏释我而用之,我因吴氏而再生,故为吴氏父子竭力。昨日力屈,复为公所擒,亦分死矣,今公又生之,请尽死以报其德。"愬乃给其衣服器械,署为捉生将。

己亥,淮西行营奏克蔡州古葛伯城。

丁士良言于李愬曰:"吴秀琳拥三千之众,据文城栅,为贼左臂,官军不敢近者,有陈光洽为之谋主也。光洽勇而轻,好自出战,请为公先擒光洽,则秀琳自降矣。"戊申,士良擒光洽以归。

鄂岳观察使李道古引兵出穆陵关,甲寅,攻申州,克其外郭,进攻子城。城中守将夜出兵击之，道古之众惊乱，死者甚众。道古，皋之子也。

淮西被兵数年，竭仓廪以奉战士，民多无食，采菱芡鱼鳖鸟兽食之，亦尽，相帅归官军者前后五千余户。贼亦患其耗粮食，不复禁。庚申，敕置行县以处之，为择县令，使之抚养，并置兵以卫之。

三月，乙丑，李愬自唐州徙屯宜阳栅。

郗士美败于柏乡，拔营而归，士卒死者千余人。

戊辰，赐程执恭名权。

戊寅，王承宗遣兵二万入东光，断白桥路，程权不能御，以众归沧州。

吴秀琳以文城栅降于李愬。戊子，愬引兵至文城西五里，遣唐州刺史李进诚将甲士八千至城下，召秀琳，城中矢石如雨，众不得前。进诚还报："贼伪降，未可信也。"愬曰："此待我至耳。"即前至城下，秀琳束兵投身马足下，愬抚其背慰劳之，降其众三千人。秀琳将李宪有材勇，愬更其名曰忠义而用之，悉迁妇女于唐州，入据其城。于是唐、邓军气复振，人有欲战之志。贼中降者相继于道，随其所便而置之，闻有父母者，给粟帛遣之，曰："汝曹皆王人，勿弃亲戚。"众皆感泣。

官军与淮西兵夹溵水而军，诸军相顾望，无敢度溵水者。陈许兵马使王沛先引兵五千度溵水，据要地为城，于是河阳、宣武、河东、魏博等军相继皆度，进逼郾城。丁亥，李光颜败淮西兵三万于郾城，走其将张伯良，杀士卒什二三。

己丑，李愬遣山河十将董少玢等分兵攻诸栅，其日，少玢下马鞍山，拔路口栅。夏，四月，辛卯，山河十将马少良下嵖岈山，擒淮西将柳子野。

吴元济以蔡人董昌龄为郾城令，质其母杨氏。杨氏谓昌龄曰："顺死贤于逆生。汝去逆而吾死，乃孝子也；从逆而吾生，是戮吾也。"会官军围青陵，绝郾城归路，郾城守将邓怀金谋于昌龄，昌龄劝之归国，怀金乃请降于李光颜曰："城人之父母妻子皆在蔡州，请公来攻城，吾举烽求救，救兵至，公逆击之，蔡兵必败，然后吾降，则父母妻子庶免矣。"光颜从之。乙未，昌龄、怀金举城降，光颜引兵入据之。吴元济闻郾城不守，甚惧。时董重质将骡军守洄曲，元济悉发亲近及守城卒诣重质以拒之。

李愬山河十将妫雅、田智荣下冶炉城。丙申，十将阎士荣下白狗、汶港二栅。癸卯，妫雅、田智荣破西平。丙午，游奕兵马使王义破楚城。

五月，辛酉，李愬遣柳子野、李忠义袭朗山，擒其守将梁希果。

六镇讨王承宗者兵十余万，回环数千里，既无统帅，又相去远，期约难壹，由是历二年无功，千里馈运，牛驴死者什四五。刘总既得武强，引兵出境才五里，留屯不进，月给度支钱十五万缗。李逢吉及朝士多言"宜并力先取淮西，俟淮西平，乘其胜势，回取恒冀，如拾芥耳！"上犹豫，久乃从之。丙子，罢河北行营，各使还镇。

丁丑，李愬遣方城镇遏使李荣宗击青喜城，拔之。

愬每得降卒，必亲引问委曲，由是贼中险易远近虚实尽知之。愬厚待吴秀琳，与之谋取蔡。秀琳曰："公欲取蔡，非得李祐不可，如秀琳无能为也。"祐者，淮西骑将，有勇略，守兴桥栅，常陵暴官军。庚辰，祐帅士卒刈麦于张柴村，愬召厢虞候史用诚，戒之曰："尔以三百骑伏彼林中，又使人摇帜于前，若将焚其麦积者。祐素易官军，必轻骑来逐之，尔乃发骑掩之，必擒之。"用诚如言而往，生擒祐以归。将士以祐向日多杀官军，争请杀之，愬不许，释缚，待以客礼。

时愬欲袭蔡，而更密其谋，独召祐及李忠义屏人语，或至夜分，它人莫得预闻。诸将恐祐为变，多谏愬，愬待祐益厚。士卒亦不悦，诸军日有牒称祐为贼内应，且言得贼谍者具言其事。愬恐谤先达于上，已不及救，乃持祐泣曰："岂天不欲平此贼邪？何吾二人相知之深而不能胜众口也。"因谓众曰："诸君既以祐为疑，请令归死于天子。"乃械祐送京师，先密表其状，且曰："若杀祐，则无以成功。"诏释之，以还愬。愬见之喜，执其手曰："尔之得全，社稷之灵也。"乃署散兵马使，令佩刀巡警，出入帐中。或与之同宿，密语不寐达曙，有窃听于帐外者，但闻祐感泣声。时唐、随牙队三千人，号六院兵马，皆山南东道之精锐也。愬又以祐为六院兵马使。旧军令，舍贼谍者屠其家。愬除其令，使厚待之，谍反以情告愬，愬益知贼中虚实。

乙酉，愬遣兵攻朗山，淮西兵救之，官军不利。众皆怅恨，愬独欢然曰："此吾计也。"乃募敢死士三千人，号曰突将，朝夕自教习之，使常为行备，欲以袭蔡。会久雨，所在积水，未果。

闰月，己亥，程异还自江、淮，得供军钱百八十五万缗。

谏议大夫韦绶兼太子侍读，每以珍膳饷太子，又悦太子以谐谑。上闻之，丁未，罢绶侍读，寻出为虔州刺史。绶，京兆人也。

吴元济见其下数叛，兵势日蹙，六月，壬戌，上表谢罪，愿束身自归。上遣中使赐诏，许以不死，而为左右及大将董重质所制，不得出。

秋，七月，大水，或平地二丈。

初，国子祭酒孔戣为华州刺史，明州岁贡蚶、蛤、淡菜，水陆递夫劳费，戣奏疏罢之。甲辰，岭南节度使崔詠薨，宰相奏拟代詠者数人，上皆不用，曰："顷有谏进蚶、蛤、淡菜者为谁，可求其人与之。"庚戌，以戣为岭南节度使。

诸军讨淮西，四年不克，馈运疲弊，民至有以驴耕者。上亦病之，以问宰相。李逢吉等竞言师老财竭，意欲罢兵。裴度独无言，上问之，对曰："臣请自往督战。"乙卯，上复谓度曰："卿真能为朕行乎？"对曰："臣誓不与此贼俱生。臣比观吴元济表，势实窘蹙，但诸将心不壹，不并力迫之，故未降耳。若臣自诣行营，诸将恐臣夺其功，必争进破贼矣。”上悦，丙戌，以度为门下侍郎、同平章事、兼彰义节度使，仍充淮西宣慰招讨处置使。又以户部侍郎崔群为中书侍郎、同平章事。制下，度以韩弘已为都统，不欲更为招讨，请但称宣慰处置使，仍奏刑部侍郎马总为宣慰副使，右庶子韩愈为彰义行军司马，判官、书记，皆朝廷之选，上皆从之。

度将行，言于上曰：“臣若贼灭，则朝天有期；贼在，则归阙无日。”上为之流涕。八月，庚申，度赴淮西，上御通化门送之。右神武将军张茂和，茂昭弟也，尝以胆略自衒于度，度表为都押牙，茂和辞以疾，度奏请斩之。上曰：“此忠顺之门，为卿远贬。”辛酉，贬茂和永州司马。以嘉王傅高承简为都押牙。承简，崇文之子也。

李逢吉不欲讨蔡，翰林学士令狐楚与逢吉善，度恐其合中外之势以沮军事，乃请改制书数字，且言其草制失辞。壬戌，罢楚为中书舍人。

李光颜、乌重胤与淮西战，癸亥，败于贾店。

裴度过襄城南白草原，淮西人以骁骑七百邀之，镇将楚丘曹华知而为备，击却之。度虽辞招讨名，实行元帅事，以郾城为治所。甲申，至郾城。先是，诸道皆有中使监陈，进退不由主将，胜则先使献捷，不利则陵挫百端。度悉奏去之，诸将始得专其军事，战多有功。

九月，庚子，淮西兵寇溵水镇，杀三将，焚刍藁而去。

初，上为广陵王，布衣张宿以辩口得幸，及即位，累官至比部员外郎。宿招权受赂于外，门下侍郎、同平章事李逢吉恶之。上欲以宿为谏议大夫，逢吉曰：“谏议重任，必能可否朝政者，始宜为之。宿小人，岂得窃贤者之位！必欲用宿，请先去臣乃可。”上由是不悦。逢吉又与裴度异议，上方倚度以平蔡，丁未，罢逢吉为东川节度使。

甲寅，李愬将攻吴房，诸将曰：“今日往亡。”愬曰：“吾兵少，不足战，宜出其不意。彼以往亡不吾虞，正可击也。”遂往，克其外城，斩首千余级。余众保子城，不敢出。愬引兵还以诱之，淮西将孙献忠果以骁骑五百追击其背，众惊，将走，愬下马据胡床，令曰：“敢退者斩！”返旆力战，献忠死，淮西兵乃退。或劝愬乘胜攻其子城，可拔也。愬曰：“非吾计也。”引兵还营。

李祐言于李愬曰：“蔡之精兵皆在洄曲，及四境拒守，守州城者皆羸老之卒，可以乘虚直抵其城。比贼将闻之，元济已成擒矣。”愬然之。冬十月，甲子，遣掌书记郑澥至郾城，密白裴度。度曰：“兵非出奇不胜，常侍良图也。”

上竟用张宿为谏议大夫，崔群、王涯固谏，不听，乃请以为权知谏议大夫，许之。宿由是怨执政及当时端方之士，与皇甫镈相表里，谮去之。

裴度帅僚佐观筑城于沱口，董重质帅骑出五沟，邀之，大呼而进，注弩挺刃，势将及度。李光颜与田布力战，拒之，度仅得入城。贼退，布扼其沟中归路，贼下马逾沟，坠压死者千余人。

辛未，李愬命马步都虞候、随州刺史史旻等留镇文城，命李祐、李忠义帅突将三千为前驱，自与监军将三千人为中军，命李进诚将三千人殿其后。军出，不知所之，愬曰："但东行。"行六十里，夜，至张柴村，尽杀其戍卒及烽子。据其栅，命士卒少休，食干糒，整羁靮，留义成军五百人镇之，以断朗山救兵，命丁士良将五百人断洄曲及诸道桥梁，复夜引兵出门。诸将请所之，愬曰："入蔡州取吴元济！"诸将皆失色。监军哭曰："果落李祐奸计！"时大风雪，旌旗裂，人马冻死者相望。天阴黑，自张柴村以东道路，皆官军所未尝行，人人自以为必死，然畏愬，莫敢违。夜半，雪愈甚，行七十里，至州城。近城有鹅鸭池，愬令惊之以混军声。自吴少诚拒命，官军不至蔡州城下三十余年，故蔡人不为备。壬申，四鼓，愬至城下，无一人知者。李祐、李忠义镢其城，为坎以先登，壮士从之，守门卒方熟寐，尽杀之，而留击柝者，使击柝如故，遂开门纳众，及里城，亦然，城中皆不之觉。鸡鸣，雪止，愬入居元济外宅。或告元济曰："官军至矣！"元济尚寝，笑曰："俘囚为盗耳。晓当尽戮之。"又有告者曰："城陷矣！"元济曰："此必洄曲子弟就吾求寒衣也。"起，听于廷，闻愬军号令曰："常侍传语。"应者近万人。元济始惧，曰："何等常侍，能至于此？"乃帅左右登牙城拒战。

时董重质拥精兵万余人据洄曲。愬曰："元济所望者，重质之救耳。"乃访重质家，厚抚之，遣其子传道持书谕重质，重质遂单骑诣愬降。

愬遣李进诚攻牙城，毁其外门，得甲库，取其器械。癸酉，复攻之，烧其南门，民争负薪刍助之，城上矢如蝟毛。晡时，门坏，元济于城上请罪，进诚梯而下之。甲戌，愬以槛车送元济诣京师，且告于裴度。是日，申、光二州及诸镇兵二万余人相继来降。

自元济就擒，愬不戮一人，凡元济官吏、帐下、厨厩之卒，皆复其职，使之不疑，然后屯于鞠场以待裴度。

以淮南节度使李鄘为门下侍郎、同平章事。

己卯，淮西行营奏获吴元济，光禄少卿杨元卿言于上曰："淮西大有珍宝，臣能知之，往取必得。"上曰："朕讨淮西，为人除害，珍宝非所求也。"

董重质之去洄曲军也，李光颜驰入其壁，悉降其众。庚辰，裴度遣马总先入蔡州慰抚。辛巳，度建彰义军节，将降卒万余人入城，李愬具櫜鞬出迎，拜于路左。度将避之，愬曰："蔡人顽悖，不识上下之分，数十年矣，愿公因而示之，使知朝廷之尊。"度乃受之。

李愬还军文城，诸将请曰："始公败于朗山而不忧，胜于吴房而不取，冒大风甚雪而不止，孤军深入而不惧，然卒以成功，皆众人所不谕也，敢问其故？"愬曰："朗山不利，则贼轻我不为备矣。取吴房，则其众奔蔡，并力固守，故存之以分其兵。风雪阴晦，则烽火不接，不知吾至。孤军深入，则人皆致死，战自倍矣。夫视远者不顾近，虑大者不计细，若矜小胜，恤小败，先自挠矣，何暇立功乎！"众皆服。愬俭于奉己而丰于待士，知贤不疑，见可能断，此其所以成功也。

裴度以蔡卒为牙兵，或谏曰："蔡人反仄者尚多，不可不备。"度笑曰："吾为彰义节度使，元恶既擒，蔡人则吾人也，又何疑焉！"蔡人闻之感泣。先是吴氏父子阻兵，禁人偶语于涂，夜不然烛，有以酒食相过从者罪死。度既视事，下令惟禁盗贼斗杀，余皆不问，往来者不限昼夜，蔡人始知有生民之乐。

甲申，诏韩弘、裴度条列平蔡将士功状及蔡之将士降者，皆差第以闻。淮西州县百姓，给复二年；近贼四州，免来年夏税。官军战亡者，皆为收葬，给其家衣粮五年；其因战伤残废者，勿停衣粮。

十一月，丙戌朔，上御兴安门受俘，遂以吴元济献庙社，斩于独柳之下。

初，淮西之人劫于李希烈、吴少诚之威虐，不能自拔，久而老者衰，幼者壮，安于悖逆，不复知有朝廷矣。自少诚以来，遣诸将出兵，皆不束以法制，听各以便宜自战，故人人得尽其才。韩全义之败于溵水也，于其帐中得朝贵所与问讯书，少诚束而示众曰："此皆公卿属全义书，云破蔡州日，乞一将士妻女为婢妾。"由是众皆愤怒，以死为贼用。虽居中土，其风俗犷戾，过于夷貊。故以三州之众，举天下之兵环而攻之，四年然后克之。

官军之攻元济也，李师道募人通使于蔡，察其形势，牙前虞候刘晏平应募，出汴、宋间，潜行至蔡。元济大喜，厚礼而遣之。晏平还至郓，师道屏人而问之，晏平曰："元济暴兵数万于外，阽危如此，而日与仆妾游戏博弈于内，晏然曾无忧色。以愚观之，殆必亡，不久矣！"师道素倚淮西为援，闻之惊怒，寻诬以它过，杖杀之。

戊子，以李愬为山南东道节度使，赐爵凉国公；加韩弘兼侍中；李光颜、乌重胤等各迁官有差。

旧制，御史二人知驿，壬辰，诏以宦者为馆驿使。左补阙裴潾谏曰："内臣外事，职分各殊，切在塞侵官之源，绝出位之渐。事有不便，必戒于初；令或有妨，不必在大。"上不听。

甲午，恩王连薨。

辛丑，以唐、随兵马使李祐为神武将军，知军事。

裴度以马总为彰义留后，癸丑，发蔡州。上封二剑以授梁守谦，使诛吴元济旧将，度至郾城，遇之，复与俱入蔡州，量罪施刑，不尽如诏旨，仍上疏言之。

十二月，壬戌，赐裴度爵晋国公，复入知政事。以马总为淮西节度使。

初，吐突承璀方贵宠用事，为淮南监军，李鄘为节度使，性刚严，与承璀互相敬惮，故未尝相失。承璀归，引鄘为相。鄘耻由宦官进，及将佐出祖，乐作，鄘泣下曰："吾老安外镇，宰相非吾任也。"戊寅，鄘至京师，辞疾，不入见，不视事，百官到门者，皆辞不见。

庚辰，贬淮西降将董重质为春州司户。重质为吴元济谋主，屡破官军，上欲杀之，李愬奏先许重质以不死。

十三年（戊戌、818）

春，正月，乙酉朔，赦天下。

初，李师道谋逆命，判官高沐与同僚郭昈、李公度屡谏之。判官李文会、孔目官林英素为师道所亲信，涕泣言于师道曰："文会等尽诚为尚书忧家事，反为高沐等所疾，尚书奈何不忧十二州之土地，以成沐等之功名乎！"师道由是疏沐等，出沐知莱州。会林英入奏事，令进奏吏密申师道云："沐潜输款于朝廷。"文会从而构之，师道杀沐，并囚郭昈，凡军中劝师道效顺者，文会皆指为高沐之党而囚之。

及淮西平，师道忧惧，不知所为。李公度及牙将李英昙因其惧而说之，使纳质献地以自赎。师道从之，遣使奉表，请使长子入侍，并献沂、密、海三州。上许之，乙巳，遣左常侍李逊诣郓州宣慰。

上命六军修麟德殿。右龙武统军张奉国、大将军李文悦以外寇初平，营缮太多，白宰相，冀有论谏，裴度因奏事言之。上怒，二月，丁卯，以奉国为鸿胪卿，壬申，以文悦为右武卫大将军，充威远营使。于是浚龙首池，起承晖殿，土木浸兴矣。

李愬奏请判官、大将以下官凡百五十员，上不悦，谓裴度曰："李愬诚有奇功，然奏请过多。使如李晟、浑瑊，又何如哉！"遂留中不下。

李鄘固辞相位，戊戌，以鄘为户部尚书。以御史大夫李夷简为门下侍郎、同平章事。

初，渤海僖王言义卒，弟简王明忠立，改元太始；一岁卒，从父仁秀立，改元建兴。乙巳，遣使来告丧。

横海节度使程权自以世袭沧景，与河朔三镇无殊，内不自安，己酉，遣使上表，请举族入朝，许之。横海将士乐自擅，不听权去，掌书记林蕴谕以祸福，权乃得出。诏以蕴为礼部员外郎。

裴度之在淮西也，布衣柏耆以策干韩愈曰："吴元济既就擒，王承宗破胆矣，愿得奉丞相书往说之，可不烦兵而服。"愈白度，为书遣之。承宗惧，求哀于田弘正，请以二子为质，及献德、棣二州，输租税，请官吏。弘正为之奏请，上初不许，弘正上表相继，上重违弘正意，乃许之。夏，四月，甲寅朔，魏博遣使送承宗子知感、知信及德、棣二州图印至京师。

幽州大将谭忠说刘总曰："自元和以来，刘闢、李锜、田季安、卢从史、吴元济，阻兵冯险，自以为深根固蒂，天下莫能危也。然顾盼之间，身死家覆，皆不自知，此非人力所能及，殆天诛也。况今天子神圣威武，苦身焦思，缩衣节食，以养战士，此志岂须臾忘天下哉！今国兵骎骎北来，赵人已献城十二，忠深为公忧之。"总泣且拜曰："闻先生言，吾心定矣。"遂专意归朝廷。

戊辰，内出废印二纽，赐左、右三军辟仗使。旧制，以宦官为六军辟仗使，如方镇之监军，无印。及张奉国等得罪，至是始赐印，得纠绳军政，事任专达矣。

庚辰，诏洗雪王承宗及成德将士，复其官爵。

李师道暗弱，军府大事，独与妻魏氏、奴胡惟堪、杨自温、婢蒲氏、袁氏及孔目官王再升谋之，大将及幕僚莫得预焉。魏氏不欲其子入质，与蒲氏、袁氏言于师道曰："自先司徒以来，有此十二州，奈何无故割而献之？今计境内之兵不下数十万，不献三州，不过以兵相加。若力战不胜，献之未晚。"师道乃大悔，欲杀李公度，幕僚贾直言谓其用事奴曰："今大祸将至，岂非高沐冤气所为！若又杀公度，军府其危哉！"乃囚之。迁李英昙于莱州，未至，缢杀之。

李逊至郓州，师道大陈兵迎之，逊盛气正色，为陈祸福，责其决语，欲白天子。师道退，与其党谋之，皆曰："第许之，它日正烦一表解纷耳。"师道乃谢曰："向以父子之私，且迫于将士之情，故迁延未遣。今重烦朝使，岂敢复有二三！"逊察师道非实诚，归，言于上曰："师道顽愚反覆，恐必须用兵。"既而师道表言军情，不听纳质割地。上怒，决意讨之。

贾直言冒刃谏师道者二，舆榇谏者一，又画缚载槛车妻子系累者以献，师道怒，囚之。

五月，丙申，以忠武节度使李光颜为义成节度使，谋讨师道也。以淮西节度使马总为忠武节度、陈、许、溵、蔡州观察使。以申州隶鄂岳，光州隶淮南。

辛丑，以知勃海国务大仁秀为勃海王。

以河阳都知兵马使曹华为棣州刺史，诏以河阳兵二千送至(滳)〔滴〕河。会县为平卢兵所陷，华击却之，杀二千余人，复其县以闻，诏加横海节度副使。

六月，癸丑朔，日有食之。

丁丑，复以乌重胤领怀州刺史，镇河阳。

秋，七月，癸未朔，徙李愬为武宁节度使。

乙酉，下制罪状李师道，令宣武、魏博、义成、武宁、横海兵共讨之，以宣歙观察使王遂为供军使。遂，方庆之孙也。

上方委裴度以用兵，门下侍郎、同平章事李夷简自谓才不及度，求出镇。辛丑，以夷简同平章事，充淮南节度使。

八月，壬子朔，中书侍郎、同平章事王涯罢为兵部侍郎。

吴元济既平，韩弘惧，九月，自将兵击李师道，围曹州。

淮西既平，上浸骄侈。户部侍郎判度支皇甫镈、卫尉卿、盐铁转运使程异晓其意，数进羡余以供其费，由是有宠。镈又以厚赂结吐突承璀。甲辰，镈以本官、异以工部侍郎并同平章事，判使如故。制下，朝野骇愕，至于市道负贩者亦嗤之。

裴度、崔群极陈其不可，上不听。度耻与小人同列，表求自退，不许。度复上疏，以为："镈、异皆钱谷吏，佞巧小人，陛下一旦置之相位，中外无不骇笑。况镈在度支，专以丰取刻与为务，凡中外仰给度支之人无不思食其肉。比者裁损淮西粮料，军士怨怒。会臣至行营晓谕慰勉，仅无溃乱。今旧将旧兵悉向淄青，闻镈入相，必尽惊忧，知无可诉之地矣。程异虽人品庸下，然心事和平，可处烦剧，不宜为相。至如镈，资性狡诈，天下共知，唯能上惑圣聪，足见奸邪之极。臣若不退，天下谓臣不知廉耻；臣若不言，天下谓臣有负恩宠。今退既不许，言又不听，臣如烈火烧心，众镝丛体。所可惜者，淮西荡定，河北底宁，承宗敛手削地，韩弘舆疾讨贼，岂朝廷之力能制其命哉？直以处置得宜，能服其心耳。陛下建昇平之业，十已八九，何忍还自堕坏，使四方解体乎！"上以度为朋党，不之省。

镈自知不为众所与，益为巧谄以自固，奏减内外官俸以助国用。给事中崔植封还敕书，极论之，乃止。植，祐甫之弟子也。

时内出积年缯帛付度支令卖，镈悉以高价买之，以给边军。其缯帛朽败，随手破裂，边军聚而焚之。度因奏事言之，镈于上前引其足曰："此靴亦内库所出，臣以钱二千买之，坚完可久服。度言不可信。"上以为然，由是镈益无所惮。程异亦自知不合众心，能廉谨谦逊，为相月余，不敢知印秉笔，故终免于祸。

五坊使杨朝汶妄捕系人，迫以考捶，责其息钱，遂转相诬引，所系近千人。中丞萧俛劾奏其状，裴度、崔群亦以为言。上曰："姑与卿论用兵事，此小事朕自处之。"度曰："用兵事小，所忧不过山东耳。五坊使暴横，恐乱辇毂。"上不悦，退，召朝汶责之曰："以汝故，令吾羞见宰相。"冬十月，赐朝汶死，尽释系者。

上晚节好神仙，诏天下求方士。宗正卿李道古先为鄂岳观察使，以贪暴闻，恐终获罪，思所以自媚于上，乃因皇甫镈荐山人柳泌，云能合长生药。甲戌，诏泌居兴唐观炼药。

十一月，辛巳朔，盐州奏吐蕃寇河曲、夏州。灵武奏破吐蕃长乐州，克其外城。

柳泌言于上曰："天台山神仙所聚，多灵草，臣虽知之，力不能致，诚得为彼长吏，庶几可求。"上信之。丁亥，以泌权知台州刺史，仍赐服金紫。谏官争论奏，以为："人主喜方士，未有使之临民赋政者。"上曰："烦一州之力而能为人主致长生，臣子亦何爱焉！"由是群臣莫敢言。

甲午，盐州奏吐蕃引去。

壬寅，以河阳节度使乌重胤为横海节度使。丁未，以华州刺史令狐楚为河阳节度使。重胤以河阳精兵三千赴镇，河阳兵不乐去乡里，中道溃归，又不敢入城，屯于城北，将大掠。令狐楚适至，单骑出，慰抚之，与俱归。

先是，田弘正请自黎阳度河，会义成节度使李光颜讨李师道，裴度曰："魏博军既度河，不可复退，立须进击，方有成功。既至滑州，即仰给度支，徒有供饷之劳，更生观望之势。又或与李光颜互相疑阻，益致迁延。与其度河而不进，不若养威于河北。宜且使之秣马厉兵，俟霜降水落，自杨刘度河，直指郓州，得至阳穀置营，则兵势自盛，贼众摇心矣。"上从之。是月，弘正将魏博全师自杨刘度河，距郓州四十里筑垒，贼中大震。

功德使上言："凤翔法门寺塔有佛指骨，相传三十年一开，开则岁丰人安。来年应开，请迎之。"十二月，庚戌朔，上遣中使帅僧众迎之。

戊辰，以春州司户董重质为试太子詹事，委武宁军驱使，李愬请之也。

戊寅，魏博、义成军送所获李师道都知兵马使夏侯澄等四十七人，上皆释弗诛，各付所获行营驱使，曰："若有父母欲归者，优给遣之。朕所诛者，师道而已。"于是贼中闻之，降者相继。

初，李文会与兄元规皆在李师古幕下。师古薨，师道立，元规辞去，文会属师道亲党请留。元规将行，谓文会曰："我去，身退而安全；汝留，必骤贵而受祸。"及官军四临，平卢兵势日蹙，将士喧然，皆曰："高沐、郭昈、李存为司空忠谋，李文会奸佞，杀沐，囚昈、存，以致此祸。"师道不得已，出文会摄登州刺史，召昈、存还幕府。

上常语宰相："人臣当力为善，何乃好立朋党？朕甚恶之。"裴度对曰："方以类聚，物以群分，君子、小人志趣同者，势必相合。君子为徒，谓之同德，小人为徒，谓之朋党，外虽相似，内实悬殊，在圣主辨其所为邪正耳。"

武宁节度使李愬与平卢兵十一战，皆捷。己卯晦，进攻金乡，克之。李师道性懦怯，自官军致讨，闻小败及失城邑，辄忧悸成疾，由是左右皆蔽匿，不以实告。金乡，兖州之要地，既失之，其刺史遣驿骑告急，左右不为通，师道至死竟不知也。

十四年（己亥、819）

春，正月，辛巳，韩弘拔考城，杀二千余人。

丙戌，师道所署沭阳令梁洞以县降于楚州刺史李听。

吐蕃遣使者论短立藏等来修好，未返，入寇河曲。上曰："其国失信，其使何罪？"庚寅，遣归国。

壬辰，武宁节度使李愬拔鱼台。

中使迎佛骨至京师，上留禁中三日，乃历送诸寺，王公士民瞻奉舍施，惟恐弗及，有竭产充施者，有然香臂顶供养者。刑部侍郎韩愈上表切谏，以为："佛者，夷狄之一法耳。自黄帝以至禹、汤、文、武，皆享寿考，百姓安乐，当是时，未有佛也。汉明帝时，始有佛法。其后乱亡相继，运祚不长。宋、齐、梁、陈、元魏已下，事佛渐谨，年代尤促。惟梁武帝在位四十八年，前后三舍身为寺家奴，竟为侯景所逼，饿死台城，国亦寻灭。事佛求福，乃更得祸。由此观之，佛不足信亦可知矣。百姓愚冥，易惑难晓，苟见陛下如此，皆云'天子大圣，犹一心敬信，百姓微贱，于佛岂可更惜身命。'佛本夷狄之人，口不言先王之法言，身不服先王之法服，不知君臣之义、父子之恩。假如其身尚在，奉国命来朝京师，陛下容而接之，不过宣政一见，礼宾一设，赐衣一袭，卫而出之于境，不令惑众也。况其身死已久，枯朽之骨，岂宜以入宫禁？古之诸侯行吊于国，尚令巫祝先以桃茢祓除不祥。今无故取朽秽之物亲视之，巫祝不先，桃茢不用，群臣不言其非，御史不举其罪，臣实耻之。乞以此骨付有司，投诸水火，永绝根本，断天下之疑，绝后代之惑，使天下之人知大圣人之所作为，出于寻常万万也，岂不盛哉！佛如有灵，能作祸福，凡有殃咎，宜加臣身。"

上得表，大怒，出示宰相，将加愈极刑。裴度、崔群为言："愈虽狂，发于忠恳，宜宽容以开言路。"癸巳，贬愈为潮州刺史。

自战国之世，老、庄与儒者争衡，更相是非。至汉末，益之以佛，然好者尚寡。晋、宋以来，日益繁炽，自帝王至于士民，莫不尊信。下者畏慕罪福，高者论难空有。独愈恶其蠹财惑众，力排之，其言多矫激太过。惟《送文畅师序》最得其要，曰："夫鸟俯而啄，仰而四顾，兽深居而简出，惧物之为己害也，犹且不免焉。弱之肉，强之食。今吾与文畅安居而暇食，优游以生死，与禽兽异者，宁可不知其所自邪？"

丙申，田弘正奏败淄青兵于东阿，杀万余人。

沧州刺史李宗奭与横海节度使郑权不叶，不受其节制，权奏之。上遣中使追之，宗奭使其军中留己，表称惧乱未敢离州。诏以乌重胤代权，将吏惧，逐宗奭，宗奭奔京师，辛丑，斩于独柳之下。

丙午，田弘正奏败平卢兵于阳穀。

资治通鉴卷第二百四十一

端明殿学士兼翰林侍读学士太中大夫提举西京嵩山崇福宫上柱国河内郡开国公食邑二千二百户食实封九百户赐紫金鱼袋臣 司马光 奉敕编集

唐纪五十七起屠维大渊献(己亥)二月，尽重光赤奋若(辛丑)六月，凡二年有奇。

宪宗昭文章武大圣至神孝皇帝下

元和十四年(己亥、819)

二月，李听袭海州，克东海、朐山、怀仁等县。李愬败平卢兵于沂州，拔丞县。

李师道闻官军侵逼，发民治郓州城堑，修守备，役及妇人，民益惧且怨。

都知兵马使刘悟，正臣之孙也，师道使之将兵万余人屯阳穀以拒官军。悟务为宽惠，使士卒人人自便，军中号曰刘父。及田弘正度河，悟军无备，战又数败。或谓师道曰："刘悟不修军法，专收众心，恐有它志，宜早图之。"师道召悟计事，欲杀之。或谏曰："今官军四合，悟无逆状，用一人言杀之，诸将谁肯为用？是自脱其爪牙也。"师道留悟旬日，复遣之，厚赠金帛以安其意。悟知之，还营，阴为之备。师道以悟将兵在外，署悟子从谏门下别奏。从谏与师道诸奴日游戏，颇得其阴谋，密疏以白父。

又有谓师道者曰："刘悟终为患，不如早除之。"丙辰，师道潜遣二使赍帖授行营兵马副使张暹，令斩悟首献之，勒暹权领行营。时悟方据高丘张幕置酒，去营二三里。二使至营，密以帖授暹。暹素与悟善，阳与使者谋曰："悟自使府还，颇为备，不可匆匆，暹请先往白之，云'司空遣使存问将士，兼有赐物，请都头速归，同受传语。'如此，则彼不疑，乃可图也。"使者然之。暹怀帖走诣悟，屏人示之。悟潜遣人先执二使，杀之。

时已向暮，悟按辔徐行还营，坐帐下，严兵自卫。召诸将，厉色谓之曰："悟与公等不顾死亡以抗官军，诚无负于司空。今司空信谗言，来取悟首。悟死，诸公其次矣。且天子所欲诛者独司空一人，今军势日蹙，吾曹何为随之族灭？欲与诸公卷旗束甲，还入郓州，奉行天子之命，岂徒免危亡，富贵可图也。诸公以为何如？"兵马使赵垂棘立于众首，良久，对曰："如此，事果济否？"悟应声骂曰："汝与司空合谋邪！"立斩之。遍问其次，有迟疑未言者，悉斩之，并斩军中素为众所恶者，凡三十余，尸于帐前。余皆股栗，曰："惟都头命，愿尽死！"乃令士卒曰："人郓，人赏钱百缗，惟不得近军帑。其使宅及逆党家财，任自掠取，有仇者报之。”使士卒皆饱食执兵，夜半听鼓三声绝即行，人衔枚，马缚口，遇行人，执留之，人无知者。距城数里，天未明，悟驻军，使听城上柝声绝，使十人前行，宣言“刘都头奉帖追入城”。门者请俟写简白使，十人拔刃拟之，皆窜匿，悟引大军继至，城中噪哗动地。比至，子城已洞开，惟牙城拒守，寻纵火斧其门而入。牙中兵不过数百，始犹有发弓矢者，俄知不支，皆投于地。

悟勒兵升听事，使捕索师道。师道与二子伏厕床下，索得之，悟命置牙门外隙地，使人谓曰：“悟奉密诏送司空归阙，然司空亦何颜复见天子！”师道犹有幸生之意，其子弘方仰曰：“事已至此，速死为幸！”寻皆斩之。自卯至午，悟乃命两都虞候巡坊市，禁掠者，即时皆定。大集兵民于球场，亲乘马巡绕，慰安之。斩赞师道逆谋者二十余家，文武将吏且惧且喜，皆入贺。悟见李公度，执手歔欷；出贾直言于狱，置之幕府。

悟之自阳穀还兵趋郓也，潜使人以其谋告田弘正曰：“事成，当举烽相白。万一城中有备不能入，愿公引兵为助。功成之日，皆归于公，悟何敢有之。”且使弘正进据己营。弘正见烽，知得城，遣使往贺。悟函师道父子三首遣使送弘正营，弘正大喜，露布以闻。淄、青等十二州皆平。

弘正初得师道首，疑其非真，召夏侯澄使识之。澄熟视其面，长号陨绝者久之，乃抱其首，舐其目中尘垢，复恸哭。弘正为之改容，义而不责。

壬戌，田弘正捷奏至。乙丑，命户部侍郎杨於陵为淄青宣抚使。己巳，李师道首函至。自广德以来，垂六十年，藩镇跋扈河南、北三十余州，自除官吏，不供贡赋，至是尽遵朝廷约束。

上命杨於陵分李师道地，於陵按图籍，视土地远迩，计士马众寡，校仓库虚实，分为三道，使之适均：以郓、曹、濮为一道，淄、青、齐、登、莱为一道，兖、海、沂、密为一道，上从之。

刘悟以初讨李师道诏云：“部将有能杀师道以众降者，师道官爵悉以与之。”意谓尽得十二州之地，遂补署文武将佐，更易州县长吏，谓其下曰：“军府之政，一切循旧。自今但与诸公抱子弄孙，夫复何忧！”

上欲移悟它镇，恐悟不受代，复须用兵，密诏田弘正察之。弘正日遣使者诣悟，托言修好，实观其所为。悟多力，好手搏，得郓州三日，则教军中壮士手搏，与魏博使者庭观之，自摇肩攘臂，离坐以助其势。弘正闻之，笑曰：“是闻除改，登即行矣，何能为哉！”庚午，以悟为义成节度使。悟闻制下，手足失坠。明日，遂行。弘正将数道兵，已至城西二里，与悟相见于客亭，即受旌节，驰诣滑州，辟李公度、李存、郭旼、贾直言以自随。

悟素与李文会善,既得郓州,使召之,未至。闻将移镇,昈、存谋曰:"文会佞人,败乱淄青一道,灭李司空之族,万人所共仇也。不乘此际诛之,田相公至,务施宽大,将何以雪兰齐之愤怨乎!"乃诈为悟帖,遣使即文会所至,取其首以来。使者遇文会于丰齐驿,斩之。比还,悟及昈、存已去,无所复命矣。文会二子,一亡去一死于狱,家资悉为人所掠,田宅没官。

诏以淄青行营副使张暹为戎州刺史。

癸酉,加田弘正检校司徒、同平章事。

先是,李师道将败数月,闻风动鸟飞,皆疑有变,禁郓人亲识宴聚及道路偶语,犯者有刑。弘正既入郓,悉除苛禁,纵人游乐,寒食七昼夜不禁行人。或谏曰:"郓人久为寇敌,今虽平,人心未安,不可不备。"弘正曰:"今为暴者既除,宜施以宽惠,若复为严察,是以桀易桀也,庸何愈焉!"

先是,贼数遣人入关,截陵戟,焚仓场,流矢飞书,以震骇京师,沮挠官军。有司督察甚严,潼关吏至发人囊箧以索之,然终不能绝。及田弘正入郓,阅李师道簿书,有赏杀武元衡人王士元等及赏潼关、蒲津吏卒案,乃知向者皆吏卒受赂于贼,容其奸也。

裴度纂述蔡、郓用兵以来上之忧勤机略,因侍宴献之,请内印出付史官。上曰:"如此,似出朕志,非所欲也。"弗许。

三月,戊子,以华州刺史马总为郓、曹、濮等州节度使。己丑,以义成节度使薛平为平卢节度使、淄、青、齐、登、莱等州观察使。以淄青四面行营供军使王遂为沂、海、兖、密等州观察使。

横海节度使乌重胤奏:"河朔藩镇所以能旅拒朝命六十余年者,由诸州县各置镇将领事,收刺史、县令之权,自作威福。向使刺史各得行其职,则虽有奸雄如安、史,必不能以一州独反也。臣所领德、棣、景三州,已举牒各还刺史职事,应在州兵并令刺史领之。"夏,四月,丙寅,诏诸道节度、都团练、都防御、经略等使所统支郡兵马,并令刺史领之。自至德以来,节度使权重,所统诸州各置镇兵,以大将主之,暴横为患,故重胤论之。其后河北诸镇,惟横海最为顺命,由重胤处之得宜故也。

辛未,工部侍郎、同平章事程异薨。

裴度在相位,知无不言,皇甫镈之党阴挤之。丙子,诏度以门下侍郎、同平章事,充河东节度使。

皇甫镈专以掊克取媚,人无敢言者,独谏议大夫武儒衡上疏言之。镈自诉于上,上曰:"卿以儒衡上疏,将报怨邪?"镈乃不敢言。儒衡,元衡之从父弟也。

史馆修撰李翱上言,以为:"定祸乱者,武功也;兴太平者,文德也。今陛下既以武功定海内，若遂革弊事，复高祖、太宗旧制；用忠正而不疑，屏邪佞而不迩；改税法，不督钱而纳布帛；绝进献，宽百姓租赋；厚边兵，以制戎狄侵盗；数访问待制官，以通壅蔽。此六者，政之根本，太平所以兴也。陛下既已能行其难，若何不为其易乎？以陛下天资上圣，如不惑近习容悦之辞，任骨鲠正直之士，与之兴大化，可不劳而成也。若不以此为事，臣恐大功之后，逸欲易生。进言者必曰：'天下既平矣，陛下可以高枕自安逸。'如是，则太平未可期矣。"

秋，七月，丁丑朔，田弘正送杀武元衡贼王士元等十六人，诏付内京兆府、御史台遍鞫之，皆款服。京兆尹崔元略以元衡物色询之，则多异同。元略问其故，对曰："恒、郓同谋遣客刺元衡，而士元等后期，闻恒人事成，遂窃以为己功，还报受赏耳。今自度为罪均，终不免死，故承之。"上亦不欲复辨正，悉杀之。

戊寅，宣武节度使韩弘始入朝，上待之甚厚。弘献马三千，绢五(千)〔十万〕，杂缯三万，金银器千，而汴之库厩尚有钱百余万缗，绢百余万匹，马七千匹，粮三百万斛。

己丑，群臣上尊号曰元和圣文神武法天应道皇帝，赦天下。

沂、海、兖、密观察使王遂，本钱谷吏，性狷急，无远识。时军府草创，人情未安，遂专以严酷为治，所用杖绝大于常行者。每詈将卒，辄曰"反虏"，又盛夏役士卒营府舍，督责峻急，将卒愤怨。辛卯，役卒王弁与其徒四人浴于沂水，密谋作乱，曰："今服役触罪亦死，奋命立事亦死，死于立事，不犹愈乎！明日，常侍与监军、副使有宴，军将皆在告，直兵多休息，吾属乘此际出其不意取之，可以万全。"四人皆以为然，约事成推弁为留后。壬辰，遂方宴饮，日过中，弁等五人突入，于直房前取弓刀，径前射副使张敦实，杀之。遂与监军狼狈起走，弁执遂，数之以盛暑兴役，用刑刻暴，立斩之。传声勿惊监军，弁即自称留后，升厅号令，监与军抗礼，召集将吏参贺，众莫敢不从。监军具以状闻。

甲午，韩弘又献绢二十五万匹，𫄨三万匹，银器二百七十。左右军中尉各献钱万缗。自淮西用兵以来，度支、盐铁及四方争进奉，谓之"助军"；贼平又进奉，谓之"贺礼"；后又进奉，谓之"助赏"；上加尊号又进奉，亦谓之"贺礼"。

丁酉，以河阳节度使令狐楚为中书侍郎、同平章事。楚与皇甫镈同年进士，故镈引以为相。

朝廷闻沂州军乱，甲辰，以棣州刺史曹华为沂、海、兖、密观察使。

韩弘累表请留京师。八月，己酉，以弘守司徒，兼中书令。癸丑，以吏部尚书张弘靖同平章事，充宣武节度使。弘靖，宰相子，少有令闻，立朝简默。河东、宣武阙帅，朝廷以其位望素重，使镇之。弘靖承王锷聚敛之余，韩弘严猛之后，两镇喜其廉谨宽大，故上下安之。

己未，田弘正入朝，上待之尤厚。

戊辰，陈许节度使郗士美薨，以库部员外郎李渤为吊祭使。渤上言："臣过渭南，闻长源乡旧四百户，今才百余户，阌乡县旧三千户，今才千户，其它州县大率相似。迹其所以然，皆由以逃户税摊于比邻，致驱迫俱逃，此皆聚敛之臣剥下媚上，惟思竭泽，不虑无鱼。乞降诏书，绝摊逃之弊，尽逃户之产偿税，不足者乞免之。计不数年，人皆复于农矣。"执政见而恶之，渤遂谢病，归东都。

癸酉，吐蕃寇庆州，营于方渠。

朝廷议兴兵讨王弁，恐青、郓相扇继变，乃除弁开州刺史，遣中使赐以告身。中使绐之曰："开州计已有人迎候道路，留后宜速发。"弁即日发沂州，导从尚百余人，入徐州境，所在减之，其众亦稍逃散，遂加以杻械，乘驴入关。九月，戊寅，腰斩东市。

先是，三分郓兵以隶三镇，及王遂死，朝廷以为师道余党凶态未除，命曹华引棣州兵赴镇以讨之。沂州将士迎候者，华皆以好言抚之，使先入城，慰安其余，众皆不疑。华视事三日，大飨将士，伏甲士千人于幕下，乃集众而谕之曰："天子以郓人有迁徙之劳，特加优给，宜令郓人处右，沂人处左。"既定，令沂人皆出，因阖门，谓郓人曰："王常侍以天子之命为帅于此，将士何得辄害之！"语未毕，伏者出，围而杀之，死者千二百人，无一得脱者。门屏间赤雾高丈余，久之方散。

臣光曰：《春秋》书楚子虔诱蔡侯般杀之于申。彼列国也，孔子犹深贬之，恶其诱讨也，况为天子而诱匹夫乎！王遂以聚敛之才，殿新造之邦，用苛虐致乱。王弁庸夫，乘衅窃发，苟沂帅得人，戮之易于犬豕耳，何必以天子诏书为诱人之饵乎！且作乱者五人耳，乃使曹华设诈，屠千余人，不亦滥乎！然则自今士卒孰不猜其将帅，将帅何以令其士卒！上下眄眄，如寇仇聚处，得间则更相鱼肉，惟先发者为雄耳，祸乱何时而弭哉！惜夫！宪宗削平僭乱，几致治平，其美业所以不终，由苟徇近功不敦大信故也。

甲辰，以田弘正兼侍中，魏博节度使如故。弘正三表请留，上不许。弘正常恐一旦物故，魏人犹以故事继袭，故兄弟子侄皆仕诸朝，上皆擢居显列，朱紫盈庭，时人荣之。

乙巳，上问宰相："玄宗之政，先理而后乱，何也？"崔群对曰："玄宗用姚崇、宋璟、卢怀慎、苏颋、韩休、张九龄则理，用宇文融、李林甫、杨国忠则乱。故用人得失，所系非轻。人皆以天宝十四年安禄山反为乱之始，臣独以为开元二十四年罢张九龄相，专任李林甫，此理乱之所分也。愿陛下以开元初为法，以天宝末为戒，乃社稷无疆之福。"皇甫镈深恨之。

冬，十月，壬戌，容管奏安南贼杨清陷都护府，杀都护李象古及妻子、官属、部曲千余人。象古，道古之兄也，以贪纵苛刻失众心。清世为蛮酋，象古召为牙将，清郁郁不得志。象古命清将兵三千讨黄洞蛮，清因人心怨怒，引兵夜还，袭府城，陷之。

初，蛮贼黄少卿，自贞元以来数反覆，桂管观察使裴行立、容管经略使阳旻欲徼幸立功，争请讨之，上从之。岭南节度使孔戣屡谏曰："此禽兽耳，但可自计利害，不足与论是非。"上不听，大发江、湖兵会容、桂二管入讨，士卒被瘴疠，死者不可胜计。安南乘之，遂杀都护。行立、旻竟无功，二管雕弊，惟戣所部晏然。

丙寅，以唐州刺史桂仲武为安南都护，赦杨清，以为琼州刺史。

是月，吐蕃节度论三摩等将十五万众围盐州，党项亦发兵助之。刺史李文悦竭力拒守，凡二十七日，吐蕃不能克。灵武牙将史(奉)敬〔奉〕言于朔方节度使杜叔良，请兵三千，赍三十日粮，深入吐蕃以解盐州之围，叔良以二千五百人与之。敬奉行旬余，无声问，朔方人以为俱没矣。无何，敬奉自它道出吐蕃背，吐蕃大惊，溃去。敬奉奋击，大破，不可胜计。敬奉与凤翔将野诗良浦、泾原将郝玼皆以勇著名于边，吐蕃惮之。

柳泌至台州，驱吏民采药，岁余，无所得而惧，举家逃入山中。浙东观察使捕送京师。皇甫镈、李道古保护之，上复使待诏翰林，服其药，日加躁渴。

起居舍人裴潾上言，以为："除天下之害者受天下之利，同天下之乐者飨天下之福，自黄帝至于文、武，享国寿考，皆用此道也。自去岁以来，所在多荐方士，转相汲引，其数浸繁。借令天下真有神仙，彼必深潜岩壑，惟畏人知。凡候伺权贵之门，以大言自衒奇伎惊众者，皆不轨徇利之人，岂可信其说而饵其药邪！夫药以愈疾，非朝夕常饵之物，况金石酷烈有毒，又益以火气，殆非人五藏所能胜也。古者君饮药，臣先尝之，乞令献药者先自饵一年，则真伪自可辨矣。"上怒，十一月，己亥，贬潾江陵令。

初，群臣议上尊号，皇甫镈欲增"孝德"字，中书侍郎、同平章事崔群曰："言圣则孝在其中矣。"镈谮群于上曰："群于陛下惜'孝德'二字。"上怒。时镈给边军赐与，多不时得，又所给多陈败，不可服用，军士怨怒，流言欲为乱。李光颜忧惧，欲自杀，遣人诉于上，上不信。京师恟惧，群具以中外人情上闻。镈密言于上曰："边赐皆如旧制，而人情忽如此者，由群鼓扇，将以卖直，归怨于上也。"上以为然。十二月，乙卯，以群为湖南观察使，于是中外切齿于镈矣。

中书舍人武儒衡，有气节，好直言，上器之，顾待甚渥，人皆言其且入相。令狐楚忌之，思有以沮之者，乃荐山南东道节度推官狄兼謩才行。癸亥，擢兼謩左拾遗内供奉。兼謩，仁杰之族曾孙也。楚自草制辞，盛言"天后窃位，奸臣擅权，赖仁杰保佑中宗，克复明辟。"儒衡泣诉于上，且言："臣曾祖平一，在天后朝，辞荣终老。”上由是薄楚之为人。

十五年(庚子、820)

春,正月,沂、海、兖、密观察使曹华请徙理兖州,许之。

义成节度使刘悟入朝。

初,左军中尉吐突承璀谋立澧王恽为太子,上不许。及上寝疾,承璀谋尚未息,太子闻而忧之,密遣人问计于司农卿郭钊。钊曰:“殿下但尽孝谨以俟之,勿恤其它。”钊,太子之舅也。

上服金丹,多躁怒,左右宦官往往获罪,有死者,人人自危。庚子,暴崩于中和殿。时人皆言内常侍陈弘志弑逆,其党类讳之,不敢讨贼,但云药发,外人莫能明也。

中尉梁守谦与诸宦官马进潭、刘承偕、韦元素、王守澄等共立太子,杀吐突承璀及澧王恽,赐左、右神策军士钱人五十缗,六军、威远人三十缗,左、右金吾人十五缗。

闰月,丙午,穆宗即位于太极殿东序。是日,召翰林学士段文昌等及兵部郎中薛放、驾部员外郎丁公著对于思政殿。放,戎之弟;公著,苏州人,皆太子侍读也。上未听政,放、公著常侍禁中,参预机密,上欲以为相,二人固辞。

丁未,辍西宫朝临,集群臣于月华门外。贬皇甫镈为崖州司户,市井皆相贺。

上议命相,令狐楚荐御史中丞萧俛。辛亥,以俛及段文昌皆为中书侍郎、同平章事。楚、俛与皇甫镈皆同年进士,上欲诛镈,俛及宦官救之,故得免。

壬子,杖杀柳泌及僧大通,自余方士皆流岭表。贬左金吾将军李道古循州司马。

癸丑,以薛放为工部侍郎,丁公著为给事中。

乙卯,尊郭贵妃为皇太后。

丁卯,上与群臣皆释服从吉。

二月,丁丑,上御丹凤门楼,赦天下。事毕,盛陈倡优杂戏于门内而观之。丁亥,上幸左神策军观手搏杂戏。

庚寅,监察御史杨虞卿上疏,以为:“陛下宜延对群臣,周遍顾问,惠以气色,使进忠若趋利,论政若诉冤,如此而不致昇平者,未之有也。”衡山人赵知微亦上疏谏上游畋无节。上虽不能用,亦不罪也。

壬辰,废邕管,命容管经略使阳旻兼领之。

安南都护桂仲武至安南,杨清拒境不纳。清用刑惨虐,其党离心。仲武遣人说其酋豪,数月间,降者相继,得兵七千余人。朝廷以仲武为逗遛,甲午,以桂管观察使裴行立为安南都护。乙未,以太仆卿杜式方为桂管观察使。丙申,贬仲武为安州刺史。

丹王逾薨。

吐蕃寇灵武。

宪宗之末，回鹘遣合达干来求昏尤切，宪宗许之。三月，癸卯朔，遣合达干归国。

上见夏州观察判官柳公权书迹，爱之。辛酉，以公权为右拾遗、翰林侍书学士。上问公权："卿书何能如是之善？"对曰："用笔在心，心正则笔正。"上默然改容，知其以笔谏也。公权，公绰之弟也。

辛未，安南将士开城纳桂仲武，执杨清，斩之。裴行立至海门而卒，复以仲武为安南都护。

吐蕃寇盐州。

初，膳部员外郎元稹为江陵士曹，与监军崔潭峻善。上在东宫，闻宫人诵稹歌诗而善之。及即位，潭峻归朝，献稹歌诗百余篇。上问："稹安在？"对曰："今为散郎。"夏，五月，庚戌，以稹为祠部郎中、知制诰。朝论鄙之。会同僚食瓜于阁下，有青蝇集其上，中书舍人武儒衡以扇挥之曰："适从何来，遽集于此！"同僚皆失色，儒衡意气自若。

庚申，葬神圣章武孝皇帝于景陵，庙号宪宗。

六月，以湖南观察使崔群为吏部侍郎，召对别殿。上曰："朕升储副，知卿为羽翼。"对曰："先帝之意，久属圣明，臣何力之有？"

太后居兴庆宫，每朔望，上帅百官诣宫上寿。上性侈，所以奉养太后尤为华靡。

秋，七月，乙巳，以郓、曹、濮节度为天平军。

门下侍郎、同平章事令狐楚坐为山陵使，部吏盗官物，又不给工人佣直，收其钱十五万缗为羡余献之，怨诉盈路，丁卯，罢为宣、歙、池观察使。

八月，癸巳，发神策兵二千浚鱼藻池。

戊戌，以御史中丞崔植为中书侍郎、同平章事。

己亥，再贬令狐楚衡州刺史。

上甫过公除，即事游畋声色，赐与无节。九月，欲以重阳大宴，拾遗李珏帅其同僚上疏曰："伏以元朔未改，园陵尚新，虽陛下就易月之期，俯从人欲；而《礼经》著三年之制，犹服心丧。遵同轨之会始离京，告远夷之使未复命。遏密弛禁，盖为齐人。合宴内庭，事将未可。"上不听。

戊午，加邠宁节度使李光颜、武宁节度使李愬并同平章事。

冬，十月，王承宗薨，其下秘不发丧，子知感、知信皆在朝，诸将欲取帅于属内诸州。参谋崔燧以承宗祖母凉国夫人命，告谕诸将及亲兵，立承宗之弟观察支使承元。承元时年二十，将士拜之，承元不受，泣且拜，诸将固请不已，承元曰："天子遣中使监军，有事当与之议。"及监军至，亦劝之。承元曰："诸公未忘先德，不以承元年少，欲使之摄军务，承元请尽节天子，以遵忠烈王之志，诸公肯从之乎？"众许诺。承元乃视事于都将听事，令左右不得谓己为留后，委事于参佐，密表请朝廷除帅。庚辰，监军奏承宗疾亟，弟承元权知留后，并以承元表闻。

党项复引吐蕃寇泾州，连营五十里。

辛巳，遣起居舍人柏耆诣镇州宣慰。

壬午，群臣入阁，退，谏议大夫郑覃、崔郾等五人进言："陛下宴乐过多，畋游无度。今胡寇压境，忽有急奏，不知乘舆所在。又晨夕与近习倡优狎昵，赐与过厚。夫金帛皆百姓膏血，非有功不可与。虽内藏有余，愿陛下爱之，方一四方有事，不复使有司重敛百姓。"时久无阁中论事者，上始甚讶之，谓宰相曰："此辈何人？"对曰："谏官。"上乃使人慰劳之，曰："当依卿言。"宰相皆贺，然实不能用也。覃，珣瑜之子也。

上尝谓给事中丁公著曰："闻外间人多宴乐，此乃时和人安，足用为慰。"公著对曰："此非佳事，恐渐劳圣虑。"上曰："何故？"对曰："自天宝以来，公卿大夫竞为游宴，沉酣昼夜，猥杂子女，不愧左右。如此不已，则百职皆废，陛下能无独忧劳乎！愿少加禁止，乃天下之福也。"

癸未，泾州奏吐蕃进营距州三十里，告急求救。以右军中尉梁守谦为左、右神策京西、北行营都监，将兵四千人，并发八镇全军救之，赐将士装钱二万缗。以郯王府长史邵同为太府少卿兼御史中丞，充答吐蕃请和好使。

初，秘书少监田洎入吐蕃为吊祭使，吐蕃请与唐盟于长武城下，洎恐吐蕃留之不得还，唯阿而已。既而吐蕃为党项所引入寇，因以为辞曰："田洎许我将兵赴盟。"于是贬洎郴州司户。

成德军始奏王承宗薨。乙酉，徙田弘正为成德节度使，以王承元为义成节度使，刘悟为昭义节度使，李愬为魏博节度使。又以左金吾将军田布为河阳节度使。

渭州刺史郝玼数出兵袭吐蕃营，所杀甚众。李光颜发邠宁兵救泾州。邠宁兵以神策受赏厚，皆愠曰："人给五十缗而不识战斗者，彼何人邪！常额衣资不得而前冒白刃者，此何人邪！"汹汹不可止。光颜亲为开陈大义以谕之，言与涕俱，然后军士感悦而行。将至泾州，吐蕃惧而退。丙戌，罢神策行营。西川奏吐蕃寇雅州，辛卯，盐州奏吐蕃营于乌、白池，寻亦皆退。

十一月，癸卯，遣谏议大夫郑覃诣镇州宣慰，赐钱一百万缗以赏将士。王承元既请朝命，诸将及邻道争以故事劝之，承元皆不听。及移镇义成，将士喧哗不受命，承元与柏耆召诸将以诏旨谕之，诸将号哭不从。承元出家财以散之，择其有劳者擢之，谓曰："诸公以先代之故，不欲承元去，此意甚厚。然使承元违天子之诏，其罪大矣。昔李师道之未败也，朝廷尝赦其罪，师道欲行，诸将固留之，其后杀师道者亦诸将也。诸将勿使承元为师道，则幸矣。"因涕泣不自胜，且拜之。十将李寂等十余人固留承元，承元斩以徇，军中乃定。丁未，承元赴滑州。将吏或以镇州器用财货行，承元悉命留之。

上将幸华清宫，戊午，宰相率两省供奉官诣延英门，三上表切谏，且言："如此，臣辈当扈从。"求面对，皆不听。谏官伏门下，至暮，乃退。己未，未明，上自复道出城，幸华清宫，独公主、驸马、中尉、神策六军使帅禁兵千余人扈从，晡时还宫。

十二月，己巳朔，盐州奏：吐蕃千余人围乌、白池。

庚辰，西川奏南诏二万人入界，请讨吐蕃。

癸未，容管奏破黄少卿万余众，拔营栅三十六。时少卿久未平，国子祭酒韩愈上言："臣去年贬岭外，熟知黄家贼事。其贼无城郭可居，依山傍险，自称洞主，寻常亦各营生，急则屯聚相保。比缘邕管经略使多不得人，德既不能绥怀，威又不能临制，侵欺虏缚，以致怨恨。遂攻劫州县，侵暴平人，或复私仇，或贪小利，或聚或散，终亦不能为事。近者征讨本起裴行立、阳旻，此两人者本无远虑深谋，意在邀功求赏，亦缘见贼未屯聚之时，将谓单弱，争献谋计。自用兵以来，已经二年，前后所奏杀获计不下二万余人，傥皆非虚，贼已寻尽。至今贼犹依旧，足明欺罔朝廷。邕、容两管，经此雕弊，杀伤疾疫，十室九空。如此不已，臣恐岭南一道未有宁息之时。自南讨已来，贼徒亦甚伤损，察其情理，厌苦必深。贼所处荒僻，假如尽杀其人，尽得其地，在于国计不为有益。若因改元大庆，赦其罪戾，遣使宣谕，必望风降伏。仍为选择有威信者为经略使，苟处置得宜，自然永无侵叛之事。"上不能用。

穆宗睿圣文惠孝皇帝上

长庆元年（辛丑、821）

春，正月，辛丑，上祀圆丘，赦天下，改元。河北诸道各令均定两税。

门下侍郎、同平章事萧俛，介洁疾恶，为相，重惜官职，少所引拔。西川节度使王播大修贡奉，且以赂结宦官，求为相，段文昌复左右之。诏征播诣京师。俛屡于延英力争，言："播纤邪，物论沸腾，不可以污台司。"上不听，俛遂辞位。己未，播至京师。壬戌，俛罢为右仆射。俛固辞仆射，二月，癸酉，改吏部尚书。

卢龙节度使刘总既杀其父兄，心常自疑，数见父兄为祟。常于府舍饭僧数百，使昼夜为佛事，每视事退则处其中，或处他室，则惊悸不能寐。晚年，恐惧尤甚，亦见河南、北皆从化，己卯，奏乞弃官为僧，仍乞赐钱百万缗以赏将士。

上面谕西川节度使王播令归镇，播累表乞留京师。会中书侍郎、同平章事段文昌请退，壬申，以文昌同平章事，充西川节度使；以翰林学士杜元颖为户部侍郎、同平章事；以播为刑部尚书，充盐铁转运使。元颖，淹之六世孙也。

回鹘保义可汗卒。

三月，癸丑，以刘总兼侍中，充天平节度使；以宣武节度使张弘靖为卢龙节度使。

乙卯，以权知京兆尹卢士玫为瀛莫观察使。

丁巳，诏刘总兄弟子侄皆除官，大将僚佐亦宜超擢，百姓给复一年，军士赐钱一百万缗。

戊午，立皇弟憬为鄜王，悦为琼王，惲为沔王，怿为婺王，愔为茂王，怡为光王，协为淄王，憺为衢王，惋为澶王；皇子湛为景王，涵为江王，溱为漳王，溶为安王，瀍为颍王。

刘总奏恳乞为僧，且以其私第为佛寺。诏赐总名大觉，寺名报恩，遣中使以紫僧服及天平节钺、侍中告身并赐之，惟其所择。诏未至，总已削发为僧，将士欲遮留之，总杀其唱帅者十余人，夜，以印节授留后张玘，遁去。及明，军中始知之。玘奏总不知所在，癸亥，卒于定州之境。

翰林学士李德裕，吉甫之子也，以中书舍人李宗闵尝对策讥切其父，恨之。宗闵又与翰林学士元稹争进取有隙。右补阙杨汝士与礼部侍郎钱徽掌贡举，西川节度使段文昌、翰林学士李绅各以书属所善进士于徽。及榜出，文昌、绅所属皆不预焉，及第者，郑朗，覃之弟；裴撰，度之子；苏巢，宗闵之婿；杨殷士，汝士之弟也。文昌言于上曰："今岁礼部殊不公，所取进士皆子弟无艺，以关节得之。"上以问诸学士，德裕、稹、绅皆曰："诚如文昌言。"上乃命中书舍人王起等覆试。夏，四月，丁丑，诏黜朗等十人，贬徽江州刺史，宗闵剑州刺史，汝士开江令。或劝徽奏文昌、绅属书，上必寤，徽曰："苟无愧心，得丧一致，奈何奏人私书，岂士君子所为邪！"取而焚之，时人多之。绅，敬玄之曾孙；起，播之弟也。自是德裕、宗闵各分朋党，更相倾轧，垂四十年。

丙戌，册回鹘嗣君为登啰羽录没密施句主毗伽崇德可汗。

五月，丙申朔，回鹘遣都督、宰相等五百余人来逆公主。

壬子，盐铁使王播奏：约榷茶额，每百钱加税五十。右拾遗李珏等上疏，以为："榷茶近起贞元多事之际，今天下无虞，所宜宽横敛之目，而更增之，百姓何时当得息肩?”不从。

丙辰,建王恪薨。

癸亥,以太和长公主嫁回鹘。公主,上之妹也。吐蕃闻唐与回鹘婚,六月,辛未,寇青寨堡,盐州刺史李文悦击却之。戊寅,回鹘奏:“以万骑出北庭,万骑出安西,拒吐蕃以迎公主。”

初,刘总奏分所属为三道:以幽、涿、营为一道,请除张弘靖为节度使;平、蓟、妫、檀为一道,请除平卢节度使薛平为节度使;瀛、莫为一道,请除权知京兆尹卢士玫为观察使。弘靖先在河东,以宽简得众,总与之邻境,闻其风望,以燕人桀骜日久,故举弘靖自代以安辑之。平,嵩之子,知河朔风俗,而尽诚于国,故举之。士玫,则总妻族之亲也。总又尽择麾下宿将有功伉健难制者都知兵马使朱克融等送之京师,乞加奖拔,使燕人有慕羡朝廷禄位之志。又献征马万五千匹,然后削发委去。克融,滔之孙也。

是时上方酣宴,不留意天下之务,崔植、杜元颖无远略,不知安危大体,苟欲崇重弘靖,惟割瀛、莫二州,以士玫领之,自余皆统于弘靖。朱克融辈久羁旅京师,至假丐衣食,日诣中书求官,植、元颖不之省。及除弘靖幽州,勒克融辈归本军驱使,克融辈皆愤怨。

先是,河北节度使皆亲冒寒暑,与士卒均劳逸。及弘靖至,雍容骄贵,肩舆于万众之中,燕人讶之。弘靖庄默自尊,涉旬乃一出坐决事,宾客将吏罕得闻其言,情意不接,政事多委之幕僚。而所辟判官韦雍辈多年少轻薄之士,嗜酒豪纵,出入传呼甚盛,或夜归烛火满街,皆燕人所不习也。诏以钱百万缗赐将士,弘靖留其二十万缗充军府杂用,雍辈复裁刻军士粮赐,绳之以法,数以反虏诟责吏卒,谓军士曰:“今天下太平,汝曹能挽两石弓,不若识一丁字。”由是军中人人怨怒。

资治通鉴卷第二百四十二

端明殿学士兼翰林侍读学士太中大夫提举西京嵩山崇福宫上柱国河内郡开国公食邑二千二百户食实封九百户赐紫金鱼袋臣 司马光 奉敕编集

唐纪五十八起重光赤奋若(辛丑)七月，尽玄黓摄提格(壬寅)，凡一年有奇。

穆宗睿圣文惠孝皇帝中

长庆元年(辛丑、821)

秋，七月，甲辰，韦雍出，逢小将策马冲其前导，雍命曳下，欲于街中杖之。河朔军士不贯受杖，不服。雍以白弘靖，弘靖命军虞候系治之。是夕，士卒连营呼噪作乱，将校不能制，遂入府舍，掠弘靖货财、妇女，囚弘靖于蓟门馆，杀幕僚韦雍、张宗元、崔仲卿、郑埙、都虞候刘操、押牙张抱元。明日，军士稍稍自悔，悉诣馆谢弘靖，请改心事之。凡三请，弘靖不应，军士乃相谓曰:“相公无言，是不赦吾曹。军中岂可一日无帅!”乃相与迎旧将朱洄，奉以为留后。洄，克融之父也，时以疾废卧家，自辞老病，请使克融为之，众从之。众以判官张彻长者，不杀。彻骂曰:“汝何敢反，行且族灭!”众共杀之。

壬子，群臣上尊号曰文武孝德皇帝，赦天下。

甲寅，幽州监军奏军乱。丁巳，贬张弘靖为宾客、分司。己未，再贬吉州刺史。庚申，以昭义节度使刘悟为卢龙节度使。悟以朱克融方强，奏请“且授克融节钺，徐图之”。乃复以悟为昭义节度使。

辛酉，太和公主发长安。

初，田弘正受诏镇成德，自以久与镇人战，有父兄之仇，乃以魏兵二千从赴镇，因留以自卫，奏请度支供其粮赐。户部侍郎、判度支崔倰，性刚褊，无远虑，以为魏、镇各自有兵，恐开事例，不肯给。弘正四上表，不报，不得已，遣魏兵归。倰，沔之孙也。

弘正厚于骨肉，兄弟子侄在两都者数十人，竞为侈靡，日费约二十万，弘正辇魏、镇之货以供之，相属于道，河北将士颇不平。诏以钱百万缗赐成德军，度支辇运不时至，军士益不悦。都知兵马使王庭凑，本回鹘阿布思之种也，性果悍阴狡，潜谋作乱，每抉其细故以激怒之，尚以魏兵故，不敢发。及魏兵去，壬戌夜，庭凑结牙兵噪于府署，杀弘正及僚佐、元从将吏并家属三百余人。庭凑自称留后，逼监军宋惟澄奏求节钺。八月,癸巳,惟澄以闻,朝廷震骇。崔倰于崔植为再从兄,故时人莫敢言其罪。

初,朝廷易置魏、镇帅臣,左金吾将军杨元卿上言,以为非便,又诣宰相深陈利害。及镇州乱,上赐元卿白玉带。辛未,以元卿为泾原节度使。

瀛莫将士家属多在幽州,壬申,莫州都虞候张良佐潜引朱克融兵入城,刺史吴晖不知所在。

癸酉,王庭凑遣人杀冀州刺史王进岌,分兵据其州。

魏博节度使李愬闻田弘正遇害,素服令将士曰:"魏人所以得通圣化,至今安宁富乐者,田公之力也。今镇人不道,辄敢害之,是轻魏以为无人也。诸君受田公恩,宜如何报之?"众皆恸哭。深州刺史牛元翼,成德良将也,愬使以宝剑、玉带遗之,曰:"昔吾先人以此剑立大勋,吾又以之平蔡州,今以授公,努力剪庭凑。"元翼以剑、带徇于军,报曰:"愿尽死!"愬将出兵,会疾作,不果。元翼,赵州人也。

乙亥,起复前泾原节度使田布为魏博节度使,令乘驿之镇。布固辞不获,与妻子、宾客诀曰:"吾不还矣。"悉屏去旌节导从而行,未至魏州三十里,被发徒跣,号哭而入,居于垩室。月俸千缗,一无所取,卖旧产,得钱十余万缗,皆以颁士卒,旧将老者兄事之。

丙子,瀛州军乱,执观察使卢士玫及监军僚佐送幽州,囚于客馆。

王庭凑遣其将王立攻深州,不克。

丁丑,诏魏博、横海、昭义、河东、义武诸军各出兵临成德之境,若王庭凑执迷不复,宜即进讨。成德大将王俭等五人谋杀王庭凑,事泄,并部兵三千人皆死。

己卯,以深州刺史牛元翼为深冀节度使。

丁亥,以殿中侍御史温造为起居舍人,充镇州四面诸军宣慰使,历泽潞、河东、魏博、横海、深冀、易定等道,谕以军期。造,大雅之五世孙也。己丑,以裴度为幽、镇两道招抚使。

癸巳,王庭凑引幽州兵围深州。

九月,乙巳,相州军乱,杀刺史邢濋。

吐蕃遣其礼部尚书论讷罗来求盟,庚戌,以大理卿刘元鼎为吐蕃会盟使。

壬子,朱克融焚掠易州、涞水、遂城、满城。

自定两税法以来,钱日重,物日轻,民所输三倍其初,诏百官议革其弊。户部尚书杨於陵以为:"钱者所以权百货,贸迁有无,所宜流散,不应蓄聚。今税百姓钱藏之公府,又,开元中天下铸钱七十余垆,岁入百万,今才十余垆,岁入十五万,又积于商贾之室及流入四夷。又,大历以前淄青、太原、魏博贸易杂用铅铁,岭南杂用金、银、丹砂、象齿,今一用钱。如此,则钱焉得不重,物焉得不轻?今宜使天下输税课者皆用谷、帛，广铸钱而禁滞积及出塞者，则钱日滋矣。”朝廷从之，始令两税皆输布、丝、纩，独盐、酒课用钱。

冬，十月，丙寅，以盐铁转运使、刑部尚书王播为中书侍郎、同平章事，使职如故。播为相，专以承迎为事，未尝言国家安危。

以裴度为镇州四面行营都招讨使。左领军大将军杜叔良，以善事权幸得进。时幽、镇兵势方盛，诸道兵未敢进，上欲功速成，宦官荐叔良，以为深州诸道行营节度使。以牛元翼为成德节度使。

癸酉，命宰相及大臣凡十七人与吐蕃论讷罗盟于城西。遣刘元鼎与讷罗入吐蕃，亦与其宰相以下盟。

乙亥，以沂州刺史王智兴为武宁节度副使。先是，副使皆以文吏为之，上闻智兴有勇略，欲用之于河北，故是以宠之。

丁丑，裴度自将兵出承天军故关以讨王庭凑。

朱克融遣兵寇蔚州。

戊寅，王庭凑遣兵寇贝州。

己卯，易州刺史柳公济败幽州兵于白石岭，杀千余人。

庚辰，横海军节度使乌重胤奏败成德兵于饶阳。

辛巳，魏博节度使田布将全军三万人讨王庭凑，屯于南宫之南，拔其二栅。

翰林学士元稹与知枢密魏弘简深相结，求为宰相，由是有宠于上，每事咨访焉。稹无怨于裴度，但以度先达重望，恐其复有功大用，妨己进取，故度所奏画军事，多与弘简从中沮坏之。度乃上表极陈其朋比奸蠹之状，以为：“逆竖构乱，震惊山东，奸臣作朋，挠败国政。陛下欲扫荡幽、镇，先宜肃清朝廷。何者？为患有大小，议事有先后。河朔逆贼，只乱山东；禁闱奸臣，必乱天下。是则河朔患小，禁闱患大。小者臣与诸将必能剪灭，大者非陛下觉寤制断无以驱除。今文武百寮，中外万品，有心者无不愤忿，有口者无不咨嗟。直以奖用方深，不敢抵触，恐事未行而祸已及，不为国计，且为身谋。臣自兵兴以来，所陈章疏，事皆要切，所奉书诏，多有参差，蒙陛下委付之意不轻，遭奸臣抑损之事不少。臣素与佞幸亦无仇嫌，正以臣前请乘传诣阙，面陈军事，奸臣最所畏惮，恐臣发其过恶，百计止臣。臣又请与诸军齐进，随便攻讨，奸臣恐臣或有成功，曲加阻碍，逗遛日时。进退皆受羁牵，意见悉遭蔽塞。但欲令臣失所，臣无成，则天下理乱，山东胜负，悉不顾矣。为臣事君，一至于此。若朝中奸臣尽去，则河朔逆贼不讨自平；若朝中奸臣尚存，则逆贼纵平无益。陛下傥未信臣言，乞出臣表，使百官集议，彼不受责，臣当伏辜。”表三上，上虽不悦，以度大臣，不得已，癸未，以弘简为弓箭库使，稹为工部侍郎。稹虽解翰林，恩遇如故。

宿州刺史李直臣坐赃当死，宦官受其赂，为之请，御史中丞牛僧孺固请诛之。〔上〕曰：“直臣有才，可惜。”僧孺对曰：“彼不才者，无〔过〕温衣饱食以足妻子，安足虑？本设法令，所以擒制有才之人。安禄山、朱泚皆才过于人，法不能制者也。”上从之。

横海节度使乌重胤将全军救深州，诸军倚重胤独当幽、镇东南，重胤宿将，知贼未可破，按兵观衅。上怒，丙戌，以杜叔良为横海节度使，徙重胤为山南西道节度使。

灵武节度使李进诚奏败吐蕃三千骑于大石山下。

十一月，辛酉，淄青节度使薛平奏突将马廷崟作乱，伏诛。时幽、镇兵攻棣州，平遣大将李叔佐将兵救之。刺史王稷供馈稍薄，军士怨怒，宵溃，推廷崟为主，行且收兵至七千余人，径逼青州。城中兵少，不敌，平悉发府库及家财召募，得精兵二千人，逆战，大破之，斩廷崟，其党死者数千人。横海节度使杜叔良将诸道兵与镇人战，遇敌辄北，镇人知其无勇，常先犯之。十二月，庚午，监军谢良通奏叔良大败于博野，失亡七千余人。叔良脱身还营，丧其旌节。

丁丑，义武节度使陈楚奏败朱克融兵于望都及北平，斩获万余人。

戊寅，以凤翔节度使李光颜为忠武节度使、兼深州行营节度使，代杜叔良。

自宪宗征伐四方，国用已虚，上即位，赏赐左右及宿卫诸军无节，及幽、镇用兵久无功，府藏空竭，势不能支。执政乃议：“王庭凑杀田弘正而朱克融全张弘靖，罪有重轻，请赦克融，专讨庭凑。”上从之。乙酉，以朱克融为平卢节度使。

戊子，义武奏破莫州清源等三栅，斩获千余人。

二年(壬寅、822)

春，正月，丁酉，幽州兵陷弓高。先是，弓高守备甚严，有中使夜至，守将不内，旦，乃得入，中使大诟怒。贼谍知之，他日，伪遣人为中使，投夜至城下，守将遽内之，贼众随之，遂陷弓高。又围下博。中书舍人白居易上言，以为：“自幽、镇逆命，朝廷征诸道兵，计十七八万，四面攻围，已逾半年，王师无功，贼势犹盛。弓高既陷，粮道不通，下博、深州，饥穷日急。盖由节将太众，其心不齐，莫肯率先，递相顾望。又，朝廷赏罚，近日不行，未立功者或已拜官，已败衄者不闻得罪。既无惩劝，以至迁延，若不改张，必无所望。请令李光颜将诸道劲兵约三四万人从东速进，开弓高粮路，合下博诸军，解深、邢重围，与元翼合势。令裴度将太原全军兼招讨旧职，西面压境，观衅而动。若乘虚得便，即令同力剪除；若战胜贼穷，亦许受降纳款。如此，则夹攻以分其力，招谕以动其心，必未及诛夷，自生变故。又，请诏光颜选诸道兵精锐者留之，其余不可用者悉遣归本道，自守土疆。盖兵多而不精，岂唯虚费资粮，兼恐挠败军陈故也。今既只留东西二帅，请各置都监一人，诸道监军，一时停罢。如此，则众齐令一，必有成功。又，朝廷本用田布，令报父仇，今领全师出界，供给度支，数月已来，都不进讨，非田布固欲如此，抑有其由。闻魏博一军，屡经优赏，兵骄将富，莫肯为用。况其军一月之费，计实钱近二十八万缗，若更迁延，将何供给？此尤宜早令退军者也。若两道止共留兵六万，所费无多，既易支持，自然丰足。今事宜日急，其间变故远不可知。苟兵数不抽，军费不减，食既不足，众何以安？不安之中，何事不有？况有司迫于供军，百端敛率，不许即用度交阙，尽许则人心无憀。自古安危皆系于此，伏乞圣虑察而念之。"疏奏，不省。

己亥，度支馈沧州粮车六百乘，至下博，尽为成德军所掠。时诸军匮乏，供军院所运衣粮，往往不得至院，在涂为诸军邀夺，其悬军深入者，皆冻馁无所得。

初，田布从其父弘正在魏，善视牙将史宪诚，屡称荐，至右职。及为节度使，遂寄以腹心，以为先锋兵马使，军中精锐，悉以委之。宪诚之先，奚人也，世为魏将。魏与幽、镇本相表里，及幽、镇叛，魏人固摇心。布以魏兵讨镇，军于南宫，上屡遣中使督战，而将士骄惰，无斗志，又属大雪，度支馈运不继。布发六州租赋以供军，将士不悦，曰："故事，军出境，皆给朝廷。今尚书刮六州肌肉以奉军，虽尚书瘠己肥国，六州之人何罪乎?"宪诚阴蓄异志，因众心不悦，离间鼓扇之。会有诏分魏博军与李光颜，使救深州，庚子，布军大溃，多归宪诚，布独与中军八千人还魏。壬寅，至魏州。

癸卯，布复召诸将议出兵，诸将益偃蹇，曰："尚书能行河朔旧事，则死生以之，若使复战，则不能也。"布无如之何，叹曰："功不成矣!"即日，作遗表具其状，略曰："臣观众意，终负国恩。臣既无功，敢忘即死。伏愿陛下速救光颜、元翼，不然者，义士忠臣皆为河朔屠害矣。"奉表号哭，拜授幕僚李石，乃入启父灵，抽刀而言曰："上以谢君父，下以示三军。"遂刺心而死。宪诚闻布已死，乃谕其众，遵河北旧事。众悦，拥宪诚还魏，奉为留后。戊申，魏州奏布自杀。己酉，以宪诚为魏博节度使。宪诚虽喜得旄钺，外奉朝廷，然内实与幽、镇连结。

庚戌，以德州刺史王日简为横海节度使。日简，本成德牙将也。壬子，贬杜叔良为归州刺史。

王庭凑围牛元翼于深州，官军三面救之，皆以乏粮不能进，虽李光颜亦闭壁自守而已。军士自采薪刍，日给不过陈米一勺。深州围益急，朝廷不得已，二月，甲子，以庭凑为成德节度使，军中将士官爵皆复其旧。以兵部侍郎韩愈为宣慰使。

上之初即位也，两河略定，萧俛、段文昌以为"天下已太平，渐宜消兵，请密诏天下，军镇有兵处，每岁百人之中限八人逃、死。"上方荒宴，不以国事为意，遂可其奏。军士落籍者众，皆聚山泽为盗。及朱克融、王庭凑作乱，一呼而亡卒皆集。诏征诸道兵讨之，诸道兵既少，皆临时召募，乌合之众。又，诸节度既有监军，其领偏师者亦置中使监陈，主将不得专号令，战小胜则飞驿奏捷，自以为功，不胜则迫胁主将，以罪归之。悉择军中骁勇以自卫，遣羸懦者就战，故每战多败。又凡用兵举动皆自禁中授以方略，朝令夕改，不知所从。不度可否，惟督令速战。中使道路如织，驿马不足，掠行人马以继之，人不敢由驿路行。故虽以诸道十五万之众，裴度元臣宿望，乌重胤、李光颜皆当时名将，讨幽、镇万余之众，屯守逾年，竟无成功，财竭力尽。

崔植、杜元颖、王播为相，皆庸才，无远略。史宪诚既逼杀田布，朝廷不能讨，遂并朱克融、王庭凑以节钺授之。由是再失河朔，讫于唐亡，不能复取。朱克融既得旌节，乃出张弘靖及卢士玫。

丙寅，以牛元翼为山南东道节度使，以左神策行营乐寿镇兵马使清河傅良弼为沂州刺史，以瀛州博野镇遏使李寰为忻州刺史。良弼、寰所戍在幽、镇之间，朱克融、王庭凑互加诱胁，良弼、寰不从，各以其众坚壁，贼竟不能取，故赏之。

丙子，赐横海节度使王日简姓名为李全略。

辛巳，中书侍郎、同平章事崔植罢为刑部尚书，以工部侍郎元稹同平章事。

癸未，加李光颜横海节度、沧景观察使，其忠武、深州行营节度如故。以横海节度使李全略为德棣节度使。时朝廷以光颜悬军深入，馈运难通，故割沧景以隶之。

王庭凑虽受旌节，不解深州之围。丙戌，以知制诰东阳冯宿为山南东道节度副使，权知留后，仍遣中使入深州督牛元翼赴镇。裴度亦与幽、镇书，责以大义，朱克融即解围去，王庭凑虽引兵少退，犹守之不去。

元稹怨裴度，欲解其兵柄，故劝上雪王庭凑而罢兵。丁亥，以度为司空、东都留守，平章事如故。谏官争上言："时未偃兵，度有将相全才，不宜置之散地。"上乃命度入朝，然后赴东都。

以灵武节度使李听为河东节度使。初，听为羽林将军，有良马，上为太子，遣左右讽求之，听以职总亲军，不敢献。及河东缺帅，上曰："李听不与朕马，是必可任。"遂用之。

昭义监军刘承偕恃恩，陵轹节度使刘悟，数众辱之，又纵其下乱法。阴与磁州刺史张汶谋缚悟送阙下，以汶代之。悟知之，讽其军士作乱，杀汶。围承偕，欲杀之，幕僚贾直言入，责悟曰："公所为如是，欲效李司空邪？此军中安知无如公者，使李司空有知，得无笑公于地下乎！"悟遂谢直言，救免承偕，囚之府舍。

初，上在东宫，闻天下厌苦宪宗用兵，故即位，务优假将卒以求姑息。三月，壬辰朔，诏："神策六军使及南牙常参武官具由历、功绩，牒送中书，量加奖擢。其诸道大将久次及有功者，悉奏闻，与除官。应天下诸军，各委本道据守旧额，不得辄有减省。"于是商贾、胥吏争赂藩镇，牒补列将而荐之，即升朝籍。奏章委积，士大夫皆扼腕叹息。

武宁节度副使王智兴将军中精兵三千讨幽、镇，节度使崔群忌之，奏请即用智兴为节度使，不则召诣阙，除以它官。事未报，智兴亦自疑，会有诏赦王庭凑，诸道皆罢兵，智兴引兵先期入境。群惧，遣使迎劳，且使军士释甲而入。智兴不从，乙巳，引兵直进，徐人开门待之，智兴杀不同己者十余人，乃入府牙，见群及监军，拜伏曰："军众之情，不可如何！"为群及判官、从吏具人马及治装，皆素所办也，遣兵卫送群，至埇桥而返。遂掠盐铁院钱帛，及诸道进奉在汴中者，并商旅之物，皆三分取二。

丙午，加朱克融、王庭凑检校工部尚书。上闻其解深州之围，故褒之，然庭凑之兵实犹在深州城下。

韩愈既行，众皆危之。诏愈至境更观事势，勿遽入，愈曰："止，君之仁；死，臣之义。"遂往，至镇，庭凑拔刃弦弓以逆之，及馆，甲士罗于庭。庭凑言曰："所以纷纷者，乃此曹所为，非庭凑心。"愈厉声曰："天子以尚书有将帅材，故赐之节钺，不知尚书乃不能与健儿语邪！"甲士前曰："先太师为国击走朱滔，血衣犹在，此军何负朝廷，乃以为贼乎？"愈曰："汝曹尚能记先太师则善矣。夫逆顺之为祸福岂远邪！自禄山、思明以来，至元济、师道，其子孙有今尚存仕宦者乎？田令公以魏博归朝廷，子孙虽在孩提，皆为美官；王承元以此军归朝廷，弱冠为节度使；刘悟、李祐，今皆为节度使，汝曹亦闻之乎？"庭凑恐众心动，麾之使出，谓愈曰："侍郎来，欲使庭凑何为？"愈曰："神策六军之将如牛元翼者不少，但朝廷顾大体，不可弃之耳。尚书何为围之不置？"庭凑曰："即当出之。"因与愈宴，礼而归之。未几，牛元翼将十骑突围出，深州大将臧平等举城降，庭凑责其久坚守，杀平等将吏百八十余人。

戊申，裴度至长安，见上，谢讨贼无功。先是，上诏刘悟送刘承偕诣京师，悟托以军情，不时奉诏。上问度："宜如何处置？"度对曰："承偕在昭义，骄纵不法，臣尽知之，悟在行营与臣书，具论其事。时有中使赵弘亮在臣军中，持悟书去，云'欲自奏之'，不知尝奏不？"上曰："朕殊不知也，且悟大臣，何不自奏？"对曰："悟武臣，不知事体。然今事状藉藉如此，臣等面论，陛下犹不能决，况悟当日单辞，岂能动圣听哉？"上曰："前事勿论，直言此时如何处置？"对曰："陛下必欲收天下心，止应下半纸诏书，具陈承偕骄纵之罪，令悟集将士斩之，则藩镇之臣，孰不思为陛下效死！非独悟也。"上俯首良久，曰："朕不惜承偕，然太后以为养子，今兹囚絷，太后尚未知之，况杀之乎！卿更思其次。"度乃与王播等奏请"流承偕于远州，必得出。”上从之。后月余，悟乃释承偕。

李光颜所将兵闻当留沧景，皆大呼西走，光颜不能制，因惊惧成疾。己酉，上表固辞横海节，乞归许州，许之。

壬子，以裴度为淮南节度使，余如故。

加刘悟检校司徒，余如故。自是悟浸骄，欲效河北三镇，招聚不逞，章表多不逊。

裴度之讨幽、镇也，回鹘请以兵从，朝议以为不可，遣中使止之。回鹘遣其臣李义节将三千人已至丰州北，却之，不从，诏发缯帛七万匹以赐之，甲寅，始还。

王智兴遣轻兵二千袭濠州，丙辰，刺史侯弘度弃城奔寿州。

言事者皆谓裴度不宜出外，上亦自重之。戊午，制留度辅政，以中书侍郎、同平章事王播同平章事，代度镇淮南，仍兼诸道盐铁转运使。

李寰帅其众三千出博野，王庭凑遣兵追之，寰与战，杀三百余人，庭凑兵乃还，余众二千犹固守博野。

朝廷以新罢兵，力不能讨徐州，己未，以王智兴为武宁节度使。

复以德棣节度使李全略为横海节度使。

夏，四月，辛酉朔，日有食之。

甲戌，以傅良弼、李寰为神策都知兵马使。

户部侍郎、判度支张平叔上言：“官自粜盐，可以获利一倍。”又请“令所由将盐就村粜易”，又乞“令宰相领盐铁使”，又请“以粜盐多少为刺史、县令殿最。”又乞“检责所在实户，据口团保，给一年盐，使其四季输价。”又“行此策后，富商大贾或行财贿，邀截喧诉，其为首者所在杖杀，连状人皆杖脊。”诏百官议其可否。兵部侍郎韩愈上言，以为：“城郭之外，少有见钱籴盐，多用杂物贸易。盐商则无物不取，或赊贷徐还，用此取济，两得利便。今令人吏坐铺自粜，非得见钱，必不敢受。如此，贫者无从得盐，自然坐失常课，如何更有倍利？又若令人吏将盐家至户到而粜之，必索百姓供应，骚扰极多。又，刺史、县令职在分忧，岂可惟以盐利多少为之升黜，不复考其理行。又，贫家食盐至少，或有淡食动经旬月，若据口给盐，依时征价，官吏畏罪，必用威刑，臣恐因此所在不安，此尤不可之大者也。”中书舍人韦处厚议，以为：“宰相处论道之地，杂以鹾务，实非所宜。窦参、皇甫镈皆以钱谷为相，名利难兼，卒蹈祸败。又欲以重法禁人喧诉，夫强人之所不能，事必不立；禁人之所必犯，法必不行矣。”事遂寝。

平叔又奏征远年逋欠。江州刺史李渤上言：“度支征当州贞元二年逃户所欠钱四千余缗，当州今岁旱灾，田损什九。陛下奈何于大旱中征三十六年前逋负！”诏悉免之。

邕州人不乐属容管，刺史李元宗以吏人状授御史，使奏之。容管经略使严公素闻之，遣吏按元宗擅以罗阳县归蛮酋黄少度。五月，壬寅，元宗将兵百人并州印奔黄洞。

王庭凑之围牛元翼也，和王傅于方欲以奇策干进，言于元稹，请“遣客王昭、于友明间说贼党，使出元翼。仍赂兵、吏部令史伪出告身二十通，令以便宜给赐。”稹皆然之。有李赏者，知其谋，乃告裴度，云方为稹结客刺度，度隐而不发。赏诣左神策告其事，丁巳，诏左仆射韩皋等鞫之。

戊午，幽州节度使朱克融进马万匹，羊十万口，而表云先请其直充犒赏。

三司按于方刺裴度事，皆无验。六月，甲子，度及元稹皆罢相，度为右仆射，稹为同州刺史。以兵部尚书李逢吉为门下侍郎、同平章事。

党项寇灵州、渭北，掠官马。

谏官上言：“裴度无罪，不当免相。元稹与于方为邪谋，责之太轻。”上不得已，壬申，削稹长春宫使。

吐蕃寇灵武。

庚辰，盐州奏党项都督(拔)〔拓〕跋万诚请降。

壬午，吐蕃寇盐州。

戊子，复置邕管经略使。

初，张弘靖为宣武节度使，屡赏以悦军士，府库虚竭。李愿继之，性奢侈，赏劳既薄于弘靖时，又峻威刑，军士不悦。愿以其妻弟窦瑗典宿直兵，瑗骄贪，军中恶之。牙将李臣则等作乱，秋，七月，壬辰夜，即帐中斩瑗头，因大呼，府中响应。愿与一子逾城奔郑州，乱兵杀其妻，推都押牙李㝏为留后。

丙申，宋王结薨。

戊戌，宣武监军奏军乱。庚子，李㝏自奏已权知留后。

乙巳，诏三省官与宰相议汴州事，皆以为宜如河北故事，授李㝏节。李逢吉曰：“河北之事，盖非获已。今若并汴州弃之，则是江、淮以南皆非国家有也。”杜元颖、张平叔争之曰：“奈何惜数尺之节，不爱一方之死乎！”议未决，会宋、亳、颍三州刺史各上奏，请别命帅。上大喜，以逢吉议为然，遣中使诣三州宣慰。逢吉因请“以将军征㝏入朝，以义成节度使韩充镇宣武。充，弘之弟，素宽厚得众心。脱㝏旅拒，则命徐、许两军攻其左右而滑军蹙其北，充必得入矣。”上皆从之。

丙午，贬李愿为随州刺史，以韩充为宣武节度兼义成节度使。征李㝏为右金吾将军，㝏不奉诏。宋州刺史高承简斩其使者，㝏遣兵二千攻之，陷宁陵、襄邑。宋州有三城，贼已陷其南城，承简保北二城，与贼十余战。癸丑，忠武节度使李光颜将兵二万五千讨李㝏，屯尉氏。兖海节度使曹华闻㝏作乱，不俟诏，即发兵讨之。齐遣兵三千人攻宋州，适至城下，丙辰，华逆击，破之。丁巳，李光颜败宣武兵于尉氏，斩获二千余人。

八月，辛酉，大理卿刘元鼎自吐蕃还。

甲子，韩充入汴境，军于千塔。武宁节度使王智兴与高承简共破宣武兵，斩首千余级，余众遁去，壬申，韩充败宣武兵于郭桥，斩首千余级，进军万胜。

初，李齐既为留后，以都知兵马使李质为腹心，及齐除将军，不奉诏，质屡谏不听。会齐疽发于首，遣李臣则等将兵拒李光颜于尉氏。既而官军四集，兵屡败，齐疾甚，悉以军事属李质，卧于家。丙子，质与监军姚文寿擒齐，杀之，诈为齐牒，追臣则等，至，皆斩之。执齐四子送京师。

韩充未至，质权知军务，时牙兵三千人，日给酒食，物力不能支。质曰："若韩公始至而罢之，则人情大去矣。不可留此弊以遗吾帅。"即命罢给而后迎充。丁丑，充入汴。

癸未，以韩充专为宣武节度使，以曹华为义成节度使，高承简为兖、海、沂、密节度使，加李光颜兼侍中，以李质为右金吾将军。韩充既视事，人心粗定，乃密籍军中为恶者千余人，一朝，并父母妻子悉逐之，曰："敢少留境内者斩。"于是军政大治。

九月，戊子朔，浙西观察使京兆窦易直奏大将王国清作乱，伏诛。初，易直闻汴州乱而惧，欲散金帛以赏军士，或曰："赏之无名，恐益生疑。"乃止。而外已有知之者，故国清作乱，易直讨擒之，并杀其党二百余人。

德州刺史王稷，承父锷余赀，家富厚。横海节度使李景略利其财，丙申，密教军士杀稷，屠其家，纳其女为妾，以军乱闻。

朝廷之讨李齐也，遣司门郎中韦文恪宣慰魏博，史宪诚表请授齐旌节，又于黎阳筑马头，为度河之势，见文恪，辞礼倨慢。及闻齐死，辞礼顿恭，曰："宪诚胡人，譬如狗，虽被捶击，终不离主耳。"

冬，十一月，庚午，皇太后幸华清宫。辛未，上自复道幸华清宫，遂畋于骊山，即日还宫。太后数日乃返。

丙子，集王缃薨。

庚辰，上与宦者击球于禁中，有宦者坠马，上惊，因得风疾，不能履地，自是人不闻上起居。宰相屡乞入见，不报。裴度三上疏请立太子，且请入见。十二月，辛卯，上见群臣于紫宸殿，御大绳床，悉去左右卫官，独宦者十余人侍侧，人情稍安。李逢吉进言："景王已长，请立为太子。"裴度请速下诏，副天下望，上无言。既而两省官亦继有请立太子者。癸巳，诏立景王湛为皇太子。上疾浸瘳。

是岁，初行《宣明历》。

资治通鉴卷第二百四十三

端明殿学士兼翰林侍读学士太中大夫提举西京嵩山崇福宫上柱国河内郡开国公食邑二千二百户食实封九百户赐紫金鱼袋臣 司马光 奉敕编集

唐纪五十九起昭阳单阏(癸卯),尽著雍涒滩(戊申),凡六年。

穆宗睿圣文惠孝皇帝下

长庆三年(癸卯、823)

春,正月,癸未,赐两军中尉以下钱。二月,辛卯,赐统军、军使等锦彩、银器各有差。

户部侍郎牛僧孺,素为上所厚。初,韩弘之子右骁卫将军公武为其父谋,以财结中外。及公武卒,弘继薨,稚孙绍宗嗣,主藏奴与吏讼于御史府。上怜之,尽取弘财簿自阅视,凡中外主权,多纳弘货,独朱句细字曰:“某年月日,送户部牛侍郎钱千万,不纳。”上大喜,以示左右曰:“果然,吾不缪知人!”三月,壬戌,以僧孺为中书侍郎、同平章事。时僧孺与李德裕皆有入相之望,德裕出为浙西观察使,八年不迁,以为李逢吉排己,引僧孺为相,由是牛、李之怨愈深。

夏,四月,甲午,安南奏陆州獠攻掠州县。

丙申,赐宣徽院供奉官钱,紫衣者百二十缗,下至承旨各有差。

初,翼城人郑注,眇小,目下视,而巧谲倾谄,善揣人意,以医游四方,羁贫甚。尝以药术干徐州牙将,牙将悦之,荐于节度使李愬。愬饵其药颇验,遂有宠,署为牙推,浸预军政,妄作威福,军府患之。监军王守澄以众情白愬,请去之,愬曰:“注虽如是,然奇才也。将军试与之语,苟无可取,去之未晚。”乃使注往谒守澄,守澄初有难色,不得已见之。坐语未久,守澄大喜,延之中堂,促膝笑语,恨相见之晚。明日,谓愬曰:“郑生诚如公言。”自是又有宠于守澄,权势益张,愬署为巡官,列于宾席。注既用事,恐牙将荐己者泄其本末,密以它罪谮之于愬,愬杀之。及守澄入知枢密,挈注以西,为立居宅,赡给之,遂荐于上,上亦厚遇之。

自上有疾,守澄专制国家,势倾中外。注日夜出入其家,与之谋议,语必通夕,关通赂遗,人莫能窥其迹。始则有微贱巧宦之士,或因以求进,数年之后,达官车马满其门矣。工部尚书郑权,家多姬妾,禄薄不能赡,因注通于守澄以求节镇。己酉,以权为岭南节度使。

五月,壬申,以尚书左丞柳公绰为山南东道节度使。公绰过邓县,有二吏,一犯赃,一舞文,众谓公绰必杀犯赃者。公绰判曰:“赃吏犯法,法在;奸吏乱法,法亡。”竟诛舞文者。

丙子,以晋、慈二州为保义军,以观察使李寰为节度使。

六月,己丑,以吏部侍郎韩愈为京兆尹。六军不敢犯法,私相谓曰:“是尚欲烧佛骨,何可犯也!”

秋,七月,癸亥,岭南奏黄洞蛮寇邕州,破左江镇。丙寅,邕州奏黄洞蛮破钦州千金镇,刺史杨屿奔石南砦。

南诏劝利卒,国人请立其弟丰祐。丰祐勇敢,善用其众,始慕中国,不与父连名。

八月,癸巳,邕管奏破黄洞蛮。

丙申,上自复道幸兴庆宫,至通化门楼,投绢二百匹施山僧。上之滥赐皆此类,不可悉纪。

癸卯,以左仆射裴度为司空、山南西道节度使,不兼平章事。李逢吉恶度,右补阙张又新等附逢吉,竞流谤毁伤度,竟出之。又新,荐之子也。

九月,丙辰,加昭义节度使刘悟同平章事。

李逢吉为相,内结知枢密王守澄,势倾朝野。惟翰林学士李绅每承顾问,常排抑之,拟状至内庭,绅多所臧否。逢吉患之,而上待遇方厚,不能远也。会御史中丞缺,逢吉荐绅清直,宜居风宪之地。上以中丞亦次对官,不疑而可之。会绅与京兆尹兼御史大夫韩愈争台参及它职事,文移往来,辞语不逊。逢吉奏二人不协,冬,十月,丙戌,以愈为兵部侍郎,绅为江西观察使。

己丑,以中书侍郎、同平章事杜元颖同平章事,充西川节度使。

辛卯,安南奏黄洞蛮为寇。

韩愈、李绅入谢,上各令自叙其事,乃深寤。壬辰,复以愈为吏部侍郎,绅为户部侍郎。

四年(甲辰、824)

春,正月,辛亥朔,上始御含元殿朝会。

初,柳泌等既诛,方士稍复因左右以进,上饵其金石之药。有处士张皋者上疏,以为:“神虑澹则血气和,嗜欲胜则疾疹作。药以攻疾,无疾不可饵也。昔孙思邈有言,‘药势有所偏助,令人藏气不平,借使有疾用药,犹须重慎。’庶人尚尔,况于天子!先帝信方士妄言,饵药致疾,此陛下所详知也,岂得复循其覆辙乎!今朝野之人纷纭窃议,但畏忤旨,莫敢进言。臣生长蓬艾,麋鹿与游,无所邀求,但粗知忠义,欲裨万一耳。”上甚善其言,使求之,不获。

丁卯,岭南奏黄洞蛮寇钦州,杀将吏。

庚午，上疾复作。壬申，大渐，命太子监国。宦官欲请郭太后临朝称制，太后曰："昔武后称制，几倾社稷。我家世守忠义，非武氏之比也。太子虽少，但得贤宰相辅之，卿辈勿预朝政，何患国家不安。自古岂有女子为天下主而能致唐、虞之理乎？"取制书手裂之。太后兄太常卿钊闻有是议，密上笺曰："若果徇其请，臣请先帅诸子纳官爵归田里。"太后泣曰："祖考之庆，钟于吾兄。"是夕，上崩于寝殿。癸酉，以李逢吉摄冢宰。丙子，敬宗即位于太极东序。

初，穆宗之立，神策军士人赐钱五十千，宰相议以太厚难继，乃下诏称："宿卫之勤，诚宜厚赏，属频年旱歉，御府空虚，边兵尚未给衣，沾恤期于均济。神策军士人赐绢十匹、钱十千，畿内诸镇又减五千。仍出内库绫二百万匹付度支，充边军春衣。"时人善之。

自戊寅至庚辰，上赐宦官服色及锦彩金银甚众，或今日赐绿，明日赐绯。

初，穆宗既留李绅，李逢吉愈忌之。绅族子虞颇以文学知名，自言不乐仕进，隐居华阳川，及从父耆为左拾遗，虞与耆书求荐，误达于绅。绅以书诮之，且以语于众人。虞深怨之，乃诣逢吉，悉以绅平日密论逢吉之语告之。逢吉益怒，使虞与补阙张又新及从子前河阳掌书记仲言等伺求绅短，扬之于士大夫间，且言"绅潜察士大夫有群居议论者，辄指为朋党，白之于上。"由是士大夫多忌之。

及敬宗即位，逢吉与其党快绅失势，又恐上复用之，日夜谋议，思所以害绅者。楚州刺史苏遇谓逢吉之党曰："主上初听政，必开延英，有次对官，惟此可防。"其党以为然，亟白逢吉曰："事迫矣，若俟听政，悔不可追。"逢吉乃令王守澄言于上曰："陛下所以为储贰，臣备知之，皆逢吉之力也。如杜元颖、李绅辈，皆欲立深王。"度支员外郎李续之等继上章言之。上时年十六，疑未信。会逢吉亦有奏，言"绅谋不利于上，请加贬谪。"上犹再三覆问，然后从之。二月，癸未，贬绅为端州司马。逢吉仍帅百官表贺，既退，百官复诣中书贺，逢吉方与张又新语，门者弗内。良久，又新挥汗而出，旅揖百官曰："端溪之事，又新不敢多让。"众骇愕辟易，惮之。右拾遗内供奉吴思独不贺，逢吉怒，以思为吐蕃告哀使。丙戌，贬翰林学士庞严为信州刺史，蒋防为汀州刺史。严，寿州人，与防皆绅所引也。给事中于敖，素与严善，封还敕书。人为之惧，曰："于给事为庞、蒋直冤，犯宰相怒，诚所难也。"及奏下，乃言贬之太轻，逢吉由是奖之。

张又新等犹忌绅，日上书言贬绅太轻，上许为杀之。朝臣莫敢言，独翰林侍读学士韦处厚上疏，指述"绅为逢吉之党所谗，人情叹骇。绅蒙先朝奖用，借使有罪，犹宜容假，以成三年无改之孝，况无罪乎！"于是上稍开寤，会阅禁中文书，有穆宗所封一箧，发之，得裴度、杜元颖、李绅疏请立上为太子，上乃嗟叹，悉焚人所上谮绅书，虽未即召还，后有言者，不复听矣。

己亥，尊郭太后为太皇太后。

乙巳，尊上母王妃为皇太后。太后，越州人也。

丁未，上幸中和殿击球，自是数游宴、击球、奏乐，赏赐宦官、乐人，不可悉纪。

三月，壬子，赦天下。诸道常贡之外，毋得进奉。

甲寅，上始对宰相于延英殿。

初，牛元翼在襄阳，数赂王庭凑以请其家，庭凑不与。闻元翼薨，甲子，尽杀之。

上视朝每晏，戊辰，日绝高尚未坐，百官班于紫宸门外，老病者几至僵踣。谏议大夫李渤白宰相曰："昨日疏论坐晚，今晨愈甚，请出阁待罪于金吾仗。"既坐班退，左拾遗刘栖楚独留，进言曰："宪宗及先帝皆长君，四方犹多叛乱。陛下富于春秋，嗣位之初，当宵衣求理，而嗜寝乐色，日晏方起，梓宫在殡，鼓吹日喧，令闻未彰，恶声遐布。臣恐福祚之不长，请碎首玉阶以谢谏职之旷。"遂以额叩龙墀，见血不已，响闻阁外。李逢吉宣曰："刘栖楚休叩头，俟进止。"栖楚捧首而起，更论宦官事，上连挥令出。栖楚曰："不用臣言，请继以死。"牛僧孺宣曰："所奏知，门外俟进止。"栖楚乃出，待罪金吾仗，于是宰相赞成其言。上命中使就仗，并李渤宣慰令归。寻擢栖楚为起居舍人，仍赐绯。栖楚辞疾不拜，归东都。

庚午，赐内教坊钱万缗，以备行幸。

夏，四月，甲午，淮南节度使王播罢盐铁转运使。

乙未，以布衣姜洽为补阙，试大理评事陆洿、布衣李虞、刘坚为拾遗。时李逢吉用事，所亲厚者张又新、李仲言、李续之、李虞、刘栖楚、姜洽及拾遗张权舆、程昔范，又有从而附丽之者，时人恶逢吉者，目之为八关、十六子。

卜者苏玄明与染坊供人张韶善，玄明谓韶曰："我为子卜，当升殿坐，与我共食。今主上昼夜球、猎，多不在宫中，大事可图也。"韶以为然，乃与玄明谋结染工无赖者百余人，丙申，匿兵于紫草，车载以入银台门，伺夜作乱。未达所诣，有疑其重载而诘之者，韶急，即杀诘者，与其徒易服挥兵，大呼趣禁庭。上时在清思殿击球，诸宦者见之，惊骇，急入闭门，走白上。盗寻斩关而入。先是右神策中尉梁守谦有宠于上，每两军角伎艺，上常佑右军。至是，上狼狈欲幸右军，左右曰："右军远，恐遇盗，不若幸左军近。"上从之。左神策中尉河中马存亮闻上至，走出迎，捧上足涕泣，自负上入军中，遣大将康艺全将骑卒入宫讨贼。上忧二太后隔绝，存亮复以五百骑迎二太后至军。张韶升清思殿，坐御榻，与苏玄明同食，曰："果如子言。"玄明惊曰："事止此邪？"韶惧而走。会康艺全与右军兵马使尚国忠引兵至，合击之，杀韶、玄明及其党，死者狼藉。逮夜始定，余党犹散匿禁苑中，明日，悉擒获之。

时宫门皆闭，上宿于左军，中外不知上所在，人情恇骇。丁酉，上还宫，宰相帅百官诣延英门贺，来者不过数十人。盗所历诸门，监门宦者三十五人法当死，己亥，诏并杖之，仍不改职任。壬寅，厚赏两军立功将士。

五月，乙卯，以吏部侍郎李程、户部侍郎、判度支窦易直并同平章事。上问相于李逢吉，逢吉列上当时大臣有资望者，程为之首，故用之。上好治宫室，欲营别殿，制度甚广，李程谏，请以所具木石回奉山陵，上即从之。

六月，己卯朔，以左神策大将军康艺全为鄜坊节度使。

上闻王庭凑屠牛元翼家，叹宰辅非才，使凶贼纵暴。翰林学士韦处厚因上疏言："裴度勋高中夏，声播外夷，若置之岩廊，委其参决，河北、山东必禀朝算。管仲曰：'人离而听之则愚，合而听之则圣。'理乱之本，非有它术，顺人则理，违人则乱。伏承陛下当食叹息，恨无萧、曹，今有一裴度尚不能留，此冯唐所以谓汉文得廉颇、李牧不能用也。夫御宰相，当委之信之，亲之礼之，于事不效，于国无劳，则置之散寮，黜之远郡。如此，则在位者不敢不厉，将进者不敢苟求。臣与逢吉素无私嫌，尝为裴度无辜贬官。今之所陈，上答圣明，下达群议耳。"上见度奏状无平章事，以问处厚，处厚具言李逢吉排沮之状。上曰："何至是邪！"李程亦劝上加礼于度。丙申，加度同平章事。

张韶之乱，马存亮功为多，存亮不自矜，委权求出。秋，七月，以存亮为淮南监军使。

夏绥节度使李祐入为左金吾大将军，壬申，进马百五十匹，上却之。甲戌，侍御史温造于阁内奏弹祐违敕进奉，请论如法，诏释之。祐谓人曰："吾夜半入蔡州城取吴元济，未尝心动，今日胆落于温御史矣！"

八月，丁卯朔，安南奏黄蛮入寇。

龙州刺史尉迟锐上言："牛心山素称神异，有掘断处，请加补塞。"从之。役数万人于绝险之地，东川为之疲弊。

九月，丁未，波斯李苏沙献沉香亭子材。左拾遗李汉上言："此何异瑶台琼室。"上虽怒，亦优容之。汉，道明之六世孙也。

冬，十月，戊戌，翰林学士韦处厚谏上宴游曰："先帝以酒色致疾损寿，臣是时不死谏者，以陛下年已十五故也。今皇子才一岁，臣安敢畏死而不谏乎！"上感其言，赐锦彩百匹、银器四。

十一月，戊午，安南奏黄蛮与环王合兵攻陷陆州，杀刺史葛维。

庚申，葬睿圣文惠孝皇帝于光陵，庙号穆宗。

王播以钱十万缗赂王守澄，求复领利权，十二月，癸未，谏议大夫独孤朗、张仲方、起居郎柳公权、起居舍人宋申锡、拾遗李景让、薛廷老等请开延英论其奸邪。上问:“前廷争者不在中邪?”即日,除刘栖楚谏议大夫。景让,憕之曾孙;廷老,河中人也。

十二月,庚寅,加天平节度使乌重胤同平章事。

乙未,徐泗观察使王智兴以上生日,请于泗州置戒坛,度僧尼以资福,许之。自元和以来,敕禁此弊,智兴欲聚货,首请置之,于是四方辐凑,江、淮尤甚,智兴家资由此累巨万。浙西观察使李德裕上言:“若不钤制,至降诞日方停,计两浙、福建当失六十万丁。”奏至,即日罢之。

是岁,回鹘崇德可汗卒,弟曷萨特勒立。

敬宗睿武昭愍孝皇帝

宝历元年(乙巳、825)

春,正月,辛亥,上祀南郊。还,御丹凤楼,赦天下,改元。

先是鄠令崔发闻外喧嚣,问之,曰:“五坊人殴百姓。”发怒,命擒以入,曳之于庭。时已昏黑,良久,诘之,乃中使也。上怒,收发,系御史台。是日,发与诸囚立金鸡下,忽有品官数十人执梃乱捶发,破面折齿,绝气乃去。数刻而苏,复有继来求击之者,台吏以席蔽之,仅免。上命复系发于台狱而释诸囚。

中书侍郎、同平章事牛僧孺以上荒淫,嬖幸用事,又畏罪不敢言,但累表求出。乙卯,升鄂岳为武昌军,以僧孺同平章事、充武昌节度使。

中旨复以王播兼盐铁转运使,谏官屡争之,上皆不纳。

牛僧孺过襄阳,山南东道节度使柳公绰服櫜鞬候于馆舍,将佐谏曰:“襄阳地高于夏口,此礼太过。”公绰曰:“奇章公甫离台席,方镇重宰相,所以尊朝廷也。”竟行之。

上游幸无常,昵比群小,视朝月不再三,大臣罕得进见。二月,壬午,浙西观察使李德裕献《丹扆六箴》:一曰《宵衣》,以讽视朝稀晚;二曰《正服》,以讽服御乖异;三曰《罢献》,以讽征求玩好;四曰《纳诲》,以讽侮弃谠言;五曰《辨邪》,以讽信任群小;六曰《防微》,以讽轻出游幸。其《纳诲箴》略曰:“汉骜流湎,举白浮钟;魏叡侈汰,陵霄作宫。忠虽不忤,善亦不从。以规为瑱,是谓塞聪。”《防微箴》略曰:“乱臣猖蹶,非可遽数。玄服莫辨,触瑟始仆。柏谷微行,豺豕塞路。睹貌献餐,斯可戒惧。”上优诏答之。

上既复系崔发于狱,给事中李渤上言:“县令不应曳中人,中人不应殴御囚,其罪一也。然县令所犯在赦前,中人所犯在赦后。中人横暴,一至于此。若不早正刑书,臣恐四夷藩镇闻之,则慢易之心生矣。”谏议大夫张仲方上言,略曰:“鸿恩将布于天下而不行御前,霈泽遍被于昆虫而独遗崔发。”自余谏官论奏甚众,上皆不听。戊子，李逢吉等从容言于上曰："崔发辄曳中人，诚大不敬，然其母，故相韦贯之之姊也，年垂八十，自发下狱，积忧成疾。陛下方以孝理天下，此所宜矜念。"上乃愍然曰："比谏官但言发冤，未尝言其不敬，亦不言有老母。如卿所言，朕何为不赦之。"即命中使释其罪，送归家，仍慰劳其母。母对中使杖发四十。

三月，辛酉，遣司门郎中于人文册回鹘曷萨特勒为爱登里啰汨没密於合毗伽昭礼可汗。

夏，四月，癸巳，群臣上尊号曰文武大圣广孝皇帝，赦天下。赦文但云"左降官已经量移者，宜与量移"，不言未量移者。翰林学士韦处厚上言："逢吉恐李绅量移，故有此处置。如此，则应近年流贬官，因李绅一人皆不得量移也。"上即追赦文改之。绅由是得移江州长史。

秋，七月，甲辰，盐铁使王播进羡余绢百万匹。播领盐铁诛求严急，正人不充而羡余相继。

己未，诏王播造竞渡船二十艘，运材于京师造之，计用转运半年之费。谏议大夫张仲方等力谏，乃减其半。

谏官言京兆尹崔元略以诸父事内常侍崔潭峻。丁卯，元略迁户部侍郎。

昭义节度使刘悟之去郓州也，以郓兵二千自随为亲兵。八月，庚戌，悟暴疾薨，子将作监主簿从谏匿其丧，与大将刘武德及亲兵谋，以悟遗表求知留后。司马贾直言入责从谏曰："尔父提十二州地归朝廷，其功非细，只以张汶之故，自谓不洁淋头，竟至羞死。尔孺子，何敢如此。父死不哭，何以为人！"从谏恐悚不能对，乃发丧。

初，陈留人武昭罢石州刺史，为袁王府长史，郁郁怨执政。李逢吉与李程不相悦，水部郎中李仍叔，程之族人，激怒之云，程欲与昭官，为逢吉所沮。昭因酒酣，对左金吾兵曹茅汇言欲刺逢吉，为人所告。九月，庚辰，诏三司鞫之。前河阳掌书记李仲言谓汇曰："君言李程与昭谋则生，不然必死。"汇曰："冤死甘心。诬人自全，汇不为也。"狱成。冬，十月，甲子，武昭杖死，李仍叔贬道州司马，李仲言流象州，茅汇流崖州。

上欲幸骊山温汤，左仆射李绛、谏议大夫张仲方等屡谏不听，拾遗张权舆伏紫宸殿下，叩头谏曰："昔周幽王幸骊山，为犬戎所杀。秦始皇葬骊山，国亡。玄宗宫骊山而禄山乱。先帝幸骊山，而享年不长。"上曰："骊山若此之凶邪？我宜一往以验彼言。"十一月，庚寅，幸温汤，即日还宫，谓左右曰："彼叩头者之言，安足信哉！"

丙申，立皇子普为晋王。

朝廷得刘悟遗表，议者多言上党内镇，与河朔异，不可许。左仆射李绛上疏，以为："兵机尚速，威断贵定，人情未一，乃可伐谋。刘悟死已数月，朝廷尚未处分，中外人意，共惜事机。今昭义兵众，必不尽与从谏同谋，纵使其半叶同，尚有其半效顺。从谏未尝久典兵马，威惠未加于人。又此道素贫，非时必无优赏。今朝廷但速除近泽潞一将充昭义节度使，令兼程赴镇，从谏未及布置，新使已至潞州，所谓'先人夺人之心'也。新使既至，军心自有所系。从谏无位，何名主张，设使谋挠朝命，其将士必不肯从。今朝廷久无处分，彼军不晓朝廷之意，欲效顺则恐忽授从谏，欲同恶则恐别更除人，犹豫之间，若有奸人为之画策，虚张赏设钱数，军士觊望，尤难指挥。伏望速赐裁断，仍先下明敕，宣示军众，奖其从来忠节，赐新使缯五十万匹，使之赏设，续除刘从谏一刺史。从谏既粗有所得，必且择利而行，万无违拒。设不从命，臣亦以为不假攻讨。何则？臣闻从谏已禁山东三州军士不许自畜兵刀，足明群心殊未得一，帐下之事亦在不疑。熟计利害，决无即授从谏之理。"时李逢吉、王守澄计议已定，竟不用绛等谋。十二月，辛丑，以从谏为昭义留后。刘悟烦苛，从谏济以宽厚，众颇附之。

李绛好直言，李逢吉恶之。故事，仆射上日，宰相送之，百官立班，中丞列位于廷，尚书以下每月当牙。元和中，伊慎为仆射，太常博士韦谦上言旧仪太重，削去之。御史中丞王播恃逢吉之势，与绛相遇于涂，不之避。绛引故事上言："仆射，国初为正宰相，礼数至重。傥人才忝位，自宜别授贤良；若朝命守官，岂得有亏法制。乞下百官详定。"议者多从绛议。上听行旧仪。甲子，以绛有足疾，除太子少师、分司。

言事者多称裴度贤，不宜弃之藩镇，上数遣使至兴元劳问度，密示以还期。度因求入朝，逢吉之党大惧。

二年（丙午、826）

春，正月，壬辰，裴度自兴元入朝，李逢吉之党百计毁之。先是民间谣云："绯衣小儿坦其腹，天上有口被驱逐。"又，长安城中有横亘六冈，如乾象，度宅偶居第五冈。张权舆上言："度名应图谶，宅占冈原，不召而来，其旨可见。"上虽年少，悉察其诬谤，待度益厚。

度初至京师，朝士填门，度留客饮。京兆尹刘栖楚附度耳语，侍御史崔咸举觞罚度曰："丞相不应许所由官呫嗫耳语。"度笑而饮之。栖楚不自安，趋出。

二月，丁未，以度为司空、同平章事。度在中书，左右忽白失印，闻者失色，度饮酒自如。顷之，左右白复于故处得印，度不应。或问其故，度曰："此必吏人盗之以印书券耳，急之则投诸水火，缓之则复还故处。"人服其识量。

上自即位以来，欲幸东都，宰相及朝臣谏者甚众，上皆不听，决意必行，已令度支员外郎卢贞按视，修东都宫阙及道中行宫。裴度从容言于上曰："国家本设两都以备巡幸，自多难以来，兹事遂废。今宫阙、营垒、百司廨舍率已荒阤，陛下傥欲行幸，宜命有司岁月间徐加完葺，然后可往。"上曰："从来言事者皆云不当往，如卿所言，不往亦可。"会朱克融、王庭凑皆请以兵匠助修东都，三月丁亥，敕以修东都烦扰，罢之，召卢贞还。

先是，朝廷遣中使赐朱克融时服，克融以为疏恶，执留敕使。又奏"当道今岁将士春衣不足，乞度支给三十万端匹"，又奏"欲将兵马及丁匠五千助修宫阙"。上患之，以问宰相，欲遣重臣宣慰，仍索敕使。裴度对曰："克融无礼已甚，殆将毙矣。譬如猛兽，自于山林中咆哮跳踉，久当自困，必不敢辄离巢穴。愿陛下勿遣宣慰，亦勿索敕使。旬日之后，徐赐诏书云：'闻中官至彼，稍失去就，俟还，朕自有处分。时服，有司制造不谨，朕甚欲知之，已令区处。其将士春衣，从来非朝廷征发，皆本道自备。朕不爱数十万匹物，但素无此例，不可独与范阳。'所称助修宫阙，皆是虚语，若欲直挫其奸，宜云'丁匠宜速遣来，已令所在排比供拟。'彼得此诏，必苍黄失图。若且示含容，则云'修宫阙事在有司，不假丁匠远来。'如是而已，不足劳圣虑也。"上悦，从之。

立才人郭氏为贵妃。妃，晋王普之母也。

横海节度使李全略薨。其子副大使同捷擅领留后，重赂邻道，以求承继。

夏，四月，戊申，以昭义留后刘从谏为节度使。

五月，幽州军乱，杀朱克融及其子延龄，军中立其少子延嗣主军务。

六月，甲子，上御三殿，令左右军、教坊、内园为击球、手搏、杂戏。戏酣，有断臂碎首者，夜漏数刻乃罢。

己卯，上幸兴福寺，观沙门文溆俗讲。

癸未，衡王绚薨。

壬辰，宣索左藏见在银十万两、金七千两，悉贮内藏，以便赐与。

道士赵归真说上以神仙，僧惟贞、齐贤、正简说上以祷祠求福，皆出入宫禁，上信用其言。山人杜景先请遍历江、岭，求访异人。有润州人周息元，自言寿数百岁，上遣中使迎之。八月，乙巳，息元至京师，上馆之禁中山亭。

朱延嗣既得幽州，虐用其人，都知兵马使李载义与弟牙内兵马使载宁共杀延嗣，并屠其家三百余人。载义权知留后，九月，数延嗣之罪以闻。载义，承乾之后也。

庚申，魏博节度使史宪诚妄奏李同捷为军士所逐，走归本道，请束身归朝。寻奏同捷复归沧州。

壬申，以中书侍郎、同平章事李程同平章事、充河东节度使。

冬，十月，己亥，以李载义为卢龙节度使。

十一月，甲申，以门下侍郎、同平章事李逢吉同平章事、充山南东道节度使。

上游戏无度，狎昵群小，善击球，好手搏，禁军及诸道争献力士，又以钱万缗付内园令召募力士，昼夜不离侧。又好深夜自捕狐狸。性复褊急，力士或恃恩不逊，辄配流、籍没。宦官小过，动遭捶挞，皆怨且惧。十二月，辛丑，上夜猎还宫，与宦官刘克明、田务澄、许文端及击球军将苏佐明、王嘉宪、石从宽、阎惟直等二十八人饮酒。上酒酣，入室更衣，殿上烛忽灭，苏佐明等弑上于室内。刘克明等矫称上旨，命翰林学士路隋草遗制，以绛王悟权句当军国事。壬寅，宣遗制，绛王见宰相百官于紫宸外庑。克明等欲易置内侍之执权者，于是枢密使王守澄、杨承和、中尉魏从简、梁守谦定议，以卫兵迎江王涵入宫，发左、右神策、飞龙兵进讨贼党，尽斩之。克明赴井，出而斩之。绛王为乱兵所害。

时事起苍猝，守澄等以翰林学士韦处厚博通古今，一夕处置，皆与之共议。守澄等欲号令中外，而疑所以为辞。处厚曰："正名讨罪，于义何嫌，安可依违，有所讳避！"又问："江王当如何践阼？"处厚曰："诘朝，当以王教布告中外以已平内难。然后群臣三表劝进，以太皇太后令册命即皇帝位。"当时皆从其言，时不暇复问有司，凡百仪法，皆出于处厚，无不叶宜。

癸卯，以裴度摄冢宰，百官谒见江王于紫宸外庑，王素服涕泣。甲辰，见诸军使于少阳院。赵归真等诸术士及敬宗时佞幸者，皆流岭南或边地。

乙巳，文宗即位，更名昂。戊申，尊母萧氏为皇太后，王太后为宝历太后。是时，郭太后居兴庆宫，王太后居义安殿，萧太后居大内。上性孝谨，事三宫如一，每得珍异之物，先荐郊庙，次奉三宫，然后进御。萧太后，闽人也。

庚戌，以翰林学士韦处厚为中书侍郎、同平章事。

上自为诸王，深知两朝之弊，及即位，励精求治，去奢从俭。诏宫女非有职掌者皆出之，出三千余人。五坊鹰犬，准元和故事，量留校猎外，悉放之。有司供宫禁年支物，并准贞元故事。省教坊、翰林、总监冗食千二百余员，停诸司新加衣粮。御马坊场及近岁别贮钱谷所占陂田，悉归之有司。先宣索组绣、雕镂之物，悉罢之。敬宗之世，每月视朝不过一二，上始复旧制，每奇日未尝不视朝，对宰相群臣延访政事，久之方罢。待制官旧虽设之，未尝召对，至是屡蒙延问。其辍朝、放朝皆用偶日，中外翕然相贺，以为太平可冀。

文宗元圣昭献孝皇帝上之上

大和元年（丁未、827）

春，二月，乙巳，赦天下，改元。

李同捷擅据沧景，朝廷经岁不问。同捷冀易世之后或加恩贷，三月，壬戌朔，遣掌书记崔从长奉表与其弟同志、同巽俱入见，请遵朝旨。

上虽虚怀听纳而不能坚决，与宰相议事已定，寻复中变。夏，四月，丙辰，韦处厚于延英极论之，因请避位，上再三慰劳之。

忠武节度使王沛薨。庚申，以太仆卿高瑀为忠武节度使。自大历以来，节度使多出禁军，其禁军大将资高者，皆以倍称之息贷钱于富室，以赂中尉，动逾亿万，然后得之，未尝由执政，至镇，则重敛以偿所负。及沛薨，裴度、韦处厚始奏以瑀代之。中外相贺曰："自今债帅鲜矣！"

五月，丙子，以天平节度使乌重胤为横海节度使，以前横海节度副使李同捷为兖海节度使。朝廷犹虑河南、北节度使构扇同捷使拒命，乃加魏博史宪诚同平章事。丁丑，加卢龙李载义、平卢康志睦、成德王庭凑检校官。

盐铁使王播自淮南入朝，力图大用，所献银器以千计，绫绢以十万计。六月，癸巳，以播为左仆射、同平章事。

秋，七月，癸酉，葬睿武昭愍孝皇帝于庄陵，庙号敬宗。

李同捷托为将士所留，不受诏。乙酉，武宁节度使王智兴奏请将本军三万人，自备五月粮以讨同捷，许之。八月，庚子，削同捷官爵，命乌重胤、王智兴、康志睦、史宪诚、李载义与义成节度使李听、义武节度使张(播)〔璠〕各帅本军讨之。

同捷遣其子弟以珍玩、女妓赂河北诸镇，戊午，李载义执其侄，并所赂献之。

史宪诚与李全略为昏姻，及同捷叛，密以粮助之。裴度不知其所为，谓宪诚无贰心。宪诚遣亲吏至中书请事，韦处厚谓曰："晋公于上前以百口保尔使主，处厚则不然，但仰俟所为，自有朝典耳。"宪诚惧，不敢复与同捷通。

王庭凑为同捷求节钺不获，乃助之为乱，出兵境上以挠魏师。又遣使厚赂沙陀酋长朱邪执宜，欲与之连兵，执宜拒不受。

冬，十月，天平、横海节度使乌重胤击同捷，屡破之。十一月，丙寅，重胤薨。庚辰，以保义节度使李寰为横海节度使，从王智兴之请也。

十二月，庚戌，加王智兴同平章事。

二年(戊申、828)

春，三月，己卯，王智兴攻棣州，焚其三门。

自元和之末，宦官益横，建置天子在其掌握，威权出人主之右，人莫敢言。辛巳，上亲策制举人，贤良方正昌平刘蕡对策，极言其祸，其略曰："陛下宜先忧者，宫闱将变，社稷将危，天下将倾，海内将乱。"又曰："陛下将杜篡弑之渐，则居正位而近正人，远刀锯之贱，亲骨鲠之直，辅相得以专其任，庶职得以守其官，奈何以亵近五六人总天下大政！祸稔萧墙，奸生帷幄，臣恐曹节、侯览复生于今日。"又曰："忠贤无腹心之寄，阍寺恃废立之权，陷先君不得正其终，致陛下不得正其始。”又曰：“威柄陵夷，藩臣跋扈。或有不达人臣之节，首乱者以安君为名；不究《春秋》之微，称兵者以逐恶为义。则政刑不由乎天子，征伐必自于诸侯。”又曰：“陛下何不塞阴邪之路，屏亵狎之臣，制侵陵迫胁之心，复门户扫除之役，戒其所宜戒，忧其所宜忧。既不能治于前，当治于后；既不能正其始，当正其终。则可以虔奉典谟，克承丕构矣。昔秦之亡也，失于强暴；汉之亡也，失于微弱。强暴则贼臣畏死而害上，微弱则奸臣窃权而震主。伏见敬宗皇帝不虞亡秦之祸，不剪其萌，伏惟陛下深轸亡汉之忧，以杜其渐，则祖宗之鸿业可绍，三、五之遐轨可追矣。”又曰：“臣闻昔汉元帝即位之初，更制七十余事，其心甚诚，其称甚美。然而纪纲日紊，国祚日衰，奸宄日强，黎元日困者，以其不能择贤明而任之，失其操柄也。”又曰：“陛下诚能揭国权以归相，持兵柄以归将，则心无不达，行无不孚矣。”又曰：“法宜画一，官宜正名。今分外官、中官之员，立南司、北司之局，或犯禁于南，则亡命于北，或正刑于外，则破律于中，法出多门，人无所措，实由兵农势异，而中外法殊也。”又曰：“今夏官不知兵籍，止于奉朝请；六军不主兵事，止于养勋阶。军容合中官之政，戎律附内臣之职。首一戴武弁，疾文吏如仇雠；足一蹈军门，视农夫如草芥。谋不足以剪除凶逆，而诈足以抑扬威福；勇不足以镇卫社稷，而暴足以侵轶里闾。羁绁藩臣，干陵宰辅，隳裂王度，汩乱朝经。张武夫之威，上以制君父；假天子之命，下以御英豪。有藏奸观衅之心，无伏节死难之义。岂先王经文纬武之旨邪！”又曰：“臣非不知言发而祸应，计行而身戮，盖痛社稷之危，哀生人之困，岂忍姑息时忌，窃陛下一命之宠哉！”

闰月，丙戌朔，史宪诚奏遣其子副大使唐、都知兵马使(开)〔亓〕志绍将兵二万五千趣德州讨李同捷。时宪诚欲助同捷，唐泣谏，且请发兵讨之，宪诚不能违。

甲午，贤良方正裴休、李郃、李甘、杜牧、马植、崔玙、王式、崔慎由等二十二人中第，皆除官。考官左散骑常侍冯宿等见刘蕡策，皆叹服，而畏宦官，不敢取。诏下，物论嚣然称屈。谏官、御史欲论奏，执政抑之。李郃曰：“刘蕡下第，我辈登科，能无厚颜！”乃上疏，以为：“蕡所对策，汉、魏以来无与为比。今有司以蕡指切左右，不敢以闻，恐忠良道穷，纲纪遂绝。况臣所对不及蕡远甚，乞回臣所授，以旌蕡直。”不报。蕡由是不得仕于朝，终于使府御史。牧，佑之孙；植，勋之子；式，起之子；慎由，融之玄孙也。

夏，六月，晋王普薨。辛酉，赠悼怀太子。

初，萧太后幼去乡里，有弟一人。上即位，命福建观察使求访，莫知所在。有茶纲役人萧洪，自言有姊流落，商人赵缜引之见太后近亲吕璋之妻，亦不能辨，与之俱见太后。上以为得真舅，甲子，以为太子洗马。

峰州刺史王升朝叛，庚辰，安南都护武陵韩约讨斩之。

王庭凑阴以兵及盐粮助李同捷，上欲讨之。秋，七月，甲辰，诏中书集百官议其事。宰相以下莫敢违，卫尉卿殷侑独以为："廷凑虽附凶徒，事未甚露，宜且含容，专讨同捷。"己巳，下诏罪状廷凑，命邻道各严兵守备，听其自新。

九月，丁亥，王智兴奏拔棣州。

李寰自晋州引兵赴镇，不戢士卒，所过残暴，至则拥兵不进，但坐索供馈。庚寅，以寰为夏绥节度使。

甲午，诏削夺王庭凑官爵，命诸军四面进讨。

加王智兴守司徒，以前夏绥节度使傅良弼为横海节度使。

岳王绲薨。

庚戌，容管奏安南军乱，逐都护韩约。

冬，十月，洋王忻薨。

魏博败横海兵于平原，遂拔之。

十一月，癸未朔，易定节度使柳公济奏攻李同捷坚固寨，拔之，又破其兵于寨东。时河南、北诸军讨同捷久未成功，每有小胜，则虚张首虏以邀厚赏，朝廷竭力奉之，江、淮为之耗弊。

傅良弼至陕而薨，乙酉，以左金吾大将军李祐为横海节度使。

甲辰，禁中昭德寺火，延及宫人所居，烧死者数百人。

十二月，丁巳，王智兴奏兵马使李君谋将兵济河，破无棣。壬申，中书侍郎、同平章事韦处厚薨。

李同捷军势日蹙，王庭凑不能救，乃遣人说魏博大将(开)〔亓〕志绍使杀史宪诚父子取魏博，志绍遂作乱，引所部兵二万人还逼魏州。丁丑，命谏议大夫柏耆宣慰魏博，且发义成、河阳兵以讨志绍。

戊寅，以翰林学士路隋为中书侍郎、同平章事。

辛巳，史宪诚奏亓志绍兵屯永济，告急求援，诏义成节度使李听帅沧州行营诸军以讨志绍。

资治通鉴卷第二百四十四

端明殿学士兼翰林侍读学士太中大夫提举西京嵩山崇福宫上柱国河内郡开国公食邑二千二百户食实封九百户赐紫金鱼袋臣 司马光 奉敕编集

唐纪六十起屠维作噩(己酉),尽昭阳赤奋若(癸丑),凡五年。

文宗元圣昭献孝皇帝上之下

大和三年(己酉、829)

春,正月,亓志绍与成德合兵掠贝州。

义成行营兵三千人先屯齐州,使之禹城,中道溃叛,横海节度使李祐讨诛之。

李听、史唐合兵击亓志绍,破之,志绍将其众五千奔镇州。

李载义奏攻沧州长芦,拔之。

甲辰,昭义奏亓志绍余众万五千人诣本道降,置之洺州。

二月,横海节度使李祐帅诸道行营兵击李同捷,破之,进攻德州。

武宁捉生兵马使石雄,勇敢,爱士卒,王智兴残虐,军中欲逐智兴而立雄。智兴知之,因雄立功,奏请除刺史。丙辰,以雄为壁州刺史。史宪诚闻沧景将平而惧,其子唐劝之入朝。丙寅,宪诚使唐奉表请入朝,且请以所管听命。

石雄既去武宁,王智兴悉杀军中与雄善者百余人。夏,四月,戊午,智兴奏雄摇动军情,请诛之。上知雄无罪,免死,长流白州。

戊辰,李载义奏攻沧州,破其罗城。李祐拔德州,城中将三千余人奔镇州。李同捷与祐书请降,祐并奏其书,谏议大夫柏耆受诏宣慰行营,好张大声势以威制诸将,诸将已恶之矣。及李同捷请降于祐,祐遣大将万洪代守沧州。耆疑同捷之诈,自将数百骑驰入沧州,以事诛洪,取同捷及其家属诣京师。乙亥,至将陵,或言王庭凑欲以奇兵篡同捷,乃斩同捷,传首,沧景悉平。

五月,(庚)〔壬〕寅,加李载义同平章事。诸道兵攻李同捷,三年,仅能下之,而柏耆径入城,取为己功,诸将疾之,争上表论列。辛卯,贬耆为循州司户。李祐寻薨。

壬寅,摄魏博副使史唐奏改名孝章。

六月,丙辰,诏:"镇州四面行营各归本道休息,但务保境,勿相往来。惟庭凑或效顺,为达章表,余皆勿受。"

辛酉,以史宪诚为兼侍中、河中节度使,以李听兼魏博节度使。分相、卫、澶三州，以史孝章为节度使。

初，李祐闻柏耆杀万洪，大惊，疾遂剧。上曰："祐若死，是耆杀之也。"癸酉，赐耆自尽。

河东节度使李程奏得王庭凑书，请纳景州，又奏亓志绍自缢。

上遣中使赐史宪诚旌节，癸酉，至魏州。时李听自贝州还军馆陶，迁延未进，宪诚竭府库以治行，将士怒。甲戌，军乱，杀宪诚，奉牙内都知兵马使灵武何进滔知留后。李听进至魏州，进滔拒之，不得入。秋，七月，进滔出兵击李听，听不为备，大败，溃走，昼夜兼行，趣浅口，失亡过半，辎重兵械尽弃之。昭义兵救之，听仅而得免，归于滑台。

河北久用兵，馈运不给，朝廷厌苦之。八月，壬子，以进滔为魏博节度使，复以相、卫、澶三州归之。

沧州承丧乱之余，骸骨蔽地，城空野旷，户口存者什无三四。癸丑，以卫尉卿殷侑为齐、德、沧、景节度使。侑至镇，与士卒同甘苦，招抚百姓，劝之耕桑，流散者稍稍复业。先是，本军三万人皆仰给度支，侑至一年，租税自能赡其半；二年，请悉罢度支给赐；三年之后，户口滋殖，仓廪充盈。

王庭凑因邻道微露请服之意，壬申，赦庭凑及将士，复其官爵。

征浙西观察使李德裕为兵部侍郎，裴度荐以为相。会吏部侍郎李宗闵有宦官之助，甲戌，以宗闵同平章事。

上性俭素，九月，辛巳，命中尉以下毋得衣纱縠绫罗。听朝之暇，惟以书史自娱，声乐游畋未尝留意。驸马韦处仁尝着夹罗巾，上谓曰："朕慕卿门地清素，故有选尚。如此巾服，听其它贵戚为之，卿不须尔。"

壬辰，以李德裕为义成节度使。李宗闵恶其逼己，故出之。

冬，十月，丙辰，以李听为太子少师。

路隋言于上曰："宰相任重，不宜兼金谷琐碎之务，如杨国忠、元载、皇甫镈皆奸臣，所为不足法也。"上以为然。于是裴度辞度支，上许之。

十一月，甲午，上祀圆丘。赦天下。四方毋得献奇巧之物，其纤丽布帛皆禁之，焚其机杼。

丙申，西川节度使杜元颖奏南诏入寇。元颖以旧相，文雅自高，不晓军事，专务蓄积，减削士卒衣粮。西南戍边之卒，衣食不足，皆入蛮境钞盗以自给，蛮人反以衣食资之，由是蜀中虚实动静，蛮皆知之。南诏自嵯颠谋大举入寇，边州屡以告，元颖不之信，嵯颠兵至，边城一无备御。蛮以蜀卒为乡导，袭陷巂、戎二州。甲辰，元颖遣兵与战于邛州南，蜀兵大败，蛮遂陷邛州。

武宁节度使王智兴入朝。

诏发东川、兴元、荆南兵以救西川，十二月，丁未朔，又发鄂岳、襄邓、陈许等兵继之。

以王智兴为忠武节度使。

己酉，以东川节度使郭钊为西川节度使，兼权东川节度事。

嵯颠自邛州引兵径抵成都，庚戌，陷其外郭。杜元颖帅众保牙城以拒之，欲遁去者数四。壬子，贬元颖为邵州刺史。

己未，以右领军大将军董重质为神策、诸道西川行营节度使，又发太原、凤翔兵赴西川。南诏寇东川，入梓州西郭。钊兵寡弱不能战，以书责嵯颠。嵯颠复书曰："杜元颖侵扰我，故兴兵报之耳。"与钊修好而退。蛮留成都西郭十日，其始慰抚蜀人，市肆安堵，将行，乃大掠子女、百工数万人及珍货而去。蜀人恐惧，往往赴江，流尸塞江而下。嵯颠自为军殿，及大度水，嵯颠谓蜀人曰："此南吾境也，听汝哭别乡国。"众皆恸哭，赴水死者以千计。自是南诏工巧埒于蜀中。

嵯颠遣使上表，称："蛮比修职贡，岂敢犯边，正以杜元颖不恤军士，怨苦元颖，竞为乡导，祈我此行以诛虐帅。诛之不遂，无以慰蜀士之心，愿陛下诛之。"丁卯，再贬元颖循州司马。诏董重质及诸道兵皆引还。郭钊至成都，与南诏立约，不相侵扰。诏遣中使以国信赐嵯颠。

四年（庚戌、830）

春，正月，辛巳，武昌节度使牛僧孺入朝。

戊子，立子永为鲁王。

李宗闵引荐牛僧孺，辛卯，以僧孺为兵部尚书、同平章事。于是二人相与排摈李德裕之党，稍稍逐之。

南诏之寇成都也，诏山南西道发兵救之，兴元兵少，节度使李绛募兵千人赴之，未至，蛮退而还。兴元兵有常额，诏新募兵悉罢之。二月，乙卯，绛悉召新军，谕以诏旨而遣之，仍赐以廪麦，皆怏怏而退。往辞监军，监军杨叔元素恶绛不奉己，以赐物薄激之。众怒，大噪，掠库兵，趋使牙。绛方与僚佐宴，不为备，走登北城。或劝缒而出，绛曰："吾为元帅，岂可逃去！"麾推官赵存约令去，存约曰："存约受明公知，何可苟免！"牙将王景延与贼力战死，绛、存约及观察判官薛齐皆为乱兵所害，贼遂屠绛家。

戊午，叔元奏绛收新军募直以致乱。庚申，以尚书右丞温造为山南西道节度使。是时，三省官上疏共论李绛之冤。谏议大夫孔敏行具陈叔元激怒乱兵，上始悟。

三月，乙亥朔，以刑部尚书柳公绰为河东节度使。先是，回鹘入贡及互市，所过惧其为变，常严兵迎送防卫之。公绰至镇，回鹘遣梅录李畅以马万匹互市，公绰但遣牙将单骑迎劳于境，至则大辟牙门，受其礼谒。畅感泣，戒其下，在路不敢驰猎，无所侵扰。

陉北沙陀素骁勇，为九姓、六州胡所畏伏。公绰奏以其酋长朱邪执宜为阴山都督、代北行营招抚使，使居雲、朔塞下，捍御北边。执宜与诸酋长入谒，公绰与之宴，执宜神彩严整，进退有礼。公绰谓僚佐曰："执宜外严而内宽，言徐而理当，福禄人也。"执宜母妻入见，公绰使夫人与之饮酒，馈遗之。执宜感恩，为之尽力。塞下旧有废府十一，执宜修之，使其部落三千人分守之，自是杂虏不敢犯塞。

温造行至褒城，遇兴元都将卫志忠征蛮归，造密与之谋诛乱者，以其兵八百人为牙队，五百人为前军，入府，分守诸门。己卯，造视事，飨将士于牙门，造曰："吾欲问新军去留之意，宜悉使来前。"既劳问，命坐，行酒。志忠密以牙兵围之，既合，唱"杀!"新军八百余人皆死。杨叔元起，拥造靴求生，造命囚之。其手杀绛者，斩之百段，余皆斩首，投尸汉水，以百首祭李绛，三十首祭死事者，具事以闻。己丑，流杨叔元于康州。

癸卯，加淮南节度使段文昌同平章事、为荆南节度使。

奚寇幽州，夏，四月，丁未，卢龙节度使李载义击破之。辛酉，擒其王茹羯以献。

裴度以高年多疾，恳辞机政。六月，丁未，以度为司徒、平章军国重事，俟疾损，三五日一入中书。

上患宦官强盛，宪宗、敬宗弑逆之党犹有在左右者，中尉王守澄尤专横，招权纳贿，上不能制。尝密与翰林学士宋申锡言之，申锡请渐除其逼。上以申锡沉厚忠谨，可倚以事，擢为尚书右丞。秋，七月，癸未，以申锡同平章事。

初，裴度征淮西，奏李宗闵为观察判官，由是渐获进用。至是，怨度荐李德裕，因其谢病，九月，壬午，以度兼侍中，充山南东道节度使。

西川节度使郭钊以疾求代，冬，十月，戊申，以义成节度使李德裕为西川节度使。蜀自南诏入寇，一方残弊，郭钊多病，未暇完补。德裕至镇，作筹边楼，图蜀地形，南入南诏，西达吐蕃。日召老于军旅、习边事者，虽走卒蛮夷无所间，访以山川、城邑、道路险易广狭远近，未逾月，皆若身尝涉历。

上命德裕修塞清溪关以断南诏入寇之路，或无土，则以石垒之。德裕上言："通蛮细路至多，不可塞，惟重兵镇守，可保无虞。但黎、雅以来得万人，成都得二万人，精加训练，则蛮不敢动矣。边兵又不宜多，须力可临制。崔旰之杀郭英乂，张朏之逐张延赏，皆镇兵也。"时北兵皆归本道，惟河中、陈许三千人在成都，有诏来年三月亦归，蜀人恟惧。德裕奏乞郑滑五百人、陈许千人以镇蜀，且言："蜀兵脆弱，新为蛮寇所困，皆破胆，不堪征戍。若北兵尽归，则与杜元颖时无异，蜀不可保。恐议者云蜀经蛮寇以来，已自增兵，向者蛮寇已逼，元颖始捕市人为兵，得三千余人，徒有其数，实不可用。郭钊募北兵仅得百余人，臣复召募得二百余人，此外皆元颖旧兵也。恐议者又闻一夫当关之说，以为清溪可塞。臣访之蜀中老将，清溪之旁，大路有三，自余小径无数，皆东蛮临时为之开通，若言可塞，则是欺罔朝廷。要须大度水北更筑一城，迤逦接黎州，以大兵守之方可。况闻南诏以所掠蜀人二千及金帛赂遗吐蕃，若使二虏知蜀虚实，连兵入寇，诚可深忧。其朝臣建言者，盖由祸不在身，望人责一状，留入堂案，它日败事，不可令臣独当国宪。"朝廷皆从其请。德裕乃练士卒，葺堡障，积粮储以备边，蜀人粗安。

是岁，勃海宣王仁秀卒，子新德早死，孙彝震立，改元咸和。

五年（辛亥、831）

春，正月，丁巳，赐沧、齐、德节度名义昌军。

庚申，卢龙监军奏李载义与敕使宴于球场后院，副兵马使杨志诚与其徒呼噪作乱，载义与子正元奔易州，志诚又杀莫州刺史张庆初。上召宰相谋之，牛僧孺曰："范阳自安、史以来，非国所有，刘总暂献其地，朝廷费钱八十万缗而无丝毫所获。今日志诚得之，犹前日载义得之也。因而抚之，使捍北狄，不必计其逆顺。"上从之。载义自易州赴京师，上以载义有平沧景之功，且事朝廷恭顺，二月，壬辰，以载义为太保，同平章事如故。以杨志诚为卢龙留后。

臣光曰：昔者圣人顺天理、察人情，知齐民之莫能相治也，故置师长以正之；知群臣之莫能相使也，故建诸侯以制之；知列国之莫能相服也，故立天子以统之。天子之于万国，能褒善而黜恶，抑强而辅弱，抚服而惩违，禁暴而诛乱，然后发号施令而四海之内莫不率从也。《诗》云："勉勉我王，纲纪四方。"载义藩屏大臣，有功于国，无罪而志诚逐之，此天子所宜治也。若一无所问，因以其土田爵位授之，则是将帅之废置杀生皆出于士卒之手，天子虽在上，奚为哉！国家之有方镇，岂专利其财赋而已乎！如僧孺之言，姑息偷安之术耳，岂宰相佐天子御天下之道哉！

新罗王彦昇卒，子景徽立。

上与宋申锡谋诛宦官，申锡引吏部侍郎王璠为京兆尹，以密旨谕之。璠泄其谋，郑注、王守澄知之，阴之为备。上弟漳王凑贤，有人望，注令神策都虞候豆卢著诬告申锡谋立漳王。戊戌，守澄奏之，上以为信然，甚怒。守澄欲即遣二百骑屠申锡家，飞龙使马存亮固争曰："如此，则京城自乱矣。宜召它相与议其事。"守澄乃止。是日，旬休，遣中使悉召宰相至中书东门。中使曰："所召无宋公名。"申锡知获罪，望延英，以笏叩额而退。宰相至延英，上示以守澄所奏，相顾愕眙。上命守澄捕豆卢著所告十六宅宫市品官晏敬则及申锡亲事王师文等，于禁中鞫之，师文亡命。三月，庚子，申锡罢为右庶子。自宰相大臣无敢显言其冤者，独京兆尹崔琯、大理卿王正雅连上疏请出内狱付外廷核实，由是狱稍缓。正雅，翃之子也。晏敬则等自诬服，称申锡遣王师文达意于王，豫结异日之知。

狱成，壬寅，上悉召师保以下及台省府寺大臣面询之。午际，左常侍崔玄亮、给事中李固言、谏议大夫王质、补阙卢钧、舒元褒、蒋係、裴休、韦温等复请对于延英，乞以狱事付外覆按。上曰："吾已与大臣议之矣。"屡遣之出，不退。玄亮叩头流涕曰："杀一匹夫犹不可不重慎，况宰相乎！"上意稍解，曰："当更与宰相议之。"乃复召宰相入。牛僧孺曰："人臣不过宰相，今申锡已为宰相，假使如所谋，复欲何求？申锡殆不至此。"郑注恐覆按诈觉，乃劝守澄请止行贬黜。癸卯，贬漳王凑为巢县公，宋申锡为开州司马。存亮即日请致仕。玄亮，磁州人；质，通五世孙；係，乂之子；元褒，江州人也。晏敬则等坐死及流窜者数十百人，申锡竟卒于贬所。

夏，四月，己丑，以李载义为山南西道节度使，杨志诚为幽州节度使。

五月，辛丑，上以太庙两室破漏，逾月不葺，罚将作监、度支判官、宗正卿俸，亟命中使帅工徒，辍禁中营缮之材以葺之。左补阙韦温谏，以为："国家置百官，各有所司，苟为堕旷，宜黜其人，更择能者代之。今旷官者止于罚俸，而忧轸所切即委内臣，是以宗庙为陛下所私而百官皆为虚设也。"上善其言，即追止中使，命有司葺之。

丙辰，西川节度使李德裕奏遣使诣南诏索所掠百姓，得四千人而还。

秋，八月，戊寅，以陕虢观察使崔郾为鄂岳观察使。鄂岳地囊山带江，处百越、巴、蜀、荆、汉之会，土多群盗，剽行舟，无老幼必尽杀乃已。郾至，训卒治兵，作蒙冲追讨，岁中，悉诛之。郾在陕，以宽仁为治，或经月不笞一人，及至鄂，严峻刑罚。或问其故，郾曰："陕土瘠民贫，吾抚之不暇，尚恐其惊。鄂地险民杂，夷俗慓狡为奸，非用威刑，不能致治。政贵知变，盖谓此也。"

西川节度使李德裕奏："蜀兵羸疾老弱者，从来终身不简，臣命立五尺五寸之度，简去四千四百余人，复简募少壮者千人以慰其心。所募北兵已得千五百人，与土兵参居，转相训习，日益精练。又，蜀工所作兵器，徒务华饰不堪用，臣今取工于别道以治之，无不坚利。"九月，吐蕃维州副使悉怛谋请降，尽帅其众奔成都，德裕遣行维州刺史虞藏俭将兵入据其城。庚申，具奏其状，且言："欲遣生羌三千，烧十三桥，捣西戎腹心，可洗久耻，是韦皋没身恨不能致者也。"事下尚书省，集百官议，皆请如德裕策。牛僧孺曰："吐蕃之境，四面各万里，失一维州，未能损其势。比来修好，约罢戍兵，中国御戎，守信为上。彼若来责曰：'何事失信？'养马蔚茹川，上平凉阪，万骑缀回中，怒气直辞，不三日至咸阳桥。此时西南数千里外,得百维州何所用之?徒弃诚信,有害无利。此匹夫所不为,况天子乎!"上以为然,诏德裕以其城归吐蕃,执悉怛谋及所与偕来者悉归之。吐蕃尽诛之于境上,极其惨酷。德裕由是怨僧孺益深。

冬,十月,戊寅,李德裕奏南诏寇巂州,陷三县。

六年(壬子、832)

春,正月,壬子,诏以水旱降系囚。群臣上尊号曰太和文武至德皇帝,右补阙韦温上疏,以为:"今水旱为灾,恐非崇饰徽称之时。"上善之,辞不受。

三月,辛丑,以武宁节度使王智兴兼侍中,充忠武节度使。以邠宁节度使李听为武宁节度使。

回鹘昭礼可汗为其下所杀,从子胡特勒立。

李听之前镇武宁也,有苍头为牙将。至是,听先遣亲吏至徐州慰劳将士,苍头不欲听复来,说军士杀其亲吏,脔食之。听惧,以疾固辞。辛酉,以前忠武节度使高瑀为武陵节度使。

夏,五月,甲辰,李德裕奏修邛崃关及移巂州理台登城。

秋,七月,原王逵薨。

冬,十月,甲子,立鲁王永为太子。初,上以晋王普,敬宗长子,性谨愿,欲以为嗣。会薨,上痛惜之,故久不议建储,至是始行之。

十一月,乙卯,以荆南节度使段文昌为西川节度使。西川监军王践言入知枢密,数为上言:"缚送悉怛谋以快虏心,绝后来降者,非计也。"上亦悔之,尤中书侍郎、同平章事牛僧孺失策。附李德裕者因言"僧孺与德裕有隙,害其功。"上益疏之。僧孺内不自安,会上御延英,谓宰相曰:"天下何时当太平,卿等亦有意于此乎?"僧孺对曰:"太平无象。今四夷不至交侵,百姓不至流散,虽非至理,亦谓小康。陛下若别求太平,非臣等所及。"退,谓同列曰:"主上责望如此,吾曹岂得久居此地乎?"因累表请罢。十二月,乙丑,以僧孺同平章事,充淮南节度使。

臣光曰:君明臣忠,上令下从,俊良在位,佞邪黜远,礼修乐举,刑清政平,奸宄消伏,兵革偃戢,诸侯顺附,四夷怀服,时和年丰,家给人足,此太平之象也。于斯之时,阍寺专权,胁君于内,弗能远也;藩镇阻兵,陵慢于外,弗能制也;士卒杀逐主帅,拒命自立,弗能诘也;军旅岁兴,赋敛日急,骨血纵横于原野,杼轴空竭于里闾,而僧孺谓之太平,不亦诬乎!当文宗求治之时,僧孺任居承弼,进则偷安取容以窃位,退则欺君诬世以盗名,罪孰大焉!

珍王诚薨。

乙亥,昭义节度使刘从谏入朝。

丁未,以前西川节度使李德裕为兵部尚书。

初，李宗闵与德裕有隙，及德裕还自西川，上注意甚厚，朝夕且为相，宗闵百方沮之不能。京兆尹杜悰，宗闵党也，尝诣宗闵，见其有忧色，曰："得非以大戎乎？"宗闵曰："然。何以相救？"悰曰："悰有一策，可平宿憾，恐公不能用。"宗闵曰："何如？"悰曰："德裕有文学而不由科第，常用此为慊慊，若使之知举，必喜矣。"宗闵默然有间，曰："更思其次。"悰曰："不则用为御史大夫。"宗闵曰："此则可矣。"悰再三与约，乃诣德裕。德裕迎揖曰："公何为访此寂寥？"悰曰："靖安相公令悰达意。"即以大夫之命告之。德裕惊喜泣下，曰："此大门官，小子何足以当之！"寄谢重沓。宗闵复与给事中杨虞卿谋之，事遂中止。虞卿，汝士之从弟也。

七年（癸丑、833）

春，正月，甲午，加昭义节度使刘从谏同平章事，遣归镇。初，从谏以忠义自任，入朝，欲请它镇。既至，见朝廷事柄不一，又士大夫多请托，心轻朝廷，故归而益骄。

徐州承王智兴之后，士卒骄悖，节度使高瑀不能制，上以为忧。甲寅，以岭南节度使崔珙为武宁节度使。珙至镇，宽猛适宜，徐人安之。珙，琯之弟也。

二月，癸亥，加卢龙节度使、检校工部尚书杨志诚检校吏部尚书。进奏官徐迪诣宰相言："军中不识朝廷之制，唯知尚书改仆射为迁，不知工部改吏部为美，敕使往，恐不得出。"辞气甚慢，宰相不以为意。

丙戌，以兵部尚书李德裕同平章事。德裕入谢，上与之论朋党事，对曰："方今朝士三分之一为朋党。"时给事中杨虞卿与从兄中书舍人汝士、弟户部郎中汉公、中书舍人张元夫、给事中萧澣等善交结，依附权要，上干执政，下挠有司，为士人求官及科第，无不如志，上闻而恶之，故与德裕言首及之。德裕因得以排其所不悦者。初，左散骑常侍张仲方尝驳李吉甫谥，及德裕为相，仲方称疾不出。三月，壬辰，以仲方为宾客分司。

杨志诚怒不得仆射，留官告使魏宝义并春衣使焦奉鸾、送奚、契丹使尹士恭，甲午，遣牙将王文颖来谢恩并让官。丙申，复以告身并批答赐之，文颖不受而去。

和王绮薨。

庚戌，以杨虞卿为常州刺史，张元夫为汝州刺史。它日，上复言及朋党，李宗闵曰："臣素知之，故虞卿辈臣皆不与美官。"李德裕曰："给、舍非美官而何！"宗闵失色。丁巳，以萧澣为郑州刺史。

夏，四月，丙戌，册回鹘新可汗为爱登里啰汨没密施合句禄毗伽彰信可汗。

六月，乙巳，以山南西道节度使李载义为河东节度使。先是，回鹘每入贡，所过暴掠，州县不敢诘，但严兵防卫而已。载义至镇，回鹘使者李畅入贡，载义谓之曰："可汗遣将军入贡，以固舅甥之好，非遣将军陵践上国也。将军不戢部曲，使为侵盗，载义亦得杀之，勿谓中国之法可忽也。”于是悉罢防卫兵，但使二卒守其门。畅畏服，不敢犯令。

壬申，以工部尚书郑覃为御史大夫。初，李宗闵恶覃在禁中数言事，奏罢其侍讲。上从容谓宰相曰：“殷侑经术颇似郑覃。”宗闵对曰：“覃、侑经术诚可尚，然论议不足听。”李德裕曰：“覃、侑议论，它人不欲闻，惟陛下欲闻之。”后旬日，宣出，除覃御史大夫。宗闵谓枢密使崔潭峻曰：“事一切宣出，安用中书？”潭峻曰：“八年天子，听其自行事亦可矣。”宗闵愀然而止。

乙亥，以中书侍郎、同平章事李宗闵同平章事、充山南西道节度使。

秋，七月，壬寅，以右仆射王涯同平章事、兼度支、盐铁转运使。

宣武节度使杨元卿有疾，朝廷议除代，李德裕请徙刘从谏于宣武，因拔出上党，不使与山东连结。上以为未可，癸丑，以左仆射李程为宣武节度使。

上患近世文士不通经术，李德裕请依杨绾议，进士试论议，不试诗赋。德裕又言：“昔玄宗以临淄王定内难，自是疑忌宗室，不令出阁。天下议皆以为幽闭骨肉，亏伤人伦。向使天宝之末、建中之初，宗室散处方州，虽未能安定王室，尚可各全其生，所以悉为安禄山、朱泚所鱼肉者，由聚于一宫故也。陛下诚因册太子，制书听宗室年高属疏者出阁，且除诸州上佐，使携其男女出外昏嫁。此则百年弊法，一旦因陛下去之，海内孰不欣悦！”上曰：“兹事朕久知其不可，方今诸王岂无贤才，无所施耳！”八月，庚寅，册命太子，因下制：诸王自今以次出阁，授紧、望州刺史、上佐；十六宅县主，以时出适；进士停试诗赋。诸王出阁，竟以议所除官不决而罢。

壬寅，加幽州节度使杨志诚检校右仆射，仍别遣使慰谕之。

杜牧愤河朔三镇之桀骜，而朝廷议者专事姑息，乃作书，名曰《罪言》，大略以为：“国家自天宝盗起，河北百余城不得尺寸，人望之若回鹘、吐蕃，无敢窥者。齐、梁、蔡被其风流，因亦为寇。未尝五年间不战，焦焦然七十余年矣。今上策莫如先自治，中策莫如取魏，最下策为浪战，不计地势，不审攻守是也。”

又伤府兵废坏，作《原十六卫》，以为：“国家始踵隋制，开十六卫，自今观之，设官言无谓者，其十六卫乎！本原事迹，其实天下之大命也。贞观中，内以十六卫蓄养戎臣，外开折冲、果毅府五百七十四以储兵伍，有事则戎臣提兵居外，无事则放兵居内。其居内也，富贵恩泽以奉养其身，所部之兵散舍诸府。上府不越千二百人，三时耕稼，一时治武，藉藏将府，伍散田亩，力解势破，人人自爱，虽有蚩尤为帅，亦不可使为乱耳。及其居外也，缘部之兵被檄乃来，斧钺在前，爵赏在后，飘暴交捽，岂暇异略？虽有蚩尤为帅，亦无能为叛也。自贞观至于开元百三十年间，戎臣兵伍未始逆篡，此大圣人所以能柄统轻重，制障表里，圣算神术也。

至于开元末，愚儒奏章曰：‘天下文胜矣，请罢府兵。’武夫奏章曰：‘天下力强矣，请搏四夷。’于是府兵内铲，边兵外作，戎臣兵伍，湍奔矢往，内无一人矣。尾大中干，成燕偏重，而天下掀然，根萌烬然，七圣旰食，求欲除之且不能也。由此观之，戎臣兵伍岂可一日使出落钤键哉！然为国者不能无兵，居外则叛，居内则篡。使外不叛，内不篡，古今已还，法术最长，其置府立卫乎！

近代已来，于其将也，弊复为甚，率皆市儿辈多赍金玉、负倚幽阴、折券交货所能致也，绝不识父兄礼义之教，复无慷慨感概之气。百城千里，一朝得之，其强杰愎勃者，则挠削法制，不使缚已，斩族忠良，不使违已，力壹势便，罔不为寇。其阴泥巧狡者，亦能家算口敛，委于邪幸，由卿市公，去(都)〔郡〕得都，四履所治，指为别馆。或一夫不幸而寿，则戛割生人，略币天下。是以天下兵乱不息，齐人干耗，靡不由是矣。呜呼！文皇帝十六卫之旨，其谁原而复之乎！”

又作《战论》，以为：“河北视天下，犹珠玑也；天下视河北，犹四支也。河北气俗浑厚，果于战耕，加以土息健马，便于驰敌，是以出则胜，处则饶，不窥天下之产，自可封殖，亦犹大农之家，不待珠玑然后以为富也。国家无河北，则精甲、锐卒、利刀、良弓、健马无有也，是一支，兵去矣。河东、盟津、滑台、大梁、彭城、东平，尽宿厚兵以塞虏冲，不可它使，是二支，兵去矣。六镇之师，厥数三亿，低首仰给，横拱不为，则沿淮已北，循河之南，东尽海，西叩洛，赤地尽取，才能应费，是三支，财去矣。咸阳西北，戎夷大屯，尽铲吴、越、荆、楚之饶以啖兵戍，是四支，财去矣。天下四支尽解，头腹兀然，其能以是久为安乎？

今者诚能治其五败，则一战可定，四支可生。夫天下无事之时，殿寄大臣偷安奉私，战士离落，兵甲钝弊，是不蒐练之过，其败一也。百人荷戈，仰食县官，则挟千夫之名，大将小裨，操其余赢，以虏壮为幸，以师老为娱，是执兵者常少，糜食常多，此不责实料食之过，其败二也。战小胜则张皇其功，奔走献状以邀上赏，或一日再赐，或一月累封，凯还未歌，书品已崇，爵命极矣，田宫广矣，金缯溢矣，子孙官矣，焉肯搜奇出死，勤于我矣？此厚赏之过，其败三也。多丧兵士，颠翻大都，则跳身而来，刺邦而去，回视刀锯，气色甚安，一岁未更，旋已立于坛墀之上矣，此轻罚之过，其败四也。大将兵柄不得专，恩臣、敕使迭来挥之，堂然将陈，殷然将鼓，一则曰必为偃月，一则曰必为鱼丽，三军万夫，环旋翔羊，愰骇之间，虏骑乘之，遂取吾之鼓旗，此不专任责成之过，其败五也。今者诚欲调持干戈，洒扫垢污，以为万世安，而乃踵前非，是不可为也。”

又作《守论》，以为：“今之议者咸曰：夫倔强之徒，吾以良将劲兵为衔策，高位美爵充饱其肠，安而不挠，外而不拘，亦犹豢扰虎狼而不拂其心，则忿气不萌。此大历、贞元所以守邦也，亦何必疾战，焚煎吾民，然后以为快也。愚曰：大历、贞元之间，适以此为祸也。当是之时，有城数十，千百卒夫，则朝廷别待之，贷以法度。于是乎阔视大言，自树一家，破制削法，角为尊奢，天子养威而不问，有司守恬而不呵。王侯通爵，越禄受之；觐聘不来，几杖扶之。逆息虏胤，皇子嫔之；装缘采饰，无不备之。是以地益广，兵益强，僭拟益甚，侈心益昌。于是土田名器，分划殆尽，而贼夫贪心，未及畔岸，遂有淫名越号，或帝或王，盟诅自立，恬淡不畏，走兵四略以饱其志者也。是以赵、魏、燕、齐卓起大唱，梁、蔡、吴、蜀蹑而和之。其余混澒轩嚣，欲相效者，往往而是。运遭孝武，宵旰不忘，前英后杰，夕思朝议，故能大者诛锄，小者惠来。不然，周、秦之郊，几为犯猎哉！

大抵生人油然多欲，欲而不得则怒，怒则争乱随之。是以教笞于家，刑罚于国，征伐于天下，此所以裁其欲而塞其争也。大历、贞元之间，尽反此道，提区区之有而塞无涯之争，是以首尾指支，几不能相运掉也。今者不知非此，而反用以为经。愚见为盗者非止于河北而已。呜呼！大历、贞元守邦之术，永戒之哉！”

又注《孙子》，为之序，以为：“兵者，刑也；刑者，政事也，为夫子之徒，实仲由、冉有之事也。不知自何代何人分为二道曰文、武，离而俱行，因使搢绅之士不敢言兵，或耻言之；苟有言者，世以为粗暴异人，人不比数。呜呼！亡失根本，斯最为甚。《礼》曰：‘四郊多垒，此卿大夫之辱也。’历观自古，树立其国，灭亡其国，未始不由兵也。主兵者必圣贤、材能、多闻博识之士乃能有功，议于廊庙之上，兵形已成，然后付之于将。汉祖言‘指踪者人也，获兔者犬也’，此其是也。彼为相者曰：‘兵非吾事，吾不当知。’君子曰：‘叨居其位可也。’”

前邠宁行军司马郑注，依倚王守澄，权势熏灼，上深恶之。九月，丙寅，侍御史李款阁内奏弹注：“内通敕使，外连朝士，两地往来，卜射财贿，昼伏夜动，干窃化权，人不敢言，道路以目。请付法司。”旬日之间，章数十上。守澄匿注于右军，左军中尉韦元素、枢密使杨承和、王践言皆恶注。左军将李弘楚说元素曰：“郑注奸猾无双，卵縠不除，使成羽翼，必为国患。今因御史所劾匿军中，弘楚请以中尉意，诈为有疾，召使治之，来则中尉延与坐，弘楚侍侧，伺中尉举目，擒出杖杀之。中尉因见上叩头请罪，具言其奸，杨、王必助中尉进言。况中尉有翼戴之功，岂以除奸而获罪乎！”元素以为然，召之。注至，蠖屈鼠伏，佞辞泉涌，元素不觉执手款曲，谛听忘倦。弘楚诇伺往复再三，元素不顾，以金帛厚遗注而遣之。弘楚怒曰：“中尉失今日之断，必不免它日之祸矣！”因解军职去。顷之，疽发背卒。王涯之为相，注有力焉，且畏王守澄，遂寝李款之奏。守澄言注于上而释之，寻奏为侍御史，充右神策判官，朝野骇叹。

甲寅，以前忠武节度使王智兴为河中节度使。

群臣以上即位八年，未受尊号，冬，十二月，甲午，上尊号曰太和文武仁圣皇帝。会有五坊中使薛季稜自同、华还，言间阎雕弊。上叹曰："关中小稔，百姓尚尔，况江、淮比年大水，其人如何！吾无术以救之，敢崇虚名乎！"因以通天带赏季稜。群臣凡四上表，竟不受。

庚子，上始得风疾，不能言。于是王守澄荐昭义行军司马郑注善医，上征注至京师，饮其药，颇有验，遂有宠。

资治通鉴卷第二百四十五

端明殿学士兼翰林侍读学士太中大夫提举西京嵩山崇福宫上柱国河内郡开国公食邑二千二百户食实封九百户赐紫金鱼袋臣 司马光 奉敕编集

唐纪六十一起阏逢摄提格（甲寅），尽强圉大荒落（丁巳），凡四年。

文宗元圣昭献孝皇帝中

大和八年（甲寅、834）

春，正月，上疾小瘳。丁巳，御大和殿见近臣，然神识耗减，不能复故。

二月，壬午朔，日有食之。

夏，六月，丙戌，莒王纾薨。

上以久旱，诏求致雨之方。司门员外郎李中敏上表，以为："仍岁大旱，非圣德不至，直以宋申锡之冤滥，郑注之奸邪。今致雨之方，莫若斩注而雪申锡。"表留中。中敏谢病归东都。

鄠王经薨。

初，李仲言流象州，遇赦，还东都。会留守李逢吉思复入相，仲言自言与郑注善，逢吉使仲言厚赂之。注引仲言见王守澄，守澄荐于上，云仲言善《易》，上召见之。时仲言有母服，难入禁中，乃使衣民服，号王山人。仲言仪状秀伟，倜傥尚气，颇工文辞，有口辩，多权数。上见之，大悦，以为奇士，待遇日隆。

仲言既除服，秋，八月，辛卯，上欲以仲言为谏官，置之翰林。李德裕曰："仲言向所为，计陛下必尽知之，岂宜置之近侍？"上曰："然岂不容其改过？"对曰："臣闻惟颜回能不贰过。彼圣贤之过，但思虑不至，或失中道耳。至于仲言之恶，著于心本，安能悛改邪？"上曰："李逢吉荐之，朕不欲食言。"对曰："逢吉身为宰相，乃荐奸邪以误国，亦罪人也。"上曰："然则别除一官。"对曰："亦不可。"上顾王涯，涯对曰："可。"德裕挥手止之，上回顾适见，色殊不怿而罢。始，涯闻上欲用仲言，草谏疏极愤激，既而见上意坚，且畏其党盛，遂中变。寻以仲言为四门助教，给事中郑肃、韩佽封还敕书。德裕将出中书，谓涯曰："且喜给事中封敕！"涯即召肃、佽谓曰："李公适留语，令二阁老不用封敕。"二人即行下，明日，以白德裕，德裕惊曰："德裕不欲封还，当面闻，何必使人传言。且有司封驳，岂复禀宰相意邪！"二人怅恨而去。

九月，辛亥，征昭义节度副使郑注至京师。王守澄、李仲言、郑注皆恶李德裕，以山南西道节度使李宗闵与德裕不相悦，引宗闵以敌之。壬戌，诏征宗闵于兴元。

冬，十月，辛巳，幽州军乱，逐节度使杨志诚及监军李怀仵，推兵马使史元忠主留务。

庚寅，以李宗闵为中书侍郎、同平章事。甲午，以中书侍郎、同平章事李德裕同平章事，充山南西道节度使。是日，以李仲言为翰林侍讲学士。给事中高铢、郑肃、韩佽、谏议大夫郭承嘏、中书舍人权璩等争之，不能得。承嘏，晞之孙；璩，德舆之子也。

乙巳，贡院奏进士复试诗赋，从之。

李德裕见上自陈，请留京师。丙午，以德裕为兵部尚书。

杨志诚过太原，李载义自殴击，欲杀之，幕僚谏救得免，杀其妻子及从行将卒。朝廷以载义有功，不问。载义母(兄)〔死〕葬幽州，志诚发取其财。载义奏乞取志诚心以祭母，不许。

十一月，成德节度使王庭凑薨，军中奉其子都知兵马使元逵知留后。元逵改父所为，事朝廷礼甚谨。

史元忠献杨志诚所造衮衣及诸僭物。丁卯，流志诚于岭南，道杀之。

李宗闵言李德裕制命已行，不宜自便。乙亥，复以德裕为镇海节度使，不复兼平章事。时德裕、宗闵各有朋党，互相挤援。上患之，每叹曰："去河北贼易，去朝中朋党难！"

臣光曰：夫君子小人之不相容，犹冰炭之不可同器而处也。故君子得位则斥小人，小人得势则排君子，此自然之理也。然君子进贤退不肖，其处心也公，其指事也实；小人誉其所好，毁其所恶，其处心也私，其指事也诬。公且实者谓之正直，私且诬者谓之朋党，在人主所以辨之耳。是以明主在上，度德而叙位，量能而授官，有功者赏，有罪者刑，奸不能惑，佞不能移。夫如是，则朋党何自而生哉！彼昏主则不然，明不能烛，强不能断，邪正并进，毁誉交至，取舍不在于己，威福潜移于人。于是谗慝得志而朋党之议兴矣。

夫木腐而蠹生，醯酸而蚋集，故朝廷有朋党，则人主当自咎而不当以咎群臣也。文宗苟患群臣之朋党，何不察其所毁誉者为实，为诬；所进退者为贤，为不肖；其心为公，为私；其人为君子，为小人。苟实也，贤也，公也，君子也，匪徒用其言，又当进之；诬也，不肖也，私也，小人也，匪徒弃其言，又当刑之。如是，虽使之为朋党，孰敢哉！释是不为，乃怨群臣之难治，是犹不种不芸而怨田之芜也。朝中之党且不能去，况河北贼乎！

丙子，李仲言请改名训。

幽州奏莫州军乱，刺史张元汎不知所在。

十二月，己卯，以昭义节度副使郑注为太仆卿。郭承嘏累上疏言其不可，上不听。于是注诈上表固辞，上遣中使再以告身赐之，不受。

癸未，以史元忠为卢龙留后。

初，宋申锡与御史中丞宇文鼎受密诏诛郑注，使京兆尹王璠掩捕之。璠密以堂帖示王守澄，注由是得免，深德璠。璠又与李训善，于是训、注共荐之，自浙西观察使征为尚书左丞。

九年（乙卯、835）

春，正月，乙卯，以王元逵为成德节度使。

巢公凑薨，追赠齐王。

郑注上言秦地有灾，宜兴役以禳之。辛卯，发左、右神策千五百人浚曲江及昆明池。

三月，冀王绒薨。

丙辰，以史元忠为卢龙节度使。

初，李德裕为浙西观察使，漳王傅母杜仲阳坐宋申锡事放归金陵，诏德裕存处之。会德裕已离浙西，牒留后李蟾使如诏旨。至是，左丞王璠、户部侍郎李汉奏德裕厚赂仲阳，阴结漳王，图为不轨。上怒甚，召宰相及璠、汉、郑注等面质之。璠、汉等极口诬之，路隋曰："德裕不至此。果如所言，臣亦应得罪。"言者稍息。夏，四月，以德裕为宾客、分司。

癸巳，以郑注守太仆卿，兼御史大夫，注始受之，仍举仓部员外郎李款自代曰："加臣之罪，虽于理而无辜；在款之诚，乃事君而尽节。"时人皆哂之。

丙申，以门下侍郎、同平章事路隋同平章事，充镇海节度使，趣之赴镇，不得面辞，坐救李德裕故也。

初，京兆尹河南贾𫗧，性褊躁轻率，与李德裕有隙，而善于李宗闵、郑注。上巳，赐百官宴于曲江。故事，尹于外门下马，揖御史。𫗧恃其贵势，乘马直入，殿中侍御史杨俭、苏特与之争，𫗧骂曰："黄面儿敢尔！"坐罚俸。𫗧耻之，求出，诏以为浙西观察使。尚未行，戊戌，以𫗧为中书侍郎、同平章事。

庚子，制以向日上初得疾，王涯呼李德裕奔问起居，德裕竟不至，又在西蜀征逋悬钱三十万缗，百姓愁困，贬德裕袁州长史。

初，宋申锡获罪，宦官益横，上外虽包容，内不能堪。李训、郑注既得幸，揣知上意，训因进讲，数以微言动上。上见其才辩，意训可与谋大事，且以训、注皆因王守澄以进，冀宦官不之疑，遂密以诚告之。训、注遂以诛宦官为己任，二人相挟，朝夕计议，所言于上无不从，声势烜赫。注多在禁中，或时休沐，宾客填门，赂遗山积。外人但知训、注倚宦官擅作威福，不知其与上有密谋也。

上之立也，右领军将军兴宁仇士良有功，王守澄抑之，由是有隙。训、注为上谋，进擢士良以分守澄之权。五月，乙丑，以士良为左神策中尉，守澄不悦。

戊辰，以左丞王璠为户部尚书、判度支。

京城讹言郑注为上合金丹，须小儿心肝，民间惊惧，上闻而恶之。郑注素恶京兆尹杨虞卿，与李训共构之，云此语出于虞卿家人。上怒，六月，下虞卿御史狱。注求为两省官，中书侍郎、同平章事李宗闵不许，注毁之于上。会宗闵救杨虞卿，上怒，叱出之，壬寅，贬明州刺史。

左神策中尉韦元素、枢密使杨承和、王践言久居中用事，与王守澄争权不叶，李训、郑注因之出承和于西川，元素于淮南，践言于河东，皆为监军。秋，七月，甲辰朔，贬杨虞卿虔州司马。

庚戌，作紫云楼于曲江。

辛亥，以御史大夫李固言为门下侍郎、同平章事。

李训、郑注为上画太平之策，以为当先除宦官，次复河、湟，次清河北，开陈方略，如指诸掌。上以为信然，宠任日隆。

初，李宗闵为吏部侍郎，因驸马都尉沈𫄧结女学士宋若宪、知枢密杨承和得为相。及贬明州，郑注发其事，壬子，再贬处州长史。

著作郎、分司舒元舆与李训善，训用事，召为右司郎中，兼侍御史知杂，鞫杨虞卿狱。癸丑，擢为御史中丞。元舆，元褒之兄也。

贬吏部侍郎李汉为汾州刺史，刑部侍郎萧澣为遂州刺史，皆坐李宗闵之党。

是时李训、郑注连逐三相，威震天下，于是平生丝恩发怨无不报者。

李训奏僧尼猥多，耗蠹公私。丁巳，诏所在试僧尼诵经不中格，皆勒归俗。禁置寺及私度人。

时人皆言郑注朝夕且为相，侍御史李甘扬言于朝曰："白麻出，我必坏之于庭。"癸亥，贬甘封州司马。然李训亦忌注，不欲使为相，事竟寝。

甲子，以国子博士李训为兵部郎中、知制诰，依前侍讲学士。

贬左金吾大将军沈𫄧为邵州刺史。八月，丙子，又贬李宗闵潮州司户，赐宋若宪死。

丁丑，以太仆卿郑注为工部尚书，充翰林侍讲学士。注好服鹿裘，以隐沦自处，上以师友待之。注之初得幸，上尝问翰林学士、户部侍郎李珏曰："卿知有郑注乎？亦尝与之言乎？"对曰："臣岂特知其姓名，兼深知其为人。其人奸邪，陛下宠之，恐无益圣德。臣忝在近密，安敢与此人交通。"戊寅，贬珏江州刺史。再贬沈𫄧柳州司户。

丙申，诏以杨承和庇护宋申锡，韦元素、王践言与李宗闵、李德裕中外连结，受其赂遗，承和可驩州安置，元素可象州安置，践言可恩州安置，令所在锢送。杨虞卿、李汉、萧澣为朋党之首，贬虞卿虔州司户，汉汾州司马，澣遂州司马。寻遣使追赐承和、元素、践言死。时崔潭峻已卒，亦剖棺鞭尸。

己亥，以前庐州刺史罗立言为司农少卿。立言赃吏，以赂结郑注而得之。

郑注之入翰林也，中书舍人高元裕草制，言以医药奉君亲，注衔之，奏元裕尝出郊送李宗闵，壬寅，贬元裕阆州刺史。元裕，士廉之六世孙也。

时注与李训所恶朝士，皆指目为二李之党，贬逐无虚日，班列殆空，廷中恟恟，上亦知之。训、注恐为人所摇，九月，癸卯朔，劝上下诏："应与德裕、宗闵亲旧及门生故吏，今日以前贬黜之外，余皆不问。"人情稍安。

盐铁使王涯奏改江淮、岭南茶法，增其税。

庚申，以凤翔节度使李听为忠武节度使，代杜悰。

宪宗之崩也，人皆言宦官陈弘志所为。时弘志为山南东道监军，李训为上谋召之，至青泥驿，癸亥，封杖杀之。

郑注求为凤翔节度使，门下侍郎、同平章事李固言不可。丁卯，以固言为山南西道节度使，注为凤翔节度使。李训虽因注得进，及势位俱盛，心颇忌注，谋欲中外协势以诛宦官，故出注于凤翔。其实俟既诛宦官，并图注也。

注欲取名家才望之士为参佐，请礼部员外郎韦温为副使，温不可。或曰："拒之必为患。"温曰："择祸莫若轻。拒之止于远贬，从之有不测之祸。"卒辞之。

戊辰，以右神策中尉、行右卫上将军、知内侍省事王守澄为左、右神策观军容使，兼十二卫统军。李训、郑注为上谋，以虚名尊守澄，实夺之权也。

己巳，以御史中丞兼刑部侍郎舒元舆为刑部侍郎，兵部郎中知制诰、充翰林侍讲学士李训为礼部侍郎，并同平章事。仍命训三二日一入翰林讲《易》。元舆为中丞，凡训、注所恶者，则为之弹击，由是得为相。又上惩李宗闵、李德裕多朋党，以贾悚及元舆皆孤寒新进，故擢为相，庶其无党耳。

训起流人，期年致位宰相，天子倾意任之。训或在中书，或在翰林，天下事皆决于训。王涯辈承顺其风旨，惟恐不逮。自中尉、枢密、禁卫诸将，见训皆震慴，迎拜叩首。

壬申，以刑部郎中兼御史知杂李孝本权知御史中丞。孝本，宗室之子，依训、注得进。

李听自恃勋旧，不礼于郑注。注代听镇凤翔，先遣牙将丹骏至军中慰劳，诬奏听在镇贪虐。冬，十月，乙亥，以听为太子太保、分司，复以杜悰为忠武节度使。

郑注每自负经济之略，上问以富人之术，注无以对，乃请榷茶。于是以王涯兼榷茶使，涯知不可而不敢违，人甚苦之。

郑注欲收僧尼之誉，固请罢沙汰，从之。

李训、郑注密言于上，请除王守澄。辛巳，遣中使李好古就第赐鸩，杀之，赠扬州大都督。训、注本因守澄进，卒谋而杀之，人皆快守澄之受佞而疾训、注之阴狡，于是元和之逆党略尽矣。

乙酉，郑注赴镇。

庚子，以东都留守、司徒兼侍中裴度兼中书令，余如故。李训所奖拔，率皆狂险之士，然亦时取天下重望以顺人心，如裴度、令狐楚、郑覃皆累朝耆俊，久为当路所轧，置之散地，训皆引居崇秩。由是士大夫亦有望其真能致太平者，不惟天子惑之也。然识者见其横甚，知将败矣。

十一月，丙午，以大理卿郭行馀为邠宁节度使。癸丑，以河东节度使、同平章事李载义兼侍中。丁巳，以户部尚书、判度支王璠为河东节度使。戊午，以京兆尹李石为户部侍郎、判度支，以京兆少尹罗立言权知府事。石，神符之五世孙也。己未，以太府卿韩约为左金吾卫大将军。

始，郑注与李训谋，至镇，选壮士数百，皆持白棓，怀其斧，以为亲兵。是月，戊辰，王守澄葬于浐水，注奏请入护葬事，因以亲兵自随。仍奏令内臣中尉以下尽集浐水送葬，注因阖门，令亲兵斧之，使无遗类。约既定，训与其党谋："如此事成，则注专有其功，不若使行馀、璠以赴镇为名，多募壮士为部曲，并用金吾、台府吏卒，先期诛宦者，已而并注去之。"行馀、璠、立言、约及中丞李孝本，皆训素所厚也，故列置要地，独与是数人及舒元舆谋之，它人皆莫之知也。

壬戌，上御紫宸殿。百官班定，韩约不报平安，奏称："左金吾听事后石榴夜有甘露，臣递门奏讫。"因蹈舞再拜，宰相亦帅百官称贺。训、元舆劝上亲往观之，以承天贶，上许之。百官退，班于含元殿。日加辰，上乘软舆出紫宸门，升含元殿。先命宰相及两省官诣左仗视之，良久而还。训奏："臣与众人验之，殆非真甘露，未可遽宣布，恐天下称贺。"上曰："岂有是邪？"顾左、右中尉仇士良、鱼志弘帅诸宦者往视之。宦者既去，训遽召郭行馀、王璠曰："来受敕旨！"璠股栗不敢前，独行馀拜殿下。时二人部曲数百，皆执兵立丹凤门外，训已先使人召之，令入受敕，独东兵入，邠宁兵竟不至。

仇士良等至左仗视甘露，韩约变色流汗。士良怪之曰："将军何为如是？"俄风吹幕起，见执兵者甚众，又闻兵仗声，士良等惊骇走出。门者欲闭之，士良叱之，关不得上。士良等奔诣上告变。训见之，遽呼金吾卫士曰："来上殿卫乘舆者，人赏钱百缗！"宦者曰："事急矣，请陛下还宫！"即举软舆，迎上扶升舆，决殿后罘罳，疾趋北出。训攀舆呼曰："臣奏事未竟，陛下不可入宫！"金吾兵已登殿。罗立言帅京兆逻卒三百余自东来，李孝本帅御史台从人二百余自西来，皆登殿纵击，宦官流血呼冤，死伤者十余人。乘舆迤逦入宣政门，训攀舆呼益急，上叱之，宦者郗志荣奋拳殴其胸，偃于地。乘舆既入，门随阖，宦者皆呼万岁，百官骇愕散出。训知事不济，脱从吏绿衫衣之，走马而出，扬言于道曰："我何罪而窜谪！"人不之疑。王涯、贾餗、舒元舆还中书，相谓曰："上且开延英，召吾属议之。"两省官诣宰相请其故，皆曰："不知何事，诸公各自便。"士良等知上豫其谋，怨愤，出不逊语，上惭惧不复言。

士良等命左、右神策副使刘泰伦、魏仲卿等各帅禁兵五百人，露刃出阁门讨贼。王涯等将会食，吏白："有兵自内出，逢人辄杀。"涯等狼狈步走，两省及金吾吏卒千余人填门争出。门寻阖，其不得出者六百余人皆死。士良等分兵闭宫门，索诸司，讨贼党。诸司吏卒及民酤贩在中者皆死，死者又千余人，横尸流血，狼藉涂地，诸司印及图籍、帷幕、器皿俱尽。又遣骑各千余出城追亡者，又遣兵大索城中。舒元舆易服单骑出安化门，禁兵追擒之。王涯徒步至永昌里茶肆，禁兵擒入左军。涯时年七十余，被以桎梏，掠治不胜苦，自诬服，称与李训谋行大逆，尊立郑注。王璠归长兴坊私第，闭门，以其兵自防。神策将至门，呼曰："王涯等谋反，欲起尚书为相，鱼护军令致意。"璠喜，出见之。将趋贺再三，璠知见绐，涕泣而行，至左军，见王涯曰："二十兄自反，胡为见引？"涯曰："五弟昔为京兆尹，不漏言于王守澄，岂有今日邪！"璠俯首不言。又收罗立言于太平里，及涯等亲属奴婢，皆入两军系之。户部员外郎李元皋，训之再从弟也，训实与之无恩，亦执而杀之。故岭南节度使胡证，家巨富，禁兵利其财，托以搜贾餗入其家，执其子溵，杀之。又入左常侍罗让、詹事浑鐬、翰林学士黎埴等家，掠其赀财，扫地无遗。鐬，瑊之子也。坊市恶少年因之报私仇，杀人，剽掠百货，互相攻劫，尘埃蔽天。

癸亥，百官入朝，日出，始开建福门，惟听以从者一人自随，禁兵露刃夹道。至宣政门，尚未开。时无宰相御史知班，百官无复班列。上御紫宸殿，问："宰相何为不来？"仇士良曰："王涯等谋反系狱。"因以涯手状呈上，召左仆射令狐楚、右仆射郑覃等升殿示之。上悲愤不自胜，谓楚等曰："是涯手书乎？"对曰："是也。""诚如此，罪不容诛！"因命楚、覃留宿中书，参决机务。使楚草制宣告中外。楚叙王涯、贾餗反事浮泛，仇士良等不悦，由是不得为相。

时坊市剽掠者犹未止，命左、右神策将杨镇、靳遂良等各将五百人分屯通衢，击鼓以警之，斩十余人，然后定。

贾餗变服潜民间经宿，自知无所逃，素服乘驴诣兴安门，自言："我宰相贾餗也，为奸人所污，可送我诣两军。"门者执送西军。李孝本改衣绿，犹服金带，以帽障面，单骑奔凤翔，至咸阳西，追擒之。

甲子，以右仆射郑覃同平章事。

李训素与终南僧宗密善，往投之。宗密欲剃其发而匿之，其徒不可。训出山，将奔凤翔，为盩厔镇遏使宋楚所擒，械送京师。至昆明池，训恐至军中更受酷辱，谓送者曰："得我者则富贵矣。闻禁兵所在搜捕，汝必为所夺，不若取我首送之。"送者从之，斩其首以来。

乙丑，以户部侍郎、判度支李石同平章事，仍判度支。前河东节度使李载义复旧任。

左神策出兵三百人，以李训首引王涯、王璠、罗立言、郭行馀，右神策出兵三百人，拥贾悚、舒元舆、李孝本献于庙社，徇于两市。命百官临视，腰斩于独柳之下，枭其首于兴安门外。亲属无问亲疏皆死，孩稚无遗，妻女不死者没为官婢。百姓观者怨王涯榷茶，或诟詈，或投瓦砾击之。

臣光曰：论者皆谓涯、悚有文学名声，初不知训、注之谋，横罹覆族之祸，愤叹其冤。臣独以为不然。夫颠危不扶，焉用彼相！涯、悚安高位，饱重禄；训、注小人，穷奸究险，力取将相。涯、悚与之比肩，不以为耻，国家危殆，不以为忧，偷合苟容，日复一日，自谓得保身之良策，莫我如也。若使人人如此而无祸，则奸臣孰不愿之哉！一旦祸生不虞，足折刑剭，盖天诛之也，士良安能族之哉！

王涯有再从弟沐，家于江南，老且贫。闻涯为相，跨驴诣之，欲求一簿、尉。留长安二岁余，始得一见，涯待之殊落莫。久之，沐因嬖奴以道所欲，涯许以微官，自是旦夕造涯之门以俟命。及涯家被收，沐适在其第，与涯俱腰斩。

舒元舆有族子守谦，愿而敏，元舆爱之，从元舆者十年，一旦忽以非罪怒之，日加谴责，奴婢辈亦薄之。守谦不自安，求归江南，元舆亦不留，守谦悲叹而去。夕，至昭应，闻元舆收族，守谦独免。

是日，以令狐楚为盐铁转运使，左散骑常侍张仲方权知京兆尹。时数日之间，杀生除拜，皆决于两中尉，上不豫知。

初，王守澄恶宦者田全操、刘行深、周元稹、薛士幹、似先义逸、刘英诩等，李训、郑注因之遣分诣盐州、灵武、泾原、夏州、振武、凤翔巡边，命翰林学士顾师邕为诏书赐六道，使杀之。会训败，六道得诏，皆废不行。丙寅，以师邕为矫诏，下御史狱。

先是，郑注将亲兵五百，已发凤翔，至扶风。扶风令韩辽知其谋，不供具，携印及吏卒奔武功。注知训已败，复还凤翔。仇士良等使人赍密敕授凤翔监军张仲清令取注，仲清惶惑，不知所为。押牙李叔和说仲清曰："叔和为公以好召注，屏其从兵，于坐取之，事立定矣。"仲清从之，伏甲以待注。注恃其兵卫，遂诣仲清。叔和稍引其从兵，享之于外，注独与数人入。既啜茶，叔和抽刀斩注，因闭外门，悉诛其亲兵。乃出密敕，宣示将士，遂灭注家，并杀副使钱可复、节度判官卢简能、观察判官萧杰、掌书记卢弘茂等及其枝党，死者千余人。可复，徽之子；简能，纶之子；杰，俛之弟也。朝廷未知注死，丁卯，诏削夺注官爵，令邻道按兵观变。以左神策大将军陈君奕为凤翔节度使。戊辰夜，张仲清遣李叔和等以注首入献，枭于兴安门，人情稍安，京师诸军始各还营。

诏将士讨贼有功及婫队者，官爵赐赉各有差。右神策军获韩约于崇义坊，己巳，斩之。仇士良等各进阶迁官有差。自是天下事皆决于北司，宰相行文书而已。宦官气益盛，迫胁天子，下视宰相，陵暴朝士如草芥。每延英议事，士良等动引训、注折宰相。郑覃、李石曰："训、注诚为乱首，但不知训、注始因何人得进?"宦者稍屈，搢绅赖之。

时中书惟有空垣破屋，百物皆阙。江西、湖南献衣粮百二十分，充宰相召募从人。辛未，李石上言："宰相若忠正无邪，神灵所祐，纵遇盗贼，亦不能伤。若内怀奸罔，虽兵卫甚设，鬼得而诛之。臣愿竭赤心以报国，止循故事，以金吾卒导从足矣。其两道所献衣粮，并乞停寝。"从之。

十二月，壬申朔，顾师邕流儋州，至商山，赐死。

榷茶使令狐楚奏罢榷茶，从之。

度支奏籍郑注家赀，得绢百余万匹，它物称是。

庚辰，上问宰相："坊市安未?"李石对曰："渐安。然比日寒冽特甚，盖刑杀太过所致。"郑覃曰："罪人周亲前已皆死，其余殆不足问。"时宦官深怨李训等，凡与之有瓜葛亲，或暂蒙奖引者，诛贬不已，故二相言之。

李训、郑注既诛，召六道巡边使。田全操追忿训、注之谋，在道扬言："我入城，凡儒服者，无贵贱当尽杀之。"癸未，全操等乘驿疾驱入金光门，京城讹言有寇至，士民惊噪纵横走，尘埃四起。两省诸司官闻之，皆奔散，有不及束带袜而乘马者。郑覃、李石在中书，顾吏卒稍稍逃去。覃谓石曰："耳目颇异，宜且出避之。"石曰："宰相位尊望重，人心所属，不可轻也。今事虚实未可知，坚坐镇之，庶几可定。若宰相亦走，则中外乱矣。且果有祸乱，避亦不免!"覃然之。石坐视文案，沛然自若。敕使相继传呼："闭皇城诸司门。"左金吾大将军陈君赏帅其众立望仙门下，谓敕使曰："贼至，闭门未晚，请徐观其变，不宜示弱。"至晡后乃定。是日，坊市恶少年皆衣绯皂，持弓刀北望，见皇城门闭，即欲剽掠，非石与君赏镇之，京城几再乱矣。时两省官应入直者，皆与其家人辞诀。

甲申，敕罢修曲江亭馆。

丁亥，诏："逆人亲党，自非前已就戮及指名收捕者，余一切不问。诸司官吏虽为所胁从，涉于诖误，皆赦之。它人毋得妄相告言及相恐愒。见亡匿者，勿复追捕，三日内各听自归本司。”

时禁军暴横，京兆尹张仲方不敢诘，宰相以其不胜任，出为华州刺史，以司农卿薛元赏代之。元赏尝诣李石第，闻石方坐听事与一人争辨甚喧，元赏使觇之，云有神策军将诉事。元赏趋入，责石曰：“相公辅佐天子，纪纲四海。今近不能制一军将，使无礼如此，何以镇服四夷！”即趋出上马，命左右擒军将，俟于下马桥，元赏至，则已解衣跽之矣。其党诉于仇士良，士良遣宦者召之曰：“中尉屈大尹。”元赏曰：“属有公事，行当继至。”遂杖杀之。乃白服见士良，士良曰：“痴书生何敢杖杀禁军大将！”元赏曰：“中尉大臣也，宰相亦大臣也，宰相之人若无礼于中尉，如之何？中尉之人无礼于宰相，庸可恕乎！中尉与国同体，当为国惜法，元赏已囚服而来，惟中尉死生之。”士良知军将已死，无可如何，乃呼酒与元赏欢饮而罢。

初，武元衡之死，诏出内库弓矢、陌刀给金吾仗，使卫从宰相，至建福门而退。至是，悉罢之。

开成元年（丙辰、836）

春，正月，辛丑朔，上御宣政殿，赦天下，改元。仇士良请以神策仗卫殿门，谏议大夫冯定言其不可，乃止。定，宿之弟也。

二月，癸未，上与宰相语，患四方表奏华而不典，李石对曰：“古人因事为文，今人以文害事。”

昭义节度使刘从谏上表请王涯等罪名，且言：“涯等儒生，荷国荣宠，咸欲保身全族，安肯构逆！训等实欲讨除内臣，两中尉自为救死之谋，遂致相杀，诬以反逆，诚恐非辜。设若宰相实有异图，当委之有司，正其刑典，岂有内臣擅领甲兵，恣行剽劫，延及士庶，横被杀伤！流血千门，僵尸万计，搜罗枝蔓，中外恫疑。臣欲身诣阙庭，面陈臧否，恐并陷孥戮，事亦无成。谨当修饰封疆，训练士卒，内为陛下心腹，外为陛下藩垣。如奸臣难制，誓以死清君侧！”丙申，加从谏检校司徒。

天德军奏吐谷浑三千帐诣丰州降。

三月，壬寅，以袁州长史李德裕为滁州刺史。

左仆射令狐楚从容奏：“王涯等既伏辜，其家夷灭，遗骸弃捐。请官为收瘗，以顺阳和之气。”上惨然久之，命京兆收葬涯等十一人于城西，各赐衣一袭。仇士良潜使人发之，弃骨于渭水。

丁未，皇城留守郭皎奏：“诸司仪仗有锋刃者，请皆输军器使，遇立仗别给仪刀。”从之。

刘从谏复遣牙将焦楚长上表让官，称：“臣之所陈，系国大体。可听则涯等宜蒙湔洗，不可听则赏典不宜妄加。安有死冤不申而生者荷禄！”因暴扬仇士良等罪恶。辛酉，上召见楚长，慰谕遣之。时士良等恣横，朝臣日忧破家。及从谏表至，士良等惮之。由是郑覃、李石粗能秉政，天子倚之亦差以自强。

夏，四月，己卯，以潮州司户李宗闵为衡州司马。凡李训所指为李德裕、宗闵党者，稍稍收复之。

淄王协薨。

甲午，以山南西道节度使李固言为门下侍郎、同平章事，以左仆射令狐楚代之。

戊戌，上与宰相从容论诗之工拙，郑覃曰："诗之工者，无若三百篇，皆国人作之以刺美时政，王者采之以观风俗耳，不闻王者为诗也。后代辞人之诗，华而不实，无补于事。陈后主、隋炀帝皆工于诗，不免亡国，陛下何取焉？"覃笃于经术，上甚重之。

己酉，上御紫宸殿，宰相因奏事拜谢，外间因讹言："天子欲令宰相掌禁兵，已拜恩矣。"由是中外复有猜阻，人情忷忷，士民不敢解衣寝者数日。乙丑，李石奏请召仇士良等面释其疑。上为召士良等出，上及石等共谕释之，使毋疑惧，然后事解。

闰月，乙酉，以太子太保、分司李听为河中节度使。上常叹曰："付之兵不疑，置之散地不怨，惟听为可以然。"

乙未，李固言荐崔球为起居舍人，郑覃再三以为不可，上曰："公事勿相违！"覃曰："若宰相尽同，则事必有欺陛下者矣！"

李孝本二女配没右军，上取之入宫。秋，七月，右拾遗魏謩上疏，以为："陛下不迩声色，屡出宫女以配鳏夫。窃闻数月以来，教坊选试以百数，庄宅收市犹未已，又召李孝本女入宫，不避宗姓，大兴物论，臣窃惜之。昔汉光武一顾列女屏风，宋弘犹正色抗言，光武即撤之。陛下岂可不思宋弘之言，欲居光武之下乎！"上即出孝本女。擢謩为补阙，曰："朕选市女子，以赐诸王耳。怜孝本女宗枝髫龀孤露，故收养宫中。謩于疑似之间皆能进言，可谓爱我，不忝厥祖矣。"命中书优为制辞以赏之。謩，徵之五世孙也。

鄜坊节度使萧洪诈称太后弟，事觉，八月，甲辰，流驩州，于道赐死。赵缜、吕璋等皆流岭南。

初，李训知洪之诈，洪惧，辟训兄仲京置幕府。先是，自神策军出为节度使者，军中皆资其行装，至镇，三倍偿之。有自左军出镇鄜坊未偿而死者，军中征之于洪，洪恃训之势，不与。又征于死者之子，洪教其子遮宰相自言，训判绝之。仇士良由是恨洪。

太后有异母弟在闽中，孱弱不能自达。有闽人萧本从之得其内外族讳，因士良进达于上，且发洪之诈，洪由是得罪。上以本为真太后弟，戊申，擢为右赞善大夫。

九月，丁丑，李石为上言宋申锡忠直，为谗人所诬，窜死遐荒，未蒙昭雪。上俯首久之，既而流涕泫然曰："兹事朕久知其误，奸人逼我，以社稷大计，兄弟几不能保，况申锡，仅全腰领耳。非独内臣，外廷亦有助之者。皆由朕之不明，向使遇汉昭帝，必无此冤矣！"郑覃、李固言亦共言其冤，上深痛恨，有惭色。庚辰，诏悉复申锡官爵，以其子慎微为成固尉。

李石用金部员外郎韩益判度支案，益坐赃三千余缗，系狱。石曰："臣始以益颇晓钱谷，故用之，不知其贪乃如是！"上曰："宰相但知人则用，有过则惩，如此则人易得。卿所用人不掩其恶，可谓至公。从前宰相用人好曲蔽其过，不欲人弹劾，此大病也。"冬，十月，丁巳，贬益梧州司户。

上自甘露之变，意忽忽不乐，两军球鞠之会什减六七，虽宴享音伎杂遝盈庭，未尝解颜。闲居或徘徊眺望，或独语叹息。壬午，上于延英谓宰相曰："朕每与卿等论天下事，则不免愁。"对曰："为理者不可以速成。"上曰："朕每读书，耻为凡主。"李石曰："方今内外之臣，其间小人尚多疑阻，愿陛下更以宽御之，彼有公清奉法如刘弘逸、薛季稜者，陛下亦宜褒赏以劝为善。"甲申，上复谓宰相曰："我与卿等论天下事，有势未得行者，退但饮醇酒求醉耳。"对曰："此皆臣等之罪也。"

有司以左藏积弊日久，请行检勘，且言官典罪在赦前者，请宥之，上许之。既而果得缯帛妄称渍污者，敕赦之。给事中狄兼谟封还敕书曰："官典犯赃，理不可赦。"上谕之曰："有司请检之初，朕既许之矣。与其失信，宁失罪人。卿能奉职，朕甚嘉之。"

十二月，庚戌，以华州刺史卢钧为岭南节度使。李石言于上曰："卢钧除岭南，朝士皆相贺。以为岭南富饶之地，近岁皆厚赂北司而得之；今北司不挠朝权，陛下宜有以褒之。庶几内外奉法，此致理之本也。"上从之。钧至镇，以清惠著名。

己未，淑王纵薨。

二年（丁巳、837）

春，二月，己未，上谓宰相："荐人勿问亲疏，朕闻窦易直为相，未尝用亲故。若亲故果才，避嫌而弃之，是亦不为至公也。"

均王纬薨。

三月，有彗星出于张，长八丈余。壬申，诏撤乐减膳，以一日之膳分充十日。

夏，四月，甲辰，上对中书舍人、翰林学士兼侍书柳公权等于便殿，上举衫袖示之曰："此衣已三浣矣！"众皆美上之俭德，公权独无言。上问其故，对曰："陛下贵为天子，富有四海，当进贤退不肖，纳谏诤，明赏罚，乃可以致雍熙。服浣濯之衣，乃末节耳。”上曰：“朕知舍人不应复为谏议，以卿有诤臣风采，须屈卿为之。”乙巳，以公权为谏议大夫，余如故。

戊戌，以翰林学士、工部侍郎陈夷行同平章事。

六月，河阳军乱，节度使李泳奔怀州。军士焚府署，杀泳二子，大掠数日方止。泳，长安市人，寓籍禁军，以赂得方镇。所至恃所交结，贪残不法，其下不堪命，故作乱。丁未，贬泳澧州长史。戊申，以左金吾将军李执方为河阳节度使。

秋，七月，癸亥，振武奏党项三百余帐剽掠逃去。

给事中韦温为太子侍读，晨诣东宫，日中乃得见。温谏曰：“太子当鸡鸣而起，问安视膳，不宜专事宴安。”太子不能用其言，温乃辞侍读。辛未，罢守本官。

振武突厥百五十帐叛，剽掠营田，戊寅，节度使刘沔击破之。

八月，庚戌，以昭仪王氏为德妃，昭容杨氏为贤妃。立敬宗之子休复为梁王，执中为襄王，言杨为杞王，成美为陈王。癸丑，立皇子宗俭为蒋王。

河阳军士既逐李泳，日相扇，欲为乱。九月，李执方索得首乱者七十余人，悉斩之，余党分隶外镇，然后定。

冬，十月，国子监《石经》成。

福建奏晋江百姓萧弘称太后族人，诏御史台按之。

戊申，以门下侍郎、同平章事李固言同平章事，充西川节度使。

甲寅，御史台奏萧弘诈妄，诏递归乡里，不之罪，冀得其真。

资治通鉴卷第二百四十六

端明殿学士兼翰林侍读学士太中大夫提举西京嵩山崇福宫上柱国河内郡开国公食邑二千二百户食实封九百户赐紫金鱼袋臣 司马光 奉敕编集

唐纪六十二起著雍敦牂(戊午),尽玄黓阉茂(壬戌),凡五年。

文宗元圣昭献孝皇帝下

开成三年(戊午、838)

春,正月,甲子,李石入朝,中涂有盗射之,微伤,左右奔散,石马惊,驰归第。又有盗邀击于坊门,断其马尾,仅而得免。上闻之大惊,命神策六军遣兵防卫,敕中外捕盗甚急,竟无所获。乙丑,百官入朝者九人而已。京城数日方安。

丁卯,追赠故齐王湊为怀懿太子。

戊申,以盐铁转运使、户部尚书杨嗣复,户部侍郎、判户部李珏并同平章事,判、使如故。

嗣复,於陵之子也。

中书侍郎、同平章事李石,承甘露之乱,人情危惧,宦官恣横,忘身徇国,故纪纲粗立。仇士良深恶之,潜遣盗杀之,不果。石惧,累表称疾辞位。上深知其故而无如之何。丙子,以石同平章事,充荆南节度使。

陈夷行性介直,恶杨嗣复为人,每议政事,多相诋斥。壬辰,夷行以足疾辞位,不许。

上命起居舍人魏謩献其祖文贞公笏,郑覃曰:“在人不在笏。”上曰:“亦甘棠之比也。”

杨嗣复欲援进李宗闵,恐为郑覃所沮,乃先令宦官讽上。上临朝,谓宰相曰:“宗闵积年在外,宜与一官。”郑覃曰:“陛下若怜宗闵之远,止可移近北数百里,不宜再用。用之,臣请先避位。”陈夷行曰:“宗闵向以朋党乱政,陛下何爱此纤人!”杨嗣复曰:“事贵得中,不可但徇爱憎。”上曰:“可与一州。”覃白:“与州太优,止可洪州司马耳。”因与嗣复互相诋讦以为党。上曰:“与一州无伤。”覃等退,上谓起居郎周敬复、舍人魏謩曰:“宰相喧争如此,可乎?”对曰:“诚为不可。然覃等尽忠愤激,不自觉耳。”丁酉,以衡州司马李宗闵为杭州刺史。李固言与杨嗣复、李珏善,故引居大政以排郑覃、陈夷行,每议政之际,是非锋起,上不能决也。

三月,牂柯寇涪州清溪镇,镇兵击却之。

初，大和之末，杜悰为凤翔节度使，有诏沙汰僧尼。时有五色云见于岐山，近法门寺，民间讹言佛骨降祥，以僧尼不安之故。监军欲奏之，悰曰："云物变色，何常之有！佛若果爱僧尼，当见于京师。"未几，获白兔，监军又欲奏之，曰："此西方之瑞也。"悰曰："野兽未驯，且宜畜之。"旬日而毙。监军不悦，以为掩蔽圣德，独画图献之。及郑注代悰镇凤翔，奏紫云见，又献白雉。是岁，八月，有甘露降于紫宸殿前樱桃之上，上亲采而尝之，百官称贺。其十一月，遂有金吾甘露之变。

及悰为工部尚书、判度支，河中奏驺虞见，百官称贺。上谓悰曰："李训、郑注皆因瑞以售其乱，乃知瑞物非国之庆。卿前在凤翔，不奏白兔，真先觉也。"对曰："昔河出图，伏羲以画八卦；洛出书，大禹以叙九畴，皆有益于人，故足尚也。至于禽兽草木之瑞，何时无之！刘聪桀逆，黄龙三见；石季龙暴虐，得苍麟十六、白鹿七，以驾芝盖。以是观之，瑞岂在德！玄宗尝为潞州别驾，及即位，潞州奏十九瑞，玄宗曰：'朕在潞州，惟知勤职业，此等瑞物，皆不知也。'愿陛下专以百姓富安为国庆，自余不足取也。"上善之。它日，谓宰相曰："时和年丰，是为上瑞；嘉禾灵芝，诚何益于事！"宰相因言："《春秋》纪灾异以儆人君，而不书祥瑞，用此故也。"夏，五月，乙亥，诏："诸道有瑞，皆无得以闻，亦勿申牒所司。其腊飨太庙及飨太清宫，元日受朝奏祥瑞，皆停。"

初，灵武节度使王晏平自盗赃七千余缗，上以其父智兴有功，免死，长流康州。晏平密请于魏、镇、幽三节度使，使上表雪己。上不得已，六月，壬寅，改永州司户。

八月，己亥，嘉王运薨。

太子永之母王德妃无宠，为杨贤妃所谮而死。太子颇好游宴，昵近小人，贤妃日夜毁之。九月，壬戌，上开延英，召宰相及两省、御史、郎官，疏太子过恶，议废之，曰："是宜为天子乎？"群臣皆言："太子年少，容有改过。国本至重，岂可轻动！"御史中丞狄兼謩论之尤切，至于涕泣。给事中韦温曰："陛下惟一子，不教，陷之至是，岂独太子之过乎！"癸亥，翰林学士六人、神策六军军使十六人复上表论之，上意稍解。是夕，太子始得归少阳院。如京使王少华等及宦官、宫人坐流死者数十人。

义武节度使张璠在镇十五年，为幽、镇所惮。及有疾，请入朝，朝廷未及制置，疾甚，戒其子元益举族归朝，毋得效河北故事。及薨，军中欲立元益，观察留后李士季不可，众杀之，又杀大将十余人。壬申，以易州刺史李仲迁为义武节度使。义武马军都虞候何清朝自拔归朝，癸酉，以为仪州刺史。

朝廷以义昌节度使李彦佐在镇久，甲戌，以德州刺史刘约为节度副使，欲以代之。

开成以来，神策将吏迁官，多不闻奏，直牒中书令覆奏施行，迁改殆无虚日。癸未，始诏神策将吏改官皆先奏闻，状至中书，然后检勘施行。

冬，十月，易定监军奏军中不纳李仲迁，请以张元益为留后。

太子永犹不悛，庚子，暴薨，谥曰庄恪。

乙巳，以左金吾大将军郭旼为邠宁节度使。

宰相议发兵讨易定。上曰："易定地狭人贫，军资半仰度支。急之则靡所不为，缓之则自生变。但谨备四境以俟之。"乃除张元益代州刺史。顷之，军中果有异议，乃上表以不便李仲迁为辞，朝廷为之罢仲迁。十一月，壬戌，诏俟元益出定州，其义武将士始谋立元益者，皆赦不问。

以义昌节度使李彦佐为天平节度使，以刘约为义昌节度使。

丁卯，张元益出定州。

庚午，上问翰林学士柳公权以外议，对曰："郭旼除邠宁，外间颇以为疑。"上曰："旼，尚父之侄，太后叔父，在官无过，自金吾作小镇，外间何尤焉？"对曰："非谓旼不应为节度使也。闻陛下近取旼二女入宫，有之乎？"上曰："然，入参太皇太后耳。"公权曰："外间不知，皆云旼纳女后宫，故得方镇。"上俯首良久曰："然则奈何？"对曰："独有自南内遣归其家，则外议自息矣。"是日，太皇太后遣中使送二女还旼家。

上好诗，尝欲置诗学士，李珏曰："今之诗人浮薄，无益于理。"乃止。

甲戌，以蔡州刺史韩威为义武节度使。

河东节度使、司徒、中书令裴度以疾求归东都，十二月，辛丑，诏度入知政事，遣中使敦谕上道。

郑覃累表辞位，丙午，诏三五日一入中书。

是岁，吐蕃彝泰赞普卒，弟达磨立。彝泰多病，委政大臣，由是仅能自守，久不为边患。达磨荒淫残虐，国人不附，灾异相继，吐蕃益衰。

四年（己未、839）

春，闰正月，己亥，裴度至京师，以疾归第，不能入见。上劳问赐赉，使者旁午。三月，丙戌，薨，谥曰文忠。上怪度无遗表，问其家，得半藁，以储嗣未定为忧，言不及私。度身貌不逾中人，而威望远达四夷，四夷见唐使，辄问度老少用舍。以身系国家轻重如郭子仪者，二十余年。

夏，四月，戊辰，上称判度支杜悰之才，杨嗣复、李珏因请除悰户部尚书，陈夷行曰："恩旨当由上出，自古失其国者未始不由权在臣下也。"珏曰："陛下尝语臣云，人主当择宰相，不当疑宰相。"五月，丁亥，上与宰相论政事，陈夷行复言不宜使威权在下，李珏曰："夷行意疑宰相中有弄陛下威权者耳。臣屡求退，苟得王傅，臣之幸也。”郑覃曰：“陛下开成元年、二年政事殊美，三年、四年渐不如前。”杨嗣复曰：“元年、二年郑覃、夷行用事，三年、四年臣与李珏同之，罪皆在臣。”因叩头曰：“臣不敢更入中书。”遂趋出。上遣中使召还，劳之曰：“郑覃失言，卿何遽尔！”覃起谢曰：“臣愚拙，意亦不属嗣复，而遽如是，乃嗣复不容臣耳。”嗣复曰：“覃言政事一年不如一年，非独臣应得罪，亦上累圣德。”退，三上表辞位，上遣中使召出之，癸巳，始入朝。丙申，门下侍郎、同平章事郑覃罢为右仆射，陈夷行罢为吏部侍郎。覃性清俭，夷行亦耿介，故嗣复等深疾之。

上以盐铁推官、检校礼部员外郎姚勖能鞫疑狱，命权知职方员外郎，右丞韦温不听，上奏称：“郎官朝廷清选，不宜以赏能吏。”上乃以勖检校礼部郎中，依前盐铁推官。六月，丁丑，上以其事问宰相杨嗣复，对曰：“温志在澄清流品。若有吏能者皆不得清流，则天下之事孰为陛下理之？恐似衰晋之风。”然上素重温，终不夺其所守。

秋，七月，癸未，以张元益为左骁卫将军，以其母侯莫陈氏为赵国太夫人，赐绢二百匹。易定之乱，侯莫陈氏说谕将士，且戒元益以顺朝命，故赏之。

甲辰，以太常卿崔郸同中书门下平章事。郸，郾之弟也。

八月，辛亥，鄜王憬薨。

癸酉，昭义节度使刘从谏上言：“萧本诈称太后弟，上下皆称萧弘是真，以本来自左军，故弘为台司所抑。今弘诣臣，求臣上闻。乞追弘赴阙，与本对推，以正真伪。”诏三司鞫之。

冬，十月，乙卯，上就起居舍人魏謩取记注观之，謩不可，曰：“记注兼书善恶，所以儆戒人君。陛下但力为善，不必观史。”上曰：“朕向尝观之。”对曰：“此向日史官之罪也。若陛下自观史，则史官必有所讳避，何以取信于后？”上乃止。

杨妃请立皇弟安王溶为嗣，上谋于宰相，李珏非之。丙寅，立敬宗少子陈王成美为皇太子。

丁卯，上幸会宁殿作乐，有童子缘橦，一夫来往走其下如狂。上怪之，左右曰：“其父也。”上泫然流涕曰：“朕贵为天子，不能全一子。”召教坊刘楚材等四人、宫人张十十等十人责之曰：“构害太子，皆尔曹也，今更立太子，复欲尔邪？”执以付吏，己巳，皆杀之。上因是感伤，旧疾遂增。

十一月，三司按萧本、萧弘皆非真太后弟。本除名，流爱州，弘流儋州。而太后真弟在闽中，终不能自达。

乙亥，上疾少间，坐思政殿，召当直学士周墀，赐之酒，因问曰：“朕可方前代何主？”对曰：“陛下尧、舜之主也。”上曰：“朕岂敢比尧、舜！所以问卿者，何如周赧、汉献耳。”墀惊曰：“彼亡国之主，岂可比圣德！”上曰：“赧、献受制于强诸侯，今朕受制于家奴，以此言之，朕殆不如！”因泣下沾襟，墀伏地流涕，自是不复视朝。

是岁，天下户四百九十九万六千七百五十二。

回鹘相安允合、特勒柴革谋作乱，彰信可汗杀之。相掘罗勿将兵在外，以马三百赂沙陀朱邪赤心，借其兵共攻可汗。可汗兵败，自杀，国人立㕎馺特勒为可汗。会岁疫，大雪，羊马多死，回鹘遂衰。赤心，执宜之子也。

五年（庚申、840）

春，正月，己卯，诏立颍王瀍为皇太弟，应军国事权令句当。且言太子成美年尚冲幼，未渐师资，可复封陈王。时上疾甚，命知枢密刘弘逸、薛季稜引杨嗣复、李珏至禁中，欲奉太子监国。中尉仇士良、鱼弘志以太子之立，功不在己，乃言太子幼，且有疾，更议所立。李珏曰：“太子位已定，岂得中变！”士良、弘志遂矫诏立瀍为太弟。是日，士良、弘志将兵诣十六宅，迎颍王至少阳院，百官谒见于思贤殿。瀍沉毅有断，喜愠不形于色。与安王溶皆素为上所厚，异于诸王。

辛巳，上崩于太和殿。以杨嗣复摄冢宰。

癸未，仇士良说太弟赐杨贤妃、安王溶、陈王成美死。敕大行以十四日殡，成服。谏议大夫裴夷直上言期日太远，不听。时仇士良等追怨文宗，凡乐工及内侍得幸于文宗者，诛贬相继。夷直复上言：“陛下自藩维继统，是宜俨然在疚，以哀慕为心，速行丧礼，早议大政，以慰天下。而未及数日，屡诛戮先帝近臣，惊率土之视听，伤先帝之神灵，人情何瞻！国体至重，若使此辈无罪，固不可刑；若其有罪，彼已在天网之内，无所逃伏，旬日之外行之何晚！”不听。

辛卯，文宗始大敛。武宗即位。甲午，追尊上母韦妃为皇太后。

二月，乙卯，赦天下。

丙寅，谥韦太后曰宣懿。

夏，五月，己卯，门下侍郎、同平章事杨嗣复罢为吏部尚书，以刑部尚书崔珙同平章事兼盐铁转运使。

秋，八月，壬戌，葬元圣昭献孝皇帝于章陵，庙号文宗。

庚午，门下侍郎、同平章事李珏坐为山陵使龙輴陷，罢为太常卿。贬京兆尹敬昕为郴州司马。

义武军乱，逐节度使陈君赏。君赏募勇士数百，复入军城，诛乱者。

初，上之立非宰相意，故杨嗣复、李珏相继罢去，召淮南节度使李德裕入朝。九月，甲戌朔，至京师。丁丑，以德裕为门下侍郎、同平章事。

庚辰，德裕入谢，言于上曰：“致理之要，在于辨群臣之邪正。夫邪正二者，势不相容，正人指邪人为邪，邪人亦指正人为邪，人主辨之甚难。臣以为正人如松柏，特立不倚；邪人如藤萝，非附它物不能自起。故正人一心事君，而邪人竞为朋党。先帝深知朋党之患，然所用卒皆朋党之人，良由执心不定，故奸邪得乘间而入也。夫宰相不能人人忠良，或为欺罔，主心始疑，于是旁询小臣以察执政。如德宗末年，所听任者惟裴延龄辈，宰相署敕而已，此政事所以日乱也。陛下诚能慎择贤才以为宰相，有奸罔者立黜去之，常令政事皆出中书，推心委任，坚定不移，则天下何忧不理哉！”又曰：“先帝于大臣好为形迹，小过皆含容不言，日累月积，以至祸败。兹事大误，愿陛下以为戒。臣等有罪，陛下当面诘之。事苟无实，得以辨明；若其有实，辞理自穷。小过则容其悛改，大罪则加之诛谴，如此，君臣之际无疑间矣。”上嘉纳之。

初，德裕在淮南，敕召监军杨钦义，人皆言必知枢密，德裕待之无加礼，钦义心衔之。一旦，独延钦义，置酒中堂，情礼极厚，陈珍玩数床，罢酒，皆以赠之，钦义大喜过望。行至汴州，敕复还淮南，钦义尽以所饷归之。德裕曰：“此何直！”卒以与之。其后钦义竟知枢密，德裕柄用，钦义颇有力焉。

初，伊吾之西，焉耆之北，有黠戛斯部落，即古之坚昆，唐初结骨也，后更号黠戛斯。乾元中为回鹘所破，自是隔阂不通中国。其君长曰阿热，建牙青山，去回鹘牙，橐驼行四十日。其人悍勇，吐蕃、回鹘常赂遗之，假以官号。回鹘既衰，阿热始自称可汗。回鹘遣相国将兵击之，连兵二十余年，数为黠戛斯所败，詈回鹘曰：“汝运尽矣，我必取汝金帐！”金帐者，回鹘可汗所居帐也。

及掘罗勿杀彰信可汗，立㕎驱，回鹘别将句录莫贺引黠戛斯十万骑攻回鹘，大破之，杀㕎驱及掘罗勿，焚其牙帐荡尽，回鹘诸部逃散。其相驱职、特勒庞等十五部西奔葛逻禄，一支奔吐蕃，一支奔安西。可汗兄弟嗢没斯等及其相赤心、仆固、特勒那颉啜各帅其众抵天德塞下，就杂虏贸易谷食，且求内附。冬，十月，丙辰，天德军使温德彝奏：“回鹘溃兵侵逼西城，亘六十里，不见其后。边人以回鹘猥至，恐惧不安。”诏振武节度使刘沔屯雲迦关以备之。

魏博节度使何进滔薨，军中推其子都知兵马使重顺知留后。

萧太后徙居兴庆宫积庆殿，号积庆太后。

十一月，癸酉朔，上幸雲阳校猎。

故事，新天子即位，两省官同署名。上之即位也，谏议大夫裴夷直漏名，由是出为杭州刺史。

开府仪同三司、左卫上将军兼内谒者监仇士良请以开府荫其子为千牛，给事中李中敏判云：“开府阶诚宜荫子，谒者监何由有儿？”士良惭恚。李德裕亦以中敏为杨嗣复之党，恶之，出为婺州刺史。

十二月，庚申，以何重顺知魏博留后事。

立皇子峻为杞王。

武宗至道昭肃孝皇帝上

会昌元年(辛酉、841)

春,正月,辛巳,上祀圆丘,赦天下,改元。

刘沔奏回鹘已退,诏沔还镇。

二月,回鹘十三部近牙帐者立乌希特勒为乌介可汗,南保错子山。

三月,甲戌,以御史大夫陈夷行为门下侍郎、同平章事。

初,知枢密刘弘逸、薛季稜有宠于文宗,仇士良恶之。上之立,非二人及宰相意,故杨嗣复出为湖南观察使,李珏出为桂管观察使。士良屡谮弘逸等于上,劝上除之,乙未,赐弘逸、季稜死,遣中使就潭、桂州诛嗣复及珏。户部尚书杜悰奔马见李德裕曰:"天子年少,新即位,兹事不宜手滑!"丙申,德裕与崔珙、崔郸、陈夷行三上奏,又邀枢密使至中书,使入奏。以为:"德宗疑刘晏动摇东宫而杀之,中外咸以为冤,两河不臣者由兹恐惧,得以为辞,德宗后悔,录其子孙。文宗疑宋申锡交通藩邸,窜谪至死,既而追悔,为之出涕。嗣复、珏等若有罪恶,乞更加重贬。必不可容,亦当先行讯鞫,俟罪状著白,诛之未晚。今不谋于臣等,遽遣使诛之,人情莫不震骇。愿开延英赐对。"至晡时,开延英,召德裕等入。

德裕等泣涕极言:"陛下宜重慎此举,毋致后悔。"上曰:"朕不悔。"三命之坐,德裕等曰:"臣等愿陛下免二人于死,勿使既死而众以为冤。今未奉圣旨,臣等不敢坐。"久之,上乃曰:"特为卿等释之。"德裕等跃下阶舞蹈。上召升坐,叹曰:"朕嗣位之际,宰相何尝比数。李珏、季稜志在陈王,嗣复、弘逸志在安王。陈王犹是文宗遗意,安王则专附杨妃。嗣复仍与妃书云:'姑何不效则天临朝!'向使安王得志,朕那复有今日?"德裕等曰:"兹事暧昧,虚实难知。"上曰:"杨妃尝有疾,文宗听其弟玄思入侍月余,以此得通意指。朕细询内人,情状皎然,非虚也。"遂追还二使,更贬嗣复为潮州刺史,李珏为昭州刺史,裴夷直为驩州司户。

夏,六月,乙巳,诏:"自今臣下论人罪恶,并应请付御史台按问,毋得乞留中,以杜谗邪。"

以魏博留后何重顺为节度使。

上命道士赵归真等于三殿建九天道场,亲授法箓。右拾遗王哲上疏切谏,坐贬河南府士曹。

秋,八月,加仇士良观军容使。

天德军使田牟、监军韦仲平欲击回鹘以求功,奏称:"回鹘叛将嗢没斯等侵逼塞下,吐谷浑、沙陀、党项皆世与为仇,请自出兵驱逐。"上命朝臣议之,议者皆以为嗢没斯等叛可汗而来,不可受,宜如牟等所请,击之便。上以问宰相,李德裕以为："穷鸟入怀，犹当活之。况回鹘屡建大功，今为邻国所破，部落离散，穷无所归，远依天子，无秋毫犯塞，奈何乘其困而击之！宜遣使者镇抚，运粮食以赐之，此汉宣帝所以服呼韩邪也。"陈夷行曰："此所谓借寇兵资盗粮也，不如击之。"德裕曰："彼吐谷浑等各有部落，见利则锐敏争进，不利则鸟惊鱼散，各走巢穴，安肯守死为国家用？今天德城兵才千余，若战不利，城陷必矣。不若以恩义抚而安之，必不为患。纵使侵暴边境，亦须俟征诸道大兵讨之，岂可独使天德击之乎！"

时诏以鸿胪卿张贾为巡边使，使察回鹘情伪，未还。上问德裕曰："嗢没斯等请降，可保信乎？"对曰："朝中之人，臣不敢保，况敢保数千里外戎狄之心乎！然谓之叛将，则恐不可。若可汗在国，嗢没斯等帅众而来，则于体固不可受。今闻其国败乱无主，将相逃散，或奔吐蕃，或奔葛逻禄，惟此一支远依大国。观其表辞，危迫恳切，岂可谓之叛将乎！况嗢没斯等自去年九月至天德，今年二月始立乌介，自无君臣之分。愿且诏河东、振武严兵保境以备之，俟其攻犯城镇，然后以武力驱除。或于吐谷浑等部中小有钞掠，听自雠报，亦未可助以官军。仍诏田牟、仲平毋得邀功生事，常令不失大信，怀柔得宜，彼虽戎狄，必知感恩。"辛酉，诏田牟约勒将士及杂虏，毋得先犯回鹘。九月，戊辰朔，诏河东、振武严兵以备之。牟，布之弟也。

癸巳，卢龙军乱，杀节度使史元忠，推牙将陈行泰主留务。

李德裕请遣使慰抚回鹘，且运粮三万斛以赐之，上以为疑。闰月，己亥，开延英，召宰相议之。陈夷行于候对之所，屡言资盗粮不可。德裕曰："今征兵未集，天德孤危。傥不以此粮噉饥虏，且使安静，万一天德陷没，咎将谁归！"夷行至上前，遂不敢言。上乃许以谷二万斛赈之。

以前山南东道节度使、同平章事牛僧孺为太子(太)〔少〕师。先是汉水溢，坏襄州民居，故李德裕以为僧孺罪而废之。

卢龙军复乱，杀陈行泰，立牙将张绛。

初，陈行泰逐史元忠，遣监军傔以军中大将表来求节钺。李德裕曰："河朔事势，臣所熟谙。比来朝廷遣使赐诏常太速，故军情遂固。若置之数月不问，必自生变。今请留监军傔，勿遣使以观之。"既而军中果杀行泰，立张绛，复求节钺，朝廷亦不问。会雄武军使张仲武起兵击绛，且遣军吏吴仲舒奉表诣京师，称绛惨虐，请以本军讨之。冬，十月，仲舒至京师。诏宰相问状，仲舒言："行泰、绛皆游客，故人心不附。仲武幽州旧将，性忠义，通书，习戎事，人心向之。向者张绛初杀行泰，召仲武，欲以留务让之，牙中一二百人不可。仲武行至昌平，绛复却之。今计仲武才发雄武，军中已逐绛矣。"李德裕问："雄武士卒几何？"对曰："军士八百，外有土团五百人。"德裕曰："兵少，何以立功？"对曰："在得人心。苟人心不从，兵三万何益？"德裕又问："万一不克，如何？"对曰："幽州粮食皆在妫州及北边七镇，万一未能入，则据居庸关，绝其粮道，幽州自困矣。"德裕奏："行泰、绛皆使大将上表，胁朝廷，邀节钺，故不可与。今仲武先自表请发兵为朝廷讨乱，与之则似有名。"乃以仲武知卢龙留后。仲武寻克幽州。

上校猎咸阳。

十一月，李德裕上言："今回鹘破亡，太和公主未知所在。若不遣使访问，则戎狄必谓国家降主虏庭，本非爱惜，既负公主，又伤虏情。请遣通事舍人苗缜赍诏诣嗢没斯，令转达公主，兼可卜嗢没斯逆顺之情。"从之。

上颇好畋猎及武戏，五坊小儿得出入禁中，赏赐甚厚。尝谒郭太后，从容问为天子之道，太后劝以纳谏。上退，悉取谏疏阅之，多谏游猎。自是上出畋稍希，五坊无复横赐。

癸亥，以中书侍郎、同平章事崔郸同平章事，充西川节度使。

初，黠戛斯既破回鹘，得太和公主，自谓李陵之后，与唐同姓，遣达干十人奉公主归之于唐。回鹘乌介可汗引兵邀击达干，尽杀之，质公主，南度碛，屯天德军境上。公主遣使上表，言可汗已立，求册命。乌介又使其相颉干伽斯等上表，借振武一城以居公主、可汗。十二月，庚辰，制遣右金吾大将军王会等慰问回鹘，仍赈米二万斛。又赐乌介可汗敕书，谕以"宜帅部众渐复旧疆，漂寓塞垣，殊非良计。"又云："欲借振武一城，前代未有此比。或欲别迁善地，求大国声援，亦须且于漠南驻止。朕当许公主入觐，亲问事宜。傥须应接，必无所吝。"

二年（壬戌、842）

春，正月，以张仲武为卢龙节度使。

朝廷以回鹘屯天德、振武北境，以兵部郎中李拭为巡边使，察将帅能否。拭，鄘之子也。

二月，淮南节度使李绅入朝。丁丑，以绅为中书侍郎、同平章事、判度支。

河东节度使苻澈修杷头烽旧戍以备回鹘。李德裕奏请增兵镇守，及修东、中二受降城以壮天德形势，从之。右散骑常侍柳公权素与李德裕善，崔珙奏为集贤学士、判院事。德裕以恩非己出，因事左迁公权为太子詹事。

回鹘复奏求粮，及寻勘吐谷浑、党项所掠，又借振武城。诏遣内使杨观赐可汗书，谕以城不可借，余当应接处置。

三月，戊申，李拭巡边还，称振武节度使刘沔有威略，可任大事。时河东节度使苻澈疾病，庚申，以沔代之。以金吾上将军李忠顺为振武节度使。遣将作少监苗缜册命乌介可汗，使徐行，驻于河东，俟可汗位定，然后进。既而可汗屡侵扰边境，缜竟不行。

回鹘嗢没斯以赤心桀黠难知，先告田牟云，赤心谋犯塞，乃诱赤心并仆固杀之，那颉啜收赤心之众七千帐东走。河东奏："回鹘兵至横水，杀掠兵民，今退屯释迦泊东。"李德裕上言："释迦泊西距可汗帐三百里，未知此兵为那颉所部，为可汗遣来。宜且指此兵云不受可汗指挥，擅掠边鄙。密诏刘沔、(武)仲〔武〕先经略此兵，如可以讨逐，事亦有名。摧此一支，可汗必自知惧。"

夏，四月，庚辰，天德都防御使田牟奏："回鹘侵扰不已，不俟朝旨，已出兵三千拒之。"壬午，李德裕奏："田牟殊不知兵，戎狄长于野战，短于攻城。牟但应坚守以待诸道兵集，今全军出战，万一失利，城中空虚，何以自固！望亟遣中使止之。如已交锋，即诏雲、朔、天德以来羌、浑各出兵奋击回鹘，凡所虏获，并令自取。回鹘羁旅二年，粮食乏绝，人心易动。宜诏田牟招诱降者，给粮转致太原，不可留于天德。嗢没斯诚伪虽未可知，然要早加官赏。纵使不诚，亦足为反间。且欲奖其忠义，为讨伐之名，令远近诸蕃知但责可汗犯顺，非欲尽灭回鹘。石雄善战无敌，请以为天德都团练副使，佐田牟用兵。"上皆从其言。

初，大和中，河西党项扰边，文宗召石雄于白州，隶振武军为裨将，屡立战功，以王智兴故，未甚进擢。至是，德裕举用之。

甲申，嗢没斯帅其国特勒、宰相等二千二百余人来降。

上信任李德裕，观军容使仇士良恶之。会上将受尊号，御丹凤楼宣赦。或告士良，宰相与度支议草制减禁军衣粮及马刍粟，士良扬言于众曰："如此，至日，军士必于楼前喧哗。"德裕闻之，乙酉，乞开延英自诉。上怒，遽遣中使宣谕两军："赦书初无此事。且赦书皆出朕意，非由宰相，尔安得此言？"士良乃惶愧称谢。丁亥，群臣上尊号曰仁圣文武至神大孝皇帝，赦天下。

五月，戊申，遣鸿胪卿张贾安抚嗢没斯等，以嗢没斯为左金吾大将军、怀化郡王，其次酋长官赏有差。赐其部众米五千斛，绢三千匹。

那颉啜帅其众自振武、大同，东因室韦、黑沙，南趣雄武军，窥幽州。卢龙节度使张仲武遣其弟仲至将兵三万迎击，大破之，斩首捕虏不可胜计，悉收降其七千帐，分配诸道。那颉啜走，乌介可汗获而杀之。

时乌介众虽衰减，尚号十万，驻牙于大同军北闾门山。杨观自回鹘还，可汗表求粮食、牛羊，且请执送嗢没斯等。诏报以"粮食听自以马价于振武粜三千石。牛，稼穑之资，中国禁人屠宰；羊，中国所鲜，出于北边杂虏，国家未尝科调。嗢没斯自本国初破，先投塞下，不随可汗已及二年，虑彼猜嫌，穷迫归命。前可汗正以猜虐无亲，致内离外叛，今可汗失地远客，尤宜深矫前非。若复骨肉相残，则可汗左右信臣谁敢自保！朕务在兼爱，已受其降。于可汗不失恩慈，于朝廷免亏信义，岂不两全事体，深叶良图。"

嗢没斯入朝。六月，甲申，以嗢没斯所部为归义军，以嗢没斯为左金吾大将军，充军使。

门下侍郎、同平章事陈夷行罢为左仆射。秋，七月，以尚书右丞李让夷为中书侍郎、同平章事。

岚州人田满川据州城作乱，刘沔讨诛之。

嗢没斯请置家太原，与诸弟竭力扞边，诏刘沔存抚其家。

乌介可汗复遣其相上表，借兵助复国，又借天德城，诏不许。

初，可汗往来天德、振武之间，剽掠羌、浑，又屯杷头烽北。朝廷屡遣使谕之，使还漠南，可汗不奉诏。李德裕以为"那颉啜屯于山北，乌介恐其与奚、契丹连谋邀遮，故不敢远离塞下。望敕张仲武谕奚、契丹与回鹘共灭那颉啜，使得北还。"及那颉啜死，可汗犹不去。议者又以为回鹘待马价，诏尽以马价给之，又不去。八月，可汗帅众过杷头烽南，突入大同川，驱掠河东杂虏牛马数万，转斗至雲州城门。刺史张献节闭城自守，吐谷浑、党项皆挈家入山避之。庚午，诏发陈、许、徐、汝、襄阳等兵屯太原及振武、天德，俟来春驱逐回鹘。

丁丑，赐嗢没斯与其弟阿历支、习勿啜、乌罗思皆姓李氏，名思忠、思贞、思义、思礼；国相爱邪勿姓爱，名弘顺，仍以弘顺为归义军副使。

上遣回鹘石戒直还其国，赐可汗书，谕以"自彼国为纥吃斯所破，来投边境，抚纳无所不至。今可汗尚此近塞，未议还蕃，或侵掠雲、朔等州，或钞击羌、浑诸部。遥揣深意，似恃姻好之情；每观踪由，实怀驰突之计。中外将相咸请诛剪，朕情深屈己，未忍幸灾。可汗宜速择良图，无贻后悔。"

上又命李德裕代刘沔答回鹘相颉干迦斯书，以为："回鹘远来依投，当效呼韩邪遣子入侍，身自入朝。及令太和公主入谒太皇太后，求哀乞怜，则我之救恤，无所愧怀。而乃睥睨边城，桀骜自若，邀求过望，如在本蕃，又深入边境，侵暴不已，求援继好，岂宜如是！来书又云胡人易动难安，若令忿怒，不可复制。回鹘为纥吃斯所破，举国将相遗骸弃于草莽，累代可汗坟墓，隔在天涯，回鹘忿怒之心，不施于彼，而蔑弃仁义，逞志中华，天地神祇岂容如此事！昔郅支不事大汉，竟自夷灭，往事之戒，得不在怀！"

戊子，李德裕等上言，"若如前诏，河东等三道严兵守备，俟来春驱逐，乘回鹘人困马羸之时，又官军免盛寒之苦，则幽州兵宜令止屯本道，以俟诏命。若虑河冰既合，回鹘复有驰突，须早驱逐，则当及天时未寒，决策于数日之间。以河朔兵益河东兵，必令收功于两月之内。今闻外议纷纭，互有异同，傥不一询群情，终为浮辞所挠。望令公卿集议。"诏从之。时议者多以为宜俟来春。九月，以刘沔兼招抚回鹘使，如须驱逐，其诸道行营兵权令指挥。以张仲武为东面招抚回鹘使，其当道行营兵及奚、契丹、室韦等并自指挥。以李思忠为河西党项都将回鹘西南面招讨使,皆会军于太原。令沔屯雁门关。

初,奚、契丹羁属回鹘,各有监使,岁督其贡赋,且诇唐事。张仲武遣牙将石公绪统二部,尽杀回鹘监使等八百余人。仲武破那颉啜,得室韦酋长妻子。室韦以金帛羊马赎之,仲武不受,曰:“但杀回鹘监使则归之。”

癸卯,李德裕等奏:“河东奏事官孙俦适至,云回鹘移营近南四十里。刘沔以为此必契丹不与之同,恐为其掩袭故也。据此事势,正堪驱除。臣等问孙俦,若与幽州合势,迫逐回鹘,更须益几兵。俦言不须多益兵,唯大同兵少,得易定千人助之足矣。”上皆从之。诏河东、幽州、振武、天德各出大兵,移营稍前,以迫回鹘。

上闻太子少傅白居易名,欲相之,以问李德裕。德裕素恶居易,乃言居易衰病,不任朝谒。其从父弟左司员外郎敏中,辞学不减居易,且有器识。甲辰,以敏中为翰林学士。

李思忠请与契苾、沙陀、吐谷浑六千骑合势击回鹘。乙巳,以银州刺史何清朝、蔚州刺史契苾通分将河东蕃兵诣振武,受李思忠指挥。通,何力之五世孙。

冬,十月,丁卯,立皇子岘为益王,岐为兖王。

黠戛斯遣将军踏布合祖等至天德军,言“先遣都吕施合等奉公主归之大唐,至今无声问,不知得达,或为奸人所隔。今出兵求索,上天入地,期于必得。”又言“将徙就合罗川,居回鹘故国,兼已得安西、北庭达靼等五部落。”

十一月,辛卯朔,昭义节度使刘从谏上言,请出步兵五千讨回鹘,诏不许。

上遣使赐太和公主冬衣,命李德裕为书赐公主,略曰:“先朝割爱降婚,义宁家国,谓回鹘必能御侮,安静塞垣。今回鹘所为,甚不循理,每马首南向,姑得不畏高祖、太宗之威灵!欲侵扰边疆,岂不思太皇太后之慈爱!为其国母,足得指挥。若回鹘不能禀命,则是弃绝姻好,今日已后,不得以姑为词。”

上幸泾阳校猎。乙卯,谏议大夫高少逸、郑朗于阁中谏曰:“陛下比来游猎稍频,出城太远,侵星夜归,万机旷废。”上改容谢之。少逸等出,上谓宰相曰:“本置谏官使之论事,朕欲时时闻之。”宰相皆贺。己未,以少逸为给事中,朗为左谏议大夫。

刘沔、张仲武固称盛寒未可进兵,请待岁首,李忠顺独请与李思忠俱进。十二月,丙寅,李德裕奏请遣思忠进屯保大栅,从之。

丁卯,吐蕃遣其臣论普热来告达磨赞普之丧,命将作少监李璟为吊祭使。刘沔奏移军雲州。

李忠顺奏击回鹘,破之。

丙戌,立皇子峄为德王,嵯为昌王。

初,吐蕃达磨赞普有佞幸之臣,以为相。达磨卒,无子,佞相立其妃𬙋氏兄尚延力之子乞离胡为赞普,才三岁,佞相与妃共制国事,吐蕃老臣数十人皆不得豫政事。首相结都那见乞离胡不拜,曰:"赞普宗族甚多,而立𬙋氏子,国人谁服其令,鬼神谁飨其祀!国必亡矣。比年灾异之多,乃为此也。老夫无权,不得正其乱以报先赞普之德,有死而已!"拔刀剺面,恸哭而出。佞相杀之,灭其族,国人愤怒。又不遣使诣唐求册立。

洛门川讨击使论恐热,性悍忍,多诈谋,乃属其徒告之曰:"贼舍国族立𬙋氏,专害忠良以胁众臣,且无大唐册命,何名赞普?吾当与汝属举义兵,入诛𬙋妃及用事者以正国家。天道助顺,功无不成。"遂说三部落,得万骑。是岁,与青海节度使同盟举兵,自称国相。至渭州,遇国相尚思罗屯薄寒山,恐热击之,思罗弃辎重西奔松州。恐热遂屠渭州。思罗发苏毗、吐谷浑、羊同等兵,合八万,保洮水,焚桥拒之。恐热至,隔水语苏毗等曰:"贼臣乱国,天遣我来诛之,汝曹奈何助逆?我今已为宰相,国内兵我皆得制之,汝不从,将灭汝部落!"苏毗等疑不战,恐热引骁骑涉水,苏毗等皆降。思罗西走,追获,杀之。恐热尽并其众,合十余万,自渭州至松州,所过残灭,尸相枕藉。

资治通鉴卷第二百四十七

端明殿学士兼翰林侍读学士太中大夫提举西京嵩山崇福宫上柱国河内郡开国公食邑二千二百户食实封九百户赐紫金鱼袋臣 司马光 奉敕编集

唐纪六十三起昭阳大渊献(癸亥),尽阏逢困敦(甲子)七月,凡一年有奇。

武宗至道昭肃孝皇帝中

会昌三年(癸亥、843)

春,正月,回鹘乌介可汗帅众侵逼振武,刘沔遣麟州刺史石雄、都知兵马使王逢帅沙陀朱邪赤心三部及契苾、拓跋三千骑袭其牙帐,沔自以大军继之。雄至振武,登城望回鹘之众寡,见毡车数十乘,从者皆衣朱碧,类华人。使谍问之,曰:"公主帐也。"雄使谍告之曰:"公主至此,家也,当求归路。今将出兵击可汗,请公主潜与侍从相保,驻车勿动。"雄乃凿城为十余穴,引兵夜出,直攻可汗牙帐,至其帐下,虏乃觉之。可汗大惊,不知所为,弃辎重走,雄追击之。庚子,大破回鹘于杀胡山,可汗被疮,与数百骑遁去,雄迎太和公主以归。斩首万级,降其部落二万余人。丙午,刘沔捷奏至。

李思忠入朝,自以回鹘降将,惧边将猜忌,乞并弟思贞等及爱弘顺皆归阙庭。上从之。

庚戌,以石雄为丰州都防御使。

乌介可汗走保黑车子族,其溃兵多诣幽州降。

二月,庚申朔,日有食之。

诏停归义军,以其士卒分隶诸道为骑兵,优给粮赐。

辛未,黠戛斯遣使者注吾合索献名马二,诏太仆卿赵蕃饮劳之。甲戌,上引对,班在勃海使之上。

上欲令赵蕃就黠戛斯求安西、北庭,李德裕等上言:"安西去京师七千余里,北庭五千余里,借使得之,当复置都护,以唐兵万人戍之。不知此兵于何处追发,馈运从何道得通,此乃用实费以易虚名,非计也。"上乃止。

中书侍郎、同平章事崔珙罢为右仆射。

黠戛斯求册命,李德裕奏,宜与之结欢,令自将兵求杀使者罪人及讨黑车子。上恐加可汗之名即不修臣礼,踵回鹘故事求岁遗及卖马,犹豫未决。德裕奏:"黠戛斯已自称可汗，今欲借其力，恐不可吝此名。回鹘有平安、史之功，故岁赐绢二万匹，且与之和市。黠戛斯未尝有功于中国，岂敢遽求赂遗乎！若虑其不臣，当与之约，必如回鹘称臣，乃行册命，又当叙同姓以亲之，使执子孙之礼。”上从之。

庚寅，太和公主至京师，改封安定大长公主，诏宰相帅百官迎谒于章敬寺前。公主诣光顺门，去盛服，脱簪珥，谢回鹘负恩、和亲无状之罪。上遣中使慰谕，然后入宫。阳安等六公主不来慰问安定公主，各罚俸物及封绢。

赐魏博节度使何重顺名弘敬。

三月，以太仆卿赵蕃为安抚黠戛斯使。上命李德裕草《赐黠戛斯可汗书》，谕以“贞观二十一年黠戛斯先君身自入朝，授左屯卫将军、坚昆都督，迄于天宝，朝贡不绝。比为回鹘所隔，回鹘陵虐诸蕃，可汗能复仇雪怨，茂功壮节，近古无俦。今回鹘残兵不满千人，散投山谷，可汗既与为怨，须尽歼夷。傥留余烬，必生后患。又闻可汗受氏之原，与我同族，国家承北平太守之后，可汗乃都尉苗裔。以此合族，尊卑可知。今欲册命可汗，特加美号，缘未知可汗之意，且遣谕怀。待赵蕃回日，别命使展礼。”自回鹘至塞上及黠戛斯入贡，每有诏敕，上多命德裕草之。德裕请委翰林学士，上曰：“学士不能尽人意，须卿自为之。”

刘沔奏：“归义军回鹘三千余人及酋长四十三人准诏分隶诸道，皆大呼，连营据滹沱河，不肯从命，已尽诛之。回鹘降幽州者前后三万余人，皆散隶诸道。”

李德裕追论维州悉怛谋事云：“维州据高山绝顶，三面临江，在戎虏平川之冲，是汉地入兵之路。初，河、陇尽没，唯此独存。吐蕃潜以妇人嫁此州门者，二十年后，两男长成，窃开垒门，引兵夜入，遂为所陷，号曰无忧城。从此得并力于西边，更无虞于南路，凭陵近甸，旰食累朝。贞元中，韦皋欲经略河、湟，须此城为始。万旅尽锐，急攻数年，虽擒论莽热而还，城坚卒不可克。

臣初到西蜀，外扬国威，中缉边备。其维州熟臣信令，空壁来归，臣始受其降，南蛮震慑，山西八国，皆愿内属。其吐蕃合水、栖鸡等城，既失险厄，自须抽归，可减八处镇兵，坐收千余里旧地。且维州未降前一年，吐蕃犹围鲁州，岂顾盟约？臣受降之初，指天为誓，面许奏闻，各加酬赏。当时不与臣者，望风疾臣，诏臣执送悉怛谋等令彼自戮，臣宁忍以三百余人命弃信偷安！累表陈论，乞垂矜舍，答诏严切，竟令执还。体备三木，舆于竹畚，及将就路，冤叫呜呜，将吏对臣，无不陨涕。其部送者更为蕃帅讥诮，云既已降彼，何须送来？复以此降人戮于汉境之上，恣行残忍，用固携离。至乃掷其婴孩，承以枪槊。绝忠款之路，快凶虐之情，从古已来，未有此事。虽时更一纪，而运属千年，乞追奖忠魂，各加褒赠。”诏赠悉怛谋右卫将军。

臣光曰：论者多疑维州之取舍，不能决牛、李之是非。臣以为昔荀吴围鼓，鼓人或请以城叛，吴弗许，曰："或以吾城叛，吾所甚恶也，人以城来，吾独何好焉！吾不可以欲城而迩奸。"使鼓人杀叛者而缮守备。是时唐新与吐蕃修好而纳其维州，以利言之，则维州小而信大；以害言之，则维州缓而关中急。然则为唐计者，宜何先乎？悉怛谋在唐则为向化，在吐蕃不免为叛臣，其受诛也又何矜焉！且德裕所言者利也，僧孺所言者义也，匹夫徇利而忘义犹耻之，况天子乎！譬如邻人有牛，逸而入于家，或劝其兄归之，或劝其弟攘之。劝归者曰："攘之不义也，且致讼。"劝攘者曰："彼尝攘吾羊矣，何义之拘？牛大畜也，鬻之可以富家。"以是观之，牛、李之是非，端可见矣。

夏，四月，辛未，李德裕乞退就闲局。上曰："卿每辞位，使我旬日不得所。今大事皆未就，卿岂得求去？"

初，昭义节度使刘从谏累表言仇士良罪恶，士良亦言从谏窥伺朝廷。及上即位，从谏有马高九尺，献之，上不受。从谏以为士良所为，怒杀其马，由是与朝廷相猜恨。遂招纳亡命，缮完兵械，邻境皆潜为之备。从谏榷马牧及商旅，岁入钱五万缗，又卖铁煮盐亦数万缗。大商皆假以牙职，使通好诸道，因为贩易。商人倚从谏势，所至多陵轹将吏，诸道皆恶之。

从谏疾病，谓妻裴氏曰："吾以忠直事朝廷，而朝廷不明我志，诸道皆不我与。我死，它人主此军，则吾家无炊火矣。"乃与幕客张谷、陈扬庭谋效河北诸镇，以弟右骁卫将军从素之子稹为牙内都知兵马使，从子匡周为中军兵马使，孔目官王协为押牙亲事兵马使，以奴李士贵为使宅十将兵马使，刘守义、刘守忠、董可武、崔玄度分将牙兵。谷，郓州人；扬庭，洪州人也。

从谏寻薨，稹秘不发丧。王协为稹谋曰："正当如宝历年样为之，不出百日，旌节自至。但严奉监军，厚遗敕使，四境勿出兵，城中暗为备而已。"使押牙姜崟奏求国医，上遣中使解朝政以医往问疾。稹又逼监军崔士康奏称从谏疾病，请命其子稹为留后。上遣供奉官薛士幹往谕指云："恐从谏疾未平，宜且就东都疗之，俟稍瘳，别有任使。仍遣稹入朝，必厚加官爵。"

上以泽潞事谋于宰相，宰相多以为："回鹘余烬未灭，边鄙犹须警备，复讨泽潞，国力不支，请以刘稹权知军事。"谏官及群臣上言者亦然。李德裕独曰："泽潞事体与河朔三镇不同。河朔习乱已久，人心难化，是故累朝以来，置之度外。泽潞近处腹心，一军素称忠义，尝破走朱滔，擒卢从史。顷时多用儒臣为帅，如李抱真成立此军，德宗犹不许承袭，使李缄护丧归东都。敬宗不恤国务，宰相又无远略，刘悟之死，因循以授从谏。从谏跋扈难制，累上表迫胁朝廷，今垂死之际，复以兵权擅付竖子。朝廷若又因而授之，则四方诸镇谁不思效其所为，天子威令不复行矣！"上曰："卿以何术制之，果可克否？"对曰："稹所恃者河朔三镇。但得镇、魏不与之同,则稹无能为也。若遣重臣往谕王元逵、何弘敬,以河朔自艰难以来,列圣许其传袭,已成故事,与泽潞不同。今朝廷将加兵泽潞,不欲更出禁军至山东。其山东三州隶昭义者,委两镇攻之。兼令遍谕将士,以贼平之日厚加官赏。苟两镇听命,不从旁沮桡官军,则稹必成擒矣。"上喜曰:"吾与德裕同之,保无后悔。"遂决意讨稹,群臣言者不复入矣。

上命德裕草诏赐成德节度使王元逵、魏博节度使何弘敬,其略曰:"泽潞一镇,与卿事体不同,勿为子孙之谋,欲存辅车之势。但能显立功效,自然福及后昆。"丁丑,上临朝,称其语要切,曰:"当如此直告之是也。"又赐张仲武诏,以"回鹘余烬未灭,塞上多虞,专委卿御侮。"元逵、弘敬得诏,悚息听命。

解朝政至上党,刘稹见朝政曰:"相公危困,不任拜诏。"朝政欲突入,兵马使刘武德、董可武蹑帘而立,朝政恐有它变,遽走出。稹赠赆直数千缗,复遣牙将梁叔文入谢。薛士幹入境,俱不问从谏之疾,直为已知其死之意。都押牙郭谊等乃大出军,至龙泉驿迎候敕使,请用河朔事体。又见监军言之,崔士康懦怯,不敢违。于是将吏扶稹出见士众,发丧。士幹竟不得入牙门,稹亦不受敕命。谊,兖州人也。

解朝政复命,上怒,杖之,配恭陵,囚姜崟、梁叔文。辛巳,始为从谏辍朝,赠太傅,诏刘稹护丧归东都。又召见刘从素,令以书谕稹,稹不从。丁亥,以忠武节度使王茂元为河阳节度使,邠宁节度使王宰为忠武节度使。茂元,栖曜之子;宰,智兴之子也。

黄州刺史杜牧上李德裕书,自言:"尝问淮西将董重质以三州之众四岁不破之由,重质以为由朝廷征兵太杂,客军数少,既不能自成一军,事须帖付地主。势羸力弱,心志不一,多致败亡。故初战二年以来,战则必胜,是多杀客军。及二年已后,客军殚少,止与陈许、河阳全军相搏,纵使唐州兵不能因雪取城,蔡州事力亦不支矣。其时朝廷若使鄂州、寿州、唐州只保境,不用进战,但用陈许、郑滑两道全军,帖以宣、润弩手,令其守隘,即不出一岁,无蔡州矣。

今者上党之叛,复与淮西不同。淮西为寇仅五十岁,其人味为寇之腴,见为寇之利,风俗益固,气焰已成,自以为天下之兵莫我与敌,根深源阔,取之固难。夫上党则不然,自安、史南下,不甚附隶,建中之后,每奋忠义。是以邬公抱真能窘田悦,走朱滔,常以孤穷寒苦之军,横折河朔强梁之众。以此证验,人心忠赤,习尚专一,可以尽见。刘悟卒,从谏求继,与扶同者,只郓州随来中军二千耳。值宝历多故,因以授之。今才二十余岁,风俗未改,故老尚存,虽欲劫之,必不用命。今成德、魏博虽尽节效顺,亦不过围一城,攻一堡,系累稚老而已。若使河阳万人为垒,窒天井之口,高壁深堑,勿与之战,只以忠武、武宁两军,帖以青州五千精甲，宣、润二千弩手，径捣上党，不过数月，必覆其巢穴矣。"时德裕制置泽潞，亦颇采牧言。

上虽外尊宠仇士良，内实忌恶之。士良颇觉之，遂以老病求散秩，诏以左卫上将军兼内侍监、知省事。

李德裕言于上曰："议者皆云刘悟有功，稹未可亟诛，宜全恩礼。请下百官议，以尽人情。"上曰："悟亦何功，当时迫于救死耳，非素心徇国也。藉使有功，父子为将相二十余年，国家报之足矣，稹何得复自立！朕以为凡有功当显赏，有罪亦不可苟免也。"德裕曰："陛下之言，诚得理国之要。"

五月，李德裕言太子宾客分司李宗闵与刘从谏交通，不宜置之东都。戊戌，以宗闵为湖州刺史。

河阳节度使王茂元以步骑三千守万善；河东节度使刘沔步骑二千守芒车关，步兵一千五百军榆社；成德节度使王元逵以步骑三千守临洺，掠尧山；河中节度使陈夷行以步骑一千守翼城，步兵五百益冀氏。辛丑，制削夺刘从谏及子稹官爵，以元逵为泽潞北面招讨使，何弘敬为南面招讨使，与夷行、刘沔、茂元合力攻讨。

先是河北诸镇有自立者，朝廷必先有吊祭使，次册赠使、宣慰使继往商度军情。必不可与节，则别除一官，俟军中不听出，然后始用兵。故常及半岁，军中得缮完为备。至是，宰相亦欲且遣使开谕，上即命下诏讨之。王元逵受诏之日，出师屯赵州。

壬寅，以翰林学士承旨崔铉为中书侍郎、同平章事。铉，元略之子也。上夜召学士韦琮，以铉名授之，令草制，宰相、枢密皆不之知。时枢密使刘行深、杨钦义皆愿悫，不敢预事，老宦者尤之曰："此由刘、杨懦怯，堕败旧风故也。"琮，乾度之子也。

以武宁节度使李彦佐为晋绛行营诸军节度招讨使。

刘沔自代州还太原。

筑望仙观于禁中。

六月，王茂元遣兵马使马继等将步骑二千军于天井关南科斗店，刘稹遣衙内十将薛茂卿将亲军二千拒之。

黠戛斯可汗遣将军温仵合入贡。上赐之书，谕以速平回鹘、黑车子，乃遣使行册命。

癸酉，仇士良以左卫上将军、内侍监致仕。其党送归私第，士良教以固权宠之术曰："天子不可令闲，常宜以奢靡娱其耳目，使日新月盛，无暇更及它事，然后吾辈可以得志。慎勿使之读书，亲近儒生，彼见前代兴亡，心知忧惧，则吾辈疏斥矣。"其党拜谢而去。

丙子,诏王元逵、李彦佐、刘沔、王茂元、何弘敬以七月中旬五道齐进,刘稹求降皆不得受。又诏刘沔自将兵取仰车关路以临贼境。

吐蕃鄯州节度使尚婢婢,世为吐蕃相,婢婢好读书,不乐仕进,国人敬之。年四十余,彝泰赞普强起之,使镇鄯州。婢婢宽厚沉勇,有谋略,训练士卒多精勇。论恐热虽名义兵,实谋篡国,忌婢婢,恐袭其后,欲先灭之。是月,大举兵击婢婢,旌旗杂畜千里不绝。至镇西,大风震电,天火烧杀裨将十余人,杂畜以百数,恐热恶之,盘桓不进。婢婢谓其下曰:"恐热之来,视我如蝼蚁,以为不足屠也。今遇天灾,犹豫不进,吾不如迎伏以却之,使其志益骄而不为备,然后可图也。"乃遣使以金帛、牛酒犒师,且致书言:"相公举义兵以匡国难,阖境之内,孰不向风!苟遣一介,赐之折简,敢不承命!何必远辱士众,亲临下藩。婢婢资性愚僻,惟嗜读书,先赞普授以藩维,诚为非据,夙夜惭惕,惟求退居。相公若赐以骸骨,听归田里,乃惬平生之素愿也。"恐热得书喜,遍示诸将曰:"婢婢惟把书卷,安知用兵!待吾得国,当位以宰相,坐之于家,亦无所用也。"乃复为书,勤厚答之,引兵归。婢婢闻之,抚髀笑曰:"我国无主,则归大唐,岂能事此犬鼠乎!"

秋,七月,以山南东道节度使卢钧为昭义节度招抚使。朝廷以钧在襄阳宽厚有惠政,得众心,故使领昭义以招怀之。

上遣刑部侍郎兼御史中丞李回宣慰河北三镇,令幽州乘秋早平回鹘,镇、魏早平泽潞。回,太祖之八世孙也。

甲辰,李德裕言于上曰:"臣见向日河朔用兵,诸道利于出境仰给度支,或阴与贼通,借一县一栅据之,自以为功,坐食转输,延引岁时。今请赐诸军诏指,令王元逵取邢州,何弘敬取洺州,王茂元取泽州,李彦佐、刘沔取潞州,毋得取县。"上从之。

晋绛行营节度使李彦佐自发徐州,行甚缓,又请休兵于绛州,兼请益兵。李德裕言于上曰:"彦佐逗遛顾望,殊无讨贼之意,所请皆不可许,宜赐诏切责,令进军翼城。"上从之。德裕因请以天德防御使石雄为彦佐之副,俟至军中,令代之。乙巳,以雄为晋绛行营节度副使,仍诏彦佐进屯翼城。

刘稹上表自陈:"亡父从谏为李训雪冤,言仇士良罪恶,由此为权幸所疾,谓臣父潜怀异志,臣所以不敢举族归朝。乞陛下稍垂宽察,活臣一方。"何弘敬亦为之奏雪,皆不报。李回至河朔,何弘敬、王元逵、张仲武皆具櫜鞬郊迎,立于道左,不敢令人控马,让制使先行,自兵兴以来,未之有也。回明辩有胆气,三镇无不奉诏。

王元逵奏拔宣务栅,击尧山。刘稹遣兵救尧山,元逵击败之。诏切责李彦佐、刘沔、王茂元，使速进兵逼贼境，且称元逵之功以激厉之，加元逵同平章事。

八月，乙丑，昭义大将李丕来降。议者或谓贼故遣丕降，欲以疑误官军。李德裕言于上曰："自用兵半年，未有降者，今安问诚之与诈！且须厚赏以劝将来，但不可置之要地耳。"

上从容言："文宗好听外议，谏官言事多不著名，有如匿名书。"李德裕曰："臣顷在中书，文宗犹不尔。此乃李训、郑注教文宗以术御下，遂成此风。人主但当推诚任人，有欺罔者，威以明刑，孰敢哉！"上善之。

王元逵前锋入邢州境已逾月，何弘敬犹未出师，元逵屡有密表，称弘敬怀两端。丁卯，李德裕上言："忠武累战有功，军声颇振。王宰年力方壮，谋略可称。请赐弘敬诏，以'河阳、河东皆阂山险，未能进军，贼屡出兵焚掠晋、绛。今遣王宰将忠武全军径魏博，直抵磁州，以分贼势。'弘敬必惧，此攻心伐谋之术也。"从之。诏宰悉选步骑精兵自相、魏趣磁州。

甲戌，薛茂卿破科斗寨，擒河阳大将马继等，焚掠小寨一十七，距怀州才十余里。茂卿以无刘稹之命，故不敢入。时议者鼎沸，以为"刘悟有功，不可绝其嗣。又，从谏养精兵十万，粮支十年，如何可取？"上亦疑之，以问李德裕，对曰："小小进退，兵家之常。愿陛下勿听外议，则成功必矣。"上乃谓宰相曰："为我语朝士：有上疏沮议者，我必于贼境上斩之！"议者乃止。何弘敬闻王宰将至，恐忠武兵入魏境，军中有变，苍黄出师。丙子，弘敬奏，已自将全军度漳水，趣磁州。

庚辰，李德裕上言："河阳兵力寡弱，自科斗店之败，贼势愈炽。王茂元复有疾，人情危怯，欲退保怀州。臣窃见元和以来诸贼，常视官军寡弱之处，并力攻之，一军不支，然后更攻它处。今魏博未与贼战，西军阂险不进，故贼得并力南下。若河阳退缩，不惟亏沮军声，兼恐震惊洛师。望诏王宰更不之磁州，亟以忠武军应援河阳，不惟扞蔽东都，兼可临制魏博。若虑全军供饷难给，且令发先锋五千人赴河阳，亦足张声势。"甲申，又奏请敕王宰以全军继进，仍急以器械缯帛助河阳窘乏。上皆从之。

王茂元军万善，刘稹遣牙将张巨、刘公直等会薛茂卿共攻之，期以九月朔围万善。乙酉，公直等潜师先过万善南五里，焚雍店。巨引兵继之，过万善，觇知城中守备单弱，欲专有功，遂攻之。日昃，城且拔，乃使人告公直等。时义成军适至，茂元困急，欲帅众弃城走。都虞候孟章遮马谏曰："贼众自有前却，半在雍店，半在此，乃乱兵耳。今义成军才至，尚未食，闻仆射走，则自溃矣。愿且强留。"茂元乃止。会日暮，公直等不至，巨引兵退，始登山，微雨晦黑，自相惊曰："追兵近矣！"皆走，人马相践，坠崖谷死者甚众。

上以王茂元、王宰两节度使共处河阳非宜，庚寅，李德裕等奏："茂元习吏事而非将才，请以宰为河阳行营攻讨使。茂元病愈，止令镇河阳，病困亦免它虞。”九月，辛卯，以宰兼河阳行营攻讨使。

何弘敬奏拔肥乡、平恩，杀伤甚众。得刘稹榜帖，皆谓官军为贼，云遇之即须痛杀。癸巳，上谓宰相：“何弘敬已克两县，可释前疑。既有杀伤，虽欲持两端，不可得已。”乃加弘敬检校左仆射。

丙午，河阳奏王茂元薨。李德裕奏：“王宰止可令以忠武节度使将万善营兵，不可使兼领河阳，恐其不爱河阳州县，恣为侵扰。又，河阳节度先领怀州刺史，常以判官摄事，割河南五县租赋隶河阳。不若遂以五县置孟州，其怀州别置刺史。俟昭义平日，仍割泽州隶河阳节度，则太行之险不在昭义，而河阳遂为重镇，东都无复忧矣。”上采其言。戊申，以河南尹敬昕为河阳节度、怀孟观察使，王宰将行营以扞敌，昕供馈饷而已。

庚戌，以石雄代李彦佐为晋绛行营节度使，令自冀氏取潞州，仍分兵屯翼城以备侵轶。

是月，吐蕃论恐热屯大夏川，尚婢婢遣其将厖结心及莽罗薛吕将精兵五万击之。至河州南，莽罗薛吕伏兵四万于险阻，厖结心伏万人于柳林中，以千骑登山，飞矢系书骂之。恐热怒，将兵数万追之，厖结心阳败走，时为马乏不进之状。恐热追之益急，不觉行数十里，伏兵发，断其归路，夹击之。会大风飞沙，溪谷皆溢，恐热大败，伏尸五十里，溺死者不可胜数，恐热单骑遁归。

石雄代李彦佐之明日，即引兵逾乌岭，破五寨，杀获千计。时王宰军万善，刘沔军石会，皆顾望未进。上得雄捷书，喜甚。冬，十月，庚申，临朝，谓宰相曰：“雄真良将！”李德裕因言：“比年前潞州市有男子磬折唱曰：‘石雄七千人至矣。’刘从谏以为妖言，斩之。破潞州者必雄也。”诏赐雄帛为优赏，雄悉置军门，自依士卒例先取一匹，余悉分将士，故士卒乐为之致死。

初，刘沔破回鹘，得太和公主，张仲武疾之，由是有隙。上使李回至幽州和解之，仲武意终不平。朝廷恐其以私憾败事，辛未，徙沔为义成节度使，以前荆南节度使李石为河东节度使。

党项寇盐州，以前武宁节度使李彦佐为朔方灵盐节度使。十一月，邠宁奏党项入寇。李德裕奏：“党项愈炽，不可不为区处。闻党项分隶诸镇，剽掠于此则亡逃归彼。节度使各利其驼马，不为擒送，以此无由禁戢。臣屡奏不若使一镇统之，陛下以为一镇专领党项权太重。臣今请以皇子兼统诸道，择中朝廉干之臣为之副，居于夏州，理其辞讼，庶为得宜。”乃以兖王岐为灵、夏等六道元帅兼安抚党项大使，又以御史中丞李回为安抚党项副使，史馆修撰郑亚为元帅判官，令赍诏往安抚党项及六镇百姓。

安南经略使武浑役将士治城，将士作乱，烧城楼，劫府库。浑奔广州，监军段士则抚安乱众。

忠武军素号精勇，王宰治军严整，昭义人甚惮之。薛茂卿以科斗寨之功，意望超迁。或谓刘稹曰："留后所求者节耳。茂卿太深入，多杀官军，激怒朝廷，此节所以来益迟也。"由是无赏。茂卿愠怼，密与王宰通谋。十二月，丁巳，宰引兵攻天井关，茂卿小战，遽引兵走，宰遂克天井关守之。关东西寨闻茂卿不守，皆退走，宰遂焚大小箕村。茂卿入泽州，密使谍召宰进攻泽州，当为内应。宰疑，不敢进，失期不至，茂卿拊膺顿足而已。稹知之，诱茂卿至潞州，杀之，并其族，以兵马使刘公直代茂卿，安全庆守乌岭，李佐尧守彫黄岭，郭僚守石会，康良佺守武乡。僚，谊之侄也。

戊辰，王宰进攻泽州，与刘公直战，不利，公直乘胜复天井关。甲戌，宰进击公直，大破之，遂围陵川，克之。河东奏克石会关。

洺州刺史李恬，石之从兄也。石至太原，刘稹遣军将贾群诣石，以恬书与石云："稹愿举族归命相公，奉从谏丧归葬东都。"石囚群，以其书闻。李德裕上言："今官军四合，捷书日至，贼势穷蹙，故伪输诚款，冀以缓师，稍得自完，复来侵轶。望诏石答恬书云：'前书未敢闻奏。若郎君诚能悔过，举族面缚，待罪境上，则石当亲往受降，护送归阙。若虚为诚款，先求解兵，次望洗雪，则石必不敢以百口保人。'仍望诏诸道，乘其上下离心，速进兵攻讨，不过旬朔，必内自生变。"上从之。右拾遗崔碣上疏请受其降，上怒，贬碣邓城令。

初，刘沔破回鹘，留兵三千戍横水栅。河东行营都知兵马使王逢奏乞益榆社兵，诏河东以兵二千赴之。时河东无兵，守仓库者及工匠皆出从军，李石召横水戍卒千五百人，使都将杨弁将之诣逢，壬午，戍卒至太原。先是，军士出征，人给绢二匹。刘沔之去，竭府库自随，石初至，军用乏，以己绢益之，人才得一匹。时已岁尽，军士求过正旦而行，监军吕义忠累牒趣之。杨弁因众心之怒，又知城中空虚，遂作乱。

四年（甲子、844）

春，正月，乙酉朔，杨弁帅其众剽掠城市，杀都头梁季叶，李石奔汾州。弁据军府，释贾群之囚，使其侄与之俱诣刘稹，约为兄弟。稹大喜。石会关守将杨珍闻太原乱，复以关降于稹。

戊子，吕义忠遣使言状，朝议喧然。或言两地皆应罢兵，王宰又上言："游弈将得刘稹表，臣近遣人至泽潞，贼有意归附。若许招纳，乞降诏命。"李德裕上言："宰擅受稹表，遣人入贼中，曾不闻奏，观宰意似欲擅招抚之功。昔韩信破田荣，李靖擒颉利，皆因其请降，潜兵掩袭。止可令王宰失信，岂得损朝廷威命！建立奇功，实在今日，必不可以太原小扰，失此事机。望即遣供奉官至行营，督其进兵，掩其无备，必须刘稹与诸将皆举族面缚，方可受纳。兼遣供奉官至晋绛行营，密谕石雄以王宰若纳刘稹，则雄无功可纪。雄于垂成之际，须自取奇功，勿失此便。”又为相府与宰书，言：“昔王承宗虽逆命，犹遣弟承恭奉表诣张相祈哀，又遣其子知感、知信入朝，宪宗犹未之许。今刘稹不诣尚书面缚，又不遣血属祈哀，置章表于衢路之间，游弈将不即毁除，实恐非是。况稹与杨弁通奸，逆状如此，而将帅大臣容受其诈，是私惠归于臣下，不赦在于朝廷，事体之间，交恐不可。自今更有章表，宜即所在焚之。惟面缚而来，始可容受。”德裕又上言：“太原人心从来忠顺，止是贫虚，赏犒不足。况千五百人何能为事！必不可姑息宽纵。且用兵未罢，深虑所在动心。顷张延赏为张朏所逐，逃奔汉州，还入成都。望诏李石、义忠还赴太原行营，召旁近之兵讨除乱者。”上皆从之。

是时，李石已至晋州，诏复还太原。辛卯，诏王逢悉留太原兵守榆社，以易定千骑、宣武、兖海步兵二千讨杨弁；又诏王元逵以步骑五千自土门入，应接逢军。忻州刺史李丕奏：“杨弁遣人来为游说，臣已斩之，兼断其北出之路，发兵讨之。”

辛丑，上与宰相议太原事，李德裕曰：“今太原兵皆在外，为乱者止千余人，诸州镇必无应者。计不日诛剪，惟应速诏王逢进军，至城下必自有变。”上曰：“仲武见镇、魏讨泽潞有功，必有慕羡之心，使之讨太原何如？”德裕对曰：“镇州趣太原路最便近。仲武去年讨回鹘，与太原争功，恐其不戢士卒，平人受害。”乃止。

上遣中使马元实至太原，晓谕乱兵，且觇其强弱。杨弁与之酣饮三日，且赂之。戊申，元实自太原还，上遣诣宰相议之，元实于众中大言：“相公须早与之节！”李德裕曰：“何故？”元实曰：“自牙门至柳子列十五里曳地光明甲，若之何取之！”德裕曰：“李相正以太原无兵，故发横水兵赴榆社。库中之甲尽在行营，弁何能遽致如此之众乎？”元实曰：“太原人劲悍，皆可为兵，弁召募所致耳。”德裕曰：“召募须有货财，李相止以欠军士绢一匹，无从可得，故致此乱，弁何从得之？”元实辞屈。德裕曰：“从其有十五里光明甲，必须杀此贼！”因奏称：“杨弁微贼，决不可恕。如国力不及，宁舍刘稹。”河东兵戍榆社者闻朝廷令客军取太原，恐妻孥为所屠灭，乃拥监军吕义忠自取太原。壬子，克之，生擒杨弁，尽诛乱卒。

(三)〔二〕月，甲寅朔，日有食之。

乙卯，吕义忠奏克太原。丙辰，李德裕言于上曰：“王宰久应取泽州，今已迁延两月。盖宰与石雄素不叶，今得泽州，距上党犹二百里，而石雄所屯距上党才百五十里。宰恐攻泽州缀昭义大军，而雄得乘虚入上党独有其功耳。又宰生子晏实，其父智兴爱而子之，晏实今为磁州刺史，为刘稹所质。宰之顾望不敢进，或为此也。”上命德裕草诏赐宰，督其进兵，且曰：“朕顾兹小寇，终不贷刑。亦知晏实是卿爱弟，将申大义，在抑私怀。”

丁巳，以李石为太子少傅、分司，以河中节度使崔元式为河东节度使，石雄为河中节度使。元式，元略之弟也。

己未，石雄拔良马等三寨一堡。

辛酉，太原献杨弁及其党五十四人，皆斩于狗脊岭。

壬申，李德裕言于上曰：“事固有激发而成功者。陛下命王宰趣磁州，而何弘敬出师；遣客军讨太原，而戍兵先取杨弁。今王宰久不进军，请徙刘沔镇河阳，仍令以义成精兵二千直抵万善，处宰肘腋之下。若宰识朝廷此意，必不敢淹留。若宰进军，沔以重兵在南，声势亦壮。”上曰：“善。”戊寅，以义成节度使刘沔为河阳节度使。

王逢击昭义将康良佺，败之，良佺弃石会关，退屯鼓腰岭。

黠戛斯遣将军谛德伊斯难珠等入贡，言欲徙居回鹘牙帐，请发兵之期，集会之地。上赐诏，谕以“今秋可汗击回鹘、黑车子之时，当令幽州、太原、振武、天德四镇出兵要路，邀其亡逸，便申册命，并依回鹘故事。”

朝廷以回鹘衰微，吐蕃内乱，议复河、湟四镇十八州。乃以给事中刘濛为巡边使，使之先备器械糗粮及诇吐蕃守兵众寡。又令天德、振武、河东训卒砺兵，以俟今秋黠戛斯击回鹘，邀其溃败之众南来者，皆委濛与节度团练使详议以闻。濛，晏之孙也。

以道士赵归真为右街道门教授先生。

吐蕃论恐热之将岌藏丰赞恶恐热残忍，降于尚婢婢。恐热发兵击婢婢于鄯州，婢婢分兵为五道拒之。恐热退保东谷，婢婢为木栅围之，绝其水原。恐热将百余骑突围走保薄寒山，余众皆降于婢婢。

夏，四月，王宰进攻泽州。

上好神仙，道士赵归真得幸，谏官屡以为言。丙子，李德裕亦谏曰：“归真，敬宗朝罪人，不宜亲近。”上曰：“朕宫中无事时，与之谈道涤烦耳。至于政事，朕必问卿等与次对官，虽百归真不能惑也。”德裕曰：“小人见势利所在，则奔趣之，如夜蛾之投烛间。旬日以来，归真之门，车马辐凑，愿陛下深戒之。”

戊寅，以左仆射王起同平章事，充山南西道节度使。起以文臣未尝执政，直除使相，前无此比，固辞。上曰：“宰相无内外之异，朕有阙失，卿飞表以闻。”

李德裕以州县佐官太冗，奏令吏部郎中柳仲郢裁减。六月，仲郢奏减一千二百一十四员。仲郢，公绰之子也。

宦官有发仇士良宿恶，于其家得兵仗数千。诏削其官爵，籍没家赀。

秋，七月，辛卯，上与李德裕议以王逢将兵屯翼城，上曰：“闻逢用法太严，有诸?”对曰:“臣亦尝以此诘之,逢言:前有白刃,法不严,其谁肯进?”上曰:“言亦有理,卿更召而戒之。”德裕因言刘稹不可赦。上曰:“固然。”德裕曰:“昔李怀光未平,京师蝗旱,米斗千钱,太仓米供天子及六宫无数旬之储。德宗集百官,遣中使马钦绪询之。左散骑常侍李泌取桐叶挼破,以授钦绪献之。德宗召问其故,对曰:‘陛下与怀光君臣之分,如此叶不可复合矣!’由是德宗意定。既破怀光,遂用为相,独任数年。”上曰:“亦大是奇士!”

上闻扬州倡女善为酒令,敕淮南监军选十七人献之。监军请节度使杜悰同选,且欲更择良家美女,教而献之。悰曰:“监军自受敕,悰不敢预闻。”监军再三请之,不从。监军怒,具表其状,上览表默然。左右请并敕节度使同选,上曰:“敕藩方选倡女入宫,岂圣天子所为!杜悰不徇监军意,得大臣体,真宰相才也。朕甚愧之。”遽敕监军勿复选。甲辰,以悰同平章事,兼度支、盐铁转运使。及悰中谢,上劳之曰:“卿不从监军之言,朕知卿有致君之心,今相卿,如得一魏徵矣。”

资治通鉴卷第二百四十八

端明殿学士兼翰林侍读学士太中大夫提举西京嵩山崇福宫上柱国河内郡开国公食邑二千二百户食实封九百户赐紫金鱼袋臣 司马光 奉敕编集

唐纪六十四起阏逢困敦(甲子)闰月,尽屠维大荒落(己巳),凡五年有奇。

武宗至道昭肃孝皇帝下

会昌四年(甲子、844)

闰月,壬戌,以中书侍郎、同平章事李绅同平章事,充淮南节度使。

李德裕奏:"镇州奏事官高迪密陈意见二事:其一,以为'贼中好为偷兵术,潜抽诸处兵聚于一处,官军多就迫逐,以致失利;经一两月,又偷兵诣它处。官军须知此情,自非来攻城栅,慎勿与战。彼淹留不过三日,须散归旧屯,如此数四空归,自然丧气。官军密遣谍者诇其抽兵之处,乘虚袭之,无不捷矣。'其二,'镇、魏屯兵虽多,终不能分贼势。何则?下营不离故处,每三两月一深入,烧掠而去。贼但固守城栅,城外百姓,贼亦不惜。宜令进营据其要害,以渐逼之。若止如今日,贼中殊不以为惧。'望诏诸将各使知之。"

刘稹腹心将高文端降,言贼中乏食,令妇人挼穗舂之以给军。德裕访文端破贼之策,文端以为:"官军今直攻泽州,恐多杀士卒,城未易得。泽州兵约万五千人,贼常分兵太半,潜伏山谷,伺官军攻城疲弊,则四集救之,官军必失利。今请令陈许军过乾河立寨,自寨城连延筑为夹城,环绕泽州,日遣大军布陈于外,以扞救兵。贼见围城将合,必出大战,待其败北,然后乘势可取。"德裕奏请诏示王宰。

文端又言:"固镇寨四崖悬绝,势不可攻。然寨中无水,皆饮涧水,在寨东南约一里许。宜令王逢进兵逼之,绝其水道,不过三日,贼必弃寨遁去,官军即可追蹑。前十五里至青龙寨,亦四崖悬绝,水在寨外,可以前法取也。其东十五里则沁州城。"德裕奏请诏示王逢。

文端又言:"都头王钊将万兵戍洺州,刘稹既族薛茂卿,又诛邢洺救援兵马使谈朝义兄弟三人,钊自是疑惧。稹遣使召之,钊不肯入,士卒皆哗噪,钊必不为稹用。但钊及士卒家属皆在潞州,又士卒恐已降为官军所杀,招之必不肯来。惟有谕意于钊,使引兵入潞州取稹,事成之日,许除别道节度使,仍厚有赐与,庶几肯从。"德裕奏请诏何弘敬潜遣人谕以此意。

刘稹年少懦弱，押牙王协、宅内兵马使李士贵用事，专聚货财，府库充溢，而将士有功无赏，由是人心离怨。刘从谏妻裴氏，冕之支孙也，忧稹将败，其弟问典兵在山东，欲召之使掌军政。士贵恐问至夺己权，且泄其奸状，乃曰："山东之事仰成于五舅，若召之，是无三州也。"乃止。

王协荐王钊为洺州都知兵马使。钊得众心，而多不遵使府约束，同列高元武、安玉言其有贰心。稹召之，钊辞以"到洺州未立少功，实所惭恨，乞留数月，然后诣府。"许之。

王协请税商人，每州遣军将一人主之，名为税商，实藉编户家赀，至于什器无所遗，皆估为绢匹，十分取其二，率高其估。民竭浮财及糗粮输之，不能充，皆忷忷不安。军将刘溪尤贪残，刘从谏弃不用，溪厚赂王协，协以邢州富商最多，命溪主之。裴问所将兵号"夜飞"，多富商子弟，溪至，悉拘其父兄，军士诉于问，问为之请，溪不许，以不逊语答之。问怒，密与麾下谋杀溪归国，并告刺史崔嘏，嘏从之。丙子，嘏、问闭城，斩城中大将四人，请降于王元逵。时高元武在党山，闻之，亦降。

先是使府赐洺州军士布，人一端，寻有帖以折冬赐。会税商军将至洺州，王钊因人不安，谓军士曰："留后年少，政非己出。今仓库充实，足支十年，岂可不少散之，以慰劳苦之士。使帖不可用也。"乃擅开仓库，给士卒人绢一匹，谷十二石，士卒大喜。钊遂闭城请降于何弘敬。安玉在磁州，闻二州降，亦降于弘敬。尧山都知兵马使魏元谈等降于王元逵，元逵以其久不下，皆杀之。

八月，辛卯，镇、魏奏邢、洺、磁三州降，宰相入贺。李德裕曰："昭义根本尽在山东，三州降，则上党不日有变矣。"上曰："郭谊必枭刘稹以自赎。"德裕曰："诚如圣料。"上曰："于今所宜先处者何事？"德裕请以给事中卢弘止为三州留后，曰："万一镇、魏请占三州，朝廷难于可否。"上从之。诏山南东道兼昭义节度使卢钧乘驿赴镇。

潞人闻三州降，大惧。郭谊、王协谋杀刘稹以自赎，稹再从兄中军使匡周兼押牙，谊患之，言于稹曰："十三郎在牙院，诸将皆莫敢言事，恐为十三郎所疑而获罪，以此失山东。今诚得十三郎不入，则诸将始敢尽言，采于众人，必获长策。"稹召匡周谕之，使称疾不入。匡周怒曰："我在院中，故诸将不敢有异图；我出院，家必灭矣！"稹固请之，匡周不得已，弹指而出。

谊令稹所亲董可武说稹曰："山东之叛，事由五舅，城中人人谁敢相保！留后今欲何如？"稹曰："今城中尚有五万人，且当闭门坚守耳。"可武曰："非良策也。留后不若束身归朝，如张元益，不失作刺史。且以郭谊为留后，俟得节之日，徐奉太夫人及室家金帛归之东都，不亦善乎！"稹曰："谊安肯如是？"可武曰："可武已与之重誓，必不负也。”乃引谊入。稹与之密约既定，乃白其母，母曰：“归朝诚为佳事，但恨已晚。吾有弟不能保，安能保郭谊！汝自图之。”稹乃素服出门，以母命署谊都知兵马使。王协已戒诸将列于外厅，谊拜谢稹已，出见诸将，稹治装于内厅。李士贵闻之，帅后院兵数千攻谊，谊叱之曰：“何不自取赏物，乃欲与李士贵同死乎！”军士乃退，共杀士贵。谊易置将吏，部署军士，一夕俱定。

明日，使董可武入谒稹曰：“请议公事。”稹曰：“何不言之？”可武曰：“恐惊太夫人。”乃引稹步出牙门，至北宅，置酒作乐。酒酣，乃言：“今日之事欲全太尉一家，须留后自图去就，则朝廷必垂矜闵。”稹曰：“如所言，稹之心也。”可武遂前执其手，崔玄度自后斩之，因收稹宗族，匡周以下至襁褓中子皆杀之。又杀刘从谏父子所厚善者张谷、陈扬庭、李仲京、郭台、王羽、韩茂章、茂实、王渥、贾庠等凡十二家，并其子侄甥婿无遗。仲京，训之兄；台，行馀之子；羽，涯之从孙；茂章、茂实，约之子；渥，璠之子；庠，餗之子也。甘露之乱，仲京等亡归从谏，从谏抚养之。凡军中有小嫌者，谊日有所诛，流血成泥。乃函稹首，遣使奉表及书，降于王宰。首过泽州，刘公直举营恸哭，亦降于宰。

乙未，宰以状闻。丙申，宰相入贺。李德裕奏：“今不须复置邢、洺、磁留后，但遣卢弘止宣慰三州及成德、魏博两道。”上曰：“郭谊宜如何处之？”德裕对曰：“刘稹呆孺子耳，阻兵拒命，皆谊为之谋主，及势孤力屈，又卖稹以求赏。此而不诛，何以惩恶！宜及诸军在境，并谊等诛之。”上曰：“朕意亦以为然。”乃诏石雄将七千人入潞州，以应谣言。杜悰以馈运不给，谓谊等可赦，上熟视不应。德裕曰：“今春泽潞未平，太原复扰，自非圣断坚定，二寇何由可平！外议以为若在先朝，赦之久矣。”上曰：“卿不知文宗心地不与卿合，安能议乎！”罢卢钧山南东道，专为昭义节度使。

戊戌，刘稹传首至京师。诏：“昭义五州给复一年，军行所过州县免今年秋税。昭义自刘从谏以来，横增赋敛，悉从蠲免。所籍土团并纵遣归农。诸道将士有功者，等级加赏。”

郭谊既杀刘稹，日望旌节，既久不闻问，乃曰：“必移它镇。”于是阅鞍马，治行装。及闻石雄将至，惧失色。雄至，谊等参贺毕，敕使张仲清曰：“郭都知告身来日当至，诸高班告身在此，晚牙来受之！”乃以河中兵环球场，晚牙，谊等至，唱名引入，凡诸将桀黠拒官军者，悉执送京师。加何弘敬同平章事。丁未，诏发刘从谏尸，暴于潞州市三日，石雄取其尸置球场斩剉之。

戊申，加李德裕太尉、赵国公，德裕固辞。上曰：“恨无官赏卿耳！卿若不应得，朕必不与卿。”

初，李德裕以“韩全义以来，将帅出征屡败，其弊有三：一者，诏令下军前者，日有三四,宰相多不预闻。二者,监军各以意见指挥军事,将帅不得专进退。三者,每军各有宦者为监使,悉选军中骁勇数百为牙队,其在陈战斗者,皆怯弱之士。每战,监使自有信旗,乘高立马,以牙队自卫,视军势小却,辄引旗先走,陈从而溃。”德裕乃与枢密使杨钦义、刘行深议,约敕监军不得预军政,每兵千人听监使取十人自卫,有功随例沾赏。二枢密皆以为然,白上行之。自御回鹘至泽潞罢兵,皆守此制。自非中书进诏意,更无它诏自中出者。号令既简,将帅得以施其谋略,故所向有功。

自用兵以来,河北三镇每遣使者至京师,李德裕常面谕之曰:“河朔兵力虽强,不能自立,须藉朝廷官爵威命以安军情。归语汝使,与其使大将邀宣慰敕使以求官爵,何如自奋忠义,立功立事,结知明主,使恩出朝廷,不亦荣乎!且以耳目所及者言之,李载义在幽州,为国家尽忠平沧景,及为军中所逐,不失作节度使,后镇太原,位至宰相。杨志诚遣大将遮敕使马求官,及为军中所逐,朝廷竟不赦其罪。此二人祸福足以观矣。”德裕复以其言白上,上曰:“要当如此明告之。”由是三镇不敢有异志。

九月,诏以泽州隶河阳节度。

丁巳,卢钧入潞州。钧素宽厚爱人,刘稹未平,钧已领昭义节度,襄州士卒在行营者,与潞人战,常对陈扬钧之美。及赴镇,入天井关,昭义散卒归之者,钧皆厚抚之,人情大洽,昭义遂安。

刘稹将郭谊、王协、刘公直、安全庆、李道德、李佐尧、刘武德、董可武等至京师,皆斩之。

臣光曰:董重质之在淮西,郭谊之在昭义,吴元济、刘稹,如木偶人在伎儿之手耳。彼二人者,始则劝人为乱,终则卖主规利,其死固有余罪。然宪宗用之于前,武宗诛之于后,臣愚以为皆失之。何则?赏奸,非义也;杀降,非信也。失义与信,何以为国!昔汉光武待王郎、刘盆子止于不死,知其非力竭则不降故也。樊崇、徐宣、王元、牛邯之徒,岂非助乱之人乎?而光武弗杀,盖以既受其降,则不可复诛故也。若既赦而复逃亡叛乱,则其死固无辞矣!如谊等,免死流之远方,没齿不还,可矣;杀之,非也。

王羽、贾庠等已为谊所杀,李德裕复下诏称“逆贼王涯、贾悚等已就昭义诛其子孙”,宣告中外,识者非之。刘从谏妻裴氏亦赐死。又令昭义降将李丕、高文端、王钊等疏昭义将士与刘稹同恶者,悉诛之,死者甚众。卢钧疑其枉滥,奏请宽之,不从。

昭义属城有尝无礼于王元逵者,元逵推求得二十余人,斩之,余众惧,复闭城自守。戊辰,李德裕等奏:“寇孽既平,尽为国家城镇,岂可令元逵穷兵攻讨!望遣中使赐城内将士敕，招安之，仍诏元逵引兵归镇，并诏卢钧自遣使安抚。”从之。

乙亥，李德裕等请上尊号，且言：“自古帝王，成大功必告天地。又，宣懿太后祔庙，陛下未尝亲谒。”上瞿然曰：“郊庙之礼，诚宜亟行，至于徽称，非所敢当。”凡五上表，乃许之。

李德裕奏：“据幽州奏事官言：诇知回鹘上下离心，可汗欲之安西，其部落言亲戚皆在唐，不如归唐。又与室韦已相失，计其不日来降，或自相残灭。望遣识事中使赐仲武诏，谕以镇、魏已平昭义，惟回鹘未灭，仲武犹带北面招讨使，宜早思立功。”

李德裕怨太子太傅、东都留守牛僧孺、湖州刺史李宗闵，言于上曰：“刘从谏据上党十年，大和中入朝，僧孺、宗闵执政，不留之，加宰相纵去，以成今日之患，竭天下力乃能取之，皆二人之罪也。”德裕又使人于潞州求僧孺、宗闵与从谏交通书疏，无所得，乃令孔目官郑庆言从谏每得僧孺、宗闵书疏，皆自焚毁。诏追庆下御史台按问，中丞李回、知杂郑亚以为信然。河南少尹吕述与德裕书，言稹破报至，僧孺出声叹恨。德裕奏述书，上大怒，以僧孺为太子少保、分司，宗闵为漳州刺史。戊子，再贬僧孺汀州刺史，宗闵漳州长史。

上幸鄠校猎。

十一月，复贬牛僧孺循州长史，李宗闵长流封州。

十二月，以忠武节度使王宰为河东节度使，河中节度使石雄为河阳节度使。

上幸雲阳校猎。

五年（乙丑、845）

春，正月，己酉朔，群臣上尊号曰仁圣文武章天成功神德明道大孝皇帝，尊号始无“道”字，中旨令加之。庚戌，上谒太庙。辛亥，祀昊天上帝，赦天下。

筑望仙台于南郊。

庚申，义安太后王氏崩。

以秘书监卢弘宣为义武节度使。弘宣性宽厚而难犯，为政简易，其下便之。河北之法，军中偶语者斩，弘宣至，除其法。诏赐粟三十万斛，在飞狐西，计运致之费逾于粟价，弘宣遣吏守之。会春旱，弘宣命军民随意自往取之，粟皆入境，约秋稔偿之。时成德、魏博皆饥，独易定之境无害。

淮南节度使李绅按江都令吴湘盗用程粮钱，强娶所部百姓颜悦女，估其资装为赃，罪当死。湘，武陵之兄子也，李德裕素恶武陵，议者多言其冤，谏官请覆按，诏遣监察御史崔元藻、李稠覆之。还言：“湘盗程粮钱有实。颜悦本衢州人，尝为青州牙推，妻亦士族，与前狱异。”德裕以为无与夺，二月，贬元藻端州司户，稠汀州司户。不复更推，亦不付法司详断，即如绅奏，处湘死。谏议大夫柳仲郢、敬晦皆上疏争之，不纳。稠，晋江人；晦，昕之弟也。

李德裕以柳仲郢为京兆尹，素与牛僧孺善，谢德裕曰："不意太尉恩奖及此，仰报厚德，敢不如奇章公门馆！"德裕不以为嫌。

夏，四月，壬寅，以陕虢观察使李拭为册黠戛斯可汗使。

五月，壬戌，葬恭僖皇后于光陵柏城之外。

门下侍郎、同平章事杜悰罢为右仆射，中书侍郎、同平章事崔铉罢为户部尚书。乙丑，以户部侍郎李回为中书侍郎、同平章事，判户部如故。

祠部奏括天下寺四千六百，兰若四万，僧尼二十六万五百。

册黠戛斯可汗为宗英雄武诚明可汗。

秋，七月，丙午朔，日有食之。

上恶僧尼耗蠹天下，欲去之，道士赵归真等复劝之，乃先毁山野招提、兰若，至是，敕上都、东都两街各留二寺，每寺留僧三十人。天下节度、观察使治所及同、华、商、汝州各留一寺，分为三等：上等留僧二十人，中等留十人，下等五人。余僧及尼并大秦穆护、祆僧皆勒归俗。寺非应留者，立期令所在毁撤，仍遣御史分道督之。财货田产并没官，寺材以葺公廨驿舍，铜像、钟磬以铸钱。

以山南东道节度使郑肃检校右仆射、同平章事。

诏发昭义骑兵五百、步兵千五百戍振武，节度使卢钧出至裴村饯之。潞卒素骄，惮于远戍，乘醉，回旗入城，闭门大噪，钧奔潞城以避之。监军王惟直自出晓谕，乱兵击之，伤，旬日而卒。李德裕奏："请诏河东节度使王宰以步骑一千守石会关，三千自仪州路据武安，以断邢、洺之路；又令河阳节度使石雄引兵守泽州，河中节度使韦恭甫发步骑千人戍晋州。如此，贼必无能为。"皆从之。

八月，李德裕等奏："东都九庙神主二十六，今贮于太微宫小屋，请以废寺材复修太庙。"

壬午，诏陈释教之弊，宣告中外。凡天下所毁寺四千六百余区，归俗僧尼二十六万五百人，大秦穆护、祆僧二千余人，毁招提、兰若四万余区。收良田数千万顷，奴婢十五万人。所留僧皆隶主客，不隶祠部。百官奉表称贺。寻又诏东都止留僧二十人，诸道留二十人者减其半，留十人者减三人，留五人者更不留。

五台僧多亡奔幽州。李德裕召进奏官谓曰："汝趣白本使，五台僧为将必不如幽州将，为卒必不如幽州卒，何为虚取容纳之名，染于人口！独不见近日刘从谏招聚无算闲人，竟有何益？"张仲武乃封二刀付居庸关曰："有游僧入境则斩之。"主客郎中韦博以为事不宜太过，李德裕恶之，出为灵武节度副使。

昭义乱兵奉都将李文矩为帅，文矩不从，乱兵亦不敢害。文矩稍以祸福谕之，乱兵渐听命，乃遣人谢卢钧于潞城。钧还入上党，复遣之戍振武，行一驿，乃潜选兵追之，明日，及于太平驿，尽杀之。具以状闻，且请罢河东、河阳兵在境上者，从之。

九月，诏修东都太庙。

李德裕请置备边库，令户部岁入钱帛十二万缗匹，度支盐铁岁入钱帛十三万缗匹，明年减其三之一，凡诸道所进助军财货皆入焉，以度支郎中判之。

王才人宠冠后庭，上欲立以为后。李德裕以才人寒族，且无子，恐不厌天下之望，乃止。

上饵方士金丹，性加躁急，喜怒不常。冬，十月，上问李德裕以外事，对曰："陛下威断不测，外人颇惊惧。向者寇逆暴横，固宜以威制之。今天下既平，愿陛下以宽理之，但使得罪者无怨，为善者不惊，则为宽矣。"

以衡山道士刘玄静为银青光禄大夫、崇玄馆学士，赐号广成先生，为之治崇玄馆，置吏铸印。玄静固辞，乞还山，许之。

李德裕秉政日久，好徇爱憎，人多怨之。自杜悰、崔铉罢相，宦官左右言其太专，上亦不悦。给事中韦弘质上疏，言宰相权重，不应更领三司钱谷。德裕奏称："制置职业，人主之柄。弘质受人教导，所谓贱人图柄臣，非所宜言。"十二月，弘质坐贬官，由是众怒愈甚。

上自秋冬以来，觉有疾，而道士以为换骨。上秘其事，外人但怪上希复游猎，宰相奏事者亦不敢久留。诏罢来年正旦朝会。

吐蕃论恐热复纠合诸部击尚婢婢，婢婢遣厖结藏将兵五千拒之，恐热大败，与数十骑遁去。婢婢传檄河、湟，数恐热残虐之罪，曰："汝辈本唐人，吐蕃无主，则相与归唐，毋为恐热所猎如狐兔也。"于是诸部从恐热者稍稍引去。

是岁，天下户四百九十五万五千一百五十一。

朝廷虽为党项置使，党项侵盗不已，攻陷邠、宁、盐州界城堡，屯叱利寨。宰相请遣使宣慰，上决意讨之。

六年（丙寅、846）

春，二月，庚辰，以夏州节度使米暨为东北道招讨党项使。

上疾久未平，以为汉火德，改"洛"为"雒"；唐土德，不可以王气胜君名，三月，下诏改名炎。上自正月乙卯不视朝，宰相请见，不许。中外忧惧。

初，宪宗纳李锜妾郑氏，生光王怡。怡幼时，宫中皆以为不慧，大和以后，益自韬匿，群居游处，未尝发言。文宗幸十六宅宴集，好诱其言以为戏笑，号曰光叔。上性豪迈，尤所不礼。及上疾笃，旬日不能言。诸宦官密于禁中定策，辛酉，下诏称："皇子冲幼，须选贤德，光王怡可立为皇太叔，更名忱，应军国政事令权句当。"太叔见百官，哀戚满容，裁决庶务，咸当于理，人始知有隐德焉。

甲子,上崩。以李德裕摄冢宰。丁卯,宣宗即位。宣宗素恶李德裕之专,即位之日,德裕奉册。既罢,谓左右曰:"适近我者非太尉邪?每顾我,使我毛发洒淅。"夏,四月,辛未朔,上始听政。

尊母郑氏为皇太后。

壬申,以门下侍郎、同平章事李德裕同平章事,充荆南节度使。德裕秉权日久,位重有功,众不谓其遽罢,闻之莫不惊骇。甲戌,贬工部尚书、判盐铁转运使薛元赏为忠州刺史,弟京兆少尹、权知府事元龟为崖州司户,皆德裕之党也。

杖杀道士赵归真等数人,流罗浮山人轩辕集于岭南。五月,乙巳,赦天下。上京两街先听留两寺外,更各增置八寺;僧尼依前隶功德使,不隶主客,所度僧尼仍令祠部给牒。

以翰林学士、兵部侍郎白敏中同平章事。

辛酉,立皇子温为郓王,渼为雍王,泾为雅王,滋为夔王,沂为庆王。

六月,礼仪使奏"请复代宗神主于太庙,以敬宗、文宗、武宗同为一代,于庙东增置两室,为九代十一室。"从之。

秋,七月,壬寅,淮南节度使李绅薨。

回鹘乌介可汗之众稍稍降散及冻馁死,所余不及三千人。国相逸隐啜杀乌介于金山,立其弟特勒遏捻为可汗。

八月,壬申,葬至道昭肃孝皇帝于端陵,庙号武宗。

初,武宗疾困,顾王才人曰:"我死,汝当如何?"对曰:"愿从陛下于九泉。"武宗以巾授之。武宗崩,才人即缢。上闻而矜之,赠贵妃,葬于端陵柏城之内。

以循州司马牛僧孺为衡州长史,封州流人李宗闵为郴州司马,恩州司马崔珙为安州长史,潮州刺史杨嗣复为江州刺史,昭州刺史李珏为郴州刺史。僧孺等五相皆武宗所贬逐,至是,同日北迁。宗闵未离封州而卒。

九月,以荆南节度使李德裕为东都留守,解平章事;以中书侍郎、同平章事郑肃同平章事,充荆南节度使。

以兵部侍郎、判度支卢商为中书侍郎、同平章事。商,翰之族孙也。

册黠戛斯可汗使者以国丧未行,或以为僻远小国,不足与之抗衡,回鹘未平,不应遽有建置。诏百官集议,事遂寝。

蛮寇安南,经略使裴元裕帅邻道兵讨之。

以右常侍李景让为浙西观察使。

初,景让母郑氏,性严明,早寡,家贫,居于东都。诸子皆幼,母自教之。宅后古墙因雨隤陷,得钱盈船,奴婢喜,走告母。母往,焚香祝之曰:"吾闻无劳而获,身之灾也。天必以先君余庆,矜其贫而赐之,则愿诸孤它日学问有成,乃其志也,此不敢取。”遽命掩而筑之。三子景让、景温、景庄，皆举进士及第。景让宦达，发已斑白，小有过，不免捶楚。

景让在浙西，有左都押牙迕景让意，景让杖之而毙。军中愤怒，将为变。母闻之，景让方视事，母出坐听事，立景让于庭而责之曰：“天子付汝以方面，国家刑法，岂得以为汝喜怒之资，妄杀无罪之人乎！万一致一方不宁，岂惟上负朝廷，使垂年之母衔羞入地，何以见汝之先人乎？”命左右褫其衣坐之，将挞其背。将佐皆为之请，拜且泣，久乃释之，军中由是遂安。

景庄老于场屋，每被黜，母辄挞景让。然景让终不肯属主司，曰：“朝廷取士自有公道，岂敢效人求关节乎！”久之，宰相谓主司曰：“李景庄今岁不可不收，可怜彼翁每岁受挞。”由是始及第。

冬，十月，礼院奏禘祭祝文于穆、敬、文、武四室，但称“嗣皇帝臣某昭告”，从之。

甲申，上受三洞法箓于衡山道士刘玄静。

十二月，戊辰朔，日有食之。

宣宗元圣至明成武献文睿智章仁神聪懿道大孝皇帝上

大中元年（丁卯、847）

春，正月，甲寅，上祀圆丘，赦天下，改元。

二月，庚午，加卢龙节度使张仲武同平章事，赏其屡破回鹘也。

癸未，上以旱故，减膳彻乐，出宫女，纵鹰隼，止营缮，命中书侍郎、同平章事卢商与御史中丞封敖疏理京城系囚。大理卿马植奏称：“卢商等务行宽宥，凡抵极法者，一切免死。彼官典犯赃及故杀人，平日大赦所不免，今因疏理而原之，使贪吏无所惩畏，死者衔冤无告，恐非所以消旱灾、致和气也。昔周饥，克殷而年丰；卫旱，讨邢而雨降。是则诛罪戮奸，式合天意，雪冤决滞，乃副圣心也。乞再加裁定。”诏两省五品以上议之。

初，李德裕执政，引白敏中为翰林学士。及武宗崩，德裕失势，敏中乘上下之怒，竭力排之，使其党李咸讼德裕罪，德裕由是自东都留守以太子少保、分司。

左谏议大夫张鹭等上言：“陛下以旱理系囚，虑有冤滞。今所原死罪，无冤可雪，恐凶险侥幸之徒常思水旱为灾，宜如马植所奏。”诏从之，皆论如法。以植为刑部侍郎，充盐铁转运使。

植素以文学政事有名于时，李德裕不之重。及白敏中秉政，凡德裕所薄者，皆不次用之。以卢商为武昌节度使，以刑部尚书、判度支崔元式为门下侍郎，翰林学士、户部侍郎韦琮为中书侍郎，并同平章事。

闰〔三〕月，敕："应会昌五年所废寺，有僧能营葺者，听自居之，有司毋得禁止。"是时君、相务反会昌之政，故僧尼之弊皆复其旧。

己酉，积庆太后萧氏崩。

五月，幽州节度使张仲武大破诸奚。

吐蕃论恐热乘武宗之丧，诱党项及回鹘余众寇河西，诏河东节度使王宰将代北诸军击之。宰以沙陀朱邪赤心为前锋，自麟州济河，与恐热战于盐州，破走之。

六月，以鸿胪卿李业为册黠戛斯英武诚明可汗使。

上谓白敏中曰："朕昔从宪宗之丧，道遇风雨，百官、六宫四散避去，惟山陵使长而多髯，攀灵驾不去，谁也？"对曰："令狐楚。"上曰："有子乎？"对曰："长子绪今为随州刺史。"上曰："堪为相乎？"对曰："绪少病风痹。次子绹，前湖州刺史，有才器。"上即擢为考功郎中、知制诰。绹入谢，上问以元和故事，绹条对甚悉，上悦，遂有大用之意。

秋，八月，丙申，以门下侍郎、同平章事李回同平章事，充西川节度使。

葬贞献皇后于光陵之侧。

上敦睦兄弟，作雍和殿于十六宅，数临幸，置酒作乐，击球尽欢。诸王有疾，常亲至卧内存问，忧形于色。

突厥掠漕米及行商，振武节度使史宪忠击破之。

九月，丁卯，以金吾大将军郑光为平卢节度使。光，润州人，太后之弟也。

乙酉，前永宁尉吴汝纳讼其弟湘罪不至死，"李绅与李德裕相表里，斯罔武宗，枉杀臣弟，乞召江州司户崔元藻等对辨。"丁亥，敕御史台鞫实以闻。冬，十二月，庚戌，御史台奏，据崔元藻所列吴湘冤状，如吴汝纳之言。戊午，贬太子少保、分司李德裕为潮州司马。

吏部奏，会昌四年所减州县官内复增三百八十三员。

二年(戊辰、848)

正月，甲子，群臣上尊号曰圣敬文思和武光孝皇帝，赦天下。

初，李德裕执政，有荐丁柔立清直可任谏官者，德裕不能用。上即位，柔立为右补阙，德裕贬潮州，柔立上疏讼其冤。丙寅，坐阿附贬南阳尉。

西川节度使李回、桂管观察使郑亚坐前不能直吴湘冤，乙酉，回左迁湖南观察使，亚贬循州刺史，李绅追夺三任告身。中书舍人崔嘏坐草李德裕制不尽言其罪，己丑，贬端州刺史。

回鹘遏捻可汗仰给于奚王石舍朗，及张仲武大破奚众，回鹘无所得食，日益耗散。至是，所存贵臣以下不满五百人，依于室韦。使者入贺正，过幽州，张仲武使归取遏捻等。遏捻闻之，夜与妻葛禄、子特勒毒斯等九骑西走，余众追之不及，相与大哭。室韦分回鹘余众为七，七姓共分之。居二日，黠戛斯遣其相阿播帅诸胡兵号七方来取回鹘，大破室韦，悉收回鹘余众归碛北。犹有数帐，潜窜山林，钞盗诸胡。其别部庞勒，先在安西，亦自称可汗，居甘州，总碛西诸城，种落微弱，时入献见。

二月，庚子，以知制诰令狐绹为翰林学士。上尝以太宗所撰《金镜》授绹，使读之，"至乱未尝不任不肖，至治未尝不任忠贤。"上止之曰："凡求致太平，当以此言为首。"又书《贞观政要》于屏风，每正色拱手而读之。上欲知百官名数，令狐绹曰："六品已下，官卑数多，皆吏部注拟；五品以上，则政府制授，各有籍，命曰具员。"上命宰相作《具员御览》五卷，上之，常置于案上。

立皇子泽为濮王。上欲作五王院于大明宫，以处皇子之幼者，召术士柴嶽明使相其地。嶽明对曰："臣庶之家，迁徙不常，故有自阳宅入阴宅，阴宅入阳宅。刑克祸福，师有其说，今陛下深拱法宫，万神拥卫，阴阳书本不言帝王家。"上善其言，赐束帛遣之。

夏，五月，己未朔，日有食之。

门下侍郎、同平章事崔元式罢为户部尚书。以兵部侍郎、判度支、户部周墀、刑部侍郎、盐铁转运使马植并同平章事。

初，墀为义成节度使，辟韦澳为判官，及为相，谓澳曰："力小任重，何以相助?"澳曰："愿相公无权。"墀愕然，不知所谓。澳曰："官赏刑罚，与天下共其可否，勿以己之爱憎喜怒移之，天下自理，何权之有！"墀深然之。澳，贯之之子也。

己卯，太皇太后郭氏崩于兴庆宫。

六月，礼院检讨官王皞贬句容令。

初，宪宗之崩，上疑郭太后预其谋。又，郑太后本郭太后侍儿，有宿怨，故上即位，待郭太后礼殊薄。郭太后意怏怏，一日，登勤政楼，欲自陨。上闻之，大怒，是夕，崩，外人颇有异论。

上以郑太后故，不欲以郭后祔宪宗，有司请葬景陵外园。皞奏宜合葬景陵，神主配宪宗室，奏入，上大怒。白敏中召皞诘之，皞曰："太皇太后，汾阳王之孙，宪宗在东宫为正妃，逮事顺宗为妇。宪宗厌代之夕，事出暧昧。太皇太后母天下，历五朝，岂得以暧昧之事遽废正嫡之礼乎！"敏中怒甚，皞辞气愈厉。诸相会食，周墀立于敏中之门以俟之，敏中使谢曰："方为一书生所苦，公弟先行。"墀入，至敏中厅问其事，见皞争辨方急，墀举手加颡，叹皞孤直。明日，皞坐贬官。

秋，九月，甲子，再贬潮州司马李德裕为崖州司户，湖南观察使李回为贺州刺史。

前凤翔节度使石雄诣政府自陈黑山、乌岭之功，求一镇以终老。执政以雄李德裕所荐，曰："向日之功，朝廷以蒲、孟、岐三镇酬之，足矣。"除左神武统军。雄怏怏而薨。

十一月，庚午，万寿公主适起居郎郑颢。颢，絪之孙，登进士第，为校书郎、右拾遗内供奉，以文雅著称。公主，上之爱女，故选颢尚之。有司循旧制请用银装车，上曰："吾欲以俭约化天下，当自亲者始。"令依外命妇以铜装车。诏公主执妇礼，皆如臣庶之法，戒以毋得轻夫族，毋得预时事。又申以手诏曰："苟违吾戒，必有太平、安乐之祸。"颢弟觊，尝得危疾，上遣使视之，还，问"公主何在？"曰："在慈恩寺观戏场。"上怒，叹曰："我怪士大夫家不欲与我家为昏，良有以也。"亟命召公主入宫，立之阶下，不之视。公主惧，涕泣谢罪。上责之曰："岂有小郎病，不往省视，乃观戏乎！"遣归郑氏。由是终上之世，贵戚皆兢兢守礼法，如山东衣冠之族。

壬午，葬懿安皇后于景陵之侧。

以中书侍郎、同平章事韦琮为太子宾客、分司。

十二月，凤翔节度使崔珙奏破吐蕃，克清水。清水先隶秦州，诏以本州未复，权隶凤翔。

上见宪宗朝公卿子孙，多擢用之。刑部员外郎杜胜次对，上问其家世，对曰："臣父黄裳，首请宪宗监国。"即除给事中。翰林学士裴谂，度之子也，上幸翰林，面除承旨。

吐蕃论恐热遣其将莽罗急藏将兵二万略地西鄙，尚婢婢遣其将拓跋怀光击之于南谷，大破之，急藏降。

三年（己巳、849）

春，正月，上与宰相论元和循吏孰为第一，周墀曰："臣尝守土江西，闻观察使韦丹功德被于八州，没四十年，老稚歌思，如丹尚存。"乙亥，诏史馆修撰杜牧撰《丹遗爱碑》以纪之，仍擢其子河阳观察判官宙为御史。

二月，吐蕃论恐热军于河州，尚婢婢军于河源军。婢婢诸将欲击恐热，婢婢曰："不可。我军骤胜而轻敌，彼穷困而致死，战必不利。"诸将不从。婢婢知其必败，据河桥以待之，诸将果败。婢婢收余众，焚桥，归鄯州。

吐蕃秦、原、安乐三州及石门等七关来降。以太仆卿陆耽为宣谕使，诏泾原、宁武、凤翔、邠宁、振武皆出兵应接。

河东节度使王宰入朝，以货结贵幸，求以使相领宣武，刑部尚书、同平章事周墀上疏论之，宰遂还镇。驸马都尉韦让求为京兆尹，墀言京兆尹非才望不可为，让议竟寝。墀又谏上开边，由是忤旨。夏，四月，以墀为东川节度使，以御史大夫崔铉为中书侍郎、同平章事，兵部侍郎、判户部魏扶同平章事。

癸巳，卢龙奏节度使张仲武薨，军中立其子节度押牙直方。

翰林学士郑颢言于上曰："周墀以直言入相，亦以直言罢相。"上深感悟，甲午，墀入谢，加检校右仆射。

戊戌，以张直方为卢龙留后。

五月，徐州军乱，逐节度使李廓。廓，程之子也，在镇不治，右补阙郑鲁上言其状，且曰："臣恐新麦未登，徐师必乱。速命良帅，救此一方。"上未之省。徐州果乱，上思鲁言，擢为起居舍人。

以义成节度使卢弘止为武宁节度使。武宁士卒素骄，有银刀都尤甚，屡逐主帅。弘止至镇，都虞候胡庆方复谋作乱，弘止诛之，抚循其余，训以忠义，军府由是获安。

六月，戊申，以张直方为卢龙节度使。

泾原节度使康季荣取原州及石门、驿藏、木峡、制胜、六磐、石峡六关。秋，七月，丁巳，灵武节度使朱叔明取长乐州。甲子，邠宁节度使张君绪取萧关。甲戌，凤翔节度使李玭取秦州。诏邠宁节度权移军于宁州以应接河西。

八月，乙酉，改长乐州为威州。

河、陇老幼千余人诣阙，己丑，上御延喜门楼见之，欢呼舞跃，解胡服，袭冠带，观者皆呼万岁。诏"募百姓垦辟三州、七关土田，五年不租税。自今京城罪人应配流者皆配十处。四道将吏能于镇戍之地为营田者，官给牛及种粮。温池盐利可赡边陲，委度支制置。其三州。七关镇戍之卒，皆倍给衣粮，仍二年一代。道路建置堡栅，有商旅往来贩易及戍卒子弟通传家信，关镇毋得留难。其山南、剑南边境有没蕃州县，亦令量力收复。"

冬，十月，改备边库为延资库。

西川节度使杜悰奏取维州。

闰十一月，丁酉，宰相以克复河、湟，请上尊号。上曰："宪宗常有志复河、湟，以中原方用兵，未遂而崩，今乃克成先志耳。其议加顺、宪二庙尊谥，以昭功烈。"

卢龙节度使张直方，暴忍，喜游猎。军中将作乱，直方知之，托言出猎，遂举族逃归京师，军中推牙将周綝为留后。直方至京师，拜金吾大将军。

甲戌，追上顺宗谥曰至德弘道大圣大安孝皇帝，宪宗谥曰昭文章武大圣至神孝皇帝。仍改题神主。

己未，崖州司户李德裕卒。

山南西道节度使郑涯奏取扶州。

资治通鉴卷第二百四十九

端明殿学士兼翰林侍读学士太中大夫提举西京嵩山崇福宫上柱国河内郡开国公食邑二千二百户食实封九百户赐紫金鱼袋臣 司马光 奉敕编集

唐纪六十五起上章敦牂(庚午),尽屠维单阏(己卯),凡十年。

宣宗元圣至明成武献文睿智章仁神聪懿道大孝皇帝下

大中四年(庚午、850)

春,正月,庚辰朔,赦天下。

二月,以秦州隶凤翔。

夏,四月,庚戌,以中书侍郎、同平章事马植为天平节度使。上之立也,左军中尉马元贽有力焉,由是恩遇冠诸宦者,植与之叙宗姓。上赐元贽宝带,元贽以遗植,植服之以朝,上见而识之,植变色,不敢隐。明日,罢相,收植亲吏董侔,下御史台鞫之,尽得植与元贽交通之状,再贬常州刺史。

六月,戊申,兵部侍郎、同平章事魏扶薨。以户部尚书、判度支崔龟从同平章事。

秋,八月,以白敏中判延资库。

卢龙节度使周綝薨,军中表请以押牙兼马步都知兵马使张允伸为留后。九月,丁酉,从之。

党项为边患,发诸道兵讨之,连年无功,戍馈不已。右补阙孔温裕上疏切谏,上怒,贬柳州司马。温裕,戣之子也。

吐蕃论恐热遣僧莽罗蔺真将兵于鸡项关南造桥,以击尚婢婢,军于白土岭。婢婢遣其将尚铎罗榻藏将兵据临蕃军以拒之,不利,复遣磨离罴子、烛卢巩力将兵据氂牛峡以御之。巩力请"按兵拒险,勿与战,以奇兵绝其粮道,使进不得战,退不得还,不过旬月,其众必溃。"罴子不从。巩力曰:"吾宁为不用之人,不为败军之将。"称疾,归鄯州。罴子逆战,败死。婢婢粮乏,留拓跋怀光守鄯州,帅部落三千余人就水草于甘州西。恐热闻婢婢弃鄯州,自将轻骑五千追之,至瓜州,闻怀光守鄯州,遂大掠河西鄯、廓等八州,杀其丁壮,劓刖其羸老及妇人,以槊贯婴儿为戏,焚其室庐,五千里间,赤地殆尽。

冬,十月,辛未,以翰林学士承旨、兵部侍郎令狐绹同平章事。

十一月,壬寅,以翰林学士刘瑑为京西招讨党项行营宣慰使。

以卢龙留后张允伸为节度使。

十二月，以凤翔节度使李业、河东节度使李拭并兼招讨党项使。

吏部侍郎孔温业白执政求外官，白敏中谓同列曰："我辈须自点检，孔吏部不肯居朝廷矣。"温业，戣之弟子也。

五年（辛未、851）

春，二月，壬戌，天德军奏摄沙州刺史张义潮遣使来降。义潮，沙州人也，时吐蕃大乱，义潮阴结豪杰，谋自拔归唐。一旦，帅众被甲噪于州门，唐人皆应之，吐蕃守者惊走，义潮遂摄州事，奉表来降。以义潮为沙州防御使。

以兵部侍郎裴休为盐铁转运使。休，肃之子也。自大和以来，岁运江、淮米不过四十万斛，吏卒侵盗、沉舟，达渭仓者什不三四，大堕刘晏之法。休穷究其弊，立漕法十条，岁运米至渭仓者百二十万斛。

上颇知党项之反由边帅利其羊马，数欺夺之，或妄诛杀，党项不胜愤怨，故反。乃以右谏议大夫李福为夏绥节度使。自是继选儒臣以代边帅之贪暴者，行日复面加戒励，党项由是遂安。福，石之弟也。

上以南山、平夏党项久未平，颇厌用兵。崔铉建议，宜遣大臣镇抚。三月，以白敏中为司空、同平章〔事〕，充招讨党项行营都统、制置等使，南北两路供军使兼邠宁节度使。敏中请用裴度故事，择廷臣为将佐，许之。夏，四月，以左谏议大夫孙景商为左庶子，充邠宁行军司马；知制诰蒋伸为右庶子，充节度副使。伸，係之弟也。

初，上令白敏中为万寿公主选佳婿，敏中荐郑颢。时颢已昏卢氏，行至郑州，堂帖追还，颢甚衔之，由是数毁敏中于上。敏中将赴镇，言于上曰："郑颢不乐尚主，怨臣入骨髓。臣在政府，无如臣何，今臣出外，颢必中伤，臣死无日矣！"上曰："朕知之久矣，卿何言之晚邪！"命左右于禁中取小柽函以授敏中曰："此皆郑郎谮卿之书也。朕若信之，岂任卿以至今日！"敏中归，置柽函于佛前，焚香事之。

敏中军于宁州，壬子，定远城使史元破党项九千余帐于三交谷，敏中奏党项平。辛未，诏："平夏党项，已就安帖。南山党项，闻出山者迫于饥寒，犹行钞掠，平夏不容，穷无所归。宜委李福存谕，于银、夏境内授以闲田。如能革心向化，则抚如赤子，从前为恶，一切不问，或有抑屈，听于本镇投牒自诉。若再犯疆场，或复入山林，不受教令，则诛讨无赦。将吏有功者甄奖，死伤者优恤。灵、夏、邠、鄜四道百姓，给复三年，邻道量免租税。向由边将贪鄙，致其怨叛，自今当更择廉良抚之。若复致侵叛，当先罪边将，后讨寇虏。"

吐蕃论恐热残虐，所部多叛。拓跋怀光使人说诱之，其众或散归部落，或降于怀光。恐热势孤，乃扬言于众曰："吾今入朝于唐，借兵五十万来诛不服者，然后以渭州为国城,请唐册我为赞普,谁敢不从!”五月,恐热入朝,上遣左丞李景让就礼宾院问所欲。恐热气色骄倨,语言荒诞,求为河渭节度使。上不许,召对三殿,如常日胡客,劳赐遣还。恐热怏怏而去,复归落门川,聚其旧众,欲为边患。会久雨,乏食,众稍散,才有三百余人,奔于廓州。

六月,立皇子润为鄂王。

进士孙樵上言:“百姓男耕女织,不自温饱,而群僧安坐华屋,美衣精馔,率以十户不能养一僧。武宗愤其然,髪十七万僧,是天下百七十万户始得苏息也。陛下即位以来,修复废寺,天下斧斤之声至今不绝,度僧几复其旧矣。陛下纵不能如武宗除积弊,奈何兴之于已废乎!日者陛下欲修国东门,谏官上言,遽为罢役。今所复之寺,岂若东门之急乎?所役之功,岂若东门之劳乎?愿早降明诏,僧未复者勿复,寺未修者勿修,庶几百姓犹得以息肩也。”秋,七月,中书门下奏:“陛下崇奉释氏,群下莫不奔走,恐财力有所不逮,因之生事扰人,望委所在长吏量加撙节。所度僧亦委选择有行业者,若容凶粗之人,则更非敬道也。乡村佛舍,请罢兵日修。”从之。

八月,白敏中奏,南山党项亦请降。时用兵岁久,国用颇乏,诏并赦南山党项,使之安业。

冬,十月,乙卯,中书门下奏:“今边事已息,而州府诸寺尚未毕功,望且令成之。其大县远于州府者,听置一寺,其乡村毋得更置佛舍。”从之。

戊辰,以户部侍郎魏謩同平章事,仍判户部。时上春秋已高,未立太子,群臣莫敢言。謩入谢,因言:“今海内无事,惟未建储副,使正人辅导,臣窃以为忧。”且泣。时人重之。

蓬、果群盗依阻鸡山,寇掠三川,以果州刺史王贽弘充三川行营都知兵马使,以讨之。

制以党项既平,罢白敏中都统,但以司空、平章事充邠宁节度使。

张义潮发兵略定其旁瓜、伊、西、甘、肃、兰、鄯、河、岷、廓十州,遣其兄义泽奉十一州图籍入见,于是河、湟之地尽入于唐。十一月,置归义军于沙州,以义潮为节度使、十一州观察使,又以义潮判官曹义金为归义军长史。

以中书侍郎、同平章事崔龟从同平章事,充宣武节度使。

右羽林统军张直方坐出猎累日不还宿卫,贬左骁卫将军。

六年(壬申、852)

春,二月,王贽弘讨鸡山贼,平之。

是时,山南西道节度使封敖奏巴南妖贼言辞悖慢,上怒甚。崔铉曰:“此皆陛下赤子,迫于饥寒,盗弄陛下兵于溪谷间,不足辱大军,但遣一使者可平矣。”乃遣京兆少尹刘潼诣果州招谕之。潼上言请不发兵攻讨，且曰："今以日月之明，烛愚迷之众，使之稽颡归命，其势甚易。所虑者，武臣耻不战之功，议者责欲速之效耳。"潼至山中，盗弯弓待之，潼屏左右直前曰："我面受诏赦汝罪，使汝复为平人。闻汝木弓射二百步，今我去汝十步，汝真欲反者，可射我！"贼皆投弓列拜，请降。潼归馆，而王贽弘与中使似先义逸引兵已至山下，竟击灭之。

三月，敕先赐右卫大将军郑光鄠县及雲阳庄并免税役。中书门下奏，以为："税役之法，天下皆同。陛下屡发德音，欲使中外画一，今独免郑光，似稍乖前意。事虽至细，系体则多。"敕曰："朕以郑光元舅之尊贵，欲优异令免征税，初不细思。况亲戚之间，人所难议，卿等苟非爱我，岂进嘉言！庶事能尽如斯，天下何忧不理！有始有卒，当共守之，并依所奏。"

夏，四月，甲辰，以邠宁节度使白敏中为西川节度使。

湖南奏，团练副使冯少端讨衡州贼帅邓裴，平之。

党项复扰边，上欲择可为邠宁帅者而难其人，从容与翰林学士、中书舍人须昌毕諴论边事，諴援古据今，具陈方略。上悦曰："吾方择帅，不意颇、牧近在禁廷。卿其为朕行乎！"諴欣然奉命。上欲重其资履，六月，壬申，先以諴为刑部侍郎，癸酉，乃除邠宁节度使。

雍王渼薨，追谥靖怀太子。

河东节度使李业纵吏民侵掠杂虏，又妄杀降者，由是北边扰动。闰月，庚子，以太子少师卢钧为河东节度使。业内有所恃，人莫敢言，魏謩独请贬黜，上不许，但徙义成节度使。

卢钧奏度支郎中韦宙为副使。宙遍诣塞下，悉召酋长，谕以祸福，禁唐民毋得入虏境侵掠，犯者必死，杂虏由是遂安。

掌书记李璋杖一牙职，明日，牙将百余人诉于钧，钧杖其为首者，谪戍外镇，余皆罚之，曰："边镇百余人，无故横诉，不可不抑。"璋，绛之子也。

八月，甲子，以礼部尚书裴休同平章事。

獠寇昌、资二州。

冬，十月，邠宁节度使毕諴奏招谕党项皆降。

骁卫将军张直方坐以小过屡杀奴婢，贬恩州司户。

十一月，立宪宗子惴为棣王。

十二月，中书门下奏："度僧不精，则戒法堕坏；造寺无节，则损费过多。请自今诸州准元敕许置寺外，有胜地灵迹许修复，繁会之县许置一院。严禁私度僧尼。若官度僧尼有阙，则择人补之，仍申祠部给牒。其欲远游寻师者，须有本州公验。"从之。

七年(癸酉、853)

春,正月,戊申,上祀圆丘,赦天下。

夏,四月,丙寅,敕:“自今法司处罪,用常行杖。杖脊一,折法杖十;杖臀一,折笞五。使吏用法有常准。”

冬,十二月,左补阙赵璘请罢来年元会,止御宣政。上以问宰相,对曰:“元会大礼,不可罢。况天下无事。”上曰:“近华州奏有贼光火劫下邽,关中少雪,皆朕之忧,何谓无事?虽宣政亦不可御也。”

上事郑太后甚谨,不居别宫,朝夕奉养。舅郑光历平卢、河中节度使,入朝,上与之论为政,光应对鄙浅,上不悦,留为右羽林统军,使奉朝〔请〕。太后数言其贫,上辄厚赐金帛,终不复任以民官。

度支奏:“自河、湟平,每岁天下所纳钱九百二十五万余缗,内五百五十万余缗租税,八十二万余缗榷酤,二百七十八万余缗盐利。”

八年(甲戌、854)

春,正月,丙戌朔,日有食之。罢元会。

上自即位以来,治弑宪宗之党,宦官、外戚乃至东宫官属,诛窜甚众。虑人情不安,丙申,诏:“长庆之初,乱臣贼子,顷搜擿余党,流窜已尽,其余族从疏远者,一切不问。”

二月,中书门下奏拾遗、补阙缺员,请更增补。上曰:“谏官要在举职,不必人多,如张道符、牛丛、赵璘辈数人,使朕日闻所不闻足矣。”丛,僧孺之子也。

久之,丛自司勋员外郎出为睦州刺史,入谢,上赐之紫。丛既谢,前言曰:“臣所服绯,刺史所借也。”上遽曰:“且赐绯。”上重惜服章,有司常具绯、紫衣数袭从行,以备赏赐,或半岁不用其一,故当时以绯、紫为荣。上重翰林学士,至于迁官,必校岁月,以为不可以官爵私近臣也。

秋,九月,丙戌,以右散骑常侍高少逸为陕虢观察使。有敕使过硖石,怒饼黑,鞭驿吏见血,少逸封其饼以进。敕使还,上责之曰:“深山中如此食岂易得!”谪配恭陵。

立皇子洽为怀王,汭为昭王,汶为康王。

上猎于苑北,遇樵夫,问其县,曰:“泾阳人也。”“令为谁?”曰:“李行言。”“为政何如?”曰:“性执。有强盗数人,军家索之,竟不与,尽杀之。”上归,帖其名于寝殿之柱。冬,十月,行言除海州刺史,入谢。上赐之金紫,问曰:“卿知所以衣紫乎?”对曰:“不知。”上命取殿柱之帖示之。

上以甘露之变,惟李训、郑注当死,自余王涯、贾𫗧等无罪,诏皆雪其冤。

上召翰林学士韦澳,托以论诗,屏左右与之语曰:“近日外间谓内侍权势何如?”对曰:“陛下威断,非前朝之比。”上闭目摇首曰:“全未,全未! 尚畏之在。卿谓策将安在?”对曰:“若与外廷议之,恐有大和之变,不若就其中择有才识者与之谋。”上曰:“此乃末策。朕已试之矣,自衣黄、衣绿至衣绯,皆感恩,才衣紫则相与为一矣!”上又尝与令狐绹谋尽诛宦官,绹恐滥及无辜,密奏曰:“但有罪勿舍,有阙勿补,自然渐耗,至于尽矣。”宦者窃见其奏,由是益与朝士相恶,南北司如水火矣。

九年(乙亥、855)

春,正月,甲申,成德军奏节度使王元逵薨,军中立其子节度副使绍鼎。癸卯,以绍鼎为成德留后。

二月,以醴泉令李君奭为怀州刺史。初,上校猎渭上,有父老以十数,聚于佛祠。上问之,对曰:“醴泉百姓也。县令李君奭有异政,考满当罢,诣府乞留,故此祈佛,冀谐所愿耳。”及怀州刺史阙,上手笔除君奭,宰相莫之测。君奭入谢,上以此奖厉,众始知之。

三月,诏邠宁节度使毕諴还邠州。先是,以河、湟初附,党项未平,移邠宁军于宁州。至是,南山、平夏党项皆安,威、盐、武三州军食足,故令还理所。

夏,闰四月,诏以“州县差役不均,自今每县据人贫富及役轻重作差科簿,送刺史检署讫,锁于令厅,每有役事委令,据簿轮差”。

五月,丙寅,以王绍鼎为成德节度使。

上聪察强记,宫中厮役给洒扫者,皆能识其姓名,才性所任,呼召使令,无差误者。天下奏狱吏卒姓名,一览皆记之。度支奏渍污帛,误书“渍”为“清”,枢密承旨孙隐中谓上不之见,辄足成之。及中书复入,上怒,推按擅改章奏者罚谪之。

上密令翰林学士韦澳纂次诸州境土风物及诸利害为一书,自写而上之,虽子弟不知也,号曰《处分语》。它日,邓州刺史薛弘宗入谢,出,谓澳曰:“上处分本州事惊人。”澳询之,皆《处分语》中事也。澳在翰林,上或遣中使宣旨草诏,事有不可者,澳辄曰:“兹事须降御札,方敢施行。”淹留至旦,上疏论之,上多从之。

秋,七月,浙东军乱,逐观察使李讷。讷,逊之弟子也,性卞急,遇将士不以礼,故乱作。

淮南饥,民多流亡,节度使杜悰荒于游宴,政事不治。上闻之,甲午,以门下侍郎、同平章事崔铉同平章事,充淮南节度使。丁酉,以悰为太子太傅、分司。

九月,乙亥,贬李讷为朗州刺史,监军王宗景杖四十,配恭陵。仍诏“自今戎臣失律,并坐监军。”以礼部侍郎沈询为浙东观察使。询,传师之子也。

冬,十一月,以吏部侍郎柳仲郢为兵部侍郎,充盐铁转运使。有闾阎医工刘集因缘交通禁中,上敕盐铁补场官。仲郢上言:“医工术精,宜补医官,若委务铜盐，何以课其殿最？且场官贱品，非特敕所宜亲，臣未敢奉诏。”上遽批：“刘集宜赐绢百匹，遣之。”它日，见仲郢，劳之曰：“卿论刘集事甚佳。”

上尝苦不能食，召医工梁新诊脉，治之数日，良已。新因自陈求官，上不许，但敕盐铁使月给钱三十缗而已。

右威卫大将军康季荣前为泾原节度使，擅用官钱二万缗，事觉，季荣请以家财偿之。上以季荣有开河、湟功，许之。给事中封还敕书，谏官亦上言，十二月，庚辰，贬季荣夔州长史。

江西观察使郑祗德以其子颢尚主通显，固求散地，甲午，以祗德为宾客、分司。

十年（丙子、856）

春，正月，丁巳，以御史大夫郑朗为工部尚书、同平章事。

上命裴休极言时事，休请早建太子，上曰：“若建太子，则朕遂为闲人。”休不敢复言。二月，丙戌，休以疾辞位，不许。

三月，辛亥，诏以“回鹘有功于国，世为昏姻，称臣奉贡，北边无警。会昌中虏廷丧乱，可汗奔亡，属奸臣当轴，遽加殄灭。近有降者云，已庞历今为可汗，尚寓安西，俟其归复牙帐，当加册命。”

上以京兆久不理，夏，五月，丁卯，以翰林学士、工部侍郎韦澳为京兆尹。澳为人公直，既视事，豪贵敛手。郑光庄吏恣横，为闾里患，积年租税不入，澳执而械之。上于延英问澳，澳具奏其状。上曰：“卿何以处之？”澳曰：“欲置于法。”上曰：“郑光甚爱之，何如？”对曰：“陛下自内庭用臣为京兆，欲以清畿甸之积弊，若郑光庄吏积年为蠹，得宽重辟，是陛下之法独行于贫户耳，臣未敢奉诏。”上曰：“诚如此。但郑光殢我不置，卿与痛杖，贷其死，可乎？”对曰：“臣不敢不奉诏，愿听臣且系之，俟征租足乃释之。”上曰：“灼然可。朕为郑光故挠卿法，殊以为愧。”澳归府，即杖之。督租数百斛足，乃以吏归光。

六月，戊寅，以中书侍郎、同平章事裴休同平章事，充宣武节度使。

司农卿韦廑欲求夏州节度使，有术士知之，诣廑门曰：“吾善醮星辰，求官无不如意。”廑信之，夜，设醮具于庭。术士曰：“请公自书官阶一通。”既得之，仰天大呼曰：“韦廑有异志，令我祭天。”廑举家拜泣曰：“愿山人赐百口之命！”家之货财珍玩尽与之。逻者怪术士服鲜衣，执以为盗，术士急，乃曰：“韦廑令我祭天，我欲告之，彼以家财求我耳。”事上闻，秋，九月，上召廑面诘之，具知其冤，谓宰相曰：“韦廑城南甲族，为奸人所诬，勿使狱吏辱之。”立以术士付京兆，杖死，贬廑永州司马。

户部侍郎、判户部、驸马都尉郑颢营求作相甚切。其父祗德闻之，与书曰：

“闻汝已判户部，是吾必死之年；又闻欲求宰相，是吾必死之日也。”颢惧，累表辞剧务。冬，十月，乙酉，以颢为秘书监。

上遣使诣安西镇抚回鹘，使者至灵武，会回鹘可汗遣使入贡。十一月，辛亥，册拜为嗢禄登里罗汨没密施合俱录毗伽怀建可汗，以卫尉少卿王端章充使。

吏部尚书李景让上言：“穆宗乃陛下兄，敬宗、文宗、武宗乃兄之子，陛下拜兄尚可，拜侄可乎？是使陛下不得亲事七庙也，宜迁四主出太庙，还代宗以下入庙。”诏百官议其事，不决而止。时人以是薄景让。

敕“于灵感、会善二寺置戒坛，诸道僧尼应填阙者委长老僧选择，给公凭，赴两坛受戒，两京各选大德十人主其事。有不堪者罢之，堪者给牒，遣归本州。不见戒坛公牒，毋得私容。仍先选旧僧尼，旧僧尼无堪者，乃选外人。”

壬辰，以户部侍郎、判户部崔慎由为工部尚书、同平章事。上每命相，左右无知者。前此一日，令枢密宣旨于学士院，以兵部侍郎、判度支萧邺同平章事。枢密使王归长、马公儒覆奏：“邺所判度支应罢否？”上以为归长等佑之，即手书慎由名及新命付学士院，仍云“落判户部事”。邺，明之八世孙也。

内园使李敬寔遇郑朗不避马，朗奏之，上责敬寔，对曰：“供奉官例不避。”上曰：“汝衔敕命，横绝可也，岂得私出而不避宰相乎！”命剥色，配南牙。

十一年（丁丑、857）

春，正月，丙午，以御史中丞兼尚书右丞夏侯孜为户部侍郎、判户部事。先是，判户部有缺，京兆尹韦澳奏事，上欲以澳补之。辞曰：“臣比年心力衰耗，难以处繁剧，屡就陛下乞小镇，圣恩未许。”上不悦。及归，其甥柳玭尤之，澳曰：“主上不与宰辅佥议，私欲用我，人必谓我以它歧得之，何以自明？且尔知时事浸不佳乎？由吾曹贪名位所致耳。”丙辰，以澳为河阳节度使。玭，仲郢之子也。

上欲幸华清宫，谏官论之甚切，上为之止。上乐闻规谏，凡谏官论事、门下封驳，苟合于理，多屈意从之；得大臣章疏，必焚香盥手而读之。

二月，辛巳，以门下侍郎、同平章事魏謩同平章事，充西川节度使。謩为相，议事于上前，它相或委曲规讽，謩独正言无所避。上每叹曰：“謩绰有祖风，我心重之。”然竟以刚直为令狐绹所忌而出之。

岭南溪洞蛮屡为侵盗，夏，四月，壬申，以右千牛大将军宋涯为安南、邕管宣慰使。五月，乙巳，以涯为安南经略使。容州军乱，逐经略使王球。六月，癸巳，以涯为容管经略使。

甲午，立皇子灌为卫王，滩为广王。

秋，七月，庚子，以兵部侍郎、判度支萧邺同平章事，仍判度支。

教坊祝汉贞，滑稽敏给，上或指物使之口占，摹咏有如宿构，由是宠冠诸优。

一日，在上前抵掌诙谐，颇及外事，上正色谓曰："我畜养尔曹，正供戏笑耳，岂得辄预朝政邪！"自是疏之。会其子坐赃，杖死，流汉贞于天德军。

乐工罗程，善琵琶，自武宗朝已得幸，上素晓音律，尤有宠。程恃恩暴横，以睚眦杀人，系京兆狱。诸乐工欲为之请，因上幸后苑奏乐，乃设虚坐，置琵琶，而罗拜于庭，且泣。上问其故，对曰："罗程负陛下，万死，然臣等惜其天下绝艺，不复得奉宴游矣。"上曰："汝曹所惜者罗程艺，朕所惜者高祖、太宗法。"竟杖杀之。

八月，成德节度使王绍鼎薨。绍鼎沉湎无度，好登楼弹射人以为乐，众欲逐之，会病薨，军中立其弟节度副使绍懿。戊寅，以绍懿为成德留后。

九月，辛酉，以太子太师卢钧同平章事，充山南西道节度使。

冬，十月，己巳，以秦成防御使李承勋为泾原节度使。承勋，光弼之孙也。先是，吐蕃酋长尚延心以河、渭二州部落来降，拜武卫将军，承勋利其羊马之富，诱之入凤林关，居秦州之西。承勋与诸将谋执延心，诬云谋叛，尽掠其财，徙其众于荒远。延心知之，因承勋军宴，坐中谓承勋曰："河、渭二州，土旷人稀，因以饥疫。唐人多内徙三川，吐蕃皆远遁于叠宕之西，二千里间，寂无人烟。延心欲入见天子，请尽帅部众分徙内地，为唐百姓，使西边永无扬尘之警，其功亦不愧于张义潮矣。"承勋欲自有其功，犹豫未许，延心复曰："延心既入朝，部落内徙，但惜秦州无所复恃耳。"承勋与诸将相顾默然。明日，诸将言于承勋曰："明公首开营田，置使府，拥万兵，仰给度支，将士无战守之劳，有耕市之利。若从延心之谋，则西陲无事，朝廷必罢使府，省戍兵，还以秦州隶凤翔，吾属无所复望矣。"承勋以为然，即奏延心为河、渭都游奕使，使统其众居之。

中书侍郎、同平章事郑朗以疾辞位，壬申，以朗为太子太师。

上晚节颇好神仙，遣中使迎道士轩辕集于罗浮山。

王端章册立回鹘可汗，道为黑车子所塞，不至而还。辛卯，贬端章贺州司马。

十一月，壬寅，以成德军留后王绍懿为节度使。

十二月，萧邺罢判度支。

十二年（戊寅、858）

春，正月，以康王傅、分司王式为安南都护、经略使。式有才略，至交阯，树芳木为栅，可支数十年。深堑其外，泄城中水，堑外植竹，寇不能冒。选教士卒甚锐。顷之，南蛮大至，屯锦田步，去交阯半日程。式意思安闲，遣译谕之，中其要害，蛮一夕引去，遣人谢曰："我自执叛獠耳，非为寇也。"安南都校罗行恭，久专府政，麾下精兵二千，都护中军才羸兵数百。式至，杖其背，黜于边徼。

初，户部侍郎、判度支刘瑑为翰林学士，上器重之。时为河东节度使，手诏征入朝，瑑奏发河东，外人始知之。戊午，以瑑同平章事。瑑，仁轨之五世孙也。

瑑与崔慎由议政于上前，慎由曰："惟当甄别品流，上酬万一。"瑑曰："昔王夷甫祖尚浮华，妄分流品，致中原丘墟。今盛明之朝，当循名责实，使百官各称其职，而遽以品流为先，臣未知致理之日。"慎由无以对。

轩辕集至长安，上召入禁中，问曰："长生可学乎？"对曰："王者屏欲而崇德，则自然受(大)〔天〕遐福，何处更求长生！"留数月，坚求还山，乃遣之。

二月，甲子朔，罢公卿朝拜光陵及忌日行香，悉移宫人于诸陵。

戊辰，以中书侍郎、同平章事崔慎由为东川节度使。

上欲御楼肆赦，令狐绹曰："御楼所费甚广，事须有名，且赦不可数。"上不悦，曰："遣朕于何得名！"慎由曰："陛下未建储宫，四海属望。若举此礼，虽郊祀亦可，况于御楼！"时上饵方士药，已觉躁渴，而外人未知，疑忌方深，闻之，俯首不复言。旬日，慎由罢相。

勃海王彝震卒，癸未，立其弟虔晃为勃海王。

夏，四月，以右街使、驸马都尉刘异为邠宁节度使。异尚安平公主，上妹也。

庚子，岭南都将王令寰作乱，囚节度使杨发。发，苏州人也。

戊申，以兵部侍郎、盐铁转运使夏侯孜同平章事。

五月，丙寅，工部尚书、同平章事刘瑑薨。瑑病笃，犹手疏论事，上甚惜之。

以右金吾大将军李燧为岭南节度使，已命中使赐之节，给事中萧倣封还制书。上方奏乐，不暇别召中使，使优人追之，节及燧门而返。倣，俛之从父弟也。辛巳，以泾原节度使李承勋为岭南节度使，发邻道兵讨乱者，平之。

是日，湖南军乱，都将石载顺等逐观察使韩琮，杀都押牙王桂直。琮待将士不以礼，故及于难。

六月，丙申，江西军乱，都将毛鹤逐观察使郑宪。

初，安南都护李涿为政贪暴，强市蛮中马牛，一头止与盐一斗，又杀蛮酋杜存诚。群蛮怨怒，导南诏侵盗边境。峰州有林西原，旧有防冬兵六千，其旁七绾洞蛮，其酋长曰李由独，常助中国戍守，输租赋。知峰州者言于涿，请罢戍兵，专委由独防遏，于是由独势孤，不能自立。南诏拓东节度使以书诱之，以甥妻其子，补拓东押牙，由独遂帅其众臣于南诏。自是安南始有蛮患。是月，蛮寇安南。

秋，七月，丙寅，宣州都将康全泰作乱，逐观察使郑薰，薰奔扬州。

丁卯，右补阙内供奉张潜上疏，以为："藩府代移之际，皆奏仓库蓄积之数，以羡余多为课绩，朝廷亦因而甄奖。窃惟藩府财赋，所出有常，苟非赋敛过差，及停废将士，减削衣粮，则羡余何从而致？比来南方诸镇数有不宁，皆此故也。一朝有变，所蓄之财悉遭剽掠，又发兵致讨，费用百倍，然则朝廷竟有何利？乞自今藩府长吏，不增赋敛，不减粮赐，独节游宴，省浮费，能致羡余者，然后赏之。"上嘉纳之。

容管奏都虞候来正谋叛，经略使宋涯捕斩之。

初，忠武军精兵皆以黄冒首，号黄头军。李承勋以百人定岭南，宋涯使麾下效其服装，亦定容州。安南有恶民，屡为乱，闻之，惊曰："黄头军度海(求)〔来〕袭我矣！"相与夜围交阯城，鼓噪："愿送都护北归，我须此城御黄头军。"王式方食，或劝出避之。式曰："吾足一动，则城溃矣。"徐食毕，擐甲，率左右登城，建大将旗，坐而责之，乱者反走。明日，悉捕诛之。有杜守澄者，自齐、梁以来拥众据溪洞，不可制。式离间其亲党，守澄走死。安南饥乱相继，六年无上供，军中无犒赏，式始修贡赋，飨将士。占城、真腊皆复通使。

淮南节度使崔铉奏已出兵讨宣州贼，八月，甲午，以铉兼宣歙观察使。己亥，以宋州刺史温璋为宣州团练使。璋，造之子也。

河南、北、淮南大水，徐、泗水深五丈，漂没数万家。

冬，十月，建州刺史于延陵入辞，上曰："建州去京师几何？"对曰："八千里。"上曰："卿到彼为政善恶，朕皆知之，勿谓其远！此阶前则万里也，卿知之乎？"延陵悸慑失绪，上抚而遣之。到官，竟以不职贬复州司马。

令狐绹拟李远杭州刺史，上曰："吾闻远诗云：'长日惟消一局棋'，安能理人？"绹曰："诗人托此为高兴耳，未必实然。"上曰："且令往试观之。"

上诏刺史毋得外徙，必令至京师，面察其能否，然后除之。令狐绹尝徙其故人为邻州刺史，便道之官。上见其谢上表，以问绹，对曰："以其道近，省送迎耳。"上曰："朕以刺史多非其人，为百姓害，故欲一一见之，访问其所施设，知其优劣以行黜陟。而诏命既行，直废格不用，宰相可畏有权！"时方寒，绹汗透重裘。

上临朝，接对群臣如宾客，虽左右近习，未尝见其有惰容。每宰相奏事，旁无一人立者，威严不可仰视。奏事毕，忽怡然曰："可以闲语矣。"因问闾阎细事，或谈宫中游宴，无所不至。一刻许，复整容曰："卿辈善为之，朕常恐卿辈负朕，后日不复得再相见。"乃起入宫。令狐绹谓人曰："吾十年秉政，最承恩遇，然每延英奏事，未尝不汗沾衣也。"

初，山南东道节度使徐商，以封疆险阔，素多盗贼，选精兵数百人别置营训练，号捕盗将。及湖南逐帅，诏商讨之。商遣捕盗将二百人讨平之。

崔铉奏克宣州，斩康全泰及其党四百余人。

上以光禄卿韦宙父丹有惠政于江西，以宙为江西观察使，发邻道兵以讨毛鹤。

崔铉以宣州已平，辞宣歙观察使。十一月，戊寅，以温璋为宣歙观察使。

兵部侍郎、判户部蒋伸从容言于上曰："近日官颇易得，人思徼幸。"上惊曰：

“如此，则乱矣！”对曰：“乱则未乱，但徼幸者多，乱亦非难。”上称叹再三。伸三起，上三留之，曰：“异日不复得独对卿矣。”伸不谕。十二月，甲寅，以伸同平章事。

韦宙奏克洪州，斩毛鹤及其党五百余人。宙过襄州，徐商遣都将韩季友帅捕盗将从行。宙至江州，季友请夜帅其众自陆道间行，比明，至洪州，州人不知，即日讨平之。宙奏留捕盗将二百人于江西，以季友为都虞候。

十三年（己卯、859）

春，正月，戊午朔，赦天下。

三月，割河东雲、蔚、朔三州隶大同军。

夏，四月，辛卯，以校书郎于琮为左拾遗内供奉。初，上欲以琮尚永福公主，既而中寝，宰相请其故，上曰：“朕近与此女子会食，对朕辄折匕箸。性情如是，岂可为士大夫妻！”乃更命琮尚广德公主。二公主皆上女。琮，敖之子也。

武宁节度使康季荣不恤士卒，士卒噪而逐之。上以左金吾大将军田牟尝镇徐州，有能名，复以为武宁节度使，一方遂安。贬季荣于岭南。

六月，癸巳，封宪宗子惕为彭王。

初，上长子郓王温，无宠，居十六宅，余子皆居禁中。夔王滋，第三子也，上爱之，欲以为嗣，为其非次，故久不建东宫。

上饵医官李玄伯、道士虞紫芝、山人王乐药，疽发于背。八月，疽甚，宰相及朝臣皆不得见，上密以夔王属枢密使王归长、马公儒、宣徽南院使王居方，使立之。三人及右军中尉王茂玄，皆上平日所厚也。独左军中尉王宗实素不同心，三人相与谋，出宗实为淮南监军。宗实已受敕于宣化门外，将自银台门出，左军副使亓元实谓宗实曰：“圣人不豫逾月，中尉止隔门起居，今日除改，未可辨也。何不见圣人而出？”宗实感寤，复入，诸门已踵故事增人守捉矣。亓元实翼导宗实直至寝殿，上已崩，东首环泣矣。宗实叱归长等，责以矫诏，皆捧足乞命。乃遣宣徽北院使齐元简迎郓王。壬辰，下诏立郓王为皇太子，权句当军国政事，仍更名漼。收归长、公儒、居方，皆杀之。癸巳，宣遗制，以令狐绹摄冢宰。

宣宗性明察沉断，用法无私，从谏如流，重惜官赏，恭谨节俭，惠爱民物，故大中之政，讫于唐亡，人思咏之，谓之小太宗。

丙申，懿宗即位。癸卯，尊皇太后为太皇太后。以王宗实为骠骑上将军。李玄伯、虞紫芝、王乐皆伏诛。

九月，追尊上母晁昭容为元昭皇太后。

加魏博节度使何弘敬兼中书令，幽州节度使张允伸同平章事。

冬，十月，辛卯，赦天下。

十一月，戊午，以门下侍郎、同平章事萧邺同平章事，充荆南节度使。

十二月，甲申，以翰林学士承旨、兵部侍郎杜审权同平章事。审权，元颖之弟孙也。

浙东贼帅裘甫攻陷象山，官军屡败，明州城门昼闭，进逼剡县，有众百人，浙东骚动。观察使郑祗德遣讨击副使刘勍、副将范居植将兵三百，合台州军共讨之。

司空、门下侍郎、同平章事令狐绹执政岁久，忌胜己者，中外侧目，其子滈颇招权受贿。宣宗既崩，言事者竞攻其短，丁酉，以绹同平章事，充河中节度使。以前荆南节度使、同平章事白敏中守司徒、兼门下侍郎、同平章事。

初，韦皋在西川，开青溪道以通群蛮，使由蜀入贡。又选群蛮子弟聚之成都，教以书数，欲以慰悦羁縻之。业成则去，复以它子弟继之。如是五十年，群蛮子弟学于成都者殆以千数，军府颇厌于禀给。又，蛮使入贡，利于赐与，所从傔人浸多，杜悰为西川节度使，奏请节减其数，诏从之。南诏丰祐怒，其贺冬使者留表付巂州而还。又索习学子弟，移牒不逊，自是入贡不时，颇扰边境。

会宣宗崩，遣中使告哀，时南诏丰祐适卒，子酋龙立，怒曰："我国亦有丧，朝廷不吊祭。又诏书乃赐故王。"遂置使者于外馆，礼遇甚薄。使者还，具以状闻。上以酋龙不遣使来告丧，又名近玄宗讳，遂不行册礼。酋龙乃自称皇帝，国号大礼，改元建极，遣兵陷播州。

资治通鉴卷第二百五十

端明殿学士兼翰林侍读学士太中大夫提举西京嵩山崇福宫上柱国河内郡开国公食邑二千二百户食实封九百户赐紫金鱼袋臣 司马光 奉敕编集

唐纪六十六起上章执徐(庚辰),尽强圉大渊献(丁亥),凡八年。

懿宗昭圣恭惠孝皇帝上

咸通元年(庚辰、860)

春,正月,乙卯,浙东军与裘甫战于桐柏观前,范居植死,刘勍仅以身免。乙丑,甫帅其徒千余人陷剡县,开府库,募壮士,众至数千人,越州大恐。

时二浙久安,人不习战,甲兵朽钝,见卒不满三百,郑祗德更募新卒以益之,军吏受赂,率皆得孱弱者。祗德遣子将沈君纵、副将张公署、望海镇将李珪将新卒五百击裘甫。二月,辛卯,与甫战于剡西,贼设伏于三溪之南,而陈于三溪之北,壅溪上流,使可涉。既战,阳败走,官军追之,半涉,决壅,水大至,官军大败,三将皆死,官军几尽。于是山海诸盗及它道无赖亡命之徒,四面云集,众至三万,分为三十二队。其小帅有谋略者推刘暀,勇力推刘庆、刘从简。群盗皆遥通书币,求属麾下。甫自称天下都知兵马使,改元罗平,铸印曰天平。大聚资粮,购良工,治器械,声震中原。

丙申,葬圣武献文孝皇帝于贞陵,庙号宣宗。

丙午,白敏中入朝,坠陛,伤腰,肩舆以归。

郑祗德累表告急,且求救于邻道,浙西遣牙将凌茂贞将四百人、宣歙遣牙将白琮将三百人赴之。祗德始令屯郭门及东小江,寻复召还府中以自卫。祗德馈之,比度支常馈多十三倍,而宣、润将士犹以为不足。宣、润将士请土军为导,以与贼战,诸将或称病,或阳坠马,其肯行者必先邀职级,竟不果遣。贼游骑至平水东小江,城中士民储舟裹粮,夜坐待旦,各谋逃溃。

朝廷知祗德懦怯,议选武将代之。夏侯孜曰:“浙东山海幽阻,可以计取,难以力攻。西班中无可语者,前安南都护王式,虽儒家子,在安南威服华、夷,名闻远近,可任也。”诸相皆以为然。遂以式为浙东观察使,征祗德为宾客。

三月,辛亥朔,式入对,上问以讨贼方略。对曰:“但得兵,贼必可破。”有宦官侍侧,曰:“发兵,所费甚大。”式曰:“臣为国家惜费则不然。兵多贼速破,其费省矣。若兵少不能胜贼,延引岁月,贼势益张,则江、淮群盗将蜂起应之。国家用度尽仰江、淮，若阻绝不通，则上自九庙，下及十军，皆无以供给，其费岂可胜计哉！”上顾宦官曰：“当与之兵。”乃诏发忠武、义成、淮南等诸道兵授之。

裘甫分兵掠衢、婺州。婺州押牙房郅、散将楼曾、衢州十将方景深将兵拒险，贼不得入。又分兵掠明州，明州之民相与谋曰：“贼若入城，妻子皆为菹醢，况货财，能保之乎！”乃自相帅出财募勇士，治器械，树栅，浚沟，断桥，为固守之备。贼又遣兵掠台州，破唐兴。己巳，甫自将万余人掠上虞，焚之。癸酉，入馀姚，杀丞、尉。东破慈溪，入奉化，抵宁海，杀其令而据之，分兵围象山。所过俘其少壮，余老弱者蹂践杀之。

及王式除书下，浙东人心稍安。裘甫方与其徒饮酒，闻之不乐。刘暀叹曰：“有如此之众而策画未定，良可惜也！今朝廷遣王中丞将兵来，闻其人智勇无敌，不四十日必至。兵马使宜急引兵取越州，凭城郭，据府库，遣兵五千守西陵，循浙江筑垒以拒之，大集舟舰。得间，则长驱进取浙西，过大江，掠扬州货财以自实，还，修石头城而守之，宣歙、江西必有响应者。遣刘从简以万人循海而南，袭取福建。如此，则国家贡赋之地尽入于我矣。但恐子孙不能守耳，终吾身保无忧也。”甫曰：“醉矣，明日议之。”暀以甫不用其言，怒，阳醉而出。有进士王辂在贼中，贼客之，辂说甫曰：“如刘副使之谋，乃孙权所为也。彼乘天下大乱，故能据有江东，今中国无事，此功未易成也。不如拥众据险自守，陆耕海渔，急则逃入海岛，此万全策也。”甫畏式，犹豫未决。

夏，四月，式行至柿口，义成军不整，式欲斩其将，久乃释之，自是军所过若无人。至西陵，裘甫遣使请降，式曰：“是必无降心，直欲窥吾所为，且欲使吾骄怠耳。”乃谓使者曰：“甫面缚以来，当免而死。”

乙未，式入越州，既交政，为郑祗德置酒，曰：“式主军政，不可以饮，监军但与众宾尽醉。”迨夜，继以烛，曰：“式在此，贼安能妨人乐饮！”丙申，饯祗德于远郊，复乐饮而归。于是始修军令，告馈饷不足者息矣，称疾卧家者起矣，先求迁职者默矣。贼别帅洪师简、许会能帅所部降，式曰：“汝降是也，当立效以自异。”使帅其徒为前锋，与贼战有功，乃奏以官。

先是，贼谍入越州，军吏匿而饮食之。文武将吏往往潜与贼通，求城破之日免死及全妻子，或诈引贼将来降，实窥虚实。城中密谋屏语，贼皆知之。式阴察知，悉捕索，斩之。刑将吏尤横猾者，严门禁，无验者不得出入，警夜周密，贼始不知我所为矣。

式命诸县开仓廪以赈贫乏，或曰：“贼未灭，军食方急，不可散也。”式曰：“非汝所知。”官军少骑卒，式曰：“吐蕃、回鹘比配江、淮者，其人习险阻，便鞍马，可用也。”举籍府中，得骁健者百余人。虏久羁旅，所部遇之无状，困馁甚。式既犒饮，又赒其父母妻子，皆泣拜欢呼，愿效死，悉以为骑卒，使骑将石宗本将之。凡在管内者，皆视此籍之，又奏得龙陂监马二百匹，于是骑兵足矣。或请为烽燧以诇贼远近众寡，式笑而不应，选懦卒，使乘健马，少给之兵，以为候骑。众怪之，不敢问。

于是阅诸营见卒及土团子弟，得四千人，使导军分路讨贼。府下无守兵，更籍土团千人以补之。乃命宣歙将白琮、浙西将凌茂贞帅本军，北来将韩宗政等帅土团，合千人，石宗本帅骑兵为前锋，自上虞趋奉化，解象山之围，号东路军。又以义成将白宗建、忠〔武〕将游君楚、淮南将万璘帅本军与台州唐兴军合，号南路军。令之曰："毋争险易，毋焚庐舍，毋杀平民以增首级！平民胁从者，募降之。得贼金帛，官无所问。俘获者，皆越人也，释之。"

癸卯，南路军拔贼沃洲寨，甲辰，拔新昌寨，破贼将毛应天，进抵唐兴。

白敏中三表辞位，上不许。右补阙王谱上疏，以为："陛下致理之初，乃宰相尽心之日，不可暂阙。敏中自正月卧疾，今四月矣，陛下虽与它相坐语，未尝三刻，天下之事，陛下尝暇与之讲论乎！愿听敏中罢去，延访硕德，以资聪明。"己酉，贬谱为阳翟令。谱，珪之六世孙也。五月，庚戌朔，给事中郑公舆封还贬谱敕书。上令宰相议之，宰相以为谱侵敏中，竟贬之。

辛亥，浙东东路军破贼将孙马骑于宁海。戊午，南路军大破贼将刘暀、毛应天于唐兴南谷，斩应天。

先是，王式以兵少，奏更发忠武、义成军及请昭义军，诏从之。三道军至越州，式命忠武将张茵将三百人屯唐兴，断贼南出之道；义成将高罗锐将三百人，益以台州土军，径趋宁海，攻贼巢穴；昭义将跌跌戣将四百人，益东路军，断贼入明州之道。庚申，南路军大破贼于海游镇，贼入甬溪洞。戊辰，官军屯于洞口，贼出洞战，又破之。己巳，高罗锐袭贼别帅刘平天寨，破之。自是诸军与贼十九战，贼连败。刘暀谓裘甫曰："向从吾谋入越州，宁有此困邪！"王辂等进士数人在贼中，皆衣绿，暀悉收斩之，曰："乱我谋者，此青虫也。"

高罗锐克宁海，收其逃散之民，得七千余人。王式曰："贼窘且饥，必逃入海，入海则岁月间未可擒也。"命罗锐军海口以拒之。又命望海镇将雲思益、浙西将王克容将水军巡海澨。思益等遇贼将刘〔从〕简于宁海东，贼不虞水军遽至，皆弃船走山谷，得其船十七，尽焚之。式曰："贼无所逃矣，惟黄罕岭可入剡，恨无兵以守之。虽然，亦成擒矣！"裘甫既失宁海，乃帅其徒屯南陈馆下，众尚万余人。辛未，东路军破贼将孙马骑于上畽村，贼将王皋惧，请降。

壬申，右拾遗内供奉薛调上言，以为："兵兴以来，赋敛无度，所在群盗，半是逃户，固须剪灭，亦可闵伤。望敕州县税外毋得科率，仍敕长吏严加纠察。"从之。

袁王绅薨。

戊寅，浙东东路军大破裘甫于南陈馆，斩首数千级，贼委弃缯帛盈路，以缓追者。跌跌戣令士卒："敢顾者斩！"毋敢犯者。贼果自黄罕岭遁去，六月，甲申，复入剡。诸军失甫，不知所在，义成将张茵在唐兴获俘，将苦之，俘曰："贼入剡矣。苟舍我，我请为军导。"从之，茵后甫一日至剡，壁其东南，府中闻甫入剡，复大恐，王式曰："贼来就擒耳！"命趣东、南两路军会于剡，辛卯，围之。贼城守甚坚，攻之，不能拔，诸将议绝溪水以渴之，贼知之，乃出战。三日，凡八十三战，贼虽败，官军亦疲。贼请降，诸将以白式，式曰："贼欲少休耳，益谨备之，功垂成矣。"贼果复出，又三战。庚子夜，裘甫、刘暀、刘庆从百余人出降，遥与诸将语，离城数十步，官军疾趋，断其后，遂擒之。壬寅，甫等至越州，式腰斩暀、庆等二十余人，械甫送京师。

剡城犹未下，诸将已擒甫，不复设备。刘从简帅壮士五百突围走，诸将追至大兰山，从简据险自守。秋，七月，丁巳，诸将共攻克之。台州刺史李师望募贼相捕斩之以自赎，所降数百人，得从简首，献之。

诸将还越，式大置酒。诸将乃请曰："某等生长军中，久更行陈，今年得从公破贼，然私有所不谕者，敢问：公之始至，军食方急，而遽散以赈贫乏，何也？"式曰："此易知耳，贼聚谷以诱饥人，吾给之食，则彼不为盗矣。且诸县无守兵，贼至，则仓谷适足资之耳。"又问："不置烽燧，何也？"式曰："烽燧所以趣救兵也，兵尽行，城中无兵以继之，徒惊士民，使自溃乱耳。"又问："使懦卒为候骑而少给兵，何也？"式曰："彼勇卒操利兵，遇敌且不量力而斗，斗死，则贼至不知矣。"皆拜曰："非所及也。"

封宪宗子愕为信王。

八月，裘甫至京师，斩于东市。加王式检校右散骑常侍，诸将官赏各有差。先是，上每以越盗为忧，夏侯孜曰："王式才有余，不日告捷矣。"孜与式书曰："公专以执裘甫为事，军须细大，此期悉力。"故式所奏求无不从，由是能成其功。

卫王灌薨。

九月，白敏中五上表辞位，辛亥，以敏中为司徒、中书令。

癸酉，右拾遗句容刘邺上言："李德裕父子为相，有声迹功效，窜逐以来，血属将尽，生涯已空，宜赐哀闵，赠以一官。"冬，十月，丁亥，敕复李德裕太子少保、卫国公，赠左仆射。

己亥，以门下侍郎、同平章事夏侯孜同平章事，充西川节度使。以户部尚书、判度支毕諴为礼部尚书、同平章事。

安南都护李鄠复取播州。

十一月，丁丑，上祀圆丘，赦，改元。

十二月，戊申，安南土蛮引南诏兵合三万余人乘虚攻交阯，陷之，都护李鄠与监军奔武州。

二年（辛巳、861）

春，正月，诏发邕管及邻道兵救安南，击南蛮。

二月，以中书令白敏中兼中书令，充凤翔节度使；以左仆射、判度支杜悰兼门下侍郎、同平章事。

一日，两枢密使诣中书，宣徽使杨公庆继至，独揖悰受宣，三相起，避之西轩。公庆出斜封文书以授悰，发之，乃宣宗大渐时宦官请郓王监国奏也，且曰："当时宰相无名者，当以反法处之。"悰反复读良久，曰："圣主登极，万方欣戴。今日此文书，非臣下所宜窥。"复封以授公庆，曰："主上欲罪宰相，当于延英面示圣旨，明行诛谴。"公庆去，悰复与两枢密坐，谓曰："内外之臣，事犹一体，宰相、枢密共参国政。今主上新践阼，未熟万机，资内外裨补，固当以仁爱为先，刑杀为后，岂得遽赞成杀宰相事！若主上习以性成，则中尉、枢密权重禁闱，岂得不自忧乎？悰受恩六朝，所望致君尧、舜，不欲朝廷以爱憎行法。"两枢密相顾默然，徐曰："当具以公言白至尊，非公重德，无人及此。"惭悚而退。三相复来见悰，微请宣意，悰无言。三相惶怖，乞存家族，悰曰："勿为它虑。"既而寂然，无复宣命。及延英开，上色甚悦。

是时士大夫深疾宦官，事有小相涉，则众共弃之。建州进士叶京尝预宣武军宴，识监军之面。既而及第，在长安与同年出游，遇之于涂，马上相揖。因之谤议喧然，遂沉废终身，其不相悦如此。

福王绾薨。

夏，六月，癸丑，以盐州防御使王宽为安南经略使，时李鄠自武州收集土军，攻群蛮，复取安南，朝廷责其失守，贬儋州司户。鄠初至安南，杀蛮酋杜守澄，其宗党遂诱道群蛮陷交阯，朝廷以杜氏强盛，务在姑息，冀收其力用，乃赠守澄父存诚金吾将军，再举鄠杀守澄之罪，长流崖州。

秋，七月，南蛮攻邕州，陷之。先是，广、桂、容三道共发兵三千人戍邕州，三年一代。经略使段文楚请以三道衣粮自募土军以代之，朝廷许之，所募才得五百许人。文楚入为金吾将军，经略使李蒙利其阙额衣粮以自入，悉罢遣三道戍卒，止以所募兵戍守左、右江，比旧什减七八，故蛮人乘虚入寇。时蒙已卒，经略使李弘源至镇才十日，无兵以御之，城陷，弘源与监军脱身奔蛮州，二十余日，蛮去，乃还。弘源坐贬建州司户。文楚时为殿中监，复以为邕管经略使，至镇，城邑居人什不存一。文楚，秀实之孙也。

杜悰上言："南诏向化七十年，蜀中寝兵无事，群蛮率服。今西川兵食单寡，未可轻与之绝，且应遣使吊祭，晓谕清平官等以新王名犯庙讳，故未行册命，待其更名谢恩，然后遣使册命，庶全大体。"上从之。命左司郎中孟穆为吊祭使。未发，会南诏寇巂州，攻邛(峡)〔崃〕关，穆遂不行。

冬，十月，以御史大夫郑涯为山南东道节度使；十一月，加同平章事。

三年(壬午、862)

春，正月，庚寅朔，群臣上尊号曰睿文明圣孝德皇帝，赦天下。

以中书侍郎、同平章事蒋伸同平章事，充河中节度使。

二月，棣王惴薨。

南诏复寇安南，经略使王宽数来告急，朝廷以前湖南观察使蔡袭代之，仍发许、滑、徐、汴、荆、襄、潭、鄂等道兵合三万人授袭以御之。兵势既盛，蛮遂引去。邕管经略使段文楚坐变更旧制，左迁威卫将军、分司。

左庶子蔡京，性贪虐多诈，时相以为有吏才，奏遣制置岭南事。三月，京还，奏事称旨，复以京权知太仆卿，充荆襄以南宣慰安抚使。

夏，四月，己亥朔，敕于两街四寺各置戒坛，度人三七日。上奉佛太过，怠于政事，尝于咸泰殿筑坛为内寺尼受戒，两街僧尼皆入预；又于禁中设讲席，自唱经，手录梵夹；又数幸诸寺，施与无度。吏部侍郎萧倣上疏，以为："玄祖之道，慈俭为先，素王之风，仁义为首，垂范百代，必不可加。佛者，弃位出家，割爱中之至难，取灭后之殊胜，非帝王所宜慕也。愿陛下时开延英，接对四辅，力求人瘼，虔奉宗祧。思缪赏与滥刑，其殃必至；知胜残而去杀，得福甚多。罢去讲筵，躬勤政事。"上虽嘉奖，竟不能从。

岭南旧分五管，广、桂、邕、容、安南，皆隶岭南节度使，蔡京奏请分岭南为两道节度，从之。五月，敕以广州为东道，邕州为西道，又割桂管龚、象二州，容管藤、岩二州隶邕管。寻以岭南节度使韦宙为东道节度使，以蔡京为西道节度使。

蔡袭将诸道兵在安南，蔡京忌之，恐其立功，奏称："南蛮远遁，边徼无虞，武夫邀功，妄占戍兵，虚费馈运。盖以荒陬路远，难于覆验，故得肆其奸诈。请罢戍兵，各还本道。"朝廷从之。袭累奏称群蛮伺隙日久，不可无备，乞留戍兵五千人，不听。袭以蛮寇必至，交阯兵食皆阙，谋力两穷，作十必死状申中书，时相信京之言，终不之省。

秋，七月，徐州军乱，逐节度使温璋。

初，王智兴既得徐州，募勇悍之士二千人，号银刀、雕旗、门枪、挟马等七军，常以三百余人自卫，露刃坐于两庑夹幕之下，每月一更。其后节度使多儒臣，其兵浸骄，小不如意，一夫大呼，其众和之，节度使辄自后门逃去。前节度使田牟至与之杂坐饮酒，把臂拊背，或为之执板唱歌。犒赐之费，日以万计，风雨寒暑，复加劳来，犹时喧哗，邀求不已。牟薨，璋代之，骄兵素闻璋性严，惮之。璋开怀慰抚，而骄兵终怀猜忌，赐酒食皆不历口，一旦，竟聚噪而逐之。朝廷知璋无辜，乙亥，以璋为邠宁节度使，以浙东观察使王式为武宁节度使。

以前西川节度使、同平章事夏侯孜为左仆射、同平章事。

忠武、义成两军从王式讨裘甫者犹在浙东，诏式帅以赴徐州，骄兵闻之，甚惧。八月，式至大彭馆，始出迎谒。式视事三日，飨两镇将士，遣还，既擐甲执兵，命围骄兵，尽杀之，银刀都将邵泽等数千人皆死。甲子，敕以徐州先隶淄青道，李洧自归，始置徐海使额。及张建封以威名宠任，特帖濠、泗二州。当时本以控扼淄青、光蔡。自寇孽消弭，而武宁一道职为乱阶。今改为徐州团练使，隶兖海节度。复以濠州归淮南道，更于宿州置宿泗都团练观察使。留将士二千人守徐州，余皆分隶兖、宿。且以王式为武宁节度使，兼徐、泗、濠、宿制置使。委式与监军杨玄质分配将士赴诸道讫，然后将忠武、义成两道兵至汴滑，各遣归本道，身诣京师。其银刀等军逃匿将士，听一月内自首，一切勿问。

岭南西道节度使蔡京为政苛惨，设炮烙之刑，阖境怨之，遂为邕州军士所逐，奔藤州，诈为敕书及攻讨使印，募乡丁及旁侧土军以攻邕州。众既乌合，动辄溃败，往依桂州，桂州人怨其分裂，不纳。京无所自容，敕贬崖州司户，不肯之官，还，至零陵，敕赐自尽。以桂管观察使郑愚为岭南西道节度使。

冬，十月，丙申朔，立皇子佾为魏王，侹为凉王，佶为蜀王。

十一月，立顺宗子缉为蕲王，宪宗子愦为荣王。

南诏帅群蛮五万寇安南，都护蔡袭告急，敕发荆南、湖南两道兵二千，桂管义征子弟三千，诣邕州受郑愚节度。

岭南东道节度使韦宙奏："蛮寇必向邕州，若不先保护，遽欲远征，恐蛮于后乘虚扼绝饷道。"乃敕蔡袭屯海门，郑愚分兵备御。十二月，袭又求益兵，敕山南东道发弩手千人赴之。时南诏已围交阯，袭婴城固守，救兵不得至。

翼王绰薨。

是岁，嗢末始入贡。嗢末者，吐蕃之奴号也。吐蕃每发兵，其富室多以奴从，往往一家至十数人，由是吐蕃之众多。及论恐热作乱，奴多无主，遂相纠合为部落，散在甘、肃、瓜、沙、河、渭、岷、廓、叠、宕之间，吐蕃微弱者反依附之。

四年（癸未、863）

春，正月，庚午，上祀圆丘，赦天下。

是日，南诏陷交阯。蔡袭左右皆尽，徒步力战，身集十矢，欲趣监军船，船已离岸，遂溺海死。幕僚樊绰携其印浮度江。荆南、江西、鄂岳、襄州将士四百余人，走至城东水际，荆南虞候元惟德等谓众曰："吾辈无船，入水则死，不若还向城与蛮斗，人以一身易二蛮，亦为有利。"遂还向城，入东罗门，蛮不为备，惟德等纵兵杀蛮二千余人。逮夜，蛮将杨思缙始自子城出救之，惟德等皆死。南诏两陷交阯，所杀虏且十五万人。留兵二万，使思缙据交阯城。溪洞夷獠无远近皆降之。诏诸道兵赴安南者悉召还，分保岭南东、西道。

上游宴无节，左拾遗刘蜕上疏曰："今西凉筑城，应接未决于与夺。南蛮侵轶，干戈悉在于道涂。旬月以来，不为无事。陛下不形忧闵以示远近，则何以责其死力！望节娱游，以待远人乂安，未晚。"弗听。

二月，甲午朔，上历拜十六陵。

置天雄军于秦州，以成、河、渭三州隶焉。以前左金吾将军王晏实为天雄观察使。

三月，归义节度使张义潮奏自将蕃、汉兵七千克复凉州。

南蛮寇左、右江，浸逼邕州。郑愚惧，自言儒臣无将略，请任武臣。朝廷召义武节度使康承训诣阙，欲使之代愚，仍诏选军校数人、士卒数百人自随。

中书侍郎、同平章事毕諴以同列多徇私不法，称疾辞位，夏，四月，罢为兵部尚书。

庚戌，群盗入徐州，杀官吏，刺史曹庆讨平之。

康承训至京师，以为岭南西道节度使，发荆、襄、洪、鄂四道兵万人与之俱。

五月，戊辰，以翰林学士承旨、兵部侍郎杨收同平章事。收，发之弟也，与左军中尉杨玄价叙同宗相结，故得为相。

乙亥，废容管，隶岭南西道，以供军食，复以龚、象二州隶桂管。

戊子，以门下侍郎、同平章事杜审权同平章事，充镇海节度使。

六月，废安南都护府，置行交州于海门镇；以右监门将军宋戎为行交州刺史，以康承训兼领安南及诸军行营。

闰月，以门下侍郎、同平章事杜悰同平章事，充凤翔节度使；以兵部侍郎、判度支河南曹确同平章事。

秋，七月，辛卯朔，日有食之。

复置安南都护府于行交州，以宋戎为经略使，发山东兵万人镇之。时诸道兵援安南者屯聚岭南，江西、湖南（江西、湖南）馈运者皆溯湘江入澪渠、漓水，劳费艰涩，诸军乏食。润州人陈磻石上言，请造千斛大舟，自福建运米泛海，不一月至广州，从之，军食以足。然有司以和雇为名，夺商人舟，委其货于岸侧，舟入海或遇风涛没溺，有司因系纲吏、舟人，使偿其米，人颇苦之。

八月，岭南东道节度使韦宙奏，蛮寇必向邕州，请分兵屯容、藤州。

夔王滋薨。

敕以閤门使吴德应等为馆驿使。台谏上言：故事，御史巡驿，不应忽以内臣代之。上谕以敕命已行，不可复改。左拾遗刘蜕上言："昔楚子县陈，得申叔一言而复封之；太宗发卒修乾元殿，闻张玄素谏，即日罢之。自古明君所尚者，从谏如流，岂有已行而不改！且敕自陛下出之，自陛下改之，何为不可！"弗听。

黠戛斯遣其臣合伊难支表求经籍及每年遣使走马请历，又欲讨回鹘，使安西以来悉归唐，不许。

冬，十月，甲戌，以长安尉、集贤校理令狐滈为左拾遗。乙亥，左拾遗刘蜕上言："滈专家无子弟之法，布衣行公相之权。"起居郎张雲言："滈父绹用李涿为安南，致南蛮至今为梗，由滈纳贿，陷父于恶。"十一月，丁酉，雲复上言："滈父绹执政之时，人号'白衣宰相'。"滈亦上表引避，乃改詹事府司直。

辛巳，废宿泗观察使，复以徐州为观察府，以濠、泗隶焉。

十二月，南诏寇西川。

昭义节度使沈询奴归秦，与询侍婢通，询欲杀之，未果。乙酉，归秦结牙将作乱，攻府第，杀询。

五年(甲申、864)

春，正月，以京兆尹李蠙为昭义节度使，取归秦心肝以祭沈询。

淮南节度使令狐绹为其子滈讼冤。贬张雲兴元少尹，刘蜕华阴令，敕曰："虽嘉蹇谔之忠，难逃疏易之责。"

丙午，西川奏，南诏寇巂州，刺史喻士珍破之，获千余人。诏发右神策兵五千及诸道兵戍之。忠武大将颜庆复请筑新安、遏戎二城，从之。

以容管经略使张茵兼句当交州事，益海门镇兵满二万五千人，令茵进取安南。

二月，己巳，以刑部尚书、盐铁转运使李福同平章事、充西川节度使。

甲申，前西川节度使萧邺左迁山南西道观察使。

三月，丁酉，彗星出于娄，长三尺。己亥，司天监奏："按《星经》，是名含誉，瑞星也，主大喜。请宣示中外，编诸史策。"从之。

康承训至邕州，蛮寇益炽，诏发许、滑、青、汴、兖、郓、宣、润八道兵以授之。承训不设斥候，南诏帅群蛮近六万寇邕州，将入境，承训乃遣六道兵凡万人拒之，以獠为导，绐之。敌至，不设备，五道兵八千人皆没，惟天平军后一日至，得免。承训闻之，惶怖不知所为。节度副使李行素帅众治壕栅，甫毕，蛮军已合围。留四日，治攻具，将就，诸将请夜分道斫蛮营，承训不许，有天平小校再三力争，乃许之。小校将勇士三百，夜，缒而出，散烧蛮营，斩首五百余级。蛮大惊，间一日，解围去。承训乃遣诸军数千追之，所杀虏不满三百级，皆溪獠胁从者。承训腾奏告捷，云大破蛮贼，中外皆贺。

夏，四月，以兵部侍郎、判户部萧寘同平章事。寘，复之孙也。

加康承训检校右仆射，赏破蛮之功也。自余奏功受赏者，皆承训子弟亲昵，烧营小校不迁一级，由是军中怨怒，声流道路。

五月，敕："徐州土风雄劲，甲士精强，比因罢节，颇多逃匿，宜令徐泗团练使选募军士三千人赴邕州防戍，待岭外事宁，即与代归。"

秋，七月，西川奏两林鬼主邀南诏蛮，败之，杀获甚众。保塞城使杜守连不从南诏，帅众诣黎州降。

岭南东道节度使韦宙具知康承训所为，以书白宰相。承训亦自疑惧，累表辞疾，乃以承训为右武卫大将军、分司，以容管经略使张茵为岭南西道节度使，复以容管四州别为经略使。

时南诏知邕州空竭，不复入寇，茵久之不敢进军取安南。夏侯孜荐骁卫将军高骈代之，乃以骈为安南都护、本管经略招讨使，茵所将兵悉以授之。骈，崇文之孙也，世在禁军。骈颇读书，好谈今古，两军宦官多誉之，累迁右神策都虞候。党项叛，将禁兵万人戍长武，屡有功，迁秦州防御使，复有功，故委以安南。

冬，十一月，以门下侍郎、同平章事夏侯孜同平章事，充河东节度使。

壬寅，以翰林学士承旨、兵部侍郎路岩同平章事，时年三十六。

六年（乙酉、865）

春，正月，丁巳，始以懿安皇后配飨宪宗室。时王皞复为礼院检讨官，更申前议，朝廷竟从之。

诸道进私白者，闽中为多，故宦官多闽人。福建观察使杜宣猷每寒食遣吏分祭其先垄，宦官德之，庚申，以宣猷为宣歙观察使，时人谓之"敕使墓户"。

三月，中书侍郎、同平章事萧寘薨。

夏，四月，以前东川节度使高璩为兵部侍郎、同平章事。璩，元裕之子也。

杨收建议，以"蛮寇积年未平，两河兵戍岭南冒瘴雾物故者什六七，请于江西积粟，募强弩三万人，以应接岭南，道近便，仍建节以重其权。"从之。五月，辛丑，置镇南军于洪州。

巂州刺史喻士珍贪狯，掠两林蛮以易金。南诏复寇巂州，两林蛮开门纳之，南诏尽杀戍卒，士珍降之。

壬寅，以桂管观察使严谍为镇南节度使。谍，震之从孙也。

六月，高璩薨。

以御史大夫徐商为兵部侍郎、同平章事。

秋，七月，立皇子侃为郢王，俨为普王。

高骈治兵于海门，未进，监军李维周恶骈，欲去之，屡趣骈使进军。骈以五千人先济，约维周发兵应援。骈既行，维周拥余众，不发一卒以继之。九月，骈至南定，峰州蛮众近五万，方获田，骈掩击，大破之，收其所获以食军。

冬，十二月，壬子，太皇太后郑氏崩。

七年(丙戌、866)

春，二月，归义节度使张义潮奏北庭回鹘固俊克西州、北庭、轮台、清镇等城。

论恐热寓居廓州，纠合旁侧诸部，欲为边患，皆不从，所向尽为仇敌，无所自容。仇人以告拓跋怀光于鄯州，怀光引兵击破之。

三月，戊寅，以河东节度使刘潼为西川节度使。

初，南诏围嶲州，东蛮浪稽部竭力助之，遂屠其城，卑笼部怨南诏杀其父兄，导忠武戍兵袭浪稽，灭之。南诏由是怨唐。南诏遣清平官董成等诣成都，节度使李福盛仪卫以见之。故事，南诏使见节度使，拜伏于庭，成等曰："骠信已应天顺人，我见节度使当抗礼。"传言往返，自旦至日中不决。将士皆愤怒，福乃命捽而殴之，因械系于狱。刘潼至镇，释之，奏遣还国。诏召成等至京师，见于别殿，厚赐，劳而遣之。

成德节度使王绍懿，在镇十年，为政宽简，军民便之。疾病，召兄绍鼎之子都知兵马使景崇而告之曰："吾兄以汝之幼，以军政授我。今汝长矣，我复以军政归汝。努力为之，上忠朝廷，下和邻藩，勿坠吾兄之业，汝之功也。"言竟而薨。

闰月，吐蕃寇邠宁，节度使薛弘宗拒却之。

夏，四月，辛巳，贬前西川节度使李福为蕲王傅。

五月，葬孝明皇后于景陵之侧，主祔别庙。

六月，魏博节度使何弘敬薨，军中立其子左司马全皞为留后。

以王景崇为成德留后。

南诏酋龙遣善阐节度使杨缉思助安南节度使段酋迁守交阯，以范昵些为安南都统，赵诺眉为扶邪都统。监陈敕使韦仲宰将七千人至峰州，高骈得以益其军，进击南诏，屡破之。捷奏至海门，李维周皆匿之，数月无声问。上怪之，以问维周，维周奏骈驻军峰州，玩军不进。上怒，以右武卫将军王晏权代骈镇安南，召骈诣阙，欲重贬之。晏权，智兴之从子也。是月，骈大破南诏蛮于交阯，杀获甚众，遂围交阯城。

秋，七月，以何全皞为魏博留后。

冬，十月，甲申，以门下侍郎、同平章事杨收为宣歙观察使。收性侈靡，门吏僮奴多倚为奸利。杨玄价兄弟受方镇之赂，屡有请托，收不能尽从，玄价怒，以为叛己，故出之。

拓跋怀光以五百骑入廓州，生擒论恐热，先刖其足，数而斩之，传首京师。其部众东奔秦州，尚延心邀击，破之，悉奏迁于岭南。吐蕃自是衰绝，乞离胡君臣不知所终。

高骈围交趾十余日，蛮困蹙甚，城且下，会得王晏权牒，已与李维周将大军发海门，骈即以军事授韦仲宰，与麾下百余人北归。先是，仲宰遣小使王惠赞，骈遣小校曾衮入告交趾之捷。至海中，望见旌旗东来，问游船，云新经略使与监军也。二人谋曰："维周必夺表留我。"乃匿于岛间，维周过，即驰诣京师。上得奏，大喜，即加骈检校工部尚书，复镇安南。骈至海门而还。

王晏权暗懦，动禀李维周之命；维周凶贪，诸将不为之用，遂解重围，蛮遁去者太半。骈至，复督励将士攻城，遂克之，杀段酋迁及土蛮为南诏乡导者朱道古，斩首三万余级，南诏遁去。骈又破土蛮附南诏者二洞，诛其酋长，土蛮帅众归附者万七千人。

十一月，壬子，赦天下。诏安南、邕州、西川诸军各保疆域，勿复进攻南诏。委刘潼晓谕，如能更修旧好，一切不问。

置静海军于安南，以高骈为节度使。自李涿侵扰群蛮，为安南患殆将十年，至是始平。骈筑安南城，周三千步，造屋四十余万间。

十二月，黠戛斯遣将军乙支连幾入贡，奏遣鞍马迎册立使及请亥年历日。

以成德留后王景崇为节度使。

上好音乐宴游，殿前供奉乐工常近五(伯)〔百〕人，每月宴设不减十余，水陆皆备，听乐观优，不知厌倦，赐与动及千缗。曲江、昆明、霸浐、南宫、北苑、昭应、咸阳，所欲游幸即行，不待供置，有司常具音乐、饮食、幄(弈)〔帟〕，诸王立马以备陪从。每行幸，内外诸司扈从十余万人，所费不可胜纪。

八年(丁亥、867)

春，正月，以魏博留后何全皞为节度使。

二月，归义节度使张义潮入朝，以为右神武统军，命其族子惟深守归义。

自安南至邕、广，海路多潜石覆舟，静海节度使高骈募工凿之，漕运无滞。

西川近边六姓蛮，常持两端，无寇则称效顺，有寇必为前锋。卑笼部独尽心于唐，与群蛮为仇，朝廷赐姓李，除为刺史。节度使刘潼遣将将兵助之，讨六姓蛮，焚其部落，斩首五千余级。

乐工李可及善为新声，三月，上以可及为左威卫将军。曹确谏曰："太宗定文武官六百余员，谓房玄龄曰：'朕以待天下贤士，工商杂流，不可处也。'大和中，文宗欲以乐工尉迟璋为王府率，拾遗窦洵直谏，即改光州长史。乞以两朝故事，别除可及官。”不从。

夏，四月，上不豫，群臣希进见。

五月，丙辰，疏理天下系囚，非巨蠹不可赦者，皆递降一等。

秋，七月，壬寅，蕲王缉薨。

怀州民诉旱，刺史刘仁规揭榜禁之，民怒，相与作乱，逐仁规，仁规逃匿村舍。民入州宅，掠其家赀，登楼击鼓，久之乃定。

甲子，以兵部侍郎、充诸道盐铁转运等使、驸马都尉于琮同平章事。

宣歙观察使杨收过华岳庙，施衣物，使巫祈祷，县令诬以为收罪。右拾遗韦保衡复言，收前为相，除严谍江西节度使，受钱百万，又置造船务，人讼其侵隐。八月，庚寅，贬收端州司马。

九月，上疾瘳。

冬，十二月，信王憫薨。

加岭南东道节度使韦宙同平章事。

资治通鉴卷第二百五十一

端明殿学士兼翰林侍读学士太中大夫提举西京嵩山崇福宫上柱国河内郡开国公食邑二千二百户食实封九百户赐紫金鱼袋臣 司马光 奉敕编集

唐纪六十七起著雍困敦(戊子),尽屠维赤奋若(己丑),凡二年。

懿宗昭圣恭惠孝皇帝中

咸通九年(戊子、868)

夏,六月,凤翔少尹李师望上言:"嶲州控扼南诏,为其要冲,成都道远,难以节制,请建定边军,屯重兵于嶲州,以邛州为理所。"朝廷以为信然,以师望为嶲州刺史,充定边军节度,眉、蜀、邛、雅、嘉、黎等州观察,统押诸蛮并统领诸道行营、制置等使。师望利于专制方面,故建此策,其实邛距成都才百六十里,嶲距邛千里,其欺罔如此。

初,南诏陷安南,敕徐泗募兵二千赴援,分八百人别戍桂州,初约三年一代。徐泗观察使(徐)〔崔〕彦曾,慎由之从子也,性严刻,朝廷以徐兵骄,命镇之。都押牙尹戡、教练使杜璋、兵马使徐行俭用事,军中怨之。戍桂州者已六年,屡求代还,戡言于彦曾,以军帑空虚,发兵所费颇多,请更留旧戍卒一年,彦曾从之。戍卒闻之,怒。都虞候许佶、军校赵可立、姚周、张行实皆故徐州群盗,州县不能讨,招出之,补牙职。会桂管观察使李丛移湖南,新使未至,秋,七月,佶等作乱,杀都将王仲甫,推粮料判官庞勋为主,劫库兵北还,所过剽掠,州县莫能御。朝廷闻之,八月,遣高品张敬思赦其罪,部送归徐州,戍卒乃止剽掠。

以前静海节度使高骈为右金吾大将军。骈请以从孙浔代镇交阯,从之。

九月,戊戌,以山南东道节度使卢耽为西川节度使,以有定边军之故,不领统押诸蛮安抚等使。

庞勋等至湖南,监军以计诱之,使悉输其甲兵。山南东道节度使崔铉严兵守要害,徐卒不敢入境,泛舟沿江东下。许佶等相与谋曰:"吾辈罪大于银刀,朝廷所以赦之者,虑缘道攻劫,或溃散为患耳,若至徐州,必菹醢矣。"乃各以私财造甲兵旗帜。过浙西,入淮南,淮南节度使令狐绹遣使慰劳,给刍米。都押牙李湘言于绹曰:"徐卒擅归,势必为乱,虽无敕令诛讨,藩镇大臣当临事制宜。高邮岸峻而水深狭,请将奇兵伏于其侧,焚荻舟以塞其前,以劲兵蹙其后,可尽擒也。不然,纵之使得度淮,至徐州,与怨愤之众合,为患必大。"绹素懦怯,且以无敕书,乃曰:“彼在淮南不为暴,听其自过,余非吾事也。”

勋招集银刀等都窜匿者及诸亡命匿手舟中,众至千人。丁巳,至泗州,刺史杜慆飨之于球场,优人致辞,徐卒以为玩己,擒优人,欲斩之,坐者惊散。慆素为之备,徐卒不敢为乱而止。慆,悰之弟也。

先是,朝廷屡敕崔彦曾慰抚戍卒擅归者,勿使忧疑。彦曾遣使以敕意谕之,道路相望。勋亦申状相继,辞礼甚恭。戊午,行及徐城,勋与许佶等乃言于众曰:“吾辈擅归,思见妻子耳。今闻已有密敕下本军,至则支分灭族矣。丈夫与其自投罗网,为天下笑,曷若相与戮力同心,赴蹈汤火,岂徒脱祸,兼富贵可求!况城中将士皆吾辈父兄子弟,吾辈一唱于外,彼必响应于内矣。然后遵王侍中故事,五十万赏钱,翘足可待也。”众皆呼跃称善。将士赵武等十二人独忧惧,欲逃去,勋悉斩之,遣使致其首于彦曾,且为申状,称:“勋等远戍六年,实怀乡里,而武等因众心不安,辄萌奸计。将士诚知诖误,敢避诛夷!今既蒙恩全宥,辄共诛首恶以补愆尤。”冬,十月,甲子,使者至彭城,彦曾执而讯之,具得其情,乃囚之。丁卯,勋复于递中申状,称:“将士自负罪戾,各怀忧疑,今已及苻离,尚未释甲。盖以军将尹戡、杜璋、徐行俭等狡诈多疑,必生衅隙,乞且停此三人职任,以安众心,仍乞戍还将士别置二营,共为一将。”

时戍卒拒彭城止四驿,阖城恟惧。彦曾召诸将谋之,皆泣曰:“比以银刀凶悍,使一军皆蒙恶名,歼夷流窜,不无枉滥。今冤痛之声未已,而桂州戍卒复尔猖狂,若纵使入城,必为逆乱,如此,则阖境涂地矣。不若乘其远来疲弊,发兵击之,我逸彼劳,往无不捷。”彦曾犹豫未决。团练判官温庭皓复言于彦曾曰:“安危之兆,已在目前,得失之机,决于今日。今击之有三难,而舍之有五害:诏释其罪而擅诛之,一难也。帅其父兄,讨其子弟,二难也。枝党钩连,刑戮必多,三难也。然当道戍卒若擅归,不诛则诸道戍边者皆效之,无以制御,一害也。将者一军之首,而辄敢害之,则凡为将者何以号令士卒!二害也。所过剽掠,自为甲兵,招纳亡命,此而不讨,何以惩恶!三害也。军中将士,皆其亲属,银刀余党,潜匿山泽,一旦内外俱发,何以支梧!四害也。逼胁军府,诛所忌三将,又欲自为一营,从之则银刀之患复起,违之则托此为作乱之端,五害也。惟明公去其三难,绝其五害,早定大计,以副众望。”时城中有兵四千三百,彦曾乃命都虞候元密等将兵三千人讨勋,数勋之罪以令士众,且曰:“非惟涂炭平人,实亦污染将士。傥国家发兵诛讨,则玉石俱焚矣。”又曰:“凡彼亲属,无用忧疑,罪止一身,必无连坐。”仍命宿州出兵苻离,泗州出兵于虹以邀之,且奏其状。彦曾戒元密无伤敕使。

戊辰,元密发彭城,军容甚盛。诸将至任山北数里,顿兵不进,共思所以夺敕使之计,欲俟贼入馆,乃纵兵击之,遣人变服负薪以诇贼。日暮,贼至任山,馆中空无人，又无供给，疑之，见负薪者，执而榜之，果得其情，乃为偶人执旗帜列于山下而潜遁。比夜，官军始觉之，恐贼潜伏山谷及间道来袭，复引兵退宿于城南，明旦，乃进追之。

时贼已至苻离，宿州戍卒五百人出战于濉水上，望风奔溃，贼遂抵宿州。时宿州阙刺史，观察副使焦璐摄州事，城中无复余兵。庚午，贼攻陷之，璐走免。贼悉聚城中货财，令百姓来取之，一日之中，四远云集，然后选募为兵，有不愿者立斩之，自旦至暮，得数千人。于是勒兵乘城，庞勋自称兵马留后。再宿，官军始至，贼守备已严，不可复攻。

先是，焦璐闻苻离败，决汴水以断北路，贼至，水尚浅可涉，比官军至，已深矣。壬申，元密引兵度水，将围城，会大风，贼以火箭射城外茅舍，延及官军营，士卒进则冒矢石，退则限水火，贼急击之，死者近三百人。元密等以为贼必固守，但为攻取之计。贼夜使妇人持更，掠城中大船三百艘，备载资粮，顺流而下，欲入江湖为盗，以千缣赠张敬思，遣骑送至汴之东境，纵使西归。明旦，官军知贼已去，狼狈追之，士卒皆未食，比追及，已饥乏。贼权舟堤下而陈于堤外，伏千人于舟中，官军将至，陈者皆走入陂中。密以为畏己，纵兵追之，贼自舟中出，夹攻之，自午及申，官军大败。密引兵走，陷于荷渭，贼追及之，密等诸将及监陈敕使皆死，士卒死者殆千人，其余皆降于贼，无一人还徐者。贼问降卒以彭城人情计谋，知其无备，始有攻彭城之志。

乙亥，庞勋引兵北度濉水，逾山趣彭城。其夕，崔彦曾始知元密败，移牒邻道求救。明日，塞门，选城中丁壮为守备，内外震恐，无复固志。或劝彦曾奔兖州，彦曾怒曰："吾为元帅，城陷而死，职也。"立斩言者。

丁丑，贼至城下，众六七千人，鼓噪动地，民居在城外者，贼皆慰抚，无所侵扰，由是人争归之，不移时，克罗城。彦曾退保子城，民助贼攻之，推草车塞门而焚之，城陷。贼囚彦曾于大彭馆，执尹戡、杜璋、徐行俭，刳而剉之，尽灭其族。勋坐听事，盛陈兵卫，文武将吏伏谒，莫敢仰视。即日，城中愿附从者万余人。

戊寅，勋召温庭皓，使草表求节钺，庭皓曰："此事甚大，非顷刻可成，请还家徐草之。"勋许之。明旦，勋使趣之，庭皓来见勋曰："昨日所以不即拒者，欲一见妻子耳。今已与妻子别，谨来就死。"勋熟视，笑曰："书生敢尔，不畏死邪？庞勋能取徐州，何患无人草表！"遂释之。

有周重者，每以才略自负，勋迎为上客，重为勋草表，称："臣之一军，乃汉室兴王之地。顷因节度使刻削军府，刑赏失中，遂致追逐。陛下夺其节制，剪灭一军，或死或流，冤横无数。今闻本道复欲诛夷，将士不胜痛愤，推臣权兵马留后，弹压十万之师，抚有四州之地。臣闻见利乘时，帝王之资也。臣见利不失，遇时不疑，伏乞圣慈，复赐旌节。不然，挥戈曳戟，诣阙非迟！”庚辰，遣押牙张琯奉表诣京师。

勋以许佶为都虞候，赵可立为都游奕使，党与各补牙职，分将诸军。又遣旧将刘行及将千五百人屯濠州，李圆将二千人屯泗州，梁丕将千人屯宿州，自余要害县镇，悉缮完戍守。徐人谓旌节之至不过旬月，愿效力献策者远近辐凑，乃至光、蔡、淮、浙、兖、郓、沂、密群盗，皆倍道归之，阗溢郛郭，旬日间，米斗直钱二百。勋诈为崔彦曾请剪灭徐州表，其略曰：“一军暴卒，尽可剪除；五县愚民，各宜配隶。”又作诏书，依其所请，传布境内。徐人信之，皆归怨朝廷，曰：“微桂州将士回戈，吾徒悉为鱼肉矣！”

刘行及引兵至涡口，道路附从者增倍，濠州兵才数百，刺史卢望回素不设备，不知所为，乃开门具牛酒迎之。行及入城，囚望回，自行刺史事。泗州刺史杜慆闻勋作乱，完守备以待之，且求救于江、淮。李圆遣精卒百人先入泗州，封府库，慆遣人迎劳，诱之入城，悉诛之。明日，圆至，即引兵围城，城上矢石雨下，贼死者数百，乃敛兵屯城西。勋以泗州当江、淮之冲，益发兵助圆攻之，众至万余，终不能克。

初，朝廷闻庞勋自任山还趣宿州，遣高品康道伟赍敕书抚慰之。十一月，道伟至彭城。勋出郊迎，自任山至子城三十里，大陈甲兵，号令金鼓响震山谷，城中丁壮，悉驱使乘城。宴道伟于球场，使人诈为群盗降者数千人，诸寨告捷者数十辈。复作求节钺表，附道伟以闻。

初，辛雲京之孙谠，寓居广陵，喜任侠，年五十不仕。与杜慆有旧，闻庞勋作乱，诣泗州，劝慆挈家避之。慆曰：“安平享其禄位，危难弃其城池，吾不为也！且人各有家，谁不爱之？我独求生，何以安众！誓与将士共死此城耳！”谠曰：“公能如是，仆与公同死。”乃还广陵，与其家诀，壬辰，复如泗州。时民避乱，扶老携幼，塞涂而来，见谠，皆止之曰：“人皆南走，子独北行，取死何为！”谠不应。至泗州，贼已至城下，谠急棹小舟得入，慆即署团练判官。城中危惧，都押牙李雅有勇略，为慆设守备，帅众鼓噪，四出击贼，贼退屯徐城，众心稍安。

庞勋募人为兵，人利于剽掠，争赴之，至父遣其子，妻勉其夫，皆断锄首而锐之，执以应募。

邻道闻勋据徐州，各遣兵戍守要害，而官军尚少，贼众日滋，官军数不利。贼遂破鱼台等近十县。宋州东有磨山，民逃匿其上，勋遣其将张玄稔围之。会旱，山泉竭，数万口皆渴死。

或说勋曰：“留后止欲求节钺，当恭顺尽礼以事天子，外戢士卒，内抚百姓，庶几可得。”勋虽不能用，然国忌犹行香，飨士卒必先西向拜谢。癸卯，勋闻敕使入境，以为必赐旌节，众皆贺。明日，敕使至，但责崔彦曾及监军张道谨，贬其官。勋大失望，遂囚敕使，不听归。

诏以右金吾大将军康承训为义成节度使、徐州行营都招讨使，神武大将军王晏权为徐州北面行营招讨使，羽林将军戴可师为徐州南面行营招讨使，大发诸道兵以隶三帅。承训奏乞沙陀三部落使朱邪赤心及吐谷浑、达靼、契苾酋长各帅其众以自随，诏许之。

庞勋以李圆攻泗州久不克，遣其将吴迥代之。丙午，复进攻泗州，昼夜不息。时敕使郭厚本将淮南兵千五百人救泗州，至洪泽，畏贼强，不敢进。辛谠请往求救，杜慆许之。丁未，夜乘小舟潜度淮，至洪泽，说厚本，厚本不听，比明，复还。己酉，贼攻城益急，欲焚水门，城中几不能御，谠请复往求救。慆曰："前往徒还，今往何益？"谠曰："此行得兵则生返，不得则死之。"慆与之泣别，谠复乘小舟负户突围出，见厚本，为陈利害。厚本将从之，淮南都将袁公弁曰："贼势如此，自保恐不足，何暇救人！"谠拔剑瞋目谓公弁曰："贼百道攻城，陷在朝夕，公受诏救援而逗留不进，岂惟上负国恩，若泗州不守，则淮南遂为寇场，公讵能独存邪！我当杀公而后死耳！"起，欲击之，厚本趋抱止之，公弁仅免。谠乃回望泗州，恸哭终日，士卒皆为之流涕。厚本乃许分五百人与之，仍问将士，将士皆愿行。谠举身自掷叩头以谢将士，遂帅之抵淮南岸，望贼方攻城，有军吏言曰："贼势已似入城，还去则便。"谠逐之，揽得其髻，举剑击之，士卒共救之，曰："千五百人判官，不可杀也。"谠曰："临陈妄言惑众，必不可舍！"众请不能得，乃共夺之。谠素多力，众不能夺。谠曰："将士但登舟，我则舍此人。"众竞登舟，乃舍之。士卒有回顾者，则斫之。驱至淮北，勒兵击贼。慆于城上布兵与之相应，贼遂败走，鼓噪逐之，至晡而还。

庞勋遣其将刘佶将精兵数千助吴迥攻泗州，刘行及自濠州遣其将王弘立引兵会之。戊午，镇海节度使杜审权遣都头翟行约将四千人救泗州，己未，行约引兵至泗州，贼逆击于淮南，围之，城中兵少，不能救，行约及士卒尽死。先是，令狐绹遣李湘将兵数千救泗州，与郭厚本、袁公弁合兵屯都梁城，与泗州隔淮相望。贼既破翟行约，乘胜遂围之。十二月，甲子，李湘等引兵出战，大败，贼遂陷都梁城，执湘及郭厚本送徐州，据淮口，漕驿路绝。

康承训军于新兴，贼将姚周屯柳子，出兵拒之。时诸道兵集者才万人，承训以众寡不敌，退屯宋州。庞勋以为官军不足畏，乃分遣其将丁从实等各将数千人南寇舒、庐，北侵沂、海，破沭阳、下蔡、乌江、巢县，攻陷滁州，杀刺史高锡望。又寇和州，刺史崔雍遣人以牛酒犒之，引贼登楼共饮，命军士皆释甲，指所爱二人为子弟，乞全之，其余惟贼所处。贼遂大掠城中，杀士卒八百余人。

泗州援兵既绝，粮且尽，人食薄粥。闰月，己亥，辛谠言于杜慆，请出求救于淮、浙，夜，帅敢死士十人，执长柯斧，乘小舟，潜往斫贼水寨而出。明旦，贼乃觉之，以五舟遮其前，以五千人夹岸追之。贼舟重行迟，谠舟轻行疾，力斗三十余里，乃得免。癸卯，至扬州，见令狐绹。甲辰，至润州，见杜审权。时泗州久无声问，或传已陷，谠既至，审权乃遣押牙赵翼将甲士二千人，与淮南共输米五千斛、盐五百斛以救泗州。

戴可师将兵三万渡淮，转战而前，贼尽弃淮南之守。可师欲先夺淮口，后救泗州，壬申，围都梁城。城中贼少，拜于城上曰："方与都头议出降。"可师为之退五里。贼夜遁，明旦，惟空城。可师恃胜不设备，是日大雾，濠州贼将王弘立引兵数万疾径奄至，纵击官军。官军不及成列，遂大败，将士触兵及溺淮死，得免者才数百人，亡器械、资粮、车马以万计，贼传可师及监军、将校首于彭城。

庞勋自谓无敌于天下，作露布，散示诸寨及乡村，于是淮南士民震恐，往往避地江左。令狐绹畏其侵轶，遣使诣勋说谕，许为奏请节钺，勋乃息兵俟命。由是淮南稍得收散卒，修守备。

时汴路既绝，江、淮往来者皆出寿州，贼既破戴可师，乘胜围寿州，掠诸道贡献及商人货，其路复绝。勋益自骄，日事游宴，周重谏曰："自古骄满奢逸，得而复失，成而复败，多矣，况未得未成而为之者乎！"

诸道兵大集于宋州，徐州始惧，应募者益少，而诸寨求益兵者相继。勋乃使其党散入乡村，驱人为兵。又见兵已及数万人，资粮匮竭，乃敛富室及商旅财，什取其七八，坐匿财夷宗者数百家。又与勋同举兵于桂州者尤骄暴，夺人资财，掠人妇女，勋不能制，由是境内之民皆厌苦之，不聊生矣。

王晏权兵数退衄，朝廷命泰宁节度使曹翔代晏权为徐州北面招讨使。前天雄节度使何全皞遣其将薛尤将兵万三千人讨庞勋，翔军于滕、沛，尤军于丰、萧。

是岁，江、淮旱，蝗。

十年（己丑、869）

春，正月，康承训将诸道军七万余人屯柳子之西，自新兴至鹿塘三十里，壁垒相属。徐兵分戍四境，城中不及数千人，庞勋始惧。民多穴地匿其中，勋遣人搜掘为兵，日不过得三二十人。

勋将孟敬文守丰县，狡悍而兵多，谋贰于勋，自为符谶。勋闻之，会魏博攻丰，勋遣腹心将将三千助敬文守丰，敬文与之约共击魏博军，且誉其勇，使为前锋。新军既与魏博战，敬文引兵退走，新军尽没。勋乃遣使绐之曰："王弘立已克淮南，留后欲自往镇之。悉召诸将，欲选一人可守徐州者。"敬文喜，即驰诣彭城，未至城数里，勋伏兵擒之，辛酉，杀之。

丁卯，同昌公主适右拾遗韦保衡，以保衡为起居郎、驸马都尉。公主，郭淑妃之女，上特爱之，倾宫中珍玩以为资送，赐第于广化里，窗户皆饰以杂宝，井栏、药臼、槽匮亦以金银为之，编金缕以为箕筐，赐钱五百万缗，它物称是。

徐贼寇海州。时诸道兵戍海州者已数千人，断贼所过桥柱而弗殊，仍伏兵要害以待之。贼过，桥崩，苍黄散乱，伏兵发，尽殪之。其攻寿州者复为南道军所破，斩获数千人。

辛谠以浙西之军至楚州，敕使张存诚以舟助之。徐贼水陆布兵，锁断淮流，浙西军惮其强，不敢进，谠曰："我请为前锋，胜则继之，败则汝走。"犹不可。谠乃募选军中敢死士数十人，牒补职名，先以米舟三艘、盐舟一艘乘风逆流直进，贼夹攻之，矢著舟板如急雨，及锁，谠帅众死战，斧断其锁，乃得过。城上人喧呼动地，杜慆及将佐皆泣迎之。乙酉，城上望见舟师张帆自东来，识其旗浙西军也。去城十余里，贼列火船拒之，帆止不进。慆令谠帅死士出迎之，乘战舰冲贼陈而过，见张存诚帅米舟九艘，曰："将士在道前却，存诚屡欲自杀，仅得至此，今又不进。"谠扬言："贼不多，甚易与耳。"帅众扬旗鼓噪而前，贼见其势猛锐，避之，遂得入城。

二月，端州司马杨收长流驩州，寻赐死，其僚属党友坐长流岭表者十余人。

初，尚书右丞裴坦子娶收女，资送甚盛，器用饰以犀玉。坦见之，怒曰："破我家矣！"立命坏之。已而收竟以贿败。

康承训使朱邪赤心将沙陀三千骑为前锋，陷陈却敌，十镇之兵伏其骁勇。承训尝引麾下千人济涣水，贼伏兵围之，赤心帅五百骑奋楇冲围，拔出承训，贼势披靡，因合击，败之。承训数与贼战，贼军屡败。

王弘立自矜淮口之捷，请独将所部三万人破承训，庞勋许之。己亥，弘立引兵度濉水，夜，袭鹿塘寨，黎明，围之。弘立与诸将临望，自谓功在漏刻。沙陀左右突围，出入如飞，贼纷扰移避，沙陀纵骑蹂之，寨中诸军争出奋击，贼大败。官军蹙之于濉水，溺死者不可胜纪，自鹿塘至襄城，伏尸五十里，斩首二万余级。弘立单骑走免，所驱掠平民皆散走山谷，不复还营，委弃资粮、器械山积。时有敕，诸军破贼，得农民，皆释之。自是贼每与官军遇，其驱掠之民先自溃。庞勋、许佶以弘立骄惰致败，欲斩之，周重为之说勋曰："弘立再胜未赏，一败而诛之，弃功录过，为敌报仇，诸将咸惧矣。不若赦之，责其后效。"勋乃释之。弘立收散卒才得数百人，请取泗州以补过，勋益其兵而遣之。

三月，辛未，以起居郎韦保衡为左谏议大夫，充翰林学士。

徙郢王侃为威王。

康承训既破王弘立，进逼柳子，与姚周一月之间数十战。丁亥，周引兵度水，官军急击之，周退走，官军逐之，遂围柳子。会大风，四面纵火，贼弃寨走，沙陀以精骑邀之，屠杀殆尽，自柳子至芳城，死者相枕，斩其将刘丰。周将麾下数十人奔宿州，宿州守将梁丕素与之有隙，开城听入，执而斩之。

庞勋闻之大惧，与许佶议自将出战。周重泣言于勋曰："柳子地要兵精，姚周勇敢有谋，今一旦覆没，危如累卵，不若遂建大号，悉兵四出，决死力战。"又劝杀崔彦曾以绝人望。术士曹君长亦言："徐州山川不容两帅，今观察使尚在，故留后未兴。"贼党皆以为然。夏，四月，壬辰，勋杀彦曾及监军张道谨、宣慰使仇大夫，僚佐焦璐、温庭皓等，并其亲属、宾客、仆妾皆死。断淮南监军郭厚本、都押衙李湘手足，以示康承训军。勋乃集众扬言曰："勋始望国恩，庶全臣节，今日之事，前志已乖。自此，勋与诸君真反者也，当扫境内之兵，戮力同心，转败为功耳。"众皆称善。于是命城中男子悉集球场，仍分遣诸将比屋大索，敢匿一男子者族其家。选丁壮，得三万人，更造旗帜，给以精兵。许佶等共推勋为天册将军、大会明王。勋辞王爵。

先是，辛谠复自泗州引骁勇四百人迎粮于扬、润，贼夹岸攻之，转战百里，乃得出。至广陵，止于公馆，不敢归家，舟载盐米二万石，钱万三千缗，乙未，还至斗山。贼将王弘芝帅众万余，拒之于盱眙，密布战舰百五十艘以塞淮流，又纵火船逆之。谠命以长叉托过，自卯战及未，众寡不敌，官军不利。贼缚木于战舰，旁出四五尺为战棚，谠命勇士乘小舟入其下，矢刃所不能及，以枪揭火牛焚之，战舰既然，贼皆溃走，官军乃得过入城。

庞勋以父举直为大司马，与许佶等留守徐州。或曰："将军方耀兵威，不可以父子之亲，失上下之节。"乃令举直趋拜于庭，勋据案而受之。时魏博屡围丰县，庞勋欲先击之，丙申，引兵发徐州。

戊戌，以前淮南节度使、同平章事令狐绹为太保、分司。

庞勋夜至丰县，潜入城，魏博军皆不之知。魏博分为五寨，其近城者屯数千人，勋纵兵围之，诸寨救之，勋伏兵要路，杀官军二千人，余皆返走。贼攻寨不克，至夜，解围去。官军畏其众，且闻勋自来，诸寨皆宵溃。曹翔方围滕县，闻魏博败，引兵退保兖州。贼悉毁其城栅，运其资粮，传檄徐州，盛自夸大，谓官军为国贼云。

马举将精兵三万救泗州，乙巳，分军三道度淮，至中流，大噪，声闻数里。贼大惊，不测众寡，敛兵屯城西寨。举就围之，纵火焚栅，贼众大败，斩首数千级，王弘立死，吴迥退保徐城，泗州之围始解。泗州被围凡七月，守城者不得寐，面目皆生疮。

庞勋留丰县数日，欲引兵西击康承训，或曰："天时向暑，蚕麦方急，不若且休兵聚食，然后图之。"或曰："将军出师数日，摧七万之众，西军震恐，乘此声势，彼破走必矣，时不可失。”庞举直以书劝勋乘胜进军，勋意遂决。丁未，发丰县，庚戌，至萧，约襄城、留武、小睢诸寨兵合五六万人，以二十九日迟明攻柳子。淮南败卒在贼中者，逃诣康承训，告以其期。承训得先为之备，秣马整众，设伏以待之。丙辰，襄城等兵先至柳子，遇伏，败走。庞勋既自失期，遽引兵自三十里外赴之，比至，诸寨已败，勋所将皆市井白徒，睹官军势盛，皆不战而溃。承训命诸将急追之，以骑兵邀其前，步卒蹙其后，贼狼狈不知所之，自相蹈藉，僵尸数十里，死者数万人。勋解甲服布襦而遁，收散卒，才及三千人，归彭城，使其将张实分诸寨兵屯第城驿。

勋初起，下邳土豪郑镒聚众三千，自备资粮器械以应之，勋以为将，谓之义军。五月，沂州遣军围下邳，勋命镒救之，镒帅所部来降。

六月，陕民作乱，逐观察使崔荛。荛以器韵自矜，不亲政事，民诉旱，荛指庭树曰：“此尚有叶，何旱之有！”杖之。民怒，故逐之。荛逃于民舍，渴求饮，民以溺饮之。坐贬昭州司马。

以中书侍郎、同平章事徐商同平章事，充荆南节度使。癸卯，以翰林学士承旨、户部侍郎刘瞻同平章事。瞻，桂州人也。

马举自泗州引兵攻濠州，拔招义、钟离、定远。刘行及设寨于城外以拒守，举先遣轻骑挑战，贼见其众少，争出寨西击之，举引大军数万自它道击其东南，遂焚其寨。贼入固守，举堑其三面而围之，北面临淮，贼犹得与徐州通。庞勋遣吴迥助行及守濠州，屯兵北津以相应，举遣别将度淮击之，斩获数千人，平其寨。

曹翔之退屯兖州也，留沧州卒四千人戍鲁桥，卒擅还，翔曰：“以庞勋作乱，故讨之。今沧卒不从约束，是自乱也。”勒兵迎之，围于兖州城外，择违命者二千人，悉诛之。朝廷闻魏博军败，以将军宋威为徐州西北面招讨使，将兵三万屯于丰、萧之间，翔复引兵会之。

秋，七月，康承训克临涣，杀获万人，遂拔襄城、留武、小睢等寨。曹翔拔滕县，进击丰、沛。贼诸寨戍兵多相帅逃匿，保据山林，贼抄掠者过之，辄为所杀，而五八村尤甚。有陈全裕者为之帅，凡叛勋者皆归之，众至数千人，战守之具皆备，环地数十里，贼莫敢近。康承训遣人招之，遂举众来降，贼党益离。蕲县土豪李衮杀贼守将，举城降于承训。沛县守将李直诣彭城计事，裨将朱玫举城降于曹翔。直自彭城还，玫逆击，走之，翔发兵戍沛。玫，邠州人也。勋遣其将孙章、许佶各将数千人攻陈全裕、朱玫，皆不克而还。康承训乘胜长驱，拔第城，进抵宿州之西，筑城而守之。庞勋忧懑不知所为，但祷神饭僧而已。

初，庞勋怒梁丕专杀姚周，黜之，使徐州旧将张玄稔代之治州事，以其党张儒、张实等将城中兵数万拒官军。儒等列寨数重于城外，环水自固，康承训围之。

张实夜遣人潜出，以书白勋曰："今国兵尽在城下，西方必虚，将军宜引兵出其不意，掠宋、亳之郊，彼必解围而西，将军设伏要害，迎击其前，实等出城中兵蹙其后，破之必矣！"时曹翔使朱玫击丰，破之，乘胜攻徐城、下邳，皆拔之，斩获万计。勋方忧惧欲走，得实书，即从其策，使庞举直、许佶守徐州，引兵而西。

八月，壬子，康承训焚外寨，张儒等入保罗城，官军攻之，死者数千人，不能克，承训患之，遣辩士于城下招谕之。张玄稔尝戍边有功，虽胁从于贼，心常忧愤，时将所部兵守子城，夜，召所亲数十人谋归国，因稍令布谕，协同者众，乃遣腹心张皋夜出，以状白承训，约期杀贼将，举城降，至日，请立青旌为应，使众心无疑。承训大喜，从之。九月，丁巳，张儒等饮酒于柳溪亭，玄稔使部将董厚等勒兵于亭西，玄稔先跃马而前，大呼曰："庞勋已枭首于仆射寨中，此辈何得尚存！"士卒竞进，遂斩张儒等数十人。城中大扰，玄稔谕以归国之计，及暮而定。戊午，开门出降。玄稔见承训，肉袒膝行，涕泣谢罪。承训慰劳，即宣敕，拜御史中丞，赐遗甚厚。

玄稔复进言："今举城归国，四远未知，请诈为城陷，引众趋苻离及徐州，贼党不疑，可尽擒也。"承训许之。宿州旧兵三万，承训益以数百骑，皆赏劳而遣之。玄稔复入城，暮发平安火如常日。己未向晨，玄稔积薪数千束，纵火焚之，如城陷军溃之状，直趋苻离，苻离纳之，既入，斩其守将，号令城中，皆听命，收其兵，复得万人，北趋徐州。庞举直、许佶闻之，婴城拒守。辛酉，玄稔至彭城，引兵围之，按兵未攻，先谕城上人曰："朝廷唯诛逆党，不伤良人。汝曹奈何为贼城守？若尚狐疑，须臾之间，同为鱼肉矣！"于是守城者稍稍弃甲投兵而下。崔彦曾故吏路审中开门纳官军，庞举直、许佶帅其党保子城，日昃，贼党自北门出，玄稔遣兵追之，斩举直、佶首，余党多赴水死，悉捕戍桂州者亲族，斩之，死者数千人，徐州遂平。

庞勋将兵二万自石山西出，所过焚掠无遗。庚申，承训始知之，引步骑八万西击之，使朱邪赤心将数千骑为前锋。勋袭宋州，陷其南城，刺史郑处冲守其北城，贼知有备，舍去，度汴，南掠亳州，沙陀追及之。勋引兵循涣水而东，将归彭城，为沙陀所逼，不暇饮食，至蕲，将济水，李衮发桥，勒兵拒之。贼惶惑不知所之，至故县西，官军大集，纵击，杀贼近万人，余皆溺死，降者才及千人，勋亦死而人莫之识，数日，乃获其尸。贼宿迁等诸寨皆杀其守将而降。宋威亦取萧县，吴迥独守濠州不下。

冬，十月，以张玄稔为右骁卫大将军、御史大夫。

马举攻濠州，自夏及冬不克，城中粮尽，杀人而食之，(守)〔官〕军深堑重围以守之。辛丑夜，吴迥突围走，举勒兵追之，杀获殆尽，迥死于招义。

以康承训为河东节度使、同平章事，以杜慆为义成节度使。上嘉朱邪赤心之功,置大同军于雲州,以赤心为节度使,召见,留为左金吾上将军,赐姓名李国昌,赏赉甚厚。以辛谠为亳州刺史。谠在泗州,犯围出迎兵粮,往返凡十二,及除亳州,上表言:"臣之功,非杜慆不能成也。"赐和州刺史崔雍自尽,家属流康州,兄弟五人皆远贬。

上荒宴,不亲庶政,委任路岩。岩奢靡,颇通赂遗,左右用事。至德令陈蟠叟因上书召对,言:"请破边咸一家,可赡军二年。"上问:"咸为谁?"对曰:"路岩亲吏。"上怒,流蟠叟于爱州,自是无敢言者。

初,南诏遣使者杨酋庆来谢释董成之囚,定边节度使李师望欲激怒南诏以求功,遂杀酋庆。西川大将恨师望分裂巡属,阴遣人致意南诏,使入寇。师望贪残,聚私货以百万计,戍卒怨怒,欲生食之,师望以计免。朝廷征还,以太府少卿窦滂代之。滂贪残又甚于师望,故蛮寇未至,而定边固已困矣。

是月,南诏骠信酋龙倾国入寇,引数万众击董舂乌部,破之。十一月,蛮进寇嶲州,定边都头安再荣守清溪关,蛮攻之,再荣退屯大渡河北,与之隔水相射九日八夜。蛮密分军伐木开道,逾雪坡,奄至沐源川。滂遣兖海将黄卓帅五百人拒之,举军覆没。十二月,丁酉,蛮衣兖海之衣,诈为败卒,至江岸呼船,已济,众乃觉之,遂陷犍为,纵兵焚掠陵、荣二州之境。后数日,蛮军大集于陵云寺,与嘉州对岸。刺史杨忞与定边监军张允琼勒兵拒之。蛮潜遣奇兵自东津济,夹击官军,杀忠武都将颜庆师,余众皆溃,忞、允琼脱身走。壬子,陷嘉州。庆师,庆复之弟也。

窦滂自将兵拒蛮于大渡河,骠信诈遣清平官数人诣滂约和,滂与语未毕,蛮乘船筏争度,忠武、徐宿两军结陈抗之。滂惧,自经于帐中,徐州将苗全绪解之,曰:"都统何至于是!"全绪与安再荣及忠武将勒兵出战,滂遂单骑宵遁。三将谋曰:"今众寡不敌,明旦复战,吾属尽矣。不若乘夜攻之,使之惊乱,然后解去。"于是夜入蛮军,弓弩乱发,蛮大惊,三将乃全军引去。蛮遂进陷黎、雅,民窜匿山谷,败军所在焚掠。滂奔导江。邛州军资储偫皆散于乱兵之手,蛮至,城已空,通行无碍矣。

诏左神武将军颜庆复将兵赴援。

资治通鉴卷第二百五十二

端明殿学士兼翰林侍读学士太中大夫提举西京嵩山崇福宫上柱国河内郡开国公食邑二千二百户食实封九百户赐紫金鱼袋臣 司马光 奉敕编集

唐纪六十八起上章摄提格(庚寅),尽柔兆涒滩(丙申),凡七年。

懿宗昭圣恭惠孝皇帝下

咸通十一年(庚寅、870)

春,正月,甲寅朔,群臣上尊号曰睿文英武明德至仁大圣广孝皇帝,赦天下。

西川之民闻蛮寇将至,争走入成都。时成都但有子城,亦无壕,人所占地各不过一席许,雨则戴箕盎以自庇。又乏水,取摩诃池泥汁,澄而饮之。将士不习武备,节度使卢耽召彭州刺史吴行鲁使摄参谋,与前泸州刺史杨庆复共修守备,选将校,分职事,立战棚,具炮檑,造器备,严警逻。先是,西川将士多虚职名,亦无禀给。至是,揭榜募骁勇之士,补以实职,厚给粮赐,应募者云集。庆复乃谕之曰:"汝曹皆军中子弟,年少材勇,平居无由自进,今蛮寇凭陵,乃汝曹取富贵之秋也,可不勉乎!"皆欢呼踊跃。于是列兵械于庭,使之各试所能,两两角胜,察其勇怯而进退之,得选兵三千人,号曰"突将"。行鲁,彭州人也。

戊午,蛮至眉州,耽遣同节度副使王偃等赍书见其用事之臣杜元忠,与之约和。蛮报曰:"我辈行止,只系雅怀。"

路岩、韦保衡上言:"康承训讨庞勋时,逗挠不进,又不能尽其余党,又贪虏获,不时上功。"辛酉,贬蜀王傅、分司,寻再贬恩州司马。

南诏进军新津,定边之北境也。卢耽遣同节度副使谭奉祀致书于杜元忠,问其所以来之意,蛮留之不还。耽遣使告急于朝,且请遣使与和,以纾一时之患。朝廷命知四方馆事、太仆卿支详为宣谕通和使。蛮以耽待之恭,亦为之盘桓,而成都守备由是粗完。

甲子,蛮长驱而北,陷双流。庚午,耽遣节度副使柳槃往见之,杜元忠授槃书一通,曰:"此通和之后,骠信与军府相见之仪也。"其仪皆以王者自处,语极骄慢。又遣人负彩幕至城南,云欲张陈蜀王厅以居骠信。

癸酉,废定边军,复以七州归西川。

是日,蛮军抵成都城下。前一日,卢耽遣先锋游弈使王昼至汉州诇援军,且趣之。时兴元六千人、凤翔四千人已至汉州,会窦滂以忠武、义成、徐宿四千人自导江奔汉州，就援军以自存。丁丑，王昼以兴元、资、简兵三千余人军于毗桥，遇蛮前锋，与战不利，退保汉州。时成都日望援军之至，而窦滂自以失地，欲西川相继陷没以分其责，每援军自北至，辄说之曰："蛮众多于官军数十倍，官军远来疲弊，未易遽前。"诸将信之，皆狐疑不进。成都十将李自孝阴与蛮通，欲焚城东仓为内应，城中执而杀之。后数日，蛮果攻城，久之，城中无应而止。

二月，癸未朔，蛮合梯冲四面攻成都，城上以钩缳挽之使近，投火沃油焚之，攻者皆死。卢耽以杨庆复、摄左都押牙李骧各帅突将出战，杀伤蛮二千余人，会暮，焚其攻具三千余物而还。蜀人素怯，其突将新为庆复所奖拔，且利于厚赏，勇气自倍，其不得出者，皆愤郁求奋。后数日，贼取民篱，重沓湿而屈之，以为蓬，置人其下，举以抵城而劚之，矢石不能入，火不能然，庆复熔铁汁以灌之，攻者又死。

乙酉，支详遣使与蛮约和。丁亥，蛮敛兵请和。戊子，遣使迎支详。时颜庆复以援军将至，详谓蛮使曰："受诏诣定边约和，今雲南乃围成都，则与向日诏旨异矣。且朝廷所以和者，冀其不犯成都也。今矢石昼夜相交，何谓和乎？"蛮见和使不至，庚寅，复进攻城。辛卯，城中出兵击之，乃退。

初，韦皋招南诏以破吐蕃，既而蛮诉以无甲弩，皋使匠往教之，数岁，蛮中甲弩皆精利。又，东蛮苴那时、勿邓、梦衝三部助皋破吐蕃有功，其后边吏遇之无状，东蛮怨唐深，自附于南诏，每从南诏入寇，为之尽力，得唐人，皆虐杀之。

朝廷贬窦滂为康州司户，以颜庆复为东川节度使，凡援蜀诸军，皆受庆复节制。癸巳，庆复至新都，蛮分兵往拒之。甲午，与庆复遇，庆复大破蛮军，杀二千余人，蜀民数千人争操芟刀、白棓以助官军，呼声震野。乙未，蛮步骑数万复至，会右武卫上将军宋威以忠武军二千人至，即与诸军会战，蛮军大败，死者五千余人，退保星宿山。威进军沱江驿，距成都三十里。蛮遣其臣杨定保诣支详请和，详曰："宜先解围退军。"定保还，蛮围城如故。城中不知援军之至，但见其数来请和，知援军必胜矣。戊戌，蛮复请和，使者十返，城中亦依违答之。蛮以援军在近，攻城尤急，骠信以下亲立矢石之间。庚子，官军至城下与蛮战，夺其升迁桥，是夕，蛮自烧攻具遁去，比明，官军乃觉之。

初，朝廷使颜庆复救成都，命宋威屯绵、汉为后继。威乘胜先至城下，破蛮军功居多，庆复疾之。威饭士欲追蛮军，城中战士亦欲与北军合势俱进，庆复牒威，夺其军，勒归汉州。蛮至双流，阻新穿水，造桥未能成，狼狈失度。三日，桥成，乃得过，断桥而去，甲兵服物遗弃于路，蜀人甚恨之。黎州刺史严师本收散卒数千保邛州，蛮围之，二日，不克，亦舍去。颜庆复始教蜀人筑壅门城，穿堑引水满之，植鹿角，分营铺，蛮知有备，自是不复犯成都矣。

先是，西川牙将有职无官，及拒却南诏，四人以功授监察御史，堂帖，人输堂例钱三百缗，贫者苦之。

三月，左仆射、同平章事曹确同平章事，充镇海节度使。

夏，四月，丙午，以翰林学士承旨、兵部侍郎韦保衡同平章事。

徐贼余党犹相聚闾里为群盗，散居兖、郓、青、齐之间，诏徐州观察使夏侯瞳招谕之。

五月，丁丑，以邛州刺史吴行鲁为西川留后。

光州民逐刺史李弱翁，弱翁奔新息。左补阙杨堪等上言："刺史不道，百姓负冤，当诉于朝廷，置诸典刑，岂得群党相聚，擅自斥逐，乱上下之分！此风殆不可长，宜加严诛以惩来者。"

上令百官议处置徐州之宜。六月，丙午，太子少傅李胶等状，以为："徐州虽屡构祸乱，未必比屋顽凶，盖由统御失人，是致奸回乘衅。今使名虽降，兵额尚存，以为支郡则粮饷不给，分隶别藩则人心未服，或旧恶相继，更成披猖。惟泗州向因攻守，结衅已深，宜有更张，庶为两便。"诏从之，徐州依旧为观察使，统徐、濠、宿三州，〔泗州〕为团练使，割隶淮南。

加幽州节度使张允伸兼侍中。

秋，八月，乙未，同昌公主薨。上痛悼不已，杀翰林医官韩宗劭等二十余人，悉收捕其亲族三百余人系京兆狱。中书侍郎、同平章事刘瞻召谏官使言之，谏官莫敢言者，乃自上言，以为："修短之期，人之定分。昨公主有疾，深轸圣慈。宗劭等诊疗之时，惟求疾愈，备施方术，非不尽心，而祸福难移，竟成差跌，原其情状，亦可哀矜。而械系老幼三百余人，物议沸腾，道路嗟叹。奈何以达理知命之君，涉肆暴不明之谤！盖由安不虑危，忿不思难之故也。伏愿少回圣虑，宽释系者。"上览疏，不悦。瞻又与京兆尹温璋力谏于上前，上大怒，叱出之。

魏博节度使何全皞年少，骄暴好杀，又减将士衣粮。将士作乱，全皞单骑走，追杀之，推大将韩君雄为留后。成德节度使王景崇为之请旌节，九月，庚戌，以君雄为魏博留后。

丙辰，以刘瞻同平章事，充荆南节度使。贬温璋振州司马。璋叹曰："生不逢时，死何足惜！"是夕，仰药卒。庚申，敕曰："苟无蠹害，何至于斯！恶实贯盈，死有余责。宜令三日内且于城外权瘗，俟经恩宥，方许归葬，使中外快心，奸邪知惧。"己巳，贬右谏议大夫高湘、比部郎中知制诰杨知至、礼部郎中魏筜等于岭南，皆坐与刘瞻亲善，为韦保衡所逐也。知至，汝士之子；筜，扶之子也。保衡又与路岩共谮刘瞻，云与医官通谋，误投毒药，丙子，贬瞻康州刺史。翰林学士承旨郑畋草瞻罢相制辞曰："安数亩之居，仍非己有；却四方之赂，惟畏人知。"岩谓畋曰："侍郎乃表荐刘相也。"坐贬梧州刺史。御史中丞孙瑝坐为瞻所擢用，亦贬汀州刺史。路岩素与刘瞻论议多不叶，瞻既贬康州，岩犹不快，阅《十道图》，以驩州去长安万里，再贬驩州司户。

冬，十月，癸卯，以西川留后吴行鲁为节度使。

十一月，辛亥，以兵部尚书、盐铁转运使王铎为礼部尚书、同平章事。铎，起之兄子也。

丁卯，复以徐州为感化军节度。

十二月，加成德节度使王景崇同平章事，以左金吾上将军李国昌为振武节度使。

十二年(辛卯、871)

春，正月，辛酉，葬文懿公主。韦氏之人争取庭祭之灰，汰其金银。凡服玩，每物皆百二十舆，以锦绣、珠玉为仪卫、明器，辉焕三十余里。赐酒百斛、饼餤四十橐驼，以饲体夫。上与郭淑妃思公主不已，乐工李可及作《叹百年曲》，其声悽惋，舞者数百人，发内库杂宝为其首饰，以绝八百匹为地衣，舞罢，珠玑覆地。

以魏博留后韩君雄为节度使。

门下侍郎、同平章事路岩与韦保衡素相表里，势倾天下。既而争权，浸有隙，保衡遂短岩于上。夏，四月，癸卯，以岩同平章事，充西川节度使。岩出城，路人以瓦砾掷之。权京兆尹薛能，岩所擢也，岩谓能曰："临行，烦以瓦砾相饯！"能徐举笏对曰："向来宰相出，府司无例发人防卫。"岩甚惭。能，汾州人也。

五月，上幸安国寺，赠僧重谦、僧澈沉檀讲座二，各高二丈。设万人斋。

秋，七月，以兵部尚书卢耽同平章事，充山南东道节度使。

冬，十月，以兵部侍郎、盐铁转运使刘邺为礼部尚书、同平章事。

十三年(壬辰、872)

春，正月，幽州节度使张允伸得风疾，请委军政就医，许之，以其子简会为留后。疾甚，遣使上表纳旌节。丙申，薨。允伸镇幽州二十三年，勤俭恭谨，边鄙无警，上下安之。

二月，丁巳，以兵部侍郎、同平章事于琮为山南东道节度使，以刑部侍郎、判户部奉天赵隐为户部侍郎、同平章事。

平州刺史张公素，素有威望，为幽人所服。张允伸薨，公素帅州兵来奔丧。张简会惧，三月，奔京师，以为诸卫将军。

夏，四月，立皇子保为吉王，杰为寿王，倚为睦王。

以张公素为平卢留后。

五月，国子司业韦殷裕诣閤门告郭淑妃弟内作坊使敬述阴事，上大怒，杖杀殷裕，籍没其家。乙亥，閤门使田献铦夺紫，改桥陵使，以其受殷裕状故也。殷裕妻父太仆少卿崔元应、妻从兄中书舍人崔沆、季父君卿皆贬岭南官，给事中杜裔休坐与殷裕善，亦贬端州司户。沆，铉之子也。裔休，悰之子也。

丙子，贬山南东道节度使于琮为普王傅、分司，韦保衡谮之也。辛巳，贬尚书左丞李当、吏部侍郎王沨、左散骑常侍李都、翰林学士承旨兵部侍郎张裼、前中书舍人封彦卿、左谏议大夫杨塾；癸未，贬工部尚书严祁、给事中李贶、给事中张铎、左金吾大将军李敬仲、起居舍人萧遘、李渎、郑彦特、李藻，皆处之湖、岭之南，坐与琮厚善故也。贶，汉之子；遘，寘之子也。甲申，贬前平卢节度使于琄为凉王府长史、分司，前湖南观察使于瓌为袁州刺史。瓌、琄，皆琮之兄也。寻再贬琮韶州刺史。

琮妻广德公主，上之妹也，与琮皆之韶州，行则肩舆门相对，坐则执琮之带，琮由是获全。时诸公主多骄纵，惟广德动遵法度，事于氏宗亲尊卑无不如礼，内外称之。

六月，以卢龙留后张公素为节度使。

韦保衡欲以其党裴条为郎官，惮左丞李璋方严，恐其不放上，先遣人达意。璋曰："朝廷迁除，不应见问。"秋，七月，乙未，以璋为宣歙观察使。

八月，归义节度使张义潮薨，沙州长史曹义金代领军府，制以义金为归义节度使。是后中原多故，朝命不及，回鹘陷甘州，自余诸州隶归义者多为羌、胡所据。

冬，十二月，追上宣宗谥曰元圣至明成武献文睿智章仁神聪懿道大孝皇帝。

振武节度使李国昌，恃功恣横，专杀长吏。朝廷不能平，徙国昌为大同军防御使，国昌称疾不赴。

十四年（癸巳、873）

春，三月，癸巳，上遣敕使诣法门寺迎佛骨，群臣谏者甚众，至有言宪宗迎佛骨寻晏驾者。上曰："朕生得见之，死亦无恨！"广造浮图、宝帐、香舆、幡花、幢盖以迎之，皆饰以金玉、锦绣、珠翠。自京城至寺三百里间，道路车马，昼夜不绝。夏，四月，壬寅，佛骨至京师，导以禁军兵仗、公私音乐，沸天烛地，绵亘数十里。仪卫之盛，过于郊祀，元和之时不及远矣。富室夹道为彩楼及无遮会，竞为侈靡。上御安福门，降楼膜拜，流涕沾臆，赐僧及京城耆老尝见元和事者金帛。迎佛骨入禁中，三日，出置安国崇化寺。宰相已下竞施金帛，不可胜纪。因下德音，降中外系囚。

五月，丁亥，以西川节度使路岩兼中书令。

南诏寇西川，又寇黔南，黔中经略使秦匡谋兵少不敌，弃城奔荆南。荆南节度使杜悰囚而奏之。六月，乙未，敕斩匡谋，籍没其家赀，亲族应缘坐者，令有司搜捕以闻。匡谋,凤翔人也。

以中书侍郎、同平章事王铎同平章事,充宣武节度使。时韦保衡挟恩弄权,以刘瞻、于琮先在相位,不礼于己,谮而逐之。王铎,保衡及第时主文也,萧遘,同年进士也,二人素薄保衡之为人,保衡皆摈斥之。

秋,七月,戊寅,上疾大渐,左军中尉刘行深、右军中尉韩文约立少子普王俨。庚辰,制:“立俨为皇太子,权句当军国政事。”辛巳,上崩于咸宁殿。遗诏以韦保衡摄冢宰。僖宗即位。八月,丁未,追尊母王贵妃为皇太后,刘行深、韩文约皆封国公。

关东、河南大水。

九月,有司上先太后谥曰惠安。

司徒、门下侍郎、同平章事韦保衡,怨家告其阴事,贬保衡贺州刺史。

乐工李可及流岭南。可及有宠于懿宗,尝为子娶妇,懿宗赐之酒二银壶,启之无酒而中实。右军中尉西门季玄屡以为言,懿宗不听。可及尝大受赐物,载以官车,季玄谓曰:“汝它日破家,此物复应以官车载还。非为受赐,徒烦牛足耳。”及流岭南,籍没其家,果如季玄言。

以西川节度使路岩兼侍中,加成德节度使王景崇中书令,魏博节度使韩君雄、卢龙节度使张公素、天平节度使高骈并同平章事。君雄仍赐名允中。

冬,十月,乙未,以左仆射萧倣为门下侍郎、同平章事。

韦保衡再贬崖州澄迈令,寻赐自尽。又贬其弟翰林学士、兵部侍郎保乂为宾州司户,所亲翰林学士、户部侍郎刘承雍为涪州司马。承雍,禹锡之子也。

癸卯,赦天下。

西川节度使路岩,喜声色游宴,委军府政事于亲吏边咸、郭筹,皆先行后申,上下畏之。尝大阅,二人议事,默书纸相示而焚之,军中以为有异图,惊惧不安。朝廷闻之,十一月,戊辰,徙岩荆南节度使。咸、筹潜知其故,遂亡命。

以右仆射萧邺同平章事,充河东节度使。

十二月,己亥,诏送佛骨还法门寺。

再贬路岩为新州刺史。

僖宗惠圣恭定孝皇帝上之上

乾符元年(甲午、874)

春,正月,丁亥,翰林学士卢携上言,以为:“陛下初临大宝,宜深念黎元。国家之有百姓,如草木之有根柢,若秋冬培溉,则春夏滋荣。臣窃见关东去年旱灾,自虢至海,麦才半收,秋稼几无,冬菜至少,贫者硙蓬实为面,蓄槐叶为齑,或更衰羸，亦难采拾。常年不稔，则散之邻境。今所在皆饥，无所依投，坐守乡闾，待尽沟壑。其蠲免余税，实无可征，而州县以有上供及三司钱，督趣甚急，动加捶挞，虽撤屋伐木，雇妻鬻子，止可供所由酒食之费，未得至于府库也。或租税之外，更有它徭，朝廷傥不抚存，百姓实无生计。乞敕州县，应所欠残税，并一切停征，以俟蚕麦。仍发所在义仓，亟加赈给。至深春之后，有菜叶木牙，继以桑椹，渐有可食，在今数月之间，尤为窘急，行之不可稽缓。"敕从其言，而有司竟不能行，徒为空文而已。

路岩行至江陵，敕削官爵，长流儋州。岩美姿仪，囚于江陵狱再夕，须发皆白，寻赐自尽，籍没其家。岩之为相也，密奏"三品以上赐死，皆令使者剔取结喉三寸以进，验其必死。"至是，自罹其祸，所死之处乃杨收赐死之榻也。边咸、郭筹捕得，皆伏诛。

初，岩佐崔铉于淮南，为支使，铉知其必贵，曰："路十终须作彼一官。"既而入为监察御史，不出长安城，十年至宰相。其自监察入翰林也，铉犹在淮南，闻之，曰："路十今已入翰林，如何得老！"皆如铉言。

以太子少傅于琮同平章事，充山南东道节度使。

二月，甲午，葬昭圣恭惠孝皇帝于简陵，庙号懿宗。

以中书侍郎、同平章事赵隐同平章事，充镇海节度使；以华州刺史裴坦为中书侍郎、同平章事。

以虢州刺史刘瞻为刑部尚书。瞻之贬也，人无贤愚，莫不痛惜。及其还也，长安两市人率钱雇百戏迎之。瞻闻之，改期，由它道而入。

夏，五月，乙未，裴坦薨。以刘瞻为中书侍郎、同平章事。

初，瞻南迁，刘邺附于韦、路，共短之。及瞻还为相，邺内惧。秋，八月，丁巳朔，邺延瞻，置酒于盐铁院。瞻归而遇疾，辛未，薨。时人皆以为邺鸩之也。

以兵部侍郎、判度支崔彦昭为中书侍郎、同平章事。彦昭，群之从子也。兵部侍郎王凝，正雅之从孙也，其母，彦昭之从母。凝、彦昭同举进士，凝先及第，尝衩衣见彦昭，且戏之曰："君不若举明经。"彦昭怒，遂为深仇。及彦昭为相，其母谓侍婢曰："为我多作袜履，王侍郎母子必将窜逐，吾当与妹偕行。"彦昭拜且泣，谢曰："必不敢。"凝由是获免。

冬，十月，以门下侍郎、同平章事刘邺同平章事，充淮南节度使。以吏部侍郎郑畋为兵部侍郎，翰林学士承旨、户部侍郎卢携守本官，并同平章事。

十一月，庚寅，日南至，群臣上尊号曰圣神聪睿仁哲孝皇帝，改元。

魏博节度使韩允中薨，军中立其子节度副使简为留后。

南诏寇西川，作浮梁，济大度河。防河都知兵马使、黎州刺史黄景复俟其半济，击之，蛮败走，断其浮梁。蛮以中军多张旗帜当其前，而分兵潜出上、下流各二十里，夜，作浮梁，诘朝，俱济，袭破诸城栅，夹攻景复。力战三日，景复阳败走，蛮尽锐追之，景复设三伏以待之，蛮过三分之二，乃发伏击之，蛮兵大败，杀二千余人，追至大度河南而还，复修完城栅而守之。蛮归，至之罗谷，遇国中发兵继至，新旧相合，钲鼓声闻数十里。复寇大度河，与唐夹水而军，诈云求和，又自上下流潜济，与景复战连日。西川援兵不至，而蛮众日益，景复不能支，军遂溃。

十二月，党项、回鹘寇天德军。

感化军奏群盗寇掠，州县不能禁，敕兖、郓等道出兵讨之。

南诏乘胜陷黎州，入邛崃关，攻雅州。大度河溃兵奔入邛州，成都惊扰，民争入城，或北奔它州。城中大为守备，而堑垒比向时严固。骠信使其坦绰遗节度使牛丛书云："非敢为寇也，欲入见天子，面诉数十年为谗人离间冤抑之事。傥蒙圣恩矜恤，当还与尚书永敦邻好。今假道贵府，欲借蜀王厅留止数日，即东上。"丛素懦怯，欲许之，杨庆复以为不可，斩〔其〕使者，留二人，授以书，遣还，书辞极数其罪，詈辱之。蛮兵及新津而还，丛恐蛮至，豫焚城外，民居荡尽，蜀人尤之。诏发河东、山南西道、东川兵援之，仍命天平节度使高骈诣西川制置蛮事。

以韩简为魏博留后。

商州刺史王枢以军州空窘，减折籴钱，民相帅以白梃殴之，又殴杀官吏二人。朝廷更除刺史李诰到官，收捕民李叔汶等三十人，斩之。

初，回鹘屡求册命，诏遣册立使郗宗莒诣其国。会回鹘为吐谷浑、嗢末所破，逃遁不知所之。诏宗莒以玉册、国信授灵盐节度使唐弘夫掌之，还京师。

上年少，政在臣下，南牙、北司互相矛楯。自懿宗以来，奢侈日甚，用兵不息，赋敛愈急。关东连年水、旱，州县不以实闻，上下相蒙，百姓流殍，无所控诉，相聚为盗，所在蜂起。州县兵少，加以承平日久，人不习战，每与盗遇，官军多败。是岁，濮州人王仙芝始聚众数千，起于长垣。

二年（乙未、875）

春，正月，丙戌，以高骈为西川节度使。

辛巳，上祀圆丘，赦天下。

高骈至剑州，先遣使走马开成都门。或谏曰："蛮寇逼近成都，相公尚远，万一豨突，奈何？"骈曰："吾在交阯破蛮二十万众，蛮闻我来，逃窜不暇，何敢辄犯成都！今春气向暖，数十万人蕴积城中，生死共处，污秽郁蒸，将成疠疫，不可缓也。"使者至成都，开城纵民出，各复常业，乘城者皆下城解甲，民大悦。蛮方攻雅州，闻之，遣使请和，引兵去。骈又奏："南蛮小丑，易以枝梧。今西川新旧兵已多，所发长武、鄜坊、河东兵，徒有劳费，并乞勒还。"敕止河东兵而已。

上之为普王也，小马坊使田令孜有宠，及即位，使知枢密，遂擢为中尉。上时年十四，专事游戏，政事一委令孜，呼为“阿父”。令孜颇读书，多巧数，招权纳贿，除官及赐绯紫皆不关白于上。每见，常自备果食两盘，与上相对饮啗，从容良久而退。上与内园小儿狎昵，赏赐乐工、伎儿，所费动以万计，府藏空竭。令孜说上籍两市商旅宝货悉输内库，有陈诉者，付京兆杖杀之。宰相以下，钳口莫敢言。

高骈至成都，明日，发步骑五千追南诏，至大度河，杀获甚众，擒其酋长数十人，至成都，斩之。修复邛崃关、大度河诸城栅，又筑城于戎州马湖镇，号平夷军，又筑城于沐源川，皆蛮入蜀之要道也，各置兵数千戍之。自是蛮不复入寇。骈召黄景复，责以大度河失守，腰斩之。骈又奏请自将本管及天平、昭义、义成等军共六万击南诏，诏不许。先是，南诏督爽屡牒中书，辞语怨望，中书不答。卢携奏称：“如此，则蛮益骄，谓唐无以答，宜数其十代受恩以责之。然自中书发牒，则嫌于体敌，请赐高骈及岭南节度使辛谠诏，使录诏白，牒与之。”从之。

三月，以魏博留后韩简为节度使。

去岁，感化军发兵诣灵武防秋，会南诏寇西川，敕往救援。未至成都，蛮退，遣还，至凤翔，不肯诣灵武，欲擅归徐州。内养王裕本、都将刘逢搜擒唱帅者胡雄等八人，斩之，众然后定。

初，南诏围成都，杨庆复以右职优给募突将以御之，成都由是获全。及高骈至，悉令纳牒，又托以蜀中屡遭蛮寇，人未复业，停其禀给，突将皆忿怨。骈好妖术，每发兵追蛮，皆夜张旗立队，对将士焚纸画人马，散小豆，曰：“蜀兵懦怯，今遣玄女神兵前行。”军中壮士皆耻之。又索阖境官有出于胥吏者，皆停之。令民间皆用足陌钱，陌不足者皆执之，刻以行赂，取与皆死。刑罚严酷，由是蜀人皆不悦。

夏，四月，突将作乱，大噪突入府廷。骈走匿于厕间，突将索之，不获。天平都将张杰帅所部数百人被甲入府击突将，突将撤前牙仪注兵仗，无者奋梃挥拳，乘怒气力斗，天平军不能敌，走归营。突将追之，营门闭，不得入。监军使人招谕，许以复职名禀给，久之，乃肯还营。天平军复开门出，为追逐之势，至城北，时方修球场，役者数百人，天平军悉取其首，还，诣府，云“已诛乱者”。骈出见之，厚以金帛赏之。明日，榜谢突将，悉还其职名、衣粮。自是日令诸道将士从己来者更直府中，严兵自卫。

加成德节度使王景崇兼侍中。

浙西狼山镇遏使王郢等六十九人有战功，节度使赵隐赏以职名而不给衣粮，郢等论诉不获，遂劫库兵作乱，行收党众近万人，攻陷苏、常，乘舟往来，泛江入海，转掠二浙，南及福建，大为人患。

五月，以太傅、分司令狐绹同平章事，充凤翔节度使。

司空、同平章事萧倣薨。

六月，以御史大夫李蔚为中书侍郎、同平章事。

辛未，高骈阴籍突将之名，使人夜掩捕之，围其家，排墙坏户而入，老幼孕病，悉驱去杀之，婴儿或扑于阶，或击于柱，流血成渠，号哭震天，死者数千人，夜，以车载尸投之于江。有一妇人，临刑，戟手大骂曰："高骈！汝无故夺有功将士职名、衣粮，激成众怒。幸而得免，不省己自咎，乃更以诈杀无辜近万人，天地鬼神，岂容汝如此！我必诉汝于上帝，使汝它日举家屠灭如我今日，冤抑污辱如我今日，惊忧惴恐如我今日！"言毕，拜天，怫然就戮。久之，突将有自戍役归者，骈复欲尽族之，有元从亲吏王殷谏曰："相公奉道，宜好生恶杀，此属在外，初不同谋，若复诛之，则自危者多矣。"骈乃止。

王仙芝及其党尚君长攻陷濮州、曹州，众至数万。天平节度使薛崇出兵击之，为仙芝所败。冤句人黄巢亦聚众数千人应仙芝。巢少与仙芝皆以贩私盐为事，巢善骑射，喜任侠，粗涉书传，屡举进士不第，遂为盗，与仙芝攻剽州县，横行山东，民之困于重敛者争归之，数月之间，众至数万。

卢龙节度使张公素，性暴戾，不为军士所附。大将李茂勋，本回鹘阿布思之族，回鹘败，降于张仲武，仲武使戍边，屡有功，赐姓名。纳降军使陈贡言者，幽之宿将，为军士所信服，茂勋潜杀贡言，声云贡言，举兵向蓟，公素出战而败，奔京师。茂勋入城，众乃知非贡言也，不得已，推而立之，朝廷因以茂勋为留后。

秋，七月，蝗自东而西，蔽日，所过赤地。京兆尹杨知至奏"蝗入京畿，不食稼，皆抱荆棘而死。"宰相皆贺。

八月，李茂勋为卢龙节度使。

九月，左补阙董禹谏上游畋、乘驴击球，上赐金帛以褒之。邠宁节度使李侃奏为假父华清宫使道雅求赠官，禹上疏论之，语颇侵宦官。枢密使杨复恭等列诉于上，冬，十月，禹坐贬郴州司马。复恭，钦义之养孙也。

昭义军乱，大将刘广逐节度使高湜，自为留后。以左金吾大将军曹翔为昭义节度使。

回鹘还至罗川，十一月，遣使者同罗榆禄入贡，赐拯接绢万匹。

群盗侵淫，剽掠十余州，至于淮南，多者千余人，少者数百人。诏淮南、忠武、宣武、义成、天平五军节度使、监军亟加讨捕及招怀。十二月，王仙芝寇沂州，平卢节度使宋威表请以步骑五千别为一使，兼帅本道兵所在讨贼。乃以威为诸道行营招讨草贼使，仍给禁兵三千、甲骑五百。因诏河南方镇所遣讨贼都头并取威处分。

三年(丙申、876)

春,正月,天平军奏遣将士张晏等救沂州,还,至义桥,闻北境复有盗起,留使扞御,晏等不从,喧噪趣郓州。都将张思泰、李承祐走马出城,裂袖与盟,以俸钱备酒肴慰谕,然后定。诏本军宣慰一切,无得穷诘。

二月,敕福建、江西、湖南诸道观察、刺史,皆训练士卒。又令天下乡村各置弓刀鼓板以备群盗。

赐海兖节度号泰宁军。

三月,卢龙节度使李茂勋请以其子幽州左司马可举知留后,自求致仕。诏茂勋以左仆射致仕,以可举为卢龙留后。

门下侍郎、同平章事崔彦昭罢为太子太傅,以左仆射王铎兼门下侍郎、同平章事。

南诏遣使者诣高骈求和而盗边不息,骈斩其使者。蛮之陷交阯也,虏安南经略判官杜骧妻李瑶。瑶,宗室之疏属也。蛮遣瑶还,递木夹以遗骈,称"督爽牒西川节度使",辞极骄慢。骈送瑶京师。甲辰,复牒南诏,数其负累圣恩德、暴犯边境、残贼欺诈之罪,安南、大度覆败之状,折辱之。

原州刺史史怀操贪暴,夏,四月,军乱,逐之。

赐宣武、感化节度、泗州防御使密诏,选精兵数百人于巡内游奕,防卫纲船,五日一具上供钱米平安状闻奏。

五月,昭王汭薨。

以卢龙留后李可举为节度使。

六月,抚王纮薨。

雄州地震裂,水涌,坏州城及公私庐舍俱尽。

秋,七月,以前岩州刺史高杰为左骁卫将军,充缘海水军都知兵马使,以讨王郢。

鄂王润薨。

加魏博节度使韩简同平章事。

宋威击王仙芝于沂州城下,大破之,仙芝亡去。威奏仙芝已死,纵遣诸道兵,身还青州,百官皆入贺。居三日,州县奏仙芝尚在,攻剽如故。时兵始休,诏复发之,士皆忿怨思乱。八月,仙芝陷阳翟、郏城,诏忠武节度使崔安潜发兵击之。安潜,慎由之弟也。又命昭义节度使曹翔将步骑五千及义成兵卫东都宫,以左散骑常侍曾元裕为招讨副使,守东都,又诏山南东道节度使李福选步骑二千守汝、邓要路。仙芝进逼汝州,诏邠宁节度使李侃、凤翔节度使令狐綯选步兵一千、骑兵五百守陕州、潼关。

加成德节度使王景崇兼中书令。

九月，乙亥朔，日有食之。

丙子，王仙芝陷汝州，执刺史王镣。镣，铎之从父兄弟也。东都大震，士民挈家逃出城。乙酉，敕赦王仙芝、尚君长罪，除官，以招谕之。仙芝陷阳武，攻郑州，昭义监军判官雷殷符屯中牟，击仙芝，破走之。冬，十月，仙芝南攻唐、邓。

西川节度使高骈筑成都罗城，使僧景仙规度，周二十五里，悉召县令庀徒赋役，吏受百钱以上皆死。蜀土疏恶，以甓甃之，还城十里内取土，皆刬丘垤平之，无得为坎埳以害耕种。役者不过十日而代，众乐其均，不费扑挞而功办。自八月癸丑筑之，至十一月戊子毕功。

役之始作也，骈恐南诏扬声入寇，虽不敢决来，役者必惊扰，乃奏遣景仙托游行入南诏，说谕骠信使归附中国，仍许妻以公主，因与议二国礼仪，久之不决。骈又声言欲巡边，朝夕通烽火，至大度河，而实不行，蛮中惴恐。由是讫于城成，边候无风尘之警。先是，西川将吏入南诏，骠信皆坐受其拜，骈以其俗尚浮屠，故遣景仙往，骠信果帅其大臣迎拜，信用其言。

王仙芝攻郢、复二州，陷之。

王郢因温州刺史鲁寔请降，寔屡为之论奏，敕郢诣阙。郢拥兵迁延，半年不至，固求望海镇使，朝廷不许，以郢为右率府率，仍令左神策军补以重职，其先所掠之财，并令给与。

十二月，王仙芝攻申、光、庐、寿、舒、通等州。淮南节度使刘邺奏求益兵，敕感化节度使薛能选精兵数千助之。

郑畋以言计不行，称疾逊位，不许，乃上言："自沂州奏捷之后，仙芝愈肆猖狂，屠陷五六州，疮痍数千里。宋威衰老多病，自妄奏以来，诸道尤所不服，今淹留亳州，殊无进讨之意。曾元裕拥兵蕲、黄，专欲望风退缩。若使贼陷扬州，则江南亦非国有。崔安潜威望过人，张自勉骁雄良将，宫苑使李瑑，西平王晟之孙，严而有勇。请以安潜为行营都统，瑑为招讨使代威，自勉为副使代元裕。"上颇采其言。

青、沧军士戍安南，还，至桂州，逐观察使李瓒。瓒，宗闵之子也。以右谏议大夫张禹谟为桂州观察使。桂管监军李维周骄横，瓒曲奉之，浸不能制。桂管有兵八百人，防御使才得百人，余皆属监军。又预于逐帅之谋，强取两使印，擅补知州官，夺昭州送使钱。诏禹谟并按之。禹谟，徇之子也。

招讨副使、都监杨复光奏尚君长弟让据查牙山，官军退保邓州。复光，玄价之养子也。

王仙芝攻蕲州。蕲州刺史裴渥，王铎知举时所擢进士也。王镣在贼中，为仙芝以书说渥。渥与仙芝约,敛兵不战,许为之奏官,镣亦说仙芝许以如约。渥乃开城延仙芝及黄巢辈三十余人入城,置酒,大陈货贿以赠之,表陈其状。诸宰相多言:“先帝不赦庞勋,期年卒诛之。今仙芝小贼,非庞勋之比,赦罪除官,益长奸宄。”王铎固请,许之,乃以仙芝为左神策军押牙兼监察御史,遣中使以告身即蕲州授之。仙芝得之甚喜,镣、渥皆贺。未退,黄巢以官不及己,大怒曰:“始者共立大誓,横行天下,今独取官赴左军,使此五千余众安所归乎!”因殴仙芝伤首,其众喧噪不已。仙芝畏众怒,遂不受命,大掠蕲州,城中之人,半驱半杀,焚其庐舍。渥奔鄂州,敕使奔襄州,镣为贼所拘。贼乃分其军三千余人从仙芝及尚君长,二千余人从巢,各分道而去。

资治通鉴卷第二百五十三

端明殿学士兼翰林侍读学士太中大夫提举西京嵩山崇福宫上柱国河内郡开国公食邑二千二百户食实封九百户赐紫金鱼袋臣 司马光 奉敕编集

唐纪六十九起强圉作噩(丁酉),尽上章困敦(庚子)十月,凡三年有奇。

僖宗惠圣恭定孝皇帝上之下

乾符四年(丁酉、877)

春,正月,王郢诱鲁寔入舟中,执之,将士从寔者皆奔溃。朝廷闻之,以右龙武大将军宋皓为江南诸道招讨使,先征诸道兵外,更发忠武、宣武、感化三道、宣、泗二州兵,新旧合万五千余人,并受皓节度。二月,郢攻陷望海镇,掠明州,又攻台州,陷之,刺史王葆退守唐兴。诏二浙、福建各出舟师以讨之。

王仙芝陷鄂州。

黄巢陷郓州,杀节度使薛崇。

南诏酋龙嗣立以来,为边患殆二十年,中国为之虚耗,而其国中亦疲弊。酋龙卒,谥曰景庄皇帝。子法立,改元贞明承智大同,国号鹤拓,亦号大封人。法好畋猎酣饮,委国事于大臣。闰月,岭南西道节度使辛谠奏南诏遣陁西段瑳宝等来请和,且言"诸道兵戍邕州岁久,馈饷之费,疲弊中国,请许其和,使羸瘵息肩。"诏许之。谠遣大将杜弘等赍书币,送瑳宝还南诏,但留荆南、宣歙数军戍邕州,自余诸道兵什减其七。

王郢横行浙西,镇海节度使裴璩严兵设备,不与之战,密招其党朱实降之,散其徒六七千人,输器械二十余万,舟航、粟帛称是。敕以实为金吾将军。于是郢党离散。郢收余众,东至明州,甬桥镇遏使刘巨容以筒箭射杀之,余党皆平。璩,谞之从曾孙也。

三月,黄巢陷沂州。

夏,四月,壬申朔,日有食之。

贼帅柳彦璋剽掠江西。

陕州军乱,逐观察使崔碣,贬碣怀州司马。

黄巢与尚让合兵保查牙山。

五月,甲子,以给事中杨损为陕虢观察使。损至官,诛首乱者。损,嗣复之子也。

初，桂管观察使李瓒失政，支使薛坚石屡规正之，瓒不能从。及瓒被逐，坚石摄留务，移牒邻道，禁遏乱兵，一方以安。诏擢坚石为国子博士。

六月，柳彦璋袭陷江州，执刺史陶祥，使祥上表，彦璋亦自附降状。敕以彦璋为右监门将军，令散众赴京师。以左武卫将军刘秉仁为江州刺史。彦璋不从，以战舰百余固湓江为水寨，剽掠如故。

忠武都将李可封戍边还，至邠州，迫胁主帅，索旧欠粮盐，留止四日，阖境震惊。秋，七月，还至许州，节度使崔安潜悉按诛之。

庚申，王仙芝、黄巢攻宋州，三道兵与战，不利，贼遂围宋威于宋州。甲寅，右威卫上将军张自勉将忠武兵七千救宋州，杀贼二千余人，贼解围遁去。

王铎、卢携欲使张自勉以所将兵受宋威节度，郑畋以为威与自勉已有疑忿，若在麾下，必为所杀，不肯署奏。八月，辛未，铎、携诉于上，求罢免；庚辰，畋请归浐川养疾，上皆不许。

王仙芝陷安州。

盐州军乱，逐刺史王承颜，诏高品牛从珪往慰谕之，贬承颜象州司户。承颜及崔碣素有政声，以严肃为骄卒所逐，朝(庭)〔廷〕与贪暴致乱者同贬，时人惜之。从珪自盐州还，军中请以大将王宗诚为刺史。诏宗诚诣阙，将士皆释罪，仍加优给。

乙卯，王仙芝陷随州，执刺史崔休徵。山南东道节度使李福遣其子将兵救随州，战死。福奏求援兵，遣左武卫大将军李昌言将凤翔五百骑赴之，仙芝遂转掠复、郢。忠武大将张贯等四千人与宣武兵援襄州，自申、蔡间道逃归，诏忠武节度使崔安潜、宣武节度使穆仁裕遣人约还。

冬，十月，邠宁节度使李侃奏遣兵讨王宗诚，斩之，余党悉平。

郑畋与王铎、卢携争论用兵于上前，畋不胜，退，复上奏，以为："自王仙芝俶扰，崔安潜首请会兵讨之，继发士卒，罄供资粮。贼往来千里，涂炭诸州，独不敢犯其境。又以本道兵授张自勉，解宋州围，使江、淮漕运流通，不输寇手。今蒙尽以自勉所将七千兵令张贯将之，隶宋威。自勉独归许州，威复奏加诬毁。因功受辱，臣窃痛之。安潜出师，前后克捷非一，一旦强兵尽付它人，良将空还，若勍寇忽至，何以枝梧！臣请以忠武四千人授威，余三千人使自勉将之，守卫其境，既不侵宋威之功，又免使安潜愧耻。"时卢携不以为然，上不能决。畋复上言："宋威欺罔朝廷，败衄狼藉。又闻王仙芝七状请降，威不为闻奏。朝野切齿，以为宜正军法。迹状如此，不应复典兵权，愿与内大臣参酌，早行罢黜。"不从。

河中军乱，逐节度使刘侔，纵兵焚掠。以京兆尹窦璟为河中宣慰制置使。

黄巢寇掠蕲、黄,曾元裕击破之,斩首四千余级,巢遁去。

十一月,己酉,以窦璟为河中节度使。

招讨副都监杨复光遣人说谕王仙芝,仙芝遣尚君长等请降于复光,宋威遣兵于道中劫取君长等。十二月,威奏与君长等战于颍州西南,生擒以献;复光奏君长等实降,非威所擒。诏侍御史归仁绍等鞫之,竟不能明。斩君长等于狗脊岭。

黄巢陷匡城,遂陷濮州。诏颍州刺史张自勉将诸道兵击之。

江州刺史刘秉仁乘驿之官,单舟入柳彦璋水寨,贼出不意,即迎拜,秉仁斩彦璋,散其众。

王仙芝寇荆南。节度使杨知温,知至之兄也,以文学进,不知兵,或告贼至,知温以为妄,不设备。时汉水浅狭,贼自贾堑度。

五年(戊戌、878)

春,正月,丁酉朔,大雪,知温方受贺,贼已至城下,遂陷罗城。将佐共治子城而守之,及暮,知温犹不出。将佐请知温出抚士卒,知温纱帽皂裘而行,将佐请知温擐甲以备流矢。知温见士卒拒战,犹赋诗示幕僚,遣使告急于山南东道节度使李福,福悉其众自将救之。时有沙陀五百在襄阳,福与之俱至荆门,遇贼,沙陀纵骑奋击,破之。仙芝闻之,焚掠江陵而去。江陵城下旧三十万户,至是死者什三四。

壬寅,招讨副使曾元裕大破王仙芝于申州东,所杀万人,招降散遣者亦万人。敕以宋威久病,罢招讨使,还青州。以曾元裕为招讨使,颍州刺史张自勉为副使。

庚戌,以西川节度使高骈为荆南节度使兼盐铁转运使。

振武节度使李国昌之子克用为沙陀副兵马使,戍蔚州。时河南盗贼蜂起,雲州沙陀兵马使李尽忠与牙将康君立、薛志勤、程怀信、李存璋等谋曰:"今天下大乱,朝廷号令不复行于四方,此乃英雄立功名富贵之秋也。吾属虽各拥兵众,然李振武功大官高,名闻天下,其子勇冠诸军,若辅以举事,代北不足平也。"众以为然。君立,兴唐人;存璋,雲州人;志勤,奉诚人也。

会大同防御使段文楚兼水陆发运使,代北荐饥,漕运不继。文楚颇减军士衣米,又用法稍峻,军士怨怒。尽忠遣君立潜诣蔚州说克用起兵,除文楚而代之。克用曰:"吾父在振武,俟我禀之。"君立曰:"今机事已泄,缓则生变,何暇千里禀命乎!"于是尽忠夜帅牙兵攻牙城,执文楚及判官柳汉璋等系狱,自知军州事,遣召克用。克用帅其众趣雲州,行收兵,二月,庚午,至城下,众且万人,屯于斗鸡台下。壬申,尽忠遣使送符印,请克用为防御留后。癸酉,尽忠械文楚等五人送斗鸡台下,克用令军士冎而食之,以骑践其骸。甲戌,克用入府舍视事,令将士表求敕命;朝廷不许。

李国昌上言："乞朝廷速除大同防御使。若克用违命，臣请帅本道兵讨之，终不爱一子以负国家。"朝廷方欲使国昌谕克用，会得其奏，乃以司农卿支详为大同军宣慰使，诏国昌语克用，令迎候如常仪，除克用官，必令称惬。又以太仆卿卢简方为大同防御使。

贬杨知温为郴州司马。

曾元裕奏大破王仙芝于黄梅，杀五万余人，追斩仙芝，传首，余党散去。

黄巢方攻亳州未下，尚让帅仙芝余众归之，推巢为王，号冲天大将军，改元王霸，署官属。巢袭陷沂州、濮州。既而屡为官军所败，乃遗天平节度使张裼书，请奏之。诏以巢为右卫将军，令就郓州解甲，巢竟不至。

加山南东道节度使李福同平章事，赏救荆南之功也。

三月，群盗陷朗州、岳州。招讨使曾元裕屯荆、襄，黄巢自濮州掠宋、汴，乃以副使张自勉充东南面行营招讨使。黄巢攻卫南，遂攻叶、阳翟。诏发河阳兵千人赴东都，与宣武、昭义兵二千人共卫宫阙。以左神武大将军刘景仁充东都应援防遏使，并将三镇兵，仍听于东都募兵二千人。景仁，昌之孙也。又诏曾元裕将兵径还东都，发义成兵三千守轘辕、伊阙、河阴、武牢。

王仙芝余党王重隐陷洪州，江西观察使高湘奔湖口。贼转掠湖南，别将曹师雄掠宣、润。诏曾元裕、杨复光引兵救宣、润。

湖南军乱，都将高杰逐观察使崔瑾。瑾，郾之子也。

黄巢引兵度江，攻陷虔、吉、饶、信等州。

朝廷以李克用据雲中，夏，四月，以前大同军防御使卢简方为振武节度使，以振武节度使李国昌为大同节度使，以为克用必无以拒也。

诏以东都军储不足，贷商旅富人钱谷以供数月之费，仍赐空名殿中侍御史告身五通，监察御史告身十通，有能出家财助国稍多者赐之。时连岁旱、蝗，寇盗充斥，耕桑半废，租赋不足，内藏虚竭，无所佽助。兵部侍郎、判度支杨严三表自陈才短，不能济办，乞解使务，辞极哀切，诏不许。

曹师雄寇湖州，镇海节度使裴璩遣兵击破之。

王重隐死，其将徐唐莒据洪州。饶州将彭幼璋合义营兵克复饶州。

南诏遣其酋望赵宗政来请和亲，无表，但令督爽牒中书，请为弟而不称臣。诏百官议之，礼部侍郎崔澹等以为："南诏骄僭无礼，高骈不达大体，反因一僧呫嗫卑辞诱致其使，若从其请，恐垂笑后代。"高骈闻之，上表与澹争辩，诏谕解之。澹，玙之子也。

五月，丙申朔，郑畋、卢携议蛮事，携欲与之和亲，畋固争以为不可。携怒，拂衣起，袂罥砚堕地，破之。上闻之，曰："大臣相诟，何以仪刑四海！"丁酉，畋、携皆罢为太子宾客、分司。以翰林学士承旨、户部侍郎豆卢瑑为兵部侍郎，吏部侍郎崔沆为户部侍郎，并同平章事。

时宰相有好施者，常使人以布囊贮钱自随，行施丐者，每出，褴褛盈路。有朝士以书规之曰："今百姓疲弊，寇盗充斥，相公宜举贤任能，纪纲庶务，捐不急之费，杜私谒之门，使万物各得其所，则家给人足，自无贫者，何必如此行小惠乎！"宰相大怒。

邕州大将杜弘送段瑳至南诏，逾年而还。甲辰，辛谠复遣摄巡官贾宏、大将左瑜、曹朗使于南诏。

李国昌欲父子并据两镇，得大同制书，毁之，杀监军，不受代，与李克用合兵陷遮虏军，进击宁武及岢岚军。卢简方赴振武，至岚州而薨。

丁巳，河东节度使窦瀚发民堑晋阳。己未，以都押衙康传圭为代州刺史，又发土团千人戍代州。土团至城北，娖队不发，求优赏。时府库空竭，瀚遣马步都虞候邓虔往慰谕之，土团冎虔，床舁其尸入府。瀚与监军自出慰谕，人给钱三百，布一端，众乃定。押牙田公锷给乱军钱布，众遂劫之以为都将，赴代州，瀚借商人钱五万缗以助军。朝廷以瀚为不才，六月，以前昭义节度使曹翔为河东节度使。

王仙芝余党剽掠浙西，朝廷以荆南节度使高骈先在天平有威名，仙芝党多郓人，乃徙骈为镇海节度使。

沙陀焚唐林、崞县，入忻州境。

秋，七月，曹翔至晋阳。己亥，捕土团杀邓虔者十三人，杀之。义武兵至晋阳，不解甲，讙噪求优赏，翔斩其十将一人，乃定。发义成、忠武、昭义、河阳兵会于晋阳，以御沙陀。八月，戊寅，曹翔引兵救忻州。沙陀攻岢岚军，陷其罗城，败官军于洪谷，晋阳闭门城守。

黄巢寇宣州，宣歙观察使王凝拒之，败于南陵。巢攻宣州不克，乃引兵入浙东，开山路七百里，攻剽福建诸州。

九月，平卢军奏节度使宋威薨。

辛丑，以诸道行营招讨使曾元裕领平卢节度使。

壬寅，曹翔暴薨。丙午，昭义兵大掠晋阳，坊市民自共击之，杀千余人，乃溃。

中书侍郎、同平章事李蔚罢为东都留守。以吏部尚书郑从谠为中书侍郎、同平章事。从谠，馀庆之孙也。

以户部尚书、判户部事李都同平章事兼河中节度使。

冬，十月，诏昭义节度使李钧、幽州节度使李可举与吐谷浑酋长赫连铎、白义诚、沙陀酋长安庆、萨葛酋长米海万，合兵讨李国昌父子于蔚州。十一月，甲午，岢岚军翻城应沙陀。丁未，以河东宣慰使崔季康为河东节度、代北行营招讨使。

沙陀攻石州，庚戌，崔季康救之。

十二月，甲戌，黄巢陷福州，观察使韦岫弃城走。

南诏使者赵宗政还其国，中书不答督爽牒，但作西川节度使崔安潜书意，使安潜答之。

崔季康及昭义节度使李钧与李克用战于洪谷，两镇兵败，钧战死。昭义兵还至代州，士卒剽掠，代州民杀之殆尽，余众自鸦鸣谷走归上党。

王郢之乱，临安人董昌以土团讨贼有功，补石镜镇将。是岁，曹师雄寇掠二浙，杭州募诸县乡兵各千人以讨之，昌与钱塘刘孟安、阮结、富阳闻人宇、盐官徐及、新城杜稜、馀杭凌文举、临平曹信各为之都将，号杭州八都，昌为之长。其后宇卒，钱塘人成及代之。临安人钱镠以骁勇事昌，以功为石镜都知兵马使。

六年（己亥、879）

春，正月，魏王佾薨。

镇海节度使高骈遣其将张璘、梁缵分道击黄巢，屡破之，降其将秦彦、毕师铎、李罕之、许勍等数十人，巢遂趣广南。彦，徐州人；师铎，冤句人；罕之，项城人也。

贾宏等未至南诏，相继卒于道中，从者死亦太半。时辛谠已病风痹，召摄巡官徐雲虔，执其手曰："谠已奏朝廷发使入南诏，而使者相继物故，奈何？吾子既仕则思徇国，能为此行乎？谠恨风痹不能拜耳。"因呜咽流涕。雲虔曰："士为知己死。明公见辟，恨无以报德，敢不承命！"谠喜，厚具资装而遣之。

二月，丙寅，雲虔至善阐城，骠信见大使抗礼，受副使以下拜。己巳，骠信使慈双羽、杨宗就馆谓雲虔曰："贵府牒欲使骠信称臣，奉表贡方物，骠信已遣人自西川入唐，与唐约为兄弟，不则舅甥。夫兄弟舅甥，书币而已，何表贡之有？"雲虔曰："骠信既欲为弟、为甥，骠信景庄之子，景庄岂无兄弟，于骠信为诸父，骠信为君，则诸父皆称臣，况弟与甥乎！且骠信之先，由大唐之命，得合六诏为一，恩德深厚，中间小忿，罪在边鄙。今骠信欲修旧好，岂可违祖考之故事乎！顺祖考，孝也；事大国，义也；息战争，仁也；审名分，礼也。四者，皆令德也，可不勉乎！"骠信待雲虔甚厚，雲虔留善阐十七日而还。骠信以木夹二授雲虔，其一上中书门下，其一牒岭南西道，然犹未肯奉表称贡。

辛未，河东军至静乐，士卒作乱，杀孔目官石裕等。壬申，崔季康逃归晋阳。甲戌，都头张锴、郭昢帅行营兵攻东阳门，入府，杀季康。辛巳，以陕虢观察使高浔为昭义节度使，以邠宁节度使李侃为河东节度使。

三月，天平军节度使张裼薨，牙将崔君裕自知州事，淄州刺史曹全晸讨诛之。

夏，四月，庚申朔，日有食之。

西川节度使崔安潜到官不诘盗，蜀人怪之。安潜曰："盗非所由通容则不能为。今穷核则应坐者众，搜捕则徒为烦扰。"甲子，出库钱千五百缗，分置三市，置榜其上曰："有能告捕一盗，赏钱五百缗。盗不能独为，必有侣，侣者告捕，释其罪，赏同平人。"未几，有捕盗而至者，盗不服，曰："汝与我同为盗十七年，赃皆平分，汝安能捕我！我与汝同死耳。"安潜曰："汝既知吾有榜，何不捕彼以来？则彼应死，汝受赏矣。汝既为所先，死复何辞！"立命给捕者钱，使盗视之，然后冎盗于市，并灭其家。于是诸盗与其侣互相疑，无地容足，夜不及旦，散逃出境，境内遂无一人之盗。

安潜以蜀兵怯弱，奏遣大将赍牒诣陈、许诸州募壮士，与蜀人相杂，训练用之，得三千人，分为三军，亦戴黄帽，号黄头军。又奏乞洪州弩手，教蜀人用弩走丸而射之，选得千人，号神机弩营。蜀兵由是浸强。

凉王侹薨。

上以群盗为忧，王铎曰："臣为宰相之长，在朝不足分陛下之忧，请自督诸将讨之。"乃以铎守司徒兼侍中，充荆南节度使、南面行营招讨都统。

五月，辛卯，敕赐河东军士银。牙将贺公雅所部士卒作乱，焚掠三城，执孔目官王敬送马步司。节度使李侃与监军自出慰谕，为之斩敬于牙门，乃定。

泰宁节度使李係，晟之曾孙也，有口才而实无勇略，王铎以其家世良将，奏为行营副都统兼湖南观察使，使将精兵五万并土团屯潭州，以塞岭北之路，拒黄巢。

河东都虞候每夜密捕贺公雅部卒作乱者，族灭之。丁巳，余党近百人称"报冤将"，大掠三城，焚马步都虞候张锴、府城都虞候郭昢家。节度使李侃下令，以军府不安，曲顺军情，收锴、昢，斩于牙门，并逐其家，以贺公雅为马步都虞候。锴、昢临刑，泣言于众曰："所杀皆捕盗司密申，今日冤死，独无烈士相救乎？"于是军士复大噪，篡取锴、昢归都虞候司。寻下令，复其旧职，并召还其家，收捕盗司元义宗等三十余家，诛灭之。己未，以马步都教练使朱玫等为三城斩斫使，将兵分捕报冤将，悉斩之，军城始定。

黄巢与浙东观察使崔璆、岭南东道节度使李迢书，求天平节度使，二人为之奏闻，朝廷不许。巢复上表求广州节度使，上命大臣议之。左仆射于琮以为："广州市舶宝货所聚，岂可令贼得之！"亦不许，乃议别除官。六月，宰相请除巢率府率，从之。

河东节度使李侃以军府数有乱，称疾，请寻医。敕以代州刺史康传圭为河东行军司马，征侃诣京师。秋，八月，甲子，侃发晋阳。寻以东都留守李蔚同平章事，充河东节度使。

镇海节度使高骈奏："请以权舒州刺史郎幼复充留后，守浙西，遣都知兵马使张璘将兵五千于郴州守险，兵马留后王重任将兵八千于循、潮二州邀遮，臣将万人自大庾岭趣广州击黄巢。巢闻臣往，必当遁逃，乞敕王铎以所部兵三万于梧、昭、桂、永四州守险。”诏不许。

九月，黄巢得率府率告身，大怒，诟执政，急攻广州，即日陷之，执节度使李迢，转掠岭南州县。巢使迢草表述其所怀，迢曰：“予代受国恩，亲戚满朝，腕可断，表不可草。”巢杀之。

冬，十月，以镇海节度使高骈为淮南节度使，充盐铁转运使，以泾原节度使周宝为镇海节度使，以山南东道行军司马刘巨容为节度使。宝，平州人也。

黄巢在岭南，士卒罹瘴疫死者什三四，其徒劝之北还，以图大事，巢从之。自桂州编大筏数千，乘暴水，沿湘江而下，历衡、永州，癸未，抵潭州城下。李係婴城不敢出战，巢急攻，一日，陷之，係奔朗州。巢尽杀戍兵，流尸蔽江而下。尚让乘胜进逼江陵，众号五十万。时诸道兵未集，江陵兵不满万人，王铎留其将刘汉宏守江陵，自帅众趣襄阳，云欲会刘巨容之师。铎既去，汉宏大掠江陵，焚荡殆尽，士民逃窜山谷。会大雪，僵尸满野。后旬余，贼乃至。汉宏，兖州人也，帅其众北归为群盗。

闰月，丁亥朔，河东节度使李蔚有疾，以供军副使李邵权观察留后，监军李奉皋权兵马留后。己丑，蔚薨。都虞候张锴、郭昢等署状(纳)〔绌〕邵，以少尹丁球知观察留后。

十一月，戊午，以定州已来制置使万年王处存为义武节度使，河东行军司马、雁门关已来制置使康传圭为河东节度使。

黄巢北趣襄阳，刘巨容与江西招讨使淄州刺史曹全晸合兵屯荆门以拒之。贼至，巨容伏兵林中，全晸以轻骑逆战，阳不胜而走，贼追之，伏发，大破贼众，乘胜逐北，比至江陵，俘斩其什七八。巢与尚让收余众度江东走。或劝巨容穷追，贼可尽也。巨容曰：“国家喜负人，有急则抚存将士，不爱官赏，事宁则弃之，或更得罪。不若留贼以为富贵之资。”众乃止。全晸度江追贼，会朝廷以泰宁都将段彦谟代为招讨使，全晟亦止。由是贼势复振，攻鄂州，陷其外郭，转掠饶、信、池、宣、歙、杭等十五州，众至二十万。

康传圭自代州赴晋阳，庚辰，至乌城驿，张锴、郭昢出迎，乱刀斫杀之，至府，又族其家。

十二月，以王铎为太子宾客、分司。

初，兵部尚书卢携尝荐高骈可为都统，至是，骈将张璘等屡破黄巢，乃复以携为门下侍郎、平章事，凡关东节度使，王铎、郑畋所除者，多易置之。

是岁，桂阳贼陈彦谦陷郴州，杀刺史董岳。

广明元年(庚子、880)

春,正月,乙卯朔,改元。

沙陀入雁门关,寇忻、代。二月,庚戌,沙陀二万余人逼晋阳。辛亥,陷太谷。遣汝州防御使博昌诸葛爽帅东都防御兵救河东。

河东节度使康传圭,专事威刑,多复仇怨,强取富人财。遣前遮虏军使苏弘轸击沙陀于太谷,至秦城,遇沙陀,战不利而还,传圭怒,斩弘轸。时沙陀已还代北,传圭遣都教练使张彦球将兵三千追之。壬戌,至百井,军变,还趣晋阳。传圭闭城拒之,乱兵自西明门入,杀传圭。监军周从寓自出慰谕,乃定,以彦球为府城都虞候。朝廷闻之,遣使宣慰曰:"所杀节度使,事出一时,各宜自安,勿复忧惧。"

左拾遗侯昌业以盗贼满关东,而上不亲政事,专务游戏,赏赐无度,田令孜专权无上,天文变异,社稷将危,上疏极谏。上大怒,召昌业至内侍省,赐死。

上善骑射、剑槊、法算,至于音律、蒱博,无不精妙,好蹴(鞫)〔鞠〕、斗鸡,与诸王赌鹅,鹅一头至直五十缗。尤善击球,尝谓优人石野猪曰:"朕若应击球进士举,须为状元。"对曰:"若遇尧、舜作礼部侍郎,恐陛下不免驳放。"上笑而已。

度支以用度不足,奏借富户及胡商货财,敕借其半。盐铁转运使高骈上言:"天下盗贼蜂起,皆出于饥寒,独富户、胡商未耳。"乃止。高骈奏改杨子院为发运使。

三月,庚午,以左金吾大将军陈敬瑄为西川节度使。敬瑄,许州人,田令孜之兄也。

初,崔安潜镇许昌,令孜为敬瑄求兵马使,安潜不许。敬瑄因令孜得隶左神策军,数岁,累迁至大将军。令孜见关东群盗日炽,阴为幸蜀之计,奏以敬瑄及其腹心左神策大将军杨师立、牛勗、罗元杲镇三川,上令四人击球赌三川,敬瑄得第一筹,即以为西川节度使,代安潜。

辛未,以门下侍郎、同平章事郑从谠同平章事,充河东节度使。康传圭既死,河东兵益骄,故以宰相镇之,使自择参佐。从谠奏以长安令王调为节度副使,前兵部员外郎、史馆修撰刘崇龟为节度判官,前司勋员外郎、史馆修撰赵崇为观察判官,前进士刘崇鲁为推官。时人谓之小朝廷,言名士之多也。崇龟、崇鲁,政会之七世孙也。时承晋阳新乱之后,日有杀掠,从谠貌温而气劲,多谋而善断,将士欲为恶者,从谠辄先觉,诛之,奸猾惕息。为善者抚待无疑,知张彦球有方略,百井之变,非本心,独推首乱者杀之,召彦球慰谕,悉以兵柄委之,军中由是遂安。彦球为从谠尽死力,卒获其用。

淮南节度使高骈遣其将张璘等击黄巢屡捷,卢携奏以骈为诸道行营兵马都统。骈乃传檄征天下兵,且广召募,得土客之兵共七万,威望大振,朝廷深倚之。

安南军乱，节度使曾衮出城避之，诸道兵戍邕管者往往自归。

夏，四月，丁酉，以太仆卿李琢为蔚、朔等州招讨都统、行营节度使。琢，听之子也。

张璘度江击贼帅王重霸，降之。屡破黄巢军，巢退保饶州，别将常宏以其众数万降。璘攻饶州，克之，巢走。时江、淮诸军屡奏破贼，率皆不实，宰相以下表贺，朝廷差以自安。

以李琢为蔚朔节度使，仍充都统。

以杨师立为东川节度使，牛勗为山南西道节度使。

以诸葛爽为北面行营副招讨。

初，刘巨容既还襄阳，荆南监军杨复光以忠武都将宋浩权知府事，泰宁都将段彦谟以兵守其城。诏以浩为荆南安抚使，彦谟耻居其下。浩禁军士剪伐街中槐柳，彦谟部卒犯令，浩杖其背，彦谟怒，挟刃驰入，并其二子杀之。复光奏浩残酷，为众所诛。诏以彦谟为朗州刺史，以工部侍郎郑绍业为荆南节度使。

五月，丁巳，以汝州防御使诸葛爽为振武节度使。

刘汉宏之党浸盛，侵掠宋、兖。甲子，征东方诸道兵讨之。

黄巢屯信州，遇疾疫，卒徒多死。张璘急击之，巢以金啗璘，且致书请降于高骈，求骈保奏，骈欲诱致之，许为之求节钺。时昭义、感化、义武等军皆至淮南，骈恐分其功，乃奏贼不日当平，不烦诸道兵，请悉遣归。朝廷许之。贼诇知诸道兵已北度淮，乃告绝于骈，且请战。骈怒，令璘击之，兵败，璘死，巢势复振。

乙亥，以枢密使西门思恭为凤翔监军。丙子，以宣徽使李顺融为枢密使。皆降白麻，于阁门出案，与将相同。

西川节度使陈敬瑄素微贱，报至蜀，蜀人皆惊，莫知为谁。有青城妖人乘其声势，帅其党诈称陈仆射，止逆旅，呼巡虞候索白马甚急，马步使瞿大夫觉其妄，执之，沃以狗血，即引服，悉诛之。六月，庚寅，敬瑄至成都。

黄巢别将陷睦州、婺州。

卢携病风不能行，谒告，己亥，始入对，敕勿拜，遣二黄门掖之。携内挟田令孜，外倚高骈，上宠遇甚厚，由是专制朝政，高下在心。既病，精神不完，事之可否决于亲吏杨温、李修，货赂公行。豆卢瑑无它才，专附会携。崔沆时有启陈，常为所沮。

庚子，李琢奏沙陀二千来降。琢将兵万人屯代州，与卢龙节度使李可举、吐谷浑都督赫连铎共讨沙陀。李克用遣大将高文集守朔州，自将其众拒可举于雄武军。铎遣人说文集归国，文集执克用将傅文达，与沙陀酋长李友金、萨葛都督米海万、安庆都督史敬存皆降于琢，开门迎官军。友金，克用之族父也。

庚戌，黄巢攻宣州，陷之。

刘汉宏南掠申、光。

赵宗政之还南诏也，西川节度使崔安潜表以崔澹之议为是，且曰："南诏小蛮，本雲南一郡之地。今遣使与和，彼谓中国为怯，复求尚主，何以拒之!"上命宰相议之。卢携、豆卢瑑上言："大中之末，府库充实。自咸通以来，蛮两陷安南、邕管，一入黔中，四犯西川，征兵运粮，天下疲弊，逾十五年，租赋太半不入京师，三使、内库由兹虚竭。战士死于瘴疠，百姓困为盗贼，致中原榛杞，皆蛮故也。前岁冬，蛮不为寇，由赵宗政未归。去岁冬，蛮不为寇，由徐雲虔复命，蛮尚有冀望。今安南子城为叛卒所据，节度使攻之未下，自余戍卒，多已自归，邕管客军，又减其半。冬期且至，傥蛮寇侵轶，何以支梧！不若且遣使臣报复，纵未得其称臣奉贡，且不使之怀怨益深，坚决犯边，则可矣。"乃作诏赐陈敬瑄，许其和亲，不称臣，令敬瑄录诏白，并移书与之，仍增赐金帛。以嗣曹王龟年为宗正少卿充使，以徐雲虔为副使，别遣内使，共赍诣南诏。

秋，七月，黄巢自采石度江，围天长、六合，兵势甚盛。淮南将毕师铎言于高骈曰："朝廷倚公为安危，今贼数十万众乘胜长驱，若涉无人之境，不据险要之地以击之，使逾长淮，不可复制，必为中原大患。"骈以诸道兵已散，张璘复死，自度力不能制，畏怯不敢出兵，但命诸将严备，自保而已，且上表告急，称："贼六十余万屯天长，去臣城无五十里。"先是，卢携谓"骈有文武长才，若悉委以兵柄，黄巢不足平。"朝野虽有谓骈不足恃者，然犹庶几望之。及骈表至，上下失望，人情大骇。诏书责骈散遣诸道兵，致贼乘无备度江。骈上表言："臣奏闻遣归，亦非自专。今臣竭力保卫一方，必能济办，但恐贼迤逦过淮，宜急敕东道将士善为御备。"遂称风痹，不复出战。

诏河南诸道发兵屯溵水，泰宁节度使齐克让屯汝州，以备黄巢。

辛酉，以淄州刺史曹全晸为天平节度使、兼东面副都统。

刘汉宏请降，戊辰，以为宿州刺史。

李克用自雄武军引兵还，击高文集于朔州，李可举遣行军司马韩玄绍邀之于药儿岭，大破之，杀七千余人，李尽忠、程怀信皆死；又败之于雄武军之境，杀万人。李琢、赫连铎进攻蔚州，李国昌战败，部众皆溃，独与克用及宗族北入达靼。诏以铎为雲州刺史、大同军防御使，吐谷浑白义成为蔚州刺史，萨葛米海万为朔州刺史，加李可举兼侍中。

达靼本靺羯之别部也，居于阴山。后数月，赫连铎阴赂达靼，使取李国昌父子，李克用知之。时与其豪帅游猎，置马鞭、木叶或悬针，射之无不中，豪帅心服。又置酒与饮，酒酣，克用言曰："吾得罪天子，愿效忠而不得。今闻黄巢北来，必为中原患，一旦天子若赦吾罪，得与公辈南向共立大功，不亦快乎！人生几何，谁能老死沙碛邪！”达靼知无留意，乃止。

八月，甲午，以前西川节度使崔安潜为太子宾客、分司。

九月，东都奏：“汝州所募军李光庭等五百人自代州还，过东都，烧安喜门，焚掠市肆，由长夏门去。”

黄巢众号十五万，曹全晸以其众六千与之战，颇有杀获，以众寡不敌，退屯泗上，以俟诸军至，并力击之。而高骈竟不之救，贼遂击全晸，破之。

徐州遣兵三千赴溵水，过许昌。徐卒素名凶悖，节度使薛能自谓前镇彭城，有恩信于徐人，馆之球场。及暮，徐卒大噪，能登子城楼问之，对以供备疏阙，慰劳久之，方定。许人大惧。时忠武亦遣大将周岌诣溵水，行未远，闻之，夜，引兵还，比明，入城，袭击徐卒，尽杀之，且怨能之厚徐卒也，遂逐之。能将奔襄阳，乱兵追杀之，并其家。岌自称留后。汝、郑把截制置使齐克让恐为岌所袭，引兵还兖州，于是诸道兵屯溵水者皆散。黄巢遂悉众度淮，所过不虏掠，惟取丁壮以益兵。

先是征振武节度使吴师泰为左金吾大将军，以诸葛爽代之。师泰见朝廷多故，使军民上表留己。冬，十月，复以师泰为振武节度使，以爽为夏绥节度使。

黄巢陷申州，遂入颍、宋、徐、兖之境，所至吏民逃溃。

群盗陷澧州，杀刺史李询、判官皇甫镇。镇举进士二十三上，不中第，询辟之。贼至，城陷，镇走，问人曰：“使君免乎？”曰：“贼执之矣。”镇曰：“吾受知若此，去将何之！”遂还诣贼，竟与同死。

资治通鉴卷第二百五十四

端明殿学士兼翰林侍读学士太中大夫提举西京嵩山崇福宫上柱国河内郡开国公食邑二千二百户食实封九百户赐紫金鱼袋臣 司马光 奉敕编集

唐纪七十起上章困敦(庚子)十一月,尽玄黓摄提格(壬寅)四月,凡一年有奇。

僖宗惠圣恭定孝皇帝中之上

广明元年(庚子、880)

十一月,河中都虞候王重荣作乱,剽掠坊市俱空。

宿州刺史刘汉宏怨朝廷赏薄,甲寅,以汉宏为浙东观察使。

诏河东节度使郑从谠以本道兵授诸葛爽及代州刺史朱玫,使南讨黄巢。乙卯,以代北都统李琢为河阳节度使。

初,黄巢将度淮,豆卢瑑请以天平节钺授巢,俟其到镇讨之。卢携曰:“盗贼无厌,虽与之节,不能止其剽掠,不若急发诸道兵扼泗州,汴州节度使为都统,贼既前不能入关,必还掠淮、浙,偷生海渚耳。”从之。既而淮北相继告急,携称疾不出,京师大恐。庚申,东都奏黄巢入汝州境。

辛酉,以王重荣权知河中留后,以河中节度使、同平章事李都为太子少傅。

汝郑把截制置都指挥使齐克让奏黄巢自称天补大将军,转牒诸军云:“各宜守垒,勿犯吾锋。吾将入东都,即至京邑,自欲问罪,无预众人。”上召宰相议之。豆卢瑑、崔沆请发关内诸镇及两神策军守潼关。壬戌,日南至。上开延英,对宰相泣下。观军容使田令孜奏:“请选左右神策军弓弩手守潼关,臣自为都指挥制置把截使。”上曰:“侍卫将士,不习征战,恐未足用。”令孜曰:“昔安禄山构逆,玄宗幸蜀以避之。”崔沆曰:“禄山众才五万,比之黄巢,不足言矣。”豆卢瑑曰:“哥舒翰以十五万众不能守潼关,今黄巢众六十万,而潼关又无哥舒之兵。若令孜为社稷计,三川帅臣皆令孜腹心,比于玄宗则有备矣。”上不怿,谓令孜曰:“卿且为朕发兵守潼关。”是日,上幸左神策军,亲阅将士。令孜荐左军马军将军张承範、右军步军将军王师会、左军兵马使赵珂。上召见三人,以承範为兵马先锋使兼把截潼关制置使,师会为制置关塞粮料使,珂为句当寨栅使,令孜为左右神策军内外八镇及诸道兵马都指挥制置招讨等使,飞龙使杨复恭为副使。癸亥,齐克让奏:“黄巢已入东都境,臣收军退保潼关,于关外置寨。将士屡经战斗,久乏资储,州县残破，人烟殆绝，东西南北不见王人，冻馁交逼，兵械刓弊，各思乡闾，恐一旦溃去，乞早遣资粮及援军。”上命选两神策弩手得二千八百人，令张承範等将以赴之。

丁卯，黄巢陷东都，留守刘允章帅百官迎谒。巢入城，劳问而已，闾里晏然。允章，迺之曾孙也。田令孜奏募坊市人数千以补两军。

辛未，陕州奏东都已陷。壬申，以田令孜为汝、洛、晋、绛、同、华都统，将左、右军东讨。是日，贼陷虢州。

以神策将罗元杲为河阳节度使。

以周岌为忠武节度使。初，薛能遣牙将上蔡秦宗权调发至蔡州，闻许州乱，托云赴难，选募蔡兵，遂逐刺史，据其城。及周岌为节度使，即以宗权为蔡州刺史。

乙亥，张承範等将神策弩手发京师。神策军士皆长安富家子，赂宦官窜名军籍，厚得禀赐，但华衣怒马，凭势使气，未尝更战陈，闻当出征，父子聚泣，多以金帛雇病坊贫人代行，往往不能操兵。是日，上御章信门楼临遣之。承範进言："闻黄巢拥数十万之众，鼓行而西，齐克让以饥卒万人依托关外，复遣臣以二千余人屯于关上，又未闻为馈饷之计，以此拒贼，臣窃寒心。愿陛下趣诸道精兵早为继援。”上曰："卿辈第行，兵寻至矣！”丁丑，承範等至华州。会刺史裴虔馀徙宣歙观察使，军民皆逃入华山，城中索然，州库唯尘埃鼠迹，赖仓中犹有米千余斛，军士裹三日粮而行。

十二月，庚辰朔，承範等至潼关，搜菁中，得村民百许，使运石汲水，为守御之备，与齐克让军皆绝粮，士卒莫有斗志。是日，黄巢前锋军抵关下，白旗满野，不见其际。克让与战，贼小却，俄而巢至，举军大呼，声振河、华。克让力战，自午至酉始解，士卒饥甚，遂喧噪，烧营而溃，克让走入关。关左有谷，平日禁人往来，以榷征税，谓之“禁坑”。贼至仓猝，官军忘守之，溃兵自谷而入，谷中灌木寿藤茂密如织，一夕践为坦涂。承範尽散其辎囊以给士卒，遣使上表告急，称："臣离京六日，甲卒未增一人，馈饷未闻影响。到关之日，巨寇已来，以二千余人拒六十万众，外军饥溃，蹋开禁坑。臣之失守，鼎镬甘心。朝廷谋臣，愧颜何寄！或闻陛下已议西巡，苟銮舆一动，则上下土崩。臣敢以犹生之躯奋冒死之语，愿与近密及宰臣熟议，未可轻动，急征兵以救关防，则高祖、太宗之业庶几犹可扶持，使黄巢继安禄山之亡，微臣胜哥舒翰之死。”

辛巳，贼急攻潼关，承範悉力拒之，自寅及申，关上矢尽，投石以击之。关外有天堑，贼驱民千余人入其中，掘土填之，须臾，即平，引兵而度。夜，纵火焚关楼俱尽。承範分兵八百人，使王师会守禁坑，比至，贼已入矣。壬午旦，贼夹攻潼关,关上兵皆溃,师会自杀,承範变服帅余众脱走。至野狐泉,遇奉天援兵二千继至,承範曰:“汝来晚矣!”博野、凤翔军还至渭桥,见所募新军衣裘温鲜,怒曰:“此辈何功而然,我曹反冻馁!”遂掠之,更为贼乡导,以趣长安。

贼之攻潼关也,朝廷以前京兆尹萧廪为东道转运粮料使,廪称疾,请休官,贬贺州司户。

黄巢入华州,留其将乔钤守之。河中留后王重荣请降于贼。癸未,制以巢为天平节度使。

甲申,以翰林学士承旨、尚书左丞王徽为户部侍郎,翰林学士、户部侍郎裴澈为工部侍郎,并同平章事。以卢携为太子宾客、分司。田令孜闻黄巢已入关,恐天子责己,乃归罪于携而贬之,荐徽、澈为相。是夕,携饮药死。澈,休之从子也。

百官退朝,闻乱兵入城,布路窜匿。田令孜帅神策兵五百奉帝自金光门出,惟福、穆、泽、寿四王及妃嫔数人从行,百官皆莫知之。上奔驰昼夜不息,从官多不能及。车驾既去,军士及坊市民竞入府库盗金帛。

晡时,黄巢前锋将柴存入长安,金吾大将军张直方帅文武数十人迎巢于霸上。巢乘金装肩舆,其徒皆被发,约以红缯,衣锦绣,执兵以从,甲骑如流,辎重塞涂,千里络绎不绝。民夹道聚观,尚让历谕之曰:“黄王起兵,本为百姓,非如李氏不爱汝曹,汝但安居毋恐。”巢馆于田令孜第,其徒为盗久,不胜富,见贫者,往往施与之。居数日,各出大掠,焚市肆,杀人满街,巢不能禁。尤憎官吏,得者皆杀之。

上趣骆谷,凤翔节度使郑畋谒上于道次,请车驾留凤翔。上曰:“朕不欲密迩巨寇,且幸兴元,征兵以图收复。卿东扞贼锋,西抚诸蕃,纠合邻道,勉建大勋。”畋曰:“道路梗涩,奏报难通,请得便宜从事。”许之,戊子,上至壻水,诏牛勗、杨师立、陈敬瑄,谕以京城不守,且幸兴元,若贼势犹盛,将幸成都,宜豫为备拟。

庚寅,黄巢杀唐宗室在长安者无遗类。辛卯,巢始入宫。壬辰,巢即皇帝位于含元殿,画皂缯为衮衣,击战鼓数百以代金石之乐。登丹凤楼,下赦书,国号大齐,改元金统。谓广明之号,去唐下体而著黄家日月,以为己符瑞。唐官三品以上悉停任,四品以下位如故。以妻曹氏为皇后。以尚让为太尉兼中书令,赵璋兼侍中,崔璆、杨希古并同平章事,孟楷、盖洪为左右仆射、知左右军事,费传古为枢密使。以太常博士皮日休为翰林学士。璆,邠之子也,时罢浙东观察使,在长安,巢得而相之。

诸葛爽以代北行营兵屯栎阳,黄巢将砀山朱温屯东渭桥,巢使温诱说之,爽遂降于巢。温少孤贫,与兄昱、存随母王氏依萧县刘崇家,崇数笞辱之,崇母独怜之,戒家人曰:“朱三非常人,汝曹善遇之。”巢以诸葛爽为河阳节度使,爽赴镇,罗元杲发兵拒之，士卒皆弃甲迎爽，元杲逃奔行在。

郑畋还凤翔，召将佐议拒贼，皆曰："贼势方炽，且宜从容以俟兵集，乃图收复。"畋曰："诸君劝畋臣贼乎！"因闷绝仆地，甃伤其面，自午至明旦，尚未能言。会巢使者以赦书至，监军袁敬柔与将佐序立宣示，代畋草表署名以谢巢。监军与巢使者宴，乐奏，将佐以下皆哭，使者怪之，幕客孙储曰："以相公风痹不能来，故悲耳。"民间闻者无不泣。畋闻之曰："吾固知人心尚未厌唐，贼授首无日矣！"乃刺指血为表，遣所亲间道诣行在，召将佐谕以逆顺，皆听命，复刺血与盟，然后完城堑，缮器械，训士卒，密约邻道合兵讨贼，邻道皆许诺发兵，会于凤翔。时禁军分镇关中者尚数万，闻天子幸蜀，无所归，畋使人招之，皆往从畋，畋分财以结其心，军势大振。

丁酉，车驾至兴元，诏诸道各出全军收复京师。

己亥，黄巢下令，百官诣赵璋第投名衔者，复其官。豆卢瑑、崔沆及左仆射于琮、右仆射刘邺、太子少师裴谂、御史中丞赵濛、刑部侍郎李溥、京兆尹李汤扈从不及，匿民间，巢搜获，皆杀之。广德公主曰："我唐室之女，誓与于仆射俱死！"执贼刃不置，贼并杀之。发卢携尸，戮之于市。将作监郑綦、库部郎中郑係义不臣贼，举家自杀。左金吾大将军张直方虽臣于巢，多纳亡命，匿公卿于复壁，巢杀之。

初，枢密使杨复恭荐处士河间张濬，拜太常博士，迁度支员外郎。黄巢逼潼关，濬避乱商山。上幸兴元，道中无供顿，汉阴令李康以骡负糗粮数百驮献之，从行军士始得食。上问康："卿为县令，何能如是？"对曰："臣不及此，乃张濬员外教臣。"上召濬诣行在，拜兵部郎中。

义武节度使王处存闻长安失守，号哭累日，不俟诏命，举军入援，遣二千人间道诣兴元卫车驾。

黄巢遣使调发河中，前后数百人，吏民不胜其苦。王重荣谓众曰："始吾屈节以纾军府之患，今调财不已，又将征兵，吾亡无日矣！不如发兵拒之。"众皆以为然，乃悉驱巢使者杀之。巢遣其将朱温自同州，弟黄邺自华州，合兵击河中，重荣与战，大破之，获粮仗四十余船，遣使与王处存结盟，引兵营于渭北。

陈敬瑄闻车驾出幸，遣步骑三千奉迎，表请幸成都。时从兵浸多，兴元储偫不丰，田令孜亦劝上。上从之。

中和元年（辛丑、881）

春，正月，车驾发兴元。加牛勗同平章事。陈敬瑄以扈从之人骄纵难制，有内园小儿先至成都，游于行宫，笑曰："人言西川是蛮，今日观之，亦不恶！"敬瑄执而杖杀之，由是众皆肃然。敬瑄迎谒于鹿头关。辛未，上至绵州，东川节度使杨师立谒见。壬申，以(工)〔兵〕部侍郎、判度支萧遘同平章事。

郑畋约前朔方节度使(田)〔唐〕弘夫、泾原节度使程宗楚同讨黄巢。巢遣其将王晖赍诏召畋，畋斩之，遣其子凝绩诣行在，凝绩追及上于汉州。

丁丑，车驾至成都，馆于府舍。

上遣中使趣高骈讨黄巢，道路相望，骈终不出兵。上至蜀，犹冀骈立功，诏骈巡内刺史及诸将有功者，自监察至常侍，听以墨敕除讫奏闻。

裴澈自贼中奔诣行在。时百官未集，乏人草制，右拾遗乐朋龟谒田令孜而拜之，由是擢为翰林学士。张濬先亦拜令孜。令孜尝召宰相及朝贵饮酒，濬耻于众中拜令孜，乃先谒令孜谢酒。及宾客毕集，令孜言曰："令孜与张郎中清浊异流，尝蒙中外，既虑玷辱，何惮改更，今日于隐处谢酒则又不可。"濬惭惧无所容。

二月，乙卯朔，以太子少师王铎守司徒兼门下侍郎、同平章事。

丙申，加郑畋同平章事。

加淮南节度使高骈东面都统，加河东节度使郑从谠兼侍中，依前行营招讨使。代北监军陈景思帅沙陀酋长李友金及萨葛、安庆、吐谷浑诸部入援京师。至绛州，将济河，绛州刺史瞿稹，亦沙陀也，谓景思曰："贼势方盛，未可轻进，不若且还代北募兵。"遂与景思俱还雁门。

以枢密使杨复光为京城西南面行营都监。

黄巢以朱温为东南面行营都虞候，将兵攻邓州。三月，辛亥，陷之，执刺史赵戎，因戍邓州以扼荆、襄。

壬子，加陈敬瑄同平章事。甲寅，敬瑄奏遣左黄头军使李铤将兵击黄巢。

辛酉，以郑畋为京城四面诸军行营都统。赐畋诏："凡蕃、汉将士赴难有功者，并听以墨敕除官。"畋奏以泾原节度使程宗楚为副都统，前朔方节度使唐弘夫为行军司马。黄巢遣其将尚让、王播帅众五万寇凤翔，畋使弘夫伏兵要害，自以兵数千，多张旗帜，疏陈于高冈。贼以畋书生，轻之，鼓行而前，无复行伍，伏发，贼大败于龙尾陂，斩首二万余级，伏尸数十里。

有书尚书省门为诗以嘲贼者，尚让怒，应在省官及门卒，悉抉目倒悬之，大索城中能为诗者，尽杀之，识字者给贱役，凡杀三千余人。

瞿稹、李友金至代州，募兵逾旬，得三万人，皆北方杂胡，屯于崞西，犷悍暴横，稹与友金不能制。友金乃说陈景思曰："今虽有众数万，苟无威望之将以统之，终无成功。吾兄司徒父子，勇略过人，为众所服。骠骑诚奏天子赦其罪，召以为帅，则代北之人一麾响应，狂贼不足平也。"景思以为然，遣使诣行在言之。诏如所请。友金以五百骑赍诏诣达靼迎之，李克用帅达靼诸部万人赴之。

群臣追从车驾者稍稍集成都，南北司朝者近二百人，诸道及四夷贡献不绝，蜀中府库充实，与京师无异，赏赐不乏，士卒欣悦。

黄巢得王徽，逼以官，徽阳瘖，不从。月余，逃奔河中，遣人间道奉绢表诣行在。诏以徽为兵部尚书。

前夏绥节度使诸葛爽复自河阳奉表自归，即以为河阳节度使。

宥州刺史拓跋思恭，本党项羌也，纠合夷、夏兵会鄜延节度使李孝昌于鄜州，同盟讨贼。奉天镇使齐克俭遣使诣郑畋求自效。甲子，畋传檄天下藩镇，合兵讨贼。时天子在蜀，诏令不通，天下谓朝廷不能复振，及得畋檄，争发兵应之。贼惧，不敢复窥京西。

夏，四月，戊寅朔，加王铎兼侍中。

以拓跋思恭权知夏绥节度使。

黄巢以其将王玫为邠宁节度使，邠州通塞镇将朱玫起兵诛之，让别将李重古为节度使，自将兵讨巢。是时，唐弘夫屯渭北，王重荣屯沙苑，王处存屯渭桥，拓跋思恭屯武功，郑畋屯盩厔。弘夫乘龙尾之捷，进薄长安。

壬午，黄巢帅众东走，程宗楚先自延秋门入，弘夫继至，处存帅锐卒五千夜入城。坊市民喜，争讙呼出迎官军，或以瓦砾击贼，或拾箭以供官军。宗楚等〔恐〕诸将分其功，不报凤翔、鄜夏，军士释兵入第舍，掠金帛、妓妾。处存令军士首系白𦈡为号，坊市少年或窃其号以掠人。贼露宿霸上，诇知官军不整，且诸军不相继，引兵还袭之，自诸门分入，大战长安中，宗楚、弘夫死，军士重负不能走，是以甚败，死者什八九。处存收余众还营。丁亥，巢复入长安，怒民之助官军，纵兵屠杀，流血成川，谓之洗城。于是诸军皆退，贼势愈炽。

贼所署同州刺史王溥、华州刺史乔谦、商州刺史宋岩闻巢弃长安，皆率众奔邓州，朱温斩溥、谦，释岩，使还商州。

庚寅，拓跋思恭、李孝昌与贼战于王桥，不利。

诏以河中留后王重荣为节度使。

贼众上黄巢尊号曰承天应运启圣睿文宣武皇帝。

有双雉集广陵府舍，占者以为野鸟来集，城邑将空之兆，高骈恶之，乃移檄四方，云将入讨黄巢，悉发巡内兵八万，舟二千艘，旌旗甲兵甚盛。五月，己未，出屯东塘。诸将数请行期，骈托风涛为阻，或云时日不利，竟不发。

李克用牒河东，称奉诏将兵五万讨黄巢，令具顿递，郑从谠闭城以备之。克用屯于汾东，从谠犒劳，给其资粮，累日不发。克用自至城下大呼，求与从谠相见，从谠登城谢之。癸亥，复求发军赏给，从谠以钱千缗、米千斛遗之。甲子，克用纵沙陀剽掠居民，城中大骇。从谠求救于振武节度使契苾璋，璋引突厥、吐谷浑救之，破沙陀两寨，克用追战至晋阳城南，璋引兵入城，沙陀掠阳曲、榆次而去。

黄巢之克长安也，忠武节度使周岌降之。岌尝夜宴，急召监军杨复光，左右曰：“周公臣贼，将不利于内侍，不可往。”复光曰：“事已如此，义不图全。”即诣之。酒酣，岌言及本朝，复光泣下，良久，曰：“丈夫所感者恩义耳。公自匹夫为公侯，奈何舍十八叶天子而臣贼乎？”岌亦流涕曰：“吾不能独拒贼，故貌奉而心图之。今日召公，正为此耳。”因沥酒为盟。是夕，复光遣其养子守亮杀贼使者于驿。

时秦宗权据蔡州，不从岌命，复光将忠武兵三千诣蔡州，说宗权同举兵讨巢。宗权遣其将王淑将兵三千从复光击邓州，逗留不进，复光斩之，并其军，分忠武八千人为八都，遣牙将鹿晏弘、晋晖、王建、韩建、张造、李师泰、庞从等八人将之。王建，舞阳人；韩建，长社人；晏弘、晖、造、师泰，皆许州人也。复光帅八都与朱温战，败之，遂克邓州，逐北至蓝桥而还。

昭义节度使高浔会王重荣攻华州，克之。

六月，戊戌，以郑畋为司空兼门下侍郎、同平章事，都统如故。

李克用遇大雨，己亥，引兵北还，陷忻、代二州，因留居代州。郑从谠遣教练使论安等军百井以备之。

邠宁节度副使朱玫屯兴平，黄巢将王(播)〔璠〕围兴平，玫退屯奉天及龙尾陂。

西川黄头军使李铤将万人，巩咸将五千人屯兴平，为二寨，与黄巢战，屡捷。陈敬瑄遣神机营使高仁厚将二千人益之。

秋，七月，丁巳，改元，赦天下。

庚申，以翰林学士承旨、兵部侍郎韦昭度同平章事。

论安自百井擅还，郑从谠不解靴衫斩之，灭其族。更遣都头温汉臣将兵屯百井。契苾璋引兵还振武。

初，车驾至成都，蜀军赏钱人三缗。田令孜为行在都指挥处置使，每四方贡金帛，辄颁赐从驾诸军无虚月，不复及蜀军，蜀军颇有怨言。丙寅，令孜宴土客都头，以金杯行酒，因赐之，诸都头皆拜而受，西川黄头军使郭琪独不受，起言曰：“诸将月受俸料，丰赡有余，常思难报，岂敢无厌！顾蜀军与诸军同宿卫，而赏赉悬殊，颇有觖望，恐万一致变。愿军容减诸将之赐以均蜀军，使土客如一，则上下幸甚。”令孜默然有间，曰：“汝尝有何功？”对曰：“琪生长山东，征戍边鄙，尝与党项十七战，契丹十余战，金创满身。又尝征吐谷浑，伤胁肠出，线缝复战。”令孜乃自酌酒于别樽以赐琪。琪知其毒，不得已，再拜饮之。归，杀一婢，吮其血以解毒，吐黑汁数升，遂帅所部作乱，丁卯，焚掠坊市。令孜奉天子保东城，闭门登楼，命诸军击之。琪引兵还营，陈敬瑄命都押牙安金山将兵攻之，琪夜突围出，奔广都，从兵皆溃，独厅吏一人从，息于江岸。琪谓厅吏曰：“陈公知吾无罪。然军府掠扰，不可以莫之安也。汝事吾能始终，今有以报汝。汝赍吾印剑诣陈公曰：'郭琪走度江，我以剑击之，坠水，尸随湍流下矣。得其印剑以献。'陈公必据汝所言，榜悬印剑于市以安众。汝当获厚赏，吾家亦保无恙。吾自此适广陵，归高公，后数日，汝可密以语吾家也。"遂解印剑授之而逸。厅吏以献敬瑄，果免琪家。

上日夕专与宦官同处，议天下事，待外臣殊疏薄。庚午，左拾遗孟昭图上疏，以为："治安之代，遐迩犹应同心；多难之时，中外尤当一体。去冬车驾西幸，不告南司，遂使宰相、仆射以下悉为贼所屠，独北司平善。况今朝臣至者，皆冒死崎岖，远奉君亲，所宜自兹同休等戚。伏见前夕黄头军作乱，陛下独与令孜、敬瑄及诸内臣闭城登楼，并不召王铎已下及收朝臣入城。翌日，又不对宰相，亦不宣慰朝臣。臣备位谏官，至今未知圣躬安否，况疏冗乎！傥群臣不顾君上，罪固当诛；若陛下不恤群臣，于义安在？夫天下者，高祖、太宗之天下，非北司之天下；天子者，四海九州之天子，非北司之天子。北司未必尽可信，南司未必尽无用。岂天子与宰相了无关涉，朝臣皆若路人！如此，恐收复之期，尚劳宸虑，尸禄之士，得以宴安。臣躬被宠荣，职在裨益，虽遂事不谏，而来者可追。"疏入，令孜屏不奏。辛未，矫诏贬昭图嘉州司户，遣人沉于蟇颐津，闻者气塞而莫敢言。

鄜延节度使李孝昌、权夏州节度使拓跋思恭屯东渭桥，黄巢遣朱温拒之。以义武节度使王处存为东南面行营招讨使，以邠宁节度副使朱玫为节度使。

八月，己丑夜，星交流如织，或大如杯碗，至丁酉乃止。

武宁节度使支详遣牙将时溥、陈璠将兵五千入关，讨黄巢，二人皆详所奖拔也。溥至东都，矫称详命，召师还与璠合兵，屠河阴，掠郑州而东。及彭城，详迎劳，犒赏甚厚。溥遣所亲说详曰："众心见迫，请公解印以相授。"详不能制，出居大彭馆，溥自知留务。璠谓溥曰："支仆射有惠于徐人，不杀，必成后悔。"溥不许，送详归朝。璠伏甲于七里亭，并其家属杀之。诏以溥为武宁留后。溥表璠为宿州刺史，璠到官贪虐，溥以都将张友代还，杀之。

杨复光奏升蔡州为奉国军，以秦宗权为防御使。寿州屠者王绪与妹夫刘行全聚众五百，盗据本州，月余，复陷光州，自称将军，有众万余人。秦宗权表为光州刺史。固始县佐王潮及弟审邽、审知皆以材气知名，绪以潮为军正，使典资粮，阅士卒，信用之。

高浔与黄巢将李详战于石桥，浔败，奔河中，详乘胜复取华州。巢以详为华州刺史。

以权知夏绥节度使拓跋思恭为节度使。

宗正少卿嗣曹王龟年自南诏还，骠信上表款附，请悉遵诏旨。

九月，李孝昌、拓跋思恭与尚让、朱温战于东渭桥，不利，引去。

初,高骈与镇海节度使周宝俱出神策军,骈以兄事宝。及骈先贵有功,浸轻之。既而封壤相邻,数争细故,遂有隙。骈檄宝入援京师,宝治舟师以俟之,怪其久不行。访诸幕客,或曰:“高公幸朝廷多故,有并吞江东之志,声云入援,其实未必非图我也。宜为备。”宝未之信,使人觇骈,殊无北上意。会骈使人约宝面会瓜洲议军事,宝遂以言者为然,辞疾不往。且谓使者曰:“吾非李康,高公复欲作家门功勋以欺朝廷邪!”骈怒,复遣使责宝,“何敢轻侮大臣?”宝诟之曰:“彼此夹江为节度使,汝为大臣,我岂坊门卒邪!”由是遂为深仇。

骈留东塘百余日,诏屡趣之,骈上表,托以宝及浙东观察使刘汉宏将为后患。辛亥,复罢兵还府,其实无赴难心,但欲禳雉集之异耳。

高骈召石镜将董昌至广陵,欲与之俱击黄巢。昌将钱镠说昌曰:“观高公无讨贼心,不若以扞御乡里为辞而去之。”昌从之,骈听昌还。会杭州刺史路审中将之官,行至嘉兴,昌自石镜引兵入据杭州,审中惧而还。昌自称杭州都押牙、知州事,遣将吏请于周宝。宝不能制,表为杭州刺史。

临海贼杜雄陷台州。

辛酉,立皇子震为建王。

昭义十将成麟杀高浔,引兵还据潞州,天井关戍将孟方立起兵攻麟,杀之。方立,邢州人也。

忠武监军杨复光屯武功。

永嘉贼朱褒陷温州。

凤翔行军司马李昌言将本军屯兴平。时凤翔仓库虚竭,犒赏稍薄,粮馈不继,昌言知府中兵少,因激怒其众,冬,十月,引军还袭府城。郑畋登城与士卒言,其众皆下马罗拜曰:“相公诚无负我曹。”畋曰:“行军苟能戢兵爱人,为国灭贼,亦可以顺守矣。”乃以留务委之。即日西赴行在。

天平节度使、南面招讨使曹全晸与贼战死,军中立其兄子存实为留后。

十一月,乙巳,孟楷、朱温袭鄜、夏二军于富平,二军败,奔归本道。

郑畋至凤州,累表辞位,诏以畋为太子少傅、分司,以李昌言为凤翔节度行营招讨使。

以门下侍郎、同平章事裴澈为鄂岳观察使。

加镇海节度使周宝同平章事。

遂昌贼卢约陷处州。

十二月,江西将闵勖戍湖南,还,过潭州,逐观察使李裕,自为留后。

以感化留后时溥为节度使。

赐夏州号定难军。

初，高骈镇荆南，补武陵蛮雷满为牙将，领蛮军，从骈至淮南，逃归，聚众千人，袭朗州，杀刺史崔翥，诏以满为朗州留后。岁中，率三四引兵寇荆南，入其郛，焚掠而去，大为荆人之患。陬溪人周岳尝与满猎，争肉而斗，欲杀满，不果。闻满据朗州，亦聚众袭衡州，逐刺史徐颢。诏以岳为衡州刺史。石门洞蛮向瓌亦集夷獠数千攻陷澧州，杀刺史吕自牧，自称刺史。

王铎以高骈为诸道都统无心讨贼，自以身为首相，发愤请行，恳款流涕，至于再三，上许之。

二年(壬寅、882)

春，正月，辛亥，以王铎兼中书令，充诸道行营都都统，权知义成节度使，俟罢兵复还政府。高骈但领盐铁转运使，罢其都统及诸使。听王铎自辟将佐，以太子少师崔安潜为副都统。辛未，以周岌、王重荣为都都统左右司马，诸葛爽及宣武节度使康实为左右先锋使，时溥为催遣纲运租赋防遏使。以右神策观军容使西门思恭为诸道行营都都监。又以王处存、李孝昌、拓跋思恭为京城东北西面都统，以杨复光为南面行营都监使。又以中书舍人郑昌图为义成节度行军司马，给事中郑畯为判官，直弘文馆王抟为推官，司勋员外郎裴贽为掌书记。昌图，从谠之从祖兄弟；畯，畋之弟；抟，玙之曾孙；贽，坦之子也。又以陕虢观察使王重盈为东面都供军使。重盈，重荣之兄也。

黄巢以朱温为同州刺史，令温自取之。二月，同州刺史米诚奔河中，温遂据之。

己卯，以太子少傅、分司郑畋为司空兼门下侍郎、同平章事，召诣行在，军务一以咨之。以王铎兼判户部事。

朱温寇河中，王重荣击败之。

以李昌言为京城西面都统，朱玫为河南都统。

泾原节度使胡公素薨，军中请命于都统王铎，承制以大将张钧为留后。

李克用寇蔚州，三月，振武节度使契苾璋奏与天德、大同共讨克用。诏郑从谠与相知应接。

陈敬瑄多遣人历县镇诇事，谓之寻事人，所至多所求取。有二人过资阳镇，独无所求。镇将谢弘让邀之，不至，自疑有罪，夜，亡入群盗中。明旦，二人去，弘让实无罪也。捕盗使杨迁诱弘让出首而执以送使，云讨击擒获，以求功。敬瑄不之问，杖弘让脊二十，钉于西城二七日，煎油泼之，又以胶麻掣其疮，备极惨酷，见者冤之。又有邛州牙官阡能，因公事违期，避杖，亡命为盗，杨迁复诱之。能方出首，闻弘让之冤，大骂杨迁，发愤为盗，驱掠良民，不从者举家杀之。逾月，众至万人，立部伍，署职级，横行邛、雅二州间，攻陷城邑，所过涂地。先是，蜀中少盗贼，自是纷纷竞起，州县不能制。敬瑄遣牙将杨行迁将三千人，胡洪略、莫匡时各将二千人以讨之。

以右神策将军齐克俭为左右神策军内外八镇兼博野、奉天节度使。

赐鄜坊军号保大。

夏，四月，甲午，加陈敬瑄兼侍中。

赫连铎、李可举与李克用战，不利。

初，高骈好神仙，有方士吕用之坐妖党，亡命归骈，骈厚待之，补以军职。用之，鄱阳茶商之子也，久客广陵，熟其人情，炉鼎之暇，颇言公私利病，骈益奇之，稍加信任。骈旧将梁缵、陈珙、冯绶、董瑾、俞公楚、姚归礼素为骈所厚，用之欲专权，浸以计去之。骈遂夺缵兵，族珙家，绶、瑾、公楚、归礼咸见疏。

用之又引其党张守一、诸葛殷共蛊惑骈。守一本沧、景村民，以术干骈，无所遇，贫困甚，用之谓曰："但与吾同心，勿忧不富贵。"遂荐于骈，骈宠待埒于用之。殷始自鄱阳来，用之先言于骈曰："玉皇以公职事繁重，辍左右尊神一人佐公为理，公善遇之，欲其久留，亦可縻以人间重职。"明日，殷谒见，诡辩风生，骈以为神，补盐铁剧职。骈严洁，甥侄辈未尝得接坐。殷病风疽，搔扪不替手，脓血满爪，骈独与之同席促膝，传杯器而食。左右以为言，骈曰："神仙以此试人耳。"骈有畜犬，闻其腥秽，多来近之。骈怪之，殷笑曰："殷尝于玉皇前见之，别来数百年，犹相识。"骈与郑畋有隙，用之谓骈曰："宰相有遣剑客来刺公者，今夕至矣。"骈大惧，问计安出。用之曰："张先生尝学斯术，可以御之。"骈请于守一，守一许诺。乃使骈衣妇人之服，潜于它室，而守一代居骈寝榻中，夜掷铜器于阶，令铿然有声，又密以囊盛彘血，洒于庭宇，如格斗之状。及旦，笑谓骈曰："几落奴手！"骈泣谢曰："先生于骈，乃更生之惠也。"厚酬以金宝。有萧胜者，赂用之，求盐城监，骈有难色，用之曰："用之非为胜也，近得上仙书云，有宝剑在盐城井中，须一灵官取之。以胜上仙左右之人，欲使取剑耳。"骈乃许之。胜至监数月，函一铜匕首以献，用之见，稽首曰："此北帝所佩，得之，则百里之内五兵不能犯。"骈乃饰以珠玉，常置座隅。用之自谓磻溪真君，谓守一乃赤松子，殷乃葛将军，胜乃秦穆公之婿也。

用之又刻青石为奇字云："玉皇授白雲先生高骈。"密令左右置道院香案。骈得之，惊喜。用之曰："玉皇以公焚修功著，将补真官，计鸾鹤不日当降。此际用之等谪限亦满，必得陪幢节，同归上清耳。"是后，骈于道院庭中刻木鹤，时著羽服跨之，日夕斋醮，炼金烧丹，费以巨万计。

用之微时，依止江阳后土庙，举动祈祷。及得志，白骈崇大其庙，极江南工材之选，每军旅大事，以少牢祷之。用之又言神仙好楼居，说骈作迎仙楼，费十五万缗，又作延和阁，高八丈。用之每对骈呵叱风雨，仰揖空际，云有神仙过云表，骈辄随而拜之。然常厚赂骈左右，使伺骈动静，共为欺罔，骈不之寤。左右小有异议者，辄为用之陷死不旋踵，但潜抚膺鸣指，口不敢言。骈倚用之如左右手，公私大小之事皆决于用之，退贤进不肖，淫刑滥赏，骈之政事于是大坏矣！

用之知上下怨愤，恐有窃发，请置巡察使。骈即以用之领之，募险狯者百余人，纵横闾巷间，谓之“察子”，民间呵妻詈子，靡不知之。用之欲夺人资财，掠人妇女，辄诬以叛逆，榜掠取服，杀其人而取之，所破灭者数百家，道路以目，将吏士民虽家居，皆重足屏气。用之又欲以兵威胁制诸将，请选募诸军骁勇之士二万人，号左、右莫邪都。骈即以张守一及用之为左、右莫邪军使，署置将吏如帅府，器械精利，衣装华洁，每出入，导从近千人。用之侍妾百余人，自奉奢靡，用度不足，辄留三司纲输其家。

用之犹虑人泄其奸谋，乃言于骈曰：“神仙不难致，但恨学道者不能绝俗累，故不肯降临耳。”骈乃悉去姬妾，谢绝人事，宾客、将吏皆不得见。有不得已见之者，皆先令沐浴斋祓，然后见，拜起才毕，已复引出。由是用之得专行威福，无所忌惮，境内不复知有骈矣。

王铎将两川、兴元之军屯灵感寺，泾原屯京西，易定、河中屯渭北，邠宁、凤翔屯兴平，保大、定难屯渭桥，忠武屯武功，官军四集。黄巢势日蹙，号令所行不出同、华。民避乱皆入深山筑栅自保，农事俱废，长安城中斗米直三十缗。贼买人于官军以为粮，官军或执山栅之民鬻之，人直数百缗，以肥瘠论价。

资治通鉴卷第二百五十五

端明殿学士兼翰林侍读学士太中大夫提举西京嵩山崇福宫上柱国河内郡开国公食邑二千二百户食实封九百户赐紫金鱼袋臣 司马光 奉敕编集

唐纪七十一起玄黓摄提格(壬寅)五月，尽阏逢执徐(甲辰)五月，凡二年有奇。

僖宗惠圣恭定孝皇帝中之下

中和二年(壬寅、882)

五月，以湖南观察使闵勗权充镇南节度使。勗屡求于湖南建节，朝廷恐诸道观察使效之，不许。先是，王仙芝寇掠江西，高安人钟传聚蛮獠，依山为堡，众至万人。仙芝陷抚州而不能守，传入据之，诏即以为刺史。至是，又逐江西观察使高茂卿，据洪州。朝廷以勗本江西牙将，故复置镇南军，使勗领之，若传不受代，令勗因而讨之。勗知朝廷意欲斗二盗使相毙，辞不行。

加淮南节度使高骈兼侍中，罢其盐铁转运使。骈既失兵柄，又解利权，攘袂大诟，遣幕僚顾雲草表自诉，言辞不逊，其略曰："是陛下不用微臣，固非微臣有负陛下。"又曰："奸臣未悟，陛下犹迷，不思宗庙之焚烧，不痛园陵之开毁。"又曰："王铎偾军之将，崔安潜在蜀贪黩，岂二儒士能戢强兵!"又曰："今之所用，上至帅臣，下及裨将，以臣所料，悉可坐擒。"又曰："无使百代有抱恨之臣，千古留刮席之耻。臣但虑寇生东土，刘氏复兴，即轵道之灾，岂独往日!"又曰："今贤才在野，憸人满朝，致陛下为亡国之君，此子等计将安出!"上命郑畋草诏切责之，其略曰："绾利则牢盆在手，主兵则都统当权，直至京北、京西神策诸镇，悉在指挥之下，可知董制之权。而又贵作司徒，荣为太尉。以为不用，如何为用乎?"又曰："朕缘久付卿兵柄，不能剪荡元凶，自天长漏网过淮，不出一兵袭逐，奄残京国，首尾三年。广陵之师，未离封部，忠臣积望，勇士兴讥，所以擢用元臣，诛夷巨寇。"又曰："从来倚仗之意，一旦控告无门，凝睇东南，惟增悽恻!"又曰："谢玄破苻坚于淝水，裴度平元济于淮西，未必儒臣不如武将。"又谓："宗庙焚烧，园陵开毁，龟玉毁椟，谁之过与!"又曰："'奸臣未悟'之言，何人肯认! '陛下犹迷'之语，朕不敢当!"又曰："卿尚不能缚黄巢于天长，安能坐擒诸将!"又曰："卿云刘氏复兴，不知谁为魁首? 比朕于刘玄、子婴，何太诬罔!"又曰："况天步未倾，皇纲尚整，三灵不昧，百度俱存，君臣之礼仪，上下之名分，所宜遵守，未可堕陵。朕虽冲人，安得轻侮!"

骈臣节既亏，自是贡赋遂绝。

以天平留后曹存实为节度使。

黄巢攻兴平，兴平诸军退屯奉天。

加河阳节度使诸葛爽同平章事。

六月，以泾原留后张钧为节度使。

荆南节度使段彦谟与监军朱敬玫相恶，敬玫别选壮士三千人，号忠勇军，自将之。彦谟谋杀敬玫，己亥，敬玫先帅众攻彦谟，杀之，以少尹李燧为留后。

蜀人罗浑擎，句胡僧、罗夫子各聚众数千人以应阡能，杨行迁等与之战，数不利，求益兵。府中兵尽，陈敬瑄悉搜仓库门庭之卒以给之。是月，大战于乾谿，官军大败。行迁等恐无功获罪，多执村民为俘送府，日数十百人。敬瑄不问，悉斩之。其中亦有老弱及妇女，观者或问之，皆曰："我方治田绩麻，官军忽入村，系虏以来，竟不知何罪！"

秋，七月，乙巳，以钟传为江西观察使，从高骈之请也。传既去抚州，南城人危全讽复据之，又遣其弟仔倡据信州。

尚让攻宜君寨，会大雪盈尺，贼冻死者什二三。

蜀人韩求聚众数千人应阡能。

镇海节度使周宝奏高骈承制以贼帅孙端为宣歙观察使。诏宝与宣歙观察使裴虔馀发兵拒之。

南诏上书请早降公主，诏报以方议礼仪。

以保大留后东方逵为节度使，充京城东面行营招讨使。

闰月，加魏博节度使韩简兼侍中。

八月，以兵部侍郎、判度支郑绍业同平章事，兼荆南节度使。

浙东观察使刘汉宏遣弟汉宥及马步军都虞候辛约将兵二万营于西陵，谋兼并浙西，杭州刺史董昌遣都知兵马使钱镠拒之。壬子，镠乘雾夜济江，袭其营，大破之，所杀殆尽，汉宥、辛约皆走。

魏博节度使韩简亦有兼并之志，自将兵三万攻河阳，败诸葛爽于脩武，爽弃城走，简留兵戍之，因掠邢、洺而还。

李国昌自达靼帅其族迁于代州。

黄巢所署同州防御使朱温屡请益兵以扞河中，知右军事孟楷抑之，不报。温见巢兵势日蹙，知其将亡，亲将胡真、谢瞳劝温归国。九月，丙戌，温杀其监军严实，举州降王重荣。温以舅事重荣，王铎承制以温为同华节度使，使瞳奉表诣行在。瞳，福州人也。

李详以重荣待温厚，亦欲归之，为监军所告，黄巢杀之，以其弟思邺为华州刺史。

桂州军乱，逐节度使张从训，以前容管经略使崔焯为岭南西道节度使。

平卢大将王敬武逐节度使安师儒，自为留后。

初，朝廷以庞勋降将汤群为岚州刺史，群潜通沙陀，朝廷疑之，徙群怀州刺史，郑从谠遣使赍告身授之。冬，十月，庚子朔，群杀使者，据城叛，附于沙陀。壬寅，从谠遣马步都虞候张彦球将兵讨之。

贼帅韩秀昇、屈行从起兵，断峡江路。癸丑，陈敬瑄遣押牙庄梦蝶将二千人讨之，又遣押牙胡弘略将千人继之。

韩简复引兵击郓州，节度使曹存实逆战，败死。天平都将下邑朱瑄收余众，婴城拒守，简攻之不下。诏以瑄权知天平留后。

以朱温为右金吾大将军、河中行营招讨副使，赐名全忠。

李克用虽累表请降，而据忻、代州，数侵掠并、汾，争楼烦监。义武节度使王处存与克用世为昏姻，诏处存谕克用："若诚心款附，宜且归朔州俟朝命。若暴横如故，当与河东、大同共讨之。"

以平卢大将王敬武为留后。时诸道兵皆会关中讨黄巢，独平卢不至，王铎遣都统判官、谏议大夫张濬往说之。敬武已受黄巢官爵，不出迎，濬见敬武，责之曰："公为天子藩臣，侮慢诏使，不能事上，何以使下？"敬武愕然，谢之。既宣诏，将士皆不应，濬徐谕之曰："人生当先晓逆顺，次知利害。黄巢，前日贩盐虏耳，公等舍累叶天子而臣之，果何利哉！今天下勤王之师皆集京畿，而淄青独不至，一旦贼平，天子返正，公等何面见天下之人乎！不亟往分功名、取富贵，后悔无及矣！"将士皆改容引咎，顾谓敬武曰："谏议之言是也。"敬武即发兵从濬而西。

刘汉宏又遣登高镇将王镇将兵七万屯西陵，钱镠复夜济江袭击，大破之，斩获万计，得汉宏补诸将官伪敕二百余通，镇奔诸暨。

黄巢兵势尚强，王重荣患之，谓行营都监杨复光曰："臣贼则负国，讨贼则力不足，奈何？"复光曰："雁门李仆射，骁勇，有强兵，其家尊与吾先人尝共事相善，彼亦有徇国之志，所以不至者，以与河东结隙耳。诚以朝旨谕郑公而召之，必来，来则贼不足平矣。"东面宣慰使王徽亦以为然。时王铎在河中，乃以墨敕召李克用，谕郑从谠。十一月，克用将沙陀万七千自岚、石路趣河中，不敢入太原境，独与数百骑过晋阳城下与从谠别，从谠以名马、器币赠之。

李详旧卒共逐黄思邺，推华阴镇使王遇为主，以华州降于王重荣，王铎承制以遇为刺史。

阡能党愈炽，侵淫入蜀州境。陈敬瑄以杨行迁等久无功，以押牙高仁厚为都招讨指挥使，将兵五百人往代之。未发前一日，有鬻面者，自旦至午，出入营中数四，逻者疑之，执而讯之，果阡能之谍也。仁厚命释缚，温言问之，对曰："某村民，阡能囚其父母妻子于狱，云'汝诇事归，得实则免汝家，不然，尽死。'某非愿尔也。"仁厚曰："诚知汝如是，我何忍杀汝！今纵汝归，救汝父母妻子，但语阡能云：'高尚书来日发，所将止五百人，无多兵也。'然我活汝一家，汝当为我潜语寨中人云：'仆射愍汝曹皆良人，为贼所制，情非得已。尚书欲拯救湔洗汝曹，尚书来，汝曹各投兵迎降，尚书当使人书汝背为"归顺"字，遣汝复旧业。所欲诛者，阡能、罗浑擎、句胡僧、罗夫子、韩求五人耳，必不使横及百姓也。'"谍曰："此皆百姓心上事，尚书尽知而赦之，其谁不舞跃听命，一口传百，百传千，川腾海沸，不可遏也。比尚书之至，百姓必尽奔赴如婴儿之见慈母，阡能孤居，立成擒矣。"遂遣之。

明日，仁厚引兵发，至双流，把截使白文现出迎，仁厚周视堑栅，怒曰："阡能役夫，其众皆耕民耳，竭一府之兵，岁余不能擒，今观堑栅重复牢密如此，宜其可以安眠饱食，养寇邀功也。"命引出斩之，监军力救，久之，乃得免。命悉平堑栅，才留五百兵守之，余兵悉以自随，又召诸寨兵，相继皆集。

阡能闻仁厚将至，遣罗浑擎立五寨于双流之西，伏兵千人于野桥箐以邀官军。仁厚诇知，引兵围之，下令勿杀，遣人释戎服入贼中告谕，如昨日所以语谍者。贼大喜，呼噪，争弃甲投兵请降，拜如摧山。仁厚悉抚谕，书其背，使归语寨中未降者，寨中余众争出降。浑擎狼狈逾堑走，其众执以诣仁厚，仁厚曰："此愚夫，不足与语。"械以送府。悉命焚五寨及其甲兵，惟留旗帜，所降凡四千人。

明旦，仁厚谓降者曰："始欲即遣汝归，而前涂诸寨百姓未知吾心，或有忧疑，藉汝曹为我前行，过穿口、新津寨下，示以背字告谕之，比至延贡；可归矣。"乃取浑擎旗倒系之，每五十人为队，授以一旗，使前走，扬旗疾呼曰："罗浑擎已生擒，送使府，大军行至。汝曹居寨中者，速如我出降，立得为良人，无事矣！"至穿口，句胡僧置十一寨，寨中人争出降。胡僧大惊，拔剑遏之，众投瓦石击之，共擒以献仁厚，其众五千余皆降。

又明旦，焚寨，使降者执旗先驱，一如双流。至新津，韩求置十三寨皆迎降。求自投深堑，其众钩出之，已死，斩首以献。将士欲焚寨，仁厚止之曰："降人皆未食。"使先运出资粮，然后焚之。新降者竞炊爨，与先降来告者共食之，语笑歌吹，终夜不绝。

明日，仁厚纵双流、穿口降者先归，使新津降者执旗前驱，且曰："入邛州境，亦可散归矣。"罗夫子置九寨于延贡，其众前夕望新津火光，已不眠矣。及新津人至，罗夫子脱身弃寨奔阡能，其众皆降。

明日，罗夫子至阡能寨，与之谋悉众决战，计未定，日向暮，延贡降者至，阡能、罗夫子走马巡寨，欲出兵，众皆不应。仁厚引兵连夜逼之，明旦，诸寨知大军已近，呼噪争出，执阡能，阡能窘急赴井，为众所擒，不死；又执罗夫子，罗夫子自刭。众挈罗夫子首，缚阡能，驱之前迎官军，见仁厚，拥马首大呼泣拜曰："百姓负冤日久，无所控诉。自谍者还，百姓引领，度顷刻如期年。今遇尚书，如出九泉睹白日，已死而复生矣。"欢呼不可止。贼寨在它所者，分遣诸将往降之。仁厚出军凡六日，五贼皆平。每下县镇，辄补镇遏使，使安集户口。

于是陈敬瑄枭韩求、罗夫子首于市，钉阡能、罗浑擎、句胡僧于城西，七日而冎之。阡能孔目官张荣，本安仁进士，屡举不中第，归于阡能，为之谋主，为草书檄，阡能败，以诗启求哀于仁厚，仁厚送府，钉于马市。自馀不戮一人。

十二月，以仁厚为眉州防御使。

陈敬瑄榜邛州，凡阡能等亲党皆不问。未几，邛州刺史申捕获阡能叔父行全家三十五人系狱，请准法。敬瑄以问孔目官唐溪，对曰："公已有榜，令勿问，而刺史复捕之，此必有故。今若杀之，岂惟使明公失大信，窃恐阡能之党纷纷复起矣！"敬瑄从之，遣押牙牛晕往，集众于州门，破械而释之，因询其所以然，果行全有良田，刺史欲买之，不与，故恨之。敬瑄召刺史，将按其罪，刺史以忧死。它日，行全闻其家由唐溪以免，密饷溪蚀箔金百两。溪怒曰："此乃太师仁明，何预吾事，汝乃怀祸相饷乎！"还其金，斥逐使去。

河东节度使郑从谠奏克岚州，执汤群，斩之。

以忻、代等州留后李克用为雁门节度使。

初，朝廷以郑绍业为荆南节度使，时段彦谟方据荆南，绍业惮之，逾半岁，乃至镇。上幸蜀，召绍业还，以彦谟为节度使。彦谟为朱敬玫所杀，复以绍业为节度使。绍业畏敬玫，逗遛不进，军中久无帅，至是，敬玫署押牙陈儒知府事。儒，江陵人也。

加奉天节度使齐克俭、河中节度使王重荣并同平章事。

李克用将兵四万至河中，遣从父弟克脩先将兵五百济河尝贼。初，克用弟克让为南山寺僧所杀，其仆浑进通归于黄巢。自高浔之败，诸军皆畏贼，莫敢进。及克用军至，贼惮之，曰："鸦军至矣，当避其锋。"克用〔军〕皆衣黑，故谓之鸦军。巢乃捕南山寺僧十余人，遣使赍诏书及重赂，因浑进通诣克用以求和。克用杀僧，哭克让，受其赂以分诸将，焚其诏书，归其使者，引兵自夏阳度河，军于同州。

孟方立既杀成麟，引兵归邢州，潞人请监军吴全勗知留后。是岁，王铎墨制以方立知邢州事，方立不受，囚全勗；与铎书，愿得儒臣镇潞州，铎以郑昌图知昭义军事。既而朝廷以右仆射、租庸使王徽同平章事，充昭义节度使，徽以车驾播迁，中原方扰，方立专据山东邢、洺、磁三州，度朝廷力未能制，辞不行，请且委昌图。诏以徽为大明宫留守、京畿安抚制置修奉园陵使。昌图至潞州，不三月而去，立方遂迁昭义军于邢州，自称留后，表其将李殷锐为潞州刺史。

和州刺史秦彦使其子将兵数千袭宣州，逐观察使窦潏而代之。

三年（癸卯、883）

春，正月，李克用将李存贞败黄揆于沙苑。己巳，克用进屯沙苑。揆，巢之弟也。王铎承制以克用为东北面行营都统，以杨复光为东面都统监军使，陈景思为北面都统监军使。

乙亥，制以中书令、充诸道行营都统王铎为义成节度使，令赴镇。田令孜欲归重北司，称铎讨黄巢久无功，卒用杨复光策，召沙陀而破之，故罢铎兵柄以悦复光。又以副都统崔安潜为东都留守，以都都监西门思恭为右神策中尉，充诸道租庸兼催促诸道进军等使。令孜自以建议幸蜀、收传国宝、列圣真容、散家财犒军为己功，令宰相藩镇共请加赏，上以令孜为十军兼十二卫观军容使。

成德节度使常山忠穆王王景崇死，军中立其子节度副使镕知留后事，时镕生十年矣。

以天平留后朱瑄为节度使。

二月，壬子，李克用进军乾阬，与河中、易定、忠武军合，尚让等将十五万众屯于梁田陂，明日，大战，自午至晡，贼众大败，俘斩数万，伏尸三十里。巢将王璠、黄揆袭华州，据之，王遇亡去。

初，光州刺史李罕之为秦宗权所攻，弃州奔项城，〔帅〕余众归诸葛爽，爽以为怀州刺史。韩简攻郓州，半年，不能下。爽复袭取河阳，朱瑄请和，简乃舍之，引兵击河阳。爽遣罕之逆战于武陟，魏军大败而还。大将澶州刺史乐行达先归，据魏州，军中共立行达为留后，简为部下所杀。己未，以行达为魏博留后。

甲子，李克用进围华州，黄思邺、黄揆婴城固守。克用分骑屯渭北。

以王镕为成德留后。

以郑绍业为太子宾客、分司，以陈儒为荆南留后。

峡路招讨指挥使庄梦蝶为韩秀昇、屈行从所败，退保忠州，应援使胡弘略战亦不利，江、淮贡赋皆为贼所阻，百官无俸。雲安、淯井路不通，民间乏盐。陈敬瑄奏以眉州防御使高仁厚为西川行军司马，将三千兵讨之。

加凤翔节度使李昌言同平章事。

黄巢兵数败，食复尽，阴为遁计，发兵三万扼蓝田道。三月，壬申，遣尚让将兵救华州，李克用、王重荣引兵逆战于零口，破之。克用进军渭桥，骑军在渭北，克用每夜令其将薛志勤、康君立潜入长安，燔积聚，斩虏而还，贼中大惊。

以淮南押牙合肥杨行愍为庐州刺史。行愍本庐州牙将，勇敢，屡有战功，都将忌之，白刺史郎幼复(连)〔遣〕使出戍于外。行愍过辞，都将以甘言悦之，问其所须，行愍曰："正须汝头耳！"遂起斩之，并将诸营，自称八营都知兵马使。幼复不能制，荐于高骈，请以自代。骈以行愍为淮南押牙，知庐州事，朝廷因而命之。行愍闻州人王劭贤，召，欲用之，固辞。问其子弟，曰："子潜，好学慎密，可任以事；弟子稔，有气节，可为将。"行愍召潜置门下，以稔及定远人季章为骑将。

初，吕用之因左骁雄军使俞公楚得见高骈。用之横甚，或以咎公楚，公楚数戒用之少自敛，无相累，用之衔之。右骁雄军使姚归礼气直敢言，尤疾用之所为，时面数其罪，常欲手刃之。癸未夜，用之与其党会倡家，归礼潜遣人爇其室，杀貌类者数人，用之易服得免。明旦，穷治其事，获纵火者，皆骁雄之卒，用之于是日夜谮二将于骈。未几，骈使二将将骁雄卒三千袭贼于慎县，用之密以语杨行愍云："公楚、归礼欲袭庐州。"行愍发兵掩之，二将不为备，举军尽殪，以二将谋乱告骈。骈不知用之谋，厚赏行愍。

己丑，以河中行营招讨副使朱全忠为宣武节度使，俟克复长安，令赴镇。

癸巳，李克用等拔华州，黄揆弃城走。

刘汉宏分兵屯黄岭、岩下、贞女三镇，钱镠将八都兵自富春击之，破黄岭，擒岩下镇将史弁、贞女镇将杨元宗。汉宏以精兵屯诸暨，镠又击破之，汉宏走。

庄梦蝶与韩秀昇、屈行从战，又败。其败兵纷纭还走，所在慰谕，不可遏，遇高仁厚于路，叱之，即止。仁厚斩都虞候一人，更令修娖部伍。乃召耆老，询以山川蹊径及贼寨所据，喜曰："贼精兵尽在舟中，使老弱守寨，资粮皆在寨中，此所谓重战轻防，其败必矣！"乃扬兵江上，为欲涉之状。贼昼夜御备，遣兵挑战，仁厚不与交兵，潜发勇士千人执兵负薪，夜，由间道攻其寨，且焚之。贼望见，分兵往救之不及，资粮荡尽，众心已摇。仁厚复募善游者凿其舟底，相继皆沉，贼往来惶惑，不能相救，仁厚遣兵于要路邀击，且招之，贼众皆降。秀昇、行从见众溃，挥剑乱斫，欲止之，众愈怒，共执二人诣仁厚，仁厚诘之曰："何故反？"秀昇曰："自大中皇帝晏驾，天下无复公道，纽解纲绝。今日反者，岂惟秀昇！成是败非，机上之肉，惟所烹醢耳！"仁厚愀然，命善食而械之。夏，四月，庚子，献于行在，斩之。

李克用与忠武将庞从、河中将白志迁等引兵先进，与黄巢军战于渭南，一日三战，皆捷，义成、义武等诸军继之，贼众大奔。甲辰，克用等自光泰门入京师，黄巢力战不胜，焚宫室遁去。贼死及降者甚众，官军暴掠，无异于贼，长安室屋及民所存无几。巢自蓝田入商山，多遗珍宝于路，官军争取之，不急追，贼遂逸去。

杨复光遣使告捷，百官入贺。诏留忠武等军二万人，委大明宫留守王徽及京畿制置使田从异部分，守卫长安。五月，加朱玫、李克用、东方逵同平章事。升陕州为节度，以王重盈为节度使。又建延州为保塞军，以保大行军司马、延州刺史李孝恭为节度使。克用时年二十八，于诸将最少，而破黄巢，复长安，功第一，兵势最强，诸将皆畏之。克用一目微眇，时人谓之“独眼龙”。

诏以崔璆家贵身显，为黄巢相首尾三载，不逃不隐，于所在斩之。

黄巢使其骁将孟楷将万人为前锋，击蔡州，节度使秦宗权逆战而败，贼进攻其城，宗权遂称臣于巢，与之连兵。

初，巢在长安，陈州刺史宛丘赵犨谓将佐曰：“巢不死长安，必东走，陈其冲也。且巢素与忠武为仇，不可不为之备。”乃完城堑，缮甲兵，积刍粟，六十里之内，民有资粮者，悉徙之入城。多募勇士，使其弟昶、珝、子麓、林分将之。孟楷既下蔡州，移兵击陈，军于项城。犨先示之弱，伺其无备，袭击之，杀获殆尽，生擒楷，斩之。巢闻楷死，惊怒，悉众屯溵水，六月，与秦宗权合兵围陈州，掘堑五重，百道攻之。陈人大恐，犨谕之曰：“忠武素著义勇，陈州号为劲兵，况吾家久食陈禄，誓与此州存亡。男子当求生于死中，且徇国而死，不愈于臣贼而生乎？有异议者斩！”数引锐兵开门出击贼，破之。巢益怒，营于州北，立宫室百司，为持久之计。时民间无积聚，贼掠人为粮，生投于碓硙，并骨食之，号给粮之处曰“舂磨寨”。纵兵四掠，自河南、许、汝、唐、邓、孟、郑、汴、曹、濮、徐、兖等数十州，咸被其毒。

初，上蔡人刘谦为岭南小校，节度使韦宙奇其器，以兄女妻之。谦击群盗，屡有功，辛丑，以谦为封州刺史。

加东川节度使杨师立同平章事。

宣武节度使朱全忠帅所部数百人赴镇，秋，七月，丁卯，至汴州。时汴、宋荐饥，公私穷竭，内(外)〔则〕骄军难制，外为大敌所攻，无日不战，众心危惧，而全忠勇气益振。诏以黄巢未平，加全忠东北面都招讨使。

南诏遣布燮杨奇肱来迎公主。诏陈敬瑄与书，辞以“銮舆巡幸，仪物未备，俟还京邑，然后出降。”奇肱不从，直前至成都。

李克用自长安引兵还雁门，寻有诏，以克用为河东节度使，召郑从谠诣行在。克用乃自东道过榆次，诣雁门省其父。克用寻榜河东，安慰军民曰：“勿为旧念，各安家业。”

左骁卫上将军杨复光卒于河中。复光慷慨喜忠义，善抚士卒，军中恸哭累日，八都将鹿晏弘等各以其众散去。田令孜素畏忌之，闻其卒，甚喜，因摈斥其兄枢密使复恭为飞龙使。令孜专权，人莫与之抗，惟复恭数与之争得失，故令孜恶之，复恭因称疾归蓝田。

以成德留后王镕、魏博留后乐行达、天平留后朱瑄为本道节度使。

司徒、门下侍郎、同平章事郑畋，虽当播越，犹谨法度。田令孜为判官吴圆求郎官，畋不许。陈敬瑄欲立于宰相之上，畋以故事，使相品秩虽高，皆居真相之下，固争之。二人乃令凤翔节度使李昌言上言："军情猜忌，不可令畋扈从过此。"畋亦累表辞位，乃罢为太子太保，又以其子兵部侍郎凝绩为彭州刺史，使之就养。以兵部尚书判度支裴澈为中书侍郎、同平章事。

八月，甲辰，李克用至晋阳，诏以前振武节度使李国昌为代北节度使，镇代州。

升湖南为钦化军，以观察使闵勖为节度使。

九月，加陈敬瑄兼中书令，进爵颍川郡王。

感化节度使时溥营于溵水，加溥东面兵马都统。

以荆南留后陈儒为节度使。

昭义节度使孟方立，以潞州地险人劲，屡篡主帅，欲渐弱之，乃迁治所于邢州，大将家及富室皆徙山东，潞人不悦。监军祁审诲因人心不安，使武乡镇使安居受潜以蜡丸乞师于李克用，请复军府于潞州。冬，十月，克用遣其将贺公雅等赴之，为方立所败，又遣李克脩击之，辛亥，取潞州，杀其刺史李殷锐。是后克用每岁出兵争山东，三州之人半为俘馘，野无稼穑矣。

以宗女为安化长公主，妻南诏。

刘汉宏将十余万众出西陵，将击董昌，戊午，钱镠济江逆战，大破之，汉宏易服持鲙刀而遁。己未，汉宏收余众四万复战，镠又破之，斩其弟汉容及将辛约。

十一月，甲子朔，秦宗权围许州。

忠武大将鹿晏弘帅所部自河中南掠襄、邓、金、洋，所过屠灭，声云西赴行在。十二月，至兴元，逐节度使牛勖，勖奔龙州西山。晏弘据兴元，自称留后。

武宁节度使时溥因食中毒，疑判官李凝古而杀之。凝古父损，为右散骑常侍，在成都，溥奏凝古与父同谋，田令孜受溥赂，令御史台鞫之。侍御史王华为损论冤，令孜矫诏移损下神策狱，华拒而不遣。萧遘奏称："李凝古行毒，事出暧昧，已为溥所杀，父损相别数年，声问不通，安得诬以同谋！溥恃功乱法，陵蔑朝廷，欲杀天子侍臣，若徇其欲，行及臣辈，朝廷何以自立！"由是损得免死，归田里。时令孜专权，群臣莫敢迕视，惟遘屡与争辩，朝廷倚之。

升浙东为义胜军，以刘汉宏为节度使。

赵犨遣人间道求救于邻道，于是周岌、时溥、朱全忠皆引兵救之。全忠与黄巢之党战于鹿邑，败之，斩首二千余级，遂引兵入亳州而据之。

四年（甲辰、884）

春，正月，以鹿晏弘为兴元留后。

赐魏博节度使乐行达名彦祯。

东川节度使杨师立以陈敬瑄兄弟权宠之盛，心不能平。敬瑄之遣高仁厚讨韩秀昇也，语之曰："成功而还，当奏天子，以东川相赏。"师立闻之，怒曰："彼此列藩，而遽以我疆土许人，是无天地也！"田令孜恐其为乱，因其不发兵防遏，征师立为右仆射。

黄巢兵尚强，周岌、时溥、朱全忠不能支，共求救于河东节度使李克用。二月，克用将蕃、汉兵五万出天井关，河阳节度使诸葛爽辞以河桥不完，屯兵万善以拒之。克用乃还兵自陕、河中度河而东。

杨师立得诏书，怒，不受代，杀官告使及监军使，举兵，以讨陈敬瑄为名，大将有谏者辄杀之，进屯涪城，遣其将郝蠲袭绵州，不克。丙午，以陈敬瑄为西川、东川、山(东)〔南〕西道都指挥、招讨、安抚、处置等使。三月，甲子，杨师立移檄行在百官及诸道将吏士庶，数陈敬瑄十罪，自言集本道将士、八州坛丁共十五万人，长驱问罪。诏削师立官爵，以眉州防御使高仁厚为东川留后，将兵五千讨之，以西川押牙杨茂言为行军副使。

朱全忠击黄巢瓦子寨，拔之；巢将陕人李唐宾、楚丘王虔裕降于全忠。

婺州人王镇执刺史黄碣，降于钱镠。刘汉宏遣其将娄赍杀镇而代之，浦阳镇将蒋瓌召镠兵共攻婺州，擒赍而还。碣，闽人也。

高骈从子左骁卫大将军澞，疏吕用之罪状二十余幅，密以呈骈，且泣曰："用之内则假神仙之说，蛊惑尊听；外则盗节制之权，残贼百姓。将佐惧死，莫之敢言。岁月浸深，羽翼将成，苟不除之，恐高氏奕代勋庸，一朝扫地矣！"因呜咽不自胜。骈曰："汝醉邪！"命扶出。明日，以澞状示用之，用之曰："四十郎尝以空乏见告，未获遵命，故有此憾。"因出澞手书数幅呈之。骈甚惭，遂禁澞出入，后月余，以澞知舒州事。

群盗陈儒攻舒州，澞求救于庐州。杨行愍力不能救，谋于其将李神福，神福请不用寸刃而逐之。乃多赍旗帜，间道入舒州，顷之，引舒州兵建庐州旗帜而出，指画地形，若布大陈状，贼惧，宵遁。神福，洺州人也。久之，群盗吴迥、李本复攻舒州，澞不能守，弃城走，骈使人就杀之。杨行愍遣其将合肥陶雅、清流张训等将兵击吴迥、李本，擒斩之，以雅摄舒州刺史。秦宗权遣其弟将兵寇庐州，据舒城，杨行愍遣其将合肥田頵击走之。

前杭州刺史路审中客居黄州，闻鄂州刺史崔绍卒，募兵三千人入据之。武昌牙将杜洪亦逐岳州刺史而代之。

黄巢围陈州几三百日，赵犨兄弟与之大小数百战，虽兵食将尽，而众心益固。李克用会许、汴、徐、兖之军于陈州，时尚让屯太康，夏，四月，癸巳，诸军进拔太康。黄思邺屯西华，诸军复攻之，思邺走。黄巢闻之惧，退军故阳里，陈州围始解。

朱全忠闻巢将至，引军还大梁。五月，癸亥，大雨，平地三尺，黄巢营为水所漂，且闻李克用至，遂引兵东北趣汴州，屠尉氏。尚让以骁骑五千进逼大梁，至于繁台，宣武将丰人朱珍、南华庞师古击却之。全忠复告急于李克用。丙寅，克用与忠武都监使田从异发许州。戊辰，追及黄巢于中牟北王满渡，乘其半济，奋击，大破之，杀万余人，贼遂溃。尚让帅其众降时溥，别将临晋李谠、曲周霍存、甄城葛从周、冤句张归霸及从弟归厚帅其众降朱全忠。巢逾汴而北，己巳，克用追击之于封丘，又破之。庚午夜，复大雨，贼惊惧东走，克用追之，过胙城、匡城。巢收余众近千人，东奔兖州。辛未，克用追至冤句，骑能属者才数百人，昼夜行二百余里，人马疲乏，粮尽，乃还汴州，欲裹粮复追之，获巢幼子及乘舆器服符印，得所掠男女万人，悉纵遣之。

癸酉，高仁厚屯德阳，杨师立遣其将郑君雄、张士安据鹿头关以拒之。

甲戌，李克用至汴州，营于城外，朱全忠固请入城，馆于上源驿。全忠就置酒，声乐，馔具皆精丰，礼貌甚恭，克用乘酒使气，语颇侵之，全忠不平。薄暮，罢酒，从者皆沾醉，宣武将杨彦洪密与全忠谋，连车树栅以塞衢路，发兵围驿而攻之，呼声动地。克用醉，不之闻，亲兵薛志勤、史敬思等十余人格斗，侍者郭景铢灭烛，扶克用匿床下，以水沃其面，徐告以难，克用始张目援弓而起。志勤射汴人，死者数十。须臾，烟火四合，会大雨震电，天地晦冥，志勤扶克用帅左右数人，逾垣突围，乘电光而行，汴人扼桥，力战得度，史敬思为后拒，战死。克用登尉氏门，缒城得出，监军陈景思等三百余人，皆为汴人所杀。杨彦洪谓全忠曰："胡人急则乘马，见乘马者则射之。"是夕，彦洪乘马适在全忠前，全忠射之，殪。

克用妻刘氏，多智略，左右先脱归者以汴人为变告，刘氏神色不动，立斩之，阴召大将约束，谋保军以还。比明，克用至，欲勒兵攻全忠，刘氏曰："公比为国讨贼，救东诸侯之急，今汴人不道，乃谋害公，自当诉之朝廷。若擅举兵相攻，则天下孰能辨其曲直！且彼得以有辞矣。"克用从之，引兵去，但移书责全忠。全忠复书曰："前夕之变，仆不之知，朝廷自遣使者与杨彦洪为谋，彦洪既伏其辜，惟公谅察。"

克用养子嗣源，年十七，从克用自上源出，矢石之间，独无所伤。嗣源本胡人，名邈佶烈，无姓。克用择军中骁勇者，多养为子，名回鹘张政之子曰存信，振武孙重进曰存进，许州王贤曰存贤，安敬思曰存孝，皆冒姓李氏。丙子，克用至许州故寨，求粮于周岌，岌辞以粮乏，乃自陕济河还晋阳。

郑君雄、张士安坚壁不出，高仁厚曰："攻之则彼利我伤，围之则彼困我逸。"遂列十二寨围之。丁丑，夜二鼓，君雄等出劲兵掩击城北副使寨，杨茂言不能御，帅众弃寨走，其旁数寨见副使走，亦走。东川人并兵南攻中军，仁厚闻之，大开寨门，设炬火照之，自帅士卒为两翼伏道左右。贼至，见门开，不敢入，还去。仁厚发伏击之，东川兵大奔，追至城下，蹙之壕中，斩获甚众而还。

仁厚念诸弃寨走者，明旦所当诛杀甚多，乃密召孔目官张韶，谕之曰："尔速遣步探子将数十人分道追走者，自以尔意谕之曰：'仆射幸不出寨，皆不知，汝曹速归，来旦牙参如常，勿忧也。'"韶素名长者，众信之，至四鼓，皆还寨。惟杨茂言走至张把，乃追及之。仁厚闻诸寨漏鼓如故，喜曰："悉归矣！"诘旦，诸将牙集，以为仁厚诚不知也，坐良久，仁厚谓茂言曰："昨夜闻副使身先士卒，走至张把，有诸？"对曰："昨夜闻贼攻中军，左右言仆射已去，遂策马参随，既而审其虚，复还寨中。"仁厚曰："仁厚与副使俱受命天子，将兵讨贼，若仁厚先走，副使当叱下马，行军法，代总军事，然后奏闻。今副使既先走，又为欺罔，理当如何？"茂言拱手曰："当死。"仁厚曰："然。"命左右扶下，斩之，诸将股栗。仁厚乃召昨夜所获俘虏数十人，释缚纵归。君雄等闻之惧，曰："彼军法严整如是，自今兵不可复出矣！"

庚辰，时溥遣其将李师悦将兵万人追黄巢。

癸未，高仁厚陈于鹿头关城下，郑君雄等悉众出战。仁厚设伏于陈后，阳败走，君雄等追之，伏发，君雄等大败，是夕，遁归梓州。陈敬瑄发兵三千以益仁厚军，进围梓州。

资治通鉴卷第二百五十六

端明殿学士兼翰林侍读学士太中大夫提举西京嵩山崇福宫上柱国河内郡开国公食邑二千二百户食实封九百户赐紫金鱼袋臣 司马光 奉敕编集

唐纪七十二起阏逢执徐（甲辰）六月，尽强圉协洽（丁未）三月，凡二年有奇。

僖宗惠圣恭定孝皇帝下之上

中和四年（甲辰、884）

六月，壬辰，东川留后高仁厚奏郑君雄斩杨师立出降。仁厚围梓州久不下，乃为书射城中，道其将士曰："仁厚不忍城中玉石俱焚，为诸君缓师十日，使诸君自成其功。若十日不送师立首，当分见兵为五番，番分昼夜以攻之，于此甚逸，于彼必困矣。五日不下，四面俱进，克之必矣。诸君图之。"数日，君雄大呼于众曰："天子所诛者元恶耳，它人无预也。"众呼万岁，大噪，突入府中，师立自杀，君雄挈其首出降。仁厚献其首及妻子于行在，陈敬瑄钉其子于城北，敬瑄三子出观之，钉者呼曰："兹事行及汝曹，汝曹于后努力领取！"三子走马而返。以高仁厚为东川节度使。

甲辰，武宁将李师悦与尚让追黄巢至瑕丘，败之。巢众殆尽，走至狼虎谷，丙午，巢甥林言斩巢兄弟妻子首，将诣时溥，遇沙陀博野军，夺之，并斩言首以献于溥。

蔡州节度使秦宗权纵兵四出，侵噬邻道。天平节度使朱瑄，有众三万，从父弟瑾，勇冠军中。宣武节度使朱全忠为宗权所攻，势甚窘，求救于瑄，瑄遣瑾将兵救之，败宗权于合乡。全忠德之，与瑄约为兄弟。

秋，七月，壬午，时溥遣使献黄巢及家人首并姬妾，上御大玄楼受之。宣问姬妾："汝曹皆勋贵子女，世受国恩，何为从贼？"其居首者对曰："狂贼凶逆，国家以百万之众，失守宗祧，播迁巴、蜀，今陛下以不能拒贼责一女子，置公卿将帅于何地乎！"上不复问，皆戮之于市。人争与之酒，其余皆悲怖昏醉，居首者独不饮不泣，至于就刑，神色肃然。

朱全忠击秦宗权，败宗权于溵水。

李克用至晋阳，大治甲兵，遣榆次镇将雁门李承嗣奉表诣行在，自陈"有破黄巢大功，为朱全忠所图，仅能自免，将佐已下从行者三百余人，并牌印皆没不返。

全忠仍榜东都、陕、孟，云臣已死，行营兵溃，令所在邀遮屠剪，勿令漏失，将士皆号泣冤诉，请复仇雠。臣以朝廷至公，当俟诏命，拊循抑止，复归本道。乞遣使按问，发兵诛讨，臣遣弟克勤将万骑在河中俟命。"时朝廷以大寇初平，方务姑息，得克用表，大恐，但遣中使赐优诏和解之。克用前后凡八表，称："全忠妒功疾能，阴狡祸贼，异日必为国患。惟乞下诏削其官爵，臣自帅本道兵讨之，不用度支粮饷。"上累遣杨复恭等谕指，称："吾深知卿冤，方事之殷，姑存大体。"克用终郁郁不平。时藩镇相攻者，朝廷不复为之辨曲直。由是互相吞噬，惟力是视，皆无所禀畏矣！

八月，李克用奏请割麟州隶河东，又奏请以弟克脩为昭义节度使，皆许之。由是昭义分为二镇。进克用爵陇西郡王。克用奏罢雲蔚防御使，依旧隶河东，从之。

九月，己未，加朱全忠同平章事。

以右仆射、大明宫留守王徽知京兆尹事。

上以长安宫室焚毁，故久留蜀未归。徽招抚流散，户口稍归，复缮治宫室，百司粗有绪。冬，十月，关东藩镇表请车驾还京师。

朱全忠之降也，义成节度使王铎为都统，承制除官。全忠初镇大梁，事铎礼甚恭，铎依以为援，而全忠兵浸强，益骄倨，知不足恃，表请还朝。徙铎为义昌节度使。

鹿晏弘之去河中，王建、韩建、张造、晋晖、李师泰各帅其众与之俱，及据兴元，以建等为巡内刺史，不遣之官。晏弘猜忌，众心不附，王建、韩建素相亲善，晏弘尤忌之，数引入卧内，待之加厚，二建密相谓曰："仆射甘言厚意，疑我也，祸将至矣！"田令孜密遣人以厚利诱之，十一月，二建与张造、晋晖、李师泰帅众数千逃奔行在，令孜皆养为假子，赐与巨万，拜诸卫将军，使各将其众，号随驾五都。又遣禁兵讨晏弘，晏弘率众弃兴元走。

初，宦者曹知悫，本华原富家子，有胆略。黄巢陷长安，知悫归乡里，集壮士，据嵯峨山南，为堡自固，巢党不敢近。知悫数遣壮士变衣服语言，效巢党，夜入长安攻贼营，贼惊以为鬼神，又疑其下有叛者，由是心不自安。朝廷闻而嘉之，就除内常侍，赐金紫。知悫闻车驾将还，谓人曰："吾施小术，使诸军得成大功，从驾群臣但平步往来，俟至大散关，当阅其可归者纳之。"行在闻之，恐其为变，田令孜尤恶之，密以敕旨谕邠宁节度使王行瑜，使诛之，行瑜潜师自嵯峨山北乘高攻之，知悫不为备，举营尽殪。令孜益骄横，禁制天子，不得有所主断。上患其专，时语左右而流涕。

鹿晏弘引兵东出襄州，秦宗权遣其将秦诰、赵德諲将兵会之，共攻襄州，陷之，山南东道节度使刘巨容奔成都。德諲，蔡州人也。晏弘引兵转掠襄、邓、均、房、庐、寿，复还许州。忠武节度使周岌闻其至，弃镇走，晏弘遂据许州，自称留后，朝廷不能讨，因以为忠武节度使。

十二月，己丑，陈敬瑄表辞三川都指挥、招讨、制置、安抚等使，从之。

初，黄巢转掠福建，建州人陈岩聚众数千保乡里，号九龙军，福建观察使郑镒奏为团练副使。泉州刺史、左厢都虞候李连有罪，亡入溪洞，合众攻福州，岩击败之。镒畏岩之逼，表岩自代，壬寅，以岩为福建观察使。岩为治有威惠，闽人安之。

义昌节度使兼中书令王铎，厚于奉养，过魏州，侍妾成列，服御鲜华，如承平之态。魏博节度使乐彦祯之子从训，伏卒数百人于漳南高鸡泊，围而杀之，及宾僚从者三百余人皆死，掠其资装侍妾而还。彦祯奏云为盗所杀，朝廷不能诘。

赐邠宁军号曰静难。

是岁，馀杭镇使陈晟逐睦州刺史柳超，颍州都知兵马使汝阴王敬荛逐其刺史，各领州事，朝廷因命为刺史。

均州贼帅孙喜聚众数千人，谋攻州城，刺史吕晔不知所为。都将武当冯行袭伏兵江南，自乘小舟迎喜，谓曰："州人得良牧，无不归心，然公所从之卒太多，州人惧于剽掠，尚以为疑。不若置军江北，独与腹心轻骑俱进，行袭请为前道，告谕州人，无不服者矣。"喜以为然，从之。既渡江，军吏迎谒，伏兵发，行袭手击喜，斩之，从喜者皆死，江北军望之俱溃。山南东道节度使上其功，诏以行袭为均州刺史。州西有长山，当襄、邓入蜀之道，群盗据之，抄掠贡赋，行袭讨诛之，蜀道以通。

凤翔节度使李昌言病，表弟昌符知留后。昌言薨，制以昌符为凤翔节度使。

时黄巢虽平，秦宗权复炽，命将出兵，寇掠邻道，陈彦侵淮南，秦贤侵江南，秦诰陷襄、唐、邓，孙儒陷东都、孟、陕、虢，张晊陷汝、郑，卢瑭攻汴、宋，所至屠剪焚荡，殆无孑遗。其残暴又甚于巢，军行未始转粮，车载盐尸以从。北至卫、滑，西及关辅，东尽青、齐，南出江、淮，州镇存者仅保一城，极目千里，无复烟火。上将还长安，畏宗权为患。

光启元年（乙巳、885）

春，正月，戊午，下诏招抚之。

己卯，车驾发成都，陈敬瑄送至汉州而还。

荆南监军朱敬玫所募忠勇军暴横，节度使陈儒患之。郑绍业之镇荆南也，遣大将申屠琮将兵五千击黄巢于长安，军还，儒告琮，使除之。忠勇将程君从闻之，帅其众奔朗州，琮追击之，杀百余人，余众皆溃，自是琮复专军政。

雷满屡攻掠荆南,儒重赂以却之。淮南将张瓌、韩师德叛高骈,据复,岳二州,自称刺史,儒请瓌摄行军司马,师德摄节度副使,将兵击雷满。师德引兵上峡大掠,归于岳州,瓌还兵逐儒而代之。儒将奔行在,瓌劫还,囚之。瓌,(渭)〔滑〕州人,性贪暴,荆南旧将夷灭殆尽。

先是,朱敬玫屡杀大将及富商以致富,朝廷遣中使杨玄晦代之。敬玫留居荆南,尝曝衣,瓌见而欲之,遣卒夜攻之,杀敬玫,尽取其财。瓌恶牙将郭禹慓悍,欲杀之,禹结党千人亡去,庚申,袭归州,据之,自称刺史。禹,青州人成汭也,因杀人亡命,更其姓名。

南康贼帅卢光稠陷虔州,自称刺史,以其里人谭全播为谋主。

秦宗权责租赋于光州刺史王绪,绪不能给,宗权怒,发兵击之。绪惧,悉举光、寿二州兵五千人,驱吏民渡江,以刘行全为前锋,转掠江、洪、虔州,是月,陷汀、漳二州,然皆不能守也。

秦宗权寇颍、亳,朱全忠败之于焦夷。

二月,丙申,车驾至凤翔。三月,丁卯,至京师,荆棘满城,狐兔纵横,上凄然不乐。己巳,赦天下,改元。时期廷号令所(在)〔行〕,惟河西、山南、剑南、岭南数十州而已。

秦宗权称帝,置百官,诏以武宁节度使时溥为蔡州四面行营兵马都统以讨之。

卢龙节度使李可举、成德节度使王镕恶李克用之强,而义武节度使王处存与克用亲善,为侄邺娶克用女。又,河北诸镇,惟义武尚属朝廷,可举等恐其窥伺山东,终为己患,乃相与谋曰:“易、定,燕、赵之余也。”约共灭处存而分其地。又说雲中节度使赫连铎使攻克用之背。可举遣其将李全忠将兵六万攻易州,镕遣将将兵攻无极。处存告急于克用,克用遣其将康君立等将兵救之。

闰月,秦宗权遣其弟宗言寇荆南。

初,田令孜在蜀募新军五十四都,每都千人,分隶两神策,为十军以统之,又南牙、北司官共万余员。是时藩镇各专租税,河南、北、江、淮无复上供,三司转运无调发之所,度支惟收京畿、同、华、凤翔等数州租税,不能赡,赏赉不时,士卒有怨言。令孜患之,不知所出。先是,安邑、解县两池盐皆隶盐铁,置官榷之。中和以来,河中节度使王重荣专之,岁献三千车以供国用,令孜奏复如旧制隶盐铁。夏。四月,令孜自兼两池榷盐使,收其利以赡军。重荣上章论诉不已,遣中使往谕之,重荣不可。时令孜多遣亲信觇藩镇,有不附己者,辄图之。令孜养子匡祐使河中,重荣待之甚厚,而匡祐傲甚,举军皆愤怒。重荣乃数令孜罪恶,责其无礼,监军为讲解,仅得脱去。匡祐归,以告令孜,劝图之。五月,令孜徙重荣为泰宁节度使，以泰宁节度使齐克让为义武节度使，以义武节度使王处存为河中节度使，仍诏李克用以河东军援处存赴镇。

卢龙兵攻易州，裨将刘仁恭穴地入城，遂克之。仁恭，深州人也。李克用自将救无极，败成德兵，成德兵退保新城。克用复进击，大破之，拔新城，成德兵走，追至九门，斩首万余级。卢龙兵既得易州，骄怠，王处存夜遣卒三千蒙羊皮造城下，卢龙兵以为羊也，争出掠之，处存奋击，大破之，复取易州，李全忠走。

加陕虢节度使王重盈同平章事。

李全忠既丧师，恐获罪，收余众还袭幽州。六月，李可举窘急，举族登楼自焚死，全忠自为留后。

东都留守李罕之与秦宗权将孙儒相拒数月，罕之兵少食尽，弃城，西保渑池，宗权陷东都。

秋，七月，以李全忠为卢龙留后。

乙巳，右补阙常濬上疏，以为："陛下姑息藩镇太甚，是非功过，骈首并足，致天下纷纷若此，犹未之寤，岂可不念骆谷之艰危，复怀西顾之计乎！宜稍振典刑以威四方。"田令孜之党言于上曰："此疏传于藩镇，岂不致其猜忿！"庚戌，贬濬万州司户，寻赐死。

沧州军乱，逐节度使杨全玫，立牙将卢彦威为留后，全玫奔幽州。以保銮都将曹诚为义昌节度使，以彦威为德州刺史。

孙儒据东都月余，烧宫室、官寺、民居，大掠席卷而去，城中寂无鸡犬。李罕之复引其众入东都，筑垒于市西而居之。

王重荣自以有复京城功，为田令孜所摈，不肯之兖州，累表论令孜离间君臣，数令孜十罪，令孜结邠宁节度使朱玫、凤翔节度使李昌符以抗之。王处存亦上言："幽、镇兵新退，臣未敢离易、定。且王重荣无罪，有大功于国，不宜轻有改易，摇藩镇心。"诏趣其上道，八月，处存引军至晋州，刺史冀君武闭城不内而还。

洺州刺史马爽，与昭义行军司马奚忠信不叶，起兵屯邢州南，胁孟方立请诛忠信。既而众溃，爽奔魏州，忠信使人赂乐彦祯而杀之。

秦宗权攻邻道二十余州，陷之，唯陈州距蔡百余里，兵力甚弱，刺史赵犨日与宗权战，宗权不能屈。诏以犨为蔡州节度使。犨德朱全忠之援，与全忠结昏，凡全忠所调发，无不立至。

王绪至漳州，以道险粮少，令军中"无得以老弱自随，犯者斩！"唯王潮兄弟扶其母董氏崎岖从军，绪召潮等责之曰："军皆有法，未有无法之军。汝违吾令而不诛，是无法也。"三子曰："人皆有母，未有无母之人，将军奈何使人弃其母！"绪怒，命斩其母。三子曰："潮等事母如事将军，既杀其母，安用其子？请先母死。"将士皆为之请，乃舍之。

有望气者谓绪曰："军中有王者气。"于是绪见将卒有勇略逾己及气质魁岸者皆杀之。刘行全亦死，众皆自危，曰："行全亲也，且军锋之冠，犹不免，况吾属乎！"行至南安，王潮说其前锋将曰："吾属违坟墓，捐妻子，羁旅外乡为群盗，岂所欲哉！乃为绪所迫胁故也。今绪猜刻不仁，妄杀无辜，军中孑孑者受诛且尽，子须眉若神，骑射绝伦，又为前锋，吾窃为子危之。"前锋将执潮手泣，问计安出。潮为之谋，伏壮士数十人于篁竹中，伺绪至，挺剑大呼跃出，就马上擒之，反缚以徇，军中皆呼万岁。潮推前锋将为主，前锋将曰："吾属今日不为鱼肉，皆王君力也。天以王君为主，谁敢先之！"相推让数四，卒奉潮为将军。绪叹曰："此子在吾网中不能杀，岂非天哉！"

潮引兵将还光州，约其属，所过秋毫无犯。行及沙县，泉州人张延鲁等以刺史廖彦若贪暴，帅耆老奉牛酒遮道，请潮留为州将，潮乃引兵围泉州。

九月，戊申，以陈敬瑄为三川及峡内诸州都指挥、制置等使。

蔡军围荆南，马步使赵匡谋奉前节度使陈儒以出，留后张瓌觉之，杀匡及儒。

冬，十月，癸丑，秦宗权败朱全忠于八角。

王重荣求救于李克用，克用方怨朝廷不罪朱全忠，选兵市马，聚结诸胡，议攻汴州，报曰："待吾先灭全忠，还扫鼠辈如秋叶耳！"重荣曰："待公自关东还，吾为虏矣。不若先除君侧之恶，退擒全忠易矣。"时朱玫、李昌符亦阴附朱全忠，克用乃上言："玫、昌符与全忠相表里，欲共灭臣，臣不得不自救，已集蕃、汉兵十五万，决以来年济河，自渭北讨二镇，不近京城，保无掠扰。既诛二镇，乃旋师灭全忠以雪仇耻。"上遣使者谕释，冠盖相望。

朱玫欲朝廷讨克用，数遣人潜入京城，烧积聚，或刺杀近侍，声云克用所为，于是京师震恐，日有讹言。令孜遣玫、昌符将本军及神策鄜、延、灵、夏等军合三万人屯沙苑，以讨王重荣。重荣发兵拒之，告急于克用，克用引兵赴之。十一月，重荣遣兵攻同州。刺史郭璋出战，败死。重荣与玫等相守月余，克用兵至，与重荣俱壁沙苑，表请诛令孜及玫、昌符，诏和解之，克用不听。十二月，癸酉，合战，玫、昌符大败，各走还本镇，溃军所过焚掠。克用进逼京城，乙亥夜，令孜奉天子自开远门出幸凤翔。

初，黄巢焚长安宫室而去，诸道兵入城纵掠，焚府寺民居什六七，王徽累年补葺，仅完一二，至是复为乱兵焚掠，无孑遗矣。

是岁，赐河中军号护国。

二年（丙午、886）

春，正月，镇海牙将张郁作乱，攻陷常州。

李克用还军河中，与王重荣同表请大驾还宫，因罪状田令孜，请诛之。上复以飞龙使杨复恭为枢密使。

戊子，令孜请上幸兴元，上不从。是夜，令孜引兵入宫，劫上幸宝鸡，黄门卫士从者才数百人，宰相朝臣皆不知。翰林学士承旨杜让能宿直禁中，闻之，步追乘舆，出城十余里，得人所遗马，无羁勒，解带系颈而乘之，独追及上于宝鸡。明日，乃有太子少保孔纬等数人继至。让能，审权之子；纬，戣之孙也。宗正奉太庙神主至鄠，遇盗，皆失之。朝士追乘舆者至盩厔，为乱兵所掠，衣装殆尽。

庚寅，上以孔纬为御史大夫，使还召百官，上留宝鸡以待之。

时田令孜弄权，再致播迁，天下共忿疾之，朱玫、李昌符亦耻为之用，且惮李克用、王重荣之强，更与之合。

萧遘因邠宁奏事判官李松年至凤翔，遣召朱玫亟迎车驾，癸巳，玫引步骑五千至凤翔。孔纬诣宰相，欲宣诏召之，萧遘、裴澈以令孜在上侧，不欲往，辞疾不见。纬令台吏趣百官诣行在，皆辞以无袍笏，纬召三院御史，泣谓："布衣亲旧有急，犹当赴之。岂有天子蒙尘，为人臣子，累召而不往者邪！"御史请办装数日而行，纬拂衣起曰："吾妻病垂死且不顾，诸君善自为谋，请从此辞！"乃诣李昌符，请骑卫送至行在，昌符义之，赠装钱，遣骑送之。

邠宁、凤翔兵追逼乘舆，败神策指挥使杨晟于潘氏，钲鼓之声闻于行宫。田令孜奉上发宝鸡，留禁军守石鼻为后拒。置感义军于兴、凤二州，以杨晟为节度使，守散关。时军民杂糅、锋镝纵横，以神策军使王建、晋晖为清道斩斫使，建以长剑五百前驱奋击，乘舆乃得前。上以传国宝授建使负之以从，登大散岭。李昌符焚阁道丈余，将摧折，王建扶掖上自烟焰中跃过。夜，宿板下，上枕建膝而寝，既觉，始进食，解御袍赐建曰："以其有泪痕故也。"车驾才入散关，朱玫已围宝鸡。石鼻军溃，玫长驱攻散关，不克。嗣襄王煴，肃宗之玄孙也，有疾，从上不及，留遵涂驿，为玫所得，与之俱还凤翔。

庚戌，李克用还太原。

二月，王重荣、朱玫、李昌符复上表请诛田令孜。

以前东都留守郑从谠为守太傅兼侍中。

朱玫、李昌符使山南西道节度使石君涉栅绝险要，烧邮驿，上由它道以进，山谷崎岖，邠军迫其后，危殆者数四，仅得达山南。三月，壬午，石君涉弃镇逃归朱玫。

癸未，凤翔百官萧遘等罪状田令孜及其党韦昭度，请诛之。初，昭度因供奉僧澈结宦官，得为相。澈师知玄鄙澈所为，昭度每与同列诣知玄，皆拜之，知玄揖使诣澈啜茶。

山南西道监军冯翊严遵美迎上于西县，丙申，车驾至兴元。

戊戌，以御史大夫孔纬、翰林学士承旨、兵部尚书杜让能并为兵部侍郎、同平章事。

保銮都将李铤等败邠军于凤州。

诏加王重荣应接粮料使，使调本道谷十五万斛以济国用。重荣表称令孜未诛，不奉诏。

以尚书左丞卢渥为户部尚书，充山南西道留后。以严遵美为内枢密使，遣王建帅部兵戍三泉，晋晖及神策使张造帅四都兵屯黑水，修栈道以通往来。以建遥领壁州刺史。将帅遥领州镇自此始。

陈敬瑄疑东川节度使高仁厚，欲去之。遂州刺史郑君立起兵攻陷汉州，进向成都，敬瑄遣其将李顺之逆战，君立败死。敬瑄又发维、茂羌军击仁厚，杀之。

朱玫以田令孜在天子左右，终不可去，言于萧遘曰："主上播迁六年，中原将士冒矢石，百姓供馈饷，战死饿死，什减七八，仅能复京城。天下方喜车驾还宫，主上更以勤王之功为敕使之荣，委以大权，使堕纲纪，骚扰藩镇，召乱生祸。玫昨奉尊命来迎大驾，不蒙信察，反类胁君。吾辈报国之心极矣，战贼之力殚矣，安能垂头弭耳，受制于阍寺之手哉！李氏孙尚多，相公盍改图以利社稷乎？"遘曰："主上践阼十余年，无大过恶。正以令孜专权肘腋，致坐不安席，上每言之，流涕不已。近日上初无行意，令孜陈兵帐前，迫胁以行，不容俟旦。罪皆在令孜，人谁不知！足下尽心王室，正有引兵还镇，拜表迎銮。废立重事，伊、霍所难，遘不敢闻命！"玫出，宣言曰："我立李氏一王，敢异议者斩！"

夏，四月，壬子，玫逼凤翔百官奉襄王煴权监军国事，承制封拜指挥，仍遣大臣入蜀迎驾，盟百官于石鼻驿。玫使萧遘为册文，遘辞以文思荒落，乃使兵部侍郎判户部郑昌图为之。乙卯，煴受册，玫自兼左、右神策十军使，帅百官奉煴还京师。以郑昌图同平章事、判度支、盐铁、户部，各置副使，三司之事一以委焉。河中百官崔安潜等上襄王笺，贺受册。

田令孜自知不为天下所容，乃荐枢密使杨复恭为左神策中尉、观军容使，自除西川监军使，往依陈敬瑄。复恭斥令孜之党，出王建为利州刺史，晋晖为集州刺史，张造为万州刺史，李师泰为忠州刺史。

五月，朱玫以中书侍郎、同平章事萧遘为太子太保，自加侍中、诸道盐铁、转运等使。加裴澈判度支，郑昌图判户部。以淮南节度使高骈兼中书令，充江、淮盐铁、转运等使、诸道行营兵马都统，淮南右都押牙、和州刺史吕用之为岭南东道节度使。大行封拜以悦藩镇。遣吏部侍郎夏侯潭宣谕河北，户部侍郎杨陟宣谕江、淮，诸藩镇受其命者什六七，高骈仍奉笺劝进。

吕用之建牙开幕，一与骈同，凡骈之腹心，及将校能任事者，皆逼以从己，诸所施为，不复咨禀。骈颇疑之，阴欲夺其权，而根蒂已固，无如之何。用之知之，甚惧，访于其党前度支巡官郑杞、前知庐州事董瑾，杞曰："此固为晚矣。"用之问策安出，杞曰："曹孟德有言：'宁我负人，无人负我。'"明日，与瑾共为书一缄授用之，其语秘，人莫有知者。

萧遘称疾归永乐。

初，凤翔节度使李昌符与朱玫同谋立襄王，既而玫自为宰相专权，昌符怒，不受其官，更通表兴元。诏加昌符检校司徒。

朱玫遣其将王行瑜将邠宁、河西兵五万追乘舆，感义节度使杨晟战数却，弃散关走，行瑜进屯凤州。

是时，诸道贡赋多之长安，不之兴元，从官卫士皆乏食，上涕泣，不知为计。杜让能言于上曰："杨复光与王重荣同破黄巢，复京城，相亲善，复恭其兄也。若遣重臣往谕以大义，且致复恭之意，宜有回虑归国之理。"上从之，遣右谏议大夫刘崇望使于河中，赍诏谕重荣，重荣即听命，遣使表献绢十万匹，且请讨朱玫以自赎。

戊戌，襄王煴遣使至晋阳赐李克用诏，言："上至半涂，六军变扰，苍黄晏驾，吾为藩镇所推，今已受册。"朱玫亦与克用书，克用闻其谋皆出于玫，大怒。大将盖寓说克用曰："銮舆播迁，天下皆归咎于我，今不诛玫，黜李煴，无以自湔洗。"克用从之，燔诏书，囚使者，移檄邻道，称："玫敢欺藩方，明言晏驾。当道已发蕃、汉三万兵进讨凶逆，当共立大功。"寓，蔚州人也。

秦贤寇宋汴，朱全忠败之于尉氏南，癸巳，遣都将郭言将步骑三万击蔡州。

六月，以扈跸都将杨守亮为金商节度、京畿制置使，将兵二万出金州，与王重荣、李克用共讨朱玫。守亮本姓訾，名亮，曹州人，与弟信皆为杨复光假子，更名守亮、守信。

李克用遣使奉表称："方发兵济河，除逆党，迎车驾，愿诏诸道与臣协力。"先是，山南之人皆言克用与朱玫合，人情恟惧。表至，上出示从官，并谕山南诸镇，由是帖然。然克用表犹以朱全忠为言，上使杨复恭以书谕之云："俟三辅事宁，别有进止。"

衡州刺史周岳发兵攻潭州，钦化节度使闵勖招淮西将黄皓入城共守，皓遂杀勖。岳攻拔州城，擒皓，杀之。

镇海节度使周宝遣牙将丁从实袭常州，逐张郁，郁奔海陵，依镇遏使南昌高霸。霸，高骈将也，镇海陵，有民五万户，兵三万人。

秋，七月，秦宗权陷许州，杀节度使鹿晏弘。

王行瑜进攻兴州，感义节度使杨晟弃镇走，据文州，诏保銮都将李铤、扈跸都将李茂贞、陈佩屯大唐峰以拒之。茂贞，博野人，本姓宋，名文通，以功赐姓名。

更命钦化军曰武安，以衡州刺史周岳为节度使。

八月，卢龙节度使李全忠薨，以其子匡威为留后。

王潮拔泉州，杀廖彦若。潮闻福建观察陈岩威名，不敢犯福州境，遣使降之，岩表潮为泉州刺史。潮沉勇有智略，既得泉州，招怀离散，均赋缮兵，吏民悦服。幽王绪于别馆，绪惭，自杀。

九月，朱玫将张行实攻大唐峰，李铤等击却之。金吾将军满存与邠军战，破之，复取兴州，进守万仞寨。

李克脩攻孟方立，甲午，擒其将吕臻于焦冈，拔故镇、武安、临洺、邯郸、沙河，以大将安金俊为邢州刺史。

长安百官太子太师裴璩等劝进于襄王煴。冬，十月，煴即皇帝位，改元建贞，遥尊上为太上元皇圣帝。

董昌谓钱镠曰："汝能取越州，吾以杭州授汝。"镠曰："然，不取终为后患。"遂将兵自诸暨趋平水，凿山开道五百里，出曹娥埭，浙东将鲍君福帅众降之。镠与浙东军战，屡破之，进屯丰山。

感化牙将张雄、冯弘铎得罪于节度使时溥，聚众三百，走度江，袭苏州，据之。雄自称刺史，稍聚兵至五万，战舰千余，自号天成军。

河阳节度使诸葛爽薨，大将刘经、张全义立爽子仲方为留后。全义，临濮人也。

李克脩攻邢州，不克而还。

十一月，丙戌，钱镠克越州，刘汉宏奔台州。

义成节度使安师儒委政于两厢都虞候夏侯晏、杜标，二人骄恣，军中忿之。小校张骁潜出，聚众二千攻州城，师儒斩晏、标首谕之，军中稍息。天平节度使朱瑄谋取滑州，遣濮州刺史朱裕将兵诱张骁，杀之。朱全忠先遣其将朱珍、李唐宾袭滑州，入境，遇大雪，珍等一夕驰至壁下，百梯并升，遂克之。虏师儒以归。全忠以牙将江陵胡真知义成留后。

田令孜至成都请寻医，许之。

十二月，戊寅，诸军拔凤州，以满存为凤州防御使。

杨复恭传檄关中，称"得朱玫首者，以静难节度使赏之。"王行瑜战数败，恐获罪于玫，与其下谋曰："今无功，归亦死，曷若与汝曹斩玫首，定京城，迎大驾，取邠宁节钺乎?"众从之。甲寅，行瑜自凤州擅引兵归京师，玫方视事，闻之，怒，召行瑜，责之曰："汝擅归，欲反邪?"行瑜曰："吾不反，欲诛反者朱玫耳!"遂擒斩之，并杀其党数百人。诸军大乱，焚掠京城，士民无衣冻死者蔽地。裴澈、郑昌图帅百官二百余人奉襄王奔河中，王重荣诈为迎奉，执煴，杀之，囚澈、昌图，百官死者殆半。

台州刺史杜雄诱刘汉宏，执送董昌，斩之。昌徙镇越州，自称知浙东军府事，以钱镠知杭州事。

王重荣函襄王煴首送行在，刑部请御兴元城南门献馘，百官毕贺。太常博士殷盈孙议，以为："煴为贼臣所逼，正以不能死节为罪耳。礼，公族罪在大辟，君为之素服不举。今煴已就诛，宜废为庶人，令所在葬其首。其献馘称贺之礼，请俟朱玫首至而行之。"从之。盈孙，侑之孙也。

河阳大将刘经，畏李罕之难制，自引兵镇洛阳，袭罕之于渑池，为罕之所败，经弃洛阳走，罕之追杀殆尽。罕之军于巩，将度河，经遣张全义将兵拒之。时诸葛仲方幼弱，政在刘经，诸将多不附，全义遂与罕之合兵攻河阳，为经所败，罕之、全义走保怀州。

初，忠武决胜指挥使孙儒与龙骧指挥使朗山刘建锋戍蔡州，拒黄巢，扶沟马殷隶军中，以材勇闻。及秦宗权叛，儒等皆属焉。宗权遣儒将兵攻陷郑州，刺史李璠奔大梁。儒进陷河阳，留后诸葛仲方奔大梁。儒自称节度使，张全义据怀州，李罕之据泽州以拒之。

初，长安人张佶为宣州幕僚，恶观察使秦彦之为人，弃官去，过蔡州，宗权留以为行军司马。佶谓刘建锋曰："秦公刚鸷而猜忌，亡无日矣，吾属何以自免！"建锋方自危，遂与佶善。

寿州刺史张翱遣其将魏虔将万人寇庐州，庐州刺史杨行愍遣其将田頵、李神福、张训拒之，败虔于褚城。滁州刺史许勍袭舒州，刺史陶雅奔庐州。高骈命行愍更名行密。

是岁，天平牙将朱瑾逐泰宁节度使齐克让，自称留后。瑾将袭兖州，求昏于克让，乃自郓盛饰车服，私藏兵甲以赴之。亲迎之夕，甲士窃发，逐克让而代之。朝廷因以瑾为泰宁节度使。

安陆贼帅周通攻鄂州，路审中亡去，岳州刺史杜洪乘虚入鄂，自称武昌留后，朝廷因而授之。湘阴贼帅邓进思复乘虚陷岳州。

秦宗言围荆南二年，张瓌婴城自守，城中米斗直钱四十缗，食甲鼓皆尽，击门扉以警夜，死者相枕。宗言竟不能克而去。

三年（丁未、887）

春，正月，以邠州都将王行瑜为静难军节度使，扈跸都头李茂贞领武定节度使，扈跸都头杨守宗为金商节度使，右卫大将军顾彦朗为东川节度使，金商节度使杨守亮为山南西道节度使。彦朗，丰县人也。

辛巳，以董昌为浙东观察使，钱镠为杭州刺史。

秦宗权自以兵力十倍于朱全忠，而数为全忠所败，耻之，欲悉力以攻汴州。全忠患兵少，二月，以诸军都指挥使朱珍为淄州刺史，募兵于东道，期以初夏而还。

戊辰，削夺三川都监田令孜官爵，长流端州。然令孜依陈敬瑄，竟不行。

代北节度使李国昌薨。

三月，癸未，诏伪宰相萧遘、郑昌图、裴澈，于所在集众斩之，皆死于岐山。时朝士受煴官者甚众，法司皆处以极法，杜让能力争之，免者什七八。

壬辰，车驾至凤翔，节度使李昌符，恐车驾还京虽不治前过，恩赏必疏，乃以宫室未完，固请驻骅府舍，从之。

太傅兼侍中郑从谠罢为太子太保。

镇海节度使周宝募亲军千人，号后楼兵，禀给倍于镇海军。镇海军皆怨，而后楼兵浸骄不可制。宝溺于声色，不亲政事，筑罗城二十余里，建东第，人苦其役。宝与僚属宴后楼，有言镇海军怨望者，宝曰："乱则杀之。"度支催勘使薛朗以其言告所善镇海军将刘浩，戒之使戢士卒，浩曰："惟反可以免死耳！"是夕，宝醉，方寝，浩帅其党作乱，攻府舍而焚之。宝惊起，徒跣叩芙蓉门呼后楼兵，后楼兵亦反矣。宝帅家人步走出青阳门，遂奔常州，依刺史丁从实。浩杀诸僚佐，癸巳，迎薛朗入府，推为留后。宝先兼租庸副使，城中货财山积，是日，尽于乱兵之手。

高骈闻宝败，列牙受贺，遣使馈以齑粉。宝怒，掷之地曰："汝有吕用之在，它日未可知也！"扬州连岁饥，城中馁死者日数千人，坊巷为之寥落，妖异数见，骈悉以为周宝当之。

山南西道节度使杨守亮忌利州刺史王建骁勇，屡召之，建惧，不往。前龙州司仓周庠说建曰："唐祚将终，藩镇互相吞噬，皆无雄才远略，不能戡济多难。公勇而有谋，得士卒心，立大功者非公而谁！然葭萌四战之地，难以久安。阆州地僻人富，杨茂实，陈、田之腹心，不修职贡，若表其罪，兴兵讨之，可一战而擒也。"建从之，召募溪洞酋豪，有众八千，沿嘉陵江而下，袭阆州，逐其刺史杨茂实而据之，自称防御使，招纳亡命，军势益盛，守亮不能制。部将张虔裕说建曰："公乘天子微弱，专据方州，若唐室复兴，公无种矣。宜遣使奉表天子，杖大义以行师，蔑不济矣。"部将綦毋谏复说建养士爱民以观天下之变，建皆从之。庠、虔裕、谏，皆许州人也。

初，建与东川节度使顾彦朗俱在神策军，同讨贼。建既据阆州，彦朗畏其侵暴，数遣使问遗，馈以军食，建由是不犯东川。

初，周宝闻淮南六合镇遏使徐约兵精，诱之使击苏州。

资治通鉴卷第二百五十七

端明殿学士兼翰林侍读学士太中大夫提举西京嵩山崇福宫上柱国河内郡开国公食邑二千二百户食实封九百户赐紫金鱼袋臣 司马光 奉敕编集

唐纪七十三 起强圉协洽(丁未)四月，尽著雍涒滩(戊申)，凡一年有奇。

僖宗惠圣恭定孝皇帝下之下

光启三年(丁未、887)

夏，四月，甲辰朔，约逐苏州刺史张雄，帅其众逃入海。

高骈闻秦宗权将寇淮南，遣左厢都知兵马使毕师铎将百骑屯高邮。时吕用之用事，宿将多为所诛，师铎自以黄巢降将，常自危。师铎有美妾，用之欲见之，师铎不许，用之因师铎出，窃往见之，师铎惭怒，出其妾，由是有隙。师铎将如高邮，用之待之加厚，师铎益疑惧，谓祸在旦夕。师铎子娶高邮镇遏使张神剑女，师铎密与之谋，神剑以为无是事。神剑名雄，人以其善用剑，故谓之"神剑"。时府中藉藉，亦以为师铎且受诛，其母使人语之曰："设有是事，汝自努力前去，勿以老母弱子为累!"师铎疑未决。

会骈子四十三郎者素恶用之，欲使师铎帅外镇将吏共疏用之罪恶，闻于其父，密使人绐之曰："用之比来频启令公，欲因此相图，已有委曲在张尚书所，宜备之。"师铎问神剑曰："昨夜使司有文书，翁胡不言?"神剑不寤，曰："无之。"师铎内不自安，归营，谋于腹心，皆劝师铎起兵诛用之，师铎曰："用之数年以来，人怨鬼怒，安知天不假手于我诛之邪！淮宁军使郑汉章，我乡人，昔归顺时副将也，素切齿于用之，闻吾谋，必喜。"乃夜与百骑潜诣汉章，汉章大喜，悉发镇兵及驱居民合千余人从师铎至高邮。师铎诘张神剑以所得委曲，神剑惊曰："无有。"师铎声色浸厉，神剑奋曰："公何见事之暗！用之奸恶，天地所不容。况近者重赂权贵得岭南节度，复不行，或云谋窃据此土，使其得志，吾辈岂能握刀头，事此妖物邪！要丹此数贼以谢淮海，何必多言!"汉章喜，遽命取酒，割臂血沥酒，共饮之。乙巳，众推师铎为行营使，为文告天地，移书淮南境内，言诛用之及张守一、诸葛殷之意。以汉章为行营副使，神剑为都指挥使。

神剑以师铎成败未可知，请以所部留高邮，曰："一则为公声援，二则供给粮饷。"师铎不悦，汉章曰："张尚书谋亦善，苟终始同心，事捷之日，子女玉帛相与共之,今日岂可复相违!”师铎乃许之。戊申,师铎、汉章发高邮。

庚戌,诇骑以白高骈,吕用之匿之。

朱珍至淄青旬日,应募者万余人,又袭青州,获马千匹。辛亥,还,至大梁,朱全忠喜曰:“吾事济矣!”时蔡人方寇汴州,其将张晊屯北郊,秦贤屯板桥,各有众数万,列三十六寨,连延二十余里。全忠谓诸将曰:“彼蓄锐休兵,方来击我,未知朱珍之至,谓吾兵少,畏怯自守而已,宜出其不意,先击之。”乃自引兵攻秦贤寨,士卒踊跃争先,贤不为备,连拔四寨,斩万余级,蔡人大惊,以为神。全忠又使牙将新野郭言募兵于河阳、陕、虢,得万余人而还。

毕师铎兵奄至广陵城下,城中惊扰。壬子,吕用之引麾下劲兵,诱以重赏,出城力战。师铎兵少却,用之始得断桥塞门为守备。是日,骈登延和阁,闻喧噪声,左右以师铎之变告。骈惊,急召用之诘之,用之徐对曰:“师铎之众思归,为门卫所遏,适已随宜区处,计寻退散。傥或不已,正烦玄女一力士耳,愿令公勿忧。”骈曰:“近者觉君之妄多矣,君善为之,勿使吾为周侍中。”言毕,惨沮久之,用之惭懅而退。

师铎退屯山光寺,以广陵城坚兵多,甚有悔色。癸丑,遣其属孙约与其子诣宣州,乞师于观察使秦彦,且许以克城之日迎彦为帅。会师铎馆客毕慕颜自城中逃出,言“众心离散,用之忧窘,若坚守之,不日当溃。”师铎乃悦。

是日未明,骈召用之,问以事本末,用之始以实对,骈曰:“吾不欲复出兵相攻,君可选一温信大将,以我手札谕之,若其未从,当别处分。”用之退,念诸将皆仇敌,往必不利于己。甲寅,遣其所部讨击副使许戡,赍骈委曲及用之誓状并酒殽出劳师铎。师铎始亦望骈旧将劳问,得以具陈用之奸恶,披泄积愤,见戡至,大骂曰:“梁缵、韩问何在,乃使此秽物来!”戡未及发言,已牵出斩之。乙卯,师铎射书入城,用之不发,即焚之。

丁巳,用之以甲士百人入见骈于延和阁下,骈大惊,匿于寝室,久而后出,曰:“节度使所居,无故以兵入,欲反邪?”命左右驱出。用之大惧,出子城南门,举策指之曰:“吾不可复入此!”自是高、吕始判矣。是夜,骈召其从子前左金吾卫将军杰密议军事,戊午,署杰都牢城使,泣而勉之,以亲信五百人给之。

用之命诸将大索城中丁壮,无问朝士、书生,悉以白刃驱缚登城,令分立城上,自旦至暮,不得休息。又恐其与外寇通,数易其地,家人饷之,莫知所在。由是城中人亦恨师铎入城之晚也。

骈遣大将石锷以师铎幼子及其母书并骈委曲至扬子谕师铎,师铎遽遣其子还,曰:“令公但斩吕、张以示师铎,师铎不敢负恩,愿以妻子为质。”骈恐用之屠其家,收师铎母妻子置使院。

辛酉，秦彦遣其将秦稠将兵三千至扬子助师铎。壬戌，宣州军攻南门，不克。癸亥，又攻罗城东南隅，城几陷者数四。甲子，罗城西南隅守者焚战格以应师铎，师铎毁城以内其众。用之帅其众千人力战于三桥北，师铎垂败，会高杰以牢城兵自子城出，欲擒用之以授师铎，用之乃开参佐门北走。骈召梁缵以昭义军百余人保子城。

乙丑，师铎纵兵大掠，骈不得已，命彻备，与师铎相见于延和阁下，交拜如宾主之仪，署师铎节度副使、行军司马，仍承制加左仆射，郑汉章等各迁官有差。

左莫邪都虞候申及，本徐州健将，入见骈，说之曰："师铎逆党不多，诸门尚未有守者，请令公及此选元从三十人，夜自教场门出，比师铎觉之，追不及矣。然后发诸镇兵，还取府城，此转祸为福也。若一二日事定，浸恐艰难，及亦不得在左右矣。"言之，且泣，骈犹豫不听。及恐语泄，遂窜匿，会张雄至东塘，及往归之。

丙寅，师铎果分兵守诸门，搜捕用之亲党，悉诛之。师铎入居使院，秦稠以宣军千人分守使宅及诸仓库。(丙寅)〔丁卯〕，骈牒请解所任，以师铎兼判府事。

师铎遣孙约至宣城，趣秦彦过江。或说师铎曰："仆射向者举兵，盖以用之辈奸邪暴横，高令公坐自聋瞽，不能区理，故顺众心为一方去害。今用之既败，军府廓然，仆射宜复奉高公而佐之，但总其兵权以号令，谁敢不服！用之乃淮南一叛将耳，移书所在，立可枭擒。如此，则外有推奉之名，内得兼并之实，虽朝廷闻之，亦无亏臣节。使高公聪明，必知内愧；如其不悛，乃机上肉耳。奈何以此功业付之它人，岂惟受制于人，终恐自相鱼肉。前日秦稠先守仓库，其相疑已可见。且秦司空为节度使，庐州、寿州其肯为之下乎？仆见战攻之端未有穷已，岂惟淮南之人肝脑涂地，窃恐仆射功名成败未可知也。不若及今亟止秦司空勿使过江，彼若粗识安危，必未敢轻进。就使它日责我以负约，犹不失为高氏忠臣也。"师铎大以为不然，明日，以告郑汉章，汉章曰："此智士也。"散求之，其人畏祸，竟不复出。

戊辰，骈迁家出居南第，师铎以甲士百人为卫，其实囚之也。是日，宣军以所求未获，焚进奉两楼数十间，宝货悉为煨烬。己巳，师铎于府厅视事，凡官吏非有兵权者皆如故，复迁骈于东第。自城陷，诸军大掠，昼夜不已。至是，师铎始以先锋使唐宏为静街使，禁止之。骈先为盐铁使，积年不贡奉，货财在扬州者，填委如山。骈作郊天、御楼六军立仗仪服，及大殿元会、内署行幸供张器用，皆刻镂金玉、蟠龙蹙凤数十万事，悉为乱兵所掠，归于闾阎，张陈寝处其中。

庚午，获诸葛殷，杖杀之，弃尸道旁，怨家抉其目，断其舌，众以瓦石投之，须臾成冢。吕用之之败也，其党郑杞首归师铎，师铎署杞知海陵监事。杞至海陵，阴记高霸得失，闻于师铎。霸获其书，杖杞背，断手足，刳目截舌，然后斩之。

蔡将卢瑭屯于万胜，夹汴水而军，以绝汴州运路，朱全忠乘雾袭之，掩杀殆尽。于是蔡兵皆徙就张晊，屯于赤冈，全忠复就击之，杀二万余人。蔡人大惧，或军中自相惊，全忠乃还大梁，养兵休士。

辛未，高骈密以金遗守者，毕师铎闻之，壬午，复迎骈入道院，收高氏子弟甥侄十余人同幽之。

前苏州刺史张雄帅其众自海溯江，屯于东塘，遣其将赵晖入据上元。

毕师铎之攻广陵也，吕用之诈为高骈牒，署庐州刺史杨行密行军司马，追兵入援。庐江人袁袭说行密曰："高公昏惑，用之奸邪，师铎悖逆，凶德参会，而求兵于我，此天以淮南授明公也，趣赴之。"行密乃悉发庐州兵，复借兵于和州刺史孙端，合数千人赴之，五月，至天长。郑汉章之从师铎也，留其妻守淮口，用之帅众攻之，旬日不克，汉章引兵救之。用之闻行密至天长，引兵归之。

丙子，朱全忠出击张晊，大破之。秦宗权闻之，自郑州引精兵会之。

张神剑求货于毕师铎，师铎报以俟秦司空之命，神剑怒，亦以其众归杨行密。及海陵镇遏使高霸、曲溪人刘金、盱眙人贾令威悉以其众属焉。行密众至万七千人，张神剑运高邮粮以给之。

朱全忠求救于兖、郓，朱瑄、朱瑾皆引兵赴之，义成军亦至。辛巳，全忠以四镇兵攻秦宗权于边孝村，大破之，斩首二万余级，宗权宵遁，全忠追之，至阳武桥而还。全忠深德朱瑄，兄事之。蔡人之守东都、河阳、许、汝、怀、郑、陕、虢者，闻宗权败，皆弃去。宗权发郑州，孙儒发河阳，皆屠灭其人，焚其庐舍而去，宗权之势自是稍衰。朝廷以扈驾都头杨守宗知许州事，朱全忠以其将孙从益知郑州事。

钱镠遣东安都将杜稜、浙江都将阮结、静江都将成及将兵讨薛朗。

甲午，秦彦将宣歙兵三万余人，乘竹筏沿江而下，赵晖邀击于上元，杀溺殆半。丙申，彦入广陵，自称权知淮南节度事，仍以毕师铎为行军司马，补池州刺史赵锽为宣歙观察使。戊戌，杨行密帅诸军抵广陵城下，为八寨以守之，秦彦闭城自守。

六月，戊申，天威都头杨守立与凤翔节度使李昌符争道，麾下相殴，帝命中使谕之，不止。是夕，宿卫皆严兵为备。己酉，昌符拥兵烧行宫，庚戌，复攻大安门。守立与昌符战于通衢，昌符兵败，帅麾下走保陇州。杜让能闻难，挺身步入侍上。韦昭度质其家于军中，誓诛反贼，故军士力战而胜之。守立，复恭之假子也。壬子，以扈驾都将、武定节度使李茂贞为陇州招讨使，以讨昌符。

甲寅，河中牙将常行儒杀节度使王重荣。重荣用法严，末年尤甚，行儒尝被罚，耻之，遂作乱。夜，攻府舍，重荣逃于别墅。明旦，行儒得而杀之。制以陕虢节度使王重盈为护国节度使，又以重盈子珙权知陕虢留后。重盈至河中，执行儒，杀之。

戊午，秦彦遣毕师铎、秦稠将兵八千出城，西击杨行密，稠败死，士卒死者什七八。城中乏食，樵采路绝，宣州军始食人。

壬戌，亳州将谢殷逐其刺史宋衮。

孙儒既去河阳，李罕之召张全义于泽州，与之收合余众。罕之据河阳，全义据东都，共求援于河东。李克用以其将安金俊为泽州刺史，将骑助之，表罕之为河阳节度使，全义为河南尹。

初，东都经黄巢之乱，遗民聚为三城以相保，继以秦宗权、孙儒残暴，仅存坏垣而已。全义初至，白骨蔽地，荆棘弥望，居民不满百户，全义麾下才百余人，相与保中州城，四野俱无耕者。全义乃于麾下选十八人材器可任者，人给一旗一榜，谓之屯将，使诣十八县故墟落中，植旗张榜，招怀流散，劝之树艺。惟杀人者死，余但笞杖而已，无严刑，无租税，民归之者如市。又选壮者教之战陈，以御寇盗。数年之后，都城坊曲，渐复旧制，诸县户口，率皆归复，桑麻蔚然，野无旷土。其胜兵者，大县至七千人，小县不减二千人，乃奏置令佐以治之。全义明察，人不能欺，而为政宽简。出，见田畴美者，辄下马，与僚佐共观之，召田主，劳以酒食。有蚕麦善收者，或亲至其家，悉呼出老幼，赐以茶彩衣物。民间言："张公不喜声伎，见之未尝笑，独见佳麦良茧则笑耳。"有田荒秽者，则集众杖之，或诉以乏人牛，乃召其邻里责之曰："彼诚乏人牛，何不助之！"众皆谢，乃释之。由是邻里有无相助，故比户皆有蓄积，凶年不饥，遂成富庶焉。

杜稜等败薛朗将李君晊于阳羡。

秋，七月，癸未，淮南将吴苗帅其徒八千人逾城降杨行密。

八月，壬寅朔，李茂贞奏陇州刺史薛知筹以城降，斩李昌符，灭其族。

朱全忠引兵过亳州，遣其将霍存袭谢殷，斩之。

丙子，以李茂贞同平章事、充凤翔节度使。

以韦昭度守太保、兼侍中。

朱全忠欲兼兖、郓，而以朱瑄兄弟有功于己，攻之无名，乃诬瑄招诱宣武军士，移书诮让。瑄复书不逊，全忠遣其将朱珍、葛从周袭曹州，壬子，拔之，杀刺史丘弘礼。又攻濮州，与兖、郓兵战于刘桥，杀数万人，朱瑄、朱瑾仅以身免。全忠与兖、郓始有隙。

秦彦以张雄兵强，冀得其用，以仆射告身授雄，以尚书告身三通授裨将冯弘铎等。广陵人竞以金玉珠缯诣雄军贸食，通犀带一，得米五升，锦衾一，得糠五升。雄军既富，不复肯战，未几，复助杨行密。

丁卯，彦悉出城中兵万二千人，遣毕师铎、郑汉章将之，陈于城西，延袤数里，军势甚盛。行密安卧帐中，曰："贼近告我。"牙将李宗礼曰："众寡不敌，宜坚壁自守，徐图还师。”李涛怒曰：“吾以顺讨逆，何论众寡，大军至此，去将安归！涛愿将所部为前锋，保为公破之！”涛，赵州人也。行密乃积金帛粦米于一寨，使羸弱守之，多伏精兵于其旁，自将千余人冲其陈。兵始交，行密阳不胜而走，广陵兵追之，入空寨，争取金帛粦米，伏兵四起，广陵众乱，行密纵兵击之，俘斩殆尽，积尸十里，沟渎皆满，师铎、汉章单骑仅免。自是秦彦不复言出师矣。

九月，以户部侍郎、判度支张濬为兵部侍郎、同平章事。

高骈在道院，秦彦供给甚薄，左右无食，至然木像、煮革带食之，有相啗者。彦与毕师铎出师屡败，疑骈为厌胜，外围益急，恐骈党有为内应者。有妖尼王奉仙言于彦曰：“扬州分野极灾，必有一大人死，自此喜矣。”甲戌，命其将刘匡时杀骈，并其子弟甥侄无少长皆死，同坎瘗之。乙亥，杨行密闻之，帅士卒缟素向城大哭三日。

朱珍攻濮州，朱瑄遣其弟罕将步骑万人救之，辛卯，朱全忠逆击罕于范，擒斩之。

冬，十月，秦彦遣郑汉章将步骑五千出击张神剑、高霸寨，破之，神剑奔高邮，霸奔海陵。

丁未，朱珍拔濮州，刺史朱裕奔郓，珍进兵攻郓。瑄使裕诈遗珍书，约为内应，珍夜引兵赴之，瑄开门纳汴军，闭而杀之，死者数千人，汴军乃退。瑄乘胜复取曹州，以其属郭词为刺史。

甲寅，立皇子陞为益王。

杜稜等拔常州，丁从实奔海陵。钱镠奉周宝归杭州，属櫜鞬，具部将礼，郊迎之。

杨行密围广陵且半年，秦彦、毕师铎大小数十战，多不利。城中无食，米斗直钱五十缗，草根木实皆尽，以堇泥为饼食之，饿死者太半。宣军掠人诣肆卖之，驱缚屠割如羊豕，讫无一声，积骸流血，满于坊市。彦、师铎无如之何，嚬蹙而已。外围益急，彦、师铎忧懑，殆无生意，相对抱膝，终日悄然。行密亦以城久不下，欲引还。己巳夜，大风雨，吕用之部将张审威帅麾下士三百，晨，伏于西壕，俟守者易代，潜登城，启关纳其众，守者皆不斗而溃。先是，彦、师铎信重尼奉仙，虽战陈日时，赏罚轻重，皆取决焉。至是复咨于奉仙曰：“何以取济？”奉仙曰：“走为上策。”乃自开化门出奔东塘。行密帅诸军合万五千人入城，以梁缵不尽节于高氏，为秦、毕用，斩于戟门之外。韩问闻之，赴井死。以高骈从孙愈摄副使，使改殡骈及其族。城中遗民才数百家，饥羸非复人状，行密辇西寨米以赈之。行密自称淮南留后。

秦宗权遣其弟宗衡将兵万人度淮，与杨行密争扬州，以孙儒为副，张佶、刘建锋、马殷及宗权族弟彦晖皆从。十一月，辛未，抵广陵城西，据行密故寨，行密辎重之未入城者，为蔡人所得。秦彦、毕师铎至东塘，张雄不纳，将度江趣宣州，宗衡召之，乃引兵还，与宗衡合。

未几，宗权召宗衡还蔡，拒朱全忠。孙儒知宗权势不能久，称疾不行，宗衡屡促之，儒怒，甲戌，与宗衡饮酒，座中手刃之，传首于全忠。宗衡将安仁义降于行密。仁义，本沙陀将也，行密悉以骑兵委之，列于田頵之上。儒分兵掠邻州，未几，众至数万，以城下乏食，与彦、师铎袭高邮。

初，宣武都指挥使朱珍与排陈斩斫使李唐宾，勇略功名略相当，全忠每战，使二人偕，往无不捷，然二人素不相下。珍使迎其妻于大梁，不白全忠，全忠怒，追还其妻，杀守门者，使亲吏蒋玄晖召珍，以(汉)〔唐〕宾代总其众。馆驿巡官冯翊敬翔谏曰："朱珍未易轻取，恐其猜惧生变。"全忠悔，使人追止之。珍果自疑，丙子夜，珍置酒召诸将。唐宾疑其有异图，斩关奔大梁，珍亦弃军单骑继至。全忠两惜其才，皆不罪，遣还濮州，因引兵归。

全忠多权数，将佐莫测其所为，惟敬翔能逆知之，往往助其所不及，全忠大悦，自恨得翔晚，凡军机民政悉以咨之。

辛巳，高邮镇遏使张神剑帅麾下二百人逃归扬州。丙戌，孙儒屠高邮。戊子，高邮残兵七百人溃围而至，杨行密虑其为变，分隶诸将，一夕尽坑之。明日，杀神剑于其第。

杨行密恐孙儒乘胜取海陵，壬寅，命镇遏使高霸帅其兵民悉归府城，曰："有违命者，族之。"于是数万户弃资产、焚庐舍、挈老幼迁于广陵。戊戌，霸与弟晤、部将余绕山、前常州刺史丁从实至广陵，行密出郭迎之，与霸、晤约为兄弟，置其将卒于法云寺。

己亥，秦宗权陷郑州。

朝廷以淮南久乱，闰月，以朱全忠兼淮南节度使、东南面招讨使。

陈敬瑄恶顾彦朗与王建相亲，恐其合兵图己，谋于田令孜，令孜曰："建，吾子也，不为杨兴元所容，故作贼耳。今折简召之，可致麾下。"乃遣使以书召之，建大喜，诣梓州见彦朗曰："十军阿父见召，当往省之。因见陈太师，求一大州，若得之，私愿足矣！"乃留其家于梓州，率麾下精兵二千，与从子宗锪、假子宗瑶、宗弼、宗侃、宗弁俱西。宗瑶，燕人姜郅；宗弼，许人魏弘夫；宗侃，许人田师侃；宗弁，鹿弁也。

建至鹿头关，西川参谋李乂谓敬瑄曰："王建，虎也，奈何延之入室？彼安肯为公下乎！"敬瑄悔，亟遣人止之，且增修守备。建怒，破关而进，败汉州刺史张顼于绵竹，遂拔汉州，进军学射山，又败西川将句惟立于蚕此，又拔德阳。敬瑄遣使让之，对曰："十军阿父召我来，及门而拒之，重为顾公所疑，进退无归矣。"田令孜登楼慰谕之，建与诸将于清远桥上髡发罗拜，曰："今既无归，且辞阿父作贼矣！"顾彦朗以其弟彦晖为汉州刺史，发兵助建，急攻成都，三日不克而退，还屯汉州。敬瑄告难于朝，诏遣中使和解之，又令李茂贞以书谕之，皆不从。

杨行密欲遣高霸屯天长以拒孙儒，袁袭曰："霸，高氏旧将，常挟两端，我胜则来，不胜则叛。今处之天长，是自绝其归路也，不如杀之。"己酉，行密伏甲执霸及丁从实、余绕山，皆杀之。又遣千骑掩杀其党于法云寺，死者数千人。是日，大雪，寺外数坊地皆赤。高晬出走，明日，获而杀之。

吕用之在天长也，绐杨行密曰："用之有银五万铤，埋于所居，克城之日，愿备麾下一醉之资。"庚戌，行密阅士卒，顾用之曰："仆射许此曹银，何食言邪！"因牵下械系，命田颓鞫之，云："郑杞、董瑾谋因中元夜，邀高骈至其第建黄箓斋，乘其入静，缢杀之，声言上升。因令莫邪都帅诸军推用之为节度使。"是日，腰斩用之，怨家刳裂立尽，并诛其族党。军士发其中堂，得桐人，书骈姓名于胸，桎梏而钉之。

袁袭言于行密曰："广陵饥弊已甚，蔡贼复来，民必重困，不如避之。"甲寅，行密遣和州将延陵宗以其众二千人归和州。乙卯，又命指挥使蔡俦将兵千人，辎重数千两，归于庐州。

赵晖据上元，会周宝败，浙西溃卒多归之，众至数万。晖遂自骄大，治南朝台城而居之，服器奢僭。张雄在东塘，晖不与通问。雄溯江而上，晖以兵塞其中流。雄怒，戊午，攻上元，拔之。晖奔当涂，未至，为其下所杀。余众降，雄悉坑之。

朱全忠遣内客将张廷範致朝命于杨行密，以行密为淮南节度副使，又以宣武行军司马李璠为淮南留后，遣牙将郭言将兵千人送之。感化节度使时溥自以于全忠为先进，官为都统，顾不得淮南，而全忠得之，意甚恨望。全忠以书假道于溥，溥不许。璠至泗州，溥以兵袭之，郭言力战得免而还，徐、汴始构怨。

十二月，癸巳，秦宗权所署山南东道留后赵德諲陷荆南，〔杀〕节度使张瓌，留其将王建肇守城而去，遗民才数百家。

饶州刺史陈儒陷衢州。

上蔡贼帅冯敬章陷蕲州。

乙未，周宝卒于杭州。

钱镠以杜稜为常州制置使。命阮结等进攻润州，丙申，克之，刘浩走，擒薛朗以归。

文德元年（戊申、888）

春，正月，甲寅，孙儒杀秦彦、毕师铎、郑汉章。彦等之归秦宗衡也，其众犹二千余人，其后稍稍为儒所夺。裨将唐宏知其必及祸，恐并死，乃诬告彦等潜召汴军。儒杀彦等，以宏为马军使。

张守一与吕用之同归杨行密，复为诸将合仙丹，又欲干军府之政，行密怒而杀之。

蔡将石璠将万余人寇陈、亳，朱全忠遣朱珍，葛从周将数千骑击擒之。癸亥，以全忠为蔡州四面行营都统，代时溥，诸镇兵皆受全忠节度。

张廷範至广陵，杨行密厚礼之，及闻李璠来为留后，怒，有不受之色。廷範密使人白全忠，宜自以大军赴镇，全忠从之。至宋州，廷範自广陵逃来，曰："行密未可图也。"甲子，李璠至，言徐军遮道，全忠乃止。

丙寅，钱镠斩薛朗，剖其心以祭周宝，以阮结为润州制置使。

二月，朱全忠奏以杨行密为淮南留后。

乙亥，上不豫。壬午，发凤翔。己丑，至长安。庚寅，赦天下，改元。以韦昭度兼中书令。

魏博节度使乐彦(桢)〔祯〕，骄泰不法，发六州民筑罗城，方八十里，人苦其役。其子从训，尤凶险，既杀王铎，魏人皆恶之。从训聚亡命五百余人为亲兵，谓之子将，牙兵疑之，藉藉不安。从训惧，易服逃出，止于近县，彦祯因以为相州刺史。从训遣人至魏运甲兵、金帛，交错于路，牙兵益疑。彦祯惧，请避位，居龙兴寺为僧，众推都将赵文玣知留后事。从训引兵三万至城下，文玣不出战，众复杀之，推牙将贵乡罗弘信知留后事。先是，人有言"见白须翁，言弘信当为地主"者，文玣既死，众群聚呼曰："谁欲为节度使者?"弘信出应曰："白须翁已命我矣。"众环视曰："可也。"遂立之。弘信引兵出，与从训战，败之。从训收余众保内黄，魏人围之。

先是，朱全忠将讨蔡州，遣押牙雷邺以银万两请籴于魏。牙兵既逐彦祯，杀邺于馆。从训既败，乃求救于全忠。

初，河阳节度使李罕之与河南尹张全义刻臂为盟，相得欢甚。罕之勇而无谋，性复贪暴，意轻全义，闻其勤俭力穑，笑曰："此田舍一夫耳。"全义闻之，不以为忤。罕之屡求谷帛，全义皆与之，而罕之征求无厌，河南不能给，小不如所欲，辄械河南主吏至河阳杖之，河南将佐皆愤怒。全义曰："李太傅所求，奈何不与!"竭力奉之，状若畏之者，罕之益骄。罕之所部不耕稼，专以剽掠为资，啗人为粮，至是悉其众攻绛州，绛州刺史王友遇降之。进攻晋州，护国节度使王重盈密结全义以图之。全义潜发屯兵，夜，乘虚袭河阳，黎明，入三城，罕之逾垣步走，全义悉俘其家，遂兼领河阳节度使。罕之奔泽州，求救于李克用。

三月，戊戌朔，日有食之，既。

己亥，上疾复作，壬寅，大渐。皇弟吉王保，长而贤，群臣属望。十军观军容使杨复恭请立其弟寿王杰，是日，下诏，立杰为皇太弟，监军国事。右军中尉刘季述遣兵迎杰于六王宅，入居少阳院，宰相以下就见之。癸卯，上崩于灵符殿。遗制，太弟杰更名敏，以韦昭度摄冢宰。

昭宗即位，体貌明粹，有英气，喜文学，以僖宗威令不振，朝廷日卑，有恢复前烈之志，尊礼大臣，梦想贤豪，践祚之始，中外忻忻焉。

朱全忠裹粮于宋州，将讨秦宗权，会乐从训来告急，乃移军屯滑州，遣都押牙李唐宾等将步骑三万攻蔡州，遣都指挥使朱珍等分兵救乐从训。自白马济河，下黎阳、临河、李固三镇，进至内黄，败魏军万余人，获其将周儒等十人。

李克用以其将康君立为南面招讨使，督李存孝、薛阿檀、史俨、安金俊、安休休五将、骑七千，助李罕之攻河阳。张全义婴城自守，城中食尽，求救于朱全忠，以妻子为质。

王建攻彭州，陈敬瑄救之，乃去。建大掠西川，十二州皆被其患。

夏，四月，庚午，追尊上母王氏曰恭宪皇后。

壬午，孙儒袭扬州，克之，杨行密出走，儒自称淮南节度使。行密将奔海陵，袁袭劝归庐州，再为进取之计，从之。

朱全忠遣其将丁会、葛从周、牛存节将兵数万救河阳。李存孝令李罕之以步兵攻城，自帅骑兵逆战于温，河东军败，安休休惧罪，奔蔡州。汴人分兵欲断太行路，康君立等惧，引兵还。全忠表丁会为河阳留后，复以张全义为河南尹。会，寿春人；存节，博昌人也。全义德全忠出己，由是尽心附之，全忠每出战，全义主给其粮仗无乏。

李罕之为泽州刺史，领河阳节度使。罕之留其子颀事克用，身还泽州，专以寇钞为事，自怀、孟、晋、绛数百里间，州无刺史，县无令长，田无麦禾，邑无烟火者，殆将十年。河中、绛州之间有摩雲山，绝高，民保聚其上，寇盗莫能近，罕之攻拔之，时人谓之“李摩雲”。

乐从训移军洹水，罗弘信遣其将程公信击从训，斩之，与父彦祯皆枭首军门。癸巳，遣使以厚币犒全忠军，请修好，全忠乃召军还。诏以罗弘信权知魏博留后。

归州刺史郭禹击荆南，逐王建肇，建肇奔黔州。诏以禹为荆南留后。荆南兵荒之余，止有一十七家，禹厉精为治，抚集雕残，通商务农，晚年殆及万户。时藩镇各务兵力相残，莫以养民为事，独华州刺史韩建招抚流散，劝课农桑，数年之间，民富军赡。时人谓之北韩南郭。

秦宗权别将常厚据夔州，禹与其将汝阳许存攻夺之。久之，朝廷以禹为荆南节度使，建肇为武泰节度使。禹奏复姓名为成汭。

加李克用兼侍中。

五月，己亥，加朱全忠兼侍中。

赵德諲既失荆南，且度秦宗权必败，壬寅，举山南东道来降，且自托于朱全忠。全忠表请以德諲自副，制以山南东道为忠义军，以德諲为节度使，充蔡州四面行营副都统。

朱全忠既得洛、孟，无西顾之忧，乃大发兵击秦宗权，大破宗权于蔡州之南，克北关门。宗权退守中州，全忠分诸将为二十八寨以环之。

加凤翔节度使李茂贞检校侍中。

陈敬瑄方与王建相攻，贡赋中绝。建以成都尚强，退无所掠，欲罢兵，周庠、綦毋谏以为不可，庠曰："邛州城堑完固，食支数年，可据之以为根本。"建曰："吾在军中久，观用兵者不倚天子之重，则众心易离。不若疏敬瑄之罪，表请朝廷，命大臣为帅而佐之，则功庶可成。"乃使庠草表，请讨敬瑄以赎罪，因求邛州。顾彦朗亦表请赦建罪，移敬瑄它镇以靖两川。

初，黄巢之乱，上为寿王，从僖宗幸蜀。时事出仓猝，诸王多徒行至山谷中，寿王疲乏，不能前，卧磻石上。田令孜自后至，趣之行，王曰："足痛，幸军容给一马。"令孜曰："此深山，安得马！"以鞭抶王使前，王顾而不言，心衔之。及即位。遣人监西川军，令孜不奉诏。上方愤藩镇跋扈，欲以威制之。会得彦朗、建表，以令孜所恃者敬瑄耳，六月，以韦昭度兼中书令，充西川节度使，兼两川招抚制置等使，征敬瑄为龙武统军。

王建军新都，时绵竹土豪何义阳、安仁费师懃等所在拥兵自保，众或万人，少者千人，建遣王宗瑶说之，皆帅众附于建，给其资粮，建军复振。

置佑国军于河南府，以张全义为节度使。

秋，七月，李罕之引河东兵寇河阳，丁会击却之。

升凤州为节度府，割兴、利州隶之，以凤州防御使满存为节度使、同平章事。

以权知魏博留后罗弘信为节度使。

八月，戊辰，朱全忠拔蔡州南城。

杨行密畏孙儒之逼，欲轻兵袭洪州，袁袭曰："钟传定江西已久，兵强食足，未易图也。赵锽新得宣州，怙乱残暴，众心不附。公宜卑辞厚币，说和州孙端、上元张雄使自采石济江侵其境，彼必来逆战，公自铜官济江会之，破锽必矣。"行密从之，使蔡俦守庐州，帅诸将济自糁潭。

孙端、张雄为赵锽所败，锽将苏塘、漆朗将兵二万屯曷山。袁袭曰："公引兵急趋曷山，坚壁自守，彼求战不得，谓我畏怯，因其怠，可破也。"行密从之。塘等大败，遂围宣州。锽兄乾之自池州帅众救宣州，行密使其将陶雅击乾之于九华，破之。乾之奔江西，以雅为池州制置使。

九月，朱全忠以馈运不继，且秦宗权残破不足忧，引兵还。丙申，遣朱珍将兵五千送楚州刺史刘瓒之官。

钱镠遣其从弟銶将兵攻徐约于苏州。

冬，十月，徐兵邀朱珍、刘瓒不听前，珍等击之，取沛、滕二县，斩获万计。

孟方立遣其将奚忠信将兵三万袭辽州，李克脩邀击，大破之，擒忠信送晋阳。

辛卯，葬惠圣恭定孝皇帝于靖陵，庙号僖宗。

陈敬瑄、田令孜闻韦昭度将至，治兵完城以拒之。

十一月，时溥自将步骑七万屯吴康镇，朱珍与战，大破之。朱全忠又遣别将攻宿州，刺史张友降之。

丙申，秦宗权别将攻陷许州，执忠武留后王蕴，复取许州。

十二月，蔡将申丛执宗权，折其足而囚之，降于全忠，全忠表丛为蔡州留后。

初，感义节度使杨晟既失兴、凤，走据文、龙、成、茂四州。王建攻西川，田令孜以晟己之故将，假威戎军节度使，使守彭州。王建攻彭州，陈建瑄眉州刺史山行章将兵五万壁新繁以救之。

丁亥，以韦昭度为行营招讨使，山南西道节度使杨守亮副之，东川节度使顾彦朗为行军司马。割邛、蜀、黎、雅置永平军，以王建为节度使，治邛州，充行营诸军都指挥使。

戊子，削陈敬瑄官爵。

山南西道节度使杨守厚陷夔州。

资治通鉴卷第二百五十八

端明殿学士兼翰林侍读学士太中大夫提举西京嵩山崇福宫上柱国河内郡开国公食邑二千二百户食实封九百户赐紫金鱼袋臣 司马光 奉敕编集

唐纪七十四起屠维作噩(己酉),尽重光大渊献(辛亥),凡三年。

昭宗圣穆景文孝皇帝上之上

龙纪元年(己酉、889)

春,正月,癸巳朔,赦天下,改元。

以翰林学士承旨、兵部侍郎刘崇望同平章事。

汴将庞师古拔宿迁,军于吕梁。时溥逆战,大败,还保彭城。

壬子,蔡将郭璠杀申丛,送秦宗权于汴,告朱全忠云:“丛谋复立宗权。”全忠以璠为淮西留后。

戊申,王建大破山行章于新繁,杀获近万人,行章仅以身免。杨晟惧,徙屯三交,行章屯濛阳,与建相持。

二月,朱全忠送秦宗权至京师,斩于独柳。京兆尹孙揆监刑,宗权于槛车中引首谓揆曰:“尚书察宗权岂反者邪?但输忠不效耳。”观者皆笑。揆,逖之族孙也。

三月,加朱全忠兼中书令,进爵东平郡王。全忠既克蔡州,军势益盛。

加奉国节度使赵德諲中书令,加蔡州节度使赵犨同平章事,充忠武节度使,以陈州为治所。会犨有疾,悉以军府事授其弟昶,表乞骸骨,诏以昶代为忠武节度使。未几,犨薨。

丙申,钱(铢)〔镠〕拔苏州,徐约亡入海而死。钱镠以海昌都将沈粲权知苏州。

夏,四月,赐陕虢军号保义。

五月,甲辰,润州制置使阮结卒,钱镠以静江都将成及代之。

李克用大发兵,遣李罕之、李存孝攻孟方立,六月,拔磁、洺二州。方立遣大将马溉、袁奉韬将兵数万拒之,战于琉璃陂,方立兵大败,二将皆为所擒,克用乘胜进攻邢州。方立性猜忌,诸将多怨,至是皆不为方立用,方立惭惧,饮药死。弟摄洺州刺史迁,素得士心,众奉之为留后,求援于朱全忠。全忠假道于魏博,罗弘信不许,全忠乃遣大将王虔裕将精甲数百,间道入邢州共守。

杨行密围宣州，城中食尽，人相啗，指挥使周进思据城逐赵锽，锽将奔广陵，田頵追擒之。未几，城中执进思以降。行密入宣州，诸将争取金帛，徐温独据米囷，为粥以食饿者。温，朐山人也。锽将宿松周本，勇冠军中，行密获而释之，以为裨将。锽既败，左右皆散，惟李德诚从锽不去，行密以宗女妻之。德诚，西华人也。行密表言于朝，诏以行密为宣歙观察使。

朱全忠与赵锽有旧，遣使求之。行密谋于袁袭，袭曰："不若斩首以遗之。"行密从之。未几，袭卒，行密哭之曰："天不欲成吾大功邪，何为折吾股肱也！吾好宽而袭每劝我以杀，此其所以不寿与！"

孙儒遣兵攻庐州，蔡俦以州降之。

朱珍拔萧县，据之，与时溥相拒，朱全忠欲自往临之。珍命诸军皆葺马厩，李唐宾部将严郊独惰慢，军吏责之，唐宾怒，见珍诉之。珍亦怒，以唐宾为无礼，拔剑斩之，遣骑白全忠，云唐宾谋叛。淮南左司马敬翔，恐全忠乘怒，仓猝处置违宜，故留使者，逮夜，然后从容白之，全忠果大惊。翔因为画策，诈收唐宾妻子系狱，遣骑往慰抚，全忠从之，军中始安。秋，七月，全忠如萧县，未至，珍出迎，命武士执之，责以专杀而诛之。诸将霍存等数十人叩头为之请，全忠怒，以床掷之，乃退。丁未，至萧县，以庞师古代珍为都指挥使。八月，丙子，全忠进攻时溥壁，会大雨，引兵还。

冬，十月，平卢节度使王敬武薨。子师範，年十六，军中推为留后，棣州刺史张蟾不从。诏以太子少师崔安潜兼侍中，充平卢节度使。蟾迎安潜至州，与之共讨师範。

以给事中杜孺休为苏州刺史，钱镠不悦，以知州事沈粲为制置指挥使。

杨行密遣马步都虞候田頵等攻常州。

十一月，上改名晔。

上将祀圆丘。故事，中尉、枢密皆襆衫侍从，僖宗之世，已具襕笏。至是，又令有司制法服，孔纬及谏官、礼官皆以为不可，上出手札谕之曰："卿等所论至当。事有从权，勿以小瑕遂妨大礼。"于是宦官始服剑佩侍祠。己酉，祀圆丘，赦天下。

上在藩邸，素疾宦官，及即位，杨复恭恃援立功，所为多不法，上意不平。政事多谋于宰相，孔纬、张濬劝上举大中故事抑宦者权。复恭常乘肩舆至太极殿。它日，上与宰相言及四方反者，孔纬曰："陛下左右有将反者，况四方乎！"上矍然问之，纬指复恭曰："复恭陛下家奴，乃肩舆造前殿，多养壮士为假子，使典禁兵，或为方镇，非反而何！"复恭曰："子壮士，欲以收士心，卫国家，岂反邪！"上曰："卿欲卫国家，何不使姓李而姓杨乎？"复恭无以对。

复恭假子天威军使杨守立，本姓胡，名弘立，勇冠六军，人皆畏之。上欲讨复恭，恐守立作乱，谓复恭曰："朕欲得卿胡子在左右。"复恭见守立于上，上赐姓名李顺节，使掌六军管钥，不期年，擢至天武都头，领镇海节度使，俄加〔同〕平章事。及谢日，台吏申请班见百僚，孔纬判不集，顺节至中书，色不悦。它日，语微及之，纬曰："宰相师长百僚，故有班见。相公职为都头，而于政事堂班见百僚，于意安乎？"顺节不敢复言。

朱全忠求领盐铁，孔纬独执以为不可，谓进奏吏曰："朱公须此职，非兴兵不可！"全忠乃止。

田頵攻常州，为地道入城，中宵，旌旗甲兵出于制置使杜稜之寝室，遂虏之，以兵三万戍常州。

朱全忠遣庞师古将兵自颍上趋淮南，击孙儒。

十二月，甲子，王建败山行章及西川骑将宋行能于广都，行能奔还成都，行章退守眉州。壬申，行章请降于建。

戊寅，孙儒自广陵引兵度江。壬午，逐田頵，取常州，以刘建锋守之。儒还广陵，建锋又逐成及，取润州。

前山南东道节度使刘巨容之在襄阳也，有申屠生教之烧药为黄金。田令孜之弟过襄阳，巨容出金示之。及寓居成都，令孜求其方，不与，恨之。是岁，令孜杀巨容，灭其族。

大顺元年（庚戌、890）

春，正月，戊子朔，群臣上尊号曰圣文睿德光武弘孝皇帝，改元。

李克用急攻邢州，孟迁食竭力尽，执王虔裕及汴兵以降。克用以安金俊为邢洺团练使。

壬寅，王建攻邛州，陈敬瑄遣其大将彭城杨儒将兵三千助刺史毛湘守之，湘出战，屡败。杨儒登城，见建兵盛，叹曰："唐祚尽矣，王公治众，严而不残，殆可以庇民乎！"遂帅所部出降。建养以为子，更其姓名曰王宗儒。乙巳，建留永平节度判官张琳为邛南招安使，引兵还成都。琳，许州人也。

陈敬瑄分兵布寨于犀浦、郫、导江等县，发城中民户一丁，昼则穿重壕，采竹木，运砖石，夜则登城，击柝巡警，无休息。

韦昭度营于唐桥，王建营于东闾门外，建事昭度甚谨。

辛亥，简州将杜有迁执刺史员虔嵩降于建，建以有迁知州事。

汴将庞师古等众号十万，度淮，声言救杨行密，攻下天长，壬子，下高邮。

二月，己未，资州将侯元绰执刺史杨戡降于王建，建以元绰知州事。

乙丑，加朱全忠守中书令。

庞师古引兵深入淮南，己巳，与孙儒战于陵亭，师古兵败而还。

杨行密遣其将马敬言将兵五千，乘虚袭据润州。李友将兵二万屯青城，将攻常州。安仁义、刘威、田頵败刘建锋于武进，敬言、仁义、頵屯润州。友，合肥人；威，慎县人也。

李克用将兵攻雲州防御使赫连铎，克其东城。铎求救于卢龙节度使李匡威，匡威将兵三万赴之。丙子，邢洺团练使安金俊中流矢死，河东万胜军申信叛降于铎。会幽州军至，克用引还。

时溥求救于河东，李克用遣其将石君和将五百骑赴之。

李克用巡潞州，以供具不厚，怒昭义节度使李克修，诟而笞之。克修惭愤成疾，三月，薨。克用表其弟决胜军使克恭为昭义留后。

赐宣歙军号宁国，以杨行密为节度使。

夏，四月，宿州将张筠逐刺史张绍光，附于时溥，朱全忠帅诸军讨之。溥出兵掠砀山，全忠遣牙内都指挥使朱友裕击之，杀三千余人，擒石君和。友裕，全忠之子也。

乙丑，陈敬瑄遣蜀州刺史任从海将兵二万救邛州，战败，欲以蜀州降王建，敬瑄杀之，以徐公钵代为蜀州刺史。丙寅，嘉州刺史朱实举州降于建。丙子，僰道土豪文武坚执戎州刺史谢承恩降于建。

赫连铎、李匡威请讨李克用。朱全忠亦上言："克用终为国患，今因其败，臣请帅汴、滑、孟三军，与河北三镇共除之。乞朝廷命大臣为统帅。"

初，张濬因杨复恭以进，复恭中废，更附田令孜而薄复恭。及复恭再用事，深恨之。上知濬与复恭有隙，特亲倚之，濬亦以功名为己任，每自比谢安、裴度。克用之讨黄巢屯河中也，濬为都统判官。克用薄其为人，闻其作相，私谓诏使曰："张公好虚谈而无实用，倾覆之士也。主上采其名而用之，它日交乱天下，必是人也。"濬闻而衔之。

上从容与濬论古今治乱，濬曰："陛下英睿如此，而中外制于强臣，此臣日夜所痛心疾首也。"上问以当今所急，对曰："莫若强兵以服天下。"上于是广募兵于京师，至十万人。

及全忠等请讨克用，上命三省、御史台四品以上议之，以为不可者什六七，杜让能、刘崇望亦以为不可。濬欲倚外势以挤杨复恭，乃曰："先帝再幸山南，沙陀所为也。臣常虑其与河朔相表里，致朝廷不能制。今两河藩镇共请讨之，此千载一时。但乞陛下付臣兵柄，旬月可平。失今不取，后悔无及。"孔纬曰："濬言是也。"复恭曰："先朝播迁，虽藩镇跋扈，亦由居中之臣措置未得其宜。今宗庙甫安，不宜更造兵端。"上曰："克用有兴复大功，今乘其危而攻之，天下其谓我何？"纬曰："陛下所言，一时之体也；张濬所言，万世之利也。昨计用兵、馈运、犒赏之费，一二年间未至匮乏，在陛下断志行之耳。”上以二相言叶，俛俛从之，曰：“兹事今付卿二人，无贻朕羞！”

五月，诏削夺克用官爵、属籍，以濬为河东行营都招讨制置宣慰使，京兆尹孙揆副之，以镇国节度使韩建为都虞候兼供军粮料使，以朱全忠为南面招讨使，王镕为东面招讨使，李匡威为北面招讨使，赫连铎副之。

濬奏给事中牛徽为行营判官，徽曰：“国家以丧乱之余，欲为英武之举，横挑强寇，离诸侯心，吾见其颠沛也。”遂以衰疾固辞。徽，僧孺之孙也。

李克恭骄恣不晓军事，潞人素乐李克脩之简俭，且死非其罪，潞人怜之，由是将士离心。初，潞人叛孟氏，牙将安居受等召河东兵以取潞州。及孟迁以邢、洺、磁州归李克用，克用宠任之，以迁为军城都虞候，群从皆补右职，居受等咸怨且惧。昭义有精兵，号“后院将”。克用既得三州，将图河朔，令李克恭选后院将尤骁勇者五百人送晋阳，潞人惜之。克恭遣牙将李元审及小校冯霸部送晋阳，至铜鞮，霸劫其众以叛，循山而南，至于沁水，众已三千人。李元审击之，为霸所伤，归于潞。庚子，克恭就元审所馆视之，安居受帅其党作乱，攻而焚之，克恭、元审皆死。众推居受为留后，附于朱全忠。居受使召冯霸，不至，居受惧，出走，为野人所杀。霸引兵入潞，自为留后。

时朝廷方讨克用，闻克恭死，朝臣皆贺。全忠遣河阳留后朱崇节将兵入潞州，权知留后。克用遣康君立、李存孝将兵围之。

壬子，张濬帅诸军五十二都及邠、宁、鄜、夏杂虏合五万人发京师，上御安喜楼饯之。濬屏左右言于上曰：“俟臣先除外忧，然后为陛下除内患。”杨复恭窃听，闻之。两军中尉饯濬于长乐坂，复恭属濬酒，濬辞以醉，复恭戏之曰：“相公杖钺专征，作态邪？”濬曰：“俟平贼还，方见作态耳！”复恭益忌之。

癸丑，削夺李罕之官爵。六月，以孙揆为昭义节度使，充招讨副使。

丁巳，茂州刺史李继昌帅众救成都，己未，王建击斩之。辛酉，资简都制置应援使谢从本杀雅州刺史张承简，举城降建。

孙儒求好于朱全忠，全忠表为淮南节度使。未几，全忠杀其使者，遂复为仇敌。

光启末，德州刺史卢彦威逐义昌节度使杨全玫，自称留后，求旌节，朝廷未许。至是，王镕、罗弘信因张濬用兵，为之请，乃以彦威为义昌节度使。

张濬会宣武、镇国、静难、凤翔、保大、定难诸军于晋州。

更命义成军曰宣义。辛未，以朱全忠为宣武、宣义节度使。全忠以方有事徐、杨，征兵遣戍，殊为辽阔，乃辞宣义，请以胡真为节度使，从之。然兵赋出入，皆制于全忠，一如巡属。及胡真入为统军，竟以全忠为两镇节度使，罢淮南不领焉。

秋，七月，官军至阴地关，朱全忠遣骁将葛从周将千骑潜自壶关夜抵潞州，犯围入城。又遣别将李谠、李重胤、邓季筠将兵攻李罕之于泽州，又遣张全义、朱友裕军于泽州之北，为从周应援。季筠，下邑人也。全忠奏："臣已遣兵守潞州，请孙揆赴镇。"张濬亦恐昭义遂为汴人所据，分兵二千，使揆将之趣潞州。

八月，乙丑，揆发晋州，李存孝闻之，以三百骑伏于长子西谷中。揆建牙杖节，褒衣大盖，拥众而行，存孝突出，擒揆及赐旌节中使韩归範、牙兵五百余人，追击余众于(刀)〔刁〕黄岭，尽杀之。存孝械揆及归範，紖以素练，徇于潞州城下曰："朝廷以孙尚书为潞帅，命韩天使赐旌节，葛仆射可速归大梁，令尚书视事。"遂紖以献于克用。克用囚之，既而使人诱之，欲以为河东副使，揆曰："吾天子大臣，兵败而死，分也，岂能复事镇使邪！"克用怒，命以锯锯之，锯不能入。揆骂曰："死狗奴！锯人当用板夹，汝岂知邪！"乃以板夹之，至死，骂不绝声。

丙寅，孙儒攻润州。

苏州刺史杜孺休到官，钱镠密使沈粲害之。会杨行密将李友拔苏州，粲归杭州，镠欲归罪于粲而杀之，粲奔孙儒。

王建退屯汉州。

陈敬瑄括富民财以供军，置征督院，逼以桎梏捶楚，使各自占，凡有财者如匿赃、虚占，急征，咸不聊生。

李罕之告急于李克用，克用遣李存孝将五千骑救之。

九月，壬寅，朱全忠军于河阳。汴军之初围泽州也，呼李罕之曰："相公每恃河东，轻绝当道。今张相公围太原，葛仆射入潞府，旬日之间，沙陀无穴自藏，相公何路求生邪！"及李存孝至，选精骑五百，绕汴寨呼曰："我，沙陀之求穴者也，欲得尔肉以饱士卒，可令肥者出斗！"汴将邓季筠，亦骁将也，引兵出战，存孝生擒之。是夕，李谠、李重胤收众遁去，存孝、罕之随而击之，至马牢山，大破之，斩获万计，追至怀州而还。存孝复引兵攻潞州，葛从周、朱崇节弃潞州而归。戊申，全忠庭责诸将挠败之罪，斩李谠、李重胤而还。

李克用以康君立为昭义留后，李存孝为汾州刺史。存孝自谓擒孙揆功大，当镇昭义，而君立得之，愤恚不食者数日，纵意刑杀，始有叛克用之志。

李匡威攻蔚州，虏其刺史邢善益，赫连铎引吐蕃、黠戛斯众数万攻遮虏(平)〔军〕，杀其军使刘胡子。克用遣其将李存信击之，不胜，更命李嗣源为存信之副，遂破之。克用以大军继其后，匡威、铎皆败走，获匡威之子武州刺史仁宗及铎之婿，俘斩万计。

李嗣源性谨重廉俭，诸将相会，各自诧勇略，嗣源独默然，徐曰："诸君喜以口击贼，嗣源但以手击贼耳。”众惭而止。

杨行密以其将张行周为常州制置使。闰月，孙儒遣刘建锋攻拔常州，杀行周，遂围苏州。

邛州刺史毛湘，本田令孜亲吏，王建攻之急，食尽，救兵不至。壬戌，湘谓都知兵马使任可知曰：“吾不忍负田军容，吏民何罪！尔可持吾头归王建。”乃沐浴以俟刃。可知斩湘及二子降于建，士民皆泣。甲戌，建持永平旌节入邛州，以节度判官张琳知留后。缮完城隍，抚安夷獠，经营蜀、雅。冬，十月，癸未朔，建引兵还成都，蜀州将李行周逐徐公鉥，举城降建。

乙酉，朱全忠自河阳如滑州视事，遣使者请粮马及假道于魏以伐河东，罗弘信不许，又请于镇，镇人亦不许，全忠乃自黎阳济河击魏。

加邠宁节度使王行瑜侍中，佑国节度使张全义同平章事。

官军出阴地关，游兵至于汾州。李克用遣薛志勤、李承嗣将骑三千营于洪洞，李存孝将兵五千营于赵城。镇国节度使韩建以壮士三百夜袭存孝营，存孝知之，设伏以待之，建兵不利，静难、凤翔之兵不战而走，禁军自溃。河东兵〔乘〕胜逐北，抵晋州西门，张濬出战，又败，官军死者近三千人。静难、凤翔、保大、定难之军先度河西归，濬独有禁军及宣武军合万人，与韩建闭城拒守，自是不敢复出。存孝引兵攻绛州，十一月，刺史张行恭弃城走。存孝进攻晋州，三日，与其众谋曰：“张濬宰相，俘之无益，天子禁兵，不宜加害。”乃退五十里而军，濬、建自含口遁去。存孝取晋、绛二州，大掠慈、隰之境。

先是，克用遣韩归范归朝，附表讼冤，言：“臣父子三代，受恩四朝，破庞勋，剪黄巢，黜襄王，存易定，致陛下今日冠通天之冠，佩白玉之玺，未必非臣之力也！若以攻雲州为臣罪，则拓跋思恭之取鄜延，朱全忠之侵徐、郓，何独不讨？赏彼诛此，臣岂无辞！且朝廷当阽危之时，则誉臣为韩、彭、伊、吕；及既安之后，则骂臣为戎、羯、胡、夷。今天下握兵立功之臣，独不惧陛下它日之骂乎！况臣果有大罪，六师征之，自有典刑，何必幸臣之弱而后取之邪！今张濬既出师，则固难束手，已集蕃、汉兵五十万，欲直抵蒲、潼，与濬格斗，若其不胜，甘从削夺。不然，方且轻骑叫阍，顿首丹陛，诉奸回于陛下之扆座，纳制敕于先帝之庙庭，然后自拘司败，恭俟铁锧。”表至，濬已败，朝廷震恐。濬与韩建逾王屋至河阳，撤民屋为筏以济河，师徒失亡殆尽。

是役也，朝廷倚朱全忠及河朔三镇，及濬至晋州，全忠方连兵徐、郓，虽遣将攻泽州而身不至。行营乃求兵粮于镇、魏，镇、魏倚河东为扞蔽，皆不出兵，惟华、邠、凤翔、(鄜)〔鄜〕、夏之兵会之。兵未交而孙揆被擒，幽、雲俱败，杨复恭复从中沮之，故濬军望风自溃。

十二月，己丑，孙儒拔苏州，杀李友。安仁义等闻之，焚润州庐舍，夜遁。儒使沈粲守苏州，又遣其将归传道守润州。

辛丑，汴将丁会、葛从周击魏，度河，取黎阳、临河，庞师古、霍存下淇门、卫县，朱全忠自以大军继之。

是岁，置昇州于上元县，以张雄为刺史。

二年（辛亥、891）

春，正月，罗弘信军于内黄。丙辰，朱全忠击之，五战皆捷，至永定桥，斩首万余级。弘信惧，遣使厚币请和，全忠命止焚掠，归其俘，还军河上。魏博自是服于汴。

庚申，制以太保、门下侍郎、同平章事孔纬为荆南节度使，中书侍郎、同平章事张濬为鄂岳观察使。以翰林学士承旨、兵部侍郎崔昭纬同平章事，御史中丞徐彦若为户部侍郎、同平章事。昭纬，慎由从子；彦若，商之子也。

杨复恭使人劫孔纬于长乐坡，斩其旌节，资装俱尽，纬仅能自免。李克用复遣使上表曰："张濬以陛下万代之业，邀自己一时之功，知臣与朱温深仇，私相连结。臣今身无官爵，名是罪人，不敢归陛下藩方，且欲于河中寄寓，进退行止，伏俟指麾。"诏再贬孔纬均州刺史，张濬连州刺史。赐克用诏，悉复其官爵，使归晋阳。

孙儒尽举淮、蔡之兵济江，癸酉，自润州转战而南；田頵、安仁义屡败退，杨行密城戍皆望风奔溃。儒将李从立奄至宣州东溪，行密守备尚未固，众心危惧，夜，使其将合肥台濛将五百人屯溪西，濛使士卒传呼，往返数四，从立以为大众继至，遽引去。儒前军至溧水，行密使都指挥使李神福拒之。神福阳退以示怯，儒军不设备，神福夜帅精兵袭之，俘斩千人。

二月，加李克用守中书令，复李罕之官爵，再贬张濬绣州司户。

韦昭度将诸道兵十余万讨陈敬瑄，三年不能克，馈运不继，朝议欲息兵。三月，乙亥，制复敬瑄官爵，令顾彦朗、王建各帅众归镇。

王师範遣都指挥使卢弘击棣州刺史张蟾，弘引兵还攻师範，师範使人以重赂迎之，曰："师範童呆，不堪重任，愿得避位，使保首领，公之仁也。"弘以师範年少，信之，不设备。师範密谓小校安丘刘鄩曰："汝能杀弘，吾以汝为大将。"弘入城，师範伏甲而享之，鄩杀弘于座及其党数人。师範慰谕士卒，厚赏重誓，自将以攻棣州，执张蟾，斩之，崔安潜逃归京师。师範以鄩为马步副都指挥使。诏以师範为平卢节度使。师範和谨好学，每本县令到官，师範辄备仪卫往谒之，令不敢当，师範命客将挟持，令坐于听事，自称"百姓王师範"，拜之于庭。僚佐或谏，师範曰："吾敬桑梓，所以教子孙不忘本也。"

张濬至蓝田，逃奔华州依韩建，与孔纬密求救于朱全忠。全忠上表为纬、濬讼冤，朝廷不得已，并听自便。纬至商州而还，亦寓居华州。

邢洺节度使安知建潜通朱全忠，李克用表以李存孝代之。知建惧，奔青州，朝廷以知建为神武统军。知建帅麾下三千人将诣京师，过郓州，朱瑄与克用方睦，伏兵河上，斩之，传首晋阳。

夏，四月，有彗星见于三台，东行入太微，长十丈余。甲申，赦天下。

成都城中乏食，弃儿满路。民有潜入行营贩米入城者，逻者得之，以白韦昭度，昭度曰："满城饥甚，忍不救之！"释勿问。亦有白陈敬瑄者，敬瑄曰："吾恨无术以救饿者，彼能如是，勿禁也。"由是贩者浸多，然所致不过斗升，截筒，径寸半，深五分，量米而鬻之，每筒百余钱，饿殍狼藉。军民强弱相陵，将吏斩之不能禁，乃更为酷法，或断腰，或斜劈，死者相继而为者不止，人耳目既熟，不以为惧。吏民日窘，多谋出降，敬瑄悉捕其族党杀之，惨毒备至。内外都指挥使、眉州刺史成都徐耕，性仁恕，所全活数千人。田令孜曰："公掌生杀而不刑一人，有异志邪？"耕惧，夜，取俘囚戮于市。

王建见罢兵制书，曰："大功垂成，奈何弃之！"谋于周庠，庠劝建请韦公还朝，独攻成都，克而有之。建表称："陈敬瑄、田令孜罪不可赦，愿毕命以图成功。"昭度无如之何，由是未能东还。建说昭度曰："今关东藩镇迭相吞噬，此腹心之疾也，相公宜早归庙堂，与天子谋之。敬瑄，疥癣耳，当以日月制之，责建，可办也。"昭度犹豫未决。庚子，建阴令东川将唐友通等擒昭度亲吏骆保于行府门，脔食之，云其盗军粮。昭度大惧，遽称疾，以印节授建，牒建知三使留后兼行营招讨使，即日东还。建送至新都，跪觞马前，泣拜而别。昭度甫出剑门，即以兵守之，不复内东军。昭度至京师，除东都留守。

建急攻成都，环城烽堑亘五十里。有狗屠王鹞，请诈得罪亡入城说之，使上下离心，建遣之。鹞入见陈敬瑄、田令孜，则言"建兵疲食尽，将遁矣"，出则鬻茶于市，阴为吏民称建英武，兵势强盛，由是敬瑄等懈于守备而众心危惧。建又遣其将京兆郑渥诈降以觇之，敬瑄以为将，使乘城，既而复以诈得归。建由是悉知城中虚实，以渥为亲从都指挥使，更姓名曰王宗渥。

以武安节度使周岳为岭南西道节度使。

李克用大举击赫连铎，败其兵于河上，进围雲州。

杨行密遣其将刘威、朱延寿将兵三万击孙儒于黄池，威等大败。延寿，舒城人也。孙儒军于黄池，五月，大水，诸营皆没，乃还扬州，使其将康暀据和州，安景思据滁州。

丙午，立皇子祐为德王。

杨行密遣其将李神福攻和、滁,康晗降,安景思走。

秋,七月,李克用急攻雲州,赫连铎食尽,奔吐谷浑部,既而归于幽州。克用表大将石善友为大同防御使。

朱全忠遣使与杨行密约共攻孙儒。儒恃其兵强,欲先灭行密,后敌全忠,移牒藩镇,数行密、全忠之罪,且曰:“俟平宣、汴,当引兵入朝,除君侧之恶。”于是悉焚扬州庐舍,尽驱丁壮及妇女度江,杀老弱以充食。行密将张训、李德诚潜入扬州,灭余火,得谷数十万斛以赈饥民。泗州刺史张谏贷数万斛以给军,训以行密之命馈之,谏由是德行密。

邢洺节度使李存孝劝李克用攻镇州,克用从之。八月,克用南巡泽潞,遂涉怀孟之境。

朱全忠遣其将丁会攻宿州,克其外城。

乙未,孙儒自苏州出屯广德,杨行密引兵拒之。儒围其寨,行密将上蔡李简帅百余人力战,破寨,拔行密出之。

王建攻陈敬瑄益急,敬瑄出战辄败,巡内州县率为建所取。威戎节度使杨晟时馈之食,建以兵据新都,彭州道绝。敬瑄出,慰勉士卒,皆不应。辛丑,田令孜登城谓建曰:“老夫向于公甚厚,何见困如是?”建曰:“父子之恩岂敢忘!但朝廷命建讨不受代者,不得不然。傥太师改图,建复何求!”是夕,令孜自携西川印节诣建营授之,将士皆呼万岁。建泣谢,请复为父子如初。

先是,建常诱其将士曰:“成都城中繁盛如花锦,一朝得之,金帛子女恣汝曹所取,节度使与汝曹迭日为之耳。”壬寅,敬瑄开城迎建。建署其将张勍为马步斩斫使,使先入城,乃谓将士曰:“吾与汝曹三年百战,今始得城,汝曹不忧不富贵,慎勿焚掠坊市。吾已委张勍护之矣,彼幸执而白我,我犹得赦之;若先斩而后白,吾亦不能救也。”既而士卒有犯令者,勍执百余人,皆捶其胸而杀之,积尸于市,众莫敢犯。故时人谓勍为“张打胸”。

癸卯,建入城,自称西川留后。小校韩武数于使厅上马,牙司止之,武怒曰:“司徒许我迭日为节度使,上马何为!”建密遣人刺杀之。

初,陈敬瑄之拒朝命也,田令孜欲盗其军政,谓敬瑄曰:“三兄尊重,军务烦劳,不若尽以相付,日具记事咨呈,兄但高居自逸而已。”敬瑄素无智能,忻然许之。自是军事皆不由己,以至于亡。建表敬瑄子陶为雅州刺史,使随陶之官,明年,罢归,寓居新津,以一县租赋赡之。

癸丑,建分遣士卒就食诸州,更文武坚姓名曰王宗阮,谢从本曰王宗本。陈敬瑄将佐有器干者,建皆礼而用之。

六军十二卫观军容使、左军中尉杨复恭总宿卫兵,专制朝政,诸假子皆为节度使、刺史，又养宦官子六百人，皆为监军。假子龙剑节度使守贞、武定节度使守忠不输贡赋，上表讪薄朝廷。上舅王瓌求节度使，上访于复恭，复恭以为不可，瓌怒，诟之。瓌出入禁中，颇用事，复恭恶之，奏以为黔南节度使，至吉柏津，令山南西道节度使杨守亮覆诸江中，宗族宾客皆死，以舟败闻。上知复恭所为，深恨之。

李顺节既宠贵，与复恭争权，尽以复恭阴事告上，上乃出复恭为凤翔监军，复恭愠怼，不肯行，称疾，求致仕。九月ˆ乙卯，以复恭为上将军致仕，赐以几杖。使者致诏命还，复恭潜遣腹心张绾刺杀之。

加护国节度使王重盈兼中书令。

东川节度使顾彦朗薨，军中推其弟彦晖知留后。

冬，十月，壬午，宿州刺史张筠降于丁会。

癸未，以永平节度使王建为西川节度使。甲申，废永平军。建既得西川，留心政事，容纳直言，好施乐士，用人各尽其才，谦恭俭素，然多忌好杀，诸将有功名者，多因事诛之。

杨复恭居第近玉山营，假子守信为玉山军使，数往省之。或告复恭与守信谋反，乙酉，上御安喜门，陈兵自卫，命天威都将李顺节、神策军使李守节将兵攻其第。张绾帅家众拒战，守信引兵助之，顺节等不能克。丙戌，禁军守含光门，俟其开，欲出掠两市，遇刘崇望，立马谕之曰："天子亲在街东督战，汝曹皆宿卫之士，当于楼前杀贼立功，勿贪小利，自取恶名！"众皆曰："诺。"遂从崇望而东。守信之众望见兵来，遂溃走。守信与复恭挈其族自通化门出，趣兴元，永安都头权安追之，擒张绾，斩之。复恭至兴元，杨守亮、杨守忠、杨守贞及绵州刺史杨守厚同举兵拒朝廷，以讨李顺节为名。守厚，亦复恭假子也。

李克用攻王镕，大破镇兵于龙尾岗，斩获万计，遂拔临城，攻元氏、柏乡，李匡威引幽州兵救之。克用大掠而还，军于邢州。

十一月，曹州都将郭铢杀刺史郭词，降于朱全忠。

泰宁节度使朱瑾将万余人攻单州。

乙丑，时溥将刘知俊帅众二千降于全忠。知俊，沛人，徐之骁将也，溥军自是不振。全忠以知俊为左右开道指挥使。

辛未，寿州将刘弘鄂恶孙儒残暴，举州降朱全忠。

十二月，乙酉，汴将丁会、张归霸与朱瑾战金乡，大破之，杀获殆尽，瑾单骑走免。

天威都将李顺节恃恩骄横，出入常以兵自随。两军中尉刘景宣、西门君遂恶之，白上，恐其作乱。戊子，二人以诏召顺节，顺节入至银台门，二人邀顺节于仗舍坐语，供奉官似先知自后斩其首，从者大噪而出。于是天威、捧日、登封三都大掠永宁坊，至暮乃定，百官表贺。

孙儒焚掠苏、常，引兵逼宣州，钱镠复遣兵据苏州。儒屡破杨行密之兵，旌旗辎重亘百余里。行密求救于钱镠，镠以兵食助之。

以顾彦晖为东川节度使，遣中使宋道弼赐旌节。杨守亮使杨守厚囚道弼，夺其旌节，发兵攻梓州。癸卯，彦晖求救于王建。甲辰，建遣其将华洪、李简、王宗侃、王宗弼救东川。建密谓诸将曰："尔等破贼，彦晖必犒师，汝曹于行营报宴，因而执之，无烦再举。"宗侃破守厚七寨，守厚走归绵州。彦晖具犒礼，诸将报宴，宗弼以建谋告之，彦晖乃以疾辞。

初，李茂贞养子继臻据金州，均州刺史冯行袭攻下之，诏以行袭为昭信防御使，治金州。杨守亮欲自金、商袭京师，行袭逆击，大破之。

是岁，赐泾原军号曰彰义，增领渭、武二州。

福建观察使陈岩疾病，遣使以书召泉州刺史王潮，欲授以军政，未至而岩卒。岩妻弟都将范晖讽将士推己为留后，发兵拒潮。

资治通鉴卷第二百五十九

端明殿学士兼翰林侍读学士太中大夫提举西京嵩山崇福宫上柱国河内郡开国公食邑二千二百户食实封九百户赐紫金鱼袋臣 司马光 奉敕编集

唐纪七十五起玄黓困敦(壬子),尽阏逢摄提格(甲寅),凡三年。

昭宗圣穆景文孝皇帝上之中

景福元年(壬子、892)

春,正月,丙寅,赦天下,改元。

凤翔李茂贞、静难王行瑜、镇国韩建、同州王行约、秦州李茂庄五节度使上言:杨守亮容匿叛臣杨复恭,请出军讨之,乞加茂贞山南西道招讨使。朝议以茂贞得山南,不可复制,下诏和解之,皆不听。

王镕、李匡威合兵十余万攻尧山,李克用遣其将李嗣勋击之,大破幽、镇兵,斩获三万。

杨行密谓诸将曰:"孙儒之众十倍于我,吾战数不利,欲退保铜官,何如?"刘威、李神福曰:"儒扫地远来,利在速战。宜屯据险要,坚壁清野以老其师,时出轻骑抄其馈饷,夺其俘掠。彼前不得战,退无资粮,可坐擒也。"戴友规曰:"儒与我相持数年,胜负略相当。今悉众致死于我,我若望风弃城,正堕其计。淮南士民从公度江及自儒军来降者甚众,公宜遣将先护送归淮南,使复生业,儒军闻淮南安堵,皆有思归之心,人心既摇,安得不败!"行密悦,从之。友规,庐州人也。

威戎节度使杨晟与杨守亮等约攻王建,二月,丁丑,晟出兵掠新繁、汉州之境,使其将吕荛将兵二千会杨守厚攻梓州,建遣行营都指挥使李简击荛,斩之。

戊寅,朱全忠出兵击朱瑄,遣其子友裕将兵前行,军于斗门。

李茂贞、王行瑜擅举兵击兴元。茂贞表求招讨使不已,遗杜让能、西门(重)〔君〕遂书,陵蔑朝廷。上意不能容,御延英,召宰相、谏官议之。时宦官有阴与二镇相表里者,宰相相顾不敢言,上不悦。给事中牛徽曰:"先朝多难,茂贞诚有翼卫之功,诸杨阻兵,亟出攻讨,其志亦在疾恶,但不当不俟诏命耳。比闻兵过山南,杀伤至多。陛下傥不以招讨使授之,使用国法约束,则山南之民尽矣!"上曰:"此言是也。"乃以茂贞为山南西道招讨使。

甲申,朱全忠至卫南,朱瑄将步骑万人袭斗门,朱友裕弃营走,瑄据其营。全忠不知,乙酉,引兵趣斗门,至者皆为郓人所杀。全忠退军瓠河,丁亥,瑄击全忠,大破之，全忠走。张归厚于后力战，全忠仅免，副使李璠等皆死。

朱全忠奏贬河阳节度使赵克裕，以佑国节度使张全义兼河阳节度使。

孙儒围宣州。初，刘建锋为孙儒守常州，将兵从儒击杨行密，甘露镇使陈可言帅部兵千人据常州。行密将张训引兵奄至城下，可言仓猝出迎，训手刃杀之，遂取常州。行密别将又取润州。

朱全忠连年攻时溥，徐、泗、濠三州民不得耕获，兖、郓、河东兵救之，皆无功，复值水灾，人死者什六七。溥困甚，请和于全忠，全忠曰："必移镇乃可。"溥许之。全忠乃奏请移溥它镇，仍命大臣镇徐州。诏以门下侍郎、同平章事刘崇望同平章事，充感化节度使，以溥为太子太师。溥恐全忠诈而杀之，据城不奉诏，崇望及华阴而还。

忠义节度使赵德諲薨，子匡凝代之。

范晖骄侈失众心，王潮以从弟彦复为都统，弟审知为都监，将兵攻福州。民自请输米饷军，平湖洞及滨海蛮夷皆以兵船助之。

辛丑，王建遣族子嘉州刺史宗裕、雅州刺史王宗侃、威信都指挥使华洪、茂州刺史王宗瑶将兵五万攻彭州，杨晟逆战而败，宗裕等围之。杨守亮遣其将符昭救晟，径趋成都，营三学山。建亟召华洪还。洪疾驱而至，后军尚未集，以数百人夜去昭营数里，多击更鼓，昭以为蜀军大至，引兵宵遁。

三月，以户部尚书郑延昌为中书侍郎、同平章事。延昌，从谠之从兄弟也。

左神策勇胜三都都指挥使杨子实、子迁、子钊，皆守亮之假子也，自渠州引兵救杨晟，知守亮必败，壬子，帅其众二万降于王建。

李克用、王处存合兵攻王镕，癸丑，拔天长镇。戊午，镕与战于新市，大破之，杀获三万余人。辛酉，克用退屯栾城。诏和解河东及镇、定、幽四镇。

杨晟遗杨守贞、杨守忠、杨守厚书，使攻东川以解彭州之围，守贞等从之。神策督将窦行实戍梓州，守厚密诱之为内应。守厚至涪城，行实事泄，顾彦晖斩之，守厚遁去。守贞、守忠军至，无所归，盘桓绵、剑间，王建遣其将吉谏袭守厚，破之。癸亥，西川将李简邀击守忠于钟阳，斩获三千余人。夏，四月，简又破守厚于铜锌，斩获三千余人，降万五千人，守忠、守厚皆走。

乙酉，置武胜军于杭州，以钱镠为防御使。

天威军使贾德晟，以李顺节之死，颇怨愤，西门(重)〔君〕遂恶之，奏而杀之。德晟麾下千余骑奔凤翔，李茂贞由是益强。

李匡威出兵侵雲、代，壬寅，李克用始引兵还。

时溥遣兵南侵，至楚州，杨行密将张训、李德诚败之于寿河，遂取楚州，执其刺史刘瓒。

五月,加邠宁节度使王行瑜兼中书令。

杨行密屡败孙儒兵,破其广德营,张训屯安吉,断其粮道。儒食尽,士卒大疫,遣其将刘建锋、马殷分兵掠诸县。六月,行密闻儒疾疟,戊寅,纵兵击之。会大雨、晦冥,儒军大败,安仁义破儒五十余寨,田頵擒儒于陈,斩之,传首京师,儒众多降于行密。刘建锋、马殷收余众七千,南走洪州,推建锋为帅,殷为先锋指挥使,以行军司马张佶为谋主,比至江西,众十余万。

丁酉,杨行密帅众归扬州。秋,七月,丙辰,至广陵,表田頵守宣州,安仁义守润州。

先是,扬州富庶甲天下,时人称扬一益二,及经秦、毕、孙、杨兵火之余,江、淮之间,东西千里扫地尽矣。

王建围彭州,久不下,民皆窜匿山谷。诸寨日出俘掠,谓之"淘虏",都将先择其善者,余则士卒分之,以是为常。有军士王先成者,新津人,本书生也,世乱,为兵,度诸将惟北寨王宗侃最贤,乃往说之曰:"彭州本西川之巡属也,陈、田召杨晟,割四州以授之,伪署观察使,与之共拒朝命。今陈、田已平而晟犹据之,州民皆知西川乃其大府而司徒乃其主也,故大军始至,民不入城而入山谷避之,以俟招安。今军至累月,未闻招安之命,军士复从而掠之,与盗贼无异,夺其赀财,驱其畜产,分其老弱妇女以为奴婢,使父子兄弟流离愁怨,其在山中者暴露于暑雨,残伤于蛇虎,孤危饥渴,无所归诉。彼始以杨晟非其主而不从,今司徒不加存恤,彼更思杨氏矣。"宗侃恻然,不觉屡移其床前问之,先成曰:"又有甚于是者,今诸寨每旦出六七百人,入山淘虏,薄暮乃返,曾无守备之意。赖城中无人耳,万一有智者为之画策,使乘虚奔突,先伏精兵千人于门内,登城望淘虏者稍远,出弓弩手、炮〔手〕各百人,攻寨之一面,随以役卒五百,负薪土填壕为道,然后出精兵奋击,且焚其寨,又于三面城下各出耀兵,诸寨咸自备御,无暇相救,城中得以益兵继出,如此,能无败乎!"宗侃矍然曰:"此诚有之,将若之何?"

先成请条列为状以白王建,宗侃即命先成草之,大指言:"今所白之事,须四面通共,宗侃所司止于北面,或所白可从,乞以牙举施行。"事凡七条:"其一,乞招安山中百姓。其二,乞禁诸寨军士及子弟无得一人辄出淘虏,仍表诸寨之旁七里内听樵牧,敢越表者斩。其三,乞置招安寨,中容数千人,以处所招百姓,宗侃请选所部将校谨干者为招安将,使将三十人昼夜执兵巡卫。其四,招安之事须委一人总领,今榜帖既下,诸寨必各遣军士入山招安,百姓见之无不惊疑,如鼠见狸,谁肯来者!欲招之必有其术,愿降帖付宗侃专掌其事。其五,乞严勒四寨指挥使,悉索前日所虏彭州男女老幼集于营场,有父子、兄弟、夫妇自相认者,即使相从,牒具人数,部送招安寨,有敢私匿一人者斩。仍乞勒府中诸营,亦令严索,有自军前先寄归者，量给资粮，悉部送归招安寨。其六，乞置九陇行县于招安寨中，以前南郑令王丕摄县令，设置曹局，抚理百姓，择其子弟之壮者，给帖使自入山招其亲戚。彼知司徒严禁侵掠，前日为军士所虏者，皆获安堵，必欢呼踊跃，相帅下山，如子归母，不日尽出。其七，彭州土地宜麻，百姓未入山时多沤藏者，宜令县令晓谕，各归田里，出所沤麻鬻之，以为资粮，必渐复业。”建得之大喜，即行之，悉如所申。

明日，榜帖至，威令赫然，无敢犯者。三日，山中民竞出，赴招安寨如归市，寨不能容，斥而广之，浸有市井，又出麻鬻之。民见村落无抄暴之患，稍稍辞县令，复故业。月余，招安寨皆空。

己巳，李茂贞克凤州，感义节度使满存奔兴元。茂贞又取兴、洋二州，皆表其子弟镇之。

八月，以杨行密为淮南节度使、同平章事，以田頵知宣州留后，安仁义为润州刺史。

孙儒降兵多蔡人，行密选其尤勇健者五千人，厚其禀赐，以皂衣蒙甲，号“黑雲都”，每战，使之先登陷陈，四邻畏之。

行密以用度不足，欲以茶盐易民布帛，掌书记舒城高勗曰：“兵火之余，十室九空，又渔利以困之，将复离叛。不若悉我所有易邻道所无，足以给军，选贤守令劝课农桑，数年之间，仓库自实。”行密从之。田頵闻之曰：“贤者之言，其利远哉！”

行密驰射武伎，皆非所长，而宽简有智略，善抚御将士，与同甘苦，推心待物，无所猜忌。尝早出，从者断马鞦，取其金，行密知而不问，它日，复早出如故，人服其度量。淮南被兵六年，士民转徙几尽，行密初至，赐与将吏，帛不过数尺，钱不过数百，而能以勤俭足用，非公宴，未尝举乐。招抚流散，轻徭薄敛，未及数年，公私富庶，几复承平之旧。

李克用北巡至天宁军，闻李匡威、赫连铎将兵八万寇雲州，遣其将李君庆发兵于晋阳。克用潜入新城，伏兵于神堆，擒吐谷浑逻骑三百，匡威等大惊。丙申，君庆以大军至，克用迁入雲州。丁酉，出击匡威等，大破之。己亥，匡威等烧营而遁，追至天成军，斩获不可胜计。

辛丑，李茂贞攻拔兴元，杨复恭、杨守亮、杨守信、杨守贞、杨守忠、满存奔阆州。茂贞表其子继密权知兴元府事。

九月，加荆南节度使成汭同平章事。

时溥迫监军奏称将士留己，冬，十月，复以溥为侍中、感化节度。朱全忠奏请追溥新命，诏谕解之。

初，邢、洺、磁州留后李存孝，与李存信俱为李克用假子，不相睦。存信有宠于克用，存孝在邢州，欲立大功以胜之，乃建议取镇冀，存信从中沮之，不时听许。及王镕围尧山，存孝救之，不克。克用以存信为蕃、汉马步都指挥使，与存孝共击之，二人互相猜忌，逗留不进，克用更遣李嗣勋等击破之。存信还，谮存孝无心击贼，疑与之有私约。存孝闻之，自以有功于克用，而信任顾不及存信，愤怨，且惧及祸，乃潜结王镕及朱全忠，上表以三州自归于朝廷，乞赐旌节及会诸道兵讨李克用。诏以存孝为邢、洺、磁节度使，不许会兵。

十一月，时溥濠州刺史张璲、泗州刺史张谏以州附于朱全忠。

乙未，朱全忠遣其子友裕将兵十万攻濮州，拔之，执其刺史邵伦，遂令友裕移兵击时溥。

孙儒将王坛陷婺州，刺史蒋瓌奔越州。

庐州刺史蔡俦发杨行密父祖墓，与舒州刺史倪章连兵，遣使送印于朱全忠以求救。全忠恶其反覆，纳其印，不救，且牒报行密，行密谢之。行密遣行营都指挥使李神福将兵讨俦。

《宣明历》浸差，太子少詹事边冈造新历成，十二月，上之。命曰《景福崇玄历》。

壬午，王建遣其将华洪击杨守亮于阆州，破之。建遣节度押牙延陵郑顼使于朱全忠，全忠问剑阁，顼极言其险。全忠不信，顼曰："苟不以闻，恐误公军机。"全忠大笑。

是岁，明州刺史钟文季卒，其将黄晟自称刺史。

二年(癸丑、893)

春，正月，时溥遣兵攻宿州，刺史郭言战死。

东川留后顾彦晖既与王建有隙，李茂贞欲抚之使从己，奏请更赐彦晖节，诏以彦晖为东川节度使。茂贞又奏遣知兴元府事李继密救梓州，未几，建遣兵败东川、凤翔之兵于利州。彦晖求和，请与茂贞绝，乃许之。

凤翔节度使李茂贞自请镇兴元，诏以茂贞为山南西道兼武定节度使，以中书侍郎、同平章事徐彦若同平章事，充凤翔节度使，又割果、阆二州隶武定军。茂贞欲兼得凤翔，不奉诏。

二月，甲戌，加西川节度使王建同平章事。

李克用引兵围邢州，王镕遣牙将王藏海致书解之。克用怒，斩藏海，进兵击镕，败镇兵于平山。辛巳，攻天长镇，旬日不下。镕出兵三万救之，克用逆战于叱日岭下，大破之，斩首万余级，余众溃去。河东军无食，脯其尸而啗之。

时溥求救于朱瑾，朱全忠遣其将霍存将骑兵三千军曹州以备之。瑾将兵二万救徐州，存引兵赴之，与朱友裕合击徐、兖兵于石佛山下，大破之，瑾遁归兖州。辛卯，徐兵复出，存战死。

李克用进下井陉，李存孝将兵救王镕，遂入镇州，与镕计事。镕又乞师于朱全忠，全忠方与时溥相攻，不能救，但遗克用书，言"邺下有十万精兵，抑而未进。"克用复书言："傥实屯军邺下，颙望降临。必欲真决雌雄，愿角逐于常山之尾。"甲午，李匡威引兵救镕，败河东兵于元氏，克用引还邢州。镕犒匡威于藁城，辇金帛二十万以酬之。

朱友裕围彭城，时溥数出兵，友裕闭壁不战。朱瑾宵遁，友裕不追，都虞候朱友恭以书谮友裕于全忠，全忠怒，驿书下都指挥使庞师古，使代之将，且按其事。书误达于友裕，友裕大惧，以二(千)〔十〕骑逃入山中，潜诣砀山，匿于伯父全昱之所。全忠夫人张氏闻之，使友裕单骑诣汴州见全忠，泣涕拜伏于庭。全忠命左右捽抑，将斩之，夫人趋就抱之，泣曰："汝舍兵众，束身归罪，无异志明矣。"全忠悟而舍之，使权知许州。友恭，寿春人李彦威也，幼为全忠家僮，全忠养以为子。张夫人，砀山人，多智略，全忠敬惮之，虽军府事，时与之谋议。或将兵出，至中涂，夫人以为不可，遣一介召之，全忠立为之返。

庞师古攻佛山寨，拔之，自是徐兵不敢出。

李匡威之救王镕也，将发幽州，家人会别，弟匡筹之妻美，匡威醉而淫之。三月，匡威自镇州还，至博野，匡筹据军府自称留后，以符追行营兵。匡威众溃归，但与亲近留深州，进退无所之，遣判官李抱真入奏，请归京师。京师屡更大乱，闻匡威来，坊市大恐，曰："金头王来图社稷。"士民或窜匿山谷。王镕德其以己故致失地，迎归镇州，为筑第，父事之。

以渝州刺史柳玭为泸州刺史。柳氏自公绰以来，世以孝悌礼法为士大夫所宗。玭为御史大夫，上欲以为相，宦官恶之，故久谪于外。玭尝戒其子弟曰："凡门地高，可畏不可恃也。立身行己，一事有失，则得罪重于他人，死无以见先人于地下，此其所以可畏也。门高则骄心易生，族盛则为人所嫉。懿行实才，人未之信，小有玼颣，众皆指之，此其所以不可恃也。故膏粱子弟，学宜加勤，行宜加励，仅得比它人耳。"

王建屡请杀陈敬瑄、田令孜，朝廷不许。夏，四月，乙亥，建使人告敬瑄谋作乱，杀之新津。又告令孜通凤翔书，下狱死。建使节度判官冯涓草表奏之曰："开匣出虎，孔宣父不责它人；当路斩蛇，孙叔敖盖非利己。专杀不行于阃外，先机恐失于彀中。"涓，宿之孙也。

汴军攻徐州，累月不克。通事官张涛以书白朱全忠云："进兵时日非良，故无功。"全忠以为然。敬翔曰："今攻城累月，所费甚多，徐人已困，旦夕且下，使将士闻此言，则懈于攻取矣。”全忠乃焚其书。癸未，全忠自将如徐州。戊子，庞师古拔彭城，时溥举族登燕子楼自焚死。己丑，全忠入彭城，以宋州刺史张廷範知感化留后，奏乞朝廷除文臣为节度使。

李匡威在镇州，为王镕完城堑，缮甲兵，训士卒，视之如子，匡威以镕年少，且乐真定土风，潜谋夺之。李抱真自京师还，为之画策，阴以恩施悦其将士。王氏在镇久，镇人爱之，不徇匡威。匡威忌日，镕就第吊之，匡威素服衷甲，伏兵劫之，镕趋抱匡威曰：“镕为晋人所困，几亡矣，赖公以有今日。公欲得四州，此固镕之愿也，不若与公共归府，以位让公，则将士莫之拒矣。”匡威以为然，与镕骈马，陈兵入府。会大风雷雨，屋瓦皆振。匡威入东偏门，镇之亲军闭之，有屠者墨君和自缺垣跃出，拳殴匡威甲士，挟镕于马上，负之登屋。镇人既得镕，攻匡威，杀之，并其族党。镕时年十七，体疏瘦，为君和所挟，颈痛头偏者累日。李匡筹奏镕杀其兄，请举兵复冤，诏不许。

幽州将刘仁恭将兵戍蔚州，过期未代，士卒思归。会李匡筹立，戍卒奉仁恭为帅，还攻幽州，至居庸关，为府兵所败。仁恭奔河东，李克用厚待之。

李神福围庐州，甲午，杨行密自将诣庐州，田頵自宣州引兵会之。初，蔡人张颢以骁勇事秦宗权，后从孙儒，儒败，归行密，行密厚待之，使将兵戍庐州。蔡俦叛，颢更为之用。及围急，颢逾城来降，行密以隶银枪都使袁稹。稹以颢反复，白行密，请杀之，行密恐稹不能容，置之亲军。稹，陈州人也。

王彦复、王审知攻福州，久不下。范晖求救于威胜节度董昌，昌与陈岩昏姻，发温、台、婺州兵五千救之。彦复、审知以城坚，援兵且至，士卒死伤多，白王潮，欲罢兵更图后举，潮不许。请潮自临行营，潮报曰：“兵尽添兵，将尽添将，兵将俱尽，吾当自来。”彦复、审知惧，亲犯矢石急攻之。五月，城中食尽，晖知不能守，夜，以印授监军，弃城走，援兵亦还。庚子，彦复等入城。辛丑，晖亡抵沿海都，为将士所杀。潮入福州，自称留后，素服葬陈岩，以女妻其子延晦，厚抚其家。汀、建二州降，岭海间群盗二十余辈皆降溃。

闰月，以武胜防御使钱镠为苏杭观察使。又以扈跸都头曹诚为黔中节度使，耀德都头李铤为镇海节度使，宣威都头孙惟晟为荆南节度使，六月，以捧日都头陈珮为岭南东道节度使，并同平章事。时李茂贞跋扈，上以武臣难制，欲用诸王代之，故诚等四人皆加恩，解兵柄，令赴镇。

李匡筹出兵攻王镕之乐寿、武强，以报杀匡威之耻。

秋，七月，王镕遣兵救邢州，李克用败之于平山，壬申，进击镇州。镕惧，请以兵粮二十万助攻邢州，克用许之。克用治兵于栾城，合镕兵三万进屯任县，李存信屯琉璃陂。

丁亥，杨行密克庐州，斩蔡俦。左右请发俦父母冢，行密曰："俦以此得罪，吾何为效之！"

加天雄节度使李茂庄同平章事。

钱镠发民夫二十万及十三都军士筑杭州罗城，周七十里。

昇州刺史张雄卒，冯弘铎代之为刺史。

李茂贞恃功骄横，上表及遗杜让能书，辞语不逊。上怒，欲讨之。茂贞又上表，略曰："陛下贵为万乘，不能庇元舅之一身；尊极九州，不能戮复恭之一竖。"又曰："今朝廷但观强弱，不计是非。"又曰："约衰残而行法，随盛壮以加恩，体物锱铢，看人衡纩。"又曰："军情易变，戎马难羁，唯虑甸服生灵，因兹受祸，未审乘舆播越，自此何之！"上益怒，决讨茂贞，命杜让能专掌其事。让能谏曰："陛下初临大宝，国步未夷，茂贞近在国门，臣愚以为未宜与之构怨，万一不克，悔之无及。"上曰："王室日卑，号令不出国门，此乃志士愤痛之秋。药弗瞑眩，厥疾弗瘳。朕不能甘心为孱懦之主，愔愔度日，坐视陵夷。卿但为朕调兵食，朕自委诸王用兵，成败不以责卿。"让能曰："陛下必欲行之，则中外大臣共宜协力以成圣志，不当独以任臣。"上曰："卿位居元辅，与朕同休戚，无宜避事。"让能泣曰："臣岂敢避事？况陛下所欲行者，宪宗之志也。顾时有所未可，势有所不能耳。但恐它日臣徒受晁错之诛，不能弭七国之祸也。敢不奉诏，以死继之。"上乃命让能留中书，计画调度，月余不归。

崔昭纬阴结邠、岐，为之耳目，让能朝发一言，二镇夕必知之。李茂贞使其党纠合市人数百千人，拥观军容使西门君遂马诉曰："岐帅无罪，不宜致讨，使百姓涂炭。"君遂曰："此宰相事，非吾所及。"市人又邀崔昭纬、郑延昌肩舆诉之，二相曰："兹事主上专委杜太尉，吾曹不预知。"市人因乱投瓦石，二相下舆走匿民家，仅自免，丧堂印及朝(报)〔服〕。上命捕其唱帅者诛之，用兵之意益坚。京师民或亡匿山谷，严刑所不能禁。八月，以嗣覃王嗣周为京西招讨使，神策大将军李锣副之。

丙辰，杨行密遣田頵将宣州兵二万攻歙州，歙州刺史裴枢城守，久不下。时诸将为刺史者多贪暴，独池州团练使陶雅宽厚得民，歙人曰："得陶雅为刺史，请听命。"行密即以雅为歙州刺史，歙人纳之。雅尽礼见枢，送之还朝。枢，遵庆之曾孙也。

朱全忠命庞师古移兵攻兖州，与朱瑾战，屡破之。

九月，丁卯，以钱镠为镇海节度使。

李存孝夜犯李存信营，虏奉诚军使孙考老。李克用自引兵攻邢州，掘堑筑垒环之。存孝时出兵突击，堑垒不能成。河东牙将袁奉韬密使人谓存孝曰："大王惟俟堑成即归晋阳,尚书所惮者独大王耳,诸将非尚书敌也。大王若归,咫尺之堑,安能沮尚书之锋锐邪!"存孝以为然,按兵不出。旬日,堑垒成,飞走不能越,存孝由是遂穷。汴将邓季筠从克用攻邢州,轻骑逃归。朱全忠大喜,使将亲军。

乙亥,覃王嗣周帅禁军三万送凤翔节度使徐彦若赴镇,军于兴平。李茂贞、王行瑜合兵近六万,军于盩厔以拒之。禁军皆新募市井少年,茂贞、行瑜所将皆边兵百战之余,壬午,茂贞等进逼兴平,禁军皆望风逃溃。茂贞等乘胜进攻三桥,京师大震,士民奔散,市人复守阙请诛首议用兵者。崔昭纬心害太尉、门下侍郎、同平章事杜让能,密遗茂贞书曰:"用兵非主上意,皆出于杜太尉耳。"甲申,茂贞陈于临皋驿,表让能罪,请诛之。让能言于上曰:"臣固先言之矣,请以臣为解。"上涕下不自禁,曰:"与卿诀矣。"是日,贬让能梧州刺史,制辞略曰:"弃卿士之臧谋,构藩垣之深衅,咨询之际,证执弥坚。"又流观军容使西门君遂于儋州,内枢密使李周潼于崖州,段诩于驩州。乙酉,上御安福门,斩君遂、周潼、诩,再贬让能雷州司户。遣使谓茂贞曰:"惑朕举兵者,三人也,非让能之罪。"以内侍骆全瓘、刘景宣为左右军中尉。

壬辰,以东都留守韦昭度为司徒、门下侍郎、同平章事,御史中丞崔胤为户部侍郎、同平章事。胤,慎由之子也,外宽弘而内巧险,与崔昭纬深相结,故得为相。季父安潜谓所亲曰:"吾父兄刻苦以立门户,终为缁郎所坏!"缁郎,胤小字也。

李茂贞勒兵不解,请诛杜让能然后还镇,崔昭纬复从而挤之。冬,十月,赐让能及其弟户部侍郎弘徽自尽。复下诏布告中外,称"让能举枉错直,爱憎系于一时;鬻狱卖官,聚敛逾于巨万。"自是朝廷动息皆禀于邠、岐,南、北司往往依附二镇以邀恩泽。有崔铤、王超者,为二镇判官,凡天子有所可否,其不逞者,辄诉于铤、超,二人则教茂贞、行瑜上章论之,朝廷小有依违,其辞语已不逊。制复以茂贞为凤翔节度使兼山南西道节度使、守中书令,于是茂贞尽有凤翔、兴元、洋、陇秦等十五州之地。以徐彦若为御史大夫。

戊戌,以泉州刺史王潮为福建观察使。

舒州刺史倪章弃城走,杨行密以李神福为舒州刺史。

邠宁节度使、守侍中兼中书令王行瑜求为尚书令,韦昭度密奏称:"太宗以尚书令执政,遂登大位,自是不以授人臣。惟郭子仪以大功拜尚书令,终身避让。行瑜安可轻议!"十一月,以行瑜为太师,赐号尚父,仍赐铁券。

十二月,朱全忠请徙盐铁于汴州以便供军,崔昭纬以为全忠新破徐、郓,兵力倍增,若更判盐铁,不可复制,乃赐诏开谕之。

汴将葛从周攻齐州刺史朱威,朱瑄、朱瑾引兵救之。

初,武安节度使周岳杀闵勖,据潭州,邵州刺史邓处讷闻而哭之,诸将入吊,处讷曰："吾与公等咸受仆射大恩，今周岳无状杀之，吾欲与公等竭一州之力，为仆射报仇，可乎？"皆曰："善。"于是训卒厉兵，八年，乃结朗州刺史雷满共攻潭州，克之，斩岳，自称留后。

乾宁元年（甲寅、894）

春，正月，乙丑朔，赦天下，改元。

李茂贞入朝，大陈兵自卫，数日归镇。

以李匡筹为卢龙节度使。

二月，朱全忠自将击朱瑄，军于鱼山。瑄与朱瑾合兵攻之，兖、郓兵大败，死者万余人。

以右散骑常侍郑綮为礼部侍郎、同平章事。綮好诙谐，多为歇后诗，讥嘲时事，上以为有所蕴，手注班簿，命以为相，闻者大惊。堂吏往告之，綮笑曰："诸君大误，使天下更无人，未至郑綮！"吏曰："特出圣意。"綮曰："果如是，奈人笑何！"既而贺客至，綮搔首言曰："歇后郑五作宰相，时事可知矣！"累让不获，乃视事。

以邵州刺史邓处讷为武安节度使。

彰义节度使张钧薨，表其兄镭为留后。

三月，黄州刺史吴讨举州降杨行密。

邢州城中食尽，甲申，李存孝登城谓李克用曰："儿蒙王恩得富贵，苟非困于谗慝，安肯舍父子而从仇雠乎！愿一见王，死不恨！"克用使刘夫人视之。夫人引存孝出见克用，存孝泥首谢罪曰："儿粗立微劳，存信逼儿，失图至此。"克用叱之曰："汝遗朱全忠、王镕书，毁我万端，亦存信教汝乎？"囚之，归于晋阳，车裂于牙门。存孝骁勇，克用军中皆莫及，常将骑兵为先锋，所向无敌，身被重铠，腰弓髀槊，独舞铁村陷陈，万人辟易。每以二马自随，马稍乏，就阵中易之，出入如飞。克用惜其才，意临刑诸将必为之请，因而释之。既而诸将疾其能，竟无一人言者。既死，克用为之不视事者旬日，私恨诸将，而于李存信竟无所谴。又有薛阿檀者，其勇与存孝相侔，诸将疾之，常不得志，密与存孝通，存孝诛，恐事泄，遂自杀。自是克用兵势浸弱，而朱全忠独盛矣。克用表马师素为邢洺节度使。

朱全忠遣军将张从晦慰抚寿州。从晦陵侮刺史江彦温而与诸将夜饮，彦温疑其谋己，明日，尽杀在席诸将，以书谢全忠而自杀。军中推其子从顼知军州事，全忠为之腰斩从晦。

五月，加镇海节度使钱镠同平章事。

刘建锋、马殷引兵至澧陵，邓处讷遣邵州指挥使蒋勋、邓继崇将步骑三千守龙回关。殷先至关下，遣使诣勋，勋等以牛酒犒师。殷使说勋曰："刘骧智勇兼人,术家言当兴翼、轸间。今将十万众,精锐无敌,而君以乡兵数千拒之,难矣。不如先下之,取富贵,还乡里,不亦善乎!”勋等然之,谓众曰:“东军许吾属还。”士卒皆欢呼,弃旗帜铠仗遁去。建锋令前锋衣其甲,张其旗,趋潭州。潭人以为邵州兵还,不为备。建锋径入府,处讷方宴,擒斩之。戊辰,建锋入潭州,自称留后。

王建攻彭州,城中人相食,彭州内外都指挥使赵章出降。王先成请筑龙尾道,属于女墙。丙子,西川兵登城,杨晟犹帅众力战,刀子都虞候王茂权斩之。获彭州马步使安师建,建欲使为将,师建泣谢曰:“师建誓与杨司徒同生死,不忍复戴日月,惟速死为惠。”再三谕之,不从,乃杀之,礼葬而祭之。更赵章姓名曰王宗勉,王茂权名曰宗训,又更王钊名曰宗谨,李绾姓名曰王宗绾。

辛卯,中书侍郎、同平章事郑延昌罢为右仆射。

朱瑄、朱瑾求救于河东,李克用遣骑将安福顺及弟福庆、福迁督精骑五百假道于魏,度河应之。

武昌节度使杜洪攻黄州,杨行密遣行营都指挥使朱延寿等救之。

六月,甲午,以宋州刺史张廷範为武宁节度使,从朱全忠之请也。

蕲州刺史冯敬章邀击淮南军,朱延寿攻蕲州,不克。

戊午,以翰林学士承旨、礼部尚书李谿同平章事。方宣制,水部郎中、知制诰刘崇鲁出班掠麻恸哭。上召崇鲁,问其故,对言:“谿奸邪,依附杨复恭、西门君遂,得在翰林,无相业,恐危社稷。”谿竟罢为太子少傅。谿,鄘之孙也。上师谿为文,崔昭纬恐谿为相,分己权,故使崇鲁沮之。谿十表自讼,丑诋“崇鲁父符受赃枉法,事觉自杀。弟崇望与杨复恭深交,崇鲁庭拜田令孜,为朱玫作劝进表,乃云臣交结内臣,何异抱赃唱贼!且故事,絁巾惨带,不入禁庭。臣果不才,崇鲁自应上章论列,岂于正殿恸哭!为国不祥,无人臣礼,乞正其罪。”诏停崇鲁见任。谿犹上表不已,乞行诛窜,表数千言,诟詈无所不至。

李克用大破吐谷浑,杀赫连铎,擒白义诚。

秋,七月,李茂贞遣兵攻阆州,拔之,杨复恭、杨守亮、杨守信帅其族党犯围走。

礼部侍郎、同平章事郑綮自以不合众望,累表避位,诏以太子少保致仕。以御史大夫徐彦若为中书侍郎兼吏部尚书、同平章事。

绵州刺史杨守厚卒,其将常再荣举城降王建。

杨复恭、守亮、守信将自商山奔河东,至乾元,遇华州兵,获之。八月,韩建献于阙下,斩于独柳。李茂贞献复恭遗守亮书,诉致仕之由云:“承天门乃隋家旧业,大侄但积粟训兵,勿贡献。吾于荆榛中立寿王,才得尊位,废定策国老,有如此负心门生天子!”

昭义节度使康君立诣晋阳谒李克用。己未,克用会诸将饮博,酒酣,克用语及李存孝,流涕不已。君立素与李存信善,一言忤旨,克用拔剑斫之,囚于马步司。九月,庚申朔,出之,君立已死。克用表雲州刺史薛志诚为昭义留后。

冬,十月,丁酉,封皇子祤为棣王,禊为虔王,禋为沂王,祎为遂王。

刘仁恭数因盖寓献策于李克用,愿得兵万人取幽州。克用方攻邢州,分兵数千,欲纳仁恭于幽州,不克。李匡筹益骄,数侵河东之境。克用怒,十一月,大举兵攻匡筹,拔武州,进围新州。

以泾原留后张鐇为彰义节度使。

朱全忠遣使至泗州,使者陵慢刺史张谏,谏举州降杨行密。行密遣押牙唐令回持茶万余斤如汴宋贸易,全忠执令回,尽取其茶。扬、汴始有隙。

十二月,李匡筹遣大将将步骑数万救新州,李克用选精兵逆战于段庄,大破之,斩首万余级,生擒将校三百人,以练系之,徇于城下。是夕,新州降。辛亥,进攻妫州。壬子,匡筹复发兵出居庸关,克用使精骑当其前以疲之,遣步将李存审自他道出其背夹击之,幽州兵大败,杀获万计。甲寅,李匡筹挈其族奔沧州,义昌节度使卢彦威利其辎重、妓妾,遣兵攻之于景城,杀之,尽俘其众。存审本姓苻,宛丘人,克用养以为子。丙辰,克用进军幽州,其大将请降。匡筹素暗懦,初据军府,兄匡威闻之,谓诸将曰:“兄失弟得,不出吾家,亦复何恨!但惜匡筹才短,不能保守,得及二年,幸矣。”

加匡国节度使王行约检校侍中。

吴讨畏杜洪之逼,纳印请代于杨行密,行密以先锋指挥使瞿章权知黄州。

是岁,黄连洞蛮二万围汀州,福建观察使王潮遣其将李承勋将万人击之,蛮解去,承勋追击之,至浆水口,破之。闽地略定。潮遣僚佐巡州县,劝农桑,定租税,交好邻道,保境息民,闽人安之。

封州刺史刘谦卒,子隐居丧于贺江,士民百余人谋乱,隐一夕尽诛之。岭南节度使刘崇龟召补右都押牙兼贺水镇使,未几,表为封州刺史。

义胜节度使董昌为政苛虐,于常赋之外,加敛数倍,以充贡献及中外馈遗,每旬发一纲,金万两,银五千铤,越绫万五千匹,它物称是,用卒五百人,或遇雨雪风水违程,则皆死。贡奉为天下最,由是朝廷以为忠,宠命相继,官至司徒、同平章事,爵陇西郡王。

昌建生祠于越州,制度悉如禹庙,命民间祷赛者,无得之禹庙,皆之生祠。昌求为越王,朝廷未之许,昌不悦,曰:“朝廷欲负我矣,我累年贡献无算而惜一越王邪?”有谄之者曰:“王为越王,曷若为越帝。”于是民间讹言时世将变,竞相帅填门喧噪，请昌为帝。昌大喜，遣人谢之曰："天时未至，时至我自为之。"其僚佐吴瑶、都虞候李畅之等皆劝成之，吏民献谣谶符瑞者不可胜纪，其始赏之以钱数百缗，既而献者日多，稍减至五百、三百而已。昌曰："谶云'兔子上金床'，此谓我也。我生太岁在卯，明年复在卯，二月卯日卯时，吾称帝之秋也。"

资治通鉴卷第二百六十

端明殿学士兼翰林侍读学士太中大夫提举西京嵩山崇福宫上柱国河内郡开国公食邑二千二百户食实封九百户赐紫金鱼袋臣 司马光 奉敕编集

唐纪七十六起旃蒙单阏(乙卯),尽〔柔〕兆执徐(丙辰),凡二年。

昭宗圣穆景文孝皇帝上之下

乾宁二年(乙卯、895)

春,正月,辛酉,幽州军民数万以麾盖歌鼓迎李克用入府舍;克用命(苻)〔李〕存审、刘仁恭将兵略定巡属。

癸未,朱全忠遣其将朱友恭围兖州,朱瑄自郓以兵粮救之,友恭设伏,败之于高梧,尽夺其饷,擒河东将安福顺、安福庆。

己巳,以给事中陆希声为户部侍郎、同平章事。希声,元方五世孙也。

壬申,护国节度使王重盈薨,军中请以重荣子行军司马珂知留后事。珂,重盈兄重简之子也,重荣养以为子。

杨行密表朱全忠罪恶,请会易定、兖、郓、河东兵讨之。

董昌将称帝,集将佐议之。节度副使黄碣曰:"今唐室虽微,天人未厌。齐桓、晋文皆翼戴周室以成霸业。大王兴于畎亩,受朝廷厚恩,位至将相,富贵极矣,奈何一旦忽为族灭之计乎! 碣宁死为忠臣,不生为叛逆!"昌怒,以为惑众,斩之,投其首于厕中,骂之曰:"奴贼负我! 好圣明时三公不能待,而先求死也!"并杀其家八十口,同坎瘗之。又问会稽令吴镣,对曰:"大王不为真诸侯以传子孙,乃欲假天子以取灭亡邪!"昌亦族诛之。又谓山阴令张逊曰:"汝有能政,吾深知之,俟吾为帝,命汝知御史台。"逊曰:"大王起石镜镇,建节浙东,荣贵近二十年,何苦效李锜、刘闢之所为乎! 浙东僻处海隅,巡属虽有六州,大王若称帝,彼必不从,徒守孤城,为天下笑耳。"昌又杀之,谓人曰:"无此三人者,则人莫我违矣!"

二月,辛卯,昌被衮冕登子城门楼,即皇帝位。悉陈瑞物于庭以示众。先是,咸通末,吴、越间讹言山中有大鸟,四目三足,声云"罗平天册",见者有殃,民间多画象以祀之,及昌将僭号,曰:"此吾鸑鷟也。"乃自称大越罗平国,改元顺天,署城楼曰天册之楼,令群下谓己曰"圣人"。以前杭州刺史李邈、前婺州刺史蒋瓌、两浙盐铁副使杜郢、前屯田郎中李瑜为相。又以吴瑶等皆为翰林学士,李畅之等皆为大将军。

昌移书钱镠，告以权即罗平国位，以镠为两浙都指挥使。镠遗昌书曰："与其闭门作天子，与九族、百姓俱陷涂炭，岂若开门作节度使，终身富贵邪！及今悛悔，尚可及也。"昌不听，镠乃将兵三万诣越州城下，至迎恩门见昌，再拜言曰："大王位兼将相，奈何舍安就危！镠将兵此来，以俟大王改过耳。若天子命将出师，纵大王不自惜，乡里士民何罪，随大王族灭乎！"昌惧，致犒军钱二百万，执首谋者吴瑶及巫觋数人送于镠，且请待罪天子。镠引兵还，以状闻。

王重盈之子保义节度使珙、(晋)〔绛〕州刺史瑶举兵击王珂，表言珂非王氏子。与朱全忠书，言"珂本吾家苍头，不应为嗣。"珂上表自陈，且求援于李克用。上遣中使谕解之。

上重李谿文学，乙未，复以谿为户部侍郎、同平章事。

己酉，朱全忠军于单父，为朱友恭声援。

李克用表刘仁恭为卢龙留后，留兵戍之，壬子，还晋阳。

妫州人高思继兄弟，有武干，为燕人所服，克用皆以为都将，分掌幽州兵，部下士卒，皆山北之豪也，仁恭惮之。久之，河东兵戍幽州者暴横，思继兄弟以法裁之，所诛杀甚多。克用怒，以让仁恭，仁恭诉称高氏兄弟所为，克用俱杀之。仁恭欲收燕人心，复引其诸子置帐下，厚抚之。

崔昭纬与李茂贞、王行瑜深相结，得天子过失，朝廷机事，悉以告之。邠宁节度副使崔铤，昭纬之族也，李谿再入相，昭纬使铤告行瑜曰："向者尚书令之命已行矣，而韦昭度沮之，今又引李谿为同列，相与荧惑圣听，恐复有杜太尉之事。"行瑜乃与茂贞表称谿奸邪，昭度无相业，宜罢居散秩。上报曰："军旅之事，朕则与藩镇图之。至于命相，当出朕怀。"行瑜等论列不已，三月，谿复罢为太子少师。

王珙、王瑶请朝廷命河中帅，诏以中书侍郎、同平章事崔胤同平章事，充护国节度使；以户部侍郎、判户部王抟为中书侍郎、同平章事。

王珂，李克用之婿也。克用表重荣有功于国，请赐其子珂节钺。王珙厚结王行瑜、李茂贞、韩建三帅，更上表称珂非王氏子，请以珂为陕州、珙为河中。上谕以先已允克用之奏，不许。

加王镕兼侍中。

杨行密浮淮至泗州，防御使台濛盛饰供帐，行密不悦。既行，濛于卧内得补绽衣，驰使归之。行密笑曰："吾少贫贱，不敢忘本。"濛甚惭。

行密攻濠州，拔之，执刺史张璲。

行密军士掠得徐州人李氏之子，生八年矣，行密养以为子，行密长子渥憎之。行密谓其将徐温曰："此儿质状性识，颇异于人，吾度渥必不能容，今赐汝为子。"温名之曰知诰。知诰事温，勤孝过于诸子。尝得罪于温，温笞而逐之，及归，知诰迎拜于门。温问："何故犹在此？"知诰泣对曰："人子舍父母将何之？父怒而归母，人情之常也。"温以是益爱之，使掌家事，家人无违言。及长，喜书善射，识度英伟。行密常谓温曰："知诰俊杰，诸将子皆不及也。"

丁亥，行密围寿州。

上以郊畿多盗，至有逾垣入宫或侵犯陵寝者，欲令宗室诸王将兵巡警，又欲使之四方抚慰藩镇。南北司用事之臣恐其不利于己，交章论谏。上不得已，夏，四月，下诏悉罢之。

朝廷以董昌有贡输之勤，今日所为，类得心疾，诏释其罪，纵归田里。

户部侍郎、同平章事陆希声罢为太子少师。

杨行密围寿州，不克，将还。庚寅，其将朱延寿请试往更攻，一鼓拔之，执刺史江从勗。行密以延寿权知寿州团练使。未几，汴兵数万攻寿州，州兵少，吏民恟惧。延寿制，军中每旗二十五骑。命黑雲队长李厚将十旗击汴兵，不胜，延寿将斩之，厚称众寡不敌，愿益兵更往，不胜则死。都押牙汝阳柴再用亦为之请，乃益以五旗。厚殊死战，再用助之，延寿悉众乘之，汴兵败走。厚，蔡州人也。行密又遣兵袭涟水，拔之。

钱镠表董昌僭逆，不可赦，请以本道兵讨之。

太傅、门下侍郎、同平章事韦昭度以太保致仕。

戊戌，以刘建锋为武安节度使。建锋以马殷为内外马步军都指挥使。

杨行密遣使诣钱镠，言董昌已改过，宜释之；亦遣诣昌，使趣朝贡。

河东遣其将史俨、李承嗣以万骑驰入于郓，朱友恭退归于汴。

五月，诏削董昌官爵，委钱镠讨之。

初，王行瑜求尚书令不获，由是怨朝廷。畿内有八镇兵，隶左右军。郃阳镇近华州，韩建求之；良原镇近邠州，王行瑜求之。宦官曰："此天子禁军，何可得也！"王珂、王珙争河中，行瑜、建及李茂贞皆为珙请，不能得，耻之。珙使人语三帅曰："珂不受代而与河东昏姻，必为诸公不利，请讨之。"行瑜使其弟匡国节度使行约攻河中，珂求救于李克用。行瑜乃与茂贞、建各将精兵数千入朝，甲子，至京师，坊市民皆窜匿。上御安福门以待之，三帅盛陈甲兵，拜伏舞蹈于门下。上临轩，亲诘之曰："卿辈不奏请俟报，辄称兵入京城，其志欲何为乎？若不能事朕，今日请避贤路。"行瑜、茂贞流汗不能言，独韩建粗述入朝之由。上与三帅宴，三帅奏称："南、北司互有朋党，堕紊朝政。韦昭度讨西川失策，李谿作相，不合众心，请诛之。"上未之许。是日，行瑜等杀昭度、谿于都亭驿，又杀枢密使康尚弼及宦官数人。又言："王珂、王珙嫡庶不分，请除王珙河中，徙王行约于陕，王珂于同州。"上皆许之。始，三帅谋废上，立吉王保。至是，闻李克用已起兵于河东，行瑜、茂贞各留兵二千人宿卫京师，与建皆辞还镇。贬户部尚书杨堪为雅州刺史。堪，虞卿之子，昭度之舅也。

初，崔胤除河中节度使，河东进奏官薛志勤扬言曰："崔公虽重德，以之代王珂，不若光德刘公于我公厚也。"光德刘公者，太常卿刘崇望也。及三帅入朝，闻志勤之言，贬崇望昭州司马。李克用闻三镇兵犯阙，即日遣使十三辈发北部兵，期以来月度河入关。

六月，庚寅，以钱镠为浙东招讨使。镠复发兵击董昌。

辛卯，以前均州刺史孔纬、绣州司户张濬并为太子宾客。壬辰，以纬为吏部尚书，复其阶爵；癸巳，拜司空，兼门下侍郎、同平章事。以张濬为兵部尚书、诸道租庸使。时纬居华州，濬居长水，上以崔昭纬等外交藩镇，朋党相倾，思得骨鲠之士，故骤用纬、濬。纬以有疾，扶舆至京师，见上，涕泣固辞，上不许。

李克用大举蕃、汉兵南下，上表称王行瑜、李茂贞、韩建称兵犯阙，贼害大臣，请讨之，又移檄三镇，行瑜等大惧。克用军至绛州，刺史王瑶闭城拒之，克用进攻，旬日，拔之，斩瑶于军门，杀城中违拒者千余人。秋，七月，丙辰朔，克用至河中，王珂迎谒于路。

匡国节度使王行约败于朝邑，戊午，行约弃同州走，己未，至京师。行约弟行实时为左军指挥使，帅众与行约大掠西市。行实奏称同华已没，沙陀将至，请车驾幸邠州。庚申，枢密使骆全瓘奏请车驾幸凤翔。上曰："朕得克用表，尚驻军河中。就使沙陀至此，朕自有以枝梧，卿等但各抚本军，勿令摇动。"

右军指挥使李继鹏，茂贞假子也，本姓名阎珪，与骆全瓘谋劫上幸凤翔。中尉刘景宣与王行实知之，欲劫上幸邠州，孔纬面折景宣，以为不可轻离宫阙。向晚，继鹏连奏请车驾出幸，于是王行约引左军攻右军，鼓噪震地。上闻乱，登承天楼，欲谕止之，捧日都头李筠将本军，于楼前侍卫。李继鹏以凤翔兵攻筠，矢拂御衣，著于楼桷，左右扶上下楼。继鹏复纵火焚宫门，烟炎蔽天。时有盐州六都兵屯京师，素为两军所惮，上急召令入卫。既至，两军退走，各归邠州及凤翔。城中大乱，互相剽掠，上与诸王及亲近幸李筠营，护跸都头李居实帅众继至。

或传王行瑜、李茂贞欲自来迎车驾，上惧为所迫，辛酉，以筠、居实两都兵自卫，出启夏门，趣南山，宿莎城镇。士民追从车驾者数十万人，比至谷口，暍死者三之一，夜，复为盗所掠，哭声震山谷。时百官多扈从不及，户部尚书、判度支及盐铁转运使薛王知柔独先至，上命权知中书事及置顿使。

壬戌，李克用入同州。崔昭纬、徐彦若、王抟至莎城。甲子，上徙幸石门镇，命薛王知柔与知枢密院刘光裕还京城，制置守卫宫禁。丙寅，李克用遣节度判官王瓌奉表问起居。丁卯，上遣内侍郗廷昱赍诏诣李克用军，令与王珂各发万骑同赴新平。又诏彰义节度使张镭以泾原兵控扼凤翔。

李克用遣兵攻华州，韩建登城呼曰："仆于李公未尝失礼，何为见攻?"克用使谓之曰："公为人臣，逼逐天子，公为有礼，孰为无礼者乎!"会郗廷昱至，言李茂贞将兵三万至盩厔，王行瑜将兵至兴平，皆欲迎车驾，克用乃释华州之围，移兵营渭桥。

以薛王知柔为清海节度使、同平章事，仍权知京兆尹、判度支，充盐铁转运使，俟反正日赴镇。

上在南山旬余，士民从车驾避乱者日相惊曰："邠、岐兵至矣!"上遣延王戒丕诣河中，趣李克用令进兵。壬午，克用发河中。八月，上遣供奉官张承业诣克用军。承业，同州人，屡奉使于克用，因留监其军。己丑，克用进军渭桥，遣其将李存贞为前锋；辛卯，拔永寿，又遣史俨将三千骑诣石门侍卫。癸巳，遣李存信、李存审会保大节度使李思孝攻王行瑜梨园寨，擒其将王令陶等，献于行在。思孝本姓拓跋，思恭之弟也。李茂贞惧，斩李继鹏，传首行在，上表请罪，且遣使求和于克用。上复遣延王戒丕、丹王允谕克用，令且赦茂贞，并力讨行瑜，俟其殄平，当更与卿议之，且命二王拜克用为兄。

以前河中节度使崔胤为中书侍郎、同平章事。

戊戌，削夺王行瑜官爵。癸卯，以李克用为邠宁四面行营都招讨使，保大节度使李思孝为北面招讨使，定难节度使李思谏为东面招讨使，彰义节度使张镭为西面招讨使。克用遣其子存勖诣行在，年十一，上奇其状貌，抚之曰："儿方为国之栋梁，它日宜尽忠于吾家。"克用表请上还京，上许之。令克用遣骑三千驻三桥为备御。辛亥，车驾还京师。

壬子，司空兼门下侍郎、〔同〕平章事崔昭纬罢为右仆射。

以护国留后王珂、卢龙留后刘仁恭各为本镇节度使。

时宫室焚毁，未暇完葺，上寓居尚书省，百官往往无袍笏仆马。以李克用为行营都统。

九月，癸亥，司空兼门下侍郎、同平章事孔纬薨。

辛未，朱全忠自将击朱瑄，战于梁山，瑄败走还郓。

李克用急攻梨园，王行瑜求救于李茂贞，茂贞遣兵万人屯龙泉镇，自将兵三万屯咸阳之旁。克用请诏茂贞归镇，仍削夺其官爵，欲分兵讨之。上以茂贞自诛继鹏，前已赦宥，不可复削夺诛讨，但诏归镇，仍令克用与之和解。以昭义节度使李罕之检校侍中，充邠宁四面行营副都统。史俨败邠宁兵于雲阳，擒雲阳镇使王令诲等，献之。

王建遣简州刺史王宗瑶等将兵赴难，甲戌，军于绵州。

董昌求救于杨行密，行密遣泗州防御使台濛攻苏州以救之，且表昌引咎，愿修职贡，请复官爵。又遗钱镠书，称："昌狂疾自立，已畏兵谏，执送同恶，不当复伐之。"

冬，十月，丙戌，河东将李存贞败邠宁军于梨园北，杀千余人。自是梨园闭壁不敢出。

贬右仆射崔昭纬为梧州司马。

魏国夫人陈氏，才色冠后宫，戊子，上以赐李克用。

克用令李罕之、李存信等急攻梨园，城中食尽，弃城走。罕之等邀击之，所杀万余人，克梨园等三寨，获王行瑜子知进及大将李元福等。克用进屯梨园。庚寅，王行约、王行实烧宁州遁去。克用奏请以匡国节度使苏文建为静难节度使，趣令赴镇，且理宁州，招抚降人。

上迁居大内。

朱全忠遣都将葛从周击兖州，自以大军继之，癸卯，围兖州。

杨行密遣宁国节度使田頵、润州团练使安仁义攻杭州镇戍以救董昌，昌使湖州将徐淑会淮南将魏约共围嘉兴。钱镠遣武勇都指挥使顾全武救嘉兴，破乌墩、光福二寨。淮南将柯厚破苏州水栅。全武，馀姚人也。

义武节度使王处存薨，军中推其子节度副使郜为留后。

以京兆尹武邑孙偓为兵部侍郎、同平章事。

王行瑜以精甲五千守龙泉寨，李克用攻之。李茂贞以兵五千救之，营于镇西。李罕之击凤翔兵，走之，十一月，丁巳，拔龙泉寨。行瑜走入邠州，遣使请降于克用。

齐州刺史朱琼举州降于朱全忠。琼，瑾之从父兄也。

衢州刺史陈儒卒，弟岌代之。

李克用引兵逼邠州，王行瑜登城，号哭谓克用曰："行瑜无罪，迫胁乘舆，皆李茂贞及李继鹏所为，请移兵问凤翔，行瑜愿束身归朝。"克用曰："王尚父何恭之甚！仆受诏讨三贼臣，公预其一，束身归朝，非仆所得专也。"丁卯，行瑜挈族弃城走。克用入邠州，封府库，抚居人，命指挥使高爽权巡抚军城，奏趣苏文建赴镇。行瑜走至庆州境，部下斩行瑜，传首。

朱瑄遣其将贺瓌、柳存及河东将何怀宝将兵万余人袭曹州，以解兖州之围。瓌，濮阳人也。丁卯，全忠自中都引兵夜追之，比明，至钜野南，及之，屠杀殆尽，生擒瓌、存、怀宝，俘士卒三千余人。是日晡后，大风沙尘晦冥，全忠曰："此杀人未足耳！"下令所得之俘尽杀之。庚午，缚瓌等徇于兖州城下，谓朱瑾曰："卿兄已败，何不早降！"

丁丑，雅州刺史王宗侃攻拔利州，执刺史李继颙，斩之。

朱瑾伪遣使请降于朱全忠，全忠自就延寿门下与瑾语。瑾曰："欲送符印，愿使兄琼来领之。"辛巳，全忠使琼往，瑾立马桥上，伏骁果董怀进于桥下，琼至，怀进突出，擒之以入，须臾，掷首城外。全忠乃引兵还，以琼弟玭为齐州防御使，杀柳存、何怀宝，闻贺瓌名，释而用之。

李克用旋军渭北。

加静难节度使苏文建同平章事。

蒋勋求为邵州刺史，刘建锋不许，勋乃与邓继崇起兵，连飞山、梅山蛮寇湘潭，据邵州，使其将申德昌屯定胜镇以扼潭人。

十二月，甲申，阆州防御使李继雍、蓬州刺史费存、渠州刺史陈璠各帅所部兵奔王建。

乙酉，李克用军于雲阳。

王建奏："东川节度使顾彦晖不发兵赴难，而掠夺辎重，遣泸州刺史马敬儒断峡路，请兴兵讨之。"戊子，华洪大破东川兵于楸林，俘斩数万，拔楸林寨。

乙未，进李克用爵晋王，加李罕之兼侍中，以河东大将盖寓领容管观察使，自馀克用将佐、子孙并进官爵。克用性严急，左右小有过辄死，无敢违忤，惟盖寓敏慧，能揣其意，婉辞裨益，无不从者。克用或以非罪怒将吏，寓必阳助之怒，克用常释之。有所谏诤，必征近事为喻。由是克用爱信之，境内无不依附，权与克用侔。朝廷及邻道遣使至河东，其赏赐赂遗，先入克用，次及寓家。朱全忠数遣人间之，及扬言云盖寓已代克用，而克用待之益厚。

丙申，王建攻东川，别将王宗弼为东川兵所擒，顾彦晖畜以为子。戊戌，通州刺史李彦昭将所部兵二千降于建。

李克用遣掌书记李袭吉入谢恩，密言于上曰："比年以来，关辅不宁，乘此胜势，遂取凤翔，一劳永逸，时不可失。臣屯军渭北，专俟进止。"上谋于贵近，或曰："茂贞复灭，则沙陁大盛，朝廷危矣！"上乃赐克用诏，褒其忠款，而言："不臣之状，行瑜为甚。自朕出幸以来，茂贞、韩建自知其罪，不忘国恩，职贡相继，且当休兵息民。"克用奉诏而止。既而私于诏使曰："观朝廷之意，似疑克用有异心也。然不去茂贞，关中无安宁之日。"又诏免克用入朝，将佐或言："今密迩阙廷，岂可不入见天子！"克用犹豫未决，盖寓言于克用曰："向者王行瑜辈纵兵狂悖，致銮舆播越，百姓奔散。今天子还未安席，人心尚危，大王若引兵度渭，窃恐复惊骇都邑。人臣尽忠，在于勤王，不在入觐，愿熟图之。"克用笑曰："盖寓尚不欲吾入朝，况天下之人乎！"乃表称："臣总帅大军，不敢径入朝觐，且惧部落士卒侵扰渭北居人。"辛亥，引兵东归。表至京师，上下始安。诏赐河东士卒钱三十万缗。克用既去，李茂贞骄横如故，河西州县多为茂贞所据，以其将胡敬璋为河西节度使。

朱全忠之去兖州也，留葛从周将兵守之，朱瑾闭城不复出。从周将还，乃扬言“天平、河东救兵至，引兵西北邀之”，夜半，潜归故寨。瑾以从周精兵悉出，果出兵攻寨。从周突出奋击，杀千余人，擒其都将孙汉筠而还。

加镇海节度使钱镠兼侍中。

彰义节度使张鐇薨，以其子琏权知留后。

朱瑄、朱瑾屡为朱全忠所攻，民失耕稼，财力俱弊。告急于河东，李克用遣大将史俨、李承嗣将数千骑假道于魏以救之。

安州防御使家晟与朱全忠亲吏蒋玄晖有隙，恐及祸，与指挥使刘士政、兵马监押陈可璠将兵三千袭桂州，杀经略使周元静而代之。晟醉侮可璠，可璠手刃之，推士政知军府事，可璠自为副使。诏即以士政为桂管经略使。玄晖，吴人也。

三年（丙辰、896）

春，正月，西川将王宗夔攻拔龙州，杀刺史田昉。

丁巳，刘建锋遣都指挥使马殷将兵讨蒋勋，攻定胜寨，破之。

辛未，安仁义以舟师至湖州，欲度江应董昌，钱镠遣武勇都指挥使顾全武、都知兵马使许再思守西陵，仁义不能度。昌遣其将汤臼守石城，袁邠守馀姚。

闰月，克用遣蕃、汉都指挥使李存信将万骑假道于魏以救兖、郓，军于莘县。朱全忠使人谓罗弘信曰：“克用志吞河朔，师还之日，贵道可忧。”存信戢众不严，侵暴魏人，弘信怒，发兵三万夜袭之。存信军溃退，保洺州，丧士卒什二三，委弃资粮兵械万数。史俨、李承嗣之军隔绝不得还。弘信自是与河东绝，专志于汴。全忠方图兖、郓，畏弘信议或后，弘信每有赠遗，全忠必对使者北向拜(授)〔受〕之，曰：“六兄于予，倍年以长，固非诸邻之比。”弘信信之，全忠以是得专意东方。

丁亥，果州刺史(张)〔周〕雄降于王建。

二月，戊辰，顾全武、许再思败汤臼于石城。上用杨行密之请，赦董昌，复其官爵，钱镠不从。

以通王滋判侍卫诸将事。

朱全忠荐兵部尚书张濬，上欲复相之，李克用表请发兵击全忠，且言“濬朝为相，臣则夕至阙廷！”京师震惧，上下诏和解之。

三月，以天雄留后李继徽为节度使。

保大节度使李思孝表请致仕，荐弟思敬自代，诏以思孝为太师，致仕，思敬为保大留后。

朱全忠遣庞师古将兵伐郓州，败郓兵于马颊，遂抵其城下。

己酉，顾全武等攻馀姚，明州刺史黄晟遣兵助之，董昌遣其将徐章救馀姚，全武击擒之。

夏，四月，辛酉，河涨，将毁滑州城，朱全忠命决为二河，夹滑城而东，为害滋甚。

李克用击罗弘信，攻洹水，杀魏兵万余，进攻魏州。

武安节度使刘建锋既得志，嗜酒，不亲政事。长直兵陈赡妻美，建锋私之，赡袖铁挝击杀建锋，诸将杀赡，迎行军司马张佶为留后。佶将入府，马忽踶啮，伤左髀。时马殷攻邵州未下，佶谢诸将曰："马公勇而有谋，宽厚乐善，吾所不及，真乃主也。"乃以牒召之。殷犹豫未行，听直军将汝南姚彦章说殷曰："公与刘龙骧、张司马，一体人也，今龙骧遇祸，司马伤髀，天命人望，舍公尚谁属哉！"殷乃使亲从都指挥使李琼留攻邵州，径诣长沙。

淮南兵与镇海兵战于皇天荡，镇海兵不利，杨行密遂围苏州。

钱镠、钟传、杜洪畏杨行密之强，皆求援于朱全忠，全忠遣许州刺史朱友恭将兵万人度淮，听以便宜从事。

董昌使人觇钱镠兵，有言其强盛者辄怒，斩之；言兵疲食尽，则赏之。戊寅，袁邠以馀姚降于镠，顾全武、许再思进兵至越州城下。五月，昌出战而败，婴城自守，全武等围之。昌始惧，去帝号，复称节度使。

马殷至长沙，张佶肩舆入府，坐受殷拜谒，已，乃命殷升听事，以留后让之，即趋下，帅将吏拜贺，复为行军司马，代殷将兵攻邵州。

癸未，苏州常熟镇使陆郢以州城应杨行密，虏刺史成及。行密阅及家所蓄，惟图书、药物，贤之，归，署行军司马。及拜且泣曰："及百口在钱公所，失苏州不能死，敢求富贵？愿以一身易百口之死。"引佩刀欲自刺。行密遽执其手，止之，馆于府舍。其室中亦有兵仗，行密每单衣诣之，与之共饮膳，无所疑。

钱镠闻苏州陷，急召顾全武，使趋西陵备行密，全武曰："越州贼之根本，奈何垂克而弃之！请先取越州，后复苏州。"镠从之。

淮南将朱延寿奄至蕲州，围其城。大将贾公铎方猎，不得还，伏兵林中，命勇士二人衣羊皮夜入延寿所掠羊群，潜入城，约夜半开门举火为应，复衣皮返命。公铎如期引兵至城南，门中火举，力战，突围而入。延寿惊曰："吾常恐其溃围而出，反溃围而入，如此，城安可猝拔！"乃白行密，求军中与公铎有旧者持誓书金帛往说之，许以昏。寿州团练副使柴再用请行，临城与语，为陈利害。数日，公铎及刺史冯敬章请降。以敬章为左都押牙，公铎为右监门卫将军。延寿进拔光州，杀刺史刘存。

丙戌，上遣中使诣梓州和解两川，王建虽奉诏还成都，然犹连兵未解。

崔昭纬复求救于朱全忠。戊子，遣中使赐昭纬死，行至荆南，追及，斩之，中外咸以为快。

荆南节度使成汭与其将许存溯江略地，尽取滨江州县。武泰节度使王建肇弃黔州，收余众保丰都。存又引兵西取渝、涪二州，汭以其将赵武为黔中留后，存为万州刺史。汭知存不得志，使人诇之，曰："存不治州事，日出蹴鞠。"汭曰："存将逃，先匀足力也。"遣兵袭之，存弃城走，其众稍稍归之，屯于茅坝。赵武数攻丰都，王建肇不能守，与存皆降于王建。建忌存勇略，欲杀之，掌书记高烛曰："公方总揽英雄以图霸业，彼穷来归我，奈何杀之！"建使戍蜀州，阴使知蜀州王宗绾察之。宗绾密言存忠勇谦厚，有良将才，建乃舍之，更其姓名曰王宗播，而宗绾竟不使宗播知其免己也。宗播元从孔目官柳修业，每劝宗播慎静以免祸。其后宗播为建将，遇强敌诸将所惮者，以身先之，及有功，辄称病，不自伐，由是得以功名终。

甲午，夜，顾全武急攻越州，乙未旦，克其外郭，董昌犹据牙城拒之。戊戌，镠遣昌故将骆团绐昌云："奉诏，令大王致仕归临安。"昌乃送牌印，出居清道坊。己亥，全武遣武勇都监使吴璋以舟载昌如杭州，至小江南，斩之，并其家三百余人，宰相李邈、蒋瓌以下百余人。昌在围城中，贪吝益甚，口率民间钱帛，减战士粮。及城破，库有金帛杂货五百间，仓有粮三百万斛。钱镠传昌首于京师，散金帛以赏将士，开仓以振贫乏。

李克用攻魏博，侵掠遍六州。朱全忠召葛从周于郓州，使将兵营洹水以救魏博，留庞师古攻郓州。六月，克用引兵击从周，汴人多凿坎于陈前，战方酣，克用之子铁林指挥使落落马遇坎而踬，汴人生擒之。克用自往救之，马亦踬，几为汴人所获，克用顾射汴将一人，毙之，乃得免。克用请修好以赎落落，全忠不许，以与罗弘信，使杀之。克用引军还。

葛从周自洹水引兵济河，屯于杨刘，复击郓，及兖、郓、河东之兵战于故乐亭，破之。兖、郓属城皆为汴人所据，屡求救于李克用，克用发兵赴之，为罗弘信所拒，不得前，兖、郓由是不振。

初，李克用屯渭北，李茂贞、韩建惮之，事朝廷礼甚恭。克用去，二镇贡献渐疏，表章骄慢。上自石门还，于神策两军之外，更置安圣、捧宸、保宁、宣化等军，选补数万人，使诸王将之，嗣延王戒丕、嗣覃王嗣周又自募麾下数千人。茂贞以为欲讨己，语多怨望，嫌隙日构。茂贞亦勒兵扬言欲诣阙讼冤，京师士民争亡匿山谷。上命通王滋及嗣周、戒丕分将诸军以卫近畿，戒丕屯三桥。茂贞遂表言"延王无故称兵讨臣，臣今勒兵入朝请罪。"上遽遣使告急于河东。丙寅，茂贞引兵逼京畿，覃王与战于娄馆，官军败绩。

秋，七月，茂贞进逼京师。延王戒丕曰："今关中藩镇无可依者，不若自鄜州济河，幸太原，臣请先往告之。”辛卯，诏幸鄜州。壬辰，上出至渭北。韩建遣其子从允奉表请幸华州，上不许，以建为京畿都指挥、安抚制置及开通四面道路、催促诸道纲运等使。而建奉表相继，上及从官亦惮远去，癸巳，至富平，遣宣徽使元公讯召建，面议去留。甲午，建诣富平见上，顿首涕泣言：“方今藩臣跋扈者，非止茂贞。陛下若去宗庙园陵，远巡边鄙，臣恐车驾济河，无复还期。今华州兵力虽微，控带关辅，亦足自固，臣积聚训厉，十五年矣，西距长安不远，愿陛下临之，以图兴复。”上乃从之。乙未，宿下邽。丙申，至华州，以府署为行宫，建视事于龙兴寺。茂贞遂入长安，自中和以来所葺宫室、市肆，燔烧俱尽。

乙巳，以中书侍郎、同平章事崔胤同平章事，充武安节度使。上以胤，崔昭纬之党也，故出之。

丙午，以翰林学士承旨、尚书左丞陆扆为户部侍郎、同平章事。扆，陕人也。

水部郎中何迎表荐国子《毛诗》博士襄阳朱朴，才如谢安，道士许岩士亦荐朴有经济才。上连日召对，朴有口辩，上悦之，曰：“朕虽非太宗，得卿如魏徵矣。”赐以金帛，并赐何迎。

以徐彦若为大明宫留守，兼京畿安抚制置等使。

杨行密表请上迁都江淮，王建请上幸成都。

宰相畏韩建，不敢专决政事。八月，丙辰，诏建关议朝政，建上表固辞，乃止。

韩建移檄诸道，令共输资粮诣行在。李克用闻之，叹曰：“去岁从余言，岂有今日之患！”又曰：“韩建天下痴物，为贼臣弱帝室，是不为李茂贞所擒，则为朱全忠所虏耳。”因奏将与邻道发兵入援。

加钱镠兼中书令。

癸丑，以王建为凤翔西面行营招讨使。

甲寅，以门下侍郎、同平章事王抟同平章事，充威胜节度使。

上愤天下之乱，思得奇杰之士不次用之。国子博士朱朴自言：“得为宰相，月余可致太平。”上以为然。乙丑，以朴为左谏议大夫、同平章事。朴为人庸鄙迂僻，无它长。制出，中外大惊。

丙寅，加韩建兼中书令。

九月，庚辰，升福建为威武军，以观察使王潮为节度使。

以湖南留后马殷判湖南军府事。殷以高郁为谋主。郁，扬州人也。殷畏杨行密、成汭之强，议以金帛结之，高郁曰：“成汭不足畏也，行密公之仇。虽以万金赂之，安肯为吾援乎！不若上奉天子，下抚士民，训卒厉兵，以修霸业，则谁与为敌矣。”殷从之。

崔胤出镇湖南，韩建之志也。胤密求援于朱全忠，且教之营东都宫阙，表迎车驾。全忠与河南尹张全义表请上迁都洛阳，全忠仍请以兵二万迎车驾，且言崔胤忠臣，不宜出外。韩建惧，复奏召胤为相，遣使谕全忠以且宜安静，全忠乃止。乙未，复以胤为中书侍郎、同平章事，以翰林学士承旨、兵部侍郎崔远同平章事。远，珙弟玙之孙也。

丁酉，贬中书侍郎、同平章事陆扆为硖州刺史。崔胤恨扆代己，诬扆，云党于李茂贞而贬之。

己亥，以朱朴兼判户部，凡军旅财赋之事，上一以委之。以孙偓为凤翔四面行营都统，又以前定难节度使李思谏为静难节度使，兼副都统。

以保大留后李思敬为节度使。

河东将李存信攻临清，败汴将葛从周于宗城北，乘胜至魏州北门。

冬，十月，壬子，加孙偓行营节度、招讨、处置等使。丁巳，以韩建权知京兆尹，兼把截使。戊午，李茂贞上表请罪，愿得自新，仍献助修宫室钱，韩建复佐佑之，竟不出师。

钱镠令两浙吏民上表，请以镠兼领浙东，朝廷不得已，复以王抟为吏部尚书、同平章事，以镠为镇海、威胜两军节度使。丙子，更名威胜曰镇东军。

李克用自将攻魏州，败魏兵于白龙潭，追至观音门。朱全忠复遣葛从周救之，屯于洹水，全忠以大军继之，克用乃还。

加河中节度使王珂同平章事。

十一月，朱全忠还大梁，复遣葛从周东会庞师古，攻郓州。

湖州刺史李师悦求旌节，诏置忠国军于湖州，以师悦为节度使。赐告身旌节者未入境，戊子，师悦卒。杨行密表师悦子前绵州刺史彦徽知州事。

淮南将安仁义攻婺州。

十二月，东川兵焚掠汉、眉、资、简之境。

清海节度使薛王知柔行至湖南，广州牙将卢琚、谭弘玘据境拒之，使弘玘守端州。弘玘结封州刺史刘隐，许妻以女。隐伪许之，托言亲迎，伏甲舟中，夜入端州，斩弘玘，遂袭广州，斩琚，具军容迎知柔入视事。知柔表隐为行军司马。

资治通鉴卷第二百六十一

端明殿学士兼翰林侍读学士太中大夫提举西京嵩山崇福宫上柱国河内郡开国公食邑二千二百户食实封九百户赐紫金鱼袋臣 司马光 奉敕编集

唐纪七十七起强圉大荒落(丁巳),尽屠维协洽(己未),凡三年。

昭宗圣穆景文孝皇帝中之上

乾宁四年(丁巳、897)

春,正月,甲申,韩建奏:“防城将张行思等告睦、济、韶、通、彭、韩、仪、陈八王谋杀臣,劫车驾幸河中。”建恶诸王典兵,故使行思等告之。上大惊,召建谕之,建称疾不入。令诸王诣建自陈,建表称:“诸王忽诣臣理所,不测事端。臣详酌事体,不应与诸王相见。”又称:“诸王当自避嫌疑,不可轻为举措。陛下若以友爱含容,请依旧制,令归十六宅,妙选师傅,教以《诗》《书》,不令典兵预政。”且曰:“乞散彼乌合之兵,用光《麟趾》之化。”建虑上不从,仍引麾下精兵围行宫,表疏连上。上不得已,是夕,诏诸王所领军士并纵归田里,诸王勒归十六宅,其甲兵并委韩建收掌。建又奏:“陛下选贤任能,足清祸乱,何必别置殿后四军。显有厚薄之恩,乖无偏无党之道。且所聚皆坊市无赖奸猾之徒,平居犹思祸变,临难必不为用,而使之张弓挟刃,密迩皇舆,臣窃寒心,乞皆罢遣。”诏亦从之。于是殿后四军二万余人悉散,天子之亲军尽矣。捧日都头李筠,石门扈从功第一,建复奏斩于大雲桥。建又奏:“玄宗之末,永王璘暂出江南,遽谋不轨。代宗时吐蕃入寇,光启中朱玫乱常,皆援立宗支以系人望。今诸王衔命四方者,乞皆召还。”又奏:“诸方士出入禁庭,眩惑圣听,宜皆禁止,无得入宫。”诏悉从之。建既幽诸王于别第,知上意不悦,乃奏请立德王为太子,欲以解之。丁亥,诏立德王祐为皇太子,仍更名裕。

庞师古、葛从周并兵攻郓州,朱瑄兵少食尽,不复出战,但引水为深壕以自固。辛卯,师古等营于水西南,命为浮梁。癸巳,潜决濠水。丙申,浮梁成,师古夜以中军先济。瑄闻之,弃城奔中都,葛从周逐之,野人执瑄及妻子以献。

己亥,罢孙偓凤翔四面行营节度等使,以副都统李思谏为宁塞节度使。

钱镠使行军司马杜稜救婺州。安仁义移兵攻睦州,不克而还。

朱全忠入郓州,以庞师古为天平留后。朱瑾留大将康怀贞守兖州,与河东将史俨、李承嗣掠徐州之境以给军食。全忠闻之,遣葛从周将兵袭兖州。怀贞闻郓州已失守，汴兵奄至，遂降。二月，戊申，从周入兖州，获瑾妻子。朱瑾还，无所归，帅其众趋沂州，刺史尹处宾不纳，走保海州，为汴兵所逼，与史俨、李承嗣拥州民度淮，奔杨行密。行密逆之于高邮，表瑾领武宁节度使。

全忠纳瑾之妻，引兵还，张夫人逆于封丘，全忠以得瑾妻告之。夫人请见之，瑾妻拜，夫人答拜，且泣曰："兖、郓与司空同姓，约为兄弟，以小故恨望，起兵相攻，使吾姒辱于此。它日汴州失守，吾亦如吾姒之今日乎！"全忠乃送瑾妻于佛寺为尼，斩朱瑄于汴桥。于是郓、齐、曹、棣、兖、沂、密、徐、宿、陈、许、郑、滑、濮皆入于全忠。惟王师範保淄青一道，亦服于全忠。李存信在魏州，闻兖、郓皆陷，引兵还。

淮南旧善水战，不知骑射，及得河东、兖、郓兵，军声大振。史俨、李承嗣皆河东骁将，李克用深惜之，遣使间道诣杨行密请之，行密许之，亦遣使诣克用修好。

戊午，王建遣邛州刺史华洪、彭州刺史王宗祐将兵五万攻东川，以戎州刺史王宗谨为凤翔西面行营先锋使，败凤翔将李继徽等于玄武。继徽本姓杨，名崇本，茂贞之假子也。

己未，赦天下。

上飨行庙。

庚申，王建以决雲都知兵马使王宗侃为应援开峡都指挥使，将兵八千趋渝州；决胜都知兵马使王宗阮为开江防送进奉使，将兵七千趋泸州。辛未，宗侃取渝州，降刺史牟崇厚；癸酉，宗阮拔泸州，斩刺史马敬儒，峡路始通。凤翔将李继昭救梓州，留偏将守剑门，西川将王宗播击擒之。

乙亥，门下侍郎、同平章事孙偓罢守本官，中书侍郎、同平章事朱朴罢为秘书监。朴既秉政，所言皆不效，外议沸腾。太子詹事马道殷以天文，将作监许岩士以医得幸于上，韩建诬二人以罪而杀之，且言偓、朴与二人交通，故罢相。

诏以杨行密为江南诸道行营都统，以讨武昌节度使杜洪。

张佶克邵州，擒蒋勋。

三月，丙子，朱全忠表曹州刺史葛从周为泰宁留后，朱友裕为天平留后，庞师古为武宁留后。

保义节度使王珙攻护国节度使王珂，珂求援于李克用，珙求援于朱全忠。宣武将张存敬、杨师厚败河中兵于猗氏南，河东将李嗣昭败陕兵于猗氏，又败之于张店，遂解河中之围。师厚，斤沟人；嗣昭，克用弟克柔之假子也。

更名感义军曰昭武，治利州，以前静难节度使苏文建为节度使。

夏，四月，以同州防御使李继瑭为匡国节度使。继瑭，茂贞之养子也。

以右谏议大夫李洵为两川宣谕使，和解王建及顾彦晖。

辛亥，钱镠遣顾全武等将兵三千自海道救嘉兴，己未，至城下，击淮南兵，大破之。

杜洪为杨行密所攻，求救于朱全忠。全忠遣其将聂金掠泗州，朱友恭攻黄州。行密遣右黑雲都指挥使马珣等救黄州。黄州刺史瞿章闻友恭至，弃城，拥众南保武昌寨。

癸亥，两浙将顾全武等破淮南十八营，虏淮南将士魏约等三千人。淮南将田頵屯驿亭埭，两浙兵乘胜逐之。甲戌，頵自湖州奔还，两浙兵追败之，頵众死者千余人。

韩建恶刑部尚书张祎等数人，皆诬奏，贬之。

五月，加奉国节度使崔洪同平章事。

辛巳，朱友恭为浮梁于樊港，进攻武昌寨，壬午，拔之，执瞿章，遂取黄州。马珣等皆败走。

丙戌，王建以节度副使张琳守成都，自将兵五万攻东川。更华洪姓名曰王宗涤。

六月，己酉，钱镠如越州，受镇东节钺。

李茂贞表："王建攻东川，连兵累岁，不听诏命。"甲寅，贬建南州刺史。乙卯，以茂贞为西川节度使，以覃王嗣周为凤翔节度使。

癸亥，王建克梓州南寨，执其将李继宁。丙寅，宣谕使李洵至梓州，己巳，见建于张杷寨，建指执旗者曰："战士之情，不可夺也。"

覃王赴镇，李茂贞不受代，围覃王于奉天。

置宁远军于容州，以李克用大将盖寓领节度使。

秋，七月，加荆南节度使成汭兼侍中。

韩建移书李茂贞，茂贞解奉天之围，覃王归华州。

以天雄节度使李继徽为静难节度使。

庚戌，钱镠还杭州，遣顾全武取苏州。乙未，拔松江。戊戌，拔无锡。辛丑，拔常熟、华亭。

初，李克用取幽州，表刘仁恭为节度使，留戍兵及腹心将十人典其机要，租赋供军之外，悉输晋阳。及上幸华州，克用征兵于仁恭，又遣成德节度使王镕、义武节度使王郜书，欲与之共定关中，奉天子还长安。仁恭辞以契丹入寇，须兵扞御，请俟虏退，然后承命。克用屡趣之，使者相继，数月，兵不出。克用移书责之，仁恭抵书于地，慢骂，囚其使者，欲杀河东戍将，戍将遁逃获免。克用大怒，八月，自将击仁恭。

上欲幸奉天亲讨李茂贞，令宰相议之，宰相切谏，乃止。

延王戒丕还〔自〕晋阳，韩建奏："自陛下即位以来，与近辅交恶，皆因诸王典兵，凶徒乐祸，致銮舆不安。比者臣奏罢兵权，实虑不测之变。今闻延王、覃王尚苞阴计，愿陛下圣断不疑，制于未乱，则社稷之福。"上曰："何至于是！"数日不报。建乃与知枢密刘季述矫制发兵围十六宅。诸王被发，或缘垣，或登屋，或升木，呼曰："宅家救儿！"建拥通、仪、睦、济、韶、彭、韩、陈、覃、延、丹十一王至石堤谷，尽杀之，以谋反闻。

贬礼部尚书孙偓为南州司马。秘书监朱朴先贬夔州司马，再贬郴州司户。朴之为相，何迎骤迁至右谏议大夫，至是亦贬湖州司马。

钟传欲讨吉州刺史襄阳周琲，琲帅其众奔广陵。

王建与顾彦晖五十余战，九月，癸酉朔，围梓州。蜀州刺史周德权言于建曰："公与彦晖争东川三年，士卒疲于矢石，百姓困于输挽。东川群盗多据州县，彦晖懦而无谋，欲为偷安之计，皆啗以厚利，恃其救援，故坚守不下。今若遣人谕贼帅以祸福，来者赏之以官，不服者威之以兵，则彼之所恃，反为我用矣。"建从之，彦晖势益孤。德权，许州人也。

丁丑，李克用至安塞军，辛巳，攻之。幽州将单可及引骑兵至，克用方饮酒，前锋曰："贼至矣。"克用醉，曰："仁恭何在？"对曰："但见可及辈。"克用瞋目曰："可及辈何足为敌！"亟命击之。是日大雾，不辨人物，幽州将杨师侃伏兵于木瓜涧，河东兵大败，失亡太半。会大风雨震电，幽州兵解去。克用醒而后知败，责大将李存信等曰："吾以醉废事，汝曹何不力争？"

湖州刺史李彦徽欲以州附于杨行密，其众不从。彦徽奔广陵，都指挥使沈攸以州归钱镠。

以彰义节度使张琏为凤翔西北行营招讨使，以讨李茂贞。

复以王建为西川节度使、同平章事。加义武节度使王郜同平章事。削夺新西川节度使李茂贞官爵，复姓名宋文通。

朱全忠既得兖、郓，甲兵益盛，乃大举击杨行密，遣庞师古以徐、宿、宋、滑之兵七万壁清口，将趣扬州，葛从周以兖、郓、曹、濮之兵壁安丰，将趋寿州，全忠自将屯宿州。淮南震恐。

匡国节度使李继瑭闻朝廷讨李茂贞而惧，韩建复从而摇之，继瑭奔凤翔。冬，十月，以建为镇国、匡国两军节度使。

壬子，知遂州侯绍帅众二万，乙卯，知合州王仁威帅众千人，戊午，凤翔将李继溥以援兵二千，皆降于王建。建攻梓州益急。庚申，顾彦晖聚其宗族及假子共饮，遣王宗弼自归于建，酒酣，命其假子瑶杀己及同饮者，然后自杀。建入梓州，城中兵尚七万人，建命王宗绾分兵徇昌、普等州，以王宗涤为东川留后。

刘仁恭奏称："李克用无故称兵见讨，本道大破其党于木瓜涧，请自为统帅以讨克用。"诏不许。又遗朱全忠书。全忠奏加仁恭同平章事，朝廷从之。仁恭又遣使谢克用，陈去就不自安之意。克用复书略曰："今公仗钺控兵，理民立法，擢士则欲其报德，选将则望彼酬恩。己尚不然，人何足信！仆料猜防出于骨肉，嫌忌生于屏帷，持干将而不敢授人，捧盟盘而何词著誓。"

甲子，立皇子祕为景王，祚为辉王，祺为祁王。

加彰义节度使张琏同平章事。

杨行密与朱瑾将兵三万拒汴军于楚州，别将张训自涟水引兵会之，行密以为前锋。庞师古营于清口，或曰："营地污下，不可久处。"不听。师古恃众轻敌，居常弈棋。朱瑾壅淮上流，欲灌之，或以告师古，师古以为惑众，斩之。十一月，癸酉，瑾与淮南将侯瓒将五千骑潜度淮，用汴人旗帜，自北来趣其中军，张训逾栅而入，士卒苍黄拒战，淮水大至，汴军骇乱。行密引大军济淮，与瑾等夹攻之，汴军大败，斩师古及将士首万余级，余众皆溃。葛从周屯于寿州西北，寿州团练使朱延寿击破之，退屯濠州，闻师古败，奔还。行密、瑾、延寿乘胜追之，及于渒水。从周半济，淮南兵击之，杀溺殆尽，从周走免。遏后都指挥使牛存节弃马步斗，诸军稍得济淮，凡四日不食，会大雪，汴卒缘道冻馁死，还者不满千人。全忠闻败，亦奔还。行密遗全忠书曰："庞师古、葛从周，非敌也，公宜自来淮上决战。"

行密大会诸将，谓行军副使李承嗣曰："始吾欲先趣寿州，副使云不如先向清口，师古败，从周自走，今果如所料。"赏之钱万缗，表承嗣领镇海节度使。行密待承嗣及史俨甚厚，第舍、姬妾，咸选其尤者赐之，故二人为行密尽力，屡立功，竟卒于淮南。行密由是遂保据江、淮之间，全忠不能与之争。

戊寅，立淑妃何氏为皇后。后，东川人，生德王、辉王。

威武节度使王潮弟审知，为观察副使，有过，潮犹加捶挞，审知无怨色。潮寝疾，舍其子延兴、延虹、延丰、延休，命审知知军府事。十二月，丁未，潮薨。审知以让其兄泉州刺史审邽，审邽以审知有功，辞不受。审知自称福建留后，表于朝廷。

壬戌，王建自梓州还。戊辰，至成都。

是岁，南诏骠信舜化有上皇帝书函及督爽牒中书木夹，年号中兴。朝廷欲以诏书报之，王建上言："南诏小夷，不足辱诏书。臣在西南，彼必不敢犯塞。"从之。

黎、雅间有浅蛮曰刘王、郝王、杨王，各有部落，西川岁赐缯帛三千匹，使觇南诏，亦受南诏赂诇成都虚实。每节度使到官，三王帅酋长诣府，节度使自谓威德所致，表于朝廷，而三王阴与大将相表里，节度使或失大将心，则教诸蛮纷扰。先是节度使多文臣，不欲生事，故大将常藉此以邀姑息，而南诏亦凭之屡为边患。

及王建镇西川，绝其旧赐，斩都押牙山行章以惩之。邛崃之南，不置障候，不戍一卒，蛮亦不敢侵盗。其后遣王宗播击南诏，三王漏泄军事，召而斩之。

右拾遗张道古上疏，称："国家有五危二乱。昔汉文帝即位未几，明习国家事。今陛下登极已十年，而曾不知为君驭臣之道。太宗内安中原，外开四夷，海表之国，莫不入臣。今先朝封域，日蹙几尽。臣虽微贱，窃伤陛下朝廷社稷始为奸臣所弄，终为贼臣所有也。"上怒，贬道古施州司户。仍下诏罪状道古，宣示谏官。道古，青州人也。

光化元年（戊午、898）

春，正月，两浙、江西、武昌、淄青各遣使诣阙，请以朱全忠为都统，讨杨行密，诏不许。

加平卢节度使王师範同平章事。

以兵部尚书刘崇望同平章事，充东川节度使；以昭信防御使冯行袭为昭信节度使。

上下诏罪己息兵，复李茂贞姓名官爵，应诸道讨凤翔兵皆罢之。

壬辰，河中节度使王珂亲迎于晋阳，李克用遣其将李嗣昭守河中。

李茂贞、韩建皆致书于李克用，言大驾出幸累年，乞修和好，同奖王室，兼乞丁匠助修宫室，克用许之。

初，王建攻东川，顾彦晖求救于李茂贞，茂贞命将出兵救之，不暇东逼乘舆，诈称改过，与韩建共翼戴天子。又闻朱全忠营洛阳宫，累表迎车驾，茂贞、韩建惧，请修复宫阙，奉上归长安。诏以韩建为修宫阙使。诸道皆助钱及工材，建使都将蔡敬思督其役。既成，二月，建自往视之。

钱镠请徙镇海军于杭州，从之。

复以李茂贞为凤翔节度使。

三月，己丑，以王审知充威武留后。

朱全忠遣副使万年韦震入奏事，求兼镇天平，朝廷未之许，震力争之。朝廷不得已，以全忠为宣武、宣义、天平三镇节度使。全忠以震为天平留后，以前台州刺史李振为天平节度副使。振，抱真之曾孙也。

淮南将周本救苏州，两浙将顾全武击破之。淮南将秦裴以兵三千人拔昆山而戍之。

以潭州刺史、判湖南军府事马殷知武安留后。时湖南管内七州，贼帅杨师远据衡州，唐世旻据永州，蔡结据道州，陈彦谦据郴州，鲁景仁据连州，殷所得惟潭、邵二州而已。

义昌节度使卢彦威，性残虐，又不礼于邻道，与卢龙节度使刘仁恭争盐利，仁恭遣其子守文将兵袭沧州，彦威弃城，挈家奔魏州，罗弘信不纳，乃奔汴州。仁恭遂取沧、景、德三州，以守文为义昌留后。仁恭兵势益盛，自谓得天助，有并吞河朔之志，为守文请旌节，朝廷未许。会中使至范阳，仁恭语之曰："旌节吾自有之，但欲得长安本色耳，何为累章见拒！为吾言之。"其悖慢如此。

朱全忠与刘仁恭修好，会魏博兵击李克用。夏，四月，丁未，全忠至钜鹿城下，败河东兵万余人，逐北至青山口。

以护国节度使王珂兼侍中。

丁卯，朱全忠遣葛从周分兵攻洺州，戊辰，拔之，斩刺史邢善益。

五月，己巳朔，赦天下。

葛从周攻邢州，刺史马师素弃城走。辛未，磁州刺史袁奉滔自刭。全忠以从周为昭义留后，守邢、洺、磁三州而还。

以武定节度使李继密为山南西道节度使。

朝廷闻王建已用王宗涤为东川留后，乃召刘崇望还，为兵部尚书，仍以宗涤为留后。

湖南将姚彦章言于马殷，请取衡、永、道、连、郴五州，仍荐李琼为将。殷以琼及秦彦晖为岭北七州游奕使，张图英、李唐副之，将兵攻衡州，斩杨师远，引兵趣永州，围之月余，唐世旻走死。殷以李唐为永州刺史。

六月，以濠州刺史赵珝为忠武节度使。珝，犨之弟也。

秋，七月，加武贞节度使雷满同平章事，加镇南节度使钟传兼侍中。

忠义节度使赵匡凝闻朱全忠有清口之败，阴附于杨行密。全忠遣宿州刺史尉氏氏叔琮将兵伐之，丙申，拔唐州，擒随州刺史赵匡璘，败襄州兵于邓城。

八月，庚戌，改华州为兴德府。

戊午，汴将康怀贞袭邓州，克之，擒刺史国湘。赵匡凝惧，遣使请服于朱全忠，全忠许之。

己未，车驾发华州。壬戌，至长安。甲子，赦天下，改元。

上欲藩镇相与辑睦，以太子宾客张有孚为河东、汴州宣慰使，赐李克用、朱全忠诏，又令宰相与之书，使之和解。克用欲奉诏，而耻于先自屈，乃致书王镕，使通于全忠，全忠不从。

九月，乙亥，加韩建守太傅、兴德尹，加王镕兼中书令，罗弘信守侍中。

己丑，东川留后王宗涤言于王建，以东川封疆五千里，文移往还，动逾数月，请分遂、合、泸、渝、昌五州别为一镇，建表言之。

顾全武攻苏州，城中及援兵食皆尽。甲申，淮南所署苏州刺史台濛弃城走，援兵亦遁。全武克苏州，追败周本等于望亭。独秦裴守昆山不下，全武帅万余人攻之，裴屡出战，使病者被甲执矛，壮者彀弓弩，全武每为之却。全武檄裴令降。全武尝为僧，裴封函纳款，全武喜，召诸将发函，乃佛经一卷，全武大惭，曰："裴不忧死，何暇戏予！"益兵攻城，引水灌之，城坏，食尽，裴乃降。钱镠设千人馔以待之，(乃)〔及〕出，羸兵不满百人。镠怒曰："单弱如此，何敢久为旅拒！"对曰："裴义不负杨公，今力屈而降耳，非心降也。"镠善其言。顾全武亦劝镠宥之，镠从之。时人称全武长者。

魏博节度使罗弘信薨，军中推其子节度副使绍威知留后。

汴将朱友恭将兵还自江、淮，过安州，或告刺史武瑜潜与淮南通，谋取汴军，冬，十月，己亥，友恭攻而杀之。

李克用遣其将李嗣昭、周德威将步骑二万出青山，将复山东三州。壬寅，进攻邢州，葛从周出战，大破之。嗣昭等引兵退入青山，从周追之，将扼其归路，步兵自溃，嗣昭不能制。会横冲都将李嗣源以所部兵至，谓嗣昭曰："吾辈亦去，则势不可支矣，我试为公击之。"嗣昭曰："善，我请从公后。"嗣源乃解鞍厉镞，临高布阵，左右指画，邢人莫之测。嗣源直前奋击，嗣昭继之，从周乃退。德威，马邑人也。

癸卯，以威武留后王审知为节度使。

以罗绍威知魏博留后。

丁巳，以东川留后王宗涤为节度使。

加佑国节度使张全义兼侍中。

王珙引汴兵寇河中，王珂告急于李克用，克用遣李嗣昭救之，败汴兵于胡壁，汴人走。

前常州刺史王柷，性刚介，有时望，诏征之，时人以为且入相。过陕，王珙延奉甚至，请叙子侄之礼拜之，柷固辞不受。珙怒，使送者杀之，并其家人悉投诸河，掠其资装，以覆舟闻。朝廷不敢诘。

闰月，钱镠以其将曹圭为苏州制置使，遣王球攻婺州。

十一月，甲寅，立皇子祯为雅王，祥为琼王。

以魏博留后罗绍威为节度使。

衢州刺史陈岌请降于杨行密，钱镠使顾全武讨之。

朱全忠以奉国节度使崔洪与杨行密交通，遣其将张存敬攻之。洪惧，请以弟都指挥使贤为质，且言："将士顽悍，不受节制，请(追)〔遣〕二千人诣麾下从征伐。"全忠许之，召存敬还。存敬，曹州人也。

十二月，昭义节度使薛志勤薨。

李克用之平王行瑜也，李罕之求邠宁于克用。克用曰："行瑜恃功邀君，故吾与公讨而诛之。昨破贼之日，吾首奏趣苏文建赴镇。今才达天听，遽复二三，朝野之论，必喧然谓吾辈复如行瑜所为也。吾与公情如同体，固无所爱，俟还镇，当更为公论功赏耳。”罕之不悦而退，私于盖寓曰：“罕之自河阳失守，依托大庇，岁时已深。比来衰老，倦于军旅，若蒙吾王与太傅哀愍，赐一小镇，使数年之间休兵养疾，然后归老闾阎，幸矣。”寓为之言，克用不应。每藩镇缺，议不及罕之，罕之甚郁郁。寓恐其有它志，亟为之言，克用曰：“吾于罕之岂爱一镇，但罕之，鹰也，饥则为用，饱则背飞。”

及志勤薨，旬日无帅，罕之擅引泽州兵夜入潞州，据之，以状白克用，曰：“薛铁山死，州民无主，虑不逞者为变，故罕之专命镇抚，取王裁旨。”克用怒，遣人让之。罕之遂遣其子颢请降于朱全忠，执河东将马溉等及沁州刺史傅瑶送汴州。克用遣李嗣昭将兵讨之，嗣昭先取泽州，收罕之家属送晋阳。

杨行密遣成及等归两浙以易魏约等，钱镠许之。

韶州刺史曾衮举兵攻广州，州将王瓌帅战舰应之，清海行军司马刘隐一战破之。韶州将刘潼复据浈、浛，隐讨斩之。

二年(己未、899)

春，正月，丁未，中书侍郎兼吏部尚书、同平章事崔胤罢守本官。以兵部尚书陆扆同平章事。

朱全忠表李罕之为昭义节度使，又表权知河阳留后丁会、武宁留后王敬荛、彰义留后张珂并为节度使。

杨行密与朱瑾将兵数万攻徐州，军于吕梁，朱全忠遣骑将张归厚救之。

刘仁恭发幽、沧等十二州兵十万，欲兼河朔，攻贝州，拔之，城中万余户，尽屠之，投尸清水。由是诸城各坚守不下。仁恭进攻魏州，营于城北，魏博节度使罗绍威求救于朱全忠。

朱全忠遣崔贤还蔡州，发其兵二千诣大梁。二月，蔡将崔景思等杀贤，劫崔洪，悉驱兵民度淮奔杨行密。兵民稍稍遁归，至广陵者不满二千人。全忠命许州刺史朱友裕守蔡州。

朱全忠自将救徐州，杨行密闻之，引兵去，汴人追及之于下邳，杀千余人。全忠行至辉州，闻淮南兵已退，乃还。

三月，朱全忠遣其将李思安、张存敬将兵救魏博，屯于内黄。癸卯，全忠以中军军于滑州。刘仁恭谓其子守文曰：“汝勇十倍于思安，当先虏鼠辈，后擒绍威耳。”乃遣守文及其妹婿单可及将精兵五万击思安于内黄。丁未，思安使其将袁象先伏兵于清水之右，思安逆战于繁阳，阳不胜而却，守文逐之，及内黄之北，思安勒兵还战，伏兵发，夹击之。幽州兵大败，斩可及，杀获三万人，守文仅以身免。

可及,幽州骁将,号“单无敌”,燕军失之丧气。思安,陈留人也。

时葛从周自邢州将精骑八百已入魏州。戊申,仁恭攻上水关、馆陶门。从周与宣义牙将贺德伦出战,顾门者曰:“前有大敌,不可返顾。”命阖其扉。从周等殊死战,仁恭复大败,擒其将薛突厥、王郤郎。明日,汴、魏乘胜合兵击仁恭,破其八寨,仁恭父子烧营而遁。汴、魏之人长驱追之,至临清,拥其众入永济渠,杀溺不可胜纪。镇人亦出兵邀击于东境,自魏至沧五百里间,僵尸相枕。仁恭自是不振,而全忠益横矣。德伦,河西胡人也。刘仁恭之攻魏州也,罗绍威遣使修好于河东,且求救。壬午,李克用遣李嗣昭将兵救之。会仁恭已为汴兵所败,绍威复与河东绝,嗣昭引还。

葛从周乘破幽州之势,自土门攻河东,拔承天军。别将氏叔琮自马岭入,拔辽州乐平,进军榆次。李克用遣内牙军副周德威击之。

叔琮有骁将陈章,号“陈夜叉”,为前锋,请于叔琮曰:“河东所恃者周杨五,请擒之,求一州为赏。”克用闻之,以戒德威,德威曰:“彼大言耳。”战于洞涡,德威微服往挑战,谓其属曰:“汝见陈夜叉即走。”章果逐之,德威奋铁檛击之坠马,生擒以献。因击叔琮,大破之,斩首三千级。叔琮弃营走,德威追之,出石会关,又斩千余级。从周亦引还。

丁巳,朱全忠遣河阳节度使丁会攻泽州,下之。

婺州刺史王坛为两浙所围,求救于宣歙观察使田頵。夏,四月,頵遣行营都指挥使康儒救之。

五月,甲午,置武信军于遂州,以遂、合等五州隶之。

李克用遣蕃、汉马步都指挥使李君庆将兵攻李罕之,己亥,围潞州。朱全忠出屯河阳,辛丑,遣其将张存敬救之,壬寅,又遣丁会将兵继之,大破河东兵,君庆解围去。克用诛君庆及其裨将伊审、李弘袞,以李嗣昭为蕃、汉马步都指挥使,代之攻潞州。

庚戌,康儒等败两浙兵于龙丘,擒其将王球等,遂取婺州。

六月,乙丑,李罕之疾亟。丁卯,全忠表罕之为河阳节度使,以丁会为昭义节度使。未几,又以其将张归霸守邢州,遣葛从周代会守潞州。

以西川大将王宗佶为武信节度使。宗佶,本姓甘,洪州人也。

丁丑,李罕之薨于怀州。

保义节度使王珙,性猜忍,虽妻子亲近,常不自保。至是军乱,为麾下所杀,推都将李璠为留后。

秋,七月,朱全忠海州戍将陈海宾请降于杨行密。淮海游奕使张训以汉宾心未可知,与涟水防遏使庐江王绾将兵二千直趣海州,遂据其城。

加荆南节度使成汭兼中书令。

马殷遣其将李唐攻道州，蔡结聚群蛮，伏兵于隘以击之，大破唐兵。唐曰："蛮所恃者山林耳，若战平地，安能败我！"乃命因风燔林，火烛天地，群蛮惊遁，遂拔道州，擒结，斩之。

朱全忠召葛从周于潞州，使贺德伦守之。八月，丙寅，李嗣昭引兵至潞州城下，分兵攻泽州。己巳，汴将刘玘弃泽州走，河东兵进拔天井关。以李(孝)〔存〕璋为泽州刺史。贺德伦闭城不出，李嗣昭日以铁骑环其城，捕刍牧者，附城三十里禾黍皆刈之。乙酉，德伦等弃城宵遁，趣壶关，河东将李存审伏兵邀击之，杀获甚众。葛从周以援兵至，闻德伦等已败，乃还。

九月，癸卯，以凤翔节度使李茂贞为凤翔、彰义节度使。

李克用表汾州刺史孟迁为昭义留后。

淄青节度使王师範以沂、密内叛，乞师于杨行密。冬，十月，行密遣海州刺史台濛、副使王绾将兵助之，拔密州，归于师範。将攻沂州，先使觇之，曰："城中皆偃旗息鼓。"绾曰："此必有备，而救兵近，不可击也。"诸将曰："密已下矣，沂何能为！"绾不能止，乃伏兵林中以待之。诸将攻沂州不克，救兵至，引退，州兵乘之，绾发伏击败之。

十一月，陕州都将朱简杀李璠，自称留后，附朱全忠，仍请更名友谦，预于子侄。

加忠义节度使赵匡凝兼中书令。

马殷遣其将李琼攻郴州，执陈彦谦，斩之。进攻连州，鲁景仁自杀，湖南皆平。

十二月，加魏博节度使罗绍威同平章事。

资治通鉴卷第二百六十二

端明殿学士兼翰林侍读学士太中大夫提举西京嵩山崇福宫上柱国河内郡开国公食邑二千二百户食实封九百户赐紫金鱼袋臣 司马光 奉敕编集

唐纪七十八起上章涒滩(庚申),尽重光作噩(辛酉),凡二年。

昭宗圣穆景文孝皇帝中之中

光化三年(庚申、900)

春,正月,宣州将康儒攻睦州,钱镠使其从弟銶拒之。

二月,庚申,以西川节度使王建兼中书令。

壬申,加威武节度使王审知同平章事。

壬午,以吏部尚书崔胤同平章事,充清海节度使。

李克用大发军民治晋阳城堑,押牙刘延业谏曰:“大王声振华、夷,宜扬兵以严四境,不当近治城堑,损威望而启寇心。”克用谢之,赏以金帛。

夏,四月,加定难军节度使李承庆同平章事。

朱全忠遣葛从周帅兖、郓、滑、魏四镇兵十万击刘仁恭,五月,庚寅,拔德州,斩刺史傅公和。己亥,围刘守文于沧州。仁恭复遣使卑辞厚礼求救于河东,李克用遣周德威将五千骑出黄泽,攻邢、洺以救之。

邕州军乱,逐节度使李锣,锣借兵邻道讨平之。

六月,癸亥,加东川节度使王宗涤同平章事。

司空、门下侍郎、同平章事王抟,明达有度量,时称良相。上素疾宦官枢密使宋道弼、景务脩专横,崔胤日与上谋去宦官,宦官知之。由是南、北司益相憎嫉,各结藩镇为援以相倾夺。抟恐其致乱,从容言于上曰:“人君当务明大体,无所偏私。宦官擅权之弊,谁不知之!顾其势未可猝除,宜俟多难渐平,以道消息。愿陛下言勿轻泄以速奸变。”胤闻之,谮抟于上曰:“王抟奸邪,已为道弼辈外应。”上疑之。及胤罢相,意抟排己,愈恨之。及出镇广州,遗朱全忠书,具道抟语,令全忠表论之。全忠上言:“胤不可离辅弼之地,抟与敕使相表里,同危社稷。”表连上不已。上虽察其情,迫于全忠,不得已,胤至湖南复召还。丁卯,以胤为司空、门下侍郎、同平章事,抟罢为工部侍郎。以道弼监荆南军,务脩监青州军。戊辰,贬抟溪州刺史;己巳,又贬崖州司户。道弼长流驩州,务脩长流爱州。是日,皆赐自尽。抟死于蓝田驿,道弼、务脩死于霸桥驿。于是胤专制朝政,势震中外,宦官皆恻目，不胜其愤。

刘仁恭将幽州兵五万救沧州，营于乾宁军。葛从周留张存敬、氏叔琮守沧州寨，自将精兵逆战于老鸦堤，大破仁恭，斩首三万级，仁恭走保瓦桥。秋，七月，李克用复遣都指挥使李嗣昭将兵五万攻邢、洺以救仁恭，败汴军于内丘。王镕遣使和解幽、汴，会久雨，朱全忠召从周还。

庚戌，以昭义留后孟迁为节度使。

甲寅，以西川节度使王建兼东川、信武军两道都指挥制置等使。

八月，李嗣昭又败汴军于沙门河，攻洺州。乙丑，朱全忠引兵救之，未至，嗣昭拔洺州，擒刺史朱绍宗。全忠命葛从周将兵击嗣昭。

宣州将康儒食尽，自清溪遁归。

九月，葛从周自邺县度漳水，营于黄龙镇。朱全忠自将中军三万涉洺水置营。李嗣昭弃城走，从周设伏于青山口，邀击，大破之。

崔胤以太保、门下侍郎、同平章事徐彦若位在己上，恶之，彦若亦自求引去。时藩镇皆为强臣所据，惟嗣薛王知柔在广州，乃求代之。乙巳，以彦若同平章事，充清海节度使。初，荆南节度成汭以澧、朗本其巡属，为雷满所据，屡求割隶荆南，朝廷不许，汭颇怨望。及彦若过荆南，汭置酒，从容以为言。彦若曰："令公位尊方面，自比桓、文，雷满小盗不能取，乃怨朝廷乎！"汭甚惭。

丙午，中书侍郎兼吏部尚书、同平章事崔远罢守本官，以刑部尚书裴贽为中书侍郎、同平章事。贽，坦之弟子也。

升桂管为静江军，以经略使刘士政为节度使。

朱全忠以王镕与李克用交通，移兵伐之，下临城，逾滹沱，攻镇州南门，焚其关城。全忠自至元氏，镕惧，遣判官周式诣全忠请和。全忠盛怒，谓式曰："仆屡以书谕王公，竟不之听！今兵已至此，期于无舍！"式曰："镇州密迩太原，困于侵暴，四邻各自保，莫相救恤，王公与之连和，乃为百姓故也。今明公果能为人除害，则天下谁不听命，岂惟镇州！明公为唐桓、文，当崇礼义以成霸业，若但穷威武，则镇州虽小，城坚食足，明公虽有十万之众，未易攻也。况王氏秉旄五代，时推忠孝，人人欲为之死，庸可冀乎！"全忠笑揽式袂，延之帐中，曰："与公戏耳。"乃遣客将开封刘捍入见镕，镕以其子节度副使昭祚及大将子弟为质，以文缯二十万犒军。全忠引还，以女妻昭祚。

成德判官张泽言于王镕曰："河东，勍敌也，今虽有朱氏之援，譬如火发于家，安能俟远水乎！彼幽、沧、易定，犹附河东，不若说朱公乘胜兼服之，使河北诸镇合而为一，则可以制河东矣。"镕复遣周式往说全忠。全忠喜，遣张存敬会魏博兵击刘仁恭，甲寅，拔瀛州；冬，十月，丙辰，拔景州，执刺史刘仁霸；辛酉，拔莫州。

静江节度使刘士政闻马殷悉平岭北，大惧，遣副使陈可璠屯全义岭以备之。殷遣使修好于士政，可璠拒之，殷遣其将秦彦晖、李琼等将兵七千击士政。湖南军至全义，士政又遣指挥使王建武屯秦城。可璠掠县民耕牛以犒军，县民怨之，请为湖南乡导，曰："此西南有小径，距秦城才五十里，仅通单骑。"彦晖遣李琼将骑六十、步兵三百袭秦城，中宵，逾垣而入，擒王建武，比明，复还，缒之以练，造可璠壁下示之，可璠犹未之信。斩其首，投壁中，桂人震恐。琼因勒兵击之，擒可璠，降其将士二千，皆杀之。引兵趣桂州，自秦城以南二十余壁皆望风奔溃，遂围桂州。数日，士政出降，桂、宜、岩、柳、象五州皆降于湖南。马殷以李琼为桂州刺史，未几，表为静江节度使。

张存敬攻刘仁恭，下二十城，将自瓦桥趣幽州，道泞不能进，乃引兵西攻易定。辛巳，拔祁州，杀刺史杨约。

癸未，以保义留后朱友谦为节度使。

张存敬攻定州，义武节度使王郜遣后院都知兵马使王处直将兵数万拒之。处直请依城为栅，俟其师老而击之。孔目官梁汶曰："昔幽、镇合兵三十万攻我，于时我军不满五千，一战败之。今存敬兵不过三万，我军十倍于昔，奈何示怯，欲依城自固乎！"郜乃遣处直逆战于沙河，易定兵大败，死者过半，余众拥处直奔还。甲申，王郜弃城奔晋阳，军中推处直为留后。存敬进围定州，丙申，朱全忠至城下，处直登城呼曰："本道事朝廷尽忠，于公未尝相犯，何为见攻？"全忠曰："何故附河东？"对曰："吾兄与晋王同时立勋，封疆密迩，且昏姻也，修好往来，乃常理耳，请从兹改图。"全忠许之。乃归罪于梁汶而族之，以谢全忠，以缯帛十万犒师，全忠乃还，仍为处直表求节钺。处直，处存之母弟也。

刘仁恭遣其子守光将兵救定州，军于易水之上，全忠遣张存敬袭之，杀六万余人。由是河北诸镇皆服于全忠。

先是王郜告急于河东，李克用遣李嗣昭将步骑三万下太行，攻怀州，拔之，进攻河阳。河阳留后侯言不意其至，狼狈失据，嗣昭坏其羊马城。会佑国军将阎宝引兵救之，力战于壕外，河东兵乃退。宝，郓州人也。

初，崔胤与上密谋尽诛宦官，及宋道弼、景务修死，宦官益惧。上自华州还，忽忽不乐，多纵酒，喜怒不常，左右尤自危。于是左军中尉刘季述、右军中尉王仲先、枢密使王彦範、薛齐偓等阴相与谋曰："主上轻佻多变诈，难奉事，专听任南司，吾辈终罹其祸。不若奉太子立之，尊主上为太上皇，引岐、华兵为援，控制诸藩，谁能害我哉！"

十一月，上猎苑中，因置酒，夜，醉归，手杀黄门、侍女数人。明旦，日加辰巳，宫门不开。季述诣中书白崔胤曰："宫中必有变，我内臣也，得以便宜从事，请入视之。”乃帅禁兵千人破门而入，访问，具得其状。出，谓胤曰：“主上所为如是，岂可理天下？废昏立明，自古有之，为社稷大计，非不顺也。”胤畏死，不敢违。庚寅，季述召百官，陈兵殿庭，作胤等连名状，请太子监国，以示之，使署名，胤及百官不得已皆署之。上在乞巧楼，季述、仲先伏将士千人于门外，与宣武进奏官程岩等十余人入请对。季述、仲先甫登殿，将士大呼，突入宣化门，至思政殿前，逢宫人，辄杀之。上见兵入，惊堕床下，起，将走，季述、仲先掖之令坐。宫人走白皇后，后趋至，拜请曰：“军容勿惊宅家，有事取军容商量。”季述等乃出百官状白上，曰：“陛下厌倦大宝，中外群情，愿太子监国，请陛下保颐东宫。”上曰：“昨与卿曹乐饮，不觉太过，何至于是！”对曰：“此非臣等所为，皆南司众情，不可遏也。愿陛下且之东宫，待事小定，复迎归大内耳。”后曰：“宅家趣依军容语。”即取传国宝以授季述，宦官扶上与后同辇，嫔御侍从者才十余人，适少阳院。季述以银楇画地数上曰：“某时某事，汝不从我言，其罪一也。”如此数十不止。乃手锁其门，熔铁锢之，遣左军副使李师虔将兵围之，上动静辄白季述，穴墙以通饮食。凡兵器针刀皆不得入，上求钱帛俱不得，求纸笔亦不与。时大寒，嫔御公主无衣衾，号哭闻于外。季述等矫诏令太子监国，迎太子入宫。辛卯，矫诏令太子嗣位，更名缜。以上为太上皇，皇后为太上皇后。甲午，太子即皇帝位，更名少阳院曰问安宫。

季述加百官爵秩，与将士皆受优赏，欲以求媚于众。杀睦王倚，凡宫人、左右、方士、僧、道为上所宠信者，皆榜杀之。每夜杀人，昼以十车载尸出，一车或止一两尸，欲以立威。将杀司天监胡秀林，秀林曰：“军容幽囚君父，更欲多杀无辜乎！”季述惮其言正而止。季述等欲杀崔胤，而惮朱全忠，但解其度支盐铁转运使而已。崔胤密致书全忠，使兴兵图返正。

左仆射致仕张濬在长水，见张全义于洛阳，劝之匡复，又与诸藩镇书劝之。

进士无棣李愚客游华州，上韩建书，略曰：“仆每读书，见君臣父子之际，有伤教害义者，恨不得肆之市朝。明公居近关重镇，君父幽辱月余，坐视凶逆而忘勤王之举，仆所未谕也。仆窃计中朝辅弼，虽有志而无权；外镇诸侯，虽有权而无志。惟明公忠义，社稷是依。往年车辂播迁，号泣奉迎，累岁供馈，再复庙、朝，义感人心，至今歌咏。此时事势，尤异前日，明公地处要冲，位兼将相。自宫闱变故，已涉旬时，若不号令率先以图反正，迟疑未决，一朝山东侯伯唱义连衡，鼓行而西，明公求欲自安，其可得乎！此必然之势也。不如驰檄四方，谕以逆顺，军声一振，则元凶破胆，旬浃之间，二竖之首传于天下，计无便于此者。”建虽不能用，厚待之，愚坚辞而去。

朱全忠在定州行营，闻乱，丁未，南还。十二月，戊辰，至大梁。季述遣其养子希度诣全忠，许以唐社稷输之，又遣供奉官李奉本以太上皇诰示全忠。全忠犹豫未决，会僚佐议之，或曰："朝廷大事，非藩镇所宜预知。"天平节度副使李振独曰："王室有难，此霸者之资也。今公为唐桓、文，安危所属。季述一宦竖耳，乃敢囚废天子，公不能讨，何以复令诸侯！且幼主位定，则天下之权尽归宦官矣，是以太阿之柄授人也。"全忠大悟，即囚希度、奉本，遣振如京师诇事。既还，又遣亲吏蒋玄晖如京师，与崔胤谋之；又召程岩赴大梁。

清海节度使薛王知柔薨。

是岁，加杨行密兼侍中。

睦州刺史陈晟卒，弟询自称刺史。

太子即位累旬，藩镇笺表多不至。王仲先性苛察，素知左、右军多积弊，及为中尉，钩校军中钱谷，得隐没为奸者，痛捶之，急征所负，将士颇不安。有盐州雄毅军使孙德昭为左神策指挥使，自刘季述等废立，常愤惋不平。崔胤闻之，遣判官石戬与之游。德昭每酒酣必泣，戬知其诚，乃密以胤意说之曰："自上皇幽闭，中外大臣至于行间士卒，孰不切齿！今反者独季述、仲先耳，公诚能诛此二人，迎上皇复位，则富贵穷一时，忠义流千古。苟狐疑不决，则功落它人之手矣。"德昭谢曰："德昭小校，国家大事，安敢专之！苟相公有命，不敢爱死。"戬以白胤。胤割衣带，手书以授之。德昭复结右军清远都将董彦弼、周承诲，谋以除夜伏兵安福门外以俟之。

天复元年（辛酉、901）

春，正月，乙酉朔，王仲先入朝，至安福门，孙德昭擒斩之，驰诣少阳院，叩门呼曰："逆贼已诛，请陛下出劳将士。"何后不信，曰："果尔，以其首来！"德昭献其首，上乃与后毁扉而出。崔胤迎上御长乐门楼，帅百官称贺。周承诲擒刘季述、王彦範继至，方诘责，已为乱梃所毙。薛齐偓赴井死，出而斩之。灭四人之族，并诛其党二十余人。宦官奉太子匿于左军，献传国宝。上曰："裕幼弱，为凶竖所立，非其罪也。"命还东宫，黜为德王，复名裕。丙戌，以孙德昭同平章事，充静海节度使，赐姓名李继昭。

丁亥，崔胤进位司徒，胤固辞。上宠待胤益厚。

己丑，朱全忠闻刘季述等诛，折程岩足，械送京师，并刘希度、李奉本等皆斩于都市，由是益重李振。

庚寅，以周承诲为岭南西道节度使，赐姓名李继诲，董彦弼为宁远节度使，赐姓李，并同平章事；与李继昭俱留宿卫，十日乃出还家，赏赐倾府库，时人谓之"三使相"。

癸巳，进朱全忠爵东平王。

丙午，敕："近年宰臣延英奏事，枢密使侍侧，争论纷然。既出，又称上旨未允，复有改易，桡权乱政。自今并依大中旧制，俟宰臣奏事毕，方得升殿承受公事。”赐两军副使李师虔、徐彦孙自尽，皆刘季述之党也。

凤翔、彰义节度使李茂贞来朝，加茂贞守尚书令，兼侍中，进爵岐王。

刘季述、王仲先既死，崔胤、陆扆上言：“祸乱之兴，皆由中官典兵。乞令胤主左军，扆主右军，则诸侯不敢侵陵，王室尊矣。”上犹豫两日未决。李茂贞闻之，怒曰：“崔胤夺军权未得，已欲剪灭诸侯！”上召李继昭、李继诲、李彦弼谋之，皆曰：“臣等累世在军中，未闻书生为军主。若属南司，必多所变更，不若归之北司为便。”上乃谓胤、扆曰：“将士意不欲属文臣，卿曹勿坚求。”于是以枢密使韩全诲、凤翔监军使张彦弘为左、右中尉。全诲，亦前凤翔监军也。又征前枢密使致仕严遵美为两军中尉、观军容处置使。遵美曰：“一军犹不可为，况两军乎！”固辞不起。以袁易简、周敬容为枢密使。

李茂贞辞还镇。崔胤以宦官典兵，终为肘腋之患，欲以外兵制之，讽茂贞留兵三千于京师，充宿卫，以茂贞假子继筠将之。左谏议大夫万年韩偓以为不可，胤曰：“兵自不肯去，非留之也。”偓曰：“始者何为召之邪？”胤无以应。偓曰：“留此兵则家国两危，不留则家国两安。”胤不从。

朱全忠既服河北，欲先取河中以制河东，己亥，召诸将谓曰：“王珂驽材，恃太原自骄汰。吾今断长蛇之腰，诸君为我以一绳缚之！”庚子，遣张存敬将兵三万自汜水度河出含山路以袭之，全忠以中军继其后。戊申，存敬至绛州。晋、绛不意其至，皆无守备，庚戌，绛州刺史陶建钊降之。壬子，晋州刺史张汉瑜降之。全忠遣其将侯言守晋州，何絪守绛州，屯兵二万以扼河东援兵之路。朝廷恐全忠西入关，急赐诏和解之，全忠不从。

珂遣间使告急于李克用，道路相继，克用以汴人先据晋、绛，兵不得进。珂妻遗克用书曰：“儿旦暮为俘虏，大人何忍不救！”克用报曰：“今贼兵塞晋、绛，众寡不敌，进则与汝两亡，不若与王郎举族归朝。”珂又遗李茂贞书，言：“天子新返正，诏藩镇无得相攻，同奖王室。今(诸)〔朱〕公不顾诏命，首兴兵相加，其心可见。河中若亡，则同华、邠、岐俱不自保。天子神器拱手授人，其势必然矣。公宜亟帅关中诸镇兵，固守潼关，赴救河中。仆自知不武，愿于公西偏授一小镇，此地请公有之。关中安危，国祚修短，系公此举，愿审思之。”茂贞素无远图，不报。

二月，甲寅朔，河东将李嗣昭攻泽州，拔之。

乙卯，张存敬引兵发晋州。己未，至河中，遂围之。王珂势穷，将奔京师，而人心离贰，会浮梁坏，流澌塞河，舟行甚难，珂挈其族数百人欲夜登舟，亲谕守城者，皆不应。牙将刘训曰：“今人情扰扰，若夜出涉河，必争舟纷乱，一夫作难，事不可知。不若且送款存敬，徐图向背。”珂从之。壬戌，珂植白幡于城隅，遣使以牌印请降于存敬。存敬请开城，珂曰："吾于朱公有家世事分，请公退舍，俟朱公至，吾自以城授之。"存敬从之，且使走白全忠。乙丑，全忠至洛阳，闻之喜，驰往赴之。戊辰，至虞乡，先哭于重荣之墓，尽哀，河中人皆悦。珂欲面缚牵羊出迎，全忠遽使止之曰："太师舅之恩何可忘！若郎君如此，使仆异日何以见舅于九泉！"乃以常礼出迎，握手歔欷，联辔入城。全忠表张存敬为护国军留后，王珂举族迁于大梁，其后全忠遣珂入朝，遣人杀之于华州。全忠闻张夫人疾亟，遽自河中东归。李克用遣使以重币请修好于全忠，全忠虽遣使报之，而忿其书辞蹇傲，决欲攻之。

以翰林学士、户部侍郎王溥为中书侍郎、同平章事。以吏部侍郎裴枢为户部侍郎、同平章事。溥，正雅之从孙也，常在崔胤幕府，故胤引之。

赠谥故睦王倚曰恭哀太子。

加幽州节度使刘仁恭、魏博节度使罗绍威并兼侍中。

三月，癸未朔，朱全忠至大梁。癸卯，遣氏叔琮等将兵五万攻李克用，入自太行，魏博都将张文恭入自磁州新口，葛从周以兖、郓兵会成德兵入自土门，洺州刺史张归厚入自马岭，义武节度使王处直入自飞狐，权知晋州侯言以慈、隰、晋、绛兵入自阴地。叔琮入天井关，进军昂车。辛亥，沁州刺史蔡训以城降。河东都将盖璋诣侯言降，即令权知沁州。壬子，叔琮拔泽州，刺史李存璋弃城走。叔琮进攻潞州，昭义节度使孟迁降之。河东屯将李审建、王周将步军一万、骑二千诣叔琮降，叔琮进趣晋阳。夏，四月，乙卯，叔琮出石会关，营于洞涡驿。张归厚引兵至辽州，丁巳，辽州刺史张鄂降。别将白奉国会成德兵自井陉入，己未，拔承天军，与叔琮烽火相应。

甲戌，上谒太庙。丁丑，赦天下，改元。雪王涯等十七家。

初，杨复恭为中尉，借度支卖麴之利一年以赡两军，自是不肯复归。至是，崔胤草赦，欲抑宦官，听酤者自造麴，但月输榷酤钱。两军先所造麴，趣令减价卖之，过七月无得复卖。

东川节度使王宗涤以疾求代，王建表马步使王宗裕为留后。

氏叔琮等引兵抵晋阳城下，数挑战，城中大恐。李克用登城备御，不遑饮食。时大雨积旬，城多颓坏，随加完补。河东将李嗣昭、李嗣源凿暗门，夜出攻汴垒，屡有杀获，李存进败汴军于洞涡。时汴军既众，刍粮不给，久雨，士卒疟利，全忠乃召兵还。五月，叔琮等自石会关归，诸道军亦退。河东将周德威、李嗣昭以精骑五千蹑之，杀获甚众。先是，汾州刺史李瑭举州附于汴军，克用遣其将李存审攻之，三日而拔，执瑭，斩之。氏叔琮过上党，孟迁挈族随之南徙。朱全忠遣丁会代守潞州。

朱全忠奏乞除河中节度使，而讽吏民请己为帅。癸卯，以全忠为宣武、宣义、天平、护国四镇节度使。

己酉，加镇海、镇东节度使钱镠守侍中。

崔胤之罢两军卖麴也，并近镇亦禁之。李茂贞惜其利，表乞入朝论奏，韩全诲请许之。茂贞至京师，全诲深与相结。崔胤始惧，阴厚朱全忠益甚，与茂贞为仇敌矣。

以佑国节度使张全义兼中书令。

六月，癸亥，朱全忠如河中。

上之返正也，中书舍人令狐涣、给事中韩偓皆预其谋，故擢为翰林学士，数召对，访以机密。涣，绹之子也。时上悉以军国事委崔胤，每奏事，上与之从容，或至然烛。宦官畏之侧目，事无大小，皆咨胤而后行。胤志欲尽除之，韩偓屡谏曰："事禁太甚。此辈亦不可全无，恐其党迫切，更生他变。"胤不从。丁卯，上独召偓，问曰："敕使中为恶者如林，何以处之?"对曰："东内之难，敕使谁非同恶，处之当在正旦，今已失其时矣。"上曰："当是时，卿何不为崔胤言之?"对曰："臣见陛下诏书云，'自刘季述等四家之外，其余一无所问。'夫人主所重，莫大于信，既下此诏，则守之宜坚。若复戮一人，则人人惧死矣。然后来所去者已为不少，此其所以恟恟不安也。陛下不若择其尤无良者数人，明示其罪，置之于法，然后抚谕其余曰：'吾恐尔曹谓吾心有所贮，自今可无疑矣。'乃择其忠厚者使为之长。其徒有善则奖之，有罪则惩之，咸自安矣。今此曹在公私者以万数，岂可尽诛邪！夫帝王之道，当以重厚镇之，公正御之，至于琐细机巧，此机生则彼机应矣，终不能成大功，所谓理丝而棼之者也。况今朝廷之权，散在四方。苟能先收此权，则事无不可为者矣。"上深以为然，曰："此事终以属卿。"

李克用遣其将李嗣昭、周德威将兵出阴地关，攻隰州，刺史唐礼降之。进攻慈州，刺史张瓌降之。

闰月，以河阳节度使丁会为昭义节度使，孟迁为河阳节度使，从朱全忠之请也。

道士杜从法以妖妄诱昌、普、合三州民作乱，王建遣行营兵马使王宗黯将兵三万会东川、武信兵讨之。宗黯，即吉谏也。

崔胤请上尽诛宦官，但以宫人掌内诸司事。宦官属耳，颇闻之，韩全诲等涕泣求哀于上，上乃令胤："有事封疏以闻，勿口奏。"宦官求美女知书者数人，内之宫中，阴令诇察其事，尽得胤密谋，上不之觉也。全诲等大惧，每宴聚，流涕相诀别，日夜谋所以去胤之术。胤时领三司使，全诲等教禁军对上喧噪，诉胤减损冬衣。上不得已，解胤盐铁使。

时朱全忠、李茂贞各有挟天子令诸侯之意，全忠欲上幸东都，茂贞欲上幸凤翔，胤知谋泄，事急，遗朱全忠书，称被密诏，令全忠以兵迎车驾，且言："昨者返正，皆令公良图，而凤翔先入朝抄取其功。今不速来，必成罪人，岂惟功为它人所有，且见征讨矣！"全忠得书，秋，七月，甲寅，遽归大梁发兵。

西川龙台镇使王宗侃等讨杜从法，平之。

八月，甲申，上问韩偓曰："闻陆扆不乐吾返正，正旦易服，乘小马出启夏门，有诸？"对曰："返正之谋，独臣与崔胤辈数人知之，扆不知也。一旦忽闻宫中有变，人情能不惊骇！易服逃避，何妨有之。陛下责其为宰相无死难之志则可也，至于不乐返正，恐出于谗人之口，愿陛下察之。"上乃止。

韩全诲等惧诛，谋以兵制上，乃与李继昭、李继诲、李彦弼、李继筠深相结，继昭独不肯从。它日，上问韩偓："外间何所闻？"对曰："惟闻敕使忧惧，与功臣及继筠交结，将致不安，亦未知其果然不耳。"上曰："是不虚矣。比日继诲、彦弼辈语渐倔强，令人难耐。令狐涣欲令朕召崔胤及全诲等于内殿，置酒和解之，何如？"对曰："如此则彼凶悖益甚。"上曰："为之奈何？"对曰："独有显罪数人，速加窜逐，余者许其自新，庶几可息。若一无所问，彼必知陛下心有所贮，益不自安，事终未了耳。"上曰："善。"既而宦官自恃党援已成，稍不遵敕旨，上或出之使监军，或黜守诸陵，皆不行，上无如之何。

或告杨行密云，钱镠为盗所杀。行密遣步军都指挥使李神福等将兵取杭州，两浙将顾全武等列八寨以拒之。

九月，癸丑，上急召韩偓，谓曰："闻全忠欲来除君侧之恶，大是尽忠，然须令与茂贞共其功。若两帅交争，则事危矣。卿为我语崔胤，速飞书两镇，使相与合谋，则善矣。"壬戌，上又谓偓曰："继诲、彦弼辈骄横益甚，累日前与继筠同入，辄于殿东令小儿歌以侑酒，令人惊骇。"对曰："臣必知其然，兹事失之于初。当正旦立功之时，但应以官爵、田宅、金帛酬之，不应听其恣出入禁中。此辈素无知识，数求入对，或妄论朝政，或僭易荐人，稍有不从，则生怨望。况惟知嗜利，为敕使以厚利雇之，令其如此耳。崔胤本留卫兵，欲以制敕使也，今敕使、卫兵相与为一，将若之何！汴兵若来，必与岐兵斗于阙下，臣窃寒心。"上但愀然忧沮而已。

冬，十月，戊戌，朱全忠大举兵发大梁。

李神福与顾全武相拒久之，神福获杭俘，使出入卧内。神福谓诸将曰："杭兵尚强，我师且当夜还。"杭俘走告全武，神福命勿追，暮遣羸兵先行，神福为殿，使行营都尉吕师造伏兵青山下。全武素轻神福，出兵追之。神福、师造夹击，大破之，斩首五千级，生擒全武。钱镠闻之，惊泣曰："丧我良将！"神福进攻临安，两浙将秦昶帅众三千降之。

韩全诲闻朱全忠将至，丁酉，令李继诲、李彦弼等勒兵劫上，请幸凤翔，宫禁诸门皆增兵防守，人及文书出入搜阅甚严。上遣人密赐崔胤御札，言皆凄怆，末云："我为宗社大计，势须西行，卿等但东行也。惆怅，惆怅！"戊戌，上遣赵国夫人出语韩偓："朝来彦弼辈无礼极甚，欲召卿对，其势未可。"且言："上与皇后但涕泣相向。"自是，学士不复得对矣。癸卯，全诲等令上入阁召百官，追寝正月丙午敕书，悉如咸通以来近例。是日，开延英，全诲等即侍侧，同议政事。

丁未，神策都指挥使李继筠遣部兵掠内库宝货、帷帐、法物，韩全诲遣人密送诸王、宫人先之凤翔。

戊申，朱全忠至河中，表请车驾幸东都，京城大骇，士民亡窜山谷。是日，百官皆不入朝，阙前寂无人。

十一月，己酉朔，李继筠等勒兵阙下，禁人出入，诸军大掠。士民衣纸及布襦者，满街极目。韩建以幕僚司马邺知匡国留后。朱全忠引四镇兵七万趣同州，邺迎降。

韩全诲等以李继昭不与之同，遏绝不令见上。时崔胤居第在开化坊，继昭帅所部六千余人及关东诸道兵在京师者共守卫之，百官及士民避乱者，皆往依之。庚戌，上遣供奉官张绍孙召百官，崔胤等皆表辞不至。

壬子，韩全诲等陈兵殿前，言于上曰："全忠以大兵逼京师，欲劫天子幸洛阳，求传禅。臣等请奉陛下幸凤翔，收兵拒之。"上不许，杖剑登乞巧楼。全诲等逼上下楼，上行才及寿春殿，李彦弼已于御院纵火。是日冬至，上独坐思政殿，翘一足，一足蹋栏干，庭无群臣，旁无侍者。顷之，不得已，与皇后、妃嫔、诸王百余人皆上马，恸哭声不绝，出门，回顾禁中，火已赫然。是夕，宿鄠县。

朱全忠遣司马邺入华州，谓韩建曰："公不早知过自归，又烦此军少留城下矣。"是日，全忠自故市引兵南度渭，韩建遣节度副使李巨川请降，献银三万两助军，全忠乃西南趣赤水。

癸丑，李茂贞迎车驾于田家碨，上下马慰接之。甲寅，车驾至盩厔。乙卯，留一日。

朱全忠至零口西，闻车驾西幸，与僚佐议，复引兵还赤水。左仆射致仕张濬说全忠曰："韩建，茂贞之党，不先取之，必为后患。"全忠闻建有表劝天子幸凤翔，乃引兵逼其城。建单骑迎谒，全忠责之，对曰："建目不知书，凡表章书檄，皆李巨川所为。"全忠以巨川常为建画策，斩之军门。谓建曰："公许人，可即往衣锦。"丁巳，以建为忠武节度使，理陈州，以兵援送之；以前商州刺史李存权知华州，徙忠武节度使赵珝为匡国节度使。车驾之在华州也，商贾辐凑，韩建重征之，二年，得钱九百万缗。至是，全忠尽取之。

是时京师无天子，行在无宰相，崔胤使太子太师卢渥等二百余人列状请朱全忠西迎车驾，又使王溥至赤水见全忠计事。全忠复书曰："进则惧胁君之谤，退则怀负国之惭，然不敢不勉。"戊午，全忠发赤水。

辛酉，以兵部侍郎卢光启权句当中书事。车驾留岐山三日，壬戌，至凤翔。

朱全忠至长安，宰相帅百官班迎于长乐坡。明日行，复班辞于临皋驿。全忠赏李继昭之功，初令权知匡国留后，复留为两街制置使，赐与甚厚，继昭尽献其兵八千人。

全忠使判官李择、裴铸入奏事，称："奉密诏及得崔胤书，令臣将兵入朝。"韩全诲等矫诏答以："朕避灾至此，非宦官所劫，密诏皆崔胤诈为之，卿宜敛兵归保土宇。"茂贞遣其将符道昭屯武功以拒全忠，癸亥，全忠将康怀贞击破之。

丁卯，以卢光启为右谏议大夫，参知机务。

戊辰，朱全忠至凤翔，军于城东。李茂贞登城谓曰："天子避灾，非臣下无礼，谗人误公至此。"全忠报曰："韩全诲劫迁天子，今来问罪，迎扈还宫。岐王苟不预谋，何烦陈谕！"上屡诏全忠还镇，全忠乃拜表奉辞。辛未，移兵北趣邠州。

甲戌，制：守司空兼门下侍郎、同平章事崔胤责授工部尚书，户部侍郎、同平章事裴枢罢守本官。

乙亥，朱全忠攻邠州。丁丑，静难节度使李继徽请降，复姓名杨崇本。全忠质其妻于河中，令崇本仍镇邠州。

全忠之西入关也，韩全诲、李茂贞以诏命征兵河东，茂贞仍以书求援于李克用。克用遣李嗣昭将五千骑自沁州趣晋州，与汴兵战于平阳北，破之。

乙亥，全忠发邠州。戊寅，次三原。十二月，癸未，崔胤至三原见全忠，趣之迎驾。乙丑，全忠遣朱友宁攻盩厔，不下。戊戌，全忠自往督战，盩厔降，屠之。全忠令崔胤帅百官及京城居民悉迁于华州。诏以裴贽充大明宫留守。

清海节度使徐彦若薨，遗表荐行军司马刘隐权留后。

李神福知钱镠定不死，而临安城坚，久攻不拔，欲归，恐为镠所邀，乃遣人守卫镠祖考丘垄，禁樵采，又使顾全武通家信，镠遣使谢之。神福于要路多张旗帜为虚寨，镠以为淮南兵大至，遂请和，神福受其犒赂而还。

朱全忠之入关也，戎昭节度使冯行袭遣副使鲁崇矩听命于全忠。韩全诲遣中使二十余人分道征江、淮兵屯金州，以胁全忠，行袭尽杀中使，收其诏敕送全忠。又遣中使征兵于王建，朱全忠亦遣使乞师于建。建外修好于全忠，罪状李茂贞，而阴劝茂贞坚守，许之救援。以武信节度使王宗佶、前东川节度使王宗涤等为扈驾指挥使，将兵五万，声言迎车驾，其实袭茂贞山南诸州。

江西节度使钟传将兵围抚州刺史危全讽，天火烧其城，士民讙惊。诸将请急攻之，传曰："乘人之危，非仁也。"乃祝曰："全讽之罪，无为害民。"火寻止。全讽闻之，谢罪听命，以女妻传子匡时。

传少时尝猎，醉遇虎，与斗，虎搏其肩，而传亦持虎腰不置，旁人共杀虎，乃得免。既贵，悔之，常戒诸子曰："士处世贵智谋，勿效吾暴虎也。"

武贞节度使雷满薨，子彦威自称留后。

资治通鉴卷第二百六十三

端明殿学士兼翰林侍读学士太中大夫提举西京嵩山崇福宫上柱国河内郡开国公食邑二千二百户食实封九百户赐紫金鱼袋臣 司马光 奉敕编集

唐纪七十九起玄黓阉茂(壬戌)，尽昭阳大渊献(癸亥)正月，凡一年有奇。

昭宗圣穆景文孝皇帝中之下

天复二年(壬戌、902)

春，正月，癸丑，朱全忠复屯三原，又移军武功。河东将李嗣昭、周德威攻慈、隰，以分全忠兵势。

丁卯，以给事中韦贻範为工部侍郎、同平章事。

丙子，以给事中严龟充岐、汴和协使，赐朱全忠姓李，与李茂贞为兄弟，全忠不从。

时茂贞不出战。全忠闻有河东兵，二月，戊寅朔，旋军河中。

李嗣昭等攻慈、隰，下之，进逼晋、绛。己丑，全忠遣兄子友宁将兵会晋州刺史氏叔琮击之。李嗣昭等袭取绛州，汴将康怀英复取之。嗣昭等屯蒲县，乙未，汴军十万营于蒲南，叔琮夜帅众断其归路而攻其垒，破之，杀获万余人。己亥，全忠自河中赴之，乙巳，至晋州。

盗发简陵。

西川兵至利州，昭武节度使李继忠弃镇奔凤翔。王建以剑州刺史王宗伟为利州制置使。

三月，庚戌，上与李茂贞及宰相、学士、中尉、枢密宴，酒酣，茂贞及韩全诲亡去。上问韦贻範："朕何以巡幸至此?"对曰："臣在外不知。"固问之，不对。上曰："卿何得于朕前妄语云不知?"又曰："卿既以非道取宰相，当于公事如法，若有不可，必准故事。"怒目视之，微言曰："此贼兼须杖之二十。"顾谓韩偓曰："此辈亦称宰相!"贻範屡以大杯献上，上不即持，贻範举杯直及上颐。

戊午，氏叔琮、朱友宁进攻李嗣昭、周德威营。时汴军横陈十里，而河东军不过数万，深入敌境，众心恟惧。德威出战而败，密令嗣昭以后军先去，德威寻引骑兵亦退。叔琮、友宁长驱乘之，河东军惊溃，禽克用子廷鸾，兵仗辎重委弃殆尽。朱全忠令叔琮、友宁乘胜遂攻河东。

李克用闻嗣昭等败，遣李存信以亲兵逆之，至清源，遇汴军，存信走还晋阳，汴军取慈、隰、汾三州。辛酉，汴军围晋阳，营于晋祠，攻其西门。周德威、李嗣昭收余众依西山得还。城中兵未集，叔琮攻城甚急，每行围，褒衣博带，以示闲暇。克用昼夜乘城，不得寝食。召诸将议走保雲州，李嗣昭、李嗣源、周德威曰："儿辈在此，必能固守。王勿为此谋摇人心！"李存信曰："关东、河北皆受制于朱温，我兵寡地蹙，守此孤城，彼筑垒穿堑环之，以积久制我，我飞走无路，坐待困毙耳。今事势已急，不若且入北虏，徐图进取。"嗣昭力争之，克用不能决。刘夫人言于克用曰："存信，北川牧羊儿耳，安知远虑？王常笑王行瑜轻去其城，死于人手，今日反效之邪！且王昔居达靼，几不自免，赖朝廷多事，乃得复归。今一足出城，则祸变不测，塞外可得至邪！"克用乃止。居数日，溃兵复集，军府浸安。克用弟克宁为忻州刺史，闻汴寇至，中涂复还晋阳，曰："此城吾死所也，去将何之！"众心乃定。

壬戌，朱全忠还河中，遣朱友宁将兵西击李茂贞，军于兴平、武功之间。李嗣昭、李嗣源数将敢死士夜入氏叔琮营，斩首捕虏，汴军惊扰，备御不暇。会大疫，丁卯，叔琮引兵还。嗣昭与周德威将兵追之，及石会关，叔琮留数马及旌旗于高岗之巅。嗣昭等以为有伏兵，乃引去，复取慈、隰、汾三州。自是克用不敢与全忠争者累年。

克用以使引咨幕府曰："不贮军食，何以聚众？不置兵甲，何以克敌？不修城池，何以扞御？利害之间，请垂议度。"掌书记李袭吉献议，略曰："国富不在仓储，兵强不由众寡，人归有德，神固害盈。聚敛宁有盗臣，苛政如有猛虎，所以鹿台将散，周武以兴；齐库既焚，晏婴入贺。"又曰："伏以变法不若养人，改作宁如旧贯！韩建蓄财无数，首事朱温；王珂变法如麻，一朝降贼。中山城非不峻，蔡上兵非不多，前事甚明，可以为戒。且霸国无贫主，强将无弱兵。伏愿大王崇德爱人，去奢省役，设险固境，训兵务农。定乱者选武臣，制理者选文吏，钱谷有句，刑法有律。诛赏由我，则下无威福之弊；近密多正，则人无谮谤之忧。顺天时而绝欺诬，敬鬼神而禁淫祀，则不求富而国富，不求安而自安。外破元凶，内康疲俗，名高五霸，道冠八元。至于率闾阎，定间架，增麴蘖，检田畴，开国建邦，恐未为切。"

克用亲军皆沙陀杂虏，喜侵暴良民，河东甚苦之。其子存勖以为言，克用曰："此辈从吾攻战数十年，比者帑藏空虚，诸军卖马以自给。今四方诸侯皆重赏以募士，我若急之，则彼皆散去矣，吾安与同保此乎？俟天下稍平，当更清治之耳。"存勖幼警敏，有勇略，克用为朱全忠所困，封疆日蹙，忧形于色。存勖进言曰："物不极则不返，恶不极则不亡。朱氏恃其诈力，穷凶极暴，吞灭四邻，人怨神怒。今又攻逼乘舆，窥觎神器，此其极也，殆将毙矣。吾家代袭忠贞，势穷力屈，无所愧心。大人当遵养时晦以待其衰，奈何轻为沮丧，使群下失望乎！”克用悦，即命酒奏乐而罢。

刘夫人无子，克用宠姬曹氏生存勗，刘夫人待曹氏加厚。克用以是益贤之，诸姬有子，辄命夫人母之。夫人教养，悉如所生。

上以左金吾将军李俨为江、淮宣谕使，书御（衣）〔札〕赐杨行密，拜行密东面行营都统、中书令、吴王，以讨朱全忠。以朱瑾为平卢节度使，冯弘铎为武宁节度使，朱延寿为奉国节度使。加武安节度使马殷同平章事。淮南、宣歙、湖南等道立功将士，听用都统牒承制迁补，然后表闻。俨，张濬之子也，赐姓李。

夏，四月，丁酉，崔胤自华州诣河中，泣诉于朱全忠，恐李茂贞劫天子幸蜀，宜以时迎奉，势不可缓。全忠与之宴，胤亲执板，为全忠歌以侑酒。

辛丑，回鹘遣使入贡，请发兵赴难，上命翰林学士承旨韩偓答书许之。乙巳，偓上言：“戎狄兽心，不可倚信。彼见国家人物华靡，而城邑荒残，甲兵雕弊，必有轻中国之心，启其贪婪。且自会昌以来，回鹘为国家所破，恐其乘危复怨。所赐可汗书，宜谕以小小寇窃，不须赴难，虚愧其意，实沮其谋。”从之。

兵部侍郎参知机务卢光启罢为太子太保。

杨行密遣顾全武归杭州以易秦裴，钱镠大喜，遣裴还。

汴将康怀贞击凤翔将李继昭于莫谷，大破之。继昭，蔡州人也，本姓苻，名道昭。

五月，庚戌，温州刺史朱褒卒，兄敖自称刺史。

凤翔人闻朱全忠且来，皆惧，癸丑，城外居民皆迁入城。己未，全忠将精兵五万发河中，至东渭桥，遇霖雨，留旬日。

庚午，工部侍郎、平章事韦贻範遭母丧，宦官荐翰林学士姚洎为相。洎谋于韩偓，偓曰：“若图永久之利，则莫若未就为善。傥出上意，固无不可。且汴军旦夕合围，孤城难保，家族在东，可不虑乎！”洎乃移疾，上亦自不许。

镇海、镇东节度使彭城王钱镠进爵越王。

六月，丙子，以中书舍人苏检为工部侍郎、同平章事。时韦贻範在草土，荐检及姚洎于李茂贞。上既不用洎，茂贞及宦官恐上自用人，协力荐检，遂用之。

丁丑，朱全忠军于虢县。

武宁节度使冯弘铎介居宣、杨之间，常不自安，然自恃楼船之强，不事两道。宁国节度使田頵欲图之，募弘铎工人造战舰，工人曰：“冯公远求坚木，故其船堪久用，今此无之。”頵曰：“第为之，吾止须一用耳。”弘铎将冯晖、颜建说弘铎先击頵，弘铎从之，帅众南上，声言攻洪州，实袭宣州也。杨行密使人止之，不从。辛巳，頵帅舟师逆击于葛山，大破之。

甲申，李茂贞大出兵，自将之，与朱全忠战于虢县之北，大败而还，死者万余人。丙戌，全忠遣其将孔勍出散关攻凤州，拔之。丁亥，全忠进军凤翔城下。全忠朝服向城而泣，曰："臣但欲迎车驾还宫耳，不与岐王角胜也。"遂为五寨环之。

冯弘铎收余众沿江将入海，杨行密恐其为后患，遣使犒军，且说之曰："公徒众犹盛，胡为自弃于沧海之外！吾府虽小，足以容公之众，使将吏各得其所，如何？"弘铎左右皆恸哭听命。弘铎至东塘，行密自乘轻舟迎之，从者十余人，常服，不持兵，升弘铎舟，慰谕之，举军感悦。署弘铎淮南节度副使，馆给甚厚。

初，弘铎遣牙将丹徒尚公迺诣行密求润州，行密不许。公迺大言曰："公不见听，但恐不敌楼船耳。"至是，行密谓公迺曰："颇记求润州时否？"公迺谢曰："将吏各为其主，但恨无成耳。"行密笑曰："尔事杨叟如冯公，无忧矣。"

行密以李神福为昇州刺史。

杨行密发兵讨朱全忠，以副使李承嗣权知淮南军府事。军吏欲以巨舰运粮，都知兵马使徐温曰："运路久不行，葭苇堙塞，请用小艇，庶几易通。"军至宿州，会久雨，重载不能进，士有饥色，而小艇先至，行密由是奇温，始与议军事。行密攻宿州，久不克，竟以粮运不继引还。

秋，七月，孔勍取成、陇二州，士卒无斗者。至秦州，州人城守，乃自故关归。

韦贻範之为相也，多受人赂，许以官。既而以母丧罢去，日为债家所噪。亲吏刘延美，所负尤多，故汲汲于起复，日遣人诣两中尉、枢密及李茂贞求之。甲戌，命韩偓草贻範起复制，偓曰："吾腕可断，此制不可草！"即上疏论贻範遭忧未数月，遽令起复，实骇物听，伤国体。学士院二中使怒曰："学士勿以死为戏！"偓以疏授之，解衣而寝，二使不得已奏之。上即命罢草，仍赐敕褒赏之。八月，乙亥朔，班定，无白麻可宣，宦官喧言韩侍郎不肯草麻，闻者大骇。茂贞入见上曰："陛下命相而学士不肯草麻，与反何异！"上曰："卿辈荐贻範，朕不之违，学士不草麻，朕亦不之违。况彼所陈，事理明白，若之何不从！"茂贞不悦而出，至中书，见苏检曰："奸邪朋党，宛然如旧。"扼腕者久之。贻範犹经营不已，茂贞语人曰："我实不知书生礼数，为贻範所误，会当于邠州安置。"贻範乃止。刘延美赴井死。

保大节度使李茂勋将兵屯三原，救李茂贞，朱全忠遣其将康怀英、孔勍击之，茂勋遁去。茂勋，茂贞之从弟也。

初，孙儒死，其士卒多奔浙西，钱镠爱其骁悍，以为中军，号武勇都。行军司马杜稜谏曰："狼子野心，它日必为深患，请以土人代之。"不从。

镠如衣锦军，命武勇右都指挥使徐绾帅众治沟洫。镇海节度副使成及闻士卒怨言，白镠请罢役，不从。丙戌，镠临飨诸将，绾谋杀镠于座，不果，称疾先出。镠怪之，丁亥，命绾将所部先还杭州。及外城，纵兵焚掠。武勇左都指挥使许再思以迎候兵与之合，进逼牙城。镠子传瑛与三城都指挥使马绰等闭门拒之，牙将潘长击绾，绾退屯龙兴寺。镠还，及龙泉，闻变，疾驱至城北，使成及建镠旗鼓与绾战，镠微服乘小舟夜抵牙城东北隅，逾城而入。直更卒凭鼓而寐，镠亲斩之，城中始知镠至。武安都指挥使杜建徽自新城入援，徐绾聚木将焚北门，建徽悉焚之。建徽，稜之子也。湖州刺史高彦闻难，遣其子渭将兵入援，至灵隐山，绾伏兵击杀之。

初，镠筑杭州罗城，谓僚佐曰："十步一楼，可以为固矣。"掌书记馀杭罗隐曰："楼不若皆内向。"至是人以隐言为验。

庚戌，李茂贞出兵夜袭奉天，虏汴将倪章、邵棠以归。乙未，茂贞大出兵，与朱全忠战，不胜，暮归，汴兵追之，几入西门。

己亥，再起复前户部侍郎、同平章事韦贻範，使姚洎草制。赌範不让，即表谢，明日，视事。

西川军请假道于兴元，山南西道节度使李继密遣兵戍三泉以拒之。辛丑，西川前锋将王宗播攻之，不克，退保山寨。亲吏柳脩业谓宗播曰："公举族归人，不为之死战，何以自保?"宗播令其众曰："吾与汝曹决战取功名，不尔，死于此!"遂破金牛、黑水、西县、褒城四寨。军校秦承厚攻西县，矢贯左目，达于右目，镞不出。王建自舐其创，脓溃镞出。王宗播攻马盘寨，继密战败，奔还汉中。西川军乘胜至城下，王宗涤帅众先登，遂克之，继密请降，迁于成都；得兵三万，骑五千，宗涤入屯汉中。王建曰："继密残贼三辅，以其降，不忍杀。"复其姓名曰王万弘，不时召见诸将陵易之。万弘终日纵酒，俳优辈亦加戏诮，万弘不胜忧愤，醉投池水而卒。

诏以王宗涤为山南西道节度使。宗涤有勇略，得众心，王建忌之。建作府门，绘以朱丹，蜀人谓之"画红楼"，建以为宗涤姓名应之，王宗佶等疾其功，复构以飞语。建召宗涤至成都，诘责之，宗涤曰："三蜀略平，大王听谗，杀功臣可矣。"建命亲随马军都指挥使唐道袭夜饮之酒，缢杀之，成都为之罢市，连营涕泣，如丧亲戚。建以指挥使王宗贺权兴元留后。道袭，阆州人也，始以舞童事建，后浸预谋画。

九月，乙巳，朱全忠以久雨，士卒病，召诸将议引兵归河中。亲从指挥使高季昌、左开道指挥使刘知俊曰："天下英雄，窥此举一岁矣。今茂贞已困，奈何舍之去?"全忠患李茂贞坚壁不出，季昌请以谲计诱致之。募有能入城为谍者，骑士马景请行，曰："此行必死，愿大王录其妻子。"全忠恻然止之，景不可。时全忠遣朱友伦发兵于大梁，明日将至，当出兵迓之。景请因此时给骏马杂众骑而出，全忠从之，命诸军皆秣马饱士。丁未旦，偃旗帜潜伏，无得妄出，营中寂如无人。景与众骑偕出，忽跃马西去，诈为逃亡，入城告茂贞曰："全忠举军遁矣，独留伤病者近万人守营，今夕亦去矣，请速击之。"于是茂贞开门，悉众攻全忠营，全忠鼓于中军，百营俱出，纵兵击之，又遣数百骑据其城门，凤翔军进退失据，自蹈藉，杀伤殆尽。茂贞自是丧气，始议与全忠连和，奉车驾还京，不复以诏书勒全忠还镇矣。全忠表季昌为宋州团练使。季昌，硖石人，本朱友恭之仆夫也。

戊申，武定节度使李思敬以洋州降王建。

辛亥，李茂贞尽出骑兵于邠州就刍粮。壬子，朱全忠穿蚰蜒壕围凤翔，设(大)〔犬〕铺、铃架以绝内外。

癸亥，以茂贞为凤翔、静难、武定、昭武四镇节度使。

或劝钱镠度江东保越州，以避徐、许之难。杜建徽按剑叱之曰："事或不济，同死于此，岂可复东度乎！"

镠恐徐绾等据越州，遣大将顾全武将兵戍之。全武曰："越州不足往，不若之广陵。"镠曰："何故？"对曰："闻绾等谋召田頵，田頵至，淮南助之，不可敌也。"建徽曰："孙儒之难，王尝有德于杨公，今往告之，宜有以相报。"镠命全武告急于杨行密，全武曰："徒往无益，请得王子为质。"镠命其子传璙微服为全武仆，与偕之广陵，且求昏于行密。过润州，团练使安仁义爱传璙清丽，将以十仆易之，全武夜半赂阍者逃去。

绾等果召田頵，頵引兵赴之，先遣亲吏何饶谓镠曰："请大王东如越州，空府廨以相待，无为杀士卒！"镠报曰："军中叛乱，何方无之？公为节帅，乃助贼为逆。战则亟战，又何大言！"頵筑垒绝往来之道，镠患之，募能夺其地者赏以州。衢州制置使陈璋将卒三百出城奋击，遂夺其地，镠即以为衢州刺史。

顾全武至广陵，说杨行密曰："使田頵得志，必为王患。王召頵还，钱王请以其子传璙为质，且求昏。"行密许之，以女妻传璙。

冬，十月，李俨至扬州，杨行密始建制敕院，每有封拜，辄以告俨，于紫极宫玄宗像前陈制书，再拜然后下。

王建攻拔兴州，以军使王宗浩为兴州刺史。

戊寅夜，李茂贞假子彦询帅三团步兵奔于汴军。己卯，李彦韬继之。

庚辰，朱全忠遣幕僚司马邺奉表入城。甲申，又遣使献熊白，自是献食物、缯帛相继。上皆先以示李茂贞，使启视之，茂贞亦不敢启。丙戌，复遣使请与茂贞议连和，民出城樵采者皆不抄掠。丁亥，全忠表请修宫阙及迎车驾。己丑，遣国子司业薛昌祚、内使王延缋赍诏赐全忠。癸巳，茂贞复出兵击汴军城西寨，败还。全忠以绛袍衣降者，使招呼城中人，凤翔军夜缒去，及因樵采去不返者甚众。是后茂贞或遣兵出击汴军，多不为用，散还。茂贞疑上与全忠有密约，壬寅，更于御院北垣外增兵防卫。

十一月，癸卯朔，保大节度使李茂勋帅其众万余人救凤翔，屯于城北阪上，与城中举烽相应。

甲辰，上使赵国夫人诇学士院二使皆不在，亟召韩偓、姚洎，窃见之于土门外，执手相泣。洎请上速还，恐为它人所见，上遽去。

朱全忠遣其将孔勍、李晖将兵乘虚袭鄜、坊，壬子，拔坊州。甲寅，大雪，汴军冒之夕进，五鼓，抵鄜州城下。鄜人不为备，汴军入城，城中兵尚八千人，格斗至午，鄜人始败，擒留后李继璙。勍抚存李茂勋及将士之家，案堵无扰，命李晖权知军府事。茂勋闻之，引兵遁去。

汴军每夜鸣鼓角，城中地如动。攻城者诟城上人云“劫天子贼”，乘城者诟城下人云“夺天子贼”。是冬，大雪，城中食尽，冻馁死者不可胜计，或卧未死，肉已为人所冎。市中卖人肉，斤直钱百，犬肉值五百。茂贞储偫亦竭，以犬彘供御膳。上鬻御衣及小皇子衣于市以充用，削渍松柹以饲御马。

丙子，户部侍郎、同平章事韦贻範薨。

癸亥，朱全忠遣人薙城外草以困城中。甲子，李茂贞增兵守宫门，诸宦官自度不免，互相尤怨。

苏检数为韩偓经营入相，言于茂贞及中尉、枢密，且遣亲吏告偓，偓怒曰：“公与韦公自贬所召归，旬月致位宰相，讫不能有所为。今朝夕不济，乃欲以此相污邪！”

田頵急攻杭州，仍具舟将自西陵度江，钱镠遣其将盛造、朱郁拒破之。

十二月，李茂勋遣使请降于朱全忠，更名周彝。于是茂贞山南州镇皆入王建，关中州镇皆入全忠，坐守孤城，乃密谋诛宦官以自赎，遗全忠书曰：“祸乱之兴，皆由全诲。仆迎驾至此，以备它盗。公既志匡社稷，请公迎扈还宫，仆以弊甲雕兵，从公陈力。”全忠复书曰：“仆举兵至此，正以乘舆播迁，公能协力，固所愿也。”

杨行密使人召田頵曰：“不还，吾且使人代镇宣州。”庚辰，頵将还，征犒军钱二十万缗于钱镠，且求镠子为质，将妻以女。镠谓诸子：“孰能为田氏婿者？”莫对。镠欲遣幼子传球，传球不可。镠怒，将杀之。次子传瓘请行，吴夫人泣曰：“奈何置儿虎口！”传瓘曰：“纾国家之难，安敢爱身！”再拜而出，镠泣送之。传瓘从数人缒北门而下。頵与徐绾、许再思同归宣州。镠夺传球内牙兵印。

越州客军指挥使张洪以徐绾之党自疑，帅步兵三百奔衢州，刺史陈璋纳之。温州将丁章逐刺史朱敖，敖奔福州。章据温州，田頵遣使招之，道出衢州，陈璋听其往还，钱镠由是恨璋。

丁酉，上召李茂贞、苏检、李继诲、李彦弼、李继岌、李继远、李继忠食，议与朱全忠和，上曰："十六宅诸王以下，冻馁死者日有数人。在内诸王及公主、妃嫔，一日食粥，一日食汤饼，今亦竭矣。卿等意如何？"皆不对。上曰："速当和解耳！"

凤翔兵十余人遮韩全诲于左银台门，喧骂曰："阖境涂炭，阖城馁死，正为军容辈数人耳！"全诲叩头诉于茂贞，茂贞曰："卒辈何知！"命酌酒两杯，对饮而罢。又诉于上，上亦谕解之。李继昭谓全诲曰："昔杨军容破杨守亮一族，今军容亦破继昭一族邪！"慢骂之，遂出降于全忠，复姓苻，名道昭。

是岁，虔州刺史卢光稠攻岭南，陷韶州，使其子延昌守之，进围潮州。清海留后刘隐发兵击走之，乘胜进攻韶州。隐弟陟以为延昌有虔州之援，未可遽取，隐不从，遂围韶州。会江涨，馈运不继，光稠自虔州引兵救之，其将谭全播伏精兵万人于山谷，以羸弱挑战，大破隐于城南，隐奔还。全播悉以功让诸将，光稠益贤之。

岳州刺史邓进思卒，弟进忠自称刺史。

三年(癸亥、903)

春，正月，甲辰，遣殿中侍御史崔构、供奉官郭遵诲诣朱全忠营。丙午，李茂贞亦遣牙将郭启期往议和解。

平卢节度使王师範，颇好学，以忠义自许，为治有声迹。朱全忠围凤翔，韩全诲以诏书征藩镇兵入援乘舆，师範见之，泣下沾衿，曰："吾属为帝室藩屏，岂得坐视天子困辱如此。各拥强兵，但自卫乎！"会张濬自长水亦遗之书，劝举义兵。师範曰："张公言正会吾意，夫复何疑！虽力不足，当死生以之。"时关东兵多从全忠在凤翔，师範分遣诸将诈为贡献及商贩，包束兵仗，载以小车，入汴、徐、兖、郓、齐、沂、河南、孟、滑、河中、陕、虢、华等州，期以同日俱发，讨全忠。适诸州者多事泄被擒，独行军司马刘鄩取兖州。时泰宁节度使葛从周悉将其兵屯邢州，鄩先遣人为贩油者入城，诇其虚实及兵所从入。丙午，鄩将精兵五百夜自水窦入，比明，军城悉定，市人皆不知。鄩据府舍，拜从周母，每旦省谒，待其妻子，甚有恩礼，子弟职掌、供亿如故。

是日，青州牙将张居厚帅壮士二百将小车至华州东城，知州事娄敬思疑其有异，剖视之，其徒大呼，杀敬思，攻西城。崔胤在华州，帅众拒之，不克，走至商州，追获之。

全忠留节度判官裴迪守大梁，师範遣走卒赍书至大梁，迪问以东方事，走卒色动。迪察其有变，屏人问之，走卒具以实告。迪不暇白全忠，亟请马步都指挥使朱友宁将兵万余人东巡兖、郓。友宁召葛从周于邢州，共攻师範。全忠闻变，亦分兵先归，使友宁并将之。

戊申，李茂贞独见上，中尉韩全诲、张彦弘、枢密使袁易简、周敬容皆不得对。茂贞请诛全诲等，与朱全忠和解，奉车驾还京。上喜，即遣内养帅凤翔卒四十人收全诲等，斩之。以御食使第五可範为左军中尉，宣徽南院使仇承坦为右军中尉，王知古为上院枢密使，杨虔朗为下院枢密使。是夕，又斩李继筠、李继诲、李彦弼及内诸司使韦处廷等十六人。己酉，遣韩偓及赵国夫人诣全忠营，又遣使囊全诲等二十余人首以示全忠，曰："向来胁留车驾，惧罪离间，不欲协和，皆此曹也。今朕与茂贞决意诛之，卿可晓谕诸军，以豁众愤。"辛亥，全忠遣观察判官李振奉表入谢。

全诲等已诛，而全忠围犹未解。茂贞疑崔胤教全忠欲必取凤翔，白上急召胤，令帅百官赴行在。凡四降诏，三赐朱书御札，言甚切至，悉复故官爵，胤竟称疾不至。茂贞惧，自致书于胤，辞甚卑逊。全忠亦以书召胤，且戏之曰："吾未识天子，须公来辨其是非。"胤始来。

甲寅，凤翔始启城门。丙辰，全忠巡诸寨，至城北，有凤翔兵自北山下，全忠疑其逼己，遣兵击之，擒其将李继钦。上遣赵国夫人、冯翊夫人诣全忠营诘其故，全忠遣亲吏蒋玄晖奉表入奏。

李茂贞请以其子侃尚平原公主，又欲以苏检女为景王祕妃以自固。平原，何后之女也，后意难之。上曰："且令我得出，何忧尔女！"后乃从之。壬戌，平原公主嫁宋侃。纳景王妃苏氏。

时凤翔所诛宦官已七十二人，朱全忠又密令京兆搜捕致仕不从行者，诛九十人。

甲子，车驾出凤翔，幸全忠营。全忠素服待罪，命客省使宣释罪，去三仗，止报平安，以公服入谢。全忠见上，顿首流涕。上命韩偓扶起之。上亦泣，曰："宗庙社稷，赖卿再安；朕与宗族，赖卿再生。"亲解玉带以赐之。少休，即行。全忠单骑前导十许里，上辞之。全忠乃令朱友伦将兵扈从，自留部分后队，焚撤诸寨。友伦，存之子也。是夕，车驾宿岐山。丁卯，至兴平，崔胤始帅百官迎谒，复以胤为司空、门下侍郎、同平章事，领三司如故。己巳，入长安。

庚午，全忠、崔胤同对。胤奏："国初承平之时，宦官不典兵豫政。天宝以来，宦官浸盛。贞元之末，分羽林卫为左、右神策军以便卫从，始令宦官主之，以二千人为定制。自是参掌机密，夺百司权，上下弥缝，共为不法，大则构扇藩镇，倾危国家；小则卖官鬻狱，蠹害朝政。王室衰乱，职此之由，不剪其根，祸终不已。请悉罢内诸司使，其事务尽归之省寺，诸道监军俱召还阙下。"上从之。是日，全忠以兵驱宦官第五可範已下数百人于内侍省，尽杀之，冤号之声，彻于内外。出使外方者，诏所在收捕诛之，止留黄衣幼弱者三十人以备洒扫。又诏成德节度使王镕选进五十人充敕使，取其土风深厚，人性谨朴也。上愍可範等或无罪，为文祭之。自是宣传诏命，皆令宫人出入，其两军内外八镇兵悉属六军，以崔胤兼判六军十二卫事。

臣光曰：宦者用权，为国家患，其来久矣。盖以出入宫禁，人主自幼及长，与之亲狎，非如三公六卿，进见有时，可严惮也。其间复有性识儇利，语言辩给，善伺候颜色，承迎志趣，受命则无违迕之患，使令则有称惬之效。自非上智之主，烛知物情，虑患深远，侍奉之外，不任以事，则近者日亲，远者日疏，甘言悲辞之请有时而从，浸润肤受之诉有时而听。于是黜陟刑赏之政，潜移于近习而不自知，如饮醇酒，嗜其味而忘其醉也。黜陟刑赏之柄移而国家不危乱者，未之有也。

东汉之衰，宦官最名骄横，然皆假人主之权，依凭城社，以浊乱天下，未有能劫胁天子如制婴儿，废置在手，东西出其意，使天子畏之若乘虎狼而挟蛇虺如唐世者也。所以然者非它，汉不握兵，唐握兵故也。

太宗鉴前世之弊，深抑宦官无得过四品。明皇始隳旧章，是崇是长，晚节令高力士省决章奏，乃至进退将相，时与之议，自太子王公皆畏事之，宦官自此炽矣。及中原板荡，肃宗收兵灵武，李辅国以东宫旧隶参豫军谋，宠过而骄，不复能制，遂至爱子慈父皆不能庇，以忧悸终。代宗践阼，仍遵覆辙，程元振、鱼朝恩相继用事，窃弄刑赏，壅蔽聪明，视天子如委裘，陵宰相如奴虏。是以来瑱入朝，遇谗赐死；吐蕃深侵郊甸，匿不以闻，致狼狈幸陕；李光弼危疑愤郁，以损其生；郭子仪摈废家居，不保丘垄；仆固怀恩冤抑无诉，遂弃勋庸，更为叛乱。德宗初立，颇振纲纪，宦官稍绌。而返自兴元，猜忌诸将，以李晟、浑瑊为不可信，悉夺其兵，而以窦文场、霍仙鸣为中尉，使典宿卫，自是太阿之柄，落其掌握矣。宪宗末年，吐突承璀欲废嫡立庶，以成陈洪志之变。宝历狎昵群小，刘克明与苏佐明为逆，其后绛王及文、武、宣、懿、僖、昭六帝，皆为宦官所立，势益骄横。王守澄、仇士良、田令孜、杨复恭、刘季述、韩全诲为之魁杰，〔至〕自称"定策国老"，目天子为门生，根深蒂固，疾成膏肓，不可救药矣！文宗深愤其然，志欲除之，以宋申锡之贤，犹不能有所为，反受其殃。况李训、郑注反覆小人，欲以一朝谲诈之谋，剪累世胶固之党，遂至涉血禁涂，积尸省户，公卿大臣，连颈就诛，阖门屠灭，天子阳喑纵酒，饮泣吞气，自比赧、献，不亦悲乎！以宣宗之严毅明察，犹闭目摇首，自谓畏之。况懿、僖之骄侈，苟声色球猎足充其欲，则政事一以付之，呼之以父，固无怪矣。贼污宫阙，两幸梁、益，皆令孜所为也。昭宗不胜其耻，力欲清涤，而所任不得其人，所行不由其道。始则张濬覆军于平阳，增李克用跋扈之势；复恭亡命于山南，启宋文通不臣之心。终则兵交阙庭，矢及御衣，漂泊莎城，流寓华阴，幽辱东内，劫迁岐阳。崔昌遐无如之何，更召朱全忠以讨之。连兵围城，再罹寒暑，御膳不足于糗糒，王侯毙踣于饥寒，然后全诲就诛，乘舆东出，剪灭其党，靡有孑遗，而唐之庙社因以丘墟矣！然则宦者之祸，始于明皇，盛于肃、代，成于德宗，极于昭宗。《易》曰："履霜坚冰至。"为国家者，防微杜渐，可不慎其始哉！此其为患，章章尤著者也。自余伤贤害能，召乱致祸，卖官鬻狱，沮败师徒，蠹害烝民，不可遍举。

夫寺人之官，自三王之世，载于《诗》《礼》，所以谨闺闼之禁，通内外之言，安可无也。如巷伯之疾恶，寺人披之事君，郑众之辞赏，吕彊之直谏，曹日昇之救患，马存亮之弭乱，杨复光之讨贼，严遵美之避权，张承业之竭忠，其中岂无贤才乎！顾人主不当与之谋议政事，进退士大夫，使有威福足以动人耳。果或有罪，小则刑之，大则诛之，无所宽赦。如此，虽使之专横，孰敢哉！岂可不察臧否，不择是非，欲草薙而禽狝之，能无乱乎！是以袁绍行之于前而董卓弱汉，崔昌遐袭之于后而朱氏篡唐，虽快一时之忿，而国随以亡。是犹恶衣之垢而焚之，患木之蠹而伐之，其为害岂不益多哉！孔子曰："人而不仁，疾之已甚，乱也。"斯之谓矣！

王师範遣使以起兵告李克用，克用贻书褒赞之。河东监军张承业亦劝克用发兵救凤翔，克用攻晋州，闻车驾东归，乃罢。

杨行密承制加朱瑾东面诸道行营副都统、同平章事，以昇州刺史李神福为淮南行军司马、鄂岳行营招讨使，舒州团练使刘(有)〔存〕副之，将兵击杜洪。洪将骆殷戍永兴，弃城走，县民方诏据城降。神福曰："永兴大县，馈运所仰，已得鄂之半矣！"

资治通鉴卷第二百六十四

端明殿学士兼翰林侍读学士太中大夫提举西京嵩山崇福宫上柱国河内郡开国公食邑二千二百户食实封九百户赐紫金鱼袋臣 司马光 奉敕编集

唐纪八十起昭阳大渊献(癸亥)二月，尽阏逢困敦(甲子)闰月，凡一年有奇。

昭宗圣穆景文孝皇帝下之上

天复三年(癸亥、903)

二月，壬申朔，诏:“比在凤翔府所除官，一切停。”时宦官尽死，惟河东监军张承业、幽州监军张居翰、清海监军程匡柔、西川监军鱼全禋及致仕严遵美，为李克用、刘仁恭、杨行密、王建所匿得全，斩它囚以应诏。

甲戌，门下侍郎、同平章事陆扆责授沂王傅、分司。车驾还京师，赐诸道诏书，独凤翔无之。扆曰:“茂贞罪虽大，然朝廷未与之绝，今独无诏书，示人不广。”崔胤怒，奏贬之。宫人宋柔等十一人皆韩全诲所献，及僧、道士与宦官亲厚者二十余人，并送京兆杖杀。

上谓韩偓曰:“崔胤虽尽忠，然比卿颇用机数。”对曰:“凡为天下者，万国皆属之耳目，安可以机数欺之！莫若推诚直致，虽日计之不足而岁计之有余也。”

丙子，工部侍郎、同平章事苏检，吏部侍郎卢光启，并赐自尽。丁丑，以中书侍郎、同平章事王溥为太子宾客、分司，皆崔胤所恶也。

戊寅，赐朱全忠号回天再造竭忠守正功臣，赐其僚佐敬翔等号迎銮协赞功臣，诸将朱友宁等号迎銮果毅功臣，都头以下号四镇静难功臣。

上议褒崇全忠，欲以皇子为诸道兵马元帅，以全忠副之。崔胤请以辉王祚为之，上曰:“濮王长。”胤承全忠密旨，利祚冲幼，固请之。己卯，以祚为诸道兵马元帅。庚辰，加全忠守太尉，充副元帅，进爵梁王。以胤为司徒兼侍中。

胤恃全忠之势，专权自恣，天子动静皆禀之。朝臣从上幸凤翔者，凡贬逐三十余人。刑赏系其爱憎，中外畏之，重足一迹。

以敬翔守太府卿，朱友宁领宁远节度使。全忠表苻道昭同平章事，充天雄节度使，遣兵援送之秦州，不得至而还。

初，翰林学士承旨韩偓之登进士第也，御史大夫赵崇知贡举。上返自凤翔，欲用偓为相，偓荐崇及兵部侍郎王赞自代。上欲从之，崔胤恶其分已权，使朱全忠入争之。全忠见上曰："赵崇轻薄之魁，王赞无才用，韩偓何得妄荐为相！"上见全忠怒甚，不得已，癸未，贬偓濮州司马。上密与偓泣别，偓曰："是人非复前来之比，臣得远贬及死乃幸耳，不忍见篡弑之辱。"

己丑，上令朱全忠与李茂贞书，取平原公主，茂贞不敢违，遽归之。

壬辰，以朱友裕为镇国节度使。

乙未，全忠奏留步骑万人于故两军，以朱友伦为左军宿卫都指挥使，又以汴将张廷範为宫苑使，王殷为皇城使，蒋玄晖充街使。于是全忠之党布列遍于禁卫及京辅。

戊戌，全忠辞归镇，留宴寿春殿，又饯之于延喜楼。上临轩泣别，令于楼前上马。上又赐全忠诗，全忠亦和进，又赐《杨柳枝辞》五首。百官班辞于长乐驿，崔胤独送至霸桥，自置饯席，夜二鼓，胤始还入城。上复召对，问以全忠安否，置酒奏乐，至四鼓乃罢。

以清海节度使裴枢为门下侍郎、同平章事，朱全忠荐之矣。

李克用使者还晋阳，言崔胤之横，克用曰："胤为人臣，外倚贼势，内胁其君，既执朝政，又握兵权。权重则怨多，势侔则衅生，破家亡国，在眼中矣！"朱全忠将行，奏："克用于臣，本无大嫌，乞厚加宠泽，遣大臣抚慰，俾知臣意。"进奏吏以白克用，克用笑曰："贼欲有事淄青，畏吾掎其后耳。"

三月，戊午，朱全忠至大梁。王师範弟师鲁围齐州，朱友宁引兵击走之。师範遣兵益刘鄩军，友宁击取之，由是兖州援绝，葛从周引兵围之。友宁进攻青州，戊辰，全忠引四镇及魏博兵十万继之。

淮南将李神福围鄂州，望城中积荻，谓监军尹建峰曰："今夕为公焚之。"建峰未之信。时杜洪求救于朱全忠，神福遣部将秦皋乘轻舟至滠口，举火炬于树杪，洪以为救兵至，果焚荻以应之。

夏，四月，己卯，以朱全忠判元帅府事。

知温州事丁章为木工李彦所杀，其将张惠据温州。

王师範求救于淮南，乙未，杨行密遣其将王茂章以步骑七千救之，又遣别将将兵数万攻宿州。全忠遣其将康怀英救宿州，淮南兵遁去。

杨行密遣使诣马殷，言朱全忠跋扈，请殷绝之，约为兄弟。湖南大将许德勋曰："全忠虽无道，然挟天子以令诸侯，明公素奉王室，不可轻绝也。"殷从之。

杜洪求救于朱全忠，全忠遣其将韩勍将万人屯滠口，遣使语荆南节度使成汭、武安节度使马殷、武贞节度使雷彦威，令出兵救洪。汭畏全忠之强，且欲侵江、淮之地以自广，发舟师十万，沿江东下。汭作巨舰，三年而成，制度如府署，谓之“和州载”，其余谓之“齐山”、“截海”、“劈浪”之类甚众。掌书记李珽谏曰：“今每舰载甲士千人，稻米倍之，缓急不可动也。吴兵剽轻，难与角逐，武陵、长沙，皆吾仇也，岂得不为反顾之虑乎！不若遣骁将屯巴陵，大军与之对岸，坚壁勿战，不过一月，吴兵食尽自遁，鄂围解矣。”汭不听。珽，憕之五世孙也。

王建出兵攻秦、陇，乘李茂贞之弱也，遣判官韦庄入贡，亦修好于朱全忠。全忠遣押牙王殷报聘，建与之宴。殷言：“蜀甲兵诚多，但乏马耳。”建作色曰：“当道江山险阻，骑兵无所施，然马亦不乏，押牙少留，当共阅之。”乃集诸州马，大阅于星宿山，官马八千，私马四千，部队甚整。殷叹服。建本骑将，故得蜀之后，于文、黎、维、茂州市胡马，十年之间，遂及兹数。

五月，丁未，李克用雲州都将王敬晖杀刺史刘再立，叛降刘仁恭，克用遣李嗣昭、李存审将兵讨之。仁恭遣将以兵五万救敬晖，嗣昭退保乐安，敬晖举众弃城而去。先是，振武将契苾让逐戍将石善友，据城叛。嗣昭等进攻之，让自燔死，复取振武城，杀吐谷浑叛者二千余人。克用怒嗣昭、存审失王敬晖，皆杖之，削其官。

成汭行未至鄂州，马殷遣大将许德勋将舟师万余人，雷彦威遣其将欧阳思将舟师三千余人会于荆江口，乘虚袭江陵，庚戌，陷之，尽掠其人及货财而去。将士亡其家，皆无斗志。

李神福闻其将至，自乘轻舟前觇之，谓诸将曰：“彼战舰虽多而不相属，易制也，当急击之。”壬子，神福遣其将秦裴、杨戎将众数千逆击汭于君山，大破之，因风纵火，焚其舰，士卒皆溃，汭赴水死，获其战舰二百艘。韩勍闻之，亦引兵去。

许德勋还过岳州，刺史邓进忠开门具牛酒犒军，德勋谕以祸福，进忠遂举族迁于长沙。马殷以德勋为岳州刺史，以进忠为衡州刺史。

雷彦威狡狯残忍，有父风，常泛舟焚掠邻境，荆、鄂之间，殆至无人。

李茂贞畏朱全忠，自以官为尚书令，在全忠上，累表乞解去，诏复以茂贞为中书令。

崔胤奏：“左右龙武、羽林、神策等军名存实亡，侍卫单寡，请每军募步兵四将，每将二百五十人，骑兵一将百人，合六千六百人，选其壮健者，分番侍卫。”从之。令六军诸卫副使、京兆尹郑元规立格召募于市。

朱全忠表颍州刺史朱友恭为武宁节度使。

朱友宁攻博昌，月余不拔，朱全忠怒，遣客将刘捍往督之。捍至，友宁驱民丁十余万，负木石，牵牛驴，诣城南筑土山，既至，并人畜木石排而筑之，冤号声闻数十里。俄而城陷，尽屠之。进拔临淄，抵青州城下，遣别将攻登、莱。

淮南将王茂章会王师範弟莱州刺史师诲攻密州，拔之，斩其刺史刘康乂，以淮海都游奕使张训为刺史。

六月，乙亥，汴兵拔登州。师範帅登、莱兵拒朱友宁于石楼，为两栅。丙子，夜，友宁击登州栅，栅中告急，师範趣茂章出战，茂章按兵不动。友宁破登州栅，进攻莱州栅。比明，茂章度其兵已疲，乃与师範合兵出战，大破之。友宁旁自峻阜驰骑赴敌，马仆，青州将张土枭斩之，传首淮南。两镇兵逐北至米河，俘斩万计，魏博之兵殆尽。

全忠闻友宁死，自将兵二十万昼夜兼行赴之，秋，七月，壬子，至临朐，命诸将攻青州。王师範出战，汴兵大破之。王茂章闭垒示怯，伺汴兵稍懈，毁栅而出，驱驰疾战，战酣退坐，召诸将饮酒，已而复战。全忠登高望见之，问降者，知为茂章，叹曰："使吾得此人为将，天下不足平也！"至晡，汴兵乃退。茂章度众寡不敌，是夕，引军还。全忠遣曹州刺史杨师厚追之，及于辅唐。茂章命先锋指挥使李虔裕将五百骑为殿，虔裕殊死战，师厚擒而杀之。师厚，颍州人也。

张训闻茂章去，谓诸将曰："汴人将至，何以御之？"诸将请焚城大掠而归。训曰："不可。"封府库，植旗帜于城上，遣羸弱居前，自以精兵殿其后而去。全忠遣左踏白指挥使王檀攻密州，既至，望旗帜，数日乃敢入城，见府库城邑皆完，遂不复追。训全军而还。全忠以檀为密州刺史。

丁卯，以山南西道留后王宗贺为节度使。

睦州刺史陈询叛钱镠，举兵攻兰溪，镠遣指挥使方永珍击之。武安都指挥使杜建徽与询连姻，镠疑之，建徽不言。会询亲吏来奔，得建徽与询书，皆劝戒之辞，镠乃悦。建徽从兄建思谮建徽私蓄兵仗，谋作乱，镠使人索之，建徽方食，使者直入卧内，建徽不顾，镠以是益亲重之。

八月，戊辰朔，朱全忠留齐州刺史杨师厚攻青州，身归大梁。

庚辰，加西川节度使西平王王建守司徒，进爵蜀王。

前渝州刺史王宗本言于王建，请出兵取荆南，建从之，以宗本为开道都指挥使，将兵下峡。

初，宁国节度使田頵破冯弘铎，诣广陵谢杨行密，因求池、歙为巡属，行密不许。行密左右下及狱吏，皆求赂于頵，頵怒曰："吏知吾将下狱邪！"及还，指广陵南门曰："吾不可复入此矣！"頵兵强财富，好攻取，行密既定淮南，欲保境息民，每抑止之，頵不从。及解释钱镠，頵尤恨之，阴有叛志。李神福言于行密曰："頵必反，宜早图之。"行密曰："頵有大功，反状未露，今杀之，诸将人人自危矣！"頵有良将曰康儒，与頵谋议多不合，行密知之，擢儒为庐州刺史。頵以儒为贰于己，族之。儒曰："吾死，田公亡无日矣！"頵遂与润州团练使安仁义同举兵，仁义悉焚东塘战舰。

頵遣二使诈为商人，诣寿州约奉国节度使朱延寿，行密将尚公迺遇之，曰："非商人也。"杀一人，得其书，以告行密。行密召李神福于鄂州，神福恐杜洪邀之，宣言奉命攻荆南，勒兵具舟楫。及暮，遂沿江东下，始告将士以讨田頵。

己丑，安仁义袭常州，常州刺史李遇逆战，极口骂仁义，仁义曰："彼敢辱我，必有备。"乃引去。壬辰，行密以王茂章为润州行营招讨使，击仁义，不克，使徐温将兵会之。温易其衣服旗帜，皆如茂章兵，仁义不知益兵，复出战，温奋击，破之。

行密夫人，朱延寿之姊也。行密狎侮延寿，延寿怨怒，阴与田頵通谋。頵遣前进士杜荀鹤至寿州，与延寿相结，又遣至大梁告朱全忠，全忠大喜，遣兵屯宿州以应之。荀鹤，池州人也。

杨师厚屯临朐，声言将之密州，留辎重于临朐。九月，癸卯，王师範出兵攻临朐，师厚伏兵奋击，大破之，杀万余人，获师範弟师克。明日，莱州兵五千救青州，师厚邀击之，杀获殆尽，遂徙寨抵其城下。

朱延寿谋颇泄，杨行密诈为目疾，对延寿使者多错乱所见，或触柱仆地。谓夫人曰："吾不幸失明，诸子皆幼，军府事当悉以授三舅。"夫人屡以书报延寿，行密又自遣召之，阴令徐温为之备。延寿至广陵，行密迎及寝门，执而杀之。部兵惊扰，徐温谕之，皆听命，遂斩延寿兄弟，黜朱夫人。

初，延寿赴召，其妻王氏谓曰："君此行吉凶未可知，愿日发一使以安我。"一日，使不至，王氏曰："事可知矣。"部分僮仆，授兵阖门，捕骑至，乃集家人，聚宝货，发百燎焚府舍，曰："妾誓不以皎然之躯为仇人所辱。"赴火而死。

延寿用法严，好以寡击众，尝遣二百人与汴兵战，有一人应留者，请行，延寿以违命，立斩之。

田頵袭昇州，得李神福妻子，善遇之。神福自鄂州东下，頵遣使谓之曰："公见机，与公分地而王；不然，妻子无遗！"神福曰："吾以卒伍事吴王，今为上将，义不以妻子易其志。頵有老母，不顾而反，三纲且不知，乌足与言乎！"斩使者而进，士卒皆感励。頵遣其将王(檀)〔坛〕、汪建将水军逆战。丁未，神福至吉阳矶，与坛、建遇，坛、建执其子承鼎示之，神福命左右射之。神福谓诸将曰："彼众我寡，当以奇取胜。"及暮，合战，神福阳败，引舟溯流而上，坛、建追之，神福复还，顺流击之。坛、建楼船大列火炬，神福令军中曰："望火炬则击之。"坛、建军皆灭火，旗帜交杂，神福因风纵火，焚其舰，坛、建大败，士卒焚溺死者甚众。戊申，又战于皖口，坛、建仅以身免。获徐绾，行密以槛车载之，遗钱镠，镠剖其心以祭(周)〔高〕渭。

頵闻坛、建败，自将水军逆战，神福曰："贼弃城而来，此天亡也。"临江坚壁不战，遣使告行密，请发步兵断其归路，行密遣涟水制置使台濛将兵应之。王茂章攻润州，久未下，行密命茂章引兵会濛击颙。

辛亥，汴将刘重霸拔棣州，执刺史邵播，杀之。

甲寅，朱全忠如洛阳，遇疾，复还大梁。

戊午，王师範遣副使李嗣业及弟师悦请降于杨师厚，曰："师範非敢背德，韩全诲、李茂贞以朱书御札使之举兵，师範不敢违。"仍请以其弟师鲁为质。时朱全忠闻李茂贞、杨崇本将起兵逼京畿，恐其复劫天子西去，欲迎车驾都洛阳，乃受师範降，选诸将使守登、莱、淄、棣等州，即以师範权淄青留后。师範仍言先遣行军司马刘鄩将兵五千据兖州，非其自专，愿释其罪；亦遣使语鄩。

田颙闻台濛将至，自将步骑逆战，留其将郭行悰以精兵二万及王坛、汪建水军屯芜湖，以拒李神福。觇者言："濛营寨褊小，才容二千人。"颙易之，不召外兵。濛入颙境，番陈而进，军中笑其怯，濛曰："颙宿将多谋，不可不备。"冬，十月，戊辰，与颙遇于广德，濛先以杨行密书遍赐颙将，皆下马拜受，濛因其挫伏，纵兵击之，颙兵遂败。又战于黄池，兵交，濛伪走，颙追之，遇伏，大败，奔还宣州城守，濛引兵围之。颙亟召芜湖兵还，不得入。郭行悰、王坛、汪建及当涂、广德诸戍皆帅其众降。行密以台濛已破田颙，命王茂章复引兵攻润州。

初，夔州刺史侯矩从成汭救鄂州，汭死，矩奔还。会王宗本兵至，甲戌，矩以州降之，宗本遂定夔、忠、万、施四州。王建复以矩为夔州刺史，更其姓名曰王宗矩。宗矩，易州人也。蜀之议者，以瞿唐蜀之险要，乃弃归、峡，屯军夔州。

建以宗本为武泰留后。武泰军旧治黔州，宗本以其地多瘴疠，请徙治涪州，建许之。

葛从周急攻兖州，刘鄩使从周母乘板舆登城，谓从周曰："刘将军事我不异于汝，新妇辈皆安居，人各为其主，汝可察之。"从周歔欷而退，攻城为之缓。郡悉简妇人及民之老疾不足当敌者出之，独与少壮者同辛苦，分衣食，坚守以扞敌。号令整肃，兵不为暴，民皆安堵。久之，外援既绝，节度副使王彦温逾城出降，城上卒多从之，不可遏。鄩遣人从容语彦温曰："军士非素遣者，勿多与之俱。"又遣人徇于城上曰："军士非素遣从副使而敢擅往者，族之！"士卒皆惶惑不敢出。敌人果疑彦温，斩之城下，由是众心益固。及王师範力屈，从周以祸福谕之，鄩曰："受王公命守此城，一旦见王公失势，不俟其命而降，非所以事上也。"及师範使者至，丁丑，始出降。

从周为具赍装，送鄩诣大梁。鄩曰："降将未受梁王宽释之命，安敢乘马衣裘乎！"乃素服乘驴至大梁。全忠赐之冠带，辞，请囚服入见，不许。全忠慰劳，饮之酒，辞以量小。全忠曰："取兖州，量何大邪！"以为元从都押牙。是时四镇将吏皆功臣、旧人，鄩一旦以降将居其上，诸将具军礼拜于庭，鄩坐受自如，全忠益奇之，未几，表为保大留后。葛从周久病，全忠以康怀英为泰宁节度使代之。

辛巳，宿卫都指挥使朱友伦与客击球于左军，坠马而卒。全忠悲怒，疑崔胤故为之，凡与同戏者十余人尽杀之，遣其兄子友谅代典宿卫。

山南东道节度使赵匡凝遣兵袭荆南，朗人弃城走，匡凝表其弟匡明为荆南留后。时天子微弱，诸道财赋多不上供，惟匡凝兄弟委输不绝。

杨行密求兵于钱镠，镠遣方永珍屯润州，从弟镒屯宣州。又遣指挥使杨习攻睦州。

凤翔、邠州屡出兵近京畿，朱全忠疑其复有劫迁之谋，十一月，发骑兵屯河中。

十二月，乙亥，田頵帅死士数百出战，台濛阳退以示弱。頵兵逾濠而斗，濛急击之，頵不胜，还走城，桥陷坠马，斩之，其众犹战，以頵首示之，乃溃，濛遂克宣州。

初，行密与頵同闾里，少相善，约为兄弟，及頵首至广陵，行密视之泣下，赦其母殷氏，行密与诸子皆以子孙礼事之。

行密以李神福为宁国节度使，神福以杜洪未平，固让不拜。宣州长史合肥骆知祥善治金谷，观察牙推沈文昌为文精敏，尝为頵草檄骂行密，行密以知祥为淮南支计官，文昌为节度牙推。文昌，湖州人也。

初，頵每战不胜，辄欲杀钱传瓘，其母及宣州都虞候郭师从常保护之。师从，合肥人，頵之妇弟也。頵败，传瓘归杭州，钱镠以师从为镇东都虞候。

辛巳，以礼部尚书独孤损为兵部侍郎、同平章事。损，及之从曾孙也。中书侍郎兼户部尚书、同平章事裴贽罢为左仆射。

左仆射致仕张濬居长水，王师範之举兵，濬豫其谋。朱全忠将谋篡夺，恐濬扇动藩镇，讽张全义使图之。丙申，全义遣牙将杨麟将兵诈为劫盗，围其墅而杀之。永宁县吏叶彦素为濬所厚，知麟将至，密告濬子格曰："相公祸不可免，郎君宜自为谋。"濬谓格曰："汝留则俱死，去则遗种。"格哭拜而去，叶彦帅义士三十人送之渡汉而还，格遂自荆南入蜀。

卢龙节度使刘仁恭习知契丹情伪，常选将练兵，乘秋深入，逾摘星岭击之，契丹畏之。每霜降，仁恭辄遣人焚塞下野草，契丹马多饥死，常以良马赂仁恭买牧地。契丹王邪律阿保机遣其妻兄述律阿钵将万骑寇渝关，仁恭遣其子守光戍平州，守光伪与之和，设幄犒飨于城外，酒酣，伏兵执之以入。虏众大哭，契丹以重赂请于仁恭，然后归之。

初，崔胤假朱全忠兵力以诛宦官，全忠既破李茂贞，并吞关中，威震天下，遂有篡夺之志。胤惧，与全忠外虽亲厚，私心渐异，乃谓全忠曰："长安密迩茂贞，不可不为守御之备。六军十二卫，但有空名，请召募以实之，使公无西顾之忧。”全忠知其意，曲从之，阴使麾下壮士应募以察其变。胤不之知，与郑元规等缮治兵仗，日夜不息。及朱友伦死，全忠益疑胤，且欲迁天子都洛，恐胤立异。

天祐元年（甲子、904）

春，正月，全忠密表司徒兼侍中、判六军十二卫事、充盐铁转运使、判度支崔胤专权乱国，离间君臣，并其党刑部尚书兼京兆尹、六军诸卫副使郑元规、威远军使陈班等，皆请诛之。乙巳，诏责授胤太子少傅、分司，贬元规循州司户，班（凑）〔溱〕州司户。丙午，下诏罪状胤等，以裴枢判左三军事、充盐铁转运使，独孤损判右三军事、兼判度支，胤所募兵并纵遣之。以兵部尚书崔远为中书侍郎，翰林学士、左拾遗柳璨为右谏议大夫，并同平章事。璨，公绰之从孙也。戊申，朱全忠密令宿卫都指挥使朱友谅以兵围崔胤第，杀胤及郑元规、陈班并胤所亲厚者数人。

初，上在华州，朱全忠屡表请上迁都洛阳，上虽不许，全忠常令东都留守、佑国节度使张全义缮修宫室。全忠之克邠州也，质静难军节度使杨崇本妻子于河中。崇本妻美，全忠私焉，既而归之。崇本怒，使谓李茂贞曰：“唐室将灭，父何忍坐视之乎！”遂相与连兵侵逼京畿，复姓名为李继徽。己酉，全忠引兵屯河中。丁巳，上御延喜楼，朱全忠遣牙将寇彦卿奉表，称邠、岐兵逼畿甸，请上迁都洛阳。及下楼，裴枢已得全忠移书，促百官东行。戊午，驱徙士民，号哭满路，骂曰：“贼臣崔胤召朱温来倾覆社稷，使我曹流离至此！”老幼缀属，月余不绝。

壬戌，车驾发长安，全忠以其将张廷範为御营使，毁长安宫室百司及民间庐舍，取其材，浮渭沿河而下，长安自是遂丘墟矣。全忠发河南、北诸镇丁匠数万，令张全义治东都宫室，江、浙、湖、岭诸镇附全忠者，皆输货财以助之。甲子，车驾至华州，民夹道呼万岁，上泣渭曰：“勿呼万岁，朕不复为汝主矣！”馆于兴德宫，谓侍臣曰：“鄙语云：‘纥干山头冻杀雀，何不飞去生处乐。’朕今漂泊，不知竟落何所。”因泣下沾襟，左右莫能仰视。

二月，乙亥，车驾至陕，以东都宫室未成，驻留于陕。丙子，全忠自河中来朝，上延全忠入寝室见何后，后泣曰：“自今大家夫妇委身全忠矣！”

甲申，立皇子祯为端王，祁为丰王，福为和王，禧为登王，祐为嘉王。

上遣间使以御札告难于王建，建以邛州刺史王宗祐为北路行营指挥使，将兵会凤翔兵迎车驾，至兴平，遇汴兵，不得进而还。建始自用墨制除官，云“俟车驾还长安表闻。”

三月，丁未，以朱全忠兼判左、右神策及六军诸卫事。癸丑，全忠置酒私第，邀上临幸。乙卯，全忠辞上，先赴洛阳督修宫室。上与之宴，群臣既罢，上独留全忠及忠武节度使韩建饮，皇后出，自捧玉卮以饮全忠，晋国夫人可证附上耳语。

建蹑全忠足，全忠以为图己，不饮，阳醉而出。全忠奏以长安为佑国军，以韩建为佑国节度使，以郑州刺史刘知俊为匡国节度使。

丁巳，上复遣间使以绢诏告急于王建、杨行密、李克用等，令纠帅藩镇以图匡复，曰："朕至洛阳，则为所幽闭，诏敕皆出其手，朕意不复得通矣！"

杨行密遣钱传璙及其妇并顾全武归钱塘。以淮南行军司马李神福为鄂岳招讨使，复将兵击杜洪。朱全忠遣使诣行密，请舍鄂岳，复修旧好。行密报曰："俟天子还长安，然后罢兵修好。"

夏，四月，辛巳，朱全忠奏洛阳宫室已成，请车驾早发，表章相继。上屡遣宫人谕以皇后新产，未任就路，请俟十月东行。全忠疑上徘徊俟变，怒甚，谓牙将寇彦卿曰："汝速至陕，即日促官家发来。"闰月，丁酉，车驾发陕。壬寅，全忠逆于新安。上之在陕也，司天监奏："星气有变，期在今秋，不利东行。"故上欲以十月幸洛。至是，全忠令医官许昭远告医官使阎祐之、司天监王墀、内都知韦周、晋国夫人可证等谋害元帅，悉收杀之。

癸卯，上憩于穀水。自崔胤之死，六军散亡俱尽，所余击球供奉、内园小儿共二百余人，从上而东。全忠犹忌之，为设食于幄，尽缢杀之。豫选二百余人大小相类者，衣其衣服，代之侍卫。上初不觉，累日乃寤。自是上之左右职掌使令皆全忠之人矣。

甲辰，车驾发穀水，入宫，御正殿，受朝贺。乙巳，御光政门，赦天下，改元。更命陕州曰兴唐府。诏讨李茂贞、杨崇本。

戊申，敕内诸司惟留宣徽等九使外，余皆停废，仍不以内夫人充使。以蒋玄晖为宣徽南院使兼枢密使，王殷为宣徽北院使兼皇城使，张廷範为金吾将军、充街使，以韦震为河南尹兼六军诸卫副使，又征武宁留后朱友恭为左龙武统军，保大节度使氏叔琮为右龙武统军，典宿卫，皆全忠之腹心也。癸丑，以张全义为天平节度使。乙卯，以全忠为护国、宣武、宣义、忠武四镇节度使。

镇海、镇东节度使越王钱镠求封吴越王，朝廷不许。朱全忠为之言于执政，乃更封吴王。

更命魏博曰天雄军。癸亥，进天雄节度使长沙郡王罗绍威爵邺王。

资治通鉴卷第二百六十五

端明殿学士兼翰林侍读学士太中大夫提举西京嵩山崇福宫上柱国河内郡开国公食邑二千二百户食实封九百户赐紫金鱼袋臣 司马光 奉敕编集

唐纪八十一起阏逢困敦(甲子)五月，尽柔兆摄提格(丙寅)，凡二年有奇。

昭宗圣穆景文孝皇帝下之下

天祐元年(甲子、904)

五月，丙寅，加河阳节度使张汉瑜同平章事。

帝宴朱全忠及百官于崇勋殿，既罢，复召全忠宴于内殿。全忠疑，不入。帝曰："全忠不欲来，可令敬翔来。"全忠擿翔使去，曰："翔亦醉矣。"辛未，全忠东还，乙亥，至大梁。

忠义节度使赵匡凝遣水军上峡攻王建夔州，知渝州王宗阮等击败之。万州刺史张武作铁絙绝江中流，立栅于两端，谓之"锁峡"。

六月，李茂贞、王建、李继徽传檄合兵以讨朱全忠。全忠以镇国节度使朱友裕为行营都统，将步骑数万击之；命保大节度使刘鄩弃鄜州，引兵屯同州。癸丑，全忠引兵自大梁西讨茂贞等。秋，七月，甲子，过东都入见。壬申，至河中。

西川诸将劝王建乘李茂贞之衰，攻取凤翔。建以问节度判官冯涓，涓曰："兵者凶器，残民耗财，不可穷也。今梁、晋虎争，势不两立，若并而为一，举兵向蜀，虽诸葛亮复生，不能敌矣。凤翔，蜀之藩蔽，不若与之和亲，结为婚姻，无事则务农训兵，保固疆埸，有事则觇其机事，观衅而动，可以万全。"建曰："善。茂贞虽庸才，然有强悍之名，远近畏之，与全忠力争则不足，自守则有余，使为吾藩蔽，所利多矣。"乃与茂贞修好。丙子，茂贞遣判官赵锽如西川，为其侄天雄节度使继崇求昏，建以女妻之。茂贞数求货及甲兵于建，建皆与之。

王建赋敛重，人莫敢言。冯涓因建生日献颂，先美功德，后言生民之苦。建愧谢曰："如君忠谏，功业何忧！"赐之金帛。自是赋敛稍损。

初，朱全忠自凤翔迎车驾还，见德王裕眉目疏秀，且年齿已壮，恶之，私谓崔胤曰："德王尝奸帝位，岂可复留！公何不言之！"胤言于帝。帝问全忠，全忠曰："陛下父子之间，臣安敢窃议，此崔胤卖臣耳。"帝自离长安，日忧不测，与皇后终日沉饮，或相对涕泣。全忠使枢密使蒋玄晖伺察帝，动静皆知之。帝从容谓玄晖曰:“德王朕之爱子,全忠何故坚欲杀之?”因泣下,啮中指血流。玄晖具以语全忠,全忠愈不自安。

时李茂贞、杨崇本、李克用、刘仁恭、王建、杨行密、赵匡凝移檄往来,皆以兴复为辞。全忠方引兵西讨,以帝有英气,恐变生于中,欲立幼君,易谋禅代。乃遣判官李振至洛阳,与玄晖及左龙武统军朱友恭、右龙武统军氏叔琮等图之。

八月,壬寅,帝在椒殿,玄晖选龙武牙官史太等百人夜叩宫门,言军前有急奏,欲面见帝。夫人裴贞一开门见兵,曰:“急奏何以兵为?”史太杀之。玄晖问:“至尊安在?”昭仪李渐荣临轩呼曰:“宁杀我曹,勿伤大家。”帝方醉,遽起,单衣绕柱走,史太追而弑之。渐荣以身蔽帝,太亦杀之。又欲杀何后,后求哀于玄晖,乃释之。

癸卯,蒋玄晖矫诏称李渐荣、裴贞一弑逆,宜立辉王祚为皇太子,更名柷,监军国事。又矫皇后令,太子于柩前即位。宫中恐惧,不敢出声哭。丙午,昭宣帝即位,时年十三。

李克用复以张承业为监军。

淮南将李神福攻鄂州未下,会疾病,还广陵,杨行密以舒州团练使泌阳刘存代为招讨使,神福寻卒。宣州观察使台濛卒,杨行密以其子牙内诸军使渥为宣州观察使,右牙都指挥使徐温谓渥曰:“王寝疾而嫡嗣出藩,此必奸臣之谋。他日相召,非温使者及王令书,慎无亟来。”渥泣谢而行。

九月,己巳,尊皇后为皇太后。

朱全忠引兵北屯永寿,南至骆谷,凤翔、邠宁兵竟不出。辛未,东还。

冬,十月,辛卯朔,日有食之。

朱全忠闻朱友恭等弑昭宗,阳惊,号哭自投于地,曰:“奴辈负我,令我受恶名于万代!”癸巳,至东都,伏梓宫恸哭流涕,又见帝自陈非己志,请讨贼。先是,护驾军士有掠米于市者,甲午,全忠奏朱友恭、氏叔琮不戢士卒,侵扰市肆,友恭贬崖州司户,复姓名李彦威,叔琮贬白州司户,寻皆赐自尽。彦威临刑大呼曰:“卖我以塞天下之谤,如鬼神何! 行事如此,望有后乎!”

丙申,天平节度使张全义来朝。丁酉,复以全忠为宣武、护国、宣义、天平节度使,以全义为河南尹兼忠武节度使、判六军诸卫事。乙巳,全忠辞赴镇,庚戌,至大梁。

镇国节度使朱友裕薨于梨园。

光州叛杨行密,降朱全忠,行密遣兵围之,与鄂州皆告急于全忠。十一月,戊辰,全忠自将兵五万自颍州济淮,军于霍丘,分兵救鄂州。淮南兵释光州之围还广陵,按兵不出战,全忠分命诸将大掠淮南以困之。

钱镠潜遣衢州罗城使叶让杀刺史陈璋，事泄，十二月，璋斩让而叛，降于杨行密。

初，马殷弟賨，性沉勇，事孙儒，为百胜指挥使。儒死，事杨行密，屡有功，迁黑雲指挥使。行密尝从容问其兄弟，乃知为殷之弟，大惊曰："吾常怪汝器度瑰伟，果非常人，当遣汝归。"賨泣辞曰："賨淮西残兵，大王不杀而宠任之，湖南地近，尝得兄声问，賨事大王久，不愿归也。"行密固遣之。是岁，賨归长沙，行密亲饯之郊。

賨至长沙，殷表賨为节度副使。它日，殷议入贡天子，賨曰："杨王地广兵强，与吾邻接，不若与之结好，大可以为缓急之援，小可通商旅之利。"殷作色曰："杨王不事天子，一旦朝廷致讨，罪将及吾。汝置此论，勿为吾祸！"

初，清海节度使徐彦若遗表荐副使刘隐权留后，朝廷以兵部尚书崔远为清海节度使。远至江陵，闻岭南多盗，且畏隐不受代，不敢前，朝廷召远还。隐遣使以重赂结朱全忠，乃奏以隐为清海节度使。

昭宣光烈孝皇帝

天祐二年（乙丑、905）

春，正月，朱全忠遣诸将进兵逼寿州。

润州团练使安仁义勇决得士心，故淮南将王茂章攻之，逾年不克。杨行密使谓之曰："汝之功吾不忘也，能束身自归，当以汝为行军副使，但不掌兵耳。"仁义不从。茂章为地道入城，遂克之。仁义举族登楼，众不敢逼。先是攻城诸将见仁义辄骂之，惟李德诚不然，至是仁义召德诚登楼，谓曰："汝有礼，吾今以为汝功。"且以爱妾赠之，乃掷弓于地，德诚掖之而下，并其子斩于广陵市。

两浙兵围陈询于睦州，杨行密遣西南招讨使陶雅将兵救之。军中夜惊，士卒多逾垒亡去，左右及裨将韩球奔告之，雅安卧不应，须臾自定，亡者皆还。钱镠遣其从弟镒及指挥使顾全武、王球御之，为雅所败，虏镒及球以归。

庚午，朱全忠命李振知青州事，代王师範。

全忠围寿州，州人闭壁不出。全忠乃自霍丘引归，二月，辛卯，至大梁。

李振至青州，王师範举族西迁，至濮阳，素服乘驴而进。至大梁，全忠客之，表李振为青州留后。

戊戌，以安南节度使、同平章事朱全昱为太师，致仕。全昱，全忠之兄也，戆朴无能，先领安南，全忠自请罢之。

是日社，全忠使蒋玄晖邀昭宗诸子：德王裕、棣王祤、虔王禊、沂王禋、遂王祎、景王祕、祁王祺、雅王禛、琼王祥，置酒九曲池，酒酣，悉缢杀之，投尸池中。

朱全忠遣其将曹延祚将兵与杜洪共守鄂州，庚子，淮南将刘存攻拔之，执洪、延祚及汴兵千余人送广陵，悉诛之。行密以存为鄂岳观察使。

己酉，葬圣穆景文孝皇帝于和陵，庙号昭宗。

三月，庚午，以王师範为河阳节度使。

戊寅，以门下侍郎、同平章事独孤损同平章事，充静海节度使；以礼部侍郎河间张文蔚同平章事。甲申，以门下侍郎、同平章事裴枢为左仆射，崔远为右仆射，并罢政事。

初，柳璨及第，不四年为宰相，性倾巧轻佻。时天子左右皆朱全忠腹心，璨曲意事之。同列裴枢、崔远、独孤损皆朝廷宿望，意轻之，璨以为憾。和王傅张廷範，本优人，有宠于全忠，奏以为太常卿。枢曰："廷範勋臣，幸有方镇，何籍乐卿！恐非元帅之旨。"持之不下。全忠闻之，谓宾佐曰："吾常以裴十四器识真纯，不入浮薄之党，观此议论，本态露矣。"璨因此并远、损谮于全忠，故三人皆罢。

以吏部侍郎杨涉同平章事。涉，收之孙也，为人和厚恭谨，闻当为相，与家人相泣，谓其子凝式曰："此吾家之不幸也，必为汝累。"

加清海节度使刘隐同平章事。

壬辰，河东都押牙盖寓卒，遗书劝李克用省营缮，薄赋敛，求贤俊。

夏，四月，庚子，有彗星出西北。

淮南将陶雅会衢、睦兵攻婺州，钱镠遣其弟镖将兵救之。

五月，礼院奏，皇帝登位应祀南郊，敕用十月甲午行之。

乙丑，彗星长竟天。

柳璨恃朱全忠之势，恣为威福。会有星变，占者曰："君臣俱灾，宜诛杀以应之。"璨因疏其素所不快者于全忠曰："此曹皆聚徒横议，怨望腹非，宜以之塞灾异。"李振亦言于全忠曰："朝廷所以不理，良由衣冠浮薄之徒紊乱纲纪，且王欲图大事，此曹皆朝廷之难制者也，不若尽去之。"全忠以为然。癸酉，贬独孤损为棣州刺史，裴枢为登州刺史，崔远为莱州刺史。乙亥，贬吏部尚书陆扆为濮州司户，工部尚书王溥为淄州司户。庚辰，贬太子太保致仕赵崇为曹州司户，兵部侍郎王赞为潍州司户。自余或门胄高华，或科第自进，居三省台阁，以名检自处，声迹稍著者，皆指以为浮薄，贬逐无虚日，搢绅为之一空。辛巳，再贬裴枢为泷州司户，独孤损为琼州司户，崔远为白州司户。

甲申，忠义节度使赵匡凝遣使修好于王建。

六月，戊子朔，敕裴枢、独孤损、崔远、陆扆、王溥、赵崇、王赞等并所在赐自尽。

时全忠聚枢等及朝士贬官者三十余人于白马驿，一夕尽杀之，投尸于河。

初，李振屡举进士，竟不中第，故深疾搢绅之士，言于全忠曰："此辈常自谓清流，宜投之黄河，使为浊流。"全忠笑而从之。

振每自汴至洛，朝臣必有窜逐者，时人谓之鸱枭。见朝士皆颐指气使，旁若无人。

全忠尝与僚佐及游客坐于大柳之下，全忠独言曰："此木宜为车毂。"众莫应。有游客数人起应曰："宜为车毂。"全忠勃然厉声曰："书生辈好顺口玩人，皆此类也。车毂须用夹榆，柳木岂可为之！"顾左右曰："尚何待！"左右数十人捽言"宜为车毂"者悉扑杀之。

己丑，司空致仕裴贽贬青州司户，寻赐死。

柳璨余怒所注，犹不啻十数，张文蔚力解之，乃止。

时士大夫避乱，多不入朝，壬辰，敕所在州县督遣，无得稽留。前司勋员外郎李延古，德裕之孙也，去官居平泉庄，诏下未至，戊申，责授卫尉寺主簿。

秋，七月，癸亥，太子宾客致仕柳逊贬曹州司马。

庚午夜，天雄牙将李公佺与牙军谋乱，罗绍威觉之，公佺焚府舍，剽掠，奔沧州。

八月，王建遣前山南西道节度使王宗贺等将兵击昭信节度使冯行袭于金州。

朱全忠以赵匡凝东与杨行密交通，西与王建结昏，乙未，遣武宁节度使杨师厚将兵击之。己亥，全忠以大军继之。

处州刺史卢约使其弟佶攻陷温州，张惠奔福州。

钱镠遣方永珍救婺州。

初，礼部员外郎、知制诰司空图弃官居虞乡王官谷，昭宗屡征之，不起。柳璨以诏书征之，图惧，诣洛阳入见，阳为衰野，坠笏失仪。璨乃复下诏，略曰："既养高以傲代，类移山以钓名。"又曰："匪夷匪惠，难居公正之朝。可放还山。"图，临淮人也。

杨师厚攻下唐、邓、复、郢、随、均、房七州，朱全忠军于汉北。九月，辛酉，命师厚作浮梁于阴谷口，癸亥，引兵度汉。甲子，赵匡凝将兵二万陈于汉滨，师厚与战，大破之，遂傅其城下。是夕，匡凝焚府城，帅其族及麾下士沿汉奔广陵。乙丑，师厚入襄阳。丙寅，全忠继至。

匡凝至广陵，杨行密戏之曰："君在镇，岁以金帛输朱全忠，今败，乃归我乎？"匡凝曰："诸侯事天子，岁输贡赋乃其职也，岂输贼乎！今日归公，正以不从贼故耳。"行密厚遇之。

丙寅，封皇弟禔为颍王，祐为蔡王。

丁卯，荆南节度使赵匡明帅众二万，弃城奔成都。戊辰，朱全忠以杨师厚为山南东道留后，引兵击江陵，至乐乡，荆南牙将王建武遣使迎降。全忠以都将贺瓌为荆南留后。全忠寻表师厚为山南东道节度使。

王宗贺等攻冯行袭，所向皆捷。丙子，行袭弃金州，奔均州，其将全师朗以城降。王建更师朗姓名曰王宗朗，补金州观察使，割渠、巴、开三州以隶之。

乙酉，诏更用十一月癸酉亲郊。

淮南将陶雅、陈璋拔婺州，执刺史沈夏以归。杨行密以雅为江南都招讨使，歙、婺、衢、睦观察使，以璋为衢、婺副招讨使。璋攻暨阳，两浙将方习败之。习进攻婺州。

濠州团练使刘金卒，杨行密以金子仁规知濠州。

杨行密长子宣州观察使渥，素无令誉，军府轻之。行密寝疾，命节度判官周隐召渥。隐性惷直，对曰："宣州司徒轻易信谗，喜击球饮酒，非保家之主。余子皆幼，未能驾驭诸将。庐州刺史刘威，从王起细微，必不负王，不若使之权领军府，俟诸子长以授之。"行密不应。左右牙指挥使徐温、张颢言于行密曰："王平生出万死，冒矢石，为子孙立基业，安可使它人有之！"行密曰："吾死瞑目矣。"隐，舒州人也。它日，将佐问疾，行密目留幕僚严可求。众出，可求曰："王若不讳，如军府何?"行密曰："吾命周隐召渥，今忍死待之。"可求与徐温诣隐，隐未出见，牒犹在案上，可求即与温取牒，遣使者如宣州召之。可求，同州人也。行密以润州团练使王茂章为宣州观察使。

冬，十月，丙戌朔，以朱全忠为诸道兵马元帅，别开幕府。是日，全忠部署将士，将归大梁，忽变计，欲乘胜击淮南。敬翔谏曰："今出师未逾月，平两大镇，辟地数千里，远近闻之，莫不震慑。此威望可惜，不若且归息兵，俟衅而动。"不听。

改昭信军为戎昭军，仍割均州隶之。

辛卯，朱全忠发襄州。壬辰，至枣阳，遇大雨。自申州抵光州，道险狭涂潦，人马疲乏，士卒尚未冬服，多逃亡。全忠使人谓光州刺史柴再用曰："下，我以汝为蔡州刺史；不下，且屠城！"再用严设守备，戎服登城，见全忠，拜伏甚恭，曰："光州城小兵弱，不足以辱王之威怒。王苟先下寿州，敢不从命。"全忠留其城东旬日而去。

起居郎苏楷，礼部尚书循之子也，素无才行，乾宁中登进士第，昭宗覆试黜之，仍永不听入科场。甲午，楷帅同列上言："谥号美恶，臣子不得而私。先帝谥号多溢美，乞更详议。"事下太常，丁酉，张廷範奏改谥恭灵庄愍孝皇帝，庙号襄宗，诏从之。

杨渥至广陵，辛丑，杨行密承制以渥为淮南留后。

戊申，朱全忠发光州，迷失道百余里，又遇雨，比及寿州，寿人坚壁清野以待之。全忠欲围之,无林木可为栅,乃退屯正阳。

癸丑,更名成德军曰武顺。

十一月,丙辰,朱全忠度淮而北,柴再用抄其后军,斩首三千级,获辎重万计。全忠悔之,躁忿尤甚。丁卯,至大梁。

先是,全忠急于传禅,密使蒋玄晖等谋之。玄晖与柳璨等议:以魏、晋以来皆先封大国,加九锡、殊礼,然后受禅,当次第行之。乃先除全忠诸道元帅,以示有渐,仍以刑部尚书裴迪为送官告使,全忠大怒。宣徽副使王殷、赵殷衡疾玄晖权宠,欲得其处,因谮之于全忠曰:"玄晖、璨等欲延唐祚,故逗遛其事以须变。"玄晖闻之惧,自至寿春,具言其状。全忠曰:"汝曹巧述闲事以沮我,借使我不受九锡,岂不能作天子邪!"玄晖曰:"唐祚已尽,天命归王,愚智皆知之。玄晖与柳璨等非敢有背德,但以今兹晋、燕、岐、蜀皆吾勍敌,王遽受禅,彼心未服,不可不曲尽义理,然后取之,欲为王创万代之业耳。"全忠叱曰:"奴果反矣!"玄晖惶遽辞归,与璨议行九锡。时天子将郊祀,百官既习仪,裴迪自大梁还,言全忠怒曰:"柳璨、蒋玄晖等欲延唐祚,乃郊天也。"璨等惧,庚午,敕改用来年正月上辛。殷衡本姓孔名循,为全忠家乳母养子,故冒姓赵,后渐贵,复其姓名。

壬申,赵匡明至成都,王建以客礼遇之。

昭宗之丧,朝廷遣告哀使司马卿宣谕王建,至是始入蜀境。西川掌书记韦庄为建谋,使武定节度使王宗绾谕卿曰:"蜀之将士,世受唐恩,去岁闻乘舆东迁,凡上二十表,皆不报。寻有亡卒自汴来,闻先帝已罹朱全忠弑逆。蜀之将士方日夕枕戈,思为先帝报仇。不知今兹使来以何事宣谕?舍人宜自图进退。"卿乃还。

庚辰,吴武忠王杨行密薨,将佐共请宣谕使李俨承制授杨渥淮南节度使、东南诸道行营都统,兼侍中、弘农郡王。

柳璨、蒋玄晖等议加朱全忠九锡,朝士多窃怀愤邑,礼部尚书苏循独扬言曰:"梁王功业显大,历数有归,朝廷速宜揖让。"朝士无敢违者。辛巳,以全忠为相国,总百揆。以宣武、宣义、天平、护国、天雄、武顺、佑国、河阳、义武、昭义、保义、戎昭、武定、泰宁、平卢、忠武、匡国、镇国、武宁、忠义、荆南等二十一道为魏国,进封魏王,仍加九锡。全忠怒其稽缓,让不受。十二月,戊子,命枢密使蒋玄晖赍手诏诣全忠谕指。癸巳,玄晖自大梁还,言全忠怒不解。甲午,柳璨奏称:"人望归梁王,陛下释重负,今其时也。"即日遣璨诣大梁达传禅之意,全忠拒之。

初,璨陷害朝士过多,全忠亦恶之。璨与蒋玄晖、张廷範朝夕宴聚,深相结,为全忠谋禅代事。何太后泣遣宫人阿秋、阿虔达意玄晖,语以它日传禅之后,求子母生全。王殷、赵殷衡谮玄晖,云"与柳璨、张廷範于积善宫夜宴,对太后焚香为誓,期兴复唐祚。"全忠信之,乙未,收玄晖及丰德库使应顼、御厨使朱建武系河南狱。以王殷权知枢密，赵殷衡权判宣徽院事。全忠三表辞魏王、九锡之命。丁酉，诏许之，更以为天下兵马元帅，然全忠已修大梁府舍为宫阙矣。是日，斩蒋玄晖，杖杀应顼、朱建武。庚子，省枢密使及宣徽南院使，独置宣徽使一员，以王殷为之，赵殷衡为副使。辛丑，敕罢宫人宣传诏命及参随视朝。追削蒋玄晖为凶逆百姓，令河南揭尸于都门外，聚众焚之。

玄晖既死，王殷、赵殷衡又诬玄晖私侍何太后，令阿秋、阿虔通导往来。己酉，全忠密令殷、殷衡害太后于积善宫，敕追废太后为庶人，阿秋、阿虔皆于殿前扑杀。庚戌，以皇太后丧，废朝三日。

辛亥，敕以宫禁内乱，罢来年正月上辛谒郊庙礼。

癸丑，守司空兼门下侍郎、同平章事柳璨贬登州刺史，太常卿张廷範贬莱州司户。甲寅，斩璨于上东门外，车裂廷範于都市。璨临刑呼曰："负国贼柳璨，死其宜矣！"

西川将王宗朗不能守金州，焚其城邑，奔成都。戎昭节度使冯行袭复取金州，奏称"金州荒残，乞徙理均州"，从之。更以行袭领武安军。

陈询不能守睦州，奔于广陵，淮南招讨使陶雅入据其城。

杨渥之去宣州也，欲取其幄幕及亲兵以行，观察使王茂章不与，渥怒。既袭位，遣马步都指挥使李简等将兵袭之。

湖南兵寇淮南，淮南牙内指挥使杨彪击却之。

三年（丙寅、906）

春，正月，壬戌，灵武节度使韩逊奏吐番七千余骑营于宗高谷，将击嗢末及取凉州。

李简兵奄至宣州，王茂章度不能守，帅众奔两浙。亲兵上蔡刁彦能辞以母老，不从行，登城谕众曰："王府命我招谕汝曹，大兵行至矣。"众由是定。陶雅畏茂章断其归路，引兵还歙州，钱镠复取睦州。镠以茂章为镇东节度副使，更名景仁。

乙丑，加静海节度使曲承裕同平章事。

初，田承嗣镇魏博，选募六州骁勇之士五千人为牙军，厚其给赐以自卫，为腹心。自是父子相继，亲党胶固，岁久益骄横，小不如意，辄族旧帅而易之，自史宪诚以来皆立于其手。天雄节度使罗绍威心恶之，力不能制。朱全忠之围凤翔也，绍威遣军将杨利言密以情告全忠，欲借其兵以诛之。全忠以事方急，未暇如其请，阴许之。及李公佺作乱，绍威益惧，复遣牙将臧延範趣全忠。全忠乃发河南诸镇兵七万，遣其将李思安将之，会魏、镇兵屯深州乐城，声言击沧州，讨其纳李公佺也。会全忠女适绍威子廷规者卒，全忠遣客将马嗣勋实甲兵于橐中，选长直兵千人为担夫，帅之入魏，诈云会葬，全忠自以大军继其后，云赴行营，牙军皆不之疑。庚午，绍威潜遣人入库断弓弦、甲襻，是夕，绍威帅其奴客数百，与嗣勋合击牙军，牙军欲战而弓甲皆不可用，遂阖营殪之，凡八千家，婴孺无遗。诘旦，全忠引兵入城。

辛未，以权知宁远留后(宠)〔庞〕巨昭、岭南西道留后叶广略并为节度使。

庚辰，钱镠如睦州。

西川将王宗阮攻归州，获其将韩从实。

陈璋闻陶雅归歙，自婺州退保衢州。两浙将方永珍等取婺州，进攻衢州。

杨渥遣先锋指挥使陈知新攻湖南，三月，乙丑，知新拔岳州，逐刺史许德勋，渥以知新为岳州刺史。

戊寅，以朱全忠为盐铁、度支、户部三司都制置使。三司之名始于此。全忠辞不受。

夏，四月，癸未朔，日有食之。

罗绍威既诛牙军，魏之诸军皆惧，绍威虽数抚谕之，而猜怨益甚。朱全忠营于魏州城东数旬，将北巡行营，会天雄牙将史仁遇作乱，聚众数万据高唐，自称留后，天雄巡内州县多应之。全忠移军入城，遣使召行营兵还攻高唐，至历亭，魏兵在行营者作乱，与仁遇相应。元帅府左司马李周彝、右司马苻道昭击之，所杀殆半，进攻高唐，克之，城中兵民无少长皆死。擒史仁遇，锯杀之。

先是，仁遇求救于河东及沧州，李克用遣其将李嗣昭将三千骑攻邢州以救之。时邢州兵才二百，团练使牛存节守之，嗣昭攻七日不克。全忠遣右长直都将张筠将数千骑助存节守城，筠伏兵于马岭，击嗣昭，败之，嗣昭遁去。

义昌节度使刘守文遣兵万人攻贝州，又攻冀州，拔蓨县，进攻阜城。时镇州大将王钊攻魏州叛将李重霸于宗城。全忠遣归救冀州，沧州兵去。丙午，重霸弃城走，汴将胡规追斩之。

镇南节度使钟传以养子延规为江州刺史。传薨，军中立其子匡时为留后。延规恨不得立，遣使降淮南。

五月，丁巳，朱全忠如洺州，遂巡北边，视戎备，还，入于魏。

丙子，废戎昭军，并均、房隶忠义军。以武定节度使冯行袭为匡国节度使。

杨渥以昇州刺史秦裴为西南行营都招讨使，将兵击钟匡时于江西。

六月，甲申，复以忠义军为山南东道。

朱全忠以长安邻于邠、岐，数有战争，奏徙佑国节度使韩建于淄青，以淄青节度使长社王重师为佑国节度使。

秋，七月，朱全忠克相州。时魏之乱兵散据贝、博、澶、相、卫州及魏之诸县，全忠分命诸将攻讨，至是悉平之，引兵南还。

全忠留魏半岁，罗绍威供亿，所杀牛羊豕近七十万，资粮称是，所赂遗又近百万，比去，蓄积为之一空。绍威虽去其逼，而魏兵自是衰弱。绍威悔之，谓人曰："合六州四十三县铁，不能为此错也。"

壬申，全忠至大梁。

秦裴至洪州，军于蓼州。诸将请阻水立寨，裴不从，钟匡时果遣其将刘楚据之。诸将以咎裴，裴曰："匡时骁将独楚一人耳，若帅众守城，不可猝拔，吾故以要害诱致之耳。"未几，裴破寨，执楚，遂围洪州，饶州刺史唐宝请降。

八月，乙酉，李茂贞遣其子侃为质于西川，王建以侃知彭州。

朱全忠以幽、沧相首尾为魏患，欲先取沧州，甲辰，引兵发大梁。

两浙〔兵〕围衢州，衢州刺史陈璋告急于淮南，杨渥遣左厢马步都虞候周本将兵迎璋。本至衢州，浙人解围，陈于城下，璋帅众归于本，两浙兵取衢州。吕师造曰："浙人近我而不动，轻我也，请击之。"本曰："吾受命迎陈使君，今至矣，何为复战！彼必有以待我也。"遂引兵还。本为之殿，浙人蹑之，本中道设伏，大破之。

九月，辛亥朔，朱全忠自白马度河，丁卯，至沧州，军于长芦，沧人不出。罗绍威馈运，自魏至长芦五百里，不绝于路。又建元帅府舍于魏，所过驿亭供酒馔、幄幕、什器，上下数十万人，无一不备。

秦裴拔洪州，虏钟匡时等五千人以归。杨渥自兼镇南节度使，以裴为洪州制置使。

静难节度使杨崇本以凤翔、保塞、彰义。保义之兵攻夏州，匡国节度使刘知俊邀击坊州之兵，斩首三千余级，擒坊州刺史刘彦晖。

刘仁恭救沧州，战屡败。乃下令境内："男子十五以上，七十以下，悉自备兵粮诣行营，军发之后，有一人在闾里，刑无赦！"或谏曰："今老弱悉行，妇人不能转饷，此令必行，滥刑者众矣。"乃命胜执兵者尽行，文其面曰"定霸都"，士人则文其腕或臂曰"一心事主"，于是境内士民，稚孺之外身无不文者。得兵十万，军于瓦桥。

时汴军筑垒围沧州，鸟鼠不能通。仁恭畏其强，不敢战。城中食尽，丸土而食，或互相掠啖。朱全忠使人说刘守文曰："援兵势不相及，何不早降？"守文登城应之曰："仆于幽州，父子也。梁王方以大义服天下，若子叛父而来，将安用之！"全忠愧其辞直，为之缓攻。

冬，十月，丙戌，王建始立行台于蜀，建东向舞蹈，号恸，称"自大驾东迁，制命不通，请权立行台，用李晟、郑畋故事，承制封拜。"仍以榜帖告谕所部藩镇州县。

刘仁恭求救于河东，前后百余辈。李克用恨仁恭返覆，竟未之许，其子存勖谏曰:“今天下之势,归朱温者什七八,虽强大如魏博、镇、定莫不附之。自河以北,能为温患者独我与幽、沧耳,今幽、沧为温所困,我不与之并力拒之,非我之利也。夫为天下者不顾小怨,且彼尝困我而我救其急,以德怀之,乃一举而名实附也。此乃吾复振之时,不可失也。”克用以为然,与将佐谋召幽州兵与攻潞州,曰:“于彼则可以解围,于我则可以拓境。”乃许仁恭和,召其兵。仁恭遣都指挥使李溥将兵三万诣晋阳,克用遣其将周德威、李嗣昭将兵与之共攻潞州。

夏州告急于朱全忠,戊戌,全忠遣刘知俊及其将康怀英救之。杨崇本将六镇之兵五万,军于美原,知俊等击之,崇本大败,归于邠州。

武贞节度使雷彦恭屡寇荆南,留后贺瓌闭城自守。朱全忠以为怯,以颍州防御使高季昌代之,又遣驾前指挥使倪可福将兵五千戍荆南以备吴、蜀。朗兵引去。

十一月,刘知俊、康怀贞乘胜攻鄜、延等五州,下之。加知俊同平章事,以怀贞为保义节度使。西军自是不振。

湖州刺史高彦卒,子澧代之。

十二月,乙酉,钱镠表荐行军司马王景仁,诏以景仁领宁国节度使。

朱全忠分步骑数万,遣行军司马李周彝将之,自河阳救潞州。

闰月,乙丑,废镇国军兴德府复为华州,隶匡国节度,割金、商州隶佑国军。

初,昭宗凶讣至潞州,昭义节度使丁会帅将士缟素流涕久之。及李嗣昭攻潞州,会举军降于河东。李克用以嗣昭为昭义留后。会见克用,泣曰:“会非力不能守也。梁王陵虐唐室,会虽受其举拔之恩,诚不忍其所为,故来归命耳。”克用厚待之,位于诸将之上。

己巳,朱全忠命诸军治攻具,将攻沧州。壬申,闻潞州不守,甲戌,引兵还。

先是,调河南北刍粮,水陆输军前,诸营山积,全忠将还,命悉焚之,烟炎数里,在舟中者凿而沉之。刘守文使遗全忠书曰:“王以百姓之故,赦仆之罪,解围而去,王之惠也。城中数万口,不食数月矣,与其焚之为烟,沉之为泥,愿乞其余以救之。”全忠为之留数囷以遗之,沧人赖以济。

河东兵进攻泽州,不克而退。

吉州刺史彭玕遣使请降于湖南。玕本赤石洞蛮酋,钟传用为吉州刺史。

资治通鉴卷第二百六十六

端明殿学士兼翰林侍读学士太中大夫提举西京嵩山崇福宫上柱国河内郡开国公食邑二千六百户食实封一千户赐紫金鱼袋臣 司马光 奉敕编集

后梁纪一起强圉单阏(丁卯)，尽著雍执徐(戊辰)七月，凡一年有奇。

太祖神武元圣孝皇帝上

开平元年(丁卯、907)

春，正月，辛巳，梁王休兵于贝州。

淮南节度使兼侍中、东面诸道行营都统弘农王杨渥既得江西，骄侈益甚，谓节度判官周隐曰："君卖人国家，何面复相见！"遂杀之。由是将佐皆不自安。

黑雲都指挥使吕师周与副指挥使綦章将兵屯上高，师周与湖南战，屡有功，渥忌之。师周惧，谋于綦章曰："马公宽厚，吾欲逃死焉，可乎？"章曰："兹事君自图之，吾舌可断，不敢泄！"师周遂奔湖南，章纵其孥使逸去。师周，扬州人也。

渥居丧，昼夜酣饮作乐，然十围之烛以击球，一烛费钱数万。或单骑出游，从者奔走道路，不知所之。左、右牙指挥使张颢、徐温泣谏，渥怒曰："汝谓我不才，何不杀我自为之！"二人惧。渥选壮士，号"东院马军"，广署亲信为将吏，所署者恃势骄横，陵蔑勋旧。颢、温潜谋作乱。渥父行密之世，有亲军数千营于牙城之内，渥迁出于外，以其地为射场，颢、温由是无所惮。

渥之镇宣州也，命指挥使朱思勍、范思从、陈璠将亲兵三千，及嗣位，召归广陵。颢、温使三将从秦裴击江西，因戍洪州，诬以谋叛，命别将陈祐往诛之。祐间道兼行，六日至洪州，微服怀短兵径入秦裴帐中，裴大惊，祐告之故，乃召思勍等饮酒，祐数思勍等罪，执而斩之。渥闻三将死，益忌颢、温，欲诛之。丙戌，渥晨视事，颢、温帅牙兵二百，露刃直入庭中，渥曰："尔果欲杀我邪？"对曰，"非敢然也，欲诛王左右乱政者耳。"因数渥所亲信十余人之罪，曳下，以铁檛击杀之，谓之"兵谏"。诸将不与之同者，颢、温稍以法诛之，于是军政悉归二人，渥不能制。

初，梁王以河北诸镇皆服，唯幽、沧未下，故大举伐之，欲以坚诸镇之心。既而潞州内叛，王烧营而还，威望大沮。恐中外因此离心，欲速受禅以镇之。丁亥，王入馆于魏，有疾，卧府中，魏博节度使罗绍威恐王袭之，入见王曰："今四方称兵为王患者，皆以翼戴唐室为名，王不如早灭唐以绝人望。"王虽不许而心德之，乃亟归。壬寅，至大梁。

甲辰，唐昭宣帝遣御史大夫薛贻矩至大梁劳王，贻矩请以臣礼见，王揖之升阶，贻矩曰："殿下功德在人，三灵改卜，皇帝方行舜、禹之事，臣安敢违！"乃北面拜舞于庭。王侧身避之。贻矩还，言于帝曰："元帅有受禅之意矣。"帝乃下诏，以二月禅位于梁。又遣宰相以书谕王，王辞。

河东兵犹屯长子，欲窥泽州。王命保平节度使康怀贞悉发京兆，同华之兵屯晋州以备之。

二月，唐大臣共奏请昭宣帝逊位。壬子，诏宰相帅百官诣元帅府劝进，王遣使却之。于是朝臣、藩镇，乃至湖南、岭南上笺劝进者相继。

三月，癸未，王以亳州刺史李思安为北路行军都统，将兵击幽州。

庚寅，唐昭宣帝诏薛贻矩再诣大梁谕禅位之意，又诏礼部尚书苏循赍百官笺诣大梁。

镇海、镇东节度使吴王钱镠遣其子传璙、传瓘讨卢佶于温州。

甲辰，唐昭宣帝降御札禅位于梁。以摄中书令张文蔚为册使，礼部尚书苏循副之；摄侍中杨涉为押传国宝使，翰林学士张策副之；御史大夫薛贻矩为押金宝使，尚书左丞赵光逢副之，帅百官备法驾诣大梁。杨涉子直史馆凝式言于涉曰："大人为唐宰相，而国家至此，不可谓之无过。况手持天子玺绶与人，虽保富贵，奈千载何！盍辞之?"涉大骇曰："汝灭吾族!"神色为之不宁者数日。策，敦煌人；光逢，隐之子也。

卢龙节度使刘仁恭，骄侈贪暴，常虑幽州城不固，筑馆于大安山，曰："此山四面悬绝，可以少制众。"其栋宇壮丽，拟于帝者。选美女实其中。与方士炼丹药，求不死。悉敛境内钱，瘗于山颠，令民间用堇泥为钱。又禁江南茶商无得入境，自采山中草木为茶，鬻之。

仁恭有爱妾罗氏，其子守光通焉。仁恭杖守光而斥之，不以为子数。李思安引兵入其境，所过焚荡无余。夏，四月，己酉，直抵幽州城下。仁恭犹在大安山，城中无备，几至不守。守光自外引兵入，登城拒守，又出兵与思安战，思安败退。守光遂自称节度使，命部将李小喜、元行钦将兵攻大安山。仁恭遣兵拒战，为小喜所败。虏仁恭以归，囚于别室。仁恭将佐及左右，凡守光素所恶者皆杀之。银胡簶都指挥使王思同帅部兵三千，山后八军巡检使李承约帅部兵二千奔河东；守光弟守奇奔契丹，未几，亦奔河东。河东节度使晋王克用以承约为匡霸都指挥使，思同为飞腾指挥使。思同母，仁恭之女也。

庚戌，梁王始御金祥殿，受百官称臣，下书称教令，自称曰寡人。辛亥，令诸笺、表、簿、籍皆去唐年号，但称月日。丙辰，张文蔚等至大梁。

卢佶闻钱传璙等将至，将水军拒之于青澳。钱传瓘曰："佶之精兵尽在于此，不可与战。"乃自安固舍舟，间道袭温州。戊午，温州溃，擒佶斩之。吴王镠以都监使吴璋为温州制置使，命传璙等移兵讨卢约于处州。

壬戌，梁王更名晃。王兄全昱闻王将即帝位，谓王曰："朱三，尔可作天子乎！"

甲子，张文蔚、杨涉乘辂自上源驿从册宝，诸司各备仪卫卤簿前导，百官从其后，至金祥殿前陈之。王被衮冕，即皇帝位。张文蔚、苏循奉册升殿进读，杨涉、张策、薛贻矩、赵光逢以次奉宝升殿，读已，降，帅百官舞蹈称贺。帝遂与文蔚等宴于玄德殿。帝举酒曰："朕辅政未久，此皆诸公推戴之力。"文蔚等皆惭惧，俯伏不能对，独苏循、薛贻矩及刑部尚书张祎盛称帝功德宜应天顺人。

帝复与宗戚饮博于宫中，酒酣，朱全昱忽以投琼击盆中迸散，睨帝曰："朱三，汝本砀山一民也，从黄巢为盗，天子用汝为四镇节度使，富贵极矣，奈何一旦灭唐家三百年社稷，自称帝王！行当族灭，奚以博为！"帝不怿而罢。

乙丑，命有司告天地、宗庙、社稷。丁卯，遣使宣谕州、镇。戊辰，大赦，改元，国号大梁。奉唐昭宣帝为济阴王，皆如前代故事，唐中外旧臣官爵并如故。以汴州为开封府，命曰东都；以故东都为西都；废故西京，以京兆府为大安府，置佑国军于大安府。更名魏博曰天雄军。迁济阴王于曹州，栫之以棘，使甲士守之。

辛未，以武安节度使马殷为楚王。

以宣武掌书记、太府卿敬翔知崇政院事，以备顾问，参谋议，于禁中承上旨，宣于宰相而行之。宰相非进对时有所奏请及已受旨应复请者，皆具记事因崇政院以闻，得旨则复宣于宰相。翔为人沉深，有智略，在幕府三十余年，军谋民政，帝一以委之。翔尽心勤劳，昼夜不寐，自言惟马上乃得休息。帝性暴戾难近，人莫能测，惟翔能识其意趣。或有所不可，翔未尝显言，但微示持疑，帝意已悟，多为之改易。禅代之际，翔谋居多。

追尊皇高祖考、妣以来皆为帝、后，皇考诚为烈祖文穆皇帝，妣王氏为文惠皇后。

初，帝为四镇节度使，凡仓库之籍，置建昌院以领之。至是，以养子宣武节度副使友文为开封尹、判院事，掌凡国之金谷。友文本康氏之子也。

乙亥，下制削夺李克用官爵。是时，惟河东、凤翔、淮南称"天祐"，西川称"天复"年号，余皆禀梁正朔，称臣奉贡。

蜀王与弘农王移檄诸道，云欲与岐王、晋王会兵兴复唐室，卒无应者。蜀王乃谋称帝，下教谕统内吏民，又遗晋王书云："请各帝一方，俟朱温既平，乃访唐宗室立之，退归藩服。"晋王复书不许，曰："誓于此生，靡敢失节。"

唐末之诛宦官也，诏书至河东，晋王匿监军张承业于斛律寺，斩罪人以应诏。至是，复以为监军，待之加厚，承业亦为之竭力。

岐王治军甚宽，待士卒简易。有告部将苻昭反者，岐王直诣其家，悉去左右，熟寝经宿而还，由是众心悦服。然御军无纪律。及闻唐亡，以兵羸地蹙，不敢称帝，但开岐王府，置百官，名其所居为宫殿，妻称皇后，将吏上书称笺表，鞭、扇、号令多拟帝者。

镇海节度判官罗隐说吴王镠举兵讨梁，曰："纵无成功，犹可退保杭、越，自为东帝。奈何交臂事贼，为终古之羞乎！"镠始以隐为不遇于唐，必有怨心，及闻其言，虽不能用，心甚义之。

五月，丁丑朔，以御史大夫薛贻矩为中书侍郎、同平章事。

加武顺军节度使赵王王镕守太师，天雄节度使邺王罗绍威守太傅，义武节度使王处直兼侍中。

契丹遣其臣袍笏梅老来通好，帝遣太府少卿高颀报之。

初，契丹有八部，部各有大人，相与约，推一人为王，建旗鼓以号令诸部，每三年则以次相代。咸通末，有习尔者为王，土宇始大。其后钦德为王，乘中原多故，时入盗边。及阿保机为王，尤雄勇，五姓奚及七姓室韦、达靼咸役属之。阿保机姓邪律氏，恃其强，不肯受代。久之，阿保机击黄头室韦还，七部劫之于境上，求如约。阿保机不得已，传旗鼓，且曰："我为王九年，得汉人多，请帅种落居古汉城，与汉人守之，别自为一部。"七部许之。汉城者，故后魏滑盐县也，地宜五谷，有盐池之利。其后阿保机稍以兵击灭七部，复并为一国。又北侵室韦、女真，西取突厥故地，击奚，灭之，复立奚王而使契丹监其兵，东北诸夷皆畏服之。

是岁，阿保机帅众三十万寇雲州，晋王与之连和，面会东城，约为兄弟，延之帐中，纵酒，握手尽欢，约以今冬共击梁。或劝晋王："因其来，可擒也。"王曰："仇敌未灭而失信夷狄，自亡之道也。"阿保机留旬日乃去，晋王赠以金缯数万。阿保机留马三千匹，杂畜万计以酬之。阿保机既归而背盟，更附于梁，晋王由是恨之。

己卯，以河南尹兼河阳节度使张全义为魏王，镇海、镇东节度使吴王钱镠为吴越王。加清海节度使刘隐、威武节度王审知兼侍中，乃以隐为大彭王。

癸未，以权知荆南留后高季昌为节度使。荆南旧统八州，乾符以来，寇乱相继，诸州皆为邻道所据，独余江陵。季昌到官，城邑残毁，户口雕耗。季昌安集流散，民皆复业。

乙酉，立皇兄全昱为广王，子友文为博王，友珪为郢王，友璋为福王，友贞为均王，友雍为贺王，友徽为建王。

辛卯，以东都旧第为建昌宫，改判建昌院事为建昌宫使。

壬辰，命保平节度使康怀贞将兵八万会魏博兵攻潞州。

甲午，诏废枢密院，其职事皆入于崇政院，以知院事敬翔为院使。

礼部尚书苏循及其子起居郎楷自谓有功于梁，当不次擢用，循朝夕望为相。帝薄其为人，敬翔及殿中监李振亦鄙之。翔言于帝曰："苏循，唐之鸱枭，卖国求利，不可以立于惟新之朝。"戊戌，诏循及刑部尚书张祎等十五人并勒致仕，楷斥归田里。循父子乃之河中依朱友谦。

卢约以处州降吴越。

弘农王以鄂岳观察使刘存为西南面都招讨使，岳州刺史陈知新为岳州团练使，庐州观察使刘威为应援使，别将许玄应为监军，将水军三万以击楚。楚王马殷甚惧，静江军使杨定真贺曰："我军胜矣！"殷问其故，定真曰："夫战惧则胜，骄则败。今淮南兵直趋吾城，是骄而轻敌也，而王有惧色，吾是以知其必胜也。"

殷命在城都指挥使秦彦晖将水军三万浮江而下，水军副指挥使黄璠帅战舰三百屯浏阳口。六月，存等遇大雨，引兵还至越堤北，彦晖追之。存数战不利，乃遗殷书诈降。彦晖使谓殷曰："此必诈也，勿受。"存与彦晖夹水而阵，存遥呼曰："杀降不祥，公独不为子孙计耶？"彦晖曰："贼入吾境而不击，奚顾子孙！"鼓噪而进。存等走，黄璠自浏阳引兵绝江，与彦晖合击，大破之，执存及知新，裨将死者百余人，士卒死者以万数，获战舰八百艘。威以余众遁归，彦晖遂拔岳州。殷释存、知新之缚，慰谕之。二人皆骂曰："丈夫以死报主，肯事贼乎！"遂斩之。许玄应，弘农王之腹心也，常预政事，张颢、徐温因其败，收斩之。

楚王殷遣兵会吉州刺史彭玕攻洪州，不克。

康怀贞至潞州，晋昭义节度使李嗣昭、副使李嗣弼闭城拒守。怀贞昼夜攻之，半月不克，乃筑垒穿蚰蜒堑而守之，内外断绝。晋王以蕃、汉都指挥使周德威为行营都指挥使，帅马军都指挥使李嗣本、马步都虞候李存璋、先锋指挥使史建瑭、铁林都指挥使安元信、横冲指挥使李嗣源、骑将安金全救潞州。嗣弼，克脩之子；嗣本，本姓张；建瑭，敬思之子；金全，代北人也。

晋兵攻泽州，帝遣左神勇军使范居实将兵救之。

甲寅，以平卢节度使韩建守司徒、同平章事。

武贞节度使雷彦恭会楚兵攻江陵，荆南节度使高季昌引兵屯公安，绝其粮道，彦恭败，楚兵亦走。

刘守光既囚其父，自称卢龙留后，遣使请命。秋，七月，甲午，以守光为卢龙节度使、同平章事。

静海节度使曲裕卒，丙申，以其子权知留后颢为节度使。

雷彦恭攻岳州，不克。

八月，丙午，赐河南尹张全义名宗奭。

辛亥，以吴越王镠兼淮南节度使，楚王殷兼武昌节度使，各充本道招讨制置使。

晋周德威壁于高河，康怀贞遣亲骑都头秦武将兵击之，武败。

丁巳，帝以亳州刺史李思安代怀贞为潞州行营都统，黜怀贞为行营都虞候。思安将河北兵西上，至潞州城下，更筑重城，内以防奔突，外以拒援兵，谓之夹寨。调山东民馈军粮，德威日以轻骑抄之，思安乃自东南山口筑甬道，属于夹寨。德威与诸将互往攻之，排墙填堑，一昼夜间数十发，梁兵疲于奔命。夹寨中出刍牧者，德威辄抄之，于是梁兵闭壁不出。

九月，雷彦恭攻涔阳、公安，高季昌击败之。彦恭贪残类其父，专以焚掠为事，荆、湖间常被其患，又附于淮南。丙申，诏削彦恭官爵，命季昌与楚王殷讨之。

蜀王会将佐议称帝，皆曰："大王虽忠于唐，唐已亡矣，此所谓'天与不取'者也。"冯涓独献议请以蜀王称制，曰："朝兴则未爽称臣，贼在则不同为恶。"王不从，涓杜门不出。王用安抚副使、掌书记韦庄之谋，帅吏民哭三日，己亥，即皇帝位，国号大蜀。辛丑，以前东川节度使兼侍中王宗佶为中书令，韦庄为左散骑常侍、判中书门下事，阆州防御使唐道袭为内枢密使。庄，见素之孙也。

蜀主虽目不知书，好与书生谈论，粗晓其理。是时唐衣冠之族多避乱在蜀，蜀主礼而用之，使修举故事，故其典章文物有唐之遗风。

蜀主长子校书郎宗仁幼以疾废，立其次子秘书少监宗懿为遂王。

冬，十月，高季昌遣其将倪可福会楚将秦彦晖攻朗州，雷彦恭遣使乞降于淮南，且告急。弘农王遣将泠业将水军屯平江，李饶将步骑屯浏阳以救之，楚王殷遣岳州刺史许德勋将兵拒之。泠业进屯朗口，德勋使善游者五十人，以木枝叶覆其首，持长刀浮江而下，夜犯其营，且举火，业军中惊扰。德勋以大军进击，大破之，追至鹿角镇，擒业，又破浏阳寨，擒李饶，掠上高、唐年而归。斩业、饶于长沙市。

十一月，甲申，夹马指挥使尹皓攻晋江猪岭寨，拔之。

义昌节度使刘守文闻其弟守光幽其父，集将吏大哭曰："不意吾家生此枭獍！吾生不如死，誓与诸君讨之。"乃发兵击守光，互有胜负。

天雄节度使邺王绍威谓其下曰："守光以窘急归国，守文孤立无援，沧州可不战服也。"乃遗守文书，谕以祸福。守文亦恐梁乘虚袭其后，戊子，遣使请降，以子延祐为质。帝拊手曰："绍威折简，胜十万兵。"加守文中书令，抚纳之。

初，帝在藩镇，用法严，将校有战没者，所部兵悉斩之，谓之跋队斩，士卒失主将者，多亡逸不敢归。帝乃命凡军士皆文其面以记军号。军士或思乡里逃去，关津辄执之送所属,无不死者,其乡里亦不敢容。由是亡者皆聚山泽为盗,大为州县之患。壬寅,诏赦其罪,自今虽文面亦听还乡里。盗减什七八。

淮南右都押牙米志诚等将兵度淮袭颍州,克其外郭。刺史张实据子城拒守。

晋王命李存璋攻晋州,以分上党兵势。十二月,壬戌,诏河中、陕州发兵救之。

甲子,诏发步骑五千救颍州,米志诚等引去。

丁卯,晋兵寇洺州。

淮南兵攻信州,刺史危仔倡求救于吴越。

二年(戊辰、908)

春,正月,癸酉朔,蜀主登兴义楼。有僧抉一目以献,蜀主命饭僧万人以报之。翰林学士张格曰:“小人无故自残,赦其罪已幸矣,不宜复崇奖以败风俗。”蜀主乃止。

丁丑,蜀以韦庄为门下侍郎、同平章事。

辛巳,蜀主祀南郊。壬午,大赦,改元武成。

晋王疽发于首,病笃。周德威等退屯乱柳。晋王命其弟内外蕃汉都知兵马使、振武节度使克宁、监军张承业、大将李存璋、吴珙、掌书记卢质立其子晋州刺史存勗为嗣,曰:“此子志气远大,必能成吾事,尔曹善教导之。”辛卯,晋王谓存勗曰:“嗣昭厄于重围,吾不及见矣。俟葬毕,汝与德威辈速竭力救之。”又谓克宁等曰:“以亚子累汝!”亚子,存勗小名也。言终而卒。克宁纲纪军府,中外无敢喧哗。

克宁久总兵柄,有次立之势,时上党围未解,军中以存勗年少,多窃议者,人情恟恟。存勗惧,以位让克宁。克宁曰:“汝冢嗣也,且有先王之命,谁敢违之!”将吏欲谒见存勗,存勗方哀哭,久未出。张承业入谓存勗曰:“大孝在不坠基业,多哭何为!”因扶存勗出,袭位为河东节度使、晋王。李克宁首帅诸将拜贺,王悉以军府事委之。

以李存璋为河东军城使、马步都虞候。先王之时,多宠借胡人及军士,侵扰市肆,存璋既领职,执其尤暴横者戮之,旬月间城中肃然。

吴越王镠遣兵侵淮南甘露镇,以救信州。

蜀中书令王宗佶,于诸假子为最长,且恃其功,专权骄恣。唐道袭已为枢密使,宗佶犹以名呼之,道袭心衔之而事之逾谨。宗佶多树党友,蜀主亦恶之。二月,甲辰,以宗佶为太师,罢政事。

蜀以户部侍郎张格为中书侍郎、同平章事。格为相,多迎合主意,有胜己者,必以计排去之。

初，晋王克用多养军中壮士为子，宠遇如真子。及晋王存勖立，诸假子皆年长握兵，心怏怏不服，或托疾不出，或见新王不拜。李克宁权位既重，人情多向之。假子李存颢阴说克宁曰："兄终弟及，自古有之。以叔拜侄，于理安乎？天与不取，后悔无及。"克宁曰："吾家世以慈孝闻天下，先王之业苟有所归，吾复何求！汝勿妄言，我且斩汝！"克宁妻孟氏，素刚悍，诸假子各遣其妻入说孟氏，孟氏以为然，且虑语泄及祸，数以迫克宁。克宁性怯，朝夕惑于众言，心不能无动。又与张承业、李存璋相失，数诮让之，又因事擅杀都虞候李存质，又求领大同节度使，以蔚、朔、应州为巡属。晋王皆听之。

李存颢等为克宁谋，因晋王过其第，杀承业、存璋，奉克宁为节度使，举河东九州附于梁，执晋王及太夫人曹氏送大梁。太原人史敬镕，少事晋王克用，居帐下，见亲信，克宁欲知府中阴事，召敬镕，密以谋告之。敬镕阳许之，入告太夫人，太夫人大骇，召张承业，指晋王谓之曰："先王把此儿臂授公等，如闻外间谋欲负之，但置吾母子有地，勿送大梁，自它不以累公。"承业惶恐曰："老奴以死奉先王之命，此何言也！"晋王以克宁之谋告，且曰："至亲不可自相鱼肉，吾苟避位，则乱不作矣。"承业曰："克宁欲投大王母子于虎口，不除之岂有全理！"乃召李存璋、吴珙及假子李存敬、长直军使朱守殷，使阴为之备。壬戌，置酒会诸将于府舍，伏甲执克宁、存颢于座。晋王流涕数之曰："儿向以军府让叔父，叔父不取。今事已定，奈何复为此谋，忍以吾母子遗仇雠乎！"克宁曰："此皆谗人交构，夫复何言！"是日，杀克宁及存颢。

癸亥，鸩杀济阴王于曹州，追谥曰唐哀皇帝。

甲子，蜀兵入归州，执刺史张瑭。辛未，以韩建为侍中，兼建昌宫使。

李思安等攻潞州，久不下，士卒疲弊，多逃亡。晋兵犹屯余吾寨，帝疑晋王克用诈死，欲召兵还，恐晋人蹑之，乃议自至泽州应接归师，且召匡国节度使刘知俊将兵趣泽州。三月，壬申朔，帝发大梁。丁丑，次泽州。辛巳，刘知俊至。壬午，以知俊为潞州行营招讨使。

癸巳，门下侍郎、同平章事张文蔚卒。

帝以李思安久无功，亡将校四十余人，士卒以万计，更闭壁自守，遣使召诣行在。甲午，削思安官爵，勒归本贯充役，斩监押杨敏贞。

晋李嗣昭固守逾年，城中资用将竭。嗣昭登城宴诸将作乐，流矢中嗣昭足，嗣昭密拔之，座中皆不觉。帝数遣使赐嗣昭诏，谕降之，嗣昭焚诏书，斩使者。

帝留泽州旬余，欲召上党兵还，遣使就与诸将议之。诸将以为李克用死，余吾兵且退，上党孤城无援，请更留旬月以俟之。帝从之，命增运刍粮以馈其军。刘知俊将精兵万余人击晋军，斩获甚众，表请自留攻上党，车驾宜还京师。帝以关中空虚，虑岐人侵同华，命知俊休兵长子旬日，退屯晋州，俟五月归镇。

蜀太师王宗佶既罢相，怨望，阴畜养死士，谋作乱。上表以为："臣官预大臣，亲则长子，国家之事，休戚是同。今储贰未定，必启厉阶。陛下若以宗懿才堪继承，宜早行册礼，以臣为元帅，兼总六军。傥以时方艰难，宗懿冲幼，臣安敢持谦不当重事！陛下既正位南面，军旅之事宜委之臣下。臣请开元帅府，铸六军印，征戍征发，臣悉专行。太子视膳于晨昏，微臣握兵于环卫，万世基业，惟陛下裁之。"蜀主怒，隐忍未发，以问唐道袭，对曰："宗佶威望，内外慑服，足以统御诸将。"蜀主益疑之。己亥，宗佶入见，辞色悖慢。蜀主谕之，宗佶不退，蜀主不堪其忿，命卫士扑杀之。贬其党御史中丞郑骞为维州司户，卫尉少卿李钢为汶川尉，皆赐死于路。

初，晋王克用卒，周德威握重兵在外，国人皆疑之。晋王存勗召德威使引兵还。夏，四月，辛丑朔，德威至晋阳，留兵城外，独徒步而入，伏先王柩，哭极哀，退，谒嗣王，礼甚恭。众心由是释然。

癸卯，门下侍郎、同平章事杨涉罢为右仆射；以吏部侍郎于兢为中书侍郎，翰林学士承旨张策为刑部侍郎，并同平章事。兢，琮之兄子也。

夹寨奏余吾晋兵已引去，帝以为援兵不能复来，潞州必可取，丙午，自泽州南还。壬子，至大梁。梁兵在夹寨者亦不复设备。晋王与诸将谋曰："上党，河东之藩蔽，无上党，是无河东也。且朱温所惮者独先王耳，闻吾新立，以为童子未闲军旅，必有骄怠之心。若简精兵倍道趣之，出其不意，破之必矣。取威定霸，在此一举，不可失也。"张承业亦劝之行。乃遣承业及判官王缄乞师于凤翔，又遣使赂契丹王阿保机求骑兵。岐王衰老，兵弱财竭，竟不能应。晋王大阅士卒，以前昭义节度使丁会为都招讨使，甲子，帅周德威等发晋阳。

淮南遣兵寇石首，襄州兵败之于瀺港。又遣其将李厚将水军万五千趣荆南，高季昌逆战，败之于马头。

己巳，晋王军于黄碾，距上党四十五里。五月，辛未朔，晋王伏兵三垂冈下，诘旦大雾，进兵直抵夹寨。梁军无斥候，不意晋兵之至，将士尚未起，军中惊扰。晋王命周德威、李嗣源分兵为二道，德威攻西北隅，嗣源攻东北隅，填堑烧寨，鼓噪而入。梁兵大溃，南走，招讨使符道昭马倒，为晋人所杀，失亡将校士卒以万计，委弃资粮、器械山积。

周德威等至城下，呼李嗣昭曰："先王已薨，今王自来，破贼夹寨。贼已去矣，可开门。"嗣昭不信，曰："此必为贼所得，使来诳我耳。"欲射之。左右止之，嗣昭曰："王果来，可见乎？"王自往呼之。嗣昭见王白服，大恸几绝，城中皆哭，遂开门。初，德威与嗣昭有隙，晋王克用临终谓晋王存勗曰："进通忠孝，吾爱之深。

今不出重围,岂德威不忘旧怨邪!汝为吾以此意谕之。若潞围不解,吾死不瞑目。”进通,嗣昭小名也。晋王存勗以告德威,德威感泣,由是战夹寨甚力。既与嗣昭相见,遂欢好如初。

康怀贞以百余骑自天井关遁归。帝闻夹寨不守,大惊,既而叹曰:“生子当如李亚子,克用为不亡矣!至如吾儿,豚犬耳。”诏所在安集散兵。

周德威、李存璋乘胜进趣泽州,刺史王班素失人心,众不为用。龙虎统军牛存节自西都将兵应接夹寨溃兵,至天井关,谓其众曰:“泽州要害地,不可失也。虽无诏旨,当救之。”众皆不欲,曰:“晋人胜气方锐,且众寡不敌。”存节曰:“见危不救,非义也;畏敌强而避之,非勇也。”遂举策引众而前。至泽州,城中人已纵火喧噪,欲应晋王,班闭牙城自守,存节至,乃定。晋兵寻至,缘城穿地道攻之,存节昼夜拒战,凡旬有三日。刘知俊自晋州引兵救之,德威焚攻具,退保高平。

晋王归晋阳,休兵行赏。以周德威为振武节度使、同平章事。命州县举贤才,黜贪残,宽租赋,抚孤穷,伸冤滥,禁奸盗,境内大治。以河东地狭兵少,乃训练士卒,令骑兵不见敌无得乘马。部分已定,无得相逾越,及留绝以避险。分道并进,期会无得差晷刻。犯者必斩。故能兼山东,取河南,由士卒精整故也。

初,晋王克用平王行瑜,唐昭宗许其承制封拜。时方镇多行墨制,王耻与之同,每除吏必表闻。至是,晋王存勗始承制除吏。

晋王德张承业,以兄事之,每至其第,升堂拜母,赐(遣)〔遗〕甚厚。

潞州围守历年,士民冻馁死者太半,市里萧条。李嗣昭劝课农桑,宽租缓刑,数年之间,军城完复。

静江节度使、同平章事李琼卒,楚王殷以其弟永州刺史存知桂州事。

壬申,更以许州忠武军为匡国军,同州匡国军为忠武军,陕州保义军为镇国军。

乙亥,楚兵寇鄂州,淮南所署知州秦裴击破之。

淮南左牙指挥使张颢、右牙指挥使徐温专制军政,弘农威王心不能平,欲去之而未能。二人不自安,共谋弑王,分其地以臣于梁。戊寅,颢遣其党纪祥等弑王于寝室,诈云暴薨。

己卯,颢集将吏于府廷,夹道及庭中堂上皆列白刃,令诸将悉去卫从然后入。颢厉声问曰:“嗣王已薨,军府谁当主之?”三问莫应,颢气色益怒。幕僚严可求前密启曰:“军府至大,四境多虞,非公主之不可。然今日则恐太速。”颢曰:“何谓速也?”可求曰:“刘威、陶雅、李遇、李简皆先王之等夷,公今自立,此曹肯为公下乎?不若立幼主辅之,诸将孰敢不从!”颢默然久之。可求因屏左右,急书一纸置袖中,麾同列诣使宅贺,众莫测其所为。既至,可求跪读之,乃太夫人史氏教也。大要言："先王创业艰难，嗣王不幸早世，隆演次当立，诸将宜无负杨氏，善辅导之。"辞旨明切。颢气色皆沮，以其义正，不敢夺，遂奉威王弟隆演称淮南留后、东面诸道行营都统。既罢，副都统朱瑾诣可求所居，曰："瑾年十六七即横戈跃马，冲犯大敌，未尝畏慑，今日对颢，不觉流汗，公面折之如无人。乃知瑾匹夫之勇，不及公远矣。"因以兄事之(纵)。

颢以徐温为浙西观察使，镇润州。严可求说温曰："公舍牙兵而出外藩，颢必以弑君之罪归公。"温惊曰："然则奈何？"可求曰："颢刚愎而暗于事，公能见听，请为公图之。"时副使李承嗣参预军府之政，可求又说承嗣曰："颢凶威如此，今出徐于外，意不徒然，恐亦非公之利。"承嗣深然之。可求往见颢曰："公出徐公于外，人皆言公欲夺其兵权而杀之，多言亦可畏也。"颢曰："右牙欲之，非吾意也。业已行矣，奈何？"可求曰："止之易耳。"明日，可求邀颢及承嗣俱诣温，可求瞋目责温曰："古人不忘一饭之恩，况公杨氏宿将！今幼嗣初立，多事之时，乃求自安于外，可乎？"温谢曰："苟诸公见容，温何敢自专！"由是不行。颢知可求阴附温，夜，遣盗刺之，可求知不免，请为书辞府主。盗执刀临之，可求操笔无惧色。盗能辨字，见其辞旨忠壮，曰："公长者，吾不忍杀。"掠其财以复命，曰："捕之不获。"颢怒曰："吾欲得可求首，何用财为！"

温与可求谋诛颢，可求曰："非钟泰章不可。"泰章者，合肥人，时为左监门卫将军。温使亲将彭城翟虔告之。泰章闻之喜，密结壮士三十人，夜，刺血相饮为誓。丁亥旦，直入斩颢于牙堂，并其亲近。温始暴颢弑君之罪，镮纪祥等于市。诣西宫白太夫人。太夫人恐惧，大泣曰："吾儿冲幼，祸难如此，愿保百口归庐州，公之惠也。"温曰："张颢弑逆，不可不诛，夫人宜自安。"初，颢与温谋弑威王，温曰："参用左、右牙兵，心必不一，不若独用吾兵。"颢不可，温曰："然则独用公兵。"颢从之。至是，穷治逆党，皆左牙兵也，由是人以温为实不知谋也。隆演以温为左、右牙都指挥使，军府事咸取决焉。以严可求为扬州司马。

温性沉毅，自奉简俭，虽不知书，使人读狱讼之辞而决之，皆中情理。先是，张颢用事，刑戮酷滥，纵亲兵剽夺市里。温谓严可求曰："大事已定，吾与公辈当力行善政，使人解衣而寝耳。"乃立法度，禁强暴，政举大纲，军民安之。温以军旅委可求，以财赋委支计官骆知祥，皆称其职，淮南谓之"严、骆"。

己丑，契丹王阿保机遣使随高颀入贡，且求册命。帝复遣司农卿浑特赐以手诏，约共灭沙陁，乃行封册。

壬辰，夹寨诸将诣阙待罪，皆赦之。帝赏牛存节全泽州之功，以为六军马步都指挥使。

雷彦恭引沅江环朗州以自守，秦彦晖顿兵月余不战，彦恭守备稍懈。彦晖使裨将曹德昌帅壮士夜入自水窦，内外举火相应，城中惊乱，彦晖鼓噪坏门而入，彦恭轻舟奔广陵。彦晖虏其弟彦雄，送于大梁。淮南以彦恭为节度副使。先是，澧州刺史向瓌与彦恭相表里，至是亦降于楚，楚始得澧、朗二州。

蜀主遣将将兵会岐兵五万攻雍州，晋张承业亦将兵应之。六月，壬寅，以刘知俊为西路行营都招讨使以拒之。

金吾上将军王师範家于洛阳，朱友宁之妻泣诉于帝曰："陛下化家为国，宗族皆蒙荣宠。妾夫独不幸，因王师範叛逆，死于战场。今仇雠犹在，妾诚痛之。"帝曰："朕几忘此贼！"己酉，遣使就洛阳族之。使者先凿坑于第侧，乃宣敕告之。师範盛陈宴具，与宗族列坐，谓使者曰："死者人所不免，况有罪乎！予不欲使积尸长幼无序。"酒既行，命自幼及长，引于坑中戮之，死者凡二百人。

丙辰，刘知俊及佑国节度使王重师大破岐兵于幕谷，晋、蜀兵皆引归。

蜀立遂王宗懿为太子。

帝欲自将击潞州，丁卯，诏会诸道兵。

湖南判官高郁请听民自采茶卖于北客，收其征以赡军，楚王殷从之。秋，七月，殷奏于汴、荆、襄、唐、郢、复州置回图务，运茶于河南、北，卖之以易缯纩、战马而归，仍岁贡茶二十五万斤，诏许之。湖南由是富赡。

壬申，淮南将吏请于李俨，承制授杨隆演淮南节度使、东面诸道行营都统、同平章事、弘农王。

钟泰章赏薄，泰章未尝自言，后逾年，因醉与诸将争言而及之。或告徐温，以泰章怨望，请诛之，温曰："是吾过也。"擢为滁州刺史。

资治通鉴卷第二百六十七

端明殿学士兼翰林侍读学士太中大夫提举西京嵩山崇福宫上柱国河内郡开国公食邑二千六百户食实封一千户赐紫金鱼袋臣 司马光 奉敕编集

后梁纪二起著雍执徐(戊辰)八月，尽重光协洽(辛未)二月，凡二年有奇。

太祖神武元圣孝皇帝中

开平二年(戊辰、908)

八月，吴越王镠遣宁国节度使王景仁奉表诣大梁，陈取淮南之策。景仁即茂章也，避梁讳改焉。

淮南遣步军都指挥使周本、南面统军使吕师造击吴越，九月，围苏州。吴越将张仁保攻常州之东洲，拔之，淮南兵死者万余人。淮南以池州团练使陈璋为水陆行营都招讨使，帅柴再用等诸将救东洲，大破仁保于鱼荡，复取东洲。柴再用方战舟坏，长稍浮之，仅而得济。家人为之饭僧千人，再用悉取其食以犒部兵，曰："士卒济我，僧何力焉!"

丙子，蜀立皇后周氏。后，许州人也。

晋周德威、李嗣昭将兵三万出阴地关，攻晋州，刺史徐怀玉拒守。帝自将救之，丁丑，发大梁，乙酉，至陕州。戊子，岐王所署延州节度使胡敬璋寇上平关，刘知俊击破之。周德威等闻帝将至，乙未，退保隰州。

荆南节度使高季昌遣兵屯汉口，绝楚朝贡之路，楚王殷遣其将许德勋将水军击之，至沙头，季昌惧而请和。殷又遣步军都指挥使吕师周将兵击岭南，与清海节度使刘隐十余战，取昭、贺、梧、蒙、龚、富六州。殷土宇既广，乃养士息民，湖南遂安。

冬，十月，蜀主立后宫张氏为贵妃，徐氏为贤妃，其妹为德妃。张氏，郪人，宗懿之母也。二徐，耕之女也。

华原贼帅温韬聚众嵯峨山，暴掠雍州诸县，唐帝诸陵发之殆遍。

庚戌，蜀主讲武于星宿山，步骑三十万。

丁巳，帝还大梁。

辛酉，以刘隐为清海、静海节度使，以膳部郎中赵光裔、右补阙李殷衡充官告使，隐皆留之。光裔，光逢之弟；殷衡，德裕之孙也。

依政进士梁震，唐末登第，至是归蜀，过江陵，高季昌爱其才识，留之，欲奏为判官。震耻之，欲去，恐及祸，乃曰："震素不慕荣宦，明公不以震为愚，必欲使之参谋议，但以白衣侍樽俎可也，何必在幕府！"季昌许之。震终身止称前进士，不受高氏辟署。季昌甚重之，以为谋主，呼曰先辈。

帝从吴越王镠之请，以亳州团练使寇彦卿为东南面行营都指挥使，击淮南。十一月，彦卿帅众二千袭霍丘，为土豪朱景所败；又攻庐、寿二州，皆不胜。淮南遣滁州刺史史俨拒之，彦卿引归。

定难节度使李思谏卒，甲戌，其子彝昌自为留后。

刘守文举沧德兵攻幽州，刘守光求救于晋，晋王遣兵五千助之。丁亥，守文兵至卢台军，为守光所败，又战玉田，亦败。守文乃还。

癸巳，中书侍郎、同平章事张策以刑部尚书致仕，以左仆射杨涉同平章事。

保塞节度使胡敬璋卒，静难节度使李继徽以其将刘万子代镇延州。

是岁，弘农王遣军将万全感赍书间道诣晋及岐，告以嗣位。

帝将迁都洛阳。

三年（己巳、909）

春，正月，己巳，迁太庙神主于洛阳。甲戌，帝发大梁。壬申，以博王友文为东都留守。己卯，帝至洛阳。庚寅，飨太庙。辛巳，祀圜丘，大赦。

丙申，以用度稍充，初给百官全俸。

二月，丁酉朔，日有食之。

保塞节度使刘万子暴虐，失众心，且谋贰于梁，李继徽使延州牙将李延实图之。延实因万子葬胡敬璋，攻而杀之，遂据延州。马军都指挥使河西高万兴与弟万金闻变，以其众数千人诣刘知俊降。岐王置翟州于鄜城，其守将亦降。

三月，甲戌，帝发洛阳。以山南东道节度使杨师厚兼潞州行营四面招讨使。

庚辰，帝至河中，发步骑会高万兴兵取丹、延。

丙戌，以朔方节度使兼中书令韩逊为颍川王。逊本灵州牙校，唐末据本镇，朝廷因而授以节钺。

辛卯，丹州刺史崔公实请降。

徐温以金陵形胜，战舰所聚，乃自以淮南行军副使领昇州刺史，留广陵，以其假子元从指挥使知诰为昇州防遏兼楼船副使，往治之。

夏，四月，丙申朔，刘知俊移军攻延州，李延实婴城自守。知俊遣白水镇使刘儒分兵围坊州。

庚子，以王审知为闽王，刘隐为南平王。

刘知俊克延州，李延实降。

淮南兵围苏州，推洞屋攻城，吴越将临海孙琰置轮于竿首，垂组投锥以揭之，攻者尽露，炮至则张网以拒之，淮南人不能克。吴越王镠遣牙内指挥使钱镖、行军副使杜建徽等将兵救之。

苏州有水通城中，淮南张网缀铃悬水中，鱼鳖过皆知之。吴越游弈都虞候司马福欲潜行入城，故以竿触网，敌闻铃声举网，福因得过，凡居水中三日，乃得入城。由是城中号令与援兵相应，敌以为神。

吴越王镠尝游府园，见园卒陆仁章树艺有智而志之，及苏州被围，使仁章通信入城，果得报而返。镠以诸孙畜之，累迁两府军粮都监使，卒获其用。仁章，睦州人也。

辛亥，吴越兵内外合击淮南兵，大破之，擒其将何朗等三十余人，夺战舰二百艘。周本夜遁，又追败之于皇天荡。钟泰章将精兵二百为殿，多树旗帜于菰蒋中，追兵不敢进而还。

岐王所署保大节度使李彦博、坊州刺史李彦昱皆弃城奔凤翔，鄜州都将严弘倚举城降。己未，以高万兴为保塞节度使，以绛州刺史牛存节为保大节度使。

淮南初置选举，以骆知祥掌之。

五月，丁卯，帝命刘知俊乘胜取邠州，知俊难之，辞以阙食，乃召还。

佑国节度使王重师镇长安数年，帝在河中，怒其贡奉不时，己巳，召重师入朝，以左龙虎统军刘捍为佑国留后。

癸酉，帝发河中。己卯，至洛阳。

刘捍至长安，王重师不为礼，捍谮之于帝，云重师潜与邠、岐通。甲申，贬重师溪州刺史，寻赐自尽，夷其族。

刘守文频年攻刘守光不克，乃大发兵，以重赂招契丹、吐谷浑之众，合四万屯蓟州。守光逆战于鸡苏，为守文所败。守文单马立于陈前，泣谓其众曰："勿杀吾弟。"守光将元行钦识之，直前擒之，沧德兵皆溃。守光囚之别室，栫之丛棘，乘胜进攻沧州。沧州节度判官吕兖、孙鹤推守文子延祚为帅，乘城拒守。兖，安次人也。

忠武节度使兼侍中刘知俊，功名浸盛，以帝猜忍日甚，内不自安。及王重师诛，知俊益惧。帝将伐河东，急征知俊入朝，欲以为河东西面行营都统，且以知俊有丹、延之功，厚赐之。知俊弟右保胜指挥使知浣从帝在洛阳，密使人语知俊云："入必死。"又白帝，请帅弟侄往迎知俊，帝许之。六月，乙未朔，知俊奏称"为军民所留"，遂以同州附于岐。执监军及将佐之不从者，皆械送于岐。遣兵袭华州，逐刺史蔡敬思，以兵守潼关。潜遣人以重利啗长安诸将，执刘捍，送于岐，杀之。知俊遣使请兵于岐，亦遣使请晋人出兵攻晋、绛，遗晋王书曰："不过旬日，可取两京，复唐社稷。"

丁未，朔方节度使韩逊奏克盐州，斩岐所署刺史李继直。

帝遣近臣谕刘知俊曰："朕待卿甚厚，何忽相负？"对曰："臣不背德，但畏族灭如王重师耳。"帝复使谓之曰："刘捍言重师阴结邠、岐，朕今悔之无及，捍死不足塞责。"知俊不报。庚戌，诏削知俊官爵，以山南东道节度使杨师厚为西路行营招讨使，帅侍卫马步军都指挥使刘鄩等讨之。辛亥，帝发洛阳。

刘鄩至潼关东，获刘知俊伏路兵蔺如海等三十人，释之使为前导。刘知浣迷失道，盘桓数日，乃至关下，关吏纳之。如海等继至，关吏不知其已被擒，亦纳之。鄩兵乘门开直进，遂克潼关，追及知浣，擒之。

癸丑，帝至陕。

丹州马军都头王行思等作乱，刺史宋知诲逃归。

帝遣刘知俊侄嗣业持诏诣同州招谕知俊，知俊欲轻骑诣行在谢罪，弟知偃止之。杨师厚等至华州，知俊将聂赏开门降。知俊闻潼关不守，官军继至，苍黄失图，乙卯夜，举族奔岐。杨师厚至长安，岐兵已据城，师厚以奇兵并南山急趋，自西门入，遂克之。庚申，以刘鄩权佑国留后。岐王厚礼刘知俊，以为中书令。地狭，无藩镇处之，但厚给俸禄而已。

刘守光遣使上表告捷，且言"俟沧德事毕，为陛下扫除并寇。"亦致书晋王，云欲与之同破伪梁。

抚州刺史危全讽自称镇南节度使，帅抚、信、袁、吉之兵号十万攻洪州。淮南守兵才千人，将吏皆惧，节度使刘威密遣使告急于广陵，日召僚佐宴饮。全讽闻之，屯象牙潭，不敢进，请兵于楚，楚王殷遣指挥使苑玫会袁州刺史彭彦章围高安以助全讽。玫，蔡州人；彦(璋)〔章〕，玕之兄子也。

徐温问将于严可求，可求荐周本。乃以本为西南面行营招讨应援使，将兵七千救高安。本以前攻苏州无功，称疾不出，可求即其卧内强起之。本曰："苏州之役，敌不能胜我，但主将权轻耳。今必见用，愿无置副贰乃可。"可求许之。本曰："楚人为全讽声援耳，非欲取高安也。吾败全讽，援兵必还。"乃疾趣象牙潭。过洪州，刘威欲犒军，本不肯留。或曰："全讽兵强，君宜观形势然后进。"本曰："贼众十倍于我，我军闻之必惧，不若乘其锐而用之。"

秋，七月，甲子，以刘守光为燕王。

梁兵克丹州，擒王行思。

商州刺史李稠驱士民西走，将吏追斩之，推都押牙李玫主州事。

庚午，改佑国军曰永平。

河东兵寇晋州，抄掠至尧祠而去。

癸酉，帝发陕州。乙亥，至洛阳，寝疾。

初，帝召山南东道节度使杨师厚，欲使督诸将攻潞州，以前兖海留后王班为留后，镇襄州。师厚屡为班言牙兵王求等凶悍，宜备之，班自恃左右有壮士，不以为意，每众辱之。戊寅，谪求戍西境，是夕，作乱，杀班，推都指挥使雍丘刘玘为留后。玘伪从之，明日，与指挥使王延顺逃诣帝所。乱兵奉平淮指挥使李洪为留后，附于蜀。未几，房州刺史杨虔亦叛附于蜀。

危全讽在象牙潭，营栅临溪，亘数千里。庚辰，周本隔溪布陈，先使羸兵尝敌，全讽兵涉溪追之，本乘其半济，纵兵击之，全讽兵大溃，自相蹂藉，溺水死者甚众，本分兵断其归路，擒全讽及将士五千人。乘胜克袁州，执刺史彭彦章，进攻吉州。歙州刺史陶雅使其子敬昭及都指挥使徐章将兵袭饶、信，信州刺史危仔倡请降，饶州刺史唐宝弃城走。行营都指挥使米志诚、都尉吕师造等败苑玫于上高。吉州刺史彭玕帅众数千人奔楚，楚王殷表玕为郴州刺史，为子希范娶其女。淮南以左先锋指挥使张景思知信州，遣行营都虞候骨言将兵五千送之。危仔倡闻兵至，奔吴越，吴越王镠以仔倡为淮南节度副使，更其姓曰元氏。危全讽至广陵，弘农王以其尝有德于武忠王，释之，资给甚厚。八月，虔州刺史卢光稠以州附于淮南。于是江西之地尽入于杨氏。光稠亦遣使附于梁。

甲寅，上疾小瘳，始复视朝。

以镇国节度使康怀贞为西路行营副招讨使。

蜀主命太子宗懿判六军，开永和府，妙选朝士为僚属。

辛酉，均州刺史张敬方奏克房州。

岐王欲遣刘知俊将兵攻灵、夏，且约晋王使攻晋、绛。晋王引兵南下，先遣周德威等将兵出阴地关攻晋州，刺史边继威悉力固守。晋兵穿地道，陷城二十余步，城中血战拒之，一夕城复成。诏杨师厚将兵救晋州，周德威以骑扼蒙阬之险，师厚击破之，进抵晋州，晋兵解围遁去。

李洪寇荆南，高季昌遣其将倪可福击败之。诏马步都指挥使陈晖将兵会荆南兵讨洪。

蜀主以御史中丞王锴为中书侍郎、同平章事。

陈晖军至襄州，李洪逆战，大败，王求死。九月，丁酉，拔其城，斩叛兵千人，执李洪、杨虔等送洛阳，斩之。

丁未，以保义节度使王檀为潞州东面行营招讨使。

刘守光奏遣其子中军兵马使继威安抚沧州吏民，戊申，以继威为义昌留后。

辛亥，侍中韩建罢守太保，左仆射、同平章事杨涉罢守本官。以太常卿赵光逢为中书侍郎，翰林奉旨工部侍郎杜晓为户部侍郎，并同平章事。晓，让能之子也。

淮南遣使者张知远修好于福建，知远倨慢，闽王审知斩之，表上其书，始与淮南绝。审知性俭约，常蹑麻屦，府舍卑陋，未尝营葺。宽刑薄赋，公私富实，境内以安。岁自海道登、莱入贡，没溺者什四五。

冬，十月，甲子，蜀司天监胡秀林献《永昌历》，行之。

湖州刺史高澧性凶忍，尝召州吏议曰："吾欲尽杀百姓，可乎？"吏曰："如此，则租赋何从出？当择可杀者杀之耳。"时澧纠民为兵，有言其咨怨者，澧悉集民兵于开元寺，给云犒享，入则杀之，死者逾半。在外者觉之，纵火作乱。澧闭城大索，凡杀三千人。吴越王镠欲诛之，戊辰，澧以州叛附于淮南，举兵焚义和临平镇，镠命指挥使钱镖讨之。

十一月，甲午，帝告谢于圆丘。戊戌，大赦。

邺王罗绍威得风痹病，上表称："魏故大镇，多外兵，愿得有功重臣镇之，臣乞骸骨归第。"帝闻之，抚案动容。己亥，以其子周翰为天雄节度副使，知府事。谓使者曰："亟归语而主：为我强饭！如有不可讳，当世世贵尔子孙以相报也。今使周翰领军府，尚冀尔复愈耳。"

岐王欲取灵州以处刘知俊，且以为牧马之地，使知俊自将兵攻之。朔方节度使韩逊遣使告急，诏镇国节度使康怀贞、感化节度使寇彦卿将兵攻邠宁以救之。怀贞等所向皆捷，克宁、衍二州，拔庆州南城，刺史李彦广出降。游兵侵掠及泾州之境，刘知俊闻之，十二月，己丑，解灵州围，引兵还。帝急召怀贞等还，遣兵迎援于三原青谷。怀贞等还，至三水，知俊遣兵据险邀之，左龙骧军使寿张王彦章力战，怀贞等乃得过。怀贞与裨将李德遇、许从实、王审权分道而行，皆与援兵不相值，至昇平，刘知俊伏兵山口，怀贞大败，仅以身免，德遇等军皆没。岐王以知俊为彰义节度使，镇泾州。

王彦章骁勇绝伦，每战用二铁枪，皆重百斤，一置鞍中，一在手，所向无前，时人谓之"王铁枪"。

蜀蜀州刺史王宗弁称疾，罢归成都，杜门不出。蜀主疑其矜功怨望，加检校太保，固辞不受，谓人曰："廉者足而不忧，贪者忧而不足。吾小人，致位至此足矣，岂可求进不已乎！"蜀主嘉其志而许之，赐与有加。

刘守光围沧州久不下，执刘守文至城下示之，犹固守。城中食尽，民食堇泥，军士食人，驴马相啖騣尾。吕兖选男女羸弱者，饲以麴面而烹之，以给军食，谓之宰杀务。

四年（庚午、910）

春，正月，乙未，刘延祚力尽出降。时刘继威尚幼，守光使大将张万进、周知裕辅之镇沧州，以延祚及其将佐归幽州，族吕兖而释孙鹤。

兖子琦，年十五，门下客赵玉绐监刑者曰："此吾弟也，勿妄杀。"监刑者信之，遂挈以逃。琦足痛不能行，玉负之，变姓名，乞食于路，仅而得免。琦感家门殄灭，力学自立，晋王闻其名，署代州判官。

辛丑，以卢光稠为镇南留后。

刘守光为其父仁恭请致仕，丙午，以仁恭为太师，致仕。守光寻使人潜杀其兄守文，归罪于杀者而诛之。

二月，万全感自岐归广陵，岐王承制加弘农王兼中书令，嗣吴王，于是吴王赦其境内。

高澧求救于吴，吴常州刺史李简等将兵应之，湖州将盛师友、沈行思闭城不内，澧帅麾下五千人奔吴。三月，癸巳，吴越王镠巡湖州，以钱镖为刺史。

蜀太子宗懿骄暴，好陵傲旧臣。内枢密使唐道袭，蜀主之嬖臣也，太子屡谑之于朝，由是有隙，互相诉于蜀主。蜀主恐其交恶，以道袭为山南西道节度使、同平章事。道袭荐宣徽北院使郑顼为内枢密使，顼受命之日，即欲按道袭昆弟盗用内库金帛。道袭惧，奏顼褊急，不可大任，丙午，出顼为果州刺史，以宣徽南院使潘炕为内枢密使。

夏州都指挥使高宗益作乱，杀节度使李彝昌。将吏共诛宗益，推彝昌族父蕃汉都指挥使李仁福为帅，癸丑，仁福以闻。夏，四月，甲子，以仁福为定难节度使。

丁卯，宋州节度使衡王友谅献瑞麦，一茎三穗，帝曰："丰年为上瑞。今宋州大水，安用此为！"诏除本县令名，遣使诘责友谅，以兖海留后惠王友能代为宋州留后。友谅、友能，皆全昱子也。

帝以晋州刺史下邑华温琪拒晋兵有功，欲赏之，会护国节度使冀王友谦上言晋、绛边河东，乞别建节镇，壬申，以晋、绛、沁三州为定昌军，以温琪为节度使。

左金吾大将军寇彦卿入朝，至天津桥，有民不避道，投诸栏外而死。彦卿自首于帝。帝以彦卿才干有功，久在左右，命以私财遗死者家以赎罪。御史司宪崔沂劾奏"彦卿杀人阙下，请论如法。"帝命彦卿分析。彦卿对："令从者举置栏外，不意误死。"帝欲以过失论，沂奏："在法，以势力使令为首，下手为从，不得归罪从者。不斗而故殴伤人，加伤罪一等，不得为过失。"辛巳，责授彦卿游击将军、左卫中郎将。彦卿扬言："有得崔沂首者，赏钱万缗。"沂以白帝，帝使人谓彦卿："崔沂有毫发伤，我当族汝！"时功臣骄横，由是稍肃。沂，沆之弟也。

五月，吴徐温母周氏卒，将吏致祭，为偶人，高数尺，衣以罗锦，温曰："此皆出民力，奈何施于此而焚之，宜解以衣贫者。"未几，起复为内外马步都军使，领润州观察使。

岐王屡求货于蜀，蜀主皆与之。又求巴、剑二州，蜀主曰："吾奉茂贞，勤亦至矣。若与之地，是弃民也，宁多与之货。”乃复以丝茶布帛七万遗之。

己亥，以刘继威为义昌节度使。

癸丑，天雄节度使兼中书令邺贞庄王罗绍威卒。诏以其子周翰为天雄留后。

匡国节度使长乐忠敬王冯行袭疾笃，表请代者。许州牙兵二千，皆秦宗权余党，帝深以为忧。六月，庚戌，命崇政院直学士李珽驰往视行袭病，曰：“善谕朕意，勿使乱我近镇。”珽至许州，谓将吏曰：“天子握百万兵，去此数舍耳，冯公忠纯，勿使上有所疑。汝曹赤心奉国，何忧不富贵！”由是众莫敢异议。行袭欲使人代受诏，珽曰：“东首加朝服，礼也。”乃即卧内宣诏，谓行袭曰：“公善自辅养，勿视事，此子孙之福也。”行袭泣谢，遂解两使印授珽，使代掌军府。帝闻之曰：“予固知珽能办事，冯族亦不亡矣。”庚辰，行袭卒。甲申，以李珽权知匡国留后，悉以行袭兵分隶诸校，冒冯姓者皆还宗。

楚王殷求为天策上将，诏加天策上将军。殷始开天策府，以弟賨为左相，存为右相。殷遣将侵荆南，军于油口，高季昌击破之，斩首五千级，逐北至白田而还。

吴水军指挥使敖骈围吉州刺史彭玗弟瑊于赤石，楚兵救瑊，虏骈以归。

秋，七月，戊子朔，蜀门下侍郎兼吏部尚书、同平章事韦庄卒。

吴越王镠表“宦者周延诰等二十五人，唐末避祸至此，非刘、韩之党，乞原之。”上曰：“此属吾知其无罪，但今革弊之初，不欲置之禁掖，可且留于彼，谕以此意。”

岐王与邠、泾二帅各遣使告晋，请合兵攻定难节度使李仁福。晋王遣振武节度使周德威将兵会之，合五万众围夏州，仁福婴城拒守。

八月，以刘守光兼义昌节度使。

镇、定自帝践阼以来虽不输常赋，而贡献甚勤。会赵王镕母何氏卒，庚申，遣使吊之，且授起复官。时邻道吊客皆在馆，使者见晋使，归，言于帝曰：“镕潜与晋通，镇、定势强，终恐难制。”帝深然之。

壬戌，李仁福来告急。甲子，以河南尹兼中书令张宗奭为西京留守。帝恐晋兵袭西京，以宣化留后李思安为东北面行营都指挥使，将兵万人屯河阳。丙寅，帝发洛阳，己巳，至陕。辛未，以镇国节度使杨师厚为西路行营招讨使，会感化节度使康怀贞将兵三万屯三原。帝忧晋兵出泽州逼怀州，既而闻其在绥、银碛中，曰：“无足虑也。”甲申，遣夹马指挥使李遇、刘绾自鄜、延趋银、夏，邀其归路。

吴越王镠筑捍海石(唐)〔塘〕，广杭州城，大修台馆。由是钱唐富庶盛于东南。

九月，己丑，上发陕。甲午，至洛阳，疾复作。

李遇等至夏州，岐、晋兵皆解去。

冬，十月，遣镇国节度使杨师厚、相州刺史李思安将兵屯泽州以图上党。

吴越王镠之巡湖州也，留沈行思为巡检使，与盛师友俱归。行思谓同列陈瓌曰："王若以师友为刺史，何以处我？"时瓌已得镠密旨遣行思诣府，乃绐之曰："何不自诣王所论之！"行思从之。既至数日，瓌送其家亦至，行思恨瓌卖己。镠自衣锦军归，将吏迎谒，行思取锻槌击瓌，杀之，因诣镠，与师友论功，夺左右槊，欲刺师友，众执之。镠斩行思，以师友为婺州刺史。

十一月，己丑，以宁国节度使、同平章事王景仁充北面行营都指挥招讨使，潞州副招讨使韩勍副之，以李思安为先锋将，趣上党。寻遣景仁等屯魏州，杨师厚还陕。

蜀主更太子宗懿名曰元坦。庚戌，立假子宗裕为通王，宗範为夔王，宗铸为昌王，宗寿为嘉王，宗翰为集王；立其子宗仁为普王，宗辂为雅王，宗纪为褒王，宗智为荣王，宗泽为兴王，宗鼎为彭王，宗杰为信王，宗衍为郑王。

初，唐末宦官典兵者多养军中壮士为子以自强，由是诸将亦效之。而蜀主尤多，惟宗懿等九人及宗特、宗平真其子，宗裕、宗铸、宗寿皆其族人。宗翰姓孟，蜀主之姊子；宗範姓张，其母周氏为蜀主妾。自余假子百二十人皆功臣，虽冒姓连名而不禁昏姻。

上疾小愈，辛亥，校猎于伊、洛之间。

上疑赵王镕贰于晋，且欲因邺王绍威卒除移镇、定。会燕王守光发兵屯涞水，欲侵定州，上遣供奉官杜廷隐、丁延徽监魏博兵三千分屯深、冀，声言恐燕兵南寇，助赵守御，又云分兵就食。赵将石公立戍深州，白赵王镕，请拒之。镕遽命开门，移公立于外以避之。公立出门指城而泣曰："朱氏灭唐社稷，三尺童子知其为人。而我王犹恃姻好，以长者期之，此所谓开门揖盗者也。惜乎，此城之人今为虏矣！"

梁人有亡奔真定，以其谋告镕者，镕大惧，又不敢先自绝，但遣使诣洛阳，诉称"燕兵已还，与定州讲和如故，深、冀民见魏博兵入，奔走惊骇，乞召兵还。"上遣使诣真定慰谕之。未几，廷隐等闭门尽杀赵戍兵，乘城拒守。镕始命石公立攻之，不克，乃遣使求援于燕、晋。

镕使者至晋阳，义武节度使王处直使者亦至，欲共推晋王为盟主，合兵攻梁。晋王会将佐谋之，皆曰："镕久臣朱温，岁输重赂，结以昏姻，其交深矣，此必诈也，宜徐观之。"王曰："彼亦择利害而为之耳。王氏在唐世犹或臣或叛，况肯终为朱氏之臣乎？彼朱温之女何如寿安公主！今救死不赡，何顾昏姻！我若疑而不救，正堕朱氏计中。宜趣发兵赴之，晋、赵叶力，破梁必矣。"乃发兵，遣周德威将之，出井陉，屯赵州。

镕使者至幽州，燕王守光方猎，幕僚孙鹤驰诣野谓守光曰："赵人来乞师，此天欲成王之功业也。"守光曰："何故？"对曰："比常患其与朱温胶固。温之志非尽吞河朔不已，今彼自为仇敌，王若与之并力破梁，则镇、定皆敛袵而朝燕矣。王不早出师，但恐晋人先我矣。"守光曰："王镕数负约，今使之与梁自相弊，吾可以坐承其利，又何救焉！"赵使者交错于路，守光竟不为出兵。自是镇、定复称唐天祐年号，复以武顺为成德军。

司天言："来月太阴亏，不利宿兵于外。"上召王景仁等还洛阳。十二月，己未，上闻赵与晋合，晋兵已屯赵州，乃命王景仁等将兵击之。庚申，景仁等自河阳度河，会罗周翰兵，合四万，军于邢、洺。

虔州刺史卢光稠疾病，欲以位授谭全播，全播不受。光稠卒，其子韶州刺史延昌来奔丧，全播立而事之。吴遣使拜延昌虔州刺史，延昌受之，亦因楚王殷通密表于梁，曰："我受淮南官，以缓其谋耳，必为朝廷经略江西。"丙寅，以延昌为镇南留后。延昌表其将廖爽为韶州刺史。爽，赣人也。吴淮南节度判官严可求请置制置使于新淦县，遣兵戍之，以图虔州。每更代，辄潜益其兵，虔人不之觉也。

庚午，蜀主以御史中丞周庠、户部侍郎判度支庾传素并为中书侍郎、同平章事。

太常卿李燕等刊定《梁律令格式》，癸酉，行之。

丁丑，王景仁等进军柏乡。

辛巳，蜀大赦，改明年元曰永平。

赵王镕复告急于晋，晋王以蕃汉副总管李存审守晋阳，自将兵自赞皇东下，王处直遣将将兵五千以从。辛巳，晋王至赵州，与周德威合，获梁刍荛者二百人，问之曰："初发洛阳，梁主有何号令？"对曰："梁主戒上将云：'镇州反覆，终为子孙之患。今悉以精兵付汝，镇州虽以铁为城，必为我取之。'"晋王命送于赵。壬午，晋王进军，距柏乡三十里，遣周德威等以胡骑迫梁营挑战，梁兵不出。癸未，复进，距柏乡五里，营于野河之北，又遣胡骑迫梁营驰射，且诟之。梁将韩勍等将步骑三万，分三道追之，铠胄皆被缯绮，镂金银，光彩炫曜，晋人望之夺气。周德威谓李存璋曰："梁人志不在战，徒欲曜兵耳。不挫其锐，则吾军不振。"乃徇于军曰："彼皆汴州天武军，屠酤佣贩之徒耳，衣铠虽鲜，十不能当汝一。擒获一夫，足以自富，此乃奇货，不可失也。"德威自帅精骑千余击其两端，左驰右突，出入数四，俘获百余人，且战且却，距野河而止。梁兵亦退。

德威言于晋王曰："贼势甚盛，宜按兵以待其衰。"王曰："吾孤军远来，救人之急，三镇乌合，利于速战，公乃欲按兵持重，何也？"德威曰："镇、定之兵，长于守城，短于野战。且吾所恃者骑兵，利于平原广野，可以驰突。今压贼垒门，骑无所展其足，且众寡不敌，使彼知吾虚实，则事危矣。”王不悦，退卧帐中，诸将莫敢言。德威往见张承业曰：“大王骤胜而轻敌，不量力而务速战。今去贼咫尺，所限者一水耳，彼若造桥以薄我，我众立尽矣。不若退军高邑，诱贼离营，彼出则归，彼归则出，别以轻骑掠其馈饷，不过逾月，破之必矣。”承业入褰帐抚王曰：“此岂王安寝时耶？周德威老将知兵，其言不可忽也。”王蹶然而兴曰：“予方思之。”时梁兵闭垒不出，有降者，诘之，曰：“景仁方多造浮桥。”王谓德威曰：“果如公言。”是日，拔营，退保高邑。

辰州蛮酋宋邺，溆州蛮酋潘金盛，恃其所居深险，数扰楚边。至是，邺寇湘乡，金盛寇武冈，楚王殷遣昭州刺史吕师周将衡山兵五千讨之。

宁远节度使庞巨昭、高州防御使刘昌鲁，皆唐官也。黄巢之寇岭南也，巨昭为容管观察使，昌鲁为高州刺史，帅群蛮据险以拒之，巢众不敢入境。唐嘉其功，置宁远军于容州，以巨昭为节度使，以昌鲁为高州防御使。及刘隐据岭南，二州不从，隐遣弟岩攻高州，昌鲁大破之，又攻容州，亦不克。昌鲁自度终非隐敌，是岁，致书请自归于楚，楚王殷大喜，遣横州刺史姚彦章将兵迎之。彦章至容州，裨将莫彦昭说巨昭曰：“湖南兵远来疲乏，宜撤储偫，弃城，潜于山谷以待之。彼必入城，我以全军掩之，彼外无继援，可擒也。”巨昭曰：“马氏方兴，今虽胜之，后将何如！不若具牛酒迎之。”彦昭不从，巨昭杀之，举州迎降。彦章进至高州，以兵援送巨昭、昌鲁之族及士卒千余人归长沙。楚王殷以彦章知容州事，以昌鲁为永顺节度副使。昌鲁，邺人也。

乾化元年（辛未、911）

春，正月，丙戌朔，日有食之。

柏乡比不储刍，梁兵刈刍自给，晋人以游军抄之，梁兵不出。周德威使胡骑环营驰射而诟之，梁兵疑有伏，愈不敢出，剉屋茅坐席以饲马，马多死。丁亥，周德威与别将史建瑭、李嗣源将精骑三千压梁垒门而诟之，王景仁、韩勍怒，悉众而出。德威等转战而北，至高邑南，李存璋以步兵陈于野河之上，梁军横亘数里，竞前夺桥，镇、定步兵御之，势不能支。晋王谓匡卫都指挥使李建及曰：“贼过桥则不可复制矣。”建及选卒二百，援枪大噪，力战却之。建及，许州人，姓王，李罕之之假子也。晋王登高丘以望曰：“梁兵争进而嚣，我兵整而静，我必胜。”战自巳至午，胜负未决。晋王谓周德威曰：“两军已合，势不可离，我之兴亡，在此一举。我为公先登，公可继之。”德威叩马而谏曰：“观梁兵之势，可以劳逸制之，未易以力胜也。彼去营三十余里，虽挟糗粮，亦不暇食，日昳之后，饥渴内迫，矢刃外交，士卒劳倦，必有退志。当是时，我以精骑乘之，必大捷。于今未可也。”王乃止。

时魏、滑之兵陈于东，宋、汴之兵陈于西。至晡，梁军未食，士无斗志，景仁等引兵稍却，周德威疾呼曰："梁兵走矣！"晋兵大噪争进，魏、滑兵先退，李嗣源帅众噪于西陈之前曰："东陈已走，尔何久留！"梁兵互相惊怖，遂大溃。李存璋引步兵乘之，呼曰："梁人亦吾人也，父兄子弟饷军者勿杀。"于是战士悉解甲投兵而弃之，嚣声动天地。赵人以深、冀之憾，不顾剽掠，但奋白刃追之，梁之龙骧、神捷精兵殆尽，自野河至柏乡，僵尸蔽地。王景仁、韩勍、李思安以数十骑走。晋兵夜至柏乡，梁军已去，弃粮食、资财、器械不可胜计。凡斩首二万级。李嗣源等追奔至邢州，河朔大震。保义节度使王檀严备，然后开城纳败卒，给以资粮，散遣归本道。晋王收兵屯赵州。杜廷隐等闻梁兵败，弃深、冀而去，悉驱二州丁壮为奴婢，老弱者坑之，城中存者坏垣而已。

癸巳，复以杨师厚为北面都招讨使，将兵屯河阳，收集散兵，旬余，得万人。己亥，晋王遣周德威、史建瑭将三千骑趣澶、魏，张承业、李存璋以步兵攻邢州，自以大军继之，移檄河北州县，谕以利害。帝遣别将徐仁溥将兵千人，自西山夜入邢州，助王檀城守。己酉，罢王景仁招讨使，落平章事。

蜀主之女普慈公主嫁岐王从子秦州节度使继崇，公主遣宦者宋光嗣以绢书遗蜀主，言继崇骄矜嗜酒，求归成都，蜀主召公主归宁。辛亥，公主至成都，蜀主留之，以宋光嗣为阁门南院使。岐王怒，始与蜀绝。光嗣，福州人也。

吕师周引兵攀藤缘崖入飞山洞袭潘金盛，擒送武冈，斩之，移兵击宋邺。

二月，己未，晋王至魏州，攻之，不克。上以罗周翰年少，且忌其旧将佐，庚申，以户部尚书李振为天雄节度副使，命杜廷隐将兵千人卫之，自杨刘济河，间道夜入魏州，助周翰城守。癸亥，晋王观河于黎阳，梁兵万余将度河，闻晋王至，皆弃舟而去。

帝召蔡州刺史张慎思至洛阳，久未除代。蔡州右厢指挥使刘行琮作乱，纵兵焚掠，将奔淮南，顺化指挥使王存俨诛行琮，抚遏其众，自领州事，以众情驰奏。时东京留守博王友文不先请，遽发兵讨之，兵至鄢陵，帝曰："存俨方惧，若临之以兵，则飞去矣。"驰使召还。甲子，授存俨权知蔡州事。

乙丑，周德威自临清攻贝州，拔夏津、高唐；攻博州，拔东武、朝城。攻澶州，刺史张可臻弃城走，帝斩之。德威进攻黎阳，拔临河、淇门；逼卫州，掠新乡、共城。庚午，帝帅亲军屯白司马阪以备之。

卢龙、义昌节度使兼中书令燕王守光既克沧州，自谓得天助，淫虐滋甚。每刑人，必置诸铁笼，以火逼之，又为铁刷刷人面。闻梁兵败于柏乡，使人谓赵王镕及王处直曰："闻二镇与晋王破梁兵，举军南下，仆亦有精骑三万，欲自将之为诸公启行。然四镇连兵，必有盟主，仆若至彼，何以处之？"镕患之，遣使告于晋王，晋王笑曰:“赵人告急,守光不能出一卒以救之。及吾成功,乃复欲以兵威离间二镇,愚莫甚焉!”诸将曰:“雲、代与燕接境,彼若扰我城戍,动摇人情,吾千里出征,缓急难应,此亦腹心之患也。不若先取守光,然后可以专意南讨。”王曰:“善。”会杨师厚自磁、相引兵救邢、魏,壬申,晋解围去,师厚追之,逾漳水而还,邢州围亦解。师厚留屯魏州。

赵王镕自来谒晋王于赵州,大犒将士,自是遣其养子德明将三十七都常从晋王征讨。德明本姓张,名文礼,燕人也。壬午,晋王发赵州,归晋阳,留周德威等将三千人戍赵州。

资治通鉴卷第二百六十八

端明殿学士兼翰林侍读学士太中大夫提举西京嵩山崇福宫上柱国河内郡开国公食邑二千六百户食实封一千户赐紫金鱼袋臣 司马光 奉敕编集

后梁纪三起重光协洽(辛未)三月，尽昭阳作噩(癸酉)十一月，凡二年有奇。

太祖神武元圣孝皇帝下

乾化元年(辛未、911)

三月，乙酉朔，以天雄留后罗周翰为节度使。

清海、静海节度使兼中书令南平襄王刘隐病亟，表其弟节度副使岩权知留后。丁亥卒，岩袭位。

岐王聚兵临蜀东鄙，蜀主谓群臣曰："自茂贞为朱温所困，吾常振其乏绝，今乃负恩为寇，谁为吾击之?"兼中书令王宗侃请行，蜀主以宗侃为北路行营都统。司天少监赵温珪谏曰："茂贞未犯边，诸将贪功深入，粮道阻远，恐非国家之利。"蜀主不听，以兼侍中王宗祐、太子少师王宗贺、山南节度使唐道袭为三招讨使，左金吾大将军王宗绍为宗祐之副，帅步骑十二万伐岐。壬辰，宗侃等发成都，旌旗数百里。

岐王募华原贼帅温韬以为假子，以华原为耀州，美原为鼎州。置义胜军，以韬为节度使，使帅邠、岐兵寇长安。诏感化节度使康怀贞、忠武节度使牛存节以同华、河中兵讨之。己酉，怀贞等奏击韬于车度，走之。

夏，四月，乙卯朔，岐兵寇蜀兴元，唐道袭击却之。

上以久疾，五月，甲申朔，大赦。

甲辰，以清海留后刘岩为节度使。岩多延中国士人置于幕府，出为刺史，刺史无武人。

蜀主如利州，命太子监国。六月，癸丑朔，至利州。

燕王守光尝衣赭袍，顾谓将吏曰："今天下大乱，英雄角逐，吾兵强地险，亦欲自帝，何如?"孙鹤曰："今内难新平，公私困竭，太原窥吾西，契丹伺吾北，遽谋自帝，未见其可。大王但养士爱民，训兵积谷，德政既修，四方自服矣。"守光不悦。又使人讽镇、定，求尊己为尚父，赵王镕以告晋王。晋王怒，欲伐之，诸将皆曰："是为恶极矣，行当族灭，不若阳为推尊以稔之。"乃与镕及义武王处直、昭义李嗣昭、振武周德威、天德宋瑶六节度使共奉册推守光为尚书令、尚父。

守光不寤，以为六镇实畏己，益骄，乃具表其状曰："晋王等推臣，臣荷陛下厚恩，未之敢受。窃思其宜，不若陛下授臣河北都统，则并、镇不足平矣。"上亦知其狂愚，乃以守光为河北道采访使，遣阁门使王瞳、受旨史彦群册命之。守光命僚属草尚父、采访使受册仪。乙卯，僚属取唐册太尉仪献之，守光视之，问何得无郊天、改元之事，对曰："尚父虽贵，人臣也，安有郊天、改元者乎？"守光怒，投之于地，曰："我地方二千里，带甲三十万，直作河北天子，谁能禁我？尚父何足为哉！"命趣具即帝位之仪，械系瞳、彦群及诸道使者于狱，既而皆释之。

帝命杨师厚将兵三万屯邢州。

蜀诸将击岐兵，屡破之。秋，七月，蜀主西还，留御营使昌王宗锷屯利州。

辛丑，帝避暑于张宗奭第，乱其妇女殆遍。宗奭子继祚不胜愤耻，欲弑之。宗奭止之曰："吾家顷在河阳，为李罕之所围，啗木屑以度朝夕，赖其救我，得有今日，此恩不可忘也。"乃止。甲辰，还宫。

赵王镕以杨师厚在邢州，甚惧，会晋王于承天军。晋王谓镕父友也，事之甚恭。镕以梁寇为忧，晋王曰："朱温之恶极矣，天将诛之，虽有师厚辈不能救也。脱有侵轶，仆自帅众当之，叔父勿以为忧。"镕捧卮为寿，谓晋王为四十六舅。镕幼子昭诲从行，晋王断衿为盟，许妻以女。由是晋、赵之交遂固。

八月，庚申，蜀主至成都。

燕王守光将称帝，将佐多窃议以为不可，守光乃置斧质于庭曰："敢谏者斩！"孙鹤曰："沧州之破，鹤分当死，蒙王生全，以至今日，敢爱死而忘恩乎！窃以为今日之帝未可也。"守光怒，伏诸质上，令军士冎而啗之。鹤呼曰："百日之外，必有急兵。"守光命以土窒其口，寸斩之。

甲子，守光即皇帝位，国号大燕，改元应天。以梁使王瞳为左相，卢龙判官齐涉为右相，史彦群为御使大夫。受册之日，契丹陷平州，燕人惊扰。

岐王使刘知俊、李继崇将兵击蜀，乙亥，王宗侃、王宗贺、唐道袭、王宗绍与之战于青泥岭，蜀兵大败，马步使王宗浩奔兴州，溺死于江，道袭奔兴元。先是，步军都指挥使王宗绾城西县，号安远军，宗侃、宗贺等收散兵走保之，知俊、继崇追围之。众议欲弃兴元，道袭曰："无兴元则无安远，利州遂为敌境矣。吾必以死守之。"蜀主以昌王宗锷为应援招讨使，定戎团练使王宗播为四招讨马步都指挥使，将兵救安远军，壁于廉、让之间，与唐道袭合击岐兵，大破之于明珠曲。明日，又战于臯口，斩其成州刺史李彦琛。

九月，帝疾稍愈，闻晋、赵谋入寇，自将拒之。戊戌，以张宗奭为西都留守。庚子，帝发洛阳。甲辰，至卫州，方食，军前奏晋军已出井陉。帝遽命輂北趣邢洺，昼夜倍道兼行。丙午，至相州，闻晋兵不出，乃止。相州刺史李思安不意帝猝至，落然无具，坐削官爵。

湖州刺史钱镖酗酒杀人，恐吴越王镠罪之，冬，十月，辛亥朔，杀都监潘长、推官钟安德，奔于吴。

晋王闻燕主守光称帝，大笑曰："俟彼卜年，吾当问其鼎矣。"张承业请遣使致贺以骄之，晋王遣太原少尹李承勋往。承勋至幽州，用邻藩通使之礼。燕之典客者曰："吾王帝矣，公当称臣庭见。"承勋曰："吾受命于唐朝为太原少尹，燕王自可臣其境内，岂可臣它国之使乎！"守光怒，囚之数日，出而问之曰："臣我乎？"承勋曰："燕王能臣我王，则我请为臣；不然，有死而已。"守光竟不能屈。

蜀主如利州，命太子监国。决雲军虞候王琮败岐兵，执其将李彦太，俘斩三千五百级。乙卯，捉生将彭君集破岐二寨，俘斩三千级。王宗侃遣裨将林思谔自中巴间行至泥溪，见蜀主告急，蜀主命开道都指挥使王宗弼将兵救安远，及刘知俊战于斜谷，破之。

甲寅夜，帝发相州，乙卯，至洹水。是夜，边吏言晋、赵兵南下，帝即时进军，丙辰，至魏县。或告云："沙陀至矣。"士卒恟惧，多逃亡，严刑不能禁。既而复告云无寇，上下始定。戊午，贝州奏晋兵寇东武，寻引去。帝以夹寨、柏乡屡失利，故力疾北巡，思一雪其耻，意郁郁，多躁忿，功臣宿将往往以小过被诛，众心益惧。既而晋、赵兵竟不出。十一月，壬午，帝南还。

燕主守光集将吏谋攻易定，幽州参军景城冯道以为未可，守光怒，系狱，或救之，得免。道亡奔晋，张承业荐于晋王，以为掌书记。丁亥，王处直告难于晋。

怀州刺史开封段明远妹为美人。戊子，帝至获嘉，明远馈献丰备，帝悦。

庚寅，保塞节度使高万兴奏遣都指挥使高万金将兵攻盐州，刺史高行存降。

壬辰，帝至洛阳，疾复作。

蜀王宗弼败岐兵于金牛，拔十六寨，俘斩六千余级，擒其将郭存等。丙申，王宗锣、王宗播败岐兵于黄牛川，擒其将苏厚等。丁酉，蜀主自利州如兴元。援军既集，安远军望其旗，王宗侃等鼓噪而出，与援军夹攻岐兵，大破之，拔二十一寨，斩其将李廷志等。己亥，岐兵解围遁去。唐道袭先伏兵于斜谷邀击，又破之。庚子，蜀主西还。

岐王左右石简颙谗刘知俊于岐王，王夺其兵。李继崇言于王曰："知俊壮士，穷来归我，不宜以谗废之。"王为之诛简颙以安之。继崇召知俊举族居于秦州。

戊申，燕主守光将兵二万寇易定，攻容城。王处直告急于晋。

十二月，乙卯，以朗州留后马賨为永顺节度使、同平章事。

镇南留后卢延昌游猎无度，百胜军指挥使黎球杀之，自立。将杀谭全播，全播称疾请老，乃免。丙辰，以球为虔州防御使。未几，球卒，牙将李彦图代知州事，全播愈称疾笃。刘岩闻全播病，发兵攻韶州，破之，刺史廖爽奔楚，楚王殷表为永州刺史。

丁巳，蜀主至成都。

戊午，以静海留后曲美为节度使。

癸亥，以静江行军司马姚彦章为宁远节度副使，权知容州，从楚王殷之请也。刘岩遣兵攻容州，殷遣都指挥使许德勋以桂州兵救之，彦章不能守，乃迁容州士民及其府藏奔长沙，岩遂取容管及高州。

甲子，晋王遣蕃汉马步总管周德威将兵三万攻燕，以救易定。

是岁，蜀主以内枢密使潘炕为武泰节度使，炕从弟宣徽南院使峭为内枢密使。

二年(壬申、912)

春，正月，德威东出飞狐，与赵王将王德明、义武将程岩会于易水。丙戌，三镇兵进攻燕祁沟关，下之。戊子，围涿州。刺史刘知温城守，刘守奇之客刘去非大呼于城下，谓知温曰："河东小刘郎来为父讨贼，何豫汝事而坚守邪?"守奇免胄劳之，知温拜于城上，遂降。周德威疾守奇之功，谮诸晋王，王召之，守奇恐获罪，与去非及进士赵凤来奔，上以守奇为博州刺史。去非、凤，皆幽州人也。先是，燕主守光籍境内丁壮，悉文面为兵，虽士人亦不免，凤诈为僧奔晋，守奇客之。

丁酉，德威至幽州城下，守光来求救。二月，帝疾小愈，议自将击镇、定以救之。

帝闻岐、蜀相攻，辛酉，遣光禄卿卢玭等使于蜀，遗蜀主书，呼之为兄。

甲子，帝发洛阳。从官以帝诛戮无常，多惮行，帝闻之，益怒。是日，至白马顿，赐从官食，多未至，遣骑趣之于路。左散骑常侍孙骘、右谏议大夫张衍、兵部郎中张儁最后至，帝命扑杀之。衍，宗奭之侄也。

丙寅，帝至武陟，段明远供馈有加于前。丁卯，至获嘉，帝追思李思安去岁供馈有阙，贬柳州司户，告辞称明远之能曰："观明远之忠勤如此，见思安之悖慢何如!"寻长流思安于崖州，赐死。明远后更名凝。

乙亥，帝至魏州，命都招讨使宣义节度使杨师厚，副使、前河阳节度使李周彝围枣强，招讨应接使、平卢节度使贺德伦，副使、天平留后袁象先围蓨县。德伦，河西胡人；象先，下邑人也。

戊寅，帝至贝州。

辰州蛮酋宋邺、昌师益皆帅众降于楚，楚王殷以邺为辰州刺史，师益为溆州刺史。

帝昼夜兼行，三月，辛巳，至下博南，登观津冢。赵将符习引数百骑出巡逻，不知是帝，遽前逼之。或告曰："晋兵大至矣！"帝弃行幄，亟引兵趣枣强，与杨师厚军合。习，赵州人也。

枣强城小而坚，赵人聚精兵数千守之，师厚急攻之，数日不下，城坏复修，死伤者以万数。城中矢石将竭，谋出降，有一卒奋曰："贼自柏乡丧败已来，视我镇人裂眥，今往归之，如自投虎狼之口耳。困穷如此，何用身为！我请独往试之。"夜，缒城出，诣梁军诈降，李周彝召问城中之备，对曰："非半月未易下也。"因请曰："某既归命，愿得一剑，效死先登，取守城将首。"周彝不许，使荷担从军。卒得间举担击周彝首，踣地，左右救至，得免。帝闻之，愈怒，命师厚昼夜急攻，丙戌，拔之，无问老幼尽杀之，流血盈城。

初，帝引兵度河，声言五十万。晋忻州刺史李存审屯赵州，患兵少，裨将赵行实请入土门避之，存审不可。及贺德伦攻蓨县，存审谓史建瑭、李嗣肱曰："吾王方有事幽蓟，无兵此来，南方之事委吾辈数人。今蓨县方急，吾辈安得坐而视之！使贼得蓨县，必西侵深、冀，患益深矣。当与公等以奇计破之。"存审乃引兵扼下博桥，使建瑭、嗣肱分道擒生。建瑭分其麾下为五队，队各百人，一之衡水，一之南宫，一之信都，一之阜城，自将一队深入，与嗣肱遇梁军之樵刍者皆执之，获数百人。明日，会于下博桥，皆杀之，留数人断臂纵去，曰："为我语朱公：晋王大军至矣！"时蓨县未下，帝引杨师厚兵五万，就贺德伦共攻之。丁亥，始至县西，未及置营，建瑭、嗣肱各将三百骑，效梁军旗帜服色，与樵刍者杂行，日且暮，至德伦营门，杀门者，纵火大噪，弓矢乱发，左右驰突，既瞑，各斩馘执俘而去。营中大扰，不知所为。断臂者复来曰："晋军大至矣！"帝大骇，烧营夜遁，迷失道，委曲行百五十里，戊子旦乃至冀州，蓨之耕者皆荷锄奋梃逐之，委弃军资、器械不可胜计。既而复遣骑觇之，曰："晋军实未来，此乃史先锋游骑耳。"帝不胜惭愤，由是病增剧，不能乘肩舆。留贝州旬余，诸军始集。

义昌节度使刘继威年少，淫虐类其父，淫于都指挥使张万进家，万进怒，杀之。诘旦，召大将周知裕，告其故。万进自称留后，以知裕为左都押牙。庚子，遣使奉表请降，亦遣使降于晋，晋王命周德威安抚之。知裕心不自安，求为景州刺史，遂来奔，帝为之置归化军，以知裕为指挥使，凡军士自河朔来者皆隶之。辛丑，以万进为义昌留后。甲辰，改义昌为顺化军，以万进为节度使。

乙巳，帝发贝州。丁未，至魏州。

戊申，周德威遣裨将李存晖等攻瓦桥关，其将吏及莫州刺史李严皆降。严，幽州人也，涉猎书传，晋王使传其子继岌，严固辞。王怒，将斩之，教练使孟知祥徒跣入谏曰："强敌未灭，大王岂宜以一怒戮向义之士乎！"乃免之。知祥，迁之弟子,李克让之婿也。

吴镇南节度使刘威,歙州观察使陶雅,宣州观察使李遇,常州刺史李简,皆武忠王旧将,有大功,以徐温自牙将秉政,内不能平。李遇尤甚,常言:“徐温何人,吾未尝识面,一旦乃当国邪!”馆驿使徐玠使于吴越,道过宣州,温使玠说遇入见新王,遇初许之,玠曰:“公不尔,人谓公反。”遇怒曰:“君言遇反,杀侍中者非反邪?”侍中,谓威王也。温怒,以淮南节度副使王(檀)〔坛〕为宣州制置使,数遇不入朝之罪,遣都指挥使柴再用帅昇、润、池、歙兵纳坛于宣州,昇州副使徐知诰为之副。遇不受代,再用攻宣州,逾月不克。

夏,四月,癸丑,以楚王殷为武安、武昌、静江、宁远节度使,洪、鄂四面行营都统。

乙卯,博王友文来朝,请帝还东都。丁巳,发魏州。己未,至黎阳,以疾淹留。乙丑,至滑州。

维州羌胡董琢反,蜀主遣保銮军使赵绰讨平之。

己巳,帝至大梁。

帝闻岭南与楚相攻,甲戌,以右散骑常侍韦戬等为潭、广和叶使,往解之。

戊寅,帝发大梁。

周德威白晋王,以兵少不足攻城,晋王遣李存审将吐谷浑、契苾骑兵会之。李嗣源攻瀛州,刺史赵敬降。

五月,甲申,帝至洛阳,疾甚。

司空、门下侍郎、同平章事薛贻矩卒。

燕主守光遣其将单廷珪将精兵万人出战,与周德威遇于龙头冈。廷珪曰:“今日必擒周杨五以献。”杨五,德威小名也。既战,见德威于陈,援枪单骑逐之,枪及德威背,德威侧身避之,奋楇反击廷珪坠马,生擒,置于军门。燕兵退走,德威引骑乘之,燕兵大败,斩首三千级。廷珪,燕骁将也,燕人失之,夺气。

己丑,蜀大赦。

李遇少子为淮南牙将,遇最爱之,徐温执之,至宣州城下示之,其子啼号求生,遇由是不忍战。温使典客何荛入城,以吴王命说之曰:“公本志果反,请斩荛以徇;不然,随荛纳款。”遇乃开门请降,温使柴再用斩之,夷其族。于是诸将始畏温,莫敢违其命。徐知诰以功迁昇州刺史。知诰事温甚谨,安于劳辱,或通夕不解带,温以是特爱之,每谓诸子曰:“汝辈事我能如知诰乎?”时诸州长吏多武夫,专以军旅为务,不恤民事。知诰在昇州,独选用廉吏,修明政教,招延四方士大夫,倾家赀无所爱。洪州进士宋齐丘,好纵横之术,谒知诰,知诰奇之,辟为推官,与判官王令谋、参军王翃专主谋议,以牙吏马仁裕、周宗、曹悰为腹心。仁裕,彭城人宗，涟水人也。

闰月，壬戌，帝疾增甚，谓近臣曰："我经营天下三十年，不意太原余孽更昌炽如此！吾观其志不小，天复夺我年，我死，诸儿非彼敌也，吾无葬地矣。"因哽咽，绝而复苏。

高季昌潜有据荆南之志，乃奏筑江陵外郭，增广之。

丙寅，蜀门下侍郎、同平章事王锴罢为兵部尚书。

帝长子郴王友裕早卒。次假子博王友文，帝特爱之，常留守东都，兼建昌宫使。次郢王友珪，其母亳州营倡也，为左右控鹤都指挥使，无宠。次均王友贞，为东都马步都挥指使。

初，元贞张皇后严整多智，帝敬惮之。后殂，帝纵意声色，诸子虽在外，常征其妇入侍，帝往往乱之。友文妇王氏色美，帝尤宠之，虽未以友文为太子，帝意常属之。友珪心不平。友珪尝有过，帝挞之，友珪益不自安。帝疾甚，命王氏召友文于东都，欲与之诀，且付以后事。友珪妇张氏亦朝夕侍帝侧，知之，密告友珪曰："大家以传国宝付王氏怀往东都，吾属死无日矣。"夫妇相泣。左右或说之曰："事急计生，何不改图，时不可失！"

六月，丁丑朔，帝命敬翔出友珪为莱州刺史，即令之官。已宣旨，未行敕。时左迁者多追赐死，友珪益恐。戊寅，友珪易服微行入左龙虎军，见统军韩勍，以情告之。勍亦见功臣宿将多以小过被诛，惧不自保，遂相与合谋。勍以牙兵五百人从友珪杂控鹤士入，伏于禁中，中夜斩关入，至寝殿，侍疾者皆散走。帝惊起，问："反者为谁?"友珪曰："非它人也。"帝曰："我固疑此贼，恨不早杀之。汝悖逆如此，天地岂容汝乎！"友珪曰："老贼万段！"友珪仆夫冯廷谔刺帝腹，刃出于背。友珪自以败毡裹之，瘗于寝殿，秘不发丧。遣供奉官丁昭溥驰诣东都，命均王友贞杀友文。

己卯，矫诏称："博王友文谋逆，遣兵突入殿中，赖郢王友珪忠孝，将兵诛之，保全朕躬。然疾因震惊，弥致危殆，宜令友珪权主军国之务。"韩勍为友珪谋，多出府库金帛赐诸军及百官以取悦。

辛巳，丁昭溥还，闻友文已死，乃发丧，宣遗制，友珪即皇帝位。

时朝廷新有内难，中外人情恟恟。许州军士更相告变，匡国节度使韩建皆不之省，亦不为备。丙申，马步都指挥使张厚作乱，杀建，友珪不敢诘，甲辰，以厚为陈州刺史。

秋，七月，丁未，大赦。

天雄节度使罗周翰幼弱，军府事皆决于牙内都指挥使潘晏，北面都招讨使、宣义节度使杨师厚军于魏州，久欲图之，惮太祖威严，不敢发。至是，师厚馆于铜台驿，潘晏入谒，执而杀之，引兵入牙城，据位视事。壬子，制以师厚为天雄节度使，徙周翰为宣义节度使。

以侍卫诸军使韩勍领匡国节度使。

甲寅，加吴越王镠尚父。

甲子，以均王友贞为开封尹、东都留守。

蜀太子元坦更名元膺。

丙寅，废建昌宫使，以河南尹张宗奭为国计使，凡天下金谷旧隶建昌宫者悉主之。

八月，龙骧军三千人戍怀州者，溃乱东走，所过剽掠。戊子，遣东京马步军都指挥使霍彦威、左耀武指挥使杜晏球讨之。庚寅，击破乱军，执其都将刘重遇于鄢陵，甲午，斩之。

郢王友珪既篡立，诸宿将多愤怒，虽曲加恩礼，终不悦。告哀使至河中，护国节度使冀王朱友谦泣曰："先帝数十年开创基业，前日变起宫掖，声闻甚恶，吾备位藩镇，心窃耻之。"友珪加友谦侍中、中书令，以诏书自辨，且征之。友谦谓使者曰："所立者为谁？先帝晏驾不以理，吾且至洛阳问罪，何以征为！"戊戌，以侍卫诸军使韩勍为西面行营招讨使，督诸军讨之。友谦以河中附于晋以求救。九月，丁未，以感化节度使康怀贞为河中都招讨使，更以韩勍副之。

友珪以兵部尚书知崇政院事敬翔，太祖腹心，恐其不利于已，欲解其内职，恐失人望，庚午，以翔为中书侍郎、同平章事。壬申，以户部尚书李振充崇政院使。翔多称疾不预事。

康怀贞等与忠武节度使牛存节合兵五万屯河中城西，攻之甚急。晋王遣其将李存审、李嗣肱、李嗣恩将兵救之，败梁军于胡壁。嗣恩，本骆氏子也。

吴武忠王之疾病也，周隐请召刘威，威由是为帅府所忌。或谮之于徐温，温将讨之。威幕客黄讷说威曰："公受谤虽深，反本无状，若轻舟入觐，则嫌疑皆亡矣。"威从之。陶雅闻李遇败，亦惧，与威偕诣广陵，温待之甚恭，如事武忠王之礼，优加官爵，雅等悦服，由是人皆重温。讷，苏州人也。温与威、雅帅将吏请于李俨，承制加嗣吴王隆演太师、吴王，以温领镇海节度使、同平章事，淮南行军司马如故。温遣威、雅还镇。

辛巳，蜀改剑南东川曰武德军。

朱友谦复告急于晋，冬，十月，晋王自将自泽潞而西，遇康怀贞于解县，大破之，斩首千级，追至白径岭而还。梁兵解围，退保陕州。友谦身自至猗氏谢晋王，从者数十人，撤武备，诣晋王帐，拜之为舅。晋王夜置酒张乐，友谦大醉。晋王留宿帐中，友谦安寝，鼾息自如。明旦复置酒而罢。

杨师厚既得魏博之众，又兼都招讨使，宿卫劲兵多在麾下，诸镇兵皆得调发，威势甚重，心轻郢王友珪，遇事往往专行不顾。友珪患之，发诏召之，云“有北边军机，欲与卿面议。”师厚将行，其腹心皆谏曰：“往必不测。”师厚曰：“吾知其为人，虽往，如我何！”乃帅精兵万人，度河趣洛阳，友珪大惧。丁亥，至都门，留兵于外，与十余人入见。友珪喜，甘言逊词以悦之，赐与巨万。癸巳，遣还。

十一月，赵将王德明将兵三万掠武城，至于临清，攻宗城，下之。癸丑，杨师厚伏兵唐店，邀击，大破之，斩首五千余级。

甲寅，葬神武元圣孝皇帝于宣陵，庙号太祖。

吴淮南节度副使陈璋等将水军袭楚岳州，执刺史苑玫，楚王殷遣水军都指挥使杨定真救岳州。璋等进攻荆南，高季昌遣其将倪可福拒之。吴恐楚人救荆南，遣抚州刺史刘信帅江、抚、袁、吉、信五州兵屯吉州，为璋声援。

十二月，戊寅，蜀行营都指挥使王宗汾攻岐文州，拔之，守将李继夔走。

是岁，隰州都将刘训杀刺史，以州降晋，晋王以为瀛州刺史。训，永和人也。

虔州防御使李彦图卒，州人奉谭全播知州事，遣使内附，诏以全播为百胜防御使、虔、韶二州节度开通使。

高季昌出兵，声言助梁伐晋，进攻襄州，山南东道节度使孔勍击败之。自是朝贡路绝。勍，兖州人也。

均王上上

乾化三年（癸酉、913）

春，正月，丁巳，晋周德威拔燕顺州。

癸亥，郢王友珪朝享太庙。甲子，祀圆丘，大赦，改元凤历。

吴陈璋攻荆南，不克而还，荆南兵与楚兵会于江口以邀之。璋知之，舟二百艘骈为一列，夜过，二镇兵遽出追之，不能及。

晋周德威拔燕安远军，蓟州将成行言等降于晋。

二月，壬午，蜀大赦。

郢王友珪既得志，遽为荒淫，内外愤怒，友珪虽啗以金缯，终莫之附。驸马都尉赵岩，犨之子，太祖之婿也；左龙虎统军、侍卫亲军都指挥使袁象先，太祖之甥也。岩奉使至大梁，均王友贞密与之谋诛友珪，岩曰：“此事成败，在招讨杨令公耳，得其一言谕禁军，吾事立办。”均王乃遣腹心马慎交之魏州说杨师厚曰：“郢王篡弒，人望属在大梁，公若因而成之，此不世之功也。”且许事成之日赐犒军钱五十万缗。师厚与将佐谋之，曰：“方郢王弒逆，吾不能即讨。今君臣之分已定，无故改图，可乎？”或曰：“郢王亲弒君父，贼也；均王举兵复仇，义也。奉义讨贼，何君臣之有！彼若一朝破贼，公将何以自处乎?”师厚惊曰:“吾几误计。”乃遣其将王舜贤至洛阳，阴与袁象先谋，遣招讨马步都虞候谯人朱汉宾将兵屯滑州为外应。赵岩归洛阳，亦与象先密定计。

友珪治龙骧军溃乱者，搜捕其党，获者族之，经年不已。时龙骧军有戍大梁者，友珪征之，均王因使人激怒其众曰:“天子以怀州屯兵叛，追汝辈欲尽坑之。”其众皆惧，莫知所为。丙戌，均王奏龙骧军疑惧，未肯前发。戊子，龙骧将校见均王，泣请可生之路，王曰:“先帝与汝辈三十余年征战，经营王业。今先帝尚为人所弑，汝辈安所逃死乎!”因出太祖画像示之而泣曰:“汝能自趣洛阳雪仇耻，则转祸为福矣。”众皆踊跃呼万岁，请兵仗，王给之。

庚寅旦，袁象先等帅禁兵数千人突入宫中。友珪闻变，与妻张氏及冯廷谔趋北垣楼下，将逾城，自度不免，令廷谔先杀妻，次杀己，廷谔亦自刭。诸军十余万大掠都市，百司逃散，中书侍郎、同平章事杜晓、侍讲学士李珽皆为乱兵所杀，门下侍郎、同平章事于兢、宣政使李振被伤。至晡乃定。

象先、岩赍传国宝诣大梁迎均王，王曰:“大梁国家创业之地，何必洛阳!”乃即帝位于大梁，复称乾化三年，追废友珪为庶人，复博王友文官爵。

丙申，晋李存晖等攻燕檀州，刺史陈确以城降。

蜀唐道袭自兴元罢归，复为枢密使。太子元膺廷疏道袭过恶，以为不应复典机要，蜀主不悦。庚子，以道袭为太子少保。

三月，甲辰朔，晋周德威拔燕卢台军。

丁未，帝更名锽，久之，又名瑱。

庚戌，加杨师厚兼中书令，赐爵邺王，赐诏不名，事无巨细必咨而后行。帝遣使招抚朱友谦，友谦复称藩，奉梁年号。

丙辰，立皇弟友敬为康王。

乙丑，晋将刘光濬克古北口，燕居庸关使胡令圭等奔晋。

戊辰，以保义留后戴思远为节度使，镇邢州。

燕主守光命大将元行钦将骑七千，牧马于山北，募山北兵以应契丹；又以骑将高行珪为武州刺史，以为外援。晋李嗣源分兵徇山后八军，皆下之。晋王以其弟存矩为新州刺史使总之，以燕纳降军使卢文进为裨将。李嗣源进攻武州，高行珪以城降。元行钦闻之，引兵攻行珪，行珪使其弟行周为质于晋军以求救，李嗣源引兵救之，行钦解围去。嗣源与行周追至广边军，凡八战，行钦力屈而降，嗣源爱其骁勇，养以为子。嗣源进攻儒州，拔之，以行珪为代州刺史。行周留事嗣源，常与嗣源假子从珂分将牙兵以从。从珂母魏氏，镇州人，先适王氏，生从珂，嗣源从晋王克用战河北，得魏氏，以为妾，故从珂为嗣源子，及长，以勇健善战知名，嗣源爱之。

吴行营招讨使李涛帅众二万出千秋岭，攻吴越衣锦军。吴越王镠以其子湖州刺史传瓘为北面应援都指挥使以救之，睦州刺史传璙为招讨收复都指挥使，将水军攻吴东洲以分其兵势。

夏，四月，癸未，以袁象先领镇南节度使、同平章事。

晋周德威进军逼幽州南门，壬辰，燕主守光遣使致书于德威以请和，语甚卑而哀。德威曰："大燕皇帝尚未郊天，何雌伏如是邪！予受命讨有罪者，结盟继好，非所闻也。"不答书。守光惧，复遣人祈哀，德威乃以闻于晋王。

千秋岭道险狭，钱传瓘使人伐木以断吴军之后而击之，吴军大败，虏李涛及士卒三千余人以归。

己亥，晋刘光濬拔燕平州，执刺史张在吉。五月，光濬攻营州，刺史杨靖降。

乙巳，蜀主以兵部尚书王锴为中书侍郎、同平章事。

杨师厚与刘守奇将汴、滑、徐、兖、魏、博、邢、洺之兵十万大掠赵境，师厚自柏乡入攻土门，趣赵州，守奇自贝州入趣冀州，所过焚掠。庚戌，师厚至镇州，营于南门外，燔其关城。壬子，师厚自九门退军下博，守奇引兵与师厚会攻下博，拔之。晋将李存审、史建瑭戍赵州，兵少，赵王告急于周德威，德威遣骑将李绍衡会赵将王德明同拒梁军。师厚、守奇自弓高度御河而东，逼沧州，张万进惧，请迁于河南，师厚表徙万进镇青州，以守奇为顺化节度使。

吴遣宣州副指挥使花虔将兵会广德镇遏使涡信屯广德，将复寇衣锦军。吴越钱传瓘就攻之。

六月，壬申朔，晋王遣张承业诣幽州，与周德威议军事。

丙子，蜀主以道士杜光庭为金紫光禄大夫、左谏议大夫，封蔡国公，进号广成先生。光庭博学善属文，蜀主重之，颇与议政事。

吴越钱传瓘拔广德，虏花虔、涡信以归。

戊子，以张万进为平卢节度使。

辛卯，燕主守光遣使诣张承业，请以城降，承业以其无信，不许。

蜀太子元膺，豭喙齞齿，目视不正，而警敏知书，善骑射，性狷急猜忍。蜀主命杜光庭选纯静有德者使侍东宫，光庭荐儒者许寂、徐简夫，太子未尝与之交言，日与乐工群小嬉戏无度，僚属莫敢谏。

秋，七月，蜀主将以七夕出游。丙午，太子召诸王大臣宴饮，集王宗翰、内枢密使潘峭、翰林学士承旨高阳毛文锡不至，太子怒曰："集王不来，必峭与文锡离间也。"大昌军使徐瑶、常谦，素为太子所亲信，酒行，屡目少保唐道袭，道袭惧而起。丁未旦，太子入白蜀主曰："潘峭、毛文锡离间兄弟。"蜀主怒，命贬逐峭、文锡，以前武泰节度使兼侍中潘炕为内枢密使。太子出，道袭入，蜀主以其事告之，道袭曰："太子谋作乱，欲召诸将、诸王，以兵锢之，然后举事耳。"蜀主疑焉，遂不出，道袭请召屯营兵入宿卫，许之。内外戒严。

太子初不为备，闻道袭召兵，乃以天武甲士自卫，捕潘峭、毛文锡至，挞之几死，囚诸东宫。又捕成都尹潘峤，囚诸得贤门。戊申，徐瑶、常谦与怀胜军使严璘等各帅所部兵奉太子攻道袭。至清风楼，道袭引屯营兵出拒战，道袭中流矢，逐至城西，斩之。杀屯营兵甚众，中外惊扰。

潘炕言于蜀主曰："太子与唐道袭争权耳，无它志也。陛下宜面谕大臣以安社稷。"蜀主乃召兼中书令王宗侃、王宗贺、前利州团练使王宗鲁等，使发兵讨为乱者徐瑶、常谦等。宗侃等陈于西球场门，兼侍中王宗黯自大安门梯城而入，与瑶、谦战于会同殿前，杀数十人，余众皆溃。瑶死，谦与太子奔龙跃池，匿于舰中。及暮稍定。己酉旦，太子出就舟人丐食，舟人以告蜀主，遣集王宗翰往慰抚之，比至，太子已为卫士所杀。蜀主疑宗翰杀之，大恸不已。左右恐事变，会张格呈慰谕军民榜，读至"不行斧钺之诛，将误社稷之计"，蜀主收涕曰："朕何敢以私害公！"于是下诏废太子元膺为庶人。宗翰奏诛手刃太子者，元膺左右坐诛死者数十人，贬窜者甚众。

庚戌，赠唐道袭太师，谥忠壮。复以潘峭为枢密使。

甲子，晋五院军使李信拔莫州，擒燕将毕元福。八月，乙亥，李信拔瀛州。

赐高季昌爵渤海王。

晋王与赵王镕会于天长。

楚宁远节度使姚彦章将水军侵吴鄂州，吴以池州团练使吕师造为水陆行营应援使，未至，楚兵引去。

九月，甲辰，以御史大夫姚洎为中书侍郎、同平章事。

燕主守光引兵夜出，复取顺州。

吴越王镠遣其子传瓘、传璙及大同节度使传瑛攻吴常州，营于潘葑。徐温曰："浙人轻而怯。"帅诸将倍道赴之。至无锡，黑雲都将陈祐言于温曰："彼谓吾远来罢倦，未能战，请以所部乘其无备击之。"乃自它道出敌后，温以大军当其前，夹攻之，吴越大败，斩获甚众。

高季昌造战舰五百艘，治城堑，缮器械，为攻守之具，招聚亡命，交通吴、蜀，朝廷浸不能制。

冬，十月，己巳朔，燕主守光帅众五千夜出，将入檀州。庚午，周德威自涿州引兵邀击，大破之。守光以百余骑逃归幽州，其将卒降者相继。

蜀潘炕屡请立太子，蜀主以雅王宗辂类己，信王宗杰才敏，欲择一人立之。

郑王宗衍最幼，其母徐贤妃有宠，欲立其子，使飞龙使唐文扆讽张格上表请立宗衍。格夜以表示功臣王宗侃等，诈云受密旨，众皆署名。蜀主令相者视诸子，亦希旨言郑王相最贵。蜀主以为众人实欲立宗衍，不得已许之，曰："宗衍幼懦，能堪其任乎？"甲午，立宗衍为太子。受册毕，潘炕以朝廷无事，称疾请老，蜀主不许，涕泣固请，乃许之。国有大疑，常遣使就第问之。

岭南节度使刘岩求昏于楚，楚王许以女妻之。

卢龙巡属皆入于晋，燕主守光独守幽州城，求援于契丹，契丹以其无信，竟不救。守光屡请降于晋，晋人疑其诈，终不许。至是，守光登城谓周德威曰："俟晋王至，吾则开门泥首听命。"德威使白晋王。十一月，甲辰，晋王以监军张承业权知军府事，自诣幽州。辛酉，单骑抵城下，谓守光曰："朱温篡逆，余本欲与公合河朔五镇之兵兴复唐祚。公谋之不臧，乃效彼狂僭。镇、定二帅皆俯首事公，而公曾不之恤，是以有今日之役。丈夫成败须决所向，公将何如？"守光曰："今日俎上肉耳，惟王所裁。"王悯之，与折弓矢为誓，曰："但出相见，保无它也。"守光辞以它日。

先是，守光爱将李小喜多赞成守光之恶，言听计从，权倾境内。至是，守光将出降，小喜止之。是夕，小喜逾城诣晋军降，且言城中力竭。壬戌，晋王督诸军四面攻城，克之，擒刘仁恭及其妻妾，守光帅妻子亡去。癸亥，晋王入幽州。

以宁国节度使王景仁为淮南西北行营招讨应接使，将兵万余侵庐、寿。

资治通鉴卷第二百六十九

端明殿学士兼翰林侍读学士太中大夫提举西京嵩山崇福宫上柱国河内郡开国公食邑二千二百户食实封九百户赐紫金鱼袋臣 司马光 奉敕编集

后梁纪四起昭阳作噩(癸酉)十二月，尽强圉赤奋若(丁丑)六月，凡三年有奇。

均王上下

乾化三年(癸酉、913)

十二月，吴镇海节度使徐温、平卢节度使朱瑾帅诸将拒之，遇于赵步。吴征兵未集，温以四千余人与景仁战，不胜而却。景仁引兵乘之，将及于隘，吴吏士皆失色，左骁卫大将军宛丘陈绍援枪大呼曰："诱敌太深，可以进矣。"跃马还斗，众随之，梁兵乃退。温拊其背曰："非子之智勇，吾几困矣。"赐之金帛，绍悉以分麾下。吴兵既集，复战于霍丘，梁兵大败，王景仁以数骑殿，吴人不敢逼。梁之渡淮而南也，表其可涉之津，霍丘守将朱景浮表于木，徙置深渊。及梁兵败还，望表而涉，溺死者太半，吴人聚梁尸为京观于霍丘。

庚午，晋王以周德威为卢龙节度使，兼侍中，以李嗣本为振武节度〔使〕。

燕主守光将奔沧州就刘守奇，涉寒，足肿，且迷失道，至燕乐之境，昼匿坑谷，数日不食，令妻祝氏乞食于田父张师造家。师造怪妇人异状，诘知守光处，并其三子擒之。癸酉，晋王方宴，将吏擒守光适至，王语之曰："主人何避客之深邪!"并仁恭置之馆舍，以器服膳饮赐之。王命掌书记王缄草露布，缄不知故事，书之于布，遣人曳之。

晋王欲自雲、代归，赵王镕及王处直请由中山、真定趣井陉，王从之。庚辰，晋王发幽州，刘仁恭父子皆荷校于露布之下。守光父母唾其面而骂之曰："逆贼，破我家至此!"守光俯首而已。甲申，至定州，舍于关城。丙戌，晋王与王处直谒北岳庙。是日，至行唐，赵王镕迎谒于路。

四年(甲戌、914)

春，正月，戊戌朔，赵王镕诣晋王行帐上寿置酒。镕愿识刘太师面，晋王命吏脱刘仁恭及守光械，引就席同宴。镕答其拜，又以衣服、鞍马、酒馔赠之。己亥，晋王与镕畋于行唐之西，镕送至境上而别。

丙子，蜀主命太子判六军，开崇勋府，置僚属，后更谓之天策府。

壬子，晋王以练纤刘仁恭父子，凯歌入于晋阳。丙辰，献于太庙，自临斩刘守光。守光呼曰："守光死不恨，然教守光不降者，李小喜也。"王召小喜证之，小喜瞋目叱守光曰："汝内乱禽兽行，亦我教邪？"王怒其无礼，先斩之。守光曰："守光善骑射，王欲成霸业，何不留之使自效。"其二妻李氏、祝氏让之曰："皇帝，事已如此，生亦何益！妾请先死。"即伸颈就戮。守光至死号泣哀祈不已。王命节度副使卢汝弼等械仁恭至代州，刺其心血以祭先王墓，然后斩之。

或说赵王镕曰："大王所称尚书令，乃梁官也，大王既与梁为仇，不当称其官。且自太宗践阼已来，无敢当其名者。今晋王为盟主，勋高位卑，不若以尚书令让之。"镕曰："善。"乃与王处直各遣使推晋王为尚书令，晋王三让，然后受之，始开府置行台如太宗故事。

高季昌以蜀夔、万、忠、涪四州旧隶荆南，兴兵取之，先以水军攻夔州。时镇江节度使兼侍中嘉王宗寿镇忠州，夔州刺史王成先请甲，宗寿但以白布袍给之。成先帅之逆战，季昌纵火船焚蜀浮桥，招讨副使张武举铁絙拒之，船不得进。会风反，荆南兵焚溺死者甚众。季昌乘战舰，蒙以牛革，飞石中之，折其尾，季昌易小舟以遁。荆南兵大败，俘斩五千级。成先密遣人奏宗寿不给甲之状，宗寿获之，召成先，斩之。

帝以岐人数为寇，二月，甲戌，徙感化节度使康怀英为永平节度使，镇长安。怀英即怀贞也，避帝名改焉。

夏，四月，丙子，蜀主徙镇江军治夔州。

丁丑，司空兼门下侍郎、同平章事于兢坐挟私迁补军校，罢为工部侍郎，再贬莱州司马。

吴袁州刺史刘崇景叛，附于楚。崇景，威之子也。楚将许贞将万人援之，吴都指挥使柴再用、米志诚帅诸将讨之。

楚岳州刺史许德勋将水军巡边，夜分，南风暴起，都指挥使王环乘风趣黄州，以绳梯登城，径趣州署，执吴刺史马邺，大掠而还。德勋曰："鄂州将邀我，宜备之。"环曰："我军入黄州，鄂人不知，奄过其城，彼自救不暇，安敢邀我！"乃展旗鸣鼓而行，鄂人不敢逼。

五月，朔方节度使兼中书令颍川王韩逊卒，军中推其子洙为留后。癸丑，诏以洙为节度使。

吴柴再用等与刘崇景、许贞战于万胜冈，大破之，崇景、贞弃袁州遁去。

晋王既克幽州，乃谋入寇。秋，七月，会赵王镕及周德威于赵州，南寇邢州，李嗣昭引昭义兵会之。杨师厚引兵救邢州，军于漳水之东。晋军至张公桥，裨将曹进金来奔。晋军退，诸镇兵皆引归。八月，晋王还晋阳。

蜀武泰节度使王宗训镇黔州，贪暴不法，擅还成都。庚辰，见蜀主，多所邀求，言辞狂悖。蜀主怒，命卫士殴杀之。戊子，以内枢密使潘峭为武泰节度使、同平章事，翰林学士承旨毛文锡为礼部尚书，判枢密院。

峡上有堰，或劝蜀主乘夏秋江涨，决之以灌江陵。毛文锡谏曰："高季昌不服，其民何罪！陛下方以德怀天下，忍以邻国之民为鱼鳖食乎！"蜀主乃止。

帝以福王友璋为武宁节度使。前节度使王殷，友珪所置也，惧，不受代，叛附于吴。九月，命淮南西北面招讨应接使牛存节及开封尹刘鄩将兵讨之。冬，十月，存节等军于宿州。吴平卢节度使朱瑾等将兵救徐州，存节等逆击，破之，吴兵引归。

十一月，乙巳，南诏寇黎州，蜀主以夔王宗範、兼中书令宗播、嘉王宗寿为三招讨以击之。丙辰，败之于潘仓嶂，斩其酋长赵嵯政等。壬戌，又败之于山口城。十二月，乙亥，破其武侯岭十三寨。辛巳，又败之于大度河，俘斩数万级，蛮争走度水，桥绝，溺死者数万人。宗範等将作浮梁济大度河攻之，蜀主召之令还。

癸未，蜀兴州刺史兼北路制置指挥使王宗铎攻岐阶州及固镇，破细砂等十一寨，斩首四千级。甲申，指挥使王宗俨破岐长城关等四寨，斩首二千级。

岐静难节度使李继徽为其子彦鲁所毒而死，彦鲁自为留后。

贞明元年（乙亥、915）

春，正月，己亥，蜀主御得贤门受蛮俘，大赦。初，黎、雅蛮酋刘昌嗣、郝玄鉴、杨师泰，虽内属于唐，受爵赏，号㣙金堡三王，而潜通南诏，为之诇导，镇蜀者多文臣，虽知其情，不敢诘。至是，蜀主数以漏泄军谋，斩于(城)〔成〕都市，毁㣙金堡。自是南诏不复敢犯边。

二月，牛存节等拔彭城，王殷举族自焚。

三月，丁卯，以右仆射兼门下侍郎、同平章事赵光逢为太子太保，致仕。

天雄节度使兼中书令邺王杨师厚卒。师厚晚年矜功恃众，擅割财赋，选军中骁勇，置银枪效节都数千人，给赐优厚，欲以复故时牙兵之盛。帝虽外加尊礼，内实忌之，及卒，私于宫中受贺。租庸使赵岩、判官邵赞言于帝曰："魏博为唐腹心之蠹，二百余年不能除去者，以其地广兵强之故也。罗绍威、杨师厚据之，朝廷皆不能制。陛下不乘此时为之计，所谓'弹疽不严，必将复聚。'安知来者不为师厚乎！宜分六州为两镇以弱其权。"帝以为然，以平卢节度使贺德伦为天雄节度使。置昭德军于相州，割澶、卫二州隶焉，以宣徽使张筠为昭德节度使，仍分魏州将士府库之半于相州。筠，海州人也。二人既赴镇，朝廷恐魏人不服，遣开封尹刘鄩将兵六万自白马济河，以讨镇、定为名，实张形势以胁之。

魏兵皆父子相承数百年，族姻磐结，不愿分徙。德伦屡趣之，应行者皆嗟怨，连营聚哭。己丑，刘鄩屯南乐，先遣澶州刺史王彦章将龙骧五百骑入魏州，屯金波亭。魏兵相与谋曰："朝廷忌吾军府强盛，欲设策使之残破耳。吾六州历代藩镇，兵未尝远出河门，一旦骨肉流离，生不如死。"是夕，军乱，纵火大掠，围金波亭，王彦章斩关而走。诘旦，乱兵入牙城，杀贺德伦之亲兵五百人，劫德伦置楼上。有效节军校张彦者，自帅其党，拔白刃，止剽掠。

夏，四月，帝遣供奉官扈异抚谕魏军，许张彦以刺史。彦请复相、澶、卫三州如旧制。异还，言张彦易与，但遣刘鄩加兵，立当传首。帝由是不许，但以优诏答之。使者再返，彦裂诏书抵于地，戟手南向诟朝廷，谓德伦曰："天子愚暗，听人穿鼻。今我兵甲虽强，苟无外援，不能独立，宜投款于晋。"遂逼德伦以书求援于晋。

李继徽假子保衡杀李彦鲁，自称静难留后，举邠、宁二州来附。诏以保衡为感化节度使，以河阳留后霍彦威为静难节度使。

吴徐温以其子牙内都指挥使知训为淮南行军副使、内外马步诸军副使。

晋王得贺德伦书，命马步副总管李存审自赵州引兵进据临清。五月，存审至临清，刘鄩屯洹水。贺德伦复遣使告急于晋，晋王引大军自黄泽岭东下，与存审会于临清，犹疑魏人之诈，按兵不进。德伦遣判官司空颋犒军，密言于晋王曰："除乱当除根。"因言张彦凶狡之状，劝晋王先除之，则无虞矣。王默然。颋，贝州人也。

晋王进屯永济，张彦选银枪效节五百人，皆执兵自卫，诣永济谒见，王登驿楼语之曰："汝陵胁主帅，残虐百姓，数日中迎马诉冤者百余辈。我今举兵而来，以安百姓，非贪人土地。汝虽有功于我，不得不诛以谢魏人。"遂斩彦及其党七人，余众股栗。王召谕之曰："罪止八人，余无所问。自今当竭力为吾爪牙。"众皆拜伏，呼万岁。明日，王缓带轻裘而进，令张彦之卒擐甲执兵，翼马而从，仍以为帐前银枪都。众心由是大服。

刘鄩闻晋军至，选兵万余人，自洹水趣魏县。晋王留李存审屯临清，遣史建瑭屯魏县以拒之，王自引亲军至魏县，与鄩夹河为营。

帝闻魏博叛，大悔惧，遣天平节度使牛存节将兵屯杨刘，为鄩声援。会存节病卒，以匡国节度使王檀代之。

岐王遣彰义节度使刘知俊围邠州，霍彦威固守拒之。

六月，庚寅朔，贺德伦帅将吏请晋王入府城慰劳。既入，德伦上印节，请王兼领天雄军，王固辞，曰："比闻汴寇侵逼贵道，故亲董师徒，远来相救。又闻城中新罹涂炭，故暂入存抚。明公不垂鉴信，乃以印节见推，诚非素怀。"德伦再拜曰："今寇敌密迩，军城新有大变，人心未安，德伦腹心纪纲为张彦所杀殆尽，形孤势弱，安能统众！一旦生事，恐负大恩。"王乃受之。德伦帅将吏拜贺，王承制以德伦为大同节度使，遣之官。德伦至晋阳，张承业留之。

时银枪效节都在魏城犹骄横，晋王下令："自今有朋党流言及暴掠百姓者，杀无赦！"以沁州刺史李存进为天雄都巡按使。有讹言摇众及强取人一钱已上者，存进皆枭首磔尸于市。旬日，城中肃然，无敢喧哗者。存进本姓孙，名重进，振武人也。

晋王多出征讨，天雄军府事皆委判官司空颋决之。颋恃才挟势，睚眦必报，纳贿骄侈。颋有从子在河南，颋密使人召之，都虞候张裕执其使者以白王，王责颋曰："自吾得魏博，庶事悉以委公，公何得见欺如是！独不可先相示邪?"揖令归第。是日，族诛于军门，以判官王正言代之。正言，郓州人也。

魏州孔目吏孔谦，勤敏多计数，善治簿书，晋王以为支度务使。谦能曲事权要，由是宠任弥固。魏州新乱之后，府库空竭，民间疲弊，而聚三镇之兵，战于河上，殆将十年，供亿军须，未尝有阙，谦之力也。然急征重敛，使六州愁苦，归怨于王，亦其所为也。

张彦之以魏博归晋也，贝州刺史张源德不从，北结沧德，南连刘鄩以拒晋，数断镇、定粮道。或说晋王："请先发兵万人取源德，然后东兼沧景，则海隅之地皆为我有。"晋王曰："不然。贝州城坚兵多，未易猝攻。德州隶于沧州而无备，若得而戍之，则沧、贝不得往来，二垒既孤，然后可取。"乃遣骑兵五百，昼夜兼行，袭德州。刺史不意晋兵至，逾城走，遂克之，以辽州守捉将马通为刺史。

秋，七月，晋人夜袭澶州，陷之。刺史王彦章在刘鄩营，晋人获其妻子，待之甚厚，遣间使诱彦章，彦章斩其使，晋人尽灭其家。晋王以魏州将李岩为澶州刺史。

晋王劳军于魏县，因帅百余骑循河而上，觇刘鄩营。会天阴晦，鄩伏兵五千于河曲丛林间，鼓噪而出，围王数重。王跃马大呼，帅骑驰突，所向披靡。裨将夏鲁奇等操短兵力战，自午至申乃得出，亡其七骑，鲁奇手杀百余人，伤夷遍体，会李存审救兵至，乃得免。王顾谓从骑曰："几为虏嗤。"皆曰："适足使敌人见大王之英武耳。"鲁奇，青州人也，王以是益爱之，赐姓名曰李绍奇。

刘鄩以晋兵尽在魏州，晋阳必虚，欲以奇计袭取之，乃潜引兵自黄泽西去。晋人怪鄩军数日不出，寂无声迹，遣骑觇之，城中无烟火，但时见旗帜循堞往来。晋王曰："吾闻刘鄩用兵，一步百计，此必诈也。"更使觇之，乃缚刍为人，执旗乘驴在城上耳。得城中老弱者诘之，云军去已二日矣。晋王曰："刘鄩长于袭人，短于决战，计彼行才及山下。"亟发骑兵追之。会阴雨积旬，黄泽道险，堇泥深尺余，士卒援藤葛而进，皆腹疾足肿，或坠崖谷，死者什二三。晋将李嗣恩倍道先入晋阳，城中知之，勒兵为备。鄩至乐平，糗粮且尽，又闻晋有备，追兵在后，众惧，将溃。

鄩谕之曰："今去家千里，深入敌境，腹背有兵，山谷高深，如坠井中，去将何之！惟力战庶几可免，不则以死报君亲耳。"众泣而止。周德威闻鄩西上，自幽州引千骑救晋阳，至土门，鄩已整众下山，自邢州陈宋口逾漳水而东，屯于宗城。鄩军往还，马死殆半。

时晋军乏食，鄩知临清有蓄积，欲据之以绝晋粮道。德威急追鄩，再宿，至南宫，遣骑擒其斥候者数十人，断腕而纵之，使言曰："周侍中已据临清矣！"鄩军大骇。诘朝，德威略鄩营而过，入临清，鄩引军趋贝州。时晋王出师屯博州，刘鄩军堂邑，周德威攻之，不克。翌日，鄩军于莘县，晋军踵之，鄩治莘城，堑而守之，自莘及河，筑甬道以通馈饷。晋王营于莘西三十里，烟火相望，一日数战。

晋王爱元行钦骁健，从代州刺史李嗣源求之，嗣源不得已献之，以为散员都部署，赐姓名曰李绍荣。绍荣尝力战深入，剑中其面，未解，高行周救之得免。王复欲求行周。重于发言，密使人以官禄啗之，行周辞曰："代州养壮士，亦为大王耳，行周事代州，亦犹事大王也。代州脱行周兄弟于死，行周不忍负之。"乃止。

绛州刺史尹皓攻晋之隰州，八月，又攻慈州，皆不克。王檀与昭义留后贺瓌攻澶州，拔之，执李岩，送东都。帝以杨师厚故将杨延直为澶州刺史，使将兵万人助刘鄩，且招诱魏人。

晋王遣李存审将兵五千击贝州。张源德有卒三千，每夕分出剽掠，州民苦之，请堑其城以安耕耘。存审乃发八县丁夫堑而围之。

刘鄩在莘久，馈运不给，晋人数抵其寨下挑战，鄩不出。晋人乃攻绝其甬道，以千余斧斩寨木，梁人惊扰而出，因俘获而还。

帝以诏书让鄩老师费粮，失亡多，不速战，鄩奏称："臣比欲以奇兵捣其腹心，还取镇、定，期以旬时再清河朔。无何天未厌乱，淫雨积旬，粮竭士病。又欲据临清断其馈饷，而周杨五奄至，驰突如神。臣今退保莘县，享士训兵以俟进取。观其兵数甚多，便习骑射，诚为勍敌，未易轻也。苟有隙可乘，臣岂敢偷安养寇！"帝复问鄩决胜之策，鄩曰："臣今无策，惟愿人给十斛粮，贼可破矣。"帝怒，责鄩曰："将军蓄米，欲破贼邪，欲疗饥邪？"乃遣中使往督战。

鄩集诸将问曰："主上深居禁中，不知军旅，徒与少年新进辈谋之。夫兵在临机制变，不可预度。今敌尚强，与战必不利，奈何？"诸将皆曰："胜负须一决，旷日何待！"鄩默然，不悦，退谓所亲曰："主暗臣谀，将骄卒惰，吾未知死所矣！"他日，复集诸将于军门，人置河水一器于前，令饮之，众莫之测。鄩谕之曰："一器犹难，滔滔之河，可胜尽乎！"众失色。

后数日，鄩将万余人薄镇、定营，镇、定人惊扰。晋李存审以骑兵二千横击之，李建及以银枪千人助之，鄩大败，奔还。晋人逐之，及寨下，俘斩千计。

刘岩逆妇于楚，楚王殷遣永顺节度使存(逆)〔送〕之。

乙未，蜀主以兼中书令王宗绾为北路行营都制置使，兼中书令王宗播为招讨使，攻秦州；兼中书令王宗瑶为东北面招讨使，同平章事王宗翰为副使，攻凤州。

庚戌，吴以镇海节度使徐温为管内水陆马步诸军都指挥使、两浙都招讨使、守侍中、齐国公，镇润州，以昇、润、常、宣、歙、池六州为巡属，军国庶务参决如故；留徐知训居广陵秉政。

初，帝为均王，娶河阳节度使张归霸女为妃，即位，欲立为后。后以帝未南郊，固辞。九月，壬午，妃疾甚，册为德妃，是夕，卒。

康王友敬，目重瞳子，自谓当为天子，遂谋作乱。冬，十月，辛亥夜，德妃将出葬，友敬使腹心数人匿于寝殿，帝觉之，跣足逾垣而出，召宿卫兵索殿中，得而手刃之。壬子，捕友敬，诛之。帝由是疏忌宗室，专任赵岩及德妃兄弟汉鼎、汉杰、从兄弟汉伦、汉融，咸居近职，参预谋议，每出兵必使之监护。岩等依势弄权，卖官鬻狱，离间旧将相，敬翔、李振虽为执政，所言多不用。振每称疾不预事，以避赵、张之族，政事日紊，以至于亡。

刘鄩遣卒诈降于晋，谋赂膳夫以毒晋王。事泄，晋王杀之，并其党五人。

十一月，己未夜，蜀宫火。自得成都以来，宝货贮于百尺楼，悉为煨烬。诸军都指挥使兼中书令宗侃等帅卫兵欲入救火，蜀主闭门不内。庚申旦，火犹未熄，蜀主出义兴门见群臣，命有司聚太庙神主，分巡都城，言毕，复入宫闭门。将相皆献帷幕饮食。

壬戌，蜀大赦。

乙丑，改元。

己巳，蜀王宗翰引兵出青泥岭，克固镇，与秦州将郭守谦战于泥阳川，蜀兵败，退保鹿台山。辛未，王宗绾等败秦州兵于金沙谷，擒其将李彦巢等，乘胜趣秦州。兴州刺史王宗铎克阶州，降其刺史李彦安。甲戌，王宗绾克成州，擒其刺史李彦德。蜀军至上染坊，秦州节度使李继崇遣其子彦秀奉牌印迎降。宗绛入秦州，表排陈使王宗俦为留后。刘知俊攻霍彦威于邠州，半岁不克，闻秦州降蜀，知俊妻子皆迁成都，知俊解围还凤翔，终惧及祸，夜帅亲兵七十人，斩关而出，庚辰，奔于蜀军。王宗绾自河池、两当进兵，会王宗瑶攻凤州，癸未，克之。

岐义胜节度使、同平章事李彦韬知岐王衰弱，十二月，举耀、鼎二州来降。彦韬即温韬也。乙未，诏改耀州为崇州，鼎州为裕州，义胜军为静胜军，复彦韬姓温氏，名昭图，官任如故。

丁未，蜀大赦，改明年元曰通正。置武兴军于凤州，割文、兴二州隶之，以前利州团练使王宗鲁为节度使。

是岁，清海、建武节度使兼中书令刘岩，以吴越王镠为国王而己独为南平王，表求封南越王及加都统，帝不许。岩谓僚属曰："今中国纷纷，孰为天子？安能梯航万里，远事伪庭乎！"自是贡使遂绝。

二年（丙子、916）

春，正月，宣武节度使、守中书令、广德靖王全昱卒。

帝闻前河南府参军李愚学行，召为左拾遗，充崇政院直学士。衡王友谅贵重，李振等见，皆拜之，愚独长揖。帝闻而让之，曰："衡王于朕，兄也，朕犹拜之，卿长揖，可乎？"对曰："陛下以家人礼见衡王，拜之宜也。振等陛下家臣，臣于王无素，不敢妄有所屈。"久之，竟以抗直罢为邓州观察判官。

蜀主以李继崇为武泰节度使、兼中书令、陇西王。

二月，辛丑夜，吴宿卫将马谦、李球劫吴王登楼，发库兵讨徐知训。知训将出走，严可求曰："军城有变，公先弃众自去，众将何依？"知训乃止。众犹疑惧，可求阖户而寝，鼾息闻于外，府中稍安。壬寅，谦等陈于天兴门外，诸道副都统朱瑾自润州至，视之，曰："不足畏也。"返顾外众，举手大呼，乱兵皆溃，擒谦、球，斩之。

帝屡趣刘鄩战，鄩闭壁不出。晋王乃留副总管李存审守营，自劳军于贝州，声言归晋阳。鄩闻之，奏请袭魏州，帝报曰："今扫境内以属将军，社稷存亡，系兹一举，将军勉之。"鄩令澶州刺史杨延直引兵万人会于魏州，延直夜半至城南，城中选壮士五百潜出击之，延直不为备，溃乱而走。诘旦，鄩自莘县悉众至城东，与延直余众合，李存审引营中兵踵其后，李嗣源以城中兵出战，晋王亦自贝州至，与嗣源当其前。鄩见之，惊曰："晋王邪！"引兵稍却，晋王蹑之，至故元城西，与李存审遇。晋王为方陈于西北，存审为方陈于东南，鄩为圆陈于其中间，四面受敌，合战良久，梁兵大败，鄩引数十骑突围走。梁步卒凡七万，晋兵环而击之，败卒登木，木枝为之折，追至河上，杀溺殆尽。鄩收散卒自黎阳度河，保滑州。

匡国节度使王檀密疏请发关西兵袭晋阳，帝从之，发河中、陕、同华诸镇兵合三万，出阴地关，奄至晋阳城下，昼夜急攻。城中无备，发诸司丁匠及驱市人乘城拒守，城几陷者数四，张承业大惧。代北故将安金全退居太原，往见承业曰："晋阳根本之地，若失之，则大事去矣。仆虽老病，忧兼家国，请以库甲见授，为公击之。"承业即与之。金全帅其子弟及退将之家得数百人，夜出北门，击梁兵于羊马城内，梁兵大惊，引却。昭义节度使李嗣昭闻晋阳有寇，遣牙将石君立将五百骑救之，君立朝发上党，夕至晋阳。梁兵扼汾桥，君立击破之，径至城下大呼曰："昭义侍中大军至矣。"遂入城。夜，与安金全等分出诸门击梁兵，梁兵死伤什二三。诘朝，王檀引兵大掠而还。晋王性矜伐，以策非己出，故金全等赏皆不行。

梁兵之在晋阳城下也，大同节度使贺德伦部兵多逃入梁军，张承业恐其为变，收德伦，斩之。

帝闻刘鄩败，又闻王檀无功，叹曰："吾事去矣。"

三月，乙卯朔，晋王攻卫州。壬戌，刺史米昭降之。又攻惠州，刺史靳绍走，擒斩之，复以惠州为磁州。晋王还魏州。

上屡召刘鄩不至，己巳，即以鄩为宣义节度使，使将兵屯黎阳。

夏，四月，晋人拔洺州，以魏州都巡检使袁建丰为洺州刺史。

刘鄩既败，河南大恐，鄩复不应召，由是将卒皆摇心。帝遣捉生都指挥使李霸帅所部千人戍杨刘，癸卯，出宋门，其夕，复自水门入，大噪，纵火剽掠，攻建国门，帝登楼拒战。龙骧四军都指挥使杜晏球以五百骑屯球场，贼以油沃幕，长木揭之，欲焚楼，势甚危。晏球于门隙窥之，见贼无甲胄，乃出骑击之，决力死战，俄而贼溃走。帝见骑兵击贼，呼曰："非吾龙骧之士乎，谁为乱首?"晏球曰："乱者惟李霸一都，余军不动。陛下但帅控鹤守宫城，迟明，臣必破之。"既而晏球讨乱者，阖营皆族之，以功除单州刺史。

五月，吴越王镠遣浙西安抚判官皮光业自建、汀、虔、郴、潭、岳、荆南道入贡。光业，日休之子也。

六月，晋人攻邢州，保义节度使阎宝拒守。帝遣捉生都指挥使张温将兵五百救之，温以其众降晋。

秋，七月，甲寅朔，晋王至魏州。

上嘉吴越王镠贡献之勤，壬戌，加镠诸道兵马元帅。朝议多言镠之入贡，利于市易，不宜过以名器假之。翰林学士窦梦徵执麻以泣，坐贬蓬莱尉。梦徵，棣州人也。

甲子，吴润州牙将周郊作乱，入府，杀大将秦师权等，大将陈祐等讨斩之。

八月，丁酉，以太子太保致仕赵光逢为司空兼门下侍郎、同平章事。

丙午，蜀主以王宗绾为东北面都招讨，集王宗翰、嘉王宗寿为第一、第二招讨，将兵十万出凤州；以王宗播为西北面都招讨，武信节度使刘知俊、天雄节度使王宗俦、匡国军使唐文裔为第一、第二、第三招讨，将兵十二万出秦州，以伐岐。

晋王自将攻邢州，昭德节度使张筠弃相州走，晋人复以相州隶天雄军，以李嗣源为刺史。晋王遣人告阎宝以相州已拔，又遣张温帅援兵至城下谕之，宝举城降。晋王以宝为东南面招讨使，领天平节度使、同平章事；以李存审为安国节度使，镇邢州。

契丹王阿保机帅诸部兵三十万，号百万，自麟、胜攻晋蔚州，陷之，虏振武节度使李嗣本。遣使以木书求货于大同防御使李存璋，存璋斩其使。契丹进攻雲州，存璋悉力拒之。

九月，晋王还晋阳。王性孝，故虽经营河北，而数还晋阳省曹夫人，岁再三焉。

晋人以兵逼沧州，顺化节度使戴思远弃城奔东都，沧州将毛璋据城降晋，晋王命李嗣源将兵镇抚之，嗣源遣璋诣晋阳。晋王徙李存审为横海节度使，镇沧州，以嗣源为安国节度使。嗣源以安重诲为中门使，委以心腹，重诲亦为嗣源尽力。重诲，应州胡人也。

晋王自将兵救雲州，行至代州，契丹闻之，引去，王亦还。以李存璋为大同节度使。

晋人围贝州逾年，张源德闻河北诸州皆为晋有，欲降，谋于其众，众以穷而后降，恐不免死，不从，共杀源德，婴城固守。城中食尽，噉人为粮，乃谓晋将曰："出降惧死，请擐甲执兵而降，事定而释之。"晋将许之，其众三千出降，既释甲，围而杀之，尽殪。晋王以毛璋为贝州刺史。于是河北皆入于晋，惟黎阳为梁守。

晋王如魏州。

吴光州将王言杀刺史载肇，吴王遣楚州团练使李厚讨之。庐州观察使张崇不俟命，引兵趣光州，言弃城走。以李厚权知光州。崇，慎县人也。

庚申，蜀新宫成，在旧宫之北。

天平节度使兼中书令琅邪忠毅王王檀，多募群盗，置帐下为亲兵。己卯，盗乘檀无备，突入府杀檀。节度副使裴彦帅府兵讨诛之，军府由是获安。

冬，十月，甲申，蜀王宗绾等出大散关，大破岐兵，俘斩万计，遂取宝鸡。己丑，王宗播等出故关，至陇州。丙寅，保胜节度使兼侍中李继岌畏岐王猜忌，帅其众二万，弃陇州奔于蜀军。蜀兵进攻陇州，以继岌为西北面行营第四招讨。刘知俊会王宗绾等围凤翔，岐兵不出。会大雪，蜀主召军还。复李继岌姓名曰桑弘志。弘志，黎阳人也。

丁酉，以礼部侍郎郑珏为中书侍郎、同平章事。珏，綮之侄孙也。

己亥，蜀大赦。

晋王遣使如吴，会兵以击梁。十一月，吴以行军副使徐知训为淮北行营都招讨使，及朱瑾等将兵趣宋、亳与晋相应。既渡淮，移檄州县，进围颍州。

十二月，戊申，蜀大赦，改明年元曰天汉，国号大汉。

楚王殷闻晋王平河北，遣使通好，晋王亦遣使报之。

是岁，庆州叛附于岐，岐将李继陟据之。诏以左龙虎统军贺瓌为西面行营马步都指挥使，将兵讨之，破岐兵，下宁、衍二州。

河东监军张承业既贵用事，其侄瓘等五人自同州往依之，晋王以承业故，皆擢用之。承业治家甚严，有侄为盗，杀贩牛者，承业闻，立斩之，王亟使救之，已不及。王以瓘为麟州刺史，承业谓瓘曰："汝本车度一民，与刘开道为贼，惯为不法，今若不悛，死无日矣！"由此瓘所至不敢贪暴。

吴越牙内先锋都指挥使钱传珦逆妇于闽，自是闽与吴越通好。

闽铸铅钱，与铜钱并行。

初，燕人苦刘守光残虐，军士多亡归契丹。及守光被围于幽州，其北边士民多为契丹所掠，契丹日益强大。契丹王阿保机自称皇帝，国人谓之天皇王，以妻述律氏为皇后，置百官。至是，改元神册。

述律后勇决多权变，阿保机行兵御众，述律后常预其谋。阿保机尝度碛击党项，留述律后守其帐，黄头、臭泊二室韦乘虚合兵掠之，述律后知之，勒兵以待其至，奋击，大破之，由是名震诸夷。述律后有母有姑，皆踞榻受其拜，曰："吾惟拜天，不拜人也。"晋王方经营河北，欲结契丹为援，常以叔父事阿保机，以叔母事述律后。

刘守光末年衰困，遣参军韩延徽求援于契丹。契丹主怒其不拜，留之，使牧马于野。延徽，幽州人，有智略，颇知属文。述律后言于契丹主曰："延徽能守节不屈，此今之贤者，奈何辱以牧圉！宜礼而用之。"契丹主召延徽与语，悦之，遂以为谋主，举动访焉。延徽始教契丹建牙开府，筑城郭，立市里，以处汉人，使各有配偶，垦艺荒田。由是汉人各安生业，逃亡者益少。契丹威服诸国，延徽有助焉。

顷之，延徽逃奔晋阳。晋王欲置之幕府，掌书记王缄疾之，延徽不自安，求东归省母，过真定，止于乡人王德明家，德明问所之，延徽曰："今河北皆为晋有，当复诣契丹耳。"德明曰："叛而复往，得无取死乎？"延徽曰："彼自吾来，如丧手目。今往诣之，彼手目复完，安肯害我？"既省母，遂复入契丹。契丹主闻其至，大喜，如自天而下，拊其背曰："向者何往？"延徽曰："思母，欲告归，恐不听，故私归耳。"契丹主待之益厚。及称帝，以延徽为相，累迁至中书令。

晋王遣使至契丹，延徽寓书于晋王，叙所以北去之意，且曰："非不恋英主，非不思故乡，所以不留，正惧王缄之谗耳。"因以老母为托，且曰："延徽在此，契丹必不南牧。"故终同光之世，契丹不深入为寇，延徽之力也。

三年（丁丑、917）

春，正月，诏宣武节度使袁象先救颍州，既至，吴军引还。

二月，甲申，晋王攻黎阳，刘鄩拒之，数日，不克而去。

晋王之弟威塞军防御使存矩在新州，骄惰不治，侍婢预政。晋王使募山北部落骁勇者及刘守光亡卒以益南讨之军，又率其民出马，民或鬻十牛易一战马，期会迫促，边人嗟怨。存矩得五百骑，自部送之，以寿州刺史卢文进为裨将。行者皆惮远役，存矩复不存恤。甲午，至祁沟关，小校宫彦璋与士卒谋曰："闻晋王与梁人确斗，骑兵死伤不少。吾侪捐父母妻子，为人客战，千里送死，而使长复不矜恤，奈何？”众曰：“杀使长，拥卢将军还新州，据城自守，其如我何！”因执兵大噪，趣传舍，诘朝，存矩寝未起，就杀之。文进不能制，抚膺哭其尸曰：“奴辈既害郎君，使我何面复见晋王！”因为众所拥，还新州，守将杨全章拒之。又攻武州，雁门以北都知防御兵马使李嗣肱击败之。周德威亦遣兵追讨，文进帅其众奔契丹。晋王闻存矩不道以致乱，杀侍婢及幕僚数人。

初，幽州北七百里有渝关，下有渝水通海。自关东北循海有道，道狭处才数尺，旁皆乱山，高峻不可越。比至进牛口，旧置八防御军，募土兵守之，田租皆供军食，不入于蓟，幽州岁致缯纩以供战士衣。每岁早获，清野坚壁以待契丹，契丹至，则闭壁不战，俟其去，选骁勇据隘邀之，契丹常失利走。土兵皆自为田园，力战有功则赐勋加赏，由是契丹不敢轻入寇。及周德威为卢龙节度使，恃勇不修边备，遂失渝关之险，契丹每刍牧于营、平之间。德威又忌幽州旧将有名者，往往杀之。

吴王遣使遗契丹主以猛火油，曰：“攻城，以此油然火焚楼橹，敌以水沃之，火愈炽。”契丹主大喜，即选骑三万欲攻幽州，述律后哂之曰：“岂有试油而攻一国乎！”因指帐前树谓契丹主曰：“此树无皮，可以生乎？”契丹主曰：“不可。”述律后曰：“幽州城亦犹是矣。吾但以三千骑伏其旁，掠其四野，使城中无食，不过数年，城自困矣，何必如此躁动轻举！万一不胜，为中国笑，吾部落亦解体矣。”契丹主乃止。

三月，卢文进引契丹兵急攻新州，刺史安金全不能守，弃城走，文进以其部将刘殷为刺史，使守之。晋王使周德威合河东、镇、定之兵攻之，旬日不克。契丹主帅众三十万救之，德威众寡不敌，大为契丹所败，奔归。

楚王殷遣其弟存攻吴上高，俘获而还。

契丹乘胜进围幽州，声言有众百万，毡车毳幕弥漫山泽。卢文进教之攻城，为地道，昼夜四面俱进，城中穴地然膏以邀之。又为土山以临城，城中熔铜以洒之，日杀千计，而攻之不止。周德威遣间使诣晋王告急，王方与梁相持河上，欲分兵则兵少，欲勿救恐失之，忧形于色，谋于诸将，独李嗣源、李存审、阎宝劝王救之。王喜曰：“昔太宗得一李靖犹擒颉利，今吾有猛将三人，复何忧哉！”存审、宝以为虏无辎重，势不能久，俟其野无所掠，食尽自还，然后踵以击之。李嗣源曰：“周德威社稷之臣，今幽州朝夕不保，恐变生于中，何暇待虏之衰！臣请身为前锋以赴之。”王曰：“公言是也。”即日，命治兵。夏，四月，晋王命嗣源将兵先进，军于涞水，阎宝以镇、定之兵继之。

吴昇州刺史徐知诰治城市府舍甚盛。五月，徐温行部至昇州，爱其繁富，润州司马陈彦谦劝温徙镇海军治所于昇州，温从之，徙知诰为润州团练使。知诰求宣州，温不许，知诰不乐。宋齐丘密言于知诰曰："三郎骄纵，败在朝夕。润州去广陵隔一水耳，此天授也。"知诰悦，即之官。三郎，谓温长子知训也。温以陈彦谦为镇海节度判官。温但举大纲，细务悉委彦谦，江、淮称治。彦谦，常州人也。

高季昌与孔勍修好，复通贡献。

资治通鉴卷第二百七十

端明殿学士兼翰林侍读学士太中大夫提举西京嵩山崇福宫上柱国河内郡开国公食邑二千六百户食实封一千户赐紫金鱼袋臣 司马光 奉敕编集

后梁纪五起强圉赤奋若(丁丑)七月，尽屠维单阏(己卯)九月，凡二年有奇。

均王中

贞明三年(丁丑、917)

秋，七月，庚戌，蜀主以桑弘志为西北面第一招讨，王宗宏为东北面第二招讨；己未，以兼中书令王宗侃为东北面都招讨，武信节度使刘知俊为西北面都招讨。

晋王以李嗣源、阎宝兵少，未足以敌契丹，辛未，更命李存审将兵益之。

蜀飞龙使唐文扆居中用事，张格附之，与司徒、判枢密院事毛文锡争权。文锡将以女适左仆射兼中书侍郎、同平章事庾传素之子，会亲族于枢密院用乐，不先表闻，蜀主闻乐声，怪之，文扆从而谮之。八月，庚寅，贬文锡茂州司马，其子司封员外郎询流维州，籍没其家；贬文锡弟翰林学士文晏为荣经尉。传素罢为工部尚书，以翰林学士承旨庾凝绩权判内枢密院事。凝积，传素之再从弟也。

癸巳，清海、建武节度使刘岩即皇帝位于番禺，国号大越，大赦，改元乾亨。以梁使赵光裔为兵部尚书，节度副使杨洞潜为兵部侍郎，节度判官李殷衡为礼部侍郎，并同平章事。建三庙，追尊祖安仁曰太祖文皇帝，父谦曰代祖圣武皇帝，兄隐曰烈宗襄皇帝。以广州为兴王府。

契丹围幽州且二百日，城中危困。李嗣源、阎宝、李存审步骑七万会于易州，存审曰："虏众吾寡，虏多骑，吾多步，若平原相遇，虏以万骑蹂吾陈，吾无遗类矣。"嗣源曰："虏无辎重，吾行必载粮食自随，若平原相遇，虏抄吾粮，吾不战自溃矣。不若自山中潜行趣幽州，与城中合势，若中道遇虏，则据险拒之。"甲午，自易州北行，庚子，逾大房岭，循涧而东。嗣源与养子从珂将三千骑为前锋，距幽州六十里，与契丹遇，契丹惊却，晋兵翼而随之。契丹行山上，晋兵行涧下，每至谷口，契丹辄邀之，嗣源父子力战，乃得进。至山口，契丹以万余骑遮其前，将士失色，嗣源以百余骑先进，免胄扬鞭，胡语谓契丹曰："汝无故犯我疆埸，晋王命我将百万众直抵西楼，灭汝种族！"因跃马奋楇，三入其陈，斩契丹酋长一人。后军齐进，契丹兵却，晋兵始得出。李存审命步兵伐木为鹿角，人持一枝，止则成寨。契丹骑环寨而过，寨中发万弩射之，流矢蔽日，契丹人马死伤塞路。将至幽州，契丹列陈待之。存审命步兵陈于其后，戒勿动，先令羸兵曳柴然草而进，烟尘蔽天，契丹莫测其多少。因鼓噪合战，存审乃趣后陈起乘之，契丹大败，席卷其众自北山去，委弃车帐铠仗羊马满野，晋兵追之，俘斩万计。辛丑，嗣源等入幽州，周德威见之，握手流涕。

契丹以卢文进为幽州留后，其后又以为卢龙节度使，文进常居平州，帅奚骑岁入北边，杀掠吏民。晋人自瓦桥运粮输蓟城，虽以兵援之，不免抄掠。契丹每入寇，则文进帅汉卒为乡导，卢龙巡属诸州为之残弊。

刘鄩自滑州入朝，朝议以河朔失守责之。九月，落鄩平章事，左迁亳州团练使。

冬，十月，己亥，加吴越王镠天下兵马元帅。

晋王还晋阳。王连岁出征，凡军府政事一委监军使张承业，承业劝课农桑，畜积金谷，收市兵马，征租行法不宽贵戚，由是军城肃清，馈饷不乏。王或时须钱蒱博及给赐伶人，而承业靳之，钱不可得。王乃置酒钱库，令其子继岌为承业舞，承业以宝带及币马赠之。王指钱积呼继岌小名谓承业曰："和哥乏钱，七哥宜以钱一积与之，带马未为厚也。"承业曰："郎君缠头皆出承业俸禄，此钱，大王所以养战士也，承业不敢以公物为私礼。"王不悦，凭酒以语侵之，承业怒曰："仆老敕使耳！非为子孙计，惜此库钱，所以佐王成霸业也，不然，王自取用之，何问仆为！不过财尽人散，一无所成耳。"王怒，顾李绍荣索剑，承业起，挽王衣泣曰："仆受先王顾托之命，誓为国家诛汴贼，若以惜库物死于王手，仆下见先王无愧矣。今日就王请死。"阎宝从旁解承业手令退，承业奋拳殴宝踣地，骂曰："阎宝，朱温之党，受晋大恩，曾不尽忠为报，顾欲以谄媚自容邪！"曹太夫人闻之，遽令召王，王惶恐叩头，谢承业曰："吾以酒失忤七哥，必且得罪于太夫人，七哥为吾痛饮以分其过。"王连饮四卮，承业竟不肯饮。王入宫，太夫人使人谢承业曰："小儿忤特进，适已笞之矣。"明日，太夫人与王俱至承业第谢之。未几，承制授承业开府仪同三司、左卫上将军、燕国公。承业固辞不受，但称唐官以至终身。

掌书记卢质，嗜酒轻傲，尝呼王诸弟为豚犬，王衔之。承业恐其及祸，乘间言曰："卢质数无礼，请为大王杀之。"王曰："吾方招纳贤才以就功业，七哥何言之过也。"承业起立贺曰："王能如此，何忧不得天下！"质由是获免。

晋王元妃卫国韩夫人，次燕国伊夫人，次魏国刘夫人。刘夫人最有宠，其父成安人，以医卜为业。夫人幼时，晋将袁建丰掠得之，入于王宫，性狡悍淫妒，从王在魏。父闻其贵，诣魏宫上谒，王召袁建丰示之。建丰曰："始得夫人时，有黄须丈人护之，此是也。”王以语夫人，夫人方与诸夫人争宠，以门地相高，耻其家寒微，大怒曰：“妾去乡时略可记忆，妾父不幸死乱兵，妾守尸哭之而去，今何物田舍翁敢至此！”命笞刘叟于宫门。

越主岩遣客省使刘瑭使于吴，告即位，且劝吴王称帝。

闰月，戊申，蜀主以判内枢密院庾凝绩为吏部尚书、内枢密使。

十一月，丙子朔，日南至，蜀主祀圆丘。

晋王闻河冰合，曰：“用兵数岁，限一水不得度，今冰自合，天赞我也。”亟如魏州。

蜀主以刘知俊为都招讨使，诸将皆旧功臣，多不用其命，且疾之，故无成功。唐文扆数毁之，蜀主亦忌其才，尝谓所亲曰：“吾老矣，知俊非尔辈所能驭也。”十二月，辛亥，收知俊，称其谋叛，斩于炭市。

癸丑，蜀大赦，改明年元曰光天。

壬戌，以张宗奭为天下兵马副元帅。

帝论平庆州功，丁卯，以左龙虎统军贺瓌为宣义节度使、同平章事，寻以为北面行营招讨使。

戊辰，晋王畋于朝城。是日，大寒，晋王视河冰已坚，引步骑稍度。梁甲士三千戍杨刘城，缘河数十里，列栅相望，晋王急攻，皆陷之。进攻杨刘城，使步卒斩其鹿角，负葭苇塞堑，四面进攻，即日拔之，获其守将安彦之。

先是，租庸使、户部尚书赵岩言于帝曰：“陛下践阼以来，尚未南郊，议者以为无异藩侯，为四方所轻。请幸西都行郊礼，遂谒宣陵。”敬翔谏曰：“自刘鄩失利以来，公私困竭，人心惴恐。今展礼圆丘，必行赏赉，是慕虚名而受实弊也。且勍敌近在河上，乘舆岂宜轻动！俟北方既平，报本未晚。”帝不听。己巳，如洛阳，阅车服，饰宫阙。郊祀有日，闻杨刘失守，道路讹言晋军已入大梁，扼汜水矣，从官皆忧其家，相顾涕泣。帝惶骇失图，遂罢郊祀，奔归大梁。

甲戌，以河南尹张宗奭为西都留守。

是岁，闽王审知为其子牙内都指挥使延钧娶越主岩之女。

四年（戊寅、918）

春，正月，乙亥朔，蜀大赦，复国号曰蜀。

帝至大梁，晋兵侵掠至郓、濮而还。敬翔上疏曰：“国家连年丧师，疆土日蹙。陛下居深宫之中，所与计事者皆左右近习，岂能量敌国之胜负乎！先帝之时，奄有河北，亲御豪杰之将，犹不得志。今敌至郓州，陛下不能留意。臣闻李亚子继位以来，于今十年，攻城野战，无不亲当矢石，近者攻杨刘，身负束薪为士卒先，一鼓拔之。陛下儒雅守文，晏安自若，使贺瓌辈敌之，而望攘逐寇仇，非臣所知也。

陛下宜询访黎老，别求异策，不然，忧未艾也。臣虽驽怯，受国重恩，陛下必若乏才，乞于边垂自效。”疏奏，赵、张之徒言翔怨望，帝遂不用。

吴以右都押牙王祺为虔州行营都指挥使，将洪、抚、袁、吉之兵击谭全播。严可求以厚利募赣石水工，故吴兵奄至虔州城下，虔人始知之。

蜀太子衍好酒色，乐游戏。蜀主尝自夹城过，闻太子与诸王斗鸡击球喧呼之声，叹曰：“吾百战以立基业，此辈其能守之乎！”由是恶张格，而徐贤妃为之内主，竟不能去也。信王宗杰有才略，屡陈时政，蜀主贤之，有废立意。二月，癸亥，宗杰暴卒，蜀主深疑之。

河阳节度使、北面行营排陈使谢彦章将兵数万攻杨刘城。甲子，晋王自魏州轻骑诣河上，彦章筑垒自固，决河水，弥漫数里，以限晋兵，晋兵不得进。彦章，许州人也。安彦之散卒多聚于兖、郓山谷为群盗，以观二国成败，晋王招募之，多降于晋。

己亥，蜀主以东面招讨使王宗侃为东、西两路诸军都统。

三月，吴越王镠初立元帅府，置官属。

夏，四月，癸卯朔，蜀主立子宗平为忠王，宗特为资王。

岐王复遣使求好于蜀。

己酉，以吏部侍郎萧顷为中书侍郎、同平章事。

保大节度使高万金卒，癸亥，以忠义节度使高万兴兼保大节度使，并镇鄜、延。

司空兼门下侍郎、同平章事赵光逢告老，己巳，以司徒致仕。

蜀主自永平末得疾，昏瞀，至是增剧。以北面行营招讨使兼中书令王宗弼沉静有谋，五月，召还，以为马步都指挥使。乙亥，召大臣入寝殿，告之曰：“太子仁弱，朕不能违诸公之请，逾次而立之。若其不堪大业，可置诸别宫，幸勿杀之。但王氏子弟，诸公择而辅之。徐妃兄弟，止可优其禄位，慎勿使之掌兵预政，以全其宗族。”

内飞龙使唐文扆久典禁兵，参预机密，欲去诸大臣，遣人守宫门。王宗弼辈三十余人日至朝堂，不得入见，文扆屡以蜀主之命慰抚之，伺蜀主殂，即作难。遣其党内皇城使潘在迎侦察外事，在迎以其谋告宗弼等。宗弼等排闼入，言文扆之罪，以天册府掌书记崔延昌权判六军事，召太子入侍疾。丙子，贬唐文扆为眉州刺史。翰林学士承旨王保晦坐附会文扆，削官爵，流泸州。在迎，炕之子也。

丙申，蜀主诏中外财赋、中书除授、诸司刑狱案牍专委庾凝绩，都城及行营军旅之事委宣徽南院使宋光嗣。丁酉，削唐文扆官爵，流雅州。辛丑，以宋光嗣为内枢密使，与兼中书令王宗弼、宗瑶、宗绾、宗夔并受遗诏辅政。初，蜀主虽因唐制置枢密使，专用士人，及唐文扆得罪，蜀主以诸将多许州故人，恐其不为幼主用，故以光嗣代之。自是宦者始用事。

六月，壬寅朔，蜀主殂。癸卯，太子即皇帝位。尊徐贤妃为太后、徐淑妃为太妃。以宋光嗣判六军诸卫事。

乙卯，杀唐文扆、王保晦。命西面招讨副使王宗昱杀天雄节度使唐文裔于秦州，免左保胜军使领右街使唐道崇官。

吴内外马步都军使、昌化节度使、同平章事徐知训，骄倨淫暴。威武节度使、知抚州李德诚有家妓数十，知训求之，德诚遣使谢曰："家之所有皆长年，或有子，不足以侍贵人，当更为公求少而美者。"知训怒，谓使者曰："会当杀德诚，并其妻取之。"

知训狎侮吴王，无复君臣之礼。尝与王为优，自为参军，使王为苍鹘，总角弊衣执帽以从。又尝泛舟浊河，王先起，知训以弹弹之。又尝赏花于禅智寺，知训使酒悖慢，王惧而泣，四座股栗。左右扶王登舟，知训乘轻舟逐之，不及，以铁檛杀王亲吏。将佐无敢言者，父温皆不之知。

知训及弟知询皆不礼于徐知诰，独季弟知谏以兄事礼之。知训尝召兄弟饮，知诰不至，知训怒曰："乞子不欲酒，欲剑乎！"又尝与知诰饮，伏甲欲杀之，知谏蹑知诰足，知诰阳起如厕，遁去。知训以剑授左右刁彦能使追杀之，彦能驰骑及于中涂，举剑示知诰而还，以不及告。

平卢节度使、同平章事、诸道副都统朱瑾遣家妓通候问于知训，知训强欲私之，瑾已不平。知训恶瑾位加己上，置静淮军于泗州，出瑾为静淮节度使，瑾益恨之，然外事知训愈谨。瑾有所爱马，冬贮于幄，夏贮于帱。宠妓有绝色。知训过别瑾，瑾置酒，自捧觞，出宠妓使歌，以所爱马为寿，知训大喜。瑾因延之中堂，伏壮士于户内，出妻陶氏拜之，知训答拜，瑾以笏自后击之踣地，呼壮士出斩之。瑾先系二悍马于庑下，将图知训，密令人解纵之，马相蹄啮，声甚厉，以是外人莫之闻。瑾提知训首出，知训从者数百人皆散走。瑾驰入府，以首示吴王曰："仆已为大王除害。"王惧，以衣障面，走入内，曰："舅自为之，我不敢知。"瑾曰："婢子不足与成大事。"以知训首击柱，挺剑将出，子城使翟虔等已阖府门勒兵讨之，乃自后逾城，坠而折足，顾追者曰："吾为万人除害，以一身任患。"遂自刭。

徐知诰在润州闻难，用宋齐丘策，即日引兵济江。瑾已死，因抚定军府。时徐温诸子皆弱，温乃以知诰代知训执吴政，沉朱瑾尸于雷塘而灭其族。

瑾之杀知训也，泰宁节度使米志诚从十余骑问瑾所向，闻其已死，乃归。宣谕使李俨贫困，寓居海陵。温疑其与瑾通谋，皆杀之。严可求恐志诚不受命，诈称袁州大破楚兵，将吏皆入贺，伏壮士于戟门，擒志诚，斩之，并其诸子。

壬戌，晋王自魏州劳军于杨刘，自泛舟测河水，其深没枪。王谓诸将曰："梁军非有战意，但欲阻水以老我师，当涉水攻之。"甲子，王引亲军先涉，诸军随之，褰甲横枪，结陈而进。是日水落，深才及膝。匡国节度使、北面行营排陈使谢彦章帅众临岸拒之，晋兵不得进，乃稍引却，梁兵从之。及中流，鼓噪复进，彦章不能支，稍退登岸，晋兵因而乘之，梁兵大败，死伤不可胜纪，河水为之赤，彦章仅以身免。是日，晋人遂陷滨河四寨。

蜀唐文扆既死，太傅、门下侍郎、同平章事张格内不自安，或劝格称疾俟命，礼部尚书杨玢自恐失势，谓格曰："公有援立大功，不足忧也。"庚午，贬格为茂州刺史，玢为荣经尉。吏部侍郎许寂、户部侍郎潘峤皆坐格党贬官。格寻再贬维州司户，庾凝绩又奏徙格于合水镇，令茂州刺史顾承郾伺格阴事。王宗侃妻以格同姓，欲全之，谓承郾母曰："戒汝子，勿为人报仇，他日将归罪于汝。"承郾从之。凝绩怒，因公事抵承郾罪。

秋，七月，壬申朔，蜀主以兼中书令王宗弼为钜鹿王，宗瑶为临淄王，宗绾为临洮王，宗播为临颍王，宗裔、宗夔及兼侍中宗黯皆为琅邪郡王。甲戌，以王宗侃为乐安王。丙子，以兵部尚书庾传素为太子少保兼中书侍郎、同平章事。蜀主不亲政事，内外迁除皆出于王宗弼。宗弼纳贿多私，上下咨怨。宋光嗣通敏善希合，蜀主宠任之，蜀由是遂衰。

吴徐温入朝于广陵，疑诸将皆预朱瑾之谋，欲大行诛戮。徐知诰、严可求具陈徐知训过恶，所以致祸之由，温怒稍解，乃命网瑾骨于雷塘而葬之，责知训将佐不能匡救，皆抵罪，独刁彦能屡有谏书，温赏之。戊戌，以知诰为淮南节度行军副使、内外马步都军副使、通判府事，兼江州团练使。以徐知谏权润州团练事。温还镇金陵，总吴朝大纲，自余庶政，皆决于知诰。

知诰悉反知训所为，事吴王尽恭，接士大夫以谦，御众以宽，约身以俭。以吴王之命，悉蠲天祐十三年以前逋税，余俟丰年乃输之。求贤才，纳规谏，除奸猾，杜请托。于是士民翕然归心，虽宿将悍夫无不悦服，以宋齐丘为谋主。先是，吴有丁口钱，又计亩输钱，钱重物轻，民甚苦之。齐丘说知诰，以为"钱非耕桑所得，今使民输钱，是教民弃本逐末也。请蠲丁口钱；自余税悉输谷帛，细绢匹直千钱者当税三十。"或曰："如此，县官岁失钱亿万计。"齐丘曰："安有民富而国家贫者邪?"知诰从之。由是江、淮间旷土尽辟，桑柘满野，国以富强。

知诰欲进用齐丘而徐温恶之，以为殿直、军判官。知诰每夜引齐丘于水亭屏语，常至夜分，或居高堂，悉去屏障，独置大炉，相向坐，不言，以铁箸画灰为字，随以匙灭去之，故其所谋，人莫得而知也。

虔州险固，吴军攻之，久不下。军中大疫，王祺病，吴以镇南节度使刘信为虔州行营招讨使，未几，祺卒。谭全播求救于吴越、闽、楚。吴越王镠以统军使传球为西南面行营应援使，将兵二万攻信州；楚将张可求将万人屯古亭，闽兵屯雩都以救之。信州兵才数百，逆战，不利，吴越兵围其城。刺史周本启关张虚幕于门内，召僚佐登城楼作乐宴饮，飞矢雨集，安坐不动，吴越疑有伏兵，中夜，解围去。吴以前舒州刺史陈璋为东南面应援招讨使，将兵侵苏、湖，钱传球自信州南屯汀州。晋王遣间使持帛书会兵于吴，吴人辞以虔州之难。

晋王谋大举入寇，周德威将幽州步骑三万，李存审将沧景步骑万人，李嗣源将邢洺步骑万人，王处直遣将将易定步骑万人，及麟、胜、雲、蔚、新、武等州诸部落奚、契丹、室韦、吐谷浑，皆以兵会之。八月，并河东、魏博之兵，大阅于魏州。

蜀诸王皆领军使，彭王宗鼎谓其昆弟曰："亲王典兵，祸乱之本。今主少臣强，谗间将兴，缮甲训士，非吾辈所宜为也。"因固辞军使，蜀主许之，但营书舍、植松竹自娱而已。

泰宁节度使张万进，轻险好乱。时嬖幸用事，多求赂于万进，万进闻晋兵将出，己酉，遣使附于晋，且求援。以亳州团练使刘鄩为兖州安抚制置使，将兵讨之。

甲子，蜀顺德皇后殂。

乙丑，蜀主以内给事王廷绍、欧阳晃、李周辂、宋光葆、宋承蕴、田鲁俦等为将军及军使，皆干预政事，骄纵贪暴，大为蜀患，周庠切谏，不听。晃患所居之隘，夜，因风纵火，焚西邻军营数百间，明旦，召匠广其居，蜀主亦不之问。光葆，光嗣之从弟也。

晋王自魏州如杨刘，引兵略郓、濮而还，循河而上，军于麻家渡。贺瓌、谢彦章将梁兵屯濮州北行台村，相持不战。

晋王好自引轻骑迫敌营挑战，危窘者数四，赖李绍荣力战翼卫之，得免。赵王镕及王处直皆遣使致书曰："元元之命系于王，本朝中兴系于王，奈何自轻如此？"王笑谓使者曰："定天下者，非百战何由得之？安可但深居帷房以自肥乎！"一旦，王将出营，都营使李存审扣马泣谏曰："大王当为天下自重。彼先登陷陈，将士之职也，存审辈宜为之，非大王之事也。"王为之揽辔而还。它日，伺存审不在，策马急出，顾谓左右曰："老子妨人戏！"王以数百骑抵梁营，谢彦章伏精甲五千于堤下，王引十余骑发堤，伏兵发，围王数十重，王力战于中，后骑继之者攻之于外，仅得出。会李存审救至，梁兵乃退，王始以存审之言为忠。

吴刘信遣其将张宣等夜将兵三千袭楚将张可求于古亭，破之。又遣梁诠等将兵击吴越及闽兵，二国闻楚兵败，俱引归。

梅山蛮寇邵州，楚将樊须击走之。

九月，壬午，蜀内枢密使宋光嗣以判六军让兼中书令王宗弼，蜀主许之。

吴刘信昼夜急攻虔州，斩首数千级，不能克，使人说谭全播，取质纳赂而还。徐温大怒，杖信使者。信子英彦典亲兵，温授英彦兵三千，曰："汝父居上游之地，将十倍之众，不能下一城，是反也！汝可以此兵往，与父同反！"又使昇州牙内指挥使朱景瑜与之俱，曰："全播守卒皆农夫，饥窘逾年，妻子在外，重围既解，相贺而去，闻大兵再往，必皆逃遁，全播所守者空城耳，往必克之。"

冬，十一月，壬申，蜀葬神武圣文孝德明惠皇帝于永陵，庙号高祖。

越主岩祀南郊，大赦，改国号曰汉。

刘信闻徐温之言，大惧，引兵还击虔州。先锋始至，虔兵皆溃，谭全播奔雩都，追执之。吴以全播为右威卫将军，领百胜节度使。

先是，吴越王镠常自虔州入贡，至是道绝，始自海道出登、莱，抵大梁。

初，吴徐温自以权重而位卑，说吴王曰："今大王与诸将皆为节度使，虽有都统之名，不足相临制。请建吴国，称帝而治。"王不许。

严可求屡劝温以次子知询代徐知诰知吴政，知诰与骆知祥谋，出可求为楚州刺史。可求既受命，至金陵，见温，说之曰："吾奉唐正朔，常以兴复为辞。今朱、李方争，朱氏日衰，李氏日炽，一旦李氏有天下，吾能北面为之臣乎？不若先建吴国，以系民望。"温大悦，复留可求参总庶政，使草具礼仪。知诰知可求不可去，乃以女妻其子续。

晋王欲趣大梁，而梁军扼其前，坚壁不战百余日。十二月，庚子朔，晋王进兵，距梁军十里而舍。

初，北面行营招讨使贺瓌善将步兵，排陈使谢彦章善将骑兵，瓌恶其与己齐名。一日，瓌与彦章治兵于野，瓌指一高地曰："此可以立栅。"至是，晋军适置栅于其上，瓌疑彦章与晋通谋。瓌屡欲战，谓彦章曰："主上悉以国兵授吾二人，社稷是赖。今强寇压吾门，而逗遛不战，可乎？"彦章曰："强寇凭陵，利在速战。今深沟高垒，据其津要，彼安敢深入。若轻与之战，万一蹉跌，则大事去矣。"瓌益疑之，密谮之于帝，与行营马步都虞候曹州刺史朱珪谋，因享士，伏甲，杀彦章及濮州刺史孟审澄、别将侯温裕，以谋叛闻。审澄、温裕，亦骑将之良者也。丁未，以朱珪为匡国留后，癸丑，又以为平卢节度使兼行营马步副指挥使以赏之。

晋王闻彦章死，喜曰："彼将帅自相鱼肉，亡无日矣。贺瓌残虐，失士卒心，我若引军直指其国都，彼安得坚壁不动！幸而一与之战，蔑不胜矣。"王欲自将万骑直趣大梁，周德威曰："梁人虽屠上将，其军尚全，轻行徼利，未见其福。"不从。戊午，下令军中老弱悉归魏州，起师趋汴。庚申，毁营而进，众号十万。

辛酉，蜀改明年元曰乾德。

贺瓌闻晋王已西，亦弃营而踵之。晋王发魏博白丁三万从军，以供营栅之役，所至，营栅立成。壬戌，至胡柳陂。癸亥旦，候者言梁兵自后至矣。周德威曰："贼倍道而来，未有所舍，我营栅已固，守备有余，既深入敌境，动须万全，不可轻发。此去大梁至近，梁兵各念其家，内怀愤激，不以方略制之，恐难得志。王宜按兵勿战，德威请以骑兵扰之，使彼不得休息，至暮营垒未立，樵爨未具，乘其疲乏，可一举灭也。"王曰："前在河上恨不见贼，今贼至不击，尚复何待，公何怯也！"顾李存审曰："敕辎重先发，吾为尔殿后，破贼而去。"即以亲军先出。德威不得已，引幽州兵从之，谓其子曰："吾无死所矣。"

贺瓌结陈而至，横亘数十里。王帅银枪都陷其陈，冲荡击斩，往返十余里。行营左厢马军都指挥使、郑州防御使王彦章军先败，西走趣濮阳。晋辎重在陈西，望见梁旗帜，惊溃，入幽州陈，幽州兵亦扰乱，自相蹈藉，周德威不能制，父子皆战死。魏博节度副使王缄与辎重俱行，亦死。

晋兵无复部伍。梁兵四集，势甚盛。晋王据高丘收散兵，至日中，军复振。陂中有土山，贺瓌引兵据之。晋王谓将士曰："今日得此山者胜，吾与汝曹夺之。"即引骑兵先登，李从珂与银枪大将(王)〔李〕建及以步卒继之，梁兵纷纷而下，遂夺其山。

日向晡，贺瓌陈于山西，晋兵望之有惧色。诸将以为诸军未尽集，不若敛兵还营，诘朝复战。天平节度使、东南面招讨使阎宝曰："王彦章骑兵已入濮阳，山下惟步卒，向晚皆有归志，我乘高趣下击之，破之必矣。今王深入敌境，偏师不利，若复引退，必为所乘。诸军未集者闻梁再克，必不战自溃。凡决胜料敌，惟观情势，情势已得，断在不疑。王之成败，在此一战，若不决力取胜，纵收余众北归，河朔非王有也。"昭义节度使李嗣昭曰："贼无营垒，日晚思归，但以精骑扰之，使不得夕食，俟其引退，追击可破也。我若敛兵还营，彼归整众复来，胜负未可知也。"(王)〔李〕建及擐甲横槊而进曰："贼大将已遁，王之骑军一无所失，今击此疲乏之众，如拉朽耳。王但登山，观臣为王破贼。"王愕然曰："非公等言，吾几误计。"嗣昭、建及以骑兵大呼陷陈，诸军继之，梁兵大败。元城令吴琼，贵乡令胡装，各帅白丁万人，于山下曳柴扬尘，鼓噪以助其势。梁兵自相腾藉，弃甲山积，死亡者几三万人。装，证之曾孙也。是日，两军所丧士卒各三之二，皆不能振。

晋王还营，闻周德威父子死，哭之恸，曰："丧吾良将，是吾罪也。"以其子幽州中军兵马使光辅为岚州刺史。李嗣源与李从珂相失，见晋军挠败，不知王所之，或曰："王以北度河矣。"嗣源遂乘冰北度，将之相州。是日，从珂从王夺山，晚战皆有功。甲子，晋王进攻濮阳，拔之。李嗣源知晋军之捷，复来见王于濮阳，王不悦，曰："公以吾为死邪？度河安之！"嗣源顿首谢罪。王以从珂有功，但赐大钟酒以罚之,然自是待嗣源稍薄。

初,契丹主之弟撒剌阿拨号北大王,谋作乱于其国。事觉,契丹主数之曰:"汝与吾如手足,而汝兴此心,我若杀汝,则与汝何异!"乃囚之期年而释之。撒剌阿拨帅其众奔晋,晋王厚遇之,养为假子,任为刺史,胡柳之战,以其妻子来奔。

晋军至德胜渡,王彦章败卒有走至大梁者,曰:"晋人战胜,将至矣。"顷之,晋兵有先至大梁问次舍者,京城大恐。帝驱市人登城,又欲奔洛阳,遇夜而止。败卒至者不满千人,伤夷逃散,各归乡里,月余仅能成军。

五年(己卯、919)

春,正月,辛巳,蜀主祀南郊,大赦。

晋李存审于德胜南北夹河筑两城而守之。晋王以存审代周德威为内外蕃汉马步总管。晋王还魏州,遣李嗣昭权知幽州军府事。

汉主岩立越国夫人马氏为皇后,殷之女也。

三月,丙戌,蜀北路行营都招讨、武德节度使王宗播等自散关击岐,度渭水,破岐将孟铁山,会大雨而还,分兵戍兴元、凤州及威武城。戊子,天雄节度使、同平章事王宗昱攻陇州,不克。

蜀主奢纵无度,日与太后、太妃游宴于贵臣之家,及游近郡名山,饮酒赋诗,所费不可胜纪。仗内教坊使严旭强取士民女子内宫中,或得厚赂而免之,以是累迁至蓬州刺史。太后、太妃各出教令卖刺史、令、录等官,每一官阙,数人争纳赂,赂多者得之。

晋王自领卢龙节度使,以中门使李绍宏提举军府事,代李嗣昭。绍宏,宦者也,本姓马,晋王赐姓名,使与知岚州事孟知祥俱为河东、魏博中门使。知祥又荐教练使雁门郭崇韬能治剧,王以为中门副使。崇韬倜傥有智略,临事敢决,王宠待日隆。先是,中门使吴珪、张虔厚相继获罪,及绍宏出幽州,知祥惧祸,称疾辞位,王乃以知祥为河东马步都虞候,自是崇韬专典机密。

诏吴越王镠大举讨淮南。镠以节度副大使传瓘为诸军都指挥使,帅战舰五百艘,自东洲击吴。吴遣舒州刺史彭彦章及裨将陈汾拒之。

吴徐温帅将吏藩镇请吴王称帝,吴王不许。夏,四月,戊戌朔,即吴国王位。大赦,改元武义。建宗庙社稷,置百官,宫殿文物皆用天子礼。以金继土,腊用丑。改谥武忠王曰孝武王,庙号太祖,威王曰景王,尊母为太妃。以徐温为大丞相、都督中外诸军事、诸道都统、镇海、宁国节度使、守太尉兼中书令、东海郡王,以徐知诰为左仆射、参政事兼知内外诸军事,仍领江州团练使,以扬府左司马王令谋为内枢密使,营田副使严可求为门下侍郎,盐铁判官骆知祥为中书侍郎,前中书舍人卢择为吏部尚书兼太常卿,掌书记殷文圭为翰林学士,馆驿巡官游恭为知制诰，前驾部员外郎杨迢为给事中。择，醴泉人；迢，敬之之孙也。

钱传瓘与彭彦章遇，传瓘命每船皆载灰、豆及沙，乙巳，战于狼山江。吴船乘风而进，传瓘引舟避之，既过，自后随之。吴回船与战，传瓘使顺风扬灰，吴人不能开目。及船舷相接，传瓘使散沙于己船而散豆于吴船，豆为战血所渍，吴人践之皆僵仆。传瓘因纵火焚吴船，吴兵大败。彦章战甚力，兵尽，继之以木，身被数十创，陈汾按兵不救，彦章知不免，遂自杀。传瓘俘吴裨将七十人，斩首千余级，焚战舰四百艘。吴人诛汾，籍没家资，以其半赐彦章家，禀其妻子终身。

贺瓌攻德胜南城，百道俱进，以竹笮联艨艟十余艘，蒙以牛革，设睥睨、战格如城状，横于河流，以断晋之救兵，使不得度。晋王自引兵驰往救之，陈于北岸，不能进；遣善游者马破龙入南城，见守将氏延赏，延赏言矢石将尽，陷在顷刻。晋王积金帛于军门，募能破艨艟者，众莫知为计，亲将李建及曰："贺瓌悉众而来，冀此一举，若我军不度，则彼为得计。今日之事，建及请以死决之。"乃选效节敢死士得三百人，被铠操斧，帅之乘舟而进。将至艨艟，流矢雨集，建及使操斧者入艨艟间，斧其竹笮，又以木罂载薪，沃油然火，于上流纵之，随以巨舰实甲士，鼓噪攻之。艨艟既断，随流而下，梁兵焚溺者殆半，晋兵乃得度。瓌解围走，晋兵追之，至濮州而还。瓌退屯行台村。

蜀主命天策府诸将无得擅离屯戍。五月，丁卯朔，左散旗军使王承谔、承勋、承会违命，蜀主皆原之。自是禁令不行。

楚人攻荆南，高季昌求救于吴，吴命镇南节度使刘信等帅洪、吉、抚、信步兵自浏阳趣潭州，武昌节度使李简等帅水军攻复州。信等至潭州东境，楚兵释荆南引归。简等入复州，执其知州鲍唐。

六月，吴人败吴越兵于沙山。

秋，七月，吴越王镠遣钱传瓘将兵三万攻吴常州，徐温帅诸将拒之，右雄武统军陈璋以水军下海门出其后。壬申，战于无锡。会温病热，不能治军，吴越攻中军，飞矢雨集，镇海节度判官陈彦谦迁中军旗鼓于左，取貌类温者，擐甲胄，号令军事，温得少息。俄顷，疾稍间，出拒之。时久旱草枯，吴人乘风纵火，吴越兵乱，遂大败，杀其将何逢、吴建，斩首万级。传瓘遁去，追至山南，复败之。陈璋败吴越于香弯。

温募生获叛将陈绍者赏钱百万，指挥使崔彦章获之。绍勇而多谋，温复使之典兵。

初，锦衣之役，吴马军指挥曹筠叛奔吴越，徐温赦其妻子，厚遇之，遣间使告之曰："使汝不得志而去，吾之过也，汝无以妻子为念。"及是役，筠复奔吴。温自数昔日不用筠言者三，而不问筠去来之罪，归其田宅，复其军职。筠内愧而卒。

知诰请帅步卒二千，易吴越旗帜铠仗，蹑败卒而东，袭取苏州。温曰："尔策固善；然吾且求息兵，未暇如汝言也。"诸将皆以为："吴越所恃者舟楫，今大旱，水道涸，此天亡之时也，宜尽步骑之势，一举灭之。"温叹曰："天下离乱久矣，民困已甚，钱公亦未易可轻。若连兵不解，方为诸君之忧。今战胜以惧之，戢兵以怀之，使两地之民各安其业，君臣高枕，岂不乐哉！多杀何为！"遂引还。

吴越王镠见何逢马，悲不自胜，故将士心附之。宠姬郑氏父犯法当死，左右为之请，镠曰："岂可以一妇人乱我法。"出其女而斩之。镠自少在军中，夜未尝寐，倦极则就圆木小枕，或枕大铃，寐熟辄欹而寤，名曰"警枕"。置粉盘于卧内，有所记则书盘中，比老不倦。或寝方酣，外有白事者，令侍女振纸即寤。时弹铜丸于楼墙之外，以警直更者。尝微行，夜叩北城门，吏不肯启关，曰："虽大王来亦不可启。"乃自他门入。明日，召北门吏，厚赐之。

丙戌，吴王立其弟濛为庐江郡公，溥为丹阳郡公，浔为新安郡公，澈为鄱阳郡公，子继明为庐陵郡公。

晋王归晋阳，以巡官冯道为掌书记。中门使郭崇韬以诸将陪食者众，请省其数。王怒曰："孤为效死者设食，亦不得专，可令军中别择河北帅，孤自归太原。"即召冯道令草词以示众。道执笔逡巡不为，曰："大王方平河南，定天下，崇韬所请未至大过。大王不从可矣，何必以此惊动远近，使敌国闻之，谓大王君臣不和，非所以隆威望也。"会崇韬入谢，王乃止。

初，唐灭高丽，天祐初，高丽石窟寺眇僧躬乂，聚众据开州称王，号大封国。至是，遣佐良尉金立奇入贡于吴。

八月，乙未朔，宣义节度使贺瓌卒。以开封尹王瓒为北面行营招讨使。瓒将兵五万，自黎阳度河掩击澶、魏，至顿丘，遇晋兵而旋，瓒为治严，令行禁止，据晋人上游十八里杨村，夹河筑垒，运洛阳竹木造浮梁，自滑州馈运相继。晋蕃汉马步副总管、振武节度使李存进亦造浮梁于德胜，或曰："浮梁须竹笮、铁牛、石囷，我皆无之，何以能成？"存进不听，以苇笮维巨舰，系于土山巨木，逾月而成，人服其智。

吴徐温遣使以吴王书归无锡之俘于吴越，吴越王镠亦遣使请和于吴。自是吴国休兵息民，三十余州民乐业者二十余年。吴王及徐温屡遗吴越王镠书，劝镠自王其国；镠不从。

九月，丙寅，诏削刘岩官爵，命吴越王镠讨之。镠虽受命，竟不行。

吴庐江公濛有材气，常叹曰："我国家而为它人所有，可乎！"徐温闻而恶之。

资治通鉴卷第二百七十一

端明殿学士兼翰林侍读学士太中大夫提举西京嵩山崇福宫上柱国河内郡开国公食邑二千六百户食实封一千户臣 司马光 奉敕编集

后梁纪六起屠维单阏(己卯)十月，尽玄黓敦牂(壬午)，凡三年有奇。

均王下

贞明五年(己卯、919)

冬，十月，出濛为楚州团练使。

晋王如魏州，发徒数万，广德胜北城，日与梁人争，大小百余战，互有胜负。左射军使石敬瑭与梁人战于河壖，梁人击敬瑭，断其马甲，横冲兵马使刘知远以所乘马授之，自乘断甲者徐行为殿。梁人疑有伏，不敢追，俱得免，敬瑭以是亲爱之。敬瑭、知远，其先皆沙陀人。敬瑭，李嗣源之婿也。

刘鄩围张万进于兖州经年，城中危窘，晋王方与梁人战河上，力不能救。万进遣亲将刘处让乞师于晋，晋王未之许，处让于军门截耳曰："苟不得请，生不如死！"晋王义之，将为出兵，会鄩已屠兖州，族万进，乃止。以处让为行台左骁卫将军。处让，沧州人也。

十一月，吴武宁节度使张崇寇安州。

丁丑，以刘鄩为泰宁节度使、同平章事。

辛卯，王瓒引兵至戚城，与李嗣源战，不利。

梁筑垒贮粮于潘张，距杨村五十里。十二月，晋王自将骑兵自河南岸西上，邀其饷者，俘获而还，梁人伏兵于要路，晋兵大败。晋王以数骑走，梁数百骑围之，李绍荣识其旗，单骑奋击救之，仅免。戊戌，晋王复与王瓒战于河南，瓒先胜，获晋将石君立等，既而大败，乘小舟度河，走保北城，失亡万计。帝闻石君立勇，欲将之，系于狱而厚饷之，使人诱之。君立曰："我晋之败将，而为用于梁，虽竭诚效死，谁则信之！人各有君，何忍反为仇雠用哉！"帝犹惜之，尽杀所获晋将，独置君立。晋王乘胜遂拔濮阳。帝召王瓒还，以天平节度使戴思远代为北面招讨使，屯河上以拒晋人。

己酉，蜀雄武节度使兼中书令王宗朗有罪，削夺官爵，复其姓名曰全师朗，命武定节度使兼中书令桑弘志讨之。

吴禁民私畜兵器，盗贼益繁。御史台主簿京兆卢枢上言："今四方分争，宜教民战。且善人畏法禁而奸民弄干戈，是欲偃武而反招盗也。宜团结民兵，使之习战，自卫乡里。"从之。

六年（庚辰、920）

春，正月，戊辰，蜀桑弘志克金州，执全师朗，献于成都，蜀主释之。

吴张崇攻安州，不克而还。

崇在庐州，贪暴不法。庐江民讼县令受赇，徐知诰遣侍御史知杂事杨廷式往按之，欲以威崇，廷式曰："杂端推事，其体至重，职业不可不行。"知诰曰："何如?"廷式曰："械系张崇，使吏如昇州，簿责都统。"知诰曰："所按者县令耳，何至于是。"廷式曰："县令微官，张崇使之取民财转献都统耳，岂可舍大而诘小乎!"知诰谢之曰："固知小事不足相烦。"以是益重之。廷式，泉州人也。

晋王自得魏州，以李建及为魏博内外牙都将，将银枪效节都。建及为人忠壮，所得赏赐，悉分士卒，与同甘苦，故能得其死力，所向立功，同列疾之。宦者韦令图监建及军，谮于晋王曰："建及以私财骤施，此其志不小，不可使将牙兵。"王疑之。建及知之，自恃无它，行之自若。三月，王罢建及军职，以为代州刺史。

汉杨洞潜请立学校，开贡举，设铨选，汉主岩从之。

夏，四月，乙亥，以尚书左丞李琪为中书侍郎、同平章事。琪，珽之弟也，性疏俊，挟赵岩、张汉杰之势，颇通贿赂。萧顷与琪同为相，顷谨密而阴伺琪短。久之，有以摄官求仕者，琪辄改摄为守，顷奏之。帝大怒，欲流琪远方，赵、张左右之，止罢为太子少保。

河中节度使冀王友谦以兵袭取同州，逐忠武节度使程全晖，全晖奔大梁。友谦以其子令德为忠武留后，表求节钺，帝怒，不许。既而惧友谦怨望，己酉，以友谦兼忠武节度使。制下，友谦已求节钺于晋王，晋王以墨制除令德忠武节度使。

吴宣王重厚恭恪，徐温父子专政，王未尝有不平之意形于言色，温以是安之。及建国称制，尤非所乐，多沉饮鲜食，遂成寝疾。

五月，温自金陵入朝，议当为嗣者。或希温意言曰："蜀先主谓武侯：'嗣子不才，君宜自取。'"温正色曰："吾果有意取之，当在诛张颢之初，岂至今日邪！使杨氏无男，有女亦当立之。敢妄言者斩!"乃以王命迎丹杨公溥监国，徙溥兄濛为舒州团练使。

己丑，宣王殂。六月，戊申，溥即吴王位。尊母王氏曰太妃。

丁巳，蜀以司徒兼门下侍郎、同平章事周庠同平章事，充永平节度使。

帝以泰宁节度使刘鄩为河东道招讨使，帅感化节度使尹皓、静胜节度使温昭图、庄宅使段凝攻同州。

闰月，庚申朔，蜀主作高祖原庙于万里桥，帅后妃、百官用亵味作鼓吹祭之。华阳尉张士乔上疏谏，以为非礼，蜀主怒，欲诛之，太后以为不可，乃削官流黎州，士乔感愤，赴水死。

刘鄩等围同州，朱友谦求救于晋。秋，七月，晋王遣李存审、李嗣昭、李建及、慈州刺史李存质将兵救之。

乙卯，蜀主下诏北巡，以礼部尚书兼成都尹长安韩昭为文思殿大学士，位在翰林承旨上。昭无文学，以便佞得幸，出入宫禁，就蜀主乞通、渠、巴、集数州刺史卖之以营居第，蜀主许之。识者知蜀之将亡。

八月，戊辰，蜀主发成都，被金甲，冠珠帽，执弓矢而行，旌旗兵甲，亘百余里。雒令段融上言："不宜远离都邑，当委大臣征讨。"不从。九月，次安远城。

李存审等至河中，即日济河。梁人素轻河中兵，每战必穷追不置。存审选精甲二百，杂河中兵，直压刘鄩垒，鄩出千骑逐之，知晋人已至，大惊，自是不敢轻出。晋人军于朝邑。

河中事梁久，将士皆持两端。诸军大集，刍粟踊贵，友谦诸子说友谦且归款于梁，以退其师，友谦曰："昔晋王亲赴吾急，秉烛夜战。今方与梁相拒，又命将星行，分我资粮，岂可负邪！"

晋人分兵攻华州，坏其外城。李存审等按兵累旬，乃进逼刘鄩营，鄩等悉众出战，大败，收余众退保罗文寨。又旬余，存审谓李嗣昭曰："兽穷则搏，不如开其走路，然后击之。"乃遣人牧马于沙苑。鄩等宵遁，追击至渭水，又破之，杀获甚众。存审等移檄告谕关右，引兵略地至下邽，谒唐帝陵，哭之而还。

河中兵进攻崇州，静胜节度使温昭图甚惧。帝使供奉官窦维说之曰："公所有者华原、美原两县耳，虽名节度使，实一镇将，比之雄藩，岂可同日语也，公有意欲之乎？"昭图曰："然。"维曰："当为公图之。"即教昭图表求移镇，帝以汝州防御使华温琪权知静胜留后。

冬，十月，辛酉，蜀主如武定军，数日，复还安远。

十一月，戊子朔，蜀主以兼侍中王宗俦为山南节度使、西北面都招讨、行营安抚使，天雄节度使、同平章事王宗昱、永宁军使王宗晏、左神勇军使王宗信为三招讨以副之，将兵伐岐，出故关，壁于咸宜，入良原。丁酉，王宗俦攻陇州，岐王自将万五千人屯汧阳。癸卯，蜀将陈彦威出散关，败岐兵于箭筈岭，蜀兵食尽，引还。宗昱屯秦州，宗俦屯上邽，宗晏、宗信屯威武城。

庚戌，蜀主发安远城。十二月，庚申，至利州，阆州团练使林思谔来朝，请幸所治，从之。癸亥，泛江而下，龙舟画舸，辉映江渚，州县供办，民始愁怨。壬申，至阆州，州民何康女色美，将嫁，蜀主取之，赐其夫家帛百匹，夫一恸而卒。癸未，至梓州。

赵王镕自恃累世镇成德，得赵人心，生长富贵，雍容自逸，治府第园沼，极一时之盛，多事嬉游，不亲政事，事皆仰成于僚佐，深居府第，权移左右，行军司马李蔼、宦者李弘规用事于中外，宦者石希蒙尤以谄谀得幸。

初，刘仁恭使牙将张文礼从其子守文镇沧州，守文诣幽州省其父，文礼于后据城作乱，沧人讨之，奔镇州。文礼好夸诞，自言知兵，赵王镕奇之，养以为子，更名德明，悉以军事委之。德明将行营兵从晋王，镕欲寄以腹心，使都指挥使符习代还，以为防城使。

镕晚年好事佛及求仙，专讲佛经，受符箓，广斋醮，合炼仙丹，盛饰馆宇于西山，每往游之，登山临水，数月方归，将佐士卒陪从者常不下万人，往来供顿，军民皆苦之。是月，自西山还，宿鹘营庄，石希蒙劝王复之它所。李弘规言于王曰："晋王夹河血战，栉风沐雨，亲冒矢石，而王专以供军之资奉不急之费，且时方艰难，人心难测，王久虚府第，远出游从，万一有奸人为变，闭关相距，将若之何？"王将归，希蒙密言于王曰："弘规妄生猜间，出不逊语以劫胁王，专欲夸大于外，长威福耳。"王遂留，信宿无归志。弘规乃教内牙都将苏汉衡帅亲军，擐甲拔刃，诣帐前白王曰："士卒暴露已久，愿从王归。"弘规因进言曰："石希蒙劝王游从不已，且闻欲阴谋为逆，请诛之以谢众。"王不听，牙兵遂大噪，斩希蒙首抵于前。王怒且惧，亟归府。是夕，使其长子副大使昭祚与王德明将兵围弘规及李蔼之第，族诛之，连坐者数十家。又杀苏汉衡，收其党与，穷治反状，亲军大恐。

吴金陵城成，陈彦谦上费用之籍，徐温曰："吾既任公，不复会计。"悉焚之。

初，闽王审知承制加其从子泉州刺史延彬领平卢节度使。延彬治泉州十七年，吏民安之。会得白鹿及紫芝，僧浩源以为王者之符，延彬由是骄纵，密遣使浮海入贡，求为泉州节度使。事觉，审知诛浩源及其党，黜延彬归私第。

汉主岩遣使通好于蜀。

吴越王镠遣使为其子传琇求昏于楚，楚王殷许之。

龙德元年（辛巳、921）

春，正月，甲午，蜀主还成都。

初，蜀主之为太子，高祖为聘兵部尚书高知言女为妃，无宠，及韦妃入宫，尤见疏薄，至是遣还家，知言惊仆，不食而卒。韦妃者，徐耕之孙也，有殊色，蜀主适徐氏，见而悦之，太后因纳于后宫，蜀主不欲娶于母族，托云韦昭度之孙。初为婕妤，累加元妃。

蜀主常列锦步障，击球其中，往往远适而外人不知。爇诸香，昼夜不绝。久而厌之，更爇皂荚以乱其气。结缯为山，及宫殿楼观于其上，或为风雨所败，则更以新者易之。或乐饮缯山，涉旬不下。山前穿渠通禁中，或乘船夜归，令宫女秉蜡炬千余居前船，却立照之水面如昼。或酣饮禁中，鼓吹沸腾，以至达旦。以是为常。

甲辰，徙静胜节度使温昭图为匡国节度使，镇许昌。昭图素事赵岩，故得名藩。

蜀主、吴主屡以书劝晋王称帝，晋王以书示僚佐曰："昔王太师亦尝遗先王书，劝以唐室已亡，宜自帝一方。先王语余云：'昔天子幸石门，吾发兵诛贼臣，当是之时，威振天下，吾若挟天子据关中，自作九锡禅文，谁能禁我！顾吾家世忠孝，立功帝室，誓死不为耳。汝它日当务以复唐社稷为心，慎勿效此曹所为！'言犹在耳，此议非所敢闻也。"因泣。既而将佐及藩镇劝进不已，乃令有司市玉造法物。黄巢之破长安也，魏州僧传真之师得传国宝，藏之四十年，至是，传真以为常玉，将鬻之，或识之，曰："传国宝也。"传真乃诣行台献之，将佐皆奉觞称贺。

张承业在晋阳闻之，诣魏州谏曰："吾王世世忠于唐室，救其患难，所以老奴三十余年为王捃拾财赋，召补兵马，誓灭逆贼，复本朝宗社耳。今河北甫定，朱氏尚存，而王遽即大位，殊非从来征伐之意，天下其谁不解体乎！王何不先灭朱氏，复列圣之深仇，然后求唐后而立之，南取吴，西取蜀，汛扫宇内，合为一家，当是之时，虽使高祖、太宗复生，谁敢居王上者？让之愈久则得之愈坚矣。老奴之志无它，但以受先王大恩，欲为王立万年之基耳。"王曰："此非余所愿，奈群下意何。"承业知不可止，恸哭曰："诸侯血战，本为唐家，今王自取之，误老奴矣。"即归晋阳，邑邑成疾，不复起。

二月，吴改元顺义。

赵王既杀李弘规、李蔼，委政于其子昭祚。昭祚性骄愎，既得大权，向时附弘规者皆族之。弘规部兵五百人欲逃，聚泣偶语，未知所之。会诸军有给赐，赵王忿亲军之杀石希蒙，独不时与，众益惧。王德明素蓄异志，因其惧而激之曰："王命我尽坑尔曹。吾念尔曹无罪并命，欲从王命则不忍，不然又获罪于王，奈何？"众皆感泣。是夕，亲军有宿于潭城西门者，相与饮酒而谋之。酒酣，其中骁健者曰："吾曹识王太保意，今夕富贵决矣！"即逾城入。赵王方焚香受箓，二人断其首而出，因焚府第。军校张友顺帅众诣德明第，请为留后，德明复姓名曰张文礼，尽灭王氏之族，独置昭祚之妻普宁公主以自托于梁。

三月，吴人归吴越王镠从弟龙武统军镒于钱唐，镠亦归吴将李涛于广陵。徐温以涛为右雄武统军，镠以镒为镇海节度副使。

张文礼遣使告乱于晋王，且奉笺劝进，因求节钺。晋王方置酒作乐，闻之，投杯悲泣，欲讨之。僚佐以为文礼罪诚大，然吾方与梁争，不可更立敌于肘腋，宜且从其请以安之。王不得已，夏，四月，遣节度判官卢质承制授文礼成德留后。

陈州刺史惠王友能反，举兵趣大梁，诏陕州留后霍彦威、宣义节度使王彦章、控鹤指挥使张汉杰将兵讨之。友能至陈留，兵败，走还陈州，诸军围之。

五月，丙戌朔，改元。

初，刘鄩与朱友谦为昏。鄩之受诏讨友谦也，至陕州，先遣使移书，谕以祸福，待之月余，友谦不从，然后进兵。尹皓、段凝素忌鄩，因谮之于帝曰："鄩逗遛养寇，俾俟援兵。"帝信之。鄩既败归，以疾请解兵柄，诏听于西都就医，密令留守张宗奭鸩之，丁亥，卒。

六月，乙卯朔，日有食之。

秋，七月，惠王友能降。庚子，诏赦其死，降封房陵侯。

晋王既许藩镇之请，求唐旧臣，欲以备百官。朱友谦遣前礼部尚书苏循诣行台，循至魏州，入牙城，望府廨即拜，谓之拜殿。见王呼万岁舞蹈，泣而称臣。翌日，又献大笔三十枚，谓之"画日笔"。王大喜，即命循以本官为河东节度副使，张承业深恶之。

张文礼虽受晋命，内不自安，复遣间使因卢文进求援于契丹，又遣间使来告曰："王氏为乱兵所屠，公主无恙。今臣已北召契丹，乞朝廷发精甲万人相助，自德、棣度河，则晋人遁逃不暇矣。"帝疑未决。敬翔曰："陛下不乘此衅以复河北，则晋人不可复破矣。宜徇其请，不可失也。"赵、张辈皆曰："今强寇近在河上，尽吾兵力以拒之，犹惧不支，何暇分万人以救张文礼乎！且文礼坐持两端，欲以自固，于我何利焉？"帝乃止。

晋人屡于塞上及河津获文礼蜡丸绢书，晋王皆遣使归之，文礼惭惧。文礼忌赵故将，多所诛灭。符习将赵兵万人从晋王在德胜，文礼请召归，以它将代之，且以习子蒙为都督府参军，遣人赍钱帛劳行营将士以悦之。习见晋王，泣涕请留，晋王曰："吾与赵王同盟讨贼，义犹骨肉，不意一旦祸生肘腋，吾诚痛之。汝苟不忘旧君，能为之复仇乎？吾以兵粮助汝。"习与部将三十余人举身投地恸哭曰："故使授习等剑，使之攘除寇敌。自闻变故以来，冤愤无诉，欲引剑自刭，顾无益于死者。今大王念故使辅佐之勤，许之复冤，习等不敢烦霸府之兵，愿以所部径前搏取凶竖，以报王氏累世之恩，死不恨矣。"

八月，庚申，晋王以习为成德留后，又命天平节度使阎宝、相州刺史史建瑭将兵助之，自邢洺而北。文礼先病腹疽，甲子，晋兵拔赵州，刺史王铤降，晋王复以为刺史，文礼闻之，惊惧而卒。其子处瑾秘不发丧，与其党韩正时谋悉力拒晋。九月，晋兵渡滹沱，围镇州，决漕渠以灌之，获其深州刺史张友顺。壬辰，史建瑭中流矢卒。

晋王欲自分兵攻镇州，北面招讨使戴思远闻之，谋悉杨村之众袭德胜北城，晋王得梁降者，知之。冬，十月，己未，晋王命李嗣源伏兵于戚城，李存审屯德胜，先以骑兵诱之，伪示羸怯。梁兵竞进，晋王严中军以待之，梁兵至，晋王以铁骑三千奋击，梁兵大败，思远走趣杨村，士卒为晋兵所杀伤及自相蹈藉、坠河陷冰，失亡二万余人。晋王以李嗣源为蕃汉内外马步副总管、同平章事。

初，义武节度使兼中书令王处直未有子，妖人李应之得小儿刘雲郎于陉邑，以遗处直曰："是儿有贵相。"使养为子，名之曰都。及壮，便佞多诈，处直爱之，置新军，使典之。处直有孽子郁，无宠，奔晋，晋王克用以女妻之，累迁至新州团练使。余子皆幼，处直以都为节度副大使，欲以为嗣。

及晋王存勖讨张文礼，处直以平日镇、定相为唇齿，恐镇亡而定孤，固谏，以为方御梁寇，且宜赦文礼。晋王答以文礼弑君，义不可赦，又潜引梁兵，恐于易定亦不利。处直患之，以新州地邻契丹，乃潜遣人语郁，使赂契丹，召令犯塞，务以解镇州之围，其将佐多谏，不听。郁素疾都冒继其宗，乃邀处直求为嗣，处直许之。

军府之人皆不欲召契丹，都亦虑郁夺其处，乃阴与书吏和昭训谋劫处直。会处直与张文礼使者宴于城东，暮归，都以新军数百伏于府第，大噪劫之，曰："将士不欲以城召契丹，请令公归西第。"乃并其妻妾幽之西第，尽杀处直子孙在中山及将佐之为处直腹心者。都自为留后，具以状白晋王，晋王因以都代处直。

吴徐温劝吴王祀南郊，或曰："礼乐未备，且唐祀南郊，其费巨万，今未能办也。"温曰："安有王者而不事天乎！吾闻事天贵诚，多费何为？唐每郊祀，启南门，灌其枢用脂百斛。此乃季世奢泰之弊，又安足法乎！"甲子，吴王祀南郊，配以太祖。乙丑，大赦，加徐知诰同平章事，领江州观察使。寻以江州为奉化军，以知诰领节度使。

徐温闻寿州团练使崔太初苛察失民心，欲征之，徐知诰曰："寿州边隅大镇，征之恐为变，不若使其入朝，因留之。"温怒曰："一崔太初不能制，如它人何！"征为右雄武大将军。

十一月，晋王使李存审、李嗣源守德胜，自将兵攻镇州。张处瑾遣其弟处琪、幕僚齐俭谢罪请服，晋王不许，尽锐攻之，旬日不克。处瑾使韩正时将千骑突围出，趣定州，欲求救于王处直，晋兵追至行唐，斩之。

契丹主既许卢文进出兵，王郁又说之曰："镇州美女如云，金帛如山，天皇王速往，则皆己物也，不然，为晋王所有矣。"契丹主以为然，悉发所有之众而南。述律后谏曰："吾有西楼羊马之富，其乐不可胜穷也，何必劳师远出以乘危徼利乎！吾闻晋王用兵，天下莫敌，脱有危败，悔之何及！"契丹主不听。十二月，辛未，攻幽州，李绍宏婴城自守。契丹长驱而南，围涿州，旬日拔之，擒刺史李嗣弼，进寇定州。王都告急于晋，晋王自镇州将亲军五千救之，遣神武都指挥使王思同将兵戍狼山之南以拒之。

高季昌遣都指挥使倪可福以卒万人修江陵外郭，季昌行视，责功程之慢，杖之。季昌女为可福子知进妇，季昌谓其女曰："归语汝舅：吾欲威众办事耳。"以白金数百两遗之。

是岁，汉以尚书左丞倪曙同平章事。

辰、溆州蛮侵楚，楚宁远节度副使姚彦章讨平之。

二年(壬午、922)

春，正月，壬午朔，王都省王处直于西第，处直奋拳殴其胸，曰："逆贼，我何负于汝!"既无兵刃，将噬其鼻，都掣袂获免。未几，处直忧愤而卒。

甲午，晋王至新城南，候骑白契丹前锋宿新乐，涉沙河而南，将士皆失色，士卒有亡去者，主将斩之不能止。诸将皆曰："虏倾国而来，吾众寡不敌，又闻梁寇内侵，宜且还师魏州以救根本，或请释镇州之围，西入井陉避之。"晋王犹豫未决。中门使郭崇韬曰："契丹为王郁所诱，本利货财而来，非能救镇州之急难也。王新破梁兵，威振夷、夏，契丹闻王至，心沮气索，苟挫其前锋，遁走必矣。"李嗣昭自潞州至，亦曰："今强敌在前，吾有进无退，不可轻动以摇人心。"晋王曰："帝王之兴，自有天命，契丹其如我何！吾以数万之众平定山东，今遇此小虏而避之，何面目以临四海!"乃自帅铁骑五千先进。至新城北，半出桑林，契丹万余骑见之，惊走。晋王分军为二逐之，行数十里，获契丹主之子。时沙河桥狭冰薄，契丹陷溺死者甚众。是夕，晋王宿新乐。契丹主车帐在定州城下，败兵至，契丹举众退保望都。

晋王至定州，王都迎谒于马前，宴于府第，请以爱女妻王子继岌。

戊戌，晋王引兵趣望都，契丹逆战，晋王以亲军千骑先进，遇奚酋秃(馁)〔馁〕五千骑，为其所围。晋王力战，出入数四，自午至申不解。李嗣昭闻之，引三百骑横击之，虏退，王乃得出。因纵兵奋击，契丹大败，逐北至易州。会大雪弥旬，平地数尺，契丹人马无食，死者相属于道。契丹主举手指天，谓卢文进曰："天未令我至此。"乃北归。晋王引兵蹑之，随其行止，见其野宿之所，布藁于地，回环方正，皆如编剪，虽去，无一枝乱者，叹曰："虏用法严乃能如是，中国所不及也。"晋王至幽州，使二百骑蹑契丹之后，曰："虏出境即还。"骑恃勇追击之，悉为所擒，惟两骑自它道走免。

契丹主责王郁，絷之以归，自是不听其谋。

晋代州刺史李嗣肱将兵定妫、儒、武等州，授山北都团练使。

晋王之北攻镇州也，李存审谓李嗣源曰："梁人闻我在南兵少，不攻德胜，必袭魏州。吾二人聚于此何为？不若分军备之。”遂分军屯澶州。戴思远果悉杨村之众趣魏州，嗣源引兵先之，军于狄公祠下，遣人告魏州，使为之备。思远至魏店，嗣源遣其将石万全将骑兵挑战。思远知有备，乃西度洹水，拔成安，大掠而还。又将兵五万攻德胜北城，重堑复垒，断其出入，昼夜急攻之，李存审悉力拒守。晋王闻德胜势危，二月，自幽州赴之，五日至魏州。思远闻之，烧营遁还杨村。

蜀主好为微行，酒肆倡家靡所不到，恶人识之，乃下令士民皆著大裁帽。

晋天平节度使兼侍中阎宝筑垒以围镇州，决呼沱水环之。内外断绝，城中食尽，丙午，遣五百余人出求食。宝纵其出，欲伏兵取之，其人遂攻长围，宝轻之，不为备，俄数千人继至。诸军未集，镇人遂坏长围而出，纵火攻宝营，宝不能拒，退保赵州。镇人悉毁晋之营垒，取其刍粟，数日不尽。晋王闻之，以昭义节度使兼中书令李嗣昭为北面招讨使，以代宝。

夏，四月，蜀军使王承纲女将嫁，蜀主取之入宫。承纲请之，蜀主怒，流于茂州。女闻父得罪，自杀。

甲戌，张处瑾遣兵千人迎粮于九门，李嗣昭设伏于故营，邀击之，杀获殆尽，余五人匿于墙墟间，嗣昭环马而射之，镇兵发矢中其脑，嗣昭箙中矢尽，拔矢于脑以射之，一发而殪。会日暮，还营，创流血不止，是夕卒。晋王闻之，不御酒肉者累日。嗣昭遗命：悉以泽、潞兵授节度判官任圜，使督诸军攻镇州，号令如一，镇人不知嗣昭之死。圜，三原人也。

晋王以天雄马步都指挥使、振武节度使李存进为北面招讨使。命嗣昭诸子护丧归葬晋阳，其子继能不受命，帅父牙兵数千，自行营拥丧归潞州。晋王遣母弟存渥驰骑追谕之，兄弟俱忿，欲杀存渥，存渥逃归。嗣昭七子：继俦、继韬、继达、继忠、继能、继袭、继远。继俦为泽州刺史，当袭爵，素懦弱。继韬凶狡，囚继俦于别室，诈令士卒劫己为留后，继韬阳让，以事白晋王。晋王以用兵方殷，不得已，改昭义军曰安义，以继韬为留后。

阎宝惭愤，疽发于背，甲戌卒。

汉主岩用术士言，游梅口镇避灾。其地近闽之西鄙，闽将王延美将兵袭之，未至数十里，侦者告之，岩遁逃仅免。

五月，乙酉，晋李存进至镇州，营于东垣渡，夹呼沱水为垒。

晋卫州刺史李存儒，本姓杨，名婆儿，以俳优得幸于晋王，颇有膂力，晋王赐姓名，以为刺史。专事掊敛，防城卒皆征月课纵归。八月，庄宅使段凝与步军都指挥使张朗引兵夜度河袭之，诘旦登城，执存儒，遂克卫州。戴思远又与凝攻陷淇门、共城、新乡，于是澶州之西，相州之南，皆为梁有，晋人失军储三之一，梁军复振。帝以张朗为卫州刺史。朗，徐州人也。

九月，戊寅朔，张处瑾使其弟处球乘李存进无备，将兵七千人奄至东垣渡。时晋之骑兵亦向镇州城下，两不相遇。镇兵及存进营门，存进狼狈引十余人斗于桥上，镇兵退，晋骑兵断其后，夹击之，镇兵殆尽，存进亦战没。晋王以蕃汉马步总管李存审为北面招讨使。

镇州食竭力尽，处瑾遣使诣行台请降，未报，存审兵至城下。丙午夜，城中将李再丰为内应，密投縋以纳晋兵，比明毕登，执处瑾兄弟家人及其党高濛、李翥、齐俭送行台，赵人皆请而食之，磔张文礼尸于市。赵王故侍者得赵王遗骸于灰烬中，晋王命祭而葬之。以赵将符习为成德节度使，乌震为赵州刺史，赵仁贞为深州刺史，李再丰为冀州刺史。震，信都人也。

符习不敢当成德，辞曰："故使无后而未葬，习当斩衰以葬之，俟礼毕听命。"既葬，即诣行台。赵人请晋王兼领成德节度使，从之。晋王割相、卫二州置义宁军，以习为节度使。习辞曰："魏博霸府，不可分也，愿得河南一镇，习自取之。"乃以为天平节度使、东南面招讨使。加李存审兼侍中。

十一月，戊寅，晋特进、河东监军使张承业卒，曹太夫人诣其第，为之行服，如子侄之礼。晋王闻其丧，不食者累日。命河东留守判官何瓒代知河东军府事。

十二月，晋王以魏博观察判官晋阳张宪兼镇冀观察判官，权镇州军府事。

魏州税多逋负，晋王以让司录济阴赵季良，季良曰："殿下何时当平河南？"王怒曰："汝职在督税，职之不修，何敢预我军事！"季良对曰："殿下方谋攻取而不爱百姓，一旦百姓离心，恐河北亦非殿下之有，况河南乎！"王悦，谢之。自是重之，每预谋议。

是岁，契丹改元天赞。

大封王躬乂，性残忍，海军统帅王建杀之，自立，复称高丽王，以开州为东京，平壤为西京。建俭约宽厚，国人安之。

资治通鉴卷第二百七十二

端明殿学士兼翰林侍读学士太中大夫提举西京嵩山崇福宫上柱国河内郡开国公食邑二千六百户食实封一千户臣 司马光 奉敕编集

后唐纪一昭阳协洽(癸未),一年。

庄宗光圣神闵孝皇帝上

同光元年(癸未、923)

春,二月,晋王下教置百官,于四镇判官中选前朝士族,欲以为相。河东节度判官卢质为之首,质固辞,请以义武节度判官豆卢革、河东观察判官卢程为之,王即召革、程拜行台左、右丞相,以质为礼部尚书。

梁主遣兵部侍郎崔协等册命吴越王镠为吴越国王。丁卯,镠始建国,仪卫名称多如天子之制,谓所居曰宫殿,府署曰朝廷,教令下统内曰制敕,将吏皆称臣,惟不改元,表疏首称吴越国而不言军。以清海节度使兼侍中传瓘为镇海、镇东留后,总军府事。置百官,有丞相、侍郎、郎中、员外郎、客省等使。

李继韬虽受晋王命为安义留后,终不自安,幕僚魏琢、牙将申蒙复从而间之曰:"晋朝无人,终为梁所并耳。"会晋王置百官,三月,召监军张居翰、节度判官任圜赴魏州,琢、蒙复说继韬曰:"王急召二人,情可知矣。"继韬弟继远亦劝继韬自托于梁,继韬乃使继远诣大梁,请以泽潞为梁臣。梁主大喜,更命安义军曰匡义,以继韬为节度使、同平章事。继韬以二子为质。

安义旧将裴约戍泽州,泣谕其众曰:"余事故使逾二纪,见其分财享士,志灭仇雠。不幸捐馆,柩犹未葬,而郎君遽背君亲,吾宁死不能从也。"遂据州自守。梁主以其骁将董璋为泽州刺史,将兵攻之。

继韬散财募士,尧山人郭威往应募。威使气杀人,系狱,继韬惜其才勇而逸之。

契丹寇幽州,晋王问帅于郭崇韬,崇韬荐横海节度使李存审。时存审卧病,己卯,徙存审为卢龙节度使,舆疾赴镇,以蕃汉马步副总管李嗣源领横海节度使。

晋王筑坛于魏州牙城之南,夏,四月,己巳,升坛,祭告上帝,遂即皇帝位,国号大唐,大赦,改元。尊母晋国太夫人曹氏为皇太后,嫡母秦国夫人刘氏为皇太妃。以豆卢革为门下侍郎,卢程为中书侍郎,并同平章事;郭崇韬、张居翰为枢密使,卢质、冯道为翰林学士,张宪为工部侍郎、租庸使,又以义武掌书记李德休为御史中丞。德休，绛之孙也。

诏卢程诣晋阳册太后、太妃。初，太妃无子，性贤，不妒忌，太后为武皇侍姬，太妃常劝武皇善待之，太后亦自谦退，由是相得甚欢。及受册，太妃诣太后宫贺，有喜色，太后忸怩不自安。太妃曰："愿吾儿享国久长，吾辈获没于地，园陵有主，余何足言！"因相向歔欷。

豆卢革、卢程皆轻浅无它能，上特以其衣冠之绪，霸府元僚，故用之。

初，李绍宏为中门使，郭崇韬副之。至是，自幽州召还，崇韬恶其旧人位在己上，乃荐张居翰为枢密使，以绍宏为宣徽使，绍宏由是恨之。居翰和谨畏事，军国机政皆崇韬掌之。支度务使孔谦自谓才能勤效，应为租庸使，众议以谦人微地寒，不当遽总重任，故崇韬荐张宪，以谦副之，谦亦不悦。

以魏州为兴唐府，建东京。又于太原府建西京，又以镇州为真定府，建北都。以魏博节度判官王正言为礼部尚书，行兴唐尹；太原马步都虞候孟知祥为太原尹，充西京副留守；潞州观察判官任圜为工部尚书，兼真定尹，充北京副留守；皇子继岌为北都留守、兴圣宫使，判六军诸卫事。时唐国所有凡十三节度、五十州。

闰月，追尊皇曾祖执宜曰懿祖昭烈皇帝，祖国昌曰献祖文皇帝，考晋王曰太祖武皇帝。立宗庙于晋阳，以高祖、太宗、懿宗、昭宗洎懿祖以下为七室。

甲午，契丹寇幽州，至易定而还。

时契丹屡入寇，钞掠馈运，幽州食不支半年，卫州为梁所取，潞州内叛，人情岌岌，以为梁未可取，帝患之。会郓州将卢顺密来奔。先是，梁天平节度使戴思远屯杨村，留顺密与巡检使刘遂严、都指挥使燕颙守郓州。顺密言于帝曰："郓州守兵不满千人，遂严、颙皆失众心，可袭取也。"郭崇韬等皆以为"悬军远袭，万一不利，虚弃数千人，顺密不可从"。帝密召李嗣源于帐中谋之曰："梁人志在吞泽潞，不备东方，若得东平，则溃其心腹。东平果可取乎？"嗣源自胡柳有度河之惭，常欲立奇功以补过，对曰："今用兵岁久，生民疲弊，苟非出奇取胜，大功何由可成！臣愿独当此役，必有以报。"帝悦。壬寅，遣嗣源将所部精兵五千自德胜趣郓州。比及杨刘，日已暮，阴雨道黑，将士皆不欲进，高行周曰："此天赞我也，彼必无备。"夜，度河至城下，郓人不知，李从珂先登，杀守卒，启关纳外兵，进攻牙城，城中大扰。癸卯旦，嗣源兵尽入，遂拔牙城，刘遂严、燕颙奔大梁。嗣源禁焚掠，抚吏民，执知州事节度副使崔筜、判官赵凤送兴唐。帝大喜曰："总管真奇才，吾事集矣。"即以嗣源为天平节度使。

梁主闻郓州失守，大惧，斩刘遂严、燕颙于市，罢戴思远招讨使，降授宣化留后，遣使诘让北面诸将段凝、王彦章等，趣令进战。敬翔知梁室已危，以绳内靴中，入见梁主曰："先帝取天下，不以臣为不肖，所谋无不用。今敌势益强，而陛下弃忽臣言，臣身无用，不如死。”引绳将自经。梁主止之，问所欲言，翔曰：“事急矣，非用王彦章为大将，不可救也。”梁主从之，以彦章代思远为北面招讨使，仍以段凝为副。

帝闻之，自将亲军屯澶州，命蕃汉马步都虞候朱守殷守德胜，戒之曰：“王铁枪勇决，乘愤激之气，必来唐突，宜谨备之。”守殷，王幼时所役苍头也。又遣使遗吴王书，告以已克郓州，请同举兵击梁。五月，使者至吴，徐温欲持两端，将舟师循海而北，助其胜者。严可求曰：“若梁人邀我登陆为援，何以拒之？”温乃止。

梁主召问主彦章以破敌之期，彦章对曰：“三日。”左右皆失笑。彦章出，两日，驰至滑州。辛酉，置酒大会，阴遣人具舟于杨村，夜，命甲士六百，皆持巨斧，载冶者，具鞴炭，乘流而下。会饮尚未散，彦章阳起更衣，引精兵数千循河南岸趋德胜。天微雨，朱守殷不为备，舟中兵举锁烧断之，因以巨斧斩浮桥，而彦章引兵急击南城。浮桥断，南城遂破，斩首数千级，时受命适三日矣。守殷以小舟载甲士济河救之，不及。彦章进攻潘张、麻家口、景店诸寨，皆拔之，声势大振。

帝遣宦者焦彦宾急趣杨刘，与镇使李周固守，命守殷弃德胜北城，撤屋为筏，载兵械浮河东下，助杨刘守备，徙其刍粮薪炭于澶州，所耗失殆半。王彦章亦撤南城屋材浮河而下，各行一岸，每遇湾曲，辄于中流交斗，飞矢雨集，或全舟覆没，一日百战，互有胜负。比及杨刘，殆亡士卒之半。己巳，王彦章、段凝以十万之众攻杨刘，百道俱进，昼夜不息，连巨舰九艘，横亘河津以绝援兵。城垂陷者数四，赖李周悉力拒之，与士卒同甘苦，彦章不能克，退屯城南，为连营以守之。

杨刘告急于帝，请日行百里以赴之，帝引兵救之，曰：“李周在内，何忧！”日行六十里，不废畋猎。六月，乙亥，至杨刘。梁兵堑垒重复，严不可入，帝患之，问计于郭崇韬，对曰：“今彦章据守津要，意谓可以坐取东平，苟大军不南，则东平不守矣。臣请筑垒于博州东岸以固河津，既得以应接东平，又可以分贼兵势。但虑彦章诇知，径来薄我，城不能就。愿陛下募敢死之士，日令挑战以缀之，苟彦章旬日不东，则城成矣。”时李嗣源守郓州，河北声问不通，人心渐离，不保朝夕。会梁右先锋指挥使康延孝密请降于嗣源，延孝者，太原胡人，有罪，亡奔梁，时隶段凝麾下。嗣源遣押牙临漳范延光送延孝蜡书诣帝，延光因言于帝曰：“杨刘控扼已固，梁人必不能取，请筑垒马家口以通郓州之路。”帝从之，遣崇韬将万人夜发，倍道趣博州，至马家口度河，筑城昼夜不息。帝在杨刘，与梁人昼夜苦战。崇韬筑新城凡六日，王彦章闻之，将兵数万人驰至，戊子，急攻新城，连巨舰十余艘于中流以绝援路。时板筑仅毕，城犹卑下，沙土疏恶，未有楼橹及守备，崇韬慰谕士卒，以身先之，四面拒战，遣间使告急于帝。帝自杨刘引大军救之，陈于新城西岸，城中望之增气，大呼叱梁军，梁人断绁敛舰，帝杈舟将度，彦章解围，退保邹家口。

郓州奏报始通。

李嗣源密表请正朱守殷覆军之罪，帝不从。

秋，七月，丁未，帝引兵循河而南，彦章等弃邹家口，复趣杨刘。甲寅，游弈将李绍兴败梁游兵于清丘驿南。段凝以为唐兵已自上流度，惊骇失色，面数彦章，尤其深入。

乙卯，蜀侍中魏王宗侃卒。

戊午，帝遣骑将李绍荣直抵梁营，擒其斥候，梁人益恐，又以火筏焚其连舰。王彦章等闻帝引兵已至邹家口，己未，解杨刘围，走保杨村，唐兵追击之，复屯德胜。梁兵前后急攻诸城，士卒遭矢石、溺水、暍死者且万人，委弃资粮、铠仗、锅幕，动以千计。杨刘比至围解，城中无食已三日矣。

王彦章疾赵、张乱政，及为招讨使，谓所亲曰："待我成功还，当尽诛奸臣以谢天下。"赵、张闻之，私相谓曰："我辈宁死于沙陀，不可为彦章所杀。"相与协力倾之。段凝素疾彦章之能而谄附赵、张，在军中与彦章动相违戾，百方沮挠之，惟恐其有功，潜伺彦章过失以闻于梁主。每捷奏至，赵、张悉归功于凝，由是彦章功竟无成。及归杨村，梁主信谗，犹恐彦章旦夕成功难制，征还大梁，使将兵会董璋攻泽州。

甲子，帝至杨刘劳李周曰："微卿善守，吾事败矣。"

中书侍郎、同平章事卢程以私事干兴唐府，府吏不能应，鞭吏背。光禄卿兼兴唐少尹任团，圜之弟，帝之从姊婿也，诣程诉之。程骂曰："公何等虫豸，欲倚妇力邪！"团诉于帝。帝怒曰："朕误相此痴物，乃敢辱吾九卿！"欲赐自尽，卢质力救之，乃贬右庶子。

裴约遣间使告急于帝，帝曰："吾兄不幸，乃生枭獍，裴约独能知逆顺。"顾谓北京内牙马步军都指挥使李绍斌曰："泽州弹丸之地，朕无所用，卿为我取裴约以来。"八月，壬申，绍斌将甲士五千救之，未至，城已陷，约死，帝深惜之。

甲戌，帝自杨刘还兴唐。

梁主命于滑州决河，东注曹、濮及郓以限唐兵。

初，梁主遣段凝监大军于河上，敬翔、李振屡请罢之，梁主曰："凝未有过。"振曰："俟其有过，则社稷危矣。"至是，凝厚赂赵、张求为招讨使，翔、振力争以为不可，赵、张主之，竟代王彦章为北面招讨使，于是宿将愤怒，士卒亦不服，天下兵马副元帅张宗奭言于梁主曰："臣为副元帅，虽衰朽，犹足为陛下扞御北方。段凝晚进，功名未能服人，众议讻讻，恐贻国家深忧。"敬翔曰："将帅系国安危，今国势已尔，陛下岂可尚不留意邪？"梁主皆不听。

戊子，凝将全军五万营于王村，自高陵津济河，剽掠澶州诸县，至于顿丘。

梁主又命王彦章将保銮骑士及它兵合万人，屯兖、郓之境，谋复郓州，以张汉杰监其军。

庚寅，帝引兵屯朝城。

戊戌，康延孝帅百余骑来奔，帝解所御锦袍玉带赐之，以为南面招讨都指挥使，领博州刺史。帝屏人问延孝以梁事，对曰："梁朝地不为狭，兵不为少，然迹其行事，终必败亡。何则？主既暗懦，赵、张兄弟擅权，内结宫掖，外纳货赂，官之高下唯视赂之多少，不择才德，不校勋劳。段凝智勇俱无，一旦居王彦章、霍彦威之右，自将兵以来，专率敛行伍以奉权贵。梁主每出一军，不能专任将帅，常以近臣监之，进止可否动为所制。近又闻欲数道出兵，令董璋引陕虢、泽潞之兵自石会关趣太原，霍彦威以汝、洛之兵自相卫、邢洺寇镇定，王彦章、张汉杰以禁军攻郓州，段凝、杜晏球以大军当陛下，决以十月大举。臣窃观梁兵聚则不少，分则不多。愿陛下养勇蓄力以待其分兵，帅精骑五千自郓州直抵大梁，擒其伪主，旬月之间，天下定矣。"帝大悦。

蜀主以文思殿大学士韩昭、内皇城使潘在迎、武勇军使顾在珣为狎客，陪侍游宴，与宫女杂坐，或为艳歌相唱和，或诙嘲谑浪，鄙俚亵慢，无所不至，蜀主乐之。在珣，彦朗之子也。时枢密使宋光嗣等专断国事，恣为威虐，务徇蜀主之欲以盗其权。宰相王锴、庾传素等各保宠禄，无敢规正。潘在迎每劝蜀主诛谏者，无使谤国。嘉州司马刘赞献陈后主三阁图，并作歌以讽，贤良方正蒲禹卿对策语极切直，蜀主虽不罪，亦不能用也。九月，庚戌，蜀主以重阳宴近臣于宣华苑，酒酣，嘉王宗寿乘间极言社稷将危，流涕不已。韩昭、潘在迎曰："嘉王好酒悲。"因谐笑而罢。

帝在朝城，梁段凝进至临河之南，澶西、相南，日有寇掠。自德胜失利以来，丧刍粮数百万，租庸副使孔谦暴敛以供军，民多流亡，租税益少，仓廪之积不支半岁。泽潞未下。卢文进、王郁引契丹屡过瀛、涿之南，传闻俟草枯冰合，深入为寇。又闻梁人欲大举数道入寇，帝深以为忧，召诸将会议。宣徽使李绍宏等皆以为郓州城门之外皆为寇境，孤远难守，有之不如无之，请以易卫州及黎阳于梁，与之约和，以河为境，休兵息民，俟财力稍集，更图后举。帝不悦，曰："如此吾无葬地矣。"乃罢诸将，独召郭崇韬问之。对曰："陛下不栉沐，不解甲，十五余年，其志欲以雪家国之仇耻也。今已正尊号，河北士庶日望升平，始得郓州尺寸之地，不能守而弃之，安能尽有中原乎！臣恐将士解体，将来食尽众散，虽画河为境，谁为陛下守之！臣尝细询康延孝以河南之事，度己料彼，日夜思之，成败之机决在今岁。梁今悉以精兵授段凝，据我南鄙，又决河自固，谓我猝不能渡，恃此不复为备。使王彦章侵逼郓州，其意冀有奸人动摇，变生于内耳。段凝本非将材，不能临机决策，无足可畏。降者皆言大梁无兵，陛下若留兵守魏，固保杨刘，自以精兵与郓州合势，长驱入汴，彼城中既空虚，必望风自溃。苟伪主授首，则诸将自降矣。不然，今秋谷不登，军粮将尽，若非陛下决志，大功何由可成！谚曰：'当道筑室，三年不成。'帝王应运，必有天命，在陛下勿疑耳。"帝曰："此正合朕志。丈夫得则为王，失则为虏，吾行决矣！"司天奏："今岁天道不利，深入必无功。"帝不听。

王彦章引兵逾汶水，将攻郓州，李嗣源遣李从珂将骑兵逆战，败其前锋于递坊镇，获将士三百人，斩首二百级，彦章退保中都。戊辰，捷奏至朝城，帝大喜，谓郭崇韬曰："郓州告捷，足壮吾气。"己巳，命将士悉遣其家归兴唐。

冬，十月，辛未朔，日有食之。

帝遣魏国夫人刘氏、皇子继岌归兴唐，与之诀曰："事之成败，在此一决，若其不济，当聚吾家于魏宫而焚之。"仍命豆卢革、李绍宏、张宪、王正言同守东京。壬申，帝以大军自杨刘济河。癸酉，至郓州，中夜，进军逾汶，以李嗣源为前锋。甲戌旦，遇梁兵，一战败之，追至中都，围其城。城无守备，少顷，梁兵溃围出，追击，破之。王彦章以数十骑走，龙武大将军李绍奇单骑追之，识其声，曰："王铁枪也。"拔稍刺之，彦章重伤，马踬，遂擒之，并擒都监张汉杰、曹州刺史李知节、裨将赵廷隐、刘嗣彬等二百余人，斩首数千级。廷隐，开封人；嗣彬，知俊之族子也。

彦章尝谓人曰："李亚子斗鸡小儿，何足畏！"至是，帝谓彦章曰："尔常谓我小儿，今日服未？"又问："尔名善将，何不守兖州？中都无壁垒，何以自固？"彦章对曰："天命已去，无足言者。"帝惜彦章之材，欲用之，赐药傅其创，屡遣人诱谕之。彦章曰："余本匹夫，蒙梁恩，位至上将，与皇帝交战十五年。今兵败力穷，死自其分，纵皇帝怜而生我，我何面目见天下之人乎！岂有朝为梁将，暮为唐臣，此我所不为也。"帝复遣李嗣源自往谕之，彦章卧谓嗣源曰："汝非邈佶烈乎？"彦章素轻嗣源，故以小名呼之。于是诸将称贺，帝举酒属李嗣源曰："今日之功，公与崇韬之力也。向从绍宏辈语，大事去矣。"

帝又谓诸将曰："向所患惟王彦章，今已就擒，是天意灭梁也。段凝犹在河上，进退之计，宜何向而可？"诸将以为："传者虽云大梁无备，未知虚实。今东方诸镇兵皆在段凝麾下，所余空城耳，以陛下天威临之，无不下者。若先广地，东傅于海，然后观衅而动，可以万全。"康延孝固请亟取大梁。李嗣源曰："兵贵神速。今彦章就擒，段凝必未之知，就使有人走告之，疑信之间尚须三日。设若知吾所向，即发救兵，直路则阻决河，须自白马南渡，数万之众，舟楫亦难猝办。此去大梁至近，前无山险，方陈横行，昼夜兼程，信宿可至。段凝未离河上，友贞已为吾擒矣。延孝之言是也，请陛下以大军徐进，臣愿以千骑前驱。"帝从之。令下，诸军皆踊跃愿行。

是夕，嗣源帅前军倍道趣大梁。乙亥，帝发中都，舁王彦章自随，遣中使问彦章曰："吾此行克乎？"对曰："段凝有精兵六万，虽主将非材，亦未肯遽尔倒戈，殆难克也。"帝知其终不为用，遂斩之。

丁丑，至曹州，梁守将降。

王彦章败卒有先至大梁，告梁主以"彦章就擒，唐军长驱且至"者，梁主聚族哭曰："运祚尽矣。"召群臣问策，皆莫能对。梁主谓敬翔曰："朕居常忽卿所言，以至于此。今事急矣，卿勿以为怼。将若之何？"翔泣曰："臣受先帝厚恩，殆将三纪，名为宰相，其实朱氏老奴，事陛下如郎君。臣前后献言，莫匪尽忠。陛下初用段凝，臣极言不可，小人朋比，致有今日。今唐兵且至，段凝限于水北，不能赴救。臣欲请陛下出居避狄，陛下必不听从；欲请陛下出奇合战，陛下必不果决。虽使良、平更生，谁能为陛下计者？臣愿先赐死，不忍见宗庙之亡也。"因与梁主相向恸哭。

梁主遣张汉伦驰骑追段凝军，汉伦至滑州，坠马伤足，复限水不能进。时城中尚有控鹤军数千，朱珪请帅之出战，梁主不从，命开封尹王瓒驱市人乘城为备。

初，梁陕州节度使邵王友诲，全昱之子也，性颖悟，人心多向之。或言其诱致禁军欲为乱，梁主召还，与其兄友谅、友能并幽于别第。及唐师将至，梁主疑诸兄弟乘危谋乱，并皇弟贺王友雍、建王友徽尽杀之。

梁主登建国楼，面择亲信厚赐之，使衣野服，赍蜡诏，促段凝军，既辞，皆亡匿。或请幸洛阳，收集诸军以拒唐，唐虽得都城，势不能久留。或请幸段凝军，控鹤都指挥使皇甫麟曰："凝本非将材，官由幸进，今危窘之际，望其临机制胜，转败为功，难矣。且凝闻彦章军败，其胆已破，安知能终为陛下尽节乎！"赵岩曰："事势如此，一下此楼，谁心可保！"梁主乃止。复召宰相谋之，郑珏请自怀传国宝诈降以纾国难，梁主曰："今日固不敢爱宝，但如卿此策，竟可了否？"珏俯首久之，曰："但恐未了。"左右皆缩颈而笑。梁主日夜涕泣，不知所为，置传国宝于卧内，忽失之，已为左右窃之迎唐军矣。

戊寅，或告唐军已过曹州，尘埃涨天，赵岩谓从者曰："吾待温许州厚，必不负我。"遂奔许州。

梁主谓皇甫麟曰："李氏吾世仇，理难降首，不可俟彼刀锯。吾不能自裁，卿可断吾首。"麟泣曰："臣为陛下挥剑死唐军则可矣，不敢奉此诏。"梁主曰："卿欲卖我邪？"麟欲自刭，梁主持之曰："与卿俱死。"麟遂弑梁主，因自杀。梁主为人温恭俭约，无荒淫之失，但宠信赵、张，使擅威福，疏弃敬、李旧臣，不用其言，以至于亡。

己卯旦，李嗣源军至大梁，攻封丘门，王瓒开门出降，嗣源入城，抚安军民。

是日，帝入自梁门，百官迎谒于马首，拜伏请罪，帝慰劳之，使各复其位。李嗣源迎贺，帝喜不自胜，手引嗣源衣，以头触之曰："吾有天下，卿父子之功也，天下与尔共之。"帝命访求梁主，顷之，或以其首献。

李振谓敬翔曰："有诏洗涤吾辈，相与朝新君乎？"翔曰："吾二人为梁宰相，君昏不能谏，国亡不能救，新君若问，将何辞以对？"是夕未曙，或报翔曰："崇政李太保已入朝矣。"翔叹曰："李振谬为丈夫！朱氏与新君世为仇雠，今国亡君死，纵新君不诛，何面目入建国门乎！"乃缢而死。

庚辰，梁百官复待罪于朝堂，帝宣敕赦之。

赵岩至许州，温昭图迎谒归第，斩首来献，尽没岩所赍之货。昭图复名韬。

辛巳，诏王瓒收朱友贞尸，殡于佛寺，漆其首，函之，藏于太社。

段凝自滑州济河入援，以诸军排陈使杜晏球为前锋，至封丘，遇李从珂，晏球先降。壬午，凝将其众五万至封丘，亦解甲请降。凝帅诸大将先诣阙待罪，帝劳赐之，慰谕士卒，使各复其所。凝出入公卿间，扬扬自得无愧色，梁之旧臣见者皆欲龁其面，抉其心。

丙戌，诏贬梁中书侍郎、同平章事郑珏为莱州司户，萧顷为登州司户，翰林学士刘岳为均州司马，任赞为房州司马，姚颉为复州司马，封翘为唐州司马，李怿为怀州司马，窦梦徵为沂州司马，崇政学士刘光素为密州司户，陆崇为安州司户，御史中丞王权为随州司户，以其世受唐恩而仕梁贵显故也。岳，崇龟之从子；颉，万年人；翘，敖之孙；怿，京兆人；权，龟之孙也。

段凝、杜晏球上言："伪梁要人赵岩、赵鹄、张希逸、张汉伦、张汉杰、张汉融、朱珪等，窃弄威福，残蠹群生，不可不诛。"诏："敬翔、李振首佐朱温，共倾唐祚，契丹撒剌阿拨叛兄弃母，负恩背国，宜与岩等并族诛于市。自余文武将吏一切不问。"又诏追废朱温、朱友贞为庶人，毁其宗庙神主。

帝之与梁战于河上也，梁拱宸左厢都指挥使陆思铎善射，常于笴上自镂姓名，射帝，中马鞍，帝拔箭藏之。至是，思铎从众俱降，帝出箭示之，思铎伏地待罪，帝慰而释之，寻授龙武右厢都指挥使。

以豆卢革尚在魏，命枢密使郭崇韬权行中书事。

梁诸藩镇稍稍入朝，或上表待罪，帝皆慰释之。宋州节度使袁象先首来入朝，陕州留后霍彦威次之。象先辇珍货数十万，遍赂刘夫人及权贵、伶官、宦者，旬日，中外争誉之，恩宠隆异。己丑，诏伪庭节度、观察、防御、团练使、刺史及诸将校，并不议改更，将校官吏先奔伪庭者一切不问。

庚寅，豆卢革至自魏。甲午，加崇韬守侍中，领成德节度使。崇韬权兼内外，谋猷规益，竭忠无隐，颇亦荐引人物，豆卢革受成而已，无所裁正。

丙申，赐滑州留后段凝姓名曰李绍钦，耀州刺史杜晏球曰李绍虔。

乙酉，梁西都留守河南尹张宗奭来朝，复名全义，献币马千计，帝命皇子继岌、皇弟存纪等兄事之。帝欲发梁太祖墓，斫棺焚其尸，全义上言："朱温虽国之深仇，然其人已死，刑无可加，屠灭其家，足以为报，乞免焚斫以存圣恩。"帝从之，但铲其阙室，削封树而已。

戊戌，加天平节度使李嗣源兼中书令，以北京（刘）〔留〕守继岌为东京留守、同平章事。

帝遣使宣谕诸道，梁所除节度使五十余人皆上表入贡。

楚王殷遣其子牙内马步都指挥使希範入见，纳洪、鄂行营都统印，上本道将吏籍。

荆南节度使高季昌闻帝灭梁，避唐庙讳，更名季兴，欲自入朝，梁震曰："唐有吞天下之志，严兵守险，犹恐不自保，况数千里入朝乎！且公朱氏旧将，安知彼不以仇敌相遇乎！"季兴不从。

帝遣使以灭梁告吴、蜀，二国皆惧。徐温尤严可求曰："公前沮吾计，今将奈何？"可求笑曰："闻唐主始得中原，志气骄满，御下无法，不出数年，将有内变，吾但当卑辞厚礼，保境安民以待之耳。"唐使称诏，吴人不受，帝易其书，用敌国之礼，曰："大唐皇帝致书于吴国主"，吴人复书称"大吴国主上大唐皇帝"，辞礼如笺表。

吴人有告寿州团练使钟泰章侵市官马者，徐知诰以吴王之命，遣滁州刺史王稔巡霍丘，因代为寿州团练使，以泰章为饶州刺史。徐温召至金陵，使陈彦谦诘之者三，皆不对。或问泰章："何以不自辨？"泰章曰："吾在扬州，十万军中号称壮士，寿州去淮数里，步骑不下五千，苟有他志，岂王稔单骑能代之乎！我义不负国，虽黜为县令亦行，况刺史乎！何为自辨以彰朝廷之失！"徐知诰欲以法绳诸将，请收泰章治罪。徐温曰："吾非泰章，已死于张颢之手，今日富贵，安可负之！"命知诰为子景通娶其女以解之。

彗星见舆鬼，长丈余，蜀司天监言国有大灾。蜀主诏于玉局化设道场，右补阙张雲上疏，以为："百姓怨气上彻于天，故彗星见。此乃亡国之征，非祈禳可弭。"蜀主怒，流雲黎州，卒于道。

郭崇韬上言："河南节度使、刺史上表者但称姓名，未除新官，恐负忧疑。"十一月，始降制以新官命之。

滑州留后李绍钦因伶人景进纳货于宫掖，除泰宁节度使。

帝幼善音律，故伶人多有宠，常侍左右。帝或时自傅粉墨，与优人共戏于庭，以悦刘夫人，优名谓之"李天下"。尝因为优，自呼曰"李天下，李天下"，优人敬新磨遽前批其颊。帝失色，群优亦骇愕，新磨徐曰："理天下者只有一人，尚谁呼邪！"帝悦，厚赐之。帝尝畋于中牟，践民稼，中牟令当马前谏曰："陛下为民父母，奈何毁其所食，使转死沟壑乎！"帝怒，叱去，将杀之。敬新磨追擒至马前，责之曰："汝为县令，独不知吾天子好猎邪？奈何纵民耕种，以妨吾天子之驰骋乎！汝罪当死。"因请行刑，帝笑而释之。

诸伶出入宫掖，侮弄缙绅，群臣愤嫉，莫敢出气；亦有反相附托以希恩泽者，四方藩镇争以货赂结之。其尤蠹政害人者，景进为之首。进好采闾阎鄙细事闻于上，上亦欲知外间事，遂委进以耳目。进每奏事，常屏左右问之，由是进得施其谗慝，干豫政事。自将相大臣皆惮之，孔岩常以兄事之。

壬寅，岐王遣使致书，贺帝灭梁，以季父自居，辞礼甚倨。

癸卯，河中节度使朱友谦入朝，帝与之宴，宠锡无算。

张全义请帝迁都洛阳，从之。

乙巳，赐朱友谦姓名曰李继麟，命继岌兄事之。

以康延孝为郑州防御使，赐姓名曰李绍琛。

废北都，复为成德军。

赐宣武节度使袁象先姓名曰李绍安。

匡国节度使温韬入朝，赐姓名曰李绍冲。绍冲多赍金帛赂刘夫人及权贵伶宦，旬日，复遣还镇。郭崇韬曰："国家为唐雪耻，温韬发唐山陵殆遍，其罪与朱温相埒耳，何得复居方镇，天下义士其谓我何？"上曰："入汴之初，已赦其罪。"竟遣之。

戊申，中书奏以："国用未充，请量留三省、寺、监官，余并停，俟见任者满二十五月，以次代之。其西班上将军以下，令枢密院准此。"从之。人颇咨怨。

初，梁均王将祀南郊于洛阳，闻杨刘陷而止，其仪物具在。张全义请上亟幸洛阳，谒庙毕即祀南郊，从之。

丙辰，复以梁东京开封府为宣武军汴州。梁以宋州为宣武军，诏更名归德军。

诏文武官先诣洛阳。

议者以郭崇韬勋臣为宰相，不能知朝廷典故，当用前朝名家以佐之。或荐礼部尚书薛廷珪，太子少保李琪，尝为太祖册礼使，皆耆宿有文，宜为相。崇韬奏廷珪浮华无相业，琪倾险无士风，尚书左丞赵光胤廉洁方正，自梁未亡，北人皆称其有宰相器。豆卢革荐礼部侍郎韦说谙练朝章。丁巳，以光胤为中书侍郎，与说并同平章事。光胤，光逢之弟；说，岫之子；廷珪，逢之子也。光胤性轻率，喜自矜，说谨重守常而已。

赵光逢自梁朝罢相，杜门不交宾客，光胤时往见之，语及政事。他日，光逢署其户曰："请不言中书事。"

租庸副使孔谦畏张宪公正，欲专使务，言于郭崇韬曰："东京重地，须大臣镇之，非张公不可。"崇韬即奏以宪为东京副留守，知留守事。戊午，以豆卢革判租庸，兼诸道盐铁转运使。谦弥失望。

己未，加张全义守尚书令，高季兴守中书令。时季兴入朝，上待之甚厚，从容问曰："朕欲用兵于吴、蜀，二国何先？"季兴以蜀道险难取，乃对曰："吴地薄民贫，克之无益，不如先伐蜀。蜀土富饶，又主荒民怨，伐之必克。克蜀之后，顺流而下，取吴如反掌耳。"上曰："善。"

辛酉，复以永平军大安府为西京京兆府。

甲子，帝发大梁。十二月，庚午，至洛阳。

吴越王镠以行军司马杜建徽为左丞相。

壬申，诏以汴州宫苑为行宫。

以耀州为顺义军，延州为彰武军，邓州为威胜军，晋州为建雄军，安州为安远军，自余藩镇，皆复唐旧名。

庚辰，御史台奏："朱温篡逆，删改本朝《律令格式》，悉收旧本焚之，今台司及刑部、大理寺所用皆伪廷之法。闻定州敕库独有本朝《律令格式》具在，乞下本道录进。"从之。

李继韬闻上灭梁，忧惧，不知所为，欲北走契丹。会有诏征诣阙，继韬将行，其弟继远曰："兄以反为名，何地自容！往与不往等耳，不若深沟高垒，坐食积粟，犹可延岁月；入朝，立死矣。"或谓继韬曰："先令公有大功于国，主上于公，季父也，往必无虞。"继韬母杨氏，善蓄财，家赀百万，乃与杨氏偕行，赍银四十万两，它货称是，大布赂遗。伶人宦官争为之言曰："继韬初无邪谋，为奸人所惑耳。嗣昭亲贤，不可无后。"杨氏复入宫见帝，泣请其死，以其先人为言；又求哀于刘夫人，刘夫人亦为之言。及继韬入见待罪，上释之，留月余，屡从游畋，宠待如故。皇弟义成节度使、同平章事存渥深诋诃之，继韬心不自安，复赂左右求还镇，上不许。继韬潜遣人遗继远书，教军士纵火，冀天子复遣己抚安之，事泄，辛巳，贬登州长史，寻斩于天津桥南，并其二子。遣使斩继远于上党，以李继达充军城巡检。

召权知军州事李继俦诣阙，继俦据有继韬之室，料简妓妾，搜校货财，不时即路。继达怒曰："吾家兄弟父子同时诛死者四人，大兄曾无骨肉之情，贪淫如此，吾诚羞之，无面视人，生不如死！"甲申，继达衰服，帅麾下百骑坐戟门呼曰："谁与吾反者？"因攻牙宅，斩继俦。节度副使李继珂闻乱，募市人，得千余，攻子城。继达知事不济，开东门，归私第，尽杀其妻子，将奔契丹，出城数里，从骑皆散，乃自刭。

甲申，吴王复遣司农卿洛阳卢蘋来奉使，严可求豫料帝所问，教蘋应对，既至，皆如可求所料。蘋还，言唐主荒于游畋，啬财拒谏，内外皆怨。

高季兴在洛阳，帝左右伶宦求货无厌，季兴忿之。帝欲留季兴，郭崇韬谏曰："陛下新得天下，诸侯不过遣子弟将佐入贡，惟高季兴身自入朝，当褒赏以劝来者，乃羁留不遣，弃信亏义，沮四海之心，非计也。"乃遣之。季兴倍道而去，至许州，谓左右曰："此行有二失：来朝一失，纵我去一失。"过襄州，节度使孔勍留宴，中夜，斩关而去。丁酉，至江陵，握梁震手曰："不用君言，几不免虎口。"又谓将佐曰："新朝百战方得河南，乃对功臣举手云，'吾于十指上得天下'，矜伐如此，则它人皆无功矣，其谁不解体？又荒于禽色，何能久长！吾无忧矣。"乃缮城积粟，招纳梁旧兵，为战守之备。

资治通鉴卷第二百七十三

端明殿学士兼翰林侍读学士太中大夫提举西京嵩山崇福宫上柱国河内郡开国公食邑二千六百户食实封一千户臣 司马光 奉敕编集

后唐纪二起阏逢涒滩(甲申)，尽旃蒙作噩(乙酉)十月，凡一年有奇。

庄宗光圣神闵孝皇帝中

同光二年(甲申、924)

春，正月，甲辰，幽州奏契丹入寇，至瓦桥。以天平军节度使李嗣源为北面行营都招讨使，陕州留后霍彦威副之，宣徽使李绍宏为监军，将兵救幽州。

孔谦复言于郭崇韬曰："首座相公万机事繁，居第且远，租庸簿书多留滞，宜更图之。"豆卢革尝以手书便省库钱数十万，谦以手书示崇韬，崇韬微以讽革。革惧，奏请崇韬专判租庸，崇韬固辞。上曰："然则谁可者?"崇韬曰："孔谦虽久典金谷，若遽委大任，恐不叶物望，请复用张宪。"帝即命召之。谦弥失望。

岐王闻帝入洛，内不自安，遣其子行军司马彰义节度使兼侍中继曮入贡，始上表称臣。帝以其前朝耆旧，与太祖比肩，特加优礼，每赐诏但称岐王而不名。庚戌，加继曮兼中书令，遣还。

敕："内官不应居外，应前朝内官及诸道监军并私家先所畜者，不以贵贱，并遣诣阙。"时在上左右者已五百人，至是殆及千人，皆给赡优厚，委之事任，以为腹心。内诸司使，自天祐以来以士人代之，至是复用宦者，浸干政事。既而复置诸道监军，节度使出征或留阙下，军府之政皆监军决之，陵忽主帅，怙势争权，由是藩镇皆愤怒。

契丹出塞。召李嗣源旋师，命泰宁节度使李绍钦、泽州刺史董璋戍瓦桥。

李继曮见唐甲兵之盛，归，语岐王，岐王益惧，癸丑，表请正藩臣之礼，优诏不许。

孔谦恶张宪之来，言于豆卢革曰："钱谷细事，一健吏可办耳。魏都根本之地，顾不重乎！兴唐尹王正言操守有余，智力不足，必不得已，使之居朝廷，众人辅之，犹愈于专委方面也。"革为之言于崇韬，崇韬乃奏留张宪于东京。甲寅，以正言为租庸使。正言昏懦，谦利其易制故也。

李存审奏契丹去，复得新州。

戊午，敕盐铁、度支、户部三司并隶租庸使。

上遣皇弟存渥、皇子继岌迎太后、太妃于晋阳，太妃曰："陵庙在此，若相与俱行，岁时何人奉祀！"遂留不来。太后至，庚申，上出迎于河阳。辛酉，从太后入洛阳。

二月，己巳朔，上祀南郊，大赦。孔谦欲聚敛以求媚，凡赦文所蠲者，谦复征之。自是每有诏令，人皆不信，百姓愁怨。

郭崇韬初至汴、洛，颇受藩镇馈遗，所亲或谏之，崇韬曰："吾位兼将相，禄赐巨万，岂藉外财？但以伪梁之季，贿赂成风，今河南藩镇，皆梁之旧臣，主上之仇雠也，若拒，其意能无惧乎？吾特为国家藏之私室耳。"及将祀南郊，崇韬首献劳军钱十万缗。

先是，宦官劝帝分天下财赋为内外府，州县上供者入外府，充经费，方镇贡献者入内府，充宴游及给赐左右。于是外府常虚竭无余而内府山积。及有司办郊祀，乏劳军钱，崇韬言于上曰："臣已倾家所有以助大礼，愿陛下亦出内府之财以赐有司。"上默然久之，曰："吾晋阳自有储积，可令租庸辇取以相助。"于是取李继韬私第金帛数十万以益之，军士皆不满望，始怨恨，有离心矣。

河中节度使李继麟请榷安邑、解县盐，每季输省课。己卯，以继麟充制置两池榷盐使。

辛巳，进岐王爵为秦王，仍不名不拜。

郭崇韬知李绍宏怏怏，乃置内句使，掌句三司财赋，以绍宏为之，冀弭其意，而绍宏终不悦，徒使州县增移报之烦。

崇韬位兼将相，复领节旄，以天下为己任，权侔人主，旦夕车马填门。性刚急，遇事辄发，嬖幸侥求，多所摧抑，宦官疾之，朝夕短之于上，崇韬扼腕，欲制之不能。豆卢革、韦说尝问之曰："汾阳王本太原人徙华阴，公世家雁门，岂其枝派邪?"崇韬因曰："遭乱，亡失谱谍，尝闻先人言，上距汾阳四世耳。"革曰："然则固从祖也。"崇韬由是以膏粱自处，多甄别流品，引拔浮华，鄙弃勋旧。有求官者，崇韬曰："深知公功能，然门地寒素，不敢相用，恐为名流所嗤。"由是嬖幸疾之于内，勋旧怨之于外。崇韬屡请以枢密使让李绍宏，上不许。又请分枢密院事归内诸司以轻其权，而宦官谤之不已。崇韬郁郁不得志，与所亲谋赴本镇以避之，其人曰："不可，蛟龙失水，蝼蚁足以制之。"

先是，上欲以刘夫人为皇后，而有正妃韩夫人在，太后素恶刘夫人，崇韬亦屡谏，上以是不果。于是所亲说崇韬曰："公若请立刘夫人为皇后，上必喜。内有皇后之助，则伶宦辈不能为患矣。"崇韬从之，与宰相帅百官共奏刘夫人宜正位中宫。癸未，立魏国夫人刘氏为皇后。皇后生于寒微，既贵，专务蓄财，其在魏州，至于薪苏果茹皆贩鬻之。及为后，四方贡献皆分为二，一上天子，一上中宫。以是宝货山积，惟用写佛经，施尼师而已。

是时皇太后诰，皇后教，与制敕交行于藩镇，奉之如一。

诏蔡州刺史朱勍浚索水，通漕运。

三月，己亥朔，蜀主宴近臣于怡神亭，酒酣，君臣及宫人皆脱冠露髻，喧哗自恣。知制诰京兆李龟祯谏曰："君臣沉湎，不忧国政，臣恐启北敌之谋。"不听。

乙巳，镇州言契丹将犯塞，诏横海节度使李绍斌、北京左厢马军指挥使李从珂帅骑兵分道备之，天平节度使李嗣源屯邢州。绍斌本姓赵，名行实，幽州人也。

丙午，加高季兴兼尚书令，进封南平王。

李存审自以身为诸将之首，不得预克汴之功，感愤，疾益甚，累表求入觐，郭崇韬抑而不许。存审疾亟，表乞生睹龙颜，乃许之。

初，帝尝与右武卫上将军李存贤手搏，存贤不尽其技，帝曰："汝能胜我，我当授藩镇。"存贤乃奉诏，仅仆帝而止。及许存审入觐，帝以存贤为卢龙行军司马，旬日除节度使，曰："手搏之约，吾不食言矣。"

庚戌，幽州奏契丹寇新城。

勋臣畏伶官之谗，皆不自安，蕃汉内外马步副总管李嗣源求解兵柄，帝不许。

自唐末丧乱，搢绅之家或以告赤鬻于族姻，遂乱昭穆，至有舅叔拜甥、侄者，选人伪滥者众。郭崇韬欲革其弊，请令铨司精加考核。时南郊行事官千二百人，注官者才数十人，涂毁告身者十之九。选人或号哭道路，或馁死逆旅。

唐室诸陵先为温韬所发，庚申，以工部郎中李途为长安按视诸陵使。

皇子继岌代张全义判六军诸卫事。

夏，四月，己巳朔，群臣上尊号曰昭文睿武至德光孝皇帝。

帝遣客省使李严使于蜀，严盛称帝威德，有混一天下之志。且言朱氏篡窃，诸侯曾无勤王之举。王宗俦以其语侵蜀，请斩之，蜀主不从。宣徽北院使宋光葆上言："晋王有凭陵我国家之志，宜选将练兵，屯戍边鄙，积糗粮，治战舰以待之。"蜀主乃以光葆为梓州观察使，充武德节度留后。

乙亥，加楚王殷兼尚书令。

庚辰，赐前保义留后霍彦威姓名李绍真。

秦忠敬王李茂贞卒，遗奏以其子继曮权知凤翔军府事。

初，安义牙将杨立有宠于李继韬，继韬诛，常邑邑思乱。会发安义兵三千戍涿州，立谓其众曰："前此潞兵未尝戍边，今朝廷驱我辈投之绝塞，盖不欲置之潞州耳。与其暴骨沙场，不若据城自守，事成富贵，不成为群盗耳。"因聚噪攻子城东门，焚掠市肆，节度副使李继珂、监军张弘祚弃城走，立自称留后，遣将士表求旄节。诏以天平节度使李嗣源为招讨使，武宁节度使李绍荣为部署，帐前都指挥使张廷蕴为马步都指挥使以讨之。

孔谦贷民钱，使以贱估偿丝，屡檄州县督之。翰林学士承旨、权知汴州卢质上言："梁赵岩为租庸使，举贷诛敛，结怨于人。今陛下革故鼎新，为人除害，而有司未改其所为，是赵岩复生也。今春霜害桑，茧丝甚薄，但输正税，犹惧流移，况益以称贷，人何以堪！臣惟事天子，不事租庸，敕旨未颁，省牒频下，愿早降明命。"帝不报。

汉主引兵侵闽，屯于汀、漳境上，闽人击之，汉主败走。

初，胡柳之役，伶人周匝为梁所得，帝每思之。入汴之日，匝谒见于马前，帝甚喜。匝涕泣言曰："臣所以得生全者，皆梁教坊使陈俊、内园栽接使储德源之力也，愿就陛下乞二州以报之。"帝许之。郭崇韬谏曰："陛下所与共取天下者，皆英豪忠勇之士。今大功始就，封赏未及一人，而先以伶人为刺史，恐失天下心。"以是不行。逾年，伶人屡以为言，帝谓崇韬曰："吾已许周匝矣，使吾惭见此三人。公言虽正，然当为我屈意行之。"五月，壬寅，以俊为景州刺史，德源为宪州刺史。时亲军有从帝百战未得刺史者，莫不愤叹。

乙巳，右谏议大夫薛昭文上疏，以为："今诸道僭窃者尚多，征伐之谋，未可遽息。又，士卒久从征伐，赏给未丰，贫乏者多，宜以四方贡献及南郊羡余，更加颁赉。又，河南诸军皆梁之精锐，恐僭窃之国潜以厚利诱之，宜加收抚。又，户口流亡者，宜宽徭薄赋以安集之。又，土木不急之役，宜加裁省。又，请择隙地牧马，勿使践京畿民田。"皆不从。

戊申，蜀主遣李严还。初，帝因严入蜀，令以马市宫中珍玩，而蜀法禁锦绮珍奇不得入中国，其粗恶者乃听入中国，谓之"入草物"。严还，以闻，帝怒曰："王衍宁免为入草之人乎！"严因言于帝曰："衍童呆荒纵，不亲政务，斥远故老，昵比小人。其用事之臣王宗弼、宋光嗣等，谄谀专恣，黩货无厌，贤愚易位，刑赏紊乱，君臣上下专以奢淫相尚。以臣观之，大兵一临，瓦解土崩，可翘足而待也。"帝深以为然。

帝以潞州叛故，庚戌，诏天下州镇无得修城浚隍，悉毁防城之具。

壬子，新宣武节度使兼中书令、蕃汉马步总管李存审卒于幽州。存审出于寒微，常戒诸子曰："尔父少提一剑去乡里，四十年间，位极将相，其间出万死获一生者非一，破骨出镞者凡百余。"因授以所出镞，命藏之，曰："尔曹生于膏粱，当知尔父起家如此也。"

幽州言契丹将入寇，甲寅，以横海节度使李绍斌充东北面行营招讨使，将大军度河而北。契丹屯幽州东南城门之外，虏骑充斥，馈运多为所掠。

壬戌，以李继曮为凤翔节度使。

乙丑，以权知归义留后曹义金为节度使。时瓜、沙与吐蕃杂居，义金遣使间道入贡，故命之。

李嗣源大军前锋至潞州，日已暝，泊军方定，张廷蕴帅麾下壮士百余辈逾堑坎城而上，守者不能御，即斩关延诸军入。比明，嗣源及李绍荣至，城已下矣，嗣源等不悦。丙寅，嗣源奏潞州平。六月，丙子，磔杨立及其党于镇国桥。潞州城池高深，帝命夷之。

丙戌，以武宁节度使李绍荣为归德节度使、同平章事，留宿卫，宠遇甚厚。帝或时与太后、皇后同至其家。帝有幸姬，色美，尝生子矣，刘后妒之。会绍荣丧妻，一日，侍禁中，帝问绍荣："汝复娶乎？为汝求昏。"后因指幸姬曰："大家怜绍荣，何不以此赐之。"帝难言不可，微许之。后趣绍荣拜谢，比起，顾幸姬，已肩舆出宫矣。帝为之托疾不食者累日。

壬辰，以天平节度使李嗣源为宣武节度使，代李存审为蕃汉内外马步总管。

秋，七月，壬寅，蜀以礼部尚书许寂为中书侍郎、同平章事。

孔谦复短王正言于郭崇韬，又厚赂伶官，求租庸使，终不获，意怏怏，癸卯，表求解职。帝怒，以为避事，将置于法，景进救之，得免。

梁所决河连年为曹、濮患，甲辰，命右监门上将军娄继英督汴、滑兵塞之。未几，复坏。

庚申，置威塞军于新州。

契丹恃其强盛，遣使就帝求幽州以处卢文进。时东北诸夷皆役属契丹，惟勃海未服，契丹主谋入寇，恐勃海掎其后，乃先举兵击勃海之辽东，遣其将秃馁及卢文进据营、平等州以扰燕地。

八月，戊辰，蜀主以右定远军使王宗锷为招讨马步使，帅二十一军屯洋州；乙亥，以长直马军使林思谔为昭武节度使，戍利州以备唐。

租庸使王正言病风，恍惚不能治事，景进屡以为言。癸酉，以副使、卫尉卿孔谦为租庸使，右威卫大将军孔循为副使。循即赵殷衡也，梁亡，复其姓名。谦自是得行其志，重敛急征以充帝欲，民不聊生。癸未，赐谦号丰财赡国功臣。

帝复遣使者李彦稠入蜀，九月，己亥，至成都。

癸卯，帝猎于近郊。时帝屡出游猎，从骑伤民禾稼，洛阳令何泽伏于丛薄，俟帝至，遮马谏曰："陛下赋敛既急，今稼穑将成，复蹂践之，使吏何以为理，民何以为生！臣愿先赐死。"帝慰而遣之。泽，广州人也。

契丹攻渤海，无功而还。

蜀前山南节度使兼中书令王宗俦以蜀主失德，与王宗弼谋废立，宗弼犹豫未决。庚戌，宗俦忧愤而卒。宗弼谓枢密使宋光嗣、景润澄等曰："宗俦教我杀尔曹，今日无患矣。"光嗣辈俯伏泣谢。宗弼子承班闻之，谓人曰："吾家难乎免矣。"

乙卯，蜀主以前镇江军节度使张武为峡路应援招讨使。

丁巳，幽州言契丹入寇。

冬，十月，辛未，天平节度使李存霸、平卢节度使符习言："属州多称直奉租庸使帖指挥公事，使司殊不知，有紊规程。"租庸使奏，近例皆直下。敕："朝廷故事，制敕不下支郡，牧守不专奏陈。今两道所奏，乃本朝旧规；租庸所陈，是伪廷近事。自今支郡自非进奉，皆须本道腾奏，租庸征催亦须牒观察使。"虽有此敕，竟不行。

易定言契丹入寇。

蜀宣徽北院使王承休请择诸军骁勇者万二千人，置驾下左、右龙武步骑四十军，兵械给赐皆优异于它军，以承休为龙武军马步都指挥使，以裨将安重霸副之，旧将无不愤耻。重霸，雲州人，以狡佞贿赂事承休，故承休悦之。

吴越王镠复修本朝职贡，壬午，帝因梁官爵而命之。镠厚贡献，并赂权要，求金印、玉册、赐诏不名、称国王。有司言："故事惟天子用玉册，王公皆用竹册。又，非四夷无封国王者。"帝皆曲从镠意。

吴王如白沙观楼船，更命白沙曰迎銮镇。徐温自金陵来朝。先是，温以亲吏翟虔为阁门、宫城、武备等使，使察王起居，虔防制王甚急。至是，王对温名雨为水，温请其故。王曰："翟虔父名，吾讳之熟矣。"因谓温曰："公之忠诚，我所知也，然翟虔无礼，宫中及宗室所须多不获。"温顿首谢罪，请斩之，王曰："斩则太过，远徙可也。"乃徙抚州。

十一月，蜀主遣其翰林学士欧阳彬来聘。彬，衡山人也。又遣李彦稠东还。

癸卯，帝帅亲军猎于伊阙，命从官拜梁太祖墓。涉历山险，连日不止，或夜合围，士卒坠崖谷死及折伤者甚众。丙午，还宫。

蜀以唐修好，罢威武城戍，召关宏业等二十四军还成都。戊申，又罢武定、武兴招讨刘潜等三十七军。

丁巳，赐护国节度使李继麟铁券，以其子令德、令锡皆为节度使，诸子胜衣者即拜官，宠冠列藩。

庚申，蔚州言契丹入寇。

辛酉，蜀主罢天雄军招讨，命王承骞等二十九军还成都。

十二月，乙丑朔，蜀主以右仆射张格兼中书侍郎、同平章事。初，格之得罪，中书吏王鲁柔乘危窘之，及再为相用事，杖杀之。许寂谓人曰："张公才高而识浅，戮一鲁柔，它人谁敢自保！此取祸之端也。"

蜀主罢金州屯戍，命王承勋等七军还成都。

己巳，命宣武节度使李嗣源将宿卫兵三万七千人赴汴州，遂如幽州御契丹。

庚午，帝及皇后如张全义第，全义大陈贡献。酒酣，皇后奏称："妾幼失父母，见老者辄思之，请父事全义。"帝许之。全义惶恐固辞，再三强之，竟受皇后拜，复贡献谢恩。明日，后命翰林学士赵凤草书谢全义，凤密奏："自古无天下之母拜人臣为父者。"帝嘉其直，然卒行之。自是后与全义日遣使往来问遗不绝。

初，唐僖、昭之世，宦官虽盛，未尝有建节者。蜀安重霸劝王承休求秦州节度使，承休言于蜀主曰："秦州多美妇人，请为陛下采择以献。"蜀主许之。庚午，以承休为天雄节度使，封鲁国公，以龙武军为承休牙兵。

乙亥，蜀主以前武德节度使兼中书令徐延琼为京城内外马步都指挥使。延琼以外戚代王宗弼居旧将之右，众皆不平。

壬午，北京言契丹寇岚州。

辛卯，蜀主改明年元曰咸康。

卢龙节度使李存贤卒。

是岁，蜀徙普王宗仁为卫王，雅王宗辂为豳王，褒王宗纪为赵王，荣王宗智为韩王，兴王宗泽为宋王，彭王宗鼎为鲁王，忠王宗平为薛王，资王宗特为莒王；宗辂、宗智、宗平皆罢军使。

三年（乙酉、925）

春，正月，甲午朔，蜀大赦。

丙申，敕有司改葬昭宗及少帝，竟以用度不足而止。

契丹寇幽州。

庚子，帝发洛阳。庚戌，至兴唐。

诏平卢节度使苻习治酸枣遥堤以御决河。

初，李嗣源北征，过兴唐，东京库有供御细铠，嗣源牒副留守张宪取五百领，宪以军兴，不暇奏而给之。帝怒曰："宪不奉诏，擅以吾铠给嗣源，何意也？"罚宪俸一月，令自往军中取之。

帝以义武节度使王都将入朝，欲辟球场，宪曰："比以行宫阙廷为球场，前年陛下即位于此，其坛不可毁，请辟球场于宫西。"数日，未成，帝命毁即位坛。宪谓郭崇韬曰："此坛，主上所以礼上帝，始受命之地也，若之何毁之！"崇韬从容言于帝，帝立命两虞候毁之。宪私于崇韬曰："忘天背本，不祥莫大焉。"

二月，甲戌，横海节度使李绍斌为卢龙节度使。

丙子，李嗣源奏败契丹于涿州。

上以契丹为忧，与郭崇韬谋，以威名宿将零落殆尽，李绍斌位望素轻，欲徙李嗣源镇真定，为绍斌声援，崇韬深以为便。时崇韬领真定，上欲徙崇韬镇汴州，崇韬辞曰："臣内典枢机，外预大政，富贵极矣，何必更领藩方？且群臣或从陛下岁久，身经百战，所得不过一州。臣无汗马之劳，徒以侍从左右，时赞圣谟，致位至此，常不自安，今因委任勋贤，使臣得解旄节，乃大愿也。且汴州关东冲要，地富人繁，臣既不至治所，徒令它人摄职，何异空城，非所以固国基也。"上曰："深知卿忠尽，然卿为朕画策，袭取汶阳，保固河津，既而自此路乘虚直趋大梁，成朕帝业，岂百战之功可比乎！今朕贵为天子，岂可使卿曾无尺寸之地乎？"崇韬固辞不已，上乃许之。庚辰，徙李嗣源为成德节度使。

汉主闻帝灭梁而惧，遣宫苑使何词入贡，且觇中国强弱。甲申，词至魏。及还，言帝骄淫无政，不足畏也。汉主大悦，自是不复通中国。

帝性刚好胜，不欲权在臣下，入洛之后，信伶宦之谗，颇疏忌宿将。李嗣源家在太原，三月，丁酉，表卫州刺史李从珂为北京内牙马步都指挥使以便其家，帝怒曰："嗣源握兵权，居大镇，军政在吾，安得为其子奏请！"乃黜从珂为突骑指挥使，帅数百人戍石门镇。嗣源忧恐，上章申理，久之方解。辛丑，嗣源乞至东京朝觐，不许。郭崇韬以嗣源功高位重，亦忌之，私谓人曰："总管令公非久为人下者，皇家子弟皆不及也。"密劝帝召之宿卫，罢其兵权，又劝帝除之，帝皆不从。

己酉，帝发兴唐，自德胜济河，历杨村、戚城，观昔时战处，指示群臣以为乐。

洛阳宫殿宏邃，宦者欲上增广嫔御，诈言宫中夜见鬼物，上欲使符咒者攘之，宦者曰："臣昔逮事咸通、乾符天子，当是时，六宫贵贱不减万人。今掖庭太半空虚，故鬼物游之耳。"上乃命宦者王允平、伶人景进采择民间女子，远至太原、幽、镇，以充后庭，不啻三千人，不问所从来。上还自兴唐，载以牛车，累累盈路。张宪奏："诸营妇女亡逸者千余人，虑扈从诸军挟匿以行。"其实皆入宫矣。

庚辰，帝至洛阳。辛酉，诏复以洛阳为东都，兴唐府为邺都。

夏，四月，癸亥朔，日有食之。

初，五台僧诚惠以妖妄惑人，自言能降伏天龙，命风召雨，帝尊信之，亲帅后妃及皇弟、皇子拜之，诚惠安坐不起，群臣莫敢不拜，独郭崇韬不拜。时大旱，帝自邺都迎诚惠至洛阳，使祈雨，士民朝夕瞻仰，数旬不雨。或谓诚惠："官以师祈雨无验，将焚之。"诚惠逃去，惭惧而卒。

庚寅，中书侍郎、同平章事赵光胤卒。

太后自与太妃别，常忽忽不乐，虽娱玩盈前，未尝解颜。太妃既别太后，亦邑邑成疾。太后遣中使医药相继于道，闻疾稍加，辄不食，又谓帝曰："吾与太妃恩如兄弟，欲自往省之。"帝以天暑道远，苦谏，久之乃止，但遣皇弟存渥等往迎侍。五月，丁酉，北都奏太妃薨。太后悲哀不食者累日，帝宽譬不离左右。太后自是得疾，又欲自往会太妃葬，帝力谏而止。

闽王审知寝疾，命其子节度副使延翰权知军府事。

自春夏大旱，六月，壬申，始雨。

帝苦溽暑，于禁中择高凉之所，皆不称旨。宦者因言："臣见长安全盛时，大明、兴庆宫楼观以百数。今日宅家曾无避暑之所，宫殿之盛曾不及当时公卿第舍耳。"帝乃命宫苑使王允平别建一楼以清暑。宦者曰："郭崇韬常不伸眉，为孔谦论用度不足，恐陛下虽欲营缮，终不可得。"帝曰："吾自用内府钱，无关经费。"然犹虑崇韬谏，遣中使语之曰："今岁盛暑异常，朕昔在河上，与梁人相拒，行营卑湿，被甲乘马，亲当矢石，犹无此暑。今居深宫之中而暑不可度，奈何？"对曰："陛下昔在河上，勍敌未灭，深念仇耻，虽有盛暑，不介圣怀。今外患已除，海内宾服，故虽珍台闲馆犹觉郁蒸也。陛下傥不忘艰难之时，则暑气自消矣。"帝默然。宦者曰："崇韬之第，无异皇居，宜其不知至尊之热也。"帝卒命允平营楼，日役万人，所费巨万。崇韬谏曰："今两河水旱，军食不充，愿且息役，以俟丰年。"帝不听。

帝将伐蜀，辛卯，诏天下括市战马。

吴镇海节度判官、楚州团练使陈彦谦有疾，徐知诰恐其遗言及继嗣事，遗之医药金帛，相属于道。彦谦临终，密留书遗徐温，请以所生子为嗣。

太后疾甚。秋，七月，甲午，成德节度使李嗣源以边事稍弭，表求入朝省太后，帝不许。壬寅，太后殂。帝哀毁过甚，五日方食。

八月，癸未，杖杀河南令罗贯。初，贯为礼部员外郎，性强直，为郭崇韬所知，用为河南令。为政不避权豪，伶宦请托，书积几案，一不报，皆以示崇韬，崇韬奏之，由是伶宦切齿。河南尹张全义亦以贯高伉，恶之，遣婢诉于皇后，后与伶宦共毁之，帝含怒未发。会帝自往寿安视坤陵役者，道路泥泞，桥多坏。帝问主者为谁，宦官对属河南。帝怒，下贯狱，狱吏榜掠，体无完肤，明日，传诏杀之。崇韬谏曰："贯坐桥道不修，法不至死。"帝怒曰："太后灵驾将发，天子朝夕往来，桥道不修，卿言无罪，是党也。"崇韬曰："陛下以万乘之尊，怒一县令，使天下谓陛下用法不平，臣之罪也。"帝曰："既公所爱，任公裁之。"拂衣起入宫，崇韬随之，论奏不已，帝自阖殿门，崇韬不得入。贯竟死，暴尸府门，远近冤之。

丁亥，遣吏部侍郎李德休等赐吴越国王玉册、金印，红袍御衣。

九月，蜀主与太后、太妃游青城山，历丈人观、上清宫，遂至彭州阳平化、汉州三学山而还。

乙未，立皇子继岌为魏王。

丁酉，帝与宰相议伐蜀，威胜节度使李绍钦素谄事宣徽使李绍宏，绍宏荐"绍钦有盖世奇才，虽孙、吴不如，可以大任。"郭崇韬曰："段凝亡国之将，奸谄绝伦，不可信也。"众举李嗣源，崇韬曰："契丹方炽，总管不可离河朔。魏王地当储副，未立殊功，请依故事，以为伐蜀都统，成其威名。"帝曰："儿幼，岂能独往，当求其副。"既而曰："无以易卿。"庚子，以魏王继岌充西川四面行营都统，崇韬充东北面行营都招讨制置等使，军事悉以委之。又以荆南节度使高季兴充东南面行营都招讨使，凤翔节度使李继曮充都供军转运应接等使，同州节度使李令德充行营副招讨使，陕州节度使李绍琛充蕃汉马步军都排陈斩斫使兼马步军都指挥使，西京留守张筠充西川管内安抚应接使，华州节度使毛璋充左厢马步都虞候，邠州节度使董璋充右厢马步都虞候，客省使李严充西川管内招抚使，将兵六万伐蜀，仍诏季兴自取夔、忠、万三州为巡属。都统置中军，以供奉官李从袭充中军马步都指挥监押，高品李廷安、吕知柔充魏王牙通谒。辛丑，以工部尚书任圜、翰林学士李愚并参预都统军机。

自六月甲午雨，罕见日星，江河百川皆溢，凡七十五日乃霁。

郭崇韬以北都留守孟知祥有荐引旧恩，将行，言于上曰："孟知祥信厚有谋，若得西川而求帅，无逾此人者。"又荐邺都副留守张宪谨重有识，可为相。戊申，大军西行。

蜀安重霸劝王承休请蜀主东游秦州。承休到官，即毁府署，作行宫，大兴力役，强取民间女子教歌舞，图形遗韩昭，使言于蜀主。又献花木图，盛称秦州山川土风之美。蜀主将如秦州，群臣谏者甚众，皆不听。王宗弼上表谏，蜀主投其表于地。太后涕泣不食，止之，亦不能得。前秦州节度判官蒲禹卿上表几二千言，其略曰："先帝艰难创业，欲传之万世。陛下少长富贵，荒色惑酒。秦州人杂羌、胡，地多瘴疠，万众困于奔驰，郡县罢于供亿。凤翔久为仇雠，必生衅隙；唐国方通欢好，恐怀疑贰。先皇未尝无故盘游，陛下率意频离宫阙。秦皇东狩，銮驾不还；炀帝南巡，龙舟不返。蜀都强盛，雄视邻邦，边亭无烽火之虞，境内有腹心之疾，百姓失业，盗贼公行。昔李势屈于桓温，刘禅降于邓艾，山河险固，不足凭恃。"韩昭谓禹卿曰："吾收汝表，俟主上西归，当使狱吏字字问汝。"王承休妻严氏美，蜀主私焉，故锐意欲行。

冬，十月，排陈斩斫使李绍琛与李严将骁骑三千、步兵万人为前锋，招讨判官陈乂至宝鸡，称疾乞留。李愚厉声曰："陈乂见利则进，惧难则止。今大军涉险，人心易摇，宜斩以徇！"由是军中无敢顾望者。乂，蓟州人也。

癸亥，蜀主引兵数万发成都，甲子，至汉州。武兴节度使王承捷告唐兵西上，蜀主以为群臣同谋沮己，犹不信，大言曰："吾方欲耀武。"遂东行。在道与群臣赋诗，殊不为意。

丁丑，李绍琛攻蜀威武城，蜀指挥使唐景思将兵出降，城使周彦禋等知不能守，亦降。景思，秦州人也。得城中粮二十万斛。绍琛纵其败兵万余人逸去，因倍道趣凤州。李严飞书以谕王承捷。李继曮竭凤翔蓄积以馈军，不能充，人情忧恐。郭崇韬入散关，指其山曰："吾辈进无成功，不复得还此矣。当尽力一决。今馈运将竭，宜先取凤州，因其粮。"诸将皆言蜀地险固，未可长驱，宜按兵观衅。崇韬以问李愚，愚曰："蜀人苦其主荒淫，莫为之用。宜乘其人情崩离，风驱霆击，彼皆破胆，虽有险阻，谁与守之？兵势不可缓也。"是日李绍琛告捷，崇韬喜，谓愚曰："公料敌如此，吾复何忧！"乃倍道而进。戊寅，王承捷以凤、兴、文、扶四州印节迎降，得兵八千，粮四十万斛。崇韬曰："平蜀必矣。"即以都统牒命承捷摄武兴节度使。

己卯，蜀主至利州，威武败卒奔还，始信唐兵之来。王宗弼、宋光嗣言于蜀主曰："东川、山南兵力尚完，陛下但以大军扼利州，唐人安敢悬兵深入？"从之。庚辰，以随驾清道指挥使王宗勋、王宗俨、兼侍中王宗昱为三招讨，将兵三万逆战。从驾兵自绵、汉至深渡，千里相属，皆怨愤，曰："龙武军粮赐倍于它军，它军安能御敌！"

李绍琛等过长举，兴州都指挥使程奉琏将所部兵五百来降，且请先治桥栈以俟唐军，由是军行无险阻之虞。辛巳，兴州刺史王承鉴弃城走，绍琛等克兴州，郭崇韬以唐景思摄兴州刺史。乙酉，成州刺史王承朴弃城走。李绍琛等与蜀三招讨战于三泉，蜀兵大败，斩首五千级，余众溃走。又得粮十五万斛于三泉，由是军食优足。

戊子，葬贞简太后于坤陵。

蜀主闻王宗勋等败，自利州倍道西走，断桔柏津浮梁，命中书令、判六军诸卫事王宗弼将大军守利州，且令斩王宗勋等三招讨。

李绍琛昼夜兼行趣利州。蜀武德留后宋光葆遗郭崇韬书，"请唐兵不入境，当举巡属内附；苟不如约，则背城决战以报本朝。"崇韬复书抚纳之。己丑，魏王继岌至兴州，光葆以梓、绵、剑、龙、普五州，武定节度使王承肇以洋、蓬、壁三州，山南节度使兼侍中王宗威以梁、开、通、渠、麟五州，阶州刺史王承岳以阶州，皆降。承肇，宗侃之子也。自余城镇皆望风款附。

天雄节度使王承休与副使安重霸谋掩击唐军，重霸曰："击之不胜，则大事去矣。蜀中精兵十万，天下险固，唐兵虽勇，安能直度剑门邪！然公受国恩，闻难不可不赴，愿与公俱西。"承休素亲信之，以为然。重霸请赂羌人买文、扶州路以归，承休从之，使重霸将龙武军及所募兵万二千人以从。将行，州人饯于城外。承休上道，重霸拜于马前曰："国家竭力以得秦、陇，若从开府还朝，谁当守之！开府行矣，重霸请为公留守。"承休业已上道，无如之何，遂与招讨副使王宗汭自文、扶而南，其地皆不毛，羌人抄之，且战且行，士卒冻馁，比至茂州，余众二千而已。重霸遂以秦、陇来降。

高季兴常欲取三峡，畏蜀峡路招讨使张武威名，不敢进。至是，乘唐兵势，使其子行军司马从诲权军府事，自将水军上峡取施州。张武以铁锁断江路，季兴遣勇士乘舟斫之。会风大起，舟絓于锁，不能进退，矢石交下，坏其战舰，季兴轻舟遁去。既而闻北路陷败，夔、忠、万三州遣使诣魏王降。

郭崇韬遗王宗弼等书，为陈利害。李绍琛未至利州，宗弼弃城引兵西归。王宗勋等三招讨追及宗弼于白芳，宗弼怀中探诏书示之曰："宋光嗣令我杀尔曹。"因相持而泣，遂合谋送款于唐。

资治通鉴卷第二百七十四

端明殿学士兼翰林侍读学士太中大夫提举西京嵩山崇福宫上柱国河内郡开国公食邑二千六百户食实封一千户臣　司马光　奉敕编集

后唐纪三起旃蒙作噩(乙酉)十一月，尽柔兆阉茂(丙戌)三月，不满一年。

庄宗光圣神闵孝皇帝下

同光三年(乙酉、925)

十一月，丙申，蜀主至成都，百官及后宫迎于七里亭。蜀主入妃嫔中作回鹘队入宫。丁酉，出见群臣于文明殿，泣下沾襟，君臣相视，竟无一言以救国患。

戊戌，李绍琛至利州，修桔柏浮梁。昭武节度使林思谔先弃城奔阆州，遣使请降。甲辰，魏王继岌至剑州，蜀武信节度使兼中书令王宗寿以遂、合、渝、泸、昌五州降。

王宗弼至成都，登大玄门，严兵自卫。蜀主及太后自往劳之，宗弼骄慢无复臣礼。乙巳，劫迁蜀主及太后后宫诸王于西宫，收其玺绶，使亲吏于义兴门邀取内库金帛，悉归其家。其子承涓杖剑入宫，取蜀主宠姬数人以归。丙午，宗弼自称权西川兵马留后。

李绍琛进至绵州，仓库民居已为蜀兵所燔，又断绵江浮梁，水深，无舟楫可渡，绍琛谓李严曰："吾悬军深入，利在速战。乘蜀人破胆之时，但得百骑过鹿头关，彼且迎降不暇。若俟修缮桥梁，必留数日，或教王衍坚闭近关，折吾兵势，傥延旬浃，则胜负未可知矣。"乃与严乘马浮度江，从兵得济者仅千人，溺死者亦千余人，遂入鹿头关。丁未，进据汉州。居三日，后军始至。

王宗弼遣使以币马牛酒劳军，且以蜀主书遗李严曰："公来吾即降。"或谓严："公首建伐蜀之策，蜀人怨公深入骨髓，不可往。"严不从，欣然驰入成都，抚谕吏民，告以大军继至，蜀君臣后宫皆恸哭。蜀主引严见太后，以母妻为托。宗弼犹乘城为守备，严悉命撤去楼橹。

己酉，魏王继岌至绵州，蜀主命翰林学士李昊草降表，又命中书侍郎、同平章事王锴草降书，遣兵部侍郎欧阳彬奉之以迎继岌及郭崇韬。

王宗弼称蜀君臣久欲归命，而内枢密使宋光嗣、景润澄、宣徽使李周辂、欧阳晃荧惑蜀主，皆斩之，函首送继岌。又责文思殿大学士、礼部尚书、成都尹韩昭佞谀，枭于金马坊门。内外马步都指挥使兼中书令徐延琼、果州团练使潘在迎、嘉州刺史顾在珣及诸贵戚皆惶恐，倾其家金帛妓妾以赂宗弼，仅得免死。凡素所不快者，宗弼皆杀之。

辛亥，继岌至德阳。宗弼遣使奉笺，称已迁蜀主于西第，安抚军城，以俟王师。又使其子承班以蜀主后宫及珍玩赂继岌及郭崇韬，求西川节度使，继岌曰："此皆我家物，奚以献为！"留其物而遣之。

李绍琛留汉州八日以俟都统，甲寅，继岌至汉州，王宗弼迎谒。乙卯，至成都。丙辰，李严引蜀主及百官仪卫出降于升迁桥，蜀主白衣、衔璧、牵羊，草绳萦首，百官衰绖、徒跣、舆榇，号哭俟命。继岌受璧，崇韬解缚，焚榇，承制释罪；君臣东北向拜谢。丁巳，大军入成都。崇韬禁军士侵掠，市不改肆。自出师至克蜀，凡七十日。得节度十，州六十四，县二百四十九，兵三万，铠仗、钱粮、金银、缯锦共以千万计。

高季兴闻蜀亡，方食，失匕箸，曰："是老夫之过也。"梁震曰："不足忧也。唐主得蜀益骄，亡无日矣，安知其不为吾福！"楚王殷闻蜀亡，上表称："臣已营衡麓之间为菟裘之地，愿上印绶以保馀龄。"上优诏慰谕之。

平蜀之功，李绍琛为多，位在董璋上，而璋素与郭崇韬善，崇韬数召璋与议军事。绍琛心不平，谓璋曰："吾有平蜀之功，公等朴樕相从，反呫嗫于郭公之门，谋相倾害。吾为都将，独不能以军法斩公邪！"璋诉于崇韬。十二月，崇韬表璋为东川节度使，解其军职。绍琛愈怒，曰："吾冒白刃，陵险阻，定两川，璋乃坐有之邪！"乃见崇韬言："东川重地，任尚书有文武才，宜表为帅。"崇韬怒曰："绍琛反邪，何敢违吾节度！"绍琛惧而退。

初，帝遣宦者李从袭等从魏王继岌伐蜀，继岌虽为都统，军中制置补署一出郭崇韬，崇韬终日决事，将吏宾客趋走盈庭，而都统府惟大将晨谒外，牙门索然，从袭等固耻之。及破蜀，蜀之贵臣大将争以宝货、妓乐遗崇韬及其子廷诲，魏王所得，不过匹马、束帛、唾壶、麈柄而已，从袭等益不平。

王宗弼之自为西川留后也，赂崇韬求为节度使，崇韬阳许之，既而久未得，乃帅蜀人列状见继岌，请留崇韬镇蜀。从袭等因谓继岌曰："郭公父子专横，今又使蜀人请己为帅，其志难测，王不可不为之备。"继岌谓崇韬曰："主上倚侍中如山岳，不可离庙堂，岂肯弃元老于蛮夷之域乎！且此非余之所敢知也，请诸人诣阙自陈。"由是继岌与崇韬互相疑。

会宋光葆自梓州来，诉王宗弼诬杀宋光嗣等。又，崇韬征犒军钱数万缗于宗弼，宗弼靳之，士卒怨怒，夜，纵火喧噪。崇韬欲诛宗弼以自明，己巳，白继岌收宗弼及王宗勋、王宗渥，皆数其不忠之罪，族诛之，籍没其家。蜀人争食宗弼之肉。

辛未，闽忠懿王审知卒，子延翰自称威武留后。汀州民陈本聚众三万围汀州，延翰遣右军都监柳邕等将兵二万讨之。

癸酉，王承休、王宗汭至成都，魏王继岌诘之曰："居大镇，拥强兵，何以不拒战？"对曰："畏大王神武。"曰："然则何不降？"对曰："王师不入境。"曰："所俱入羌者几人？"对曰："万二千人。"曰："今归者几人？"对曰："二千人。"曰："可以偿万人之死矣。"皆斩之，并其子。

丙子，以知北都留守事孟知祥为西川节度使、同平章事，促召赴洛阳。帝议选北都留守，枢密承旨段徊等恶邺都留守张宪，不欲其在朝廷，皆曰："北都非张宪不可。宪虽有宰相器，今国家新得中原，宰相在天子目前，事有得失，可以改更，比之北都独系一方安危，不为重也。"乃徙宪为太原尹，知北都留守事。以户部尚书王正言为兴唐尹，知邺都留守事。正言昏耄，帝以武德使史彦琼为邺都监军。彦琼，本伶人也，有宠于帝。魏、博等六州军旅金谷之政皆决于彦琼，威福自恣，陵忽将佐，自正言以下皆谄事之。

初，帝得魏州银枪效节都近八千人，以为亲军，皆勇悍无敌。夹河之战，实赖其用，屡立殊功，常许以灭梁之日大加赏赉。既而河南平，虽赏赉非一，而士卒恃功，骄恣无厌，更成怨望。是岁大饥，民多流亡，租赋不充，道路涂潦，漕辇艰涩，东都仓廪空竭，无以给军士。租庸使孔谦日于上东门外望诸州漕运，至者随以给之。军士乏食，有雇妻鬻子者，老弱采蔬于野，百十为群，往往馁死，流言怨嗟，而帝游畋不息。己卯，猎于白沙，皇后、皇子、后宫毕从。庚辰，宿伊阙。辛巳，宿潭泊。壬午，宿龛涧。癸未，还宫。时大雪，吏卒有僵仆于道路者。伊、汝间饥尤甚，卫兵所过，责其供饷，不得，则坏其什器，撤其室庐以为薪，甚于寇盗，县吏皆窜匿山谷。

有白龙见于汉宫，汉主改元白龙，更名曰龚。

长和骠信郑旻遣其布燮郑昭淳求昏于汉，汉主以女增城公主妻之。长和即唐之南诏也。

成德节度使李嗣源入朝。

闰月，己丑朔，孟知祥至洛阳，帝宠待甚厚。

帝以军储不足，谋于群臣，豆卢革以下皆莫知为计。吏部尚书李琪上疏，以为："古者量入以为出，计农而发兵，故虽有水旱之灾而无匮乏之忧。近代税农以养兵，未有农富给而兵不足，农捐瘠而兵丰饱者也。今纵未能蠲省租税，苟除折纳、纽配之法，农亦可以小休矣。"帝即敕有司如琪所言，然竟不能行。

丁酉，诏蜀朝所署官四品以上降授有差，五品以下才地无取者悉纵归田里，其先降及有功者，委崇韬随事奖任。又赐王衍诏，略曰："固当裂土而封，必不薄人于险。三辰在上，一言不欺。”

庚子，彰武、保大节度使兼中书令高万兴卒，以其子保大留后允韬为彰武留后。

帝以军储不充，欲如汴州，谏官上言：“不如节俭以足用，自古无就食天子。今杨氏未灭，不宜示以虚实。”乃止。

辛亥，立皇弟存美为邕王，存霸为永王，存礼为薛王，存渥为申王，存乂为睦王，存确为通王，存纪为雅王。

郭崇韬素疾宦官，尝密谓魏王继岌曰：“大王它日得天下，騬马亦不可乘，况任宦官！宜尽去之，专用士人。”吕知柔窃听，闻之，由是宦官皆切齿。

时成都虽下，而蜀中盗贼群起，布满山林。崇韬恐大军既去，更为后患，命任圜、张筠分道招讨，以是淹留未还。帝遣宦者向延嗣促之，崇韬不出郊迎，及见，礼节又倨，延嗣怒。李从袭谓延嗣曰：“魏王，太子也，主上万福，而郭公专权如是。郭廷诲拥徒出入，日与军中骁将、蜀土豪杰狎饮，指天画地，近闻白其父请表己为蜀帅，又言‘蜀地富饶，大人宜善自为谋。’今诸军将校皆郭氏之党，王寄身于虎狼之口，一朝有变，吾属不知委骨何地矣。”因相向垂涕。延嗣归，具以语刘后。后泣诉于帝，请早救继岌之死。

前此帝闻蜀人请崇韬为帅，已不平，至是闻延嗣之言，不能无疑。帝阅蜀府库之籍，曰：“人言蜀中珍货无算，何如是之微也？”延嗣曰：“臣闻蜀破，其珍货皆入于崇韬父子，崇韬有金万两，银四十万两，钱百万缗，名马千匹，它物称是，廷诲所取，复在其外；故县官所得不多耳。”帝遂怒形于色。及孟知祥将行，帝语之曰：“闻郭崇韬有异志，卿到，为朕诛之。”知祥曰：“崇韬，国之勋旧，不宜有此。俟臣至蜀察之，苟无他志则遣还。”帝许之。

壬子，知祥发洛阳。帝寻复遣衣甲库使马彦珪驰诣成都观崇韬去就，如奉诏班师则已，若有迁延跋扈之状，则与继岌图之。彦珪见皇后，说之曰：“臣见向延嗣言蜀中事势忧在朝夕，今主上当断不断，夫成败之机，间不容发，安能缓急禀命于三千里外乎？”皇后复言于帝，帝曰：“传闻之言，未知虚实，岂可遽尔果决？”皇后不得请，退，自为教与继岌，令杀崇韬。知祥行至石壕，彦珪夜(四)〔叩〕门宣诏，促知祥赴镇，知祥窃叹曰：“乱将作矣。”乃昼夜兼行。

初，楚王殷既得湖南，不征商旅，由是四方商旅辐凑。湖南地多铅铁，殷用军都判官高郁策，铸铅铁为钱，商旅出境，无所用之，皆易它货而去，故能以境内所余之物易天下百货，国以富饶。湖南民不事桑蚕，郁命民输税者皆以帛代钱，未几，民间机杼大盛。

吴越王镠遣使者沈瑫致书，以受玉册，封吴越国王告于吴。吴人以其国名与己同，不受书，遣瑫还。仍戒境上无得通吴越使者及商旅。

明宗圣德和武钦孝皇帝上之上

天成元年（丙戌、926）

春，正月，庚申，魏王继岌遣李继曮、李严部送王衍及其宗族百官数千人诣洛阳。

河中节度使、尚书令李继麟自恃与帝故旧，且有功，帝待之厚，苦诸伶宦求丐无厌，遂拒不与。大军之征蜀也，继麟阅兵，遣其子令德将之以从。景进与宦官谮之曰："继麟闻大军起，以为讨己，故惊惧，阅兵自卫。"又曰："崇韬所以敢倔强于蜀者，与河中阴谋，内外相应故也。"继麟闻之惧，欲身入朝以自明，其所亲止之，继麟曰："郭侍中功高于我。今事势将危，吾得见主上，面陈至诚，则谗人获罪矣。"癸亥，继麟入朝。

魏王继岌将发成都，令任圜权知留事，以俟孟知祥。诸军部署已定，是日马彦珪至，以皇后教示继岌，继岌曰："大军垂发，彼无衅端，安可为此负心事！公辈勿复言。且主上无敕，独以皇后教杀招讨使，可乎？"李从袭等泣曰："既有此迹，万一崇韬闻之，中涂为变，益不可救矣。"相与巧陈利害，继岌不得已从之。甲子旦，从袭以继岌之命召崇韬计事，继岌登楼避之。崇韬方升阶，继岌从者李环挝碎其首，并杀其子廷诲、廷信。外人犹未之知。都统推官饶阳李崧谓继岌曰："今行军三千里外，初无敕旨，擅杀大将，大王奈何行此危事！独不能忍之至洛阳邪？"继岌曰："公言是也，悔之无及。"崧乃召书吏数人，登楼去梯，矫为敕书，用蜡印宣之，军中粗定。崇韬左右皆窜匿，独掌书记滏阳张砺诣魏王府恸哭久之。继岌命任圜代崇韬总军政。

魏王通谒李廷安献蜀乐工二百余人，有严旭者，王衍用为蓬州刺史，帝问曰："汝何以得刺史？"对曰："以歌。"帝使歌而善之，许复故任。

戊辰，孟知祥至成都。时新杀郭崇韬，人情未安，知祥慰抚吏民，犒赐将卒，去留帖然。

闽人破陈本，斩之。

契丹主击女真及勃海，恐唐乘虚袭之，戊寅，遣梅老鞋里来修好。

马彦珪还洛阳，乃下诏暴郭崇韬之罪，并杀其子廷说、廷让、廷议，于是朝野骇惋，群议纷然，帝使宦官潜察之。保大节度使睦王存乂，崇韬之婿也，宦官欲尽去崇韬之党，言"存乂对诸将攘臂垂泣，为崇韬称冤，言辞怨望。"庚辰，幽存乂于第，寻杀之。

景进言："河中人有告变，言李继麟与郭崇韬谋反；崇韬死，又与存乂连谋。"

宦官因共劝帝速除之，帝乃徙继麟为义成节度使，是夜，遣蕃汉马步使朱守殷以兵围其第，驱继麟出徽安门外杀之，复其姓名曰朱友谦。友谦二子，令德为武信节度使，令锡为忠武节度使。诏魏王继岌诛令德于遂州，郑州刺史王思同诛令锡于许州，河阳节度使李绍奇诛其家人于河中。绍奇至其家，友谦妻张氏帅家人二百余口见绍奇曰："朱氏宗族当死，愿无滥及平人。"乃别其婢仆百人，以其族百口就刑。张氏又取铁券以示绍奇曰："此皇帝去年所赐也，我妇人，不识书，不知其何等语也。"绍奇亦为之惭。友谦旧将史武等七人，时为刺史，皆坐族诛。

时洛中诸军饥窘，妄为谣言，伶官采之以闻于帝，故郭崇韬、朱友谦皆及于祸。成德节度使兼中书令李嗣源亦为谣言所属，帝遣朱守殷察之，守殷私谓嗣源曰："令公勋业振主，宜自图归藩以远祸。"嗣源曰："吾心不负天地，祸福之来，无所可避，皆委之于命耳。"时伶宦用事，勋旧人不自保，嗣源危殆者数四，赖宣徽使李绍宏左右营护，以是得全。

魏王继岌留马步都指挥使陈留李仁罕、马军都指挥使东光潘仁嗣、左厢都指挥使赵廷隐、右厢都指挥使浚仪张业、牙内指挥使文水武漳、骁锐指挥使平恩李延厚戍成都。甲申，继岌发成都，命李绍琛帅万二千人为后军，行止常差中军一舍。

二月，己丑朔，以宣徽南院使李绍宏为枢密使。

魏博指挥使杨仁晸，将所部兵戍瓦桥，逾年代归，至贝州，以邺都空虚，恐兵至为变，敕留屯贝州。

时天下莫知郭崇韬之罪，民间讹言云："崇韬杀继岌，自王于蜀，故族其家。"朱友谦子建徽为澶州刺史，帝密敕邺都监军史彦琼杀之。门者白留守王正言曰："史武德夜半驰马出城，不言何往。"又讹言云："皇后以继岌之死归咎于帝，已弑帝矣，故急召彦琼计事。"人情愈骇。

杨仁晸部兵皇甫晖与其徒夜博不胜，因人情不安，遂作乱，劫仁晸曰："主上所以有天下者，吾魏军力也。魏军甲不去体，马不解鞍者十余年，今天下已定，天子不念旧劳，更加猜忌。远戍逾年，方喜代归，去家咫尺，不使相见。今闻皇后弑逆，京师已乱，将士愿与公俱归，仍表闻朝廷。若天子万福，兴兵致讨，以吾魏博兵力足以拒之，安知不更为富贵之资乎！"仁晸不从，晖杀之。又劫小校，不从，又杀之。效节指挥使赵在礼闻乱，衣不及带，逾垣而走，晖追及，曳其足而下之，示以二首，在礼惧而从之。乱兵遂奉以为帅，焚掠贝州。晖，魏州人；在礼，涿州人也。诘旦，晖等拥在礼南趣临清、永济、馆陶，所过剽掠。

壬辰晚，有自贝州来告军乱将犯邺都者，都巡检使孙铎等亟诣史彦琼，请授甲乘城为备。彦琼疑铎等有异志，曰："告者云今日贼至临清，计程须六日晚方至，为备未晚。”孙铎曰：“贼既作乱，必乘吾未备，昼夜倍道，安肯计程而行？请仆射帅众乘城，铎募劲兵千人伏于王莽河逆击之，贼既势挫，必当离散，然后可扑讨也。必俟其至城下，万一有奸人为内应，则事危矣。”彦琼曰：“但严兵守城，何必逆战！”是夜，贼前锋攻北门，弓弩乱发。时彦琼将部兵宿北门楼，闻贼呼声，即时惊溃。彦琼单骑奔洛阳。

癸巳，贼入邺都，孙铎等拒战不胜，亡去。赵在礼据宫城，署皇甫晖及军校赵进为马步都指挥使，纵兵大掠。进，定州人也。

王正言方据案召吏草奏，无至者，正言怒，其家人曰：“贼已入城，杀掠于市，吏皆逃散，公尚谁呼？”正言惊曰：“吾初不知也。”又索马，不能得，乃帅僚佐步出府门谒在礼，再拜请罪。在礼亦拜，曰：“士卒思归耳，尚书重德，勿自卑屈。”慰谕遣之。

众推在礼为魏博留后，具奏其状。北京留守张宪家在邺都，在礼厚抚之，遣使以书诱宪，宪不发封，斩其使以闻。

甲午，以景进为银青光禄大夫、检校右散骑常侍兼御史大夫、上柱国。

丙申，史彦琼至洛阳。帝问可为大将者于枢密使李绍宏，绍宏复请用李绍钦，帝许之，令条上方略。绍钦所请偏裨，皆梁旧将，己所善者，帝疑之而止。皇后曰：“此小事，不足烦大将，绍荣可办也。”帝乃命归德节度使李绍荣将骑三千诣邺都招抚，亦征诸道兵，备其不服。

郭崇韬之死也，李绍琛谓董璋曰：“公复欲咕嗫谁门乎？”璋惧，谢罪。魏王继岌军还至武连，遇敕使，谕以朱友谦已伏诛，令董璋将兵之遂州诛朱令德。时绍琛将后军在魏城，闻之，以帝不委己杀令德而委璋，大惊。俄而璋过绍琛军，不谒，绍琛怒，乘酒谓诸将曰：“国家南取大梁，西定巴、蜀，皆郭公之谋而吾之战功也。至于去逆效顺，与国家掎角以破梁，则朱公也。今朱、郭皆无罪族灭，归朝之后，行及我矣。冤哉，天乎！奈何！”绍琛所将多河中兵，河中将焦武等号哭于军门曰：“西平王何罪，阖门屠脍！我辈归则与史武等同诛，决不复东矣。”是日，魏王继岌至泥溪，绍琛至剑州遣人白继岌云：“河中将士号哭不止，欲为乱。”丁酉，绍琛自剑州拥兵西还，自称西川节度、三川制置等使，移檄成都，称奉诏代孟知祥，招谕蜀人，三日间众至五万。

戊戌，李继曮至凤翔，监军使柴重厚不以符印与之，促令诣阙。

己亥，魏王继岌至利州，李绍琛遣人断桔柏津。继岌闻之，以任圜为副招讨使，将步骑七千，与都指挥使梁汉颙、监军李延安追讨之。

庚子，邢州左右步直兵赵太等四百人据城自称安国留后，诏东北面招讨副使李绍真讨之。

辛丑，任圜先令别将何建崇击剑门关，下之。

李绍荣至邺都，攻其南门，遣人以敕招谕之，赵在礼以羊酒犒师，拜于城上曰："将士思家擅归，相公诚善为敷奏，得免于死，敢不自新！"遂以敕遍谕军士。史彦琼戟手大骂曰："群死贼，城破万段！"皇甫晖谓其众曰："观史武德之言，上不赦我矣。"因聚噪，掠敕书，手坏之，守陴拒战。绍荣攻之不利，以状闻，帝怒曰："克城之日，勿遗噍类！"大发诸军讨之。壬寅，绍荣退屯澶州。

甲辰夜，从马直军士王温等五人杀军使，谋作乱，擒斩之。从马直指挥使郭从谦，本优人也，优名郭门高。帝与梁相拒于得胜，募勇士挑战，从谦应募，俘斩而还，由是益有宠。帝选诸军骁勇者为亲军，分置四指挥，号从马直，从谦自军使积功至指挥使。郭崇韬方用事，从谦以叔父事之，睦王存乂以从谦为假子。及崇韬、存乂得罪，从谦数以私财飨从马直诸校，对之流涕，言崇韬之冤。及王温作乱，帝戏之曰："汝既负我附崇韬、存乂，又教王温反，欲何为也?"从谦益惧。既退，阴谓诸校曰："主上以王温之故，俟邺都平定，尽坑若曹。家之所有宜尽市酒肉，勿为久计也。"由是亲军皆不自安。

乙巳，王衍至长安，有诏止之。

先是，帝诸弟虽领节度使，皆留京师，但食其俸。戊申，始命护国节度使永王存霸赴河中。

丁未，李绍荣以诸道兵再攻邺都。庚戌，裨将杨重霸帅众数百登城，后无继者，重霸等皆死。贼知不赦，坚守无降意。朝廷患之，日发中使促魏王继岌东还。继岌以中军精兵皆从任圜讨李绍琛，留利州待之，未得还。

李绍荣讨赵在礼久无功，赵太据邢州未下。沧州军乱，小校王景戡讨定之，因自为留后。河朔州县告乱者相继。帝欲自征邺都，宰相、枢密使皆言京师根本，车驾不可轻动，帝曰："诸将无可使者。"皆曰："李嗣源最为勋旧。"帝心忌嗣源，曰："吾惜嗣源，欲留宿卫。"皆曰："它人无可者。"忠武节度使张全义亦言："河朔多事，久则患深，宜令总管进讨。若倚绍荣辈，未见成功之期。"李绍宏亦屡言之，帝以内外所荐，久乃许之，甲寅，命嗣源将亲军讨邺都。

延州言绥、银军乱，剽州城。

董璋将兵二万屯绵州，会任圜讨李绍琛。帝遣中使崔延琛至成都，遇绍琛军，绐之曰："吾奉诏召孟郎，公若缓兵，自当得蜀。"既至成都，劝孟知祥为战守备。知祥浚壕树栅，遣马步都指挥使李仁罕将四万人，骁锐指挥使李延厚将二千人讨绍琛。延厚集其众询之曰："有少壮勇锐，欲立功求富贵者东。衰疾畏懦，厌行陈者西。"得选兵七百人以行。

是日，任圜军追及绍琛于汉州，绍琛出兵逆战，招讨掌书记张砺请伏精兵于后,以羸兵诱之,圜从之,使董璋以东川羸兵先战而却。绍琛轻圜书生,又见其兵羸,极力追之,伏兵发,大破之,斩首数千级。自是绍琛入汉州,闭城不出。

三月,丁巳朔,李绍真奏克邢州,擒赵太等。庚申,绍真引兵至邺都,营于城西北,以太等徇于邺都城下而杀之。

辛酉,以威武节度副使王延翰为威武节度使。

壬戌,李嗣源至邺都,营于城西南。甲子,嗣源下令军中,诘旦攻城。是夜,从马直军士张破败作乱,帅众大噪,杀都将,焚营舍。诘旦,乱兵逼中军,嗣源帅亲军拒战,不能敌,乱兵益炽。嗣源叱而问之曰:"尔曹欲何为?"对曰:"将士从主上十年,百战以得天下。今主上弃恩任威,贝州戍卒思归,主上不赦,云'克城之后,当尽坑魏博之军';近从马直数卒喧竞,遽欲尽诛其众。我辈初无叛心,但畏死耳。今众议欲与城中合势击退诸道之军,谓主上帝河南,令公帝河北,为军民之主。"嗣源泣谕之,不从。嗣源曰:"尔不用吾言,任尔所为,我自归京师。"乱兵拔白刃环之,曰:"此辈虎狼也,不识尊卑,令公去欲何之!"因拥嗣源及李绍真等入城,城中不受外兵,皇甫晖逆击张破败,斩之,外兵皆溃。赵在礼帅诸校迎拜嗣源,泣谢曰:"将士辈负令公,敢不惟命是听。"嗣源诡说在礼曰:"凡举大事,须藉兵力,今外兵流散无所归,我为公出收之。"在礼乃听嗣源、绍真俱出城,宿魏县,散兵稍有至者。

汉州无城堑,树木为栅。乙丑,任圜进攻其栅,纵火焚之,李绍琛引兵出战于金雁桥,兵败,与十余骑奔绵竹,追擒之。孟知祥自至汉州犒军,与任圜、董璋置酒高会,引李绍琛槛车至座中,知祥自酌大卮饮之,谓曰:"公已拥节旄,又有平蜀之功,何患不富贵,而求入此槛车邪?"绍琛曰:"郭侍中佐命功第一,兵不血刃取两川,一旦无罪族诛,如绍琛辈安保首领!以此不敢归朝耳。"魏王继岌既获绍琛,乃引兵倍道而东。

孟知祥获陕虢都指挥使汝阴李肇、河中都指挥使千乘侯弘实,以肇为牙内马步都指挥使,弘实副之。蜀中群盗犹未息,知祥择廉吏使治州县,蠲除横赋,安集流散,下宽大之令,与民更始。遣左厢都指挥使赵廷隐、右厢都指挥使张业将兵分讨群盗,悉诛之。

李嗣源之为乱兵所逼也,李绍荣有众万人,营于城南,嗣源遣牙将张虔钊、高行周等七人相继召之,欲与共诛乱者。绍荣疑嗣源之诈,留使者,闭壁不应。及嗣源入邺都,遂引兵去。嗣源在魏县,众不满百,又无兵仗,李绍真所将镇兵五千,闻嗣源得出,相帅归之,由是嗣源兵稍振。嗣源泣谓诸将曰:"吾明日当归藩,上章待罪,听主上所裁。"李绍真及中门使安重诲曰:"此策非宜。公为元帅,不幸为凶人所劫,李绍荣不战而退,归朝必以公藉口。公若归藩,则为据地邀君,适足以实谗慝之言耳。不若星行诣阙，面见天子，庶可自明。”嗣源曰：“善。”丁卯，自魏县南趣相州，遇马坊使康福，得马数千匹，始能成军。福，蔚州人也。

平卢节度使符习将本军攻邺都，闻李嗣源军溃，引兵归。至淄州，监军使杨希望遣兵逆击之，习惧，复引兵而西。青州指挥使王公俨攻希望，杀之，因据其城。

时近侍为诸道监军者，皆恃恩与节度使争权，及邺都军变，所在多杀之。安义监军杨继源谋杀节度使孔勍，勍先诱而杀之。武宁监军以李绍真从李嗣源，谋杀其元从，据城拒之，权知留后淳于晏帅诸将先杀之。晏，登州人也。

戊辰，以军食不足，敕河南尹豫借夏秋税，民不聊生。

忠武节度使、尚书令齐王张全义闻李嗣源入邺都，忧惧不食，辛未，卒于洛阳。

租庸使以仓储不足，颇朘刻军粮，军士流言益甚。宰相惧，帅百官上表言：“今租庸已竭，内库有余，诸军室家不能相保，傥不赈救，惧有离心。俟过凶年，其财复集。”上即欲从之，刘后曰：“吾夫妇君临万国，虽藉武功，亦由天命。命既在天，人如我何！”宰相又于便殿论之，后属耳于屏风后，须臾，出妆具及三银盆、皇幼子三人于外曰：“人言宫中蓄积多，四方贡献随以给赐，所余止此耳，请鬻以赡军。”宰相惶惧而退。

李绍荣自邺都退保卫州，奏李嗣源已叛，与贼合。嗣源遣使上章自理，一日数辈。嗣源长子从审为金枪指挥使，帝谓从审曰：“吾深知尔父忠厚，尔往谕朕意，勿使自疑。”从审至卫州，绍荣囚，欲杀之。从审曰：“公等既不亮吾父，吾亦不能至父所，请复还宿卫。”乃释之。帝怜从审，赐名继璟，待之如子。是后嗣源所奏，皆为绍荣所遏，不得通，嗣源由是疑惧。石敬瑭曰：“夫事成于果决而败于犹豫，安有上将与叛卒入贼城，而它日得保无恙乎！大梁，天下之要会也，愿假三百骑先往取之。若幸而得之，公宜引大军亟进，如此始可自全。”突骑都指挥使康义诚曰：“主上无道，军民怨怒，公从众则生，守节必死。”嗣源乃令安重诲移檄会兵。义诚，代北胡人也。

时齐州防御使李绍虔、泰宁节度使李绍钦、贝州刺史李绍英屯瓦桥，北京右厢马军都指挥使安审通屯奉化军，嗣源皆遣使召之。绍英，瑕丘人，本姓房，名知温；审通，金全之侄也。嗣源家在真定，虞候将王建立先杀其监军，由是获全。建立，辽州人也。李从珂自横水将所部兵由盂县趣镇州，与王建立军合，倍道从嗣源。嗣源以李绍荣在卫州，谋自白皋济河，分三百骑使石敬瑭将之前驱，李从珂为殿，于是军势大盛。嗣源从子从璋自镇州引军而南，过邢州，邢人奉为留后。

癸酉，诏怀远指挥使白从晖将骑兵扼河阳桥，帝乃出金帛给赐诸军，枢密宣徽使及供奉内使景进等皆献金帛以助给赐。军士负物而诟曰：“吾妻子已殍死，得此何为!”甲戌,李绍荣自卫州至洛阳,帝如鹞店劳之。绍荣曰:“邺都乱兵已遣其党翟建白据博州,欲济河袭郓、汴,愿陛下幸关东招抚之。”帝从之。

景进等言于帝曰:“魏王未至,康延孝初平,西南犹未安。王衍族党不少,闻车驾东征,恐其为变,不若除之。”帝乃遣中使向延嗣赍敕往诛之,敕曰:“王衍一行,并从杀戮。”已印画,枢密使张居翰覆视,就殿柱揩去“行”字,改为“家”字,由是蜀百官及衍仆役获免者千余人。延嗣至长安,尽杀衍宗族于秦川驿。衍母徐氏且死,呼曰:“吾儿以一国迎降,不免族诛,信义俱弃,吾知汝行亦受祸矣!”

乙亥,帝发洛阳。丁丑,次汜水。戊寅,遣李绍荣将骑兵循河而东。李嗣源亲党从帝者多亡去,或劝李继璟宜早自脱,继璟终无行意。帝屡遣继璟诣嗣源,继璟固辞,愿死于帝前以明赤诚。帝闻嗣源在黎阳,强遣继璟渡河召之,道遇李绍荣,绍荣杀之。

吴越王镠有疾,如衣锦军,命镇海、镇东节度使留后传瓘监国。吴徐温遣使来问疾,左右劝镠勿见,镠曰:“温阴狡,此名问疾,实使之觇我也。”强出见之。温果聚兵欲袭吴越,闻镠疾瘳而止。镠寻还钱塘。

吴以左仆射、同平章事徐知诰为侍中,右仆射严可求兼门下侍郎、同平章事。

庚辰,帝发汜水。

辛巳,李嗣源至白皋,遇山东上供绢数船,取以赏军。安重诲从者争舟,行营马步使陶玘斩以徇,由是军中肃然。玘,许州人也。嗣源济河,至滑州,遣人招符习,习与嗣源会于胙城,安审通亦引兵来会。知汴州孔循遣使奉表西迎帝,亦遣使北输密款于嗣源,曰:“先至者得之。”

先是,帝遣骑将满城西方邺守汴州,石敬瑭使裨将李琼以劲兵突入封丘门,敬瑭踵其后,自西门入,遂据其城,西方邺请降。敬瑭使人趣嗣源,壬午,嗣源入大梁。

是日,帝至荥泽东,命龙骧指挥使姚彦温将三千骑为前军,曰:“汝曹汴人也,吾入汝境,不欲使它军前驱,恐扰汝室家。”厚赐而遣之。彦温即以其众叛归嗣源,谓嗣源曰:“京师危迫,主上为元行钦所惑,事势已离,不可复事矣。”嗣源曰:“汝自不忠,何言之悖也!”即夺其兵。指挥使潘环守王村寨,有刍粟数万,帝遣骑视之,环亦奔大梁。

帝至万胜镇,闻嗣源已据大梁,诸军离叛,神色沮丧,登高叹曰:“吾不济矣。”即命旋师,是夜复至汜水。帝之出关也,扈从兵二万五千,及还,已失万余人,乃留秦州都指挥使张唐以步骑三千守关。癸未,帝还过罂子谷,道狭,每遇卫士执兵仗者,辄以善言抚之曰:“适报魏王又进西川金银五十万,到京当尽给尔曹。”对曰:“陛下赐已晚矣,人亦不感圣恩。”帝流涕而已。又索袍带赐从官,内库使张容哥称颁给已尽，卫士叱容哥曰："致吾君失社稷，皆此阉竖辈也。"抽刀逐之，或救之，获免。容哥谓同类曰："皇后吝财致此，今乃归咎于吾辈。事若不测，吾辈万段，吾不忍待也。"因赴河死。

甲申，帝至石桥西，置酒悲涕，谓李绍荣等诸将曰："卿辈事吾以来，急难富贵靡不同之。今致吾至此，皆无一策以相救乎？"诸将百余人，皆截发置地，誓以死报，因相与号泣。是日晚，入洛城。

李嗣源命石敬瑭将前军趣汜水收抚散兵，嗣源继之，李绍虔、李绍英引兵来会。丙戌，宰相、枢密使共奏："魏王西军将至，车驾宜且控汜水，收抚散兵以俟之。"帝从之，自出上东门阅骑兵，戒以诘旦东行。

资治通鉴卷第二百七十五

端明殿学士兼翰林侍读学士太中大夫提举西京嵩山崇福宫上柱国河内郡开国公食邑二千六百户食实封一千户臣 司马光 奉敕编集

后唐纪四起柔兆阉茂(丙戌)四月，尽强圉大渊献(丁亥)六月，凡一年有奇。

明宗圣德和武钦孝皇帝上之下

天成元年(丙戌、926)

夏，四月，丁亥朔，严办将发，骑兵陈于宣仁门外，步兵陈于五凤门外。从马直指挥使郭从谦不知睦王存义已死，欲奉之以作乱，帅所部兵自营中露刃大呼，与黄甲两军攻兴教门。帝方食，闻变，帅诸王及近卫骑兵击之，逐乱兵出门。时蕃汉马步使朱守殷将骑兵在外，帝遣中使急召之，欲与同击贼，守殷不至，引兵憩于北邙茂林之下。乱兵焚兴教门，缘城而入，近臣宿将皆释甲潜遁，独散员都指挥使李彦卿及宿卫军校何福进、王全斌等十余人力战。俄而帝为流矢所中，鹰坊人善友扶帝自门楼下，至绛霄殿庑下，抽矢，渴懑求水，皇后不自省视，遣宦者进酪，须臾，帝殂。李彦卿等恸哭而去，左右皆散，善友敛庑下乐器覆帝尸而焚之。彦卿，存审之子；福进、全斌，皆太原人也。刘后囊金宝系马鞍，与申王存渥及李绍荣引七百骑，焚嘉庆殿，自师子门出走。通王存确、雅王存纪奔南山。宫人多逃散，朱守殷入宫，选宫人三十余人，各令自取乐器珍玩，内于其家。于是诸军大掠都城。

是日，李嗣源至罂子谷，闻之，恸哭，谓诸将曰："主上素得士心，止为群小蔽惑致此，今吾将安归乎?"戊子，朱守殷遣使驰白嗣源，以"京城大乱，诸军焚掠不已，愿亟来救之"。乙丑，嗣源入洛阳，止于私第，禁焚掠，拾庄宗骨于灰烬之中而殡之。

嗣源之入邺都也，前直指挥使平遥侯益脱身归洛阳，庄宗抚之流涕。至是，益自缚请罪，嗣源曰："尔为臣尽节，又何罪也!"使复其职。

嗣源谓朱守殷曰："公善巡徼，以待魏王。淑妃、德妃在宫，供给尤宜丰备。吾俟山陵毕，社稷有奉，则归藩为国家扞御北方耳。"

是日，豆卢革帅百官上笺劝进，嗣源面谕之曰："吾奉诏讨贼，不幸部曲叛散，欲入朝自诉，又为绍荣所隔，披猖至此。吾本无它心，诸君遽尔见推，殊非相悉，愿勿言也。”革等固请，嗣源不许。

李绍荣欲奔河中就永王存霸，从兵稍散，庚寅，至平陆，止余数骑，为人所执，折足送洛阳。存霸亦帅众千人弃镇奔晋阳。

辛卯，魏王继岌至兴平，闻洛阳乱，复引兵而西，谋保据凤翔。

向延嗣至凤翔，以庄宗之命诛李绍琛。

初，庄宗命吕、郑二内养在晋阳，一监兵，一监仓库，自留守张宪以下皆承应不暇。及邺都有变，又命汾州刺史李彦超为北都巡检。彦超，彦卿之兄也。庄宗既殂，推官河间张昭远劝张宪奉表劝进，宪曰：“吾一书生，自布衣至服金紫，皆出先帝之恩，岂可偷生而不自愧乎！”昭远泣曰：“此古人所行，公能行之，忠义不朽矣。”

有李存沼者，庄宗之近属，自洛阳奔晋阳，矫传庄宗之命，阴与二内养谋杀宪及彦超，据晋阳拒守。彦超知之，密告宪，欲先图之。宪曰：“仆受先帝厚恩，不忍为此。徇义而不免于祸，乃天也。”彦超谋未决，壬辰夜，军士共杀二内养及存沼于牙城，因大掠达旦。宪闻变，出奔忻州。会嗣源移书至，彦超号令士卒，城中始安，遂权知太原军府。

百官三笺请嗣源监国，嗣源乃许之。甲午，入居兴圣宫，始受百官班见。下令称教，百官称之曰殿下。庄宗后宫存者犹千余人，宣徽使选其美少者数百献于监国，监国曰：“奚用此为！”对曰：“宫中职掌不可阙也。”监国曰：“宫中职掌宜谙故事，此辈安知之！”乃悉用老旧之人补之，其少年者皆出归其亲戚，无亲戚者任其所适。蜀中所送宫人亦准此。

乙未，以中门使安重诲为枢密使，镇州别驾张延朗为副使。延朗，开封人也，仕梁为租庸吏，性纤巧，善事权要，以女妻重诲之子，故重诲引之。

监国令所在访求诸王。通王存确、雅王存纪匿民间，或密告安重诲，重诲与李绍真谋曰：“今殿下既监国典丧，诸王宜早为之所，以壹人心。殿下性慈，不可以闻。”乃密遣人就田舍杀之。后月余，监国乃闻之，切责重诲，伤惜久之。

刘皇后与申王存渥奔晋阳，在道与存渥私通。存渥至晋阳，李彦超不纳，走至风谷，为其下所杀。明日，永王存霸亦至晋阳，从兵逃散俱尽，存霸削发、僧服谒李彦超，“愿为山僧，幸垂庇护。”军士争欲杀之，彦超曰：“六相公来，当奏取进止。”军士不听，杀之于府门之碑下。刘皇后为尼于晋阳，监国使人就杀之。薛王存礼及庄宗幼子继嵩、继潼、继蟾、继嶢，遭乱皆不知所终。惟邕王存美以病风偏枯得免，居于晋阳。

徐温、高季兴闻庄宗遇弑，益重严可求、梁震。梁震荐前陵州判官贵平孙光宪于季兴，使掌书记。季兴大治战舰，欲攻楚，光宪谏曰：“荆南乱离之后，赖公休息士民，始有生意，若又与楚国交恶，它国乘吾之弊，良可忧也。”季兴乃止。

戊戌，李绍荣至洛阳，监国责之曰：“吾何负于尔，而杀吾儿！”绍荣瞋目直视曰：“先帝何负于尔？”遂斩之，复其姓名曰元行钦。

监国恐征蜀军还为变，以石敬瑭为陕州留后。己亥，以李从珂为河中留后。

枢密使张居翰乞归田里，许之。李绍真屡荐孔循之才，庚子，以循为枢密副使。李绍宏请复姓马。

监国下教，数租庸使孔谦奸佞侵刻穷困军民之罪而斩之，凡谦所立苛敛之法皆罢之，因废租庸使及内勾司，依旧为盐铁、户部、度支三司，委宰相一人专判。又罢诸道监军使，以庄宗由宦官亡国，命诸道尽杀之。

魏王继岌自兴平退至武功，宦者李从袭曰：“祸福未可知，退不如进，请王亟东行以救内难。”继岌从之。还，至渭水，权西都留守张篯已断浮梁，循水浮渡，是日至渭南，腹心吕知柔等皆已窜匿。从袭谓继岌曰：“时事已去，王宜自图。”继岌徘徊流涕，乃自伏于床，命仆夫李环缢杀之。任圜代将其众而东。监国命石敬瑭慰抚之，军士皆无异言。

先是，监国命所亲李冲为华州都监，应接西师。冲擅逼华州节度使史彦镕入朝；同州节度使李存敬过华州，冲杀之，并屠其家；又杀西川行营都监李从袭。彦镕泣诉于安重诲，重诲遣彦镕还镇，召冲归朝。

自监国入洛，内外机事皆决于李绍真。绍真擅收威胜节度使李绍钦、太子少保李绍冲下狱，欲杀之。安重诲谓绍真曰：“温、段罪恶皆在梁朝，今殿下新平内难，冀安万国，岂专为公报仇邪！”绍真由是稍沮。辛丑，监国教，李绍冲、绍钦复姓名为温韬、段凝，并放归田里。

壬寅，以孔循为枢密使。

有司议即位礼。李绍真、孔循以为唐运已尽，宜自建国号。监国问左右：“何谓国号？”对曰：“先帝赐姓于唐，为唐复仇，继昭宗后，故称唐。今梁朝之人不欲殿下称唐耳。”监国曰：“吾年十三事献祖，献祖以吾宗属，视吾犹子。又事武皇垂三十年，先帝垂二十年，经纶攻战，未尝不预。武皇之基业则吾之基业也，先帝之天下则吾之天下也，安有同家而异国乎！”令执政更议。吏部尚书李琪曰：“若改国号，则先帝遂为路人，梓宫安所托乎？不惟殿下忘三世旧君，吾曹为人臣者能自安乎！前代以旁支入继多矣，宜用嗣子柩前即位之礼。”众从之。丙午，监国自兴圣宫赴西宫，服斩衰，于柩前即皇帝位，百官缟素。既而御衮冕受册，百官吉服称贺。

戊申，敕中外之臣毋得献鹰犬奇玩之类。

有司劾奏太原尹张宪委城之罪，庚戌，赐宪死。

任圜将征蜀兵二万六千人至洛阳，明宗慰抚之，各令还营。

甲寅，大赦，改元。量留后宫百人，宦官三十人，教坊百人，鹰坊二十人，御厨五十人，自余任从所适。诸司使务有名无实者皆废之。分遣诸军就食近畿，以省馈运。除夏、秋税省耗。节度、防御等使，正、至、端午、降诞四节听贡奉，毋得敛百姓，刺史以下不得贡奉。选人先遭涂毁文书者，令三铨止除诈伪，余复旧规。

五月，丙辰朔，以太子宾客郑珏、工部尚书任圜并为中书侍郎、同平章事，圜仍判三司。圜忧公如家，简拔贤俊，杜绝侥幸，期年之间，府库充实，军民皆足，朝纲粗立。圜每以天下为己任，由是安重诲忌之。

武宁节度使李绍真、忠武节度使李绍琼、贝州刺史李绍英、齐州防御使李绍虔、河阳节度使李绍奇、洺州刺史李绍能，各请复旧姓名为霍彦威，苌从简、房知温、王晏球、夏鲁奇、米君立，许之。从简，陈州人也。晏球本王氏子，畜于杜氏，故请复姓王。

丁巳，初令百官正衙常朝外，五日一赴内殿起居。

宦官数百人窜匿山林，或落发为僧，至晋阳者七十余人，诏北都指挥使李从温悉诛之。从温，帝之侄也。

帝以前相州刺史安金全有功于晋阳，壬戌，以金全为振武节度使、同平章事。

丙寅，赵在礼请帝幸邺都。戊辰，以在礼为义成节度使，辞以军情未听，不赴镇。

李彦超入朝，帝曰："河东无虞，尔之力也。"庚午，以为建雄留后。

甲戌，加王延翰同平章事。

帝目不知书，四方奏事皆令安重诲读之，重诲亦不能尽通，乃奏称："臣徒以忠实之心事陛下，得典枢机，今事粗能晓知，至于古事，非臣所及。愿仿前朝侍讲、侍读、近代直崇政、枢密院，选文学之臣与之共事，以备应对。"乃置端明殿学士，乙亥，以翰林学士冯道、赵凤为之。

丙子，听郭崇韬归葬，复朱友谦官爵，两家货财田宅，前籍没者皆归之。

戊寅，以安重诲领山南东道节度使。重诲以襄阳要地，不可乏帅，无宜兼领，固辞，许之。

诏发汴州控鹤指挥使张谏等三千人戍瓦桥。六月，丁酉，出城，复还，作乱，焚掠坊市，杀权知州、推官高逖。逼马步都指挥使、曹州刺史李彦饶为帅，彦饶曰："汝欲吾为帅，当用吾命，禁止焚掠。"众从之。己亥旦，彦饶伏甲于室，诸将入贺，彦饶曰："前日唱乱者数人而已。"遂执张谏等四人，斩之。其党张审琼帅众大噪于建国门，彦饶勒兵击之，尽诛其众四百人，军、州始定。即日，以军、州事牒节度推官韦俨权知，具以状闻。庚子，诏以枢密使孔循知汴州，收为乱者三千家，悉诛之。彦饶，彦超之弟也。

蜀百官至洛阳，永平节度使兼侍中马全曰："国亡至此，生不如死。"不食而卒。以平章事王锴等为诸州府刺史、少尹、判官、司马，亦有复归蜀者。

辛丑，滑州都指挥使于可洪等纵火作乱，攻魏博戍兵三指挥，逐出之。

乙巳，敕："朕二名，但不连称，皆无所避。"

戊申，加西川节度使孟知祥兼侍中。

李继曮至华州，闻洛中乱，复归凤翔，帝为之诛柴重厚。

高季兴表求夔、忠、万三州为属郡，诏许之。

安重诲恃恩骄横，殿直马延误冲前导，斩之于马前，御史大夫李琪以闻。秋，七月，重诲白帝下诏，称延陵突重臣，戒谕中外。

于可洪与魏博戍将互相奏云作乱，帝遣使按验得实，辛酉，斩可洪于都市，其首谋滑州左崇牙全(荣)〔营〕族诛，助乱者右崇牙两长剑建平将校百人亦族诛。

壬申，初令百官每五日起居，转对奏事。

契丹主攻勃海，拔其夫馀城，更命曰东丹国。命其长子突欲镇东丹，号人皇王，以次子德光守西楼，号元帅太子。

帝遣供奉官姚坤告哀于契丹。契丹主闻庄宗为乱兵所害，恸哭曰："我朝定儿也。吾方欲救之，以勃海未下，不果往，致吾儿及此。"哭不已。虏言"朝定"，犹华言朋友也。又谓坤曰："今天子闻洛阳有急，何不救？"对曰："地远不能及。"曰："何故自立？"坤为言帝所以即位之由，契丹主曰："汉儿喜饰说，毋多谈。"突欲侍侧，曰："牵牛以蹊人之田而夺之牛，可乎？"坤曰："中国无主，唐天子不得已而立，亦犹天皇王初有国，岂强取之乎！"契丹主曰："理当然。"又〔曰〕："闻吾儿专好声色游畋，不恤军民，宜其及此。我自闻之，举家不饮酒，散遣伶人，解纵鹰犬。若亦效吾儿所为，行自亡矣。"又曰："吾儿与我虽世旧，然屡与我战争，于今天子则无怨，足以修好。若与我大河之北，吾不复南侵矣。"坤曰："此非使臣之所得专也。"契丹主怒，囚之，旬余，复召之，曰："河北恐难得，得镇、定、幽州亦可也。"给纸笔趣令为状，坤不可，欲杀之，韩延徽谏，乃复囚之。

丙子，葬光圣神闵孝皇帝于雍陵，庙号庄宗。

丁丑，镇州留后王建立奏涿州刺史刘殷肇不受代，谋作乱，已讨擒之。

己卯，置彰国军于应州。

门下侍郎、同平章事豆卢革、韦说奏事帝前，或时礼貌不尽恭，百官俸钱皆折估，而革父子独受实钱，百官自五月给，而革父子自正月给，由是众论沸腾。说以孙为子，奏官；受选人王傪赂，除近官。中旨以库部郎中萧希甫为谏议大夫，革、说覆奏。希甫恨之，上疏言"革、说不忠前朝，阿谀取容"，因诬"革强夺民田，纵田客杀人，说夺邻家井，取宿藏物。"制贬革辰州刺史，说溆州刺史。庚辰，赐希甫金帛，擢为散骑常侍。

辛巳，契丹主阿保机卒于夫馀城，述律后召诸将及酋长难制者之妻，谓曰："我今寡居，汝不可不效我。"又集其夫泣问曰："汝思先帝乎？"对曰："受先帝恩，岂得不思！"曰："果思之，宜往见之。"遂杀之。

癸未，再贬豆卢革费州司户，韦说夷州司户。甲申，革流陵州，说流合州。

孟知祥阴有据蜀之志，阅库中，得铠甲二十万，置左右牙等兵十六营，凡万六千人，营于牙城内外。

八月，乙酉朔，日有食之。

丁亥，契丹述律后使少子安端少君守东丹，与长子突欲奉契丹主之丧，将其众发夫馀城。

初，郭崇韬以蜀骑兵分左、左骁锐等六营，凡三千人；步兵分左、右宁远等二十营，凡二万四千人。庚寅，孟知祥增置左、右冲山等六营，凡六千人，营于罗城内外；又置义宁等二十营，凡万六千人，分戍管内州县就食；又置左、右牢城四营，凡四千人，分戍成都境内。

王公俨既杀杨希望，欲邀节钺，扬言符习为治严急，军府众情不愿其还。习还，至齐州，公俨拒之，习不敢前。公俨又令将士上表请己为帅，诏除登州刺史。公俨不时之官，托云军情所留，帝乃徙天平节度使霍彦威为平卢节度使，聚兵淄州，以图攻取，公俨惧，乙未，始之官。丁酉，彦威至青州，追擒之，并其族党悉斩之，支使北海韩叔嗣预焉。其子熙载将奔吴，密告其友汝阴进士李穀，穀送至正阳，痛饮而别。熙载谓穀曰："吴若用吾为相，当长驱以定中原。"穀笑曰："中原若用吾为相，取吴如囊中物耳。"

庚子，幽州言契丹寇边，命齐州防御使安审通将兵御之。

九月，壬戌，孟知祥置左、右飞棹兵六营，凡六千人，分戍滨江诸州，习水战以备夔、峡。

癸酉，卢龙节度使李绍斌请复姓赵，从之，仍赐名德钧。德钧养子延寿尚帝女兴平公主，故德钧尤蒙亲任。延寿本蓨令刘邟之子也。

加楚王殷守尚书令。

契丹述律后爱中子德光，欲立之，至西楼，命与突欲俱乘马立帐前，谓诸酋长曰："二子吾皆爱之，莫知所立，汝曹择可立者执其辔。"酋长知其意，争执德光辔讙跃曰："愿事元帅太子。"后曰："众之所欲，吾安敢违。"遂立之为天皇王。突欲愠，帅数百骑欲奔唐，为逻者所遏，述律后不罪，遣归东丹。天皇王尊述律后为太后，国事皆决焉。太后复纳其侄为天皇王后。天皇王性孝谨，母病不食亦不食，侍于母前应对或不称旨，母扬眉视之，辄惧而趋避，非复召不敢见也。以韩延徽为政事令。听姚坤归复命，遣其臣阿思没骨馁来告哀。

壬午，赐李继曮名从曮。

冬，十月，甲申朔，初赐文武官春冬衣。

昭武节度使、同平章事王延翰，骄淫残暴，己丑，自称大闽国王。立宫殿，置百官，威仪文物皆仿天子之制，群下称之曰殿下。赦境内，追尊其父审知曰昭武王。

静难节度使毛璋，骄僭不法，训卒缮兵，有跋扈之志，诏以颍州团练使李承约为节度副使以察之。壬辰，徙璋为昭义节度使。璋欲不奉诏，承约与观察判官长安边蔚从容说谕，久之，乃肯受代。

庚子，幽州奏契丹卢龙节度使卢文进来奔。初，文进为契丹守平州，帝即位，遣间使说之，以易代之后，无复嫌怨。文进所部皆华人，思归，乃杀契丹戍平州者，帅其众十余万、车帐八千乘来奔。

初，魏王继岌、郭崇韬率蜀中富民输犒赏钱五百万缗，听以金银缯帛充，昼夜督责，有自杀者，给军之余，犹二百万缗。至是，任圜判三司，知成都富饶，遣盐铁判官、太仆卿赵季良为孟知祥官告国信兼三川都制置转运使。甲辰，季良至成都。蜀人欲皆不与，知祥曰："府库它人所聚，输之可也。州县租税，以赡镇兵十万，决不可得。"季良但发库物，不敢复言制置转运职事矣。

安重诲以知祥及东川节度使董璋皆据险要，拥强兵，恐久而难制，又知祥乃庄宗近姻，阴欲图之。客省使、泗州防御使李严自请为西川监军，必能制知祥，己酉，以严为西川都监，文思使太原朱弘昭为东川副使。李严母贤明，谓严曰："汝前启灭蜀之谋，今日再往，必以死报蜀人矣。"

旧制，吏部给告身，先责其人输朱胶绫轴钱。丧乱以来，贫者但受敕牒，多不取告身。十一月，甲戌，吏部侍郎刘岳上言："告身有褒贬训戒之辞，岂可使其人初不之睹！"敕文班丞、郎、给、谏，武班大将军以上，宜赐告身。其后执政议，以为朱胶绫轴，厥费无多，朝廷受以官禄，何惜小费。乃奏："凡除官者更不输钱，皆赐告身。"当是时，所除正员官之外，其余试衔、帖号止以宠激军中将校而已，及长兴以后，所除浸多，乃至军中卒伍，使、州、镇、戍胥吏，皆得银青阶及宪官，岁赐告身以万数矣。

闽王延翰蔑弃兄弟，袭位才逾月，出其弟延钧为泉州刺史。延翰多取民女以充后庭，采择不已。延钧上书极谏，延翰怒，由是有隙。父审知养子延禀为建州刺史，延翰与书使之采择，延禀复书不逊，亦有隙。十二月，延禀、延钧合兵袭福州。延禀顺流先至，福州指挥使陈陶帅众拒之，兵败，陶自杀。是夜，延禀帅壮士百余人趣西门，梯城而入，执守门者，发库取兵仗。及寝门，延翰惊匿别室。辛卯旦，延禀执之，暴其罪恶，且称延翰与妻崔氏共弑先王，告谕吏民，斩于紫宸门外。是日，延钧至城南，延禀开门纳之，推延钧为威武留后。

癸巳，以卢文进为义成节度使、同平章事。

庚子，以皇子从荣为天雄节度使、同平章事。

赵季良等运蜀金帛十亿至洛阳，时朝廷方匮乏，赖此以济。

是岁，吴越王镠以中国丧乱，朝命不通，改元宝正。其后复通中国，乃讳而不称。

二年(丁亥、927)

春，正月，癸丑朔，帝更名亶。

孟知祥闻李严来监其军，恶之，或请奏止之，知祥曰："何必然，吾有以待之。"遣吏至绵、剑迎候。会武信节度使李绍文卒，知祥自言尝密诏许便宜从事，壬戌，以西川节度副使、内外马步都指挥使李敬周为遂州留后，促之上道，然后表闻。严先遣使至成都，知祥自以于严有旧恩，冀其惧而自回，乃盛陈甲兵以示之，严不以为意。

安重诲以孔循少侍宫禁，谓其谙练故事，知朝士行能，多听其言。豆卢革、韦说既得罪，朝廷议置相，循意不欲用河北人，先已荐郑珏，又荐太常卿崔协。任圜欲用御史大夫李琪，郑珏素恶琪，故循力沮之，谓重诲曰："李琪非无文学，但不廉耳。宰相但得端重有器度者，足以仪刑多士矣。"它日议于上前，上问谁可相者，重诲以协对。圜曰："重诲未悉朝中人物，为人所卖。协虽名家，识字甚少。臣既以不学忝相位，奈何更益以协，为天下笑乎！"上曰："宰相重任，卿辈更审议之。吾在河东时见冯书记多才博学，与物无竞，此可相矣。"既退，孔循不揖，拂衣径去，曰："天下事一则任圜，二则任圜，圜何者！使崔协暴死则已，不死会须相之。"因称疾不朝者数日，上使重诲谕之，方入。重诲私谓圜曰："今方乏人，协且备员，可乎？"圜曰："明公舍李琪而相崔协，是犹弃苏合之丸，取蛣蜣之转也。"循与重诲共事，日短琪而誉协，癸亥，竟以端明殿学士冯道及崔协并为中书侍郎、同平章事。协，邠之曾孙也。

戊辰，王延禀还建州，王延钧送之，将别，谓延钧曰："善守先人基业，勿烦老兄再下。"延钧逊谢甚恭而色变。

庚午，初令天下长吏每旬亲引虑系囚。

孟知祥礼遇李严甚厚，一日谒知祥，知祥谓曰："公前奉使王衍，归而请兵伐蜀，庄宗用公言，遂致两国俱亡。今公复来，蜀人惧矣。且天下皆废监军，公独来监吾军，何也？"严惶怖求哀，知祥曰："众怒不可遏也。"遂揖下，斩之。又召左厢马步都虞候丁知俊，知俊大惧，知祥指严尸谓曰："昔严奉使，汝为之副，然则故人也，为我瘞之。"因诬奏："严诈宣口敕，云代臣赴阙，又擅许将士优赏，臣辄已诛之。"

内八作使杨令芝以事入蜀，至鹿头关，闻严死，奔还。朱弘昭在东川，闻之，亦惧，谋归洛，会有军事，董璋使之入奏，弘昭伪辞然后行，由是得免。

癸酉，以皇子从厚同平章事，充河南尹，判六军诸卫事。从厚，从荣之母弟也。从荣闻之，不悦。

己卯，加枢密使安重诲兼侍中，孔循同平章事。

吴马军都指挥使柴再用戎服入朝，御史弹之，再用恃功不服。侍中徐知诰阳于便殿误通起居，退而自劾，吴王优诏不问，知诰固请夺一月俸，由是中外肃然。

契丹改元天显，葬其主阿保机于木叶山。述律太后左右有桀黠者，后辄谓曰："为我达语于先帝。"至墓所则杀之，前后所杀以百数。最后，平州人赵思温当往，思温不行，后曰："汝事先帝尝亲近，何为不行？"对曰："亲近莫如后，后行，臣则继之。"后曰："吾非不欲从先帝于地下也，顾嗣子幼弱，国家无主，不得往耳。"乃断一腕，令置墓中。思温亦得免。

帝以冀州刺史乌震三将兵运粮入幽州，二月，戊子，以震为河北道副招讨，领宁国节度使，屯卢台军。代泰宁节度使、同平章事房知温归兖州。

庚寅，以保义节度使石敬瑭兼六军诸卫副使。

丙申，以从马直指挥使郭从谦为景州刺史，既至，遣使族诛之。

高季兴既得三州，请朝廷不除刺史，自以子弟为之，不许。及夔州刺史潘炕罢官，季兴辄遣兵突入州城，杀戍兵而据之。朝廷除奉圣指挥使西方邺为刺史，不受；又遣兵袭涪州，不克。魏王继岌遣押牙韩珙等部送蜀珍货金帛四十万，浮江而下，季兴杀珙等于峡口，尽掠取之。朝廷诘之，对曰："珙等舟行下峡，涉数千里，欲知覆溺之故，自宜按问水神。"帝怒，壬寅，制削夺季兴官爵，以山南东道节度使刘训为南面招讨使、知荆南行府事，忠武节度使夏鲁奇为副招讨使，将步骑四万讨之。东川节度使董璋充东南面招讨使，新夔州刺史西方邺副之，将蜀兵下峡，仍会湖南军三面进攻。

三月，甲寅，以李敬周为武信留后。

丙辰，初置监牧，蕃息国马。

初，庄宗之克梁也，以魏州牙兵之力，及其亡也，皇甫晖、张破败之乱亦由之。赵在礼之徙滑州，不之官，亦实为其下所制。在礼欲自谋脱祸，阴遣腹心诣阙求移镇，帝乃为之除皇甫晖陈州刺史，赵进贝州刺史，徙在礼为横海节度使；以皇子从荣镇邺都，命宣徽北院使范延光将兵送之，且制置邺都军事。乃出奉节等九指挥三千五百人，使军校龙晊部之，戍卢台军以备契丹，不给铠仗，但系帜于长竿以别队伍，由是皆俯首而去。中涂闻孟知祥杀李严，军中籍籍，已有讹言。既至，会朝廷不次擢乌震为副招讨使，讹言益甚。

房知温怨震骤来代己，震至，未交印。壬申，震召知温及诸道先锋马军都指挥使、齐州防御使安审通博于东寨，知温诱龙晊所部兵杀震于席上，其众噪于营外，安审通脱身走，夺舟济河，将骑兵按甲不动。知温恐事不济，亦上马出门，甲士揽其辔曰："公当为士卒主，去欲何之？"知温绐之曰："骑兵皆在河西，不收取之，独有步兵，何能集事！"遂跃马登舟济河，与审通合谋击乱兵，乱兵遂南行。骑兵徐踵其后，部伍甚整。乱者相顾失色，列炬宵行，疲于荒泽，诘朝，骑兵四合击之，乱兵殆尽，余众复趣故寨，审通已焚之，乱兵进退失据，遂溃。其匿于丛薄沟塍得免者什无一二。范延光还至淇门，闻卢台乱，发滑州兵复如邺都，以备奔逸。

帝遣客省使李仁矩如西川，传诏安谕孟知祥及吏民，甲戌，至成都。

刘训兵至荆南，楚王殷遣都指挥使许德勋等将水军屯岳州。高季兴坚壁不战，求救于吴，吴人遣水军援之。

夏，四月，庚寅，敕卢台乱兵在营家属并全门处斩。敕至邺都，阖九指挥之门，驱三千五百家凡万余人于石灰窑，悉斩之，永济渠为之变赤。朝廷虽知房知温首乱，欲安反仄，癸巳，加知温兼侍中。

先是，孟知祥遣牙内指挥使文水武漳迎其妻琼华长公主及子仁赞于晋阳，及凤翔，李从曮闻知祥杀李严，止之，以闻，帝听其归蜀，丙申，至成都。

盐铁判官赵季良与孟知祥有旧，知祥奏留季良为副使。朝廷不得已，丁酉，以季良为西川节度副使。李昊归蜀，知祥以为观察推官。

江陵卑湿，复值久雨，粮道不继，将士疾疫，刘训亦寝疾。癸卯，帝遣枢密使孔循往视之，且审攻战之宜。

五月，癸丑，以威武留后王延钧为本道节度使、守中书令、琅邪王。

孔循至江陵，攻之不克，遣人入城说高季兴，季兴不逊。丙寅，遣使赐湖南行营夏衣万袭；丁卯，又遣使赐楚王殷鞍马玉带，督馈粮于行营，竟不能得。庚午，诏刘训等引兵还。

楚王殷遣中军使史光宪入贡，帝赐之骏马十，美女二。过江陵，高季兴执光宪而夺之，且请举镇自附于吴。徐温曰："为国者当务实效而去虚名。高氏事唐久矣，洛阳去江陵不远，唐人步骑袭之甚易，我以舟师溯流救之甚难。夫臣人而弗能救，使之危亡，能无愧乎！"乃受其贡物，辞其称臣，听其自附于唐。

任圜性刚急，且恃与帝有旧，勇于敢为，权幸多疾之。旧制，馆券出于户部，安重诲请从内出，与圜争于上前，往复数四，声色俱厉。上退朝，宫人问上："适与重诲论事为谁?”上曰:“宰相。”宫人曰:“妾在长安宫中,未尝见宰相、枢密奏事敢如是者,盖轻大家耳。”上愈不悦,卒从重诲议。圜因求罢三司,诏以枢密承旨孟鹄充三司副使权判。鹄,魏州人也。

六月,庚辰,太子詹事温辇请立太子。

丙戌,门下侍郎、同平章事任圜罢守太子少保。

己丑,以宣徽北院使张延朗判三司。

壬辰,贬刘训为檀州刺史。

丙申,封楚王殷为楚国王。

西方邺败荆南水军于峡中,复取夔、忠、万三州。

资治通鉴卷第二百七十六

端明殿学士兼翰林侍读学士太中大夫提举西京嵩山崇福宫上柱国河内郡开国公食邑二千六百户食实封一千户臣 司马光 奉敕编集

后唐纪五起强圉大渊献（丁亥）七月，尽屠维赤奋若（己丑），凡二年有奇。

明宗圣德和武钦孝皇帝中之上

天成二年（丁亥、927）

秋，七月，以归德节度使王晏球为北面副招讨使。

丙寅，升夔州为宁江军，以西方邺为节度使。

癸酉，以与高季兴夔、忠、万三州为豆卢革、韦说之罪，皆赐死。

流段凝于辽州，温韬于德州，刘训于濮州。

任圜请致仕居磁州，许之。

八月，己卯朔，日有食之。

册礼使至长沙，楚王殷始建国，立宫殿，置百官，皆如天子，或微更其名：翰林学士曰文苑学士，知制诰曰知辞制，枢密院曰左右机要司，群下称之曰殿下，令曰教。以姚彦章为左丞相，许德勋为右丞相，李铎为司徒，崔颖为司空，拓跋恒为仆射，张彦瑶、张迎判机要司。然管内官属皆称摄，惟朗、桂节度使先除后请命。恒本姓元，避殷父讳改焉。

九月，帝谓安重诲曰："从荣左右有矫宣朕旨，令勿接儒生，恐弱人志气者。朕以从荣年少临大藩，故择名儒使辅导之，今奸人所言乃如此。"欲斩之，重诲请严戒而已。

北都留守李彦超请复姓符，从之。

丙寅，以枢密使孔循兼东都留守。

壬申，契丹来请修好，遣使报之。

冬，十月，乙酉，帝发洛阳，将如汴州。丁亥，至荥阳。

民间讹言帝欲自击吴，又云欲制置东方诸侯。宣武节度使、检校侍中朱守殷疑惧，判官高密孙晟劝守殷反，守殷遂乘城拒守。帝遣宣徽使范延光往谕之，延光曰："不早击之，则汴城坚矣。愿得五百骑与俱。"帝从之。延光暮发，未明行二百里，抵大梁城下，与汴人战，汴人大惊。戊子，帝至京水，遣御营使石敬瑭将亲军倍道继之。

或谓安重诲曰："失职在外之人，乘贼未破，或能为患，不如除之。"重诲以为然，奏遣使赐任圜死。端明殿学士赵凤哭谓重诲曰："任圜义士，安肯为逆。公滥刑如此，何以赞国！"使者至磁州，圜聚其族酣饮，然后死，神情不挠。

己丑，帝至大梁，四面进攻，吏民缒城出降者甚众。守殷知事不济，尽杀其族，引颈命左右斩之。乘城者望见乘舆，相帅开门降。孙晟奔吴，徐知诰客之。

戊戌，诏免三司逋负近二百万缗。

辛丑，吴大丞相、都督中外诸军事、诸道都统、镇海、宁国节度使兼中书令东海王徐温卒。

初，温子行军司马、忠义节度使、同平章事知询以其兄知诰非徐氏子，数请代之执吴政，温曰："汝曹皆不如也。"严可求及行军副使徐玠屡劝温以知询代知诰，温以知诰孝谨，不忍也。陈夫人曰："知诰自我家贫贱时养之，奈何富贵而弃之！"可求等言之不已。温欲帅诸藩镇入朝，劝吴王称帝，将行，有疾，乃遣知询奉表劝进，因留代知诰执政。知诰草表欲求洪州节度使，俟旦上之，是夕，温凶问至，乃止。知询亟归金陵。吴王赠温齐王，谥曰忠武。

山南西道节度使张筠久疾，将佐请见，不许。副使苻彦琳等疑其已死，恐左右有奸谋，请权交符印，筠怒，收彦琳及判官都指挥使下狱，诬以谋反。诏取彦琳等诣阙，按之无状，释之，徙筠为西都留守。

癸卯，以保义节度使石敬瑭为宣武节度使，兼侍卫亲军马步都指挥使。

十一月，庚戌，吴王即皇帝位，追尊孝武王曰武皇帝，景王曰景皇帝，宣王曰宣皇帝。

安重诲议伐吴，帝不许。

甲子，吴大赦，改元乾贞。

丙子，吴主尊太妃王氏曰皇太后，以徐知询为诸道副都统、镇海宁国节度使兼侍中，加徐知诰都督中外诸军事。

十二月，戊寅朔，孟知祥发民丁二十万修成都城。

吴主立兄庐江公濛为常山王，弟鄱阳公澈为平原王，兄子南昌公珙为建安王。

初，晋阳相者周玄豹尝言帝贵不可言，帝即位，欲召诣阙。赵凤曰："玄豹言陛下当为天子，今已验矣，无所复询。若置之京师，则轻躁狂险之人必辐凑其门，争问吉凶。自古术士妄言，致人族灭者多矣，非所以靖国家也。"帝乃就除光禄卿致仕，厚赐金帛而已。

中书舍人马缟请用汉光武故事，七庙之外别立亲庙。中书门下奏请如汉孝德、孝仁皇例，称皇不称帝。帝欲兼称帝，群臣乃引德明、玄元、兴圣皇帝例，请立庙京师。帝令立于应州旧宅，自高祖考妣以下皆追谥曰皇帝、皇后，墓曰陵。

汉主如康州。

是岁，蔚、代缘边粟斗不过十钱。

三年(戊子、928)

春，正月，丁巳，吴主立子琏为江都王，璘为江夏王，璆为宜春王，宣帝子庐陵公玢为南阳王。

昭义节度使毛璋所为骄僭，时服赭袍，纵酒为戏，左右有谏者，剖其心而视之。帝闻之，征为右金吾卫上将军。

契丹陷平州。

二月，丁丑朔，日有食之。

帝将如邺都，时扈驾诸军家属甫迁大梁，又闻将如邺都，皆不悦，讻讻有流言。帝闻之，不果行。

吴自庄宗灭梁以来，使者往来不绝。庚辰，吴使者至，安重诲以为杨溥敢与朝廷抗礼，遣使窥觇，拒而不受，自是遂与吴绝。

张筠至长安，守兵闭门拒之，筠单骑入朝，以为左卫上将军。

壬辰，宁江节度使西方邺攻拔归州，未几，荆南复取之。

枢密使、同平章事孔循，性狡佞，安重诲亲信之。帝欲为皇子娶重诲女，循谓重诲曰："公职居近密，不宜复与皇子为昏。"重诲辞之。久之，或谓重诲曰："循善离间人，不可置之密地。"循知之，阴遣人结王德妃，求纳其女。德妃请娶循女为从厚妇，帝许之。重诲大怒，乙未，以循同平章事，充忠武节度使兼东都留守。

重诲性强愎。秦州节度使华温琪入朝，请留阙下，帝嘉之，除左骁卫上将军，月别赐钱谷。岁余，帝谓重诲曰："温琪旧人，宜择一重镇处之。"重诲对以无阙。它日，帝屡言之，重诲愠曰："臣累奏无阙，惟枢密使可代耳。"帝曰："亦可。"重诲无以对。温琪闻之惧，数月不出。

重诲恶成德节度使、同平章事王建立，奏建立与王都交结，有异志。建立亦奏重诲专权，求入朝面言其状，帝召之。既至，言重诲与宣徽使判三司张延朗结昏，相表里，弄威福。三月，辛亥，帝见重诲，气色甚怒，谓曰："今与卿一镇自休息，以王建立代卿，张延朗亦除外官。"重诲曰："臣披荆棘事陛下数十年，值陛下龙飞，承乏机密，数年间天下幸无事。今一旦弃之外镇，臣愿闻其罪。"帝不怿而起，以语宣徽使朱弘昭，弘昭曰："陛下平日待重诲如左右手，奈何以小忿弃之！愿垂三思。"帝寻召重诲慰抚之。明日，建立辞归镇，帝曰："卿比奏欲入分朕忧，今复去何之！"会门下侍郎兼刑部尚书、同平章事郑珏请致仕，己未，以珏为左仆射致仕。癸亥，以建立为右仆射兼中书侍郎、同平章事、判三司。

孟知祥屡与董璋争盐利，璋诱商旅贩东川盐入西川，知祥患之，乃于汉州置三场重征之，岁得钱七万缗，商旅不复之东川。

楚王殷如岳州，遣六军使袁诠、副使王环、监军马希瞻将水军击荆南，高季兴以水军逆战。至刘郎洑，希瞻夜匿战舰数十艘于港中，诘旦，两军合战，希瞻出战舰横击之，季兴大败，俘斩以千数，进逼江陵。季兴请和，归史光宪于楚。军还，楚王殷让环不遂取荆南，环曰："江陵在中朝及吴、蜀之间，四战之地也，宜存之以为吾扞蔽。"殷悦。环每战，身先士卒，与众同甘苦，常置针药于座右，战罢，索伤者于帐前，自傅治之。士卒隶环麾下者相贺曰："吾属得死所矣。"故所向有功。

楚大举水军击汉，围封州。汉主以《周易》筮之，遇《大有》，于是大赦，改元大有。命左右街使苏章将神弩三千、战舰百艘救封州。章至贺江，沉铁絙于水，两岸作巨轮挽絙，筑长堤以隐之，伏壮士于堤中。章以轻舟逆战，阳不利，楚人逐之，入堤中，挽轮举絙，楚舰不能进退，以强弩夹水射之，楚兵大败，解围遁去。汉主以章为封州团练使。

夏，四月，以邺都留守从荣为河东节度使、北都留守，以客省使太原冯赟为副留守，夹马都指挥使新平杨思权为步军都指挥使以佐之。戊寅，以宣武节度使石敬瑭为邺都留守、天雄节度使，加同平章事；以枢密使范延光为成德节度使。丙戌，以枢密使安重诲兼河南尹，以河南尹从厚为宣武节度使，仍判六军诸卫事。

吴右雄武军使苗璘、静江统军王彦章将水军万人攻楚岳州，至君山，楚王殷遣右丞相许德勋将战舰千艘御之。德勋曰："吴人掩吾不备，见大军，必惧而走。"乃潜军角子湖，使王环夜帅战舰二百，屯杨林浦，绝吴归路。迟明，吴人进军荆江口，将会荆南兵攻岳州，丁亥，至道人矶。德勋命战棹都虞候詹信以轻舟三百出吴军后，德勋以大军当其前，夹击之，吴军大败，虏璘及彦章以归。

初，义武节度使兼中书令王都镇易定十余年，自除刺史以下官，租赋皆赡本军。及安重诲用事，稍以法制裁之。帝亦以都篡父位，恶之。时契丹数犯塞，朝廷多屯兵于幽、易间，大将往来，都阴为之备，浸成猜阻。都恐朝廷移之它镇，腹心和昭训劝都为自全之计，都乃求昏于卢龙节度使赵德钧。又知成德节度使王建立与安重诲有隙，遣使结为兄弟，阴与之谋复河北故事，建立阳许而密奏之。都又以蜡书遗青、徐、潞、益、梓五帅，离间之。又遣人说北面副招讨使归德节度使王晏球，晏球不从，乃以金遗晏球帐下，使图之，不克。癸巳，晏球以都反状闻，诏宣徽使张延朗与北面诸将议讨之。

戊戌，吴徙常山王濛为临川王。

庚子，诏削夺王都官爵。壬寅，以王晏球为北面招讨使，权知定州行州事，以横海节度使安审通为副招讨使，以郑州防御使张虔钊为都监，发诸道兵会讨定州。是日，晏球攻定州，拔其北关城。都以重赂求救于奚酋秃馁，五月，秃馁以万骑突入定州，晏球退保曲阳，都与秃馁就攻之。晏球与战于嘉山下，大破之，秃馁以二千骑奔还定州。晏球追至城门，因进攻之，得其西关城。定州城坚，不可攻，晏球增修西关城以为行府，使三州民输税供军食而守之。

辛酉，以天雄节度副使赵敬怡为枢密使。

王晏球闻契丹发兵救定州，将大军趣望都，遣张延朗分兵退保新乐，延朗遂之真定，留赵州刺史朱建丰将兵修新乐城。契丹已自它道入定州，与王都夜袭新东，破之，杀建丰。乙丑，王晏球、张延朗会于行唐，丙寅，至曲阳。王都乘胜，悉其众与契丹五千骑合万余人，邀晏球等于曲阳，丁卯，战于城南。晏球集诸将校令之曰："王都轻而骄，可一战擒也。今日诸君报国之时也。悉去弓矢，以短兵击之，回顾者斩！"于是骑兵先进，奋楇挥剑，直冲其陈，大破之，僵尸蔽野，契丹死者过半，余众北走，都与秃馁得数骑，仅免。卢龙节度使赵德钧邀击契丹北走者，殆无孑遗。

吴遣使求和于楚，请苗璘、王彦章，楚王殷归之，使许德勋饯之。德勋谓二人曰："楚国虽小，旧臣宿将犹在，愿吴朝勿以措怀。必俟众驹争皂栈，然后可图也。"时殷多内宠，嫡庶无别，诸子骄奢，故德勋语及之。

六月，辛巳，高季兴复请称藩于吴，吴进季兴爵秦王，帝诏楚王殷讨之。殷遣许德勋将兵攻荆南，以其子希範为监军，次沙头。季兴从子雲猛指挥使从嗣单骑造楚壁，请与希範挑战决胜，副指挥使廖匡齐出与之斗，拉杀之。季兴惧，明日，请和，德勋还。匡齐，赣人也。

王晏球知定州有备，未易急攻，朱弘昭、张虔钊宣言大将畏怯，有诏促令攻城。晏球不得已，乙未，攻之，杀伤将士三千人。

先是，诏发西川兵戍夔州，孟知祥遣左肃边指挥使毛重威将三千人往。顷之，知祥奏"夔、忠、万三州已平，请召戍兵还，以省馈运。"帝不许。知祥阴使人诱之，重威帅其众鼓噪逃归，帝命按其罪，知祥请而免之。

陕州行军司马王宗寿表请葬故蜀主王衍，秋，七月，乙巳，赠衍顺正公，以诸侯礼葬之。

北面招讨使安审通卒。

东都民有犯私麴者，留守孔循族之。或请听民造麴，而于秋税亩收五钱，己未，敕从之。

壬戌，契丹复遣其酋长惕隐将七千骑救定州，王晏球逆战于唐河北，大破之。甲子，追至易州，时久雨水涨，契丹为唐所俘斩及陷溺死者，不可胜数。

戊辰，以威武节度使王延钧为闽王。

契丹北走，道路泥泞，人马饥疲，入幽州境。八月，甲戌，赵德钧遣牙将武从谏将精骑邀击之，分兵扼险要，生擒惕隐等数百人，余众散投村落，村民以白梃击之，其得脱归国者不过数十人。自是契丹沮气，不敢轻犯塞。

初，庄宗徇地河北，获小儿，畜之宫中，及长，赐姓名曰李继陶。帝即位，纵遣之。王都得之，使衣黄袍坐堞间，谓王晏球曰："此庄宗皇帝子也，已即帝位。公受先朝厚恩，曾不念乎！"晏球曰："公作此小数竟何益！吾今教公二策，不悉众决战，则束手出降耳，自余无以求生也。"

王建立以目不知书，请罢判三司，不许。

乙未，吴大赦。

吴越王镠欲立中子传瓘为嗣，谓诸子曰："各言汝功，吾择多者而立之。"传瓘兄传琇、传璙、传璟皆推传瓘，乃奏请以两镇授传瓘。闰月，丁未，诏以传瓘为镇海、镇东节度使。

戊申，赵德钧献契丹俘惕隐等，诸将皆请诛之，帝曰："此曹皆虏中骁将，杀之则虏绝望，不若存之以纾边患。"乃赦惕隐等酋长五十人，置之亲卫，余六百人悉斩之。

契丹遣梅老季素等入贡。

初，卢文进来降，契丹以蕃汉都提举使张希崇代之为卢龙节度使，守平州，遣亲将以三百骑监之。希崇本书生，为幽州牙将，没于契丹，性和易，契丹将稍亲信之，因与其部曲谋南归。部曲泣曰："归固寝食所不忘也，然虏众我寡，奈何？"希崇曰："吾诱其将杀之，兵必溃去。此去虏帐千余里，比其知而征兵，吾属去远矣。"众曰："善。"乃先为阱，实以石灰，明日，召虏将饮，醉，并从者杀之，投诸阱中。其营在城北，亟发兵攻之，契丹众皆溃去。希崇悉举其所部二万余口来奔，诏以为汝州刺史。

吴王太后殂。

九月，辛巳，荆南败楚兵于白田，执楚岳州刺史李廷规，归于吴。

乙未，敕以温韬发诸陵，段凝反覆，令所在赐死。

己亥，以武宁节度使房知温兼荆南行营招讨使，知荆南行府事。分遣中使发诸道兵赴襄阳，以讨高季兴。

辛丑，徙庆州防御使窦廷琬为金州刺史。冬，十月，廷琬据庆州拒命。

丙午，以横海节度使李从敏兼北面行营副招讨使。从敏，帝之从子也。

戊申，诏静难节度使李敬周发兵讨窦廷琬。

王都据定州，守备固，伺察严，诸将屡有谋翻城应官军者，皆不果。帝遣使者促王晏球攻城，晏球与使者联骑巡城，指之曰："城高峻如此，借使主人听外兵登城，亦非梯冲所及。徒多杀精兵，无损于贼，如此何为！不若食三州之租，爱民养兵以俟之，彼必内溃。"帝从之。

十一月，有司请为哀帝立庙，诏立庙于曹州。

平卢节度使晋忠武公霍彦威卒。

忠州刺史王雅取归州。

庚寅，皇子从厚纳孔循女为妃，循因之得之大梁，厚结王德妃之党，乞留。安重诲具奏其事，力排之，礼毕，促令归镇。

甲午，以中书侍郎、同平章事王建立同平章事，充平卢节度使。

丙申，上问赵凤："帝王赐人铁券，何也？"对曰："与之立誓，令其子孙长享爵禄耳。"上曰："先朝受此赐者止三人，崇韬、继麟寻皆族灭，朕得脱如毫厘耳。"因叹息久之。赵凤曰："帝王心存大信，固不必刻之金石也。"

十二月，甲辰，李敬周奏拔庆州，族窦廷琬。

荆南节度使高季兴寝疾，命其子行军司马、忠义节度使、同平章事从诲权知军府事，丙辰，季兴卒。吴主以从诲为荆南节度使兼侍中。

史馆修撰张昭远上言："臣窃见先朝时，皇弟、皇子皆喜俳优，入则饰姬妾，出则夸仆马；习尚如此，何道能贤！诸皇子宜精择师傅，令皇子屈身师事之，讲礼义之经，论安危之理。古者人君即位则建太子，所以明嫡庶之分，塞祸乱之源。今卜嗣建储，臣未取轻议。至于恩泽赐与之间，昏姻省侍之际，嫡庶长幼，宜有所分，示以等威，绝其侥冀。"帝赏叹其言而不能用。

闽王延钧度民二万为僧，由是闽中多僧。

河东节度使、北都留守从荣，年少骄很，不亲政务，帝遣左右素与从荣善者往与之处，使从容讽导之。其人私谓从荣曰："河南相公恭谨好善，亲礼端士，有老成之风。相公齿长，宜自策励，勿令声问出河南之下。"从荣不悦，退，告步军都指挥使杨思权曰："朝廷之人皆推从厚而短我，我其废乎！"思权曰："相公手握强兵，且有思权在，何忧？"因劝从荣多募部曲，缮甲兵，阴为自固之备。又谓帝左右曰："君每誉弟而抑其兄，我辈岂不能助之邪！"其人惧，以告副留守冯赟，赟密奏之。帝召思权诣阙，以从荣故，亦弗之罪也。

四年（己丑、929）

春，正月，冯赟入为宣徽使，谓执政曰："从荣刚僻而轻易，宜选重德辅之。"

王都、秃馁欲突围走，不得出。二月，癸丑，定州都指挥使马让能开门纳官军，都举族自焚，擒秃馁及契丹二千人。辛亥，以王晏球为天平节度使，与赵德钧并加兼侍中。秃馁至大梁，斩于市。

枢密使赵敬怡卒。

甲子，帝发大梁。

丁卯，门下侍郎、同平章事崔协卒于须水。

庚午，帝至洛阳。

王晏球在定州城下，日以私财飨士，自始攻至克城未尝戮一卒。三月，辛巳，晏球入朝，帝美其功，晏球谢久烦馈运而已。

皇子右卫大将军从璨性刚，安重诲用事，从璨不为之屈。帝东巡，以从璨为皇城使。从璨与客宴于会节园，酒酣，戏登御榻，重诲奏请诛之，丙戌，赐从璨死。

横山蛮寇邵州。

楚王殷命其子武安节度副使、判长沙府希声知政事，总录内外诸军事，自是国政先历希声，乃闻于殷。

夏，四月，庚子朔，禁铁锡钱。时湖南全用锡钱，铜钱一直锡钱百，流入中国，法不能禁。

丙午，楚六军副使王环败荆南兵于石首。

初令缘边置场市党项马，不令诣阙。先是，党项皆诣阙，以贡马为名，国家约其直酬之，加以馆谷赐与，岁费五十余万缗，有司苦其耗蠹，故止之。

壬子，以皇子从荣为河南尹、判六军诸卫事，从厚为河东节度使，北都留守。

契丹寇雲州。

甲寅，以端明殿学士、兵部侍郎赵凤为门下侍郎、同平章事。

五月，乙酉，中书言："太常改谥哀帝曰昭宣光烈孝皇帝，庙号景宗。既称宗则应入太庙，在别庙则不应称宗。"乃去庙号。

帝将祀南郊，遣客省使李仁矩以诏谕两川，令西川献钱一百万缗，东川五十万缗，皆辞以军用不足，西川献五十万缗，东川献十万缗。仁矩，帝在藩镇时客将也，为安重诲所厚，恃恩骄慢。至梓州，董璋置宴召之，日中不往，方拥妓酣饮。璋怒，从卒徒执兵入驿，立仁矩于阶下而诟之曰："公但闻西川斩李客省，谓我独不能邪！"仁矩流涕拜请，仅而得免，既而厚赂仁矩以谢之。仁矩还，言璋不法。未几，帝复遣通事舍人李彦珣诣东川，入境，失小礼，璋拘其从者，彦珣奔还。

高季兴之叛也，其子从诲切谏，不听。从诲既袭位，谓僚佐曰："唐近而吴远，舍近臣远，非计也。"乃因楚王殷以谢罪于唐。又遗山南东道节度使安元信书，求保奏，复修职贡。丙申，元信以从诲书闻，帝许之。

契丹寇雲州。

六月，戊申，复以邺都为魏州，留守、皇城使并停。

庚申，高从诲自称前荆南行军司马、归州刺史，上表求内附。秋，七月，甲申，以从诲为荆南节度使兼侍中。己丑，罢荆南招讨使。

八月，吴武昌节度使兼侍中李简以疾求还江都，癸丑，卒于采石。徐知询，简婿也，擅留简亲兵二千人于金陵，表荐简子彦忠代父镇鄂州，徐知诰以龙武统军柴再用为武昌节度使，知询怒曰："刘崇俊，兄之亲，三世为濠州；彦忠吾妻族，独不得邪！"

初，楚王殷用都军判官高郁为谋主，国赖以富强，邻国皆疾之。庄宗入洛，殷遣其子希範入贡，庄宗爱其警敏，曰："比闻马氏当为高郁所夺，今有子如此，郁安能得之！"高季兴亦屡以流言间郁于殷，殷不听，乃遣使遗节度副使、知政事希声书，盛称郁功名，愿为兄弟。使者言于希声曰："高公常云'马氏政事皆出高郁'，此子孙之忧也。"希声信之。行军司马杨昭遂，希声之妻族也，谋代郁任，日谮之于希声。希声屡言于殷，称郁奢僭，且外交邻藩，请诛之。殷曰："成吾功业，皆郁力也。汝勿为此言。"希声固请罢其兵柄，乃左迁郁行军司马。郁谓所亲曰："亟营西山，吾将归老。猘子渐大，能咋人矣。"希声闻之，益怒，明日，矫以殷命杀郁于府舍，榜谕中外，诬郁谋叛，并诛其族党。至暮，殷尚未知，是日，大雾，殷谓左右曰："吾昔从孙儒度淮，每杀不辜，多致兹异。马步院岂有冤死者乎？"明日，吏以郁死告，殷拊膺大恸曰："吾老耄，政非己出，使我勋旧横罹冤酷！"既而顾左右曰："吾亦何可久处此乎！"

九月，上与冯道从容语及年谷屡登，四方无事。道曰："臣常记昔在先皇幕府，奉使中山，历井陉之险，臣忧马蹶，执辔甚谨，幸而无失。逮至平路，放辔自逸，俄至颠陨。凡为天下者亦犹是也。"上深以为然。上又问道："今岁虽丰，百姓赡足否？"道曰："农家岁凶则死于流殍，岁丰则伤于谷贱，丰凶皆病者，惟农家为然。臣记进士聂夷中诗云：'二月卖新丝，五月粜新谷。医得眼下疮，剜却心头肉。'语虽鄙俚，曲尽田家之情状。农于四人之中最为勤苦，人主不可不知也。"上悦，命左右录其诗，常讽诵之。

鄜州兵戍东川者归本道，董璋擅留其壮者，选羸老归之，仍收其甲兵。

癸巳，西川右都押牙孟容弟为资州税官，坐自盗抵死，观察判官冯瑑、中门副使王处回为之请，孟知祥曰："虽吾弟犯法，亦不可贷，况它人乎！"

吴越王镠居其国好自大，朝廷使者曲意奉之则赠遗丰厚，不然则礼遇疏薄。尝遗安重诲书，辞礼颇倨。帝遣供奉官乌昭遇、韩玫使吴越，昭遇与玫有隙，使还，玫奏："昭遇见镠，称臣拜舞，谓镠为殿下，及私以国事告镠。"安重诲奏赐昭遇死。癸巳，制镠以太师致仕，自余官爵皆削之，凡吴越进奏官、使者、纲吏，令所在系治之。镠令子传瓘等上表讼冤，皆不省。

初，朔方节度使韩洙卒，弟澄为留后。未几，定远军使李匡宾聚党据保静镇作乱，朔方不安。冬，十月，丁酉，韩澄遣使赍绢表乞朝廷命帅。

前磁州刺史康福，善胡语，上退朝，多召入便殿，访以时事，福以胡语对，安重诲恶之，常戒之曰："康福，汝但妄奏事，会当斩汝！"福惧，求外补。重诲以灵州深入胡境，为帅者多遇害，戊戌，以福为朔方、河西节度使。福见上，涕泣辞之，上命重诲为福更它镇，重诲曰："福自刺史无功建节，尚复何求！且成命已行，难以复改。"上不得已，谓福曰："重诲不肯，非朕意也。"福辞行，上遣将军牛知柔、河中都指挥使卫审峹等将兵万人卫送之。审峹，徐州人也。

辛亥，割阆、果二州置保宁军，壬子，以内客省使李仁矩为节度使。

先是，西川常发刍粮馈峡路，孟知祥辞以本道兵自多，难以奉它镇，诏不许，屡督之。甲寅，知祥奏称财力乏，不奉诏。

吴诸道副都统、镇海宁国节度使兼侍中徐知询自以握兵据上流，意轻徐知诰，数与知诰争权，内相猜忌，知诰患之。内枢密使王令谋曰："公辅政日久，挟天子以令境内，谁敢不从！知询年少，恩信未洽于人，无能为也。"知询待诸弟薄，诸弟皆怨之。徐玠知知询不可辅，反持其短以附知诰。吴越王镠遗知询金玉鞍勒、器皿，皆饰以龙凤，知询不以为嫌，乘用之。知询典客周廷望说知询曰："公诚能捐宝货以结朝中勋旧，使皆归心于公，则彼谁与处！"知询从之，使廷望如江都谕意。廷望与知诰亲吏周宗善，密输款于知诰，亦以知诰阴谋告知询。知询召知诰诣金陵除父温丧，知诰称吴主之命不许，周宗谓廷望曰："人言侍中有不臣七事，宜亟入谢。"廷望还，以告知询。十一月，知询入朝，知诰留知询为统军，领镇海节度使，遣右雄武都指挥使柯厚征金陵兵还江都，知诰自是始专吴政。知询责知诰曰："先王违世，兄为人子，初不临丧，可乎？"知诰曰："尔挺剑待我，我何敢往！尔为人臣，畜乘舆物，亦可乎？"知询又以廷望所言诘知诰，知诰曰："以尔所为告我者，亦廷望也。"遂斩廷望。

壬辰，吴主加尊号曰睿圣文明光孝皇帝，大赦，改元大和。

康福行至方渠，羌胡出兵邀福，福击走之，至青刚峡，遇吐蕃野利、大虫二族数千帐，皆不觉唐兵至，福遣卫审峹掩击，大破之，杀获殆尽。由是威声大振，遂进至灵州，自是朔方始受代。

十二月，吴加徐知诰兼中书令，领宁国节度使。知诰召徐知询饮，以金钟酌酒赐之，曰："愿弟寿千岁。"知询疑有毒，引它器均之，跽献知诰曰："愿与兄各享五百岁。"知诰变色，左右顾，不肯受，知询捧酒不退。左右莫知所为，伶人申渐高径前为诙谐语，掠二酒合饮之，怀金钟趋出，知诰密遣人以良药解之，已脑溃而卒。

奉国节度使、知建州王延禀称疾退居里第，请以建州授其子继雄，庚子，诏以继雄为建州刺史。

安重诲既以李仁矩镇阆州，使与绵州刺史武虔裕皆将兵赴治。虔裕，帝之故吏，重诲之外兄也。重诲使仁矩诇董璋反状，仁矩增饰而奏之。朝廷又使武信节度使夏鲁奇治遂州城隍，缮甲兵，益兵戍之。璋大惧。时道路传言，又将割緜、龙为节镇，孟知祥亦惧。璋素与知祥有隙，未尝通问，至是，璋遣使诣成都，请为其子娶知祥女，知祥许之，谋并力以拒朝廷。